Studien und Beiträge zum Öffentlichen Recht

Band 55

Friederike Gebhard

Impfpflicht und Grundgesetz

Eine verfassungsrechtliche Analyse der Einführung einer allgemeinen Impfpflicht

Mohr Siebeck

Friederike Gebhard, geboren 1992; Studium der Rechtswissenschaften an der Leibniz Universität Hannover; 2017 Erstes juristisches Staatsexamen; Wissenschaftliche Mitarbeiterin am dortigen Lehrstuhl für Öffentliches Recht und Sozialrecht; 2021 Promotion; Rechtsreferendarin im Bezirk des OLG Celle.

ISBN 978-3-16-161167-4 / eISBN 978-3-16-161168-1
DOI 10.1628/978-3-16-161168-1

ISSN 1867-8912 / eISSN 2568-745X (Studien und Beiträge zum Öffentlichen Recht)

Die Deutsche Nationalbibliothek verzeichnet diese Publikation in der Deutschen Nationalbibliographie; detaillierte bibliographische Daten sind über *http://dnb.dnb.de* abrufbar.

Das Buch wurde von epline in Böblingen aus der Minion gesetzt, von Gulde-Druck in Tübingen auf alterungsbeständiges Werkdruckpapier gedruckt und von der Buchbinderei Spinner in in Ottersweier gebunden.

Printed in Germany.

Meiner Familie

Vorwort

Zu Beginn der Arbeit an dieser Schrift im Jahr 2017 war nicht abzusehen, welche Dynamik die nationale und internationale Gesundheitslage und damit auch das Infektionsschutzrecht in den folgenden Jahren erfahren würde. Wer hätte vor vier Jahren ahnen können, dass im Jahr 2019 die Diskussion um eine Masernimpfpflicht für Kinder und medizinisches Personal aufkommt, die dann am 01. März 2020 in Kraft getreten ist, und dass gleichzeitig die Welt seit nunmehr eineinhalb Jahren mit der Ausbreitung der Corona-Pandemie zu kämpfen haben würde, die in den ersten beiden Wellen das öffentliche Leben beinahe zum Erliegen brachte und Grundrechtseingriffe auf den Plan rief, deren Ausmaß bis dahin kaum vorstellbar war? Es war aber ebenfalls nicht abzusehen, dass binnen weniger Monate Impfstoffe gegen diese Krankheit entwickelt und zugelassen werden können und dass im Jahr 2021 bereits die Diskussion um eine Impfpflicht gegen COVID-19 die öffentliche Debatte beherrschen würde.

In dieser aufregenden Zeit ist die vorliegende Arbeit entstanden. Sie wurde von der Juristischen Fakultät der Gottfried Wilhelm Leibniz Universität Hannover im Sommersemester 2021 als Dissertation angenommen. Gesetzgebung, Literatur und Rechtsprechung konnten bis Oktober 2021 berücksichtigt werden. Die für die Untersuchung im Kapitel § 3 B. II. zugrunde gelegten Daten wurden bis Ende des Jahres 2019 gesammelt und ausgewertet. Sie befinden sich somit auf dem Stand der Datenlage, die zum Zeitpunkt des Erlasses des Masernschutzgesetzes verfügbar war.

Die Entstehung dieser Arbeit wäre nicht möglich gewesen ohne eine Vielzahl von Menschen, die mich auf ganz unterschiedliche Weise unterstützt haben. Zuallererst danke ich meinem Doktorvater, *Prof. Dr. Hermann Butzer*, für die engagierte, dichte und intensive Betreuung und seine stete Gesprächs- und Diskussionsbereitschaft, gerade auch in Momenten von Unsicherheit angesichts politischer Entwicklungen und Vorstöße. Er hat sowohl mein Promotionsvorhaben als auch dieses dynamische Dissertationsthema von Anfang an in jeglicher Hinsicht unterstützt. Schon als Studierende durfte ich an seinem Lehrstuhl eine Begeisterung für das Öffentliche Recht entwickeln. Mein Doktorvater verstand es immer wieder, mit dem notwendigen Pragmatismus meinen Blick motivierend auf das Wesentliche zu lenken und mir dabei trotzdem die größtmögliche wissenschaftliche Freiheit zu gewähren, die die Promotionszeit schließlich zu einer unvergesslich schönen und prägenden Erfahrung gemacht hat.

Ebenso danke ich *Prof. Dr. Frauke Brosius-Gersdorf, LL.M.*, zum einen für die rasche Erstellung des Zweitgutachtens, und zum anderen mehr noch dafür, dass sie meinen Werdegang schon seit den Anfangssemestern meines Studiums aufmerksam, fördernd und mit steter Verbundenheit begleitet hat, mir bei jeder Frage mit Hilfe zur Seite stand und für mich dadurch eine unverzichtbare Ratgeberin geworden ist. Ihr verdanke ich so manchen (Denk-)Anstoß.

Dem Vorsitzenden der Prüfungskommission, *Prof. Dr. Felipe Temming, LL.M.*, danke ich für die unkomplizierte Durchführung des Verfahrens und die angenehme Leitung der Disputation.

Herzlicher Dank gebührt auch *Prof. Dr. Angelika Siehr, LL.M.*, die jederzeit ein offenes Ohr für mich hatte und mich mit ihrem Rat und ihrer Perspektive auf die Dinge oftmals zur Zuversicht ermutigt hat.

Während der Promotionszeit hatte ich das Glück, als Wissenschaftliche Mitarbeiterin am Lehrstuhl meines Doktorvaters in einer Atmosphäre zu arbeiten, die von gegenseitiger Unterstützung und Verbundenheit geprägt war und auf die ich mit Dankbarkeit zurückblicke. Für ihre herzliche Freundschaft danke ich *Dr. Anna-Lena Hollo*. In besonderer Weise für ihre freundschaftliche Begleitung und stete Diskussionsbereitschaft sei auch *Benedikt Eibach*, *Christof Wenzel*, *Thies Wahnschaffe*, *Greta-Sophie Eriksen* und *Ulf Keller* gedankt. *Gabi Behmann* und *Dr. Thorsten Kurtz*, die mich beide auf ihre ganz eigene Weise unterstützt haben, werde ich immer in dankbarer Erinnerung halten.

Dr. Viktor Rogalla und *Bastian Heitmann* danke ich für ihre unbestechliche Ehrlichkeit und dafür, mich immer wieder zu bestärken und gleichzeitig zu „erden". Seit vielen Jahren unterstützt und geprägt hat mich auch *Wolfgang Körner*. Dank für vielfältige hilfreiche Hinweise schulde ich außerdem *Dr. Martin Jäger*.

Der Dr.-Giesing-Stiftung gebührt herzlicher Dank für die großzügige Beteiligung an den Druckkosten.

Alles wäre nicht möglich gewesen ohne die Menschen, die mir am nächsten stehen. *Sebastian Knappe* danke ich für seine verständnisvolle Geduld, seine Besonnenheit und seinen stets bedingungslosen, liebevollen Rückhalt. Der größte Dank gebührt meiner Familie: Ich danke ihr und ganz besonders meiner Mutter, *Dr. Martina Gebhard*, dafür, dass sie mir in allen Lebenslagen Rückhalt, Unterstützung und Geborgenheit gibt. Meine Familie hat mich auf meinem ganzen bisherigen Lebensweg liebevoll getragen. In dem Wissen, dass ich immer auf ihre Hilfe vertrauen und zählen kann, habe ich viel Mut und Kraft gefunden, mich zu entfalten, Herausforderungen anzunehmen und ihnen mit Freude zu begegnen. Meiner Familie und meiner lieben Großmutter, *Christiane Gebhard*, die die Fertigstellung leider nicht mehr hat miterleben können, ist diese Arbeit deshalb gewidmet.

Hannover, im Oktober 2021 *Friederike Caroline Gebhard*

Inhaltsübersicht

Anhang

Inhaltsverzeichnis

§ 1

Einführung und Problemaufriss

Schutzimpfungen sind eine der effektivsten, sichersten, kostengünstigsten und daher gängigsten Präventionsmaßnahmen zur Verhütung übertragbarer Krankheiten.[1] Sie verhindern nicht nur individuelle Erkrankungen, sondern können dadurch ganze Gesellschaften schützen, die der Weiterverbreitung einer Infektion, die katastrophische Ausmaße erreichen kann und dementsprechend drastische Maßnahmen des Infektionsschutzes erfordert[2], ansonsten hilflos gegenüberstünden.[3] Dennoch ist der Streit um Impfungen und insbesondere um eine Impfpflicht so alt wie die Impfungen selbst und verliert nicht an Aktualität und Brisanz.[4] Die gesellschaftliche Diskussion um die Notwendigkeit der Einführung einer allgemeinen Impfpflicht flammt immer wieder auf und wird

---

[1] Für viele *Dahl*, Impfungen in der Pädiatrie, in: Ethik Med 2002, S. 201 (202); *Deutscher Ethikrat*, Stellungnahme: Impfen als Pflicht? (2019), S. 7; *Klein/Schöneberg/Krause*, Vom Zwang zur Pockenschutzimpfung zum Nationalen Impfplan, in: BGesBl. 2012, S. 1512; *Pflug*, Pandemievorsorge (2013), S. 216; *Spiecker gen. Döhmann/Kurzenhäuser*, Das rechtliche Darstellungsgebot, in: Engel et al. (Hrsg.), Recht und Verhalten (2007), S. 133 (137); *Sodan*, § 56 – Infektionsschutzrecht, in: Ehlers/Fehling/Pünder (Hrsg.), Bes. VerwR Bd. 2 (2020), Rn. 45.

[2] So erlebte Deutschland im Frühjahr 2020 mit der „ersten Welle" der Coronavirus-Infektion „COVID-19" eine bis dato einzigartige Pandemie, die weder im Vorfeld noch während des Ausbruchs mangels Impfstoffs durch Impfungen verhindert oder gestoppt werden konnte. Aufgrund dessen stand als Mittel des Infektionsschutzrechts nur der Versuch der Eindämmung der Verbreitung durch Herunterfahren des gesamten öffentlichen Lebens bis hin zu Ausgangsbeschränkungen zur Verfügung.

[3] So *Deutscher Ethikrat*, Stellungnahme: Impfen als Pflicht? (2019), S. 7: „Vor allem gegen viele von Viren verursachte, bis heute nur symptomatisch therapierbare Infektionskrankheiten sind – von der Vermeidung des Kontakts zu Infektionsquellen abgesehen – Impfungen die wichtigste Maßnahme, um schwerwiegenden gesundheitlichen Gefahren vorzubeugen".

[4] Schon zur Zeit der Einführung der Pocken-Impfpflicht 1874 war deren rechtliche Zulässigkeit nicht unumstritten und hat die Rechtswissenschaft beschäftigt. So beginnt *H. A. Gins* sein Vorwort zum 1934 erschienen Werk eines unbekannten Verfassers „Ein geschichtlich wertvolles Dokument über die Bedeutung der Pocken-Schutzimpfung", in: Krohne/Lentz (Hrsg.), Veröffentlichungen auf dem Gebiet der Medizinalverwaltung, Zweiundvierzigster Band, 7. Heft (1934), S. 3–12, mit den Worten: „In dem Archiv der Berliner Impfanstalt fand ich kürzlich das Manuskript einer Arbeit aus dem Jahre 1806, die sich mit der Frage beschäftigt, ob der Staat berechtigt sei, die allgemeine Impfung zu erzwingen." (*Gins*, a. a. O., S. 3). Als Beispiel sei auch *Heun*, Impfzwang und Impfgegnerschaft (1911), S. 75, genannt, der das Fazit zieht, ohne den Charakter der Allgemeinheit könne die sanitäre Maßregel des Staates den Zweck einer beruhigenden Sicherstellung gegen gefährliche Epidemien nicht erfüllen, da zu einer Verbreitung einer Pockeninfektion schon ein ganz geringer Prozentsatz ungeimpfter Mitglieder der Bevölkerung ausreichen würde. Daher erscheine schon eine Erhebung der Impfpflicht zum gesetzlichen Gebote unumgänglich notwendig.

dann leidenschaftlich mit moralischen, ethischen, medizinischen, rationalen und auch irrationalen Argumenten geführt. So war noch vor wenigen Jahren nicht zu erahnen, dass im Jahr 2019 eine Masernimpfpflicht für bestimmte Personengruppen beschlossen werden würde, die Welt im Jahr 2020 mit der pandemischen Verbreitung eines bis dahin unbekannten Erregers zu kämpfen haben wird, binnen eines Jahres ein Impfstoff entwickelt werden kann und im Jahr 2021 bereits erste Vorschläge zu einer Impfpflicht auch gegen diesen Erreger beziehungsweise zu der Verringerung bisheriger pandemiebedingter Grundrechtseinschränkungen für Geimpfte[5] aufkommen werden.

In der aber mittlerweile jahrhundertealten[6] Debatte um die Zulässigkeit einer Impfpflicht kommen stets gleichbleibende Argumente und unbeirrbare, teils wissenschaftlich widerlegte Überzeugungen zum Tragen[7]: Auf der einen Seite seien Impfungen mit individuellen Risiken behaftet, auf der anderen Seite sei es inakzeptabel, dass im 21. Jahrhundert in Deutschland und anderen Ländern der Europäischen Union immer noch Kinder an Krankheiten sterben, die längst ausgerottet sein könnten. Angeheizt wurden die gesellschaftlichen Diskussionen in jüngerer Zeit auch von Filmen wie *„Vaxxed – Die schockierende Wahrheit"* (USA 2016) und *„Eingeimpft"* (DE 2018), die – als vermeintliche Dokumentarfilme – eine impfkritische Haltung als Ausdruck einer grundsätzlichen Skepsis gegenüber staatlichen Vorgaben und Empfehlungen propagieren.

Dass die öffentliche Meinungsbildung von solchen Einflüssen nicht unbelastet geblieben ist, zeigt die Reaktion der Weltgesundheitsorganisation WHO, die mangelnde Impfbereitschaft im Januar 2019 in die Liste der weltweit größten Gesundheitsbedrohungen aufnahm und deren Verbesserung als vorrangiges Ziel der nächsten Jahre ausrief.[8] Als Beispiel und Begründung gleichermaßen führte die WHO einen Anstieg der weltweiten Masernerkrankungen im Jahr 2017 um mehr als 30 % im Vergleich zum Vorjahr an.[9] Tatsächlich erkrankten allein in der Europäischen Union zwischen März 2017 und Februar 2018 mehr

[5] Vgl. dazu *D'Alfonso Masarié*, Phantastische Geimpftenrechtedebatten und wie sie zu meiden sind, www.juwiss.de/11-2021/ (Seite zuletzt aufgerufen am: 03.02.2021).

[6] Als Beispiel sei hier der Bericht über die Sitzung des Preußischen Landesgesundheitsrats („Über die Einfügung einer Gewissensklausel in das Reichsimpfgesetz", Bericht über die Sitzung des Landesgesundheitsrats vom 10. Oktober 1925, in: Krohne/Lentz [Hrsg.], Veröffentlichungen aus dem Gebiete der Medizinalverwaltung, Zwanzigster Band, 9. Heft [1926]) genannt, aus dem deutlich hervorgeht, dass den Positionen und Argumenten der jeweiligen Gegenposition schon nicht nur kein Gewicht zugemessen, sondern ihnen bereits der Wahrheitsgehalt abgesprochen wird.

[7] Impfgegner führten bereits zu Anfang des 20. Jahrhunderts die Schädlichkeit von Impfungen sowie die Verletzung der individuellen Entscheidungsfreiheit an, siehe *Heun*, Impfzwang und Impfgegnerschaft (1911), S. 76.

[8] Vgl. „Impfmüdigkeit gefährdet globale Gesundheit", in: Frankfurter Allgemeine Zeitung (FAZ) v. 21.01.2019, S. 7 (o. V.).

[9] „Impfmüdigkeit gefährdet globale Gesundheit", in: Frankfurter Allgemeine Zeitung (FAZ) v. 21.01.2019, S. 7 (o. V.).

als 14.800 Menschen an Masern.[10] Auch Deutschland ist bezüglich der Masernerkrankung ein Land mit endemischer Übertragung und steht damit schlechter da als Länder wie Kasachstan, Usbekistan, Albanien, Armenien oder Belarus.[11] Obgleich die Eradikation der Masern aus infektiologischen Gesichtspunkten im globalen Ausmaß möglich wäre, gelingt bereits deren regionale Elimination[12] in Europa kaum.[13] Das liegt – in Deutschland – insbesondere an den unzureichenden Impfquoten bei der zudem bisweilen zu spät durchgeführten Zweitimpfung sowie den bestehenden Impflücken unter den (jungen) Erwachsenen.[14] Immer wieder forderten Vertreter der Ärzteschaft in der Vergangenheit deshalb die Einführung einer Impfpflicht wenigstens gegen die teils als gängige „Kinderkrankheit" lapidarisierte Maserninfektion.[15] Der damalige Präsident der Bundesärztekammer und heutige Vorsitzende des Weltärztebundes, *Frank Ulrich Montgomery*, stellte im Frühjahr 2015 fest, es gäbe „eine epochale Chance, die Masern auszurotten."[16] Auch der Präsident des Berufsverbandes der Kinder- und Jugendärzte, *Thomas Fischbach*, forderte seit dem Jahr 2016 die Einführung einer Masernimpfpflicht.[17] Die frühere Generaldirektorin der WHO, *Margaret Chan*, machte im Jahr 2017 die Verweigerer von Impfungen für die jüngsten Masernausbrüche verantwortlich.[18]

Nachdem seitens der Bundesregierung bereits in den vergangenen Jahren eine Impfpflicht in Erwägung gezogen[19], zu Beginn der 19. Wahlperiode aber

---

[10] *Korzilius*, Kampf gegen Impfskepsis, in: DÄ 2018, S. 728.

[11] *European Centre for Disease Prevention and Control*, Risk assessment: Who is at risk of measles in the EU/EEA?, S. 3 f.

[12] Vgl. für die Begriffe der Elimination und Eradikation im Folgenden § 2 A. I. 2. d) bb) „Elimination und Eradikation von Infektionskrankheiten".

[13] *Deutscher Ethikrat*, Stellungnahme: Impfen als Pflicht? (2019), S. 8 f.

[14] *Deutscher Ethikrat*, Stellungnahme: Impfen als Pflicht? (2019), S. 9; *Rieck et al.*, Umsetzung der Masern- und Pertussisimpfempfehlungen für Erwachsene, in: BGesBl. 2019, S. 422 (425); siehe zu den Impfquoten bei Masern im Folgenden ausführlich § 3 B. II. 3. a) aa) (2) „Datenlage zu Impfquoten".

[15] www.deutschlandfunk.de/impfpflicht-aerztepraesident-montgomery-masern-viel.694.de.html?dram:article_id=312547 (Seite zuletzt aufgerufen am: 06.04.2021); *Ehlkes/May*, Seuchen – gestern, heute, morgen, in: APuZ 20–21/2015, S. 2 (5) weisen zutreffend daraufhin, dass der Begriff „Kinderkrankheiten" keineswegs einen Rückschluss auf die Schwere der Erkrankung zulasse. Vielmehr ist der Begriff der weiten Verbreitung und der Kontagiosität der entsprechenden Krankheiten geschuldet, die begünstigt, dass sie bereits im Kindesalter auftreten.

[16] www.deutschlandfunk.de/impfpflicht-aerztepraesident-montgomery-masern-viel.694.de.html?dram:article_id=312547 (Seite zuletzt aufgerufen am: 06.04.2021).

[17] www.deutsche-apotheker-zeitung.de/news/artikel/2016/10/27/kinderaerzte-fordern-masern-impfpflicht (Seite zuletzt aufgerufen an 06.04.2021).

[18] www.aerzteblatt.de/nachrichten/75876/Scheidende-WHO-Chefin-greift-Impfverweigerer-an (Seite zuletzt aufgerufen am 06.04.2021).

[19] So äußerte sich bereits der zweite Bundesgesundheitsminister in der 17. Wahlperiode, *Daniel Bahr* (FDP), in der FAZ am 21.07.2013, an der Debatte über eine Impfpflicht werde kein Weg vorbeiführen, sofern es in den nächsten Jahren nicht gelinge, die Masern in Deutschland auszurotten.

zunächst abgelehnt wurde[20], fanden die Forderungen aus der Ärzteschaft letztlich im Frühjahr 2019 die Unterstützung des damaligen Bundesgesundheitsministers *Jens Spahn* (CDU). Das im November 2019 im Bundestag beschlossene und zum 1. März 2020 in Kraft getretene Masernschutzgesetz, das eine Masernimpfpflicht für bestimmte Personengruppen regelt, ist in jedem Stadium des Gesetzgebungsverfahrens kontrovers diskutiert worden, was das Konfliktpotenzial einer Pflicht des Einzelnen betont, sich zum Wohle der Allgemeinheit impfen zu lassen: Kritik kam dabei nicht nur von bereits in der Selbstzuschreibung impfkritischen Personen und Institutionen[21], sondern auch aus dem Kreis der Ethiker: Allen voran positionierte sich der *Deutsche Ethikrat* ablehnend zur Impfpflicht nach dem Masernschutzgesetz, erkennt aber, dass Impfen keine Privatsache ist, und stellte daher eine „moralische" Pflicht zur Impfung fest.[22] Zwar geht es auch bei einer nur ethisch-moralischen Pflicht um die Elimination von Infektionskrankheiten und darum, die von ihnen ausgehenden Gesundheitsgefahren für diejenigen einzudämmen, die sich ihnen gerade nicht freiwillig aussetzen. Rein ethisch-moralischen Argumenten kann jedoch kein entscheidendes Gewicht für die rechtswissenschaftliche Auseinandersetzung – und damit auch für diese Arbeit – zukommen. Denn allein, was in moralischer Hinsicht – ohne den Begriff der Moral in seiner Vielschichtigkeit auffächern zu können – wünschenswert ist, ist nicht automatisch auch rechtlich möglich oder gar verbindlich.

Die Masernimpfpflicht nach dem Masernschutzgesetz stellt jedoch nicht das zentrale Thema dieser Arbeit dar: Sie ist weder in politischer Hinsicht als eine *allgemeine* Impfpflicht gewollt noch in rechtlicher Hinsicht als eine solche ausgestaltet[23], da sie ausschließlich für bestimmte Personengruppen gilt und darüber hinaus nicht unmittelbar durchsetzbar ist.[24] Die Fragestellung dieser Arbeit liegt vielmehr in der verfassungsrechtlichen Problematik einer *allgemeinen*, weder auf einen bestimmten Personenkreis noch von vornherein auf eine bestimmte Infektionskrankheit beschränkten Impfpflicht.[25] In der vorliegenden Arbeit wird es vielmehr um die umfassende verfassungsrechtliche Analyse einer generellen, aber nach derzeitiger Rechtslage hypothetischen Impfpflicht gehen.

---

[20] Antwort der parlamentarischen Staatssekretärin *Annette Widmann-Mauz* auf eine Frage des Abgeordneten der AfD-Bundestagsfraktion *Uwe Kamann* vom 18.12.2017, BT-Drs. 19/317 (Frage 71).

[21] So etwa der Verein „Ärzte für individuelle Impfentscheidung" e. V., der bereits den Referentenentwurf vom 05.05.2019 als „blinden Aktionismus" ablehnte, www.individuelle-impfentscheidung.de/presse/presseerkl%C3%A4rung-blinder-aktionismus.html (Seite zuletzt aufgerufen am 06.04.2021).

[22] *Deutscher Ethikrat*, Stellungnahme: Impfen als Pflicht? (2019), S. 37 ff., 54, 62.

[23] Plenarprotokoll 984 des Bundesrates, S. 640.

[24] Siehe für den Regelungsgehalt des Masernschutzgesetzes im Folgenden ausführlicher § 4 C. III. 1. „Regelungsgehalt des Masernschutzgesetzes".

[25] Zur Abgrenzung der Fragestellung dieser Arbeit von der Analyse des Masernschutzgesetzes sogleich § 1 A. „Verfassungsrechtliche Problemlage".

Ein besonderes Augenmerk liegt dabei auf der Erarbeitung der prinzipiellen Vorgaben für eine solch tiefgreifende und grundrechtsbeschränkende Maßnahme, die sich auch nicht von vornherein auf nur eine einzelne Infektionskrankheit beschränken soll.

Die grundrechtlichen Vorgaben, die bei der Einführung einer allgemeinen Impfpflicht Beachtung finden müssen, sind aber nicht nur hinsichtlich bekannter Infektionskrankheiten bedeutsam, gegen die seit vielen Jahren Impfstoffe existieren. Nach der Entwicklung eines Impfstoffs gegen das Coronavirus SARS-CoV-2 im Herbst 2020 und einer weitgreifenden Impfkampagne im Jahr 2021 können diese in der Zukunft vor allem im Hinblick auf die Einführung einer möglichen Corona-Impfpflicht relevant werden. Hier steht die (verfassungs-)rechtliche Einschätzbarkeit noch unter dem Vorbehalt einer ausreichend gesicherten medizinischen Faktenlage über den Krankheitserreger und die zugehörige Impfung. Diese befindet sich zum jetzigen Zeitpunkt jedoch noch bezüglicher aller Einzelheiten – insbesondere mit Blick die Impfstoffwirksamkeit gegen aufkommende Virusvarianten[26] – in einer stetigen Entwicklung.[27]

A. *Verfassungsrechtliche Problemlage*

„Nicht alles, was im Hinblick auf Prävention und Intervention epidemiologisch oder medizinisch effizient erscheint, ist rechtlich möglich. Insbesondere die Grundrechte und der Verhältnismäßigkeitsgrundsatz erweisen sich als normative ‚Bremse' epidemiologisch-medizinischer Effektivität."[28]

Weil Impfungen grundsätzlich an gesunden Personen vorgenommen werden, um sie und ihre Mitmenschen vor einer Infektion zu schützen, kommt ihnen die Aufgabe zu, zum Schutz des Einzelnen und der Allgemeinheit zugleich beizutragen, indem durch eine Impfung die Infektionskette unterbrochen wird.[29] Allerdings steht im Vorhinein nicht fest, ob der einzelne Geimpfte jemals

---

[26] Vgl. *Robert-Koch-Institut*, Übersicht zu besorgniserregenden SARS-CoV-2-Virusvarianten (VOC), www.rki.de/DE/Content/InfAZ/N/Neuartiges_Coronavirus/Virusvariante.html;jsessionid=180D0F97C670D25C046F947D87E3DE31.internet052?nn=2386228 (Seite zuletzt aufgerufen am 17.10.2021).

[27] So musste das Bundesministerium für Gesundheit die Impfungen mit dem erst am 29.01.2021 zugelassenen COVID-19-Impfstoff der Firma *AstraZeneca* nach Empfehlung des *Paul-Ehrlich-Instituts* am 15.03.2021 vorsorglich aussetzen, nachdem vermehrt Hinweise auf mögliche Nebenwirkungen (Hirnvenenthrombosen, Thrombozytopenien und Blutungen) eingegangen waren, *Paul-Ehrlich-Institut*, Vorübergehende Aussetzung der Impfung mit dem COVID-19-Impfstoff AstraZeneca, www.pei.de/DE/newsroom/hp-meldungen/2021/210315-voruebergehende-aussetzung-impfung-covid-19-impfstoff-astra-zeneca.html (Seite zuletzt aufgerufen am: 15.03.2021).

[28] *Rixen*, Befugnisse und Grenzen des staatlichen Infektionsschutzrechts, in: Kloepfer (Hrsg.), Pandemien als Herausforderung für die Rechtsordnung (2011), S. 67 (79).

[29] *Schumacher/Meyn*, Bundesseuchengesetz Kommentar (1992/1998), Erläuterungen zu § 14.

der Gefahr einer Ansteckung ausgesetzt sein wird.[30] Vielmehr geht der gesunde Impfling seinerseits das individuelle, wenn auch minimale Risiko eines bleibenden Impfschadens ein, um ein Erkrankungsrisiko einzudämmen, von dem nicht feststeht, ob es sich bei Nichtimpfung überhaupt realisiert. Anders als Arzneimittel zur Bekämpfung von Krankheiten, deren medizinische Unerlässlichkeit nicht ernstlich bestritten wird, ist die Notwendigkeit einer Impfung für gesunde Menschen daher nicht ebenso einleuchtend.

Schon die freiwillige Verwendung von Impfungen als Vorsorgemaßnahme bedarf daher einer rechtlichen Regulierung unter Berücksichtigung möglicher Risiken und deren Einordnung; die Grundspannung zwischen Nutzen und Risiko ist – insbesondere im Hinblick auf Schutzimpfungen – wesensprägend für die Natur und das Verständnis des Infektionsschutzrechts.[31] Eine allgemeine Impfpflicht als Präventionsmaßnahme schafft Rechte und Pflichten des Staates und der Bürger und normiert damit letztendlich die Wertvorstellung einer Verantwortung der Bürger untereinander.[32] Eine Pflicht zur Impfung stellt eine Vorsorgemaßnahme gegen ein ungewisses und „unsichtbares" Risiko dar. Dabei stehen sich die ausschließlich individuelle Verantwortungszuschreibung für die eigene Gesundheit einerseits und die Vorteile von Impfungen, namentlich die Ausrottung von und Schutz vor Krankheiten für die Gesundheit als kollektives Gut andererseits gegenüber. Zu Recht liegt der regen Debatte[33] deshalb in verfassungsrechtlicher Hinsicht die Kernfrage zugrunde, ob der Staat den Einzelnen zum Eingehen dieses Risikos überhaupt verpflichten darf. Dabei steht aus Sicht der Befürworter bzw. der Gegner nicht die Impfpflicht als Rechtsfrage im Vordergrund, sondern der Anspruch – und das gilt für beide Seiten –, in moralischer Hinsicht verantwortungsvoller zu handeln.[34]

Gegenstand dieser Untersuchung ist jedoch ausschließlich die *rechtliche* Vertretbarkeit, mithin die Vereinbarkeit der Einführung einer allgemeinen Impfpflicht mit dem Grundgesetz. Da die Frage nach der Möglichkeit der Einführung einer Impfpflicht einerseits Grundrechte des Einzelnen als auch die Autorität staatlicher Interventionen tangiert[35], nehmen die Befürworter eine verfassungsrechtliche Zulässigkeit der Impfpflicht an, während ihre Gegner einen ungerechtfertigten Grundrechtseingriff erblicken.[36] Wie aber lässt sich

---

[30] Ausgenommen Riegelungsimpfungen, Reiseschutzimpfungen o. ä.; *Schumacher/Meyn*, Bundesseuchengesetz Kommentar (1992/1998), Erläuterungen zu § 14; vgl. ferner *Dahl*, Impfungen in der Pädiatrie, in: Ethik Med 2002, S. 201 (208).

[31] Vgl. *Rixen*, Befugnisse und Grenzen des staatlichen Infektionsschutzrechts, in: Kloepfer (Hrsg.), Pandemien als Herausforderung für die Rechtsordnung (2011), S. 67.

[32] Ähnlich *Thießen*, Vorsorge als Ordnung des Sozialen, in: Zeithistorische Forschungen 2013, S. 409 (431).

[33] Siehe soeben § 1 „Einführung und Problemaufriss".

[34] *Krüger/Krüger*, Skepsis im Entscheiden, in: ZQF 1/2015, S. 99 (105).

[35] *Thießen*, Vorsorge als Ordnung des Sozialen, in: Zeithistorische Forschungen 2013, S. 409 (411).

[36] Befürwortend z. B. *Schaks/Krahnert*, Die Einführung einer Impfpflicht zur Bekämp-

dieser Konflikt verfassungsrechtlich ausdrücken und somit dogmatisch greifbar machen, um ihn in justiziabler Weise einer Lösung zuführen zu können? Eine Maßnahme, die jeden Menschen zur Impfung gegen eine oder mehrere Infektionskrankheiten verpflichtet, berührt dessen Grundrecht auf Leben und körperliche Unversehrtheit (Art. 2 Abs. 2 S. 1 GG). Da Impfungen als Grundimmunisierungen zumeist im Kindesalter durchgeführt werden (sollen), ist für die Grundrechtszuordnung zudem das Elterngrundrecht (Art. 6 Abs. 2 S. 1 GG) von Belang. Während die Eröffnung des Schutzbereichs und dessen Beeinträchtigung durch die Impfpflicht beim Grundrecht auf körperliche Unversehrtheit nur wenig Probleme aufwirft, steht bei einer möglichen Beeinträchtigung des Elterngrundrechts schon die Frage im Raum, wie der schutzbereichsbestimmende Kindeswohlbegriff im Kontext von Impfungen zu verstehen ist und – darauf aufbauend – ob das Vorenthalten des Impfschutzes überhaupt vom Schutzbereich gedeckt ist.

Die größte Bedeutung für die Lösung des Grundrechtskonflikts kommt der Ebene der verfassungsrechtlichen Rechtfertigung zu: Zwar wird der einzelne zur Impfung verpflichtete Grundrechtsträger durch die Vornahme der Impfung als Maßnahme der Gesundheitsprävention faktisch auch selbst geschützt. Woraus kann sich aber der legitime Zweck als wesentliche Voraussetzung der Rechtfertigungsfähigkeit des Grundrechtseingriffs herleiten, wenn sich herausstellt, dass eine Verpflichtung des Grundrechtsträgers zum Schutz vor sich selbst unzulässig ist?[37] Hier kommt – gewissermaßen als Dreh- und Angelpunkt – die grundrechtliche Schutzpflicht zum Tragen. Die Möglichkeit der freiwilligen Entscheidung für eine Impfung fehlt nämlich bei denjenigen Grundrechtsberechtigten, die aufgrund eigener gesundheitlicher Disposition nicht geimpft werden können und darauf angewiesen sind, nicht durch ungeimpfte Dritte angesteckt zu werden. Diese Ansteckungsmöglichkeit wird erst dann verhindert, wenn in Bezug auf eine bestimmte Infektionskrankheit die erforderliche Herdenimmunitätsschwelle erreicht ist, wodurch der Krankheitserreger nicht mehr weitergegeben werden kann.[38] Um diese zu erreichen, hat der Staat die Möglichkeit, das Grundrecht auf körperliche Unversehrtheit impfunfähiger Personen, sogenannter „Risikogruppen", durch Eingriffe in das Grundrecht auf körperliche Unversehrtheit Anderer zu schützen.

Um den Eingriff verhältnismäßig zu gestalten, muss der eingreifende und zugleich schützende Staat den Grundsatz der Verhältnismäßigkeit wahren und die kollidierenden Grundrechtspositionen mittels einer schonenden Gewichtung

---

fung der Masern. Eine zulässige staatliche Handlungsoption, in: MedR 2015, S. 860–866; tendenziell auch *Engels*, Infektionsschutzrecht als Gefahrenabwehrrecht, in: DÖV 2014, S. 464 (472); ablehnend dagegen *Trapp*, Impfzwang – Verfassungsrechtliche Grenzen staatlicher Gesundheitsvorsorgemaßnahmen, in: DVBl. 2015, S. 11–19.

[37] Siehe dazu im Folgenden § 3 A. II. 2. „Verpflichtung zum Schutz vor sich selbst?".

[38] *Boehme-Neßler*, Auf dem Weg zur Herdenimmunität?, in: NVwZ 2021, S. 1241.

einander zuordnen. Problematisch ist hier, dass sich auf beiden Seiten das gleiche Grundrecht gegenübersteht. Verstärkt wird die Problematik der Abwägung einerseits durch die unbekannte Größe des Ansteckungs- und Erkrankungsrisikos, vor dem die impfunfähige Risikogruppe geschützt werden soll, andererseits durch die möglichen Risiken einer Impfung, der sich die zu impfenden Grundrechtsträger bei einer Pflicht aussetzen müssen. Erst, wenn diese Risiken für beide sich gegenüberstehenden Grundrechtsdimensionen, die sich an den verschiedenen Infektionskrankheiten und den entsprechenden Impfungen orientieren, in nachvollziehbarer Weise gegeneinander abgewogen werden, kann ein „gerechtes" Ergebnis des Grundrechtskonflikts ermittelt werden.

Neben der grundrechtlichen Fragestellung stehen zudem staatsorganisationsrechtliche Probleme im Raum: Ist die gesetzgeberische Entscheidung für eine allgemeine Impfpflicht wesentlich und daher aufgrund des Parlamentsvorbehalts der Legislative vorbehalten? Welche Anforderungen statuiert der Parlamentsvorbehalt gegebenenfalls an die gesetzliche Regelung? Welche Bedeutung kommt daneben exekutiver Rechtsetzung zu, die sich derzeit etwa in der infektionsschutzrechtlichen Verordnungsermächtigung zum Erlass einer Impfpflicht widerspiegelt (§ 20 Abs. 6, 7 IfSG)? Welche Anforderungen müssen im Hinblick auf demokratische Legitimation an die relevanten Wissensakteure aus dem Bereich der medizinischen Forschung gestellt werden, auf deren Expertise der Gesetzgeber angewiesen ist?

Die Untersuchung einer allgemeinen Impfpflicht ist – wie schon erwähnt – abzugrenzen von einer rechtlichen Bewertung der geltenden Masernimpfpflicht, die ausdrücklich nicht Gegenstand der vorliegenden Untersuchung sein soll: Bei dieser handelt es sich nicht um eine allgemeine Impfpflicht, da sie von vornherein nur bestimmte Personengruppen betrifft. Die Masernimpfpflicht stellt insofern ein „Minus" zu einer – hypothetischen – allgemeinen Impfpflicht dar, die allenfalls in ihrer einfachrechtlichen Ausgestaltung ein Vorbild für die Regelung einer generellen Impfpflicht sein könnte. Bei einer umfassenden Impfpflicht können nicht von vornherein bestimmte Personengruppen aus dem Kreis der Pflichtadressaten herausgenommen werden, da die Effektivität einer Beschränkung des Adressatenkreises vor dem Hintergrund des Ziels, mithilfe der Impfpflicht eine Herdenimmunität herzustellen, fraglich ist.[39] Aufgrund der Höhe der erforderlichen Herdenimmunitätsschwellen[40] ist allein mit

[39] So mit Kritik am Masernschutzgesetz jedenfalls bereits die Ausschüsse des Bundesrates, BR-Drs. 358/1/19, S. 31 f.; *Becker*, Ethikrat fordert Debatte um Impfpflicht für Erwachsene, www.faz.net/aktuell/politik/inland/ethikrat-fordert-debatte-um-impfpflicht-fuer-erwachsene-16155585.html (Seite zuletzt aufgerufen am 16.03.2021); *Höfling*, Vom präventiven Selbst zum immunisierten Volkskörper, in: JZ 2019, S. 776 (778); *Rixen*, Verfassungsfragen der Masernimpfpflicht – Rechtsgutachten für „Ärzte für Individuelle Impfentscheidung e. V." (2019), S. 5, 68, 84; *Terhardt*, Zur Masern-Impfpflicht – ein Zwischenruf, in: Kinder- und Jugendarzt 2019, S. 370 (374 f.).

[40] Dazu im Folgenden § 3 B. II. 3. a)–e) jeweils aa) „Aktivierung der Schutzpflicht?".

der Durchimpfung von Kindern die Erfüllung der grundrechtlichen Schutzpflicht in Bezug auf impfpräventable Infektionskrankheiten aber nicht erreichbar, zumal – jedenfalls hinsichtlich der seit Langem bekannten Infektionskrankheiten – die größten Impflücken unter der Kohorte der Erwachsenen vermutet werden.[41] Adressaten einer allgemeinen Impfpflicht müssen vielmehr bis zur Erreichung der Herdenimmunität alle Personen sein, die nicht bereits immun gegen die entsprechende Infektionskrankheit sind oder die aufgrund gesundheitlicher Disposition aus medizinischen Gründen aus dem Kreis der Adressaten herausfallen, weil sie gerade zu der Risikogruppe gehören, die geschützt werden soll.[42]

Von der verfassungsrechtlichen *Möglichkeit* der Einführung einer allgemeinen Impfpflicht ebenfalls abzugrenzen ist die Frage, ob der Gesetzgeber eine allgemeine Impfpflicht einführen *muss*.[43] Die rechtliche Notwendigkeit der Einführung einer Impfpflicht bestünde in letzter Konsequenz erst dann, wenn bei allen anderen denkbaren Varianten der Schutzpflichterfüllung das Untermaßverbot verletzt wäre.[44] Dieser Untersuchung soll jedoch ausschließlich die Frage zugrunde liegen, ob der Gesetzgeber eine allgemeine Impfpflicht in verfassungskonformer Weise einführen darf, denn „im Verhältnis zur Schutzpflicht selbst liegt ihre Übererfüllung im Ermessen des Gesetzgebers."[45]

Als Direktive für diese Untersuchung gilt: Die staatliche Regulierungsentscheidung für eine Impfpflicht kann nur dann einer Überprüfung auf ihre Verfassungsmäßigkeit standhalten, wenn ihr eine sorgfältige Risikoabwägung vorausgegangen ist. Oder um es abermals mit den Worten *Stephan Rixens* auszudrücken: „Die Impfpflicht [...] [wird] nur dann auf Akzeptanz stoßen, wenn ihre grundrechtliche Problematik nicht verschwiegen, sondern ernst genommen wird."[46] Hier will diese Arbeit ansetzen.

---

[41] So *Deutscher Ethikrat*, Stellungnahme: Impfen als Pflicht? (2019), S. 10 f.

[42] Daher weist eine allgemeine Impfpflicht, anders als die Impfpflicht nach dem Masernschutzgesetz (vgl. *Rixen*, Verfassungsfragen der Masernimpfpflicht – Rechtsgutachten für „Ärzte für Individuelle Impfentscheidung e. V." [2019], S. 93 ff., 106 ff., 115 ff.) auch keine gleichheitsrechtlichen Probleme auf.

[43] Dieser widmet sich hingegen *Staudinger*, Verfassungsrechtliche Untersuchung der Impfgesetzgebung in Deutschland (2021), S. 123–162.

[44] Wohl bejahend *Staudinger*, Verfassungsrechtliche Untersuchung der Impfgesetzgebung in Deutschland (2021), S. 162.

[45] *Germann*, Die Verfassungsmäßigkeit des Gesetzes über den Umfang der Personensorge, in: MedR 2013, S. 412 (417).

[46] *Rixen*, Impfpflicht und Organspende – Gesundheitspolitik ohne Grundrechte?, in: ZRP 2019, S. 93.

B. Stand der Forschung

Die Problematik einer Impfpflicht ist derzeit einer wahren Flut an regen Diskussionen ausgesetzt. Diese zeichnet sich allerdings (noch) nicht durch eingehende verfassungsrechtliche Kontroversen aus, sondern hat ihren Anlass vielmehr in politischen Entwicklungen und im medizinischen Fortschritt rund um die Bewältigung der Corona-Pandemie.

Im Zuge der Einführung der Masernimpfpflicht sind einige Positionspapiere von unterschiedlichem Umfang und unterschiedlicher Ausrichtung auf den Plan getreten: Zunächst ist das Gutachten von *Rixen* zu nennen, das sich im Auftrag des Vereins „Ärzte für individuelle Impfentscheidung e. V." mit dem Gesetzesentwurf zum Masernschutzgesetz auseinandersetzt und die zum Erscheinungszeitpunkt umfassendste Auseinandersetzung mit dem konkreten Gesetzesentwurf ist.[47] Daneben tritt die weniger umfangreiche Stellungnahme von *Schaks*, die im Zuge der öffentlichen Anhörung im Gesundheitsausschuss des Deutschen Bundestages zum Masernschutzgesetz im Oktober 2019 entstanden ist.[48] Ferner ist die Stellungnahme des Deutschen Ethikrates vom 27. Juni 2019[49] zu nennen, die sich jedoch weniger aus verfassungsrechtlicher Sicht mit dem Referentenentwurf befasst, sondern den Schwerpunkt auf die rein moralische (und daher nicht justiziable) Verpflichtung jedes Einzelnen legt, die ethische Vertretbarkeit einer rechtlichen Verpflichtung aber ablehnt.

Die Debatte um das Gesetzesvorhaben der Masernimpfpflicht hat weiter auch einige kleinere Beiträge hervorgebracht. Hier sind die Beiträge bzw. Statements von *Amhaouach/Kießling*[50], *Ratzel*[51] und wiederum von *Rixen*[52] erwäh-

---

[47] *Rixen*, Verfassungsfragen der Masernimpfpflicht – Rechtsgutachten für „Ärzte für Individuelle Impfentscheidung e. V." (2019), der den Gesetzesentwurf als verfassungswidrig identifiziert und dies u. a. an der Entscheidung, auch Kombinationsimpfstoffe bei der Durchsetzung der Masernimpfpflicht einzusetzen, festmacht.

[48] *Schaks*, Schriftliche Stellungnahme zu BT-Drs. 19/13452, Ausschuss-Drs. 19(14) 112(14), der den Gesetzesentwurf für verfassungskonform erachtet, sich indes nicht mit allen grundrechtlichen Problemstellen des Entwurfs auseinandersetzt (so etwa nicht mit der Art und Weise der Durchsetzung der Pflicht bei Schulkindern).

[49] *Deutscher Ethikrat*, Stellungnahme: Impfen als Pflicht? (2019), der den Pflichtbegriff zunächst in eine rechtliche und eine moralische Pflicht aufspaltet, sodann die Verfassungsmäßigkeit einer rechtlichen Pflicht ablehnt, eine moralische Pflicht indes mit – soweit ersichtlich – den gleichen Argumenten befürwortet.

[50] *Amhaouach/Kießling*, Die Steigerung der Masernimpfraten von Kindern – Möglichkeiten und Grenzen des Rechts, in: MedR 2019, S. 853–861, die sich zwar auf die rechtliche Bewertung der (zum Zeitpunkt der Annahme des Artikels erst noch geplanten, aber noch nicht durch den Gesetzgeber beschlossenen) Impfpflicht nach dem Masernschutzgesetz konzentrieren, aber auch eine Bestandsaufnahme der Regelungen vor der Geltung des Masernschutzgesetzes vornehmen.

[51] *Ratzel*, Der Entwurf für ein neues Masernschutzgesetz, in: GesR 2019, S. 560–562, der die Entwicklung des Gesetzgebungsverfahrens nachzeichnet und sich darauf beschränkt, den Inhalt des Gesetzentwurfs zu skizzieren.

[52] *Rixen*, Impfpflicht und Organspende – Gesundheitspolitik ohne Grundrechte?, in: ZRP

nenswert, aus ärztlicher Perspektive kommen Plädoyers einerseits von *Heininger*[53] und *Terhardt*[54] und andererseits von *Rabe*[55] hinzu. Eine inhaltliche Vorstellung des Masernschutzgesetzes (noch im Stadium des Referentenentwurfs) nehmen *Netzer-Nawrocki/Makoski*[56] vor. Speziell der Frage der Verfassungsmäßigkeit von § 20 Abs. 8 S. 3 IfSG, der die Durchsetzung der Pflicht auch bei der Verfügbarkeit nur von Kombinationsimpfstoffen vorsieht, widmet sich erneut *Schaks*.[57]

All diese genannten Beiträge haben jedoch für die Verwendung im Rahmen dieser Untersuchung den Nachteil, dass sie sich ausnahmslos auf den konkreten Gesetzesentwurf zum Masernschutzgesetz beziehen und – berechtigterweise – dessen Probleme aufgreifen, die sich zumeist an seiner Ausgestaltung und nicht an grundrechtlichen Fragen entzünden. Sie erlauben daher keine allgemeingültige Aussage zur verfassungsrechtlichen Beurteilung von Impfpflichten über den Regelungsgehalt des Gesetzesentwurfs hinaus. Gerade diese Aussagekraft strebt die hiesige Arbeit demgegenüber aber an, bei der die verfassungsrechtliche Überprüfung einer allgemeinen, zum einen nicht auf eine einzige Krankheit und zum anderen nicht auf einen bestimmten Adressatenkreis beschränkte Impfpflicht im Mittelpunkt steht. Bei dieser Frage kann der Gesetzgeber indes noch nicht auf eine breite und umfassende rechtswissenschaftliche Bearbeitung zurückgreifen.

Dabei tritt die Thematik einer allgemeinen Impfpflicht in der Rechtswissenschaft nicht zum ersten Mal in Erscheinung, sondern war vor über 100 Jahren schon einmal „en vogue“: Am Anfang des 20. Jahrhunderts erschienen mehrere – in der damals üblichen Länge von Qualifikationsarbeiten: ausführliche – Auseinandersetzungen mit der Pockenimpfpflicht von 1874, so etwa von *Pistor*

2019, S. 93, der treffend und pointiert die fehlende rechtliche Tiefe des Referentenentwurfs mit dem Vorwurf kritisiert, der Entwurf schaffe es, kein einziges Grundrecht zu nennen: „Das muss man erst mal hinkriegen, so zu tun, als sei das Gesetz ein verfassungsrechtlicher Selbstläufer“; weiter mit einer ausführlichen Beschreibung der Regelungen *ders.*, Die Impfpflicht nach dem Masernschutzgesetz, in: NJW 2020, S. 647–651.

[53] *Heininger*, Sollte eine gesetzliche Impfpflicht eingeführt werden?, in: Pädiatrie 2019, S. 31, der sich für eine gesetzliche Impfpflicht ausspricht und aus Sicht der ärztlichen Handhabe bei Impfungen ein System des „Opt-out“ (statt wie bisher „Opt-in“) bevorzugt.

[54] *Terhardt*, Zur Masern-Impfpflicht – ein Zwischenruf, in: Kinder- und Jugendarzt 2019, S. 370–376, der zu Recht kritisiert, dass eine auf (Schul-)Kinder und Personen in Gemeinschaftseinrichtungen beschränkte Masern-Impfpflicht die Impflücken unter den Erwachsenen nicht wird schließen können.

[55] *Rabe*, Wider eine Impfpflicht in Deutschland – eine Streitschrift, in: Z Allg Med 2019, S. 215–221, der postuliert, dass die derzeitig angenommenen positiven Effekte einer Impfpflicht überschätzt würden, was möglicherweise mit seiner Position als 2. Vorsitzender des Vereins „Ärzte für individuelle Impfentscheidung e. V.“ einhergeht.

[56] *Netzer-Nawrocki/Makoski*, Impfpflicht gegen Masern – Anmerkungen zum Gesetzentwurf eines Masernschutzgesetzes, in: Kinder- und Jugendarzt 2019, S. 367–369.

[57] *Schaks*, Die Pflicht zur Verwendung von Kombinationsimpfstoffen gegen Masern, in: MedR 2020, S. 201–206.

(1890)[58], *Rapmund* (1900)[59], *Spohr* (1905)[60], *Kastner* (1909)[61], *Heun* (1911)[62] und *Grotjahn* (1923)[63]. Auf diese rechtshistorisch interessanten Arbeiten kann der heutige Gesetzgeber, der eine allgemeine Impfpflicht im Hinblick auf das Grundgesetz als geltende Verfassungsrechtsgrundlage konform zu regeln hat, allerdings nicht mehr unmittelbar zurückgreifen. Indes regt bereits das Vorliegen dieser Arbeiten einen Vergleich der damaligen Pockenimpfpflicht mit einer heutigen allgemeinen Impfpflicht an, da sich an der Grundsatzfrage – der staatlichen Entscheidung zwischen Positionen des Individuums und Gesamtheit – seit damals nichts geändert hat[64] und eine Betrachtung der damaligen Konfliktlösung durchaus Erkenntnisse bringen kann.

Trotz des offenbar schon damals erkannten Forschungsbedarfs ist es umso erstaunlicher, dass die Frage, ob der Gesetzgeber eine allgemeine Impfpflicht einführen darf, unter der Geltung des Grundgesetzes bislang unbeantwortet geblieben ist.[65] So ist zunächst festzustellen, dass trotz der immensen Bedeutung der Thematik für die Grundrechte ebenso des Einzelnen wie einer Gesamtheit von Individuen eine rechtswissenschaftliche Auseinandersetzung in monographischer Form bislang gänzlich fehlt. Neben drei Ausarbeitungen des Wissenschaftlichen Dienstes des Deutschen Bundestages[66] im Textumfang von jeweils zwei bis sechs Seiten sind aber zumindest in einer kleinen Anzahl jüngerer Monographien Abschnitte auszumachen, die sich überhaupt mit einer Impfpflicht beschäftigen: Am umfangreichsten sind die Erwägungen bei *Grüner*[67] und

58 *Pistor*, Deutsches Gesundheitswesen (1890), dort S. 50–73.

59 *Rapmund*, Die gesetzlichen Vorschriften über die Schutzpockenimpfung (1900).

60 *Spohr*, Ist die Impfung auf Grund des Reichsgesetzes vom 8.4.1874 erzwingbar?, in: GA 52 (1905), S. 289–297.

61 *Kastner*, Der Impfzwang und das Reichs-Impfgesetz vom 8. April 1874 (1909).

62 *Heun*, Impfzwang und Impfgegnerschaft (1911).

63 *Grotjahn*, Soziale Pathologie (1923), dort S. 23 ff.

64 Vgl. dazu *Grotjahn*, Soziale Pathologie (1923), S. 27 im Jahr 1923: „Ergibt eine solche [...] gründliche Prüfung, dass die Zwangsimpfung in der bei uns üblichen rigorosen Form zur Fernhaltung der etwa aus dem Auslande drohenden Pocken unerlässlich ist, so ist es auch richtig, wie bisher über die Impfschädigungen und die Bewegung der Impfgegner zur Tagesordnung überzugehen. Denn das Wohl der Gesamtheit muss hier höher bewertet werden als das Risiko vereinzelter Schädigungen.“, der das Problem der Impfpflicht damit sehr treffend umreißt.

65 Mit dieser Feststellung auch *Deutscher Ethikrat*, Stellungnahme: Impfen als Pflicht? (2019), S. 77.

66 *Wissenschaftlicher Dienst des Deutschen Bundestages*, Sachstand: Einzelfragen zur Impfpflicht, WD 9 – 3000 – 112/14 (2014); *ders.*, Ausarbeitung: Verfassungsmäßigkeit einer gesetzlichen Impfpflicht für Kinder, WD 3 – 3000 – 056/16 (2016); *ders.*, Ausarbeitung: Verfassungsrechtliche Zulässigkeit einer Impfpflicht, WD 3 – 3000 – 19/16 (2016).

67 *Grüner*, Biologische Katastrophen (2017), dort S. 210–282. Dort wird die Impfpflicht auf Basis der geltenden Verordnungsermächtigung als ein zur Verfügung stehendes Instrument zur Gefahrenbekämpfung im Pandemiefall auf ihre Verfassungskonformität hin untersucht und einem Vergleich mit der gezielten Tötung von Menschen nach dem verfassungswidrigen § 14 Abs. 3 LuftSiG unterzogen, weshalb schließlich eine Unvereinbarkeit mit Art. 2

Staudinger[68], in geringerem Umfang aber auch bei *Samhat*[69], *Mers*[70], *Klafki*[71] sowie bei *Steinau-Steinrück*[72] zu finden. In diesen Monographien zum Infektionsschutz- bzw. Risikorecht, insbesondere zu nationalen wie internationalen Steuerungselementen der Pandemievorsorge und -bekämpfung, wird die Möglichkeit einer Impfpflicht indes aufgrund geltender Rechtslage als infektionsschutzrechtliche Gefahrenabwehrmaßnahme thematisiert, indem eine Analyse der Verordnungsermächtigung gem. § 20 Abs. 6, 7 IfSG erfolgt. Da diese sich aber – wie die vorliegende Arbeit aufzeigen wird – nicht als taugliche Grundlage für eine *allgemeine* Impfpflicht eignet, bleibt dieses Feld auch in den genannten monographischen Teil-Behandlungen unbespielt. Zudem handelt es sich lediglich um Einzelaspekte innerhalb der Monographien, deren gesamtthematischer Zuschnitt – wie sogleich noch dargestellt werden wird – ein anderer ist. Der Mangel an einschlägiger Literatur ist dem Umstand geschuldet, dass es sich bei einer allgemeinen Impfpflicht (noch) um eine hypothetische Maßnahme handelt.

Vielversprechender ist ein Blick in die Einzelbeiträge: Befremdlich mag allerdings zunächst die – ebenfalls anhand der genannten Verordnungsermächtigung im IfSG erfolgende – Auseinandersetzung von *Stebner/Bothe*[73] mit der Frage nach einem „Impfzwang der Bevölkerung wegen Pockengefahr" aus dem Jahr 2003 erscheinen, da die Pocken bereits im Jahr 1980 weltweit ausgerottet wurden. Weiter befasste sich *Gassner*[74] im Jahr 2013 mit einem Masernimpf-

---

Abs. 2 S. 1 GG festgestellt wird. Zweifel an der hinreichenden Bestimmtheit der Verordnungsermächtigung werden nicht geäußert.

[68] *Staudinger*, Verfassungsrechtliche Untersuchung der Impfgesetzgebung in Deutschland (2021), dort S. 79–104 zur Verordnungsermächtigung nach § 20 Abs. 6, 7 IfSG sowie S. 189–195 zur Masernschutzgesetz i. d. F. v. 01.03.2020.

[69] *Samhat*, Gesundheitsgerechtes Verhalten (2019), dort S. 189–206, wo die Einführung einer Impfpflicht ebenfalls auf der Basis des § 20 Abs. 6, 7 IfSG als geltende Verordnungsermächtigung sowohl in formeller Hinsicht untersucht als auch einer knappen Prüfung anhand der Grundrechte gemäß Art. 2 Abs. 2 S. 1, Art. 4 Abs. 1 sowie Art. 6 Abs. 2 S. 1 GG unterzogen wird.

[70] *Mers*, Infektionsschutz im liberalen Rechtsstaat (2019), dort S. 140–157, die eine umfassende Prüfung der Verfassungskonformität des § 20 Abs. 6 und 7 IfSG sowie einer darauf aufbauenden Impfpflicht im Verordnungswege vornimmt und zu einem ablehnenden Ergebnis gelangt.

[71] *Klafki*, Risiko und Recht (2017), dort S. 347–350, die ebenfalls die Verordnungsermächtigung des § 20 Abs. 6, 7 IfSG untersucht, zu dem Schluss der Verfassungswidrigkeit dieser Rechtsgrundlage wegen Verstoßes gegen den Bestimmtheitsgrundsatz gelangt und sich stattdessen für den Erlass eines Gesetzes im Pandemiefall ausspricht.

[72] *Steinau-Steinrück*, Die staatliche Verhütung und Bekämpfung von Infektionskrankheiten (2013), dort S. 179–181. Hier erfolgt lediglich eine Beschreibung des Regelungsgehalts des § 20 IfSG.

[73] *Stebner/Bothe*, Impfzwang der Bevölkerung wegen Pockengefahr?, in: MedR 2003, S. 287–288.

[74] *Gassner*, Impfzwang und Verfassung: Mit Macht gegen die Masern?, Legal Tribune Online v. 10.07.2013, www.lto.de/recht/hintergruende/h/masern-impfzwang-bahr/ (Seite zuletzt aufgerufen am: 16.03.2021).

zwang und warf mit der Frage nach der im Hinblick auf den Parlamentsvorbehalt zu wählenden Regelungsebene bereits einen entscheidenden Aspekt auf. Gleich drei Beiträge zu einer Masernimpfpflicht sind im Jahr 2015 entstanden: Hervorzuheben ist der Aufsatz von *Trapp*[75], der sich explizit mit den verfassungsrechtlichen Grenzen von Gesundheitsvorsorgemaßnahmen am Beispiel einer Impfpflicht auseinandersetzt und hierbei sowohl das Reichsimpfgesetz als auch die einschlägigen Grundrechte einschließlich des Schutzpflichtentatbestandes aufgreift. Ähnliches gilt für den Aufsatz von *Schaks/Krahnert*[76], die ihre Erwägungen aber auf die Masern begrenzen. Die Relevanz der Thematik einer (Masern-)Impfpflicht wird dadurch unterstrichen, dass sie durch *Sacksofsky/Nowak*[77] Eingang in die Ausbildungsliteratur gefunden hat.

Eine andere Richtung schlägt *Zuck* sowohl in einem Rechtsgutachten für die „Arbeitsgemeinschaft Bürgerrecht & Gesundheit e. V." aus dem Jahr 2016[78] als auch in einem Zeitschriftenbeitrag aus dem Jahr 2017[79] ein. In ersterem beleuchtet er die Rechtsnatur der Empfehlungen der Ständigen Impfkommission (STIKO) und ihre Umsetzung durch eine „ausschließliche Zuständigkeit des Arztes" sowie ablehnend einen „Impfzwang" nach der Verordnungsermächtigung des IfSG, wobei die Objektivität des Gutachtens in Anbetracht des auftraggebenden Vereins zweifelhaft ist.[80] In zweiterem stellt *Zuck* schon die Notwendigkeit einer Masern*impfung* überhaupt infrage und gelangt infolgedessen zur Verfassungswidrigkeit einer Impfpflicht (abermals basierend auf der infektionsschutzrechtlichen Verordnungsermächtigung). Die aktuellsten, ausführlichsten und ergiebigsten Betrachtungen einer Masernimpfpflicht für Kinder liefern *Höfling/Stöckle*[81], die sich der Frage nach der Zulässigkeit der Pflicht vor allem unter Berücksichtigung des Elterngrundrechts nähern und eine Masern-

---

[75] *Trapp*, Impfzwang – Verfassungsrechtliche Grenzen staatlicher Gesundheitsvorsorgemaßnahmen, in: DVBl. 2015, S. 11–19.

[76] *Schaks/Krahnert*, Die Einführung einer Impfpflicht zur Bekämpfung der Masern. Eine zulässige staatliche Handlungsoption, in: MedR 2015, S. 860–866.

[77] *Sacksofsky/Nowak*, Grundrechte und Staatsorganisationsrecht – Masernimpfpflicht, in: JuS 2015, S. 1007–1012, die ausweislich der für die Fallbearbeitung im Rahmen einer Anfängerhausarbeit vorgeschlagenen Lösungsskizze eine Verfassungsmäßigkeit aber ablehnen, dies allerdings in erster Linie an einem Verstoß gegen Art. 6 Abs. 2 S. 1 GG festmachen.

[78] *Zuck*, Rechtsgutachten wegen (verfassungs)rechtlicher Fragen zur Masernimpfung, erstattet für die „Arbeitsgemeinschaft Bürgerrecht & Gesundheit e. V.", (2016).

[79] *Zuck*, Gesetzlicher Masern-Impfzwang, in: ZRP 2017, S. 118–121.

[80] Der Vorsitzende dieses Vereins ist der erklärte Impfgegner *Hans Tolzin*, der auf www.impfkritik.de/virusbeweis/index.html (Seite zuletzt aufgerufen am: 06.04.2021) sogar die Existenz des Masernvirus anzweifelt. Der Verein als Auftraggeber des Gutachtens ist mittlerweile nicht mehr ins Vereinsregister eingetragen, www.agbug.de/ (Seite zuletzt aufgerufen am: 06.04.2021).

[81] *Höfling/Stöckle*, Elternrecht, Kindeswohl und staatliche Impfverantwortung, in: RdJB 2018, S. 284–299.

impfpflicht befürworten, sowie erneut *Schaks*[82] und *Rixen*[83]. Komplettiert wird die Quellenlage der Einzelbeiträge zur Impfpflicht von einigen ärztlichen und medizinischen Einschätzungen[84], die juristische Aspekte jedoch naturgemäß außen vor lassen.

Aus der Betrachtung dieser Quellenlage wird ersichtlich, dass es bisher im Schrifttum noch keine explizite Auseinandersetzung mit der Verfassungsmäßigkeit einer *allgemeinen* Impfpflicht gegeben hat. Zudem werden verfassungsrechtliche Erwägungen zumeist anhand der Masernimpfpflicht[85] oder in jüngster Zeit in Grundzügen anhand einer möglichen Impfpflicht gegen COVID-19[86] dargestellt und sind daher nicht immer allgemeingültig bzw. unmittelbar auf Impfpflichten für andere Infektionskrankheiten übertragbar.

Abzugrenzen von der Forschungsfrage der hiesigen Arbeit sind Themen des Infektionsschutz-, Risiko- und Katastrophenrechts, die – vor kurzem noch als Forschungsdesiderat deklariert[87] – in jüngerer und jüngster Zeit insbesondere „dank" der Corona-Pandemie eine nähere Befassung nicht nur in monographischer Form erfahren haben.[88] Diese Untersuchungen konzentrieren sich auf Fragen zur rechtsstaatlichen Bewältigung von Risikosituationen am Beispiel von Gesundheitsbedrohungen. Wenngleich die Ausrichtung von Forschungsfragen dieser Rechtsgebiete mit der Frage nach einer Impfpflicht nicht identisch ist, so bietet das Infektionsschutzrecht doch für die hier zu behandelnde hypothetische Fragestellung eine Umrahmung aus geltendem Recht, so dass die vorliegende Forschungsfrage nicht im „luftleeren" Raum, d. h. außerhalb des einfachrechtlichen Kontexts steht. Herausragend ist die bereits erwähnte Studie von *Klafki*

---

[82] *Schaks*, § 14 Verhütung übertragbarer Krankheiten: Schutzimpfungen, in: Kluckert (Hrsg.), Das neue Infektionsschutzrecht (2021).

[83] *Rixen*, in: Huster/Kingreen (Hrsg.), Handbuch Infektionsschutzrecht (2021), Kapitel 5, Rn. 30–90.

[84] So etwa *Wicker/Rabenau/Marckmann et al.*, Argumente für eine verpflichtende Influenzaimpfung, in: DMW 2009, S. 1650–1652 sowie *Hartmann*, Eine Pflicht zur Impfberatung greift viel zu kurz, in: MMW-Fortschr. Med. 2015, S. 157.

[85] Mit Ausnahme von *Stebner/Bothe*, Impfzwang der Bevölkerung wegen Pockengefahr?, in: MedR 2003, S. 287–288 sowie *Trapp*, Impfzwang – Verfassungsrechtliche Grenzen staatlicher Gesundheitsvorsorgemaßnahmen, in: DVBl. 2015, S. 11–19.

[86] Vgl. etwa *Boehme-Neßler*, Auf dem Weg zur Herdenimmunität?, in: NVwZ 2021, S. 1241–1245 oder *Pieper/Schwager-Wehming*, Impfpflichten zur Bekämpfung von Masern- und COVID-19-Viren auf dem verfassungsrechtlichen Prüfstand, in: DÖV 2021, S. 287–297.

[87] Vgl. *Rixen*, Befugnisse und Grenzen des staatlichen Infektionsschutzrechts, in: Kloepfer (Hrsg.), Pandemien als Herausforderung für die Rechtsordnung (2011), S. 67 (68); *Trute*, Katastrophenschutzrecht – Besichtigung eines verdrängten Rechtsgebietes, in: KritV 2005, S. 342 (344).

[88] So *Kingreen*, in: Huster/Kingreen (Hrsg.), Handbuch Infektionsschutzrecht (2021), Kapitel 1, Rn. 41: „Das Virus und die in der ersten Märzhälfte 2020 angelaufenen Maßnahmen zu seiner Eindämmung haben den Status des Infektionsschutzgesetzes in der Rechtsordnung schlagartig verändert. In kürzester Folge erscheinen seither Kommentare und Handbücher; sogar eine neue Zeitschrift wurde gegründet, die sich allein den rechtlichen Folgewirkungen des Virus widmet".

(2017), die sich mit dem Risikobegriff im Recht sowie den demokratischen und rechtsstaatlichen Anforderungen an das Risiko- und Katastrophenmanagement auf völker-, europa- und bundesrechtlicher Ebene am Beispiel von Pandemien beschäftigt. Ähnlich stellt sich die bereits erwähnte Arbeit von *Grüner* (2017) auf, die sich im „Spannungsfeld von Rechtsstaatsprinzip und Katastrophenbewältigung" mit dem Katastrophenschutzrecht befasst und den Schwerpunkt auf Pandemien legt. Den nationalen wie internationalen Steuerungselementen der Pandemievorsorge und -bekämpfung widmet sich *Pflug*[89] (2013) und beleuchtet in diesem Zusammenhang u. a. die Legitimation und die Aufgaben des Robert-Koch-Instituts sowie der Ständigen Impfkommission, die auch bei der Frage einer allgemeinen Impfpflicht von Bedeutung sind. Abgerundet wird diese Welle an Arbeiten zum Infektionsschutzrecht durch die ebenfalls bereits erwähnten Untersuchungen von *Mers* (2019) und *v. Steinau-Steinrück* (2013) sowie die umfassende Studie von *Pohlmann* (2012)[90], die einen guten Überblick über das Rechtsgebiet verschaffen. Daneben erschließen einige Handbücher[91] und Einzelbeiträge[92] das Infektionsschutzrecht und seine fließenden Übergänge zum Katastrophen(schutz)recht. In den Jahren 2020 und 2021 erschien zudem eine Vielzahl von Aufsatzliteratur mit ganz überwiegend arbeitsrechtlichem Einschlag insbesondere zur Bewältigung der Corona-Pandemie auch mittels der neu entwickelten Impfstoffe. Einzelfragen zur COVID-19-Impfung aus dem Bereich des Arbeitsrechts stehen bei der verfassungsrechtlichen Gesamtbeurteilung einer allgemeinen Impfpflicht jedoch nicht im Vordergrund.

Dass das stiefkindliche Dasein des Infektionsschutzrechts in der wissenschaftlichen Erläuterung durch die derzeitige Renaissance im Zuge des rechts-

---

[89] *Pflug*, Pandemievorsorge – informationelle und kognitive Regelungsstrukturen (2013).

[90] *Pohlmann*, Rechtliche Rahmenbedingungen der Katastrophenbewältigung (2012), die sich auf S. 269–340 mit der Pandemiebekämpfung nach Gesundheitsrecht und innerhalb dessen auf S. 270–292 explizit auch mit Schutzimpfungen als Instrument der Pandemiebekämpfung beschäftigt.

[91] Hier bilden die Werke von *Kloepfer* einen Schwerpunkt, so etwa das „Handbuch des Katastrophenrechts" (2015) sowie die Herausgeberschaften der Tagungsbände „Katastrophenrecht. Grundlagen und Perspektiven" (2007) und „Pandemien als Herausforderung für die Rechtsordnung" (2011).

[92] Hier sind insbesondere folgende Beiträge zu nennen: *Engels*, Infektionsschutzrecht als Gefahrenabwehrrecht, in: DÖV 2014, S. 464–475; *Kraft/Dohmen*, Rechtliche Aspekte einer Pandemie in Deutschland, in: PharmR 2008, S. 401–407; *Loer*, Gesundheitspolitik zwischen Schutzpflicht und Eigenverantwortung, in: Pünder/Klafki (Hrsg.), Risiko und Katastrophe als Herausforderung für die Verwaltung (2016), S. 81–103; *Rixen*, Befugnisse und Grenzen des staatlichen Infektionsschutzrechts, in: Kloepfer (Hrsg.), Pandemien als Herausforderung für die Rechtsordnung (2011), S. 67–84; *Schimmelpfennig*, Das Infektionsschutzgesetz (IfSG), in: RDG 2008, S. 224–230; *Sodan*, § 56 – Infektionsschutzrecht, in: Ehlers/Fehling/Pünder (Hrsg.), Bes. VerwR Bd. 2 (2020); *Taupitz*, Infektionsrechtliche „Triage", in: Kloepfer (Hrsg.), Pandemien als Herausforderung für die Rechtsordnung (2011), S. 103–126; *Trute*, Pandemien als potentiell globale Katastrophe, in: GSZ 2018, S. 125–133; *Walus*, Pandemie und Katastrophennotstand, in: DÖV 2010, S. 127–133.

wissenschaftlichen Diskurses um die Corona-Pandemie gerade erst ausgeräumt wird[93], zeigt der bis zum Jahr 2020 geringe Bestand an Kommentarliteratur. Zu nennen sind die Kommentierung von *Erdle*[94] (2021), die sich eher an den praktischen Rechtsanwender richtet sowie zwei etwas umfassendere Kommentierungen von *Gerhardt*[95] (2021) und *Bales/Baumann/Schnitzler*[96] (2003), wobei letztere aufgrund fehlender Aktualität nur eingeschränkt brauchbar ist. Ähnliches gilt für den – allerdings recht ausführlichen – Kommentar von *Schumacher/Meyn* (1992/1998) zum Vorgängergesetz des Infektionsschutzgesetzes, dem Bundesseuchengesetz. Im Zuge der Reformen des Infektionsschutzrechts im Jahr 2020 hat sich die Handbuch- und Kommentarlandschaft allerdings jüngst um die umfangreichen Werke von *Kießling* (2021)[97], *Eckart/Winkelmüller* (2021)[98], *Kluckert* (2021)[99], *Kersten/Rixen* (2021)[100] und *Huster/Kingreen* (2021)[101] erweitert. Ein Ende dieser erfreulichen Welle an rechtswissenschaftlichen Auseinandersetzungen mit infektionsschutzrechtlicher Krisenbewältigung ist bislang nicht abzusehen.

Es zeigt sich indes auch, dass sich mit der Thematik einer allgemeinen Impfpflicht – trotz der derzeitigen Brisanz und Relevanz – im Schrifttum nicht über Einzelfragen oder andeutende Überblicke hinaus beschäftigt wurde.

C. Gang der Untersuchung

Die vorliegende Arbeit versucht, die Verfassungsmäßigkeit einer – hypothetischen – allgemeinen Impfpflicht auf den Prüfstand zu stellen und dabei einen Bogen zu schlagen, der es erlaubt, sowohl Einzelfragen der Thematik intensiv zu beleuchten als auch stets deren Zusammenhang mit der Ausgangsfrage aufzuzeigen. Dabei wird neben der Analyse der für die Entscheidungsfindung maßgeblichen Dogmatik der grundrechtlichen Schutzpflichten eine ausführliche

---

93 Vgl. dazu prägnant *Kingreen*, in: Huster/Kingreen (Hrsg.), Handbuch Infektionsschutzrecht (2020), Kapitel 1, Rn. 40: „Einfach-rechtlich musste die rechtswissenschaftliche Diskussion fast bei null anfangen, denn das Infektionsschutzgesetz hatte beinahe 20 Jahre in den endlosen Weiten der Prairie des besonderen Verwaltungsrechts weitgehend friedlich vor sich hingeschlummert. Es gab noch nicht einmal einen Kommentar, der über die Paraphrasierung von Gesetzestexten und die Wiedergabe von Gesetzesbegründungen hinaus Orientierung für die Praxis der Pandemiebekämpfung vermittelt hätte".

94 *Erdle*, Infektionsschutzgesetz (2021).

95 *Gerhardt*, Infektionsschutzgesetz Kommentar (2021).

96 *Bales/Baumann/Schnitzler*, Infektionsschutzgesetz Kommentar (2003).

97 *Kießling* (Hrsg.), Infektionsschutzgesetz Kommentar (2021).

98 *Eckart/Winkelmüller* (Hrsg.), Beck'scher Online-Kommentar Infektionsschutzrecht (2021).

99 *Kluckert* (Hrsg.), Das neue Infektionsschutzrecht (2021).

100 *Kersten/Rixen*, Der Verfassungsstaat in der Corona-Krise (2021).

101 *Huster/Kingreen* (Hrsg.), Handbuch Infektionsschutzrecht (2021).

Prüfung der Eingriffe in die relevanten Grundrechte – Leben und körperliche Unversehrtheit und das elterliche Erziehungsrecht – vorgenommen. Anschließend werden die Anforderungen an die Ausgestaltung dieser Eingriffsnormen anhand der formell-staatsorganisationsrechtlichen Vorgaben analysiert. In Ansehung des Forschungsstandes wird erstmals eine umfassende Gesamtschau über all jene Rechtsaspekte vorgenommen, die zur Beurteilung der Verfassungsmäßigkeit oder -widrigkeit einer allgemeinen Impfpflicht relevant sind.

Die Arbeit will sich jedoch nicht nur auf das bewährte Programm der Grundrechtsprüfung beschränken, wenngleich sich dieses als elementar für den Erkenntnis- und Ergebnisgewinn erweist. Sie hat vielmehr den – zugegebenermaßen ambitionierten – Anspruch, innerhalb und anhand der grundrechtlichen Schutzpflichtendogmatik[102] ein Modell zu entwickeln, das den Unsicherheiten einer Prognoseentscheidung zwischen Schutz *durch* und Abwehr *gegen* den Staat im Hinblick auf beide Dimensionen des Grundrechts auf körperliche Unversehrtheit im Dreieck Rechnung trägt. Es sollen aus der abstrakten Dogmatik heraus Vorgaben gleichsam einer „Schablone" erarbeitet werden, die eine möglichst rechtssichere, wiederholbare und methodisch widerspruchsfreie Entscheidung ermöglichen, indem die Gleich- oder Ungleichwertigkeit der Gefahrennähe für beide Seiten analysiert und gegeneinander abgewogen wird. Die Arbeit will so eine umfassende grundrechtliche Analyse bieten, die sich nicht auf die Untersuchung einer bestimmten Infektionskrankheit beschränkt, sondern auch bei der Prüfung einer allgemeinen Impfpflicht in Bezug auf weitere Infektionskrankheiten anwendbar bleibt.

Dabei wird wie folgt vorgegangen: Im Anschluss an diese Einleitung (§ 1) erfolgt zunächst die Darstellung grundlegender Aspekte zu Impfungen (§ 2). Diese beginnt mit einem geschichtlichen Überblick über die Entdeckung der Impfmedizin. Sodann werden die verschiedenen Bedeutungen der Impfung im medizinischen, gesellschaftsmedizinischen, gesellschaftlich-sozialen und rechtlichen Kontext aufgefächert. Insbesondere werden die wesentlichen medizinischen Grundbegriffe erläutert, auf die im weiteren Verlauf der Ausarbeitung an vielen Stellen zurückgegriffen wird. Ein Schwerpunkt liegt auf der Beschreibung derjenigen Personengruppen, die aus medizinischen Gründen nicht impffähig sind und daher nur durch Herdenimmunität geschützt werden können. Nach einer Skizzierung der derzeitigen gesellschaftlich-sozialen Bedeutung erfolgt eine Einordnung von Impfungen und Impfprogrammen in den nationalen und internationalen Rechtskontext. Die Grundlegung schließt mit einer Ana-

[102] Vgl. für dogmatische Arbeiten zu grundrechtlichen Schutzpflichten in jüngerer Zeit *Breckwoldt*, Grundrechtskombinationen (2015); *Camilo de Oliveira*, Zur Kritik der Abwägung in der Grundrechtsdogmatik (2013); *Clausen*, Das Verhältnis von Achtungs- und Schutzpflichten in Ausnahmesituationen (2018); *Gerbig*, Grundrecht auf staatlichen Schutz (2014); *Klatt/Schmidt*, Abwägung unter Unsicherheit, in: Klatt (Hrsg.), Prinzipientheorie und Theorie der Abwägung (2013), dort S. 105–150 (2013).

lyse des historischen Vorläufers einer Impfpflicht in Deutschland, des Reichimpfgesetzes von 1874, sowie der Rechtsprechung der 1950er Jahre zur Pockenimpfpflicht unter dem Grundgesetz, um die teils behauptete Vergleichbarkeit der Verfassungsmäßigkeit der Pockenimpfpflicht mit einer heutigen allgemeinen Impfpflicht in rechtlicher Hinsicht zu verifizieren oder zu falsifizieren.

Das darauffolgende Kapitel (§ 3) bildet mit der Grundrechtsprüfung angesichts des Untersuchungsgegenstandes das Herzstück dieser Ausarbeitung. Die grundrechtliche Problemlage einer allgemeinen Impfpflicht wird in Bezug auf Schutzpflichten und die jeweils widerstreitenden Abwehrgrundrechte aus Art. 2 Abs. 2 S. 1 sowie Art. 6 Abs. 2 S. 1 GG ausführlich erörtert. Die thematische Behandlung wird weiter untergliedert: Vorangestellt ist die Herleitung allgemeiner Problemkreise des Instituts der grundrechtlichen Schutzpflichten, anhand derer sodann die Besonderheiten der Schutzpflicht für das Grundrecht auf Leben und körperliche Unversehrtheit aufgezeigt werden, welche bei einer allgemeinen Impfpflicht den legitimen Zweck des Eingriffs bildet (§ 3 A.). Diese wird im Widerstreit mit der grundrechtlichen Abwehrfunktion dem Versuch einer abstrakten Gewichtung zugeführt, die sich an den in der bundesverfassungsgerichtlichen Rechtsprechung zur Schutzpflicht für Leben und körperliche Unversehrtheit entwickelten Kriterien orientiert. Darauf aufbauend wird das bereits angesprochene Gewichtungsmodell für Situationen gesetzgeberischer Risikoprognose im Bereich grundrechtlicher Dreiecksverhältnisse bezüglich desselben Grundrechts entworfen.

Der weitere Prüfungsaufbau (§ 3 B. I.) orientiert sich an der klassischen Prüfung eines Grundrechtseingriffs in Art. 2 Abs. 2 S. 1 GG der zur Impfung verpflichteten Personen und überprüft dabei im Rahmen der Erforderlichkeitsprüfung mehrere in der Debatte vorgebrachte mildere Mittel auf ihre Effektivität. Letztlich sind jedoch medizinisch-epidemiologische Faktoren die Basis jeder rechtlichen Abwägung. Alle bis hierhin erarbeiteten rechtlichen Vorgaben hinsichtlich der Abwägung dürfen daher den „Praxistest“ nicht scheuen: Deshalb wird im Folgenden (§ 3 B. II.) anhand der Infektionskrankheiten Masern, Mumps, Meningokokken C, Keuchhusten und dem Varizella-zoster-Virus untersucht, ob einer allgemeinen Impfpflicht gegen diese Zielkrankheiten derzeit im Hinblick auf das Grundrecht auf körperliche Unversehrtheit der zu impfenden Personen eine Verfassungsmäßigkeit bescheinigt werden könnte. Die bei der Anwendung der Gleichwertigkeitsprüfung auszumachenden Defizite der Datengrundlage werden einer eingehenden Kritik unterzogen, in Beobachtungs- und Nachbesserungspflichten des Gesetzgebers eingeordnet und gleichzeitig verschiedene Möglichkeiten ihrer Erfüllung aufgezeigt.

COVID-19 scheidet als Untersuchungsgegenstand einer allgemeinen Impfpflicht zum jetzigen Zeitpunkt jedoch noch aus, da noch nicht mit letzter Sicherheit geklärt ist, ob durch eine Impfung gegen SARS-CoV-2 die Erregerweitergabe mittels „steriler Immunität“ tatsächlich vollständig verhindert werden kann[103], ob die Impfung also den Schutz impfunfähiger Dritter herbeiführt oder nur den Geimpften selbst zuverlässig vor einer Erkrankung oder (nur) vor einem schweren Verlauf schützt.[104] Darüber hinaus ist bislang kein SARS-CoV-2-Impfstoff für die Anwendung bei Kindern in einem Alter von unter 12 Jahren – also einem nicht unerheblichen Teil der Bevölkerung – empfohlen.[105]

Weiter wird die Einordnung der Eingriffsmaßnahme einer allgemeinen Impfpflicht in das Elterngrundrecht und dort ausführlich die Vorenthaltung einer Impfung im Kontext des Kindeswohls diskutiert (§ 3 C.). Hier ist insbesondere relevant, welche Auswirkungen eine hinsichtlich des Grundrechts auf körperliche Unversehrtheit der zu impfenden Personen festgestellte Verfassungskonformität der allgemeinen Impfpflicht auf die Grundrechtsbetroffenheit der Eltern minderjähriger impfpflichtiger Personen hat. Die Erforderlichkeitsprüfung wird hier im Vergleich zur Prüfung des Eingriffs in die körperliche Unversehrtheit an die Besonderheiten des Elterngrundrechts angepasst. Das Modell der Gleichwertigkeitsprüfung hingegen kommt im Rahmen der Angemessenheit nicht zur Anwendung, da sich zwei Dimensionen verschiedener Grundrechte gegenüberstehen.

Lediglich exkursorisch folgt anschließend eine Beleuchtung der rechtlichen Durchsetzbarkeit bzw. der Sanktionierung eines Pflichtverstoßes (§ 3 D.), da eine Verletzung der Rechtspflicht zur Impfung freilich auch rechtliche Konsequenzen nach sich ziehen muss.[106] Die Art und Weise der Durchsetzung einer ansonsten als verfassungsgemäß analysierten Maßnahme kann aber nicht zu deren Verfassungswidrigkeit führen.

Das sich anschließende Kapitel (§ 4) befasst sich mit der formellen Seite der Einführung einer allgemeinen Impfpflicht, deren materieller Umfang (insb. derzeit relevante Zielkrankheiten) bereits in den vorangegangenen Kapiteln ermittelt wurde. Zunächst wird die Gesetzgebungskompetenz des Bundes thematisiert und von der Residualkompetenz der Länder für den Katastrophenschutz

---

[103] Bislang muss jedenfalls davon ausgegangen werden, dass eine Impfung gegen COVID-19 keine sog. „sterile Immunität" verursacht, so *Robert-Koch-Institut*, STIKO-Empfehlung zur COVID-19-Impfung, in: EpidBull Nr. 2/2021, S. 3 (5); *Harder et al.*, Wie gut schützt die COVID-19-Impfung vor SARS-CoV-2-Infektionen und -Transmission?, in: EpidBull Nr. 19/2021, S. 13 (21).

[104] Mit Stand vom 30.09.2021 wurden seit der 5. Kalenderwoche 2021 über 56.000 wahrscheinliche Impfdurchbrüche nach COVID-19-Impfungen identifiziert, *Robert-Koch-Institut*, Wöchentlicher Lagebericht des RKI zur Coronavirus-Krankheit-2019 (COVID-19) v. 30.09.2021, S. 19.

[105] So gab es bis August 2021 keine Impfempfehlung für Unter-18-Jährige, *Robert-Koch-Institut*, STIKO-Empfehlung zur COVID-19-Impfung, in: EpidBull Nr. 2/2021, S. 3 (56). Seit 18.08.2021 empfiehlt die STIKO die Impfung gegen COVID-19 auch für Kinder ab einem Alter von 12 Jahren, *Robert-Koch-Institut*, STIKO-Empfehlung zur COVID-19-Impfung, in: EpidBull Nr. 33/2021, S. 3.

[106] *Deutscher Ethikrat*, Stellungnahme: Impfen als Pflicht? (2019), S. 36; vgl. *Richter-Kuhlmann*, Ethikrat gegen generellen Zwang, in: DÄ 2019, S. A1306 (A1307).

abgegrenzt. Das Kernstück dieses Kapitels bildet sodann die Beantwortung der Frage, welcher Normrang einer allgemeinen Impfpflicht zukommen muss, wobei der aus der Wesentlichkeitstheorie folgende Parlamentsvorbehalt bereits die entscheidende Vorgabe des Parlamentsgesetzes statuiert. Die verbleibende Rolle der Verordnungsermächtigung des § 20 Abs. 6, 7 IfSG, auf deren Grundlage ebenfalls die Einführung einer Impfpflicht möglich ist, wird anschließend knapp beantwortet. Abschließend werden die Schlüsselfragen der einfachgesetzlichen Ausgestaltung einer Impfpflicht beleuchtet. Angesichts der zuvor erkannten Beobachtungs- und Nachbesserungspflichten des Gesetzgebers stehen hier die Aufgaben des Robert-Koch-Instituts und der Ständigen Impfkommission sowie die Zulässigkeit ihrer Aufgabenwahrnehmung im Rahmen einer allgemeinen Impfpflicht unter dem Parlamentsvorbehalt im Fokus. Letztlich stellt sich auch die Frage, inwieweit die Regelungen der Masernimpfpflicht als Vorbild für die Ausgestaltung einer allgemeinen Impfpflicht dienen können.

Die Untersuchung wird von einer zusammenfassenden Schlussbemerkung abgeschlossen (§ 5), die einen rechtspolitischen Ausblick einschließt.

§ 2

Grundlagen

Um die verfassungsrechtliche Problematik einer allgemeinen Pflicht zur Impfung zu erfassen, bedarf es zunächst grundlegender Ausführungen zur Rolle und Bedeutung von Impfungen im medizinischen, gesellschaftlichen und rechtlichen Kontext, die die tatsächliche Basis rechtlicher Betrachtungen bilden. Unter einem historischen Blickwinkel stellt sich sodann aber auch die Frage, ob nicht entscheidende Probleme einer allgemeinen Impfpflicht aus verfassungsrechtlicher Sicht bereits anhand der Pockenimpfpflicht von 1874 geklärt wurden.

A. Impfungen in Medizin und Gesellschaft

Eine große Bedeutung haben Impfungen als Präventionsinstrument bereits dann, wenn nur ihr medizinischer Effekt in den Blick genommen wird. Dieser hat aber sowohl individuelle als auch gesellschaftliche (Aus)wirkungen. Daher soll im Folgenden – als Grundlage der verfassungsrechtlichen Prüfung einer allgemeinen Impfpflicht – zunächst die Entwicklung der medizinischen Bedeutung der Impfung skizziert werden. Diese erweitert sich im Kontext ihrer gesellschaftsmedizinischen Rolle und verdeutlicht in diesem Lichte ihre Bedeutsamkeit für Individual- und Herdeneffekte (I.). Das wiederum hat eine gesellschaftlich-soziale Reflexion der Impfung und ihrer Auswirkungen zur Folge (II.).

I. Die Impfung als Instrument der Medizin

Der Erfolg von Schutzimpfungen blickt bereits auf eine lange Tradition zurück. Die Entwicklung des medizinischen Präventionsinstrumentes der Schutzimpfung, wie es heute eingesetzt wird, nahm ihren Ausgangspunkt im 18. Jahrhundert in der Entdeckung der Pockenschutzimpfung. Die positive Wirkung dieser Impfung ebnete trotz ihrer Nebenwirkungen nicht nur in medizinischer Hinsicht den Weg für die Erforschung von Schutzimpfungen gegen weitere Infektionskrankheiten.

Heute können Menschen gegen eine Vielzahl von übertragbaren Krankheiten geimpft und damit vor der Übertragung geschützt werden, sofern gegen die entsprechenden Krankheitserreger Impfstoffe vorhanden sind.[1] Die Schutzimpfung ist – vereinfacht ausgedrückt – ein präventiver medizinischer Eingriff zur Verhinderung der Ansteckung und der Weiterverbreitung einer Infektionskrankheit.

1. Ausgangspunkt der Impfmedizin: Die Schutzimpfung gegen die Pocken

„Vakzination: 1. [Pocken]schutzimpfung, 2. (früher) Impfung mit Kuhpockenlymphe"[2] – so beschreibt der Duden heute die Bedeutung der Vakzination (Impfung). Diese Definition geht auf *Edward Jenner* zurück, der im 18. Jahrhundert Material aus einer von Kuhpocken hervorgerufenen Pustel zur Impfung gegen Pocken benutzte.[3] Die Schutzimpfung gegen die Pocken, eine gefährliche Infektionskrankheit[4], die nach einer Inkubationszeit von durchschnittlich 10–14 Tagen zu Fieber-, Kopf- und Kreuzschmerzen sowie Hautveränderungen (Papeln, Bläschen, Pusteln) führte und deren Mortalitätsrate bei mindestens 30 % lag[5], war die erste Immunisierungsmöglichkeit gegen eine Infektionskrankheit überhaupt. Ihre Entwicklung lässt sich in zwei Phasen aufteilen.[6]

a) Die Pockenschutzimpfung im Wandel der Zeit

Der Vorgänger der Vakzination, also der Impfung mit Kuhpocken, die bei den Geimpften auch eine Immunität gegen die Menschenpocken hervorrief[7], war

---

[1] Kein Impfstoff existiert dagegen noch gegen Hepatitis C. Gegen Infektionen mit Malaria und HIV allerdings konnten in jüngerer Zeit erste Erfolge bei der Entwicklung eines Impfstoffs erzielt werden, vgl. DÄ v. 09.07.2018, Neuer HIV-Impfstoff erzielt robuste Immunität bei Affen und Menschen, www.aerzteblatt.de/nachrichten/96316/ (Seite zuletzt aufgerufen am: 09.04.2021) sowie www.tagesschau.de/ausland/who-malaria-105.html (Seite zuletzt aufgerufen am: 17.10.2021).

[2] www.duden.de/rechtschreibung/Vakzination (Seite zuletzt aufgerufen am: 06.04.2021).

[3] *Autenrieth/Noll*, Perspektiven für die Entwicklung neuer Impfstoffe, in: Monatsschrift Kinderheilkunde 1998, S. 355; *Kaufmann*, Immunologische Grundlagen neuer Impfstrategien, in: Naturwissenschaften 1998 (85), S. 62; *Riedel*, Edward Jenner and the history of smallpox and vaccination, in: BUMC Proceedings 2005: 18, S. 21 ff.; so *Jenner* auch die „Erfindung" der Impfung zugeschrieben wird, so wurden bereits zuvor vereinzelt Versuche einer Immunisierung unternommen, die auch erfolgreich waren, in der medizinischen Wissenschaft jedoch nicht wahrgenommen wurden, vgl. *Helmstädter*, Zur Geschichte der aktiven Immunisierung, in: PharmuZ 2008, S. 12 (13); vgl. dazu sogleich § 2 A. I. 1. „Ausgangspunkt der Impfmedizin: Die Schutzimpfung gegen die Pocken".

[4] Vgl. *Grotjahn*, Soziale Pathologie (1923), S. 23: „[...] in großer Anzahl die Erkrankten unter quälenden Erscheinungen zum Tode führt, [...] auch bei zahlreichen Genesenden verhängnisvolle dauernde Körperfehler zurück[bleiben]".

[5] *Sasse/Gelderblom*, Pockenausbrüche nach dem zweiten Weltkrieg in Deutschland, in: BGesBl. 2015, S. 730.

[6] Einen ausführlichen Überblick über die Entwicklung der Pockenimpfstoffe aus medizinischer Sicht bieten *Munz*, Die Impfstoffe, in: Herrlich (Hrsg.), Handbuch der Schutzimpfungen (1965), S. 113 (155 f., 159) sowie *Wohlrab*, Die Pockenschutzimpfung, in: Spiess (Hrsg.), Schutzimpfungen (1958), S. 172 (177 ff.).

[7] Vgl. *Spiess*, Schutzimpfung und Immunität, in: ders. (Hrsg.), Schutzimpfungen (1958), S. 1; vgl. auch *Kaiser*, Pocken und Pockenschutzimpfung (1949), S. 75.

die *Variolation.*[8] Diese wurde in England seit etwa 1720 praktiziert und war seitdem auch in Deutschland bekannt.[9] Hierbei wurde der Inhalt der Pockenpusteln von „Leichtkranken" oder von Menschen, die die Infektion überstanden hatten, auf einen gesunden Menschen übertragen, um bei diesem eine Immunität zu provozieren.[10] Da es sich um eine gewöhnliche Pockeninfektion handelte, dessen leichteren Verlauf man zwar erhoffte, aber wissenschaftlich nicht sicher prognostizieren konnte[11], barg dieses Verfahren ebenso die Gefahr der Erkrankung wie die gewöhnliche Infektion.[12]

Die Entdeckung *Jenners* im Jahr 1796, die Inokulation[13] anstelle von Menschenpocken mit Kuhpocken durchzuführen, war die Geburtsstunde der *Vakzination.*[14] Dieses Verfahren entwickelte sich stetig weiter: Bestanden die Vakzine anfangs noch aus Kuhpockenlymphe, so wurde der Impfstoff, der schließlich im 19. Jahrhundert verwendet wurde, aus der „humanisierten Lymphe" eines mit dem Kuhpockenvirus infizierten Menschen, des sog. „Vorimpflings" oder „Stammimpflings" gewonnen.[15] Dieser Vorgang wurde als „Animpfen" bezeichnet.[16] Von diesem „Stammimpfling" aus konnten die Vakzine wiederum direkt an einen anderen Impfling weitergegeben werden. Die Verwendung „humanisierter Lymphe" war aber risikobehaftet: Zum einen konnten bei der Impfung Erreger der Syphilis sowie bei „Arm-zu-Arm-Impfung"[17] weitere Erreger aus dem Organismus des Vorimpflings übertragen werden.[18] Auch das Bewusstsein

---

8 *Reichsgesundheitsamt*, Blattern- und Schutzpockenimpfung (1925), S. 16; jeweils zu Begriff, Geschichte und Verfahren der beiden Impftechniken ausführlich *Kerscher*, Der preußische Weg zum Impfzwang (2011), S. 31–46.

9 *Kerscher*, Der preußische Weg zum Impfzwang (2011), S. 33; *Klebs*, Variolation im 18. Jahrhundert (1914), S. 47; *Wohlrab*, Die Pockenschutzimpfung, in: Spiess (Hrsg.), Schutzimpfungen (1958), S. 172.

10 *Helmstädter*, Zur Geschichte der aktiven Immunisierung, in: PharmuZ 2008, S. 12; *Kaiser*, Pocken und Pockenschutzimpfung (1949), S. 72; *Kerscher*, Der preußische Weg zum Impfzwang (2011), S. 33.

11 *Hess*, Seuchengesetzgebung (2009), S. 91 ff.; *Hufeland*, Über die wesentlichen Vorzüge der Inoculation (1792), S. 5; *Kübler*, Geschichte der Pocken (1901), S. 123.

12 *Flamm/Vutuc*, Geschichte der Pocken-Bekämpfung, in: Wien Klin Wochenschr 2010, S. 265; *Kerscher*, Der preußische Weg zum Impfzwang (2011), S. 36.

13 Einbringen von Erreger- oder Zellmaterial in ein Nährmedium oder einen Organismus, *Pschyrembel*, Klinisches Wörterbuch (2020), Stichwort „Inokulation", S. 834.

14 Vgl. *Jenner*, The Origin of the Vaccine inoculation (1801), S. 6; *Kastner*, Der Impfzwang und das Reichs-Impfgesetz vom 8. April 1874 (1909), S. 9; *Kübler*, Geschichte der Pocken (1901), S. 153; *Hess*, Seuchengesetzgebung (2009), S. 93.

15 *Hartung*, Zur Entwicklung der Pockenschutzimpfung (2002), S. 93; *Kerscher*, Der preußische Weg zum Impfzwang (2011), S. 38; *Kübler*, Geschichte der Pocken (1901), S. 272 f; *Henig/Krafft*, Pockenimpfstoffe in Deutschland, www.pharmazeutische-zeitung.de/inhalt-38-1999/titel-38-1999/ (Seite zuletzt aufgerufen am: 18.03.2021).

16 *Henig/Krafft*, Pockenimpfstoffe in Deutschland, www.pharmazeutische-zeitung.de/inhalt-38-1999/titel-38-1999/ (Seite zuletzt aufgerufen am: 18.03.2021).

17 *Kübler*, Geschichte der Pocken (1901), S. 342.

18 *Flamm/Vutuc*, Geschichte der Pocken-Bekämpfung, in: Wien Klin Wochenschr 2010, S. 265; *Kübler*, Geschichte der Pocken (1901), S. 342; *Thießen*, Die immunisierte Gesellschaft

der Impfärzte für Hygiene und Desinfektion der Impfgeräte war noch nicht so hoch, dass die Übertragung von Krankheiten auf diesem Wege ausgeschlossen werden konnte.[19] Die Pockenschutzimpfung, wie sie zur Zeit der Einführung des Reichsimpfgesetzes vorgesehen war, war also auch ohne das Auftreten von Impfkomplikationen und Impfschäden ein Gesundheitseingriff, da die Infektion zur Herstellung der Immunität in jedem Fall vorgesehen war (sog. „Allgemeinreaktion").[20]

Die Forderungen, die „humanisierte Lymphe" fortan wieder durch „tadellose Tierlymphe" zu ersetzen, wurden Ende des 19. Jahrhunderts lauter.[21] Bei dieser sog. „animalen Lymphe" oder „Retrovakzinen mindestens zweiter Generation"[22] handelte es sich um die Lymphe der Pusteln von mit Menschenpocken infizierten Kälbern[23], die für jeden Impfling einzeln produziert werden musste.[24] Dadurch konnte die Übertragung von Erregern weiterer humaner Krankheiten ausgeschlossen werden. Gleichzeitig wurde eine Immunität gegen Menschen- und nicht nur gegen die artverwandten Kuhpocken erzielt, die zwar eine gewisse Immunität auch gegen Menschenpocken provozierten[25], wofür es damals jedoch keine wissenschaftliche Erklärung gegeben hatte. Diese Methode etablierte sich allerdings erst um 1880 und wurde erst 1917 verbindlich vorgeschrieben.[26] Das Bemühen um eine hygienische Herstellung dieses animalen Impfstoffs war deshalb zu jeder Zeit ein bedeutender Aspekt der Sicherheit der Pockenschutzimpfung.

---

als Interventionsfeld, in: Etzemüller (Hrsg.), Vom „Volk" zur „Population", S. 242 f.; *Wohlrab*, Die Pockenschutzimpfung, in: Spiess (Hrsg.), Schutzimpfungen (1958), S. 172 (176).

[19] *Henig/Krafft*, Pockenimpfstoffe in Deutschland, www.pharmazeutische-zeitung.de/inhalt-38-1999/titel-38-1999/ (Seite zuletzt aufgerufen am: 18.03.2021).

[20] *Kerscher*, Der preußische Weg zum Impfzwang (2011), S. 38; vgl. aus medizinischer Sicht *Munz*, Die Impfstoffe, in: Herrlich (Hrsg.), Handbuch der Schutzimpfungen (1965), S. 113 (155 f., 159); *Wohlrab*, Die Pockenschutzimpfung, in: Spiess (Hrsg.), Schutzimpfungen (1958), S. 172 (184), der für die provozierte Allgemeinreaktion den Begriff des „Inokulationsfiebers" verwendet.

[21] *Kübler*, Geschichte der Pocken (1901), S. 342; vgl. *Flamm/Vutuc*, Geschichte der Pocken-Bekämpfung, Wien Klin Wochenschr 2010, S. 265 (269 f.).

[22] *Wohlrab*, Die Pockenschutzimpfung, in: Spiess (Hrsg.), Schutzimpfungen (1958), S. 172 (180).

[23] *Flamm/Vutuc*, Geschichte der Pocken-Bekämpfung, Wien Klin Wochenschr 2010, S. 265 (269); vgl. auch *Kaiser*, Pocken und Pockenschutzimpfung (1949), S. 91.

[24] *Henig/Krafft*, Pockenimpfstoffe in Deutschland, www.pharmazeutische-zeitung.de/inhalt-38-1999/titel-38-1999/ (Seite zuletzt aufgerufen am: 18.03.2021).

[25] Vgl. *Hartung*, Zur Entwicklung der Pockenschutzimpfung (2002), S. 93 f.

[26] Vgl. bei *Kübler*, Geschichte der Pocken (1901), S. 345; in diesem Zuge beschloss 1885 der Bundesrat die Einführung der Impfung mit Tierlymphe, da der Staat durch den Erlass des Reichsimpfgesetzes zur Bereitstellung einwandfreien Impfstoffs verpflichtet war, vgl. *Henig/Krafft*, Pockenimpfstoffe in Deutschland, www.pharmazeutische-zeitung.de/inhalt-38-1999/titel-38-1999/ (Seite zuletzt aufgerufen am: 18.03.2021).

b) Impfkomplikationen und Impfschäden

Die Pockenschutzimpfung barg auch die Gefahr von „Impfschäden“[27], die jedoch nicht zu verwechseln waren mit der normalen Impfreaktion, zumeist einer lokalen Entstehung zweier Impfpusteln an der Impfstelle[28] und Fieber[29], auch als „Impfkrankheit“ bezeichnet.[30] Die Abgrenzung konnte im Einzelfall Schwierigkeiten bereiten. Zu den Komplikationen ohne neuronale Schäden[31] zählen *Vaccinia generalisata*, *Ekzema vaccinatum* und *Vaccinia progressiva*, deren Entstehung allerdings durch bereits vorhandene Immunsuppression oder Immundefekte begünstigt wird.[32] Neben den Komplikationen ohne neuronale Schäden ist die „Impfenzephalitis“ (*encephalomyelitis postvaccinalis*) wohl die schwerwiegendste. Diese Risiken der Impfung sind auch bei einer Beurteilung der Rechtsprechung zur Verfassungsmäßigkeit der Pockenimpfpflicht nach dem Reichsimpfgesetz zu berücksichtigen.[33]

Symptomatisch für die *Vaccinia generalisata*, die ausschließlich nach der Erstimpfung auftritt[34] und bei immunsupprimierten Patienten lebensbedrohlich verlaufen kann[35], sind neben einem ausgedehnten Hautausschlag auch

---

27 *Kaiser*, Pocken und Pockenschutzimpfung (1949), S. 169, stellte dazu fest: „Es ist jedem Impfarzt bekannt, dass Impfschäden trotz gewissenhaftester Befolgung aller für die Impfung geltenden Vorschriften und trotz eindringlicher Belehrung der Angehörigen des Impflings vorkommen und immer vorkommen werden [...]“. Statistisches Material zu den Risiken der Pockenimpfung steht vor allem aus dem 20. Jahrhundert zur Verfügung, *Kerscher*, Der preußische Weg zum Impfzwang (2011), S. 38 m. w. N.; *Herrlich/Ehrengut/Schleussing*, Der Impfschaden, in: Herrlich (Hrsg.), Handbuch der Schutzimpfungen (1965), S. 212 (257).

28 Eine Überreaktion der Haut stellte aber schon eine Impfkomplikation dar, *Wohlrab*, Die Pockenschutzimpfung, in: Spiess (Hrsg.), Schutzimpfungen (1958), S. 172 (189 f.).

29 *Herrlich*, Klinik der Impfpocken, in: ders. (Hrsg.), Handbuch der Schutzimpfungen (1965), S. 175 (183); *Kaiser*, Pocken und Pockenschutzimpfung (1949), S. 108; *Wohlrab*, Die Pockenschutzimpfung, in: Spiess (Hrsg.), Schutzimpfungen (1958), S. 172 (188).

30 *Herrlich*, Klinik der Impfpocken, in: ders. (Hrsg.), Handbuch der Schutzimpfungen (1965), S. 175 (185) sowie *Herrlich/Ehrengut/Schleussing*, Der Impfschaden, in: Herrlich (Hrsg.), Handbuch der Schutzimpfungen (1965), S. 212.

31 Komplikationen auf der Impfstelle und an der Haut, am Auge sowie an den inneren Organen, wobei letztere äußerst selten waren, Aufzählung aus ausführlicher Erläuterung bei *Herrlich/Ehrengut/Schleussing*, Der Impfschaden, in: Herrlich (Hrsg.), Handbuch der Schutzimpfungen (1965), S. 212–256.

32 *Paul-Ehrlich-Institut*, Die unerwünschten Wirkungen der Pockenschutzimpfung, Informationen für Ärztinnen und Ärzte, Update zur CD ROM des Paul-Ehrlich-Instituts (Stand: 10.04.2003). Freilich existierten noch weitere Hautreaktionen, die sich indes als nicht gefährlich erwiesen haben, siehe umfangreiche Übersicht u. a. bei *Kaiser*, Pocken und Pockenschutzimpfung (1949), S. 119 ff.

33 Bemerkenswert ist daher die Feststellung des *Bundesgesundheitsamtes* im Gutachten über die Durchführung des Reichsimpfgesetzes (1959), S. 54: „Da die Impfpflicht in Deutschland im Hinblick auf die Pockensituation [in] der Welt beibehalten werden muss, ist das Risiko einer zerebralen Komplikation nach [der] Pockenschutzimpfung, die trotz aller Vorsichtsmaßnahmen eintreten kann, im Interesse eines wirksamen Impfschutzes nicht zu vermeiden.“

34 *Herrlich/Ehrengut/Schleussing*, Der Impfschaden, in: Herrlich (Hrsg.), Handbuch der Schutzimpfungen (1965), S. 212 (216).

35 *Paul-Ehrlich-Institut*, Die unerwünschten Wirkungen der Pockenschutzimpfung, S. 1,

Übelkeit und hohes Fieber.[36] Sie trat in Deutschland mit 3,7 zu 1 Million Impfungen relativ selten, in den USA dagegen mit 23,4 zu 1 Million häufig auf[37] und kam insbesondere bei Kindern mit dermatologischen Vorerkrankungen vor.[38]

Bei dem *Ekzema vaccinatum* kommt es „zur generalisierten Ausbreitung der Impfläsionen"[39], die mit hohem Fieber, beschleunigtem Puls und allgemeiner Prostration[40] einhergeht[41] und ohne Therapie zum Tode führen kann. Die erwünschte Impfreaktion beschränkt sich nicht auf die Einstichstelle, sondern breitet sich in großen Wundflächen über einen Zeitraum von mindestens zwei Wochen über den gesamten Körper aus, was durch eine Vorerkrankung wie etwa Neurodermitis begünstigt wird. Auch hier waren Fallzahlen von 0,6 zu 1 Million Impfungen in Deutschland gegenüber 12 zu 1 Million in England recht gering.[42]

Bei der *Vaccinia progressiva* „entsteht eine progrediente [fortschreitende] Nekrose mit sich anschließender Virämie[43]".[44] Kennzeichnend für die Vaccinia progressiva ist eine großflächige Reaktion der Haut, die aufgrund des Absterbens der Zellen (Nekrose) zu Sekundärinfektionen andere Organe führen konnte.[45] Aufgrund ausgedehnter Ekzeme und hohen Fiebers besteht die erhöh-

---

Informationen für Ärztinnen und Ärzte, Update zur CD ROM des Paul-Ehrlich-Instituts (Stand: 10.04.2003). Vgl. auch *Wohlrab*, Die Pockenschutzimpfung, in: Spiess (Hrsg.), Schutzimpfungen (1958), S. 172 (189).

[36] *Paul-Ehrlich-Institut*, Die unerwünschten Wirkungen der Pockenschutzimpfung, S. 7, Informationen für Ärztinnen und Ärzte, Update zur CD ROM des Paul-Ehrlich-Instituts (Stand: 10.04.2003); *Herrlich/Ehrengut/Schleussing*, Der Impfschaden, in: Herrlich (Hrsg.), Handbuch der Schutzimpfungen (1965), S. 212 (216).

[37] *Paul-Ehrlich-Institut*, Die unerwünschten Wirkungen der Pockenschutzimpfung, S. 8, Informationen für Ärztinnen und Ärzte, Update zur CD ROM des Paul-Ehrlich-Instituts (Stand: 10.04.2003). Anders aber *Herrlich/Ehrengut/Schleussing*, Der Impfschaden, in: Herrlich (Hrsg.), Handbuch der Schutzimpfungen (1965), S. 212 (216), die auch „spärliche Manifestierungen von 2–4 Pusteln" bereits als Komplikation in Form der Vaccinia generalisata auffassen wollen und dementsprechend eine Relation von 10:1000 Impfungen vermuten.

[38] *Kaiser*, Pocken und Pockenschutzimpfung (1949), S. 127.

[39] *Paul-Ehrlich-Institut*, Die unerwünschten Wirkungen der Pockenschutzimpfung, S. 1, Informationen für Ärztinnen und Ärzte, Update zur CD ROM des Paul-Ehrlich-Instituts (Stand: 10.04.2003).

[40] Äußerste Erschöpfung der Körperkräfte, *Pschyrembel*, Klinisches Wörterbuch (2020), Stichwort „Prostration", S. 1438.

[41] *Herrlich/Ehrengut/Schleussing*, Der Impfschaden, in: Herrlich (Hrsg.), Handbuch der Schutzimpfungen (1965), S. 212 (220).

[42] *Paul-Ehrlich-Institut*, Die unerwünschten Wirkungen der Pockenschutzimpfung, S. 8, Informationen für Ärztinnen und Ärzte, Update zur CD ROM des Paul-Ehrlich-Instituts (Stand: 10.04.2003).

[43] Nachweis von Viren im Blut, *Pschyrembel*, Klinisches Wörterbuch (2020), Stichwort „Virämie", S. 1888.

[44] *Paul-Ehrlich-Institut*, Die unerwünschten Wirkungen der Pockenschutzimpfung, S. 1, Informationen für Ärztinnen und Ärzte, Update zur CD ROM des Paul-Ehrlich-Instituts (Stand: 10.04.2003).

[45] *Paul-Ehrlich-Institut*, Die unerwünschten Wirkungen der Pockenschutzimpfung, S. 9, Informationen für Ärztinnen und Ärzte, Update zur CD ROM des Paul-Ehrlich-Instituts

te Gefahr einer sekundären bakteriellen Infektion.[46] Der „Krankheit fehlt jegliche Heilungstendenz“[47]; sie führt in etwa einem Drittel der Fälle zum Tod.[48]

Die *postvakzinale Enzephalitis* ist eine akute entzündliche Reaktion des Zentralnervensystems[49], deren Pathogenese[50] nie vollständig geklärt werden konnte (man neigte jedoch zur Annahme einer direkten Einwirkung des Pockenvirus auf das Gehirn)[51]. Es besteht nunmehr Einigkeit darüber, dass diese Form der Impfkomplikation bereits zur Zeit der Variolation auftrat[52] und ihr Erscheinen damit nicht auf den Impfstoff, sondern das Pockenvirus selbst zurückzuführen sein muss.[53] Sie äußert sich durch Kopfschmerzen, Fieber, Unruhe, Krämpfe, Apathie, Benommenheit und Erbrechen und endete in 30–50 % der Fälle tödlich, bei Überleben blieben in bis zu 70 % der Fälle bleibende Schäden in Form neurologischer Defizite zurück.[54] Darunter fallen etwa Einschränkungen der motorischen Fähigkeiten, Störungen der geistigen Entwicklung, Lähmungen, epileptiforme Zustände sowie Sprach- und Intelligenzstörungen.[55] Die Gefahr einer Impfenzephalitis lag in der Pockenimpfära bei etwa 1 : 23 000[56], wobei alle statistischen Aussagen bezüglich dieser Form des Impfschadens durch die

(Stand: 10.04.2003); *Herrlich/Ehrengut/Schleussing*, Der Impfschaden, in: Herrlich (Hrsg.), Handbuch der Schutzimpfungen (1965), S. 212 (224).

46 *Herrlich/Ehrengut/Schleussing*, Der Impfschaden, in: Herrlich (Hrsg.), Handbuch der Schutzimpfungen (1965), S. 212 (224).

47 *Herrlich/Ehrengut/Schleussing*, Der Impfschaden, in: Herrlich (Hrsg.), Handbuch der Schutzimpfungen (1965), S. 212 (224).

48 Vgl. *Paul-Ehrlich-Institut*, Die unerwünschten Wirkungen der Pockenschutzimpfung, S. 9, Informationen für Ärztinnen und Ärzte, Update zur CD ROM des Paul-Ehrlich-Instituts (Stand: 10.04.2003).

49 *Herrlich/Ehrengut/Schleussing*, Der Impfschaden, in: Herrlich (Hrsg.), Handbuch der Schutzimpfungen (1965), S. 212 (256).

50 Entstehung und Entwicklung von Krankheiten, *Pschyrembel*, Klinisches Wörterbuch (2020), Stichwort „Pathogenese“, S. 1328.

51 *Wohlrab*, Die Pockenschutzimpfung, in: Spiess (Hrsg.), Schutzimpfungen (1958), S. 172 (191); *Herrlich/Ehrengut/Schleussing*, Der Impfschaden, in: Herrlich (Hrsg.), Handbuch der Schutzimpfungen (1965), S. 212 (256); *Bundesgesundheitsamt*, Gutachten über die Durchführung des Reichsimpfgesetzes (1959), S. 31, 44.

52 *Kaiser*, Pocken und Pockenschutzimpfung (1949), S. 154.

53 *Wohlrab*, Die Pockenschutzimpfung, in: Spiess (Hrsg.), Schutzimpfungen (1958), S. 172 (191), der jedoch im Jahr 1958 zu bedenken gibt, dass der bisher fehlende Nachweis des Zusammenhangs [zwischen Impfstoff und postvakzinaler Enzephalitis] eine Abhängigkeit nicht ausschließt.

54 *Wohlrab*, Die Pockenschutzimpfung, in: Spiess (Hrsg.), Schutzimpfungen (1958), S. 172 (193); *Herrlich/Ehrengut/Schleussing*, Der Impfschaden, in: Herrlich (Hrsg.), Handbuch der Schutzimpfungen (1965), S. 212 (256, 269); *Bundesgesundheitsamt*, Gutachten über die Durchführung des Reichsimpfgesetzes (1959), S. 44; *Paul-Ehrlich-Institut*, Die unerwünschten Wirkungen der Pockenschutzimpfung, S. 9, Informationen für Ärztinnen und Ärzte, Update zur CD ROM des Paul-Ehrlich-Instituts (Stand: 10.04.2003).

55 *Herrlich/Ehrengut/Schleussing*, Der Impfschaden, in: Herrlich (Hrsg.), Handbuch der Schutzimpfungen (1965), S. 212 (277).

56 *Ständige Impfkommission*, Voraussetzungen der Aufhebung des Impfgesetzes von 1874, in: Weise (Hrsg.), Abhandlungen aus dem Bundesgesundheitsamt, Heft 11 (1974), S. 4.

Schwierigkeiten der klinischen Diagnose und der zahlenmäßig eindeutigen Erfassung aller Fälle der postvakzinalen Enzephalitis erschwert sind.[57]

Es zeigt sich, dass die Impfung gegen die Pocken durchaus mit ernsten Risiken behaftet war. Gleichwohl hat sie nicht nur zur weltweiten Ausrottung der Pocken beigetragen, sondern auch eine Pionierfunktion für die Entwicklung moderner Impfstoffe erfüllt.

2. *Impfungen in heutiger Zeit*

Heute wird der medizinische Fachbegriff der Vakzination[58] längst nicht mehr nur als Schutzimpfung gegen die Pockeninfektion verstanden. Die medizinische Fachliteratur definiert die Vakzination als Impfung mit lebenden oder inaktivierten Erregern.[59] Die heutige Relevanz von Schutzimpfungen im medizinischen, vor allem aber auch im Kontext der juristischen Fragestellung, die dieser Arbeit zugrunde liegt, erschließt sich bei einem Blick auf die Vorgehensweise einer Impfung und ihre immunologischen Auswirkungen.

a) Durchführung der Impfung

Im Wege der Schutzimpfung werden dem Organismus lokal Impfstoffe verabreicht.[60] Bei dieser Applikation von Impfstoffen können verschiedene Impftechniken verwendet werden, die sich danach richten, welcher Impfstoff bei welcher Darreichungsform am besten verträglich und am wirksamsten ist.[61] Die Festlegung der unter diesen Gesichtspunkten empfehlenswertesten Impftechnik ist auch Bestandteil des Zulassungsverfahrens des Impfstoffs.[62]

Die wohl am wenigsten schmerzintensive Impftechnik ist die sog. „Schluckimpfung", die zum ersten Mal im Jahr 1960 für die Impfung gegen Poliomyelitis zugelassen wurde.[63] Darüber hinaus sind in Deutschland auch heute noch oral

---

57 *Bundesgesundheitsamt*, Gutachten über die Durchführung des Reichsimpfgesetzes (1959), S. 31, 43; *Herrlich/Ehrengut/Schleussing*, Der Impfschaden, in: Herrlich (Hrsg.), Handbuch der Schutzimpfungen (1965), S. 212 (259).

58 Ursprünglich Bezeichnung für Kuhpockenimpfung (Edward Jenner, 1796); seit Pasteur (1881) Bezeichnung für Impfung mit lebenden oder inaktivierten Erregern bzw. Toxoiden von Erregern oder Teilstücken der Oberflächenstruktur von Erregern, *Pschyrembel*, Klinisches Wörterbuch (2020), Stichwort „Vakzination", S. 1854.

59 *Pschyrembel*, Klinisches Wörterbuch (2020), Stichwort „Vakzination", S. 1854.

60 *Pschyrembel*, Klinisches Wörterbuch (2020), Stichwort „Schutzimpfung", S. 1600; zum immunologischen Ablauf einer Impfung vgl. sogleich § 2 A. I. 2. b) „Immunologie der Impfung".

61 *Kiehl*, Infektionsschutz und Infektionsepidemiologie (2015), S. 65; vgl. auch *Jilg*, Der Impfkurs (2009), S. 27.

62 *Kiehl*, Infektionsschutz und Infektionsepidemiologie (2015), S. 65.

63 *Reiter*, Poliomyelitis, in: Spiess/Heininger/Jilg (Hrsg.), Impfkompendium (2015), S. 254 (257).

zu verabreichende Impfstoffe gegen Typhus[64], Rotaviren[65] und Cholera[66] zugelassen. Bei dieser Impftechnik wird der Impfstoff mittels Dragee, Tablette oder als Flüssigkeit direkt durch den Mund aufgenommen.[67] Bei allen anderen zugelassenen Impfstoffen, die für die Impfungen nach den Impfempfehlungen der Ständigen Impfkommission zum Einsatz kommen können, handelt es sich um Impfstoffe, die mittels parenteraler Applikation, d. h. unter Umgehung der Verdauungswege, direkt in den Organismus eingebracht werden.[68] Hierbei kommen wiederum drei verschiedene Möglichkeiten der Verabreichung in Betracht: mittels Injektion, kutan[69] oder nasal.

Die bekannteste Impftechnik, die auch einer der Gründe für emotionale Vorbehalte von Eltern kleiner Kinder zumindest gegen den Impfvorgang selbst sein dürfte[70], da sie im Vergleich zu anderen Impftechniken recht schmerzintensiv anmutet, ist die Impfung durch Injektion: Bei diesem Impfvorgang wird der Impfstoff durch Einspritzen mittels einer Kanüle in den Muskel (intramuskulär) oder unter die Haut (subkutan) verabreicht.[71] Das betrifft beispielsweise alle Impfungen mit Lebendimpfstoffen.[72] Intramuskulär zu verabreichende Impfstoffe werden zumeist in den *musculus deltoideus* (Muskel über dem Schultergelenk) injiziert, bei Kindern im Alter von unter 18 Monaten jedoch, bei denen die Oberarm- und Schultermuskulatur noch nicht voll ausgebildet ist, sollte der Impfstoff in den *musculus vastus lateralis* (vorderer Oberschenkelmuskel) injiziert werden.[73]

Eine heute nicht mehr angewandte, aber bei der Pockenschutzimpfung sehr gebräuchliche Impftechnik ist die Einbringung des Impfstoffs in die Haut (intrakutan), die sog. „Skarifikation".[74] Wie die orale Schutzimpfung ebenfalls nicht schmerzintensiv ist die nasale Impfung, bei der der Impfstoff über ein Spray im Wege der Inhalation direkt in die Nasenschleimhäute aufgenommen wird; diese Impftechnik wird beispielsweise bei der Influenzaimpfung für Kinder und Jugendliche verwendet.[75] In der Impfung liegt aber stets – unabhängig von der

---

64 *Kollaritsch*, Typhus, in: Spiess/Heininger/Jilg (Hrsg.), Impfkompendium (2015), S. 292 (295).

65 *Jilg*, Rotavirus, in: Spiess/Heininger/Jilg (Hrsg.), Impfkompendium (2015), S. 267 (269).

66 *Kollaritsch*, Cholera, in: Spiess/Heininger/Jilg (Hrsg.), Impfkompendium (2015), S. 142 (144).

67 *Kiehl*, Infektionsschutz und Infektionsepidemiologie (2015), S. 65.

68 *Kiehl*, Infektionsschutz und Infektionsepidemiologie (2015), S. 65; *Pschyrembel*, Klinisches Wörterbuch (2020), Stichwort „parenteral", S. 1320.

69 Kutis = Haut, *Pschyrembel*, Klinisches Wörterbuch (2020), Stichwort „Kutis", S. 969.

70 Vgl. *Terhardt/Grundhewer*, Schmerzreduktion bei Impfungen, in Monatsschrift Kinderheilkunde 2016, S. 981 ff.

71 *Kiehl*, Infektionsschutz und Infektionsepidemiologie (2015), S. 65.

72 *Jilg*, Der Impfkurs (2009), S. 27.

73 *Jilg*, Der Impfkurs (2009), S. 28; *Wichmann*, Leitlinien für Schutzimpfungen, in: Spiess/Heininger/Jilg (Hrsg.), Impfkompendium (2015), S. 74 (78).

74 *Kiehl*, Infektionsschutz und Infektionsepidemiologie (2015), S. 65, 120.

75 *Kiehl*, Infektionsschutz und Infektionsepidemiologie (2015), S. 65.

angewandten Impftechnik – in medizinischer Hinsicht eine Einwirkung auf die körperliche Substanz mit einem körperfremden Stoff.

b) Immunologie der Impfung

Bezüglich des bei der Impfung zu verwendenden Impfstoffs unterscheidet man zwischen der aktiven und der passiven Immunisierung.[76] Die Rolle der aktiven Immunisierung ist für die Prävention von Infektionskrankheiten dabei ungleich bedeutender als die Rolle der passiven Immunisierung.[77]

aa) Aktive Immunisierung

Unter aktiver Immunisierung wird in der medizinischen Wissenschaft die Verabreichung von abgeschwächten oder abgetöteten Erregern an den Organismus mit dem Ziel der Provokation einer körpereigenen Immunantwort verstanden.[78] Es handelt sich um die künstliche Erzeugung einer abgeschwächten Erkrankung durch die Aufnahme von Krankheitserregern mit dem Ziel, eine belastbare Krankheitsimmunität herzustellen.[79] Die langfristige Wirkung und gleichermaßen das Ziel der aktiven Immunisierung ist die dauerhafte Unempfänglichkeit des Organismus für eine Infektion mit pathogenen, d.h. krankheitserregenden Mikroorganismen aufgrund der Immunantwort des Immunsystems.[80] Diese Unempfänglichkeit des geimpften Organismus, dem Erreger nicht mehr als Wirt dienen zu können, wird als Immunität bezeichnet.[81] Die aktive Immunisierung wirkt also wie die „Vortäuschung" einer echten Infektion, jedoch mit deutlich harmloserem Verlauf.[82]

Eine aktive Immunisierung kann sowohl mit Lebend- als auch mit Totimpfstoffen erreicht werden[83]: Lebendimpfstoffe, wie sie derzeit etwa als Kombinationsimpfstoffe gegen Masern, Mumps und Röteln verwendet werden, enthalten noch vermehrungsfähige, aber virulenzabgeschwächte und daher nicht mehr

[76] *Pschyrembel*, Klinisches Wörterbuch (2020), Stichwort „Immunisierung", S. 813.

[77] *Wandeler et al.*, Infektionskrankheiten, in: Egger/Razum/Rieder (Hrsg.), Public Health Kompakt (2018), S. 437 (471).

[78] *Wandeler et al.*, Infektionskrankheiten, in: Egger/Razum/Rieder (Hrsg.), Public Health Kompakt (2018), S. 437 (471); *Zwieauer*, Impfstoffe, Arten der Immunisierung, in: Kollaritsch/Wiedermann (Hrsg.), Leitfaden für Schutzimpfungen (2000), S. 16 (18).

[79] www.impfen-info.de/wissenswertes/aktive-und-passive-immunisierung/ (Seite zuletzt aufgerufen am: 09.04.2021); vgl. *Pschyrembel*, Klinisches Wörterbuch (2020), Stichwort „Immunisierung", S. 813.

[80] *Pschyrembel*, Klinisches Wörterbuch (2020), Stichwort „Immunität", S. 813; *Wandeler et al.*, Infektionskrankheiten, in: Egger/Razum/Rieder (Hrsg.), Public Health Kompakt (2018), S. 437 (438).

[81] *Wandeler et al.*, Infektionskrankheiten, in: Egger/Razum/Rieder (Hrsg.), Public Health Kompakt (2018), S. 437 (438).

[82] www.impfen-info.de/wissenswertes/aktive-und-passive-immunisierung/ (Seite zuletzt aufgerufen am: 09.04.2021).

[83] *Leidel*, Impfungen: Die Abwehr stimulieren, in: Heilberufe 2015, S. 12 (14).

krankmachende Erreger.[84] Totimpfstoffe sind dagegen Antigene oder Toxine des Erregers, die eine Immunreaktion hervorrufen.[85] Letzteren sind zur Erhöhung der Wirksamkeit meist noch Adjuvanzien zugesetzt.[86] Immunologisch gesehen sind diese Impfstoffe die Antigene, die eine Immunreaktion in demjenigen Organismus verursachen, dem sie zugeführt werden.[87] Die Immunantwort ist die Bezeichnung für die nach dem Kontakt mit einem Antigen[88] (dem Impfstoff) erfolgende immunologische Reaktion des Organismus.[89]

Bei der Schutzimpfung macht man sich also gerade die Fähigkeit des Organismus zu Nutze, eine Immunreaktion auf Antigene erzeugen zu können: Erst durch den Kontakt mit dem Antigen ist der Organismus in der Lage, mithilfe der T- und B-Lymphozyten[90] Antikörper, die Immunglobuline (große Eiweißkomplexe) darstellen, und „Gedächtniszellen" zu bilden, die gemeinsam für die Immunität des Organismus sorgen.[91] Es kommt zu einer sog. „Antigen-Antikörper-Reaktion".[92] Der Antigenkontakt ist also kausal für die Bildung der spezifischen Immunität. Der Organismus muss sich mit dem verabreichten Antigen, dem (abgeschwächten) Erreger, „aktiv" auseinandersetzen. Dieser Vorgang der Bildung von Antikörpern, der einige Wochen dauert[93], wird als Serokonversion bezeichnet.[94] Das Ergebnis dieser Serokonversion ist die Immuni-

---

[84] www.impfen-info.de/wissenswertes/aktive-und-passive-immunisierung/ (Seite zuletzt aufgerufen am: 09.04.2021); *Heininger*, Impfungen, in: Speer/Gahr (Hrsg.), Pädiatrie (2013), S. 435 (436); vgl. *Pschyrembel*, Klinisches Wörterbuch (2020), Stichwort „Immunisierung", S. 813; *Jilg*, Der Impfkurs (2009), S. 19; *Kiehl*, Infektionsschutz und Infektionsepidemiologie (2015), S. 85; *Leidel*, Impfungen: Die Abwehr stimulieren, in: Heilberufe 2015, S. 12 (14); *Mers*, Infektionsschutz im liberalen Rechtsstaat (2019), S. 136.

[85] *Heininger*, Impfungen, in: Speer/Gahr (Hrsg.), Pädiatrie (2013), S. 435 (436); *Jilg*, Der Impfkurs (2009), S. 19; *Kiehl*, Infektionsschutz und Infektionsepidemiologie (2015), S. 125; *Leidel*, Impfungen: Die Abwehr stimulieren, in: Heilberufe 2015, S. 12 (14); *Mers*, Infektionsschutz im liberalen Rechtsstaat (2019), S. 136; *Zwieauer*, Impfstoffe, Arten der Immunisierung, in: Kollaritsch/Wiedermann (Hrsg.), Leitfaden für Schutzimpfungen (2000), S. 16 (18).

[86] *Zwieauer*, Impfstoffe, Arten der Immunisierung, in: Kollaritsch/Wiedermann (Hrsg.), Leitfaden für Schutzimpfungen (2000), S. 16 (20).

[87] Vgl. *Kiehl*, Infektionsschutz und Infektionsepidemiologie (2015), S. 14.

[88] Substanz, die vom Körper als fremd erkannt wird und eine spezifische Immunantwort auslöst, *Pschyrembel*, Klinisches Wörterbuch (2020), Stichwort „Antigen", S. 95.

[89] *Kiehl*, Infektionsschutz und Infektionsepidemiologie (2015), S. 56; *Pschyrembel*, Klinisches Wörterbuch (2020), Stichwort „Immunantwort", S. 809.

[90] *Meyer/Zepp*, Immunität und Schutzimpfungen, in: Spiess/Heininger/Jilg (Hrsg.), Impfkompendium (2015), S. 35 (38 f.); *Pschyrembel*, Klinisches Wörterbuch (2020), Stichwort „Immunität", S. 813; *Schütt/Bröker/Fleischer*, Grundwissen Immunologie (2019), S. 69, 102 f.

[91] *Kiehl*, Infektionsschutz und Infektionsepidemiologie (2015), S. 14; *Leidel*, Impfungen: Die Abwehr stimulieren, in: Heilberufe 2015, S. 12 (13); *Pschyrembel*, Klinisches Wörterbuch (2020), Stichwort „Immunglobuline", S. 810 f.; *Schütt/Bröker/Fleischer*, Grundwissen Immunologie (2019), S. 9; www.impfen-info.de/wissenswertes/aktive-und-passive-immunisierung/ (Seite zuletzt aufgerufen am: 09.04.2021).

[92] *Kiehl*, Infektionsschutz und Infektionsepidemiologie (2015), S. 57.

[93] *Zwieauer*, Impfstoffe, Arten der Immunisierung, in: Kollaritsch/Wiedermann (Hrsg.), Leitfaden für Schutzimpfungen (2000), S. 16 (19).

[94] Vgl. *Kiehl*, Infektionsschutz und Infektionsepidemiologie (2015), S. 56 sowie *Uçkay*

tät, die bei dem Nachweis der Antikörper auch als Seropositivität bezeichnet wird.[95]

Üblicherweise bewirken Impfungen als Zeichen der erwünschten Immunreaktion des Organismus eine erwartete Impfreaktion, die indes nur vorübergehender Natur und daher ohne pathologische Bedeutung ist.[96] Im Normalfall sollte das Wohlbefinden nach einer Impfung nicht beeinträchtigt sein.[97] Über 90 % aller verabreichten Impfungen werden vom Organismus ohne jegliche Beschwerden und Symptome toleriert, nur in 5–10 % der Fälle kommt es zu postvakzinalen Beschwerden unterschiedlichen Schweregrades.[98] Es darf aber nicht vergessen werden, dass ja gerade eine Entzündung provoziert wird, die die Immunantwort in Gang setzen soll.[99] Diese kann sich entweder durch eine lokale Reaktion mit Rötung, Schwellung und Schmerzempfindlichkeit oder eine Allgemeinreaktion wie Fieber, Krankheitsgefühl, Magen-Darm-Beschwerden, Kopf-, Glieder- und Gelenkschmerzen äußern.[100] Diese als Impfreaktionen zu klassifizierenden Beschwerden sind stets ohne bleibende Folgen.[101]

Es hat sich aber auch gezeigt, dass Menschen ihren Allgemeinzustand nach einer Impfung besonders kritisch beobachten und empfundene, wenig objektivierbare Abweichungen der Impfung zuschreiben.[102] Unter eine Impfreaktion kann auch eine Symptomatik fallen, die selten (etwa 1 % der verabreichten Impfungen) und ausschließlich nach einer Impfung mit Lebendimpfstoff auftritt und der eigentlichen Zielkrankheit zwar ähnelt, allerdings milder als diese verläuft (sog. „Impfkrankheit").[103] Davon zu unterscheiden sind Impfreaktio-

---

et al., Die Folgen einer ungenügenden Herdimmunität, in: Therapeutische Umschau 2005, S. 679 (680).

[95] Vgl. *Pschyrembel*, Klinisches Wörterbuch (2020), Stichwort „seropositiv", S. 1625 sowie *Heininger*, Impfungen, in: Speer/Gahr (Hrsg.), Pädiatrie (2013), S. 435 (438).

[96] *Jilg*, Der Impfkurs (2009), S. 49, *Mutz*, Echte und vermeintliche Impfschäden, in: Pädiatrie & Pädologie 2015, Heft 50, S. 57.

[97] *Kiehl*, Infektionsschutz und Infektionsepidemiologie (2015), S. 62.

[98] *Zwieauer*, Impfreaktionen, Impfnebenwirkungen, Impfschäden, in: Kollaritsch/Wiedermann (Hrsg.), Leitfaden für Schutzimpfungen (2000), S. 22 (23).

[99] *Meyer/Zepp*, Immunität und Schutzimpfungen, in: Spiess/Heininger/Jilg (Hrsg.), Impfkompendium (2015), S. 35; *Zwieauer*, Impfstoffe, Arten der Immunisierung, in: Kollaritsch/Wiedermann (Hrsg.), Leitfaden für Schutzimpfungen (2000), S. 16 (19).

[100] *Jilg*, Der Impfkurs (2009), S. 49; *Mutz*, Echte und vermeintliche Impfschäden, in: Pädiatrie & Pädologie 2015, Heft 50, S. 57.

[101] *Zwieauer*, Impfreaktionen, Impfnebenwirkungen, Impfschäden, in: Kollaritsch/Wiedermann (Hrsg.), Leitfaden für Schutzimpfungen (2000), S. 22 (23).

[102] So hat sich etwa gezeigt, dass Personen, die statt eines Impfstoffs lediglich ein Placebo verabreicht bekommen haben (Vergleichsgruppe), Müdigkeit, Wetterfühligkeit und Kopfschmerzen nach der vermeintlichen Impfung sogar stärker wahrgenommen haben wollen als die Gruppe der Personen, die tatsächlich geimpft wurden, *Nichol et al.*, The effectiveness of vaccination, in: N Engl J Med 1995, Nr. 14, S. 889–893; siehe auch *Jilg*, Der Impfkurs (2009), S. 49.

[103] *Jilg*, Der Impfkurs (2009), S. 50; *Kiehl*, Infektionsschutz und Infektionsepidemiologie (2015), S. 61; *Pschyrembel*, Klinisches Wörterbuch (2020), Stichwort „Impfkrankheit", S. 819;

nen, die zu einer über das übliche Ausmaß hinausgehenden gesundheitlichen Schädigung führen (Impfkomplikationen), sowie Impfschäden.[104] Solche unterscheiden sich allerdings je nach Impfstoff.[105] Daher werden diese erst im Rahmen der gesonderten Abwägungen der einzelnen Impfungen und der zugehörigen Zielkrankheiten thematisiert.[106]

Die Immunität tritt bei der aktiven Immunisierung jedoch erst nach mehreren Tagen bis Wochen ein.[107] Der Geimpfte kann sich in der Folge dann weder mit dem Erreger infizieren noch ihn weitergeben, denn sobald er in Kontakt mit dem Erreger tritt, werden die gebildeten Abwehrzellen aktiviert.[108] Die Grundimmunisierung, die zur Bildung einer vollständigen Immunität notwendig ist, muss bei den meisten Krankheiten allerdings über mehrere Teilimmunisierungen erfolgen.[109]

Ähnlich wie die Immunreaktion auf verimpfte Antigene führt auch der Antigenkontakt im Rahmen einer „echten", nicht abgeschwächten Erkrankung durch darauffolgende Antikörperbildung des Organismus zu einer erworbenen Immunität.[110] Der Krankheitsverlauf ist indes im Vergleich zur Impfreaktion deutlich heftiger und weniger steuerbar. Gleichwohl ist ein Organismus, der sich aktiv mit dem Erreger der Zielkrankheit auseinandergesetzt hat, in gleichem Maße immun wie nach der Grundimmunisierung durch Impfung.[111] Auch eine regelrechte Erkrankung und die so ausgelöste Auseinandersetzung mit dem Antigen verursacht eine spezifische Seropositivität.[112]

Zwieauer, Impfreaktionen, Impfnebenwirkungen, Impfschäden, in: Kollaritsch/Wiedermann (Hrsg.), Leitfaden für Schutzimpfungen (2000), S. 22 (24).

104 *Grandt/Lappe/Schubert*, Impfungen bei Kindern und Jugendlichen, in: Barmer Ersatzkasse (Hrsg.), Arzneimittelreport 2019, S. 102 (110); *Kiehl*, Infektionsschutz und Infektionsepidemiologie (2015), S. 62.

105 *Jilg*, Der Impfkurs (2009), S. 50.

106 Vgl. im Folgenden § 3 B. II. 3. „Krankheitsspezifische Risikoabwägung anhand der Gleichwertigkeitsprüfung".

107 *Jilg*, Der Impfkurs (2009), S. 15.

108 www.impfen-info.de/wissenswertes/aktive-und-passive-immunisierung/ (Seite zuletzt aufgerufen am: 09.04.2021).

109 www.impfen-info.de/wissenswertes/aktive-und-passive-immunisierung/ (Seite zuletzt aufgerufen am: 09.04.2021); vgl. *Robert-Koch-Institut*, Empfehlungen der Ständigen Impfkommission, Impfkalender 2019/20, in: EpidBull Nr. 34/2019, S. 316.

110 Vgl. *Pschyrembel*, Klinisches Wörterbuch (2020), Stichwort „Immunität, erworbene", S. 813.

111 Um diese Immunität indes auch langfristig (länger als 10 Jahre) sicher aufrechterhalten zu können, werden regelmäßige Auffrischungsimpfungen empfohlen, vgl. *Rink/Kruse/Haase*, Immunologie (2015), S. 138.

112 Das gilt indes nicht für Keuchhusten (Pertussis), für den die sowohl durch Krankheit als auch durch Impfung erworbene Immunität nach etwa 6–10 Jahren wieder abnimmt, www.kinderaerzte-im-netz.de/krankheiten/keuchhusten-pertussis/uebertragung/ (Seite zuletzt aufgerufen am: 09.04.2021).

bb) Passive Immunisierung

Bei der passiven Immunisierung werden dem Organismus bereits spezifische Antikörper oder Sera mit dem Ziel der Übertragung von antiinfektiösen oder antitoxischen Antikörpern zur Vorbeugung von Infektionskrankheiten injiziert.[113] Diese verabreichten Antikörper bzw. spezifischen Immunglobuline stammen meist aus dem Serum[114] von Personen, die selbst durch aktive Immunisierung eigene Antikörper gebildet haben.[115] Mangels Konfrontation mit dem Erreger, wie bei der aktiven Immunisierung, bildet der Körper die benötigten Antikörper nicht selbst, da ihm im Wege der Impfung ja gerade diejenigen Wirkstoffe verabreicht werden, deren eigene Produktion durch den Organismus bei der aktiven Immunisierung erst provoziert worden wäre.[116] Bei der passiven Immunisierung wird deshalb kein immunologisches Gedächtnis aufgebaut.[117]

Das hat indes den Vorteil, dass die Immunität bei der passiven Immunisierung früher einsetzt als bei einer aktiven Immunisierung[118], da der Organismus im Unterschied zur aktiven Immunisierung nicht selbst noch Antikörper als Immunantwort auf die Gabe von Krankheitserregern bilden muss. Ein Ausbruch der Krankheit kann auf diese Weise also auch ohne körpereigene Immunität verhindert werden.[119] Die erwünschte Immunität setzt zwar sofort ein (maximal wenige Stunden nach der Impfung)[120], der Nachteil der passiven Immunisierung ist jedoch, dass die Immunität im Gegensatz zur aktiven Immunisierung nur wenige Wochen bis maximal drei Monate anhält, da die verabreichten Antikörper wieder ausgeschieden werden.[121]

---

[113] *Heininger*, Impfungen, in: Speer/Gahr (Hrsg.), Pädiatrie (2013), S. 435 (436); *Kiehl*, Infektionsschutz und Infektionsepidemiologie (2015), S. 56; *Meyer/Zepp*, Immunität und Schutzimpfungen, in: Spiess/Heininger/Jilg (Hrsg.), Impfkompendium (2015), S. 35 (42); *Pschyrembel*, Klinisches Wörterbuch (2020), Stichwort „Immunisierung", S. 813.

[114] Der durch Blutgerinnung von Fibrin und korpuskulären Bestandteilen (Blutkörperchen und Thrombozyten) befreite Bestandteil des Bluts, *Pschyrembel*, Klinisches Wörterbuch (2020), Stichwort „Serum", S. 1626.

[115] www.impfen-info.de/wissenswertes/aktive-und-passive-immunisierung/ (Seite zuletzt aufgerufen am: 09.04.2021); *Heininger*, Impfungen, in: Speer/Gahr (Hrsg.), Pädiatrie (2013), S. 435 (436); *Leidel*, Impfungen: Die Abwehr stimulieren, in: Heilberufe 2015, S. 12 (14); *Mers*, Infektionsschutz im liberalen Rechtsstaat (2019), S. 136; *Pschyrembel*, Klinisches Wörterbuch (2020), Stichwort „Immunisierung", S. 813; *Zwieauer*, Impfstoffe, Arten der Immunisierung, in: Kollaritsch/Wiedermann (Hrsg.), Leitfaden für Schutzimpfungen (2000), S. 16.

[116] *Leidel*, Impfungen: Die Abwehr stimulieren, in: Heilberufe 2015, S. 12 (14); *Zwieauer*, Impfstoffe, Arten der Immunisierung, in: Kollaritsch/Wiedermann (Hrsg.), Leitfaden für Schutzimpfungen (2000), S. 16.

[117] *Zwieauer*, Impfstoffe, Arten der Immunisierung, in: Kollaritsch/Wiedermann (Hrsg.), Leitfaden für Schutzimpfungen (2000), S. 16.

[118] Vgl. *Kiehl*, Infektionsschutz und Infektionsepidemiologie (2015), S. 119, *Mers*, Infektionsschutz im liberalen Rechtsstaat (2019), S. 137.

[119] *Zwieauer*, Impfstoffe, Arten der Immunisierung, in: Kollaritsch/Wiedermann (Hrsg.), Leitfaden für Schutzimpfungen (2000), S. 16.

[120] *Jilg*, Der Impfkurs (2009), S. 14.

[121] *Jilg*, Der Impfkurs (2009), S. 14; *Kiehl*, Infektionsschutz und Infektionsepidemiologie

Diese Art der Immunisierung kommt deshalb zumeist dann zum Einsatz, wenn ein sofortiger Immunschutz benötigt wird und die körpereigene Reaktion auf eine aktive Immunisierung nicht abgewartet werden kann.[122] Das ist insbesondere bei Riegelungsimpfungen der Fall, wenn also (noch ungeimpfte) Personen im Umfeld eines Verdachts- oder Krankheitsfalles immunisiert werden sollen, um sowohl selbst geschützt zu sein als auch eine Barriere um den Indexfall herum zu bilden.[123] Die passive Immunisierung ist daher ein Mittel der speziellen, nicht der generellen Prophylaxe.[124] Die Möglichkeit einer passiven Immunisierung setzt allerdings das (rechtzeitige) Bekanntwerden des entsprechenden Verdachtsfalles oder des individuellen Kontaktes mit dem Ansteckenden oder Ansteckungsverdächtigen voraus. Dieser Faktor ist gerade bei Infektionsvorgängen im sozialadäquaten Alltagskontakt (Benutzen öffentlicher Verkehrsmittel etc.[125]) nicht gegeben, weshalb die passive Immunisierung nicht als zuverlässige Kontrollmaßnahme von Krankheitsausbrüchen geeignet ist.[126]

Aufgrund der im Vergleich zur passiven Immunisierung langfristigen Wirkdauer und der präventiven Wirkung der aktiven Immunisierung erklärt sich von selbst, dass im Rahmen der Fragestellung dieser Untersuchung mit einer „Impfung" stets die aktive Immunisierung (bzw. mindestens die Impfung mit Konjugatimpfstoffen, die sowohl abgeschwächte Erreger als auch bereits Antikörper enthalten[127], sog. „Simultanimmunisierung"[128]) gemeint ist. Nur eine aktive Im-

(2015), S. 57; *Leidel*, Impfungen: Die Abwehr stimulieren, in: Heilberufe 2015, S. 12 (14); *Mers*, Infektionsschutz im liberalen Rechtsstaat (2019), S. 136; *Wandeler et al.*, Infektionskrankheiten, in: Egger/Razum/Rieder (Hrsg.), Public Health Kompakt (2018), S. 437 (471); *Zwieauer*, Impfstoffe, Arten der Immunisierung, in: Kollaritsch/Wiedermann (Hrsg.), Leitfaden für Schutzimpfungen (2000), S. 16; www.impfen-info.de/wissenswertes/aktive-und-passive-immunisierung/ (Seite zuletzt aufgerufen am: 09.04.2021).

122 www.impfen-info.de/wissenswertes/aktive-und-passive-immunisierung/ (Seite zuletzt aufgerufen am: 09.04.2021); *Mers*, Infektionsschutz im liberalen Rechtsstaat (2019), S. 137; *Zwieauer*, Impfstoffe, Arten der Immunisierung, in: Kollaritsch/Wiedermann (Hrsg.), Leitfaden für Schutzimpfungen (2000), S. 16.

123 www.impfen-info.de/wissenswertes/aktive-und-passive-immunisierung/ (Seite zuletzt aufgerufen am: 09.04.2021); *Kiehl*, Infektionsschutz und Infektionsepidemiologie (2015), S. 57; *Zwieauer*, Impfstoffe, Arten der Immunisierung, in: Kollaritsch/Wiedermann (Hrsg.), Leitfaden für Schutzimpfungen (2000), S. 16 (17).

124 *Mers*, Infektionsschutz im liberalen Rechtsstaat (2019), S. 137; vgl. auch *Pox/Schmiegel*, Schutzimpfungen, medikamentöse Prophylaxe, passive Immunisierung, in: Fritze/Mehrhoff (Hrsg.), Die ärztliche Begutachtung (2012), S. 683 (685).

125 Vgl. *Robert-Koch-Institut*, Entscheidungshilfen zu Kontaktpersonen-Nachverfolgungen nach Kontakt mit infektiösen Personen in öffentlichen Landverkehrsmitteln, in: EpidBull Nr. 2/2014, S. 15 ff.

126 *Wissenschaftlicher Dienst des Deutschen Bundestages*, Dokumentation: Masernerkrankungen, WD 9 – 3000 – 062/19, S. 8.

127 *Meyer/Zepp*, Immunität und Schutzimpfungen, in: Spiess/Heininger/Jilg (Hrsg.), Impfkompendium (2015), S. 35 (42).

128 *Kiehl*, Infektionsschutz und Infektionsepidemiologie (2015), S. 119.

munisierung, die ohne Anlass eines bestimmten Verdachtsfalles erfolgt, kann langfristig zur Herstellung einer Herdenimmunität beitragen.[129]

c) *Von Impfunfähigkeit betroffene Personengruppen*

Nicht alle Menschen verfügen jedoch über die gesundheitliche und körperliche Konstitution, eine Impfung ohne Risiken zu vertragen. Bei diesen Personen liegt eine Impfunfähigkeit aus medizinischen Gründen vor. Um die Impffähigkeit positiv festzustellen, erfolgt daher vor der Impfung stets eine Eigen- und Fremdanamnese[130], eine körperliche Untersuchung sowie die Überprüfung von Erkrankungen, die zu einer Kontraindikation führen können.[131] Zu den Kontraindikationen zählen akute behandlungsbedürftige Erkrankungen, angeborene oder erworbene Immundefekte sowie schwere allergische Reaktionen auf den Impfstoff bzw. auf dessen Bestandteile.[132]

Die Gruppe der Personen, die von Impfunfähigkeit betroffen sind, lässt sich in mehrere Untergruppen einteilen. Diese sind aufgrund ihrer gesundheitlichen Disposition vulnerabel und in medizinischer Hinsicht auf die Herdenimmunität angewiesen. In rechtlicher Hinsicht stellen sie die Personengruppen dar, auf deren Grundrecht auf Leben und körperliche Unversehrtheit sich die staatliche Schutzpflicht bezieht, falls diese als aktiviert zu betrachten ist.

aa) *Neugeborene und Kleinkinder*

Eine besonders schutzbedürftige Gruppe stellen Neugeborene und Kleinkinder bis zur vollständigen Immunisierung dar. Die Anzahl der Neugeborenen in Deutschland liegt für das Jahr 2019 bei immerhin 778.100.[133] Die Zahl der Kinder von 0–4 Jahren beträgt über 3,5 Millionen.[134] Ausweislich des Impfkalenders der Ständigen Impfkommission liegen die Zeitpunkte für die jeweils erste Teilimpfung zur Grundimmunisierung gegen Diphtherie, Keuchhusten, Haemophilus influenzae Typ B, Poliomyelitis, Hepatitis B

---

[129] Dazu sogleich § 2 A. I. 2. d) aa) „Herstellung und Bedeutung der Herdenimmunität".

[130] Krankengeschichte eines Patienten, die sowohl durch Befragung des Patienten als auch durch ärztliche Aufzeichnung rekonstruiert wird. Bei der Eigenanamnese berichtet der Patient selbst, bei der Fremdanamnese geben Angehörige oder Begleitpersonen Informationen, *Pschyrembel*, Klinisches Wörterbuch (2020), Stichwort „Anamnese", S. 74; hinsichtlich der Ermittlung der Impffähigkeit umfasst die Anamnese die Ermittlung durchgemachter Krankheiten, Grunderkrankungen, Verträglichkeit vorheriger Impfungen, medikamentöse Behandlung sowie Erkrankungen in der Familie, *Keller-Stanislawski*, Impfkomplikationen und Impfschäden, in: Spiess/Heininger/Jilg (Hrsg.), Impfkompendium (2015), S. 69.

[131] *Keller-Stanislawski*, Impfkomplikationen und Impfschäden, in: Spiess/Heininger/Jilg (Hrsg.), Impfkompendium (2015), S. 69.

[132] *Keller-Stanislawski*, Impfkomplikationen und Impfschäden, in: Spiess/Heininger/Jilg (Hrsg.), Impfkompendium (2015), S. 69.

[133] *Statistisches Bundesamt*, Pressemitteilung Nr. 282 vom 29.07.2020, www.destatis.de/DE/Presse/Pressemitteilungen/2020/07/PD20_282_122.html (Seite zuletzt aufgerufen am: 29.01.2021).

[134] *Vereinte Nationen*, World Population Prospects 2019.

und Pneumokokken zwar schon in einem Lebensalter von zwei Monaten.[135] Nach der Gabe einer ersten Grundimmunisierungsdosis sind jedoch weitere Impfungen (sog. „Booster-Dosen“) für den längerfristigen Schutz durch vollständige Immunität über die frühe Kindheit hinaus unentbehrlich, da die „sekundäre Immunantwort“ als Reaktion auf einen erneuten Antigenkontakt stärker ausgeprägt und länger anhaltend ist als der erstmalige Antigenkontakt.[136] Die Gabe der ersten Dosis der Grundimmunisierung gegen Masern, Mumps, Röteln und Varizellen kann sogar erst frühestens ab einem Lebensalter von 11 Monaten erfolgen, gegen Meningokokken C erst ab Vollendung des ersten Lebensjahres.[137]

Eine demgegenüber noch einmal besonders gefährdete Risikogruppe stellen hier die zu früh Geborenen dar (vor Vollendung der 37. Schwangerschaftswoche), zu denen jährlich etwa 7 % aller Neugeborenen zählen (davon 30 % mit einem Geburtsgewicht von weniger als 1.500 Gramm).[138] Diese Säuglinge sind im Vergleich zu Reifgeborenen noch anfälliger für die Infektion mit Erregern der Pneumokokken, Haemophilus influenzae Typ B, Keuchhusten, Influenza und des Rotavirus (wobei Infektionen dann auch meist schwerer verlaufen als bei termingeborenen Kindern) und daher besonders schutzbedürftig.[139] Studien zur Wirksamkeit von Impfungen bei Frühgeborenen sind zwar noch nicht in ausreichendem Maße vorhanden, es gibt jedoch Hinweise darauf, dass die Immunantwort bei Frühgeborenen zumindest nach der ersten Impfstoffgabe weniger ausgeprägt ist als bei Reifgeborenen, so dass die Wirkung von Impfungen (zunächst) abgeschwächt ist.[140]

Zudem besteht in den ersten beiden Lebensmonaten ein lediglich schwacher Schutz durch Antikörper der Mutter, die pränatal auf das Kind übertragen wurden (maternale Leihimmunität). Dies setzt naturgemäß voraus, dass die Mutter als Überträgerin der Antikörper selbst immunisiert ist, d. h. entweder aufgrund einer eigenen Erkrankung Antikörper gebildet hat oder eine Immunisierung infolge einer Schutzimpfung erfolgt ist. Davon kann indes nicht immer ausgegangen werden. Zudem ist jedenfalls bei Masern zu beachten, dass die Im-

---

135 *Robert-Koch-Institut*, Empfehlungen der Ständigen Impfkommission (STIKO) 2018/2019, in: EpidBull Nr. 34/2018, S. 335 (338).

136 *Laubereau et al.*, Durchimpfungsraten bei Kindern in Deutschland 1999, in: Monatsschrift Kinderheilkunde 2001, S. 367 (370); *Pschyrembel*, Klinisches Wörterbuch (2020), Stichwort „Immunantwort“, S. 809.

137 *Robert-Koch-Institut*, Empfehlungen 2018/2019 der Ständigen Impfkommission (STIKO), in: EpidBull Nr. 34/2018, S. 335 (338).

138 *Liese/Knuf*, Impfungen von Frühgeborenen, in: Monatsschrift Kinderheilkunde 2009, S. 758.

139 *Liese/Knuf*, Impfungen von Frühgeborenen, in: Monatsschrift Kinderheilkunde 2009, S. 758, 765.

140 Hier für das Beispiel der Schutzimpfung gegen Pertussis, Poliomyelitis und Haemophilus influenzae Typ B *Liese/Knuf*, Impfungen von Frühgeborenen, in: Monatsschrift Kinderheilkunde 2009, S. 758 (760 f.).

munität der Mutter, die durch eigene Infektion erworben wurde, beim Kind eine stärkere bzw. länger anhaltende Leihimmunität erzeugt als eine durch Impfung erworbene Immunität.[141] Die maternale Leihimmunität reicht aber deshalb nicht aus, um das Neugeborene effizient zu schützen, weil die Persistenz[142] der Antikörper etwa gegen das Masernvirus unabhängig von der Titerhöhe[143] bei der Geburt so stark abgenommen hat, dass spätestens nach sechs bis acht Monaten, in Ausnahmefällen nach spätestens elf[144] Monaten keine ausreichende Immunität des Kindes mehr besteht.[145] Gegen die meisten anderen Krankheiten hält die Leihimmunität nur wenige Wochen an.[146] Auch hier erweist sich die Gruppe der zu früh Geborenen als besonders benachteiligt: Je früher ein Kind zur Welt kommt, desto weniger ausgeprägt ist die durch die Mutter übertragene Leihimmunität.[147]

Neugeborene und Säuglinge sind zwar nicht grundsätzlich impfunfähig, verfrühte Impfungen würden sich jedoch als unwirksam erweisen: Aufgrund der durch die maternale Leihimmunität zwar vorhandenen, aber für sich allein nicht ausreichenden Antikörper kann erst in dem Zeitpunkt mit der Immunisierung des Kindes begonnen werden, in dem die vorhandenen Antikörper vollständig abgebaut sind, bei der Masernerkrankung also erst nach ca. einem Jahr.[148] Der dem kindlichen Organismus zugeführte Impfstoff könnte ansonsten keine Wirksamkeit entfalten, da der bei einer Vakzination provozierte Effekt der Antikörperbildung bei bereits vorhandenen Antikörpern nicht einsetzt. Die in diesem Alter deshalb faktisch bestehende Impfunfähigkeit kann aus medizinischen Gründen also weder durch den sog. „Nest-

---

141 *Brugha et al.*, A study of maternally derived measles antibody, Epidemiol Infect. 1996, S. 519.

142 Erhaltenbleiben eines Zustands, Beständigkeit (z. B. eines Stoffes gegenüber Abbauvorhängen in der Umwelt oder im Organismus), *Pschyrembel*, Klinisches Wörterbuch (2020), Stichwort „Persistenz“, S. 1351.

143 „Titer“ bezeichnet das Maß für die Stärke einer Antikörperreaktion, *Pschyrembel*, Klinisches Wörterbuch (2020), Stichwort „Titer“, S. 1771 f.

144 Zu diesem Ergebnis gelangt *Walzer* bezüglich der Gruppe Neugeborener, deren Antikörperwert aufgrund einer Masernerkrankung der Mutter vor Beginn der Schwangerschaft höher war als der Antikörperwert der Neugeborenen, deren Mütter aufgrund einer Schutzimpfung gegen Masern immunisiert waren, *Walzer*, Studie zur Leihimmunität gegenüber Masern (2009), S. 65. Eine maternale Antikörperbildung durch Erkrankung dürfte gegenüber der Antikörperbildung durch Impfung indes die deutliche Ausnahme darstellen.

145 *Heininger*, Impfungen im ersten Lebensjahr, in: Monatsschrift Kinderheilkunde 2017, S. 308 (313); *Hohendahl et al.*, Masern- und Mumpsantikörperstatus, in: Klinische Pädiatrie 2006, S. 213 (214, 218); *Peters*, Masern- und Mumpsantikörperstatus (2003), S. 46, 48; *Sauerbrei et al.*, Antikörper gegen impfpräventable Erkrankungen, in: BGesBl. 2004, S. 10 (15).

146 *Mylonas/Bauerfeind/Friese*, Impfungen in der Schwangerschaft, in: Der Gynäkologe 2005, S. 771.

147 *Liese/Knuf*, Impfungen von Frühgeborenen, in: Monatsschrift Kinderheilkunde 2009, S. 758 (760).

148 *Mylonas/Bauerfeind/Friese*, Impfungen in der Schwangerschaft, in: Der Gynäkologe 2005, S. 771.

schutz"[149] kompensiert, noch – gerade aufgrund dieses Nestschutzes – aufgehoben werden.[150]

Bei der Masernerkrankung besteht die Impffähigkeit Neugeborener sogar erst ab einem Lebensalter von elf Monaten, die vollständige Grundimmunisierung mit zwei Impfungen kann frühestens ab einem Lebensalter von 15–23 Monaten erfolgen.[151] In diesem Alter jedoch ist die Infektionsgefahr durch das natürliche Verhalten von Kleinkindern (Exploration der Umwelt, sog. „orale Phase"[152]) und durch soziale Kontakte mit gleichaltrigen und ebenso wenig immunisierten Kindern in Krippen oder Krabbelgruppen im Vergleich zu Neugeborenen bereits erhöht. Der Zeitraum, in dem keine eigene Immunität besteht und die Kleinkinder daher zur Verhinderung einer Infektion auf eine anderweitig sichergestellte Nichtübertragbarkeit des Erregers angewiesen sind, ist dementsprechend verlängert. Gleichzeitig besteht verhaltensbedingt bereits ein höheres Infektionsrisiko, weshalb es sich bei Kleinkindern insbesondere hinsichtlich der Masernerkrankung um eine Risikogruppe handelt, die als besonders schutzbedürftig einzustufen ist. Das gilt umso mehr, wenn Neugeborene noch in der Phase der Impfunfähigkeit einem familiären Umfeld ausgesetzt sind (etwa ungeimpfte ältere Geschwister), das wegen fehlender eigener Immunität keine Infektionsbarriere bieten kann.[153]

bb) Immundefizienten und Immunsupprimierte

Neben den Neugeborenen und Kleinkindern sind auch Menschen mit einem Immundefekt oder einer Immunsuppression der schutzbedürftigen Risikogruppe zuzuordnen.[154] Ein Immundefekt ist eine Störung des Immunsystems, die bei der Einwirkung immunogener Reize auf den Organismus zu inadäquater Immunantwort[155] führt.[156] Eine ausreichende Immunantwort ist abhängig von einem funktionierenden B- und T-Zellsystem, das jedoch bei Menschen mit Im-

---

149 *Höhne/Ehrengut*, Immunitätslage von Müttern und ihren Neugeborenen, in: DMW 1982, S. 1804 (1808).

150 *Kacica et al.*, Measles Antibodies in Women and Infants in the Vaccine Era, in: Journal of Medical Virology 1995, S. 227. Bestätigend auch *Brugha et al.*, A study of maternally derived measles antibody, Epidemiol Infect. 1996, S. 519 (522); *Maldonado et al.*, Early Loss of Passive Measles Antibody, in: Pediatrics 1995, S. 447–450.

151 *Robert-Koch-Institut*, Empfehlungen der Ständigen Impfkommission (STIKO) 2018/2019, in: EpidBull Nr. 34/2018, S. 335 (338).

152 *Kühn et al.*, Frühkindliches Schlucken, in: LRO 2014, S. 231 (233).

153 *Liese/Knuf*, Impfungen von Frühgeborenen, in: Monatsschrift Kinderheilkunde 2009, S. 758 (764); vgl. *Heininger*, Pertussis, in: Monatsschrift Kinderheilkunde 2016, S. 987 (991).

154 *Laws*, Impfung bei Immunsuppression, in: Monatsschrift Kinderheilkunde 2013, S. 713.

155 Immunologische Reaktion des Organismus nach Kontakt mit einem Antigen, also einer Substanz, die vom Organismus als fremd erkannt wird, *Pschyrembel*, Klinisches Wörterbuch (2020), Stichworte „Immunantwort", S. 809 und „Antigen", S. 95.

156 *Pschyrembel*, Klinisches Wörterbuch (2020), Stichwort „Immundefekt", S. 809.

mundefekten gestört ist.[157] Die Fähigkeit zur Antikörperbildung gegen den Erreger nach Antigenkontakt mittels T- und B-Lymphozyten ist bei Menschen mit Immundefekten eingeschränkt, weshalb der Erfolg von Impfungen zumindest unsicher ist oder ganz ausbleibt.[158]

Man unterscheidet zwischen primären Immundefekten (PID)[159], die bereits vorgeburtlich angelegt sind, und sekundären Immundefekten, die erst im Laufe des Lebens erworben werden.[160] Primäre Immundefekte sind Erbkrankheiten, die auf Mutationen[161] oder Deletionen[162] im Erbgut zurückzuführen sind und denen über 150 verschiedene genetische Störungen als Ursache zugrunde liegen können.[163] Es handelt sich um eine angeborene Störung des Immunsystems.[164] Deshalb ist bei den primären Defekten eine ausgeprägte Anfälligkeit für wiederkehrende, andauernde, schwere oder ungewöhnliche Infektionen charakteristisch, die im Falle von schweren Immundefekten auch zum Tode führen können.[165] Aus diesem Grund gehören Menschen mit PID zur Risikogruppe für Infektionskrankheiten.[166] Die Anzahl der von PID Betroffenen bewegt sich je nach Art des Immundefekts zwischen 1 von 600 (Defekt: selektiver IgA-Mangel) und 1 von 25.000 (Defekt: SCID [severe combined immune deficiency]).[167]

Sekundäre Immundefekte kommen deutlich häufiger vor als primäre Immundefekte.[168] Dabei verliert der Körper erst im Lauf der Zeit die Fähigkeit, durch Antikörperbildung eine eigene Immunität zu entwickeln, beispielsweise

---

[157] B- und T-Zellen sind immunkompetent, d. h. sie sind zu einer immunologischen Reaktion fähig, *Pschyrembel*, Klinisches Wörterbuch (2020), Stichwort „Zellen, immunkompetente", S. 1938; *Knuf/Zepp*, Immundefizienzen und HIV-Infektion, in: Spiess/Heininger/Jilg (Hrsg.), Impfkompendium (2015), S. 316; *Laws*, Impfung bei Immunsuppression, in: Monatsschrift Kinderheilkunde 2013, S. 713; *Staehelin/Hirzel/Hauser/Furrer*, Impfungen bei Immunsupprimierten, in: Therapeutische Umschau 2016, S. 281 (282); *Ullmann et al.*, Impfungen bei immunsupprimierten Erwachsenen, in: WMW 2004, S. 218 (223).

[158] *Knuf/Zepp*, Immundefizienzen und HIV-Infektion, in: Spiess/Heininger/Jilg (Hrsg.), Impfkompendium (2015), S. 316.

[159] *Mannhardt-Laakmann/Wahn*, Impfungen bei primären Immundefekten, in: Monatsschrift Kinderheilkunde 2011, S. 451; *Niehues et al.*, Impfen bei Immundefizienz, in: BGesBl. 2017, S. 674.

[160] *Knuf/Zepp*, Immundefizienzen und HIV-Infektion, in: Spiess/Heininger/Jilg (Hrsg.), Impfkompendium (2015), S. 316 (318); *Rink/Kruse/Haase*, Immunologie (2015), S. 222.

[161] Veränderung des genetischen Materials (DNA oder RNA), *Pschyrembel*, Klinisches Wörterbuch (2020), Stichwort „Mutation [Biologie]", S. 1165 f.

[162] Genetische Variante mit Verlust eines [...] Chromosomenstücks bzw. eines DNA-Abschnitts, *Pschyrembel*, Klinisches Wörterbuch (2020), Stichwort „Deletion", S. 352.

[163] *Rink/Kruse/Haase*, Immunologie (2015), S. 222; *Schmidt*, Primäre Immundefekte, in: BGesBl. 2007, S. 1502.

[164] *Schmidt*, Primäre Immundefekte, in: BGesBl. 2007, S. 1502.

[165] *Mannhardt-Laakmann*, Impfungen bei chronischen Krankheiten, in: Monatsschrift Kinderheilkunde 2009, S. 767 (775); *Schmidt*, Primäre Immundefekte, in: BGesBl. 2007, S. 1502.

[166] *Rink/Kruse/Haase*, Immunologie (2015), S. 222.

[167] *Rink/Kruse/Haase*, Immunologie (2015), S. 222.

[168] *Rink/Kruse/Haase*, Immunologie (2015), S. 231; *Schmidt*, Primäre Immundefekte, in: BGesBl. 2007, S. 1502.

aufgrund einer Infektion mit HIV-1 oder HIV-2 (AIDS).[169] Allein HIV tritt in Deutschland bei 1 von 1.050 Menschen auf.[170] Die Folge sind häufig wiederkehrende Infektionen.[171] Zu den sekundären Immundefekten gehört auch die Immunsuppression. Eine Immunsuppression ist die Folge der Gabe von Medikamenten (Immunsuppressiva), die die Immunantwort unterdrücken sollen[172], etwa nach Organtransplantationen oder bei Autoimmunerkrankungen (wie etwa rheumatoide Arthritis als häufigste Erscheinungsform[173]).

All diese Risikogruppen unterscheiden sich in Untergruppen noch einmal nach einer Vielzahl unterschiedlicher Ursachen des Defekts, weshalb keine einheitliche Empfehlung zur Impfung oder Nichtimpfung dieser Risikogruppe abgegeben werden kann.[174] Die Einschätzung zur Sicherheit von Impfungen bei Immundefizienten wird durch eine recht dünne Studienlage erschwert, die zudem darunter leidet, dass die verschiedenen Immundefekte heterogen auftreten und kaum miteinander vergleichbar sind.[175] Diese wissenschaftliche Unsicherheit scheint sich dahingehend auszuwirken, dass Patienten mit Immunschwäche grundsätzlich seltener geimpft sind als immunkompetente Personen.[176] Insbesondere der sorgfältigen medizinischen Vorfeldanalyse, welche Impfung notwendig, aber risikobehaftet ist, sowie der Kontrolle in Form der Titerbestimmung (Überprüfung, ob die Antikörperbildung erfolgt) kommen eine hohe Bedeutung zu.[177]

---

[169] *Rink/Kruse/Haase*, Immunologie (2015), S. 232; *Pschyrembel*, Klinisches Wörterbuch (2020), Stichwort „AIDS“, S. 34.

[170] *Rink/Kruse/Haase*, Immunologie (2015), S. 233.

[171] *Weisser*, Impfungen unter immunsuppressiver Therapie, in: Der Internist 2011, S. 277.

[172] *Niehues et al.*, Impfen bei Immundefizienz, in: BGesBl. 2017, S. 674.

[173] *Rink/Kruse/Haase*, Immunologie (2015), S. 12, 142; *Weisser*, Impfungen unter immunsuppressiver Therapie, in: Der Internist 2011, S. 277.

[174] *Robert-Koch-Institut*, Hinweise zu Impfungen für Patienten mit Immundefizienz, in: EpidBull Nr. 39/2005, S. 353; vgl. nur die Aufzählung von *Boršo et al.*, Impfen bei Immundefekten, in: DMW 2013, S. 145 ff.; *Knuf/Zepp*, Immundefizienzen und HIV-Infektion, in: Spiess/Heininger/Jilg (Hrsg.), Impfkompendium (2015), S. 316 (320); *Mannhardt-Laakmann/Wahn*, Impfungen bei primären Immundefekten, in: Monatsschrift Kinderheilkunde 2011, S. 451–460; *Speth et al.*, Impfungen bei immunsupprimierten jungen Rheumatikern, in: A+R 2017, S. 39 f.

[175] *Mannhardt-Laakmann/Wahn*, Impfungen bei primären Immundefekten, in: Monatsschrift Kinderheilkunde 2011, S. 451; *Niehues et al.*, Impfen bei Immundefizienz, in: BGesBl. 2017, S. 674 (675); *Ullmann et al.*, Impfungen bei immunsupprimierten Erwachsenen, in: WMW 2004, S. 218; auch *Duchini/Goss/Karpen/Pockros*, Vaccinations for Adult Solid-Organ Transplant Recipients, in: Clin Microbiol Rev 2003, S. 357 (362).

[176] *Niehues et al.*, Impfen bei Immundefizienz, in: BGesBl. 2017, S. 674; *Valour et al.*, Vaccination coverage against hepatitis A and B viruses, in: Vaccine Vol. 32, S. 4558–4564; *Grabmeier-Pfistershammer et al.*, Low tetanus, diphtheria and acellular pertussis (Tdap) vaccination, in: Vol. 33, S. 3929–3932; *Loubet et al.*, Attitude, knowledge and factors associated with influenza and pneumococcal vaccine, in: Vaccine Vol. 33, S. 3703–3708; *Teich et al.*, Vaccination Coverage in Immunosuppressed Patients, in: DÄ Int 2011, S. 105 ff.; *Weisser*, Impfungen unter immunsuppressiver Therapie, in: Der Internist 2011, S. 277 (278).

[177] Für viele *Robert-Koch-Institut*, Hinweise zu Impfungen für Patienten mit Immundefi-

Auch Personen, die einer Stammzelltransplantation unterzogen wurden, gehören aufgrund der notwendigen Einnahme von Immunsuppressiva zumindest vorübergehend zur vulnerablen Risikogruppe. Sie sind in den ersten zwei Jahren nach der Transplantation nicht gegen Masern, Mumps und Röteln impfbar.[178] Das ist umso erheblicher, da ein bereits erworbener Immunschutz nach der Stammzelltransplantation nicht mehr vorhanden ist.[179] Lebendimpfungen dieser Personen müssen aber bereits mindestens vier Wochen *vor* der Transplantation abgeschlossen sein; das gilt ebenso für den Stammzellspender.[180]

In Deutschland werden jährlich etwa 4.000 Organe transplantiert.[181] Bei Menschen, die infolge einer Organtransplantation mit Immunsuppressiva behandelt werden, die die Immunantwort unterdrücken, damit das transplantierte, körperfremde Organ nicht abgestoßen wird[182], besteht nach einer Impfung genau die Gefahr der Abstoßung.[183] Selbst bei einer Wartezeit von mindestens sechs Monaten nach der Transplantation besteht keine Sicherheit über die Wirksamkeit der Impfung.[184] Gleichzeitig ist aber die Gefahr eines schwereren Verlaufs bei einer Maserninfektion - verbunden mit einer höheren Letalitätsrate - gegenüber immunkompetenten Personen erhöht.[185]

Auch Krebspatienten gehören zeitweilig zur impfunfähigen Risikogruppe. Personen, die an einer malignen Tumorerkrankung leiden, können während der Dauer der Chemotherapie nicht geimpft werden und bleiben auch nach deren Beendigung eine besonders infektanfällige Risikogruppe.[186] Zwar ist eine

---

zienz, in: EpidBull Nr. 39/2005, S. 353 (354); *Staehelin/Hirzel/Hauser/Furrer*, Impfungen bei Immunsupprimierten, in: Therapeutische Umschau 2016, S. 281 (282).

[178] *Boršo et al.*, Impfen bei Immundefekten, in: DMW 2013, S. 145 (147); *Knuf/Zepp*, Immundefizienzen und HIV-Infektion, in: Spiess/Heininger/Jilg (Hrsg.), Impfkompendium (2015), S. 316 (321); *Mannhardt-Laakmann*, Impfungen bei chronischen Krankheiten, in: Monatsschrift Kinderheilkunde 2009, S. 767 (775); vgl. *Staehelin/Hirzel/Hauser/Furrer*, Impfungen bei Immunsupprimierten, in: Therapeutische Umschau 2016, S. 281 (283).

[179] *Laws*, Impfung bei Immunsuppression, in: Monatsschrift Kinderheilkunde 2013, S. 713 (714); *Ullmann et al.*, Impfungen bei immunsupprimierten Erwachsenen, in: WMW 2004, S. 218 (221).

[180] *Bühler/Hatz*, Impfungen bei Patienten mit Autoimmunerkrankungen, in: Therapeutische Umschau 2016, S. 275 (276); *Mannhardt-Laakmann*, Impfungen bei chronischen Krankheiten, in: Monatsschrift Kinderheilkunde 2009, S. 767 (774).

[181] Dies ergibt der Durchschnitt der Werte von 2005 bis 2014 in Bezug auf die Organe Pankreas [Bauchspeicheldrüse], Leber, Niere, Lunge und Herz, *Haverich/Haller*, Organtransplantation in Deutschland, in: Der Internist 2016, S. 7 (8).

[182] *Rink/Kruse/Haase*, Immunologie (2015), S. 185.

[183] *Boršo et al.*, Impfen bei Immundefekten, in: DMW 2013, S. 145 (147).

[184] *Duchini/Goss/Karpen/Pockros*, Vaccinations for Adult Solid-Organ Transplant Recipients, in: Clin Microbiol Rev 2003, S. 357 (358); *Boršo et al.*, Impfen bei Immundefekten, in: DMW 2013, S. 145 (147).

[185] *Rieger et al.*, Anti-infective vaccination strategies, in: Annals of Oncology 2018, S. 1354 (1356); *Ullmann et al.*, Impfungen bei immunsupprimierten Erwachsenen, in: WMW 2004, S. 218 (221); vgl. auch *Laws*, Impfung bei Immunsuppression, in: Monatsschrift Kinderheilkunde 2013, S. 713.

[186] *Boršo et al.*, Impfen bei Immundefekten, in: DMW 2013, S. 145 (147); *Mannhardt-*

Impfung vor Beginn einer Chemotherapie zumeist noch möglich, häufig erfordert aber der Status der Grunderkrankung einen möglichst schnellen Therapiebeginn.[187]

Weiter gehören auch Personen mit Autoimmunerkrankungen zur schutzbedürftigen Risikogruppe. Es wird geschätzt, dass etwa 5 % der Bevölkerung in Industrieländern an einer Autoimmunerkrankung leidet.[188] Bei diesen Personen richtet sich das Immunsystem gegen sich selbst.[189] Seine Tätigkeit muss aus diesem Grund mit Immunsuppressiva behandelt werden, um die Bildung von gegen den eigenen Organismus gerichteten Antikörpern zu unterdrücken.[190] Aufgrund der Immunsuppression ist der Nichterfolg der Impfung wahrscheinlich.[191] Gerade diese Personen sind aber besonders infektanfällig.[192] Zudem kann eine Impfung einen Krankheitsschub der Grunderkrankung auslösen.[193]

Bekannt ist, dass bei Immundefizienten und Immunsupprimierten die Sicherheit einer Impfung mit Lebenderregern prinzipiell nicht gewährleistet werden kann, da es keine zuverlässig messbare Schwelle gibt, ab der die Verabreichung der Lebendimpfstoffe ungefährlich ist.[194] Dies betrifft die Impfstoffe gegen die Erreger von Masern, Mumps und Röteln, Varizellen, Gelbfieber, Rotaviren sowie den oralen Polio-Impfstoff.[195] Lebendimpfstoffe bestehen aus vermehrungsfähigen, aber abgeschwächten Krankheitserregern, die bei gesunden Menschen nicht zur Erkrankung, sondern zur Antikörperbildung führen.[196] Bei Menschen mit Immundefizienz führt eine Impfung jedoch häufig zu

---

Laakmann, Impfungen bei chronischen Krankheiten, in: Monatsschrift Kinderheilkunde 2009, S. 767 (774); detaillierte Übersicht bei *Rieger et al.*, Anti-infective vaccination strategies, in: Annals of Oncology 2018, S. 1354 (1355 ff.); *Ullmann et al.*, Impfungen bei immunsupprimierten Erwachsenen, in: WMW 2004, S. 218 (219).

[187] *Laws*, Impfung bei Immunsuppression, in: Monatsschrift Kinderheilkunde 2013, S. 713.

[188] *Bühler/Hatz*, Impfungen bei Patienten mit Autoimmunerkrankungen, in: Therapeutische Umschau 2016, S. 275 m. w. N.; *Rink/Kruse/Haase*, Immunologie (2015), S. 142.

[189] *Rink/Kruse/Haase*, Immunologie (2015), S. 142.

[190] Vgl. *Rink/Kruse/Haase*, Immunologie (2015), S. 143.

[191] *Bühler/Hatz*, Impfungen bei Patienten mit Autoimmunerkrankungen, in: Therapeutische Umschau 2016, S. 275; *Laws*, Impfung bei Immunsuppression, in: Monatsschrift Kinderheilkunde 2013, S. 713 (716).

[192] *Bühler/Hatz*, Impfungen bei Patienten mit Autoimmunerkrankungen, in: Therapeutische Umschau 2016, S. 275; *Doran et al.*, Frequency of Infection in Patients With Rheumatoid Arthritis, in: Arthritis & Rheumatism 2002, S. 2287–2293.

[193] *Mannhardt-Laakmann*, Impfungen bei chronischen Krankheiten, in: Monatsschrift Kinderheilkunde 2009, S. 767 (776).

[194] *Jilg*, Der Impfkurs (2009), S. 22; *Knuf/Zepp*, Immundefizienzen und HIV-Infektion, in: Spiess/Heininger/Jilg (Hrsg.), Impfkompendium (2015), S. 316 (320); *Niehues et al.*, Impfen bei Immundefizienz, in: BGesBl. 2017, S. 674 (676); vgl. *Bühler/Hatz*, Impfungen bei Patienten mit Autoimmunerkrankungen, in: Therapeutische Umschau 2016, S. 275.

[195] *Niehues et al.*, Impfen bei Immundefizienz, in: BGesBl. 2017, S. 674 (677).

[196] *Niehues et al.*, Impfen bei Immundefizienz, in: BGesBl. 2017, S. 674 (677).

einer Erkrankung oder zu schweren Nebenwirkungen bis hin zum Tod und ist daher grundsätzlich kontraindiziert.[197] Eine sorgfältige Risikoabwägung zwischen der Gefahr einer Wildvirusinfektion und der Lebendimpfung kann im Einzelfall aber erfolgen.[198] Totimpfstoffe (u. a. inaktivierter Polio-Impfstoff, Impfstoffe gegen Hepatitis A, Tollwut, FSME, Diphtherie, Pertussis, Pneumokokken, Meningokokken, HPV, Tetanus[199]) können auch bei Menschen mit Immundefekten zwar eingesetzt werden, da von ihnen keine Infektionsgefahr ausgeht.[200] Ihre Wirksamkeit (Bildung einer Immunität) ist jedoch je nach Schweregrad der immunologischen Störung eingeschränkt, so dass Impfungen teilweise unwirksam sind.[201] In Bezug auf Impfstoffe gegen COVID-19 liegen bisher keine abschließenden Daten zur Immunogenität, Wirksamkeit und Sicherheit bei einer Impfung von immundefizienten und -supprimierten Personen vor.[202] Es wird jedoch erwartet, dass deren Wirksamkeit je nach Art und Ausmaß der Immundefizienz geringer ist als bei Menschen ohne Immundefi-

---

[197] *Robert-Koch-Institut*, Hinweise zu Impfungen für Patienten mit Immundefizienz, in: EpidBull Nr. 39/2005, S. 353 (355); differenzierend *Boršo et al.*, Impfen bei Immundefekten, in: DMW 2013, S. 145, 148; *Bühler/Hatz*, Impfungen bei Patienten mit Autoimmunerkrankungen, in: Therapeutische Umschau 2016, S. 275; *Laws*, Impfung bei Immunsuppression, in: Monatsschrift Kinderheilkunde 2013, S. 713 (714); *Mannhardt-Laakmann*, Impfungen bei chronischen Krankheiten, in: Monatsschrift Kinderheilkunde 2009, S. 767 (774 f.); *Mannhardt-Laakmann/Wahn*, Impfungen bei primären Immundefekten, in: Monatsschrift Kinderheilkunde 2011, S. 451 (454); *Müller-Ladner/Müller-Ladner*, Impfungen bei Patienten mit autoimmunen entzündlichen rheumatischen Erkrankungen, in: AMT 2012, S. 254 (256); *Niehues et al.*, Impfen bei Immundefizienz, in: BGesBl. 2017, S. 674 (679); *Rieger et al.*, Anti-infective vaccination strategies, in: Annals of Oncology 2018, S. 1354 (1355); *Staehelin/Hirzel/Hauser/Furrer*, Impfungen bei Immunsupprimierten, in: Therapeutische Umschau 2016, S. 281 (282); *van Assen et al.*, EULAR recommendations for vaccination in adult patients with autoimmune inflammatory rheumatic diseases, in: Ann Rheum Dis 2011, S. 414; *Weisser*, Impfungen unter immunsuppressiver Therapie, in: Der Internist 2011, S. 277 (280).

[198] Für viele *Speth et al.*, Impfungen bei immunsupprimierten jungen Rheumatikern, in: A+R 2017, S. 39 (53).

[199] *Mannhardt-Laakmann/Wahn*, Impfungen bei primären Immundefekten, in: Monatsschrift Kinderheilkunde 2011, S. 451 (452); *Niehues et al.*, Impfen bei Immundefizienz, in: BGesBl. 2017, S. 674 (677 f.).

[200] *Jilg*, Der Impfkurs (2009), S. 22.

[201] *Robert-Koch-Institut*, Hinweise zu Impfungen für Patienten mit Immundefizienz, in: EpidBull Nr. 39/2005, S. 353 (355); *Boršo et al.*, Impfen bei Immundefekten, in: DMW 2013, S. 145; *Duchini/Goss/Karpen/Pockros*, Vaccinations for Adult Solid-Organ Transplant Recipients, in: Clin Microbiol Rev 2003, S. 357 (362); *Laws*, Impfung bei Immunsuppression, in: Monatsschrift Kinderheilkunde 2013, S. 713 (714, 715); *Mannhardt-Laakmann/Wahn*, Impfungen bei primären Immundefekten, in: Monatsschrift Kinderheilkunde 2011, S. 451 (453); *Müller-Ladner/Müller-Ladner*, Impfungen bei Patienten mit autoimmunen entzündlichen rheumatischen Erkrankungen, in: AMT 2012, S. 254 (255); *Niehues et al.*, Impfen bei Immundefizienz, in: BGesBl. 2017, S. 674 (676); *Speth et al.*, Impfungen bei immunsupprimierten jungen Rheumatikern, in: A+R 2017, S. 39 (42); *Weisser*, Impfungen unter immunsuppressiver Therapie, in: Der Internist 2011, S. 277 (280).

[202] *Robert-Koch-Institut*, STIKO-Empfehlung zur COVID-19-Impfung, in: EpidBull Nr. 43/2021, S. 3 (7).

zienz und dass deshalb gegebenenfalls weitere Auffrischimpfungen notwendig sein werden.[203]

Aus dieser medizinischen Faktenlage lassen sich Rückschlüsse für die juristische Einstufung als schutzbedürftige Risikogruppe ziehen. Für Menschen mit einer Immundefizienz ist aufgrund der medizinischen Disposition der Herdenschutz durch die Infektionsbarriere umso wichtiger. Dies gilt noch einmal mehr für die unmittelbaren Kontaktpersonen im familiären Umfeld der Angehörigen der Risikogruppe.[204]

cc) Personen, die allergisch auf Impfstoffe reagieren

Impfstoffe können allerdings – wie alle anderen Medikamente auch – allergische Reaktionen auslösen.[205] Allergische Reaktionen (Hypersensitivitätsreaktionen) sind überschießende Reaktionen auf Substanzen, die normalerweise bei gesunden Menschen toleriert werden.[206] Bei Impfstoffen können diese Substanzen entweder die antigenen Bestandteile selbst oder die Stabilisatoren, Zusatzstoffe oder Restbestandteile von Zellkulturmedien sein.[207] Daher muss jeder Impfling vor jeder Impfung gründlich nach vorbestehenden Allergien befragt werden.[208]

Man unterscheidet zwischen anaphylaktischen, anaphylaktoiden und subakuten allergischen Reaktionen.[209] Anaphylaktische Reaktionen können zu Symptomen wie Blutdruckabfall, Übelkeit und Spasmen bis hin zu einem anaphylaktischen Schock führen, wobei das klinische Bild einer Anaphylaxie sehr unterschiedlich verlaufen kann.[210] Eine anaphylaktische Reaktion tritt jedoch

---

[203] *Robert-Koch-Institut*, STIKO-Empfehlung zur COVID-19-Impfung, in: EpidBull Nr. 2/2021, S. 3 (19 f.) sowie in: EpidBull Nr. 43/2021, S. 3 (7 ff.).

[204] Vgl. *Bühler/Hatz*, Impfungen bei Patienten mit Autoimmunerkrankungen, in: Therapeutische Umschau 2016, S. 275 (277); *Boršo et al.*, Impfen bei Immundefekten, in: DMW 2013, S. 145; *Mannhardt-Laakmann/Wahn*, Impfungen bei primären Immundefekten, in: Monatsschrift Kinderheilkunde 2011, S. 451 (454, 458); *Laws*, Impfung bei Immunsuppression, in: Monatsschrift Kinderheilkunde 2013, S. 713 (718); *Niehues et al.*, Impfen bei Immundefizienz, in: BGesBl. 2017, S. 674 (675); *Robert-Koch-Institut*, Hinweise zu Impfungen für Patienten mit Immundefizienz, in: EpidBull Nr. 39/2005, S. 353 (355); *Staehelin/Hirzel/Hauser/Furrer*, Impfungen bei Immunsupprimierten, in: Therapeutische Umschau 2016, S. 281 (282 f.); *Weisser*, Impfungen unter immunsuppressiver Therapie, in: Der Internist 2011, S. 277 (280).

[205] *Liese/Prelog*, Impfen und Allergien, in: Spiess/Heininger/Jilg (Hrsg.), Impfkompendium (2015), S. 306; *Pfeiff*, Allergien auf Impfstoffe, in: Allergo Journal 2000, S. 343; *Wiedermann-Schmidt/Maurer*, Hilfs- und Zusatzstoffe von Impfstoffen, in: Wien Klin Wochenschr 2005, S. 510 (511).

[206] *Wiedermann-Schmidt/Maurer*, Hilfs- und Zusatzstoffe von Impfstoffen, in: Wien Klin Wochenschr 2005, S. 510 (511, 518).

[207] *Liese/Prelog*, Impfen und Allergien, in: Spiess/Heininger/Jilg (Hrsg.), Impfkompendium (2015), S. 306.

[208] *Jilg*, Der Impfkurs (2009), S. 50.

[209] *Liese/Prelog*, Impfen und Allergien, in: Spiess/Heininger/Jilg (Hrsg.), Impfkompendium (2015), S. 306 (307).

[210] *Liese/Prelog*, Impfen und Allergien, in: Spiess/Heininger/Jilg (Hrsg.), Impfkompendium (2015), S. 306; *Weißer/Barth/Keller-Stanislawski*, Sicherheit von Impfstoffen, in: BGesBl. 2009, S. 1053 (1054, 1059).

nur in einem bis 10 Fällen auf 1 Million Impfungen auf.[211] Anaphylaktoide Reaktionen können funktionelle Kreislaufstörungen verursachen; zu subakuten allergischen Reaktionen, die bis etwa zwei Tage nach der Impfung auftreten können, zählen vor allem Reaktionen der Haut.[212] Die bekannteste und häufigste Hypersensitivität liegt gegen das Protein Ovalbumin vor, das in Vakzinen vorkommt, die in Hühnerembryonalzellen hergestellt werden.[213] Allerdings betrifft dies nur die Impfungen gegen Gelbfieber und Influenza.[214] Hier tritt bei mindestens 1,7 % aller Kinder infolge einer Allergie gegen Hühnereiweiß eine schwere allergische Reaktion auf, die als Impfunfähigkeit einzustufen ist.[215]

Auch einige weitere Zusatzsubstanzen in Impfstoffen können theoretisch Allergien auslösen (Thiomersal, Formaldehyd, Antibiotika, Polygeline, Hefeproteine, Aluminiumsalze, Latex).[216] Hier reicht jedoch entweder schon die im Impfstoff enthaltene Konzentration nicht aus, um eine allergische Reaktion zu verursachen, oder es wurden nur sehr selten geringe Reaktionen in Form von lokalen Hautrötungen beobachtet.[217]

In wenigen Fällen von Allergien gegen einzelne Bestandteile von Impfstoffen liegt also *per se* eine Impfunfähigkeit vor. In jedem Fall bedarf es vor der Impfung einer Abklärung eventueller Hypersensitivitäten gegen einen Impfstoffbestandteil. Insofern stellen jedenfalls Menschen mit einer gravierenden Hypersensitivität gegen Hühnereiweiß wegen Impfunfähigkeit tatsächlich eine weitere Risikogruppe dar, dies jedoch nur in Bezug auf die Impfungen, deren Impfstoffe nach wie vor Hühnereiweiß enthalten. In Bezug auf Impfstoffe gegen COVID-19 ist noch keine verlässliche Aussage darüber möglich, bei welchen Personen nach der Impfung allergische Reaktionen auftreten können. Nach ersten Studien[218] ist jedoch davon auszugehen, dass kein generell erhöhtes Risi-

---

211 *Weißer/Barth/Keller-Stanislawski*, Sicherheit von Impfstoffen, in: BGesBl. 2009, S. 1053 (1056).

212 *Liese/Prelog*, Impfen und Allergien, in: Spiess/Heininger/Jilg (Hrsg.), Impfkompendium (2015), S. 306 (307); *Weißer/Barth/Keller-Stanislawski*, Sicherheit von Impfstoffen, in: BGesBl. 2009, S. 1053 (1056).

213 *Liese/Prelog*, Impfen und Allergien, in: Spiess/Heininger/Jilg (Hrsg.), Impfkompendium (2015), S. 306 (308); *Oberhofer*, Hautreaktion nach Impfung, in: Allergo Journal 2012, S. 340; *Wiedermann-Schmidt/Maurer*, Hilfs- und Zusatzstoffe von Impfstoffen, in: Wien Klin Wochenschr 2005, S. 510 (512).

214 *Mutschler*, Zweistufig impfen bei Hühnereiweißallergie, in: pädiatrie hautnah 2011, S. 224; *Oberhofer*, Hautreaktion nach Impfung, in: Allergo Journal 2012, S. 340; *Pfeiff*, Allergien auf Impfstoffe, in: Allergo Journal 2000, S. 343 (344).

215 *Oberhofer*, Hautreaktion nach Impfung, in: Allergo Journal 2012, S. 340; *Hasan/Wells/Davis*, Egg hypersensitivity in review, in: Allergy Asthma Proc 2013 (34), S. 26.

216 *Liese/Prelog*, Impfen und Allergien, in: Spiess/Heininger/Jilg (Hrsg.), Impfkompendium (2015), S. 306 (311 ff.); *Pfeiff*, Allergien auf Impfstoffe, in: Allergo Journal 2000, S. 343 (344).

217 *Liese/Prelog*, Impfen und Allergien, in: Spiess/Heininger/Jilg (Hrsg.), Impfkompendium (2015), S. 306 (311 ff.); *Wiedermann-Schmidt/Maurer*, Hilfs- und Zusatzstoffe von Impfstoffen, in: Wien Klin Wochenschr 2005, S. 510.

218 So etwa eine Studie aus Israel, *Shavit et al.*, Prevalence of Allergic Reactions After Pfi-

ko für schwerwiegende Nebenwirkungen bei Personen mit vorbekannten allergischen Erkrankungen besteht, sofern nicht prinzipiell eine Allergie gegen einen Inhaltsstoff von mRNA-Impfstoffen[219] vorliegt.[220]

dd) Non-Responder

Eine weitere, unter bestimmten Voraussetzungen schutzbedürftige Gruppe sind die Non-Responder, umgangssprachlich auch sog. „Impfversager". Hierbei handelt es sich um Personen, bei denen die bei einer Impfung vorgesehene provozierte immunologische Reaktion[221] nicht oder nicht vollständig stattfindet, bei denen also keine immunologische Schutzwirkung ausgebildet wird.[222] Dadurch sind sog. „Impfdurchbrüche" möglich, also Fälle, in denen auch offenbar geimpfte – aber eben dennoch nicht immune! – Personen an der Zielkrankheit erkranken.[223]

Die Versagensursachen von Impfungen können dabei sowohl auf der Seite der zu impfenden Person als auch auf der Seite des Impfstoffs bzw. dessen Herstellers/Verwenders liegen.[224] Zu den impfstoff- oder impftechnikbedingten Versagensursachen, die bereits determiniert sind, noch bevor der Impfstoff dem Impfling verabreicht wird, gehören das Nichteinhalten der Lagerungstemperatur oder die Unterbrechung der Kühlkette, die Verwendung nach Ablauf der Verwendbarkeitsdauer, die Mischung mit anderen Injektionspräparaten, unzureichendes Homogenisieren (durch Schütteln) des Ampulleninhalts, falsche Impftechnik[225], Unterdosierung sowie bei Lebendimpfstoffen der Kontakt mit Desinfektionsmitteln.[226] Diese Versagensursachen sind vermeidbar und lösen

---

zer-BioNTech COVID-19 Vaccination Among Adults With High Allergy Risk, in: JAMA Network Open. 2021;4(8):e2122255. doi:10.1001/jamanetworkopen.2021.22255, S. 1 ff.

[219] Syn. für Messenger-RNA. Durch Transkription eines DNA-Abschnitts gebildete RNA (einzelsträngige Polynukleotide, die in allen Organismen der Übertragung genetischer Information dienen), die als Matrizen-RNA in der Proteinbiosynthese als Informationsvorlage für die Synthese einer spezifischen Polypeptidkette dient, *Pschyrembel*, Klinisches Wörterbuch (2020), Stichwort „RNA", S. 1535 sowie *Pschyrembel* online, Stichwort „Messenger-RNA".

[220] *Robert-Koch-Institut*, STIKO-Empfehlung zur COVID-19-Impfung, in: EpidBull Nr. 2/2021, S. 3 (5).

[221] Siehe bereits § 2 A. I. 2. b) „Immunologie der Impfung".

[222] *Heininger/Spiess*, Versagensursachen von Schutzimpfungen, in: Spiess/Heininger/Jilg (Hrsg.), Impfkompendium (2015), S. 56.

[223] *Poggensee et al.*, Überblick und Bewertung der verfügbaren Datenquellen zur Inzidenz impfpräventabler Krankheiten, in: BGesBl. 2009, S. 1019; *Kries et al.*, Prävention und Früherkennung von Krankheiten, in: Schlack/Kries/Thyen (Hrsg.), Sozialpädiatrie (2009), S. 76 (79); vgl. auch bei *Wutzler*, Die Varizellenimpfung in Deutschland, in: Präv Gesundheitsf 2010, S. 28 (30).

[224] *Heininger/Spiess*, Versagensursachen von Schutzimpfungen, in: Spiess/Heininger/Jilg (Hrsg.), Impfkompendium (2015), S. 56.

[225] Vgl. bereits § 2 A. I. 2. a) „Durchführung der Impfung".

[226] *Heininger/Spiess*, Versagensursachen von Schutzimpfungen, in: Spiess/Heininger/Jilg (Hrsg.), Impfkompendium (2015), S. 56.

daher keine Schutzpflichten aus, sondern können durch sorgfältigeren Umgang mit dem Impfstoff vermieden werden.

Bei den Versagensursachen, die vermeidbar oder unvermeidbar in der Person des Impflings liegen, unterscheidet man zwischen sog. primärem und sekundärem Impfversagen: Primäres Impfversagen liegt vor, wenn die geimpfte Person immunologisch nur mangelhaft oder gar nicht auf die Verabreichung des Impfstoffs reagiert.[227] Sekundäres Impfversagen liegt hingegen vor, wenn der zuvor gebildete Immunschutz und damit die Schutzwirkung später nachlassen.[228] Zu denjenigen Versagensursachen, die in der Person des Impflings liegen, aber vermeidbar sind, zählen das Unterschreiten der empfohlenen Zeitabstände zwischen zwei Impfungen sowie Nikotinabusus und Übergewicht, wobei letztere Umstände hauptsächlich als Risikofaktoren für eine unzureichende Immunantwort auf die Hepatitis-B-Impfung einzustufen sind.[229] Zu den nicht vermeidbaren Verhinderungsursachen zählen genetische Konstellationen, die eine erfolgreiche Immunantwort verhindern oder eine altersbedingte Impfunfähigkeit infolge des Rückgangs der Immunkompetenz (sog. „Immunseneszenz"[230]), aber auch Beeinträchtigungen des immunologischen Reaktionsvermögens durch Immundefizienz[231] oder eine Interferenz zwischen vermehrungsfähigen Impfviren und noch zirkulierenden Antikörpern (etwa nach der Gabe von Immunglobulinen[232] oder bei noch vorhandener maternaler Leihimmunität[233]).[234]

Augenmerk verdienen im Rahmen dieser Arbeit aber ausschließlich diejenigen Ursachen, die unverschuldet in der Person des Impflings selbst liegen, da nur diese dazu führen, dass für diese Person ein immunologisch *nicht* verhinderbares Risiko einer Erkrankung besteht. Denn nur, wenn trotz durchgeführter Impfung weiterhin ein unvermeidbares Erkrankungsrisiko besteht, ist die geimpfte Person tatsächlich impfunfähig und zählt damit zur schutzbedürfti-

---

[227] *Heininger/Spiess*, Versagensursachen von Schutzimpfungen, in: Spiess/Heininger/Jilg (Hrsg.), Impfkompendium (2015), S. 56; *Poggensee et al.*, Überblick und Bewertung der verfügbaren Datenquellen zur Inzidenz impfpräventabler Krankheiten, in: BGesBl. 2009, S. 1019.

[228] *Heininger/Spiess*, Versagensursachen von Schutzimpfungen, in: Spiess/Heininger/Jilg (Hrsg.), Impfkompendium (2015), S. 56; *Poggensee et al.*, Überblick und Bewertung der verfügbaren Datenquellen zur Inzidenz impfpräventabler Krankheiten, in: BGesBl. 2009, S. 1019.

[229] *Heininger/Spiess*, Versagensursachen von Schutzimpfungen, in: Spiess/Heininger/Jilg (Hrsg.), Impfkompendium (2015), S. 56.

[230] Immunseneszenz ist ein bedeutender Risikofaktor für eine höhere Infektanfälligkeit im Alter, weil die Leistungsfähigkeit der für die Ausbildung der Immunantwort verantwortlichen T-Zellen nachlässt, vgl. *Hutt et al.*, Immunseneszenz und Impfungen im höheren Lebensalter, in: Med Klin 2010, S. 802 (805).

[231] Vgl. dazu bereits § 2 A. I. 2. c) bb) „Immundefizienten und Immunsupprimierte".

[232] Zur Gabe von Immunglobulinen bei passiver Immunisierung vgl. bereits § 2 A. I. 2. b) bb) „Passive Immunisierung".

[233] Vgl. für den Begriff der maternalen Leihimmunität bereits § 2 A. I. 2. c) aa) „Neugeborene und Kleinkinder".

[234] *Heininger/Spiess*, Versagensursachen von Schutzimpfungen, in: Spiess/Heininger/Jilg (Hrsg.), Impfkompendium (2015), S. 56.

gen vulnerablen Gruppe, auf deren körperliche Unversehrtheit sich die grundrechtliche Schutzpflicht bezieht. Ursachen für das Versagen von Impfungen, die vermeidbar in der Person des Impflings liegen bzw. zumindest durch dessen Verhalten beeinflussbar sind, können mangels Verpflichtung zum Schutz des Impflings vor sich selbst im grundrechtlichen Sinne keine staatliche Schutzpflicht auslösen. Auch impfstoff- und impftechnikbedingte Versagensursachen, die aus der Sphäre des Herstellers bzw. Verwenders stammen, lösen keine staatliche Schutzpflicht aus, weil sie durch eine höhere Sorgfalt bei der Herstellung und der Verwendung prinzipiell beseitigt werden können. Dann nämlich ist nicht zuvörderst der Staat verpflichtet, „von oben" Maßnahmen zu ergreifen, die in Grundrechte eingreifen. Vielmehr müssen die Versagensursachen ohne notwendigen staatlichen Eingriff zunächst vom Hersteller, Verwender oder Impfling beseitigt werden.

d) Gesellschaftsmedizinische Bedeutung der Impfung

Die immunologischen Auswirkungen der Impfung beschränken sich jedoch nicht nur auf die Gesundheit des Einzelnen, sondern kommen besonders für die Gesundheit ganzer Populationen zum Tragen. Impfungen als Instrument zur Eindämmung von Infektionskrankheiten sind deshalb von größter Relevanz für die weltweite Gesundheitsentwicklung. So schätzte die WHO im Jahr 2012 anlässlich der *World Immunization Week*, dass pro Jahr etwa zwei bis drei Millionen Menschenleben durch die Impfungen gegen Diphtherie, Tetanus, Pertussis, Masern, Mumps und Röteln gerettet werden können.[235]

Der Effekt von Impfungen ist besonders groß, wenn eine Herdenimmunität hergestellt werden kann, die im Folgenden zur Elimination oder sogar Eradikation einer Infektionskrankheit führt. Eindrucksvolles Beispiel für die wichtige gesellschaftsmedizinische Bedeutung ist nicht zuletzt die weltweite Ausrottung der Pocken. Andererseits brechen hochansteckende Krankheiten wie Masern, gegen die seit Jahrzehnten wirksame Impfstoffe existieren, immer wieder – auch in industrialisierten Staaten – aus.[236] Aus diesem Grund hat die Bedeutung der Populationseffekte von Impfungen, die im Folgenden vorgestellt werden, bis heute nicht nachgelassen.

aa) Herstellung und Bedeutung der Herdenimmunität

Schutzimpfungen bezwecken neben dem Individualschutz auch den Populationsschutz.[237] Sie können aber nur dann auch zur Elimination von Infektions-

[235] *World Health Organization*, www.who.int/immunization/newsroom/events/immuni zation_week/2012/further_information/en/ (Seite zuletzt aufgerufen am: 09.04.2021).

[236] *Plans*, New preventive strategy to eliminate measles, mumps and rubella, in: Eur J Clin Microbiol Infect Dis 2013, S. 961.

[237] *Fine*, Herd Immunity, in: Epidemiologic Reviews Vol. 15 (1993) No. 2, S. 265; *Spiecker gen. Döhmann/Kurzenhäuser*, Das rechtliche Darstellungsgebot, in: Engel et al. (Hrsg.), Recht und Verhalten (2007), S. 133 (137); *Nassauer/Meyer*, Impfungen von Kindern und Ju-

krankheiten führen, wenn eine so hohe Durchimpfungsrate in der Bevölkerung erreicht wird, dass der immunisierte Teil der Bevölkerung den nicht immunisierten Teil im Wege der „Herdenimmunität“ oder der „Infektionsbarriere“ schützt.[238] Das gilt freilich nur für diejenigen Krankheiten, deren einziges Erregerreservoir bzw. deren einziger Wirt der menschliche Organismus ist[239], da die Übertragung ansonsten nicht nur von Mensch zu Mensch erfolgt, was die Herdenimmunität innerhalb der menschlichen Population vereiteln kann.

Die Höhe der erforderlichen Durchimpfungsrate, also die Quote, ab der von einer Herdenimmunität ausgegangen werden kann, hängt dabei von der Basisreproduktionszahl R_0 des jeweiligen Erregers ab[240]: Die Basisreproduktionszahl gibt an, wie viele andere suszeptible[241] Personen eine infizierte Person anstecken kann und wird von der Übertragungswahrscheinlichkeit pro Kontakt, der Dauer der Ansteckungsfähigkeit, der Populationsdichte und der Durchmischung der Population bestimmt.[242] Das bedeutet, dass die Basisreproduktionszahl für verschiedene Populationen bisweilen leicht voneinander abweichende Werte annehmen kann.[243] Je ähnlicher sich zwei Populationen in ihrer Dichte und Durchmischung sind, desto ähnlicher ist der Wert der Basisreproduktionszahl. Gleichwohl wird der Wert der Basisreproduktionszahl zu einem

---

gendlichen auch gegen den Elternwillen?, in: BGesBl. 2004, S. 1230; so auch Frank Ulrich Montgomery, Präsident der Bundesärztekammer: „Mit der Masernimpfung übernimmt man nicht nur Verantwortung für sich und sein Kind, sondern für die gesamte Gesellschaft“, www.deutschlandfunk.de/impfpflicht-aerztepraesident-montgomery-masern-viel.694.de (Seite zuletzt aufgerufen am: 06.04.2021); *Grenfell*, Boosting understanding of pertussis outbreaks, in: PNAS 2011, S. 7279; ähnlich *Deutscher Ethikrat*, Stellungnahme: Impfen als Pflicht? (2019), S. 23, der neben dem Populationsschutz auch das „solidarische Gemeinwohl“ als Ziel flächendeckender Impfungen nennt.

[238] *Ehlkes/May*, Seuchen – gestern, heute, morgen, in: APuZ 20–21 (2015), S. 3, 5; *Plans*, New preventive strategy to eliminate measles, mumps and rubella, in: Eur J Clin Microbiol Infect Dis 2013, S. 961; vgl. *Plans-Rubió*: Evaluation of the establishment of herd immunity, in: Human Vaccines and Immunotherapeutics 2012, S. 184; vgl. auch *Rashid/Khandaker/Booy*, Vaccination and herd immunity, in: Current Opinion in Infectious Diseases 2012, S. 243–249; *Trotter/Maiden*, Meningococcal vaccines and herd immunity, in: Expert Rev Vaccines 2009, S. 851; *Wandeler et al.*, Infektionskrankheiten, in: Egger/Razum/Rieder (Hrsg.), Public Health Kompakt (2018), S. 437 (442, 474).

[239] *Wandeler et al.*, Infektionskrankheiten, in: Egger/Razum/Rieder (Hrsg.), Public Health Kompakt (2018), S. 437 (475).

[240] *Eichner/Kretzschmar*, Mathematische Modelle in der Infektionsepidemiologie (2003), in: Krämer/Reintjes (Hrsg.), Infektionsepidemiologie (2003), S. 81 (86); *Kries et al.*, Prävention und Früherkennung von Krankheiten, in: Schlack/Kries/Thyen (Hrsg.), Sozialpädiatrie (2009), S. 76 (79).

[241] Aufnahmefähig, empfänglich, empfindlich, *Pschyrembel*, Klinisches Wörterbuch (2020), Stichwort „Suszeptibilität“, S. 1718.

[242] *Wandeler et al.*, Infektionskrankheiten, in: Egger/Razum/Rieder (Hrsg.), Public Health Kompakt (2018), S. 437 (441); *Kries et al.*, Prävention und Früherkennung von Krankheiten, in: Schlack/Kries/Thyen (Hrsg.), Sozialpädiatrie (2009), S. 76 (80).

[243] *Wandeler et al.*, Infektionskrankheiten, in: Egger/Razum/Rieder (Hrsg.), Public Health Kompakt (2018), S. 437 (441).

erheblichen Anteil von erregerspezifischen Faktoren bestimmt, die sich nicht in Abhängigkeit von der Population ändern, weshalb die Basisreproduktionszahl R_0 auch als „Erregercharakteristikum“ bezeichnet wird.[244] Prinzipiell ist die Bestimmung der Basisreproduktionszahl eines Erregers als Determinante der Herdenimmunitätsschwelle deshalb möglich.[245]

Sobald die Reproduktionszahl unter 1 liegt, ein Erkrankter also durchschnittlich weniger als eine andere Person infiziert, kann eine Epidemie verhindert werden.[246] Wenn nämlich alle Menschen in einer Population gegen einen Krankheitserreger immun sind, wird eine Übertragung desselben unmöglich, da die Infektionsbarriere dann geschlossen und undurchlässig ist.[247] Die Vermehrung des Erregers würde in der Folge mangels geeigneter Wirte verunmöglicht, was dazu führt, dass der Erreger in der Population nicht mehr auftritt.[248] Je höher also die Immunitätsrate in der Bevölkerung ist, die bei den seit Langem bekannten Infektionskrankheiten mittlerweile fast ausschließlich durch Immunisierung denn durch das Durchleben der Krankheit erfolgt, desto ausgeprägter ist die Herdenimmunität.[249] Je mehr Menschen also Schutzimpfungen erhalten, desto geringer sind die Gefahren einer Ansteckung und Ausbreitung eines Krankheitserregers. In Bezug auf die COVID-19-Erkrankung hingegen ist noch nicht abschließend geklärt, ob auch die Erkrankung selbst eine dauerhafte Immunität verursacht[250] und ab welcher genauen Immunitätsquote eine Herdenimmunität besteht bzw. ob eine krankheitsspezifische Herdenimmunität überhaupt erreichbar ist.[251]

---

[244] *Wichmann/Ultsch*, Effektivität, Populationseffekte und Gesundheitsökonomie der Impfungen gegen Masern und Röteln, in: BGesBl. 2013, S. 1260 (1263).

[245] Vgl. ähnlich bei *Kries et al.*, Prävention und Früherkennung von Krankheiten, in: Schlack/Kries/Thyen (Hrsg.), Sozialpädiatrie (2009), S. 76 (80).

[246] Vgl. dazu ausführlich *Ehlkes/May*, Seuchen – gestern, heute, morgen, in: APuZ 20–21/2015, S. 2 (5); *Gay*, The Theory of Measles Elimination, in: The Journal of Infectious Diseases 2004, 189, S. S27 (S28); *Wandeler et al.*, Infektionskrankheiten, in: Egger/Razum/Rieder (Hrsg.), Public Health Kompakt (2018), S. 437 (442); *Weigl*, Die Sinnhaftigkeit von Schulbetretungsverboten, in: Präv Gesundheitsf 2019, S. 102 (103).

[247] Vgl. *Albrich*, Infektiologie, in: Swiss Medical Forum 2014, S. 973; *Plans-Rubió*: Evaluation of the establishment of herd immunity, in: Human Vaccines and Immunotherapeutics 2012, S. 184.

[248] *Deutscher Ethikrat*, Stellungnahme: Impfen als Pflicht? (2019), S. 20; *Füeßl*, Königsweg der Prävention, in: MMW – Fortschr. Med. Nr. 11/2012, S. 42; *Holland/Zachary*, Herd Immunity and compulsory Childhood Vaccination, in: Oregon Law Review 2014, S. 1 (8); *Kries/Rückinger/Kalies*, Impfungen, in: Bitzer et al. (Hrsg.), Kindergesundheit stärken (2009), S. 140 (141); *Maurer*, Impfskeptiker – Impfgegner: Von einer anderen Realität im Internet, in: PharmuZ 1/2008, S. 64 (65).

[249] Vgl. *Fine*, Herd Immunity, in: Epidemiologic Reviews Vol. 15 (1993) No. 2, S. 265 (296).

[250] „Es ist nach wie vor unklar, zu welchem Grad die Titer neutralisierender Antikörper bzw. der Antikörper, die das SARS-CoV-2 Spike- bzw. Nukleocapsid-Protein binden, mit einem Schutz vor einer Reinfektion oder schweren Erkrankung korrelieren.“, *Robert-Koch-Institut*, Epidemiologischer Steckbrief zu SARS-CoV-2 und COVID-19, www.rki.de/DE/Content/InfAZ/N/Neuartiges_Coronavirus/Steckbrief.html (Seite zuletzt aufgerufen am: 26.01.2021).

[251] *Robert-Koch-Institut*, Welche Impfquote ist notwendig, um COVID-19 zu kontrollie-

Umgekehrt bedeutet diese Tatsache jedoch, dass die Infektionsbarriere lückenhaft und damit durchlässig werden kann, sobald eine bestimmte Mindestanzahl von Menschen in einer Population auf die Impfung verzichtet und die Immunität auch nicht mehr infolge der Erkrankung natürlich entwickelt wird.[252] Es ist nämlich nicht die vollständige Durchimpfung einer Population notwendig, um eine Herdenimmunität herzustellen, sondern nur die *Immunität* einer kritischen Menge, die sich anhand der Basisreproduktionszahl bestimmt.[253] Aufgrund der unterschiedlichen Basisreproduktionszahlen der Erreger unterscheiden sich freilich je nach Krankheit auch die erforderlichen Herdenimmunitätsschwellen.[254] Fehlt folglich die entsprechende Herdenimmunität, wird die Ausbreitung von Krankheitserregern durch ungeimpfte Personen, die als Überträger des Erregers fungieren[255], begünstigt, sofern die Immunität gegen einen bestimmten Krankheitserreger nicht anders, nämlich auf dem Wege der Infektion und der Erkrankung erworben wird.[256] Letzteres geschieht zumeist aufgrund der Immunität umstehender Personen bezüglich der seit vielen Jahren bekannten Infektionskrankheiten derzeit nur selten bis gar nicht. Bei vermehrter Tendenz zur Nichtimpfung jedoch werden die Übertragung und damit die Ausbreitung des Erregers in der Population zunehmend wahrscheinlicher. Dann gilt: Je geringer die Durchimpfungsrate, umso größer sind also die Lücken in der Infektionsbarriere. Unwahrscheinlicher werden hingegen dann die Elimination und die Eradikation des Krankheitserregers.

Das Szenario einer fehlenden Herdenimmunität hingegen birgt Gefahren für die Gesundheit des Einzelnen und der Gesellschaft: Das für den Einzelnen dann uneinschätzbare Risiko einer Infektion, dem er nur durch vorbeugende Schutzimpfungen begegnen kann[257], liegt in der Art und Weise der Übertra-

---

ren?, in: EpidBull Nr. 27/2021, S. 3 (4). Vermutet werden mindestens 70 %, *Robert-Koch-Institut*, Antworten auf häufig gestellte Fragen zum Coronavirus SARS-CoV-2/Krankheit COVID-19, www.rki.de/SharedDocs/FAQ/NCOV2019/gesamt.html (Seite zuletzt aufgerufen am: 26.01.2021); *Kersten/Rixen*, Der Verfassungsstaat in der Corona-Krise (2021), Kap. VI. 3.

[252] *Brisson/Edmunds*, Economic Evaluation of Vaccination Programs, in: Medical Decision Making 2003, S. 76 (78).

[253] *Eichner/Kretzschmar*, Mathematische Modelle in der Infektionsepidemiologie (2003), in: Krämer/Reintjes (Hrsg.), Infektionsepidemiologie, S. 81 (86).

[254] Vgl. im Folgenden § 3 B. II. 2. a) bb) „Problematik der Datenlage"; offenbar aber unklar bei *Ratzel*, Der Entwurf für ein neues Masernschutzgesetz, in: GesR 2019, S. 560, der beklagt, dass „bei keiner der 13 wichtigsten Infektionskrankheiten ein Durchimpfungsgrad von 90 Prozent" erreicht würde, obgleich die Herdenimmunitätsschwelle nicht bei allen diesen Krankheiten bei 90 % liegt.

[255] Nach § 2 Nr. 6 IfSG sog. „Ausscheider".

[256] Vgl. *John/Samuel*, Herd immunity and herd effect, in: European Journal of Epidemiology 2000, S. 601.

[257] Auf die dauerhafte Gesichtsverhüllung durch hygienische Masken, wie es eine aufkommende Erscheinung in fernasiatischen Ländern ist und wie es in Zeiten der Corona-Pandemie in Deutschland seit Frühjahr 2020 üblich war und ist, soll hier nicht als Alternative eingegangen werden.

gung von Krankheitserregern durch allgemeine, unfreiwillige soziale Kontakte im Alltag (wie z. B. in der Straßenbahn, im Wartezimmer in der Arztpraxis, in der Kassenschlange im Supermarkt), da die Gefahr einer Infektion bei dieser Art von Kontakt dem Ansteckungsgefährdeten nicht bewusst ist. Letzteres kann sogar für den ansteckenden Überträger des Erregers gelten, sofern die Inkubationszeit[258] der Infektionskrankheit noch andauert und Symptome der Krankheit daher noch nicht sichtbar sind, dem Einzelnen Überträger eine von ihm ausgehende Ansteckungsgefahr somit noch nicht bewusst ist. Zwar geht auch von besonderen und steuerbaren Kontakten (wie z. B. Bluttransfusionen)[259] eine Ansteckungsgefahr aus, im Vergleich zu den „Alltagskontakten" kann hier jedoch die Ansteckungsgefahr zuvor ausgemacht und eine spezielle Vorsorgemaßnahme zur Verhinderung der Ausbreitung getroffen werden.

Der Umstand, der die Herstellung einer Herdenimmunität derzeit erschwert, ist allerdings nicht, dass Kinder überhaupt nicht geimpft sind, sondern vielmehr, dass sie nur einen unzureichenden Impfschutz aufweisen.[260] Jedoch führt auch zwar vorhandener, aber ungenügender oder unvollständiger Individualschutz zu einer Verfehlung der notwendigen Impfquoten. Weil dann die erreichten Durchimpfungsraten (die je nach Kontagiosität der verschiedenen Krankheitserreger variieren können) nicht ausreichen, kann keine Herdenimmunität erreicht werden.

bb) Elimination und Eradikation von Infektionskrankheiten

Die Stabilität der Herdenimmunität ist langfristig die Voraussetzung für die erfolgreiche Ausrottung von Krankheitserregern, die Eradikation. Der Prozess der vollständigen Zurückdrängung von Infektionskrankheiten, so wie es am Beispiel der Pocken bereits im letzten Jahrhundert gelungen ist[261], erfolgt in zwei Schritten, der Elimination und der darauffolgenden Eradikation.

Unter Elimination versteht die WHO (etwa in den Beispielen von Masern- und Röteln) die „völlige Abwesenheit endemischer Masern- und Rötelnfälle in den Mitgliedsstaaten der WHO-Region Europa über einen Zeitraum von zwölf Monaten."[262] Als Endemie wird ein ständiges Vorkommen einer Erkrankung in einem begrenzten Gebiet bezeichnet, wobei nur ein Anteil der Bevölkerung

[258] Zeit zwischen dem Eindringen des Krankheitserregers in den Körper (Infektion) und dem Auftreten der ersten Symptome der Infektionskrankheit, *Pschyrembel*, Klinisches Wörterbuch (2020), Stichwort „Inkubationszeit", S. 833.

[259] *Sodan*, § 56 – Infektionsschutzrecht, in: Ehlers/Fehling/Pünder (Hrsg.), Bes. VerwR Bd. 2 (2020), Rn. 32.

[260] *Stein*, Kitaleiter als Hilfspolizisten, in: FAZ vom 03.06.2017, S. 4.

[261] Vgl. dazu im Folgenden § 2 C. I. 2. d) „Bilanz der Impfpflicht".

[262] Übersetzung in *Widders*, Sicherheit beim Impfen, in: ASU 2018, S. 435; vgl. *Heymann*, Control, elimination, eradication, and re-emergence of infectious diseases, in: Bulletin of the WHO 2006, S. 82: „Elimination [is defined] as reduction to zero of the incidence of disease or infection in a defined geographical area."; *Razum/Matysiak-Klose/Kouros*, Elimination von Masern und Röteln: Keine signifikante Verbesserung, in: DÄ 2016, S. 113.

manifest erkrankt.[263] Die Elimination bedeutet mithin eine regionale Unterbrechung der Erregerzirkulation, wobei Importinfektionen weiterhin möglich sind.[264] Eine Infektionskrankheit gilt also dann als eliminiert, wenn sie „in einer geografisch definierten Region nicht mehr vorkommt bzw. nur noch in Einzelfällen erneut importiert“ wird.[265]

Gelingt die Elimination einer Infektionskrankheit, kann bei konsequenter Fortführung des Impfprogramms auch die Eradikation der Infektionskrankheit erfolgen.[266] Darunter versteht man die vollständige Entfernung eines Krankheitserregers aus einer Population.[267] Die Eradikation ist demnach in tatsächlicher Hinsicht die Fortsetzung der Elimination, deren Stabilität ist wiederum die Voraussetzung, dass eine Eradikation gelingen kann.

II. Die gesellschaftlich-soziale Bedeutung der Impfung

Das Auftreten von Infektionskrankheiten unterliegt den Einflüssen multipler dynamischer Faktoren wie etwa Entwicklungen der Soziodemographie, Umweltveränderungen, Individualverhalten und der medizinischen Versorgung.[268] Die beschriebene Elimination und Eradikation von Infektionskrankheiten funktioniert daher nur, wenn gesellschaftlich-soziale Faktoren, die den positiven Populationseffekten der Impfung entgegenstehen, auf ein geringes Maß begrenzt sind. Aktuell treten jedoch mit einer zunehmenden Impfmüdigkeit einerseits und der Zuwanderung teilweise aus Gebieten mit deutlich rückständiger Gesundheitsversorgung andererseits mehrere gegenläufige gesellschaftliche Faktoren auf, die die mit Schutzimpfungen verbundenen positiven Effekte gefährden könnten.

1. *Impfgegner und Impfskeptiker*

Impfgegner gibt es bereits so lange wie Impfungen selbst.[269] Nicht zuletzt im Vorfeld der Masernimpfpflicht sowie im Zuge der Corona-Pandemie haben

---

[263] *Pschyrembel*, Klinisches Wörterbuch (2020), Stichwort „Endemie“, S. 448.

[264] *Uçkay et al.*, Die Folgen einer ungenügenden Herdimmunität, in: Therapeutische Umschau 2005, S. 679 (681).

[265] *Deutscher Ethikrat*, Stellungnahme: Impfen als Pflicht? (2019), S. 7 f.

[266] Vgl. *Deutscher Ethikrat*, Stellungnahme: Impfen als Pflicht? (2019), S. 23.

[267] *Pschyrembel* online, Stichwort „Eradikation“.

[268] *Kistemann/Exner*, Bedrohung durch Infektionskrankheiten?, in: DÄ 1997, S. A-251 (A-253).

[269] Etwa *Grotjahn*, Soziale Pathologie (1923), S. 25; *Hess*, Seuchengesetzgebung (2009), S. 98, 266; *Heun*, Impfzwang und Impfgegnerschaft (1911), S. 2; als Beispiel sei eine Feststellung des *Reichsgesundheitsamtes*, Blattern und Schutzpockenimpfung, S. 114 aus dem Jahr 1925 genannt: „Die überwiegende Mehrzahl der von den Impfgegnern angeführten Erkrankungen ist entweder maßlos übertrieben oder liegt außerhalb jedes Zusammenhanges mit der Impfung oder entbehrt endlich jeder tatsächlichen Grundlage.“; so konstatiert auch *Winkler*, Über die Arbeit der Zentralstelle für Hygiene Dresden, in: Zentralverwaltung für das Gesund-

diese sich innerhalb der öffentlichen Debatte Gehör verschafft. Die von ihnen angeführten Argumente sind vielfältig[270]: Impfungen seien wirkungslos und deshalb überflüssig.[271] Sie führten zu psychischen und physischen Schäden bis hin zu Depressionen und Selbstmord.[272] Sie seien der Auslöser von Allergien[273] oder gar von denjenigen Krankheiten, vor deren Übertragung sie eigentlich schützen sollten. Bei der Schutzimpfung als schulmedizinische Maßnahme werde der Mensch nicht im ganzheitlichen Sinne betrachtet[274], sie diene lediglich der Hybris der [Schul-]Mediziner.[275] Diese würden aber negative Auswirkungen von Impfungen böswillig verschweigen.[276]

Zudem befriedigten Impfungen die Interessen der Pharmaindustrie[277], wobei das „Durchmachen" von Krankheiten aber wichtig für die Entwicklung der Kinder sei; Studien, die die positive Wirkung von Impfungen belegten, seien von

heitswesen in der sowjetisch besetzten Besatzungszone (Hrsg.), Epidemiologen Tagung 1948 (1949), S. 181 (183) bereits 1948: „Die Gegenpropaganda der Impfgegner (auch aus Lehrerkreisen) macht sich bemerkbar." Als Auslöser der Zunahme von Impfskepsis in den letzten beiden Jahrzehnten wird häufig eine im Jahr 1998 im Fachjournal *The Lancet* veröffentlichte Studie des bekannten Impfgegners *Andrew Wakefield* bezeichnet, die einen Zusammenhang zwischen Impfungen und anschließend auftretendem Autismus gefunden haben will (*Wakefield et al.*, Ileal-lymphoid-nodular hyperplasia, non-specific colitis, and pervasive developmental disorder in children, in: The Lancet Vol. 351, no. 9103, S. 637–641). Diese Studie wurde allerdings im Jahr 2012 unter Fälschungsvorwürfen zurückgezogen.

270 Vgl. *Meyer/Reiter*, Impfgegner und Impfskeptiker, in: BGesBl. 2004, S. 1182.

271 So u. a. der wohl innerhalb der Rechtwissenschaft prominenteste Gegner des Impfens, *Rüdiger Zuck*, Gesetzlicher Masern-Impfzwang, in: ZRP 2017, S. 118.

272 *Coulter*, Impfungen: der Großangriff auf Gehirn und Seele (2000), S. 75 ff., 98; *Zinkant*, Frankreichs Schlag gegen Impfgegner, Süddeutsche Zeitung vom 07.07.2017, www.sueddeutsche.de/gesundheit/masern-frankreichs-schlag-gegen-impfgegner-1.3578299 (Seite zuletzt aufgerufen am: 06.04.2021).

273 *Coulter*, Impfungen: der Großangriff auf Gehirn und Seele (2000), S. 159 ff.

274 Ansicht der Ärztin und Homöopathin *Cornelia Bajic* sowie der Heilpraktikerin *Elisabeth von Wedel* in der Fernsehsendung „hart aber fair" v. 23.03.2015.

275 *Coulter*, Impfungen: der Großangriff auf Gehirn und Seele (2000), S. 245 ff.

276 So lautet der Titel eines Buches des Schweizer Homöopathen und Betreiber der Internetseite www.impfschaden.info, *Andreas Bachmair*: „Risiko und Nebenwirkungen Impfschaden: Was Ihnen Ihr Arzt oder Apotheker nicht erzählt" (2012); ebenso der Titel eines Buches des erklärten Impfgegners *Hans Tolzin*, der auch die Seite www.impfkritik.de betreibt: „Die Masern-Lüge. Was Sie unbedingt über die Masern wissen sollten – und was die Gesundheitsbehörden Ihnen verschweigen" (2017); vgl. auch *Steffen Rabe* auch seiner Internetseite www.impf-info.de/die-impfungen/masern/184-masern-in-berlin-2-arten-von-schweigepflicht.html (Seite zuletzt aufgerufen am: 06.04.2021); ähnlich *Kögel-Schauz*, Ungeimpfte Kinder sind gesünder, efi-online.de/wp-content/uploads/2014/01/UngeimpfteGesuender.pdf (Seite zuletzt aufgerufen am: 18.03.2021), S. 2.

277 So *Buchwald*, Impfen – Das Geschäft mit der Angst (2000), S. 347: „Der wahre Grund für die staatlich geförderten Impfaktionen ist das Profitdenken der pharmazeutischen Industrie."; weiter bezeichnet auch der Impfgegner *Hans Tolzin* auf einer von ihm betriebenen Website die Schulmedizin als „seelenlos und der Pharmainustrie hörig" [sic!], www.impfkritik.de/masern/index.html (Seite zuletzt aufgerufen am: 06.04.2021); siehe auch *Kögel-Schauz*, Ungeimpfte Kinder sind gesünder, efi-online.de/wp-content/uploads/2014/01/UngeimpfteGesuender.pdf (Seite zuletzt aufgerufen am: 18.03.2021), S. 1: „Ich bin jedoch mittlerweile davon

der Pharmaindustrie gesteuert und manipuliert.[278] Deutschlands prominentester Impfgegner *Gerhard Buchwald* stellte die These auf, Impfungen seien die Ursache von Gewalt und Kriminalität: „Zur Erklärung zunehmender Dummheit und zunehmender Gewaltkriminalität brauchen wir nicht die ausgefallendsten [sic!] Theorien heranziehen, denn die Lösung liegt auf der Hand: Intelligenzverlust führt zur Kriminalität. Um es deutlich zu sagen: Ursachen dieser Entwicklung sind die Impfungen."[279]

Auch ähnlich einer Verschwörungstheorie[280] anmutende Meinungen wie, dass der Einsatz von Impfungen „gegen Andersdenkende" erfolge, lassen sich finden.[281] Impfungen werden zum Teil sogar als „Großangriff auf Gehirn und Seele"[282] verteufelt. Solche Ansichten entstehen, wenn die Faktenlage verzerrt[283], falsche Schlüsse aus wissenschaftlichen Erkenntnissen gezogen[284] oder unmögliche Erwartungen an die Medizin gestellt werden.[285] Diese Anschauungen gehen teilweise sogar so weit, dass die Existenz von Virusinfektionen generell geleugnet wird.[286]

überzeugt, dass wir in eine Phase kommen, wo die von einer raffgierigen Pharmaindustrie und deren Handlangern verursachten Schäden nicht mehr vertuscht werden können".

[278] Diese Ansicht kritisiert auch *Zingg*, Machen Impfungen krank?, in: Therapeutische Umschau 2005, S. 665.

[279] *Buchwald*, in: *Petek-Dimmer/Emmenegger*: Rund ums Impfen, Nachwort zur 7. Auflage, S. 212 ff; zustimmend *Coulter*, Impfungen: der Großangriff auf Gehirn und Seele (2000), S. 175 ff.

[280] *Quattrociocchi*, „Fake News" in sozialen Netzwerken, in: Könneker (Hrsg.), Fake oder Fakt? (2018), S. 143 (147).

[281] *Meyer/Reiter*, Impfgegner und Impfskeptiker, in: BGesBl. 2004, S. 1182; *Ratzel*, Der Entwurf für ein neues Masernschutzgesetz, in: GesR 2019, S. 560.

[282] So der Titel eines Buches von *Harris L. Coulter*.

[283] *Betsch*, Psychologie des (Nicht-)Impfens, Interview, in: Barmer Ersatzkasse (Hrsg.), Arzneimittelreport 2019, S. 222 (224); *Schaarschmidt*, Gefühlte Wahrheit, in: Könneker (Hrsg.), Fake oder Fakt? (2018), S. 129 (136); *Imhoff/Lamberty*, Der Geheimniswitterer, in: Könneker (Hrsg.), Fake oder Fakt? (2018), S. 165 (174); siehe beispielsweise *Kekulé*, Masern-Schutzimpfung in Deutschland, Auftragsgutachten v. 22.10.2019 zum Masernschutzgesetz für den Verein „Ärzte für individuelle Impfentscheidung e. V.", S. 5, der in Bezug auf die Masernimpfung behauptet, die WHO sähe „aus gutem Grund das Erreichen der 95-Prozent-Quote nicht als Kriterium für den Status ‚Elimination' vor", obgleich das der Fall ist, siehe *World Health Organization*, Eliminating measles and rubella. Framework for the verification process in the WHO European Region, S. 3.

[284] *Betsch*, Psychologie des (Nicht-)Impfens, Interview, in: Barmer Ersatzkasse (Hrsg.), Arzneimittelreport 2019, S. 222 (224); vgl. als Beleg gegen eine vermeintliche Wirkungslosigkeit von Impfungen beispielsweise das Phänomen der „Non-Responder", siehe § 2 A. I. 2. c) dd) „Non-Responder".

[285] *Betsch*, Psychologie des (Nicht-)Impfens, Interview, in: Barmer Ersatzkasse (Hrsg.), Arzneimittelreport 2019, S. 222 (224); weiterführende Aufzählung bei *Betsch et al.*, Impfverhalten psychologisch erklären, messen und verändern, in: BGesBl. 2019, S. 400 (404).

[286] So versprach der Molekularbiologe *Stefan Lanka* im Jahr 2011 in einem Preisausschreiben für den Beweis der Existenz von Viren 100.000 €. Seiner Auffassung nach, die innerhalb der Impfgegnerschaft durchaus Anhänger findet, seien Viren als Auslöser der Masern lediglich eine Erfindung der Pharmaindustrie, vgl. *Heinemann*, Das unlösbare Problem mit den Mär-

Überzeugte Impfgegner sind aber nur ein Teil der heterogenen Gruppe von Individuen, deren Verhalten unter dem Oberbegriff des „Vaccine Hesitancy"[287] zusammengefasst wird. Innerhalb dieser Gruppe besteht eine in unterschiedlichem Maße ausgeprägte Ablehnung gegenüber spezifischen Impfungen oder Impfungen im Allgemeinen.[288] Selbst, wenn die strikte Impfgegnerschaft nur eine kleine Minderheit der Bevölkerung ausmacht (3–5 %[289]), so werden deren Argumente häufig von Menschen aufgegriffen, die sich selbst als „impfverunsichert" bezeichnen.[290] Allein unter den Eltern wird der Anteil der sog. „Impfskeptiker" auf 35 % geschätzt.[291] Auch angesichts der Tatsache, dass viele Anhänger der alternativen Medizin und der Homöopathie zumeist ebenfalls eine kritische Haltung gegenüber Schutzimpfungen einnehmen[292] und damit ebenfalls zu den „Impfskeptikern"[293] zu zählen sind, dürfte die Anzahl der Personen, die Impfungen im Ergebnis ablehnend gegenüberstehen, höher sein.[294] Zudem ist angesichts des Selbstverständnisses von Impfkritikern, durch ihre skeptische Grundhaltung besonders misstrauisch und deshalb aufgeklärt zu sein[295], nicht auszuschließen, dass auch ein Großteil derer, die sich lediglich als „impfverunsichert" oder „impfkritisch" bezeichnen, tatsächlich der Gruppe „Impfgegner" zuzuordnen sind.

Bei der Zusammensetzung der Impfgegnerschaft fällt auf, dass eine negative Einstellung gegenüber dem Impfen gerade unter gebildeten[296] jungen Eltern

---

chen der Impfgegner, www.welt.de/gesundheit/plus181514984/Das-unloesbare-Problem-mit-den-Maerchen-der-Impfgegner.html (Seite zuletzt aufgerufen am: 08.04.2021).

[287] Vgl. *Dubé et al.*, Mapping vaccine hesitancy, in: Vaccine 2014, S. 6649–6654; *Rossen et al.*, Going with the grain of cognition, in: Frontier in Psychology Sept. 2016, Vol. 7, Article 1483, S. 2.

[288] *Capol*, Schaudern vor Impfzaudern?, in: Therapeutische Umschau 2016, S. 291.

[289] Vgl. *Meyer/Reiter*, Impfgegner und Impfskeptiker, in: BGesBl. 2004, S. 1182 (1185).

[290] *Betsch*, Die Rolle des Internets bei der Elimination von Infektionskrankheiten, in BGesBl. 2013, S. 1279 (1281); *Capol*, Schaudern vor Impfzaudern?, in: Therapeutische Umschau 2016, S. 291.

[291] *Bundeszentrale für gesundheitliche Aufklärung (BZgA)*, Ergebnisbericht der Elternbefragung zum Thema „Impfen im Kindesalter" (Mai 2011), S. 8; *Betsch*, Die Rolle des Internets bei der Elimination von Infektionskrankheiten, in BGesBl. 2013, S. 1279 (1281).

[292] So stellen *Grandt/Lappe/Schubert*, Impfungen bei Kindern und Jugendlichen, in: Barmer Ersatzkasse (Hrsg.), Arzneimittelreport 2019, S. 102 (123) fest, dass diejenigen Barmer-Versicherten oder deren Kinder, die an einem Homöopathievertrag teilnehmen, seltener geimpft sind; vgl. ferner *Dahl*, Impfungen in der Pädiatrie, in: Ethik Med 2002, S. 201 (206).

[293] Vgl. *Meyer/Reiter*, Impfgegner und Impfskeptiker, in: BGesBl. 2004, S. 1182 (1185).

[294] Tendenziell auch *Terhardt*, Zur Masern-Impfpflicht – ein Zwischenruf, in: Kinder- und Jugendarzt 2019, S. 370.

[295] Ähnlich *Imhoff/Lamberty*, Der Geheimniswitterer, in: Könneker (Hrsg.), Fake oder Fakt? (2018), S. 165 (166).

[296] *Deutscher Ethikrat*, Stellungnahme: Impfen als Pflicht? (2019), S. 26; *Krüger/Krüger*, „Sich selber den Kopf zerbrechen" – Eine qualitative Studie zu elterlicher Impfskepsis, in: Z Allg Med 2015, S. 106 (107); *Storr et al.*, Masernstatus – Impfbarrieren und Strategien zu deren Überwindung, in: DÄ 2018, S. 723 (725). Auch dieses ist kein neuartiges Phänomen, so

salonfähig geworden zu sein scheint.[297] Das Anzweifeln medizinisch erwiesener Fakten lässt sich bei impfverunsicherten Eltern damit erklären, dass „Impfskepsis nicht allein als medizinisches Thema diskutiert werden kann, sondern sich mit einer bestimmten Konzeption von Elternschaft in Verbindung bringen lässt".[298] Demnach lassen sich Eltern bei der Entscheidung über die Schutzimpfung ihres Kindes von der Annahme leiten, auch bei fehlender medizinischer oder pharmazeutischer Expertise eine bessere Entscheidung für die Gesundheit ihres Kindes treffen zu können als der Kinderarzt.[299] Die Angst, durch eine Entscheidung für eine Impfung das eigene Kind der Gefahr eines Impfschadens auszusetzen, veranlasst impfskeptische Eltern dazu, die „quasi-kommunitaristische Orientierung an gesellschaftlichen Interessen [...] schwächer zu gewichten als die Verantwortungszuschreibung gegenüber dem eigenen Kind."[300] Die Risikoabwägung fällt bei impfskeptischen Eltern häufiger dahingehend aus, das eigene Kind dem möglichen Risiko eines Impfschadens nicht auszusetzen, da die Entscheidung gegen eine Impfung als Ausdruck eigenen Verantwortungsbewusstseins wahrgenommen wird, das impfbefürwortenden Eltern im Gegenzug abgesprochen wird.[301]

Diese Entscheidung kann psychologisch damit erklärt werden, dass ein schädigendes Ereignis dann stärker verurteilt wird und Schuldgefühle seitens der Eltern verursacht, wenn es kausal zu einer *Handlung* eintritt (der Zustimmung zur Impfung des Kindes), als wenn die Schädigung von einer *Unterlassung* ausgeht (wie das Eintreten einer Krankheit, gegen die eine Impfung unterblieben ist).[302] Zugleich kann das Erleben eines vermeintlichen Impfschadens im sozialen Umfeld als einschneidendes Erlebnis eine negative Impfentscheidung von

---

konstatierte *Winkler*, Über die Arbeit der Zentralstelle für Hygiene Dresden, in: Zentralverwaltung für das Gesundheitswesen in der sowjetisch besetzten Besatzungszone (Hrsg.), Epidemiologen Tagung 1948 (1949), S. 181 (183) schon im Jahr 1948, die Impfgegner setzten sich „auch aus Lehrerkreisen", d. h. akademisch gebildeten Schichten zusammen.

297 Eine Studie berichtet beispielsweise: „So spricht Mutter M (35 Jahre, 2 Kinder; 8 und 5 Jahre) davon, dass ‚*sich Eltern selber den Kopf zerbrechen wollen*' und die Mutter R betont, dass es auch darum gehe, ‚*irgendwie kritisch zu sein*' und Empfehlungen ‚*erstmal hinterfragen zu wollen*'", *Krüger/Krüger*, „Sich selber den Kopf zerbrechen" – Eine qualitative Studie zu elterlicher Impfskepsis, in: Z Allg Med 2015, S. 106 (108).

298 Ergebnis einer sozialwissenschaftlichen Studie von *Krüger/Krüger*, Skepsis im Entscheiden, in: ZQF 1/2015, S. 99 (100); *dies.*, „Sich selber den Kopf zerbrechen" – Eine qualitative Studie zu elterlicher Impfskepsis, in: Z Allg Med 2015, S. 106 (107).

299 „Die Eltern sind aus ihrer subjektiven Sicht heraus Experten für das Wohl ihres Kindes.", *Krüger/Krüger*, „Sich selber den Kopf zerbrechen" – Eine qualitative Studie zu elterlicher Impfskepsis, in: Z Allg Med 2015, S. 106 (107).

300 *Krüger/Krüger*, Skepsis im Entscheiden, in: ZQF 1/2015, S. 99 (104).

301 *Krüger/Krüger*, „Sich selber den Kopf zerbrechen" – Eine qualitative Studie zu elterlicher Impfskepsis, in: Z Allg Med 2015, S. 106 (107).

302 *Asch et al.*, Omission Bias and Pertussis Vaccination, in: Medical Decision Making 1994, No. 2 S. 118 (122); *Böhm/Betsch/Korn*, Selfish-rational non-vaccination, in: Journal of Economic Behaviour & Organization 2016, S. 183 (184); *Spranca/Minsk/Baron*, Omission and

Eltern begründen und diese gleichzeitig rechtfertigen, während die Gefährlichkeit impfpräventabler Krankheiten tendenziell als „Kinderkrankheiten" verharmlost wird.[303] Die Entscheidung zur Nichtimpfung erweist sich als Ergebnis eines „egoistisch-rationalen" Verhaltens.[304]

Impfskepsis oder -zurückhaltung betrifft auch die Gruppe der Ärzte[305], hier insbesondere diejenigen, die homöopathisch und anthroposophisch orientiert praktizieren.[306] So herrscht allerdings auch unter Ärzten mit homöopathischer Zusatzausbildung zwar mehrheitlich keine grundsätzlich ablehnende Haltung bezüglich Impfungen[307], es besteht aber häufig die Überzeugung, mit den alternativmedizinischen[308] Methoden der Homöopathie effiziente Behandlungsmöglichkeiten gegen Masern, Mumps, Röteln und andere „Kinderkrankheiten" zur Verfügung zu haben, was den durchaus zögerlichen Umgang mit Impfungen erklärt.[309] Das ist besonders deshalb bedeutsam, weil Ärzten im Umgang mit den Patienten bzw. mit den Eltern der zu impfenden Kinder die wichtige Aufgabe zukommt, im Gespräch Vorurteile gegen Impfungen abzubauen und durch den Aufbau einer Vertrauensbasis auf die Durchführung der Impfung hinzuwirken.[310]

Ablehnung gegenüber Impfungen wirkt sich sozialgesellschaftlich so aus, dass die Gruppe der Impfverweigerer die Verantwortung sowohl für ihre eigene als auch für die Gesundheit der Allgemeinheit (fahrlässig) vertrauensvoll in die Hände anderer legt; namentlich derjenigen Gruppe, deren Impfskepsis jedenfalls geringer ist als die Überzeugung von der medizinischen Notwendigkeit und Wirksamkeit von Impfungen. Impfverweigerer profitieren als „Trittbrett-

---

Commission in Judgment and Choice, in: Journal of Experimental Social Psychology 1991, S. 76 (79).

303 *Krüger/Krüger*, „Sich selber den Kopf zerbrechen" – Eine qualitative Studie zu elterlicher Impfskepsis, in: Z Allg Med 2015, S. 106 (107).

304 *Böhm/Betsch/Korn*, Selfish-rational non-vaccination, in: Journal of Economic Behaviour & Organization 2016, S. 183 (184, 193).

305 *Dahl*, Impfungen in der Pädiatrie, in: Ethik Med 2002, S. 201 (206); *Meyer/Reiter*, Impfgegner und Impfskeptiker, in: BGesBl. 2004, S. 1182 (1185); *Storr et al.*, Masernstatus – Impfbarrieren und Strategien zu deren Überwindung, in: DÄ 2018, S. 723 (727).

306 *Meyer/Reiter*, Impfgegner und Impfskeptiker, in: BGesBl. 2004, S. 1182 (1185).

307 *Meyer/Reiter*, Impfgegner und Impfskeptiker, in: BGesBl. 2004, S. 1182 (1185); *Schmidt et al.*, Impfeinstellung und -verhalten unter niedergelassenen Pädiatern mit und ohne Zusatzbezeichnung Homöopathie, in: ZKH 2012, S. 189 (191).

308 Vertreter der Schulmedizin stellen zum Teil fest, dass die „Auseinandersetzung zwischen Schulmedizinern und Komplementärmedizinern von letzteren quasi zur Glaubensfrage über Impfungen überhaupt erhoben" wurde, *Malinverni*, Editorial: Impfen – vom Kopf auf die Füße gestellt, in: Therapeutische Umschau 2005, S. 663.

309 *Lehrke et al.*, Impfverhalten und Impfeinstellungen bei Ärzten mit und ohne Zusatzbezeichnung Homöopathie, in: Monatsschrift Kinderheilkunde 2004, S. 751 (755); ähnlich *Meyer/Reiter*, Impfgegner und Impfskeptiker, in: BGesBl. 2004, S. 1182 (1185).

310 Vgl. *Storr et al.*, Masernstatus – Impfbarrieren und Strategien zu deren Überwindung, in: DÄ 2018, S. 723 (727 f.).

fahrer" von der Wirkung der Schutzimpfung anderer.[311] Das führt nicht nur in Deutschland[312] zu einem Anstieg der Impfmüdigkeit.[313]

2. Impfschutz im Kontext der Zuwanderung

Ein weiterer Aspekt zurückgehenden Impfschutzes in der Bevölkerung liegt in der Zuwanderung. Besonders seit dem Jahr 2015 erreicht die Bundesrepublik eine erhebliche Anzahl von Menschen aus Gebieten und Staaten, in denen Infektionskrankheiten grassieren oder in der Vergangenheit epidemisch vorkamen, die in Deutschland entweder nie auftraten (z. B. sog. Ebola-Fieber)[314] oder bereits beinahe ausgerottet waren (z. B. Tuberkulose[315], Poliomyelitis). Das Robert-Koch-Institut warnte schon im Jahr 2013 vor einer erneuten Einschleppung von Kinderlähmung nach Deutschland durch Flüchtlinge aus Syrien.[316] Eine höhere Anzahl an Krankheitsfällen unter zugewanderten Menschen im Vergleich mit Bürgern, die über mehrere Jahre von der Gesundheitsversorgung in der Bundesrepublik Deutschland profitieren, zeichnet sich auch bei Krankheiten ab, für die keine Impfempfehlung vorliegt.[317] Diese Entwicklung stellt das öffentliche Gesundheitswesen vor „in dieser Form nie dagewesene Herausforderun-

---

311 Vgl. *Spiecker gen. Döhmann/Kurzenhäuser*, Das rechtliche Darstellungsgebot, in: Engel et al. (Hrsg.), Recht und Verhalten (2007), S. 133 (138).

312 *Betsch/Böhm/Chapman*, Using Behavioral Insights to Increase Vaccination Policy Effectiveness, in: Policy Insights from the Behavioral and Brain Sciences 2015, Vol. 2 (I), S. 61 (62). Siehe zu den länderspezifischen Charakteristika der Gründe für Impfmüdigkeit *Dubé et al.*, Mapping vaccine hesitancy, in: Vaccine 2014, S. 6649–6654.

313 *Poland/Jacobson*, Understanding those who do not understand, in: Vaccine 2001, S. 2440 (2441).

314 Demnach ist das Ebolavirus, das von Mensch zu Mensch u. a. über die Schleimhäute übertragen wird, bislang nur auf dem afrikanischen Kontinent aufgetreten. Vereinzelt traten aber auch Fälle in Spanien und dem Vereinigten Königreich auf, *Ehlkes et al.*, Epidemiologie des Ebolafiebers, in: BGesBl. 2015, S. 705 f.; *Stingl*, Ebola – Virus der Armen, in: MMW-Fortschr. Med 2015 (Heft 14), S. 50 (52). Es verläuft mit einer Mortalitätsrate von bis zu 90 % oft tödlich, *Bundschuh/Gerber*, Ebola-Viruserkrankung, in: Zbl Arbeitsmed 2014, S. 279.

315 Die Zahl der Tuberkulose-Erkrankungsfälle stieg von 2014 auf 2015 um 30 % an, der Großteil der erkrankten Personen sind Staatsangehörige aus Somalia, Eritrea, Afghanistan, Syrien und Rumänien, Antwort der Bundesregierung auf eine Kleine Anfrage (BT-Drs. 19/1077) des Abgeordneten *Wirth* (AfD) und der AfD-Fraktion, BT-Drs. 19/1352 v. 21.03.2018. Das Robert-Koch-Institut stellte 2016 fest, dass die Inzidenz der Neuerkrankungen bei ausländischen im Vergleich zu deutschen Staatsangehörigen 19-mal höher war, korrespondierend zu diesen Zahlen konstatierte es, dass der Anteil der im Ausland geborenen Erkrankten 74,3 % aller registrierten Fälle ausmacht, *Robert-Koch-Institut*, Bericht zur Epidemiologie der Tuberkulose in Deutschland für 2016, S. 7.

316 *Robert-Koch-Institut*, Mitteilung der Ständigen Impfkommission am RKI zur Impfung gegen Poliomyelitis, in: EpidBull Nr. 47/2013, S. 481.

317 Das *Robert-Koch-Institut* zählte prospektiv im Jahr 2015 an Krankheiten, die von Mensch zu Mensch übertragen werden können, Typhus, Amöbenleberabszess, Lassafieber, Krim-Kongo-Fieber, Meningitis und Tuberkulose dazu. *Dass.*, Akut behandlungsbedürftige, für Deutschland ungewöhnliche Infektionskrankheiten, in: EpidBull Nr. 38/2015, S. 413–415.

gen“[318]: Einschleppungen von Krankheitserregern treffen Regionen, in denen der Krankheitserreger nicht mehr endemisch ist, häufig überraschend.[319] Im Zusammentreffen mit der zuvor beschriebenen gesellschaftlichen Gruppe von Impfgegnern kumuliert diese Entwicklung zu einer gefährlichen Problematik.[320]

Bei Geflüchteten und aus Kriegsgebieten zugewanderten Menschen handelt es sich häufig um Personen mit unklarem oder unzureichendem Impf- oder Immunitätsstatus.[321] Das ist zum einen darauf zurückzuführen, dass die Gesundheitsversorgung in den Herkunftsländern zumeist unzureichend ist, was auch die Gesundheitsprävention der Bevölkerung umfasst.[322] Ursächlich für den unzureichenden Zugang der Bevölkerung zu Impfstoffen sind finanzielle Faktoren[323] wie ein zu hoher Preis oder technische Faktoren wie das Fehlen einer Kühlkette für den Transport von Impfstoffen.[324] Zum anderen handelt es sich bei Geflüchteten häufig um Menschen ohne Identifikationspapiere, was den Nachweis von gegebenenfalls im Heimatland bereits durchgeführten Schutzimpfungen erschwert.[325]

---

318 *Razum/Saß/Bozorgmehr*, Gesundheitliche Versorgung von Geflüchteten, in: BGesBl. 2016, S. 543.

319 *Deutscher Ethikrat*, Stellungnahme: Impfen als Pflicht? (2019), S. 22.

320 Diese Kumulation von Gefährdungspotenzial und Gefährdeten ist von *Matzel*, die Pocken im Deutsch-Französischen Krieg 1870/71 (1977), S. 74, bereits für das 19. Jahrhundert beschrieben worden: „Das Aufeinandertreffen von Menschen unterschiedlichen Impfzustandes auf einem durchseuchten Terrain während des deutsch-französischen Krieges bot Gelegenheit, an Hand von Morbidität, Mortalität und Letalität Aufschlüsse über die Wirksamkeit der Pockenschutzimpfung zu gewinnen.“ Das durch die Zuwanderung erhöhte Krankheitsaufkommen ist in der 19. Wahlperiode des Deutschen Bundestags auch Gegenstand politischer Thesen, deren ideologische Einfärbung nicht auszuschließen ist (vgl. z. B. BT-Drs. 19/1077).

321 BT-Drs. 18/4787; *Bundesministerium für Gesundheit*, Impfung und Gesundheitsversorgung bei Asylsuchenden, Mitteilung v. 09.11.2017; *Deutscher Ethikrat*, Stellungnahme: Impfen als Pflicht? (2019), S. 27; *Mohammadzadeh et al.*, Gesundheit für Flüchtlinge, in: BGesBl. 2016, S. 561; *Robert-Koch-Institut*, Konzept zur Umsetzung frühzeitiger Impfungen bei Asylsuchenden nach Ankunft in Deutschland, in: EpidBull Nr. 41/2015, S. 439 ff.; *Siegmund-Schultze*, Flüchtlinge: Große Impflücken, in: www.aerztezeitung.de v. 28.04.2016, abrufbar unter www.aerztezeitung.de/politik_gesellschaft/gp_specials/fluechtlinge/article/910122/fluechtlinge-grosse-impfluecken.html (Seite zuletzt aufgerufen am: 15.03.2021); vgl. *Robert-Koch-Institut*, Windpocken: Zu einer Häufung unter somalischen Asylsuchenden in zwei Aufnahmeeinrichtungen in München, in: EpidBull Nr. 48/2010 S. 479 (480); *Schlöpker et al.*, Problemlagen von versteckt lebenden Migranten in Deutschland, in: Das Gesundheitswesen 2009, S. 839; *Schöffel et al.*, Asylsuchende und Impfen, in: Zbl Arbeitsmed 2016, S. 29.

322 *Forster/Heininger/Mankertz*, Masern, in: Deutsche Gesellschaft für pädiatrische Infektiologie e. V. (Hrsg.), DGPI-Handbuch (2013), S. 383 (384); *Storr et al.*, Masernstatus – Impfbarrieren und Strategien zu deren Überwindung, in: DÄ 2018, S. 723 (725).

323 Um diesem Problem abzuhelfen, hat sich im Jahr 2000 die internationale Impf-Allianz GAVI gegründet, die derzeit Impfprogramme in den 73 ärmsten Ländern der Welt finanziell fördert und über ein jährliches Budget von 1,5 Milliarden Dollar verfügt, vgl. *Mihm*, Impfschutz rettet Millionen Leben, in: FAZ v. 11.05.2018, S. 19.

324 *Autenrieth/Noll*, Perspektiven für die Entwicklung neuer Impfstoffe, in: Monatsschrift Kinderheilkunde 1998, S. 355 (356).

325 So wurde im Jahr 2015 mit einer Immunisierungsquote von lediglich 68,9 % bei min-

Daneben wird die Ausbreitung von Krankheitserregern durch die Unterbringungssituation der Schutzsuchenden begünstigt.[326] Allein in den Jahren 2004–2014 hat sich die Gesamtanzahl der übermittelten Ausbrüche von Infektionskrankheiten in Gemeinschaftsunterkünften verzehnfacht, davon entfallen schon auf das Jahr 2014 mehr Ausbrüche als – summiert – in den vergangenen zehn Jahren.[327] Insbesondere in Gemeinschaftsunterkünften, in denen Asylsuchende zuerst aufgenommen werden, können sich aufgrund der hohen Anzahl der Bewohner und deren zumeist unzureichendem Impfstatus ausbrechende Infektionskrankheiten ungehindert ausbreiten. Das gilt erst recht, wenn viele Menschen sich eine Sanitäranlage[328] teilen müssen und die ausbrechende Infektionskrankheit besonders ansteckend ist.[329] Diese Lage wird noch durch die – zumeist durch die Strapazen einer Flucht auf dem Land- oder Wasserweg hervorgerufenen – kritischen Allgemeingesundheitszustände der Geflüchteten verstärkt.[330] Maßnahmen wie die Isolation von Infizierten, die in solchen Situationen notwendig wären, sind aus räumlichen und sozialen Gründen oft nicht zu leisten.[331] Bemerkenswert ist, dass zumindest für das Jahr 2014 festgestellt wurde, dass der Prozentsatz der nach Deutschland eingeschleppten Erkrankungsfälle mit 13 % deutlich geringer ist die Fälle, in denen sich Zugewanderte erst in Deutschland infizierten (87 %).[332] Diese Datenlage zeigt deutlich, dass Zugewanderte aufgrund des ungenügenden Impfstatus nicht nur „of risk" sind, sondern vielmehr „at risk".[333]

---

derjährigen und erwachsenen Geflüchteten eine relativ geringe Immunisierungsquote gegen Masern, Mumps, Röteln und Windpocken festgestellt, *Jablonka et al.*, Measles, mumps, rubella, and varicella seroprevalence in refugees in Germany in 2015, in: Infection 2016, S. 781.

[326] *Brockmann et al.*, ÖGD-Initiative zur Verbesserung der Durchimpfung, in: BGesBl. 2016, S. 592; *Clodius*, in: Hofmann (Hrsg.), Ausländerrecht (2016), § 62 AsylVfG Rn. 1.

[327] *Kühne/Gilsdorf*, Ausbrüche von Infektionskrankheiten in Gemeinschaftsunterkünften, in: BGesBl. 2016, S. 570 (573 f.).

[328] Siehe Erfahrungsbericht des notdiensthabenden Arztes *Dr. Rainer Hakimi*, Gefangen in der Flüchtlingsunterkunft, in: MMW – Fortschr. Med. 2016 (Heft 1), S. 18; vgl. auch *Kreichauf*, Europäische Lagerlandschaften, in: Altrock/Kunze (Hrsg.), Stadterneuerung und Armut (2017), S. 171 (185).

[329] So werden z. B. Masern aufgrund ihrer hohen Kontagiosität in diesem Zusammenhang als „Heimseuche" bezeichnet, *Kiehl*, Infektionsschutz und Infektionsepidemiologie (2015), S. 51.

[330] *Kühne/Gilsdorf*, Ausbrüche von Infektionskrankheiten in Gemeinschaftsunterkünften, in: BGesBl. 2016, S. 570.

[331] *Siegmund-Schultze*, Flüchtlinge: Große Impflücken, in: www.aerztezeitung.de v. 28.04. 2016, abrufbar unter www.aerztezeitung.de/politik_gesellschaft/gp_specials/fluechtlinge/article/910122/fluechtlinge-grosse-impfluecken.html (Seite zuletzt aufgerufen am: 15.03.2021); vgl. auch *Hakimi*, Gefangen in der Flüchtlingsunterkunft, in: MMW – Fortschr. Med. 2016 (Heft 1), S. 18; vgl. dazu auch die Antwort der Bundesregierung auf eine Kleine Anfrage der AfD-Bundestagsfraktion, BT-Drs. 19/1352, S. 3.

[332] *Kühne/Gilsdorf*, Ausbrüche von Infektionskrankheiten in Gemeinschaftsunterkünften, in: BGesBl. 2016, S. 570 (573).

[333] *Razum/Saß/Bozorgmehr*, Gesundheitliche Versorgung von Geflüchteten, in: BGesBl. 2016, S. 543.

Vor der Aufnahme in eine Erstaufnahmeeinrichtung werden Asylbewerber zwar einer Erstuntersuchung gem. § 62 AsylG[334] unterzogen, die geduldet werden muss.[335] Der Umfang der Untersuchung ist aber gesetzlich nicht geregelt, sondern wird gem. § 62 Abs. 1 S. 2 AsylG durch die Landesgesundheitsbehörde festgelegt.[336] Ziel dieses „Kurzscreenings“ ist die Früherkennung von potenziell übertragbaren Erkrankungen, Anhaltspunkte für das Vorliegen einer solchen sind nicht erforderlich.[337] Wird eine Erkrankung erkannt, muss eine Entscheidung getroffen werden, ob eine schutzsuchende Person in eine Erstaufnahmeeinrichtung aufgenommen werden kann oder sich zunächst einer stationären oder ambulanten medizinischen Behandlung unterziehen muss.[338] Beachtenswert sind in diesem Zusammenhang die Verpflichtungen gem. § 62 Abs. 1 S. 1 AsylG, mittels Röntgenstrahlung eine Untersuchung der Atmungsorgane bzw. gem. § 36 Abs. 4 S. 3 bzw. Abs. 5 i. V. m. Abs. 1 Nr. 4 IfSG, eine Untersuchung auf Lungentuberkulose zu dulden.[339] Dazu muss gem. § 83 Abs. 3 S. 2 StrlSchG allerdings eine rechtfertigende Indikation vorliegen, die voraussetzt, dass der medizinische Nutzen der Strahlenanwendung das Risiko überwiegt.[340] Da aber die Röntgenuntersuchung das modernste und sicherste Hilfsmittel zur Diagnose einer Lungentuberkulose ist[341], dürfte der gesundheitliche Nutzen das Strahlenrisiko überwiegen und damit die rechtfertigende Indikation vorliegen.

Hinsichtlich der primären Prävention gegen Infektionskrankheiten besteht für Asylbewerber gemäß § 4 Abs. 1 S. 2 AsylbLG die Möglichkeit, zur Verhütung und Früherkennung von Krankheiten an den Schutzimpfungen entsprechend den §§ 47 und 52 Abs. 1 S. 1 SGB XII teilzunehmen, um einen den Empfehlungen der Ständigen Impfkommission entsprechenden vollständigen Impfschutz

---

[334] Eingefügt durch das Gesetz zur Neuregelung des Asylverfahrens, vgl. BT-Drs. 12/2062, S. 38. Mit § 62 AsylG hat der Gesetzgeber eine gesetzliche Grundlage für die Gesundheitsuntersuchung geschaffen, die aus Gründen der öffentlichen Gesundheitsvorsorge zu erfolgen hat.

[335] Zwar ist die Untersuchung gegen den Willen des Asylbewerbers teilweise verfassungsrechtlicher Kritik ausgesetzt (so *Marx*, AsylG [2019], § 62 Rn. 6), die Vorschrift wird aber überwiegend als verfassungs- und europarechtskonform betrachtet (so *Neundorf*, in: BeckOK Ausländerrecht [2021], § 62 AsylG Rn. 1).

[336] Mit einer ausführlichen praktischen Handlungsleitlinie *Pfeil et al.*, Empfehlungen zur infektiologischen Vorsorge von Flüchtlingen, in: Der Internist 2016, S. 216 (422); kritisch bzgl. fehlender einheitlicher Standards *Jablonka et al.*, Hohe Hepatitis-A-Immunitätsrate bei Flüchtlingen in Deutschland, in: Medizinische Klinik – Intensivmedizin und Notfallmedizin 2017, S. 347.

[337] *Clodius*, in: Hofmann (Hrsg.), Ausländerrecht (2016), § 62 AsylVfG Rn. 3.

[338] *Pfeil et al.*, Empfehlungen zur infektiologischen Versorgung von Flüchtlingen, in: Der Internist 2016, S. 416 (420).

[339] Ausgenommen sind nach dem Wortlaut des § 36 Abs. 4 S. 4 IfSG nur Schwangere sowie Personen, die das 15. Lebensjahr noch nicht vollendet haben.

[340] Noch zur Vorgängerregelung *Peinsipp/Roos/Weimer*, Röntgenverordnung (2016), S. 146.

[341] *Helmholtz-Zentrum München*, www.lungeninformationsdienst.de/krankheiten/tuber kulose/diagnose/index.html (Seite zuletzt aufgerufen am: 06.04.2021).

zu erhalten. Die Inanspruchnahme darüber hinausgehender medizinischer Versorgung ist aber vor Ablauf von 18 Monaten eines ununterbrochenen legalen Aufenthalts gemäß § 2 Abs. 1 AsylbLG i. V. m. § 264 Abs. 2 SGB V, wonach ab diesem Zeitpunkt das Zwölfte Sozialgesetzbuch entsprechend anzuwenden ist, mit bürokratischen Hürden verbunden. Eine formale Meldung und Beantragung eines Krankenscheins sind zentrale Voraussetzungen, um die Ansprüche auf eine Grundversorgung überhaupt nutzen zu können.[342] Es ist festgestellt worden, dass Arzttermine überhaupt nur im Krankheitsfall wahrgenommen werden, nicht aber zur Vorbeugung im Wege der Impfung.[343] Dadurch und auch durch die gegenüber dem im Vergleich zu den Leistungen der gesetzlichen Krankenversicherung reduzierten Leistungsspektrum im Krankheitsfall, das gemäß § 4 Abs. 1 S. 1 AsylbLG auf „akute" Erkrankungen und Schmerzzustände beschränkt ist, profitieren Geflüchtete weniger von der relativ guten Gesundheitsversorgung in Deutschland[344]; dies zeigt sich auch an der deutlich niedrigeren Durchimpfungsrate.[345] Durch § 20 Abs. 8 S. 1 Nr. 2 b) IfSG sind aber nunmehr alle nach dem 31. Dezember 1970 geborenen Personen, die in Einrichtungen i. S. d. § 36 Abs. 1 Nr. 4 IfSG untergebracht sind (Einrichtungen zur gemeinschaftlichen Unterbringung von Asylbewerbern, vollziehbar Ausreisepflichtigen, Flüchtlingen und Spätaussiedlern), zum Nachweis eines vollständigen Masernimpfstatus, einer Immunität gegen Masern oder einer medizinischen Kontraindikation verpflichtet.[346]

Wie sich die Gesundheitslage unter Geflüchteten insbesondere hinsichtlich Impfungen (auch mit Blick auf COVID-19) aber insgesamt entwickeln wird und ob Wechselwirkungen mit der zuvor beschriebenen Impfmüdigkeit in der Gesellschaft eintreten werden, bleibt abzuwarten.

---

[342] Vgl. dazu *Wanner*, Migration und Gesundheit, in: Blank et al. (Hrsg.), Soziale Arbeit in der Migrationsgesellschaft (2018), S. 623 (626).

[343] *Brockmann et al.*, ÖGD-Initiative zur Verbesserung der Durchimpfung, in: BGesBl. 2016, S. 592 (596).

[344] *Schirilla*, Migration und Flucht (2016), S. 47; *Wanner*, Migration und Gesundheit, in: Blank et al. (Hrsg.), Soziale Arbeit in der Migrationsgesellschaft (2018), S. 623 (626), sieht die medizinische Versorgung von Asylbewerbern im Vergleich zur für deutsche Staatsangehörige vorgesehenen medizinischen Versorgung als eine „Notversorgung, die die zur Unterstützung und Sicherung der Gesundung [erforderlichen] Anschlussbehandlungen jedoch nicht [umfassen]."

[345] *Wanner*, Migration und Gesundheit, in: Blank et al. (Hrsg.), Soziale Arbeit in der Migrationsgesellschaft (2018), S. 623 (626).

[346] Vgl. zu Einzelheiten *Gebhard*, in: Kießling (Hrsg.), Infektionsschutzgesetz Kommentar (2021), § 20 Rn. 41, 60, 66.

B. Die derzeitige rechtliche Bedeutung von Impfungen

Neben der medizinischen Bedeutung müssen auch die Positionen in den Blick genommen werden, die Impfungen aus rechtlicher Sicht im nationalen, europäischen und internationalen Kontext einnehmen, in dem insbesondere internationale Verpflichtungen Deutschlands zur Elimination und deren nationale Umsetzungsmöglichkeiten relevant sind.

I. Rechtslage in Deutschland

Die derzeitige Rechtslage in Deutschland kennt – anders als viele andere europäische Staaten[347] – keine *allgemeine* Impfpflicht für die gesamte Bevölkerung und gegen einen Kanon von Infektionskrankheiten.

Das am 1. März 2020 in Kraft getretene Masernschutzgesetz statuiert jedoch eine Impfpflicht gegen nur eine bestimmte Krankheit und nur für bestimmte Personengruppen: Nach § 20 Abs. 8 IfSG müssen alle nach dem 31. Dezember 1970 geborenen Personen einen zweimaligen Impfschutz oder die Immunität gegen Masern nachweisen können, sofern sie in Heimen, Kindertagespflege, Schulen oder sonstigen Ausbildungseinrichtungen (Nr. 1), Heimen (Nr. 2 a)), Einrichtungen zur gemeinschaftlichen Unterbringung von Asylbewerbern, vollziehbar Ausreisepflichtigen, Flüchtlingen und Spätaussiedlern (Nr. 2 b)) betreut werden oder untergebracht sind. Gleiches gilt für nach dem 31. Dezember 1970 geborene Personen, die in solchen Einrichtungen oder in medizinischen Einrichtungen gemäß § 23 Abs. 3 S. 1 IfSG tätig sind.[348]

Darüber hinaus enthält das Infektionsschutzgesetz die Möglichkeit der Einführung einer Impfpflicht als „Maßnahme der spezifischen Prophylaxe“ im Verordnungswege (§ 20 Abs. 6, 7 IfSG). Von dieser Möglichkeit können das Bundesministerium für Gesundheit und die Landesregierungen Gebrauch machen, „wenn eine übertragbare Krankheit mit klinisch schweren Verlaufsformen auftritt und mit ihrer epidemischen Verbreitung zu rechnen ist“ (§ 20 Abs. 6 S. 1 IfSG). Ob diese Ermächtigungsgrundlage allerdings ausreicht, um eine taugliche Basis für die Einführung einer allgemeinen Impfpflicht zu bieten, ist fraglich.[349]

Von der – hypothetischen – Rechtslage einer allgemeinen Impfpflicht für die gesamte Bevölkerung ist eine besondere Impfpflicht zu unterscheiden, die sich lediglich auf Einsatzkräfte der Bundeswehr erstreckt und je nach Einsatzgebie-

[347] Sogleich § 2 B. II. „Rechtslage in anderen europäischen Staaten“.

[348] Dazu ausführlich *Gebhard*, in: Kießling (Hrsg.), Infektionsschutzgesetz Kommentar (2021), § 20 Rn. 36 ff.

[349] Vgl. dazu *Gebhard*, in: Kießling (Hrsg.), Infektionsschutzgesetz Kommentar (2021), § 20 Rn. 27–35.

ten einen Basisimpfschutz gegen verschiedene Krankheiten vorsieht.[350] Derartige Impfpflichten sind rechtlich von Impfpflichten für die Gesamtbevölkerung abzugrenzen und sollen für die vorliegende Untersuchung daher außer Betracht bleiben, da spätestens nach Abschaffung der Wehrpflicht im Jahr 2011 bereits der Entschluss zu einer Laufbahn bei der Bundeswehr auf einer freien Entscheidung beruht. Gleiches gilt für Reiseimpfungen, die von der Ständigen Impfkommission lediglich empfohlen werden, wenn ein im Vergleich zur Bundesrepublik Deutschland erhöhtes Expositionsrisiko besteht und die insofern freiwillig sind, als dass die Entscheidung für eine Reise in ein entsprechendes Epidemie- oder Risikogebiet meist auf einem freien Willensentschluss beruhen dürfte.

II. Rechtslage in anderen europäischen Staaten

Die Rechtslage zur Frage der Impfpflicht unterscheidet sich in einigen europäischen Nachbarländern von der Rechtslage in der Bundesrepublik Deutschland.[351] Impfpflichten für verschiedene Krankheiten existieren in Frankreich, Italien, Belgien, Lettland, der Tschechischen Republik, Ungarn, Kroatien, Mazedonien, Bulgarien, Malta, Polen, Portugal, Rumänien, der Slowakei und Slowenien.[352] Der Blick über die Grenze der Bundesrepublik hinaus kann deshalb von Bedeutung sein, weil aufgrund der geographischen Nähe sowie den ver-

[350] Vgl. ZDv A1–840/8–400 „Impf- und weitere ausgewählte Prophylaxemaßnahmen für die Bundeswehr"; bis 08.08.2019 geregelt in § 17 Abs. 4 S. 3 SG, seit 09.08.2019 weggefallen, nunmehr § 17a Abs. 2 S. 1 Nr. 1 SG („Der Soldat muss ärztliche Maßnahmen gegen seinen Willen nur dann dulden, wenn sie der Verhütung oder Bekämpfung übertragbarer Krankheiten dienen."); weiterführend *Rixen*, in: Huster/Kingreen (Hrsg.), Handbuch Infektionsschutzrecht (2021), Kapitel 5, Rn. 22 f.

[351] Weiterführend dazu *Wissenschaftlicher Dienst des Deutschen Bundestages*, Impfpraxis in Deutschland und anderen europäischen Ländern (Stand v. 03.07.2014); zum Stand im Jahr 2010 enthält eine von der Europäischen Union finanzierte Studie einen Überblick, www.eurosurveillance.org/content/10.2807/ese.17.22.20183-en (Seite zuletzt aufgerufen am: 06.04.2021).

[352] Mitteilung des Petitionsausschusses des Europäischen Parlaments v. 30.05.2016, www.europarl.europa.eu/meetdocs/2014_2019/plmrep/COMMITTEES/PETI/CM/2016/09-08/1096610DE.pdf (Seite zuletzt aufgerufen am: 06.04.2021); vgl. auch *Wissenschaftlicher Dienst des Deutschen Bundestages*, Ausarbeitung: Impfpflichten im Ausland, S. 7–15; Keine Impfpflicht herrscht dagegen in Österreich, Zypern, Dänemark, Estland, Finnland, Deutschland, Irland, Litauen, Luxemburg, die Niederlande, Spanien, Schweden und dem Vereinigten Königreich. Vgl. abstufend *Sabin Vaccine Institute*, Legislative Landscape Review, S. 16 ff.; Die medialen Berichte zu Impfpflichten im europäischen Ausland sind teilweise widersprüchlich, so stellt etwa *Berres* mit Stand vom 03.04.2019 diese in zwölf EU-Ländern fest (www.spiegel.de/gesundheit/diagnose/impfpflicht-in-diesen-eu-laendern-funktioniert-sie-a-1259575.html, Seite zuletzt aufgerufen am: 16.03.2021), während andere Quellen mit Stand vom 25.04.2019 eine solche Pflicht nur in zehn EU-Ländern feststellen können (www.morgenpost.de/web-wissen/gesundheit/article217026771/Impfpflicht-Das-sind-die-Regeln-in-anderen-Laendern-der-EU.html, Seite zuletzt aufgerufen am: 16.03.2021).

gleichbaren Lebens- und medizinischen Versorgungsstandards beispielsweise in Frankreich und Italien eine vergleichbare epidemische Gefährdungslage vorliegen muss, der der jeweilige Gesetzgeber allerdings mit einer Impfpflicht begegnet.

In Frankreich wurde zu Beginn des Jahres 2018 die Zahl der obligatorischen Impfungen für Kinder von drei auf elf erhöht. Frankreich zählt, wie Deutschland, zu den fünf europäischen Ländern, in denen Masern noch immer endemisch auftreten.[353] Zu den Pflichtimpfungen gegen Diphtherie, Tetanus und Poliomyelitis sind nun die Pflichtimpfungen gegen Pertussis, Hepatitis B, Haemophilus influenzae Typ B (Hib), Pneumokokken, Meningokokken, Masern, Mumps und Röteln hinzugekommen.[354] Die Nachweise müssen in Kindergärten und Schulen erbracht werden. Allerdings gilt diese Impfpflicht nur für Kinder, die ab Januar 2018 geboren wurden, so dass mit signifikanten Verbesserungen der Durchimpfungsrate der Gesamtbevölkerung und somit der erforderlichen Herdenimmunität erst in einigen Jahren oder gar Jahrzehnten zu rechnen ist.[355]

In Italien besteht seit 2017 eine Impfpflicht gegen Poliomyelitis, Diphtherie, Tetanus, Hepatitis B, Pertussis, Masern, Mumps, Röteln, Windpocken sowie Haemophilus influenzae Typ B (Hib) für alle Kinder und Jugendlichen bis zu einem Alter von 16 Jahren.[356] Bei Nichteinhaltung der vorgeschriebenen Schutzimpfungen kann Kindern der Krippen-, Kindergarten- oder Vorschulbesuch verwehrt werden. Diese Regelung scheint bereits ein Jahr später positive Auswirkungen auf die Durchimpfungsrate zu zeigen: So erhöhte sich die Anzahl der gegen Masern, Mumps und Röteln Geimpften bereits um 4,4 % im Vergleich zu 2016.[357]

Das Programm obligatorischer Impfungen in der Tschechischen Republik[358], in Lettland, in Kroatien[359] und in Ungarn umfasst Schutzimpfungen gegen Diphtherie, Tetanus, Pertussis, Poliomyelitis, Hepatitis B, Haemophilus influenzae Typ B, Masern, Mumps und Röteln.

Die in diesen Ländern verpflichtenden Impfprogramme entsprechen in medizinischer Hinsicht im Wesentlichen den in Deutschland durch die Ständige

---

353 Daneben Belgien, Italien und Rumänien, *European Centre for Disease Prevention and Control*, Risk assessment: Who is at risk of measles in the EU/EEA?, S. 17.

354 Mitteilung auf der Website des Gesundheitsministeriums der Republik Frankreich, www.solidarites-sante.gouv.fr/prevention-en-sante/preserver-sa-sante/vaccination/vaccins-obligatoires/article/11-vaccins-obligatoires-en-2018 (Seite zuletzt aufgerufen am: 06.04.2021).

355 Vgl. *Uhlmann*, Zur Gesundheit genötigt, in: SZ v. 13.06.2018, S. 14.

356 Mitteilung auf der Website des italienischen Gesundheitsministeriums, www.salute.gov.it/imgs/C_17_opuscoliPoster_346_allegato.pdf (Seite zuletzt aufgerufen am: 06.04.2021).

357 *D'Ancona et al.*, Introduction of new and reinforcement of existing compulsory vaccinations in Italy, in: Euro Surveillance 2018, 23 (22):pii = 1800238.

358 www.vakcinace.eu/ockovani-v-cr (Seite zuletzt aufgerufen am: 06.04.2021).

359 In Lettland, Ungarn und in Kroatien bestehen darüber hinaus Impfpflichten gegen Tuberkulose.

Impfkommission als Grundimmunisierung empfohlenen Schutzimpfungen. Der Grund für die unterschiedliche rechtliche Bewertung einer epidemischen Lage – Impfpflicht oder lediglich Empfehlung – liegt also in der Einschätzungsprärogative des jeweiligen Normgebers bzw. ist lediglich politisch erklärbar. Sowohl Italien als auch Frankreich reagierten mit der Einführung der Masernimpfpflicht für Kleinkinder auf eine Masernepidemie im Jahr 2017. Dazu äußerte der damalige Premierminister der Republik Frankreich, Édouard Philippe, man dürfe nicht zulassen, dass „in der Heimat von Pasteur noch immer Kinder an Masern sterben".[360] Die Impfpflicht in Frankreich ist auch vom französischen Verfassungsrat für verfassungskonform erklärt worden.[361] Es handele sich bei dem Schutz der Gesundheit um eine „Verfassungsforderung", der mit der Impfpflicht nachgekommen werde.[362]

Gelegentlich werden Staaten mit vergleichsweise hohen Impfquoten angeführt, die diese ohne eine Verpflichtung zur Impfung erreichten (etwa Schweden[363], wo Überzeugungsarbeit, Vertrauen in das Impfsystem, leicht zugängliche Informationen sowie wiederholte und niedrigschwellige Impfangebote als Ursachen für hohe Impfquoten vermutet werden[364]). Das sollte aber nicht *per se* zu der Annahme verleiten, der Verzicht auf eine Impfpflicht sei das bessere Mittel: So verzeichnet etwa Großbritannien, das ebenfalls auf eine Impfpflicht verzichtet hat, ähnlich wie Deutschland Masernausbrüche in allen Altersgrup-

---

360 *Zinkant*, Frankreichs Schlag gegen Impfgegner, Süddeutsche Zeitung vom 07.07.2017, www.sueddeutsche.de/gesundheit/masern-frankreichs-schlag-gegen-impfgegner-1.3578299 (Seite zuletzt aufgerufen am: 06.04.2021).

361 Demgegenüber steht eine relativ hohe Zahl der Impfgegner: 41 % der Franzosen betrachten Impfstoffe als unsicher, während weltweit dagegen lediglich 13 % der Menschen an der Zuverlässigkeit von Schutzimpfungen zweifeln, damit ist die Zahl der Impfgegner in Frankreich weltweit am höchsten, *Larson/Figuereido et al.*, The State of Vaccine Confidence 2016, EBioMedicine 12 (2016), S. 295 (298).

362 *Conseil Constitutionnel*, Entscheidung Nr. 2015–458 QPC v. 20.03.2015; www.medstra-online.de/news/frankreich-gesetzliche-impfpflicht-ist-verfassungsgemaess (Seite zuletzt aufgerufen am: 06.04.2021); www.aerzteblatt.de/nachrichten/62226/Impfpflicht-in-Frankreich-ist-verfassungsgemaess (Seite zuletzt aufgerufen am: 06.04.2021). Hier klingt im Rahmen der „Verfassungsforderung" nach dem Schutz der Gesundheit ein der Schutzpflichtendogmatik des Grundgesetzes vergleichbares Institut an. Die französische Verfassung kennt das Recht auf Schutz der Gesundheit („*Elle garantit à tous [...] la protection de la santé [...]*", Préambule de la Constitution du 27 octobre 1946, no. 11). Der französische Verfassungsgerichtshof lässt in seiner Argumentation als Zweck einen „Schutz vor sich selbst" anklingen, wenn er anführt, das in der Verfassungspräambel garantierte „Recht auf Gesundheit" umfasse auch den Schutz der Bürger vor schweren und ansteckenden Krankheiten, der mittels der Pflichtimpfungen gewährleistet wird (vgl. dazu *Wiegel*, Frankreich zwingt seine Kinder zur Impfung, FAZ v. 20.03.2015, www.faz.net/aktuell/politik/ausland/frankreichs-impflicht-verfassungsmaessig-laut-verfassungsrat-13495547.html [Seite zuletzt aufgerufen am: 07.04.2021]).

363 Vgl. *Sabin Vaccine Institute*, Legislative Landscape Review, S. 16; *European Centre for Disease Prevention and Control*, Risk assessment: Who is at risk of measles in the EU/EEA?, S. 3.

364 So jedenfalls *Pulz*, Einführung einer Impfpflicht, in: Krankenhaushygiene up2date 2019, S. 243 (244 f.).

pen.[365] Im europäischen Vergleich ist überhaupt auffällig, dass in allen Ländern, in denen Masernerkrankungen noch endemisch auftreten, eine Quote von 95% für beide Impfungen verfehlt wird.[366]

Vorbehaltlich der Vereinbarkeit mit dem Grundgesetz kann aus der Existenz von Impfpflichten in anderen Staaten der Europäischen Union jedoch indiziell gelesen werden, dass die Einführung einer allgemeinen Impfpflicht auch in der Bundesrepublik Deutschland zumindest nicht abwegig ist, auch wenn die Auswirkungen vorgeschriebener Impfungen auf die Durchimpfungsrate in Europa bislang noch wenig erforscht[367] sind.

III. Impfungen im internationalen Recht

Die Bedeutung der Eliminierung bzw. Eradikation von Infektionskrankheiten zeigt sich ebenso bei einem Blick in die internationale Rechtslage und hier insbesondere auf die Aktivitäten der Weltgesundheitsorganisation WHO als Sonderorganisation der Vereinten Nationen[368], die als „Herrin des internationalen Seuchenschutzes" bezeichnet werden kann.[369] Ihr kommt nach Art. 2 ihrer Satzung bei der Bekämpfung und Ausrottung von Infektionskrankheiten vor allem die Aufgabe der Koordinierung und der Information zu.[370] Darüber hinaus nimmt sie Aufgaben der Förderung des Ausbaus nationaler Präventionsmaßnahmen und der medizinischen Forschung in den Mitgliedsstaaten wahr.[371] Fraglich ist jedoch, ob sich aus den Vorschriften und Programmen der WHO und der Beteiligung Deutschlands daran eine rechtliche Verpflichtung Deutsch-

---

365 *European Centre for Disease Prevention and Control*, Risk assessment: Who is at risk of measles in the EU/EEA?, S. 10.

366 *European Centre for Disease Prevention and Control*, Risk assessment: Who is at risk of measles in the EU/EEA?, S. 13.

367 Das geht aus einer Antwort der Kommission auf die Petition Nr. 0180/2015 an die Mitglieder des Europäischen Parlaments hervor, www.europarl.europa.eu/meetdocs/2014_2019/plmrep/COMMITTEES/PETI/CM/2016/09-08/1096610DE.pdf (Seite zuletzt aufgerufen am: 06.04.2021).

368 Überblick bei *Vierheilig-Langlotz*, 152. WHO – Weltgesundheitsorganisation, in: Wolfrum (Hrsg.), Handbuch Vereinte Nationen (1991), S. 1104; vgl. zur Historie der WHO ausführlich *Sander*, Internationaler und europäischer Gesundheitsschutz (2004), S. 58ff.; *Vierheilig*, Die rechtliche Einordnung der von der Weltgesundheitsorganisation beschlossenen regulations (1984), S. 4ff.; *Steinau-Steinrück*, Die staatliche Verhütung und Bekämpfung von Infektionskrankheiten (2013), S. 29ff.

369 So *Klafki*, Coronavirus und Reformbedarf des „Pandemierechts", www.verfassungsblog.de/coronavirus-und-reformbedarf-des-pandemierechts/ (Seite zuletzt aufgerufen am: 15.03.2021); vgl. grundlegend zu Regelungen für die Verhütung und Bekämpfung von Infektionskrankheiten auf internationaler Ebene *Steinau-Steinrück*, Die staatliche Verhütung und Bekämpfung von Infektionskrankheiten (2013), S. 21–55.

370 *Grüner*, Biologische Katastrophen (2017), S. 157; *Trute*, Pandemien als potentiell globale Katastrophe, in: GSZ 2018, S. 125 (126).

371 *Grüner*, Biologische Katastrophen (2017), S. 157.

lands herleiten lässt, die Elimination bzw. Eradikation bestimmter Krankheiten voranzutreiben.

1. *Impfungen in den IGV der WHO*

Die am 15. Juni 2007 auf internationaler Ebene in Kraft getretenen[372] Internationalen Gesundheitsvorschriften (IGV) sind die wichtigste Rechtsquelle zum internationalen Seuchenschutz.[373] Sie stellen das zentrale völkerrechtliche Instrument der WHO zur Verhütung und Bekämpfung der grenzüberschreitenden Ausbreitung von Infektionskrankheiten dar. Bei ihnen handelt es sich um eine „regulation"[374], die auf der Grundlage von Art. 21 lit. a) der WHO-Satzung erlassen wurde.[375] Fraglich ist, ob sie Regelungen zum Einsatz von Schutzimpfungen enthalten.

Die regulations, mit denen nur internationale, nicht jedoch rein nationale Regelungsbereiche gesteuert werden können[376] und deren Rechtscharakter unklar ist[377], sind wegen ihrer völkerrechtlichen Verbindlichkeit bedeutsam.[378]

---

[372] International Health Regulations (2005), wobei die ursprüngliche Fassung aus dem Jahr 1969 stammt, die reformierte Fassung wurde 2005 verabschiedet und trat 2007 in Kraft, vgl. *Grüner*, Biologische Katastrophen (2017), S. 158 (dort Fn. 512) sowie *Pflug*, Pandemievorsorge (2013), S. 86.

[373] *Grüner*, Biologische Katastrophen (2017), S. 158; *Klafki*, Risiko und Recht (2017), S. 168.

[374] Regulations nach Art. 21, 22 der WHO-Satzung ermächtigen die WHO zu verpflichtenden Regelungen auf den Gebieten der sanitären und Quarantänemaßnahmen und anderen Vorkehrungen zur Verhinderung der länderübergreifenden Ausbreitung von Krankheiten (lit. a), der Nomenklatur von Krankheiten, der Todesursachen und der Verfahren auf dem Gebiet des öffentlichen Gesundheitsdienstes (lit. b), der Normen für international anwendbare Diagnosemethoden (lit. c), der Normen für die Beschaffenheit, Reinheit und Wirksamkeit international gehandelter biologischer, pharmazeutischer und ähnlicher Erzeugnisse (lit. d) sowie der Werbung für diese Erzeugnisse und ihre Kennzeichnung (lit. e). Übersetzung angelehnt an Übersetzung bei v. Mangoldt/Rittberger (Hrsg.), Das System der Vereinten Nationen, Bd. I/2 (1995), S. 393. Dieser Katalog ist abschließend, *Vierheilig*, Die rechtliche Einordnung der von der Weltgesundheitsorganisation beschlossenen regulations (1984), S. 33, 62, 80.

[375] *Klafki*, Risiko und Recht (2017), S. 168 (dort Fn. 944); *Vierheilig*, Die rechtliche Einordnung der von der Weltgesundheitsorganisation beschlossenen regulations (1984), S. 79; Auch die Präambel der IGV nimmt ausdrücklich Bezug auf Art. 21 lit. a) der WHO-Satzung.

[376] *Vierheilig*, Die rechtliche Einordnung der von der Weltgesundheitsorganisation beschlossenen regulations (1984), S. 63.

[377] So *Pflug*, Pandemievorsorge (2013), S. 84; *Sander*, Internationaler und europäischer Gesundheitsschutz (2004), S. 69; sehr ausführliche Diskussion bei *Vierheilig*, Die rechtliche Einordnung der von der Weltgesundheitsorganisation beschlossenen regulations (1984), S. 97 ff.

[378] Diese regelt Art. 22 der Satzung: Regulations i. S. v. Art. 21 der WHO-Satzung sind aus sich heraus für alle Mitgliedsstaaten verbindlich, soweit diese innerhalb einer bestimmten Frist keine Vorbehalte oder Ablehnung erklärt haben (sog. „contracting-out"-Verfahren), *Sander*, Internationaler und europäischer Gesundheitsschutz (2004), S. 69 f.; *Steinau-Steinrück*, Die staatliche Verhütung und Bekämpfung von Infektionskrankheiten (2013), S. 33; *Trute*, Pandemien als potentiell globale Katastrophe, in: GSZ 2018, S. 125 (127); ausführlich *Vierheilig*,

Der rechtsverbindliche Charakter der IGV als regulation im Sinne des Art. 21 der WHO-Satzung[379] erfordert eine anschließende Implementierung der Vorschriften in deutsches Recht.[380] Dies ist durch das „Gesetz zu den Internationalen Gesundheitsvorschriften (2005)“ vom 20. Juli 2007[381] und durch das „Gesetz zur Durchführung der Internationalen Gesundheitsvorschriften (2005) und zur Änderung weiterer Gesetze“ vom 21. März 2013[382] erfolgt.

Zweck der IGV ist gemäß Art. 2 die Verhinderung der grenzübergreifenden Verbreitung von Infektionskrankheiten durch die Kontrolle und die Erweiterung des öffentlichen Gesundheitswesens, ohne dabei den weltweiten Handel und Verkehr intensiv zu beeinträchtigen.[383] Zur Erreichung dieses Zwecks statuieren die IGV umfangreiche standardisierte Mechanismen zur Gefahrenbewertung und verbindliche Meldewege bei länderübergreifenden Gesundheitsgefahren.[384] Die WHO koordiniert nach Art. 11 IGV den Austausch relevanter Information des meldenden Vertragsstaates mit anderen Vertragsstaaten.[385] Die inhaltliche Reichweite der Meldepflicht ist jedoch unklar, da Art. 7 IGV insoweit nur von „allen wichtigen für die öffentliche Gesundheit relevanten Informationen“ spricht.[386] Aus dem Inhalt der völkerrechtlichen Verpflichtung wird deut-

---

Die rechtliche Einordnung der von der Weltgesundheitsorganisation beschlossenen regulations (1984), S. 63 ff., 80, 133.

379 *Klafki*, Coronavirus und Reformbedarf des „Pandemierechts“, www.verfassungsblog.de/coronavirus-und-reformbedarf-des-pandemierechts/ (Seite zuletzt aufgerufen am: 15.03.2021).

380 Vgl. *Vierheilig*, Die rechtliche Einordnung der von der Weltgesundheitsorganisation beschlossenen regulations (1984), S. 140; *Steinau-Steinrück*, Die staatliche Verhütung und Bekämpfung von Infektionskrankheiten (2013), S. 33.

381 BGBl. II/2007, S. 930.

382 BGBl. I/2013, S. 566.

383 Vgl. *Sander*, Internationaler und europäischer Gesundheitsschutz (2004), S. 72; *Steinau-Steinrück*, Die staatliche Verhütung und Bekämpfung von Infektionskrankheiten (2013), S. 33; *Trute*, Pandemien als potentiell globale Katastrophe, in: GSZ 2018, S. 125 (127); Art. 2 der IGV lautet: „The purpose and scope of these Regulations are to prevent, protect against, control and provide a public health response to the international spread of disease in ways that are commensurate with and restricted to public health risks, and which avoid unnecessary interference with international traffic and trade“.

384 Dazu werden die Vertragsstaaten etwa durch Art. 4 Abs. 1 IGV zur Einrichtung einer IGV-Anlaufstelle verpflichtet (in Deutschland gem. § 3 Abs. 1 IGV-DG das Gemeinsame Melde- und Lagezentrum von Bund und Ländern im Bundesamt für Bevölkerungsschutz und Katastrophenhilfe), die nach Art. 6 Abs. 1 IGV die gemeldeten Ereignisse nach dem Entscheidungsschema der Anl. 2 zu den IGV bewerten und binnen 24 Stunden an die WHO weitergeben. Die Meldepflicht nach Art. 6, 7 IGV ist in § 12 IfSG implementiert worden, BGBl. I/2013, S. 568; *Grüner*, Biologische Katastrophen (2017), S. 158 f.; vgl. *Klafki*, Risiko und Recht (2017), S. 177 f.; *Pflug*, Pandemievorsorge (2013), S. 87; *Steinau-Steinrück*, Die staatliche Verhütung und Bekämpfung von Infektionskrankheiten (2013), S. 35.

385 *Pflug*, Pandemievorsorge (2013), S. 87.

386 Sinnvollerweise sollten aber Falldefinitionen, Laborergebnisse, die Quelle und die Art des Risikos, die Zahl der Krankheits- und Todesfälle, die getroffenen Gesundheitsmaßnahmen und die benötigte Unterstützung von der Meldepflicht umfasst sein, zumal die WHO die Mel-

lich, dass es sich bei den IGV lediglich um Maßnahmen handelt, die den Rechtsrahmen für eine möglichst rasche internationale Informationsgewinnung zum Zwecke der Risikominimierung in der Situation des Ausbruchs der Krankheit in einem Vertragsstaat schaffen.[387] Sie regeln hingegen nicht die Verpflichtung der Vertragsstaaten zur Elimination der entsprechenden Infektionskrankheiten mittels Schutzimpfungen.

Aus den verbindlichen IGV lässt sich keine Verpflichtung der Mitgliedsstaaten ableiten, die Elimination von Infektionskrankheiten voranzutreiben. Auch angesichts des Kataloges der Regelungsbefugnisse in Art. 21 lit. a) der WHO-Satzung, der allein zu regulations zur Verhütung der länderübergreifenden Verbreitung von Infektionskrankheiten berechtigt, können keine Kompetenzen der WHO aus Art. 21 der WHO-Satzung herausgelesen werden, die auf die Verpflichtung der Mitgliedsstaaten zu einem bestimmten Umgang mit Schutzimpfungen hinweisen.

2. *Impfprogramme der WHO*

Daneben agiert die WHO auf dem Gebiet der Bekämpfung von Infektionskrankheiten mit zahlreichen Programmen zur Eradikation bzw. Elimination verschiedener Infektionskrankheiten, die im Global Vaccine Action Plan (GVAP) festgehalten sind.[388] Derzeit steht – freilich neben der Bekämpfung der Corona-Pandemie – die weltweite Elimination der Masern und Röteln im Fokus.[389] Zudem bemüht sich die WHO um die Elimination bzw. Eradikation von Poliomyelitis[390], Meningokokken A-Meningitis[391], Tetanus und Gelbfieber[392] sowie Malaria.[393] Für Europa gelten die im EVAP festgeschriebenen Zielsetzungen, an denen sich Deutschland beteiligt, möglichst bald eine vollständige Eradikation von Poliomyelitis zu erreichen, die Kontrolle über die Infektion mit Hepatitis B zu erlangen[394] und Masern und Röteln zu eliminieren.[395] Zur Errei-

---

depflichten extensiv versteht, *Klafki*, Risiko und Recht (2017), S. 178; *Pflug*, Pandemievorsorge (2013), S. 87.

[387] Vgl. *Fidler*, From International Sanitary Conventions to Global Health Security, in: Chinese Journal of International Law 2005, S. 325 (362); *Klafki*, Risiko und Recht (2017), S. 177; *Steinau-Steinrück*, Die staatliche Verhütung und Bekämpfung von Infektionskrankheiten (2013), S. 34; ähnlich *Sander*, Internationaler und europäischer Gesundheitsschutz (2004), S. 72.

[388] Siehe überblicksähnlich *Reiter*, Staat und Impfungen, in: Spiess/Heininger/Jilg (Hrsg.), Impfkompendium (2015), S. 135 (136 f.).

[389] *World Health Organization*, Global Vaccine Action Plan 2011–2020, S. 18, 44, 52, 57, 77, 90, 104, 131.

[390] *World Health Organization*, Global Vaccine Action Plan 2011–2020, S. 7, 44, 77, 104.

[391] *World Health Organization*, Global Vaccine Action Plan 2011–2020, S. 77, 104.

[392] *World Health Organization*, Global Vaccine Action Plan 2011–2020, S. 77, 104.

[393] *World Health Organization*, Global Technical Strategy for Malaria 2016–2030, S. 8.

[394] *World Health Organization*, European Vaccine Action Plan 2015–2020, S. 18, 24.

[395] *World Health Organization*, European Vaccine Action Plan 2015–2020, S. 20, 23.

chung dieser Ziele fordert die WHO von allen Vertragsstaaten, diese Ziele durch geeignete nationale Maßnahmen zu unterstützen. Entscheidend für die Rechtsqualität dieser geforderten mitgliedsstaatlichen Unterstützung ist die Rechtsnatur der Eliminations- und Eradikationsprogramme.[396]

Diese müssen im Kontrast zu den regulations gesehen werden: Dass es sich bei den Eliminations- und Eradikationsprogrammen der WHO gerade nicht um völkerrechtlich verbindliche regulations im Sinne der Art. 21, 22 der WHO-Satzung handelt[397], ergibt der Umkehrschluss aus dem Regelungskatalog des Art. 21 der WHO-Satzung, da sich die Regelungskompetenz ausschließlich aus Art. 21 lit. a)–e) ergibt. Eine regulation mit dem Inhalt eines Eliminationsprogrammes läge außerhalb der Regelungskompetenz der WHO. Anders als bei der Umsetzung der IGV sind die Mitgliedsstaaten nicht verpflichtet, die Ziele der Programme tatsächlich zu erreichen, sondern nur dazu, jährlich einen Bericht über die Tätigkeiten und Initiativen vorzulegen, die aufgrund der Empfehlungen eingeleitet worden sind.[398] Es handelt sich allenfalls um Empfehlungen, zu denen die WHO nach Art. 23 ihrer Satzung ebenfalls ermächtigt ist.[399]

Zur Umsetzung der rechtlich unverbindlichen WHO-Programme versucht Deutschland mit mehreren Initiativen, die Impfquoten aufgrund freiwilliger Entscheidung zu erhöhen: Zum einen findet seit 2009 in zweijährlichem Turnus die Nationale Impfkonferenz (NIK) statt, die ein Forum für den Dialog von Experten, Kostenträgern, aber auch impfskeptischen Gruppen bieten

[396] Häufig ist zu lesen, Deutschland habe sich zur Erfüllung der Ziele dieser Programme „verpflichtet", etwa bei *Kouros et al.*, Nationale Initiativen im Impfwesen, in: BGesBl. 2019, S. 386 (388). Einen ähnlichen Eindruck erweckt auch der Nationale Aktionsplan 2015–2020, der von der „Verpflichtung Deutschlands" spricht, die Masern-Elimination bis 2015 zu erreichen, *Bundesministerium für Gesundheit*, Nationaler Aktionsplan 2015–2020 zur Elimination von Masern und Röteln in Deutschland, S. 8. Anders lesen sich jedoch die Aussagen der WHO zur Umsetzung des European Vaccine Action Plan (EVAP), der den Rahmenplan für die Eliminations- und Eradikationsprogramme der WHO darstellt. An diesem orientiert sich die Arbeit der WHO hinsichtlich der Impfungen und Immunisierungen; während dessen Durchführung verpflichten sich die Mitgliedsstaaten, ihre Anstrengungen und ihren politischen Einsatz zu steigern, im Original: „Through adoption of EVAP, Member States pledged to step up their efforts and political commitment to: [...]", www.euro.who.int/en/health-topics/disease-prevention/vaccines-and-immunization/policy (Seite zuletzt aufgerufen am: 06.04.2021). Dort scheint dem Wortlaut der Formulierung nach seitens des Mitgliedsstaates also nicht der Zielerfolg des EVAP geschuldet zu sein, sondern lediglich nationale Anstrengungen.

[397] Vgl. die systematische Darstellung bei *Sander*, Internationaler und europäischer Gesundheitsschutz (2004), S. 71 ff.

[398] *Pflug*, Pandemievorsorge (2013), S. 84; *Sander*, Internationaler und europäischer Gesundheitsschutz (2004), S. 70; *Vierheilig*, Die rechtliche Einordnung der von der Weltgesundheitsorganisation beschlossenen regulations (1984), S. 33; *Vierheilig-Langlotz*, 152. WHO – Weltgesundheitsorganisation, in: Wolfrum (Hrsg.), Handbuch Vereinte Nationen (1991), S. 1104 (1105).

[399] Art. 23 der WHO-Satzung lautet: „Die Gesundheitsversammlung [Organ der WHO] ist befugt, zu allen in die Zuständigkeit der Organisation fallenden Angelegenheiten Empfehlungen an die Mitglieder zu richten.", Übersetzung bei v. Mangoldt/Rittberger (Hrsg.), Das System der Vereinten Nationen, Bd. I/2 (1995), S. 395.

soll.[400] Daraus ist im Jahr 2012 der Nationale Impfplan (NIP) entstanden, der Bestandsaufnahmen, Ziele und Strategien formuliert.[401] Durch den NIP soll für die Fachwelt und die Bevölkerung eine Transparenz innerhalb der Organisation des nationalen Impfwesens geschaffen und auf diese Weise Vorbehalte und Vorurteile gegenüber dem Impfen abgebaut werden, was schließlich zu einer Verbesserung der Impfquoten auf freiwilliger Basis führen soll.[402]

Seit 2016 wird der Austausch und Dialog der am Impfwesen beteiligten Akteure zusätzlich durch die Nationale Lenkungsgruppe Impfen (NaLI) gefördert, die Maßnahmen zur Umsetzung des Impfplans vorschlägt und diesen stetig fortschreibt.[403] Eine enge Zusammenarbeit von Bund und Ländern, denen die Aufgabe des Impfwesens vorrangig zukommt, ist in der föderalen Struktur des Gesundheitswesens gerade im Hinblick auf die Erreichung internationaler Gesundheitsziele wichtig.[404] Die Evaluation und die Bewertung des angestrebten Eliminationsprozesses von Masern und Röteln anhand der Bewertungskriterien der WHO erfolgen durch die Nationale Verifizierungskommission Masern/Röteln (NAVKO) beim Robert-Koch-Institut.[405] Die Überwachung der Freiheit von Poliomyelitis erfolgt in Deutschland durch die am Robert-Koch-Institut angesiedelte „Nationale Kommission für die Polioeradikation". Diese hat die Aufgabe, das Robert-Koch-Institut auf nationaler Ebene bei der Durchführung der für die weltweite Eradikation der Poliomyelitis erforderlichen Maßnahmen zu unterstützen.

An der Einrichtung dieser Gremien wird der politische Wille zur Umsetzung der WHO-Ziele erkennbar.[406] Im Hinblick auf Poliomyelitis scheinen diese Maßnahmen Wirkung zu zeigen, denn bei einer erforderlichen Durchimpfungsrate von 80–86 % für die Herdenimmunität und damit für die Sicherstellung, dass die Verbreitung des Virus unmöglich ist, liegt die Durchimpfungsrate bei den Schulanfängern derzeit bei über 90 %.[407] Das erklärte Ziel, für Masern die erforderliche Durchimpfungsquote von 95 % zu erreichen, wird bislang jedoch

400 *Kouros et al.*, Nationale Initiativen im Impfwesen, in: BGesBl. 2019, S. 386 (387).

401 Nationaler Impfplan, abrufbar unter: www.nationale-impfkonferenz.de/wp-content/uploads/sites/10/2014/10/Nationaler-Impfplan.pdf (Seite zuletzt aufgerufen am: 09.04.2021); vgl. *Kouros et al.*, Nationale Initiativen im Impfwesen, in: BGesBl. 2019, S. 386 (387).

402 *Kouros et al.*, Nationale Initiativen im Impfwesen, in: BGesBl. 2019, S. 386 (388).

403 Vgl. dazu eingehend *Ludwig*, Die Nationale Lenkungsgruppe Impfen (NaLI), in: ASU 2018, S. 424–428; *Kouros et al.*, Nationale Initiativen im Impfwesen, in: BGesBl. 2019, S. 386 (389 f.); Letzteres ist allerdings noch nicht erfolgt, der NIP befindet sich noch immer auf dem Stand von 01.01.2012.

404 *Ludwig*, Die Nationale Lenkungsgruppe Impfen (NaLI), in: ASU 2018, S. 424; siehe dazu näher *Pflug*, Pandemievorsorge (2013), S. 181 ff.

405 *Wissenschaftlicher Dienst des Deutschen Bundestages*, Dokumentation: Masernerkrankungen, WD 9 – 3000 – 062/19, S. 7.

406 *Ludwig*, Die Nationale Lenkungsgruppe Impfen (NaLI), in: ASU 2018, S. 424.

407 *Robert-Koch-Institut*, Impfquoten bei der Schuleingangsuntersuchung in Deutschland 2017, in: EpidBull Nr. 18/2019, S. 147 (149).

verfehlt.[408] Insgesamt wird festgestellt, dass sich aus den einzelnen Eliminationsprogrammen der WHO keine verbindliche Rechtspflicht für die Mitgliedsstaaten ableiten lässt, die Elimination der betreffenden Infektionskrankheiten durch Schutzimpfungen voranzutreiben.

C. Problemkreise des historischen Vorläufers einer allgemeinen Impfpflicht – überkommen oder noch aktuell?

Die Bekämpfung von Infektionskrankheiten mithilfe von Impfpflichten ist keinesfalls eine Erscheinung erst des 21. Jahrhunderts. Aus rechtlicher Sicht stellt die Impfpflicht gegen die Pocken aus dem Jahr 1874 den historischen Vorläufer einer möglichen heutigen Impfpflicht dar. Schon diese erste Impfpflicht in der deutschen Geschichte könnte wegweisenden Charakter für eine heutige Impfpflicht haben, sofern ihre rechtliche Einordnung, die unter dem Grundgesetz von 1949 ausschließlich von der Rechtsprechung in den 1950er Jahren vorgenommen wurde, auch aus heutiger Sicht des Verfassungsrechts noch überzeugen kann. Daher stellt sich die Frage, ob die grundlegenden verfassungsrechtlichen Probleme einer allgemeinen Impfpflicht nicht bereits durch die Rechtsprechung zur Pockenimpfpflicht nach dem Reichsimpfgesetz geklärt worden sind.

I. Die Impfpflicht gegen die Pocken von 1874

Nachdem eingangs bereits die Pockenschutzimpfung und ihre Nebenwirkungen aufgezeigt wurden[409], bedarf es einer Erläuterung der Regelungen, Auswirkungen und rechtlichen Beurteilungen der Pockenimpfpflicht nach dem Reichsimpfgesetz, das als erstes der Seuchenprävention gewidmetes Gesetz[410] in Deutschland über einen Zeitraum von über 100 Jahren galt und erstmals eine einheitliche Impfpolitik darstellte.[411] Es wurde im Jahr 1874 beschlossen[412] und erst aufgehoben, als die weltweite Ausrottung der Pocken absehbar war und das

---

[408] *Kouros et al.*, Nationale Initiativen im Impfwesen, in: BGesBl. 2019, S. 386 (390).

[409] Siehe § 2 A. I. 1. „Ausgangspunkt der Impfmedizin: Die Schutzimpfung gegen die Pocken".

[410] *Kingreen*, in: Huster/Kingreen (Hrsg.), Handbuch Infektionsschutzrecht (2021), Kapitel 1, Rn. 12.

[411] *Hartung*, Zur Entwicklung der Pockenschutzimpfung (2002), S. 57; *Kastner*, Der Impfzwang und das Reichs-Impfgesetz vom 8. April 1874 (1909), S. 13; *Thießen*, Vom immunisierten Volkskörper zum „präventiven Selbst", in: VfZ 2013, S. 35; *ders.*, Immunisierte Gesellschaft (2017), S. 21, bezeichnet den Erlass des Reichsimpfgesetzes als „Geburt des Vorsorgestaats".

[412] Vgl. für eine Nachzeichnung des Gesetzgebungsverfahrens *Kastner*, Der Impfzwang und das Reichs-Impfgesetz vom 8. April 1874 (1909), S. 14 f.

mit der Impfung verbundene Risiko somit das Risiko einer Pockenerkrankung überwog.[413]

Um die verfassungsrechtliche Beurteilung des Reichsimpfgesetzes durch die Rechtsprechung in der Bundesrepublik der 1950er Jahre nachvollziehen und ihre Erkenntnisse anschließend auf eine Übertragbarkeit in die heutige Zeit überprüfen zu können, bedarf es einer Darlegung der wesentlichen Regelungen des Reichsimpfgesetzes[414] und seiner Auswirkungen.

1. Rechtliche Regelungen und deren Umsetzung

Das Reichsimpfgesetz vom 8. April 1874[415] sah die Einführung einer verpflichtenden Schutzimpfung gegen die Pockeninfektion für alle Kinder im 2. Lebensjahr vor[416], sofern sie nicht zuvor bereits an den Pocken erkrankt waren (§ 1 Nr. 1 i. V. m. § 12). Eine Wiederholungsimpfung zur Herstellung des vollständigen Impfschutzes für Schüler war im 12. Lebensjahr vorgesehen (§ 1 Nr. 2 i. V. m. § 12). Minderjährige Impflinge benötigten nach § 13 i. V. m. § 1 Nr. 2 einen Impfnachweis, um in die Schule aufgenommen zu werden. Die Durchimpfung von Kindern war aufgrund der lückenlosen Erfassung aller potenziellen Impflinge durch die standesamtliche Registrierung eines Neugeborenen für die erste Impfung und aufgrund des Schulbesuchs für die zweite Impfung relativ einfach zu organisieren und zu kontrollieren.[417]

---

413 Vgl. *Ständige Impfkommission*, Voraussetzungen der Aufhebung des Impfgesetzes von 1874, in: Weise (Hrsg.), Abhandlungen aus dem Bundesgesundheitsamt, Heft 11 (1974), S. 20.

414 Vgl. auch die Darstellung bei *Staudinger*, Verfassungsrechtliche Untersuchung der Impfgesetzgebung in Deutschland (2021), S. 27–31.

415 In Kraft getreten am 01.04.1875; siehe zum Inhalt ausführlich *Habernoll*, Probleme und Grundzüge der gesetzlichen Regelung der Schutzimpfungen, in: Herrlich (Hrsg.), Handbuch der Schutzimpfungen (1965), S. 724–730.

416 Der im Entwurf des Reichskanzlers *von Bismarck* noch enthaltene Punkt der Durchimpfung gefährdeter Bevölkerungsgruppen bei Ausbruch einer Epidemie, was die Impfung Erwachsener eingeschlossen hätte, verfehlte eine Mehrheit im Bundesrat knapp mit 141 Nein- zu 140 Ja-Stimmen, Verhandlungen des Reichstages 1874, 17. Sitzung vom 14.03.1874, S. 348; *Matzel*, Die Pocken im Deutsch-Französischen Krieg 1870/71 (1977), S. 72; dazu im Vorfeld der Abgeordnete *Lasker*: „Wir können aber niemals einen solchen Rechtszustand aufrecht erhalten, dass […] die erwachsenen Personen zwangsweise zum Arzt gebracht und zur Impfung gestellt werden. Schon beim Verlesen und Aussprechen erregt der Vorschlag die Heiterkeit; die Maßregel erscheint unausführbar. Wenn wir die Vorführung gestatten bei minderjährigen Personen, so ist dies eben bloß deswegen gerechtfertigt, weil wir annehmen, dass diejenigen, denen sie zur Pflege empfohlen sind, nicht ihrer Pflicht genügen, und der Staat tritt an die Stelle der Väter und Pfleger […].", Verhandlungen des Reichstages 1874, 14. Sitzung vom 09.03.1874, S. 256.

417 So schon *Thießen*, Immunisierte Gesellschaft (2017), S. 38, der allerdings einen weiteren Grund für die Beschränkung der Impfpflicht auf Kinder darin erblickt, dass die Pocken für eine „Kinderkrankheit" gehalten wurden. Das ist jedoch zweifelhaft, wenn die zum Zeitpunkt des Erlasses des Reichsimpfgesetzes knapp 40 Jahre geltende Impfpflicht für Soldaten beachtet wird.

Die Impfung wurde von Impfärzten durchgeführt und kostenlos zur Verfügung gestellt (§ 6), um alle gesellschaftlichen Schichten an den Vorzügen der Impfprophylaxe teilhaben zu lassen.[418] Im Vergleich zu den Regelungen zur Pflichtimpfung waren Erwachsene von der unentgeltlichen Teilnahme an den Impfungen nicht ausgeschlossen (§ 6 spricht nur von „Bewohner[n] des Impfbezirks")[419], was zur Erhöhung der Durchimpfungsrate in der ganzen Bevölkerung sinnvoll war. Sowohl die Durchführung der Impfung als auch die Kontrolle ihrer Wirkung unterstand dem staatlichen Impfarzt, um gegebenenfalls sechs bis acht Tage nach der fehlgeschlagenen eine erneute Impfung durchführen zu können (§§ 3, 5). Durch die Impfung kam es regelmäßig zu einer Infektion mit Schutzpocken, die mit Fiebererscheinungen einherging. Die Entscheidung über den Erfolg der durchgeführten Impfung stellte das Gesetz daher allein in das Ermessen des Arztes.[420]

Wenn mit einer Impfung aber Gesundheitsgefahren für den Impfling verbunden waren – wie ein durch Vorerkrankungen bedingter Impfschaden[421] – ermöglichte eine Ausnahmeklausel (§ 2) die Zurückstellung, die eines ärztlichen Attests bedurfte. Eine Rückstellung wegen Gesundheitsgefährdung bedeutete aber keine dauerhafte Befreiung[422] von der Impfpflicht, da die Erfüllung des Ausnahmetatbestandes durch den Impfarzt (§ 6) regelmäßig zu überprüfen und gegebenenfalls die Impfung vorzunehmen war. Ein gesetzlich nicht geregelter Zurückstellungsgrund mit Vorbehalt im Einzelfall war die sog. „Überalterung" des Erstimpflings: Bei der Erstimpfung von Impflingen über drei Jahren war die Gefahr eines Impfschadens in Form einer postvakzinalen Enzephalitis[423] gegenüber Zweijährigen gesteigert.[424]

---

[418] Während der Pockenepidemie 1870–1872 erkrankten ärmere Gesellschaftsschichten häufiger an der Krankheit als wohlhabendere, überhaupt war die Anfälligkeit für Infektionskrankheiten in wohlhabenden und dünn besiedelten Stadtbezirken geringer, *Grotjahn*, Soziale Pathologie (1923), S. 23 f.; *Maehle*, Präventivmedizin als wissenschaftliches und gesellschaftliches Problem, in: Jütte (Hrsg.), MedGG Bd. 9 (1991), S. 127 (141).

[419] § 6 ImpfG lautet: „In jedem Bundesstaate werden Impfbezirke gebildet, deren jeder einem Impfarzte unterstellt wird. Der Impfarzt nimmt in der Zeit von Anfang Mai bis Ende September jeden Jahres an den vorher bekannt zu machenden Orten und Tagen für die Bewohner des Impfbezirkes Impfungen unentgeltlich vor. Die Orte für die Vornahme der Impfungen, sowie für die Vorstellung der Impflinge (§ 5) werden so gewählt, dass kein Ort des Bezirks von den nächstbelegenen Impforte mehr als fünf Kilometer entfernt ist."

[420] Der Erfolg einer Impfung konnte in diesem kurzen Abstand nach der Impfung vermutlich dann als nachgewiesen gelten, wenn die Impfreaktion eingetreten war.

[421] Dazu § 2 A. I. 1. b) „Impfkomplikationen und Impfschäden".

[422] Mit diesem Ergebnis tendenziell auch *Staudinger*, Verfassungsrechtliche Untersuchung der Impfgesetzgebung in Deutschland (2021), S. 28.

[423] Dazu § 2 A. I. 1. b) „Impfkomplikationen und Impfschäden".

[424] Daher wurde jedenfalls im Jahr 1959 in den Ländern die Befreiung von der Erstimpfung für über Dreijährige angeordnet, *Bundesgesundheitsamt*, Gutachten über die Durchführung des Reichsimpfgesetzes (1959), S. 34 ff., 53; *Habernoll*, Probleme und Grundzüge der gesetzlichen Regelung der Schutzimpfungen, in: Herrlich (Hrsg.), Handbuch der Schutzimpfungen (1965), S. 724 (727); *Herrlich/Ehrengut/Schleussing*, Der Impfschaden, in: Herrlich

§ 14 ImpfG[425] enthielt eine Strafvorschrift für Zuwiderhandlungen gegen die angeordnete Schutzimpfung[426], die gemeinsam mit der Frage der Durchsetzbarkeit des Impfzwangs betrachtet werden muss. Unklar war zum einen, ob der Impfzwang auch eine Zwangsimpfung beinhaltete[427] (ob die Pflicht also unmittelbar durchsetzbar war), zum anderen, ob § 14 Abs. 2 dann das Zwangsmittel darstellte („Exekutivstrafe“[428]) oder nur den Charakter einer Kriminalstrafe besaß.[429] Zunächst diente eine negative Anreizsetzung einer Geldstrafe gemäß § 14 i. V. m. § 12[430] als Förderung der Durchsetzung des Impfzwangs. In kritikwürdiger Weise offengelassen wurde allerdings die Frage, ob die Geldstrafe mehrfach verhängt werden konnte. Diese wurde gerichtlich bejaht, da eine mehrfache Verhängung der Effektivität des Impfzwangs diene.[431] Die Rechtsprechung sah in § 14 Abs. 2 also den Charakter eines Zwangsmittels.[432] Nur dann kann in der

(Hrsg.), Handbuch der Schutzimpfungen (1965), S. 212 (260); *Wohlrab*, Die Pockenschutzimpfung, in: Spiess (Hrsg.), Schutzimpfungen (1958), S. 172 (192); § 2 ImpfG lautet: „Ein Impfpflichtiger (§ 1), welcher nach ärztlichem Zeugnis ohne Gefahr für sein Leben oder seine Gesundheit nicht geimpft werden kann, ist binnen Jahresfrist nach Aufhören des diese Gefahr begründenden Zustandes der Impfung zu unterziehen. – Ob diese Gefahr noch fortbesteht, hat in zweifelhaften Fällen der zuständige Impfarzt (§ 6) endgültig zu entscheiden.“

425 § 14 lautet: „Eltern, Pflegeeltern und Vormünder, welche den nach § 12 ihnen obliegenden Nachweis zu führen unterlassen, werden mit einer Geldstrafe bis zu zwanzig Mark bestraft. Eltern, Pflegeeltern und Vormünder, deren Kinder und Pflegebefohlene ohne gesetzlichen Grund und trotz erfolgter amtlicher Aufforderung der Impfung oder der ihr folgenden Bestellung (§ 5) entzogen geblieben sind, werden mit Geldstrafe bis zu fünfzig Mark oder mit Haft bis zu drei Tagen bestraft.“

426 In strafrechtlicher Hinsicht könnte bei Widersetzung gegen die Impfpflicht seitens des Täters ein Gebotsirrtum angeführt werden, der jedoch nicht entschuldbar sei, da sich „gegenüber der [...] gesetzlich begründeten, für das Gemeinwohl unerlässlichen allgemeinen Impfpflicht ein Einzelner nicht mehr auf persönliche Gewissensbedenken oder auf irgendeinen anderen nur ihn selbst oder seine Angehörigen betreffenden Umstand berufen“ könne (OLG Düsseldorf NJW 1962, S. 688, 689 vgl. auch OLG Hamm JMBlNRW 1953, S. 10 sowie KG JW 1937, S. 2419; letzterem Urteil ist indes aufgrund erkennbarer nationalsozialistisch-ideologischer Färbung kritisch zu begegnen).

427 Dazu treffend *Heun*, Impfzwang und Impfgegnerschaft (1911), S. 23, 25, der feststellt, dass Zweck und Mittel des Gesetzes nicht verwechselt werden dürften, ein Zwangsgesetz (und ein solches sei das Reichsimpfgesetz zweifellos) aber zu seiner Vollkommenheit auch der Angabe des Mittels bedürfe, durch welches der erwünschte Zweck realisiert werden solle.

428 *Kastner*, Der Impfzwang und das Reichs-Impfgesetz vom 8. April 1874 (1909), S. 22.

429 Vgl. hierzu eingehend *Kastner*, Der Impfzwang und das Reichs-Impfgesetz vom 8. April 1874 (1909), S. 21 ff.

430 § 12 lautet: „Eltern, Pflegeeltern und Vormünder sind gehalten, auf amtliches Erfordern mittelst der vorgeschriebenen Bescheinigungen (§ 10) den Nachweis zu führen, daß die Impfung ihrer Kinder und Pflegebefohlenen erfolgt oder aus einem gesetzlichen Grunde unterblieben ist.“

431 So etwa LG Magdeburg, Minst. Bl. für die innere Verwaltung 1880, S. 82; vgl. auch OLG Stuttgart, Medizinalzeitung 1881, S. 46; OLG München, Amtsblatt des Innern 1886, S. 525 (Nachweis bei *Timme*, Die juristische Bewältigung eines ökonomischen Netzwerkgutes [2001], S. 84); *Maehle*, Präventivmedizin als wissenschaftliches und gesellschaftliches Problem, in: Jütte (Hrsg.), MedGG Bd. 9 (1991), S. 127 (137); mit deutlicher Kritik *Timme*, a. a. O.

432 Vgl. Kgl. Württembergisches OLG in Stuttgart v. 02.12.1880 sowie v. 09.02.1881 und

Praxis der Rechtsprechung kein Verstoß gegen den Grundsatz *ne bis in idem* gesehen werden.[433] Diesem Ergebnis widersprach allerdings der Wortlaut „Geld*strafe*".[434]

Nach zutreffender Auffassung von *Kastner* und *Heun* handelte es sich bei § 14 Abs. 2 um eine Kriminalstrafe (die dem Grundsatz *ne bis in idem* unterfiel), da die Annahme, dass der Zwang dem Recht wesentlich und die Durchführung jedes subjektiven Rechts, die Erfüllung jeder subjektiven Pflicht erzwungen werden könne, irrtümlich sei.[435] Die Geldstrafe sollte lediglich als „Steuer" auf das Nichtimpfen aufgefasst werden.[436] Eine Steuer konnte aber auf eine einmalige Unterlassung nur einmal erhoben werden.[437] Das Argument, jede Verweigerung der Impfung nach behördlicher Aufforderung[438] stelle eine neue Unterlassung[439] i. S. d. § 14 Abs. 2 dar[440], war verfehlt, da von dieser abermaligen Verweigerung keine neue Rechtsfolge ausging und damit lediglich die impffeindliche Gesinnung sanktioniert wurde. Zudem war die auffordernde Behörde in der Häufigkeit ihrer Aufforderungen in der Lage, willkürlich unzählige (neue) Anknüpfungspunkte für ein strafbares Unterlassen zu schaffen.[441] Die Impfverweigerung war strafrechtlich aber ein Dauerdelikt, dessen Einheit auch nicht durch eine zwischenzeitliche Bestrafung auseinandergerissen wurde.[442]

02.04.1885; Kgl. Bayerisches OLG zu München v. 02.02.1886 und 27.07.1886; Hess. OLG zu Darmstadt v. 21.12.1883 und 18.11.1898 u. a. (zitiert bei *Rapmund*, Die gesetzlichen Vorschriften über die Schutzpockenimpfung [1900], S. 13, dort Fn. 4).

433 Dieser war seit 1848 als allgemeiner Grundsatz des Strafprozessrechts anerkannt, *Nolte*, Ne bis in idem, in: Merten/Papier (Hrsg.), HGRe V (2013), § 135 Rn. 5 m. w. N.

434 *Heun*, Impfzwang und Impfgegnerschaft (1911), S. 30; *Jacobi*, Das Reichs-Impf-Gesetz vom 8. April 1874 (1875), S. 46 f.

435 *Heun*, Impfzwang und Impfgegnerschaft (1911), S. 28; *Kastner*, Der Impfzwang und das Reichs-Impfgesetz vom 8. April 1874 (1909), S. 24.

436 Verhandlungen des Reichstages 1874, 17. Sitzung vom 14.03.1874, S. 338; *Kastner*, Der Impfzwang und das Reichs-Impfgesetz vom 8. April 1874 (1909), S. 24.

437 *Heun*, Impfzwang und Impfgegnerschaft (1911), S. 30; *Kastner*, Der Impfzwang und das Reichs-Impfgesetz vom 8. April 1874 (1909), S. 24. Eine zweimalige Verhängung kommt allenfalls bei Verstoß gegen die Impfpflicht aus § 1 Nr. 1 *und* Nr. 2 (Revakzination im 12. Lebensjahr) in Betracht, dann werden nämlich zwei voneinander unabhängige, selbstständige Unterlassungen besteuert.

438 *Kastner*, Der Impfzwang und das Reichs-Impfgesetz vom 8. April 1874 (1909), S. 29 ff. stellt klar, dass jede Aufforderung zur Impfung bei Verweigerung nicht den Beginn einer erneuten strafbaren Handlung markieren, sondern bloß verhindern sollte, dass die Eltern ihre Kinder aus Unwissenheit nicht impfen lassen.

439 *Kastner*, Der Impfzwang und das Reichs-Impfgesetz vom 8. April 1874 (1909), S. 28, bezeichnet die Impfverweigerung im strafrechtlichen Sinne treffend als „Nichtverursachungsdelikt".

440 So unter Verweis auf die Rechtsprechung *Rapmund*, Die gesetzlichen Vorschriften über die Schutzpockenimpfung (1900), S. 11 (dort Fn. 4).

441 *Kastner*, Der Impfzwang und das Reichs-Impfgesetz vom 8. April 1874 (1909), S. 30.

442 *Kastner*, Der Impfzwang und das Reichs-Impfgesetz vom 8. April 1874 (1909), S. 29, 34 ff.

Da es sich bei § 14 Abs. 2 um eine echte Kriminalstrafe[443] handelte, war die mehrfache Verhängung unter dem *ne bis in idem*-Grundsatz beanstandungswürdig.[444] Diese Erkenntnis muss auch auf die gesetzliche Regelung einer heutigen Impfpflicht übertragen werden.

Für die Wirkung der Pockenimpfpflicht war auch die Durchsetzungsmöglichkeit von Bedeutung. Die Pflicht konnte nicht durch eine direkt aus dem Reichsimpfgesetz abgeleitete Befugnis zu unmittelbarem Zwang durchgesetzt werden. Um die Vollziehbarkeit jedenfalls im Epidemiefall trotzdem sicherzustellen, bediente sich die Exekutive eines umstrittenen Kunstgriffs, indem ergänzend zum Reichsimpfgesetz landespolizeiliche Zwangsmaßregeln angewandt wurden.[445] Das war möglich, weil nach § 18 Abs. 3 des Reichsimpfgesetzes „die in den einzelnen Bundesstaaten bestehenden Bestimmungen über Zwangsimpfungen bei dem Ausbruch einer Pockenepidemie [...] nicht berührt" wurden, was auch das Vollstreckungsinstrumentarium des Verwaltungsrechts umfasste. Dieses schloss aber grundsätzlich die zwangsweise Durchsetzung der Impfpflicht außerhalb von epidemischen Krankheitsausbrüchen aus.[446] Gleichwohl dürfte unmittelbarer Zwang hier aufgrund der Einschätzungsprärogative der Verwaltung hinsichtlich des Vorliegens eines „Ausbruchs" uneinheitlich und – gemessen an den seit der Geltung des Reichsimpfgesetzes deutlich seltener auftretenden Pockenepidemien[447] – extensiver gehandhabt worden sein. Umstritten war zudem die Anwendung unmittelbaren Zwangs auf Grundlage der nach § 18 Abs. 2[448] durch die einzelnen Bundesstaaten zu erlassenden Ausführungsbestimmungen zum Reichsimpfgesetz, die unmittelbaren Zwang als Durchsetzungsmittel nicht ausschlossen[449]: Soweit ersichtlich sah aber jedenfalls Preußen im Rahmen der er-

---

443 *Heun*, Impfzwang und Impfgegnerschaft (1911), S. 30; *Kastner*, Der Impfzwang und das Reichs-Impfgesetz vom 8. April 1874 (1909), S. 27; a. A. *Timme*, Die juristische Bewältigung eines ökonomischen Netzwerkgutes (2001), S. 83, der die Beschränkung auf die einmalige Verhängung der „Geldstrafe" und damit den Charakter als Kriminalstrafe mit der Begründung ablehnt, die Impfung wäre dann lediglich „einer Art pretialen Steuerung" unterworfen gewesen.

444 Vgl. *Kastner*, Der Impfzwang und das Reichs-Impfgesetz vom 8. April 1874 (1909), S. 31.

445 *Timme*, Die juristische Bewältigung eines ökonomischen Netzwerkgutes (2001), S. 85; zu diesem Problem unter der Rechtslage von 1911 ausführlich *Heun*, Impfzwang und Impfgegnerschaft (1911), S. 56–63.

446 A. A. *Heun*, Impfzwang und Impfgegnerschaft (1911), S. 60, der die Schlagkraft der Impfpflicht bei Fehlen einer zwangsweisen Durchsetzung anzweifelt.

447 *Bundesgesundheitsamt*, Gutachten über die Durchführung des Reichsimpfgesetzes, S. 5; *Timme*, Die juristische Bewältigung eines ökonomischen Netzwerkgutes (2001), S. 63.

448 § 18 Abs. 2 lautete: „Die einzelnen Bundesstaaten werden die zur Ausführung erforderlichen Bestimmungen treffen."

449 So jedenfalls *Heun*, Impfzwang und Impfgegnerschaft (1911), S. 62 f., der sich für die Durchsetzung des Impfzwangs im Wege des unmittelbaren Zwangs auf Grundlage von § 132 des Preußischen Landesverwaltungsgesetzes vom 03.07.1883 ausspricht; a. A. *Spohr*, Ist die Impfung auf Grund des Reichsgesetzes vom 8.4.1874 erzwingbar?, in: GA 52 (1905), S. 289 (296).

lassenen Ausführungsbestimmungen von der Möglichkeit der Anwendung unmittelbaren Zwangs ab.[450]

Kritisiert und angemahnt wurde zudem, dass es keine gesetzlich normierte Entschädigungsregelung für Impfschäden gab.[451] Das Erfordernis einer solchen war zwar in den Jahren 1925 und 1928 Gegenstand der Sitzungen des Preußischen Landesgesundheitsrates und wurde dort jeweils mit einer großen Mehrheit empfohlen.[452] Dennoch hatten diese Abstimmungen keine rechtlichen Folgen, so dass erst die Rechtsprechung in der Mitte des 20. Jahrhunderts eine staatliche Entschädigungspflicht entwickelte. Bis zu der Entscheidung des Bundesgerichtshofs im Jahr 1953[453] ging die Rechtsprechung des Reichsgerichts zu Impfschäden davon aus, dass weder eine gesetzliche Anspruchsgrundlage aus Spezialgesetzen noch aus den Vorschriften der WRV (Art. 153) noch aus der unmittelbaren oder analogen Anwendung der §§ 74, 75 EinlPrALR hergeleitet werden könne, da diese sich – nach Auffassung des Reichsgerichts – nur auf einen Eingriff in das Eigentum bezögen.[454]

Diese Analyse der Vorgaben der Pockenimpfpflicht zeigt, welche Kardinalpunkte bei einer heutigen Regelung beachtet und angesichts ihrer Schwachstellen anders oder eindeutiger geregelt werden müssten.

---

450 Vgl. bei *Rapmund*, Die gesetzlichen Vorschriften über die Schutzpockenimpfung (1900), S. 49–53. Ähnliches galt unter dem Grundgesetz, wo nach den jeweiligen Durchführungserlassen der Länder die Durchsetzung im Wege des landesgesetzlich geregelten Verwaltungszwangs erfolgen konnte, *Petzelt*, Staat und Impfung, in: Spiess (Hrsg.), Schutzimpfungen (1958), S. 319 (329).

451 „Nur sollte auch dann folgerichtig die Entschädigungspflicht des Staates bei nachgewiesener Impfschädigung gesetzlich festgelegt werden, was bisher bedauerlicherweise noch nicht der Fall ist.", so *Grotjahn*, Soziale Pathologie (1923), S. 27.

452 Antrag: „Der Landesgesundheitsrat empfiehlt die Einführung der Entschädigungspflicht des Reiches bei nachgewiesener Impfschädigung", angenommen mit 20 Stimmen bei drei Enthaltungen („Über die Einfügung einer Gewissensklausel in das Reichsimpfgesetz", Bericht über die Sitzung des Landesgesundheitsrats vom 10. Oktober 1925, S. 121, in: Krohne/Lentz [Hrsg.], Veröffentlichungen aus dem Gebiete der Medizinalverwaltung, Zwanzigster Band, 9. Heft [1926]); *Thießen*, Immunisierte Gesellschaft (2017), S. 82.

453 BGHZ 9, 83. Die Auffassung im Dritten Reich zuvor war, dass die Auferlegung des Risikos für die „notwendig verbundene Folge, die zur Erreichung des höheren Zwecks vom Gesetz gebilligt und in Kauf genommen wird und alle dem Impfzwang unterworfenen Volksgenossen annähernd gleichermaßen trifft" (RGZ 156, 305 [306]).

454 *Kerscher*, Der preußische Weg zum Impfzwang (2011), S. 139. Zur Herleitung der Unterscheidung der Entschädigung von Eingriffen in auf einem speziellen Titel beruhenden „wohlerworbene Rechte" (*iura quasita*), wie etwa das Eigentum, und in angeborene Rechte aufgrund Staatsnotrechts (*ius eminens*) unter Verweis auf *Zachariä*, Deutsches Staats- und Bundesrecht, Zweiter Teil (1867), S. 768 ff.; *Schiwy*, Impfung und Aufopferungsentschädigung (1974), S. 15.

2. *Auswirkungen und Bilanz der Impfpflicht*

Trotz aller Schwächen in ihrer Ausgestaltung wirkte sich die Pockenimpfpflicht positiv auf die epidemiologische Lage aus, deren stetige Verbesserung sich über den gesamten Geltungszeitraum nachzeichnen lässt.

a) *Epidemiologische Entwicklung*

Zwar herrschten bereits seit dem frühen 19. Jahrhundert in Teilen des Reichsgebietes Impfpflichten gegen die Pocken, diese wurden allerdings nur ungenügend durchgesetzt.[455] Infolge des deutsch-französischen Krieges von 1870/1871 kam es zu Pockeneinschleppungen in das Deutsche Reich durch französische Kriegsgefangene.[456] Die dadurch ausgelöste Epidemie, die 1872 ihren Höhepunkt fand, war allein in Preußen für über 129.000 Menschen tödlich.[457] Daneben waren die Erfahrungen der Ärzte mit der Pockenschutzimpfung positiv.[458] Aufgrund des Umstandes, dass eine akute Bedrohungslage hinsichtlich der Verbreitung der Pockeninfektion vorzufinden war, deren Eindämmung trotz wirksamer Möglichkeit nicht gelang, sah sich der Gesetzgeber zur Einführung einer Impfpflicht gezwungen.[459]

Diese zahlte sich bereits zu Beginn des 20. Jahrhunderts aus. Zwar kam es von 1916 bis 1921 noch zu vereinzelten Pockenausbrüchen in Norddeutschland, Dresden und Schlesien[460], die jedoch mit lediglich 1.768 Todesopfern bei etwa 12.000 Erkrankten über einen Zeitraum von fünf Jahren – verglichen mit der Epidemie 1872 – eine relativ geringe Mortalität hatten; zudem beschränkten sich die Krankheitsfälle weitgehend auf Personen über 40 Jahre.[461] Letzteres ist wichtig, wenn der Altersschwerpunkt der Erkrankten in den zeitlichen Kontext der Einführung der Impfpflicht 1874 gesetzt wird: Die Erstimpfung sollte bis zum zweiten Lebensjahr erfolgen, eine Impfpflicht für Erwachsene war im Reichsimpfgesetz jedoch nicht vorgesehen. Das führte zu dem Ergebnis, dass um das Jahr 1915 alle Personen bis zum 40. Lebensjahr im Kindesalter pflichtimmunisiert worden waren. Ältere Personen haben indes nicht von der Impf-

---

[455] *Kübler*, Geschichte der Pocken (1901), S. 235.

[456] *Kübler*, Geschichte der Pocken, (1901), S. 286 ff.; *Matzel*, Die Pocken im Deutsch-Französischen Krieg 1870/71 (1977), S. 36; *Schiwy*, Impfung und Aufopferungsentschädigung (1974), S. 11 m. w. N.; vgl. *Kastner*, Der Impfzwang und das Reichs-Impfgesetz vom 8. April 1874 (1909), S. 13 sowie *Smallman/Cliff*, The Geographical Transmission of Smallpox in the Franco-Prussian War, in: MedHist 2002, S. 241 (242).

[457] *Grotjahn*, Soziale Pathologie (1923), S. 23.

[458] *Reichsgesundheitsamt*, Blattern- und Schutzpockenimpfung (1925), S. 82.

[459] So *Meyer/Reiter*, Impfgegner und Impfskeptiker, in: BGesBl. 2004, S. 1182 (1183); zur Entstehungsgeschichte des Reichsimpfgesetzes siehe ausführlich *Hess*, Seuchengesetzgebung (2009), S. 228–263.

[460] *Kaiser*, Pocken und Pockenschutzimpfung (1949), S. 8 f.

[461] *Reichsgesundheitsamt*, Blattern- und Schutzpockenimpfung (1925), S. 125; *Bundesgesundheitsamt*, Gutachten über die Durchführung des Reichsimpfgesetzes (1959), S. 5; *Kaiser*, Pocken und Pockenschutzimpfung (1949), S. 8 f.

pflicht profitiert, die Immunisierungsquote fällt in dieser Altersgruppe also entsprechend geringer aus. Insofern verdient das Fazit des Reichsgesundheitsamtes Zustimmung: „Am 1. April 1925 waren 50 Jahre vergangen, seitdem das Reichsimpfgesetz in Kraft getreten ist. Sein Erfolg war so nachhaltig, dass die Bevölkerung Deutschlands den Schrecken und den Jammer der Pockenepidemien früherer Zeiten völlig aus ihrer Erinnerung verloren hat.“[462]

In der Zeit des Nationalsozialismus (1933–1945) diente der Infektionsschutz der Erhaltung und Verstärkung der Rassen- und Volksgemeinschaftsideologie.[463] Neben die Strömung der Sozialhygiene, die der Erkenntnis Rechnung trug, dass der Hygiene eine entscheidende Rolle bei der Verhütung der Übertragung von Infektionskrankheiten zukommt, trat die sog. „völkische Rassenhygiene“.[464] Die Impfpflicht war nun als Instrument der „Erb- und Rassenpflege“ (vgl. § 3 Abs. 1 Ua. I lit. b) des Gesetzes zur Vereinheitlichung des Gesundheitswesens v. 3. Juli 1934) ein Mittel der Seuchenbekämpfung, das im Interesse des Bestandes des deutschen Volkes stand. Der Zweck der Impfpflicht war also ideologisch eingefärbt und legitimierte sich dadurch. So kamen auch weder die Impfung jüdischer Kinder bei den öffentlichen Terminen noch eine Einbindung jüdischer Ärzte in die Vorsorge in Betracht, auch wenn dies dem Gedanken der Epidemieprävention durch flächendeckende Durchimpfung widersprach, da mit diesem Ausschluss gerade Lücken gerissen wurden.[465] Vielmehr sollte in der Wahrnehmung der Bevölkerung das Gefühl der „sozialen Trennung“ erzeugt bzw. verstärkt werden.[466]

Die Pockenerkrankung trat zur Zeit des Dritten Reichs in den Hintergrund, während „Kriegsseuchen“ wie Ruhr und Typhus eher im öffentlichen Fokus standen.[467] Die Bedrohung durch die Pocken nahm ab, gleichzeitig stieg die Letalität durch Diphtherie von 3,7 % (1938) auf 5,3 % (1942).[468] Da sich anhand

[462] *Reichsgesundheitsamt*, Blattern- und Schutzpockenimpfung (1925), Vorwort zur vierten Auflage, S. II.

[463] *Klein/Schöneberg/Krause*, Vom Zwang zur Pockenschutzimpfung zum Nationalen Impfplan, in: BGesBl. 2012, S. 1512 (1513); *Klein*, Zusammenhang zwischen Impfungen und Inzidenz (2013), S. 42; *Staudinger*, Verfassungsrechtliche Untersuchung der Impfgesetzgebung in Deutschland (2021), S. 29.

[464] *Sauerteig*, Krankheit, Sexualität und Gesellschaft (1999), S. 44; *Süß*, Der „Volkskörper“ im Krieg (2003), S. 213.

[465] Vgl. *Schwoch*, Nationalsozialistische Versorgungsstrukturen, in: Stöckel/Walter (Hrsg.), Prävention im 20. Jahrhundert (2002), S. 136 (141 ff.); *Thießen*, Vom immunisierten Volkskörper zum „präventiven Selbst“, in: VfZ 2013, S. 35 (54).

[466] Dazu eingehend *Thießen*, Infizierte Gesellschaften: Sozial- und Kulturgeschichte von Seuchen, in: APuZ 20–21/2015, S. 11 (12).

[467] *Thießen*, Vom immunisierten Volkskörper zum „präventiven Selbst“, in: VfZ 2013, S. 35 (40), der auch zutreffend darauf hinweist, dass Kriege aufgrund der erhöhten Seuchengefahr ein Katalysator für die Inanspruchnahme von Schutzimpfungen sind, der sich im Vergleich von 1870/71 zum Zweiten Weltkrieg durch die Verlagerung des Kriegsgeschehens an die „Heimatfront“ noch verstärkt hat, was sich in dem hohen Ansturm auf Fleckfieber-Impfstoffe geäußert hat (a. a. O., S. 57, 63).

[468] Aufstellung der Abteilung IV über Morbidität, Mortalität und Letalität übertragbarer

dieser Steigerung der Bedrohung durch andere Infektionskrankheiten ablesen lässt, welchen Erfolg für die Gesundheit der Bevölkerung hingegen die Pockenschutzimpfung verbuchen konnte, erscheint es umso erstaunlicher, dass Mitte der 1930er-Jahre keine Impfpflicht gegen die Diphtherie erwogen wurde.[469]

Für die Zeit nach dem 2. Weltkrieg kann die gesundheitliche Entwicklung nicht mehr für das gesamte Gebiet der heutigen Bundesrepublik betrachtet werden, da diese unter politischen Einflüssen und damit einhergehenden rechtlichen Vorgaben der verschiedenen Systeme stand. Daher lohnt sich ein Blick auf die Entwicklung der jeweiligen epidemiologischen Situation in der Bundesrepublik und der DDR.

In der Bundesrepublik standen die ersten Nachkriegsjahre hinsichtlich der gesundheitlichen Lage der Bevölkerung noch ganz im Zeichen des Krieges. Neben der Zerstörung der öffentlichen Hygieneeinrichtungen und der medizinischen Infrastruktur[470] barg die Einschleppung von Krankheiten durch Flüchtlinge aus Endemiegebieten[471] die Gefahr epidemischer Krankheitsausbrüche.[472] Diese Entwicklungen wurden durch die kriegszerstörungsbedingte Wohnungsnot begünstigt, was zur Folge hatte, dass Menschen auf engem Raum mit entsprechend mangelnder Hygiene zusammenleben mussten.[473] Zudem förderte die Hungerkrise Ende der 1940er-Jahre die Anfälligkeit für Infektionskrankheiten, so dass unmittelbar nach Ende des Krieges mit Diphtherie, Typhus und Tuberkulose drei Infektionskrankheiten erneut epidemisch aufflammten, die man bereits überwunden geglaubt hatte.[474] An Bedeutung gewann auch die Poliomyelitisinfektion, die im Jahre 1947 im zerstörten Berlin epidemisch ausbrach, wo die medizinische Versorgungslage äußerst unzureichend war.[475] Erneute epidemische Ausbrüche in den Jahren 1952 (9.500 Erkrankte) und 1961 (4.594 Erkrankte) folgten.[476] In der Bundesrepublik wurde deshalb von medizinischen Experten teilweise mit den durch die Vielzahl von Pflichtimpfungen in

Krankheiten im Deutschen Reich während des Ersten und Zweiten Weltkriegs [nach 1943], BAB R 18/3686, Nachweis bei und zitiert nach *Süß*, Der „Volkskörper" im Krieg (2003), S. 216.

469 *Thießen*, Immunisierte Gesellschaft (2017), S. 159, sieht darin ein Indiz für den Wandel nationalsozialistischer Impfkonzepte.

470 *Ellerbrock*, „Healing Democracy" (2004), S. 109.

471 Unter einer Endemie wird ein ständiges Vorkommen einer Erkrankung in einem begrenzten Gebiet verstanden, wobei nur ein Anteil der Bevölkerung manifest erkrankt, *Pschyrembel*, Klinisches Wörterbuch (2020), Stichwort „Endemie", S. 448.

472 *Klein*, Zusammenhang von Impfungen und Inzidenz (2013), S. 48; dieses Phänomen ist vergleichbar mit der o. g. Entwicklung der Zuwanderung nach Europa aus Endemiegebieten etwa für Tuberkulose seit 2015, wodurch die Gefahr von Krankheitsausbrüchen steigt.

473 Vgl. *Wehler*, Deutsche Gesellschaftsgeschichte, Bd. 4 (2008), S. 952.

474 *Wehler*, Deutsche Gesellschaftsgeschichte, Bd. 4 (2008), S. 952; speziell zur Verbreitung der Diphtherie siehe *Baur*, Die Diphtherie in medizinisch-geographischer Perspektive (2005), Abb. 20, S. 206.

475 *Lindner*, Gesundheitspolitik in der Nachkriegszeit (2004), S. 236.

476 *Windorfer/Feil*, Der Kampf gegen Poliomyelitis, in: BGesBl. 2000, S. 2.

der DDR erreichten Durchimpfungsraten für die Einführung einer Impfpflicht auch für andere Krankheiten argumentiert.[477]

Die Verbreitung der Pocken ging dagegen deutlich zurück; der letzte – nicht aus dem Ausland eingeschleppte – Erkrankungs- und Todesfall konnte 1949 erfasst werden[478], der letzte eingeschleppte Erkrankungsfall 1972.[479] Es hat sich gezeigt, dass durch die Pflichtimpfungen nicht nur die Anzahl der autochthonen[480] Pockenerkrankungen in Deutschland auf null reduziert wurde, gleichzeitig verhinderte der Impfschutz der Bevölkerung ein erneutes epidemisches Aufflammen der Krankheit sogar im Falle von Einschleppungen.[481] Das Bundesgesundheitsamt stellte hinsichtlich der mittlerweile über 80 Jahre anhaltenden Geltungsdauer des Impfgesetzes zutreffend fest, es könne kein Zweifel mehr daran bestehen, dass ein sicherer Schutz vor Pocken nicht ohne eine *allgemeine* Erst- und Wiederimpfung möglich sei.[482]

Die Ausgangslage für die Entwicklung der epidemischen Situation in der Sowjetischen Besatzungszone war in der frühen Nachkriegszeit mit der Bundesrepublik vergleichbar, da auch hier die Bevölkerung unter schlechten hygienischen Verhältnissen und kriegszerstörungsbedingter schlechter medizinischer Infrastruktur litt.[483] Bereits vor der Staatsgründung der DDR im Jahr 1949 stand die Entwicklung der Volksgesundheit unter der strengen Beobachtung der Besatzungsmacht.[484] Nicht zuletzt, weil die Schutzimpfung einen nicht

---

477 Bundesarchiv Koblenz, B 189/14197, Entwurf des Gutachtens des BGA, S. 117, Nachweis bei und zitiert nach *Thießen*, Vorsorge als Ordnung des Sozialen, in: Zeithistorische Forschungen 2013, S. 409 (426).

478 *Bundesgesundheitsamt*, Gutachten über die Durchführung des Reichsimpfgesetzes (1959), S. 7.

479 *Sasse/Gelderblom*, Pockenausbrüche nach dem zweiten Weltkrieg in Deutschland, in: BGesBl. 2015, S. 730 ff.

480 An Ort und Stelle bzw. ohne äußere Einwirkung entstanden, *Pschyrembel*, Klinisches Wörterbuch (2020), Stichwort „autochthon", S. 177.

481 *Bundesgesundheitsamt*, Zur Durchführung der gesetzlichen Pockenschutzimpfung, in: Anders (Hrsg.), Abhandlungen aus dem Bundesgesundheitsamt, Heft 9 (1970), S. VIII.

482 *Bundesgesundheitsamt*, Gutachten über die Durchführung des Reichsimpfgesetzes (1959), S. 11.

483 So deutlich *Renthe*, Die Erfolge der Seuchenbekämpfung in der sowjetischen Besatzungszone, in: Zentralverwaltung für das Gesundheitswesen in der sowjetisch besetzten Besatzungszone (Hrsg.), Epidemiologen Tagung 1948 (1949), S. 15 f.: „Die Lage, in der wir uns nach Einstellung der Feindseligkeiten im Mai 1945 befanden, war eine außergewöhnliche und einmalige; noch ist sie frisch in unser aller Gedächtnis. Wer in diesen ersten Monaten durch unser Land, vor allen Dingen durch Mecklenburg fuhr, wird den Eindruck nie vergessen: Aufgewühlte und verwüstete Felder, zerstörte Ortschaften, verstörte Menschen. Die hygienischen Verhältnisse hatten einen unvorstellbaren Tiefpunkt erreicht, während ein Strom von zehntausenden flüchtenden und heimatlosen Menschen sich über die Landstraßen ergoß. Diese Fluktuation der Bevölkerung bei gleichzeitigem Fehlen einer organisierten Verwaltung potenzierte die Seuchengefahr, eine Gefahr, der die Bevölkerung ahnungslos gegenüberstand".

484 So ergibt sich aus einem Konferenzbericht über die Arbeit der Zentralstelle für Hygiene Dresden aus dem Jahr 1948: „In der Zentralstelle für Hygiene werden Übersichten geführt über alle Orte jedes Kreises und die ansteckenden Krankheiten, die in den einzelnen Wochen dort

unerheblichen Anteil an der Herstellung und Verfestigung des Bildes hatte, dass der Staat die Bürger fürsorgend vor Krankheiten beschützen könne, wurde angestrebt, das Impfwesen möglichst bald gesetzlich zu regeln.[485] Aufgrund der rasch eingeführten Impfpflichten gegen Diphtherie, Tetanus, Poliomyelitis und Keuchhusten in den 1950er- bzw. 1960er-Jahren[486] entwickelte sich die infektiologische Lage in der DDR positiv: Die Impfpflicht und die mit hohem bürokratischen Aufwand betriebene Kontrolle ihrer Einhaltung zeigten in der Folge unübersehbare infektiologische Wirkungen: Bereits 1959, 13 Jahre früher als in der Bundesrepublik, wurde in Ost-Berlin der letzte Pockenfall verzeichnet[487], 1962 erfolgte die letzte Poliomyelitisinfektion durch Wildviren (in der Bundesrepublik erst 1990), die letzte Diphtherie-Erkrankung wurde im Jahr 1973 registriert, im Jahr vor der Wende (1989) war die Anzahl der Masern-Neuerkrankungen mit nur 45 verschwindend gering.[488]

b) *Exkurs: Weitere Impfpflichten in der DDR*

In den 1950er Jahren galt in der DDR wie in der Bundesrepublik das kaiserliche Reichsimpfgesetz.[489] Nach und nach wurden Impfpflichten für alle bis dahin freiwilligen Impfungen eingeführt.[490] Bis zur Wiedervereinigung herrschte gemäß § 1 der Anordnung über Schutzimpfungen im Kindes- und Jugendalter[491] eine Impfpflicht gegen Poliomyelitis (seit 1958), Keuchhusten (seit 1964), Masern (seit 1970/71), Tetanus (seit 1961) und Diphtherie (seit 1961) sowie gegen Tuberkulose (BCG, seit 1953).[492] Die Impfpflicht gegen die Po-

---

vorkamen […] Aus den Listen ist mit einem Blicke jede Verdichtung von z. B. Diphtherie oder Scharlacherkrankungen in irgendeinem Dorfe zu ersehen. Manches Gesundheitsamt wird erst durch unsere Bitte um ergänzenden Bericht zur Wochen- und Monatsnachweisung über das, was dort geschehen ist, auf den Vorgang aufmerksam. Praktisch sehr bewährt haben sich auch die Ortskarteien […].", *Winkler*, Über die Arbeit der Zentralstelle für Hygiene Dresden, in: Zentralverwaltung für das Gesundheitswesen in der sowjetisch besetzten Besatzungszone (Hrsg.), Epidemiologen Tagung 1948 (1949), S. 181 f.

485 *Winkler*, Über die der Zentralstelle für Hygiene Dresden, in: Zentralverwaltung für das Gesundheitswesen in der sowjetisch besetzten Besatzungszone (Hrsg.), Epidemiologen Tagung 1948 (1949), S. 181 (183).

486 Vgl. § 2 C. I. 2. b) „EXKURS: Weitere Impfpflichten in der DDR".

487 *Sasse/Gelderblom*, Pockenausbrüche nach dem zweiten Weltkrieg in Deutschland, in: BGesBl. 2015, S. 730 (731).

488 *Rautmann*, Determinanten für die Umsetzung der Impfempfehlungen (2013), S. 17 m. w. N.

489 Bundesarchiv Berlin, DQ 1/12285, Rundschreiben des MfGes der DDR zu Schutzimpfungen, 10.05.1954, Nachweis bei und zitiert nach *Thießen*, Vorsorge als Ordnung des Sozialen, in: Zeithistorische Forschungen 2013, S. 409 (414).

490 *Thießen*, Vorsorge als Ordnung des Sozialen, in: Zeithistorische Forschungen 2013, S. 409 (417) m. w. N.

491 Anordnung vom 03.08.1984 zur Durchführung von Schutzimpfungen auf der Grundlage der §§ 8 und 20 des Gesetzes zur Verhütung und Bekämpfung übertragbarer Krankheiten beim Menschen, GBl. Nr. 25 S. 296.

492 *Klein/Schöneberg/Krause*, Vom Zwang zur Pockenschutzimpfung zum Nationalen

cken wurde zwar noch bis 1982 aufrechterhalten, nach der Erklärung der WHO im Jahr 1980 über die Ausrottung wurden jedoch keine Erstimpfungen mehr durchgeführt.[493] Bis zur Vollendung des 18. Lebensjahres hatten die Bürger der DDR insgesamt 17 Pflichtimpfungen (inkl. Auffrischungsimpfungen) durchführen zu lassen.[494] Darüber hinaus wurden die Schutzimpfungen gegen Influenza (seit den 1960er Jahren), Röteln (seit 1986) und Frühsommer-Meningoenzephalitis (FSME, seit den 1980er Jahren) empfohlen.[495] Diese Impfpflichten und -empfehlungen wirken sich zumindest in den älteren Alterskohorten naturgemäß noch heute auf die Bevölkerungsimmunität der Bundesrepublik aus.

Die Kompetenz zur Bestimmung einer Impfpflicht lag gemäß § 9 Abs. 1 lit. a) i. V. m. § 20 Abs. 2 des Gesetzes zur Verhütung und Bekämpfung übertragbarer Krankheiten beim Menschen [DDR][496] allein beim Minister für Gesundheitswesen[497], der zwar bis zum Jahr 1987 nicht auf ein ständiges Expertengremium, aber auf externe Berater zurückgreifen konnte.[498] Seit 1984 hatte der Impfkalender Gesetzescharakter.

Mit einer Impfpflicht korrespondierte zugleich ein Leistungsanspruch des Bürgers auf Durchführung der Impfungen[499], der sich verfassungsrechtlich aus dem umfassenden Gesundheitsschutz für alle Bürger gemäß Art. 35 Abs. 1 der Verfassung der DDR vom 6. April 1968 (in der Fassung vom 7. Oktober 1974) herleitete.[500] Es gab gemäß §§ 7–12 der Anordnung allerdings die Möglichkeit einer zeitweiligen Freistellung von der Impfung. Nach § 2 S. 1 der Anordnung

---

Impfplan, in: BGesBl. 2012, S. 1512 (1515 ff.); *Rautmann*, Determinanten für die Umsetzung von Impfempfehlungen (2013), S. 17; *Robert-Koch-Institut*, Einführung von Impfempfehlungen in Deutschland im Überblick; *Thilo*, Erfahrungen in der ehemaligen DDR, in: Spiess/Maass (Hrsg.), Neue Schutzimpfungen (1992), S. 213.

493 Das zeigt im Vergleich der beiden deutschen Staaten abermals, dass in der Bundesrepublik, wo die Pockenimpfpflicht bereits zu einem Zeitpunkt aufgehoben wurde, in dem die weltweite Ausrottung noch nicht erklärt worden war, die epidemiologische Lage jedoch keine Gefährdung der Bevölkerung mehr darstellte, eine Pflicht nur als ultima ratio gelten sollte und in dem Zeitpunkt aufzuheben ist, in dem ihre Notwendigkeit fehlt. In der DDR demgegenüber scheinen solche Erwägungen keine Rolle gespielt zu haben.

494 *Staudinger*, Verfassungsrechtliche Untersuchung der Impfgesetzgebung in Deutschland (2021), S. 32.

495 Vgl. *Klein/Schöneberg/Krause*, Vom Zwang zur Pockenschutzimpfung zum Nationalen Impfplan, in: BGesBl. 2012, S. 1512 (1515 ff.).

496 Gesetz vom 03.12.1982, GBl. I Nr. 40 S. 631.

497 Gemäß § 9 Abs. 1 lit. a)–f) des Gesetzes umfasste die alleinige Kompetenz des Ministers für Gesundheitswesen hinsichtlich der Krankheitsverhütung und -bekämpfung u. a. die Bestimmung der Meldepflicht, die Auswahl der Krankheiten, aufgrund derer Personen in Krankenhäuser eingewiesen werden mussten sowie die Bestimmung von Desinfektionsmaßnahmen.

498 *Klein/Schöneberg/Krause*, Vom Zwang zur Pockenschutzimpfung, in: BGesBl. 2012, S. 1512 (1513).

499 Vgl. *Mampel*, Die sozialistische Verfassung der Deutschen Demokratischen Republik (1982), Art. 35 Rn. 3, 14.

500 Art. 35 Abs. 1 der Verfassung der DDR lautete: „Jeder Bürger der Deutschen Demokratischen Republik hat das Recht auf Schutz seiner Gesundheit und seiner Arbeitskraft".

war diese jedoch „unter Beachtung der medizinischen Indikation und Gegenindikationen sobald als möglich nachzuholen", so dass eine dauerhafte Befreiung von der Impfpflicht kaum möglich erschien. Obgleich in den 1950er Jahren – wie auch in der Bundesrepublik – noch keine Entschädigungsregelung bei Impfschäden existierte, gestand die DDR bereits zu diesem Zeitpunkt Impfgeschädigten Zahlungen zu.[501] Später wurden sehr umfängliche Entschädigungsregelungen normiert.[502]

Dabei ist zu bedenken, dass die DDR als „Satellitenstaat" der UdSSR in dessen Vorsorgekonzepte eingebunden war. Impfpflichten gegen eine Vielzahl von Krankheitserregern wurden als „Hauptrichtung des prophylaktisch orientierten sozialistischen Gesundheitsschutzes" betrachtet.[503] Das sozialistische Gesundheitswesen sollte sich propagandistisch von Beginn an klar von der Gesundheitsversorgung in den westlichen Staaten abgrenzen und in Gegenüberstellung dazu vorzugswürdiger erscheinen.[504] Die Verbreitung von Krankheiten bescheinigte dem „Systemgegner", zu wenig Fürsorge für die Gesundheitsversorgung seiner Bürger zu tragen.[505] Parolen wie „Sozialismus ist die beste Prophylaxe" waren Ausdruck des Einsatzes von Impfungen als Mittel im „Klassenkampf".[506] Eine ablehnende Haltung gegenüber Impfungen wurde schnell als Systemkritik gedeutet[507] und kam dementsprechend selten vor.[508]

---

501 Vgl. BAB, DQ 1/20790 und 20801, Nachweis bei und zitiert nach *Thießen*, Vorsorge als Ordnung des Sozialen, in: Zeithistorische Forschungen 2013, S. 409 (416).

502 So etwa Entschädigungen der „für die Heilung erforderlichen Aufwendungen, das entgangene oder noch entgehende Arbeitseinkommen oder eine sonstige entsprechende Einkommensminderung" sowie „erhöhte Aufwendungen, die durch vorübergehende oder dauernde Behinderung des Geschädigten entstehen, und weitere Nachteile, die durch den Gesundheitsschaden verursacht worden sind", vgl. § 11 der Zweiten Durchführungsbestimmung vom 20.01.1983 zum Gesetz zur Verhütung und Bekämpfung übertragbarer Krankheiten beim Menschen [DDR], GBl. Nr. 4 S. 33.

503 Geleitwort des Ministers für Gesundheitswesen in der DDR, *Ludwig Mecklinger*, in: *Dittmann/Thilo*, Vademekum für Impfärzte (1986), S. 5; *Klein/Schöneberg/Krause*, Vom Zwang zur Pockenschutzimpfung zum Nationalen Impfplan, BGesBl. 2012, S. 1512 (1513).

504 Vgl. dazu „Die Seuche in Ostberlin", in ZEIT v. 13.04.1962, www.zeit.de/1962/15/die-seuche-in-ostberlin (Seite zuletzt aufgerufen am: 06.04.2021); *Markus*, Diplom-Mediziner: 35 Jahre Entwürdigung ostdeutscher Ärzte, in: DÄ 2004, S. 2372 (2373); ausführlich *Thießen*, Immunisierte Gesellschaft (2017), S. 303–323, der aber auch die Gemeinsamkeiten des Impfens in Ost und West betont (a. a. O., S. 335 f.).

505 *Thießen*, Vorsorge als Ordnung des Sozialen, in: Zeithistorische Forschungen 2013, S. 409 (410).

506 Aufschrift auf Propagandaplakaten vor Polikliniken in den 1980er Jahren, *Thießen*, Vorsorge als Ordnung des Sozialen, in: Zeithistorische Forschungen 2013, S. 409 (415); *Pergande*, „Das Impfen war auch Klassenkampf", FAZ v. 28.02.2015, www.faz.net/aktuell/gesellschaft/gesundheit/masern-im-osten-ein-fast-gewonnener-kampf-13452275.html (Seite zuletzt aufgerufen am: 01.04.2021).

507 *Thießen*, Immunisierte Gesellschaft (2017), S. 304; *Staudinger*, Verfassungsrechtliche Untersuchung der Impfgesetzgebung in Deutschland (2021), S. 32.

508 *Thilo*, Erfahrungen in der ehemaligen DDR, in: Spiess/Maass (Hrsg.), Neue Schutzimpfungen (1992), S. 213.

Impfprogramme waren als Teilbereich der Gesundheitsvorsorge elementarer Bestandteil der Identität des Sozialismus in Abgrenzung zu anderen politischen Systemen und sollten als Propagandainstrument die Legitimation und die Akzeptanz des Sozialismus innerhalb der Bevölkerung herstellen.[509] Zudem versprachen die Teilnahme an weltweiten Impfprogrammen wie etwa am WHO-„Ausrottungsprogramm gegen die Pocken" und die Erreichung entsprechender Zielsetzungen der DDR internationale Anerkennung. Die Frage nach der rechtlichen Vereinbarkeit der Impfpflicht, wie sie in der Rechtsprechung der Bundesrepublik der 1950er Jahre aufkam, hatte sich dem Leitgedanken des politischen Nutzens unterzuordnen. Eine vergleichende Analyse zur verfassungsrechtlichen Beurteilung der Impfpflicht in Ost und West ist daher kaum möglich.

c) Konsequenz dieser Entwicklung: Abschaffung des Reichsimpfgesetzes

Da das Auftreten der Pocken in anderen Ländern der Welt aber endemisch blieb, was angesichts des zunehmenden globalen Reiseverkehrs noch immer die Gefahr einer Einschleppung barg, wurde die Impfpflicht nach dem Reichsimpfgesetz in der Bundesrepublik bis in die 1970er Jahre aufrechterhalten.[510] Die Gefahr einer Pockeneinschleppung war aber mittlerweile so gering geworden (von 1947 bis 1972 lediglich elf Einschleppungsfälle[511]), dass die Risiko-Nutzen-Abwägung ergab, dass die Gefahr einer Schädigung bei einer Pockenimpfung nunmehr im Vergleich zum Risiko der Infektion mit Pocken höher war.[512] In ihrem Gutachten aus dem Jahr 1973 kam die ein Jahr zuvor gegründete Ständige Impfkommission zu dem Schluss, dass ein Abbau der gesetzlichen Impfpflicht empfehlenswert sei.[513]

---

509 *Thießen*, Vorsorge als Ordnung des Sozialen, in: Zeithistorische Forschungen 2013, S. 409 (416) konstatiert dazu, Bekenntnisse zur Vorsorge hätten als Bekenntnisse zum Sozialismus fungiert – und umgekehrt.

510 BT-Drs. 7/4375, S. 7.

511 *Ständige Impfkommission*, Voraussetzungen der Aufhebung des Impfgesetzes von 1874, in: Weise (Hrsg.), Abhandlungen aus dem Bundesgesundheitsamt, Heft 11 (1974), S. 10.

512 Die Ständige Impfkommission kam explizit zu dem Schluss: „Solange das Impfrisiko nicht entscheidend verringert werden kann, ergibt der Versuch einer Risikoabschätzung bei Berücksichtigung der Pockeneinschleppungen, dass die gesetzliche Impfpflicht bei Anwendung der gegenwärtig verfügbaren Impfstoffe und Impfmethoden unter Umständen mehr Todesfälle, jedenfalls aber wesentlich mehr Enzephalitiden (mit mindestens der Hälfte Dauerschäden) hervorrufen kann als deren Aufhebung.", *Ständige Impfkommission*, Voraussetzungen zur Aufhebung des Impfgesetzes von 1874, in: Weise (Hrsg.), Abhandlungen aus dem Bundesgesundheitsamt, Heft 11 (1974), S. 20; Die Bundesregierung begründete ihren Gesetzesvorschlag zur vollständigen Aufhebung der Pockenimpfpflicht im Jahre 1981 mit den plakativen Worten: „Damit steht die Bundesrepublik Deutschland vor der Situation, weiterhin ein Impfgesetz gegen eine Seuche zu besitzen, die es nicht mehr gibt. [...] Das Gesetz erfüllt demnach keinen sinnvollen Zweck mehr." (BT-Drs. 9/524, S. 4).

513 *Ständige Impfkommission*, Voraussetzungen der Aufhebung des Impfgesetzes von 1874, in: Weise (Hrsg.), Abhandlungen aus dem Bundesgesundheitsamt, Heft 11 (1974), S. 20; vgl. *Thießen*, Die immunisierte Gesellschaft als Interventionsfeld, in: Etzemüller (Hrsg.), Vom „Volk" zur „Population", S. 242 (252, dort Fn. 34).

Daraufhin kam es in zwei Schritten zur Abschaffung der Pocken-Impfpflicht: Zunächst wurde im Jahr 1976 nur noch die Verpflichtung zur Durchführung der Auffrischungsimpfung im 12. Lebensjahr sowie die obligatorische Impfung für Krankenhaus- und Laborpersonal und Angehörige von Behörden, die für Maßnahmen bei Pockeneinschleppungen oder -verdachtsfällen zum Einsatz vorgesehen sind[514], geregelt.[515] Gleichzeitig trat das nun über 100 Jahre alte Reichsimpfgesetz außer Kraft, womit die obligatorische Impfung für alle Kinder *de facto* abgeschafft war. Die Impfpflicht für diejenigen Kinder, die sich aber ohnehin schon einer Erstimpfung unterzogen hatten und für die vollständige Immunisierung gegen die Pocken lediglich noch der Auffrischungsimpfung bedurften, blieb bestehen. Das ist unter Abwägungsgesichtspunkten und in medizinischer Hinsicht sinnvoll, da das Risiko eines Impfschadens – sofern die Verträglichkeit des Impfstoffs bei der ersten Impfung erwiesen war – hinsichtlich einer zweiten Impfung mit dem gleichen Impfstoff gering ist. Dies gilt insbesondere für die Wahrscheinlichkeit der „postvakzinalen Enzephalitis".[516]

Im zweiten Schritt erfolgte im Jahr 1982[517] lediglich noch die Aufhebung des Gesetzes vom 18. Mai 1976 und damit auch die Abschaffung der Auffrischungsimpfung. Diese war aufgrund der Abschaffung der Erstimpfung ohnehin nur noch bei den Impflingen vorgesehen, die noch regulär nach dem Reichsimpfgesetz erstgeimpft worden waren. Ein weiteres Aufrechterhalten der Pflicht war obsolet geworden, da die WHO am 8. Mai 1980 die weltweite Ausrottung der Pocken erklärte.

Nicht nur gemessen an der tatsächlichen epidemischen Situation erschien eine Aufrechterhaltung der Pockenimpfpflicht kaum tragbar: Die entscheidende Initiative zur vollständigen Abschaffung der Impfpflicht 1982 ging schließlich von den Ländern aus, die aufgrund der offensichtlichen Zwecklosigkeit einer Impfung gegen eine bereits ausgerottete Krankheit den Vollzug der Pflicht nicht mehr sicherstellen konnten.[518] Die Aufhebung des Reichsimpfgesetzes im Jahr 1976 ist folglich eine logische Folge der absehbaren weltweiten Ausrottung der Pocken.[519]

---

514 BT-Drs. 7/4375, S. 7.

515 Gesetz über die Pockenschutzimpfung vom 18. Mai 1976 (BGBl. I/1976, S. 1216).

516 Vgl. dazu bereits § 2 A. I. 1. b) „Impfkomplikationen und Impfschäden".

517 Gesetz zur Aufhebung des Gesetzes über die Pockenschutzimpfung vom 24. November 1982, in Kraft getreten am 01.07.1983, BGBl. I/1983, S. 1529.

518 BT-Drs. 9/524, S. 4; *Timme*, Die juristische Bewältigung eines ökonomischen Netzwerkgutes (2001), S. 95; Die Verantwortung über die Durchführung der Pockenschutzimpfungen hatte zunächst bei den Gesundheitsbehörden der Länder gelegen. Trotz des seit der Schaffung des Grundgesetzes geltenden Bundeskompetenztitels für Maßnahmen gegen übertragbare Krankheiten (Art. 74 Abs. 1 Nr. 19 GG), fehlte es hinsichtlich der Einheitlichkeit von Impfprogrammen an einem aufeinander abgestimmten öffentlichen Gesundheitswesen, *Lindner/Blume*, Polio Vaccine Innovation and Adoption, in: MedHist 2006, S. 425 (434); *Aligbe*, in: BeckOK IfSG (2021), § 20 Rn. 109.

519 *Maehle*, Präventivmedizin als wissenschaftliches und gesellschaftliches Problem, in: Jütte (Hrsg.), MedGG Bd. 9 (1991), S. 127 (128).

d) Bilanz der Impfpflicht

Die Bilanz der Impfpflicht gegen die Pocken muss insgesamt als äußerst positiv beschrieben werden: Galten die Pocken zu den Hochzeiten ihrer Verbreitung noch als „Europas gefährlichste Volkskrankheit", so waren sie nach dem 1. Weltkrieg beinahe vollständig verschwunden.[520] Der durch den Impfzwang bezweckte Erfolg der Herstellung einer Populationsimmunität wurde von Anfang an erreicht: Die hohe Durchimpfungsrate verhinderte die Verbreitung eingeschleppter Pockenfälle und brachte somit die Reihe der bis 1875 periodisch wiederkehrenden Pockenepidemien zum Abreißen.[521] In der jungen Bundesrepublik und auch in der DDR spielte die Pockenerkrankung für die gesundheitliche Situation der Bevölkerung im Gegensatz zu anderen Infektionskrankheiten keine Rolle mehr. Hinsichtlich der verschiedenen politischen Systeme, die während der Geltungsdauer des Impfgesetzes herrschten, ist die Impfpflicht zwar zum Teil, wie in der NS-Zeit, ideologisch missbraucht worden, hat aber im Ergebnis durch ihre dauerhafte Geltung zur Ausrottung der Pockenkrankheit beigetragen. Insoweit muss *Habernoll* zugestimmt werden: „Die gesetzliche Regelung der Pockenschutzimpfung ist die erste auf rein empirisch gewonnener Erkenntnis aufgebaute wirklich erfolgreiche Tat auf dem Gebiet der Gesundheitsgesetzgebung mit dem Ziel der systematischen Verhütung einer bestimmten Infektionskrankheit."[522]

Die Erfolgsgeschichte der Pockenimpfpflicht nach dem Reichsimpfgesetz war nicht zuletzt darauf zurückzuführen, dass der mit der Einführung der Impfpflicht beabsichtigte Impferfolg von Beginn an behördlich kontrolliert wurde.[523] Bereits kurz nach der Einführung der Impfpflicht wurde durch Reichstagsbeschluss vom 6. Juni 1883 eine Sachverständigenkommission „zur Berathung über den physiologischen und pathologischen Stand der Impffrage, über die Einführung der Impfung mit animaler Lymphe, über die Beaufsichtigung des Impfgeschäfts und über die Herstellung einer Pockenstatistik im Kaiserlichen Gesundheitsamte"[524] eingerichtet. Die Beschlüsse dieser Kommission können retrospektiv als den damaligen neuesten Erkenntnissen entsprechend betrachtet werden.[525] Das zeugt von der bereits damals bestehenden gesetzgeberischen

---

520 *Thießen*, Immunisierte Gesellschaft als Interventionsfeld, in: Etzemüller (Hrsg.), Vom „Volk" zur „Population" (2015), S. 242.

521 *Reichsgesundheitsamt*, Blattern- und Schutzpockenimpfung (1925), S. 122–123; *Bundesgesundheitsamt*, Gutachten über die Durchführung des Reichsimpfgesetzes (1959), S. 5; *Timme*, Die juristische Bewältigung eines ökonomischen Netzwerkgutes (2001), S. 63.

522 *Habernoll*, Probleme und Grundzüge der gesetzlichen Regelung der Schutzimpfungen, in: Herrlich (Hrsg.), Handbuch der Schutzimpfungen (1965), S. 724 (725).

523 Kaiserliches Gesundheitsamt 1907 (Nachweis bei *Klein/Schöneberg/Krause*, Vom Zwang zur Pockenschutzimpfung, in: BGesBl. 2012, S. 1512, dort Fn. 6).

524 *Pistor*, Deutsches Gesundheitswesen (1890), S. 54.

525 Teilweise entsprechen diese Beschlüsse in Grundzügen auch heute noch dem Stand der medizinischen Forschung, wenngleich sie sich lediglich auf die Pocken bezogen, aber heute

Erkenntnis der Notwendigkeit, die Auswirkungen medizinischer Erkenntnisse in die Entscheidung über den Fortbestand impfrelevanter Regelungen einzubeziehen. Die Sachverständigenkommission kann daher als Vorgängerinstitution der heutigen Ständigen Impfkommission betrachtet werden, die durch Überwachung der Entwicklung der Impfung und deren Sicherheit den Erfolg der Impfpflicht gewährleistet hat. Das lässt darüber hinaus auch Rückschlüsse für eine heutige Einführung einer allgemeinen Impfpflicht zu[526]: Es bedarf nicht nur der schlichten gesetzgeberischen Handlung, sondern ebenso der administrativen Überwachung der Einhaltung sowie der Entwicklung der Impfmedizin, um die Erreichung des Ziels der Eradikation einer Krankheit – wie zuvor der Pocken – sicherzustellen.[527]

Aus rechtlicher Sicht war das Reichsimpfgesetz jedoch in zwei Punkten defizitär: Zum einen wäre das Fehlen einer gesetzlichen Anspruchsgrundlage für die Entschädigung bei Impfschäden in heutiger Zeit nicht mehr hinnehmbar, zum anderen hat die – dem unklaren Gesetzeswortlaut von §14 geschuldete – zwangsweise Durchsetzung dem Impfzwang nicht eben zur gesellschaftlichen Akzeptanz verholfen. Bei einer heutigen Impfpflicht wären zunächst mildere Durchsetzungsmaßnahmen vorzuziehen, unmittelbarer Zwang müsste als *ultima ratio* indes zulässig sein.[528]

---

auch für die Schutzimpfung vor anderen Krankheiten gelten. So war bereits bekannt, dass die einmalige Impfung nicht ausreicht (Beschluss Nr. 4 der Kommission v. 28.03.1885) sowie bemerkenswerterweise auch das Bewusstsein, dass ein „Geimpft-Sein" der Umgebung den relativen Schutz erhöhe und die Impfung demnach nicht nur den individuellen, sondern auch den allgemeinen Nutzen in Bezug auf die Pockengefahr gewähre (Beschluss Nr. 6), was mithin darauf schließen lässt, dass das Konzept der „Herdenimmunität" bereits in der Impfmedizin des späten 19. Jahrhundert bedeutsam war. Auch war bereits bekannt, dass die Impfung des Individuums unter Umständen mit einer Gefahr für den Impfling verbunden sein könne (Beschluss Nr. 7), siehe *Pistor*, Deutsches Gesundheitswesen (1890), S. 54.

[526] Kritisch aber *Loer*, Gesundheitspolitik zwischen Schutzpflicht und Eigenverantwortung, in: Pünder/Klafki (Hrsg.), Risiko und Katastrophe als Herausforderung für die Verwaltung (2016), S. 81 (86), die feststellt, die Impfpflicht sei – anhand des historischen Beispiels belegbar – nur schwer umzusetzen gewesen und daraus Rückschlüsse auf die Effektivität einer Impfpflicht in heutiger Zeit zieht. Die Bilanz der Impfpflicht ist allerdings insgesamt als sehr positiv zu bezeichnen. Das historische Beispiel kann in den genannten kritischen Punkten sogar als rechtliches Optimierungspotenzial für eine heutige Impfpflicht von Mehrwert sein.

[527] Mit der Einrichtung der Ständigen Impfkommission sowie des Paul-Ehrlich-Instituts zur Überprüfung und Zulassung von Impfstoffen sind die Möglichkeiten einer erfolgreichen Surveillance in der Bundesrepublik bereits grundsätzlich geschaffen, vgl. im Folgenden §4 C.I.2.a) „Aufgabe der Ständigen Impfkommission bei der Einführung einer allgemeinen Impfpflicht".

[528] Siehe dazu im Folgenden §3 D. „EXKURS: Durchsetzung der Pflicht".

II. Die Pockenimpfpflicht in der Rechtsprechung der jungen Bundesrepublik

Es stellt sich die Frage, wie die Pockenimpfpflicht, die nach 1949 als vorkonstitutionelles Recht fortgalt, unter dem Grundgesetz bewertet wurde. Zum Teil wird in der aktuellen Debatte von einer Übertragbarkeit der damaligen Bewertung auf eine heutige Impfpflicht ausgegangen.[529] Es ist daher zu diskutieren, ob verfassungsrechtliche Problemfelder der Einführung einer allgemeinen Impfpflicht im Ergebnis nicht bereits durch die höchstrichterliche und obergerichtliche Rechtsprechung[530] der 1950er Jahre zur Fortgeltung der Impfpflicht nach dem Reichsimpfgesetz von 1874 geklärt wurden.[531]

1. Gutachten des Bundesgerichtshofs 1952

Unter der Geltung des Grundgesetzes hatte sich im Jahr 1952 der Bundesgerichtshof erstmals gutachterlich damit auseinanderzusetzen[532], ob der durch das Reichsimpfgesetz vom 8. April 1874 vorgeschriebene Impfzwang das Grundrecht der körperlichen Unversehrtheit gemäß Art. 2 Abs. 2 S. 1 GG verletzt.[533] Das Gericht kam zu dem Ergebnis, dass das Reichsimpfgesetz eine verfassungsgemäße Schranke des Grundrechts der körperlichen Unversehrtheit sei, da es den Anforderungen des Art. 19 GG genüge.[534]

[529] So geht selbst der Gesetzesentwurf der Bundesregierung zum „Masernschutzgesetz" v. 23.09.2019 mit Verweis auf das Urteil des Bundesverwaltungsgerichts vom 14. Juli 1959 von der Verfassungsmäßigkeit der Masernimpfpflicht aus, BT-Drs. 19/13452, S. 31.

[530] Darüber hinaus beschäftigte sich die ordentliche Gerichtsbarkeit im Rahmen von *straf*rechtlichen Verstößen gegen § 14 ImpfG mit der Frage der Verfassungsmäßigkeit des ImpfG, so OLG Hamm, Urt. v. 11.09.1952, JMBlNRW 1953, S. 10 f.; OLG Celle, Urt. v. 26.02.1958, NJW 1958, S. 1407 (Ls.). Diese Gerichte hielten den Impfzwang unkritisch für eine zulässige Einschränkung der körperlichen Unversehrtheit.

[531] Zu Recht ablehnend *Zuck*, Gesetzlicher Masern-Impfzwang, in: ZRP 2017, S. 118 (120).

[532] Gutachten des BGH v. 25.01.1952 – VRG 5/51, BGHSt 4, S. 375–379 = BGH DÖV 1953, S. 343 f.

[533] Die Erstellung des Gutachtens erfolgte als prozessualer Zwischenschritt im konkreten Normqualifizierungsverfahren gemäß § 13 Nr. 14 i. V. m. §§ 86 ff. BVerfGG. Eine darauffolgende Entscheidung des Bundesverfassungsgerichts ist jedoch nicht ersichtlich. Der Bundesgerichtshof bezog in seinem Gutachten Stellung zur Auffassung des vorlegenden Friedensobergerichts Stuttgart (Antrag v. 20.10.1951 – F Ns 128/51 – Cs (F) 13–068/50 [Volltext nicht mehr verfügbar, da nach Ablauf der Aufbewahrungsfrist inzwischen ausgesondert]), das die §§ 12, 14 ImpfG v. 8. 4. 1874 wegen Verstoßes gegen das Grundrecht auf körperliche Unversehrtheit gemäß Art. 2 Abs. 2 GG für nichtig hielt. Der Richtervorlage lag ursprünglich die Frage nach der Weitergeltung des Reichsimpfgesetzes als vorkonstitutionelles Recht als Bundesrecht gemäß Art. 126 GG zugrunde, wozu der erste Zivilsenat des Bundesgerichtshofs gemäß § 88 i. V. m. § 82 Abs. 4 BVerfGG Stellung nahm. Der Erste Zivilsenat des Bundesgerichtshofs erachtete die Frage, ob das ImpfG gemäß Art. 124, 125 GG wirksames Bundesrecht geworden sei, als bereits positiv entschieden, BGH DÖV 1953, S. 343. Über die Verfassungsmäßigkeit dieses Bundesrechts müsse dagegen im Wege einer konkreten Normenkontrolle gemäß Art. 100 GG vom Bundesverfassungsgericht entschieden werden.

[534] BGH DÖV 1953, S. 343; das Zitiergebot wird im Rahmen vorkonstitutioneller Ge-

Der Senat setzte sich insbesondere mit dem grundrechtlichen Wesensgehalt gemäß Art. 19 Abs. 2 GG auseinander. Er stellte zuvörderst fest, dass ein Gesetzesvorbehalt jedenfalls nicht so weit ausgelegt werden könne, dass das Grundrecht seinen „vom Grundgesetz selbst anerkannten übergesetzlichen Charakter“ verlöre, der ihm gerade in Gegenüberstellung mit der Weimarer Reichsverfassung, in der die Grundrechte als vom Verfassungsgeber selbst gewährt und daher unbegrenzt einschränkbar angesehen wurden, zukommen müsse.[535] Der Wesensgehalt sei dann angetastet, „wenn durch den Eingriff die wesensmäßige Geltung und Entfaltung des Grundrechts stärker eingeschränkt würde, als dies der sachliche Anlass und Grund [...] unbedingt und zwingend gebietet.“[536] Auffällig an dieser Definition des Wesensgehalts ist, dass mit der „zwingenden Notwendigkeit“ ein nach heutiger Dogmatik der Rechtfertigung zuzuordnender Gesichtspunkt bereits herangezogen wird, um die Eingriffsintensität und damit die Berührung des Wesensgehalts des Grundrechts zu bestimmen.

Ausgehend von dieser Prämisse verneinte der Senat die Berührung des Wesensgehalts der körperlichen Unversehrtheit durch die Pockenimpfpflicht. Der Senat ging bei einer Pockenschutzimpfung von einem „in der Regel unbedeutenden vorbeugenden ärztlichen Eingriff in die körperliche Unversehrtheit des Einzelnen“ aus, der mit dem Zweck durchgeführt wird, „von diesem und der Volksgesamtheit die Gefahr schwerer, zu epidemischem Auftreten neigender Pockenerkrankungen abzuwehren.“[537] Der Bundesgerichtshof sah in der Impfpflicht also gleichermaßen einen Schutz des Individuums (auch gegen dessen Willen bzw. gegen den Willen seiner Eltern oder seines Vormunds) wie auch der gesamten Bevölkerung. Dem Einwand, die Gefahr einer Pockeninfektion sei in Deutschland mittlerweile gering, entgegnete der Senat, dass der erforderliche Impfschutz nicht gelockert werden könne, ohne durch die Einschleppung der Pocken eine erneute Gefahr der Verbreitung epidemischer Volkskrankheiten „heraufzubeschwören“[538].

Der Bundesgerichtshof nahm eine Abwägung des Eingriffs in Art. 2 Abs. 2 S. 1 GG mit der Gefahr der Infektion mit Pockenviren und deren (erneuter) epidemischer Verbreitung vor.[539] Die Gefahr schädlicher Folgen der Impfung wurde nur für seltene Einzelfälle angenommen, die nach Ansicht des Senats durch die gesetzlich geregelte Überwachung des Impfverfahrens zunehmend zurückgin-

---

setze zutreffend nicht berücksichtigt, vgl. auch Entscheidung des Bundesverfassungsgerichts v. 10.02.1952, BVerfGE 2, 121.

[535] BGH DÖV 1953, S. 343.

[536] BGH DÖV 1953, S. 343 (344).

[537] BGH DÖV 1953, S. 343 (344).

[538] BGH DÖV 1953, S. 343 (344).

[539] Unter dem Aspekt der aus Grundrechten erwachsenden und als solcher benannten staatlichen Schutzpflichten betrachtet der Senat den Pocken-Impfzwang hier – rechtsprechungshistorisch erklärbar – nicht. Der Gedanke von Grundrechten als Schutzrechte klang erstmals im *Lüth*-Urteil vom 15.01.1958 an (BVerfGE 7, 178).

ge.[540] Diese Annahme traf aber zumindest in Ansehung der Impfenzephalitis[541] in medizinischer Hinsicht nicht zu. Der Senat sah in der Ausnahmeregelung § 2 ImpfG die Sicherstellung der geringstmöglichen Beschränkung des Eingriffs in die körperliche „Unverletzlichkeit" und bezog diese in seine Abwägung ein. Die Eindämmung des *tatsächlichen* Impfrisikos erblickte der Senat somit in einer *rechtlichen* Ausnahmeregelung für diejenigen Fälle, die bei einer Impfung einem besonderen Risiko ausgesetzt wären. Er erkannte aber nicht, dass es bei der Durchimpfung aller nicht unter § 2 ImpfG fallenden Personen gerade auch um den Schutz der impfunfähigen Personen ging. Nach der Begründung des Senats erfolge der Impfzwang „aus einer zwingenden übergeordneten Notwendigkeit heraus", wobei offenblieb, worin die Notwendigkeit und ihr zwingender übergeordneter Charakter begründet waren. Mit der Impfpflicht werde der Zweck verfolgt, die Möglichkeit einer in Relation mit der Schutzimpfung „viel schwereren Versehrung" zu verhindern, die der Senat in der Pockenerkrankung selbst sah, wobei die Erkrankung aber keine sichere Folge der Nichtimpfung ist. Die angeführte „zwingende übergeordnete Notwendigkeit"[542] der Impfpflicht konnte deshalb nur im Schutz Impfunfähiger liegen, nicht jedoch in der staatlichen Fürsorge für das mündige, gesunde und impffähige Individuum, das sich möglicherweise der staatlichen Bevormundung ausgesetzt sah.

Weiter nahm der Senat das Fehlen einer gesetzlichen Entschädigungsregelung nicht in den Blick, obgleich eine solche für die Beurteilung der Verfassungsmäßigkeit angesichts der möglichen Schäden einer Pockenimpfung bedeutsam gewesen wäre. Diese Regelungslücke wurde zwar bereits vom Reichsgericht im Jahr 1937 gesehen, das sie aber bewusst nicht geschlossen hatte, da selbst schwere bleibende Gesundheitsschäden als Folge der Impfung hinzunehmen seien, weil das ausnahmsweise Auftreten von Impfschäden das Dulden des Eingriffs nicht nachträglich als Sonderopfer erscheinen ließe.[543] Zwar sei nach Ansicht des Reichsgerichts die Geltendmachung von Entschädigungsansprüchen nach anderen Anspruchsgrundlagen dem Impfgeschädigten nicht verschlossen gewesen, jedoch existierten solche Rechtsgrundlagen nicht.[544] Befremdlich erscheint vor dem heutigen Verständnis der Entschädigungsmöglichkeit bei Eingriffen durch die öffentliche Gewalt, dass die Möglichkeit impfbedingter Gesundheitsschäden bis hin zu dauerhaftem Siechtum zwar bekannt war, diese jedoch als notwendig verbundene Folge hingenommen werden musste, die zur Erreichung des höheren Zwecks (wobei offenblieb, worin dieser liegt) vom Gesetz

---

[540] BGH DÖV 1953, S. 344.

[541] Siehe bereits § 2 A. I. 1. b) „Impfkomplikationen und Impfschäden".

[542] Hier klingt mutmaßlich die von der Rechtsprechung zum Zeitpunkt des Gutachtens noch zu entwickelnde Schutzpflichtendogmatik an.

[543] RGZ 156, 305 (306, 311); vgl. *Timme*, Die juristische Bewältigung eines ökonomischen Netzwerkgutes (2001), S. 91.

[544] RGZ 156, 305 (308).

gebilligt und in Kauf genommen werde, da sie alle „Volksgenossen" gleichermaßen treffe.[545] Die bisher in der Rechtsprechung vertretene Auffassung, folglich nicht einmal bei massiven Impfschäden einen Entschädigungsanspruch geltend machen zu können, hätte dem Bundesgerichtshof im Jahr 1952 aber Anlass zu Zweifeln an der Verhältnismäßigkeit geben müssen.

Insgesamt lassen sich aus der ersten Entscheidung zur Geltung der Pockenimpfpflicht unter dem Grundgesetz Erkenntnisse herleiten, deren Überzeugungskraft bei einer heutigen Argumentation zumindest fraglich wäre.

2. *Bundesgerichtshof 1953*

Auch der Dritte Zivilsenat des Bundesgerichtshofs hatte sich im Urteil vom 19. Februar 1953[546] mit dem Impfzwang nach dem Reichsimpfgesetz auseinanderzusetzen. Die zugrunde liegende Frage galt der Existenz einer Entschädigungsregelung für Impfschäden, die in der vorigen Entscheidung gerade nicht thematisiert worden war.

Von der Rechtsprechung des Reichsgerichts vom 16. November 1937 (RGZ 156, 305 ff.), die davon ausging, dass auch schwere Gesundheitsschäden ohne Entschädigung hingenommen werden müssten, nahm der Bundesgerichtshof nun ausdrücklich Abstand[547]: Durch das Schweigen des Gesetzes seien weder Ansprüche des Geschädigten bei schuldhaft verursachten Impfschäden noch Entschädigungsansprüche für die ohne Verschulden eines Beteiligten (Impfling oder Impfarzt) hervorgerufenen Impfschäden ausgeschlossen.[548] Der Bundesgerichtshof erkannte, anders als das Reichsgericht, dass auftretende Impfschäden nicht unter diejenigen gesetzlich angeordneten Maßnahmen fallen, bei denen ein Entschädigungsanspruch in der Regel entfalle, soweit er nicht in dem betreffenden Gesetz selbst vorgesehen sei. Im Falle der Impfpflicht könnten Eingriff und schädliche Folgen nicht auseinandergezogen werden, vielmehr ergebe die Betrachtung der Ausnahme von der Impfpflicht gemäß § 2 ImpfG, dass von den Betroffenen nur die Hinnahme der natürlicherweise und allgemein mit der Impfung verbundenen Nachteile verlangt werde.[549] Keinesfalls aber müssten auch erhebliche gesundheitliche Schädigungen in Kauf genommen werden. Vielmehr könne dann ein Entschädigungsanspruch als „Aufopferungsanspruch" aus dem Rechtsgedanken des § 75 EinlPrALR erwachsen, wonach der Staat gehalten sei, denjenigen zu entschädigen, der seine besonderen Rechte und Vorteile dem Wohle des Gemeinwesens aufzuopfern genötigt werde.[550]

---

545 RGZ 156, 305 (306).

546 BGH, Urt. v. 19.02.1953 – III ZR 208/51 = BGHZ 9, 83 = NJW 1953, S. 857.

547 So auch *Kerscher*, Der preußische Weg zum Impfzwang (2011), S. 139; *Kümper*, in: Kießling (Hrsg.), Infektionsschutzgesetz Kommentar (2021), § 60 Rn. 2.

548 BGH NJW 1953, S. 857.

549 BGH NJW 1953, S. 857 (858).

550 BGH NJW 1953, S. 857.

Eine Beschränkung dieses Rechtsgedankens auf Eingriffe in das Eigentum entnahm der Bundesgerichtshof dem § 75 EinlPrALR – anders als das Reichsgericht – nicht. Das schlagende Argument für die Notwendigkeit einer Entschädigung für Impfschäden sah der Bundesgerichtshof zutreffend in der Naturgegebenheit des Grundrechts auf Leben und körperliche Unversehrtheit im Unterschied zum normgeprägten Grundrecht der Eigentumsgarantie: „Es würde der allgemeinen Rechtsanschauung widersprechen, wenn ein Entschädigungsanspruch aus dem Gesichtspunkt der Aufopferung bei Eingriffen in das Vermögen zu gewähren wäre, aber versagt würde bei einer sich für den Einzelnen vielfach erheblich nachteiliger auswirkenden Verletzung der Gesundheit, die zudem im allgemeinen auch wesentliche Vermögensschäden zur Folge hat."[551] Die Güter Leben und körperliche Unversehrtheit könnten vom Schutzniveau her nicht hinter den vermögenswerten Rechten zurückstehen.[552] Vielmehr müssten diese naturgegebenen Rechte im Vergleich zum „Eigentum" erst recht besonderen Schutz genießen.[553]

Der Bundesgerichtshof erkannte auch, anders als in seinem Gutachten vom 25. Januar 1952, dass die Stellung, die der Einzelne einnahm, sich im Gegensatz zu der Staatsauffassung, die der Reichsgerichtsentscheidung zugrunde lag, geändert hat. Das Rechtsstaatsprinzip des Grundgesetzes gebot nun, dass dem Einzelnen der Schutz seiner wichtigsten Lebensgüter garantiert und ein diesen Gütern im Interesse der Allgemeinheit zugefügter Schaden daher von der Allgemeinheit getragen werden musste, folglich eine Entschädigungsregelung für Impfschäden notwendig war.[554] Ohne dieses Argument ausdrücklich dem aus dem Rechtsstaatsprinzip folgenden Grundsatz der Verhältnismäßigkeit zuzuordnen, formulierte das Gericht ein im Rahmen der Angemessenheit zu berücksichtigendes Kriterium. Existiere eine solche Entschädigungsregelung nicht, sei eine Impfpflicht verfassungswidrig.

Somit stellte der Bundesgerichtshof im Ergebnis in dieser – die Frage der Verfassungsmäßigkeit des Impfzwangs scheinbar ausklammernden – Entscheidung inzident in Gestalt der Notwendigkeit einer Entschädigungsregelung ein weiteres Kriterium für die Verfassungsmäßigkeit auf, das im vorherigen Gutachten des Ersten Senats noch übersehen worden war: Die verfassungsrechtliche Beurteilung einer Impfpflicht hing auch von der Existenz eines Entschädigungsanspruchs ab. Obgleich sich in der Folge weitere Entscheidungen des Bundesgerichtshof damit befassten, ob der bei Impfschäden bestehende Entschädigungsanspruch gemäß § 75 EinlPrALR in den konkret zu entscheiden-

---

551 BGH NJW 1953, S. 857 (858).

552 *Schiwy*, Impfung und Aufopferungsentschädigung (1974), S. 20.

553 KG West SJZ 1950, 819 (821), Nachweis bei und zitiert nach *Schiwy*, Impfung und Aufopferungsentschädigung (1974), S. 20.

554 Befürwortend *Habernoll*, Probleme und Grundzüge der gesetzlichen Regelung der Schutzimpfungen, in: Herrlich (Hrsg.), Handbuch der Schutzimpfungen (1965), S. 724 (734).

den Fällen vorlag[555], kann die Frage offenbleiben, ob es für die Beurteilung der Verfassungsmäßigkeit des Impfzwangs einer einfachgesetzlichen Grundlage für Entschädigungsansprüche im Reichsimpfgesetz bedurfte oder ob die vom Bundesgerichtshof entwickelte Lösung über die Entschädigung nach dem Rechtsgedanken des § 75 EinlPrALR ausreichte. Entscheidend war, dass in Abgrenzung zu der wenig überzeugenden Rechtsprechung des Reichsgerichts in dieser Frage überhaupt die Möglichkeit eines Entschädigungsanspruchs existierte. Dies ist mit dieser Entscheidung des Bundesgerichtshofs zu bejahen.

3. *OVG Niedersachsen und Schleswig-Holstein 1955*

Neben dem Bundesgerichtshof hatte sich auch die Verwaltungsgerichtsbarkeit mit dem Reichsimpfgesetz zu befassen. Dem Urteil des Oberverwaltungsgerichts für die Länder Niedersachsen und Schleswig-Holstein[556] in Lüneburg ging ein Streit um die Impfpflichtigkeit eines Zwölfjährigen voraus. Der Vater des Kindes war der Auffassung, die Impfpflicht gegen Pocken verstieße gegen Art. 2 Abs. 2 S. 1 GG, da sie einerseits aufgrund der hygienischen Verhältnisse mittlerweile nicht mehr notwendig sei und keine Verbreitung mehr drohe, sowie andererseits, dass die Impfung schwere Krankheiten wie Krebs und Kinderlähmung verursache. Dieser Ansicht folgte das Oberverwaltungsgericht nicht.

Das Gericht erkannte – wie bereits der Bundesgerichtshof 1952 – die Relevanz der Wesensgehaltsgarantie, die in der damaligen Dogmatik die Funktion der Verhältnismäßigkeit übernahm, und verneinte deren Berührung.[557] Argumentativ machte sich das Oberverwaltungsgericht weitgehend die Ausführungen des Bundesgerichtshofs[558] zu eigen. Es sah im Impfzwang zwar eine „zwingende Notwendigkeit", die den Eingriff in die körperliche Unversehrtheit rechtfertigt. Auch hier blieb aber letztlich offen, worin diese bestand. Das Gericht stellte dem „in der Regel geringfügigen Eingriff in die körperliche Unversehrtheit des Einzelnen" den „Schutz der Allgemeinheit vor den durch Pockenepi-

[555] So u. a. BGH, Urt. v. 17.10.1955 – III ZR 84/54; BGH, Urt. v. 15.10.1956 – III ZR 226/55; BGH, Urt. v. 23.11.1959 – III UR 146/58; BGH, Urt. v. 13.07.1964 – III ZR 100/63 – alle bejahend.

[556] OVG Niedersachsen/Schleswig-Holstein, Urt. v. 10.05.1955 – IV A 183/54, VerwRspr 1958, S. 839–842.

[557] Hierbei legt das OVG den vom BGH in o. g. Gutachten verwendeten Maßstab der Wesensgehaltsgarantie zugrunde und setzt sich nicht mit der anderslautenden Definition der Wesensgehaltsgarantie des BVerwGE auseinander. Nach dieser soll sich die Frage der Verletzung der Wesensgehaltsgarantie „ausschließlich danach beurteilen, was nach der Beschränkung von dem Grundrecht überhaupt noch übrig bleibt." (BVerwG, Urt. v. 14.12.1954 – BVerwGE 1, 269 [273]). Dies ist möglicherweise der zeitlichen Nähe der beiden Urteile geschuldet, zumal eine ausdrückliche Abkehr von der Definition des BGH seitens des BVerwG auch erst im Urt. v. 03.11.1955 – BVerwGE 2, 295 und somit nach der hier untersuchten Rechtsprechung des OVG erfolgte.

[558] Gutachten vom 25.01.1952, BGH DÖV 1953, S. 343 f.

demien drohenden Gefahren" gegenüber.[559] Somit nahm das Oberverwaltungsgericht – wie auch der Bundesgerichtshof – eine Abwägung des Eingriffs in die körperliche Unversehrtheit des Einzelnen vor. Es benannte die gegenübergestellten Rechtsgüter aber präziser als der Bundesgerichtshof, der bei Auflockerung des Impfzwangs befürchtet hatte, neue Volkserkrankungen würden „heraufbeschworen", wovor die Volksgesamtheit geschützt werden müsse[560]: Das Ziel der Impfpflicht sei aber gerade die Erhaltung der körperlichen Unversehrtheit, was zutraf, wobei das Gericht nicht benannte, wessen Grundrecht auf körperliche Unversehrtheit (des Individuums, der Allgemeinheit oder beider) es in den Blick nahm. Diese Unterscheidung wäre indes von Bedeutung gewesen, da ein Rekurs auf das Grundrecht des Einzelnen bedeutet hätte, dass der Staat sich gegenüber dem Bürger für kompetenter hielte, Entscheidungen bezüglich der individuellen Gesundheit zu treffen. Die Gefahr eines Impfschadens erkannte das Gericht zwar, maß diesem Aspekt aber kaum Gewicht bei.[561] Angesichts der möglichen Impfkomplikationen und -schäden erscheint diese Einschätzung des Gerichts aus heutiger Sicht zumindest ungeeignet, um die rechtliche Argumentation hinreichend stützen zu können. Im Unterschied zum Bundesgerichtshof begründete das Oberverwaltungsgericht diese Auffassung aber mit der „in der ärztlichen Wissenschaft herrschenden Lehre, die für die Verwaltungsgerichte keinen Anlass bietet, die Unvereinbarkeit des Impfgesetzes mit dem Grundgesetz festzustellen."[562] Das Oberverwaltungsgericht erkannte mithin bereits, was heute anerkannt ist: Die rechtliche Einschätzung muss auf wissenschaftlichen Erkenntnissen der Medizin basieren.

Da das Oberverwaltungsgericht seine Argumentation über weite Strecken auf das Gutachten des Bundesgerichtshofs aus dem Jahr 1952 stützte, übernahm es auch dessen Schwächen, entwickelte die Argumentation aber in zwei Aspekten weiter: Zunächst hat das Oberverwaltungsgericht die Zielsetzung der Pockenimpfpflicht präzisiert und erkannt, dass die Beschränkung der körperlichen Unversehrtheit gerade ihrem Schutz dient, sich also auf beiden Seiten das gleiche Rechtsgut gegenübersteht. Dies ist zumindest dann ein logisches Paradoxon, wenn dies zum Schutz des gesunden Individuums geschieht, mithin

559 OVG Niedersachsen/Schleswig-Holstein, VerwRspr 1958, S. 839, 841.

560 BGH DÖV 1953, S. 343, 344.

561 „Gegenüber diesem Erfolg der Zwangsimpfung [nach Ansicht des Gerichts: keine Pockenerkrankungen mehr seit Einführung der Zwangsimpfung] für die Erhaltung der Volksgesundheit müssen vereinzelt auftretenden nachteilige Folgen, so bedauerlich sie für die Betroffenen sind, in Kauf genommen werden", OVG Niedersachsen/Schleswig-Holstein, VerwRspr 1958, S. 839, 841; Es ist jedoch naheliegend, dass dem Gericht die zwischenzeitliche Entwicklung des Entschädigungsanspruchs aus dem Rechtsgedanken des § 75 EinlPrALR bekannt ist, obgleich darauf nicht ausdrücklich Bezug genommen wird.

562 OVG Niedersachsen/Schleswig-Holstein, VerwRspr 1958, S. 839, 841; Dieser Auffassung des Gerichts muss zugestimmt werden, da die Erforderlichkeit des Impfzwangs aus medizinischer Sicht damals noch als hinreichend unstreitig erachtet wurde, vgl. *Kaiser*, Pocken und Pockenschutzimpfung (1949), S. 159, 163.

auf beiden Seiten sowohl das gleiche Rechtsgut als auch derselbe Grundrechtsträger steht. Hier klang auch die Frage an, wie weit ein aufgedrängter staatlicher Schutz eigentlich gehen darf. Darüber hinaus bezog das Gericht im Vergleich zum Gutachten des Bundesgerichtshofs medizinische Erkenntnisse stärker in die Abwägung ein.[563] Die Unklarheit über den Inhalt der vom Bundesgerichtshof angeführten „zwingenden übergeordneten Notwendigkeit" der Impfpflicht räumte aber auch das Oberverwaltungsgericht nicht aus.

4. VGH Baden-Württemberg 1957

Zwei Jahre später befasste sich ein weiteres Verwaltungsgericht mit dem Reichsimpfgesetz. Auch dem Urteil des Verwaltungsgerichtshofes Baden-Württemberg[564] lag im Ausgangsfall eine Anordnung von Zwangsgeld gegen einen Vater zugrunde, der seine vierjährige Tochter nicht impfen lassen wollte.

Der Verwaltungsgerichtshof erkannte die Relevanz der Wesensgehaltsgarantie und bekräftigte ihre Anwendbarkeit auf vorkonstitutionelle Gesetze wie das Reichsimpfgesetz, da ansonsten den Grundrechten ein Teil ihrer Wirksamkeit genommen wäre.[565] In Abgrenzung zum Bundesgerichtshof und zum Oberverwaltungsgericht Niedersachsen und Schleswig-Holstein legte der Verwaltungsgerichtshof aber eine andere Definition der Wesensgehaltsgarantie zugrunde und nahm somit Abkehr von der uneindeutigen Vorgabe des „zwingenden Grundes". Nach Auffassung des Gerichts, das sich damit der Rechtsprechung des Bundesverwaltungsgerichts[566] anschloss, „beurteilt sich die Frage, ob ein Grundrecht in seinem Wesensgehalt angetastet werde, nicht nach dem Zweck oder Grund der Beschränkung, sondern ausschließlich danach, was nach der Beschränkung von dem Grundrecht überhaupt noch übrig bleibt."[567] Der Wesensgehalt könne nur dann angetastet sein, wenn durch die Durchführung einer Zwangsimpfung von dem Grundrecht auf körperliche Unversehrtheit nichts mehr übrig bleibe. Das verneinte der Verwaltungsgerichtshof im vorliegenden Fall, da das Reichsimpfgesetz selbst Sorge dafür trage, dass der Eingriff in die körperliche Unversehrtheit ohne schädliche Folgen für Leben und Gesundheit bleibe. Zwar sei richtig, dass im Wege eines „medizinischen Vorbehalts" gemäß § 2 ImpfG ein Ausnahmetatbestand vorliege. Hier hielt das Gericht jedoch – wie zuvor schon der Bundesgerichtshof im Gutachten von 1952, dem

[563] Diese Intention mag auch dem Gesetzgeber bei der Schaffung des Bundesseuchengesetzes 1961 gekommen sein, wodurch eine Verordnungsermächtigung zur Schaffung einer Impfpflicht „für Notfälle" (Gesetzesbegründung S. 23, BT-Drs. 03/1888) geschaffen wurde. Wann ein „Notfall" vorliegt, muss vernünftigerweise von einer epidemischen Lage abhängen, deren Beurteilung aufgrund medizinischer Erkenntnisse zu erfolgen hat.

[564] VGH Stuttgart, Urt. v. 12.09.1957 – 2 S 212/56, DÖV 1958, S. 159.

[565] VGH Stuttgart DÖV 1958, S. 159.

[566] BVerwG, Urt. v. 14.12.1954, BVerwGE 1, 269, 273; BVerwG, Urt. v. 03.11.1955, BVerwGE 2, 295, 300.

[567] BVerwGE 2, 295 (300).

es sich in diesem Punkt anschloss – eine *rechtliche* Regelung für eine Abmilderung des *tatsächlichen* Risikos. Eine Rechtsnorm, die jedoch lediglich sicherstellte, dass ein sicher zu erwartender Schaden nicht eintrat (bei der Impfung von Personen, deren Schädigung infolge der Impfung sicher ärztlich prognostiziert werden kann), konnte nicht das weiterhin bestehende Risiko für solche Personen abmildern, die dem Dispens gemäß § 2 ImpfG gerade nicht unterfallen. Dass es aber Fälle gab, in denen auch impffähige Personen nach erfolgter Impfung einen Schaden davontrugen[568], gestand das Gericht unter Verweis auf die Rechtsprechung des Bundesgerichtshofs[569] von 1953 zum Entschädigungsanspruch bei Impfschäden ein.

Der Verwaltungsgerichtshof sah gerade in diesem „medizinischen Vorbehalt" (der das Risiko aber nur für medizinisch anerkannte Fälle der Impfunfähigkeit minimiert) die Reduktion der Gefahr für den Impfling auf „das menschenmögliche Mindestmaß", wodurch „das ImpfG den gesetzlichen Impfzwang mit Sicherungen zur größtmöglichen Ausschaltung von Gefahren [...] versieht". Nach alledem habe das Grundrecht der körperlichen Unversehrtheit auch nach der Beschränkung durch das ImpfG immer noch eine so große Bedeutung „für das soziale Leben im Ganzen", dass vom Grundrecht genügend übrig bleibe, um eine Antastung des Wesensgehalts zu verneinen.[570] Das Gericht stellte somit auf den geringstmöglichen Umfang des Eingriffs ab, der dem Grundrecht dennoch den größtmöglichen Raum lassen soll.

Die Vorgehensweise, eine andere Definition der Wesensgehaltsgarantie zugrunde zu legen, ist zwar begrüßenswert, da die vom Bundesgerichtshof und vom Oberverwaltungsgericht Niedersachsen und Schleswig-Holstein verwendete Definition stets an der Unklarheit der nie näher beleuchteten „zwingenden übergeordneten Notwendigkeit" krankte. Jedoch begründete das Gericht seine Rechtsauffassung mit einem Verweis auf die Risikominimierung für Ausnahmefälle. Führte man diese Argumentation weiter, so wäre jeder noch so schwere Eingriff stets verfassungskonform, wenn nur eine Ausnahmeregelung existiert, die jedenfalls für absehbare Schadensfälle die Risiken minimiert. Insofern kann dieses Ergebnis, wenngleich auch eine überzeugendere Definition der Wesensgehaltsgarantie zugrunde gelegt wurde, nicht uneingeschränkt überzeugen.

5. *Bundesverwaltungsgericht 1959*

Zuletzt hatte sich das Bundesverwaltungsgericht im Jahre 1959 mit der Frage der Vereinbarkeit des Reichsimpfgesetzes mit dem Grundgesetz auseinanderzusetzen.[571] Der Ausgangsfall lag hier anders: Während sich die Kläger in den

[568] Vgl. § 2 A. I. 1. b) „Impfkomplikationen und Impfschäden".
[569] BGH NJW 1953, S. 857 ff.
[570] VGH Stuttgart, DÖV 1958, S. 169, 160.
[571] BVerwG, Urt. v. 14.07.1959 – I C 170.56, BVerwGE 9, 78.

vorgenannten Fällen stets gegen die Pflichtimpfung wandten, begehrte der Kläger im vorliegenden Fall gerade die Impfung seiner Tochter. Die Zweieinhalbjährige war aufgrund der Anweisung der obersten Landesgesundheitsbehörde Nordrhein-Westfalens, dass Impfungen von Kindern, die das zweite Lebensjahr vollendet haben, prinzipiell zu unterbleiben hätten, von der Impfung ausgeschlossen worden. Diese Anweisung verstieß nach Ansicht des Klägers gegen § 2 ImpfG, der die Freistellung von der Pflichtimpfung lediglich aus gesundheitlichen Gründen vorsah, nicht aber bereits *per se* bei Erreichen einer Altersgrenze.[572] Nur die Freistellung durch den Impfarzt gemäß § 6 ImpfG sei entscheidungserheblich. Ob in der behördlichen Anweisung ein Verstoß gegen das Reichsimpfgesetz lag, hing von der Verfassungsmäßigkeit des § 2 ImpfG ab.[573]

Zwar erkannte das Bundesverwaltungsgericht ebenfalls, dass die Verfassungsmäßigkeit entscheidend von der Beurteilung unter dem Gesichtspunkt der Wesensgehaltsgarantie abhängt. Es verneinte aber eine Antastung des Wesensgehalts, wobei offenblieb, ob es dabei der Definition des Bundesgerichtshofs und des Oberverwaltungsgerichts Niedersachsen und Schleswig-Holstein („keine Antastung, wenn Eingriff einer zwingenden übergeordneten Notwendigkeit dient") folgte, oder – was näherliegt – der des Verwaltungsgerichtshofs Baden-Württemberg und der zuvor bereits vom Bundesverwaltungsgericht selbst zugrunde gelegten Definition[574], „wenn nichts mehr vom Grundrecht übrigbleibt". Das Gericht begründete seine Auffassung jedoch mit dem Paradox, dass der Eingriff in die körperliche Unversehrtheit gerade zu ihrer Erhaltung führe und deshalb der Wesensgehalt des Grundrechts nicht angetastet werde. Hieran wird bereits deutlich, dass das Bundesverwaltungsgericht ausschließlich vom Grundrechtsschutz für den Grundrechtsträger selbst ausgeht, den vom Eingriff ausgehenden Schutz für Dritte jedoch außer Betracht lässt.

Diese Argumentation bedarf einer kritischen Untersuchung: Zwar erscheint es zunächst durchaus einleuchtend, die Berührung des Wesenskerns eines Grundrechts zu verneinen, wenn – wie bei der Schutzimpfung – die kurzfristige Beeinträchtigung der körperlichen Unversehrtheit eine langfristige Erhaltung des Grundrechts bezweckt. Hierbei wird aber übersehen, dass die Pockenschutzimpfung nicht nur eine bleibende Narbenbildung an der Einstichstelle verursacht[575], sondern dass mit einer Impfung stets auch eine Versetzung des Körpers des Impflings mit Vakzinen erfolgt, die eine Antikörperbildung ver-

[572] Angesichts der – wie dargestellt – erhöhten Gefahr von Impfkomplikationen für Impflinge im Lebensalter von mehr als zwei Jahren sei aber festgestellt, dass diese Anweisung zumindest den medizinischen Erkenntnissen Rechnung getragen haben dürfte und daher in der Sache nicht zu beanstanden war.

[573] BVerwGE 9, 78 (79).

[574] So hatte sich der VGH Stuttgart seinerseits auf das Bundesverwaltungsgericht [BVerwGE 1, 269 (271)] bezogen.

[575] Nach Empfehlung der WHO sollte die Pockenschutzimpfung mittels einer zweizackigen, sog. Bifurkationsnadel durchgeführt werden, die die typische „Impfnarbe" hinterlässt; vgl.

ursachen sollen.[576] Eine Impfung ist daher, anders als etwa ein Eingriff in das Eigentum, niemals reversibel. In den Fällen von Impfschäden verursacht die Zwangsimpfung aber gerade das Gegenteil, nämlich eine Beeinträchtigung der Gesundheit. Die Begründung geht demnach in Fällen auftretender Impfkomplikationen fehl und wäre nur dann vollständig zutreffend, wenn überhaupt kein Risiko bestünde. Dass das bei der Pockenschutzimpfung nicht anzunehmen war, zeigt neben den aufgezeigten Beispielen von Impfkomplikationen auch der inzwischen gerade wegen seiner Erforderlichkeit in Schadensfällen aus dem Rechtsgedanken des § 75 EinlPrALR von der Rechtsprechung[577] hergeleitete Entschädigungsanspruch. Dass – wie bereits aufgezeigt[578] – die Gefahr einer Impfenzephalitis als Impfschaden bei Erstimpflingen, die bereits das 2. Lebensjahr vollendet haben, tatsächlich erhöht war, thematisierte das Gericht nicht.[579]

Wird diese Erklärungslinie weitergeführt, so wäre jeder staatliche Eingriff in ein Grundrecht bei Identität des beeinträchtigten und des durch den Eingriff geschützten Grundrechtsträgers rechtfertigungsfähig. Der Staat dürfte dann ungeachtet möglicher Schadensrisiken immer eingreifen, wenn er dem Bürger mit dem Eingriff in dessen Grundrecht etwas „Gutes" tun will, also einen demnach legitimen Zweck verfolgt. Die weiteren Aspekte der Verhältnismäßigkeit würden außer Acht gelassen.[580] Erst die „eindeutige Unangemessenheit" im Verhältnis zur tatsächlichen Situation führte zur Verfassungswidrigkeit. Diese lag hier nach Ansicht des Gerichts nicht vor, wobei es sich auf das Gutachten des Bundesgerichtshofs von 1952 bezog. Die Konsequenz wäre eine staatliche Bevormundung des Bürgers in der Sorge für sich selbst.[581] Hierin liegt gewissermaßen eine staatliche „Grundrechtsoptimierung": Die staatliche Maßnahme will dafür sorgen, dass dem Individualgrundrecht auf Leben und körperliche Unversehrtheit größtmögliche Entfaltung zukommt – allerdings auch gegen den Willen des Grundrechtsträgers. Der Einzelne ist aber nicht verpflichtet, von diesem

Gerner/Schmitz et al., Die Pocken, in: Monatsschrift Kinderheilkunde 2003, S. 893 (898, 902); *Lindner*, Ausbruch einer hochinfektiösen, lebensbedrohlichen Krankheit (2017), S. 58.

[576] Vakzine sind Impfstoffe aus lebenden, virulenzabgeschwächten oder inaktivierten Krankheitserregern oder Toxinen, *Pschyrembel* online, Stichwort „Vakzine".

[577] BGH NJW 1953, S. 857–859.

[578] Siehe bereits § 2 A. I. 1. b) „Impfkomplikationen und Impfschäden".

[579] Dazu *Aligbe*, in: BeckOK IfSG (2021), § 20 Rn. 111: „Eine vertiefende Auseinandersetzung im Hinblick auf die verfassungsrechtliche Problematik kann dem Urteil [...] nicht entnommen werden. Es wird mehr oder weniger lapidar festgestellt, dass die Vereinbarkeit des Impfzwangs mit dem Grundgesetz zu bejahen ist" [sic!].

[580] Das Gericht hält mit Verweis auf das Apotheken-Urteil (BVerfGE 7, 377) seinen Überprüfungsspielraum für gering und stellt lediglich das Vorliegen eines legitimen Zwecks fest (BVerwGE 9, 78 [79]). Die Einschätzungsprärogative des Normgebers sei dagegen hoch: Bei dem Grundrecht auf körperliche Unversehrtheit handele es sich im Gegensatz zur Berufsfreiheit um ein stufenlos gewährleistetes Grundrecht, so dass durch das Gericht nicht überprüft werden kann, ob ein Eingriff auf niedrigerer Stufe ebenfalls ausgereicht hätte. Der Gesetzgeber sei deshalb in der Wahl seiner Mittel freigestellt.

[581] So klingt es auch bereits im Gutachten des BGH, DÖV 1953, S. 343 f. an.

Grundrecht „bestmöglich" Gebrauch zu machen. An dieser Stelle ist die Auffassung des Bundesverwaltungsgerichts, der Wesensgehalt sei gerade deshalb nicht angetastet und der Eingriff somit gerechtfertigt, weil er langfristig auf die Erhaltung des Grundrechts abziele, wenig überzeugend. Anders läge es, wenn das durch den Eingriff geschützte Grundrecht der körperlichen Unversehrtheit Dritter in die Entscheidung einbezogen worden wäre. Das Bundesverwaltungsgericht thematisierte aber – wie bereits der Bundesgerichtshof 1952 – nicht, dass nicht die Impflinge selbst die in erster Linie zu schützende Gruppe sind, sondern die von § 2 ImpfG umfassten impfunfähigen Personen.

Darüber hinaus bejahte das Bundesverwaltungsgericht auch die Frage nach einem einklagbaren Anspruch des Impfpflichtigen auf Durchführung der Impfung. Es begründete das Vorliegen des Anspruchs mit der Aufgabe des Seuchenschutzes als Teil der staatlichen Daseinsvorsorge. Das „negative Abwehrrecht wird zu positivem Recht, vor Ansteckung bewahrt zu werden." Bemerkenswert erscheint diese Begründung vor dem Hintergrund, dass das Bundesverwaltungsgericht dem Einzelnen diesen Anspruch zwar zugestand, der Gruppe der gemäß § 2 ImpfG von der Impfung ausgeschlossenen Personen als schutzbedürftige Gruppe ein solches „Recht auf Schutz vor Ansteckung" jedoch nicht ausdrücklich zuerkannte. Daran wird erneut deutlich, dass das Bundesverwaltungsgericht den legitimen Zweck nur auf den Schutz des Geimpften bezog.

III. Schlussfolgerung: Keine Übertragbarkeit der Bewertung auf eine allgemeine Impfpflicht in heutiger Zeit

Bei der Analyse der zum Reichsimpfgesetz ergangenen Rechtsprechung wurden einige prägnante Argumentationsansätze identifiziert. Diesen kann vor dem Hintergrund einer veränderten und weiterentwickelten Grundrechtsdogmatik jedoch für die heutige Beurteilung der Verfassungskonformität einer Impfpflicht nur noch bedingt Geltung attestiert werden. Sie lassen sich auf die heutige Frage nach der Einführung einer allgemeinen Impfpflicht kaum übertragen und können daher keine Indizwirkung für die verfassungsrechtliche Beurteilung einer heutigen Impfpflicht entfalten.

Zwei gewichtige Unterschiede zu einer heutigen Betrachtung einer allgemeinen Impfpflicht sind festzuhalten: Zum einen scheitert die Übertragbarkeit der Beurteilung der Impfpflicht durch die damalige Rechtsprechung schon aus epidemiologischen Gründen, da sich die damalige Impfpflicht nur auf die heute ausgerottete Pockenerkrankung[582] und deren krankheitsspezifische Risiken

[582] Aufgrund möglicher terroristischer Gefahren durch missbräuchliche Verwendung von in Laboren eingelagerten Pockenerregern haben Bund und Länder im Jahr 2003 vorsichtshalber zwar noch Pockenimpfstoff eingelagert, *Burger/Kurth*, Eine Wiedereinführung der Pockenimpfung ist derzeit nicht notwendig, in: DÄ 2003, S. A163 (164); *Lindner*, Ausbruch einer

bezog.[583] Die bei der Pockeninfektion vorherrschende Gefahrenlage ist weder in epidemiologischer Hinsicht noch bezüglich impfspezifischer Gefahren auf heute in den Blick zu nehmende Infektionskrankheiten übertragbar.[584] Eine veränderte epidemiologische Lage erfordert eine gänzlich neue rechtliche Bewertung der aktuellen Gesundheitslage und der von heute verbreiteten Infektionskrankheiten ausgehenden Gefahren.

Zum anderen lässt sich auch die rechtliche Argumentation nicht auf eine heutige Betrachtung übertragen: Hinsichtlich der aufgeworfenen verfassungsrechtlichen Fragen haben sich mit dem Erfordernis einer Entschädigungsregelung, dem Schutzzweck der Impfpflicht sowie der Beurteilung der Impfpflicht unter dem Gesichtspunkt der Wesensgehaltsgarantie drei Beurteilungskriterien herausgebildet, die der Prüfung bei Zugrundelegung einer heute veränderten Grundrechtsdogmatik nicht standhalten können.

In der Frage der Erforderlichkeit eines Entschädigungsanspruchs bei Impfschäden argumentiert die untersuchte Rechtsprechung nicht einheitlich. Teilweise wird das Erfordernis einer Entschädigungsregelung in Aufrechterhaltung der Rechtsprechung des Reichsgerichts aus dem Jahr 1937[585] verneint[586] oder gar nicht thematisiert. Dieser Ansatz kann heute keine Gültigkeit mehr beanspruchen. Überzeugender ist daher die ebenfalls zu findende Argumentation, dass eine Entschädigungsregelung, sofern sie auch nicht gesetzlich normiert, angesichts des im Vergleich mit Eingriffen in das Vermögen, die stets Entschädigungsansprüche auslösen, aber erforderlich sei, da naturgegebene Rechte erst recht zu schützen seien.[587] Eine Impfpflicht ohne Entschädigungsmöglichkeit wäre aus heutiger Sicht unverhältnismäßig, da bei einer Impfung stets ein Risiko bleibt, eine mehr oder weniger gravierende Nebenwirkung zu erleiden. Die Zusammenschau der Argumentation legt in diesem Punkt noch einen weiteren Nachteil offen: Keines der Gerichte setzte sich mit den Gefahren von Impfschäden und Impfkomplikationen, die in der Medizin aber bereits bekannt

---

hochinfektiösen, lebensbedrohlichen Krankheit (2017), S. 57. Die Pockenschutzimpfung steht aber heute selbst Impfwilligen nicht zur Verfügung.

[583] *Höfling/Stöckle*, Elternrecht, Kindeswohl und staatliche Impfverantwortung, in: RdJB 2018, S. 284 (297); *Trapp*, Impfzwang – Verfassungsrechtliche Grenzen staatlicher Gesundheitsvorsorgemaßnahmen, in: DVBl. 2015, S. 11 (12 f.); *Zuck*, Rechtsgutachten wegen (verfassungs)rechtlicher Fragen zur Masernimpfung (2016), S. 57 f.; *ders.*, Gesetzlicher Masern-Impfzwang, in: ZRP 2017, S. 118 (120). Es ist aber zweifelhaft, ob der Umkehrschluss überzeugen könnte, bei einer Verfassungsmäßigkeit der Pockenimpfpflicht damals müsse eine Masernimpfpflicht dann heute verfassungswidrig sein.

[584] So auch *Höfling/Stöckle*, Elternrecht, Kindeswohl und staatliche Impfverantwortung, in: RdJB 2018, S. 284 (297).

[585] RGZ 156, 306 (306, 311).

[586] So stellte das OVG Niedersachsen/Schleswig-Holstein drastisch fest: „Gegenüber dem Erfolg der Zwangsimpfung für die Erhaltung der Volksgesundheit müssen vereinzelt auftretende nachteilige Folgen, so bedauerlich sie für die Betroffenen sind, in Kauf genommen werden.", OVG Niedersachsen/Schleswig-Holstein, VerwRspr 1958, S. 839 (841).

[587] Zustimmend auch *Schiwy*, Impfung und Aufopferungsentschädigung (1974), S. 20.

waren[588] – über die Feststellung hinaus auseinander, dass diese im Einzelfall vorkommen können.

Deshalb und aufgrund der Divergenz der vertretenen Auffassungen kann nicht aus allen Urteilen eine Indizwirkung für das Kriterium des Entschädigungserfordernisses an eine heutige Impfpflicht erwachsen. Allenfalls die Korrektur des Bundesgerichtshofs im Jahr 1953, in der das Erfordernis einer Entschädigungsregelung klar bejaht wird, kann im Ergebnis auch heute noch als zutreffend gelten. Bei der Einführung einer allgemeinen Impfpflicht müsste also aus rechtsstaatlichen Gesichtspunkten eine Entschädigungsregelung normiert sein, was der Gesetzgeber schließlich erkannt hat.[589]

Auch hinsichtlich des Zwecks einer Impfpflicht herrschte in der Rechtsprechung der 1950er Jahre keine Einigkeit. Bereits 1952 hat der Erste Zivilsenat des Bundesgerichtshofs im Ergebnis überzeugend die Impfpflicht gegen die Pocken als Schutz gleichermaßen für das Individuum und die Gesundheit des gesamten Volkes erachtet. Eine staatliche Schutzpflicht thematisierte der Bundesgerichtshof zwar nicht ausdrücklich. Da die Schutzpflichtendogmatik von der Rechtsprechung erst später entwickelt wurde, liegt es aber nahe, dass eine Schutzpflicht inhaltlich doch angenommen und als Zweck angeführt wurde. Diese Überlegungen lassen durchaus eine Übertragbarkeit auf die heutige rechtliche Situation zu.

Die aus dem Gutachten des Bundesgerichtshofs aber nicht herauszulesende Erkenntnis[590], dass es bei einer Impfpflicht, auch und insbesondere um den Schutz der in § 2 ImpfG von der Pflicht befreiten Personengruppen gehen muss, wäre bei einer heutigen Bewertung zu ergänzen. Teilweise werden in den untersuchten Judikaten keine Ausführungen zur Zielrichtung der Rechtfertigung des Eingriffs gemacht[591], teilweise wird die Zielrichtung ausschließlich im Schutz des Grundrechtsträgers vor sich selbst gesehen, indem ein Anspruch jedes Bürgers auf (eigene) Impfung zum Schutz gegen eine lebensgefährliche Krankheit bejaht wurde.[592] Allerdings lässt die Feststellung, das negative Abwehrrecht werde in diesem Zusammenhang zu einem positiven Recht, vor Ansteckung geschützt zu werden[593], auch eine Interpretation dahingehend zu, dass auch gerade Impfunfähige mit der Impfung anderer Personen vor Ansteckung geschützt werden sollen. Zudem schlüge das Argument, mit der Impfung einen Schutz für den Grundrechtsträger selbst auch gegen dessen Willen erzeugen zu können,

588 Vgl. § 2 A. I. 1. b) „Impfkomplikationen und Impfschäden".

589 So bestand seit der Einführung des Bundesseuchengesetzes im Jahr 1961 (dort §§ 51 ff., heute § 60 IfSG) im Falle eines Impfschadens ein Anspruch auf Versorgung, sofern dieser Impfschaden kausal auf einer empfohlenen oder vorgeschriebenen Impfung beruht.

590 Es zeigt sich stattdessen deutlich die paternalistische Tendenz der Begründungsansätze, vgl. *Timme*, Die juristische Bewältigung eines ökonomischen Netzwerkgutes (2001), S. 87.

591 VGH Stuttgart DÖV 1958, S. 159 ff.

592 BVerwGE 9, 78 (81).

593 BVerwGE 9, 78 (81).

jedenfalls in den Fällen fehl, in denen Impfkomplikationen auftreten. Auch in diesem Aspekt sind die Argumente der Rechtsprechung daher aufgrund ihrer Uneinheitlichkeit nur in Teilen auf die heutige Beurteilung der Verfassungsmäßigkeit einer allgemeinen Impfpflicht übertragbar.

Bemerkenswert ist, dass alle Gerichte, die sich in den 1950er Jahren mit der Frage der Geltung des Impfgesetzes unter dem noch jungen Grundgesetz befasst haben, ihr Augenmerk insbesondere auf die Frage der Antastung des Wesensgehalts des durch die Impfpflicht berührten Grundrechts gelegt haben. Teilweise verneinten die Gerichte eine Antastung des Wesensgehalts unter Zugrundelegung der Prämisse, dass diese nur berührt sei, wenn die Grundrechtseinschränkung sich stärker gestalte als *unbedingt und zwingend geboten*. Dies könnte entweder darauf schließen lassen, dass die Gerichte bei der Beurteilung des Eingriffs durch eine Impfpflicht entgegen ihrer Formulierung doch nicht von einem „geringfügigen Eingriff“[594] ausgingen. Näher liegt aber, dass die grundrechtliche Dogmatik der Verhältnismäßigkeit in Gestalt des vierstufigen Prüfungsaufbaus zum Zeitpunkt der Entscheidungen noch nicht so weit entwickelt war, als dass sie im Rahmen der Grundrechtsprüfung Vorrang vor der Prüfung der Wesensgehaltsgarantie hätte gewinnen können.[595] Die damalige Betrachtung darf also nicht unter der Zugrundelegung heutiger Dogmatik fehlinterpretiert werden. Die damals zugrunde gelegte Definition entsprach im Wesentlichen dem heutigen Verhältnismäßigkeitsgrundsatz.[596] Aus heutiger Sicht wäre es allerdings nicht mehr zutreffend, die Frage, ob überhaupt der Wesensgehalt eines Grundrechts angetastet ist, allein von der – nach heutiger Dogmatik – eigentlich nachgelagerten Frage der Rechtfertigungsmöglichkeit durch einen sachlich „zwingenden, übergeordneten Grund“ abhängig zu machen.[597]

---

[594] So etwa OVG Niedersachsen/Schleswig-Holstein, VerwRspr 1958, S. 839 (841).

[595] Erstmals in BVerfGE 23, 127 (133 f.). Vgl. *Lepsius*, Die Chancen und Grenzen des Grundsatzes der Verhältnismäßigkeit, in: Jestaedt/Lepsius (Hrsg.), Verhältnismäßigkeit (2015), S. 1 (2); *Schröder*, Der Verhältnismäßigkeitsgrundsatz, in: Ad Legendum 2015, S. 327 (330); wobei der Gedanke der Verhältnismäßigkeit staatlichen Handelns älteren Ursprungs ist und in juristischem Kontext erstmals im Polizeirecht in Erscheinung trat, näher dazu *Jakobs*, Der Grundsatz der Verhältnismäßigkeit (1985), S. 2; *Hirschberg*, Der Grundsatz der Verhältnismäßigkeit (1981), S. 2.

[596] Vgl. *Hofmann*, in: Schmidt-Bleibtreu/Hofmann/Henneke GG Kommentar (2018), Art. 19 Rn. 18. Allerdings besteht auch heute noch eine rechtstheoretische Kontroverse bezüglich der Definition und des Ausmaßes der Wesensgehaltsgarantie gem. Art. 19 Abs. 2 GG als absolut oder nur relativ wirkende Schutzgarantie (vgl. zum Streitstand ausführlich *Drews*, Die Wesensgehaltsgarantie [2005], S. 62–132; *Dreier*, in: ders. [Hrsg.], GG Kommentar, Bd. 1 [2013], Art. 19 Rn. 15 f.; *Huber*, in: v. Mangoldt/Klein/Starck GG Kommentar, Bd. 1 [2018], Art. 19 Rn. 107). Das Bundesverfassungsgericht neigt jedoch, indem es stets eine Abwägung im Sinne einer Verhältnismäßigkeitsprüfung vornimmt, zur Annahme einer relativen Schutzgarantie (BVerfGE 7, 377 [411 f.]; 16, 194 [201]; 34, 238 [245]; 80, 367 [373]); so bei *Dreier*, in: ders. (Hrsg.), GG Kommentar, Bd. 1 (2013), Art. 19 Rn. 17.

[597] So aber etwa noch bei *Hippel*, Grenzen und Wesensgehalt der Grundrechte (1965), S. 47.

Denn dadurch würde die Bestimmung des Wesensgehalts von der Eingriffsebene zur Rechtfertigungsebene verlagert.[598] Nach heutiger Dogmatik wäre die Ansicht deshalb abzulehnen, weil die Rechtfertigungsmöglichkeit des Grundrechtseingriffs verschlossen ist, wenn der Wesensgehalt angetastet ist, da dieser Kernbereich vor Eingriffen der öffentlichen Hand „definitiv abgeschirmt" werden soll.[599]

Aufgrund der größeren Nähe zur heutigen Dogmatik erscheint es deshalb überzeugender, die Definition der Wesensgehaltsgarantie in die heutige Argumentation einzubeziehen, nach welcher der Wesensgehalt dann verletzt ist, wenn „vom Grundrecht nichts mehr übrig bleibt".[600] Dadurch kann die Prüfung der Verletzung des Wesensgehalts schon in der Eingriffsprüfung an einer vergleichsweise messbaren Größe, nämlich dem Kern des grundrechtlich geschützten Verhaltens, festgemacht werden. Nur auf diese Weise kann – bei heutiger Kenntnis – folgerichtig festgestellt werden, ob die Rechtfertigungsmöglichkeit überhaupt besteht.

Die Uneinheitlichkeit der Auseinandersetzung mit der Wesensgehaltsgarantie macht folglich auch eine Übertragbarkeit der Argumentation auf die heutige Beurteilung der Impfpflicht kaum möglich.[601] Jedenfalls die Herangehensweise des Bundesgerichtshofs und des Oberverwaltungsgericht Niedersachsen/Schleswig-Holstein ist nach heutiger Dogmatik abzulehnen. Ob einer allgemeinen Impfpflicht heute eine derart große Einschränkung innewohnt, dass sie einen so wesentlichen Eingriff darstellt, dass bereits dessen Rechtfertigungsfähigkeit fraglich ist, muss in einer aktuellen Betrachtung neu geklärt werden. Eine Abwägungs- und daher auch eine Rechtfertigungsmöglichkeit kann jedenfalls nur dann bestehen, wenn die Grundrechtssubstanz nicht beeinträchtigt wird, was im Wege der Prüfung der Eingriffsintensität zu ermitteln ist.

Insgesamt können die Begründungen der untersuchten Judikate für die Verfassungsmäßigkeit der Impfpflicht heute nur noch bedingt Gültigkeit beanspruchen. Sowohl hinsichtlich des Erfordernisses eines Entschädigungsanspruchs bei Impfschäden als auch bei den als legitim zugrunde zu legenden Schutzzwecken herrscht Uneinigkeit. In heutiger Zeit dürfte eine allgemeine Impfpflicht, die nicht zugleich auch einen Entschädigungsanspruch im Impfschadensfalle

---

[598] Ähnlich auch *Höfling/Stöckle*, Elternrecht, Kindeswohl und staatliche Impfverantwortung, in: RdJB 2018, S. 284 (298, dort Fn. 106); anders aber *Timme*, Die juristische Bewältigung eines ökonomischen Netzwerkgutes, S. 86, der den Ansatz der Rechtsprechung, die dogmatische Vorverlagerung, zwar erkennt, aber offenbar für irrelevant erachtet und aus diesem Grund offenlässt.

[599] *Huber*, in: v. Mangoldt/Klein/Starck GG Kommentar, Bd. 1 (2018), Art. 19 Rn. 119, 121.

[600] A. A. aber noch *Hippel*, Grenzen und Wesensgehalt der Grundrechte (1965), S. 47.

[601] Ähnlich *Aligbe*, in: BeckOK IfSG (2021), § 20 Rn. 112; mit anderer Tendenz aber *Staudinger*, Verfassungsrechtliche Untersuchung der Impfgesetzgebung in Deutschland (2021), S. 97.

vorsieht, verfassungswidrig sein. Auch hinsichtlich des Eingriffszwecks scheint ein alleiniges Abstellen auf den Schutz des Geimpften selbst heute angesichts der Bedeutung der Herdenimmunität für Dritte nicht mehr in allen Teilen überzeugend. Insbesondere aber die Auseinandersetzung mit der Wesensgehaltsgarantie kann heute nicht mehr ausschließlich unter Zugrundelegung eines „zwingenden übergeordneten Grundes", sondern nur anhand der Verhältnismäßigkeitsprüfung erfolgen, da der legitime Zweck als erster Maßstab der Rechtfertigung nicht die Intensität des vorgelagerten Eingriffs definieren kann. Die damalige verfassungsrechtliche Argumentation kann daher schlussendlich aus zwei Gründen nicht auf eine heutige Beurteilung übertragen werden[602]: Zum einen ist die Grundrechtsdogmatik seit den 1950er Jahren deutlich weiterentwickelt worden, weshalb nach heutiger Sichtweise veränderte Maßstäbe an die Verfassungsmäßigkeitsprüfung angelegt werden müssen.[603] Zum anderen liegt das Augenmerk bei einer heutigen, erneuten Beurteilung der Verfassungsmäßigkeit einer Impfpflicht vielmehr auf Infektionskrankheiten, die sich in epidemiologischer Ausbreitung und Gefährlichkeit von den Pocken unterscheiden.

Der damaligen Beurteilung der Pockenimpfpflicht nach dem Reichsimpfgesetz ist daher nur zu entnehmen, auf welchen Problemkreisen in heutiger Zeit bei der verfassungsmäßigen Ausgestaltung einer allgemeinen Impfpflicht besonderes Augenmerk liegen muss. Die Klärung entscheidender verfassungsrechtlicher Fragen im Zusammenhang mit einer Impfpflicht wurde damit jedoch keineswegs vorweggenommen oder ist obsolet geworden. Vielmehr stellen diese sich im Folgenden unter dem Zugriff heutiger Grundrechtsdogmatik und unter Zugrundelegung des heutigen medizinischen Forschungsstandes erneut.

---

[602] So (nur in Bezug auf die Entscheidung des Bundesverwaltungsgerichts aus 1959) i. E. auch *Wicker/Rabenau/Marckmann et al.*, Argumente für eine verpflichtende Influenzaimpfung, in: DMW 2009, S. 1650 (1651); anders aber offenbar *Schaks*, Schriftliche Stellungnahme zu BT-Drs. 19/13452, Ausschuss-Drs. 19(14)112(14), S. 6.

[603] So auch *Aligbe*, in: BeckOK IfSG (2021), § 20 Rn. 115.

§ 3

Die Impfpflicht als materielle Grundrechtsbeschränkung

Im Zentrum der materiell-rechtlichen Debatte um eine allgemeine Impfpflicht steht der Grundrechtskonflikt zwischen der abwehrrechtlichen Dimension der Grundrechte auf körperliche Unversehrtheit der zu impfenden Personen sowie des elterlichen Erziehungsrechts der Eltern eines minderjährigen Impflings mit dem Anspruch des Impfunfähigen auf den staatlichen Schutz vor Eingriffen Dritter in sein Grundrecht auf körperliche Unversehrtheit. Daneben stellt sich die Frage, ob eine Impfpflicht auch gegen den Willen des Impflings zu dessen eigenem Schutz zulässig wäre.

Im Rahmen der Lösung dieses Zielkonflikts bildet die Herleitung und Gewichtung der staatlichen Schutzpflicht für das Grundrecht der körperlichen Unversehrtheit den Ausgangspunkt, gerade weil hinsichtlich des Eingriffs in das Grundrecht auf körperliche Unversehrtheit der Impflinge auf beiden Seiten staatlichen Handelns (Eingriffsperspektive) bzw. Unterlassens (Schutzpflichtperspektive) jeweils das Grundrecht der körperlichen Unversehrtheit steht, so dass sich eine abstrakte Gewichtung der abzuwägenden Grundrechte als solche (anders als bei dem gängigen Schulbeispiel des „Jungfrauenopfers" für die von vornherein höhere Gewichtung des Lebensgrundrechts gegenüber der Religionsausübungsfreiheit[1]) verbietet. Vielmehr stehen sich sowohl aus der Eingriffs- als auch der Schutzpflichtperspektive naturbedingt Risiken gegenüber, die der Gesetzgeber in seiner Grundrechtsabwägung berücksichtigen muss, auf die er aber im Zeitpunkt der Risikoentscheidung kaum Einfluss nehmen kann. Daher kommt es umso mehr auf eine genaue Betrachtung der Grundrechtsrisiken und deren Eintrittswahrscheinlichkeiten im Falle der Impfpflicht als Grundlage für die Abwägung an, bei der schließlich die Risikogewichtung und die darauf basierende Grundrechtsentscheidung (aktiver Eingriff oder Unterlassen) nachvollziehbar sein muss.

[1] Zwar besteht kein Rangverhältnis bestimmter Grundrechte vor anderen (für viele *Dreier*, Dimensionen der Grundrechte [1993], S. 22), dennoch kommt dem Grundrecht auf Leben und körperliche Unversehrtheit innerhalb der Verfassung nach ständiger Rechtsprechung des Bundesverfassungsgerichts ein Höchstwert zu, da es die vitale Basis der Menschenwürde und Voraussetzung für die Wahrnehmung aller anderen Grundrechte bildet. Vgl. *Stemmler*, Das „Neminem-laedere-Gebot" (2005), S. 217.

Der Nutzen einer abstrakten Abwägung ist jedoch gering, sofern diese nicht auf konkrete Fälle, d. h. auf bestimmte Zielkrankheiten und die zugehörigen Impfstoffe angewandt wird: Um also den Grundrechtskonflikt in Ansehung konkreter Gefahren und Risiken zu lösen und somit die Frage beantworten zu können, für welche Krankheiten die Einführung einer allgemeinen Impfpflicht nach derzeitiger medizinischer Erkenntnislage verfassungskonform wäre, werden krankheits- und impfspezifische Risiken von fünf unterschiedlichen, nach Anwendung verschiedener Filterkriterien ausgesuchter Infektionskrankheiten erörtert und eine Einschätzung über die materiell-verfassungsrechtliche Zulässigkeit der Einführung einer allgemeinen Impfpflicht abgegeben.

Abschließend wird untersucht, welchen Einfluss die Einführung einer allgemeinen Impfpflicht auf die Gewährleistung des Elterngrundrechts der Eltern minderjähriger Impflinge hat. Hier ist insbesondere bedeutsam, ob eine negative elterliche Impfentscheidung bereits von vornherein aus dem Schutzbereich des Art. 6 Abs. 2 S. 1 GG herausfällt. Falls auch die elterliche Entscheidung gegen eine Impfung den Schutz des Elterngrundrecht genießt, ist zu fragen, ob und gegebenenfalls wie sich das Ergebnis der vorangegangenen Abwägung anhand konkreter Krankheiten im Rahmen des Grundrechts auf körperliche Unversehrtheit der Impflinge auf die Betroffenheit des Elterngrundrechts auswirkt.

A. Ausgangspunkt: Die staatliche Schutzpflicht für Grundrechte Dritter

Die Möglichkeit des Staates, in verfassungskonformer Weise eine allgemeine Impfpflicht einzuführen, steht unter der Voraussetzung der Beachtung vielfältiger grundrechtlicher Vorgaben. Eine entscheidende Rolle kommt der Bestimmung des staatlichen Schutzauftrags als legitimem Zweck zu.

Die Existenz staatlicher Schutzpflichten gehört zu den „grundlegenden Weichenstellungen des Verfassungsrechts unter dem Grundgesetz“[2], da sie eine Art der Kompensation für die Akzeptanz des staatlichen Gewaltmonopols durch den Bürger darstellen.[3] Objektiv-rechtliche Grundrechtsgehalte, die den Boden

[2] *Wahl/Masing*, Schutz durch Eingriff, in: JZ 1990, S. 553 (556); vgl. auch *Böckenförde*, Grundrechte als Grundsatznormen, in: Der Staat Bd. 29 (1990), S. 1 f. mit dem Postulat, die Bedeutung der Grundrechte als objektive Grundsatznormen bzw. Wertentscheidungen, aus denen sich wiederum die grundrechtlichen Schutzpflichten ableiten lassen, gehörten zum „Grundbestand des Grundrechtswissens“ (zustimmend *Jarass*, Die Grundrechte: Abwehrrechte und objektive Grundsatznormen, in: Badura/Dreier [Hrsg.], FS 50 Jahre Bundesverfassungsgericht Bd. 2 [2001], S. 35), jedoch gleichzeitig mit der Einschränkung, der objektiv-rechtliche Gehalt der Grundrechte sei eine „Entwicklung“, aber keine Vorgabe des Grundgesetzes.

[3] *Calliess*, Schutzpflichten, in: Merten/Papier (Hrsg.), HGRe II (2006), § 44 Rn. 2; *Clausen*, Das Verhältnis von Achtungs- und Schutzpflichten in Ausnahmesituationen (2018), S. 54 f.;

der Schutzpflicht bilden[4], lassen sich sowohl bei Freiheits- als auch bei Leistungs- und Gleichheitsgrundrechten finden.[5] Staatliche Schutzpflichten treten unter bestimmten Voraussetzungen, die im Folgenden zu erörtern sind, neben die klassische abwehrrechtliche Funktion der Grundrechte[6] und sichern gemeinsam das grundrechtliche Gut eines Grundrechtsträgers von unterschiedlichen Seiten und gegen Angriffe aus unterschiedlichen Richtungen ab.[7] Sofern sie sich aber auf ein anderes Grundrechtssubjekt beziehen, tritt ein Konfliktfall ein[8], dessen Auflösung sich als komplex erweist.[9]

In welcher Situation aber ist der Staat zu grundrechtsschützendem Handeln verpflichtet und auf wessen Schutz darf sich diese Pflicht in legitimer Weise beziehen? Welche Personen sind also auf staatlichen Schutz angewiesen? Darf der Schutz durch den Staat auch zum Zwecke des Schutzes von Personen erfolgen, die gar nicht geschützt werden wollen? Wenn aber für den Grundrechtsträger keine „Verpflichtung zum Schutz vor sich selbst" besteht, gerät der Gesetzgeber aufgrund der Disparität der Grundrechtsträger in einen Abwägungskonflikt, im Zuge dessen die Schutzwürdigkeit und die Risiken für beide Dimensionen des Grundrechts differenziert betrachtet werden müssen. Die Schutzpflichtkomponente der Grundrechtsgarantie bedarf deshalb einer Gewichtung, um sie in ein angemessenes Verhältnis mit der gegenüberliegenden abwehrrechtlichen Komponente zu setzen.

Da die Figur der grundrechtlichen Schutzpflichten erst durch die Rechtsprechung des Bundesverfassungsgerichts entwickelt worden und damit neben die Abwehrrechtskomponente der Grundrechte getreten ist, muss anhand einer Analyse dieser Rechtsprechung untersucht werden, welches Gewicht der grundrechtlichen Schutzpflicht gegenüber der abwehrrechtlichen Dimension im Rahmen der Überprüfung gesetzlicher Vorschriften zukommt und anhand welcher Kriterien das Bundesverfassungsgericht seine überprüfende Abwägung vornimmt. Diese Kriterienanalyse ist notwendig, weil die anhand des Untermaß-

Loer, Gesundheitspolitik zwischen Schutzpflicht und Eigenverantwortung, in: Pünder/Klafki (Hrsg.), Risiko und Katastrophe als Herausforderung für die Verwaltung (2016), S. 81 (84).

[4] Vgl. dazu sogleich § 3 A. I. 1. „Herleitung".

[5] *Jarass*, Die Grundrechte: Abwehrrechte und objektive Grundsatznormen, in: Badura/Dreier (Hrsg.), FS 50 Jahre Bundesverfassungsgericht Bd. 2 (2001), S. 35 (37 f.).

[6] *Samhat*, Gesundheitsgerechtes Verhalten (2019), S. 20; *Winkeler*, Bedingt abwehrbereit? (2007), S. 163.

[7] *Winkeler*, Bedingt abwehrbereit? (2007), S. 163.

[8] *Jarass*, Die Grundrechte: Abwehrrechte und objektive Grundsatznormen, in: Badura/Dreier (Hrsg.), FS 50 Jahre Bundesverfassungsgericht Bd. 2 (2001), S. 35 (40); auch *Clausen*, Das Verhältnis von Achtungs- und Schutzpflichten in Ausnahmesituationen (2018), S. 74 ff.

[9] *Calliess*, Schutzpflichten, in: Merten/Papier (Hrsg.), HGRe II (2006), § 44 Rn. 3, beschreibt den zweidimensionalen Auftrag an den Staat, der nicht nur die Begrenzung des staatlichen Handelns erfordert, sondern auch den Schutz der Bürger im Verhältnis zueinander, pointiert als „Zwickmühle der Freiheit"; vgl. auch *Gerbig*, Grundrecht auf staatlichen Schutz (2014), S. 73.

verbotes zu überprüfende gesetzliche Wertung lediglich die Rechtsfolge der Gewichtung sein kann, das Gewicht selbst ist jedoch der Maßstab, an dem sich diese Rechtsfolge messen lassen muss.[10]

Die grundrechtliche Schutzpflicht kann indes nicht mit einer Leistungspflicht, also einem Anspruch auf die Einführung einer allgemeinen Impfpflicht bzw. einem Anspruch des Einzelnen auf Impfung auch anderer Personen, gleichgesetzt werden[11]: Der Rechtszweck der Einführung einer Impfpflicht kann nur der Schutz des Integritätsinteresses – bezogen auf die Integrität des Grundrechts auf Leben und körperliche Unversehrtheit – sein. Bei dem Schutz allein des Integritätsinteresses kommt jedoch nur eine Schutzpflicht in Betracht, während bei einer Erweiterung des Rechtskreises von einer sozialen Leistungs- oder Förderpflicht gesprochen wird.[12] Die einfachgesetzliche Ausgestaltung der Erfüllung bestehender Schutzpflichten, die der Erhaltung des Integritätsinteresses dienen, als zusätzlich anspruchsverleihendes Leistungsrecht obliegt außerdem dem Gesetzgeber.

I. Allgemeine Problemkreise der Schutzpflicht

Da grundrechtliche Schutzpflichten – anders als die abwehrrechtliche Dimension der Grundrechte – erst durch die bundesverfassungsgerichtliche Rechtsprechung entwickelt worden sind, unterscheiden sich ihre Konturen und Problemkreise von denen der abwehrrechtlichen Ausrichtung der Grundrechte und sind für das Zusammenspiel mit diesen bedeutsam.

Grundrechte haben nach der Statuslehre von *Georg Jellinek*[13] zunächst die Funktion, dem Einzelnen ein Abwehrrecht vor staatlichen Eingriffen zu verleihen („status negativus sive libertatis").[14] Es ist aber weit überwiegend anerkannt, dass es daneben (grundrechtliche) Schutzpflichten gibt.[15] Sie sind Aus-

---

[10] Sondervotum des Richters *Masing*, BVerfGE 121, 317 (382); vgl. auch *Gerbig*, Grundrecht auf staatlichen Schutz (2014), S. 64.

[11] So *Steiger*, Mensch und Umwelt (1975), S. 44: „Die Frage nach Bestehen, Inhalt und Umfang einer Schutzfunktion ist von der anderen Frage zu trennen"; siehe auch *Pestalozza*, Das Recht auf Gesundheit, in: BGesBl. 2007, S. 1113 (1116): „Schutzverpflichtung ist nun nicht gleichbedeutend mit Schutzanspruch".

[12] Diese Unterscheidung ist in erster Linie bei Grundrechten relevant, die aus sich heraus ein Schutz- oder Fördergebot enthalten. Vgl. daher allerdings mit Bezug auf das Schutzgebot aus Art. 6 Abs. 1 GG *Brosius-Gersdorf*, Demografischer Wandel und Familienförderung (2011), S. 216.

[13] *Jellinek*, Allgemeine Staatslehre, 3. Aufl. (1929), S. 418 ff.

[14] Vgl. *Grabitz*, Freiheit und Verfassungsrecht (1976), S. 5; *Su*, Schutz der Menschenwürde (2013), S. 86; kritisch *Scherzberg*, Grundrechtsschutz und „Eingriffsintensität" (1989), S. 214 ff.; zusammenfassend *Calliess*, Schutzpflichten, in: Merten/Papier (Hrsg.), HGRe II (2006), § 44 Rn. 18.

[15] Für viele *Clausen*, Das Verhältnis von Achtungs- und Schutzpflichten in Ausnahmesituationen (2018), S. 46; *Hain*, Der Gesetzgeber in der Klemme zwischen Übermaß- und Untermaßverbot?, in: DVBl. 1993, S. 982; *Hellermann*, Die sogenannte negative Seite der Freiheits-

druck der Aufgabe, die grundrechtsbewehrten Güter der Bürger zu schützen.[16] Dieser sog. „status positivus" kommt dann zum Tragen, wenn der Einzelne seine grundrechtlich garantierte Freiheit nicht ohne den Schutz des Staates ausüben kann.[17] Schutzpflichten erlangen ihre Bedeutung bei einer *nichtstaatlichen* Beeinträchtigung oder Gefährdung grundrechtlich geschützter Interessen und Güter[18], mithin bei einer Bedrohung, die nicht vom Grundrechtsverpflichteten ausgeht.[19] Die Schutzpflichtdimension der Grundrechte stellt neben der klassischen abwehrrechtlichen Dimension also eine Funktionserweiterung dar[20] und verleiht den Grundrechten einen sogenannten „Doppelcharakter"[21], der bei einem Auseinanderfallen der Träger der jeweiligen kollidierenden Grundrechtsdimensionen zu einem sog. Grundrechtsdreieck[22] führen kann.[23] Diese staatlichen Schutzpflichten und ihre Auswirkungen auf die Lösung grundrechtlicher Zielkonflikte determinieren deshalb die „Reichweite der Verantwortung des Staates für das friedliche Zusammenleben der Menschen".[24]

rechte (1993), S. 92; *Jaeckel*, Die Simulation des Urknalls, in: DVBl. 2011, S. 13 (14); *Kolb*, Die Pflicht des Staates zum Schutz von Leben und Gesundheit (1992), S. 6; *Kopp*, Grundrechtliche Schutz- und Förderungspflichten, in: NJW 1994, S. 1753; *Lindner*, Theorie der Grundrechtsdogmatik (2005), S. 356; *Su*, Schutz der Menschenwürde (2013), S. 87 ff.; *Pestalozza*, Das Recht auf Gesundheit, in: BGesBl. 2007, S. 1113 (1116); *Unruh*, Zur Dogmatik der grundrechtlichen Schutzpflichten (1996), S. 18; kritisch aber *Grüner*, Biologische Katastrophen (2017), S. 61 f. sowie aufgrund der Befürchtung der Machtverlagerung von der Legislative hin zum Bundesverfassungsgericht *Böckenförde*, Staat, Verfassung, Demokratie (1991), S. 190; *Mayer*, Untermaß, Übermaß und Wesensgehaltsgarantie (2005), S. 76 f. und im Ergebnis auch *Thiele*, Finanzaufsicht (2014), S. 331 ff.; die Bedenken bezüglich der Auswirkungen auf das Demokratieprinzip, die *Thiele* (a. a. O.) letztendlich auch aufgreift, zumindest in neutraler Weise aufzeigend *Wahl/Masing*, Schutz durch Eingriff, in: JZ 1990, S. 553 (557).

[16] *Unruh*, Zur Dogmatik der grundrechtlichen Schutzpflichten (1996), S. 20.

[17] Vgl. *Jellinek*, Allgemeine Staatslehre (1929), S. 421; *Winkeler*, Bedingt abwehrbereit? (2007), S. 163.

[18] *Hermes*, Das Grundrecht auf Schutz von Leben und Gesundheit (1987), S. 221 ff.; *Isensee*, Das Grundrecht als Abwehrrecht und als staatliche Schutzpflicht, in: Isensee/Kirchhof (Hrsg.), HStR V (1992), § 111 Rn. 94; *Lindner*, Theorie der Grundrechtsdogmatik (2005), S. 363; *Möstl*, Die staatliche Garantie für die öffentliche Sicherheit und Ordnung (2002), S. 95.

[19] *Thiele*, Finanzaufsicht (2014), S. 314.

[20] *Klein*, Grundrechtliche Schutzpflicht des Staates, in: NJW 1989, S. 1633. Sie nimmt den Grundrechten aber nicht ihre ursprüngliche Abwehrfunktion, klarstellend *Pestalozza*, Das Recht auf Gesundheit, in: BGesBl. 2007, S. 1113 (1116); *Samhat*, Gesundheitsgerechtes Verhalten (2019), S. 22.

[21] *Jarass*, Die Grundrechte: Abwehrrechte und objektive Grundsatznormen, in: Badura/Dreier (Hrsg.), FS 50 Jahre Bundesverfassungsgericht Bd. 2 (2001), S. 35 (36); vgl. *Böckenförde*, Grundrechte als Grundsatznormen, in: Der Staat Bd. 29 (1990), S. 1.

[22] Die Formulierung des „Dreiecks", die hier wegen ihrer Anschaulichkeit und Prägnanz aufgegriffen wird, ist bereits zu finden bei *Isensee*, Das Grundrecht auf Sicherheit (1983), S. 34 und wird unter anderem aufgegriffen von *Wahl/Masing*, Schutz durch Eingriff, in: JZ 1984, S. 553 m. w. N.; *Winkeler*, Bedingt abwehrbereit? (2007), S. 173, gibt jedoch zu Recht zu bedenken, dass es sich aufgrund der fehlenden unmittelbaren grundrechtlichen Verbindung zwischen „Störer" und „Opfer" eigentlich um ein unvollständiges Dreieck handelt.

[23] *Calliess*, Schutzpflichten, in: Merten/Papier (Hrsg.), HGRe II (2006), § 44 Rn. 18.

[24] *Klein*, Grundrechtliche Schutzpflicht des Staates, in: NJW 1989, S. 1633.

Mehrere Problemkreise rund um die Begründung der Schutzpflichten und deren Reichweite sind jedoch umstritten. Deren Betrachtung ist für die grundrechtliche Zuordnung der Schutzpflichten in der Beziehung zum Abwehrrecht unerlässlich, da das „dogmatische Fundament maßgeblichen Einfluss auf Umfang, Inhalt und Wirkung der grundrechtlichen Schutzpflichten hat."[25] In Bezug auf die Problematik einer Impfpflicht stellen sich daher die Fragen, ob Infektionskrankheiten überhaupt schutzpflichtenauslösende Gefahrenquellen darstellen, wie hoch der Grad der verursachten Bedrohung sein muss, um die Schutzpflicht zu aktivieren und ob eine Impfpflicht ein zulässiges Mittel ist, um diese Bedrohung zu minimieren.

1. *Herleitung*

Die Ansätze zur Herleitung grundrechtlicher Schutzpflichten sind vielfältig.[26] Zwar verankert das Grundgesetz die grundrechtliche Schutzfunktion *expressis verbis* nur in Art. 1 Abs. 1 S. 2 sowie in Art. 6 Abs. 1 GG.[27] Bei der Annahme einer Schutzfunktion auch für andere Grundrechte haben sich jedoch mit der Herleitung aus dem objektiv-rechtlichen Gehalt der Grundrechte als Werteordnung einerseits[28] und dem Schutz der Menschenwürde aus Art. 1 Abs. 1 S. 2 GG andererseits[29] zwei Hauptlinien herauskristallisiert, die miteinander verwoben werden.[30]

---

[25] *Clausen*, Das Verhältnis von Achtungs- und Schutzpflichten in Ausnahmesituationen (2018), S. 46.

[26] *Calliess*, Schutzpflichten, in: Merten/Papier (Hrsg.), HGRe II (2006), § 44 Rn. 8; *Clausen*, Das Verhältnis von Achtungs- und Schutzpflichten in Ausnahmesituationen (2018), S. 46; *Gerbig*, Grundrecht auf staatlichen Schutz (2014), S. 73; *Jaeckel*, Schutzpflichten im deutschen und im europäischen Recht (2001), S. 29; *Lindner*, Theorie der Grundrechtsdogmatik (2005), S. 356 ff.; *Robbers*, Sicherheit als Menschenrecht (1987), S. 122; *Schwarz*, Die Dogmatik der Grundrechte, in: Blaschke et al. (Hrsg.), Sicherheit statt Freiheit? (2005), S. 29 (39 f.); *Steiger*, Verfassungsrechtliche Grundlagen, in: Salzwedel/Burhenne (Hrsg.), Grundzüge des Umweltrechts (1982), S. 21 (42); *Unruh*, Zur Dogmatik der grundrechtlichen Schutzpflichten (1996), S. 31; zur historischen Entwicklung im Schrifttum *Stern/Sachs*, Staatsrecht III/1 (1988), S. 897 ff.

[27] Vgl. *Gerbig*, Grundrecht auf staatlichen Schutz (2014), S. 34 f.

[28] „Die Pflicht des Staates, jedes menschliche Leben zu schützen, lässt sich [...] bereits unmittelbar aus Art. 2 Abs. 2 Satz 1 GG ableiten. Sie ergibt sich darüber hinaus auch aus der ausdrücklichen Vorschrift des Art. 1 Abs. 1 Satz 2 GG; denn das sich entwickelnde Leben nimmt auch an dem Schutz teil, den Art. 1 Abs. 1 GG der Menschenwürde gewährt. [...] Nach der ständigen Rechtsprechung des Bundesverfassungsgerichts enthalten die Grundrechtsnormen nicht nur subjektive Abwehrrechte des Einzelnen gegen den Staat, sondern sie verkörpern zugleich eine objektive Werteordnung, die als verfassungsrechtliche Grundentscheidung für alle Bereiche des Rechts gilt und Impulse für Gesetzgebung, Verwaltung und Rechtsprechung gibt.", BVerfGE 39, 1 (41 f.); vgl. zudem BVerfGE 56, 54 (71). Zustimmend *Hellermann*, Die sogenannte negative Seite der Freiheitsrechte (1993), S. 92; kritisch gegenüber dem Wertbegriff *Scherzberg*, Grundrechtsschutz und „Eingriffsintensität" (1989), S. 155 ff. sowie *Goerlich*, Wertordnung und Grundgesetz (1973), S. 81.

[29] „Ihren Grund hat diese Schutzpflicht in Art. 1 Abs. 1 GG, der den Staat ausdrücklich

Ausgangspunkt der Begründung staatlicher Schutzpflichten ist ein sogenannter „allgemein-staatsfunktionaler“[31] Ansatz, bei dem die Schutzpflichten den Verzicht des Einzelnen auf die Ausübung von Gewalt kompensieren und die Durchsetzung von dessen Rechten stattdessen auf staatliche Organe übertragen wird.[32] Der Einzelne darf nicht schutzlos gelassen werden, denn die Sicherheit ist die Voraussetzung für die Unterwerfung der Bürger unter das staatliche Gewaltmonopol.[33] Dieser Ansatz dient jedoch weniger als rechtsnormative Quelle der Schutzpflichten[34] denn als Begründung ihrer Notwendigkeit; insbesondere, wenn er auf „Sicherheit“ als Staatszweck gestützt wird.[35] Gleichwohl wirkt sich der staatsfunktionale Ansatz im Folgenden auch auf das tatbestandliche Verhältnis der (aktivierten) Schutzpflicht zum Abwehrrecht aus.[36]

Die in Rechtsprechung und Literatur bedeutendste Herleitungslinie liegt im objektiv-rechtlichen Gehalt der Grundrechtsnormen als Werteordnung.[37] Zen-

---

zur Achtung und zum Schutz der Menschenwürde verpflichtet; ihr Gegenstand und – von ihm her – ihr Maß werden durch Art. 2 Abs. 2 GG näher bestimmt.“, BVerfGE 88, 203 (251); auch *Clausen*, Das Verhältnis von Achtungs- und Schutzpflichten in Ausnahmesituationen (2018), S. 47.

[30] *Unruh*, Zur Dogmatik der grundrechtlichen Schutzpflichten (1996), S. 31; zustimmend zu dieser Vermengung *Calliess*, Rechtsstaat und Umweltstaat (2001), S. 313; *Clausen*, Das Verhältnis von Achtungs- und Schutzpflichten in Ausnahmesituationen (2018), S. 48 f. sowie *Dolderer*, Objektive Grundrechtsgehalte (2000), S. 147; kritisch aber *Klein*, Grundrechtliche Schutzpflicht des Staates, in: NJW 1989, S. 1633 (1635); vgl. nur feststellend *Reith*, Der Erziehungs-, Bildungs- und Betreuungsauftrag des Staates (2014), S. 134.

[31] Begriff bei *Dolderer*, Objektive Grundrechtsgehalte (2000), S. 181.

[32] *Calliess*, Schutzpflichten, in: Merten/Papier (Hrsg.), HGRe II (2006), § 44 Rn. 2, 20; *Dietlein*, Die Lehre von den grundrechtlichen Schutzpflichten (1992), S. 21 ff.; *Dolderer*, Objektive Grundrechtsgehalte (2000), S. 181; vgl. *Isensee*, Das Grundrecht als Abwehrrecht und als staatliche Schutzpflicht, in: Isensee/Kirchhof (Hrsg.), HStR V (1992), § 111 Rn. 83; auch *Clausen*, Das Verhältnis von Achtungs- und Schutzpflichten in Ausnahmesituationen (2018), S. 45. Dieser Ansatz kann auch durch Art. 20 Abs. 2 S. 1 GG („Alle Staatsgewalt geht vom Volke aus.“) gestützt werden, kritisch jedoch *Krings*, Grund und Grenzen grundrechtlicher Schutzansprüche (2003), S. 86, der die Schutzpflichten direkt aus dem „dualen Wirkungsprogramm“ der Grundrechte ableiten will, a. a. O., S. 142, 170.

[33] *Di Fabio*, Risikoentscheidungen im Rechtsstaat (1994), S. 43; *Klein*, Grundrechtliche Schutzpflicht des Staates, in: NJW 1989, S. 1633 (1636).

[34] Vgl. *Di Fabio*, Risikoentscheidungen im Rechtsstaat (1994), S. 43 f.; vgl. *Thiele*, Finanzaufsicht (2014), S. 315.

[35] *Calliess*, Rechtsstaat und Umweltstaat (2001), S. 96 ff.; *ders.*, Sicherheit im freiheitlichen Rechtsstaat, in: ZRP 2002, S. 1 (3 ff.); *Gerbig*, Grundrecht auf staatlichen Schutz (2014), S. 84 ff.; *Klein*, Grundrechtliche Schutzpflicht des Staates, in: NJW 1989, S. 1633 (1636); *Schwarz*, Die Dogmatik der Grundrechte, in: Blaschke et al. (Hrsg.), Sicherheit statt Freiheit? (2005), S. 29 (30, 41), der allerdings die Begründung der staatlichen Schutzpflichten alleinig auf den Staatszweck „Sicherheit“ stützen will.

[36] Siehe sogleich § 3 A. II. 3. b) bb) (2) (a) „Bedeutung des ‚neminem-laedere-Gebots‘“.

[37] BVerfGE 7, 198 (205); 35, 79 (114); 39, 1 (41); 49, 89 (141 f.); 50, 290 (337); für viele *Calliess*, Schutzpflichten, in: Merten/Papier (Hrsg.), HGRe II (2006), § 44 Rn. 5; a. A. *Di Fabio*, Risikoentscheidungen im Rechtsstaat (1994), S. 45; *Isensee*, Das Grundrecht als Abwehrrecht und staatliche Schutzpflicht, in: Isensee/Kirchhof (Hrsg.), HStR V (1992), § 111 Rn. 81; die Terminologie des Bundesverfassungsgerichts ist dabei jedoch nicht eindeutig, *Jarass*, Grund-

tral ist der Wertbegriff.[38] Der über den Gehalt als subjektives Recht hinausgehende „Überschuss objektiver Grundrechtsordnung" begründet sich darin, dass der individualrechtliche Gehalt der Grundrechte als allgemeine Wertentscheidung in die Rechtsordnung hineinstrahlt, weil die Achtung der grundrechtlich verbürgten Eigenverantwortlichkeit des Einzelnen als zentralem Wert bei jedem staatlichen Handeln gewährleistet sein muss.[39] Dass zentrale Grundrechtswerte in einer objektiven Werteordnung kumulieren, ist somit eine der „systematischen Geschlossenheit" geschuldete logische Folge.[40] Durch den Ursprung und die Verankerung der Werte in der kodifizierten Grundrechtsordnung kann die Kritik entkräftet werden, der Begriff der „Werte" sei zu diffus und könne daher mit subjektiven Moralvorstellungen aufgeladen und interpretiert werden.[41]

Auch die Herleitung aus dem Schutzauftrag für die Menschenwürde gemäß Art. 1 Abs. 1 S. 2 GG muss aufgrund seiner expliziten normativen Verankerung (*Jaeckel* spricht zu Recht von einem „verbindlich geltenden Verfassungssatz"[42]), die Menschenwürde „zu achten und zu schützen", Beachtung finden.[43] In Bezug auf die Freiheitsrechte kann diese Herleitung aber nur tragen, wenn in jedem Grundrecht die Verankerung eines „Menschenwürdekerns" gesehen

---

rechte als Wertentscheidung, in: AöR 110 (1985), S. 363 (366), so werden abwechselnd „Wertordnung" (BVerfGE 7, 198 [205]; 52, 131 [165]), „Wertsystem" (BVerfGE 7, 198 [205]), „objektive Prinzipien" (BVerfGE 50, 290 [337]), „objektiv-rechtlicher Gehalt" (BVerfGE 53, 30 [57]) und „wertentscheidende Grundsatznorm" (BVerfGE 6, 55 [71 f.]; 10, 303 [322]; 39, 1 [47]) verwendet (Aufzählung z. T. bei *Jaeckel*, Schutzpflichten im deutschen und europäischen Recht [2001], S. 53).

[38] *Jarass*, Grundrechte als Wertentscheidung, in: AöR 110 (1985), S. 363 (367).

[39] Vgl. *Jaeckel*, Schutzpflichten im deutschen und europäischen Recht (2001), S. 53; *Jarass*, Grundrechte als Wertentscheidung, in: AöR 110 (1985), S. 363 (366); *Robbers*, Sicherheit als Menschenrecht (1987), S. 189; scheinbar mit Zweifeln jedoch *Klein*, Grundrechtliche Schutzpflicht des Staates, in: NJW 1989, S. 1633 (1635).

[40] *Robbers*, Sicherheit als Menschenrecht (1987), S. 189.

[41] So etwa *Goerlich*, Wertordnung und Grundgesetz (1973), S. 131, der Zweifel an der Erfüllung der Anforderungen an „Bestimmtheit" und „Klarheit" hat; *Jaeckel*, Schutzpflichten im deutschen und europäischen Recht (2001), S. 52; *Schwarz*, Die Dogmatik der Grundrechte, in: Blaschke et al. (Hrsg.), Sicherheit statt Freiheit? (2005), S. 29 (41), der in der „objektiven Werteordnung" wegen der Abstraktion des Kriteriums die „notwendige Klarheit" vermisst; *Stern/Sachs*, Staatsrecht III/1 (1988), S. 915.

[42] *Jaeckel*, Schutzpflichten im deutschen und europäischen Recht (2001), S. 46; auch *Clausen*, Das Verhältnis von Achtungs- und Schutzpflichten in Ausnahmesituationen (2018), S. 47, der feststellt, dass es einer gesonderten Herleitung der Schutzpflicht für die Menschenwürde daher nicht bedürfe.

[43] *Seewald*, Gesundheit als Grundrecht (1982), S. 75; Inkonsequent sei in der Bundesverfassungsrechtsprechung dann aber, wie *Schwabe* zutreffend zu bedenken gibt (Probleme der Grundrechtsdogmatik [1977], S. 232), dass der Schwangerschaftsabbruch bei Berücksichtigung der Herleitung der Schutzpflicht aus der Menschenwürde stets als verfassungsrechtlich unzutreffend gelten müsste; kritisch zum Einfluss des Art. 1 GG auf die Herleitung der objektiven Werteordnung auch *Böckenförde*, Grundrechte als Grundsatznormen, in: Der Staat, Bd. 29 (1990), S. 1 (2).

wird.[44] Um den Menschenwürdebegriff nicht abzunutzen, ist der Gehalt der Menschenwürde, der sich in jedem einzelnen Grundrecht manifestiert, restriktiv auszulegen und auf den Kernbereich menschlicher Existenz zu reduzieren[45]. Über den Kerngehalt eines Grundrechts, der der Menschenwürde zugeordnet wird, „transportiert" sich die menschenwürdebezogene Schutzpflicht auf jedes andere Grundrecht.[46] Dabei geht die Annahme fehl, der grundrechtliche Tatbestandsgehalt, auf den sich der Menschenwürdekern in jedem Grundrecht bezieht, werde ebenso der Beschränkbarkeit des Grundrechts zugeschrieben[47], die dann niemals gegeben wäre. Eine Herleitung der Schutzpflicht aus der Schutzgarantie des Art. 1 Abs. 1 S. 2 GG ist also nicht schon aus Gründen „handhabbarer" Grundrechtsschranken ausgeschlossen.

Schließlich gibt es um *Schwabe* und *Murswiek* eine kleine Anzahl von Vertretern eines abwehrrechtlichen Ansatzes der Schutzpflichten, wodurch die vollständige Integration einer Schutzpflicht-Figur in die abwehrrechtliche Dogmatik versucht wird[48] und die eigenständige Funktion einer Schutzpflicht überflüssig sein soll.[49] Was rechtlich nicht verboten sei, sei im Umkehrschluss erlaubt und *vice versa*.[50] Die auf diese Weise erfolgende Zurechnung (erlaubter) privater Verletzungshandlungen zum Staat[51] mit der Folge einer Duldungspflicht für den beeinträchtigten Grundrechtsträger kann aber nicht vollständig überzeugen, da sich aus einem fehlenden Verbot nicht zwingend eine Duldungspflicht ergeben muss.[52] Das Nicht-Verbieten einer Handlung durch den Staat – mithin schlicht das Unterlassen einer staatlichen Handlung – ist keinesfalls gleichzusetzen mit der aktiven Handlung, ein Verbot auszusprechen, da hierdurch

---

[44] *Rupp*, Vom Wandel der Grundrechte, in: AöR 101 (1976), S. 161 (166) spricht von Grundrechten als „spezifische Ausprägungen der Fundamentalnorm des Art. 1 Abs. 1 GG"; *Häberle*, Die Menschenwürde als Grundlage der staatlichen Gemeinschaft, in: Isensee/Kirchhof (Hrsg.), HStR I (1987), § 20 Rn. 57 f.; *Starck*, Praxis der Verfassungsauslegung (1994), S. 70 ff.

[45] *Geddert-Steinacher*, Menschenwürde als Verfassungsbegriff (1990), S. 85; *Jaeckel*, Schutzpflichten im deutschen und europäischen Recht (2001), S. 46 m. w. N., 47; vgl. auch *Benda*, Verfassungsrechtliche Aspekte des Umweltschutzes, in: UPR 1982, S. 241 (243).

[46] Vgl. BVerfGE 102, 370 (392) unter Verweis auf BVerfGE 84, 90 (120 f.); *Calliess*, Schutzpflichten, in: Merten/Papier (Hrsg.), HGRe II (2006), § 44 Rn. 23.

[47] Diese Befürchtung scheint jedenfalls bei *Krings*, Grund und Grenzen grundrechtlicher Schutzansprüche (2003), S. 144, anzuklingen.

[48] *Gerbig*, Grundrecht auf staatlichen Schutz (2014), S. 76.

[49] *Murswiek*, Die staatliche Verantwortung für die Risiken der Technik (1985), S. 65; *ders.*, Zur Bedeutung der grundrechtlichen Schutzpflichten für den Umweltschutz, in: WiVerw 1986, S. S. 179 (182 ff.); *Schwabe*, Probleme der Grundrechtsdogmatik (1977), S. 219, 223; *ders.*, Bundesverfassungsgericht und „Drittwirkung" der Grundrechte, in: AöR 100 (1975), S. 442 (448 f.); etwas vorsichtiger *Lübbe-Wolff*, Die Grundrechte als Eingriffsabwehrrechte (1988), S. 163; zustimmend *Szczekalla*, Die sogenannten grundrechtlichen Schutzpflichten (2002), S. 390 ff.

[50] *Murswiek*, Die staatliche Verantwortung für die Risiken der Technik (1985), S. 65; *ders.*, Zur Bedeutung der grundrechtlichen Schutzpflichten für den Umweltschutz, in: WiVerw 1986, S. S. 179 (182 ff.).

[51] *Gerbig*, Grundrecht auf staatlichen Schutz (2014), S. 76.

[52] *Hellermann*, Die sogenannte negative Seite der Freiheitsrechte (1993), S. 210.

ein gravierender Unterschied von Schutzpflicht und Abwehrrecht negiert würde.[53] Vielmehr würde durch eine Zurechnung von staatlichem Unterlassen zum Kanon des aktiven staatlichen Tuns der Eingriffsbegriff überdehnt.[54]

Die daraus resultierende Auffassung, es bestehe lediglich bei *rechtswidrigen* Eingriffen von Seiten Dritter eine staatliche Schutzpflicht[55], ist zurecht Kritik ausgesetzt[56]: Daraus würde eine in der Realität nicht zutreffende Reduzierung der schutzpflichtenauslösenden Gefahrenmomente auf „individualisierbare, punktuelle Eingriffe" vermittelt, während die staatliche Schutzpflicht aber auch dort greifen muss, wo Gefährdungen aus Kumulationen ungewisser Risikolagen resultieren.[57] Diese können ebenso auf erlaubtes Handeln zurückzuführen sein.[58] Eine andere Wertung liefe Gefahr, der möglichst umfassenden Effektuierung der grundrechtlichen Freiheiten nicht gerecht zu werden.[59] Zwar ist der Gesetzgeber auch verpflichtet, gezielte Eingriffe von Seiten Dritter zu verbieten[60], die Beurteilung der verfassungsrechtlichen Rechtswidrigkeit eines Eingriffs und damit dessen schutzpflichtenauslösendes Gefahrenniveau kann jedoch aus normenhierarchischen Grundsätzen[61] nicht erst von einer Klassifizierung durch das einfache Recht abhängen.[62] Die grundrechtliche Freiheit des Verursachers eines erlaubten Risikos, das in eine Gefahr umschlagen könnte, darf auch schon durch Regelungen unterhalb der Gefahrenschwelle eingeschränkt werden, die der Risikovorsorge dienen.[63] Ansonsten wären etwa bei Infektionskrankheiten, die zwischen Menschen im alltäglichen Umgang nicht

---

[53] *Gerbig*, Grundrecht auf staatlichen Schutz (2014), S. 78.

[54] *Gerbig*, Grundrecht auf staatlichen Schutz (2014), S. 78.

[55] So etwa im Hinblick auf eine Impfpflicht auch *Staudinger*, Verfassungsrechtliche Untersuchung der Impfgesetzgebung in Deutschland (2021), S. 118.

[56] So etwa *Clausen*, Das Verhältnis von Achtungs- und Schutzpflichten in Ausnahmesituationen (2018), S. 63 f.; *Dietlein*, Die Lehre von den grundrechtlichen Schutzpflichten (1992), S. 106 sowie *Hermes*, Das Grundrecht auf Schutz von Leben und Gesundheit (1987), S. 227.

[57] *Dietlein*, Die Lehre von den grundrechtlichen Schutzpflichten (1992), S. 106; vgl. *Hermes*, Das Grundrecht auf Schutz von Leben und Gesundheit (1987), S. 227; ähnlich *Möstl*, Die staatliche Garantie für die öffentliche Sicherheit und Ordnung (2002), S. 97.

[58] Man bedenke beispielhaft nur einmal die Ansteckung mit einer Infektionskrankheit durch einen anderen, dessen Erkrankung freilich nicht verboten ist. Daraus jedoch eine Duldungspflicht für den aufgrund Ansteckung unfreiwillig Erkrankten abzuleiten, die ihm staatlichen Schutz verschließen soll, erscheint realitätsfern.

[59] *Gerbig*, Grundrecht auf staatlichen Schutz (2014), S. 79.

[60] *Rixen*, in: Sachs (Hrsg.), GG Kommentar (2021), Art. 2 Rn. 188.

[61] So schon *Möstl*, Die staatliche Garantie für die öffentliche Sicherheit und Ordnung (2002), S. 97; *Gerbig*, Grundrecht auf staatlichen Schutz (2014), S. 60.

[62] *Clausen*, Das Verhältnis von Achtungs- und Schutzpflichten in Ausnahmesituationen (2018), S. 64; *Dietlein*, Die Lehre von den staatlichen Schutzpflichten (1992), S. 106; *Gerbig*, Grundrecht auf staatlichen Schutz (2014), S. 60; *Hermes*, Das Grundrecht auf Schutz von Leben und Gesundheit (1987), S. 227; *Steinau-Steinrück*, Die staatliche Verhütung und Bekämpfung von Infektionskrankheiten (2013), S. 142.

[63] *Dietlein*, Die Lehre von den grundrechtlichen Schutzpflichten (1992), S. 106; *Rixen*, in: Sachs (Hrsg.), GG Kommentar (2021), Art. 2 Rn. 181.

in rechtswidriger Weise weitergegeben werden, keine staatlichen Schutzmaßnahmen möglich, da die Weitergabe des Erregers ja durch ein erlaubtes Verhalten eines Dritten erfolgte. Der Ansatz der Herleitung grundrechtlicher Schutzpflichten aus der abwehrrechtlichen Dimension ist deshalb abzulehnen.[64]

Einer endgültigen Entscheidung über die (alleinige) Herleitung der Schutzpflichten aus der Menschenwürde oder der objektiven Werteordnung der Grundrechte bedarf es aufgrund der allgemeinen Anerkennung ihrer Existenz[65] nicht zuletzt durch die Rechtsprechung des Bundesverfassungsgerichts nicht. Vorzugswürdig erscheint jedoch eine Kombination beider Ansätze, die sich nicht wechselseitig ausschließen.[66]

2. *Quelle der Beeinträchtigung*

Schutzpflichten existieren aufgrund der primär abwehrrechtlichen Ausrichtung der Grundrechte nicht aus sich selbst heraus, sondern werden erst durch ein bedrohendes Ereignis aktiviert, dessen Verursacher nicht dem grundrechtsverpflichteten Staat zuzuordnen ist. Fraglich ist vor dem Hintergrund der Bekämpfung von Infektionskrankheiten mithilfe einer Impfpflicht allerdings, worin dieses drohende Ereignis in zulässiger Weise liegen kann. Bei welcher Art von Risikosituationen dürfen Schutzpflichten also zum Tragen kommen und den Gesetzgeber zu einem schützenden Handeln verpflichten?

Einigkeit besteht nur dahingehend, dass jedenfalls Beeinträchtigungen, die durch Grundrechtsausübungen von privater Seite ausgelöst werden, die staatliche Schutzpflicht aktivieren und die Abwägung kollidierender Grundrechtsgewährleistungen zwischen Abwehr- und Schutzpflichtdimension auslösen.[67]

---

[64] *Calliess*, Rechtsstaat und Umweltstaat (2001), S. 315; *ders.*, Schutzpflichten, in: Merten/Papier (Hrsg.), HGRe II (2006), § 44 Rn. 14; *Dolderer*, Objektive Grundrechtsgehalte (2000), S. 188 ff.; *Hellermann*, Die sogenannte negative Seite der Freiheitsrechte (1993), S. 208; *Hermes*, Das Grundrecht auf Schutz von Leben und Gesundheit (1987), S. 72, 97; *Jaeckel*, Schutzpflichten im deutschen und europäischen Recht (2001), S. 38; *Krings*, Grund und Grenzen grundrechtlicher Schutzansprüche (2003), S. 106, 170; *Phirtskhalashvili*, Schutzpflichten und die horizontale Wirkung (2010), S. 23; *Ruschemeier*, Der additive Grundrechtseingriff (2019), S. 126; eingehend auch *Unruh*, Zur Dogmatik der grundrechtlichen Schutzpflichten (1996), S. 47.

[65] *Hofmann*, Rechtsfragen der atomaren Entsorgung (1981), S. 309; *Krings*, Grund und Grenzen grundrechtlicher Schutzansprüche (2003), S. 83; *Lücke*, Das Grundrecht des einzelnen gegenüber dem Staat auf Umweltschutz, in: DÖV 1976, S. 289 (293); *Robbers*, Sicherheit als Menschenrecht (1987), S. 122 m. w. N.; *Schwerdtfeger*, Grundrechtlicher Drittschutz im Baurecht, in: NVwZ 1982, S. 5 (7 ff.); *Steiger*, Verfassungsrechtliche Grundlagen, in: Salzwedel/Burhenne (Hrsg.), Grundzüge des Umweltrechts (1982), S. 21 (42).

[66] So auch *Klein*, Grundrechtliche Schutzpflicht des Staates, in: NJW 1989, S. 1633 (1636).

[67] Für viele *Calliess*, Rechtsstaat und Umweltstaat (2001), S. 318; *Clausen*, Das Verhältnis von Achtungs- und Schutzpflichten in Ausnahmesituationen (2018), S. 63; *Dietlein*, Die Lehre von den grundrechtlichen Schutzpflichten (1992), S. 88; *Gerbig*, Grundrecht auf staatlichen Schutz (2014), S. 60; *Hermes*, Das Grundrecht auf Schutz von Leben und Gesundheit (1987), S. 6 ff.; *Isensee*, Das Grundrecht auf Sicherheit (1983), S. 35; *ders.*, Das Grundrecht als Ab-

Diskutiert wird hingegen die Qualität von nicht-personalen Beeinträchtigungen, insbesondere Naturereignissen (zu denen im weiten Sinne auch Infektionskrankheiten zählen) als schutzpflichtenaktivierende Ereignisse.[68]

Nach *Alexy* sind Rechte auf Schutz – als Komplementärbegriff zur staatlichen Schutzpflicht[69] – subjektive verfassungsmäßige Rechte gegenüber dem Staat auf positive faktische oder normative Handlungen, deren Gegenstand nur die Abgrenzung der Sphären gleichgeordneter Rechtssubjekte ist.[70] Wegen des Arguments der Gleichordnung wäre ein Anspruch auf Schutz vor Naturereignissen bei dieser Betrachtung ausgeschlossen. Nur Handlungen Gleichrangiger, also privater Dritter, stellten dann geeignete schutzpflichtauslösende Gefahrenquellen dar.[71] Schutzansprüche könnten allenfalls durch sozialstaatliche Leistungsansprüche vermittelt werden.[72] Diese Ansicht begegnet jedoch Kritik: Zwar ist zutreffend, dass nur bei einem Gegenüberstehen zweier Grundrechtsträger (und somit bei einem privaten Störer, in dessen Rechte in der Konsequenz aufgrund zurechenbarer Gefahrenveranlassung zur Erfüllung der Schutzpflicht eingegriffen wird) eine echte „tripolare Konstellation"[73] besteht. Nur in dieser Konstel-

---

wehrrecht und als staatliche Schutzpflicht, in: Isensee/Kirchhof (Hrsg.), HStR V (1992), § 111 Rn. 97; *Jaeckel*, Schutzpflichten im deutschen und europäischen Recht (2001), S. 63; *Klein*, Grundrechtliche Schutzpflicht des Staates, in: NJW 1989, S. 1633; *Krings*, Grund und Grenzen grundrechtlicher Schutzansprüche (2003), S. 190; *Mayer*, Untermaß, Übermaß und Wesensgehaltsgarantie (2005), S. 58; *Reiling*, Der Hybride (2016), S. 297; *Reith*, Der Erziehungs-, Bildungs- und Betreuungsauftrag des Staates (2014), S. 134 f.; *Scherzberg*, Grundrechtsschutz und „Eingriffsintensität" (1989), S. 194; *Schwarz*, Die Dogmatik der Grundrechte, in: Blaschke et al. (Hrsg.), Sicherheit statt Freiheit? (2005), S. 29 (42); *Thiele*, Finanzaufsicht (2014), S. 314; *Unruh*, Zur Dogmatik der grundrechtlichen Schutzpflichten (1996), S. 76; *Steinau-Steinrück*, Die staatliche Verhütung und Bekämpfung von Infektionskrankheiten (2013), S. 139.

[68] Auf die Frage, inwieweit Naturereignisse doch *mittelbar* durch menschliches Verhalten verursacht werden (beispielsweise „menschengemachter Klimawandel") und deshalb möglicherweise über eine ausgedehnte Kausalkette doch dem Handeln privater Dritter zuzurechnen sein könnten, soll hier nicht eingegangen werden, vgl. dazu *Kloepfer*, Handbuch des Katastrophenrechts (2015), § 3 Rn. 61 ff.

[69] Vgl. *Kopp*, Grundrechtliche Schutz- und Förderungspflichten, in: NJW 1994, S. 1753 (1756).

[70] *Alexy*, Theorie der Grundrechte (1985), S. 410.

[71] Zustimmend *Hermes*, Das Grundrecht auf Schutz von Leben und Gesundheit (1987), S. 208; ebenso *Isensee*, Das Grundrecht auf Sicherheit (1983), S. 35, der Naturereignisse als Schutzpflichtenauslöser zwar nicht *expressis verbis* ausschließt, wohl aber von einem öffentlich-rechtlichen Eingriffsverhältnis zwischen Störer und Staat ausgeht, was Naturereignisse auf Störerseite faktisch ausschließt; deutlicher dann *ders.*, Das Grundrecht als Abwehrrecht und als staatliche Schutzpflicht, in: Isensee/Kirchhof (Hrsg.), HStR V (1992), § 111 Rn. 89, 112; *Krings*, Grund und Grenzen grundrechtlicher Schutzansprüche (2003), S. 217 ff.; *Schwarz*, Die Dogmatik der Grundrechte, in: Blaschke et al. (Hrsg.), Sicherheit statt Freiheit? (2005), S. 29 (42), der von einem dem Schutzbedürftigen gegenüberstehenden anderen Grundrechtsträger ausgeht, was ebenfalls Naturereignisse als Gefahrenquelle ausschließt.

[72] *Isensee*, Das Grundrecht als Abwehrrecht und als staatliche Schutzpflicht, in: Isensee/Kirchhof (Hrsg.), HStR V (1992), § 111 Rn. 112.

[73] *Schwarz*, Die Dogmatik der Grundrechte, in: Blaschke et al. (Hrsg.), Sicherheit statt Freiheit? (2005), S. 29 (42).

lation könnte auch die Kategorie der „Rechtswidrigkeit" des privaten Eingriffs zur Anwendung gelangen. Da diese aber – wie aufgezeigt – schon aufgrund ihrer Ableitung aus der abwehrrechtlichen Begründung von Schutzpflichten (*Murswiek*, *Schwabe* et al.) abzulehnen ist[74], ist auch die Beschränkung schutzpflichtenauslösender Beeinträchtigungsquellen auf Handlungen personaler Dritter mit Bedenken behaftet.

Grundrechtlich geschützte Güter können freilich auch durch nicht menschlich verursachte Gefährdungen beeinträchtigt werden.[75] Eine Reduktion auf private Gefahrenquellen liefe daher dem Ziel der möglichst umfassenden grundrechtlichen Gewährleistung zuwider, zumal es für die beeinträchtigten und daher zu schützenden Grundrechtsträger unerheblich ist, ob es sich um eine menschliche oder natürliche Gefahrenquelle handelt.[76] Das Argument der fehlenden Zurechenbarkeit[77] des Eingriffs zu einem personalen Verhalten überzeugt kaum[78]: Da die Schutzpflicht sich „gegen jegliches aus der nichtstaatlichen Sphäre resultierende Beeinträchtigungspotenzial" wendet[79], können bereits „diffuse Gefährdungen und Risiken" eine schutzpflichtaktivierende Beeinträchtigung darstellen. Es widerspräche dem als Begründungsansatz herangezogenen Staatszweck der „Sicherheit", die Träger des Schutzgutes dann – trotz

[74] Zustimmend *Clausen*, Das Verhältnis von Achtungs- und Schutzpflichten in Ausnahmesituationen (2018), S. 59 ff.

[75] Sehr deutlich *Robbers*, Sicherheit als Menschenrecht (1987), S. 124; *Camilo de Oliveira*, Zur Kritik der Abwägung in der Grundrechtsdogmatik (2013), S. 136; *Dietlein*, Die Lehre von den grundrechtlichen Schutzpflichten (1992), S. 103; *Kingreen*, in: Huster/Kingreen (Hrsg.), Handbuch Infektionsschutzrecht (2021), Kapitel 1, Rn. 57; *Lang*, in: BeckOK GG (2021), Art. 2 Rn. 75; *Lindner*, Theorie der Grundrechtsdogmatik (2005), S. 362; *Jaeckel*, Schutzpflichten im deutschen und europäischen Recht (2001), S. 80, die als Beispiele zutreffend Überschwemmungen, Unwetter, Erdrutsche, Epidemien und Krankheitserreger nennt; vgl. *Pflug*, Pandemievorsorge (2013), S. 62; *Reith*, Der Erziehungs-, Bildungs- und Betreuungsauftrag des Staates (2014), S. 137; *Unruh*, Zur Dogmatik der grundrechtlichen Schutzpflichten (1996), S. 76, nennt als weiteres Beispiel den Küstenschutz, also maritime Gefahren; zustimmend ausdrücklich für das Recht auf Leben und körperliche Unversehrtheit *Zwermann-Milstein*, Grund und Grenzen einer verfassungsrechtlich gebotenen gesundheitlichen Mindestversorgung (2015), S. 147, 149.

[76] *Dietlein*, Die Lehre von den grundrechtlichen Schutzpflichten (1992), S. 103; *Kolb*, Die Pflicht des Staates zum Schutz von Leben und Gesundheit (1992), S. 49; *Lenz*, Vorbehaltlose Freiheitsrechte (2006), S. 75; *Reith*, Der Erziehungs-, Bildungs- und Betreuungsauftrag des Staates (2014), S. 136 f.; *Robbers*, Sicherheit als Menschenrecht (1987), S. 124; *Stern/Sachs*, Staatsrecht III/1 (1988), S. 734; *Steinau-Steinrück*, Die staatliche Verhütung und Bekämpfung von Infektionskrankheiten (2013), S. 142; vgl. *Zwermann-Milstein*, Grund und Grenzen einer verfassungsrechtlich gebotenen gesundheitlichen Mindestversorgung (2015), S. 152; wohl auch *Clausen*, Das Verhältnis von Achtungs- und Schutzpflichten in Ausnahmesituationen (2018), S. 45.

[77] Für viele *Köck*, Grundzüge des Risikomanagements im Umweltrecht, in: Bora (Hrsg.), Rechtliches Risikomanagement (1999), S. 129 (148).

[78] *Trute*, Katastrophenschutzrecht – Besichtigung eines verdrängten Rechtsgebietes, in: KritV 2005, S. 342 (358); *Pflug*, Pandemievorsorge (2013), S. 62, kritisiert dieses Argument sogar als „konstruiert".

[79] *Möstl*, Die staatliche Garantie für die öffentliche Sicherheit und Ordnung (2002), S. 95 f.

der Möglichkeit, der Beeinträchtigung mittels Eingriffs in die Rechte eines anderen (Nichtstörers) abzuhelfen – schutzlos zu stellen. Ein staatliches Untätigbleiben in dieser Situation bärge die Gefahr, dass das staatliche Gewaltmonopol missachtet wird.

Die Abwehr aller Gefahren für die Verwirklichung der Freiheitsgrundrechte von nicht-staatlicher Seite muss jedoch dem Staat obliegen.[80] Aus der Ablehnung der Rechtswidrigkeitskategorie für schutzpflichtauslösende Eingriffe folgt gerade, dass dann auch Gefahren aus Naturereignissen Schutzpflichten auslösen können müssen, da diese niemals rechtswidrig sein können.[81] Auch die Herleitung der Schutzpflicht aus dem Charakter der Grundrechte als objektive Werteordnung bestätigt, dass ein Schutz auch vor unpersonalen Gefahren nicht ausgeschlossen sein kann[82], denn für die Wahrung der objektiven Werteordnung ist allein ausschlaggebend, ob überhaupt die Gefährdung oder Störung einer grundrechtlich geschützten Freiheit vorliegt[83]: Weder aus dem Wortlaut von Art. 2 Abs. 2 S. 1 GG noch von Art. 1 Abs. 1 S. 2 GG ergibt sich eine Beschränkung auf Schutz vor personal verursachten Gefahren.[84]

Teilweise wird der Ausweitung grundrechtlicher Schutzpflichten auf durch unpersonale Quellen ausgelöste Risikolagen zwar entgegengehalten, dass der Grundrechtsträger in diesen Fällen nicht völlig schutzlos gestellt sei, weil der Staat gemäß Art. 20 Abs. 1, 28 Abs. 1 S. 1 GG zu sozialstaatlicher Hilfe verpflichtet sei.[85] Zutreffend ist, dass die Zielrichtung sozialstaatlicher Aufgaben zur Abwehr unpersonal verursachter Gefahren eine gewisse Überschneidung mit dem Telos der grundrechtlichen Schutzpflichten aufweist.[86] Da grundrechtliche Freiheiten aber gleichwohl beeinträchtigt werden, ließe die Verlagerung der Abhilfe lediglich auf das Sozialstaatsprinzip die subjektiven Grundrechtsgewährleistungen leerlaufen. Die Grundrechte sind daher aufgrund ihrer konkreten Gewährleistungsgehalte und ihrer Subjektivität zur Herleitung von Schutz dem abstrakten Sozialstaatsprinzip vorzuziehen.[87] Folglich kann nur die Einbeziehung auch natürlicher und unpersonaler Gefahrenquellen in die schutzpflichtaktivierenden Beeinträchtigungsquellen zu einem umfassenden und effektiven Schutz der Grundrechtsgewährleistungen führen.

---

[80] *Reith*, Der Erziehungs-, Bildungs- und Betreuungsauftrag des Staates (2014), S. 137.

[81] *Steinau-Steinrück*, Die staatliche Verhütung und Bekämpfung von Infektionskrankheiten (2013), S. 142.

[82] *Szczekalla*, Die sogenannten grundrechtlichen Schutzpflichten (2002), S. 283.

[83] Vgl. *Reith*, Der Erziehungs-, Bildungs- und Betreuungsauftrag des Staates (2014), S. 137.

[84] *Steinau-Steinrück*, Die staatliche Verhütung und Bekämpfung von Infektionskrankheiten (2013), S. 142.

[85] *Hermes*, Das Grundrecht auf Schutz von Leben und Gesundheit (1987), S. 231; *Borowski*, Grundrechte als Prinzipien, S. 239 Fn. 9; ausführliche Darstellung bei *Reith*, Der Erziehungs-, Bildungs- und Betreuungsauftrag des Staates (2014), S. 139.

[86] *Reith*, Der Erziehungs-, Bildungs- und Betreuungsauftrag des Staates (2014), S. 139.

[87] *Reith*, Der Erziehungs-, Bildungs- und Betreuungsauftrag des Staates (2014), S. 139.

3. *Aktivierungsschwelle der Schutzpflicht*

Zu klären ist weiter, welchen Grad die Gefährdung bereits erreicht haben muss, die aus der personalen oder unpersonalen Beeinträchtigungsquelle herrührt, um die Schutzpflicht zu aktivieren und somit eine Abwägungsfähigkeit mit der abwehrrechtlichen Dimension herzustellen. Dabei handelt es sich um eine der Frage der Abwägung *vorgelagerte*[88] Frage, denn die Bestimmung der Beeinträchtigungsschwelle (und somit der Aktivierung der Schutzpflicht) hängt nicht erst von der Zumutbarkeit oder Hinnehmbarkeit der Beeinträchtigung für das zu schützende Grundrechtsgut ab.[89] Ansonsten würde der Abwägung kollidierender Grundrechtsgüter als Rechtsfolge der Schutzpflichtaktivierung vorgegriffen und diese – dogmatisch unzulässig – in den Tatbestand gezogen. Da die Schutzpflicht jedoch gerade darauf gerichtet ist, zukünftige Verletzungen zu verhindern, kann die Schutzpflicht nicht erst dann aktiviert sein, wenn das grundrechtlich geschützte Gut bereits Schaden genommen hat.[90]

Ebenso kann keine durchweg *latente* Schutzpflicht existieren.[91] Zwar besteht die Verpflichtung an den Staat aus Art. 1 Abs. 1 S. 2 GG nicht nur temporär. Es führte jedoch zu einer asymmetrischen Überladung der Schutzpflichtdimension entgegen des Verständnisses der Grundrechte als Eingriffsabwehrrechte, wenn bereits eine omnipräsente, keiner Aktivierung bedürfende Schutzpflicht der Abwägung mit der abwehrrechtlichen Dimension zugänglich wäre. Da die grundrechtliche Schutzpflicht ausschließlich in Bedrohungslagen notwendig ist, bedarf es einer latenten Schutzpflicht bereits gar nicht.

a) Rückgriff auf den Rechtsgedanken der polizeirechtlichen Gefahrenschwellen?

Unklar ist aber, wo die Schwelle liegt, bei deren Überschreitung die grundrechtliche Schutzpflicht aktiviert wird. Teilweise wird zur Bestimmung der Aktivierungsschwelle auf den Rechtsgedanken aus dem polizeirechtlichen System der Gefahrenschwellen zurückgegriffen.[92] Dann wäre erst bei dem Vorliegen einer

---

[88] *Calliess*, Rechtsstaat und Umweltstaat (2001), S. 317 f.; *Hermes*, Das Grundrecht auf Schutz von Leben und Gesundheit (1987), S. 227; *Isensee*, Das Grundrecht als Abwehrrecht und als staatliche Schutzpflicht, in: Isensee/Kirchhof (Hrsg.), HStR V (1992), § 111 Rn. 106; sehr deutlich *Jaeckel*, Schutzpflichten im deutschen und europäischen Recht (2001), S. 85 ff.; *Möstl*, Die staatliche Garantie für die öffentliche Sicherheit und Ordnung (2002), S. 97; *Schwarz*, Die Dogmatik der Grundrechte, in: Blaschke et al. (Hrsg.), Sicherheit statt Freiheit? (2005), S. 29 (45); *Steinau-Steinrück*, Die staatliche Verhütung und Bekämpfung von Infektionskrankheiten (2013), S. 148.

[89] *Gerbig*, Grundrecht auf staatlichen Schutz (2014), S. 63; a. A. aber etwa *Lindner*, Theorie der Grundrechtsdogmatik (2005), S. 369.

[90] *Gerbig*, Grundrecht auf staatlichen Schutz (2014), S. 62.

[91] So nur anklingend bei *Szczekalla*, Die sogenannten grundrechtlichen Schutzpflichten (2002), S. 172.

[92] So etwa *Epping*, Grundrechte (2021), Rn. 124; *Krings*, Grund und Grenzen grundrechtlicher Schutzansprüche (2003), S. 229; *Schmidt-Aßmann*, Anwendungsprobleme des Art. 2

Situation, die mit der konkreten Gefahr im polizeirechtlichen Sinne vergleichbar ist, auch die grundrechtliche Schutzpflicht aktiviert. Diese Ansicht ist jedoch aus mehreren Gesichtspunkten bedenklich:

Zum einen erscheint ein Rückgriff auf einen Rechtsgedanken des Polizeirechts und damit auf Grundsätze, die im subkonstitutionellen Recht zwar anerkannt sind, angesichts des Verfassungsrangs grundrechtlicher Schutzpflichten aber problematisch. Um den Wirkbereich verfassungsrechtlicher Schutzpflichten zu umreißen, ist eine Anlehnung an einfaches Recht aus normenhierarchischen Gründen bedenklich.[93] Zum anderen ist der Anwendungskontext von Gefahrenschwellen im Polizeirecht mit der Abwehr akuter Gefahren einzelfallbezogen, während zur Erfüllung der grundrechtlichen Schutzpflicht mittels formeller Gesetze in erster Linie der Gesetzgeber verpflichtet ist.[94] Darüber hinaus stellte sich bei einer Anlehnung an die Bedeutung von Gefahrenschwellen im Kontext des Polizeirechts die Frage, welchen Anwendungsbereich grundrechtliche Schutzpflichten neben den bei akuten Gefährdungslagen anzuwendenden Eingriffsbefugnissen noch hätten.[95]

Am deutlichsten zeigt sich aber die Schwäche des Rückgriffs auf den Rechtsgedanken der Gefahrenschwellen im Kontext des Polizeirechts, wenn reelle Risikolagen (die insbesondere auch aus unpersonalen Quellen wie Naturereignissen und eben dem Ansteckungsrisiko einer Infektionskrankheit herrühren können) betrachtet werden, welche unterhalb der Schwelle einer Gefahr im polizeirechtlichen Sinne anzusiedeln sind.[96] Gleichwohl können aber solche Risiken die Entwicklung einer Gefahr begünstigen oder zu einem nicht beeinflussbaren Zeitpunkt in eine Gefahr umschlagen. Dass eine Gefahr im polizeirechtlichen Sinne erst bei einer akuten Gefahr und nicht schon bei bloßen Risiken vorliegt[97], lässt sich dadurch erklären, dass eine akute Gefahr im polizeirechtlichen Sinne die Exekutive unmittelbar zu Grundrechtseingriffen in einer zuvor festgelegten Form zum Zwecke der Abwehr dieser Gefahr ermächtigt. Die aktivierte grundrechtliche Schutzpflicht hingegen fordert von der Legislative, Maßnahmen in Gesetzesform zu ergreifen, die zwar wegen der Kollision von

Abs. 2 GG im Immissionsschutzrecht, in: AöR 106 (1981), S. 204 (216); wohl auch *Staudinger*, Verfassungsrechtliche Untersuchung der Impfgesetzgebung in Deutschland (2021), S. 132.

93 Vgl. *Hermes*, Das Grundrecht auf Schutz von Leben und Gesundheit (1987), S. 227; *Möstl*, Die staatliche Garantie für die öffentliche Sicherheit und Ordnung (2002), S. 97 f.

94 *Dietlein*, Die Lehre von den grundrechtlichen Schutzpflichten (1992), S. 108; vgl. *Unruh*, Zur Dogmatik der grundrechtlichen Schutzpflichten (1996), S. 77.

95 Mit dieser Kritik schon *Dietlein*, Die Lehre von den grundrechtlichen Schutzpflichten (1992), S. 108.

96 Vgl. zustimmend *Gerbig*, Grundrecht auf staatlichen Schutz (2014), S. 62; *Pflug*, Pandemievorsorge (2013), S. 60 sowie *Reiling*, Der Hybride (2016), S. 44.

97 Vgl. dazu prägnant *Kingreen*, Ist das Kunst? Dann kann das weg!, www.verfassungsblog.de/ist-das-kunst-dann-kann-das-weg/ (Seite zuletzt aufgerufen am 15.03.2021): „Verfassungsrechtlich […] muss allerdings zwischen der sicherheitsrechtlichen Gefahrenabwehr und der im Vorfeld des Gefahrenabwehrrechts ansetzenden Risikovorsorge differenziert werden".

Schutzpflicht und Abwehrrecht häufig, jedoch nicht zwingend einen Eingriff in Grundrechte Dritter ermöglichen müssen.[98]

b) „Eingriffsäquivalente Beeinträchtigung"?

Aus der Ablehnung der Übernahme des Rechtsgedankens der Gefahrenschwelle aus dem Kontext des Polizeirechts folgt, dass die grundrechtliche Schutzpflicht bereits bei beeinträchtigenden Ereignissen aktiviert wird, deren Risikoniveau unterhalb einer Gefahr im polizeirechtlichen Sinne liegt. Es stellt sich dennoch weiterhin die Frage, wo diese Schwelle der Beeinträchtigung sinnvollerweise liegen muss.

Ein Teil der Literatur will die grundrechtliche Schutzpflicht erst dann als aktiviert betrachten, wenn eine „relevante" Beeinträchtigung der grundrechtlichen Freiheit vorliegt, welche, ginge sie vom Staat aus, als Grundrechtseingriff zu qualifizieren wäre.[99] Eine bloße Risikovorsorge lasse sich aus den Vorgaben grundrechtlicher Schutzpflichten nicht ableiten, erst die Schwelle zur Gefährdung bilde das Gegenstück zum verfassungsrechtlich erheblichen staatlichen Eingriff in eine grundrechtlich geschützte Freiheit.[100] Dagegen ist aber anzuführen, dass die Erforderlichkeit einer solchen „eingriffsäquivalenten Beeinträchtigung" den Eindruck vermittelt, hinter der Beeinträchtigung müsste – wie bei einem Eingriff von staatlicher Seite – ein Willenselement stehen, was Gefahren und Risiken durch Naturereignisse ausschlösse.[101] Diese Ansicht erschiene nur dann konsequent, wenn man die Schutzpflicht aus der abwehrrechtlichen Dimension herleitete, was jedoch – wie gezeigt – abzulehnen ist.

Daher ist auch die Beschränkung der Schutzpflichtaktivierung auf lediglich „nicht sozialadäquate" Beeinträchtigungen abzulehnen. Zum einen trifft der Einwand von *Dietlein* zu, die Einschätzung einer Gefahren- oder Risikolage als „sozialadäquat" sei allenfalls das Ergebnis einer Bewertung, nicht jedoch dessen rechtliches Kriterium.[102] Zum anderen unterläge ein Kriterium der „Sozialadäquanz" wandelbaren Moral- und Wertvorstellungen und wäre somit in der

---

[98] Vgl. *Dietlein*, Die Lehre von den grundrechtlichen Schutzpflichten (1992), S. 111.

[99] *Epping*, Grundrechte (2021), Rn. 124; *Jaeckel*, Die Simulation des Urknalls, in: DVBl. 2011, S. 13 (14); *Schmidt-Aßmann*, Anwendungsprobleme des Art. 2 Abs. 2 GG im Immissionsschutzrecht, in: AöR 106 (1981), S. 204 (216); verschwommener *Dolderer*, Objektive Grundrechtsgehalte (2000), S. 265, der nur von „Realisierungsdefiziten [...] in der staatlichen oder gesellschaftlichen Wirklichkeit" als auslösendes Moment spricht.

[100] Vgl. *Murswiek*, Die staatliche Verantwortung für Risiken der Technik (1985), S. 131 ff., 281; *Schwarz*, Die Dogmatik der Grundrechte, in: Blaschke et al. (Hrsg.), Sicherheit statt Freiheit? (2005), S. 29 (43).

[101] *Dietlein*, Die Lehre von den grundrechtlichen Schutzpflichten (1992), S. 106; *Hermes*, Das Grundrecht auf Schutz von Leben und Gesundheit (1987), S. 227.

[102] *Dietlein*, Die Lehre von den grundrechtlichen Schutzpflichten (1992), S. 108 f.; anders aber *Schmidt-Aßmann*, Anwendungsprobleme des Art. 2 Abs. 2 GG im Immissionsschutzrecht, in: AöR 106 (1981), S. 205 (214).

Lage, Schutzmaßstäbe zu definieren und auch zu verkürzen, die jedoch durch die Grundrechte als „objektive Werteordnung" geprägt sind.[103]

Grundrechtliche Schutzpflichten können im Sinne einer umfassenden Grundrechtseffektuierung also nicht erst dann aktiviert werden, wenn grundrechtlich geschützte Güter einer Bedrohung gegenüberstehen, die mit einem Eingriff von staatlicher Seite oder einer „nicht sozialadäquaten Beeinträchtigung" vergleichbar ist.

c) *Risiko als aktivierendes Gefährdungsniveau*

Obwohl soeben zwar auch die „eingriffsäquivalente Beeinträchtigung" als Aktivierungsschwelle der Schutzpflicht abgelehnt wurde, existiert die Schutzpflicht dennoch nicht schon um ihrer selbst willen. Vielmehr liegt die Aktivierungsschwelle nicht nur unterhalb der Schwelle einer Gefahr im polizeirechtlichen Sinne, sondern sogar noch unterhalb einer eingriffsäquivalenten Beeinträchtigung und wird bereits durch das Bestehen eines Risikos erreicht, dessen Grad der Eintrittswahrscheinlichkeit geringer ist als der einer Gefahr.[104]

Das Risiko erweist sich im Vergleich zur Gefahr als ein „Minus".[105] Der Risikobegriff fängt damit gerade diejenigen potenziellen Schadensfälle auf, die unterhalb der Gefahrenschwelle liegen, welche ihrerseits durch messbare Wahrscheinlichkeiten determiniert wird.[106] Aufgrund der in der präventiven Natur der Schutzpflicht liegenden Prognoseunsicherheit liefe es der Effektuierung der grundrechtlichen Schutzpflichten zuwider, eine absolute Gewissheit hinsichtlich der drohenden Gefährdung zu fordern.[107] Der Staat muss zur wirksamen Durchsetzung der Schutzpflicht aber bereits im Vorfeld einer drohenden Grundrechtsbeeinträchtigung handeln können[108], denn auch Risiko enthält be-

[103] Vgl. *Steinau-Steinrück*, Die staatliche Verhütung und Bekämpfung von Infektionskrankheiten (2013), S. 148.

[104] BVerfGE 49, 89 (140 ff.); 53, 30 (57); 56, 54 (78); *Isensee*, Das Grundrecht als Abwehrrecht und als staatliche Schutzpflicht, in: Isensee/Kirchhof (Hrsg.), HStR V (1992), § 111 Rn. 106; *Gerbig*, Grundrecht auf staatlichen Schutz (2014), S. 63; *Grüner*, Biologische Katastrophen (2017), S. 253; *Klafki*, Risiko und Recht (2017), S. 12 f.; *Kloepfer/Brandner*, Umweltrecht (1998), § 3 Rn. 17; *Ossenbühl*, Vorsorge als Rechtsprinzip, in: NVwZ 1986, S. 161 (163); vgl. auch *Kolb*, Die Pflicht des Staates zum Schutz von Leben und Gesundheit (1992), S. 32 sowie *Reiling*, Der Hybride (2016), S. 43.

[105] *Klafki*, Risiko und Recht (2017), S. 12 f.

[106] *Klafki*, Risiko und Recht (2017), S. 12.

[107] *Calliess*, Rechtsstaat und Umweltstaat (2001), S. 318; vgl. *Jaeckel*, Schutzpflichten im deutschen und europäischen Recht (2001), S. 86; *Ossenbühl*, Vorsorge als Rechtsprinzip, in: NVwZ 1986, S. 161 (165 ff.).

[108] Vgl. BVerfGE 49, 89 (141 f.); 53, 30 (57); 56, 54 (78); *Jaeckel*, Schutzpflichten im deutschen und europäischen Recht (2001), S. 86; *Krings*, Grund und Grenzen grundrechtlicher Schutzansprüche (2003), S. 228; *Möstl*, Die staatliche Garantie für die öffentliche Sicherheit und Ordnung (2002), S. 97; *Mayer*, Untermaß, Übermaß und Wesensgehaltsgarantie (2005), S. 59; *Staudinger*, Verfassungsrechtliche Untersuchung der Impfgesetzgebung in Deutschland (2021), S. 119.

reits das Potenzial einer Gefahr, weshalb es vom Tatbestand der Schutzpflicht erfasst ist.[109] Anders als das Abwehrrecht, das „nur Grundrechtsverletzungen im Sinne messbarer Eingriffe in grundrechtlich geschützte Bereiche“ abwehren soll und nicht schon bei bloßen Verletzungsrisiken zum Tragen kommt, wohnt der Schutzpflicht auch ein Vorsorgeelement inne[110], welches sich in der Pflicht zur Minimierung der Risikolage niederschlägt.[111]

Vereinzelt wird allerdings vertreten, dass eine Risikolage und dementsprechend die Überschreitung der Aktivierungsschwelle der Schutzpflicht erst dann zu verneinen sei, wenn „aufgrund der Grenzen des menschlichen Wissens eine Gefährdung nicht mehr auszumachen“ sei.[112] Das führte jedoch dazu, dass eine Schutzpflicht immer dann aktiviert wäre, wenn ein Risiko nicht *positiv* ausgeschlossen werden kann. Müsste ein Risiko aber stets positiv ausgeschlossen werden können, erwiese sich dies als in höchstem Maße innovationshemmend.[113] Zudem verlagerte sich das Problem der Schutzpflichtaktivierung von der tatsächlichen Risikolage auf die Ebene der Beweisbarkeit.

Um bloße Belästigungen auszuschließen, unterliegt das für die Aktivierung der Schutzpflicht zu fordernde Risiko aber dem Kriterium der „Erheblichkeit“.[114] Dieses einschränkende Kriterium ist erforderlich, weil reine „Ängste“ noch keine Bedrohung darstellen, welche die Aktivierung der Schutzpflicht geböte.[115] Anderenfalls drohte die Umkehrung der garantierten Freiheiten zur

---

[109] *Isensee*, Das Grundrecht als Abwehrrecht und als staatliche Schutzpflicht, in: Isensee/Kirchhof (Hrsg.), HStR IX (2011), § 191 Rn. 235.

[110] *Gerbig*, Grundrecht auf staatlichen Schutz (2014), S. 62.

[111] *Di Fabio*, Risikoentscheidungen im Rechtsstaat (1994), S. 42; *Robbers*, Sicherheit als Menschenrecht (1987), S. 126, spricht von „Vorsorge“ und setzt damit möglicherweise noch unterhalb der Risikoschwelle an, wobei fraglich ist, ob die Schutzpflichtaktivierung damit nicht allzu weit vorgezogen wird.

[112] Nur *Trute*, Vorsorgestrukturen und Luftreinhalteplanung (1989), S. 230 und, diesen aufgreifend, *Köck*, Grundzüge des Risikomanagements im Umweltrecht, in: Bora (Hrsg.), Rechtliches Risikomanagement (1999), S. 129 (135).

[113] Vgl. *Reiling*, Der Hybride (2016), S. 43 f.

[114] Vgl. BVerfGE 56, 54 (80 f.); 66, 39 (58); *Calliess*, Rechtsstaat und Umweltstaat (2001), S. 318; eher ablehnend *Isensee*, Das Grundrecht als Abwehrrecht und als staatliche Schutzpflicht, in: Isensee/Kirchhof (Hrsg.), HStR V (1992), § 111 Rn. 89, 106, der anstelle der Erheblichkeit auf die rationale Prognostizierbarkeit abstellt, was gerade aufgrund der dem Risiko innewohnende Prognoseunsicherheit wenig handhabbar erscheint. Gleichwohl darf aber auch die rationale Prognostizierbarkeit im Rahmen der Abwägung im Grundrechtsdreieck nicht unberücksichtigt bleiben, vgl. dazu im Folgenden § 3 A. II. 3. b) dd) „Entwicklung einer Gleichwertigkeitsprüfung für die Abwägung zweier Dimensionen des gleichen Grundrechts im Rahmen einer Prognoseentscheidung“. Vgl. *ders.*, Das Grundrecht auf Sicherheit (1983), S. 38; *Möstl*, Die staatliche Garantie für die öffentliche Sicherheit und Ordnung (2002), S. 97; deutlich *Wilke*, Der Schutz vor den Wirkungen des Fluglärms (2017), S. 176: „[...] die Ableitung eines absoluten Zwanges zur Abwehr oder zum Schutz vor *jeder* Gesundheitsgefahr scheint aber eher abwegig“.

[115] *Jaeckel*, Die Simulation des Urknalls, in: DVBl. 2011, S. 13 (17); *Isensee*, Das Grundrecht als Abwehrrecht und als staatliche Schutzpflicht, in: Isensee/Kirchhof (Hrsg.), HStR V (1992), § 111 Rn. 106; vgl. *Robbers*, Sicherheit als Menschenrecht (1987), S. 223 ff., der von

Rechtfertigung der Herstellung einer „totalen Sicherheit".[116] Das unterhalb der Aktivierungsschwelle noch bestehende und nicht auszuschließende Risiko wird als Restrisiko bezeichnet, da es keine absolute Sicherheit geben kann.[117]

Den vielfältigen Erörterungen des Risikobegriffs[118] soll hier keine weitere hinzugefügt werden: Ausreichend ist jedenfalls das konsensuale Minimum, dass es sich um ein Gefährdungspotenzial handelt, dessen Realisierung entfernter ist als bei einer akuten Gefährdungslage, und das sich deshalb unterhalb der Schwelle einer Gefahr bewegt.[119] Auch eine bereits *hinreichende* Wahrscheinlichkeit eines Schadenseintritts, wie sie für das Vorliegen einer abstrakten Gefahr notwendig ist, ist für die Annahme einer Risikolage und damit der Aktivierung der Schutzpflicht nicht erforderlich. Für die Überschreitung der Aktivierungsschwelle sind keine Anforderungen an bestimmte Grade der Schadenseintrittswahrscheinlichkeit zu stellen. Im Ergebnis muss nur überhaupt ein „erhebliches" Risiko für ein grundrechtlich geschütztes Gut bestehen. Das gilt umso mehr, wenn die Schutzpflichtdimension des Grundrechts auf Leben und körperliche Unversehrtheit durch das Risiko der Ansteckung mit einer Infektionskrankheit in Rede steht.[120]

4. *Problem: Gewicht der staatlichen Schutzpflicht im „Dreieck"*

Die aktivierte staatliche Schutzpflicht steht nicht für sich, sondern ist der Ausgangspunkt für die Abwägung mit konfligierenden Rechtsgütern, die durch die Legislative mittels der gewählten Rechtsfolge erfolgen muss. Von größter Re-

---

einem „Freisein von Furcht" spricht; vgl. auch *Kolb*, Die Pflicht des Staates zum Schutz von Leben und Gesundheit (1992), S. 32.

[116] *Dietlein*, Die Lehre von den grundrechtlichen Schutzpflichten (1992), S. 105; *Jaeckel*, Schutzpflichten im deutschen und europäischen Recht (2001), S. 85; ähnlich *Hermes*, Das Grundrecht auf Schutz von Leben und Gesundheit (1987), S. 49 sowie *Lindner*, Theorie der Grundrechtsdogmatik (2005), S. 368.

[117] Prägnant *Isensee*, Das Grundrecht auf Sicherheit (1983), S. 41: „Totale Sicherheit wird allenfalls im totalen Staat angestrebt; aber noch nicht einmal er kann sie erreichen."; *Kloepfer*, Handbuch des Katastrophenrechts (2015), § 3 Rn. 65.

[118] Vgl. für viele *Di Fabio*, Risikoentscheidungen im Rechtsstaat (1994), S. 7 ff.; *Jaeckel*, Gefahrenabwehrrecht und Risikodogmatik (2010), S. 154 ff.; *Murswiek*, Die staatliche Verantwortung für die Risiken der Technik (1985), S. 81 ff.; *Klafki*, Risiko und Recht (2017), S. 7 ff.; *Köck*, Grundzüge des Risikomanagements im Umweltrecht, in: Bora (Hrsg.), Rechtliches Risikomanagement (1999), S. 129 f.; *Reiling*, Der Hybride (2016), S. 36 ff.

[119] *Murswiek*, Die staatliche Verantwortung für die Risiken der Technik (1985), S. 81, formuliert zutreffend, „Ein Risiko ist […] die Möglichkeit des Eintritts eines Nachteils, bezogen auf ein bestimmtes Geschehen […]." und legt dabei ein dynamisches, nicht statisches Geschehen zugrunde.

[120] *Möstl*, Die staatliche Garantie für die öffentliche Sicherheit und Ordnung (2002), S. 97; *Isensee*, Das Grundrecht als Abwehrrecht und als staatliche Schutzpflicht, in: Isensee/Kirchhof (Hrsg.), HStR V (1992), § 111 Rn. 98; *ders.*, Das Grundrecht auf Sicherheit (1983), S. 38; *Rixen*, in: Sachs (Hrsg.), GG Kommentar (2021), Art. 2 Rn. 161; *Zwermann-Milstein*, Grund und Grenzen einer verfassungsrechtlich gebotenen gesundheitlichen Mindestversorgung (2015), S. 145.

levanz ist die Schutzpflicht im Rahmen des Dreiecks zwischen Schutzpflicht und Abwehrrecht („mehrpoliges Verfassungsrechtsverhältnis").[121] Ein solches Grundrechtsdreieck entsteht in der Konstellation „Schutz durch Eingriff"[122]. *Wahl/Masing* treffen den Grundkonflikt dieser Konstellation auf den Punkt: „Der einen Seite kann nur dadurch etwas gegeben werden, dass der anderen etwas genommen wird."[123] In dieser Konstellation kann die Schutzpflicht nur erfüllt werden, wenn *dafür* von staatlicher Seite in das grundrechtliche Abwehrrecht eines anderen eingegriffen wird.[124] Der Eingriff erfolgt um des Schutzes des Dritten willen.[125]

Der Staat nimmt im mehrpoligen Verfassungsrechtsverhältnis folglich eine diffizile Doppelrolle ein: Zum einen agiert er in der klassischen Position als Verursacher der Grundrechtsbeschränkung, zum anderen tut er dieses jedoch gerade zum Zweck der Erfüllung seiner Aufgabe als Verfechter von Grundrechten der Bürger, die sich in einer Bedrohungslage sehen.[126] Auf der einen Seite steht also ein schutzbedürftiger Grundrechtsträger, dessen Rechtsgut bereits derart in die Nähe des Risikos einer Beeinträchtigung gerückt ist, dass die grundrechtliche Schutzpflicht als aktiviert zu betrachten ist. Um die Grundrechtsgefährdung abzuwehren und somit die ihm obliegende Schutzpflicht zu erfüllen, ist dem Staat in der Konstellation des „Grundrechtsdreiecks" nur die Möglichkeit des Eingriffs in die abwehrrechtliche Grundrechtsdimension anderer Grundrechtsträger gegeben.[127] Eine isolierte Betrachtung nur einer der beiden Grund-

[121] Vgl. *Clausen*, Das Verhältnis von Achtungs- und Schutzpflichten in Ausnahmesituationen (2018), S. 75; *Mayer*, Untermaß, Übermaß und Wesensgehaltsgarantie (2005), S. 76 sowie *Staudinger*, Verfassungsrechtliche Untersuchung der Impfgesetzgebung in Deutschland (2021), S. 123; a. A. *Gellermann*, Grundrechte in einfachgesetzlichem Gewande (2000), S. 345, der zwar das „Dreieck" erkennt, diesem jedoch weder eine Schutzpflicht- noch eine Abwehrrechtskomponente zuerkennen will, vielmehr richte der Staat lediglich das „Verhältnis der Privaten in Erfüllung der ihn treffenden Einrichtungspflicht ein, indem er jene Bindungen aktualisiert, die im jeweiligen Grundrecht bereits angelegt sind". Dieser Auffassung muss indes widersprochen werden, da in einer grundrechtlich garantierten Freiheit selbst keinerlei Rücksichtnahmebezüge auf Rechte Dritter angelegt sind. Zudem würde sonst der Zweck der staatlichen „Einrichtungspflicht" im Rahmen der Rechtfertigung erst darüber entscheiden, ob ein Eingriff vorliegt oder nicht, was dogmatisch wenig überzeugend erscheint.

[122] *Mayer*, Untermaß, Übermaß und Wesensgehaltsgarantie (2005), S. 75 ff.; ähnlich *Jarass*, Die Grundrechte: Abwehrrechte und objektive Grundsatznormen, in: Badura/Dreier (Hrsg.), FS 50 Jahre Bundesverfassungsgericht Bd. 2 (2001), S. 35 (40); *Clausen*, Das Verhältnis von Achtungs- und Schutzpflichten in Ausnahmesituationen (2018), S. 75.

[123] *Wahl/Masing*, Schutz durch Eingriff, in: JZ 1990, S. 553.

[124] *Clausen*, Das Verhältnis von Achtungs- und Schutzpflichten in Ausnahmesituationen (2018), S. 76; dazu auch *Mangold/Gallon*, Rechtsstaatliche Immunabwehr, www.verfassungsblog.de/rechtsstaatliche-immunabwehr/ (Seite zuletzt aufgerufen am: 15.03.2021): „Eine wesentliche Funktion der Schutzpflichten ist die Rechtfertigung von Eingriffen in Freiheitsrechte".

[125] *Wahl/Masing*, Schutz durch Eingriff, in: JZ 1990, S. 553 (556).

[126] *Clausen*, Das Verhältnis von Achtungs- und Schutzpflichten in Ausnahmesituationen (2018), S. 76; *Staudinger*, Verfassungsrechtliche Untersuchung der Impfgesetzgebung in Deutschland (2021), S. 124.

[127] *Krings*, Grund und Grenzen grundrechtlicher Schutzansprüche (2003), S. 263, stellt

rechtsdimensionen ist bei der Auflösung dieses Dreiecks nicht möglich, weil die staatliche Gewalt stets beide Dimensionen im Blick behalten muss.[128]

Die Charakterisierung als „Dreieck" an sich gibt jedoch noch keine Handlungsanweisungen für die Abwägung[129]: Ausgangspunkt für die Auflösung des Grundrechtskonflikts ist vielmehr die Bemessung des Gewichts, das der staatlichen Schutzpflicht für das Grundrecht eines Dritten zukommt, sofern eben diese Schutzpflicht als legitimer Zweck für den Eingriff in die abwehrrechtliche Dimension des Grundrechts eines anderen fungiert. Das gilt erst recht, wenn auf beiden Seiten das gleiche Grundrecht verschiedener Grundrechtsträger steht, dem jeweils zur Geltung verholfen werden muss, da – was es aufzuzeigen gilt – keine abstrakte Bewertung der Grundrechtswertigkeit erfolgen kann, sondern der konkrete Fall mit seinen Grundrechtsrisiken in den Blick genommen werden muss. Diese Gewichtung bildet den Tatbestand, der der vom Gesetzgeber zu wählenden Rechtsfolge zugrunde liegen muss.

Auf der Seite der Rechtsfolge prägt das Untermaßverbot den Umfang staatlicher Schutzpflichten[130], da die Gewährleistung der Grundrechtsentfaltung auch im Kontext der Schutzpflichtdimension letztendlich nicht unter ein bestimmtes Mindestniveau sinken darf.[131] Auf Seiten des Abwehrrechts wird die Rechtsfolge hingegen durch das Übermaßverbot determiniert[132], wonach die Schutzpflichterfüllung nicht „übermäßig", also nicht unverhältnismäßig intensiv in die abwehrrechtliche Gewährleistung eingreifen darf.[133] Der Gesetzgeber sitzt also in einer (aufgrund seines Gestaltungsspielraums mehr oder weniger großen[134]) „Klemme zwischen Übermaß- und Untermaßverbot"[135].

Das Untermaßverbot ist aber nur für die Bestimmung des gesetzgeberischen Handlungsspielraums von Relevanz, nicht schon für die vorgelagerte Gewich-

---

zutreffend fest, dass der Staat dem Störer auch eine Handlungspflicht auferlegen könne, die allerdings im Zusammenhang mit einem vorhergehenden gefährdenden Tun stehen müsse. Demgegenüber ist aber zu bedenken, dass nicht nur ein gefährdendes Tun der Auslöser einer Schutzpflicht sein kann, sondern aufgrund der Quelle der Beeinträchtigung auch ein gefährdendes Unterlassen. Dass *Krings* diese Konstellation nicht thematisiert, ist jedoch damit zu erklären, dass dieser nur personal verursachte Gefährdungen als Eingriffsquelle ausreichen lässt.

[128] *Clausen*, Das Verhältnis von Achtungs- und Schutzpflichten in Ausnahmesituationen (2018), S. 77.

[129] *Wahl/Masing*, Schutz durch Eingriff, in: JZ 1990, S. 553 (558).

[130] *Unruh*, Zur Dogmatik der grundrechtlichen Schutzpflichten (1996), S. 18.

[131] Vgl. *Epping*, Grundrechte (2021), Rn. 95; *Hain*, Der Gesetzgeber in der Klemme zwischen Übermaß- und Untermaßverbot?, in: DVBl. 1993, S. 982 (983).

[132] *Clausen*, Das Verhältnis von Achtungs- und Schutzpflichten in Ausnahmesituationen (2018), S. 77.

[133] *Epping*, Grundrechte (2021), Rn. 48.

[134] A. A. *Epping*, Grundrechte (2021), Rn. 95 a. E., wonach dem Staat bei der Eingriffsrechtfertigung durch kollidierende Grundrechte Dritter kein Gestaltungsspielraum zukomme.

[135] So die prägnante Formulierung von *Hain*, Der Gesetzgeber in der Klemme zwischen Übermaß- und Untermaßverbot?, in: DVBl. 1993, S. 982 ff.

tung beider Grundrechtsdimensionen[136], an der sich die in der Folge zu ergreifende Maßnahme erst orientieren muss.[137] Die abwägende Gewichtung von Schutzpflicht und abwehrrechtlicher Dimension ist der Anwendung des Untermaßverbotes, also dem Kontrollmaßstab für die ergriffene Maßnahme des Gesetzgebers, daher zwingend vorgeschaltet. Um diese Gewichtung nachvollziehbar vornehmen zu können, bedarf es der Orientierung an rationalen Abwägungsmaßstäben.[138]

II. Schutzpflicht für das Grundrecht auf Leben und körperliche Unversehrtheit

Die skizzierte Problematik der Gewichtung von staatlichen Schutzpflichten und Abwehrrechten soll im Folgenden in Bezug auf das Grundrecht auf Leben und auf körperliche Unversehrtheit einer Lösung zugeführt werden, da dieses bei der grundrechtlichen Situation, die einer allgemeinen Impfpflicht zugrunde liegt, entscheidend ist.

Da die Existenz grundrechtlicher Schutzpflichten – wie soeben aufgezeigt – prinzipiell anerkannt ist, stellt sich die Frage, unter welchen Voraussetzungen diese auch für das Grundrecht auf Leben und körperliche Unversehrtheit aus Art. 2 Abs. 2 S. 1 GG herleitbar sind und welche Besonderheiten gegebenenfalls im Vergleich zur allgemeinen Schutzpflichtendogmatik zu beachten sind. Dazu gehört etwa die Frage, wie die beiden Güter „Leben" und körperliche Unversehrtheit im Kontext einer Schutzgewährleistung zueinander stehen und ob die Aktivierung der Schutzpflicht ebenfalls mindestens des Risikos einer Grundrechtsbeeinträchtigung bedarf.

Darüber hinaus ist fraglich, ob die grundrechtliche Schutzpflicht auch paternalistisch als „Schutz des Grundrechtsträgers vor sich selbst" gedeutet werden darf (der sich dann auf den Adressaten der Impfpflicht bezöge) und ob das Grundrechtsdreieck zwischen Staat, Schutzberechtigtem und Abwehrrechtsträger auch für eine solche Konstellation anwendbar wäre.

Falls das Grundrechtsdreieck aber nur bei Disparität der Grundrechtsträger vorliegen kann, beide Dimensionen sich jedoch auf das Grundrecht auf körperliche Unversehrtheit beziehen, ist zu klären, ob beide Grundrechtsdimensionen abstrakt gleichwertig oder ungleichwertig sind. Stehen sie also vor der

---

[136] Vgl. *Epping*, Grundrechte (2021), Rn. 95 a. E., 129, wonach dem Staat bei der Bestimmung der Gefahr, die für die Anforderungen der Schutzpflicht maßgeblich ist, aber ein Einschätzungsspielraum zukommt.

[137] Vgl. *Gerbig*, Grundrecht auf staatlichen Schutz (2014), S. 64.

[138] So i. E. auch *Grüner*, Biologische Katastrophen (2017), S. 63, die einer auf bloße Sicherheit fixierten Gesetzgebung den „Verlust juristischer Kontrollmaßstäbe" attestiert, wodurch die „fragile Balance zwischen Freiheit, Gleichheit und Sicherheit beeinträchtigt" werde, was in dieser Pauschalität allerdings wenig Zustimmung verdienen kann.

Anwendung auf einen konkreten Fall in einem symmetrischen oder asymmetrischen Gewichtungsverhältnis zueinander? Im Falle einer abstrakten Gleichwertigkeit bedürfte es dann auf den konkreten Fall anwendbarer Gewichtungskriterien, die anhand der Analyse der Rechtsprechung des Bundesverfassungsgerichts herausgearbeitet und einer kritischen Betrachtung unterzogen werden müssen.

1. *Spezifika der Schutzpflicht für das Grundrecht auf Leben und körperliche Unversehrtheit*

Für die in Art. 2 Abs. 2 S. 1 GG enthaltenen Grundrechte auf Leben und körperliche Unversehrtheit und eine diesbezügliche Schutzpflicht lassen sich gegenüber den allgemeinen, auf grundrechtliche Schutzpflichten im Grundsätzlichen anwendbaren Aussagen Besonderheiten feststellen.

a) Herleitung der Schutzpflicht für Leben und körperliche Unversehrtheit

Dem Schutz des Lebens und der körperlichen Unversehrtheit kommt als Sicherung der physisch-biologischen Existenz des Grundrechtsträgers eine Fundamentalfunktion für die Ausübung aller anderen freiheitlichen Grundrechtsgarantien zu.[139] Diese Grundrechtsgewährleistungen betreffen „die Existenz als solche".[140] Der möglichst uneingeschränkte Schutz der Ausübung dieses Grundrechts ist daher eine Voraussetzung für die Wahrnehmung und Ausübung aller anderen Grundrechte, weshalb sich in den Garantien aus Art. 2 Abs. 2 S. 1 GG in besonderer Weise die Würde des Menschen manifestiert.[141]

Auch für die Grundrechte aus Art. 2 Abs. 2 S. 1 GG ist deshalb neben der Abwehrfunktion auch die Verkörperung einer Schutzpflichtdimension weit überwiegend anerkannt.[142] Da die grundrechtliche Schutzpflicht als die der Abwehrrechtsdimension gegenüberliegende Seite in weiten Teilen anhand der

---

[139] *Di Fabio*, in: Dürig/Herzog/Scholz GG Kommentar (2021), Art. 2 Abs. 2 Satz 1 Rn. 6, 7; auch *Clausen*, Das Verhältnis von Achtungs- und Schutzpflichten in Ausnahmesituationen (2018), S. 20.

[140] *Hermes*, Das Grundrecht auf Schutz von Leben und Gesundheit (1987), S. 63.

[141] *Lindner*, Theorie der Grundrechtsdogmatik (2005), S. 361 f.; *Rusteberg*, Der grundrechtliche Gewährleistungsgehalt (2009), S. 52.

[142] *Calliess*, Rechtsstaat und Umweltstaat (2001), S. 317; *Hofmann*, in: Schmidt-Bleibtreu/Hofmann/Henneke GG Kommentar (2018), Art. 2 Rn. 68; *Martens*, Der Schutz des einzelnen im Polizei- und Ordnungsrecht, in: DÖV 1976, S. 457 (459). Das Bundesverfassungsgericht stellte nicht zuletzt in seinem – allerdings hinsichtlich anderer Aspekte nicht unumstrittenen (kritisch etwa *Huster* mit der Sorge der Entgrenzung der Leistungen und Kosten des öffentlichen Gesundheitssystems und der deutlichen Kritik, dass aus der Entscheidung kaum die verfassungsrechtliche Gebotenheit dieses Ergebnisses hervorgehe, Anmerkung zu BVerfG v. 06.12.2005 – 1 BvR 347/98, in: JZ 2006, S. 466 [467]) – sogenannten Nikolausbeschluss fest, dass der Schutz des Einzelnen in Fällen von Krankheit in der sozialstaatlichen Ordnung des Grundgesetzes eine Grundaufgabe des Staates sei (BVerfGE 115, 25 [43]). Freilich muss davon auch der Schutz *vor* Krankheit umfasst sein.

bundesverfassungsgerichtlichen Rechtsprechung zum Grundrecht auf Leben und körperliche Unversehrtheit entwickelt worden ist[143], gelten grundsätzliche Feststellungen hinsichtlich der Herleitung, der Gefährdungsrichtung und der Aktivierungsschwelle auch und insbesondere für das Grundrecht aus Art. 2 Abs. 2 S. 1 GG.[144]

Fraglich ist aber, welche Bedeutung der Herleitungslinie aus dem in jedem Grundrecht enthaltenen Kern, der als Teil der Menschenwürde zu betrachten ist, für die Herleitung der Schutzpflicht für Leben und körperliche Unversehrtheit zukommt. Zwar hat diese Herleitungslinie aufgrund des untrennbaren Zusammenhangs von Leben als „Höchstwert" und körperlicher Unversehrtheit in Bezug auf Art. 2 Abs. 2 S. 1 GG eine gesteigerte Bedeutung[145], die sich in der Folge auch auf das Gewicht der Schutzpflicht im Rahmen der Abwägung mit anderen Grundrechtsgarantien auswirkt. Angesichts des dann unklaren Bezugspunktes der Schutzpflicht erschiene es aber unpraktikabel, die Schutzpflicht losgelöst von der gesetzlichen Normierung des Grundrechts zu verorten, auf das sich die Schutzpflicht beziehen soll.[146] Zudem birgt eine uferlose Ausweitung des Menschenwürdebegriffs, auf den sich die Schutzverpflichtung des Art. 1 Abs. 1 S. 2 GG primär bezieht, letztlich die Gefahr der Marginalisierung jener Grundrechtssäule.[147] Es wäre daher trotz der Nähe dieses Grundrechts zur Menschenwürde unzutreffend, die Schutzpflicht für Leben und körperliche Unversehrtheit ausschließlich aus Art. 1 Abs. 1 S. 2 GG abzuleiten.[148]

---

143 BVerfGE 39, 1 (Schwangerschaftsabbruch I); 88, 203 (Schwangerschaftsabbruch II); 46, 160 (Schleyer); 49, 89 (Kalkar); 53, 30 (Mülheim-Kärlich); 56, 54 (Fluglärm); 77, 170 (C-Waffen); 121, 317 (Nichtraucherschutzgesetz).

144 So *Hermes*, Das Grundrecht auf Schutz von Leben und Gesundheit (1987), S. 63: „Derartige Begründungen sind eingebettet in die allgemeinen dogmatischen Bemühungen um eine „Effektuierung" der Grundrechte über das klassische staatsgerichtete Abwehrrecht hinaus."; siehe auch ausführlich *Clausen*, Das Verhältnis von Achtungs- und Schutzpflichten in Ausnahmesituationen (2018), S. 48 ff.; *Stern*, Die Schutzpflichtenfunktion der Grundrechte, in: DÖV 2010, S. 241 (246).

145 Vgl. BVerfGE 39, 1 (42); vgl. auch BVerfG, Urt. v. 15.02.2006 – 1 BvR 357/05 (LuftSiG), Rn. 120; *Di Fabio*, in: Dürig/Herzog/Scholz GG Kommentar (2021), Art. 2 Abs. 2 Satz 1 Rn. 43; *Lang*, in: BeckOK GG (2021), Art. 2 Rn. 56; *Starck*, in: v. Mangoldt/Klein/Starck GG Kommentar, Bd. 1 (2018), Art. 2 Abs. 2 Rn. 229; *Steinau-Steinrück*, Die staatliche Verhütung und Bekämpfung von Infektionskrankheiten (2013), S. 128.

146 Vgl. *Krings*, Grund und Grenzen grundrechtlicher Schutzansprüche (2003), S. 145; zustimmend *Clausen*, Das Verhältnis von Achtungs- und Schutzpflichten in Ausnahmesituationen (2018), S. 47, der feststellt, dass sich „aus dem ersten Artikel des Grundgesetzes allenfalls die grundsätzliche Entscheidung der Verfassung für die Anerkennung der Schutzfunktion als solcher ableiten lässt".

147 So schon *Schwabe*, Probleme der Grundrechtsdogmatik (1977), S. 238.

148 *Seewald*, Gesundheit als Grundrecht (1982), S. 18; *ders.*, Zum Verfassungsrecht auf Gesundheit (1981), S. 69; zumindest offengelassen bei *Zwermann-Milstein*, Grund und Grenzen einer verfassungsrechtlich gebotenen gesundheitlichen Mindestversorgung (2015), S. 115 ff.

Gleichzeitig kann aber wegen der potenziellen Mitbetroffenheit des Lebens als Höchstwert mit entsprechender Nähe zur Menschenwürdegarantie[149] die Schutzpflicht ebenso wenig allein aus Art. 2 Abs. 2 S. 1 GG abgeleitet werden.[150] Ansonsten fände die Nähe zur Menschenwürde zwar im Rahmen der abwehrrechtlichen Ausprägung Berücksichtigung, nicht aber im Bereich der Schutzpflichtdimension.[151]

b) Verhältnis der Schutzgüter Leben und körperliche Unversehrtheit

Es stellt sich damit die Frage des Verhältnisses der beiden von Art. 2 Abs. 2 S. 1 GG umfassten Grundrechtsgüter und dementsprechend nach dem Inhalt der Schutzpflicht, die bei der Beurteilung einer Impfpflicht zum Tragen kommt.[152]

Leben umfasst das rein körperliche Dasein im Sinne einer biologisch-physischen Existenz.[153] Körperliche Unversehrtheit meint demgegenüber Gesundheit im biologisch-physiologischen Bereich, also das Freisein von Schmerz und Krankheitszuständen sowohl im körperlichen als auch psychischen Sinne.[154] Beide Schutzgüter sichern gemeinsam die physische Existenz des Menschen und dienen daher gemeinsam als Voraussetzung für die individuelle Wahrnehmbarkeit aller anderen Grundrechtsgarantien.[155] Von einer Beeinträchtigung des Le-

---

149 *Driendl*, Zur Notwendigkeit und Möglichkeit einer Strafgesetzgebungswissenschaft (1983), S. 13; *Lenckner*, Der rechtfertigende Notstand (1965), S. 219.

150 So aber *Starck*, in: v. Mangoldt/Klein/Starck GG Kommentar, Bd. 1 (2018), Art. 2 Abs. 2 Rn. 229.

151 Vgl. BVerfGE 88, 203 (252).

152 Innerhalb der Literatur wird der Gehalt der Grundrechtsgewährleistung von Art. 2 Abs. 2 S. 1 GG im Wortlaut unterschiedlich entweder als „Recht auf Leben und körperliche Unversehrtheit" bzw. „Das Grundrecht" (Singular, etwa *Dreier*, Bioethik [2013], S. 38; *Müller-Terpitz*, Das Recht auf Leben und körperliche Unversehrtheit, in: Isensee/Kirchhof [Hrsg.], HStR VII [2009], § 147 Rn. 45, der allerdings herausstellt, dass es sich jeweils um „Teilgewährleistungen" handelt, a. a. O., Rn. 7; *Panagopoulou-Koutnatzi*, Die Selbstbestimmung des Patienten [2009], S. 30; *Schmidt-Aßmann*, Anwendungsprobleme des Art. 2 Abs. 2 GG, in: AöR 106 [1981], S. 205 [208]; *Schulze-Fielitz*, in: Dreier [Hrsg.], GG Kommentar, Bd. 1 [2013], Art. 2 Abs. 2 Rn. 2, 25; *Steiger*, Mensch und Umwelt [1975], S. 43) oder als „Rechte" (Plural, etwa *Starck*, in: v. Mangoldt/Klein/Starck GG Kommentar, Bd. 1 [2018], Art. 2 Abs. 2 Rn. 189, ebenso wiederum *Schulze-Fielitz*, a. a. O., Rn. 20) bezeichnet, so dass sich hieraus allein kein Schluss ziehen lässt.

153 *Calliess*, Rechtsstaat und Umweltstaat (2001), S. 302; *Lang*, in: BeckOK GG (2021), Art. 2 Rn. 58; *Schulze-Fielitz*, in: Dreier (Hrsg.), GG Kommentar, Bd. 1 (2013), Art. 2 Abs. 2 Rn. 25; *Starck*, in: v. Mangoldt/Klein/Starck GG Kommentar, Bd. 1 (2018), Art. Abs. 2 Rn. 192; *Steiger*, Mensch und Umwelt (1975), S. 33; *Winkeler*, Bedingt abwehrbereit? (2007), S. 164.

154 *Epping*, Grundrechte (2021), Rn. 107; *Lang*, in: BeckOK GG (2021), Art. 2 Rn. 62, 62a; *Antoni*, in: Hömig/Wolff GG Kommentar (2018), Art. 2 Rn. 12. Vgl. weiter *Starck*, in: v. Mangoldt/Klein/Starck GG Kommentar, Bd. 1 (2018), Art. 2 Abs. 2 Rn. 193; *Hofmann*, in: Schmidt-Bleibtreu/Hofmann/Henneke GG Kommentar (2018), Art. 2 Rn. 68; *Hansen-Dix*, Die Gefahr im Polizeirecht (1982), S. 110 m. w. N.

155 Vgl. *Schulze-Fielitz*, in: Dreier (Hrsg.), GG Kommentar, Bd. 1 (2013), Art. 2 Abs. 2 Rn. 20.

bensgrundrechts ist notwendigerweise immer auch eine Beeinträchtigung der körperlichen Unversehrtheit umfasst, die daher im Sinne des Schutzbereichs als „Vorstufe" des Lebensgrundrechts zu betrachten ist: Auch das Recht auf Leben ist ein Recht auf körperliche Unversehrtheit.[156] Es besteht ein enger tatbestandlicher Zusammenhang der beiden in Art. 2 Abs. 2 S. 1 GG enthaltenen Grundrechtsverbürgungen.[157]

Zur Abgrenzung ist aber zu fragen, wann das Lebensgrundrecht (mit entsprechenden Konsequenzen für die Abwägung) vorrangig betroffen ist. Hier ist es sinnvoll, eine gewisse Zielgerichtetheit auf das Lebensgrundrecht zu fordern, so dass dieses erst dann vorrangig vor dem Grundrecht auf körperliche Unversehrtheit berührt ist, wenn die Beeinträchtigung auf eine „unmittelbare" Herbeiführung des Todes gerichtet ist. Ansonsten bliebe niemals ein eigenständiger Raum für das Grundrecht auf körperliche Unversehrtheit, da potenziell jede Beeinträchtigung der körperlichen Unversehrtheit aufgrund der Eigendynamik gesundheitlicher Folgen (insbesondere bei ausbleibenden Heilungsprozessen oder hinzutretenden negativen Faktoren) eine Nähe zum Lebensgrundrecht aufweist.[158] Zwar sind im Hinblick auf das Lebensgrundrecht auch solche Verhaltensweisen verboten, die unbeabsichtigt den Tod herbeiführen.[159] Hier jedoch auch bei fehlender Zielgerichtetheit vorrangig einen Eingriff in das Grundrecht auf Leben (vor dem Grundrecht auf körperliche Unversehrtheit) anzunehmen, führte zu einer Ausuferung des Lebensgrundrechts und dementsprechend zu einer Reduzierung der Bedeutung des Grundrechts auf körperliche Unversehrtheit bis hin zur Irrelevanz aufgrund eines fehlenden Anwendungsbereichs.[160]

Für die spezielle Frage nach der Verfassungsmäßigkeit einer Impfpflicht ist die grundrechtliche Schutzpflicht in erster Linie in der Ausprägung des Rechts auf körperliche Unversehrtheit von Relevanz, da die unbemerkte Ansteckung mit einer Infektionskrankheit im Rahmen des sozialadäquaten Alltagskontaktes schon nicht final auf die Herbeiführung des Todes gerichtet sein kann.[161]

---

[156] *Hermes*, Das Grundrecht auf Schutz von Leben und Gesundheit (1987), S. 222, spricht von einem „Ineinandergreifen"; *Seewald*, Zum Verfassungsrecht auf Gesundheit (1981), S. 52; *Starck*, in: v. Mangoldt/Klein/Starck GG Kommentar, Bd. 1 (2018), Art. 2 Abs. 2 Rn. 189.

[157] *Panagopoulou-Koutnatzi*, Die Selbstbestimmung des Patienten (2009), S. 29; *Starck*, in: v. Mangoldt/Klein/Starck GG Kommentar, Bd. 1 (2018), Art. 2 Abs. 2 Rn. 189; *Steiger*, Mensch und Umwelt (1975), S. 33; vgl. *Zwermann-Milstein*, Grund und Grenzen einer verfassungsrechtlich gebotenen gesundheitlichen Mindestversorgung (2015), S. 128.

[158] Vgl. *Seewald*, Zum Verfassungsrecht auf Gesundheit (1981), S. 52 f.

[159] *Rixen*, in: Sachs (Hrsg.), GG Kommentar (2021), Art. 2 Rn. 141; *Grüner*, Biologische Katastrophen (2017), S. 233.

[160] Man nehme nur einmal das Beispiel des Führens von Kraftfahrzeugen, wodurch unbeabsichtigt der Tod von Menschen herbeigeführt werden kann, das wohl (in seiner sozialadäquaten Nutzung) aber kaum auf eine zielgerichtete Tötung von Menschen ausgerichtet ist und deshalb trotz theoretischen Bedrohungspotenzials für das Lebensgrundrecht nicht verboten ist.

[161] Ebenso wenig wird die abwehrrechtliche Komponente einen vorrangigen Bezug zum

Gleichwohl kann die Beeinträchtigung der körperlichen Unversehrtheit je nach ihrem Verlauf und ihrer Eigendynamik in eine Lebensgefahr umschlagen. Dieser Verlauf ist jedoch nicht zwingend, es besteht allenfalls eine begrenzte Prognostizierbarkeit durch empirische Erkenntnisse, die anhand der konkreten Krankheit bzw. des konkreten Krankheitsfalls festzumachen ist. Die trennscharfe Abgrenzung beider Grundrechtsgehalte ist bei der Frage nach einer Impfpflicht also kaum möglich.

Bei einer allgemeinen Impfpflicht steht sowohl auf der Schutzpflicht-, als auch der Abwehrrechtsseite das Grundrecht der körperlichen Unversehrtheit im Vordergrund. Es wäre allerdings unzutreffend, die je nach Krankheit variierende potenzielle Gefahr für das Lebensgrundrecht und dementsprechend die Schutzpflicht für das Rechtsgut „Leben" vollständig aus der Betrachtung auszuklammern.[162]

Im Ergebnis liegt aufgrund des fließenden Übergangs der nur schwer zu trennenden Rechtsgüter ein einheitlicher Schutzbereich vor, der je nach Intensität der Gefährdung aber in unterschiedlichen Nuancen berührt wird.[163] Je nach konkreter Beeinträchtigungsintensität kann sowohl auf der Schutzpflicht- als auch auf der Abwehrrechtsseite auch das Lebensgrundrecht betroffen sein.[164] Dann muss für die Abwägung beider Grundrechtspositionen der jeweiligen Dimension eine dementsprechend hohe Gewichtung zukommen.

Lebensgrundrecht aufweisen können, da eine verpflichtend vorgeschriebene Impfung nicht auf die unmittelbare Herbeiführung des Todes gerichtet ist.

162 *Seewald*, Zum Verfassungsrecht auf Gesundheit (1981), S. 53; Die Schwierigkeit der Abgrenzung verdeutlicht etwa *Grüner*, Biologische Katastrophen (2017), S. 232 ff., die versucht, die Verfassungsmäßigkeit einer Impfpflicht allein am Maßstab des Lebensgrundrechts zu prüfen, als führte eine Impfung zwangsläufig zum Tode, was jedoch nicht zutrifft. Vgl. auch *Zwermann-Milstein*, Grund und Grenzen einer verfassungsrechtlich gebotenen gesundheitlichen Mindestversorgung (2015), S. 181, die Abgrenzungsschwierigkeiten aufgrund der Schwere der Krankheit allerdings unter der Frage erörtert, ab welchem Schweregrad sogar die Menschenwürde betroffen sein soll.

163 *Grüner*, Biologische Katastrophen (2017), S. 233; *Seewald*, Zum Verfassungsrecht auf Gesundheit (1981), S. 53, bei dem jedoch die Tendenz anklingt, zur Abgrenzung beider Grundrechtsgehalte insbesondere auf die zeitliche Komponente der Lebensverkürzung abzustellen. Diese ist insbesondere bei Infektionskrankheiten jedoch ein Zufallsprodukt, das auch von der individuellen Konstitution des Grundrechtsträgers abhängen kann. Einem Parameter, der zumindest zu einem großen Maße dem Zufallselement unterliegt, jedoch die Entscheidung zu überlassen, ob das Grundrecht auf Leben oder auf körperliche Unversehrtheit berührt ist, erscheint nicht überzeugend. Vgl. ferner *Lang*, in: BeckOK GG (2021), Art. 2 Rn. 55 f.; *Starck*, in: v. Mangoldt/Klein/Starck GG Kommentar, Bd. 1 (2018), Art. 2 Abs. 2 Rn. 189; vgl. aus systematischem Zusammenhang *Rixen*, in: Sachs (Hrsg.), GG Kommentar (2021), Art. 2 Rn. 141–150.

164 Vgl. *Hermes*, Das Grundrecht auf Schutz von Leben und Gesundheit (1987), S. 222, der von „Vorwirkungen" des Lebensrechts auf das Recht auf körperliche Unversehrtheit spricht, sowie *Müller-Terpitz*, Das Recht auf Leben und körperliche Unversehrtheit, in: Isensee/Kirchhof (Hrsg.), HStR VII (2009), § 147 Rn. 41, der die Gewährleistung der körperlichen Unversehrtheit als einen dem Lebensrecht „vorverlagerten Integritätsschutz" bezeichnet.

Davon abzugrenzen ist die exkursorische Frage, ob auch „Gesundheit“ Teil des Schutzbereichs von Art. 2 Abs. 2 S. 1 GG und somit Gegenstand einer Schutzpflicht sein kann. Diese drängt sich zwar auf, weil Impfungen in ihrer *Zielrichtung* nicht die Verletzung, sondern die immunologische Stärkung des Körpers bezwecken, so dass sie sich im Grunde *gesundheits*fördernd auswirken. Die „Gesundheit“ hingegen ist nicht Teil des Schutzbereichs von Art. 2 Abs. 2 S. 1 GG, das Grundgesetz selbst kennt und nennt den Begriff der „Gesundheit“ nicht.[165] Die Gesundheitsdefinition nach der Satzung der WHO v. 22. Juli 1946 als „Zustand vollständigen physischen, psychischen und sozialen Wohlbefindens und nicht lediglich das Fernbleiben von Krankheit oder Gebrechen“[166] ist nicht in das Grundgesetz aufgenommen worden[167], weil das Grundgesetz ein „Recht auf Gesundheit“ nicht garantieren kann.[168] Nur solche Beeinträchtigungen können von „Gesundheit“ als Teil des Schutzbereichs der körperlichen Unversehrtheit umfasst sein, deren Wirkungen einer Gesundheitsbeeinträchtigung im biologisch-physiologischen Sinne äquivalent sind und die als solche mit wissenschaftlicher Methodik erfassbar sind.[169] Anderenfalls liefe die Grundrechtsgewährleistung in der Schutzpflichtdimension Gefahr, von einem Abwehrrecht in eine paternalistische Bevormundung diffusen Ausmaßes (fließende Übergänge zwischen Beeinträchtigungen von Körper, Seele und Sozialsphäre) verkehrt zu werden.[170] Somit kann sich auch die Schutzpflicht nicht

---

[165] *Gebert*, Verhaltens- und verhältnisbezogene Primärprävention (2020), S. 91; *Lang*, in: BeckOK GG (2021), Art. 2 Rn. 82; *Pestalozza*, Das Recht auf Gesundheit, in: BGesBl. 2007, S. 1113; *Samhat*, Gesundheitsgerechtes Verhalten (2019), S. 39; kritisch auch *Schulze-Fielitz*, in: Dreier (Hrsg.), GG Kommentar, Bd. 1 (2013), Art. 2 Abs. 2 Rn. 37.

[166] Eigene Übersetzung. Im Original: „Health is a state of complete physical, mental and social well-being and not merely the absence of disease or infirmity.“, vgl. *Benda*, Verfassungsrechtliche Aspekte des Umweltschutzes, in: UPR 1982, S. 241 (242); zu anderen Versuchen der Definition des Gesundheitsbegriffs aus medizinischer Sicht, die hier nicht weiter von Bedeutung sind vgl. *Zwermann-Milstein*, Grund und Grenzen einer verfassungsrechtlich gebotenen gesundheitlichen Mindestversorgung (2015), S. 129 ff.

[167] Zwar befasste sich der Ausschuss für Grundsatzfragen im Parlamentarischen Rat in seiner Sechsten Sitzung am 5. Oktober 1948 mit der Frage nach einem „Grundrecht auf Gesundheit“, diese wurde nach einvernehmlichen Bedenken gegen die Realisierbarkeit einer „höchstmöglichen Sicherung der Gesundheit“ aufgrund der „Schwierigkeiten, wenn man die Formulierung „Gesundheit“ als unmittelbares Recht ansieht“ (Äußerungen von *Wunderlich* [SPD] und *v. Mangoldt* [CDU/CSU], *Deutscher Bundestag/Bundesarchiv* [Hrsg.], Der Parlamentarische Rat 1948–1949, Band 5, Teilband 1 [1993], S. 151 f.) aber rasch verworfen.

[168] *Fink*, Recht auf Leben und körperliche Unversehrtheit, in: Merten/Papier (Hrsg.), HGRe IV (2011), § 88 Rn. 33; *Horn*, in: Stern/Becker (Hrsg.), Grundrechte Kommentar (2019), Art. 2 GG Rn. 60.

[169] Vgl. *Burgi*, Erholung in freier Natur (1993), S. 216; *Calliess*, Rechtsstaat und Umweltstaat (2001), S. 303; explizit *Hermes*, Das Grundrecht auf Schutz von Leben und Gesundheit (1987), S. 225 f.; *Höfling*, in: Friauf/Höfling (Hrsg.), Berliner Kommentar GG, Bd. 1 (2021) Art. 2 (3. Teil) Rn. 129; vgl. *Schulze-Fielitz*, in: Dreier (Hrsg.), GG Kommentar, Bd. 1 (2013), Art. 2 Abs. 2 Rn. 35; wohl zustimmend *Zwermann-Milstein*, Grund und Grenzen einer verfassungsrechtlich gebotenen gesundheitlichen Mindestversorgung (2015), S. 143 ff.

[170] *Steiger*, Mensch und Umwelt (1975), S. 34.

auf die „Gesundheit", sondern nur auf Leben und körperliche Unversehrtheit beziehen.

c) Maßstab der Aktivierungsschwelle der Schutzpflicht

Zuletzt stellt sich in Bezug auf die Spezifika der Schutzpflicht für das Grundrecht auf Leben und körperliche Unversehrtheit die Frage, ab welchem Grad drohender Beeinträchtigung von einer Aktivierung auszugehen ist. Prinzipiell gilt – wie bereits festgestellt[171] –, dass für die Aktivierung der grundrechtlichen Schutzpflicht bereits ein Risiko ausreicht.

Hinsichtlich der für die Aktivierung der Schutzpflicht für das Grundrecht auf Leben und körperliche Unversehrtheit zu überschreitenden Risikoschwelle liegt es jedoch nahe, den Begriff des Risikos besonders weit zu verstehen. Da das Gewicht des gefährdeten Rechtsgutes in Beziehung zu den Anforderungen an die Wahrscheinlichkeit des Eintritts der zu verhindernden Beeinträchtigung steht, die umso niedriger sind, je gewichtiger das Rechtsgut ist[172], sollte hier grundsätzlich jeder Eingriff von Dritten ausreichen, um die Schutzpflicht auszulösen.[173] Das gilt erst recht, wenn man bedenkt, dass ein Risiko für Leben und körperliche Unversehrtheit nicht unbedingt aktiv bzw. willentlich von privater Seite ausgehen muss. Vielmehr kann ein Gesundheitsrisiko, dessen Ursprung auf eine nichtpersonale Quelle zurückzuführen ist (wie hier die Infektionskrankheit), auch unbemerkt durch einen privaten Dritten vermittelt werden.[174]

Die Schwelle, die zur Aktivierung der Schutzpflicht für Leben und körperliche Unversehrtheit notwendig ist, sollte dem Umstand Rechnung tragen, dass diese Grundrechtsgüter im Vergleich zu anderen Rechtsgütern eine besonders große Nähe zur Menschenwürdegarantie aufweisen.[175] Daher muss angesichts der Wertigkeit der Schutzgüter bereits ein entferntes, also geringes Risiko für die Aktivierung der Schutzpflicht genügen.[176] Hinsichtlich der Prognose dieses Risikos sind die Anforderungen dementsprechend noch geringer als an die Prognose von Verletzungsrisiken bei anderen Grundrechtsgütern, die dem-

---

[171] Vgl. bereits § 3 A. I. 3. c) „Risiko als aktivierendes Gefährdungsniveau".

[172] BVerfGE 113, 348 (386); *Hillgruber*, Grundrechtsschranken, in: Isensee/Kirchhof (Hrsg.), HStR IX (2011), § 201 Rn. 70.

[173] *Isensee*, Das Grundrecht als Abwehrrecht und als staatliche Schutzpflicht, in: Isensee/Kirchhof (Hrsg.), HStR V (1992), § 111 Rn. 98.

[174] Siehe insofern die beachtliche Untersuchung von *Clausen*, Das Verhältnis von Achtungs- und Schutzpflichten in Ausnahmesituationen (2018), die der Schutzpflicht jedoch lediglich die Konstellation des privaten Eingriffs gegenüberstellt (so ausdrücklich a. a. O., S. 45, 62).

[175] *Driendl*, Zur Notwendigkeit und Möglichkeit einer Strafgesetzgebungswissenschaft (1983), S. 13; *Lenckner*, Der rechtfertigende Notstand (1965), S. 219.

[176] Vgl. BVerfGE 49, 89 (142); 53, 30 (57 f., 65 ff.); *Stern/Sachs*, Staatsrecht III/1 (1988), § 67 V 2b); *Lang*, in: BeckOK GG (2021), Art. 2 Rn. 73; *Rixen*, in: Sachs (Hrsg.), GG Kommentar (2021), Art. 2 Rn. 180 f.; *Zwermann-Milstein*, Grund und Grenzen einer verfassungsrechtlich gebotenen gesundheitlichen Mindestversorgung (2015), S. 144, 152; a. A. aber *Clausen*, Das Verhältnis von Achtungs- und Schutzpflichten in Ausnahmesituationen (2018), S. 65.

gegenüber keinen Höchstwert darstellen. Zwar mag man hierin teilweise die Überdehnung der Schutzpflicht sehen.[177] Die Notwendigkeit der Einbeziehung schon eines Risikos wird bei den Rechtsgütern Leben und körperliche Unversehrtheit indes umso deutlicher, wenn man bedenkt, dass gerade im Beispiel von Infektionskrankheiten als Risiko für die körperliche Unversehrtheit die Ansteckung unbemerkt erfolgt. Der Grundrechtsträger ist also einem (unsichtbaren) Risiko ausgesetzt und hat nur eine äußerst geringe Möglichkeit, die Realisierung des Risikos, nämlich die Ansteckung, durch sozialadäquate Maßnahmen selbst zu verhindern.[178]

Des Weiteren könnte die schutzpflichtaktivierende Schwelle des Risikos auch wegen der im Vergleich zur Verletzung anderer Rechtsgüter wie Eigentum geringeren Reversibilität abgesenkt sein. Da der Höchstwert von Leben und körperlicher Unversehrtheit es gebietet, die Grundrechtsträger bei möglicherweise irreversiblen Grundrechtsverletzungen von Seiten Dritter nicht schutzlos zu stellen, muss eine Verletzung schon zu einem möglichst frühen Zeitpunkt verhindert bzw. ihr Risiko eingedämmt werden können. Weiterhin gilt dennoch – wie bereits aufgezeigt[179] – das Kriterium der „Erheblichkeit", durch das banale Beeinträchtigungen aus dem Katalog der schutzpflichtaktivierenden Gefährdungslagen ausgeschlossen werden.[180]

Wenig überzeugend erscheint im Hinblick auf die Schutzpflicht speziell für Leben und körperliche Unversehrtheit folgende Auffassung: Läge nur das *Risiko* als schutzpflichtenauslösendes Moment vor, so komme der darauf bezogenen Schutzpflicht in der Abwägung ein geringeres Gewicht zu als der Schutzpflicht, die durch eine veritable Gefahr ausgelöst werde.[181] Das kann höchstens dann gelten, wenn es sowohl auf Schutzpflicht- als auch auf Abwehrrechtsseite um die

---

177 BVerfG, Kammerbeschl. v. 29.11.1995 – 1 BvR 2203/95 –, NJW 1996, 651; tendenziell *Eggstein*, Ist der Straßenverkehr in seiner heutigen Form verfassungswidrig?, in: VBlBW 1995, S. 161 (170).

178 Man denke zwar an ein dauerhaftes Tragen eines Mund-Nasen-Schutzes (nicht nur während einer akuten Pandemiesituation). Jedoch wäre fraglich, ob dieses Verhalten auch dann noch als sozialadäquat und daher als noch zumutbar zu bezeichnen wäre, wenn – anders als bei der COVID-19-Pandemie im Jahr 2020 – sterile Immunität erzeugende Impfstoffe bereits zur Verfügung stehen (tendenziell ablehnend *Staudinger*, Verfassungsrechtliche Untersuchung der Impfgesetzgebung in Deutschland [2021], S. 134). Dann nämlich ist das Tragen einer Alltagsmaske nicht mehr die einzige Möglichkeit, das Risiko einer Ansteckung zu verringern. Zudem kann das Tragen eines Mund-Nasen-Schutzes zwar „die Geschwindigkeit des Atemstroms oder Speichel-, Schleim- oder Tröpfchenauswurfs reduzieren", jedoch anders als eine wirksame Immunisierung durch Impfung keine sichere Schutzwirkung entfalten, vgl. www.bfarm.de/SharedDocs/Risikoinformationen/Medizinprodukte/DE/schutzmasken.html (Seite zuletzt aufgerufen am: 06.04.2021).

179 Vgl. bereits § 3 A. I. 3. c) „Risiko als aktivierendes Gefährdungsniveau".

180 Für viele tendenziell BVerfGE 56, 54 (80); *Calliess*, Rechtsstaat und Umweltstaat (2001), S. 318.

181 *Isensee*, Das Grundrecht als Abwehrrecht und als staatliche Schutzpflicht, in: Isensee/Kirchhof (Hrsg.), HStR IX (2011), § 191 Rn. 235.

Schutzgüter Leben und körperliche Unversehrtheit geht. Stehen dem Grundrecht auf Leben und körperliche Unversehrtheit in der Abwägung allerdings andere Güter gegenüber, würde diese Auffassung dem Höchstwert des Lebens und der Nähe zur Menschenwürde nicht gerecht.

Es bleibt somit festzuhalten, dass bereits alle Risiken für das Grundrecht auf Leben und körperliche Unversehrtheit, die nicht nur unerheblich sind, die grundrechtliche Schutzpflicht unabhängig von ihrer Eintrittswahrscheinlichkeit aktivieren.[182] Die grundrechtliche Freiheit eines Risikoverursachers, im Falle einer Infektionskrankheit also diejenige eines ansteckenden Infizierten, darf als Ausdruck einer aktivierten grundrechtlichen Schutzpflicht im Rahmen der Grenzen der Verhältnismäßigkeit eingeschränkt werden.[183]

2. *Verpflichtung zum Schutz vor sich selbst?*

Wie zuvor aufgezeigt, erwächst aus der staatlichen Schutzpflicht eine Verpflichtung für die Risikovorsorge vor Gesundheitsgefahren.[184] Die Zielrichtung der Schutzpflicht könnte sich also auf den von der Impfpflicht Betroffenen selbst beziehen.[185] In dieser Konstellation müsste dann gar nicht unbedingt ein Dreiecksverhältnis vorliegen, in dem der Staat zum Schutz eines Bürgers in das Abwehrrecht eines anderen eingreift. Falls man die Existenz einer Schutzpflicht für den Grundrechtsträger auch gegen dessen Willen nämlich bejahte, bestünde beispielsweise der legitime Zweck einer Impfpflicht auch dann, wenn die Pflicht zum Schutz vulnerabler Gruppen nicht aktiviert wäre. Es bedarf daher der Klärung, ob sich die Schutzpflicht auch auf diejenigen Grundrechtsträger beziehen kann, die sich in Kenntnis eines Risikos oder einer Gefahr gegen freiwillig zu ergreifende Schutzmaßnahmen entscheiden. Darf sich die Schutzpflicht des Staates bei einer Selbstgefährdung des Grundrechtsträgers also über dessen Selbstbestimmungsrecht stellen?[186]

Teilweise wird diese Frage bejaht und vertreten, dass die von einem Grundrechtsträger ausgehende Eigengefahr der von anderen Quellen ausgehenden Gefahr entspreche, woraus eine staatliche Schutzpflicht auch vor der schädigenden Handlung resultiere, die von der Selbstbestimmung des Grundrechtsträgers

---

[182] Vgl. *Gebhard*, in: Kießling (Hrsg.), IfSG Kommentar (2021), § 20 Rn. 45.

[183] Vgl. *Rixen*, in: Sachs (Hrsg.), GG Kommentar (2021), Art. 2 Rn. 181.

[184] *Steiner/Müller-Terpitz*, in: Spickhoff (Hrsg.), Medizinrecht (2018), Art. 2 GG Rn. 15.

[185] Diese Frage ist grundlegend zum ersten Mal aufgeworfen worden von *v. Münch*, Grundrechtsschutz gegen sich selbst?, in: Stödter/Thieme (Hrsg.), FS Ipsen (1977), S. 113 ff.

[186] Speziell in Bezug auf eine Impfpflicht stellte sich die Frage, ob derjenige, der sich in Kenntnis der Ansteckungsmöglichkeit ohne eine Impfung möglicherweise durch die Infektion mit einer übertragbaren Krankheit auftretenden Gesundheitsschäden freiwillig gegen die Schutzimpfung entscheidet, als zu schützender Grundrechtsträger erfasst ist; dazu auch *Grüner*, Biologische Katastrophen (2017), S. 258 ff.; vgl. zusammenfassend für weitere Beispiele (Tabakkonsum, Alkohol-, Tabletten- und Medikamentenmissbrauch u. a.) *Littwin*, Grundrechtsschutz gegen sich selbst (1993), S. 4–10.

geleitet sei.[187] Dagegen muss aber eingewandt werden, dass die Schutzpflicht für Leben und körperliche Unversehrtheit der klassischen abwehrrechtlichen Funktion dann in Bezug auf denselben Grundrechtsträger gegenüberstünde. Wenn der Staat den Einzelnen aber zu seinem eigenen Besten „bevormunden"[188] dürfte, indem er ihm die Pflicht zur bestmöglichen Wahrnehmung der Freiheitsgarantien auferlegte[189], würde die fundamentale Funktion des Grundrechts mittels seiner Schutzpflichtdimension gegen sich selbst gekehrt.[190] Die durch die Grundrechte erst zugestandenen Freiheiten könnten dann mittels des Schutzauftrages als inhärentem Eingriffstitel pervertiert werden, wodurch sich die Grundrechtsgewährleistung selbst aufhöbe.[191] Bereits diese Überlegungen sprechen dagegen, den Zweck einer Impfpflicht in einer legitimen Weise auch in dem Schutz desjenigen Abwehrgrundrechtsträgers zu sehen, der selbst überhaupt nicht geschützt werden möchte.

Das entscheidende Argument gegen verpflichtenden Selbstschutz findet sich aber in dem in der Menschenwürde verankerten Verbot an den Staat, den Einzelnen seiner Eigenverantwortlichkeit zu berauben, da diese zum Würdekern der Grundrechte gehört.[192] Vor dem Hintergrund dieses Verbots erscheint es wenig überzeugend, die Herleitung der Schutzpflicht aus der objektiven Werteordnung der Grundrechte dahingehend zu interpretieren, dass die Grundrechte vollständig ihre Subjektivität und mithin ihren Charakter als zuvörderst freiheitssichernde Garantien verlören.[193] Ebenso wenig kann die Annahme Geltung beanspruchen, dass das Grundrecht selbst zwar Gegenstand des Selbstbestimmungsrechts, sein Wesensgehalt dagegen stets von der Verfügungsgewalt des Grundrechtsträgers ausgenommen sei.[194] Da dieses Ergebnis mit dem liberalen Verständnis der Grundrechte nicht vereinbar wäre, muss die autonome Entscheidung, ausschließlich sich selbst einem Risiko auszusetzen, ebenso vollständig von der grundrechtlichen Freiheit umfasst sein wie die Ausübung der

---

187 *Stern/Sachs*, Staatsrecht III/1 (1988), S. 736.

188 *Bleckmann*, Grundrechtsschutz gegen sich selbst, in: RdA 1988, S. 332 (335); *Grüner*, Biologische Katastrophen (2017), S. 258; *Hochhuth*, Grundrechte und Grundfreiheiten als Schutzpflichten?, in: Anderheiden et al. (Hrsg.), Paternalismus und Recht (2006), S. 207 (208).

189 *Krings*, Grund und Grenzen grundrechtlicher Schutzansprüche (2003), S. 209.

190 Vgl. andeutend *Goerlich*, Schutzpflicht – Grundrechte – Verfahrensschutz, in: NJW 1981, S. 2616; *Hermes*, Das Grundrecht auf Schutz von Leben und Gesundheit (1987), S. 229.

191 *Hillgruber*, Der Schutz des Menschen vor sich selbst (1992), S. 148.

192 *Robbers*, Sicherheit als Menschenrecht (1987), S. 188; *Bleckmann*, Grundrechtsschutz gegen sich selbst, in: RdA 1988, S. 332 (335) mit Verweis auf den auf *Immanuel Kants* „Metaphysik der Sitten" zurückgehenden Begründungsansatz; vgl. allerdings mit Verankerung in der allgemeinen Handlungsfreiheit Art. 2 Abs. 1 GG *Hillgruber*, Der Schutz des Menschen vor sich selbst (1992), S. 148; *Scherzberg*, Grundrechtsschutz und „Eingriffsintensität" (1989), S. 178.

193 Vgl. für viele *Hermes*, Das Grundrecht auf Schutz von Leben und Gesundheit (1987), S. 229; *Jarass*, Funktionen und Dimensionen der Grundrechte, in: Merten/Papier (Hrsg.), HGRe II (2006), § 38 Rn. 8, weist darauf hin, dass den Grundrechten ein „objektiver", nicht ein „objektiv-rechtlicher" Gehalt innewohnt.

194 Vgl. *Dietlein*, Die Lehre von den grundrechtlichen Schutzpflichten (1992), S. 225.

Freiheit selbst.[195] Etwas anderes kann nur gelten, wenn der Grundrechtsträger dadurch nicht nur freiwillig sein eigenes Grundrecht, sondern auch Grundrechte Dritter unfreiwillig einem Risiko aussetzt (wie etwa bei der Teilnahme am Straßenverkehr mittels eines Kraftfahrzeugs, die erst gestattet wird, wenn der Grundrechtsträger bewiesen hat, eine Fahrweise zu beherrschen, die andere Teilnehmer nicht gefährdet).

Daraus folgt, dass die Schutzpflicht die Abwehrrechtsdimension in Bezug auf den gleichen Grundrechtsträger nicht verdrängen kann. Jedenfalls besteht für den Einzelnen keine Pflicht zu „gesundheitsgemäßer Lebensführung"[196], so dass nicht einmal dann eine Pflicht anzunehmen wäre, die der Einzelne verletzen und derer nachzukommen der Staat abhelfen müsste, wenn die Schutzimpfung als Teil der „gesundheitsgemäßen Lebensführung" anzusehen wäre.[197] Dieses Ergebnis spiegelt sich auch im einfachen Recht wider, da § 1 SGB V nicht einmal die rechtliche Obliegenheit einer gesundheitsgemäßen Lebensführung formuliert.[198]

Mangels Möglichkeit, die Schutzpflicht gegen den ausschließlich sich selbst gefährdenden Grundrechtsträger zu richten[199], kann eine „Schutzpflicht für den

---

[195] *Isensee*, Das Grundrecht auf Sicherheit (1983), S. 48 f.; *ders.*, Das Grundrecht als Abwehrrecht und als staatliche Schutzpflicht, in: Isensee/Kirchhof (Hrsg.), HStR IX (2011), § 191 Rn. 244; *Müller-Terpitz*, Das Recht auf Leben und körperliche Unversehrtheit, in: Isensee/Kirchhof (Hrsg.), HStR VII (2009), § 147 Rn. 98; *Steinau-Steinrück*, Die staatliche Verhütung und Bekämpfung von Infektionskrankheiten (2013), S. 144.

[196] *Hermes*, Das Grundrecht auf Schutz von Leben und Gesundheit (1987), S. 229; *Samhat*, Gesundheitsgerechtes Verhalten (2019), S. 50; *Schulze-Fielitz*, in: Dreier (Hrsg.), GG Kommentar, Bd. 1 (2013), Art. 2 Abs. 2 Rn. 84; *Steiner/Müller-Terpitz*, in: Spickhoff (Hrsg.), Medizinrecht (2018), Art. 2 GG Rn. 15; *Steiner*, Verfassungsfragen des Sports, in: NJW 1991, S. 2729 (2734).

[197] I. E. auch *Pestalozza*, Das Recht auf Gesundheit, in: BGesBl. 2007, S. 1113 (1117). Prägnant *Boehme-Neßler*, Auf dem Weg zur Herdenimmunität?, in: NVwZ 2021, S. 1241 (1242): „Die Verfassung zwingt grundsätzlich niemanden dazu, gesund zu leben und Krankheiten zu vermeiden".

[198] *Steiner/Müller-Terpitz*, in: Spickhoff (Hrsg.), Medizinrecht (2018), Art. 2 GG Rn. 15.

[199] Für viele *Horn*, in: Stern/Becker (Hrsg.), Grundrechte Kommentar (2019), Art. 2 GG Rn. 86; *Krings*, Grund und Grenzen grundrechtlicher Schutzansprüche (2003), S. 209; *Mers*, Infektionsschutz im liberalen Rechtsstaat (2019), S. 95, 147; *v. Münch*, Grundrechtsschutz gegen sich selbst?, in: Stödter/Thieme (Hrsg.), FS Ipsen (1977), S. 113 (128); *Stoll*, Sicherheit als Aufgabe von Staat und Gesellschaft (2003), S. 359; i. E. auch BVerfGE 59, 275 (278 f.), jedoch konstatierte das Bundesverfassungsgericht im zu entscheidenden Fall (keine Grundrechtsverletzung durch bußgeldbewehrte Helmpflicht für Kraftradfahrer), selbst wenn das inredestehende Verhalten (Verstoß gegen die Helmpflicht) ausschließlich selbstgefährdend sei, was nach Auffassung des Gerichts nicht zuträfe, so trage der Staat für den Ort des selbstgefährdenden Verhaltens, nämlich den öffentlichen Straßenverkehr, eine besondere Verantwortung. Eine Übertragung dieser Auffassung auf den gesamten öffentlichen Raum führte aber wohl zu weit, da dem Straßenverkehr eine latente höhere Gefährlichkeit innewohnt, die nicht überall im gesamten öffentlichen Raum so hoch ist. Mit ähnlicher Betonung des Schutzes auch für Dritte BVerfG NJW 1987, S. 180 (Gurtanlegepflicht für Kraftfahrzeugführer).

Eingriffsadressaten selbst" nicht als legitimer Zweck für den Eingriff in dessen körperliche Unversehrtheit dienen.[200] Diesen legitimen Zweck kann nur eine – aktivierte – Schutzpflicht für Dritte darstellen, die dem vom Eingriff betroffenen Grundrechtsträger im „Grundrechtsdreieck" auf gleicher Ebene gegenüberstehen. Zwar sind *fürsorgerische* Eingriffe in die Grundrechte des Betroffenen, die nicht auch den Schutz eines Dritten bezwecken, nicht grundsätzlich unzulässig[201] (etwa Unterbringung in einem psychiatrischen Krankenhaus bei akuter Gefahr der Selbstgefährdung; nicht hingegen Straßenverkehrsregeln, da diese dem Schutz aller Verkehrsteilnehmer dienen), jedoch ist in ihrer Anwendung Restriktion geboten. Eingriffe zu solchem Zweck können allenfalls dann gerechtfertigt sein, wenn eine selbstschädigende Handlung nicht auf einem ungetrübten, dem freien Willen entspringenden Entschluss beruht.[202] Bei einem auf freiem Willen des Grundrechtsträgers basierenden Handeln oder gar nur „Geschehenlassen", das ausschließlich den Grundrechtsträger selbst gefährdet, besteht jedoch kein Raum für eine fürsorgerische Bevormundung.

Etwas anders gilt nur bei Schutz vor Selbsttötung: Im Rechtsgut des Lebens liegt die zentrale Voraussetzung der Ausübungsmöglichkeit aller anderen Freiheiten. Diese herausgehobene Stellung führt zwar nicht zwangsläufig zu einer staatlichen Schutz*pflicht* auch gegen den freien Willen des zur Lebensbeendigung Entschlossenen, sie ermöglicht aber den staatlichen Lebensschutz auf legitime Weise[203] (als Beispiel sei § 216 StGB als Gegensatz des straflosen Suizids genannt, der den Täter bestraft, in dessen Hände und somit in dessen aktives Tun das sterbewillige Opfer sein Leben legt[204]). Staatliche Schutzmechanismen sind aufgrund des Vorranges des Selbstbestimmungsrechts bei Selbsttötung ausschließlich dann nicht möglich, wenn das auf einem freien Willen beruhende Lebensende lediglich in einem „bloßes Sterbenlassen" besteht, nicht aber

200 So auch *Wedlich*, Nationale Präventionsmaßnahmen (2014), S. 48; mit leicht abweichender Tendenz aber *Schaks*, Schriftliche Stellungnahme zu BT-Drs. 19/13452, Ausschuss-Drs. 19(14)112(14), S. 11.

201 BVerfGE 22, 180 (219); 58, 208 (224 ff.) [Unterbringung Entmündigter oder „Geisteskranker"].

202 *Krings*, Grund und Grenzen grundrechtlicher Schutzansprüche (2003), S. 204 f.; *Robbers*, Sicherheit als Menschenrecht (1987), S. 221.

203 *Bleckmann*, Grundrechtsschutz gegen sich selbst, in: RdA 1988, S. 332 (336); *Schulze-Fielitz*, in: Dreier (Hrsg.), GG Kommentar, Bd. 1 (2013), Art. 2 Abs. 2 Rn. 85; dies bedeutet jedoch nicht, dass schmerzlindernde, aber lebensverkürzende Maßnahmen am Lebensende verfassungsrechtlich zu missbilligen sind, da es mit der Wertentscheidung für das Leben unvereinbar ist, den leidenden und sterbewilligen Patienten „zum bloßen Objekt einer von ihm als sinnlos empfundenen Lebensverlängerung zu degradieren", *Müller-Terpitz*, Das Recht auf Leben und körperliche Unversehrtheit, in: Isensee/Kirchhof (Hrsg.), HStR VII (2009), § 147 Rn. 100; *Möller*, Paternalismus und Persönlichkeitsrecht (2005), S. 92; sehr zurückhaltend zur staatlichen Eingriffsbefugnis *Rixen*, in: Sachs (Hrsg.), GG Kommentar (2021), Art. 2 Rn. 211 sowie *Fink*, Selbstbestimmung und Selbsttötung (1992), S. 135.

204 *Mitsch*, in: Leipold/Tsambikakis/Zöller (Hrsg.), Anwaltkommentar StGB (2020), § 216 Rn. 1.

auf einer aktiven Handlung beruht.[205] Führt ein bereits begonnener Krankheitszustand oder gar bloß – wie bei jedem menschlichen Wesen – das Leben selbst zu einem bestimmten oder unbestimmten Zeitpunkt zum Tode und ist dieser Verlauf vom Willen des Grundrechtsträgers gebilligt, hat der Staat keine Möglichkeit, diese Entwicklung gegen den Willen des Betroffenen zu verändern.

In Bezug auf den Schutz von Grundrechtsträgern, die trotz Verhinderungsmöglichkeit durch Impfung freiwillig die Ansteckungsmöglichkeit mit zuweilen lebensbedrohlichen Krankheiten aufrechterhalten, muss festgestellt werden, dass diese Entscheidung wohl einem freien Willen entspringt, der Ausdruck des Selbstbestimmungsrechts gemäß Art. 2 Abs. 1 GG ist. Es handelt sich bei den Fällen der freiwilligen, billigend in Kauf genommenen Ansteckung selbst bei letalem Verlauf eher um die Fallgruppe des „Sterbenlassens". Eine Schutz*pflicht* scheidet dann aus, allenfalls besteht eine staatliche Schutz*möglichkeit*. Der Staat darf auf die Ausübung der Schutzmöglichkeit in dieser Konstellation aber auch verzichten. Ein aufgezwungener Schutz gegen bloße verantwortungslose, freiwillige Selbstgefährdung durch Aufrechterhaltung einer Ansteckungsmöglichkeit mit einer infektiösen Krankheit ist also nicht möglich[206], sofern nicht das Interesse Dritter oder der Allgemeinheit an der Integrität der körperlichen Unversehrtheit überwiegen.[207]

3. *Drittbezogenheit des Grundrechts auf Leben und körperliche Unversehrtheit*

Anders liegt es jedoch, wenn das selbstgefährdende Verhalten eines Grundrechtsträgers zugleich auch ein Risiko für Grundrechte Dritter birgt, denn dieses Risiko führt zur Aktivierung der Schutzpflicht für das Grundrecht der unfreiwillig mitgefährdeten Dritten. Mangels Verpflichtung des Grundrechtsträgers zum Schutz vor sich selbst besteht in den Situationen, in denen die Schutzpflicht für das Grundrecht auf Leben und körperliche Unversehrtheit dieser Dritten aktiviert ist, ein Grundrechtsdreieck. Das Grundrecht liegt dann mehrdimensional vor, in dem es sowohl als Abwehrrecht als auch als Rechtfertigungsgrund für den staatlichen Eingriff in eben dieses Abwehrrecht im Rahmen

[205] *Eser*, Sterbewille und ärztliche Verantwortung, in: MedR 1985, S. 6 (9); *Müller-Terpitz*, Das Recht auf Leben und körperliche Unversehrtheit, in: Isensee/Kirchhof (Hrsg.), HStR VII (2009), § 147 Rn. 101; *Rixen*, in: Sachs (Hrsg.), GG Kommentar (2021), Art. 2 Rn. 212a.

[206] So auch *Schaks*, Die Pflicht zur Verwendung von Kombinationsimpfstoffen gegen Masern, in: MedR 2020, S. 201 (206).

[207] So wohl auch *Staudinger*, Verfassungsrechtliche Untersuchung der Impfgesetzgebung in Deutschland (2021), S. 122. Interessen der Allgemeinheit können etwa gesteigerte Lasten für die Sozialversicherungssysteme sein, was allerdings einer pauschalen Behauptung, diese Interessen überwögen, nicht zugänglich ist, sondern einer detaillierten und sorgfältigen Abwägung mit der Selbstbestimmung des Selbstgefährders bedarf, vgl. *Müller-Terpitz*, Das Recht auf Leben und körperliche Unversehrtheit, in: Isensee/Kirchhof (Hrsg.), HStR VII (2009), § 147 Rn. 98 m. w. N.

einer Schutzpflicht Wirkung entfaltet.[208] Es zeichnet sich durch die Eckpunkte „Staat", „Störer" und „Beeinträchtigter" aus, wobei die schädigend ausgeübte Freiheit des Störers beschränkt wird.

Bei der Betrachtung des Grundrechtsdreiecks sind natürliche, nicht durch personale Dritte gesteuerte (sondern allenfalls durch Personen übermittelte) Gegebenheiten, die die Beeinträchtigung der geschützten Rechtsgüter verursachen oder begünstigen können[209], von aktiven und zielgerichteten Schädigungshandlungen des Dritten (etwa Tötungs- und Körperverletzungsdelikte) als Auslöser der Schutzpflicht zu unterscheiden und erfordern einen differenzierteren Blick auf die Drittbezogenheit des Grundrechts:

Insbesondere bei einem potenziellen Risiko für Leben und körperliche Unversehrtheit ist die schutzpflichtenauslösende Risiko*vermittlung* dem Störer nicht immer individuell vorwerfbar[210], weil sie nicht auf seinem Handeln beruht, sondern unabsichtlich oder gar unbemerkt erfolgt.[211] Sowohl das zeitliche als auch das qualitative Moment der Risikoübermittlung können dem Störer – als „Mittler" des Risikos – und dem Beeinträchtigten daher unbekannt sein. In Bezug auf das Risiko der Übertragung von Infektionskrankheiten heißt das: Der Moment, in dem die Übertragung der Krankheitserreger erfolgt, wird von dem (nicht geimpften) infektiösen Ansteckenden und dem Angesteckten nicht wahrgenommen. Der zu Schützende ist deshalb nicht in der Lage, in diesem Zeitpunkt (auf sozialadäquate Weise) eigene Schutzmaßnahmen zu ergreifen.

Die staatliche Schutzpflicht gebietet aber auch bei „potentiellen, drohenden Grundrechtsgefährdungen" oder solchen, die zunächst „unsichtbar" erscheinen, da die Zeitpunkte der Risikoübermittlung und der Risikoentfaltung beim Grundrechtsträger auseinanderfallen, eine Verhinderung der Gefährdungsrealisierung.[212] Es macht auch keinen Unterschied, ob das Risiko der Erkrankung lediglich übermittelt oder durch eine aktive Beeinträchtigungshandlung hervorgerufen wird, da ersteres nicht weniger und dementsprechend ebenso geeignet ist, staatliche Schutzpflichten zu aktivieren. Die Drittbezogenheit des Grundrechts kann also aufgrund der Natur der möglichen drohenden Risiken weite-

[208] *Loer*, Gesundheitspolitik zwischen Schutzpflicht und Eigenverantwortung, in: Pünder/Klafki (Hrsg.), Risiko und Katastrophe als Herausforderung für die Verwaltung (2016), S. 81 (84).

[209] So liegt es bei Infektionskrankheiten, mit diesem Beispiel schon *Steinau-Steinrück*, Die staatliche Verhütung und Bekämpfung von Infektionskrankheiten (2013), S. 141.

[210] Vorwerfbarkeit meint hier keine Vorwerfbarkeit im strafrechtlichen Sinne; ebenso wenig ist impliziert, dass es sich um eine rechtswidrige Handlung handeln muss.

[211] So etwa bei der Übertragung der Erreger von Infektionskrankheiten durch einen Infizierten noch während der Inkubationszeit, also bevor der Ansteckende selbst Kenntnis des in ihm ruhenden Risikos für die Rechtsgüter Anderer erlangen kann. Der Zeitpunkt der Risikoübermittlung ist dem Zeitpunkt der Risikoentfaltung also vorgelagert.

[212] BVerfGE 66, 39 (58); vgl. BVerfGE 52, 214 (221); *Klein*, Grundrechtliche Schutzpflicht des Staates, in: NJW 1989, S. 1633 (1637); *Jaeckel*, Die Simulation des Urknalls, in: DVBl. 2011, S. 13 (15).

re, über die des Dreiecks mit der klassischen „Störer"-Position auf der Abwehrrechtsseite hinausgehende Konstellationen herbeiführen.

a) Grundrechtsbeeinträchtigung durch Unterlassen privater Dritter

Das Risiko einer Beeinträchtigung des Grundrechts auf körperliche Unversehrtheit durch Unterlassen privater Dritter kommt insbesondere bei unpersonalen Gefährdungsquellen vor (etwa Naturkatastrophen, zu denen auch Infektionskrankheiten zu zählen sind[213]), deren Eigendynamik prinzipiell die Rechtsgüter aller Grundrechtsträger gleichermaßen treffen kann. Zwar wird teilweise die Auffassung vertreten, der Störer sei nur verpflichtet, fremde Rechtssphären unberührt zu lassen, nicht aber, diese aktiv zu schützen.[214] Dem ist aber entgegenzuhalten, dass die Berührung fremder Rechtssphären nicht nur durch aktive gefährdende Handlungen, sondern ebenso durch das Fehlen freiwillig ergriffener und tatsächlich möglicher Schutzvorkehrungen für das Grundrecht der körperlichen Unversehrtheit, folglich ein Unterlassen verursacht und begünstigt werden kann.

Dieses Unterlassen freiwilliger Schutzvorkehrungen durch private Grundrechtsträger ist zwar mangels Verpflichtung zum Schutz vor sich selbst zunächst rechtsunerheblich. Wenn die freiwillige und mögliche private Schutzvorkehrung jedoch eine Reduzierung des Risikos für andere Grundrechtsträger (im Extremfall dessen vollständige Beseitigung) bedeutet, kann das Unterlassen dieser freiwilligen Schutzvorkehrung zur Aktivierung der staatlichen Schutzpflicht beitragen, die ihrerseits zu verhältnismäßigen Grundrechtseingriffen – in Gestalt der Auferlegung einer Handlungspflicht – berechtigt. Besonderes Augenmerk verdient bei der Frage einer Impfpflicht daher die Konstellation, dass ein Grundrechtsträger eine ihm mögliche Impfung unterlässt und dadurch die Möglichkeit aufrechterhält, weiterhin als „Störer" für Grundrechte impfunfähiger Dritter im Sinne des „Mittlers" eines Ansteckungsrisikos zu fungieren, woraufhin der Staat mittels einer Impfpflicht in sein Grundrecht auf körperliche Unversehrtheit eingreift. Hier wird dem „Störer" eine Handlungspflicht auferlegt, was zu einem Grundrechtsdreieck mit der Konstellation „Schutz durch Eingriff" führt.

---

[213] *Schaks*, § 14 Verhütung übertragbarer Krankheiten: Schutzimpfungen, in: Kluckert (Hrsg.), Das neue Infektionsschutzrecht (2021), Rn. 4.

[214] So etwa *Krings*, Grund und Grenzen grundrechtlicher Schutzansprüche (2003), S. 263 f. mit Verweis auf *v. Humboldt*, Wirksamkeit des Staates (1792), S. 107 („[...] halte ich es auch nicht für gut, wenn der Staat einen Bürger zwingt, zum Besten des anderen irgend etwas gegen seinen Willen zu tun"). Diese Auffassung verschweigt allerdings, dass Gefährdungsquellen nicht ausschließlich in Handlungen Dritter liegen müssen, die Handlungspflicht, die einem Dritten zum Zwecke der Erfüllung einer grundrechtlichen Schutzpflicht auferlegt würde, dementsprechend nicht „zum Besten" im Sinne einer Grundrechtsoptimierung dient, sondern der Abwehr eines kaum steuerbaren Risikos.

Insofern ist die Herleitung der Schutzpflichten allein aus der abwehrrechtlichen Grundrechtsdimension, mit der Folge, dass nicht Verbotenes immer erlaubt sei und deshalb niemals eine Schutzpflicht aktivieren könne, auch aus diesem Grunde unzutreffend. Auch wenn unter Privaten selbst keine Grundrechtsverpflichtung besteht, so kann doch jedes private Handeln oder Unterlassen unabhängig von seiner rechtlichen Erheblichkeit einen tatsächlichen Einfluss auf die Ausübbarkeit der Grundrechte Anderer haben.[215] Dieser Einfluss ist jedoch – wie aufgezeigt[216] – erst dann erheblich, wenn die Aktivierungsschwelle für die Schutzpflichtdimension des jeweiligen Grundrechts des Anderen durch das Vorliegen eines gewissen Risikos überschritten wird.

b) Tatbestandliche Gewichtung der aktivierten Schutzpflicht im Rahmen einer Prognoseentscheidung

Nach der Aktivierung der grundrechtlichen Schutzpflicht durch ein Unterlassen des störenden Risiko-„Mittlers“ stellt sich die Frage, welches Gewicht der aktivierten grundrechtlichen Schutzpflicht gegenüber dem Abwehrrecht des „Mittlers“ auf Tatbestandsseite zukommt. Bei der Einführung einer allgemeinen Impfpflicht tritt allerdings die Besonderheit auf, dass sich auf beiden Seiten das Grundrecht auf Leben und körperliche Unversehrtheit gegenübersteht.[217] Die Beurteilung der Verfassungsmäßigkeit einer allgemeinen Impfpflicht ist daher abhängig von dem Gewicht, das der aktivierten Schutzpflicht für das Grundrecht der körperlichen Unversehrtheit Dritter bei der Abwägung mit der abwehrrechtsdimensional vorliegenden Grundrechtsposition zukommt, in die zur Erfüllung der Schutzpflicht eingegriffen wird („Schutz durch Eingriff“).

Die Schwierigkeit dieser Abwägung liegt in dem Charakter der Schutzpflichterfüllung als *Prognoseentscheidung*: Umweltvermittelte Grundrechtsgefährdungen, die – wie aufgezeigt[218] – die grundrechtliche Schutzpflicht auslösen können, haben aufgrund ihres schwer vorhersagbaren Realisierungsrisikos einen „diffusen Charakter“.[219] Hierzu zählen auch die Gefährdungen für Leben und körperliche Unversehrtheit, wenn deren Risikoübermittlung unbemerkt bzw. nicht zurechenbar personal erfolgt, wie bei der Übertragung von Infektionskrankheiten durch Aerosole und die sogenannte „Tröpfcheninfektion“. Für eine solche Konstellation sind die Voraussetzungen und Rechtsfolgen der grundrechtlichen Schutzfunktion noch nicht vollständig ausgeleuchtet.[220] Zwar steht

---

[215] Vgl. *Lindner*, Theorie der Grundrechtsdogmatik (2005), S. 361.

[216] Vgl. § 3 A. II. 1. c) „Maßstab der Aktivierungsschwelle der Schutzpflicht“.

[217] Vgl. auch *Schaks*, Schriftliche Stellungnahme zu BT-Drs. 19/13452, Ausschuss-Drs. 19(14)112(14), S. 10.

[218] Vgl. § 3 A. I. 2. „Quelle der Beeinträchtigung“.

[219] *Schmidt-Aßmann*, Anwendungsprobleme des Art. 2 Abs. 2 GG im Immissionsschutzrecht, in: AöR 106 (1981), S. 205 (216).

[220] *Jaeckel*, Die Simulation des Urknalls, in: DVBl. 2011, S. 13 (20); vgl. aber zuletzt die Untersuchung von *Clausen*, Das Verhältnis von Achtungs- und Schutzpflichten in Ausnahme-

nicht fest, dass sich das schutzpflichtauslösende Risiko realisieren wird, es bedarf aber der Absteckung der Risikosphären der beiden kollidierenden Dimensionen des gleichen Grundrechts und somit Kriterien für die Gewichtung der staatlichen Schutzpflicht.[221] Ein Missverhältnis der Schutzpflichtposition und Abwehrrechtsposition sollte vermieden werden.[222] Anerkannt ist bislang lediglich, dass es sich bei der Konsequenz aus der Gewichtung, nämlich der Erfüllung der grundrechtlichen Schutzpflicht als legitimem Zweck des Grundrechtseingriffs, um eine wirksame, ausreichende und angemessene Maßnahme handeln muss.[223]

Der Gewichtung von Schutzpflicht- und Abwehrrechtsdimension des gleichen Grundrechts gegeneinander bedarf es *vor* dem Ergreifen der Maßnahme als Ausfüllung der Schutzpflicht seitens des Gesetzgebers. Sie muss zwingend bereits auf der Tatbestandsebene erfolgen und kann sich nicht erst ergebnisähnlich in der Ausgestaltung der Schutzpflicht zeigen, ohne dass zuvor eine Zuordnung der Gewichte von Abwehrrecht und Schutzpflicht mittels transparenter, rationaler und nachvollziehbarer Kriterien erfolgt ist. Das gilt gerade, wenn das Gewicht der Schutzpflichtdimension fallbezogen aufgrund der tatsächlichen Risikolage prognostisch bestimmt werden muss, weil erstens der Eintritt einer Grundrechtsbeeinträchtigung überhaupt und zweitens ihr Zeitpunkt aufgrund des „diffusen Charakters" ungewiss ist.[224] Erst dem Ergebnis dieser Gewichtung kann der Inhalt der Maßnahme folgen, die sich schließlich als Ausdruck der Schutzpflichterfüllung am Untermaßverbot messen lassen muss.[225] Die Maßnahme als ausgestaltende Lösung der Kollision ist erst auf der Rechtsfolgenseite relevant, da sich die rechtliche Bewertung der ergriffenen Maßnahme an der Gewichtung der Schutzpflicht, die bereits auf Tatbestandsebene zu erfolgen hat, orientieren muss.[226] Die Ausgestaltung der schützenden Maßnahme, hier

---

situationen (2018), die sich allerdings ausdrücklich nur auf das Verhältnis von Abwehrrechten zu Schutzpflichten bezieht, die durch die Handlung eines personalen Störers ausgelöst werden (a. a. O., S. 45, 62).

221 Ähnlich *Klein*, Grundrechtliche Schutzpflicht des Staates, in: NJW 1989, S. 1633 (1637).

222 *Hermes*, Das Grundrecht auf Schutz von Leben und Gesundheit (1987), S. 50.

223 BVerfGE 88, 203 (254); *Mayer*, Untermaß, Übermaß und Wesensgehaltsgarantie (2005), S. 154 f.

224 Ähnlich *Amhaouach/Kießling*, Die Steigerung der Masernimpfraten von Kindern – Möglichkeiten und Grenzen des Rechts, in: MedR 2019, S. 853 (858).

225 Vgl. *Camilo de Oliveira*, Zur Kritik der Abwägung in der Grundrechtsdogmatik (2013), S. 142; *Mayer*, Untermaß, Übermaß und Wesensgehaltsgarantie (2005), S. 146; tendenziell auch *Clausen*, Das Verhältnis von Achtungs- und Schutzpflichten in Ausnahmesituationen (2018), S. 66 ff.

226 Vgl. *Mayer*, Untermaß, Übermaß und Wesensgehaltsgarantie (2005), S. 81; vgl. *Camilo de Oliveira*, Zur Kritik der Abwägung in der Grundrechtsdogmatik (2013), S. 142; ähnlich *Hesse*, Grundzüge des Verfassungsrechts (1999), Rn. 350; prägnant dazu *Gersdorf*, Parlamentsvorbehalt versus Gesetzesvorbehalt?, in: DÖV 1990, S. 514 (515): „Grundrechtliche Kollisionslagen erfordern zwar eine wechselseitige Begrenzung der grundrechtlichen Positionen im Sinne eines möglichst schonenden und verhältnismäßigen Ausgleichs der einander widerstrei-

also der Impfpflicht, muss mithin die Folge des Gewichts der Schutzpflicht sein, nicht andersherum.

Falls sich bereits aufgrund des Verständnisses von Grundrechten als Eingriffsabwehrrechte *in abstracto* ein Abwägungsvorteil für die Abwehrrechtsdimension des Grundrechts gegenüber seiner aktivierten Schutzpflichtdimension ausmachen ließe, müsste sich dies auch bei der Gewichtung im jeweils zu entscheidenden Fall niederschlagen, da die „Waage der Justitia" dann schon vor der Entscheidung im konkreten Fall nicht mehr auf null stünde. Das führte dazu, dass ein Überwiegen der Schutzpflichtdimension, hier also die Entscheidung für eine Impfpflicht, bei der konkreten Abwägung des Einzelfalls dann zwar nicht unmöglich, jedoch zumindest erschwert wäre.[227]

Falls die abstrakte Gewichtung von Schutzpflicht- und Abwehrrechtsdimension hingegen gleichwertig wäre, die Waagschalen also symmetrisch zueinander stehen sollten, müsste es im Anschluss umso mehr auf Kriterien ankommen, die in der konkreten Fallentscheidung die Abwägung rationalisierbar und rechtsstaatlich transparent gestalten.[228] Für eine solche Fallkonstellation bedürfte es insofern einer detaillierten Herausarbeitung der Kriterien für die *Gewichtung* der Schutzpflicht auf der Tatbestandsseite – hier für das Grundrecht auf körperliche Unversehrtheit. Dazu liefert insbesondere die Rechtsprechung des Bundesverfassungsgerichts vielversprechende Anhaltspunkte.

aa) Prinzipielle Gewichtungsverbote des Grundrechts auf Leben und körperliche Unversehrtheit?

Bevor eine zuordnende tatbestandliche Gewichtung der beiden kollidierenden Grundrechtsdimensionen erfolgen kann, stehen möglicherweise bereits Gewichtungsverbote entgegen.

Ein Verbot, die beiden Dimensionen des Grundrechts aus Art. 2 Abs. 2 S. 1 GG gegeneinander abzuwägen, könnte sich bereits aus der prinzipiellen Unzulässigkeit der Abwägung zweier Lebensgrundrechte[229] ergeben. Zwar kann ein Risiko, das zunächst nur für die körperliche Unversehrtheit besteht, wegen überlappender Schutzbereiche[230] grundsätzlich auch in eine Gefahr für das Leben umschlagen. Da die Schrankenregelung des Art. 2 Abs. 2 S. 3 GG aber

---

tenden Rechtsgüter. Jedoch darf die grundrechtliche Kollisionslösung nicht dazu führen, dass schon auf der Ebene der Grundrechtsgewährleistung der einen oder anderen beteiligten Seite die grundrechtliche Gewährleistung selbst bestritten oder beschnitten wird. Jeder Versuch, die Schranken der Grundrechte zu ihrem Inhalt zu machen, steht mit der Schrankensystematik des Grundgesetzes in Widerspruch".

227 *Clausen*, Das Verhältnis von Achtungs- und Schutzpflichten in Ausnahmesituationen (2018), S. 82.

228 A. A. *Winkeler*, Bedingt abwehrbereit? (2007), S. 179, der die Relevanz einer der konkreten Entscheidungsebene vorgeschalteten abstrakten Ebene nicht thematisiert und die Abwägung ausschließlich auf den konkreten Fall verlagert.

229 *Epping*, Grundrechte (2021), Rn. 116.

230 *Seewald*, Zum Verfassungsrecht auf Gesundheit (1981), S. 52.

ansonsten obsolet wäre, kann daraus kein Abwägungsverbot schon allein für das Grundrecht auf körperliche Unversehrtheit als „Vorstufe" des Lebensgrundrechts folgen. Die Einbeziehung auch schon einer „Lebensverkürzung" in den Schutzbereich des Lebensgrundrechts würde diesen nahezu ins Unendliche ausweiten; die Wahrscheinlichkeit einer Lebensverkürzung hat lediglich Einfluss auf den Schutzmaßstab für das Grundrecht auf körperliche Unversehrtheit.[231] Eine Gewichtung im Rahmen der Abwägung von Schutzpflicht- und abwehrrechtlicher Dimension des Grundrechts auf körperliche Unversehrtheit verbietet sich somit nicht schon deshalb, weil etwa eine Abwägung zweier Lebensgrundrechte vorläge.[232]

Ein Grund für ein Gewichtungsverbot könnte aber in den Fällen vorliegen, in denen eine Schutzpflicht schon deshalb nicht als legitimer Zweck des Freiheitseingriffs angeführt werden kann, weil der Schutzberechtigte diese Beeinträchtigung durch den privaten Dritten als Ausdruck seiner Willensfreiheit selbst erst ermöglicht hat.[233] So können Schutzpflichten nach der hier vertretenen Ansicht beispielsweise nicht als Begründung für den Schutz des „schwächeren" Vertragspartners im miet- oder arbeitsrechtlichen Kündigungsschutz dienen[234], weil hier ansonsten die Konstellation des aufgedrängten „Schutzes vor sich selbst" vorläge. Diese Beispiele gehen im Rahmen der Schutzpflicht für das Grundrecht auf körperliche Unversehrtheit aber immer dann fehl, wenn die Beeinträchtigung nicht von der freiwilligen Genehmigung des Grundrechtsschutzberechtigten gedeckt ist: Dies ist der Fall, wenn entweder aufgrund fehlender Kenntnisnahmemöglichkeit des Schutzberechtigten oder sogar schon aufgrund fehlender Kenntnis des Dritten hinsichtlich der von ihm ausgehenden Beeinträchtigungen eine freiwillige Beeinträchtigung ausgeschlossen ist.[235]

Als Beispiel sei hier die Situation skizziert, dass ein Grundrechtsschutzberechtigter, dem selbst die effektive Vorsorge vor Grundrechtsbeeinträchtigungen in tatsächlicher Hinsicht verwehrt ist (etwa ein Immundefizient[236]) in

[231] *Seewald*, Zum Verfassungsrecht auf Gesundheit (1981), S. 52 f.; Die meisten Infektionskrankheiten führen aber nicht zwingend zum Tode. Je nach Krankheit kann die Letalitätsquote variieren, jedoch kann nicht von einer gleichen „Todesunmittelbarkeit" ausgegangen werden wie etwa bei einer Vergiftung. Die Schwere einer Krankheit und demzufolge die Nähe des Grundrechts der körperlichen Unversehrtheit zum Lebensgrundrecht muss je nach Infektionskrankheit unterschiedlich bewertet werden; vgl. dazu im Folgenden § 3 A. II. 3. b) dd) „Entwicklung einer Gleichwertigkeitsprüfung für die Abwägung zweier Dimensionen des gleichen Grundrechts im Rahmen einer Prognoseentscheidung" sowie § 3 B. II. 3. „Krankheitsspezifische Risikoabwägung anhand der Gleichwertigkeitsprüfung".

[232] So aber *Grüner*, Biologische Katastrophen (2017), S. 278, die aufgrund dieser Prämisse die Unzulässigkeit einer allgemeinen Impfpflicht annimmt.

[233] *Lindner*, Theorie der Grundrechtsdogmatik (2005), S. 365.

[234] Mit diesen Beispielen schon *Lindner*, Theorie der Grundrechtsdogmatik (2005), S. 365.

[235] Diese Prämisse liegt aber etwa der bemerkenswerten Untersuchung von *Clausen*, Das Verhältnis von Achtungs- und Schutzpflichten in Ausnahmesituationen (2018), S. 45, 62, insb. S. 80 ff. zugrunde.

[236] Vgl. dazu bereits § 2 A. I. 2. c) bb) „Immundefizienten und Immunsupprimierte".

einen sozialen Alltagskontakt (etwa im öffentlichen Raum) mit einem grundrechtsbeeinträchtigenden Dritten tritt, der jedoch (noch) keine Kenntnis des von ihm ausgehenden grundrechtsbeeinträchtigenden Potenzials hat (etwa ein ansteckender Überträger eines Krankheitserregers, der noch keine Krankheitssymptome zeigt). Dann ist bezüglich der Konfrontation mit dem von dem Dritten ausgehenden Gefährdungspotenzial freilich nicht von einer Freiwilligkeit des Grundrechtsschutzberechtigten auszugehen. Der staatliche Rückgriff auf die Schutzpflicht ist dann nicht ausgeschlossen und die Möglichkeit der Abwägung beider Dimensionen des Grundrechts auf Leben und körperliche Unversehrtheit eröffnet.

bb) Abstrakte Gewichtung von schutz- und abwehrrechtlicher Grundrechtsdimension

Da prinzipielle Gewichtungsverbote auszuschließen sind, kommt es auf die zuordnende Gewichtung der kollidierenden Grundrechtssphären des Grundrechts auf Leben und körperliche Unversehrtheit an. Insofern zeigt sich, dass das Verhältnis von Abwehrrecht und Schutzpflicht zueinander umstritten ist.[237]

Anders als bei der praktischen Konkordanz zwischen Schutzpflicht und Abwehrrecht mit unterschiedlichen Bezugsgütern besteht hier jedenfalls nicht schon aufgrund einer Verschiedenheit der *Güter* ein Abwägungsvorteil für eine der beiden Dimensionen.[238] Zu klären ist aber, ob im Grundrechtsdreieck einer der beiden *Dimensionen* des gleichen Grundrechts – Abwehrrecht und aktivierter Schutzpflicht – bereits vor der einzelfallbezogenen Gewichtung ein abstrakter Abwägungsvorteil[239] zukommt.[240] Wenn also – wie bei der Impfpflicht – auf

---

[237] Für viele *Gerbig*, Grundrecht auf staatlichen Schutz (2014), S. 73.

[238] So läge es jedoch bei abstrakter Rangverschiedenheit der Grundrechtsgüter, so etwa Leben gegen Berufsfreiheit; vgl. in Bezug auf das Grundrecht Leben in der Frage der Verfassungskonformität des § 14 Abs. 3 LuftSiG auch *Winkeler*, Bedingt abwehrbereit?, S. 175 ff.; a. A. jedoch *Dreier*, Dimensionen der Grundrechte (1993), S. 22; *Clausen*, Das Verhältnis von Achtungs- und Schutzpflichten in Ausnahmesituationen (2018), S. 80 ff.; *Hermes*, Das Grundrecht auf Schutz von Leben und Gesundheit (1987), S. 253 sowie *Krings*, Grund und Grenzen grundrechtlicher Schutzansprüche (2003), S. 276, die zwischen verschiedenen Grundrechten grundsätzlich keine Rangunterschiede ausmachen wollen, was indes die Deklaration als „Höchstwert“ ignorierte; zurückhaltend auch *Scheuner*, Pressefreiheit, in: VVDStRL Bd. 22 (1965), S. 1 (55). Zumindest dem Grundrecht auf Leben und körperliche Unversehrtheit muss aufgrund des verfassungsgerichtlich anerkannten „Höchstwert des Lebens“ jedoch ein gegenüber anderen Grundrechtsgewährleistungen höherer Wert zuerkannt werden, da seine Integrität notwendige Voraussetzung für die Wahrnehmbarkeit anderer Grundrechtsgewährleistungen ist; vgl. *Murswiek*, Die staatliche Verantwortung für die Risiken der Technik (1985), S. 167.

[239] *Möstl*, Die staatliche Garantie für die öffentliche Sicherheit und Ordnung (2002), S. 95; von vornherein in ihrer Schutzpflichtdimension gegenüber der abwehrrechtlichen Komponente schwächer seien demgegenüber nach *Isensee*, Das Grundrecht als Abwehrrecht und als staatliche Schutzpflicht, HStR V (1992), § 111 Rn. 98, diejenigen Grundrechte, die besonders auf staatliche Neutralität gerichtet sind, so etwa die Meinungsfreiheit; auch *Möstl*, a. a. O., dort Fn. 274; vgl. anders aber *Clausen*, Das Verhältnis von Achtungs- und Schutzpflichten in

beiden Seiten Grundrechtsinteressen aus Art. 2 Abs. 2 S. 1 GG miteinander in Einklang gebracht werden müssen, ist unklar, ob nicht wegen der Ausgangskonzeption der Grundrechte der Abwehrrechtsseite von vornherein mehr Gewicht zufällt.

(1) Asymmetrische Gewichtung: Primat des Abwehrrechts?

Wegen des Grundsatzes „in dubio pro libertate“[241] wird diskutiert, ob im Grundrechtsdreieck der abwehrrechtlichen Dimension eines Grundrechts im Widerstreit mit der aktivierten Schutzpflichtdimension desselben Grundrechts schon auf abstrakter Ebene höheres Gewicht zukommen muss. Im Rahmen der konkreten (fallbezogenen) Abwägungsentscheidung bestünde dann bereits ein Vorteil für die Abwehrrechtsdimension, weshalb sich die Schutzpflichtdimension im Rahmen der konkreten Entscheidung nur dann noch durchsetzen könnte, wenn ihr Gewicht das Abwehrrecht *deutlich* überwöge. Es läge eine „Asymmetrie in der Intensität der Grundrechtswirkung“[242] vor. Bildlich stünde bei dieser Prämisse die Balkenwaage, von der die eine Waagschale für die Abwehrrechts- und die andere Waagschale für die Schutzpflichtdimension steht, dann bereits nach abstrakter Betrachtung des Grundrechtskonflikts vor der Entscheidung des konkreten Falls nicht mehr „auf null“. Sie wäre vielmehr bereits auf Seiten der Abwehrrechtsdimension beschwert. Bereits vor der Auflösung des konkreten Grundrechtskonflikts hätte die Waagschale der Abwehrrechtsdimension somit aus sich heraus ein höheres Eigengewicht.[243] Entsprechend höhere Gewichte müssten im konkreten Fall für die Schutzpflichtdimension angeführt werden, um mindestens wieder ein Gleichgewicht herzustellen.

Diese Ansicht begründet sich in der Primärfunktion der Grundrechte als Eingriffsabwehrrechte.[244] Das liberale Grundrechtsverständnis könnte Aus-

---

Ausnahmesituationen (2018), S. 80 ff., der unabhängig von den widerstreitenden Grundrechtsgütern nach einer abstrakten Präponderanz der einen oder anderen Dimension fragt.

[240] Vgl. ausführlich *Clausen*, Das Verhältnis von Achtungs- und Schutzpflichten in Ausnahmesituationen (2018), S. 80–138; vgl. *Klatt/Schmidt*, Abwägung unter Unsicherheit, in: Klatt (Hrsg.), Prinzipientheorie und Theorie der Abwägung (2013), S. 105 (112) unter Rückgriff auf die Gewichtsformel von *Robert Alexy*; ähnlich *Rusteberg*, Der grundrechtliche Gewährleistungsgehalt (2009), S. 59; vgl. *Riehm*, Abwägungsentscheidungen in der praktischen Rechtsanwendung (2006), S. 61: „Manche Aspekte sind ihrer abstrakten Natur nach so bedeutsam, dass ihnen in der Abwägung trotz geringer Betroffenheit im konkreten Fall ein großes Gewicht zukommt, während andere Aspekte abstrakt so unbedeutend sind, dass sie nur dann ausschlaggebende Auswirkungen haben, wenn sie im konkreten Fall in besonders hohem Maße betroffen sind“.

[241] Für viele *Maihofer*, Grundwerte heute, in: Gorschenek (Hrsg.), Grundwerte in Staat und Gesellschaft (1978), S. 96; vgl. *Lorenz*, Der grundrechtliche Anspruch auf effektiven Rechtsschutz, in: AöR 105 (1980), S. 623 (636); *Grüner*, Biologische Katastrophen (2017), S. 255.

[242] Mit dieser Formulierung *Hager*, Grundrechte im Privatrecht, in: JZ 1994, S. 373 (381).

[243] Mit dieser Metapher auch *Clausen*, Das Verhältnis von Achtungs- und Schutzpflichten in Ausnahmesituationen (2018), S. 82.

[244] So grundlegend BVerfGE 50, 290 (337); *Böckenförde*, Grundrechtstheorie und Grundrechtsinterpretation, in: NJW 1974, S. 1529 (1530); *ders.*, Grundrechte als Grundsatznormen,

druck des Verfassungsgebers sein, dem Schutz *vor* dem Staat eine größere Bedeutung – bis hin zur Ausschließlichkeit[245] – beizumessen als dem Schutz *durch* den Staat.[246] Während die Abwehrfunktion klar und deutlich aus dem Grundrechtsabschnitt der Verfassung abzulesen sei, handele es sich bei Schutzpflichten als Ausdruck der objektiven Werteordnung lediglich um eine „Entwicklung unter dem Grundgesetz, nicht um eine Vorgabe des Grundgesetzes", die nur die Ausgangsfunktion der Grundrechte ergänze und als „prinzipielle Verstärkung der Wirkungskraft" gelte.[247] Den Staat treffe aus der Verfassung heraus „keine Garantie- oder Gewährleistungspflicht für die Realisierung der grundrechtlichen Freiheit", die „tatsächliche Realisierung bleibt der individuellen und gesellschaftlichen Initiative überlassen".[248] Das Verhältnis von Schutzpflicht- und Abwehrrechtsdimension sei daher von vornherein als asymmetrisch zugunsten des Abwehrrechts zu verstehen.[249] Diese Prämisse bedeutete für eine Impfpflicht, dass sie nur bei einem deutlichen Überwiegen der Schutzpflicht für impfunfähige Dritte verfassungsgemäß wäre. Ob diese Grundannahme vollständig überzeugen kann, ist im Folgenden anhand mehrerer Argumentationsansätze zu prüfen.

(a) *Ausschließliche Konzeption der Grundrechte als Eingriffsabwehrrechte?*

Die Vermutung einer von vornherein asymmetrischen Gewichtung zugunsten der Abwehrrechtsdimension könnte sich aus einer ausschließlichen Konzeption der Grundrechte als Eingriffsabwehrrechte ergeben.

Dafür spricht zuvörderst die verfassungshistorisch deutliche Ausgestaltung der Grundrechte (vorrangig) als Eingriffsabwehrrechte. Diese erscheint angesichts des Leitbildes des Grundgesetzes, Gegenentwurf zum Staatsverständnis

---

in: Der Staat Bd. 29 (1990), S. 1 (19); *Clausen*, Das Verhältnis von Achtungs- und Schutzpflichten in Ausnahmesituationen (2018), S. 89; *Gellermann*, Grundrechte in einfachgesetzlichem Gewande (2000), S. 46; ähnlich *Jarass*, Grundrechte als Wertentscheidungen, in: AöR 110, S. 363 (384); vgl. *Calliess*, Schutzpflichten, in: Merten/Papier (Hrsg.), HGRe II (2006), § 44 Rn. 10; *Poscher*, Grundrechte als Abwehrrechte (2003), S. 96.

[245] *Böckenförde*, Grundrechtstheorie und Grundrechtsinterpretation, in: NJW 1974, S. 1529 (1531); *Merkel*, § 14 Abs. 3 Luftsicherheitsgesetz: Wann und warum darf der Staat töten?, in: JZ 2007, S. 373 (381); *Clausen*, Das Verhältnis von Achtungs- und Schutzpflichten in Ausnahmesituationen (2018), S. 131, 133.

[246] *Clausen*, Das Verhältnis von Achtungs- und Schutzpflichten in Ausnahmesituationen (2018), S. 80 f.; *Gerbig*, Grundrecht auf staatlichen Schutz (2014), S. 82.

[247] BVerfGE 50, 290 (337); *Böckenförde*, Staat, Verfassung, Demokratie (1991), S. 160; *Clausen*, Das Verhältnis von Achtungs- und Schutzpflichten in Ausnahmesituationen (2018), S. 80; ähnlich *Poscher*, Grundrechte als Abwehrrechte (2003), S. 97, der stattdessen von einem vollständig „abweh[r]rechtszentriert[en]" Verständnis ausgeht, „nur soweit das Abwehrrecht eine Antwort schuldig" bliebe, stelle sich überhaupt die Frage nach weiteren Grundrechtsfunktionen.

[248] *Böckenförde*, Grundrechtstheorie und Grundrechtsinterpretation, in: NJW 1974, S. 1529 (1531).

[249] *Kersten*, Die Tötung von Unbeteiligten, in: NVwZ 2005, S. 661 (663).

des Dritten Reiches zu sein[250], in dem die staatliche Gewalt hauptsächlich als „Verletzer der Grundrechtsgüter"[251] auftrat, einleuchtend und sinnhaft, da die Pervertierung der Eingriffsabwehr unter dem Deckmantel des paternalistischen Staats hin zum „Schutz vor sich selbst" – wie gezeigt – nicht ausgeschlossen ist. Staatliche Schutzpflichten, welche die Gefahr der Verkehrung der Grundrechte gegen sich selbst und damit die ungehemmte Machtentfaltung des Staates offenhalten, werden dagegen nicht im Fokus des Verfassungsgebers gestanden haben.[252] Daraus lässt sich schließen, dass durch die Grundrechte eher die Abwehrmöglichkeit gegenüber staatlichen Eingriffen betont werden sollte.

Für den Vorrang der Abwehrrechtsdimension lassen sich zunächst sprachliche Argumente anführen: Im Grundrechtstext werden Grundrechtsgüter jedenfalls explizit nur vor „Eingriffen"[253], „Beschränkungen"[254], „Einschränkungen"[255] und „Beeinträchtigungen"[256] geschützt, die von staatlicher Seite ausgehen, was dadurch ausgedrückt wird, dass sich die Schrankenregelungen an die staatliche Gewalt richten.[257]

Gegen einen daraus abzulesenden Vorrang der Abwehrrechtsdimension spricht allerdings, dass diese Formulierungen nicht allen Grundrechtsgewährleistungen immanent sind. Die Verfassung verbürgt hingegen auch Grundrechte, die in der Formulierung lediglich die freie Grundrechtsausübung gewährleisten, worin auch die Schutzkomponente anklingt.[258] Zudem stellt das Grundgesetz mit Art. 1 Abs. 1 S. 2 GG eine Schutzverpflichtung des Staates an die Spitze der Verfassung, wenngleich diese sich *expressis verbis* nur auf die Menschenwürde bezieht.[259] Daraus kann jedenfalls nicht entnommen werden, dass Schutzpflichten aus sich heraus prinzipiell ein geringeres Gewicht in die streitende Abwägung einbringen können sollen als Abwehrrechte.[260] Vielmehr

---

250 *Grimm*, Das Grundgesetz nach vierzig Jahren, in: NJW 1989, S. 1305 ff.

251 *Clausen*, Das Verhältnis von Achtungs- und Schutzpflichten in Ausnahmesituationen (2018), S. 89.

252 *Clausen*, Das Verhältnis von Achtungs- und Schutzpflichten in Ausnahmesituationen (2018), S. 127; *Dreier*, Dimensionen der Grundrechte (1993), S. 29, 33; *Krings*, Grund und Grenzen grundrechtlicher Schutzansprüche (2003), S. 98; ähnlich *Gerbig*, Grundrecht auf staatlichen Schutz (2014), S. 97; anders aber *Dolderer*, Objektive Grundrechtsgehalte (2000), S. 269.

253 Art. 2 Abs. 2. S. 3 GG; Art. 13 Abs. 7 GG.

254 Art. 8 Abs. 2 GG; Art. 10 Abs. 2 S. 1 GG; Art. 13 Abs. 7 GG; Art. 104 Abs. 1 S. 1 GG.

255 Art. 11 Abs. 2 GG.

256 Art. 12a Abs. 2 S. 3 GG.

257 Siehe schon bei *Clausen*, Das Verhältnis von Achtungs- und Schutzpflichten in Ausnahmesituationen (2018), S. 89 sowie bei *Gerbig*, Grundrecht auf staatlichen Schutz (2014), S. 82.

258 Art. 4 Abs. 2 GG; Art. 5 Abs. 1 GG; Art. 7 Abs. 4 S. 1 GG; Art. 8 Abs. 1 GG; Art. 9 Abs. 1 GG; vgl. bereits bei *Clausen*, Das Verhältnis von Achtungs- und Schutzpflichten in Ausnahmesituationen (2018), S. 90 f.

259 *Clausen*, Das Verhältnis von Achtungs- und Schutzpflichten in Ausnahmesituationen (2018), S. 90.

260 Ähnlich *Clausen*, Das Verhältnis von Achtungs- und Schutzpflichten in Ausnahmesituationen (2018), S. 90, 91.

kann dem Grundrechtstext trotz seiner liberalen Ausrichtung zwar eine historisch bedingte, aber keine sprachlich ausdrücklich formulierte Vermutung für die Präponderanz der Abwehrrechtsdimension entnommen werden.[261]

Das Verständnis, von welcher Seite Grundrechtsgefährdungen ausschließlich ausgehen können, hat sich seit der Entstehung des Grundgesetzes gewandelt.[262] Das verdeutlicht auch die Entwicklung der Schutzpflichtdimension durch die Rechtsprechung gerade als Ausgleich zu auftretenden nichtstaatlichen Gefährdungslagen. Aus dem Verfassungstext auch heute noch eine abstrakte Priorität der Abwehrrechtsdimension herzuleiten, unterschätzte die Wertigkeit der schutzpflichtdimensionalen Aufgabe[263], einen Ausgleich gerade zwischen gleichberechtigten Grundrechtsgarantien herzustellen, nämlich der Freiheit des Einen, die durch schlichte Wahrnehmung der Freiheitsgarantie die Freiheit des anderen beschneidet. Dieser Ausgleich ist schon denklogisch notwendig: Bei Fehlen einer Schutzpflicht siegte anderenfalls stets das „Recht des Stärkeren", die schützenswerte Grundrechtsposition drohte daneben zu einer Marginalie zu werden.[264] Die Effektuierung der Grundrechte geriete dadurch in eine Schieflage zu Ungunsten des in der Tatsächlichkeit Schützenswerten.

Lässt sich aus der Verfassung also überhaupt noch eine Vermutung für eine abstrakte Asymmetrie zugunsten der Abwehrrechtsdimension ablesen? *Dolderer* gibt hier zu Recht zu bedenken, dass dort, wo zwei Freiheiten miteinander konkurrieren, eine Freiheitsvermutung nicht weiterhelfen kann.[265] Zwar läge in einer Vermutungsregelung ein „nicht zu unterschätzender praktischer Nutzen [...], weil das Primat der Achtungspflicht die Ausweglosigkeit der Situation schlechthin eliminiert, die staatliche Gewalt daher gewissermaßen bei der Hand nimmt und aus dem Dilemma führt".[266] Eine Vermutungsregelung sollte aber immer nur dann die Lösung des Konflikts sein, wenn Abwägungsmöglichkeiten nicht offenstehen oder nicht zielführend sind: Das ist aber gerade nicht der Fall, wenn die konkrete Abwägung, die zu größerer Einzelfallgerechtigkeit führt, anhand von mehreren Kriterien möglich ist.[267] Ansonsten ginge die staat-

---

261 So auch *Clausen*, Das Verhältnis von Achtungs- und Schutzpflichten in Ausnahmesituationen (2018), S. 91.

262 Sehr ausführlich bereits *Clausen*, Das Verhältnis von Achtungs- und Schutzpflichten in Ausnahmesituationen (2018), S. 133 ff.

263 So auch *Dreier*, Dimensionen der Grundrechte (1993), S. 33, dort Fn. 112.

264 Vgl. *Bachof*, Aussprache zu *Scheuner*, Pressefreiheit, in: VVDStRL Bd. 22 (1965), S. 184; *Hesse*, Grundzüge des Verfassungsrechts (1999), Rn. 72; ähnlich *Suhr*, Die Freiheit vom staatlichen Eingriff, in: JZ 1980, S. 166 (168).

265 *Dolderer*, Objektive Grundrechtsgehalte (2000), S. 268.

266 *Clausen*, Das Verhältnis von Achtungs- und Schutzpflichten in Ausnahmesituationen (2018), S. 83.

267 Vgl. dazu im Folgenden § 3 A. II. 3. b) dd) „Entwicklung einer Gleichwertigkeitsprüfung für die Abwägung zweier Dimensionen des gleichen Grundrechts im Rahmen einer Prognoseentscheidung".

liche Gewalt, der das Abwägungsmonopol zufällt, gewissermaßen den Weg des geringsten Aufwandes, ohne sich um jene Einzelfallgerechtigkeit zu bemühen.

Nicht zuletzt spricht gerade die Verortung der Schutzpflichten bei den Grundrechten, die auch die Befürworter einer asymmetrischen Gewichtung für sich in Anspruch nehmen, dafür, die aktivierte Schutzpflicht in der abstrakten Bewertung dem Abwehrrecht gleichzustellen. Da die normative Grundlage der Schutzpflicht jener des Abwehrrechts normenhierarchisch ebenbürtig ist, gebührt bei Kollisionen mehrdimensionaler Grundrechtsausprägungen keiner der beiden Ausprägungen schon aus sich heraus der Vorzug.[268] Daraus folgt ein Gebot, den gesamten vom Schutzbereich umfassten Lebensbereich, unabhängig davon, aus welcher Sphäre die Bedrohung herrührt, effektiv zu schützen.[269]

Da die Konzeption einer ausschließlich abwehrrechtlichen Ausrichtung der Grundrechte trotz verfassungshistorischer Argumente heute somit nicht mehr vollständig überzeugen kann, lässt sich daraus auch keine Annahme der Präponderanz der Abwehrrechtsdimension ableiten.

(b) Asymmetrie aufgrund eines Ausgestaltungsbedürfnisses der Schutzpflicht?

Eine andere Begründung der Annahme einer abstrakten Asymmetrie zwischen Schutzpflicht und Abwehrrecht stützt sich auf die „Ausgestaltungs- und Konkretisierungsbedürftigkeit" der Schutzpflicht, die dazu führe, dass sich beide Dimensionen nicht gleichgeordnet gegenüberstünden.[270]

Zwar ist zutreffend, dass die dem Staat auferlegte Unterlassungspflicht, in die grundrechtlich geschützte Freiheit einzugreifen, klar und hinreichend bestimmt ist (da sie nur eine einzige Handlungsmöglichkeit statuiert), während für die Erfüllung von Schutzpflichten eine Vielzahl von Handlungsmöglichkeiten zur Verfügung stehen.[271] Durch die Konkretisierungsbedürftigkeit hinsichtlich der zu ergreifenden staatlichen Schutzhandlung komme den grundrechtlichen Schutzpflichten lediglich eine „Grundsatzwirkung" zu, deren Wertigkeit allerdings hinter der abwehrrechtlichen Grundrechtsausprägung zurückstehe.[272] Die geringere normative Dichte der Schutzpflicht führe zu einer geringeren Verbindlichkeit[273] und deshalb von vornherein zu einem geringeren Abwägungsgewicht.

---

[268] *Calliess*, Rechtsstaat und Umweltstaat (2001), S. 321; vgl. *Krings*, Grund und Grenzen grundrechtlicher Schutzansprüche (2003), S. 84.

[269] *Mayer*, Übermaß, Untermaß und Wesensgehaltsgarantie (2005), S. 149.

[270] *Wahl/Masing*, Schutz durch Eingriff, in: JZ 1990, S. 553 (558); ähnlich *Grüner*, Biologische Katastrophen (2017), S. 256; *Staudinger*, Verfassungsrechtliche Untersuchung der Impfgesetzgebung in Deutschland (2021), S. 113; *Winkeler*, Bedingt abwehrbereit? (2007), S. 176 f.; ähnlich auch *Winkler*, Kollisionen verfassungsrechtlicher Schutznormen (2000), S. 303.

[271] So auch schon *Clausen*, Das Verhältnis von Achtungs- und Schutzpflichten in Ausnahmesituationen (2018), S. 99 f.; *Gerbig*, Grundrecht auf staatlichen Schutz (2014), S. 71 f.

[272] *Welsch*, Die Wiederkehr der Folter als das letzte Verteidigungsmittel des Rechtsstaats?, in: BayVBl. 2003, S. 481 (484).

[273] So *Welsch*, Die Wiederkehr der Folter als das letzte Verteidigungsmittel des Rechts-

Gegen die Herleitung einer abstrakten Präponderanz der Abwehrrechtsdimension aus dem Ausgestaltungsbedürfnis der Schutzpflicht spricht allerdings, dass die Schutzpflicht nicht erst durch ihre Umsetzung aktiviert und damit abwägungsfähig wird, sondern durch reale Risikolagen, die viel früher einsetzen. Die Umsetzung ist – als Ergebnis des Abwägungsprozesses zwischen Abwehrrecht und Schutzpflicht – dann die staatliche Reaktion auf die Risikolage. Die ausgestaltende Erfüllung der Schutzpflicht auf der Rechtsfolgenseite darf deshalb nicht ihr Gewicht auf der Tatbestandsseite bestimmen. Hinge das Gewicht der Schutzpflicht gegenüber der Abwehrrechtsdimension hingegen erst von ihrer gesetzlichen Umsetzung ab, läge ein argumentativer Zirkelschluss vor.

Selbst wenn dem Staat durch Kongruenz von Unter- und Übermaßverbot nur eine einzige Handlungsmöglichkeit verbliebe, stellt diese Handlung die Rechtsfolge dar, die nicht auf die tatbestandliche Gewichtung der beiden kollidierenden Dimensionen „zurückwirkt". Der durch das Übermaßverbot nicht unbegrenzte Spielraum bei der Erfüllung der aktivierten Schutzpflicht resultiert allein aus dem Charakter als *positive* Handlungspflicht, die Bestimmtheit oder Unbestimmtheit der zu wählenden Rechtsfolge kann sich aber nicht auf die – tatbestandliche! – prinzipielle Geltungskraft der aktivierten Schutzpflicht auswirken.[274] Daher lässt sich auch aus dem Ausgestaltungsbedürfnis der Schutzpflicht keine Annahme für ein Primat des Abwehrrechts herleiten.

(2) Konsequenz: Symmetrische Gewichtung zwischen Schutz- und Abwehrrecht

Da keiner der beiden Argumentationsansätze für eine abstrakt asymmetrische Gewichtung beider Grundrechtdimensionen des gleichen Grundrechts – mit einem Abwägungsvorteil für die Abwehrrechtsdimension – überzeugen konnte, lässt sich stattdessen die abstrakte symmetrische Gewichtung beider Dimensionen anhand mehrerer Argumentationsstränge belegen.

(a) Bedeutung des „neminem-laedere-Gebots"

Eine erste Argumentationslinie für die Symmetrie beider Grundrechtsdimensionen liegt in der Bedeutung des „neminem-laedere-Gebots". Dieses kommt in den Fällen des „Staat-Störer-Opfer-Dreiecks" wegen der Unmöglichkeit unbegrenzter Freiheitsausübung, die höchstens im Zustand vor- oder außerrechtlicher Freiheit denkbar ist, zum Tragen.[275] Das Gebot begründet aufgrund der fehlenden unmittelbaren Bindung Privater an die Grundrechte zwar noch nicht

staats?, in: BayVBl. 2003, S. 481 (484) mit den Worten: „Der Staat muss seine Schutzpflicht nicht um jeden Preis erfüllen".

[274] *Clausen*, Das Verhältnis von Achtungs- und Schutzpflichten in Ausnahmesituationen (2018), S. 101 f.

[275] Vgl. *Gerbig*, Grundrecht auf staatlichen Schutz (2014), S. 61; *Isensee*, Das Grundrecht als Abwehrrecht und als staatliche Schutzpflicht, in: Isensee/Kirchhof (Hrsg.), HStR IX (2011), § 191 Rn. 245; *Stemmler*, Das „Neminem-laedere-Gebot" (2005), S. 2.

allein die Geltung der Schutzpflicht, es handelt sich jedoch um ein „apriorisches Gerechtigkeitsprinzip“[276], das in Dreieckskonstellationen nicht außer Acht gelassen werden darf.

Das Verbot der Beeinträchtigung der Rechte Dritter lässt sich – wie auch die Abwehrgrundrechte – gerade aus der Einschränkbarkeit der Grundrechtsgewährleistungen aus der Verfassung selbst ableiten[277], so dass kein normenhierarchischer Rangunterschied auszumachen ist. Die „Rechte anderer“ treten positiv-rechtlich als Teil der Schrankentrias der allgemeinen Handlungsfreiheit hervor, gelten hier jedoch nur in ihrer Funktion als Grundrechtsschranke, nicht als ein allgemeines Verfassungsprinzip.[278] Gleichwohl verstärken sie den Gedanken, dass grundrechtliche Freiheit nur soweit schützenswert ist und ihre abwehrrechtliche Komponente nur so lange Schutz genießt, wie die grundrechtliche Freiheit anderer nicht verletzt wird.[279] Sofern aber das Risiko einer Verletzung der Freiheit Dritter besteht, die Schutzpflicht also aktiviert ist, muss aus dem „neminem-laedere-Gebot“ folgen, dass beide Grundrechtsdimensionen gleichwertig aneinander grenzen.

Die Symmetrie beider Dimensionen nach Aktivierung der Schutzpflicht wird besonders klar, wenn eine Rückbesinnung auf den staatsfunktionalen Ansatz als Begründung der Notwendigkeit grundrechtlicher Schutzpflichten erfolgt: Indem der Staat das Gewaltmonopol für sich beansprucht und den Bürgern eine „Friedenspflicht“ auferlegt, nimmt er ihnen die Erlaubnis, private Konflikte mit dem Einsatz eigener Gewalt zu lösen.[280] Für diese Friedenspflicht muss dem Bürger aber ein Äquivalent geschaffen werden, das dem im Dreieck gegenüberstehenden Abwehrrecht gleichrangig ist. Dieses Äquivalent ist in den grundrechtlichen Schutzpflichten vor der Rechtsverletzung durch Dritte begründet und muss konsequenterweise die gleiche Wertigkeit besitzen wie das individuelle Abwehrrecht, da ihm kompensatorischer Charakter zukommt.[281] Anderenfalls wäre das vertragstheoretische Synallagma von Schutzgewähr und Gewaltverzicht, unter dessen Prämisse das Konzept der Friedenspflicht des Bürgers zugunsten des staatlichen Gewaltmonopols nur funktionieren kann, gestört.[282]

---

[276] *Isensee*, Das Grundrecht als Abwehrrecht und als staatliche Schutzpflicht, in: Isensee/Kirchhof (Hrsg.), HStR IX (2011), § 191 Rn. 232.

[277] *Ekardt*, Umweltverfassung und Schutzpflichten, in: NVwZ 2013, S. 1105 (1109); *Klein*, Die grundrechtliche Schutzpflicht, in: DVBl. 1994, S. 489 (491).

[278] *Stemmler*, Das „Neminem-laedere-Gebot“ (2005), S. 12.

[279] *Stemmler*, Das „Neminem-laedere-Gebot“ (2005), S. 14.

[280] *Calliess*, Gewährleistung von Freiheit und Sicherheit, in: DVBl. 2003, S. 1096 (1101); vgl. *Schmidt-Aßmann*, Der Rechtsstaat, in: Isensee/Kirchhof (Hrsg.), HStR I (1987), § 24 Rn. 21, der die „ordnende Kraft des Rechts“ betont.

[281] *Calliess*, Rechtsstaat und Umweltstaat (2001), S. 445.

[282] Vgl. *Clausen*, Das Verhältnis von Achtungs- und Schutzpflichten in Ausnahmesituationen (2018), S. 139.

(b) Keine gleichzeitige Wirkung beider Dimensionen für denselben Grundrechtsträger

Ein weiterer Begründungsansatz für die abstrakte Symmetrie von Abwehrrecht und aktivierter Schutzpflicht liegt in ihrem jeweiligen personellen Bezug. Zwar wird zum Teil vorgebracht, zwischen Schutzpflicht und Abwehrrecht könne nur Asymmetrie vorliegen, da die verschiedenen Dimensionen jeweils für verschiedene Grundrechtsträger wirken.[283] Dem ist jedoch entgegenzuhalten, dass Schutzpflichten gegenüber Abwehrgrundrechten stets ausschließlich im Dreiecksverhältnis in Stellung gebracht werden können.[284] Eine gleichzeitige Geltung beider Dimensionen für denselben Grundrechtsträger ist ausgeschlossen, da das legitime Ziel eines staatlichen Grundrechtseingriffs – wie aufgezeigt – nicht der Schutz des Grundrechtsträgers vor sich selbst sein kann.[285]

(c) Quantität der Gegenspieler beider Grundrechtsdimensionen

Zuletzt muss für eine abstrakt symmetrische Gewichtung von Abwehr- und Schutzdimension angeführt werden, dass das Grundrecht in Gestalt des Abwehrrechts lediglich mit einem „Gegenspieler", nämlich dem Staat, konfrontiert ist. Die Schutzpflichtenseite kann hingegen von Seiten einer Vielzahl Dritter sowie auch durch Naturgefahren oder durch das Zusammenwirken verschiedener Ursachen gefährdet werden.[286] Der Staat ist bezüglich der Abwehrrechtsdimension also zu einer schlichten Unterlassung verpflichtet, deren Umfang aufgrund der nur von ihm ausgehenden, zu unterlassenden Beeinträchtigung genau abgesteckt ist. Hinsichtlich der Schutzpflichtdimension allerdings – das zeigt sich jüngst auch bei der Bewältigung der Corona-Krise – muss der Staat vielfältigste, teilweise unbekannte und daher umso risikobehaftetere Gefährdungen abwehren[287] und dafür aus einer Vielzahl von Handlungsmöglichkeiten die nach seiner Einschätzungsprärogative wirksamste wählen. Es handelt sich in beiden Fällen aber um eine den Staat treffende Verhaltenspflicht[288], so dass es nicht sinnvoll erscheint, einer Pflicht eine größere Bedeutung zukommen zu lassen als der anderen.

Dass zwischen den beiden Grundrechtsdimensionen keine abstrakte Asymmetrie besteht, belegt das Argument, dass sich schon die Schädigungspotenziale

[283] So *Böckenförde*, Staat, Verfassung, Demokratie (1991), S. 183.

[284] *Clausen*, Das Verhältnis von Achtungs- und Schutzpflichten in Ausnahmesituationen (2018), S. 80.

[285] Vgl. bereits § 3 A. II. 2. „Verpflichtung zum Schutz vor sich selbst?".

[286] Vgl. *Möstl*, Die staatliche Garantie für die öffentliche Sicherheit und Ordnung (2002), S. 96.

[287] *Ruschemeier*, Der additive Grundrechtseingriff (2019), S. 126.

[288] *Isensee*, Das Grundrecht auf Sicherheit (1983), S. 33; vgl. *Mayer*, Untermaß, Übermaß und Wesensgehaltsgarantie (2005), S. 146; ähnlich auch *Suhr*, Entfaltung der Menschen durch die Menschen (1976), S. 125.

privater und staatlicher Grundrechtsstörer „in nichts nachstehen".[289] Das muss erst recht für das Schädigungspotenzial unpersonaler Grundrechtsgefahrenquellen gelten, da hier – auch das zeigt sich eindrucksvoll anhand der Bewältigung der Corona-Pandemie – häufig eine diffuse und unbekannte Gefährdungslage vorliegt. Es ist für den in seiner Grundrechtsausübung von nichtstaatlicher Seite gestörten Grundrechtsträger zudem unerheblich, aus welcher Richtung die Beeinträchtigung kommt, da in jedem Fall ein adäquates Schutzniveau gegeben sein muss.[290]

Wegen der Überzahl der quantitativen Gefahrenmöglichkeiten für das schutzpflichtdimensionale Grundrecht ist (sofern man, wie hier, auch das Schädigungspotenzial durch unpersonale Gefahrenquellen in die Betrachtung einbezieht) ein abstraktes Übergewicht der Abwehrrechtsdimension folglich eher fernliegend. Im Gegenteil läge bei rein quantitativer Betrachtung der Beeinträchtigungsmöglichkeiten sogar ein Primat der Schutzpflicht näher, welches aber wegen der nicht abzuschätzenden Gefahren für die Freiheitsrechte, wenn diese Rechte gegen sich selbst eingesetzt werden, abzulehnen ist. Insofern kann vor dem Hintergrund der Quantität der potenziellen „Störer" zwischen den beiden Dimensionen nur Gleichrangigkeit angenommen werden.[291]

(3) Ergebnis: Keine einseitige Präponderanz, sondern Symmetrie

Eine rein oder überwiegend abwehrrechtlich bestimmte Auffassung von grundrechtlichen Dimensionen, wie sie etwa der historischen Betrachtungsweise zugrunde liegt[292], kann insgesamt nicht mehr überzeugen.[293] Die Auffassung, zwischen der Schutzpflicht und dem Abwehrrecht bestünde bereits ein abstraktes Ungleichgewicht zugunsten des Abwehrrechts, erscheint nicht sinnhaft, wenn die jeweiligen Bezugsobjekte der Grundrechtsdimensionen in den Blick genommen werden: Dann fällt nämlich auf, dass sich diese Ansicht zumeist aus der Unterschiedlichkeit der sich gegenüberstehenden Grundrechte speist. Kann zwar zwischen der Schutzpflicht und dem Abwehrrecht für *verschiedene* Grundrechte eine Asymmetrie bestehen, so liegt diese bei den Dimensionen eines gleichen Grundrechts gerade nicht vor.[294] Zudem ist die Asymmetrie bei kollidierenden

---

[289] *Clausen*, Das Verhältnis von Achtungs- und Schutzpflichten in Ausnahmesituationen (2018), S. 83.

[290] *Ruschemeier*, Der additive Grundrechtseingriff (2019), S. 127.

[291] A. A. *Dolderer*, Objektive Grundrechtsgehalte (2000), S. 268, der die Möglichkeit der abstrakten Gleichwertigkeit per se ausschließt und ausschließlich ein Übergewicht entweder der Schutzpflichtdimension oder der Abwehrrechtsdimension prüft, wobei letzterer der Vorzug gegeben wird.

[292] Vgl. § 3 A. II. 3. b) bb) (1) (a) „Ausschließliche Konzeption der Grundrechte als Eingriffsabwehrrechte?".

[293] *Clausen*, Das Verhältnis von Achtungs- und Schutzpflichten in Ausnahmesituationen (2018), S. 138; ähnlich *Suchomel*, Partielle Disponibilität der Würde des Menschen (2010), S. 112.

[294] A. A. wohl *Clausen*, Das Verhältnis von Achtungs- und Schutzpflichten in Ausnahme-

Dimensionen verschiedener Grundrechte keine Frage der abstrakten dogmatischen Gleichwertigkeit von Schutzpflicht und Abwehrrecht, sondern bereits durch die Wertigkeit der Grundrechte selbst determiniert.[295] Die Annahme, die Schutzpflichtdimension sei schon deshalb *per se* schwächer zu gewichten, weil sie im Gegensatz zur eingriffsabwehrrechtlichen Ausrichtung erst durch die Rechtsprechung entwickelt wurde[296], ist daher abzulehnen[297]: Sie wird ihrer Funktion in der Sache nicht gerecht.[298]

Weil bereits eine Aktivierung der Schutzpflicht durch Übertreten der Risikoschwelle notwendig ist, um sie in der grundsätzlich abwehrrechtlichen Prägung des Grundgesetzes[299] in Stellung zu bringen, kann der abwehrrechtlichen Dimension des gleichen Grundrechts nach dieser Aktivierung, aber vor Betrachtung des konkreten Falles kein aus sich heraus höheres Gewicht mehr zukommen. Ansonsten wäre kaum eine Dreieckskonstellation denkbar, in der die Schutzpflicht überhaupt einmal überwiegen könnte, wodurch diese konterkariert würde. Denn was nützte es dem Schutzberechtigten, wenn die Effektivität seines Schutzes an kaum zu überwindende Hürden geknüpft wäre?[300] Das Gewicht der Schutzpflichtdimension ist daher nach ihrer Aktivierung durch Überschreitung der Risikoschwelle auf abstrakter Ebene identisch mit dem gegenüberliegenden Gewicht der Abwehrrechtsdimension des gleichen Grundrechts. Die Waagschalen stehen vor der Abwägung im konkreten Fall „auf null".

Mit den Worten *Isensees* lässt sich zusammenfassend sagen: „Die Verpflichtung des Grundrechtsstaates wird in ihrem zweifachen Aspekt wiederentdeckt: die Grundrechte nicht nur (negativ) zu achten, sondern auch (positiv) zu schützen. Es handelt sich um zwei Pflichtenaspekte derselben Grundrechte. Die As-

---

situationen (2018), S. 83, der allein durch die Möglichkeit, eine Symmetrie oder Asymmetrie losgelöst von speziellen Grundrechten ganz allgemein zu untersuchen, offenbart, dass er eine Asymmetrie zwischen zwei Dimensionen des gleichen Grundrechtsgutes zumindest prinzipiell für möglich hält.

[295] Beispielsweise kann das Grundrecht auf Leben als verfassungsrechtlicher Höchstwert unabhängig von seiner Dimension als Schutz- oder Abwehrrecht ein anderes, weniger existenzielles Grundrecht überwiegen; a. A. offenbar *Clausen*, Das Verhältnis von Achtungs- und Schutzpflichten in Ausnahmesituationen (2018), S. 80 ff.

[296] So etwa *Winkeler*, Bedingt abwehrbereit? (2007), S. 176.

[297] I. E. zustimmend *Häberle*, Die Wesensgehaltgarantie des Art. 19 Abs. 2 Grundgesetz (1972), S. 72; *Hellermann*, Die sogenannte negative Seite der Freiheitsrechte (1993), S. 242; *Hermes*, Das Grundrecht auf Schutz von Leben und Gesundheit (1987), S. 206; *Mayer*, Untermaß, Übermaß und Wesensgehaltsgarantie (2005), S. 77 ff.; *Pietzcker*, Drittwirkung – Schutzpflicht – Eingriff, in: Maurer (Hrsg.), FS Dürig (1990), S. 345 (348); *Schwarz*, Die Dogmatik der Grundrechte, in: Blaschke et al. (Hrsg.), Sicherheit statt Freiheit? (2005), S. 29 (43); *Stern/Sachs*, Staatsrecht III/1 (1988), S. 949.

[298] *Clausen*, Das Verhältnis von Achtungs- und Schutzpflichten in Ausnahmesituationen (2018), S. 81, 133 ff.; *Dreier*, Dimensionen der Grundrechte (1993), S. 42.

[299] *Clausen*, Das Verhältnis von Achtungs- und Schutzpflichten in Ausnahmesituationen (2018), S. 81.

[300] Vgl. *Bachof*, Aussprache zu *Scheuner*, Pressefreiheit, in: VVDStRL Bd. 22 (1965), S. 184.

pekte haben den gleichen verfassungsrechtlichen Rang."[301] Bei Schutzpflicht und Abwehrrecht handelt es sich also um zwei gleichberechtigte Ausprägungen des Rechtsstaatsprinzips, von denen bei Kollision keine *per se* eine Vorrangposition einnimmt.[302] Im Hinblick auf die verfassungsrechtliche Beurteilung einer Impfpflicht folgt daraus, dass es allein auf die konkrete Abwägung – nämlich der Risiken einer bestimmten Infektionskrankheit und der Risiken der zugehörigen Impfung – ankommt.

cc) Rechtsprechung des Bundesverfassungsgerichts zur Bestimmung der Kriterien für das Gewicht der staatlichen Schutzpflicht im konkreten Fall

Da sich die gegenüberstehenden Gewichte von Abwehrrecht und aktivierter Schutzpflicht in Bezug auf das gleiche Grundrecht bei abstrakter, nicht fallbezogener Betrachtung entsprechen, also auf keiner Seite schon hier ein Abwägungsvorteil besteht, bedarf es jetzt der Gewichtung im *konkreten* Fall.[303]

Die Grundrechtsdimension der Schutzpflicht beantwortet zwar die Frage des „Ob" von Maßnahmen, dass also überhaupt eine Handlungspflicht des Staates besteht, die Frage der Ausgestaltung der Schutzmaßnahmen allerdings lässt sich nicht unmittelbar aus der Verfassung ableiten.[304] Dieses „Wie" staatlicher Schutzpflichten kann erst durch die Anwendung eines Schutzmaßstabes näher ausgestaltet werden[305], der vom Gewicht der Schutzpflicht geprägt wird. Die Gewichtung der Schutzpflicht (auf Tatbestandsseite) ist deshalb maßgeblich für die Bewertung der konkreten gesetzgeberischen Maßnahme (als Ausgestaltung des Abwägungsergebnisses auf der Rechtsfolgenseite) anhand des Untermaßverbotes. Das Gewicht, das der Schutzpflicht für die Lösung des Grundrechtskonflikts im „Dreieck" zugemessen wird, bestimmt, wie ihre Erfüllung ausgestaltet sein muss.[306]

Zur Ermittlung dieses Gewichts bedarf es der Anwendung von Kriterien. Die der folgenden Rechtsprechungsanalyse zugrunde liegende Kernfrage lautet daher: Lassen sich Kriterien für die konkrete Abwägung von staatlichen Schutzpflichten mit der Abwehrrechtsdimension des gleichen Grundrechts erkennen, wenn eine Risikolage vorliegt?[307] Bei der darauf aufbauenden Ausgestaltung ist

[301] *Isensee*, Das Grundrecht auf Sicherheit (1983), S. 33; so i. E. auch *Höfling/Stöckle*, Elternrecht, Kindeswohl und staatliche Impfverantwortung, in: RdJB 2018, S. 284 (296).

[302] *Calliess*, Gewährleistung von Freiheit und Sicherheit, in: DVBl. 2003, S. 1096 (1101).

[303] Vgl. Sondervotum des Richters *Mahrenholz*, BVerfGE 77, 170 (237) sowie *Clausen*, Das Verhältnis von Achtungs- und Schutzpflichten in Ausnahmesituationen (2018), S. 83, der zutreffend konstatiert, dass das Bundesverfassungsgericht in der Gewichtung zwischen Schutzpflicht und Abwehrrecht stets von Fall zu Fall entscheidet.

[304] So prägnant *Mangold/Gallon*, Rechtsstaatliche Immunabwehr, www.verfassungsblog.de/rechtsstaatliche-immunabwehr/ (Seite zuletzt aufgerufen am: 15.03.2021).

[305] *Canaris*, Grundrechte und Privatrecht (1999), S. 71 f., 86.

[306] Vgl. Sondervotum des Richters *Masing*, BVerfGE 121, 317 (382).

[307] Dazu *Mangold/Gallon*, Rechtsstaatliche Immunabwehr, www.verfassungsblog.de/rechtsstaatliche-immunabwehr/ (Seite zuletzt aufgerufen am: 15.03.2021), die feststellen, dass

der Spielraum des Gesetzgebers sowohl durch die Schutzpflichten einerseits als auch die Achtung der Freiheitsrechte als Abwehrrechte andererseits begrenzt und die Ausgestaltung daher von vornherein determiniert.[308] Je höher die Gewichtung der Schutzpflicht, desto geringer ist der Spielraum des Gesetzgebers bei der Ausgestaltung.[309] Erst oberhalb des Mindestmaßes, das durch die Gewichtung der Schutzpflicht bestimmt wird, beginnt der Gestaltungsspielraum des Gesetzgebers.[310]

Zwar ist die Gewichtung kollidierender Grundrechtsdimensionen in erster Linie Aufgabe des Gesetzgebers.[311] Die Wertigkeit und dementsprechend die aneinander ausgerichtete Gewichtung der betroffenen Belange ist aber anhand der Verfassung zu bestimmen.[312] Deshalb erfolgt die Ermittlung von Gewichtungskriterien im Rahmen der Rechtsprechungsanalyse am dogmatisch richtigen Ort, da dem Bundesverfassungsgericht „nicht nur die nachvollziehend-anwendende Interpretation der Grundrechte, sondern [...] auch die schöpferische Konkretisierung der in ihnen notwendigerweise nur abstrakt enthaltenen Prinzipien und Schutzpflichten"[313] zukommt. Die Konkretisierung erfolgt mittels Überprüfung der Schutzpflichterfüllung anhand des Untermaßverbotes, was der Judikative zusteht. Weil die Grenze, die das Untermaßverbot zieht, nur die Folge einer abwägenden Gewichtung sein kann, muss das Bundesverfassungsgericht also auch die Gewichtung auf verfassungsrechtliche Vertretbarkeit überprüfen können. Dies erfolgt in der bisherigen Rechtsprechung anhand verschiedener Gewichtungskriterien, die im Folgenden zu extrahieren und zu analysieren sind.

Bezüglich der Verfassungsmäßigkeitsprüfung einer allgemeinen Impfpflicht lautet die Frage daher: Welche Kriterien müssen angewandt werden, um das Gewicht der Schutzpflicht für die vulnerable Gruppe gegenüber dem Abwehrrecht potenziell Impfpflichtiger zu gewichten?

(1) Analyse

Eine Analyse der wichtigsten bundesverfassungsgerichtlichen Rechtsprechung zur Schutzpflichtenproblematik soll Aufschluss darüber geben, ob durch die Rechtsprechung Kriterien für die Gewichtung der aktivierten Schutzpflicht

---

die Anforderungen für die Erfüllung eines Untermaßes der Schutzpflichten „bis heute weitgehend ungeklärt" seien.

[308] Vgl. *Michael*, Folgerichtigkeit als Wettbewerbsgleichheit, in: JZ 2008, S. 875 (881).

[309] *Mayer*, Untermaß, Übermaß und Wesensgehaltsgarantie (2005), S. 38.

[310] Vgl. *Widdascheck*, Der Justizgewährleistungsanspruch des Dopingsünders (2018), S. 117.

[311] Vgl. *Dietlein*, Die Lehre von den grundrechtlichen Schutzpflichten (1992), S. 111 sowie *Alexy*, Theorie der Grundrechte (1985), S. 421; *Krings*, Grund und Grenzen grundrechtlicher Schutzansprüche (2003), S. 275.

[312] *Michael*, Folgerichtigkeit als Wettbewerbsgleichheit, in: JZ 2008, S. 875 (877).

[313] *Wahl/Masing*, Schutz durch Eingriff, in: JZ 1990, S. 553 (557), nicht ohne jedoch zumindest Bedenken hinsichtlich der Bedeutung des Demokratieprinzips darzustellen.

gegenüber dem Eingriffsabwehrrecht entwickelt worden sind. „Soll sich die Schutzpflicht gerade nicht in der banalen Aussage erschöpfen, dass der Staat irgendetwas tun müsse, bedarf es zwingend einer Instanz, die den Inhalt der Schutzpflicht für den Einzelfall konkretisiert. Das aber ist zwangsläufig das Bundesverfassungsgericht, wenn es [...] die Einhaltung der (generellen) Schutzpflicht im Einzelfall überwacht."[314]

Dabei wird nicht die nachgeordnete Frage thematisiert, welche Maßstäbe das Bundesverfassungsgericht zur *Überprüfung* der Frage entwickelt hat, ob der Gesetzgeber der Schutzpflicht mit hinreichend wirksamen Maßnahmen nachgekommen ist und damit nicht gegen das Untermaßverbot verstoßen hat. Die Frage, ob die staatliche Maßnahme zur Schutzpflichterfüllung ausreicht, ist der Frage der tatbestandlichen Gewichtung der Schutzpflicht nachgelagert.[315]

(a) BVerfGE 39, 1 – „Schwangerschaftsabbruch I"

„Die Schutzpflicht des Staates ist umfassend. Sie verbietet nicht nur – selbstverständlich – unmittelbare staatliche Eingriffe in das sich entwickelnde Leben, sondern gebietet dem Staat auch, sich schützend vor dieses Leben zu stellen, das heißt vor allem, es auch vor rechtswidrigen Eingriffen von Seiten anderer zu bewahren. [...] Das menschliche Leben stellt, wie nicht näher begründet werden muss, innerhalb der grundgesetzlichen Ordnung einen Höchstwert dar; es ist die vitale Basis der Menschenwürde und die Voraussetzung aller anderen Grundrechte."[316] In der ersten – hoch umstrittenen[317] – Entscheidung zum Schwangerschaftsabbruch kritisierte das Bundesverfassungsgericht in erster Linie die Straffreiheit des Schwangerschaftsabbruchs bis zur einschließlich 12. Schwangerschaftswoche und betonte die Notwendigkeit einer Strafnorm unter Verweis auf die generalpräventive Wirkung des Strafrechts, derer sich der Gesetzgeber bedienen müsse, um das Bewusstsein für die Verfassungswertigkeit des werdenden Lebens zu schärfen.[318]

Bei seiner Entscheidung setzte das Bundesverfassungsgericht, zwar ohne weiter zur Überschreitung der Aktivierungsschwelle auszuführen, das Bestehen einer aktivierten Schutzpflicht für das Grundrecht auf Leben des ungeborenen Kindes auch gegenüber der Mutter[319] bereits voraus[320], was in der zugrunde liegenden Fallkonstellation im Ergebnis aber Zustimmung verdient.

---

[314] *Thiele*, Finanzaufsicht (2014), S. 326, wobei mit „Inhalt" wohl die Gewichtung gemeint ist, an der sich der Inhalt als Rechtsfolge der Gewichtung zu orientieren hat.

[315] Vgl. *Camilo de Oliveira*, Zur Kritik der Abwägung in der Grundrechtsdogmatik (2013), S. 79.

[316] BVerfGE 39, 1 (42); bestätigt in BVerfGE 88, 203 (251).

[317] Vgl. etwa *Abendroth*, Das Abtreibungsurteil des Bundesverfassungsgerichts, in: KJ 1975, S. 121–128.

[318] BVerfGE 39, 1 (53 ff.).

[319] BVerfGE 39, 1 (36 ff.).

[320] Die Schutzpflicht wird unmittelbar aus Art. 2 Abs. 2 S. 1 GG sowie aus Art. 1 Abs. 1 S. 2 GG hergeleitet; darüber hinaus führt das Gericht den objektiv-rechtlichen Gehalt der

Anschließend stellte das Gericht im Rahmen der Abwägung beider Grundrechtspositionen – des Lebensgrundrechts des ungeborenen Kindes als gegenüber der Mutter „selbstständiges menschliches Wesen"[321] und der Selbstbestimmungsfreiheit der Mutter – als erstes Kriterium die Nähe zur Menschenwürde beider Verfassungswerte heraus.[322] Dabei handelt es sich in der vorliegenden Konstellation allerdings um einen Sonderfall, weil das ungeborene Leben nur entweder vollständig oder überhaupt nicht geschützt werden kann, so dass sich Wahrscheinlichkeitserwägungen bezüglich des Gefahreneintritts erübrigen. Das Kriterium der „Nähe zur Menschenwürde" ist zudem dann nicht zielführend, wenn auf beiden Seiten der Abwägung die gleichen Verfassungswerte stehen, da deren Nähe zur Menschenwürde jeweils gleichwertig ist.

Als zweites Kriterium konstatierte das Bundesverfassungsgericht, dass das der Schutzpflicht gegenüberstehende Recht nur dann überwiege, wenn die Duldung der staatlichen Pflichterfüllung, nämlich die Austragung der Schwangerschaft als Voraussetzung der Erhaltung des ungeborenen Lebens dem Grundrechtsträger (hier: der Schwangeren) unzumutbar sei. Auch dieses Kriterium lässt sich nicht auf die Konstellation der Abwägung von klassischer Eingriffsabwehr und Schutzpflicht übertragen, da die Erfüllung der Pflicht im zu entscheidenden Fall gerade keinen Eingriff von staatlicher Seite voraussetzte, sondern in einem – mittels Strafandrohung – geforderten Unterlassen bestand.[323] Zutreffend wiesen aber die Richterin *Rupp-v. Brünneck* und der Richter *Simon* in ihrem Minderheitsvotum darauf hin, dass die von der Mehrheit der Richter gewollte Strafbarkeit des Schwangerschaftsabbruchs von der Frau deutlich mehr als nur das Unterlassen verlange.[324]

Grundrechtsnormen an, BVerfGE 39, 1 (41). Weiter begründet das Gericht ausführlich, warum das Lebensgrundrecht sich nicht nur auf bereits geborenes Leben, bzw. „den fertigen Menschen" beziehen kann. Da stets diejenige Auslegung der Grundrechtsnorm zu wählen ist, die „die juristische Wirkung der Grundrechtsnorm am stärksten entfaltet" (BVerfGE 32, 54 [71]; 6, 55 [72]), muss sich der Lebensschutz auch auf ungeborenes Leben beziehen, ansonsten wäre der Schutz unvollständig (BVerfGE 39, 1 [37 ff.]); a. A. *Hoerster*, Abtreibung im säkularen Staat (1995), S. 144 f., der dem Fötus weder ein Überlebensinteresse zubilligt noch auf säkularer Grundlage ein Tötungsverbot für ungeborenes Leben anerkennt.

321 BVerfGE 39, 1 (42).

322 BVerfGE 39, 1 (43). Diese Nähe erkennt das Gericht eher im Lebensgrundrecht, „so dass bei der dann folgenden Orientierung am Art. 1 Abs. 1 GG die Entscheidung für den Vorrang des Schutzes für das ungeborene Leben vor dem Selbstbestimmungsrecht der Schwangeren vorgezeichnet war […]", Sondervotum der Richter *Mahrenholz* und *Sommer* zur zweiten Entscheidung, BVerfGE 88, 203 (348).

323 A. A. *Mahrenholz/Sommer* im Sondervotum zur zweiten Entscheidung, die vertreten, der Schwangerschaftsabbruch entziehe sich in der Frühphase von vornherein der herkömmlichen Entscheidung von Tun oder Unterlassen (§ 13 StGB), da die Frau unter Berufung auf die Grenzen der Aufopferung eigener Rechte eine Garantenstellung ablehne, BVerfGE 88, 203 (351). Warum dieses dann allerdings nur in der Frühphase gelten soll, ist nicht überzeugend, da sich die Aufopferung eigener Rechte bei fortschreitender Schwangerschaft nicht reduziert.

324 Aus diesem Grund sei zwar die abwehrrechtliche Position des Lebensgrundrechts des heranwachsenden Kindes gegenüber staatlichen Eingriffen gleichwertig mit jener des bereits

Eine Besonderheit kann in Bezug auf ein drittes Kriterium festgestellt werden: Wenn nämlich in tatsächlicher Hinsicht eine Gefahr für Leib und Leben der Mutter besteht, überwiegt die abwehrrechtliche Komponente, folglich das Grundrecht der Schwangeren. Diese Rechtsfolge ist aber in Zusammenschau mit dem Lebensgrundrecht des ungeborenen Kindes aus der typischen Fallkonstellation zu betrachten und daher nicht ohne weiteres auf andere Fallkonstellationen übertragbar: Die tatsächliche Lage ergibt hier nur zwei ungünstige Folgen, wenn nämlich entweder das Lebensgrundrecht des Kindes durch den Schwangerschaftsabbruch beendet wird oder das Lebensrecht der Mutter – und damit durch die „Zweiheit in Einheit" auch das Lebensrecht des Kindes. Mit dem Erlöschen der Lebensgrundrechte sowohl der Schwangeren als auch des ungeborenen Kindes kann der staatliche Schutzauftrag für das Lebensgrundrecht nur schlechtestmöglich erfüllt werden.

Insgesamt sind die im Rahmen der ersten Entscheidung des Bundesverfassungsgerichts zum „Schwangerschaftsabbruch" herangezogenen Kriterien aufgrund der „Singularität des Schwangerschaftsabbruchs"[325] in anderen Konstellationen schon mangels Anwendbarkeit wenig hilfreich. Die körperliche Einheit von Mutter und ungeborenem Kind bedingt, dass die hier geltenden Rechtsfolgen kaum auf die bei der Schutzpflichtproblematik sonst typischen Dreieckskonstellation von Grundrechtsträger, nichtstaatlichem Störer und staatlicher Schutzpflicht übertragbar sind: Zum einen handelt es sich bei der auferlegten Pflicht um eine Unterlassenspflicht und damit nicht um einen klassischen, „handelnden" Eingriff in eine grundrechtlich geschützte Freiheit von staatlicher Seite, der nun abgewehrt werden soll. Zum anderen gehen aufgrund der Besonderheit von „Zweiheit in Einheit" die Kriterien in allen übrigen Dreieckskonstellationen dann fehl, wenn auf beiden Seiten der Abwägung das gleiche Grundrecht steht.

(b) BVerfGE 88, 203 – „Schwangerschaftsabbruch II"

In der zweiten Entscheidung zum Schwangerschaftsabbruch[326] vom 28. Mai 1993 bestand die Kernfrage erneut in der verfassungsrechtlichen Zulässigkeit der Straflosigkeit des Abbruchs für zumindest einen Zeitabschnitt der Schwangerschaft, die das Gericht jedoch anders beantwortete als noch im Jahr 1975.

Ohne zur Überschreitung der Aktivierungsschwelle auszuführen, nahm das Bundesverfassungsgericht das Bestehen einer aktivierten Schutzpflicht für das ungeborene Leben auch gegenüber der Mutter ebenso an wie bereits in der ersten Entscheidung. Es leitete diese wiederum aus der Menschenwürde her, die

---

geborenen Lebens. Dies könne aber aufgrund der „Einheit von Täter und Opfer" nicht bei (nichtstaatlichen) Eingriffen Dritter oder der Schwangeren selbst gelten. Nach Auffassung der Dissenter überwiege dann das Abwehrrecht der Mutter den staatlichen Schutzauftrag, BVerfGE 39, 1 (79).

[325] BVerfGE 39, 1 (78).

[326] BVerfGE 88, 203 ff.

jedem Leben um seiner selbst willen zukommt.[327] Dabei soll jedoch die Menschenwürde den „Grund“ darstellen, während das Lebensgrundrecht den „Gegenstand“ und daher auch die Schranke bestimmt.[328] Wie bereits in der ersten Entscheidung stellte das Gericht klar, dass der Handlung des Schwangerschaftsabbruchs grundsätzlich ein Unwert innewohne[329], der in der Rechtsordnung auch zum Ausdruck kommen müsse, so dass ein indikationsloser Schwangerschaftsabbruch niemals eine Rechtfertigung im Rechtssinne für sich in Anspruch nehmen können soll. Stattdessen solle dieser schon aus dem Tatbestand herausgenommen werden[330], was für das Gericht im Jahre 1975 noch undenkbar gewesen wäre, als die gewünschte Verrechtlichung einer damaligen Moralvorstellung erkennbar war.[331] Dagegen stellte das Gericht klar, dass das Mittel der Strafandrohung nicht in jedem Stadium der Schwangerschaft verfassungsrechtlich geboten sei. Der Gesetzgeber müsse lediglich das Untermaßverbot einhalten.[332] Anders als in der ersten Entscheidung erkannte das Gericht seine kompetenzielle Beschränkung auf die Festlegung der Reichweite der Schutzpflicht an, während sich im Hinblick auf die Einhaltung des Demokratieprinzips bestimmte Vorgaben an die gesetzgeberische Ausgestaltung verbieten.

Als erstes Kriterium für die „Reichweite“ der Schutzpflicht und damit für ihr Gewicht gegenüber einer abwehrrechtlichen Position nannte das Gericht die Schutzbedürftigkeit des Rechtsguts[333], wobei der Inhalt des Kriteriums jedoch unklar ist: Nahe liegt insofern die Bestimmung nach der Frage, in welchem Grad der Grundrechtsträger selbst Sorge für den Schutz seines Grundrechts tragen kann.[334] Dann läge in der Konstellation des Schwangerschaftsabbruchs aber die Besonderheit, dass die Schutzbedürftigkeit mangels eigener zu ergreifender Maßnahmemöglichkeiten seitens des ungeborenen Lebens maximal ist. Auch im Hinblick auf Fallkonstellationen außerhalb der besonderen Situation des Schwangerschaftsabbruchs ist das Kriterium „Schutzbedürftigkeit des Rechtsgutes“ Kritik ausgesetzt, wenn nämlich unklar ist, ob sich die Schutzbedürftigkeit aus der abstrakten Bedeutung des Grundrechts oder aus der Gefahrennähe im konkreten Fall ergibt, was durchaus divergieren kann.

---

327 BVerfGE 88, 203 (252).

328 Vgl. *Creutz*, Die „Zweiheit in Einheit“ (1997), S. 55.

329 *Creutz*, Die „Zweiheit in Einheit“ (1997), S. 22.

330 Das Beratungskonzept könne hingegen nicht zu einer Rechtfertigung führen, vgl. BVerfGE 88, 203 (300).

331 Dieser Vorwurf klingt schon im Sondervotum der Richterin *Rupp-v. Brünneck* sowie des Richters *Simon* an; vgl. auch *Stahl*, Bundesverfassungsgericht und Schwangerschaftsabbruch (2004), S. 37 f.

332 BVerfGE 88, 203 (254), damit hat das Bundesverfassungsgericht die in der Literatur entwickelte Figur des Untermaßverbotes in seine Rechtsprechung aufgenommen.

333 BVerfGE 88, 203 (254); vgl. *Hermes*, Das Grundrecht auf Schutz von Leben und Gesundheit (1987), S. 253 ff.

334 BVerfGE 88, 203 (263).

Als zweites Kriterium zog das Gericht die Bedeutung der mit der Schutzpflicht kollidierenden Rechtsgüter heran.[335] Dieses Kriterium kann im Zusammenhang mit dem – bereits in der ersten Entscheidung angeführten – Kriterium der Unzumutbarkeit[336] gesehen werden, wonach die der Schutzpflicht gegenüberliegende Position dann überwiegen soll, wenn die Auswirkungen der Schutzpflicht für den Dritten unzumutbar sind. Das soll der Fall sein, wenn in der Erfüllung der Schutzpflicht für den Dritten Belastungen liegen, die „ein solches Maß an Aufopferung eigener Lebenswerte verlangen, dass dies [...] nicht erwartet werden kann."[337] In der Dreieckskonstellation, in der die Erfüllung der Schutzpflicht durch den Eingriff in eine abwehrrechtliche Position erfolgt, bedeutet dieses Kriterium also, dass der Eingriff dann unzulässig ist, wenn er dem Abwehrgrundrechtsträger nicht zumutbar ist. Bei Lichte betrachtet wird damit kein eigenständiges Kriterium für die Gewichtung der Schutzpflicht aufgestellt, da der Eingriff aus Sicht des Abwehrrechts wegen des Grundsatzes der Verhältnismäßigkeit ohnehin stets zumutbar sein muss. Ansonsten würde das Übermaßverbot verletzt.

Kollidierende Rechtsgründe spielen in der hier dargestellten Auffassung des Gerichts wohl eher als Gegenstück des Untermaßverbotes im Rahmen der Ausgestaltung der Schutzpflicht eine Rolle. Auch das abweichende Votum der Richter *Mahrenholz* und *Sommer* bemängelte an diesem Kriterium, der Maßstab der Unzumutbarkeit werde der Einzigartigkeit der Situation nicht gerecht, da die „Opfergrenze" je nach Konfliktsituation und Persönlichkeit der Frau unterschiedlich sein könne, weshalb dieses Kriterium zu vage sei und das „prozesshafte Element" der sich gegenüberstehenden Grundrechtspositionen nicht ausreichend berücksichtige.[338]

Das Gericht führte mit dem „verfassungsrechtlichen Rang der kollidierenden Rechtsgüter"[339] ein drittes Kriterium an, das bei der Abwägung gleicher Grundrechte zu keinem Ergebnis führen kann, da der Rang gleicher Rechtsgüter abstrakt gleichwertig sein muss.

An dem vierten Kriterium des „Grades der Gefährdung"[340] des zu schützenden Rechtsgutes ist zu begrüßen, dass nach der Aktivierung der Schutzpflicht

---

[335] BVerfGE 88, 203 (254 f.).

[336] BVerfGE 88, 203 (257).

[337] BVerfGE 88, 203 (257).

[338] BVerfGE 88, 203 (345 ff.). Dadurch verschieben sich je nach Fortschritt des „Prozesses" die Grundrechtsgewichte im Rahmen der Zuordnung. Dieses Kriterium ist jedoch in seiner Anwendungsmöglichkeit deutlich nur auf die Situation der Schwangerschaft reduziert, da das Element der „Prozesshaftigkeit" kaum auf eine andere Konstellation der Lebenswirklichkeit übertragbar ist. Zudem ist die zugrunde liegende Annahme der Zuordnungsverschiebung bei fortschreitendem Prozess nur zutreffend, wenn man „jüngerem ungeborenen Leben" weniger Gewicht zubilligte als „fortgeschrittenem ungeborenen Leben"; dahin- und sogar noch darüber hinausgehend indes nur *Hoerster*, Abtreibung im säkularen Staat (1995), S. 81 ff.

[339] BVerfGE 88, 203 (263).

[340] BVerfGE 88, 203 (302).

durch Überschreitung der Gefahrenschwelle auch festgestellt wird, wie weit die Gefahrenschwelle überschritten wurde bzw. wie nahe das Rechtsgut der Gefahrenquelle gekommen ist. Gleichwohl muss ebenso wie am „Kriterium der Schutzbedürftigkeit des Rechtsguts" die Kritik geübt werden, dass die Maßstäbe für die Bestimmung der „Gefahrennähe" nicht terminiert werden.

Insgesamt sind also auch die im Rahmen der zweiten Entscheidung zum Schwangerschaftsabbruch herangezogenen Kriterien zumeist nicht auf andere Konstellationen übertragbar. Sofern mit der Frage nach „Gefahrennähe" ein Kriterium Zustimmung verdient, so bedarf es für dessen Verwendung im Rahmen der Frage einer allgemeinen Impfpflicht dennoch einer weiteren Ausdifferenzierung.

Hinsichtlich der dogmatischen Einordnung der Kriterien, die im Rahmen *beider* Entscheidungen zum Schwangerschaftsabbruch herangezogen wurden, muss einer Besonderheit Rechnung getragen werden: Bei der Abwägung, die dem Problem um die verfassungsrechtliche Zulässigkeit des straflosen Schwangerschaftsabbruchs zugrunde liegt, steht der Schutzpflicht – anders als in den klassischen Dreieckskonstellationen, in denen „Schutz durch Eingriff" gewährt werden kann – eine *Schutzpflicht-Abwehrrechts-Kombination* gegenüber. Während auch für die Grundrechte der Mutter in Bezug auf das Grundrecht auf Leben und körperliche Unversehrtheit die Schutzpflichtdimension ausgeprägt ist, liegt das Selbstbestimmungsrecht in der abwehrrechtlichen Ausprägung vor.[341] Hinsichtlich des auf beiden Seiten streitenden Grundrechts aus Art. 2 Abs. 2 S. 1 GG besteht also eine reine Schutzpflichten-Abwägung. Zu dieser tritt auf Seiten der Mutter noch das Gewicht der Selbstbestimmungsfreiheit in abwehrrechtlicher Dimension, so dass bei gleicher Anwendung der Schutzpflichtkriterien auf beiden Seiten im Grunde mit dem zusätzlichen Eingriffsabwehrrecht ein Prä für die Grundrechte der Mutter vorliegen müsste. Wegen der „Zweiheit in Einheit" resultierte daraus aber völlige Schutzlosigkeit des werdenden Lebens; aufgrund der besonderen Nähe zwischen dem Schutzobjekt und der „Gefährderin" ermöglicht nur ein grundsätzliches Verbot des Schwangerschaftsabbruchs Schutz.[342] Die Übertragung der im Rahmen dieser Entscheidungen herangezogenen Kriterien auf eine Bemessung des Gewichts der

[341] Vgl. auch Sondervotum der Richter *Mahrenholz* und *Sommer*: „Der Schwangerschaftskonflikt unterscheidet sich von allen anderen Gefährdungen menschlichen Lebens. Frau und nasciturus stehen sich nicht als mögliche ‚Täterin' und mögliches ‚Opfer' gegenüber, sondern bilden in der Person der Schwangeren eine einzigartige Einheit, eine – wie es im Urteil heißt – ‚Zweiheit in Einheit.'", BVerfGE 88, 203 (341).

[342] „Das grundsätzliche Verbot des Schwangerschaftsabbruchs und die grundsätzliche Pflicht zum Austragen des Kindes sind zwei untrennbar verbundene Elemente des verfassungsrechtlich gebotenen Schutzes [...] [Der Gesetzgeber] muss [...] allerdings in Rechnung stellen, dass die miteinander kollidierenden Rechtsgüter hier nicht zu einem verhältnismäßigen Ausgleich gebracht werden können, weil auf der Seite des ungeborenen Lebens in jedem Fall nicht ein Mehr oder Weniger an Rechten, die Hinnahme von Nachteilen oder Einschränkungen, sondern alles, nämlich das Leben selbst, in Frage steht. Ein Ausgleich, der sowohl den Lebens-

Schutzpflicht bei einer Eingriffsabwehrrecht-Schutzpflicht-Kollision ist also nicht ohne weiteres möglich.

(c) BVerfGE 46, 160 – „Schleyer"

Diese Entscheidung[343] stellt einen der rechtlich bedeutsamsten Punkte im „Deutschen Herbst" 1977[344] dar. Der Präsident der Bundesvereinigung der Deutschen Arbeitgeberverbände, *Hanns-Martin Schleyer*, befand sich seit mehreren Wochen in der Gewalt der Terrorgruppe „Rote Armee Fraktion", als der Sohn des Entführten am 15. Oktober 1977 einen Eilantrag an das Bundesverfassungsgericht mit dem Begehr des Erlasses einer einstweiligen Anordnung stellte. Die Bundesregierung und einzelne Landesregierungen sollten verpflichtet werden, prominente inhaftierte Mitglieder der Terrorgruppe freizulassen, da ansonsten bei Ablauf des Ultimatums am 16. Oktober um 8:00 (GMT) der Entführte „hingerichtet" würde.[345] Der Antrag wurde am 16. Oktober noch vor Ablauf des Ultimatums und noch während der seit dem 13. Oktober andauernden Entführung des Passagierflugzeugs „Landshut" abgelehnt. Diese Dramatik der Situation ist bedeutsam, um die zugrunde liegende Grundrechtskonstellation nachvollziehen zu können.[346]

Die Ablehnung des Antrags erscheint vorrangig politisch gewollt, um keine Kalkulierbarkeit staatlichen Handelns und somit keine „Erpressbarkeit" des Staates herzustellen: Das Bundesverfassungsgericht kam zu dem Ergebnis, die Auswahl der dem Staat für den Lebensschutz zur Verfügung stehenden Mittel sei nicht auf nur eines verengt, obwohl die Forderung der Entführer als Voraussetzung der Verschonung *Schleyers* eindeutig war. Stattdessen habe der Staat eine Schutzpflicht gegenüber der Gesamtheit der Bürger und müsse in der Wahl seiner Mittel zur Erfüllung derselben frei sein.[347] Dass die Entscheidung nicht auf die Schutzpflicht für das Leben der Passagiere im entführten Flugzeug als Gegenposition zur Schutzpflicht für das Lebensgrundrecht *Schleyers* abstell-

---

schutz des nasciturus gewährleistet als auch der schwangeren Frau ein Recht zum Schwangerschaftsabbruch einräumt, ist nicht möglich […].", BVerfGE 88, 203 (253, 255 f.).

343 BVerfGE 46, 160 ff.; vgl. auch *Winkeler*, Bedingt abwehrbereit?, S. 169 f.

344 Bezeichnung für eine Kumulation linksterroristischer Anschläge der Roten Armee Fraktion in der Bundesrepublik Deutschland im Herbst 1977.

345 BVerfGE 46, 160 (161).

346 Bei unbefangenem Blick könnte die Grundrechtskollision auch in der Konstellation zwischen der Schutzpflicht für das Leben des Entführten und der Abwehrrechtsdimension des Freizügigkeitsgrundrechts der inhaftierten Terroristen, in das der Staat derzeit in verfassungsgemäßer Weise eingreift, liegen. Dann läge allenfalls die Konstellation „Erfüllung der Schutzpflicht durch Beendigung des verfassungsgemäßen Eingriffs" vor, wobei die Kausalität sich nicht aus der Natur heraus ergibt, sondern von den Erpressern hergestellt wird. Die Möglichkeit der Erfüllung der Schutzpflicht läge also faktisch in deren Hand. Dass das Bundesverfassungsgericht seiner Entscheidung diese Grundrechtskonstellation zugrunde gelegt hat, ist ausgeschlossen.

347 BVerfGE 46, 160 (165).

te[348], sondern auf die „Schutzpflicht des Staates gegenüber der Gesamtheit der Bürger", die nun die Schutzpflicht für die überaus konkrete Lebensgefährdung *Schleyers* überwiegen sollte[349], erscheint äußerst vage und ist aus rechtlicher Sicht kritikwürdig.

Mit der Entscheidung maß das Bundesverfassungsgericht der Schutzpflicht für die Schutzgüter lediglich potenziell gefährdeter Grundrechtsträger eine höhere Bedeutung zu als der Schutzpflicht für das sehr konkret bedrohte Lebensgrundrecht des Antragsstellers. Die Kriterien, anhand derer das Gericht die Gewichtung der sich gegenüberstehenden Schutzpflichten ermittelte und aufgrund derer es zu dieser Überzeugung gelangte, bleiben jedoch im Dunkeln: Zunächst bleibt offen, wodurch die Schutzpflicht für die „Gesamtheit aller Bürger"[350] aktiviert, welcher Risikograd also bereits überschritten wurde. Ebenso wurden die Rechtsgüter der „Gesamtheit aller Bürger", für die die Schutzpflicht überwiegen soll, nicht benannt. Nach der Entscheidung überwiegt folglich eine Schutzpflicht die andere Schutzpflicht, obwohl weder hinreichend klar ist, auf welche Schutzgüter sich diese „überwiegende" Schutzpflicht bezieht noch wodurch diese aktiviert wurde noch nach welchen Kriterien das Gericht zu einem Überwiegen dieser Schutzpflicht gelangte.

Die Entscheidung „Schleyer" weist daher neben der ihr zugrunde liegenden dramatischen Tatsachenlage in vielen Aspekten Besonderheiten auf, die in rechtlicher Hinsicht kaum auf eine andere Situation übertragbar sind, so dass sie in der Reihe der Rechtsprechung zur grundrechtlichen Schutzpflicht für das Leben einen Spezialfall darstellt. Die Entscheidungsfindung ist aufgrund der besonderen „Schutzpflicht-Schutzpflicht-Kollision"[351] nicht auf die Konstellation der „Schutzpflicht-Abwehrrecht-Kollision" übertragbar.

(d) BVerfGE 49, 89 – „Kalkar"

Der Fokus der Entscheidung[352] um die Errichtung des Kernkraftwerks in Kalkar lag weniger auf der Gewichtung der grundrechtlichen Schutzpflicht für Leben und körperliche Unversehrtheit gegenüber den potenziell von Kernkraftenergie ausgehenden Gefahren, sondern auf der Frage der Bestimmtheit von Normen im Bereich sich weiterentwickelnder technischer Anlagen und Energiegewin-

---

[348] Die Gefährdungslagen für das Lebensgrundrecht *Hanns-Martin Schleyers* und der Flugzeugpassagiere andererseits hingegen erscheinen durchaus vergleichbar, wobei dann unklar bleibt, aus welchen Gründen die Gefahrennähe letzterer größer sein soll als die Gefahrennähe der Grundrechte *Schleyers*. Zudem stellt sich in dieser Konstellation durchaus die Frage, ob nicht die Grundrechte der Flugzeugpassagiere durch ein Nachkommen der Forderungen ebenfalls besser hätten geschützt werden können.

[349] BVerfGE 46, 160 (165); zu der Frage, ob der Staat angesichts der klaren Forderungen der Entführer möglicherweise das Untermaßverbot verletzt, wenn der Entführte nicht gerettet wird, geht das Gericht im Jahr 1977 noch nicht ein.

[350] BVerfGE 46, 160 (165).

[351] *Mayer*, Untermaß, Übermaß und Wesensgehaltsgarantie (2005), S. 27.

[352] BVerfGE 49, 89 ff.

nungsprozessen. Aus der Entscheidung wird kaum deutlich, worin die Gegenposition der Schutzpflicht für die Grundrechte aus Art. 2 Abs. 2 S. 1 GG liegen könnte, aus dem Beschluss ist aber herauszulesen, dass diese durch das staatliche Interesse am technischen Fortschritt und an der Entwicklung von Energiegewinnungsmöglichkeiten dargestellt wird.[353]

Für die Gewichtung der Schutzpflicht nannte das Gericht zunächst ein Negativ-Kriterium: Die Schutzpflicht überwiege nur dann, wenn von einer Kernkraftanlage oder deren Betrieb Einflüsse ausgingen, die sich als Grundrechtsverletzungen (i. S. v. *Schäden*) darstellen. Solche seien von der in Rede stehenden Norm selbst nicht in Kauf genommen.[354] Demgegenüber könnten die Genehmigungen von Anlagen im Einzelfall aber Grundrechte verletzen, sofern diese Genehmigungen aufgrund der Norm des Atomgesetzes erfolgten, weil das Rest*risiko*, das sich nicht ausschließen lässt, in Kauf genommen werden müsse.[355] Verbleibende Unsicherheiten seien als „sozial-adäquate Lasten von allen Bürgern zu tragen".[356] Welchen Grad das Restrisiko aber erreichen muss, um doch zu einem Überwiegen der Schutzpflicht zu führen (und somit dazu, dass das Restrisiko nicht mehr hingenommen werden muss[357]), bestimme sich nach der „Art, der Nähe und dem Ausmaß möglicher Gefahren", „der Art und dem Rang des verfassungsrechtlich geschützten Rechtsguts" sowie den „bereits vorhandenen Regelungen".[358]

Die ersten beiden Kriterien – „Gefahrennähe" und „Verfassungsrang des Rechtsgutes" – hatte das Gericht bereits in der zweiten Entscheidung zum Schwangerschaftsabbruch angeführt. Sie begegnen daher an dieser Stelle der gleichlautenden Kritik.[359] Das weitere Kriterium der „bereits vorhandenen Regelungen" erscheint überaus vage, weil es keiner weiteren Erklärung oder Definition zugeführt wird: Unklar ist etwa, welche Aufgaben den bereits vorhandenen Regelungen zukommen sollen oder welches Schutzniveau bereits durch sie gewährleistet sein muss, um zur Bemessung des Schutzpflichtengewichts bei-

---

[353] So etwa BVerfGE 49, 89 (135–137); vgl. auch *Breuer*, Direkte und indirekte Rezeption technischer Regeln durch die Rechtsordnung, in: AöR 101 (1976), S. 46 (58); *ders.*, Gefahrenabwehr und Risikovorsorge im Atomrecht, in: DVBl. 1978, S. 829 (837); *Tepperwien*, Nachweltschutz im Grundgesetz (2009), S. 187.

[354] BVerfGE 49, 89 (141); „Vom Gesetzgeber im Hinblick auf seine Schutzpflicht eine Regelung zu fordern, die mit absoluter Sicherheit Grundrechtsgefährdungen ausschließt, die aus der Zulassung technischer Anlagen und ihrem Betrieb möglicherweise entstehen können, hieße die Grenzen menschlichen Erkenntnisvermögens verkennen und würde weithin jede staatliche Zulassung der Nutzung von Technik verbannen.", BVerfGE 49, 89 (143).

[355] BVerfGE 49, 89 (141); zustimmend *Nolte*, Rechtliche Anforderungen an die technische Sicherheit von Kernanlagen (1984), S. 32, 39.

[356] BVerfGE 49, 89 (143).

[357] BVerfGE 49, 89 (142).

[358] BVerfGE 49, 89 (142).

[359] Vgl. § 3 A. II. 3. b) cc) (1) (b) „BVerfGE 88, 203 – Entscheidung ‚Schwangerschaftsabbruch II'".

tragen zu können. Näher liegt jedoch, dass dieses Kriterium als Anhaltspunkt auf der Rechtsfolgenseite dienen soll, um eine Orientierung an dem in den bestehenden Regelungen ausgestalteten Schutzniveau zu bieten. Ohne, dass die Figur des Untermaßverbots zum Zeitpunkt der Entscheidung bereits ausdrücklich von der Rechtsprechung aufgenommen worden wäre, liegt die Orientierung an bereits bestehenden (verfassungsgemäßen) Regelungen nahe, um auf der *Rechtsfolgen*seite ein ausreichendes Schutzniveau zu gewährleisten. Ein Kriterium für die Gewichtung der Schutzpflicht auf Tatbestandsseite ergibt sich daraus jedoch nicht. Damit sind auch die in dieser Entscheidung angeführten Kriterien nicht auf die Abwägung zweier gleicher Grundrechte in verschiedendimensionaler Ausprägung anwendbar.[360]

(e) BVerfGE 53, 30 – „Mülheim-Kärlich"

Ebenso wie in der „Kalkar"-Entscheidung erkannte das Bundesverfassungsgericht an, dass bereits eine sehr entfernte Wahrscheinlichkeit einer Grundrechtsgefährdung durch Kernenergie ausreicht, um eine Schutzpflicht des Gesetzgebers auszulösen.[361] Diese überwiegt aber auch hier grundsätzlich nicht das Interesse an der friedlichen wirtschaftlichen Nutzung von Kernenergie, die von der Verfassung gebilligt wird.[362] Es muss lediglich sichergestellt sein, dass die „nach Stand von Wissenschaft und Technik erforderliche Vorsorge gegen Schäden [...] getroffen ist."[363] Eine in der Zukunft mögliche Grundrechtsverletzung durch die Gefahren der Kernenergie wegen unzureichender Schutzmaßnahmen in der Gegenwart sollen dadurch praktisch ausgeschlossen werden können[364]. Im Fokus des Beschlusses stand daher die Frage des Umfangs des atomrechtlichen Genehmigungsverfahrens.

Obgleich die Identifizierung von Kriterien für die Grundrechtsgewichtung in dieser Entscheidung schwerfällt, ging das Bundesverfassungsgericht im Ergebnis von einem möglichst hohen Schutz und somit einem hohen Gewicht der grundrechtlichen Schutzpflicht aus. Allerdings bleibt unklar, welche Rechtsgüter der Schutzpflicht gegenüberliegen: Das Gericht führte als Abwägungsposten gegenüber der Schutzpflicht für die Grundrechte aus Art. 2 Abs. 2 S. 1 GG die Grundrechtspositionen der Betreiber der Kernkraftwerke an[365], ohne diese *in concreto* zu benennen. Auch deren Gewichtung folgte keinen ausdrücklich benannten Kriterien.

[360] Zustimmend *Calliess*, Rechtsstaat und Umweltstaat (2001), S. 317, der zutreffend feststellt, dass aus den Vorgaben des Bundesverfassungsgerichts noch kein dogmatisches Anwendungsschema für die grundrechtliche Schutzpflicht folge.

[361] BVerfGE 53, 30 (57).

[362] BVerfGE 53, 30 (56 f.).

[363] BVerfGE 53, 30 (58).

[364] BVerfGE 53, 30 (59).

[365] BVerfGE 53, 30 (58).

Selbst wenn aus dieser Entscheidung jedoch Kriterien ableitbar wären, ließen sich diese aufgrund der andersliegenden Grundrechtskonstellation nicht auf die Dreieckskonstellation „Schutz durch Eingriff" in Bezug auf das *gleiche* Grundrecht übertragen: Zwar stehen auf der einen Seite das Grundrecht auf Leben und körperliche Unversehrtheit in der Schutzpflichtdimension sowie auf der anderen Seite Grundrechte als Abwehrrechte zur Abwägung, da in den entsprechend hohen Anforderungen an die Genehmigung für den Bau und Betrieb von Kernkraftanlagen[366] ein Eingriff in die Berufsfreiheit zu sehen ist. Jedoch handelt es sich nicht auf beiden Seiten um das gleiche Grundrecht, so dass wegen des Höchstwertes des Lebensgrundrechts in der Werteordnung der Verfassung bereits abstrakt ein Prä für das Grundrecht aus Art. 2 Abs. 2 S. 1 GG bestehen muss.

(f) BVerfGE 56, 54 – „Fluglärm"

Im Mittelpunkt der im Ergebnis erfolglosen Verfassungsbeschwerden[367] der Anwohner in unmittelbarer Nähe eines Flughafens stand die Frage, ob die Erfüllung der staatlichen Schutzpflicht für das Grundrecht auf körperliche Unversehrtheit wegen Lärmbelästigung unzureichend war bzw. ob anhand veränderter tatsächlicher Verhältnisse die vorhandenen Schutzmaßnahmen hätten verbessert werden müssen.[368] Wie schon im „Mülheim-Kärlich"-Beschluss lag der Fokus auf den Anforderungen zum einen an die Zulassungsverfahren der Gefahrenquelle (Luftfahrzeuge) sowie denen zur Regelung des Flugverkehrs im Gesetz zum Schutz gegen Fluglärm, und zum anderen auf den Anforderungen an die gesetzgeberischen Nachbesserungsmaßnahmen.

Die Vorfrage, ob die körperliche Unversehrtheit überhaupt durch Fluglärm beeinträchtigt werden kann, ob also die Schutzpflicht aktiviert und damit erst einer Abwägung zugänglich ist, bejahte das Gericht. Bezüglich der Vorgehensweise zur Gewichtung der Schutzpflicht orientierte es sich weitestgehend an der „Kalkar"-Entscheidung.[369] Auch hier griff das Bundesverfassungsgericht auf die bereits in der „Kalkar"-Entscheidung herangezogenen Kriterien der „Art, Nähe und Ausmaß möglicher Gefahren", „Rang des verfassungsrechtlich geschützten Rechtsgutes" sowie „bereits vorhandenen Regelungen" zurück. Offen bleibt aber auch hier, mit welchem Rechtsgut die Schutzpflicht für Art. 2 Abs. 2 S. 1 GG abgewogen wurde, was eine Übertragung der Vorgehensweise auf andere Konstellationen bereits an dieser Stelle verunmöglicht. Nahe liegen zwar – wie in der „Kalkar"-Entscheidung – die Grundrechte der Betreiber der Gefahrenquellen (Kernkraftwerk bzw. Flughafen), jedoch wurden diese in der Entscheidung nicht genannt oder abgewogen. Insofern müssen auch hier die bereits in der

366 Vgl. dazu etwa BVerfGE 53, 30 (59 f.).
367 BVerfGE 56, 54 ff.
368 Vgl. *Hermes*, Das Grundrecht auf Schutz von Leben und Gesundheit (1987), S. 21.
369 Das erkennt auch das Gericht selbst, vgl. BVerfGE 56, 54 (78).

Untersuchung der „Kalkar"-Entscheidung identifizierten Kritikpunkte greifen, so dass aus der vorliegenden Entscheidung ebenfalls keine hilfreichen Kriterien für die Gewichtung der Schutzpflicht im Verhältnis zur abwehrrechtlichen Dimension desselben Grundrechts abzuleiten sind.

(g) BVerfGE 77, 170 – „C-Waffen"

Im Fokus der Entscheidung zur Lagerung chemischer Waffen der Vereinigten Staaten von Amerika auf dem Gebiet der Bundesrepublik Deutschland stand die Frage nach der Verletzung der Grundrechte aus Art. 2 Abs. 2 S. 1 GG durch die Bundesregierung und den Bundestag.[370] Zum einen war der Lagerungsort unklar, weshalb keine gezielten Vorsichtsmaßnahmen ergriffen werden konnten[371], zum anderen fehlte es an der Durchführung eines Verfahrens, im Rahmen dessen Grundrechtsbetroffene Bedenken gegen die Lagerung äußern konnten. Fraglich war allerdings, ob von der Lagerung überhaupt eine Gefahr für Leben und körperliche Unversehrtheit ausging. Dies verneinte das Gericht, nicht jedoch ohne zuzugestehen, dass ein Restrisiko nicht ausgeschlossen werden könne, dieses aber aufgrund der Erfahrungswerte mit „C-Waffen" geringer ausfalle als bei einem Umgang mit der technisch noch neuartigen Kernkraftenergie.[372]

Als einziges Kriterium für die Gewichtung der Schutzpflicht nannte das Gericht das Überschreiten des Mindestmaßes der Gefährdung.[373] Grundrechtsgefährdungen durch technische Anlagen seien demnach auf ein Mindestmaß zu reduzieren. Dieses Mindestmaß sei dann überschritten, wenn das Leben oder die Gesundheit Einzelner gefährdet würde. Allerdings müsse – wie auch schon in der „Kalkar"-Entscheidung – nicht auch das letzte Restrisiko ausgeschlossen sein, sofern der mit dem Restrisiko verbundene Schaden nicht schwer wiege.[374] Dieses Kriterium krankt jedoch an zwei Mängeln. Zunächst überwöge dann in jedem denkbaren Fall die Schutzpflicht für Art. 2 Abs. 2 S. 1 GG, da ansonsten schon keine Grundrechtsgefährdung bestünde und bereits die Aktivierung der Schutzpflicht fraglich wäre. In der Anwendung auf die Konstellation „Schutz durch Eingriff", in der möglicherweise auf beiden Seiten das Grundrecht auf Leben und körperliche Unversehrtheit stehen kann, wäre dieser Konflikt niemals auflösbar.

Zudem wurde auch in dieser Entscheidung nicht klar, welches das der Schutzpflicht gegenüberstehende Rechtsgut ist. Die Beschwerdeführer mutmaßten, es handele sich lediglich um „militärisches Interesse"[375], auch ein Interesse der Bundesbürger an Schutz vor bzw. bei einem militärischen Angriff kam in Betracht. Beides wurde in der Entscheidung des Gerichts weder bestätigt

[370] BVerfGE 77, 170 ff.
[371] BVerfGE 77, 170 (235).
[372] BVerfGE 77, 170 (230).
[373] BVerfGE 77, 170 (224).
[374] Vgl. BVerfGE 77, 170 (225).
[375] BVerfGE 77, 170 (181).

noch abgelehnt. Eine Übertragung auf eine rein grundrechtliche Schutzpflichten-Abwehrrechtskollision ist daher nicht möglich, weil die abstrakten Gewichte der sich gegenüberstehenden abzuwägenden Güter und Interessen nicht symmetrisch sind bzw. nicht klar ist, ob überhaupt auf beiden Seiten Grundrechtspositionen stehen.

(h) BVerfGE 121, 317 – „Nichtraucherschutzgesetz"

Gegenstand der Entscheidung war die Frage nach der Verfassungskonformität der Nichtraucherschutzgesetze der Länder Baden-Württemberg und Berlin, die ein Rauchverbot für alle Gaststätten anordneten, von dem jedoch Ausnahmen für bestimmte Einrichtungen vorgenommen werden konnten, die in der Möglichkeit bestanden, abgetrennte Raucherräume vorzuhalten.[376] Der Nichtraucherschutz als Element der staatlichen Schutzpflicht für Leben und körperliche Unversehrtheit stand der Berufsfreiheit einer bestimmten Gruppe von Gaststättenbetreibern sowie der Verhaltensfreiheit der Raucher gegenüber und überwog diese.[377]

Während ein Verstoß gegen die Verhaltensfreiheit der Raucher – auf die sich die Beschwerdeführer als Betreiber von Gaststätten nicht berufen hatten – überzeugend abgelehnt wurde[378], gelangte das Bundesverfassungsgericht im Hinblick auf eine Verletzung der Berufsfreiheit zu der Auffassung, dass die Betreiber kleinerer Einraumgaststätten, die vollständig unter das Rauchverbot fielen, durch die Regelung unzumutbar stark beeinträchtigt seien.[379] Diese Beeinträchtigung sei zwar für sich gesehen durch sachliche Gründe gerechtfertigt, weil Ausnahmen vom Rauchverbot einen teilweisen Verzicht auf das angestrebte Ziel des Gesundheitsschutzes bedeuteten, auf den sich der Gesetzgeber nicht einlassen müsse.[380] Wenn er es – wie hier – dennoch täte, müsse aber ein einheitlicher Maßstab angesetzt werden, denn identischen Gefährdungen dürfe nicht im selben Gesetz unterschiedliches Gewicht beigemessen werden.[381] Letztlich führte daher ein „nicht folgerichtiger" Eingriff in die Berufsfreiheit bestimmter

[376] Vgl. BVerfGE 121, 317 (361).

[377] BVerfGE 121, 317 (347).

[378] „Auch wenn die Interessen der rauchwilligen Gäste in den Blick genommen werden, ist ein striktes Rauchverbot in Gaststätten nicht unverhältnismäßig. Zwar führt das Rauchverbot zu einer nicht unwesentlichen Beeinträchtigung der Raucher, weil ihnen der Aufenthalt in Gaststätten durch den erzwungenen Verzicht auf das Tabakrauchen erschwert wird und der Besuch von Gaststätten zudem einen nicht unwesentlichen Aspekt der Teilnahme am gesellschaftlichen Leben darstellt. Diese Beeinträchtigung der Verhaltensfreiheit der Raucher (Art. 2 Abs. 1 GG) erscheint jedoch wegen der herausragenden Bedeutung des mit dem Rauchverbot verfolgten Schutzziels nicht unangemessen, zumal die Möglichkeit bleibt, eine Gaststätte zum Rauchen vorübergehend zu verlassen." (Rn. 126).

[379] BVerfGE 121, 317 (355).

[380] BVerfGE 121, 317 (357 ff.).

[381] Das Ziel des Gesundheitsschutzes werde hier aber unterschiedlich effektiv durchgesetzt und weiche zulasten der Kleingastronomie von dem Grundsatz ab, einen Interessenausgleich herzustellen, BVerfGE 121, 317 (363, 367 f.).

Gruppen zur Verfassungswidrigkeit der angegriffenen Gesetze[382], da für größere Gaststätten ein nur relatives, für kleinere Gaststätten jedoch faktisch ein absolutes Rauchverbot gilt.[383]

Als erstes Kriterium für die Gewichtung der Schutzpflicht nannte das Gericht etwas verklausuliert – wie schon in der zweiten Entscheidung zum Schwangerschaftsabbruch – die Schutzbedürftigkeit des Rechtsgutes.[384] Sofern hiermit die abstrakte Schutzbedürftigkeit des Rechtsgutes im Sinne seines verfassungsrechtlichen Wertes gemeint ist, bringt dieses Kriterium bei sich gegenüberstehenden gleichen Grundrechten kein weiterführendes Ergebnis. Ist allerdings die Schutzbedürftigkeit im konkreten Fall gemeint, entspricht dieses Merkmal dem Kriterium der „Gefahrennähe", das – wie bereits erläutert – einer näheren Definition bedarf. Die Möglichkeit, die Beeinträchtigung seitens des Grundrechtsträgers selbst zu verhindern, kann jedoch aufgrund fehlender Verpflichtung zum Schutz vor sich selbst nur auf der Rechtsfolgenseite ausschlaggebend sein. Auf der Ebene der tatbestandlichen Gewichtung der Schutzpflicht gegenüber dem Abwehrrecht muss der Grundsatz gelten, dass der Nichtstörer dem Störer nicht zu weichen braucht.[385] Eine „faktisch unvermeidbare Inkaufnahme dieses Risikos [der Grundrechtsbeeinträchtigung von Seiten Dritter], um uneingeschränkt am gesellschaftlichen Leben [...] teilnehmen zu können"[386], muss nicht hingenommen werden. Der Schutzpflichtdimension kann es bei der Abwägung nicht zum Nachteil gereichen, wenn ein schutzbedürftiger Grundrechtsträger Selbstschutzmaßnahmen unterlässt, zu denen er verfassungsrechtlich nicht verpflichtet ist.

Als zweites Kriterium zog das Gericht die Bedeutung des Schutzziels heran.[387] Dieses Kriterium erinnert, wenn auch in anderer Formulierung, an das

---

[382] Vgl. BVerfGE 121, 317 (363); mit diesem Resümee auch *Michael*, Folgerichtigkeit als Wettbewerbsgleichheit, in: JZ 2008, S. 875 f.

[383] Dieses Ergebnis ist überraschend und eher unter der Berücksichtigung eines Verstoßes gegen den Gleichheitssatz aus Art. 3 Abs. 1 GG relevant. Einen Verstoß gegen den allgemeinen Gleichheitssatz führt das Gericht hinsichtlich eines Beschwerdeführers jedoch lediglich gewissermaßen als eine Randnotiz *in Verbindung mit* der Berufsfreiheit an und lehnt einen Verstoß gegen diesen schließlich ab, BVerfGE 121, 317 (358, 365); *Michael*, Folgerichtigkeit als Wettbewerbsgleichheit, in: JZ 2008, S. 875 f.; mit dieser Vermutung auch *Sachs*, Nichtraucherschutz in Gaststätten vor dem Bundesverfassungsgericht, in: Detterbeck/Rozek/Coelln (Hrsg.), FS Bethge (2009), S. 251 (258); zu beachten ist jedoch, dass das Gericht hinsichtlich des Ausschlusses von der Begünstigung der Ausnahme für Diskotheken im baden-württembergischen Nichtraucherschutzgesetz schließlich einen Gleichheitssatzverstoß annimmt, BVerfGE 121, 317 (370).

[384] „Die Freiwilligkeit der Entscheidung des Einzelnen, sich [...] der Belastung durch Tabakrauch auszusetzen, macht das Anliegen des Gesundheitsschutzes nicht hinfällig.", BVerfGE 121, 317 (349).

[385] Kritisch jedoch *Sachs*, Nichtraucherschutz in Gaststätten vor dem Bundesverfassungsgericht, in: Detterbeck/Rozek/Coelln (Hrsg.), FS Bethge (2009), S. 251 (257).

[386] BVerfGE 121, 317 (350).

[387] BVerfGE 121, 317 (359, 376).

ebenfalls in der zweiten Entscheidung zum Schwangerschaftsabbruch herangezogene Kriterium des „Verfassungsrangs des zu schützenden Rechtsgutes". Auch hier ist daher zu kritisieren, dass die Schutzpflicht anhand dieses Merkmals dann nicht gewichtet werden kann, wenn auf beiden Seiten das gleiche Grundrecht und mithin auch eine äquivalent hohe verfassungsrechtliche Bedeutung des Grundrechts steht. Ebenso wenig hilft das Kriterium weiter, das der Richter *Bryde* in seinem Sondervotum aufwarf, wonach dem Überwiegen der Schutzpflicht eine gewisse „Eindeutigkeit" anhaften müsse.[388]

In dieser Entscheidung stehen sich zumindest mehrere Grundrechtspositionen jeweils in der Schutzpflicht- bzw. Abwehrrechtsdimension gegenüber, so dass sie jedenfalls Anhaltspunkte für die Kriterien der Schutzpflichtgewichtung geben kann. Es bestehen nebeneinander gleich zwei Grundrechtsdreiecke, nämlich zum einen „Staat – Nichtraucher – Gastwirte" (Art. 12 Abs. 1 GG) sowie zum anderen „Staat – Nichtraucher – Raucher" (Art. 2 Abs. 1 GG). Dabei wird jedoch z. T. kritisiert, das Bundesverfassungsgericht habe nicht etwa das verfassungsrechtliche Gewicht des Gesundheitsschutzes zugrunde gelegt, sondern das einfachrechtliche Schutzniveau, das der Gesetzgeber dem Nichtraucherschutz beigemessen habe.[389] Jedoch ist auch aus dieser Entscheidung keine vorbehaltlose Übertragbarkeit auf die Konstellation „Schutz durch Eingriff" gegeben, wenn sowohl auf der Schutz- als auch der Abwehrseite das gleiche Grundrecht steht, da dann nicht bereits – wie hier tatsächlich jedoch der Fall – eine unterschiedliche abstrakte Vorgewichtung der Grundrechte vorliegen kann. Dies gilt insbesondere vor dem Grundsatz, dass das Leben einen Höchstwert der Verfassung darstellt[390], während die Berufsfreiheit und die Verhaltensfreiheit aus Art. 2 Abs. 1 GG dahinter abstrakt schwächer zu gewichten sind.[391]

(i) Zwischenergebnis

Der Staat muss als Inhalt und Ziel grundrechtlicher Schutzpflichten vor allem denjenigen die zur Erhaltung ihrer Gesundheit notwendigen Voraussetzungen

[388] Die bei einer Anwendung dieses Kriteriums mangels näherer Definition erforderliche Willkür bei der Einschätzung einer „Eindeutigkeit" verunmöglicht dessen Handhabung. Zudem scheint *Bryde* bereits nicht von einer Konstellation des „Schutz durch Eingriff" auszugehen, da er bereits die Betroffenheit des Schutzbereichs der Berufsfreiheit ablehnte, vgl. Sondervotum *Bryde*, BVerfGE 121, 317 (378 f.); kritisch dazu *Sachs*, Nichtraucherschutz in Gaststätten vor dem Bundesverfassungsgericht, in: Detterbeck/Rozek/Coelln (Hrsg.), FS Bethge (2009), S. 251 (254).

[389] *Brückner*, Folgerichtige Gesetzgebung (2014), S. 69; *Michael*, Folgerichtigkeit als Wettbewerbsgleichheit, in: JZ 2008, S. 875 (876); Diesem Vorwurf in der Vorgehensweise stimmte auch Richter *Masing* in seinem Sondervotum zu, BVerfGE 121, 317 (382).

[390] Vgl. BVerfGE 121, 317 (353); 110, 141 (163).

[391] Vgl. in der Konsequenz für die daraus resultierende Rechtsfolge BVerfGE 121, 317 (357): „Da die Gesundheit und erst recht das menschliche Leben zu den besonders hohen Gütern zählen, darf ihr Schutz auch mit Mitteln angestrebt werden, die in das Grundrecht der Berufsfreiheit *empfindlich* eingreifen." [Hervorhebung durch Verf.].

gewährleisten, die nicht aus eigener Kraft hinreichende Vorsorge treffen können.[392] Die Gewichtung der Schutzpflicht gegenüber dem Abwehrrecht, in das zu deren Schutz eingegriffen werden soll, hat deshalb zur Vermeidung willkürlicher Eingriffe anhand festgelegter Kriterien zu erfolgen. Angesichts der Ausgangsfrage nach der Verfassungskonformität einer Impfpflicht gilt es zu ermitteln, nach welchen Kriterien die Schutzpflicht für die körperliche Unversehrtheit impfunfähiger Personen gegenüber dem Abwehrrecht der Adressaten der Impfpflicht gewichtet wird, um die Angemessenheit der Maßnahme zu bestimmen. Aus der Analyse der bundesverfassungsgerichtlichen Rechtsprechung zur Schutzpflicht für das Grundrecht auf Leben und körperliche Unversehrtheit haben sich mehrere Kriterien ergeben, die sich in drei Gruppen einteilen lassen[393]:

Zunächst spielen die *verfassungsrechtliche Bedeutung* (und dementsprechend auch der Menschenwürdebezug) des Schutzgutes bzw. des kollidierenden Abwehrrechts eine tragende Rolle. Diese führt jedoch bei dem gleichen Grundrecht auf beiden Seiten zu keiner Lösung, da folgerichtig auf beiden Seiten in abstrakter Hinsicht das gleiche Gewicht stehen muss.

Eine zweite Kategorie lässt sich unter dem Kriterium der *„Schutzbedürftigkeit des Rechtsgutes"* zusammenfassen. Die Heranziehung dieses Kriteriums ist zwar vielversprechend, jedoch wird aus den Judikaten nicht klar, ob damit die abstrakte Schutzbedürftigkeit (im Sinne einer verfassungsrechtlichen Wertigkeit, wie in der ersten Kriterienkategorie) oder die Schutzbedürftigkeit im konkreten Fall gemeint ist, was wiederum in den Bereich der Kategorie der „Gefahrennähe" rückte. Jedoch ist die Einbeziehung der Schutzbedürftigkeit im Sinne der Berücksichtigung, welche Schutzmaßnahmen vom zu schützenden Grundrechtsträger selbst ergriffen werden können, erst auf der Rechtsfolgenseite für die Ausgestaltung der Schutzpflicht wichtig, um keine staatliche Überregulierung zu provozieren.[394] Mangels einer Verpflichtung zum Schutz vor sich selbst kann es bei der tatbestandlichen Zuordnung der Grundrechtsdimensionen gegeneinander nicht ins Gewicht fallen, ob eigene Schutzmaßnahmen durch den Grundrechtsträger die Notwendigkeit einer staatlichen Schutzpflicht reduzieren könnten. Das Kriterium der Schutzbedürftigkeit sollte aber bei einer Einbeziehung in die Ausgestaltung um das Kriterium der Sozialadäquanz erweitert werden, so dass nur die *sozialadäquate* Schutzmöglichkeit seitens des Schutzgutträgers in die Gewichtung der Schutzpflicht einfließt.

Die dritte Kriterienkategorie kann als *„Gefahrennähe des Schutzgutes"* deklariert werden. Hierbei handelt es sich um den insgesamt wohl brauchbarsten und rationalsten Gewichtungsansatz, insbesondere, weil auch das Gegen-

---

[392] *Huster*, Haben wir ein Recht auf Gesundheit?, in: Der Onkologe 2011, S. 197.

[393] Vgl. auch die Aufzählung bei *Mayer*, Untermaß, Übermaß und Wesensgehaltsgarantie (2005), S. 37 ff., die sich jedoch nicht auf die Abwägung gleicher Grundrechte bezieht.

[394] Vgl. *Krings*, Grund und Grenzen grundrechtlicher Schutzansprüche (2003), S. 278.

überstehen zweier gleicher Grundrechte anhand dieses Kriteriums bewältigbar ist (anders als anhand des Kriteriums der „verfassungsrechtlichen Bedeutung"). Gleichwohl bedarf es zur Handhabbarkeit dieses Kriteriums noch weiterer Unterkriterien, anhand derer zu klären ist, wie weit die Aktivierungsschwelle der Schutzpflicht darüber hinaus überschritten sein muss, um zu einem Überwiegen der Schutzpflicht gegenüber dem einzuschränkenden Abwehrrecht zu führen. Eine genaue Prognose ist zwar aufgrund der Ungewissheit des Risikos, das die Schutzpflicht erst auslöst, nicht möglich, dennoch können hier erwartbare Schadensereignisse für beide Grundrechtsdimensionen und deren wissenschaftliche Prognostizierbarkeit nicht außer Betracht bleiben.

Die Analyse hat somit insgesamt erbracht, dass die Kriterien der Rechtsprechung für die Gewichtung der Schutzpflicht auf die Konstellation „Schutz durch Eingriff" in Bezug auf das gleiche Grundrecht entweder nicht oder nicht ohne weitere Differenzierung übertragbar sind.[395] Die bisher angewandten Kriterien reichen daher nicht aus, um Frage der Verfassungsmäßigkeit einer Impfpflicht zu beantworten.

(2) Bisheriger Maßstab bei der Abwägung zweier gleicher Grundrechte bei verschiedendimensionaler Ausprägung im Risikofall

Nach der Analyse der Kriterien, die bisher durch die Rechtsprechung bei der Gewichtung der Schutzpflicht angewendet werden, muss nun beleuchtet werden, welcher Maßstab unter Anwendung dieser Kriterien bisher bei der Abwägung der Schutzpflicht- und der Abwehrrechtsdimension in Bezug auf das gleiche Grundrecht zum Tragen kommt. Einerseits ist – wie aufgezeigt – nicht abstrakt einer der beiden Funktionen im Rahmen der Abwägung im Kollisionsfall Vorrang zu gewähren[396], da das Grundgesetz selbst nicht explizit zwischen der Abwehr- und der Schutzfunktion der Grundrechte unterscheidet. Andererseits hat sich in der Rechtsprechung zwar ein Kriterienkatalog für die Gewichtung der Schutzpflicht im Verhältnis zum abwehrrechtlichen Eingriffsverbot im Risikofall herauskristallisiert. Da dieser jedoch nicht immer einheitlich und stringent zur Anwendung gelangt[397] und die Kriterien bei Gleichwertigkeit der

[395] Ein Vergleich zu den Kriterien, die von der Rechtsprechung in den 1950er Jahren zur Frage der Verfassungsmäßigkeit der Impfpflicht nach dem Reichsimpfgesetz herangezogen wurden, schlägt fehl: Obwohl die Schutzpflichtendogmatik noch nicht entwickelt worden war, könnte zwar der legitime Zweck des Eingriffs im konkreten Fall als „Vorläufer" der Schutzpflicht bezeichnet werden. Die Gerichte übergingen jedoch überwiegend den Schutz Impfunfähiger in der Abwägung und begründeten den Eingriff stattdessen mit einem gesundheitlichen Mehrwert für den Geimpften selbst, so dass eine Konstellation, die heute als „Schutz-durch-Eingriff" bezeichnet würde, nicht von den Gerichten zugrunde gelegt wurde.

[396] *Mayer*, Untermaß, Übermaß und Wesensgehaltsgarantie (2005), S. 149; vgl. auch *Schlink*, Abwägung im Verfassungsrecht (1976), S. 188.

[397] Mit dieser Erkenntnis – allerdings ohne eingehende vorherige Rechtsprechungsanalyse und daher zu teilweise anderen Kriterien gelangend – schon *Mayer*, Untermaß, Übermaß und Wesensgehaltsgarantie (2005), S. 37.

Grundrechte nicht immer zu überhaupt einem Ergebnis führen, muss geprüft werden, ob die Gewichtung der Schutzpflicht bei der Abwägung im Rahmen von Risikoentscheidungen dennoch nachvollziehbaren und rationalisierbaren Regeln[398] folgt, da insbesondere das Kriterium der „Gefahrennähe" kaum handhabbar ist.

(a) Methode der Abwägung

Die gängige Methode der praktischen Konkordanz als grundrechtlicher Zuordnung im Kollisionsfall ist bis heute das Prinzip, dass der Grundrechtskonflikt so auszulegen ist, dass jedes der kollidierenden verfassungsrechtlich geschützten Güter „an Wirklichkeit gewinnt."[399] Sowohl das einzuschränkende als auch das zu schützende Grundrecht bzw. die Grundrechtsdimension müssen zu „optimaler Wirksamkeit" gelangen können, dürfen also das gegenüberstehende Grundrecht nicht mehr als notwendig beschränken.[400] Von jeder der beiden kollidierenden, abstrakt gleichwertigen Grundrechtsdimensionen muss auch noch nach der Begrenzung durch die andere Dimension so viel wie möglich an Wirkkraft erhalten bleiben. Die Abwägung muss dabei unter Berücksichtigung der Wesensgehaltsgarantie aus Art. 19 Abs. 2 GG zu einem möglichst „schonenden Ausgleich" gelangen.[401]

Um im Rahmen dieses Ausgleichs das Gewicht der Schutzpflicht zu ermitteln und damit die grundrechtlichen Garantien einander zuzuordnen, werden die bei der Rechtsprechungsanalyse ermittelten Kriterien der „verfassungsrechtlichen Bedeutung der kollidierenden Güter", der „Schutzbedürftigkeit des zu schützenden Gutes" und der „Gefahrennähe" zugrunde gelegt. Diese Kriterien allein stellen jedoch noch keine methodische Vorgehensweise der Abwägung dar, insbesondere nicht, wenn sie – wie gezeigt – nicht einheitlich oder vollständig verwendet werden, sondern nur in Konstellationen, in denen ein jeweiliges Kriterium auch Aussagekraft entfalten kann. Letzteres ist jedoch bei einer Kollision von Dimensionen des gleichen Grundrechts zumeist nicht der Fall. Dies gilt erst recht, wenn es sich um eine Prognoseentscheidung zur Auflösung einer risikobehafteten Konfliktlage handelt.

Es gab darüber hinaus bereits Versuche in der Literatur, die Abwägung kollidierender Grundrechte für einen mit Unsicherheiten behafteten Prognosefall zu mathematisieren, auf die möglicherweise stattdessen zurückgegriffen werden könnte, so dass sich der bei der Rechtsprechungsanalyse ermittelte Optimierungsbedarf erübrigte. Der bedeutendste Ansatz liegt wohl in der – nicht ohne

[398] Schon *Ossenbühl*, Vorsorge als Rechtsprinzip, in: NVwZ 1986, S. 161 (166) mahnt eine „Rationalisierung" in der Risikovorsorge an.

[399] *Hesse*, Grundzüge des Verfassungsrechts (1999), Rn. 72.

[400] BVerfGE 89, 214 (232); 97, 169 (176); *Hesse*, Grundzüge des Verfassungsrechts (1999), Rn. 72.

[401] BVerfGE 39, 1 (43).

Kritik gebliebenen[402] – sog. Gewichtsformel von *Robert Alexy*[403], der das Gewicht der Abwägungsgesichtspunkte vorweg anhand einer „triadischen" Skala in „leicht", „mittel" und „schwer" einteilt. Danach werden die jeweils drei bewerteten Variablen kollidierender Prinzipien (abstraktes Gewicht beider Prinzipien/konkrete Intensität des Eingriffs in beide Prinzipien/Sicherheit der jeweiligen Annahmen)[404] zuerst miteinander multipliziert und sogleich durch mathematische *Division* miteinander in Beziehung gesetzt. Dies mag grundsätzlich eine operable Vorgehensweise für die Abwägung der Grundrechtspositionen sein. Auch sie wird jedoch durch die Bezeichnung der Variable „Prinzip", die aufgrund ihres Abstraktionsgrades nicht mit der grundrechtlichen „Abwehrrechts-" oder „Schutzpflichtdimension" gleichzusetzen ist, sondern durchaus auch Gemeinschaftsgüter meinen kann[405], dem Umstand nicht gerecht, dass sich zwei Dimensionen des *gleichen* Grundrechts gegenüberstehen. Dann nämlich muss das abstrakte Gewicht der Positionen (wie oben gezeigt) und somit auch der jeweils erste Divisor bzw. Dividend der *Alexy*schen Gewichtsformel stets identisch sein; ihre Verrechnung wäre daher überflüssig.[406] Darüber hinaus lehnt *Alexy* bereits die Aktivierung von staatlichen Schutzpflichten (als eine Seite der miteinander in Ausgleich zu bringenden Dimensionen) durch unpersonale Gefahrenquellen ab[407], so dass die Gewichtsformel in der hier skizzierten Abwägungssituation nach dem Verständnis von *Alexy* gar nicht zur Anwendung gelangen könnte. In der „Gewichtsformel" liegt daher noch nicht diejenige Methode, die im hiesigen Konflikt, dass die Schutzpflicht für die körperliche Unversehrtheit Impfunfähiger mit dem Grundrecht auf körperliche Unversehrtheit potenzieller Adressaten einer Impfpflicht kollidiert, zum Ergebnis führt.

(b) Kritik

Auch unter der Geltung der Zuordnungsgrundsätze der praktischen Konkordanz lassen sich die anhand der Rechtsprechung herausgearbeiteten Ab-

---

[402] Etwa *Riehm*, Abwägungsentscheidungen in der praktischen Rechtsanwendung (2006), S. 67, mit dem Vorwurf des „logischen Fehlers" sowie mit der Warnung, die Kombination der Gewichte dürfte nicht als „echte Rechenoperation" aufgefasst werden, S. 72; *Rusteberg*, Der grundrechtliche Gewährleistungsgehalt (2009), S. 56 ff.

[403] *Alexy*, Die Gewichtsformel, in: Jickeli/Kreutz/Reuter (Hrsg.), GS Sonnenschein (2003), S. 771 (782 ff.); aufgegriffen von *Breckwoldt*, Grundrechtskombinationen (2015), S. 209 ff. sowie von *Klatt/Schmidt*, Abwägung unter Unsicherheit, in: Klatt (Hrsg.), Prinzipientheorie und Theorie der Abwägung (2013), S. 112.

[404] *Breckwoldt*, Grundrechtskombinationen (2015), S. 212; *Klatt/Schmidt*, Abwägung unter Unsicherheit, in: Klatt (Hrsg.), Prinzipientheorie und Theorie der Abwägung (2013), S. 112.

[405] *Rusteberg*, Der grundrechtliche Gewährleistungsgehalt (2009), S. 57.

[406] Vgl. *Alexy*, Die Gewichtsformel, in: Jickeli/Kreutz/Reuter (Hrsg.), GS Sonnenschein (2003), S. 771 (789).

[407] Vgl. zur Klassifikation von „Rechten auf Schutz" als subjektive verfassungsmäßige Rechte gegenüber dem Staat zur Abgrenzung der Sphären *gleichgeordneter* Rechtssubjekte [Hervorh. d. Verf.] *Alexy*, Theorie der Grundrechte (1985), S. 410.

wägungskriterien für die Zuordnung zweier kollidierender Dimensionen des gleichen Grundrechts nicht weiterführend zu einem Abwägungssystem verdichten.[408] Unter Anwendung von nicht durchweg anwendbaren bzw. handhabbaren Kriterien die Herstellung einer optimalen Wirksamkeit der miteinander konkurrierenden Grundrechtsdimensionen anzustreben, kann lediglich das Ziel der Abwägung, nicht aber deren Methode sein.

Das Kriterium der verfassungsrechtlichen Bedeutung der kollidierenden Rechtsgüter kann für die Zuordnung der Dimensionen des gleichen Grundrechts außer Betracht bleiben, da die gegenüberstehenden Gewichte identisch sind. Auch das Kriterium der Selbstschutzmöglichkeit kann keinen Einfluss auf die tatbestandliche Gewichtung der Schutzpflicht haben, da es dem Grundrechtsträger bei der Abwägung seiner Grundrechtsposition nicht zum Nachteil gereichen kann, wenn er eben jene Selbstschutzmaßnahmen, zu denen er verfassungsrechtlich nicht verpflichtet ist, auch nicht ergreift.

Insofern bleibt lediglich die Risikoprognose, die sich durch das Kriterium der „Gefahrennähe" ausdrückt, für die Zuordnung der Grundrechtsdimensionen nutzbar. Diesem wird bislang jedoch noch nicht in größtmöglichem Maße Rechnung getragen. Für einen „schonenden Ausgleich" zwischen den Rechtsgütern ist die jeweilige „Gefahrennähe" der kollidierenden Dimensionen aber entscheidend, deren Ausmaß der Betroffenheit mangels Eintritts eines Schadensereignisses jedoch ungewiss ist. Deshalb wäre bei der Abwägung zweier verschiedener Dimensionen des gleichen Grundrechts eine weitere Auffächerung der Aspekte lohnenswert, die unter dem Kriterium der „Gefahrennähe" zu berücksichtigen sind, um eine möglichst nachvollziehbare Prognoseentscheidung zu ermöglichen.

Die Auswahl dieser Aspekte gestaltet sich komplex. Nicht herangezogen werden können für die Auffächerung des Kriteriums der „Gefahrennähe" des zu schützenden Grundrechts jedenfalls die vom Bundesverfassungsgericht im „Mitbestimmungsurteil" entwickelten Aspekte, da diese sich für die hier vorliegende Grundrechtskonstellation als zu unspezifisch erweisen: Die Kriterien der „Eigenart des in Rede stehenden Sachbereichs", der „Möglichkeiten, sich ein hinreichend sicheres Urteil zu bilden" sowie im Allgemeinen die „Bedeutung der Rechtsgüter" beziehen sich lediglich auf die Justiziabilität der gesetzgeberischen Entscheidung.[409] Auch die grundsätzlichen Maßstäbe des Bundesverfassungsgerichts zur Überprüfung von Prognosen des Gesetzgebers (Evidenzkontrolle, Vertretbarkeitskontrolle, intensivierte inhaltliche Kontrolle)[410], auf

[408] Ähnlich *Clausen*, Das Verhältnis von Achtungs- und Schutzpflichten in Ausnahmesituationen (2018), S. 83, mit der Feststellung, dass der Rekurs auf die Rechtsprechung in Hinblick auf die Frage eines möglichen Rangverhältnisses von Abwehrrechts- und Schutzpflichtdimension wenig ergiebig ist.

[409] BVerfGE 50, 290 (332).

[410] BVerfGE 50, 290 (333).

die das „Mitbestimmungsurteil" hingewiesen hat, erscheinen als zu allgemein, um den Besonderheiten einer Prognoseentscheidung im Rahmen der Abwägung von Schutzpflicht und Eingriffsabwehr gerecht zu werden.[411] Zudem setzen diese erst bei der gerichtlichen Beurteilung der gewählten Rechtsfolge an, der aber die Gewichtung und Abwägung auf Tatbestandsebene vorgelagert ist.

Daraus folgt die Erkenntnis, dass die Anforderungen, die an die Prognose und ihre Tragfähigkeit innerhalb der Grundrechtsabwägung zu stellen sind, bisher weitgehend diffus geblieben sind. Das führt dazu, dass bewährte Abwägungsansätze in den Fällen kaum anwendbar sind, in denen eine Grundrechtsbeeinträchtigung von Seiten Dritter nicht unmittelbar aus staatlichem Handeln oder Unterlassen folgt, sondern von dem Eintritt eines ungewissen weiteren Ereignisses abhängt, das allenfalls in einer Risikoprognose vorhergesagt werden kann.[412] Das Kriterium der „Gefahrennähe" ist in seinen Feinheiten bislang noch zu wenig greifbar[413] und findet zudem im Zuordnungskonzept der praktischen Konkordanz noch keine ausdrückliche Aufnahme. Insbesondere unter dem Blickwinkel, dass der Einschätzung der Gefahrennähe ein besonderes Gewicht zukommt, hat sich bisher noch kein hinreichend feingliedriges Modell für die Abwägung von Schutzpflicht und Abwehrrecht im Risikofall entwickelt. Eines solchen bedarf es jedoch für die grundrechtliche Beurteilung einer Impfpflicht.

dd) Entwicklung einer Gleichwertigkeitsprüfung für die Abwägung zweier Dimensionen des gleichen Grundrechts im Rahmen einer Prognoseentscheidung

Nachdem sich aus der Analyse der bundesverfassungsgerichtlichen Rechtsprechung ergeben hat, dass bei der Kollision von Abwehrrecht und Schutzpflicht, die sich jeweils auf das gleiche (Individual-)Grundrecht beziehen, zur Abwägung nur das Kriterium der „Gefahrennähe" anwendbar ist, sollte dieses präzisiert und durch ein Modell operationalisiert werden. Da die Schutzpflicht-

[411] BVerfGE 36, 1 (17) spricht lediglich davon, dass das Gericht dem Gesetzgeber erst entgegentreten kann, wenn dieser „die Grenzen des Ermessens eindeutig überschreitet", bzw. wenn die „Erwägungen so offensichtlich fehlsam sind, dass sie vernünftigerweise keine Grundlage für gesetzgeberische Maßnahmen abgeben können" (BVerfGE 37, 1 [20], vgl. schon BVerfGE 25, 1 [17]), BVerfGE 40, 196 (223) spricht von „objektiver Ungeeignetheit" der gesetzgeberischen Maßnahme, BVerfGE 30, 250 (263) fordert, dass die gesetzgeberische Maßnahme „sachgerecht und vertretbar" sein muss, BVerfGE 45, 187 (238) sieht eine gesetzgeberische Fehleinschätzung nur in dem Fall, in dem eine wertende Beurteilung widerlegbar ist, weiter geht BVerfGE 11, 30 (45), die die Prognose einer „mit einiger Sicherheit voraussehbarer Gefahr" fordert.

[412] In Bezug auf eine Impfpflicht hängt es etwa von der ausreichenden Durchimpfungsrate ab, ob sich Impfunfähige infizieren. Je dichter die Immunität in der Bevölkerung ist, desto unwahrscheinlicher wird eine Ansteckung. Die Ansteckung ist das ungewisse Ereignis, dessen Risiko latent vorliegt, sich jedoch mit steigender Bevölkerungsimmunität verringert.

[413] Vgl. aber insofern die von *Schmidt-Aßmann*, Anwendungsprobleme des Art. 2 Abs. 2 GG im Immissionsschutzrecht, in: AöR 106 (1981), S. 205 (213 f.) vorgeschlagenen Typisierungen für die Gefahrenprognose im Bereich des Immissionsschutzrechts, die sich in die Kategorien „Umweltschutz" und „Situationsbestimmtheit des Rechtsgüterschutzes" unterteilen.

dimension aber – wie aufgezeigt – nicht erst durch eine Gefahr, sondern bereits durch ein Risiko aktiviert wird[414], müsste das Kriterium der „Gefahrennähe" von der Rechtsprechung abweichend terminologisch korrekt als „Risikonähe" bezeichnet werden.

Aus den zuvor genannten Kritikpunkten[415] ergibt sich, dass es notwendig ist, die Abwägung des Abwehrgrundrechts *(Körperliche Unversehrtheit der zu Impfenden)* mit dem aufgrund staatlicher Schutzpflicht zu schützenden Grundrecht *(Körperliche Unversehrtheit der Impfunfähigen)* unter dem Kriterium der Gefahrennähe anhand weiterer Gesichtspunkte auszudifferenzieren. Auf beiden Seiten muss einbezogen werden, ob weitere Risikofaktoren hinzutreten können und wie hoch die Wahrscheinlichkeit für diese ist.[416] Das ist unerlässlich, da aus dem Unterlassen der staatlichen Schutzpflichterfüllung – aufgrund nicht steuerbarer hinzutretender Faktoren – nicht zwingend ein Schadenseintritt folgt. Das Kriterium der „Gefahrennähe" ist allein also kaum greifbar.[417] Das betrifft insbesondere die Fälle, in denen weder feststeht, dass das zu schützende Grundrecht bei Unterlassen der staatlichen Schutzpflicht tatsächlich verletzt werden wird, noch, dass sich die mit dem staatlichen Eingriff in das Abwehrrecht verbundenen Risiken (etwa ungewollte Folgen oder Nebenwirkungen) realisieren werden. Deshalb ist der Gesetzgeber bei der Abwägungsentscheidung verpflichtet, sich hinsichtlich der tatsächlichen Lage ausreichend und korrekt Kenntnis zu verschaffen.[418] Um diese Risikofaktoren rechtlich nachvollziehbar einzuordnen, bedarf es im Rahmen der Abwägung deshalb ihrer Operationalisierung.

Hier kann ein Modell helfen, auf dessen Stufen die beiden Grundrechtsdimensionen jeweils anhand der gleichen Risikoparameter gegeneinander abgewogen werden. Anhand der Risikoeinschätzung kann schließlich ein Ergebnis ermittelt werden, welcher Grundrechtsausprägung (Schutzpflicht- oder Abwehrrechtsdimension) im Rahmen der Abwägung Vorrang zu gewähren

---

[414] Dazu § 3 A. I. 3. c) „Risiko als aktivierendes Gefährdungsniveau" bzw. § 3 A. II. 1. c) „Maßstab der Aktivierungsschwelle der Schutzpflicht".

[415] § 3 A. II. 3. b) cc) (2) (b) „Kritik".

[416] Vgl. *Di Fabio*, Risikoentscheidungen im Rechtsstaat (1994), S. 455; *Höfling/Stöckle*, Elternrecht, Kindeswohl und staatliche Impfverantwortung, in: RdJB 2018, S. 284 (297); *Krings*, Grund und Grenzen grundrechtlicher Schutzansprüche (2003), S. 269 f.; auch *Mayer*, Untermaß, Übermaß und Wesensgehaltsgarantie (2005), S. 81, betont die Notwendigkeit einer Dogmatik zur Lösung der Dreieckskonstellation, durch die der Konflikt zwischen verschiedenen Grundrechtsdimensionen verarbeitet werden kann. Allerdings bezieht er hierbei auch eine solche Abwägung bei *verschiedenen* Grundrechten mit ein, was freilich die Gefahr einer unterschiedlichen Bewertung der Grundrechte schon bei abstrakter Betrachtung im Vorfeld birgt. Ein Modell zur Rationalisierung der Prognose im Rahmen der Abwägung *gleicher* Grundrechte in verschiedendimensionaler Ausprägung, wie es hier dargestellt werden soll, ist demgegenüber spezieller.

[417] Vgl. *Klatt/Schmidt*, Abwägung unter Unsicherheit, in: Klatt (Hrsg.), Prinzipientheorie und Theorie der Abwägung (2013), S. 105 (106).

[418] BVerfGE 39, 210 (225 f.).

ist.[419] Da es sich beim Grundrecht auf Leben und körperliche Unversehrtheit um ein Individualgrundrecht und nicht um eine Gewährleistung handelt, die erst einem Kollektiv von Personen zukommt, ist für die Abwägung unerheblich, wie viele Grundrechtsträger die Wirkung der einen oder der anderen Dimension für sich in Anspruch nehmen. Weil die Schutzpflichten auch dem Schutz von Minderheiten dienen, überwiegt nicht zwingend diejenige Dimension, auf die sich eine Mehrheit der Betroffenen beruft. Daher muss eine qualitative Abwägung der Gefahren- bzw. Risikonähe beider Grundrechtsdimensionen erfolgen, keine quantitative.

Auf den Stufen eines solchen Modells werden die Abwägungsparameter nacheinander geprüft, wobei die Gleichwertigkeit der verglichenen Parameter jeweils die Voraussetzung dafür bildet, dass in der Prüfung vorangeschritten und die Parameter auf der Folgestufe miteinander verglichen werden können. Je weiter die Prüfung voranschreitet, desto geringer sind also die Unterschiede, die bezüglich der Gefahrennähe beider Grundrechtsdimensionen auszumachen sind. Anders gewendet: Die Ungleichwertigkeit beider Dimensionen ist am größten, wenn schon auf der ersten Stufe ein Ergebnis ermittelt werden kann. Besteht auf der ersten Stufe hingegen Gleichwertigkeit, weshalb sich erst auf der zweiten oder gar dritten Stufe ein Ergebnis ermitteln lässt, so besteht zwar eine Ungleichwertigkeit der Gefahrennähe beider Dimensionen, diese ist jedoch relativ gering und muss dann bei der Ausgestaltung des Eingriffs berücksichtigt werden.

Dieses Vorgehen hat im Vergleich zu einem „Additionsmodell", bei dem alle Parameter gleichberechtigt nebeneinander geprüft werden, mehrere Vorteile: Zwar berücksichtigt ein Additionsmodell (wie auch in der Gewichtsformel von *Alexy*, die mit Multiplikation und Division operiert[420]) zwingend alle Parameter. Das impliziert jedoch eine gleichrangige Relevanz aller in die Abwägung einzubeziehenden Parameter, die nicht zwingend vorliegen muss. Aus diesem Grund ist ein Stufenmodell von den ebenfalls additiv zu begreifenden Auswahl-

---

419 Hiervon abzugrenzen ist der Ansatz von *Jaeckel*, Die Simulation des Urknalls, in: DVBl. 2011, S. 13 (15), die die Aspekte des Schadensrisikos und der Prognosesicherheit bereits unter einem anderen „Zugriff", nämlich isoliert unter der Frage skizziert, ob überhaupt eine staatliche Schutzpflicht ausgelöst wird, während die abwehrrechtliche Grundrechtsdimension gar nicht in den Blick genommen wird. Im Rahmen dieser Arbeit wird die Prüfung der Aktualisierung einer Schutzpflicht allerdings vorgeschaltet, um diese anschließend in eine Abwägung mit der abwehrrechtlichen Dimension bringen zu können. Zudem schlägt *Jaeckel* mit den Formulierungen der „primären" und der „sekundären Ebene" eine lediglich zweistufige Prüfung vor. Unklar bleibt auch das Verhältnis der beiden Ebenen (nebeneinander oder nacheinander), so dass eine Handhabbarkeit für die Abwägung der schutz- und abwehrrechtlichen Dimension nicht gegeben ist. Noch darüber hinaus wird die Untersuchung der Problematik unter die Vorzeichen der Anforderungen an die Darlegungs- und Beweislast des „Schutzsuchenden" gestellt und erhält damit eine prozessuale Einfärbung, die im Rahmen dieser Arbeit verfehlt wäre.

420 *Alexy*, Die Gewichtsformel, in: Jickeli/Kreutz/Reuter (Hrsg.), GS Sonnenschein (2003), S. 771 (790); vgl. bereits § 3 A. II. 3. b) cc) (2) (a) „Methode der Abwägung".

kriterien von *Krings* abzugrenzen, wenngleich einzelne dieser Kriterien im Rahmen einer gestuften Prüfung sehr wohl Bedeutung erlangen.[421]

Das im Folgenden aufzufächernde Stufenmodell[422] verfolgt deshalb – anders als die *Alexy*'sche Gewichtsformel – keine „Relation durch Multiplikation und Division", weshalb die folgende Gleichwertigkeitsprüfung nicht durch einen Bruch, bestehend aus Divisor und Dividend, dargestellt wird. Wie sich zeigen wird, liegt die höchste Aussagekraft auf den Parametern, die auf der ersten Stufe zu prüfen sind. Die nachfolgenden Stufen stellen lediglich Behelfskriterien dar, die nur zum Tragen kommen, wenn auf der ersten Stufe eine Gleichwertigkeit von Abwehr- und Schutzdimension vorliegt. Im Rahmen eines additiven Modells sollte ihnen allein jedoch aufgrund der weniger gewichtigen Aussagekraft kein adäquates Gegengewicht zum Parameter der ersten Stufe zukommen können. Durch die Rangfolge der Stufen im Stufenmodell hingegen kann die unterschiedliche Wichtigkeit der jeweiligen Parameter für die Abwägung daher besser verdeutlicht werden.

Die im Folgenden näher zu erläuternden Stufen, die im Denkmodell der „Gleichwertigkeitsprüfung" zur Operationalisierung des Kriteriums der „Gefahrennähe" dienen und zu einer rationalen Entscheidung über die Zuordnung der Grundrechtsdimensionen führen sollen, beinhalten folgende Aspekte:

- **Erste Stufe**, *Prognostizierbare Schadenseintrittswahrscheinlichkeit*: Besteht hinsichtlich beider Grundrechtsdimensionen eine Gleichwertigkeit zwischen der Intensität der maximal erwartbaren Beeinträchtigung (erster Teilbereich) bzw. der darunter liegenden Beeinträchtigungen (zweiter Teilbereich), vorausgesetzt, dass die Eintrittswahrscheinlichkeit der Schadensereignisse jeweils methodisch zuverlässig bestimmt werden kann („Prognostizierbarkeit")?
- **Zweite Stufe**, *Reversibilität*: Besteht hinsichtlich beider Grundrechtsdimensionen eine Gleichwertigkeit, wenn betrachtet wird, ob und wie vollständig reversibel die zu erwartenden Schadensereignisse sind?
- **Dritte Stufe**, *Zeitnähe des Schadenseintritts*: Besteht hinsichtlich beider Grundrechtsdimensionen eine Gleichwertigkeit, wenn betrachtet wird, wie zeitnah die Schadensereignisse eintreten können und diese in Relation zur

---

[421] *Krings*, Grund und Grenzen grundrechtlicher Schutzansprüche (2003), S. 275–281: So sind die Kriterien „Übergriffsintensität" und „Wirkungsstadium der Schutzmaßnahmen" auf der ersten bzw. der dritten Stufe der folgenden Gleichwertigkeitsprüfung zu berücksichtigen, etwa das Kriterium der „Subsidiarität staatlichen Schutzes" muss jedoch als solches bereits abgelehnt werden, da es keine Verpflichtung des Grundrechtsträgers zum Schutz vor sich selbst gibt (vgl. § 3 A. II. 2. „Verpflichtung zum Schutz vor sich selbst?"), ein Unterlassen dieses Selbstschutzes also bei der Gewichtung der staatlichen Schutzpflicht nicht negativ ins Gewicht fallen darf.

[422] Vgl. Schaubild zum Modell der Gleichwertigkeitsprüfung im Anhang, S. 556.

Schwere des Schadens gesetzt werden (je schwerwiegender der Schaden, desto später sein Eintritt)?

(1) Erste Stufe

Die erste Stufe unterteilt sich in zwei Bereiche. Aufgrund ihres Prüfungsinhalts sollte zwischen beiden Teilbereichen kein Rangverhältnis bestehen, sie stehen daher gleichberechtigt nebeneinander. Für beide Teilbereiche der ersten Stufe muss ein Ergebnis ermittelt werden; das Ergebnis eines Teilbereichs kann das Ergebnis des anderen Teilbereichs nicht ersetzen oder gar dazu führen, dass dieses obsolet wird. Um das Gesamtergebnis der ersten Stufe zu ermitteln, muss die Frage nach der Gleichwertigkeit der Gefahrennähe beider Grundrechtsdimensionen also zunächst für beide Teilbereiche separat beantwortet werden. Erst aus dem Zusammenspiel der Ergebnisse beider Teilbereiche wird anschließend das Ergebnis der ersten Stufe ermittelt. Nur aus dem Gesamtergebnis der ersten Stufe können Konsequenzen für die weitere Gleichwertigkeitsprüfung gezogen werden.

(a) Erster Teilbereich

Im ersten Teilbereich der ersten Stufe wird ermittelt, ob für beide Grundrechtsdimensionen die *maximal* erwartbare Beeinträchtigungs- bzw. Eingriffsintensität gleichwertig ist. Dazu wird für jede Dimension gesondert das maximal mögliche Schadensereignis identifiziert und jeweils in Beziehung zur Eintrittswahrscheinlichkeit dieses Ereignisses sowie deren Prognostizierbarkeit gesetzt.[423]

Zuerst wird die Frage, wie hoch die Beeinträchtigungsintensität des maximal erwartbaren Schadensereignisses ist[424], jeweils für beide Grundrechtsdimensionen separat gestellt.[425] Ob die ermittelten Maximalschadensintensitäten beider Grundrechtsdimensionen gleich sind oder sich unterscheiden (die für beide Dimensionen ermittelten Werte also identisch sind oder nicht), kann jedoch noch dahingestellt sein, da die Variable „Maximalschadensintensität" allein noch keine Aussage für die Abwägung erlaubt. Die ermittelten Maximalschadensintensitäten werden erst im Zusammenwirken mit einer wiederum für beide Seiten separat aufgestellten zweiten Variable relevant, nämlich der Eintrittswahrscheinlichkeit des jeweiligen Maximalschadens.[426] Diese Eintrittswahrscheinlichkeit wird ihrerseits von einer dritten Variable beeinflusst, näm-

[423] Dazu prägnant *Murswiek*, Die staatliche Verantwortung für die Risiken der Technik (1985), S. 165: „Die Größe des Risikos ist das Produkt aus Schadensumfang und Eintrittswahrscheinlichkeit [...]".

[424] Andere Bezeichnungen wären etwa „worst case Szenario" oder im Zusammenhang mit dem Betreiben von Kernkraftwerden auch GAU (für „größter anzunehmender Unfall").

[425] Im Schaubild (Anhang, S. 556) dargestellt durch Variable „a".

[426] Im Schaubild (Anhang, S. 556) dargestellt durch Variable „b".

lich der methodischen Sicherheit, die Eintrittswahrscheinlichkeit bestimmen zu können („Prognostizierbarkeit").[427]

Dass bei der Abwägung von Schutzpflicht und abwehrrechtlicher Dimension des Grundrechts auf Leben und körperliche Unversehrtheit auf beiden Seiten als Maximalschaden das Rechtsgut „Leben" beeinträchtigt sein und sich dieses also möglicherweise auf beiden Seiten gegenüberstehen könnte, steht diesem Vorgehen nicht entgegen. Zwar ist das Prinzip der Gleichwertigkeit eines jeden Lebens unumstößlich.[428] Wenn das Leben den Abwägungsgegenstand bildet, ist jedoch lediglich die unmittelbare Einwirkung verboten, die mit an Sicherheit grenzender Wahrscheinlichkeit zum Tode führt.[429] Eine gezielte Tötung, also eine Vernichtung des Rechtsgutes Leben, verstößt gegen die Menschenwürde, da sie den einzelnen Rechtsgutträger, der keinen Einfluss mehr auf den Verlauf der Dinge nehmen kann, zum Objekt staatlichen Handelns macht.[430] Das Tötungsverbot des Staates bezieht sich also nur auf die *gezielte* Tötung, da er nur bei dieser einseitig über das Rechtsgut Leben verfügt und den entsprechenden Grundrechtsträger auf diese Weise verdinglicht und entrechtet.[431]

Handelt es sich indes nur um einen mittelbaren Verursachungszusammenhang zwischen der Beeinträchtigung des Lebens und dem staatlichen Eingriff (in die Abwehrrechtsdimension) bzw. dem staatlichen Unterlassen (aus der Schutzpflichtperspektive), so liegt nicht von vornherein eine Fallgruppe des staatlichen Tötungsverbots vor. Vielmehr kommt es bei mittelbaren Verursachungszusammenhängen „auf den Willen und das Wissen der Träger öffentlicher Gewalt", auf eine „Beurteilungsgewissheit" an.[432] Wenn bei einem nur mittelbaren Zusammenhang zwischen staatlichem Handeln bzw. Unterlassen das voluntative Element allerdings fehlt, so kann die Zurechnung der Lebensbeeinträchtigung nicht auf der bloßen Möglichkeit des Zusammenhangs basieren. Der einfache Gesetzesvorbehalt des Grundrechts auf Leben und körperliche Unversehrtheit liefe ansonsten leer, wenn bereits eine mögliche Kausalität eines verfassungsrechtlich gerechtfertigten Eingriffs in die körperliche Unversehrtheit unter das Tötungsverbot fiele. Die Beeinträchtigung des Lebens kann bei nur mittelbarer Verursachung nicht dem Handeln des Staates zugerechnet werden, da der Staat ansonsten mit dem lebensauslöschenden Staat gleichgestellt würde.[433] Eine Zuordnung von Schutzpflicht und Abwehrrecht im Grundrechtsdreieck im Wege des hier vorzustellenden Modells der Gleichwertigkeitsprüfung ist also auch dann nicht ausgeschlossen, wenn auf beiden Seiten als „worst-case-Szenario"

---

[427] Im Schaubild (Anhang, S. 556) dargestellt durch Variable „c".

[428] BVerfGE 115, 118 (139).

[429] BVerfGE 115, 118 (139).

[430] BVerfGE 115, 118 (154).

[431] BVerfGE 115, 118 (154, 160).

[432] *Di Fabio*, in: Dürig/Herzog/Scholz GG Kommentar (2021), Art. 2 Abs. 2 Satz 1 Rn. 33, 34.

[433] *Di Fabio*, in: Dürig/Herzog/Scholz GG Kommentar (2021), Art. 2 Abs. 2 Satz 1 Rn. 34.

die Beeinträchtigung des Lebensgrundrechts steht, sofern es sich nicht um gezielt lebensbeendende staatliche Eingriffe bzw. gezielt lebensbeendendes staatliches Unterlassen handelt.[434]

Als Skala für die Bestimmung dieser Maximalschadensintensität (also der ersten Variable[435]) wird angeregt, eine schlichte Zuordnung zu Zahlenwerten zwischen 1 und 10 vorzunehmen, wobei 1 der *objektiv* schwächsten denkbaren Beeinträchtigung und 10 der *objektiv* intensivsten denkbaren Beeinträchtigung zugeordnet werden kann. Eine durchschnittlich intensive Beeinträchtigung könnte demnach mit 5 beurteilt werden. (Eine Zuordnung zur Zahl null bedeutete, dass überhaupt keine Beeinträchtigung denkbar wäre, was an dieser Stelle aber schon ausgeschlossen ist, da die Schutzpflicht ohne das Vorliegen eines Risikos nicht aktiviert wäre.[436]) Die den Schadensereignissen zugeordneten Werte dienen als Anhaltspunkte.[437] Bei der abschließenden Entscheidung über die (Un)gleichwertigkeit beider Grundrechtsdimensionen sollte deshalb stets eine gewisse Eindeutigkeit des Ergebnisses gefordert werden, wobei dieses sich nicht zwingend – was allerdings denkbar ist – als mathematisch absolutes (Zahlen-) Ergebnis präsentieren muss.[438]

Ähnlich wird mit der Eintrittswahrscheinlichkeit[439] (also der zweiten Variable) verfahren: Hier sollte die prozentuale Wahrscheinlichkeit als Dezimalzahl zugrunde gelegt werden, so dass ein absolut sicherer Schadenseintritt (in Anlehnung an die Angabe einer „hundertprozentigen" Sicherheit) den Wert 1 erhielte. Die objektiv denkbar geringste Wahrscheinlichkeit müsste jedenfalls einen Wert über null erhalten, während etwa die sichere Wahrscheinlichkeit, dass das Schadensereignis *nicht* eintritt, den Wert null erhält. Bei der Wahrscheinlich-

434 In Bezug auf die Frage einer Impfpflicht ist – anders als *Grüner*, Biologische Katastrophen (2017), S. 278, annimmt – also zu fragen, ob durch eine Impfung (Abwehrrechtsdimension) bzw. durch das Unterlassen einer staatlichen Anordnung zur Impfung (Schutzpflichtdimension) eine gezielte staatliche Tötung vorliegt. Angesichts der Sicherheit und der Zielrichtung von Impfungen, überspitzt ausgedrückt, gerade das Gegenteil von einer Giftspritze zu sein, kann dies für die Abwehrrechtsseite schon nicht angenommen werden. Ebenso wenig kann aber in der bislang fehlenden staatlichen Anordnung zur Vornahme von Impfungen ein gezielter Versuch der Tötung von potenziellen Krankheitsopfern durch Unterlassen liegen, da der Zwischenschritt der Ansteckung dem Staat nicht zugerechnet werden kann.

435 Im Schaubild (Anhang, S. 556) dargestellt durch Variable „a".

436 Vgl. bereits § 3 A. I. 3. c) „Risiko als aktivierendes Gefährdungsniveau".

437 Nicht alle Schadensereignisse sind etwa so eindeutig einer Zahl zuzuordnen, wie dem Schadensereignis „Tod" die Zahl 10. So könnte beispielsweise darüber gestritten werden, ob dem Schadensereignis „Erkältung" ein Wert von 1 *oder* 2 zugeordnet wird, wohingegen ein Wert 8 oder 9 wohl indiskutabel wäre.

438 Vgl. *Riehm*, Abwägungsentscheidungen in der praktischen Rechtsanwendung (2006), S. 72; ähnlich *Murswiek*, Die staatliche Verantwortung für die Risiken der Technik (1985), S. 165, der feststellt, dass die Formel im Grunde nur anwendbar sei, sofern mit konkreten Zahlen operiert werde, das Problem jedoch umgangen werden könne, wenn die Größe des Risikos nicht absolut, sondern in Bezug auf ein bestimmtes Gut ausgedrückt werde.

439 Im Schaubild (Anhang, S. 556) dargestellt durch Variable „b".

keitsangabe sind wegen der Möglichkeit, prozentuale Angaben zu „übersetzen", daher Nachkommastellen möglich.

Die Eintrittswahrscheinlichkeit wird – wie schon angedeutet – in diesem Abwägungsmodell ihrerseits von einer dritten Variable modifiziert. Denn ein Zwischenschritt, um die Abwägung zweier gleicher Grundrechte in schutz- und abwehrrechtsdimensionaler Ausprägung einem rationalen und justiziablen Ergebnis zuzuführen, sollte in der Frage bestehen, ob sich nicht nur die Eintrittswahrscheinlichkeiten der Schadensereignisse entsprechen, sondern auch, ob diese auch mithilfe gleichwertiger wissenschaftlicher Methoden ermittelt wurden (sog. „Prognostizierbarkeit").[440] Hierbei bedarf es einer „sorgfältigen Auswertung der verfügbaren Erkenntnisquellen."[441] Fraglich ist also, ob die methodische Basis der Schadenseintrittswahrscheinlichkeit und die daraus ableitbare Sicherheit der Prognose ihrerseits sicher und wissenschaftlich anerkannt sind. Es wird daher angeregt, quasi eine Meta-Auswertung der Erkenntnisquellen vorzunehmen, die für die Bestimmung der Eintrittswahrscheinlichkeit zugrunde gelegt werden.[442] Der Wert auf der Skala von 1–10, der der „Prognostizierbarkeit" zugeordnet wird, bewertet folglich, wie wissenschaftlich gesichert die Aussage über die Eintrittswahrscheinlichkeit ist.[443]

Nach dieser Vorgehensweise konnten im Denkmodell der Gleichwertigkeitsprüfung im ersten Teilbereich der ersten Stufe also sowohl auf der Seite der Schutzpflicht- als auch auf der Seite der Abwehrrechtsdimension die Bewertungen für jeweils drei Variablen aufgestellt werden (Maximalschaden[444] und Eintrittswahrscheinlichkeit[445], letztere unter Berücksichtigung der „Prognostizierbarkeit"[446]). Aus diesen ermittelten Variablen *einer* Grundrechtsdimension

[440] Im Schaubild (Anhang, S. 556) dargestellt durch Variable „c".

[441] *Jaeckel*, Die Simulation des Urknalls, in: DVBl. 2011, S. 13 (16), wenngleich auch unter einer etwas anderen Fragestellung.

[442] Dieser Aspekt ist im Rahmen der Je-desto-Formel bislang vernachlässigt worden, so exemplarisch bei *Murswiek*, Die staatliche Verantwortung für die Risiken der Technik (1985), S. 165; anklingend jedoch bei *Jaeckel*, Die Simulation des Urknalls, in: DVBl. 2011, S. 13 (17).

[443] Der Einwand, dass die Zugrundelegung von wissenschaftlich anerkannten Methoden – in Bezug auf Art. 2 Abs. 2 S. 1 GG die Zugrundelegung der evidenzbasierten Medizin – für die Bestimmung von Schadenseintrittswahrscheinlichkeiten selbstverständlich sein sollte, ist zwar zutreffend. Gleichwohl finden sich – in Bezug auf die Frage einer Impfpflicht gerade auf Seiten der Abwehrrechtsdimension – immer wieder Methoden, deren wissenschaftliche Basis und Aussagekraft zweifelhaft ist; vgl. etwa auf Seite der Abwehrrechtsdimension skizzierte „worst-case-Szenarien", bei denen fraglich ist, ob sie auf einer wissenschaftlich anerkannten Prognosemöglichkeit basieren, vgl. nur die mittlerweile unter Fälschungsvorwürfen zurückgezogene Studie von *Wakefield et al.*, Ileal-lymphoid-nodular hyperplasia, non specific colitis, and pervasive developmental disorder in children, in: The Lancet Vol. 351, no. 9103 (1998), S. 637–641 (RETRACTED), die vorgab, einen Zusammenhang zwischen Impfungen und Autismus nachzuweisen.

[444] Im Schaubild (Anhang, S. 556) dargestellt durch Variable „a".

[445] Im Schaubild (Anhang, S. 556) dargestellt durch Variable „b".

[446] Im Schaubild (Anhang, S. 556) dargestellt durch Variable „c".

wird nun jeweils das Produkt[447] gebildet. So können schlussendlich für beide Grundrechtsdimensionen die Produkte aus der maximalen Beeinträchtigung, deren Eintrittswahrscheinlichkeit sowie der Prognostizierbarkeit miteinander verglichen werden.[448] Durch die Vorgehensweise der Multiplikation wird gewährleistet, dass die Anforderungen an eine hinreichend sichere Prognose umso geringer sein müssen, je höher das befürchtete Schadensausmaß ist (sog. „Je-desto-Formel").[449] Dieser Grundsatz gilt spiegelbildlich in gleicher Weise: Je geringer sich das maximale Schadensausmaß darstellt, desto höher sind die Anforderungen an die Wahrscheinlichkeit dieses Ereignisses.

Für den ersten Teilbereich kann es demnach drei mögliche Ergebnisse geben: Ein Überwiegen der Schutzpflichtdimension, ein Überwiegen der Abwehrrechtsdimension oder eine Gleichwertigkeit der beiden Dimensionen. Auf den weiteren Fortgang der Modellprüfung kann ein Ergebnis jedoch nur im Zusammenspiel mit dem Ergebnis des zweiten Teilbereichs Einfluss haben.

(b) Zweiter Teilbereich

Die Frage nach der Gleichwertigkeit von Schadensereignissen sollte aber nicht nur die *maximal* erwartbaren Schadensereignisse berücksichtigen, sondern parallel auch Schadensereignisse *unterhalb* des maximal erwartbaren Schadensereignisses einbeziehen. Da die schädigende Beeinträchtigung der körperlichen Unversehrtheit von unterschiedlicher Intensität sein kann[450], können unterhalb des Maximalschadens liegende Beeinträchtigungen bei der Analyse der Gefahrennähe von Schutzpflicht und Abwehrrecht nicht außer Betracht bleiben. Bei der Ermittlung der Schadensintensität sind Aspekte wie die Dauerhaftigkeit der Beeinträchtigung und die Bedeutung der beeinträchtigten Funktion für die Grundrechtsausübung zu berücksichtigen.[451]

---

[447] Im Schaubild (Anhang, S. 556) dargestellt durch Produkt „X".

[448] *Beispiel*: Wenn es auf der Schutzpflichtseite ein durch Krankheit verursachtes Maximalschadensereignis (erste Variable) mit dem Wert 8 gibt, für das (zweite Variable) eine 30 %-ige Eintrittswahrscheinlichkeit besteht (0,3 als Dezimalzahl) und die wissenschaftlich-methodische Basis dieser Wahrscheinlichkeitsermittlung uneingeschränkt gegeben ist (dritte Variable; Wert: 10), ergibt sich für die Schutzpflichtdimension in diesem Teilbereich ein Wert von *24* [8 × (0,3 × 10) = 24]. Gibt es demgegenüber für die Abwehrrechtsdimension ein durch die Impfung verursachtes Maximalschadensereignis (erste Variable) mit dem Wert 6, für das (zweite Variable) eine 10 %-ige Eintrittswahrscheinlichkeit besteht (0,1 als Dezimalzahl) und die wissenschaftlich-methodische Basis dieser Wahrscheinlichkeitsermittlung aber unsicher ist (dritte Variable; Wert: 5), so ergibt sich für die Abwehrrechtsdimension in diesem Teilbereich ein Wert von *3* [6 × (0,1 × 5) = 3]. In diesem Teilbereich überwöge dann die Schutzpflichtdimension.

[449] *Jaeckel*, Die Simulation des Urknalls, in: DVBl. 2011, S. 13 (15); *Murswiek*, Die staatliche Verantwortung für die Risiken der Technik (1985), S. 165.

[450] Vgl. *Murswiek*, Die staatliche Verantwortung für die Risiken der Technik (1985), S. 166, 175.

[451] Vgl. *Murswiek*, Die staatliche Verantwortung für die Risiken der Technik (1985), S. 176 ff., der allerdings den etwas unklaren Begriff der „Fundamentalität" anführt.

Die Ermittlung der Variablen für beide Grundrechtsdimensionen, deren Produkte abschließend miteinander verglichen werden müssen, unterscheidet sich methodisch nicht von der Ermittlung im ersten Teilbereich. Auch hier kommen für beide Grundrechtsdimensionen jeweils die zu erwartenden Schadensintensitäten[452], deren Eintrittswahrscheinlichkeiten[453] sowie die diesbezüglichen Prognostizierbarkeiten[454] zum Tragen. Ebenso kann es bei dem Vergleich der Produkte[455], die im zweiten Teilbereich der ersten Stufe ermittelt wurden, mit dem Überwiegen entweder der Schutzpflichtdimension, der Abwehrrechtsdimension oder der Gleichwertigkeit beider Produkte drei mögliche Ergebnisse geben. Im Zusammenspiel mit dem im ersten Teilbereich ermittelten Ergebnis ist dieses relevant für die weitere Gleichwertigkeitsprüfung.

(c) Zusammenspiel der Teilbereiche

Nachdem in beiden Teilbereichen der ersten Stufe unabhängig voneinander ermittelt wurde, ob ein Überwiegen der Schutzpflichtdimension, der Abwehrrechtsdimension oder eine (mindestens nahezu) vollständige Gleichwertigkeit beider Dimensionen vorliegt, kommt es nun auf das Zusammenspiel dieser Ergebnisse an. Dabei sind folgende Varianten möglich:

Überwiegt in beiden Teilbereichen jeweils dieselbe Grundrechtsdimension, so ist das Abwägungsergebnis denkbar eindeutig. Ein Rückgriff auf Behelfskriterien ist nicht notwendig, die Prüfung kann zugunsten der in beiden Teilbereichen überwiegenden Grundrechtsdimension beendet werden.

Liegt in nur einem Teilbereich eine Gleichwertigkeit zwischen Abwehrrechts- und Schutzpflichtdimension vor, während im anderen Teilbereich aber eine der beiden Dimensionen überwiegt, so muss die Abwägung insgesamt zugunsten dieser überwiegenden Dimension ausfallen. Die Heranziehung der Behelfskriterien auf der zweiten oder dritten Stufe ist nicht notwendig. Die Gleichwertigkeitsprüfung kann an dieser Stelle beendet werden, da ein eindeutiges Ergebnis hinsichtlich des Kriteriums der „Gefahrennähe" und damit des einzigen Kriteriums vorliegt, das in der hier zugrunde liegenden Konstellation anwendbar ist.[456]

Überwiegen jedoch in beiden Teilbereichen jeweils unterschiedliche Grundrechtsdimensionen, also einmal die Schutzpflichtdimension und einmal die Abwehrrechtsdimension, wobei es nicht auf die Reihenfolge ankommt, da beide Teilbereiche in der Prüfung gleichberechtigt nebeneinanderstehen, muss auf Behelfskriterien zurückgegriffen werden. Die Prüfung wird also auf der zweiten Stufe fortgesetzt.

452 Im Schaubild (Anhang, S. 556) dargestellt durch Variable „d".
453 Im Schaubild (Anhang, S. 556) dargestellt durch Variable „e".
454 Im Schaubild (Anhang, S. 556) dargestellt durch Variable „f".
455 Im Schaubild (Anhang, S. 556) dargestellt durch Produkt „Y".
456 Vgl. bereits § 3 A. II. 3. b) cc) (2) „Bisheriger Maßstab bei der Abwägung zweier gleicher Grundrechte bei verschiedendimensionaler Ausprägung im Risikofall".

Hat sich bei der Anwendung des Modells der Gleichwertigkeitsprüfung in beiden Teilbereichen im Ergebnis eine Gleichwertigkeit von Schutzpflicht- und Abwehrrechtsdimension ergeben, kann ebenfalls noch kein Überwiegen einer Grundrechtsdimension festgestellt werden. Es müssen weitere Kriterien herangezogen werden. Die Gleichwertigkeitsprüfung wird also auf der zweiten Stufe mit der Anwendung des ersten Behelfskriteriums fortgesetzt.

(2) Zweite Stufe

Wenn sich auf der ersten Stufe der Gleichwertigkeitsprüfung noch kein Überwiegen der einen oder der anderen Grundrechtsdimension ermitteln ließ, sondern sich die Schadensereignisse für beide Dimensionen in ihrer Wertigkeit entsprechen, wird die Prüfung auf der zweiten Stufe fortgesetzt. Hier fragt das Denkmodell für beide Grundrechtsdimensionen, ob und wie reversibel ein eingetretener Schaden ist.[457] Teilweise wird dem Kriterium der Reversibilität bzw. der Restituierbarkeit zwar eine höhere Bedeutung zugemessen als nur diejenige eines Behelfskriteriums.[458] Eine Gleichrangigkeit aller Kriterien, wie sie bei einem „Additionsmodell" im Gegensatz zu dem Stufenmodell dieser Gleichwertigkeitsprüfung vorhanden ist, soll hier aber aus den oben genannten Gründen keine Anwendung finden.[459]

Voraussetzung für die Reversibilität des Schadens für beide Grundrechtsdimensionen ist zunächst die Restituierbarkeit des jeweils geschädigten Rechtsgutes. Fehlt diese bereits entweder bei der schutzpflicht- oder abwehrrechtsdimensionalen Seite, liegt letztendlich ein Überwiegen derjenigen Dimension vor, deren Schädigung irreversibel ist. Bei der Betrachtung der Restituierbarkeit, welche bei einer Schädigung des Lebensgrundrechts allerdings naturgemäß prinzipiell wegfällt, ist der tatsächliche (nicht der finanzielle!) Aufwand entscheidend.[460] Für den Grundrechtsträger wird es regelmäßig nachrangig sein, wie hoch der finanzielle Aufwand für die Restitution eines Schadens an seiner körperlichen Unversehrtheit ist, da dieser Aufwand aufgrund eines vom Staat ausgehenden Handelns (am Beispiel der Impfpflicht: auf der Abwehrrechtsseite durch die Impfung) oder Unterlassens (auf der Schutzpflichtenseite durch die Ansteckung) auch vom Staat, nicht aber vom Grundrechtsträger

---

457 Vgl. *Jarass*, in: Jarass/Pieroth GG Kommentar (2020), Vorb. vor Art. 1 Rn. 56, der feststellt, dass es bei der Rechtfertigung des Unterlassens von Schutz auch eine Rolle spielt, ob die mögliche Grundrechtsverletzung reparabel ist.

458 So etwa *Murswiek*, Die staatliche Verantwortung für die Risiken der Technik (1985), S. 172 sowie *Steinau-Steinrück*, Die staatliche Verhütung und Bekämpfung von Infektionskrankheiten (2013), S. 149.

459 Vgl. bereits § 3 A. II. 3. b) dd) „Entwicklung einer Gleichwertigkeitsprüfung für die Abwägung zweier Dimensionen des gleichen Grundrechts im Rahmen einer Prognoseentscheidung".

460 Vgl. zum Kriterium des „Schutzaufwands", allerdings bezogen auf die Auswahl einer konkreten Schutzmaßnahme *Krings*, Grund und Grenzen grundrechtlicher Schutzansprüche (2003), S. 277 f.

selbst zu tragen sein sollte. Je weniger tatsächlicher Aufwand also notwendig ist, um den eingetretenen Schaden für eine Grundrechtsdimension rückgängig zu machen, desto weniger Gewicht kommt dieser Dimension auf dieser Stufe zu. Aus dem Vergleich des Aufwands, der für die Restitution des Schadens für beide Grundrechtsdimensionen jeweils notwendig ist, wird die (Un)gleichwertigkeit der kollidierenden Dimensionen und somit das Ergebnis der zweiten Stufe ermittelt.

Nur, wenn auch auf dieser Stufe des Denkmodells eine Gleichwertigkeit zwischen den beiden kollidierenden Grundrechtsdimensionen ermittelt wird, also auch die Anwendung des ersten Behelfskriteriums keine Erkenntnis darüber gebracht hat, welche Dimension überwiegt, kann die Prüfung auf der dritten und letzten Stufe mit dem zweiten Behelfskriterium fortgesetzt werden.

(3) Dritte Stufe

Auf der letzten Stufe der Gleichwertigkeitsprüfung kommt als zweites Behelfskriterium die zeitliche Nähe des Schadenseintritts zum Einsatz. Das Kriterium der zeitlichen Nähe kann zur Klärung der Frage beitragen, wie viel Zeit *gegebenenfalls* noch zur Abwendung des Eintritts des Schadens bleibt und wie groß dementsprechend die Möglichkeiten sind, den Schadenseintritt im Vorfeld noch zu verhindern. Die zeitliche Nähe ist nicht inhaltsgleich mit der Eintrittswahrscheinlichkeit, da auch ein sehr wahrscheinliches Schadensereignis noch weit in der Zukunft liegen kann, ebenso wie andersherum ein völlig unwahrscheinliches Ereignis äußerst zeitnah auftreten kann.

Nur, wenn auf allen vorhergehenden Stufen kein Vorrang für die Schutzpflicht- oder die Abwehrrechtsdimension ermittelt werden konnte, folglich bisher eine Gleichwertigkeit der Dimensionen besteht, kann die dritte und letzte Stufe der Gleichwertigkeitsprüfung überhaupt zum Tragen kommen. Das Kriterium der zeitlichen Nähe des Schadenseintritts erst auf der letzten Stufe zu prüfen und damit angesichts des Kriteriums auf der zweiten Stufe (Reversibilität des bereits eingetretenen Schadens) nicht chronologisch vorzugehen, hat mehrere Gründe: Zwar müsste die Verhinderung schon des Schadenseintritts bedeutsamer sein als erst die Restitution im Nachhinein.[461] Bei Lichte betrachtet gäbe es jedoch für diese Prüfungsreihenfolge kaum einen praktischen Anwendungsbereich, da die Möglichkeit, einen zukünftig eintretenden Schaden zu verhindern, jedenfalls im Schutzbereich des Grundrechts auf körperliche Unversehrtheit nicht immer gegeben ist.[462] Für den einzelnen Betroffenen wird es zudem regelmäßig bedeutsamer sein, ob ein an seinem Grundrechtsgut eintre-

[461] Vgl. *Krings*, Grund und Grenzen grundrechtlicher Schutzansprüche (2003), S. 276.

[462] So etwa bei der tödlichen SSPE, deren Anzeichen erst mehrere Jahre nach der Masernerkrankung auftreten, vgl. im Folgenden § 3 B. II. 3. a) bb) (1) (a) (aa) „Gefahrennähe auf Seiten der Schutzpflichtdimension". Im Falle einer SSPE als Maximalschadensereignis im Teilbereich der ersten Stufe könnte die Gleichwertigkeitsprüfung aber nur dann bis zur dritten Stufe vordringen, wenn auf der Abwehrrechtsseite im ersten Teilbereich der ersten Stufe ebenfalls der

tender Schaden rückgängig gemacht werden kann, als die Frage, wie viel Zeit bis zu einem (irreversiblen) Schadenseintritt noch vergehen wird.

Die Zielfrage auf der dritten Stufe der Prüfung lautet also: Besteht eine Gleichwertigkeit der zeitlichen Nähe des Schadenseintritts im Hinblick auf beide Grundrechtsdimensionen? Dazu wird nach dem jeweils frühestmöglichen Beeinträchtigungsereignis und seiner Intensität gefragt. Die Einbeziehung verschiedener Beeinträchtigungsintensitäten ist auf dieser Stufe nicht mehr notwendig, da deren Gleichwertigkeit auf den vorherigen Stufen bereits festgestellt werden konnte und deshalb auf dieser Stufe allein der Zeitpunkt eines Schadensereignisses ausschlaggebend ist, nicht aber dessen Qualität.

Ergibt sich auch auf dieser letzten Stufe des Denkmodells eine Gleichwertigkeit der Gefährdungslagen für beide Grundrechtsdimensionen, muss der abwehrrechtlichen Ausprägung der Vorzug gegeben werden, da kein Überwiegen der Schutzpflicht festgestellt werden kann. Dieses wäre aber notwendig, um einen Eingriff und damit ein Zurückstehen des Abwehrrechts zu rechtfertigen.[463] An dieser Stelle sollte schlussendlich doch, aber nach sorgfältiger, wenngleich ergebnisloser Abwägung, dem Grundsatz „in dubio pro libertate" der Vorzug gewährt werden.

B. *Grundrechtsbetroffenheit der zu impfenden Personen*

Bei der Einführung einer allgemeinen Impfpflicht würde in erster Linie in das Grundrecht auf körperliche Unversehrtheit der zu Impfenden eingegriffen.[464] Ob eine allgemeine Impfpflicht als eine vom Gesetzgeber innerhalb seines Gestaltungsspielraums gewählte Maßnahme einer grundrechtlichen Prüfung standhält, beurteilt sich daher nicht nur nach der vorherigen tatbestandlichen Gewichtung der Schutzpflicht für Leben und körperliche Unversehrtheit, sondern auch aus Sicht der abwehrrechtlichen Dimension dieses Grundrechts.

Die Schutzpflicht kann mangels Verpflichtung zum Schutz vor sich selbst – wie aufgezeigt – nicht zum Schutz derjenigen Gruppe angeführt werden, die selbst Adressaten der Impfpflicht sind, in deren Abwehrrecht auf körperliche Unversehrtheit also gerade eingegriffen werden soll, sondern nur zum Schutz der körperlichen Unversehrtheit vulnerabler Dritter. Somit stehen sich zwei verschiedene Gruppen von Trägern des gleichen Grundrechts im Grundrechtsdreieck gegenüber.

---

letale Ausgang einer Impfung stünde und die erste Stufe insgesamt eine Gleichwertigkeit beider Dimensionen ergäbe.

[463] Vgl. *Rixen*, in: Sachs (Hrsg.), GG Kommentar (2021), Art. 2 Rn. 186.

[464] A. A. offenbar *Deutscher Ethikrat*, Stellungnahme: Impfen als Pflicht? (2019), S. 41 ff., der „den zentralen Beurteilungsmaßstab" für die verfassungsrechtliche Rechtfertigung auch einer Impfpflicht für Kinder und Jugendliche primär nur im Elterngrundrecht, nicht im Recht auf körperliche Unversehrtheit der Impflinge sieht.

Auch ein Eingriff mit dem Ziel der Erfüllung einer grundrechtlichen Schutzpflicht muss verhältnismäßig sein, darf also das Übermaßverbot nicht verletzen: Da der legitime Zweck der Schutzpflichterfüllung nicht die klassische Prüfung des Abwehrgrundrechts mittels des Verhältnismäßigkeitsgrundsatzes modifiziert[465], erfolgt anschließend eine verfassungsrechtliche Prüfung der Rechtfertigung des einer allgemeinen Impfpflicht innewohnenden Eingriffs in die körperliche Unversehrtheit. Weil eine Aussage über die Verfassungskonformität einer allgemeinen Impfpflicht aber jeweils nur in Bezug auf eine konkrete Infektionskrankheit getroffen werden kann, werden die Vorgaben, die für eine abstrakte Gewichtung zweier gleicher Grundrechtsdimensionen entwickelt wurden, abschließend auf mehrere Infektionskrankheiten angewandt.

I. Grundrechtliche Vorgaben aus Art. 2 Abs. 2 S. 1 GG – Grundrecht auf körperliche Unversehrtheit

Grundrechtliche Vorgaben für die – zunächst losgelöst von der Betrachtung einzelner Krankheiten zu beurteilende – Einführung einer allgemeinen Impfpflicht ergeben sich im Folgenden sowohl aus dem Übermaßverbot hinsichtlich des Grundrechts auf körperliche Unversehrtheit der zu impfenden Personen einerseits als auch aus der Schutzpflicht für das Grundrecht auf körperliche Unversehrtheit impfunfähiger Personen andererseits.

1. Schutzbereich der körperlichen Unversehrtheit

Die vom Grundrecht auf körperliche Unversehrtheit gewährleisteten Rechtspositionen umfassen die biologisch-physiologische Integrität, die psychische Integrität und ein auf beide Gewährleistungen bezogenes Selbstbestimmungsrecht.[466] Bei einer staatlich angeordneten Impfpflicht ist von den beiden überlappenden Schutzbereichen der in Art. 2 Abs. 2 S. 1 GG geschützten Rechtsgüter vorrangig die körperliche Unversehrtheit betroffen. Zwar besteht – wie aufgezeigt – ein enger Zusammenhang mit dem Grundrecht auf Leben, da potenziell jede Beeinträchtigung der körperlichen Unversehrtheit bei Intensivierung oder langanhaltender Dauer auch in eine Bedrohung für das Rechtsgut „Leben“ umschlagen kann.[467] So stellt umgekehrt jede Bedrohung des Grundrechts auf Leben auch zugleich eine Bedrohung des Grundrechts auf körperliche Unversehrtheit dar. Der Schutzbereich des Lebensgrundrechts ist jedoch erst dann vorrangig vor dem Schutzbereich der körperlichen Unversehrtheit betroffen,

---

[465] *Hermes*, Das Grundrecht auf Schutz von Leben und Gesundheit (1987), S. 253.

[466] *Höfling*, in: Friauf/Höfling (Hrsg.), Berliner Kommentar GG, Bd. 1 (2021), Art. 2 (3. Teil) Rn. 125–127.

[467] Vgl. *Starck*, in: v. Mangoldt/Klein/Starck GG Kommentar, Bd. 1 (2018), Art. 2 Abs. 2 Rn. 189.

wenn ein auf Lebensbeendigung zielender Eingriff vorliegt. Eine lediglich mittelbare Verursachung ohne voluntatives Element, ohne „Beurteilungsgewissheit" im Sinne einer Voraussehbarkeit, führt daher nicht zu einer vorrangigen Betroffenheit des Schutzbereichselements „Leben".[468]

Anders gewendet: Eine Impfung als Inhalt einer staatlich angeordneten Pflicht ist damit – selbst wenn die auch nur entfernte Möglichkeit besteht, dass sie eine Lebensbeeinträchtigung begünstigen oder verursachen kann – nicht darauf angelegt, in das Lebensgrundrecht einzugreifen.[469] Vielmehr hat eine Impfung als Präventivmaßnahme[470] langfristig nicht die Schädigung, sondern die Erhaltung der körperlichen Unversehrtheit zum Ziel. Nur in Einzelfällen, die eine absolute Ausnahme bilden sollten, besteht das Risiko, dass eine Impfung eine Schädigung der Gesundheit hervorruft. Gleichwohl ist der Wunsch, nicht von staatlicher Seite zu einer präventiven Maßnahme zur Erhaltung der Gesundheit verpflichtet zu werden, vom Schutzbereich der körperlichen Unversehrtheit insoweit umfasst, als dass die Selbstbestimmungsfunktion im Zusammenhang mit der biologisch-physiologischen und der psychischen Integrität betroffen ist.

2. *Eingriff*

Eine Pflicht zur Impfung stellt einen Eingriff in das Grundrecht auf körperliche Unversehrtheit dar[471], weil es bei der Impfung aus medizinischer Sicht in der Regel zu einem Einstich in die Haut und einer irreversiblen Versetzung des Organismus mit körperfremden Substanzen und kommt, die eine Immunantwort erzeugt, welche bei Lebendimpfstoffen sogar der Zielkrankheit ähneln kann, im Vergleich zu dieser jedoch abgemildert verläuft.[472]

An dem Charakter als Eingriff ändert sich auch dadurch nichts, dass der Zweck des Eingriffs ebenso für den Träger des Abwehrgrundrechts selbst gefördert wird (denn auch der Adressat der Impfpflicht profitiert ja von der immunologischen Wirkung der Impfung). Der Eingriff erfolgt zwar gerade nicht zum

[468] Vgl. *Di Fabio*, in: Dürig/Herzog/Scholz GG Kommentar (2021), Art. 2 Abs. 2 Satz 1 Rn. 33–35.

[469] *Meyer et al.*, Über die Bedeutung von Schutzimpfungen, in: BGesBl. 2002, S. 323; fehl geht daher auch der Vergleich von *Grüner*, Biologische Katastrophen (2017), S. 264 ff., die eine Schutzimpfung mit einem finalen Rettungsschuss gem. § 14 Abs. 3 LuftSiG a. F. vergleicht, wobei jedoch eingestanden wird, dass die Unterschiede wohl überwiegen.

[470] Die Schutzimpfung ist keine Maßnahme zur individuellen Bekämpfung übertragbarer Krankheiten (i. S. d. fünften Abschnitts des Infektionsschutzgesetzes), der Status quo der körperlichen Unversehrtheit wird durch die Impfung nicht unmittelbar verbessert.

[471] So i. E. auch *Mers*, Infektionsschutz im liberalen Rechtsstaat (2019), S. 144; *Rixen*, Verfassungsfragen der Masernimpfpflicht – Rechtsgutachten für „Ärzte für Individuelle Impfentscheidung e. V." (2019), S. 36 f.

[472] Vgl. zur Vorgehensweise bei der Durchführung und den immunologischen Wirkungen einer Impfung bereits ausführlich § 2 A. I. „Die Impfung als Instrument der Medizin".

Zwecke einer Heilbehandlung oder einer Beeinträchtigung der körperlichen Unversehrtheit, also einer *Veränderung* des gesundheitlichen Status quo, sondern ausschließlich zum Zweck der Prävention, also der *Erhaltung* des Status quo. Bei der Impfung handelt es sich deshalb um eine vorbeugende Maßnahme der Gesundheitsoptimierung. Im Normalfall der Schutzimpfung ist die Funktionsfähigkeit des Körpers also nicht betroffen, die körperliche Unversehrtheit ist aber dann beeinträchtigt, wenn die Schutzimpfung unbeabsichtigte Nebenwirkungen verursacht, mit der Impfung also doch eine negative Veränderung des Status quo einhergeht.

Die Zielrichtung einer Schädigung der körperlichen Unversehrtheit ist indes keine Voraussetzung für das Vorliegen eines Grundrechtseingriffs, auf die subjektive Richtung des Eingriffs kommt es nicht an.[473] Schon das Zuführen von Stoffen in den Körper beeinträchtigt die Gesundheit im biologisch-physiologischen Sinne und stellt daher einen Eingriff in das Recht auf körperliche Unversehrtheit dar.[474] In einer angeordneten Schutzimpfung liegt also in jedem Fall – bei planmäßigem Verlauf sowie erst recht bei dem Auftreten von Nebenwirkungen – ein Eingriff in die körperliche Unversehrtheit.[475]

Besondere Relevanz liegt weiter in der Frage der Wesentlichkeit dieser grundrechtssensiblen Regelung, da diese Auswirkungen auf die Anforderungen an ihre formelle Ausgestaltung hat: Aus der materiellen Wesentlichkeit des Grundrechtseingriffs folgt – darauf ist noch zurückzukommen – in formeller Hinsicht als „gewaltenteilender Impetus"[476] die Geltung des Parlamentsvorbehalts.[477] Obgleich sich die Wesentlichkeit einer Regelungsmaterie nicht zwingend daran bemisst, dass ein *Eingriff* in Grundrechte vorliegt[478], ist für die Fragestellung

---

[473] Vgl. *Di Fabio*, in: Dürig/Herzog/Scholz GG Kommentar (2021), Art. 2 Abs. 2 Satz 1 Rn. 60; *Hofmann*, in: Schmidt-Bleibtreu/Hofmann/Henneke GG Kommentar (2018), Art. 2 Rn. 68.

[474] *Schulze-Fielitz*, in: Dreier (Hrsg.), GG Kommentar, Bd. 1 (2013), Art. 2 Abs. 2 Rn. 34; vgl. etwa, dass bei einer hirnelektrischen Untersuchung (Elektroenzephalographie), bei der weder die Kopfhaut durch Einstiche verletzt wird noch dem Schädel elektrische Ströme zugeführt werden, die Klassifikation als Eingriff vom Bundesverfassungsgericht nicht abgelehnt, sondern lediglich offengelassen wurde, BVerfGE 17, 108 (114). Eine Schutzimpfung, bei der ein Einstich mittels einer Nadel in die Körperoberfläche erfolgt, muss demgegenüber erst recht als Eingriff betrachtet werden.

[475] So auch *Aligbe*, in: BeckOK IfSG (2021), § 20 Rn. 118.

[476] Vgl. BVerfGE 40, 237 (249); *Wahl/Masing*, Schutz durch Eingriff, in: JZ 1990, S. 553 (557).

[477] Vgl. für den Parlamentsvorbehalt als Rechtsfolge der Wesentlichkeitstheorie *Kloepfer*, Der Vorbehalt des Gesetzes im Wandel, in: JZ 1984, S. 685 (691 f.); dazu im Folgenden § 4 B. I. „Geltung des Parlamentsvorbehalts".

[478] *Busch*, Das Verhältnis des Art. 80 Abs. 1 S. 2 GG zum Gesetzes- und Parlamentsvorbehalt (1992), S. 21; vgl. ebenfalls mit Betonung der Unabhängigkeit der Wesentlichkeit vom Eingriffskriterium *Degenhart*, Staatsrecht I (2020), Rn. 330; *Kloepfer*, Der Vorbehalt des Gesetzes im Wandel, in: JZ 1984, S. 685 (690) sowie *Staupe*, Parlamentsvorbehalt und Delegationsbefugnis (1986), S. 115 ff.

dieser Untersuchung die Beurteilung der Wesentlichkeit einer Materie notwendig, die sich in einem Eingriff realisiert. Diese Frage kann – obgleich sie sich auf die formellen Umsetzungsmöglichkeiten des Eingriffs auswirkt – aufgrund ihrer Auswirkungen auf die weitere Grundrechtsprüfung, insbesondere die Verhältnismäßigkeitsanforderungen, nicht erst im Rahmen der formellen Umsetzungsmöglichkeiten beantwortet werden.

Um zu bestimmen, ob in dem Eingriff einer Impfpflicht eine in materieller Hinsicht „wesentliche" Regelung liegt, ist zunächst zu klären, wann überhaupt eine Regelung „wesentlich" ist. Ansätze, eine Definition herauszuarbeiten, haben z. T. deutliche Kritik erfahren.[479] *Kisker* stellt etwa auf die Formel ab, das Wesentliche sei das politisch Kontroverse.[480] Die Wesentlichkeit einer Materie orientiere sich an dem Bedürfnis der Entscheidung im Wege des öffentlichkeitsorientierten Gesetzgebungsprozesses[481], mithin also an der Wahrnehmbarkeit und Diskurskraft in der Gesellschaft. Auch, wenn dann die Klassifizierung der allgemeinen Impfpflicht als „wesentlich" eindeutig wäre, ist das Kriterium der „politischen Kontroversität" eher abzulehnen.[482] Nach *Kalscheuer/Jacobsen* hingegen soll zunächst eine Abwägung stattfinden, die im Hinblick auf die konkret zu regelnde Materie Argumente für oder gegen eine Regelung durch den parlamentarischen Gesetzgeber gegenüberstellt.[483] Aus dieser Interessenabwägung ergebe sich, was „wesentlich" sei. Diese Vorgehensweise kann aber kaum überzeugen, denn es muss aus der Regelungsmaterie selbst heraus ersichtlich

[479] *Busch*, Das Verhältnis des Art. 80 Abs. 1 S. 2 GG zum Gesetzes- und Parlamentsvorbehalt (1992), S. 41; *Klein*, Stellung und Aufgaben des Bundestages, in: Isensee/Kirchhof (Hrsg.), HStR III (2005), § 50 Rn. 23; in der Kritik an der Wesentlichkeitsrechtsprechung des Bundesverfassungsgerichts sehr deutlich *Kloepfer*, Der Vorbehalt des Gesetzes im Wandel, in: JZ 1984, S. 685 (692): „Allgemeiner und nichtssagender geht es kaum!" sowie „Wesentlich ist, was das BVerfG dafür hält. Damit überspannt das Gericht seine Funktion."; vgl. zudem *Roellecke*, Die Verwaltungsgerichtsbarkeit im Grenzbereich zur Gesetzgebung, in: NJW 1978, S. 1776 (1779), der kritisiert, die Wesentlichkeitstheorie beruhe mehr auf einer „beiläufigen Bemerkung der Autorität des BVerfG" denn auf Dogmatik oder Staatstheorie; *Reinhardt*, Umweltschutz ist wesentlich, in: NVwZ 2019, S. 195 (196); sogar mit dem Vorwurf der Unbrauchbarkeit des Wesentlichkeitskriteriums *Schmidt-Aßmann*, Der Rechtsstaat, in: Isensee/Kirchhof (Hrsg.), HStR II (2004), § 26 Rn. 64; darstellend *Umbach*, Das Wesentliche an der Wesentlichkeitstheorie, in: Zeidler/Maunz/Roellecke (Hrsg.), FS Faller (1984), S. 111 ff.

[480] *Kisker*, Neue Aspekte im Streit um den Vorbehalt des Gesetzes, in: NJW 1977, S. 1313 (1318); aufgreifend *Degenhart*, Staatsrecht I (2020), Rn. 332.

[481] *Arnim*, Zur „Wesentlichkeitstheorie" des Bundesverfassungsgerichts, in: DVBl. 1987, S. 1241 (1246).

[482] Explizit ablehnend BVerfGE 49, 89 (126): „Auch die Tatsache, dass eine Frage politisch umstritten ist, vermag die von der Verfassung zugeordneten Entscheidungskompetenzen nicht zu verschieben."; ebenfalls kritisch *Bauer*, Der Gesetzesvorbehalt im Subventionsrecht, in: DÖV 1983, S. 53 (54); *Kloepfer*, Der Vorbehalt des Gesetzes im Wandel, in: JZ 1984, S. 685 (692); *Schmidt-Aßmann*, Der Rechtsstaat, in: Isensee/Kirchhof (Hrsg.), HStR II (2004), § 26 Rn. 64; befürwortend jedoch *Staupe*, Parlamentsvorbehalt und Delegationsbefugnis (1986), S. 250.

[483] *Kalscheuer/Jacobsen*, Der Parlamentsvorbehalt: Wesentlichkeitstheorie als Abwägungstheorie, in: DÖV 2018, S. 523.

sein, ob sie in materieller Hinsicht wesentlich ist, nicht erst aus dem Zusammenspiel mit gegenläufigen Interessen. Zudem impliziert eine „Abwägungstheorie", es müsse stets gegenläufige Interessen geben.

Die Beurteilung der Wesentlichkeit richtet sich stattdessen nach dem betroffenen Bereich der Grundrechtsausübung[484], der Grundrechtsrelevanz.[485] Wesentlich sind nach der Rechtsprechung des Bundesverfassungsgerichts vor allem Regelungen „mehrdimensionaler, komplexer Grundrechtskonstellationen, in denen miteinander konkurrierende Freiheitsrechte aufeinander treffen."[486] Jedenfalls, wenn zukünftige Situationen wenig kalkulierbar und für die Existenz des einzelnen Bürgers zwar möglicherweise gravierende Eingriffe bedeuten[487], die jedoch nicht vorhersehbar sind, bedarf es einer Entscheidung über die Inkaufnahme derartiger Risiken in Form eines förmlichen Gesetzes und damit einer Leitentscheidung des Gesetzgebers.[488] Das ist beispielsweise dann der Fall, wenn der Zweck des Eingriffs die Erfüllung von Schutzpflichten gegen unsichere Risiken ist.[489] Es kommt bei der Beurteilung der Wesentlichkeit im Grundrechtsbereich folglich insbesondere auf die Intensität der Grundrechtsausübung an, die durch Unterkriterien, die in Bezug auf die Intensität einer Regelungsmaterie zumindest indizielle Wirkung für die Bestimmung einer Wesentlichkeit entfalten[490], weiter definiert und subsumierbar wird.[491]

---

484 Eine Materie ist wesentlich, wenn es sich um eine „wegen ihrer weitreichenden Auswirkungen auf die Bürger, insbesondere auf ihren Freiheits- und Gleichheitsbereich, auf die allgemeinen Lebensverhältnisse und wegen der notwendigerweise damit verbundenen Art und Intensität der Regelung [...] grundlegende und wesentliche Entscheidung" handelt, BVerfGE 49, 89 (90).

485 BVerfGE 33, 125 (158); 33, 303 (342); *Busch*, Das Verhältnis des Art. 80 Abs. 1 S. 2 GG zum Gesetzes- und Parlamentsvorbehalt (1992), S. 22; *Erichsen*, Zum staatlich-schulischen Erziehungsauftrag und zur Lehre vom Gesetzes- und Parlamentsvorbehalt, in: VerwArch 1978, S. 387 (395); *Schmidt-Aßmann*, Der Rechtsstaat, in: Isensee/Kirchhof (Hrsg.), HStR II (2004), § 26 Rn. 64.

486 BVerfGE 139, 19 (45 f.).

487 Vgl. unter dem Gesichtspunkt der mit der Wesentlichkeitstheorie zusammenhängenden Frage des Parlamentsvorbehalts BVerfGE 49, 89 (97) sowie *Böckenförde*, Gesetz und gesetzgebende Gewalt (1981), S. 393 ff.

488 BVerfGE 49, 89 (97).

489 *Wahl/Masing*, Schutz durch Eingriff, in: JZ 1990, S. 553 (560).

490 *Bauer*, Der Gesetzesvorbehalt im Subventionsrecht, in: DÖV 1983, S. 53 (55 f.); so auch *Busch*, Das Verhältnis des Art. 80 Abs. 1 S. 2 GG zum Gesetzes- und Parlamentsvorbehalt (1992), S. 43, 45; vgl. auch *Geerlings*, Die Finanzierung parteinaher Stiftungen, in: ZParl 2003, S. 768 (772); vgl. für das Bedürfnis einer Konkretisierung des Wesentlichkeitserfordernisses ebenfalls *Seiler*, Der einheitliche Parlamentsvorbehalt (2000), S. 103 ff.; prägnant *Staupe*, Parlamentsvorbehalt und Delegationsbefugnis (1986), S. 122: „Mit dem Gesichtspunkt der Intensität der Grundrechtsberührung hat das BVerfG die unbestimmten Rechtsbegriffe ‚wesentlich' und ‚grundrechtsrelevant' mit einem nicht weniger ausfüllungsbedürftigen Kriterium zu konkretisieren versucht".

491 Vgl. insoweit die „Relevanztrias" bei *Umbach*, Das Wesentliche an der Wesentlichkeitstheorie, in: Zeidler/Maunz/Roellecke (Hrsg.), FS Faller (1984), S. 111 (127), der neben das Intensitätskriterium noch die „generelle Grundrechtsverwirklichungs- oder Grundwerterele-

Diese können in der individuellen Betroffenheit[492], der Größe des Adressatenkreises, der Langfristigkeit der Festlegung, den finanziellen Auswirkungen der zu entscheidenden Frage sowie der Art der Beeinträchtigung (unmittelbar oder nur mittelbar-faktisch) liegen.[493]

Die Subsumtion einer allgemeinen Impfpflicht unter diese Indizien der „Intensität" zeigen deutlich, dass es sich um eine wesentliche Materie handelt: Die individuelle Betroffenheit ist aufgrund der unmittelbaren, nicht nur mittelbar-faktische Einwirkung auf das Grundrecht der körperlichen Unversehrtheit zu bejahen, wenn der einzelne Grundrechtsträger vom Adressatenkreis umfasst ist. Das geht mit dem zweiten Kriterium einher: Der Adressatenkreis einer allgemeinen Impfpflicht soll bis zur Erreichung der Herdenimmunität alle Personen umfassen, die weder immun sind noch einer Impfunfähigkeit unterliegen (und damit dem Kreis der Schutzbedürftigen zuzurechnen wären). Zwar soll bei der *Umsetzung*[494] der allgemeinen Impfpflicht mit der Impfung der jüngeren Alterskohorten begonnen werden, dabei sind Erwachsene aber nicht von vornherein vom Adressatenkreis ausgenommen.[495] Angesichts des Adressatenkreises, der keinen impffähigen Grundrechtsträger von vornherein von der Pflicht ausnimmt, liegt bei einer allgemeinen Impfpflicht die Wesentlichkeit der Eingriffsintensität vor.

Auch unter dem Aspekt der finanziellen Auswirkungen erweist sich eine allgemeine Impfpflicht als wesentlich. Wenn bislang bereits von der Ständigen Impfkommission empfohlene Schutzimpfungen (vorbehaltlich der Entscheidung des Gemeinsamen Bundesausschusses) in den Leistungskatalog der gesetzlichen Krankenversicherung aufgenommen wurden[496], können die Kosten für Pflichtimpfungen erst recht nicht vom Verpflichteten selbst zu tragen sein.

vanz" sowie die „Bedeutung der Regelung für die Allgemeinheit bzw. das öffentliche Interesse" stellen möchte. Beide diese Kriterien gehen aber bereits in den Unterkriterien der „Intensität" auf; siehe zu weiteren Kriterien auch *Busch*, Das Verhältnis des Art. 80 Abs. 1 S. 2 GG zum Gesetzes- und Parlamentsvorbehalt (1992), S. 51–54.

[492] *Busch*, Das Verhältnis des Art. 80 Abs. 1 S. 2 GG zum Gesetzes- und Parlamentsvorbehalt (1992), S. 43.

[493] *Busch*, Das Verhältnis des Art. 80 Abs. 1 S. 2 GG zum Gesetzes- und Parlamentsvorbehalt (1992), S. 51–54; *Kalscheuer/Jacobsen*, Der Parlamentsvorbehalt: Wesentlichkeitstheorie als Abwägungstheorie, in: DÖV 2018, S. 523 (525); die Kriterien allerdings, die von den Autoren unter dem Gesichtspunkt der Abwägungstheorie gegen eine Wesentlichkeit angeführt werden (Erforderlichkeit flexibler Regelungen, entwicklungsoffene Sachverhalte, Notwendigkeit des Rückgriffs auf außerrechtliche Fragestellungen; a. a. O., S. 526), sprechen nicht zwingend gegen die Regelung durch den Parlamentsgesetzgeber.

[494] Vgl. dazu im Folgenden § 4 C. II. „Ausgestaltung der Reihenfolge der Adressaten".

[495] Anders bei der geltenden Masern-Impfpflicht für Kinder (§ 20 Abs. 8–13 IfSG), die abhängig ist von dem Besuch einer Gemeinschaftseinrichtung und damit (mit einigen Ausnahmen) Erwachsene ausschließt, vgl. dazu *Gebhard*, in: Kießling (Hrsg.), IfSG Kommentar (2021), § 20 Rn. 39–42.

[496] Durch Richtlinie des Gemeinsamen Bundesausschusses über Schutzimpfungen nach § 20i Abs. 1 SGB V i. d. F. v. 22.11.2018, dort Anl. 1.

Angesichts der Größe des Adressatenkreises dürften die Kosten für diese Leistungen quantitativ steigen, was für die Wesentlichkeit der Regelungsmaterie spricht.

Ebenso spricht die Langfristigkeit der Festlegung auf die Regelungsmaterie für ihre Wesentlichkeit: Eine allgemeine Impfpflicht unterscheidet sich von einer nur gefahrenabwehrrechtlichen Impfpflicht[497], für die zumindest konkrete Anhaltspunkte vorliegen, und die dann entbehrlich wird, sobald die Gefahr nicht mehr besteht. Bei einer allgemeinen Impfpflicht geht es um die Erfüllung einer grundrechtlichen Schutzpflicht für Leben und körperliche Unversehrtheit, die sich nicht erst bei der Überschreitung einer Gefahrenschwelle im Sinne des Polizeirechts aktiviert, sondern bereits bei einer entfernten Gefährdungswahrscheinlichkeit mit entsprechend geringen Anforderungen an die Risikoprognose.[498] Ihre Geltungsdauer ist nicht von vornherein auf eine vorübergehende polizeirechtliche Gefahrensituation begrenzt. Zusätzlich muss festgehalten werden, dass die Impfung eine Maßnahme mit auch langfristigen (Aus-)Wirkungen ist, da ihre Vornahme irreversibel ist. Auch die Geltungs- und Wirkungsdauer einer allgemeinen Impfpflicht dürfte daher für eine hohe Intensität im Sinne einer Wesentlichkeit sprechen.

Nach alledem erweist sich die Einführung einer allgemeinen Impfpflicht als Regelung von hoher Grundrechtsrelevanz und Intensität, die deshalb einen im Sinne der Wesentlichkeitstheorie wesentlichen Eingriff darstellt.[499] Die Wesentlichkeit wirkt sich auch in formeller Hinsicht auf die Frage aus, welche Gewalt im Staatsgefüge zur Anordnung des Eingriffs befähigt ist.[500]

3. *Verfassungsrechtliche Rechtfertigung*

Im Kern der Rechtfertigung steht die Abwägung zwischen dem Grundrecht auf körperliche Unversehrtheit der Impfpflichtigen in der Abwehrrechtsdimension mit dem Grundrecht auf körperliche Unversehrtheit der impfunfähigen Schutzbedürftigen in der Schutzpflichtdimension. Der Schutz der zwar impffähigen, aber lediglich impfunwilligen Grundrechtsträger, die den Adressatenkreis der Impfpflicht bilden, kann hingegen nicht als Zweck für den Eingriff angeführt werden und daher auch nicht in die Güterabwägung eintreten, da es für den einzelnen Grundrechtsträger keine Pflicht gibt, sein Grundrecht auf körper-

---

[497] Vgl. dazu *Gebhard*, in: Kießling (Hrsg.), Infektionsschutzgesetz Kommentar (2021), § 20 Rn. 32 ff.

[498] Vgl. bereits § 3 A. I. 3. „Aktivierungsschwelle der Schutzpflicht“ sowie § 3 A. II. 1. c) „Maßstab der Aktivierungsschwelle der Schutzpflicht“.

[499] So auch *Aligbe*, in: BeckOK IfSG (2021), § 20 Rn. 129; tendenziell auch *Schaks*, § 14 Verhütung übertragbarer Krankheiten: Schutzimpfungen, in: Kluckert (Hrsg.), Das neue Infektionsschutzrecht (2021), Rn. 23 f.

[500] Siehe dazu § 4 „Einfachgesetzliche Umsetzung der Einführung einer allgemeinen Impfpflicht“.

liche Unversehrtheit nicht eigenverantwortlich zu gefährden. Somit existiert auch keine „Pflicht zum Selbstschutz", so dass keine staatliche Schutzpflicht aktiviert werden kann, die dem schutzunwilligen Grundrechtsträger die Pflicht auferlegte, Grundrechtseingriffe zu seinem eigenen Schutz zu erdulden. Daher ist die Auswahl des legitimen Zwecks, der bei einer allgemeinen Impfpflicht zum Tragen kommt, auf die Erfüllung einer Schutzpflicht für die körperliche Unversehrtheit der vulnerablen Gruppe impfunfähiger Grundrechtsträger beschränkt.

Fraglich ist aber, wo die Grenze des zulässigen staatlichen Handelns verläuft, das in die Abwehrrechtsdimension des Grundrechts auf körperliche Unversehrtheit aktiv eingreift. Es liegt nahe, dass diese Grenze in der Konstellation der allgemeinen Impfpflicht nicht allein durch den Schutzbereich des Abwehrgrundrechts vorgegeben wird, sondern sich erst durch die Abwägung mit der kollidierenden Schutzpflicht ergibt.[501] Hier liegt ein Grundrechtsdreieck vor, welches das Problem der Disparität der Grundrechtsträger bei Identität der abzuwägenden Güter verdeutlicht: Die Regelung einer allgemeinen Impfpflicht muss also, um den Eingriff in die abwehrrechtliche Dimension rechtfertigen zu können, eine taugliche Regelung als Ausdruck der Schranke des Grundrechts auf körperliche Unversehrtheit darstellen. Im Rahmen der Verhältnismäßigkeitsprüfung stellt dann die Schutzpflichtdimension des gleichen Grundrechts den Eingriffszweck dar.

a) Keine Rechtfertigung wegen Eingriffs in den Wesensgehalt?

Aufbauend auf die Feststellung, dass eine staatlich angeordnete Pflicht zur Impfung einen Eingriff in das Grundrecht auf Leben und körperliche Unversehrtheit bedeutet, stellt sich die Frage, ob die Eingriffsintensität so schwer wiegt, dass sie eine Verletzung der Wesensgehaltsgarantie gemäß Art. 19 Abs. 2 GG begründete, aus der Konsequenzen für die Abwägbarkeit resultierten. Die Wesensgehaltsgarantie stellt im System der Grundrechte kein eigenständiges Grundrecht dar, sondern schützt als „grundrechtssichernde Norm" jedes Grundrecht vor seiner inhaltlichen Aushöhlung.[502] Die Bestimmung, wann eine Grundrechtsberührung „wesentlich" sei, ist jedoch problematisch.[503]

Zwar thematisierte bereits die Rechtsprechung, die sich kurz nach dem Inkrafttreten des Grundgesetzes mit der Verfassungskonformität der Pocken-

[501] Vgl. *Clausen*, Das Verhältnis von Achtungs- und Schutzpflichten in Ausnahmesituationen (2018), S. 44.

[502] *Remmert*, in: Dürig/Herzog/Scholz GG Kommentar (2021), Art. 19 Abs. 2 Rn. 1; vgl. auch *Gellermann*, Grundrechte in einfachgesetzlichem Gewande (2000), S. 292.

[503] So mit *Niklas Luhmann*: „Das Wesen des Wesens ist unbekannt.", in: Grundrechte als Institution (1965), S. 59 f.; vgl. auch *Kaufmann*, Was heißt „Wesensgehalt" der Grundrechte?, in: Schünemann/Müller/Philipps (Hrsg.), Das Menschenbild im weltweiten Wandel der Grundrechte (2002), S. 23 ff.; *Mayer*, Untermaß, Übermaß und Wesensgehaltsgarantie (2005), S. 175; *Middendorf*, Zur Wesensgehaltsgarantie des Grundgesetzes, in: Jura 2003, S. 232.

impfpflicht von 1874 auseinandersetzte[504], den Grundrechtseingriff unter dem Aspekt der Wesensgehaltsgarantie, verneinte deren Verletzung jedoch unter Zugrundelegung heute nicht mehr gebräuchlicher Definitionsansätze. Eine Übertragung der damaligen Argumentation auf die heutige grundrechtliche Bewertung einer Impfpflicht ist deshalb nicht möglich.[505]

Die Wesensgehaltsgarantie ist nach heute vertretener Auffassung jedenfalls dann bei der abwehrrechtlichen Eingriffsprüfung von Bedeutung, wenn sie den Wesenskern des betroffenen Grundrechts nicht nur in seiner objektiven Funktion, sondern vor allem auch in seiner Funktion als Gewährleistung des subjektiven Rechts schützt. Letzteres ist zwar teilweise umstritten[506], die besseren Argumente sprechen aufgrund der ursprünglich alleinigen Schutzrichtung der Grundrechte als subjektive Eingriffsabwehrrechte jedoch für den Schutz jedenfalls auch des Grundrechts in seinem subjektiven Gehalt.[507] Nur den objektivrechtlichen Gehalt zu schützen, also denjenigen gemeinsamen Nenner, der in Zusammenschau mit allen anderen Grundrechten die objektive Werteordnung der Grundrechte bildet, wäre widersprüchlich. Ebenso spricht der Wortlaut, *ein* Grundrecht dürfe nicht in seinem Wesensgehalt angetastet werden, dagegen, nur die Gesamtheit der Werteordnung in objektiver Weise zu schützen.[508]

Damit ist aber noch nicht geklärt, worin der „Wesensgehalt" des Grundrechts tatsächlich besteht. Nach der sog. absoluten Theorie widerspricht jedenfalls ein völliger Entzug des Grundrechts der Wesensgehaltsgarantie; ein für jede Gewährleistung eigenständig zu bestimmender „Kern" muss übrigbleiben.[509] Ist mit der Eingriffsintensität die Grenze zu diesem Kern – egal, zu welchem Zweck – als „unübersteigbare Schranke"[510] überschritten, ist eine Rechtfertigung stets verschlossen und eine Abwägung nicht mehr möglich.[511]

Die relative Theorie fragt demgegenüber nicht nach dem tatbestandlichen Inhalt eines „Wesensgehalts", sondern ausschließlich nach der Rechts-

---

504 Vgl. § 2 C. II. „Die Pockenimpfpflicht in der Rechtsprechung der jungen Bundesrepublik".

505 Dennoch wird z. T. heute noch wenig überzeugend so verfahren, so verneint etwa selbst der Gesetzesentwurf der Bundesregierung zum „Masernschutzgesetz" vom 23.09.2019 die Antastung des Wesensgehalts des Grundrechts auf körperliche Unversehrtheit noch mit der Begründung und dem ausdrücklichen Verweis auf die Rechtsprechung des BVerwG aus dem Jahr 1959, dass der Sinn und Zweck von Schutzimpfungen gerade die Erhaltung der Unversehrtheit sei, siehe BT-Drs. 19/13452, S. 31.

506 Streitdarstellung bei *Remmert*, in: Dürig/Herzog/Scholz GG Kommentar (2021), Art. 19 Abs. 2 Rn. 20; *Enders*, in: BeckOK GG (2021), Art. 19 Rn. 26–31; *Middendorf*, Zur Wesensgehaltsgarantie des Grundgesetzes, in: Jura 2003, S. 232 ff.

507 *Remmert*, in: Dürig/Herzog/Scholz GG Kommentar (2021), Art. 19 Abs. 2 Rn. 20.

508 *Middendorf*, Zur Wesensgehaltsgarantie des Grundgesetzes, in: Jura 2003, S. 232 (233).

509 BVerfGE 16, 194 (201); BVerfGE 22, 180 (219); *Häberle*, Die Wesensgehaltsgarantie des Art. 19 Abs. 2 Grundgesetz (1972), S. 65 f.; *Middendorf*, Zur Wesensgehaltsgarantie des Grundgesetzes, in: Jura 2003, S. 232 (233); vgl. *Stern/Sachs*, Staatsrecht III/2 (1994), S. 847.

510 *Krüger*, Der Wesensgehalt der Grundrechte i. S. des Art. 19 GG, in: DÖV 1955, S. 597.

511 Vgl. BVerfGE 16, 194 (201); *Enders*, in: BeckOK GG (2021), Art. 19 Rn. 32.

folge.[512] Der Wesensgehalt werde nicht für jedes Grundrecht gesondert, sondern erst im Zusammenspiel mit anderen Grundrechtsgewährleistungen ermittelt. Nach der relativen Theorie sei eine Abwägung auch dann möglich, wenn ein Grundrechtskern berührt ist, weil die Wesensgehaltsgarantie, die sich nach dieser Theorie entgegen des Wortlauts gerade nicht als unantastbar erweist[513], sich in der Anwendung des Grundsatzes der Verhältnismäßigkeit auflöse.[514] Das widerspricht nicht nur dem Wortlaut der Grundgesetznorm, sondern kann im äußersten Einzelfall auch zur vollständigen Aushöhlung eines Grundrechts zugunsten des „zwingenden, übergeordneten Grundes" führen[515], weil die Berührung des Wesensgehalts von einer Situation abhängig gemacht wird, in der andere Werte den Grundrechtskern definieren.[516]

Beide Theorien haben jedoch keine konsequentielle Bedeutung für die Beurteilung des der Impfpflicht innewohnenden Eingriffs. Es herrscht Konsens darüber, dass der Wesensgehalt zumindest etwas das Grundrecht Auszeichnendes, Substanzielles ist.[517] Bei dieser Substanzbestimmung muss darauf abgestellt werden, was der Grundrechtsträger mit dem nach dem Eingriff noch verbleibenden Maß an Freiheit in Bezug auf das konkrete Grundrecht bewirken kann.[518] Geht man mit *Stern* davon aus, dass der Wesensgehalt eines Grundrechts von dessen identitätsbegründenden Merkmalen abhängt[519], so kann dieser bei einer allgemeinen Impfpflicht kaum berührt sein: Wenn selbst der Entzug des Lebens als Eingriff in das Lebensgrundrecht nicht von vornherein die Wesensgehaltsgarantie berührt[520], so muss dies erst recht für die Impfung gelten[521], bei der in den meisten Fällen nur eine minimale oberflächliche Verletzung, nicht jedoch

512 Vgl. für eine ausführliche Gegenüberstellung von absoluter und relativer Theorie *Drews*, Die Wesensgehaltsgarantie (2005), S. 62 ff.; Die relative Theorie geht einher mit der Definition des Wesensgehalts, wie sie bereits vom Bundesgerichtshof im Jahr 1952 verwendet worden ist, wonach der Wesensgehalt dann nicht angetastet sei, wenn der Eingriff aus einem zwingenden, übergeordneten Grund erfolge.

513 Zutreffend kritisch dazu *Krüger*, Der Wesensgehalt der Grundrechte i. S. des Art. 19 GG, in: DÖV 1955, S. 597 (598): „Jedenfalls sollte man sich über den eindeutigen Wortlaut des Art. 19 Abs. II nur dann hinwegsetzen, wenn jede Möglichkeit gründlich ausgeschlossen wurde, der Verfassungsgeber könne in der Tat das gemeint haben, was er gesagt hat."; ebenso *Schneider*, Der Schutz des Wesensgehalts von Grundrechten (1983), S. 19.

514 *Schneider*, Der Schutz des Wesensgehalts von Grundrechten (1983), S. 163; *Stern/Sachs*, Staatsrecht III/2 (1994), S. 858.

515 Vgl. BVerwGE 47, 330 (358).

516 *Mayer*, Untermaß, Übermaß und Wesensgehaltsgarantie (2005), S. 176.

517 Vgl. bei *Kaufmann*, Was heißt „Wesensgehalt" der Grundrechte?, in: Schünemann/Müller/Philipps (Hrsg.), Das Menschenbild im weltweiten Wandel der Grundrechte (2002), S. 23 (27); *Krüger*, Der Wesensgehalt der Grundrechte i. S. des Art. 19 GG, in: DÖV 1955, S. 597 (599).

518 *Krüger*, Der Wesensgehalt der Grundrechte i. S. des Art. 19 GG, in: DÖV 1955, S. 597 (601).

519 *Stern/Sachs*, Staatsrecht III/2 (1994), S. 876.

520 BVerfGE 115, 118 (160 f.); *Enders*, in: BeckOK GG (2021), Art. 19 Rn. 27.

521 Ähnlich *Aligbe*, in: BeckOK IfSG (2021), § 20 Rn. 120.

die Verletzung der Substanz bzw. eines wie auch immer gearteten Kerngehalts vorliegt. Die „Identität" der körperlichen Unversehrtheit bleibt auch nach der Impfung erhalten, der Grundrechtsträger kann die grundrechtliche Freiheit noch in vollständigem Umfang wahrnehmen. Der Eingriff in das Grundrecht auf körperliche Unversehrtheit, der mit einer allgemeinen Impfpflicht einhergeht, ist daher nicht von vornherein einer Rechtfertigung verschlossen.

b) Schranke

Grundsätzlich kann die Erfüllung der grundrechtlichen Schutzpflicht für Leben und körperliche Unversehrtheit als legitimer Zweck Eingriffe in grundrechtlich geschützte Freiheiten rechtfertigen. Dieser Zweck muss sich aber durch eine zulässige Schrankenregelung ausdrücken.

Vorab stellt sich die Frage, ob der Menschenwürdebezug, der dem Grundrecht der körperlichen Unversehrtheit aufgrund des fließenden Übergangs zum Schutzbereich des Lebensgrundrechts innewohnt, Einfluss auf die Anforderungen an die zulässige Schranke der körperlichen Unversehrtheit hat. Die Menschenwürde darf niemals eingeschränkt werden[522], die Einschränkung des Grundrechts auf Leben und körperliche Unversehrtheit hingegen kann gemäß Art. 2 Abs. 2 S. 3 GG „auf Grund eines Gesetzes" erfolgen. Da diese ausdrückliche Schrankenregelung ansonsten hinfällig wäre, hat die Nähe des Grundrechts aus Art. 2 Abs. 2 S. 1 GG zur Menschenwürde, die sich insbesondere auf die Aktivierung der Schutzpflichtdimension auswirkt, keinen Einfluss auf die Anforderungen an die Schrankenqualität. Auch solche Eingriffe in das Grundrecht auf Leben und körperliche Unversehrtheit, die einen Menschenwürdebezug aufweisen, unterliegen damit lediglich der Schrankenregelung aus Art. 2 Abs. 2 S. 3 GG.

Weiter ist allerdings die formelle Qualität umstritten, die die Eingriffsschranke des Grundrechts auf körperliche Unversehrtheit aufweisen muss. Im Gegensatz zu Schranken, die einen Eingriff nur „durch Gesetz" erlauben, sind zwar nach dem Wortlaut des Art. 2 Abs. 2 S. 3 GG eindeutig Einschränkungen der körperlichen Unversehrtheit sowohl durch Parlamentsgesetz als auch durch unterrangige Vorschriften erfasst.[523] Trotzdem wird teilweise unter Berufung auf den aus der Wesentlichkeitstheorie folgenden Parlamentsvorbehalt angenommen, dass eine Einschränkung der körperlichen Unversehrtheit auf einem förmlichen Parlamentsgesetz beruhen muss, untergesetzliches Recht also bereits in formeller Hinsicht nicht tauglicher Ausdruck der Grundrechtsschranke sein kann.[524]

---

522 *Epping*, Grundrechte (2021), Rn. 618.

523 Vgl. *Michael/Morlok*, Grundrechte (2020), Rn. 576.

524 So *Lang*, in: BeckOK GG (2021), Art. 2 Rn. 68; *Höfling*, in: Friauf/Höfling (Hrsg.), Berliner Kommentar GG, Bd. 1 (2021), Art. 2 (3. Teil) Rn. 96.

Allerdings ist – wie sich noch zeigen wird[525] – nicht unumstritten, ob aus der materiellrechtlichen Wesentlichkeit einer Regelungsmaterie zwingend die Regelungsnotwendigkeit in einem förmlichen Parlamentsgesetz folgen muss. Zudem würde mit einer Beschränkung auf Parlamentsgesetze als taugliche Schranke von Art. 2 Abs. 2 S. 1 GG unterstellt, dass *per se* jede Einschränkung der körperlichen Unversehrtheit wesentlich sei.[526] Der Ansicht, die wortlautgetreu auch Einschränkungen durch untergesetzliches Recht für grundsätzlich möglich hält[527], ist daher der Vorzug zu geben. Das beschränkende untergesetzliche Recht muss sich aber zumindest auf ein förmliches Gesetz zurückführen lassen[528], damit der Bedeutung der Grundrechte Rechnung getragen wird.[529] Lediglich für bestimmte Fallgruppen von Eingriffen in Art. 2 Abs. 2 S. 1 GG (so etwa der gezielte Eingriff in das Lebensgrundrecht) hat sich herauskristallisiert, dass diese aufgrund ihrer Wesentlichkeit nur durch ein förmliches Parlamentsgesetz, nicht aber durch untergesetzliches Recht beschränkt werden können.[530]

In der Entscheidung für eine allgemeine Impfpflicht liegt – wie aufgezeigt – jedenfalls in materiellem Sinne eine „wesentliche" Regelungsmaterie. Welche formellen Anforderungen an die Ausgestaltung der Regelung aus der Klassifikation als „in materiellem Sinne wesentlich" folgt (zwingende Erforderlichkeit eines förmlichen Parlamentsgesetzes oder nur ausführliche Befassung des Gesetzgebers mit der Materie, ohne zwingende formelle Vorgabe an die Natur der Regelung?), ist erst bei der einfachgesetzlichen Umsetzung der Impfpflicht entscheidend.[531] Als Ergebnis ist festzuhalten, dass die materielle Wesentlichkeit der Regelungsmaterie die formellen Anforderungen an die Schrankenregelung bei einer allgemeinen Impfpflicht überhaupt determiniert.

---

525 Vgl. dazu § 4 B. I. 2. „Konsequenzen des Parlamentsvorbehalts für die Regelung einer allgemeinen Impfpflicht".

526 Daraus folgte, dass es bei dem Grundrecht auf körperliche Unversehrtheit niemals unwesentliche Regelungsbereiche gäbe und somit jeder Eingriff in dieses Grundrecht stets wesentlich wäre. Darin liegt aber eine unzulässige Umformulierung der Frage, welche *Materie* wesentlich ist, hin zur Frage, welches *Grundrecht* schon für sich gesehen wesentlich ist, so aber wohl *Seiler*, Der einheitliche Parlamentsvorbehalt (2000), S. 188 f.

527 So *Hofmann*, in: Schmidt-Bleibtreu/Hofmann/Henneke GG Kommentar (2018), Art. 2 Rn. 22; wohl auch *Epping*, Grundrechte (2021), Rn. 114; *Jarass*, in: Jarass/Pieroth GG Kommentar (2020), Art. 2 Rn. 95; *Rixen*, in: Sachs (Hrsg.), GG Kommentar (2021), Art. 2 Rn. 164 ff.; *Staudinger*, Verfassungsrechtliche Untersuchung der Impfgesetzgebung in Deutschland (2021), S. 87.

528 *Schulze-Fielitz*, in: Dreier (Hrsg.), GG Kommentar, Bd. 1 (2013), Art. 2 Abs. 2 Rn. 52 f.; *Sodan*, in: ders. (Hrsg.), GG Kommentar (2018), Art. 2 Rn. 30; *Wolff*, in: Hömig/Wolff GG Kommentar (2018), Art. 2 Rn. 14.

529 So liegt es etwa bei einer auf § 20 Abs. 6 IfSG beruhenden Rechtsverordnung, da es sich bei dem IfSG um ein förmliches Parlamentsgesetz handelt.

530 *Hofmann*, in: Schmidt-Bleibtreu/Hofmann/Henneke GG Kommentar (2018), Art. 2 Rn. 22; *Rixen*, in: Sachs (Hrsg.), GG Kommentar (2021), Art. 2 Rn. 164 ff.

531 Zu den formellen Anforderungen an eine Regelung der allgemeinen Impfpflicht siehe § 4 B. „Formelle Grundlagen einer allgemeinen Impfpflicht".

c) Schranken-Schranke

Eine allgemeine Impfpflicht als Eingriff in das Grundrecht auf körperliche Unversehrtheit muss dem Verhältnismäßigkeitsgrundsatz genügen, die mit dem Eingriff verbundene Belastung darf also nicht über das erforderliche und angemessene Maß hinausgehen. Das wäre insbesondere dann der Fall, wenn bereits zur Erreichung des Eingriffszwecks Mittel zur Verfügung stünden, deren Eingriffsintensität im Vergleich zur untersuchten Maßnahme geringer ist.

aa) Legitimer Zweck: Schutzpflicht für Leben und körperliche Unversehrtheit

Eine allgemeine Impfpflicht ist als Eingriff in die körperliche Unversehrtheit nur zulässig, wenn sie einen verfassungsrechtlich legitimen Zweck verfolgt. Dieser Zweck des „schützenden Eingriffs“[532] liegt – wie im Grundrechtsdreieck skizziert – in der Schutzpflicht für das Grundrecht auf Leben und körperliche Unversehrtheit impfunfähiger Dritter.[533] Obgleich ein fließender Übergang zwischen den Grundrechtsgütern des Lebens und der körperlichen Unversehrtheit vorliegt, bezieht sich die Schutzpflicht – wie aufgezeigt – in erster Linie auf das Gut der körperlichen Unversehrtheit. Ob das Lebensgrundrecht aber im Einzelfall betroffen sein könnte, kann erst die konkrete Betrachtung der Krankheiten zeigen.[534] Die Schutzpflicht kann als legitimer Zweck aber nur ins Feld geführt werden, wenn sie aktiviert ist, was voraussetzt, dass durch die derzeitige epidemiologische Lage ein Risiko von einer gewissen Erheblichkeit für die Gruppe der Impfunfähigen besteht. Dann folgt aus der grundrechtlichen Schutzpflicht eine Verpflichtung für die Risikovorsorge gegen Gesundheitsgefahren.[535]

Fraglich ist jedoch, ob daneben auch die sog. „Volksgesundheit“ als legitimer Zweck herangezogen werden kann. Dagegen spricht jedoch, dass es keine „überindividuelle Volksgesundheit“ gibt, die losgelöst von der körperlichen Un-

---

[532] *Hain*, Der Gesetzgeber in der Klemme zwischen Übermaß- und Untermaßverbot?, in: DVBl. 1993, S. 982 (983).

[533] Vgl. dazu treffend *Hillgruber*, Grundrechtsschranken, in: Isensee/Kirchhof (Hrsg.), HStR IX (2011), § 201 Rn. 23: „[...] die erst nach Inkraftsetzung des Grundgesetzes als solche erkannten grundrechtlichen Schutzpflichten können und müssen hier gegebenenfalls, die qualifizierten Gesetzesvorbehalte ‚auffüllend‘, zur Geltung gebracht werden.“; *Höfling/Stöckle*, Elternrecht, Kindeswohl und staatliche Impfverantwortung, in: RdJB 2018, S. 284 (292); vgl. auch allgemein zur Tauglichkeit einer grundrechtlichen Schutzpflicht als legitimem Zweck eines Grundrechtseingriffs *Jarass*, Die Grundrechte: Abwehrrechte und objektive Grundsatznormen, in: Badura/Dreier (Hrsg.), FS 50 Jahre Bundesverfassungsgericht Bd. 2 (2001), S. 35 (40), dort mit der einprägsamen Bezeichnung der „Schutzermächtigung“. Weitergehend *Schaks*, § 14 Verhütung übertragbarer Krankheiten: Schutzimpfungen, in: Kluckert (Hrsg.), Das neue Infektionsschutzrecht (2021), Rn. 31, der darüber hinaus hinsichtlich der Masernimpfpflicht nach § 20 Abs. 8–13 IfSG auch im Sozialstaatsprinzip einen Rechtfertigungsgrund erblickt.

[534] Dazu im Folgenden § 3 B. II. 3. „Krankheitsspezifische Risikoabwägung anhand der Gleichwertigkeitsprüfung“.

[535] *Steiner/Müller-Terpitz*, in: Spickhoff (Hrsg.), Medizinrecht (2018), Art. 2 GG Rn. 15; vgl. *Stoll*, Sicherheit als Aufgabe von Staat und Gesellschaft (2003), S. 322.

versehrtheit des Einzelnen stünde.[536] Die „Volksgesundheit" kann deshalb zwar im Rahmen der Schutzpflichtaktivierung für das Grundrecht auf Leben und körperliche Unversehrtheit zum Tragen kommen, allerdings nur in dem Umfang, wie die konkrete Risikolage die grundrechtliche Freiheit der Bürger ohnehin bedroht.[537] Wenn der Grad der von einer Infektionskrankheit ausgehenden Gefahr bereits so hoch ist, dass sie schon die Gesundheit des ganzen Volkes betrifft, ist die Aktivierungsschwelle der grundrechtlichen Schutzpflicht für vulnerable Gruppen erst recht längst überschritten. Daraus folgt, dass die Bedrohung der „Volksgesundheit" gewissermaßen in der die Schutzpflicht aktivierenden Risikolage aufgeht und keine darüber hinausgehende rechtliche Bedeutung entfaltet. Zudem erscheint die „Volksgesundheit" allein begrifflich als zu unbestimmt, um selbst den legitimen Zweck eines Eingriffs in Leben und körperliche Unversehrtheit darstellen zu können; anderenfalls würde die Verhältnismäßigkeitsprüfung verzerrt.[538] Denn wenn die Volksgesundheit schon für sich genommen den legitimen Zweck von Eingriffen in die körperliche Unversehrtheit darstellen könnte, so läge faktisch eine politische Bestimmbarkeit der körperlichen Selbstbestimmung durch den Staat vor, mit der „die freiheitliche Entscheidung des Art. 2 Abs. 2 GG zugunsten einer effizienteren staatlichen Gesundheitsvorsorge ausgehebelt" werden könnte.[539]

(1) Drittbezogenheit der individuellen Impfentscheidung

Die individuelle Entscheidung gegen eine Impfung, die mittels der Verpflichtung verhindert werden soll, kann nur dann eine Risikolage verursachen und somit zur Aktivierung grundrechtlicher Schutzpflichten beitragen, wenn sie als Handlung eines Grundrechtsträgers eine Drittbezogenheit aufweist, sich also auch auf Grundrechtspositionen anderer Grundrechtsträger auswirkt.

Zwar handelt es sich bei der Vorbeugung wechselseitiger Gefährdungen unter Bürgern um ein legitimes Interesse des Staates, diese Gefährdungen gehen aber grundsätzlich nur von „aktiven, potenziell aggressiven Handlungen" aus.[540] Die Ansteckung Dritter durch Bürger als Überträger einer Infektionskrankheit setzt im sozialen Alltagskontakt jedoch zumeist kein aktives Handeln im Sinne einer willentlich gesteuerten Aktivität voraus. Die eigene Immunität gegen übertragbare Krankheitserreger (und damit die individuelle Impfentscheidung) hat aber Folgen für die Verbreitung von Infektionskrankheiten, da jeder potenzielle Überträger, der jedoch immun ist, eine Infektionsbarriere darstellt, an der die

---

[536] *Kießling*, in: dies. (Hrsg.), IfSG Kommentar (2021), Einf. Rn. 5.

[537] *Trapp*, Impfzwang – Verfassungsrechtliche Grenzen staatlicher Gesundheitsvorsorgemaßnahmen, in: DVBl. 2015, S. 11 (16).

[538] *Trapp*, Impfzwang – Verfassungsrechtliche Grenzen staatlicher Gesundheitsvorsorgemaßnahmen, in: DVBl. 2015, S. 11 (16).

[539] *Trapp*, Impfzwang – Verfassungsrechtliche Grenzen staatlicher Gesundheitsvorsorgemaßnahmen, in: DVBl. 2015, S. 11 (16).

[540] *Hellermann*, Die sogenannte negative Seite der Freiheitsrechte (1993), S. 214.

Übertragungskette abbricht. Die willentliche Herstellung der eigenen Immunität durch eine Schutzimpfung ist also die bewusste Entscheidung, nicht nur selbst nicht erkranken zu wollen, sondern auch nicht als Überträger zu fungieren, durch den sich weitere Menschen mit einem Krankheitserreger anstecken können. Wären alle Menschen in einer Population gegen einen Krankheitserreger immun, so wäre aufgrund der Undurchlässigkeit der Infektionsbarriere keine Übertragung desselben möglich. Der Erreger könnte sich in der Folge nicht mehr effizient vermehren und träte in der Population nicht mehr auf.[541] Je höher also die Immunitätsrate, desto ausgeprägter ist die Herdenimmunität.[542]

Entscheidet sich dagegen eine bestimmte Anzahl von Grundrechtsträgern gegen die Impfung gegen einen bestimmten Krankheitserreger, so wird die Infektionsbarriere lückenhaft und durchlässig, so dass eine Übertragung des Krankheitserregers innerhalb der nicht immunen Personen möglich ist. Dadurch entsteht aus medizinischer Sicht ein latentes Ansteckungsrisiko für ungeimpfte Personen und somit eine Drittbezogenheit der Impfung, die sich auf die rechtliche Bewertung der Aktivierung einer grundrechtlichen Schutzpflicht auswirkt: Diese wird dann ausgelöst, wenn in den impffähigen Bevölkerungsteilen eine „Herdenimmunität“ durch flächendeckenden Impfschutz verfehlt wird, sofern das Fehlen dieses Schutzmechanismus zu einer Erhöhung der Infektions- und Ansteckungsgefahr für diejenigen Bevölkerungsgruppen führt, die aus medizinischen Gründen nicht geimpft werden können.[543] Diese Gruppen sind auf einen Herdenschutz durch eine undurchlässige Infektionsbarriere angewiesen, da sie selbst aufgrund gesundheitlicher Disposition nicht Teil der Infektionsbarriere sein können.[544] Die grundrechtliche Schutzpflicht kann jedoch mangels der Verpflichtung zum „Schutz vor sich selbst“[545] nur für die vulnerable Gruppe der Impfunfähigen entstehen.

Wäre also bereits eine Herdenimmunität gegeben, wäre der Staat nicht grundrechtlich verpflichtet, einer Schutzpflicht nachzukommen, da bereits ausreichend Schutz durch die auf freiwilliger Impfentscheidung der Gemeinschaft beruhende Immunität bestünde und somit kein schutzpflichtaktivierendes Ansteckungsrisiko vorläge. Ob bereits eine Herdenimmunität gegeben ist, muss aber krankheitsspezifisch festgestellt werden. Prinzipiell liegt in der individuellen Impfentscheidung jedenfalls eine Drittbezogenheit, die geeignet ist, auch

---

[541] *Deutscher Ethikrat*, Stellungnahme: Impfen als Pflicht? (2019), S. 20; *Füeßl*, Königsweg der Prävention, in: MMW – Fortschr. Med. Nr. 11/2012, S. 42; *Kries/Rückinger/Kalies*, Impfungen, in: Bitzer et al. (Hrsg.), Kindergesundheit stärken (2009), S. 140 (141).

[542] Vgl. dazu bereits § 2 A. I. 2. d) aa) „Herstellung und Bedeutung der Herdenimmunität“.

[543] Vgl. *Poethko-Müller/Schmitz*, Impfstatus von Erwachsenen in Deutschland, in: BGesBl. 2013, S. 845; anklingend auch in BVerfG, Beschluss der 1. Kammer des Ersten Senats vom 11.05.2020 – 1 BvR 469/20, 1 BvR 470/20, Rn. 15. Vgl. auch *Gebhard*, Zur Bedeutung grundrechtlicher Schutzpflichten im Kontext der Masernimpfpflicht, in: RdJB 2021, S. 277 (281 ff.).

[544] Vgl. *Fine*, Herd Immunity, in: Epidemiologic Reviews Vol. 15 (1993) No. 2, S. 265 (296).

[545] Vgl. bereits § 3 A. II. 2. „Verpflichtung zum Schutz vor sich selbst?“.

Grundrechtspositionen anderer Grundrechtsträger zu beeinflussen. Die Kumulation individueller Entscheidungen Einzelner gegen eine Impfung begründet also eine Risikoerhöhung, die sich in der Aktivierung der grundrechtlichen Schutzpflicht für Impfunfähige niederschlägt.

(2) Vulnerable Risikogruppen

Solange die impfunfähigen Betroffenen, zu deren Grundrechtsschutz eine staatliche Schutzpflicht besteht, die Möglichkeit haben, sich ebenso effizient selbst zu schützen, muss die zur Erfüllung dieser Schutzpflicht in Grundrechte Dritter eingreifende staatliche Maßnahme subsidiär sein. Ein ebenso effizientes Mittel wie die Verhinderung der Infektion durch eine Immunisierung mittels Impfung steht allerdings denjenigen Risikogruppen nicht zur Verfügung, die im medizinischen Sinne impfunfähig sind, weil ihre Gesundheit infolge einer Impfung erst recht einer gesteigerten Gefahr ausgesetzt wäre. Diese Personen sind auf die lückenlose Durchimpfung anderer als „Infektionsbarriere“ angewiesen. Die Zusammensetzung der Gruppe der schutzbedürftigen Grundrechtsträger wird von medizinischen Dispositionen definiert. Hierzu zählen insbesondere Säuglinge und Kleinkinder, deren Immunsystem eine Impfung noch nicht erfolgreich verarbeiten kann, sowie infolge von Vorerkrankungen oder Organtransplantationen Immunsupprimierte.[546]

Eine Besonderheit besteht im Hinblick auf ungeborene Kinder. Zwar gehören auch schwangere Frauen in medizinischer Hinsicht zur Risikogruppe, da eine Impfung mit Lebendimpfstoffen während der Schwangerschaft nicht möglich ist.[547] Zur Risikogruppe im rechtlichen Sinne kann jedoch nur das ungeborene Kind gehören, da die Mutter über die Vornahme einer Impfung vor Beginn der Schwangerschaft selbst entscheiden kann (sofern sie nicht zugleich einer der anderen Risikogruppen angehört). Ein aufgedrängter Schutz der Mutter vor sich selbst ist jedoch nicht zulässig. Setzt sie sich und das ungeborene Kind aber durch Auslassen der Schutzimpfungen im Vorfeld der Schwangerschaft freiwillig der Gefahr einer Infektionskrankheit aus, so kann nur für das ungeborene Kind eine staatliche Schutzpflicht aktiviert sein.[548]

---

[546] *Deutscher Ethikrat*, Stellungnahme: Impfen als Pflicht? (2019), S. 21; vgl. bereits § 2 A. I. 2. c) „Von Impfunfähigkeit betroffene Personengruppen“.

[547] Solche Impfungen müssen spätestens bis drei Monate vor Beginn der Schwangerschaft vollständig erfolgt sein, *Speth et al.*, Impfungen bei immunsupprimierten jungen Rheumatikern, in: A+R 2017, S. 39 (54).

[548] Von besonderer Relevanz ist die Infektion der Mutter mit Röteln, die jedoch aufgrund der Kombinationsimpfung Masern/Mumps/Röteln ausgeschlossen ist, sofern alle von der STIKO empfohlenen Immunisierungen vorgenommen wurden oder seitens der Mutter vor Beginn der Schwangerschaft nach überstandener Rötelninfektion eine Immunität hergestellt wurde, vgl. *Enders/Biber/Exler*, Kinderkrankheiten und Schwangerschaft – Masern, Mumps und Röteln, in: Der Gynäkologe 2016, S. 575 (580). Während die Gefahren für die Schwangere gegenüber den mit der Infektion standardmäßig einhergehenden Gefahren nicht erhöht sind, besteht für das ungeborene Kind je nach Fortschritt der Schwangerschaft eine neunzig-

Sofern aber eine allgemeine Impfpflicht zum Schutz der vorgenannten Risikogruppen verfassungsrechtlich zulässig ist, erledigt sich das Problem der Einordnung Ungeborener als Risikogruppe durch Zeitablauf, wenn nämlich die potenzielle Mutter bereits vor dem Beginn der Schwangerschaft als Adressatin der allgemeinen Impfpflicht ohnehin immunisiert worden ist und dadurch die infektionsbedingte Gefahr für ein ungeborenes Kind bereits vor dessen Zeugung behoben ist. Für diejenigen ungeborenen Kinder, die dann während der Einführung der allgemeinen Impfpflicht schon schutzbedürftig sind, hat der Staat zwar ebenfalls eine Schutzpflicht. Diese kann er jedoch nicht besser erfüllen als im Wege der allgemeinen Impfpflicht (zum Zwecke der Herstellung der Herdenimmunität), insbesondere nicht durch die Lebendimpfung der Schwangeren.[549] Ungeborene Kinder gehören daher im rechtlichen Sinne nicht zur vulnerablen Risikogruppe, auf die sich die Schutzpflicht bezieht.

(3) Infektionskrankheiten als schutzpflichtaktivierendes Risiko

Nachdem herausgearbeitet wurde, dass Impfungen aufgrund ihres Beitrags zur Herstellung einer Herdenimmunität gegen Infektionskrankheiten, durch die auch vulnerable Gruppen geschützt werden, einen deutlichen Drittbezug aufweisen, ist fraglich, inwieweit Infektionskrankheiten Risiken darstellen, die grundrechtliche Schutzpflichten aktivieren können. Die Bestimmung der Qualität der schutzpflichtauslösenden Quelle der Beeinträchtigung ist – wie aufgezeigt – umstritten. Teilweise werden lediglich Handlungen aus dem Verantwortungsbereich privater Dritter, also im Vergleich zum Schutzgutträger gleichrangiger Träger von Grundrechten, als Auslöser von Schutzpflichten bewertet. Wie oben gezeigt, dürfen aber unpersonal verursachte Risikolagen auf-

prozentige Transmissionswahrscheinlichkeit mit der Folge der Rötelnembryopathie, vgl. *Enders/Biber/Exler*, Masern, Mumps und Röteln in der Schwangerschaft, in: BGesBl. 2007, 1393 (1396). Eine Rötelnembryopathie bedeutet für das Ungeborene eine hohe Wahrscheinlichkeit von Missbildungen am Herzen, Defekte der Hör- und Sehorgane, der Dystrophie und der mentalen Retardierung sowie die Gefahr der Letalität, vgl. *Enders/Biber/Exler*, Kinderkrankheiten und Schwangerschaft – Masern, Mumps und Röteln, in: Der Gynäkologe 2016, S. 575 (579). Derzeit besteht jedoch eine Seropositivrate von mehr als 95 %, was ein nur geringes Risiko indiziert, in der Schwangerschaft an Röteln zu erkranken, *dies.*, a. a. O. Dies spricht für einen zuvörderst durch die Mutter selbst vorzunehmenden Schutz im Vorfeld der Schwangerschaft.

[549] In rechtlicher Hinsicht ausschließlich zum Schutz des Ungeborenen ist allerdings nach einem möglichen Erregerkontakt eine passive Immunisierung durch die Gabe von Immunglobulinen möglich, die in medizinischer Hinsicht sowohl die Mutter als auch das ungeborene Kind schützt, *Robert-Koch-Institut*, Empfehlungen der Ständigen Impfkommission 2019/2020, in: EpidBull Nr. 34/2019, S. 327; *Wissenschaftlicher Dienst des Deutschen Bundestages*, Dokumentation: Masernerkrankungen, WD 9 – 3000 – 062/19, S. 8. Auch dieser postexpositionsprophylaktischen Maßnahme müsste die Schwangere allerdings zustimmen, da sie selbst nicht zum Selbstschutz vor ihrer eigenen Unterlassungshandlung verpflichtet werden kann. Zudem ist die postexpositionelle passive Immunisierung nur bei Bemerken des Erregerkontakts seitens der Schwangeren möglich, was angesichts der Übertragungswege von Infektionskrankheiten erschwert wird, vgl. bereits § 2 A. I. 2. b) bb) „Passive Immunisierung".

grund der Effektuierung der Grundrechte als Abwehrrechte gegen Beeinträchtigungen – gleich, aus welcher Quelle – nicht künstlich aus dem Wirkungsfeld der Schutzpflicht ausgeklammert werden.[550]

Infektionskrankheiten nehmen aufgrund ihrer Natur eine Zwitterstellung ein: Bei der konkreten Beurteilung der meisten Infektionskrankheiten[551] als Quelle der Grundrechtsbeeinträchtigungen kann die Frage nach der Qualität der Quelle offenbleiben, obgleich die dadurch verursachte Gesundheitsgefahr selten auf ein konkretes personales[552] und noch seltener auf ein rechtswidriges Verhalten zurückzuführen ist.[553] Infektionskrankheiten bzw. Krankheitserreger stellen zwar biologische Auslöser von Gefahren[554] dar und sind damit eher der Kategorie der Naturereignisse zuzuordnen[555], gleichzeitig bedarf es jedoch des Menschen als Überträger, so dass die Beeinträchtigung (Ansteckung) letztendlich unmittelbar auf das – jedoch sozialadäquate – Verhalten eines privaten Dritten zurückgeht.[556] Eine eindeutige Zurechnung im Hinblick auf eine schutzpflichtenauslösende Gefahrenquelle ist daher im Bereich der Infektionskrankheiten nicht möglich[557], aber auch nicht notwendig. Solche Erreger, die nur von Mensch zu Mensch übertragbar sind, bedürfen als Voraussetzung der Übertragbarkeit stets eines menschlichen Organismus als Wirt[558] und können

---

550 Dazu bereits § 3 A. I. 2. „Quelle der Beeinträchtigung".

551 Dies betrifft nur solche Infektionskrankheiten, die von Mensch zu Mensch übertragbar sind. Eine Ausnahme bildet Tetanus (Wundstarrkrampf), dessen Erreger (*clostridium tetani*) nicht unmittelbar von Mensch zu Mensch übertragen werden können.

552 Zutreffend bezeichnet *Klafki*, Coronavirus und Reformbedarf des „Pandemierechts", www.verfassungsblog.de/coronavirus-und-reformbedarf-des-pandemierechts/ (Seite zuletzt aufgerufen am: 15.03.2021) daher Pandemien, also Epidemien von großem Ausmaß, wie sie zuletzt durch das Coronavirus SARS-CoV-2 ausgelöst wurde, als „schleichende Katastrophen", da die Erregerweitergabe zwischen Individuen eben zunächst unbemerkt bleibt.

553 *Steinau-Steinrück*, Die staatliche Verhütung und Bekämpfung von Infektionskrankheiten (2013), S. 141; die rechtliche Bewertung des Einsatzes biologischer Waffen im Rahmen von Terroranschlägen soll nicht Gegenstand dieser Untersuchung sein.

554 *Grüner*, Biologische Katastrophen (2017), S. 71; *Kloepfer*, Katastrophenschutzrecht, in: VerwArch 2007, S. 163 (170); *Pflug*, Pandemievorsorge (2013), S. 62; vgl. *Seewald*, Gesundheit als Grundrecht (1982), S. 18.

555 So i. E. auch allerdings ausschließlich in Bezug auf Masern *Schaks*, Schriftliche Stellungnahme zu BT-Drs. 19/13452, Ausschuss-Drs. 19(14)112(14), S. 5; unklar aber *Kluth/Sander*, Verfassungsrechtliche Aspekte einer Organspendepflicht, in: DVBl. 1996, S. 1285 (1289), die eine Schutzpflicht bei „Erkrankung" ablehnen, bei „Epidemien" aber bejahen.

556 *Littwin*, Grundrechtsschutz gegen sich selbst (1993), S. 18. Im Rahmen der Rechtsfolge kann insofern auf Grundsätze der polizeirechtlichen Störerproblematik zurückgegriffen werden, wonach derjenige, der objektiv eine Gefahr verursacht (im Fall von Infektionskrankheiten also die Übertragung des Krankheitserregers und somit die Grundrechtsbeeinträchtigung beim Angesteckten), als Störer zu behandeln ist, vgl. *Jaeckel*, Gefahrenabwehrrecht und Risikodogmatik (2010), S. 116, sowie *Isensee*, Das Grundrecht auf Sicherheit (1983), S. 34.

557 So auch *Pflug*, Pandemievorsorge (2013), S. 62.

558 Im Infektionsschutz die Bezeichnung für einen Organismus, in oder auf dem artfremde Organismen leben, denen Nahrung, Schutz oder Aufenthaltsort und zum Teil auch die Möglichkeit zur Vermehrung und Verbreitung geboten wird, *Pschyrembel* online, Stichwort „Wirt".

deshalb prinzipiell Auslöser einer staatlichen Schutzpflicht für Leben und körperliche Unversehrtheit sein.[559]

In der Natur existieren auch Krankheitserreger, die nicht unmittelbar von Mensch zu Mensch übertragbar sind (Tetanus, Zoonosen[560]). Diese sind zwar vom Aktionsbereich einer bestehenden Schutzpflicht nicht prinzipiell ausgenommen, allerdings ist keine Ansteckung im sozialadäquaten Rahmen möglich. Mangels staatlicher Verpflichtung, den Einzelnen vor sich selbst zu schützen, sind daher in Bezug auf diejenigen Krankheiten, die nicht von Mensch zu Mensch übertragbar sind, individuelle und freiwillig zu ergreifende Schutzmechanismen vorrangig. Es fehlt also an der Aktivierung dieser Schutzpflicht durch die Überschreitung einer Risikoschwelle. Erst in der potenziellen Übertragbarkeit von Mensch zu Mensch besteht das Risiko, welches die grundrechtliche Schutzpflicht tatbestandlich aktiviert. Demgegenüber stellt sich die Frage nach einer grundrechtlichen Schutzpflicht vor rein natürlich existierenden, aber nicht übertragbaren Erregern bereits gar nicht.

(4) Ungewisse Wahrscheinlichkeit des Schadenseintritts

Im Anschluss an die Feststellung, dass Infektionskrankheiten und die von ihnen ausgehenden Risiken grundsätzlich Beeinträchtigungsquellen sind, die grundrechtliche Schutzpflichten auslösen können, ist fraglich, wie hoch die Ansteckungswahrscheinlichkeit sein muss, damit die Aktivierungsschwelle der Schutzpflicht überschritten wird.

Bei Infektionskrankheiten als Beeinträchtigungsquellen liegt die Besonderheit vor, dass nicht feststeht, ob durch ein staatliches Unterlassen der Schutzpflichterfüllung das zu schützende Grundrecht tatsächlich verletzt werden wird. Es kann also nicht sicher vorhergesagt werden, dass von einer Nichtimpfung des einzelnen Individuums tatsächlich einmal eine Gefahr für eine impfunfähige Person ausgehen wird.[561] Mit der Entscheidung über die Einführung einer Impfpflicht hat der Gesetzgeber somit eine Risikoentscheidung zu treffen, bei der die Eintrittswahrscheinlichkeit des Schadensfalls ausschlaggebend ist. Diese Wahrscheinlichkeit wird maßgeblich von der Möglichkeit und dem Willen des infizierten Ausscheiders beeinflusst, die Ansteckung zu verhindern.

---

559 BVerfG (2. Kammer des Ersten Senats), Beschl. v. 28.07.1987 – 1 BvR 842/87.

560 Dabei handelt es sich um Krankheiten und Infektionen, die auf natürliche Weise zwischen Tieren und Menschen in beide Richtungen übertragen werden können, *Pschyrembel*, Klinisches Wörterbuch (2020), Stichwort „Zoonosen", S. 1951. Zu den in Europa zurzeit wichtigsten Zoonosen zählen u. a. Borreliosen, Milzbrand, Salmonellen, Tollwut und Frühsommer-Meningoenzephalitis (FSME).

561 Vgl. den allgemeinen Anwendungsbereich von Schutzimpfungen im Krankenversicherungsrecht, wonach die Krankheitsverhütung durch Schutzimpfung deutlich vor dem Zeitpunkt einsetzt, in dem der Krankheitseintritt konkret droht bzw. real bevorsteht. Der Gabe von Schutzimpfungen liegt mehr eine generalisierte denn eine individuelle Risikoabschätzung zugrunde, *Schütze*, in: Engelmann/Schlegel (Hrsg.), jurisPK SGB V, Bd. 1 (2021), § 20i Rn. 16.

Die Möglichkeit, eine Ansteckung aktiv zu verhindern, fehlt aber jedenfalls schon dann, wenn der Überträger selbst keine Kenntnis von seiner Ansteckungsfähigkeit hat, was sich wiederum auf den schutzpflichtauslösenden Zeitpunkt auswirkt. Es sei die Situation geschildert, dass das sozialadäquate Verhalten[562] eines Infizierten, bei dem die Inkubationszeit noch andauert, die Weitergabe der Krankheitserreger mittels Tröpfcheninfektion ermöglicht.[563] Die Infizierung Dritter erfolgt dann unbemerkt, weshalb keine Präventionsmöglichkeit besteht.[564] Auch der „Mittler" des Risikos hat dann keine Kenntnis von dem Ansteckungsrisiko, das von seiner Person für Dritte ausgeht. Wenn ein Grundrechtsträger mit einem Erreger infiziert ist, hängt es nur noch vom Zufall bzw. von der Charakteristik des Erregers ab, ob und wann die Krankheit manifest ausbricht.[565] Das Risiko, dass ein noch nicht erkrankter Infizierter einen Dritten ansteckt, ist aus medizinischer Sicht aber genauso so hoch wie das Risiko, das von einem bereits Erkrankten ausgeht.[566] Dieses Ansteckungsrisiko kann, muss sich aber nicht unbedingt realisieren.

Es ist angesichts der ungewissen Schadenseintrittswahrscheinlichkeit im Hinblick auf eine möglichst umfassende Effektuierung des Grundrechtsschutzes daher sinnvoll, bereits im Zeitraum zwischen der Infizierung und dem Ausbruch der Infektionskrankheit die Aktivierung der Schutzpflicht für Dritte anzunehmen. Da ansonsten in zeitlicher Hinsicht eine Lücke im grundrechtlichen Anspruch Dritter auf staatlichen Schutz entstünde, muss bereits im unbekannten Zeitpunkt der Ansteckung die für die Aktivierung der staatlichen Schutzpflicht notwendige Risikoschwelle angenommen werden.[567] Je nach Dauer der Inkubationszeit einer Krankheit ist dementsprechend der Zeitraum verlängert, in dem eine Ansteckung Dritter erfolgen kann, ohne dass der Überträger von seiner eigenen Infektion Kenntnis hat. Je weniger allerdings der Überträger die

---

562 Hier sei plakativ und beispielhaft die Nutzung öffentlicher Verkehrsmittel genannt. Sehr treffend auch *Möstl*, Die staatliche Garantie für die öffentliche Sicherheit und Ordnung (2002), S. 97: „Die Tatbestandsvoraussetzung der nichtstaatlichen Grundrechtsbeeinträchtigung ist des weiteren auch nicht dadurch einzugrenzen, dass nur rechtswidrige Beeinträchtigungen als geeignet angesehen werden, Schutzpflichten auszulösen."

563 *Höhl/Siewerin/Feil*, Ausbruchsmanagement von Masern, in: BGesBl. 2013, S. 1287.

564 Das dauerhafte Tragen von Mund-Nasen-Bedeckungen, wie es im Zuge der Corona-Pandemie als Maßnahme zur Verlangsamung der Verbreitung des Virus z. T. im öffentlichen Raum verpflichtend war bzw. ist, soll aufgrund der Kontroversität und des Widerstands gegen die Maßnahme in der Gesellschaft nicht als alternative Präventionsmöglichkeit in Betracht genommen werden.

565 Kommt es zu einem inapparenten/stummen Verlauf, weil sich der Erreger nicht klinisch manifestiert, wird dieser Verlauf „stille Feiung" genannt, *Pschyrembel* online, Stichwort „Manifestationsindex" sowie Stichwort „Stille Feiung".

566 So besteht z. B. bei Masern bereits zwei Tage vor dem Auftreten der ersten Symptome Ansteckungsgefahr (Kontagiosität), *Pschyrembel*, Klinisches Wörterbuch (2020), Stichwort „Masern", S. 1081 f.

567 Vgl. i. E. auch *Dietlein*, Die Lehre von den grundrechtlichen Schutzpflichten (1992), S. 106.

Weitergabe des Erregers durch eigene Vorsichtsmaßnahmen verhindert (was wegen der fehlenden Kenntnis von der Ansteckungsfähigkeit zumindest für den Zeitraum der Inkubationszeit nicht anzunehmen ist), desto größer ist das Risiko einer Übertragung. Die unbemerkte und deshalb nicht zu verhütende Weitergabe des Erregers innerhalb der Inkubationszeit, die von erlaubten sozialadäquaten Handlungen des potenziell Infizierten abhängt, birgt daher ein kaum zu steuerndes Risiko für das Grundrecht der körperlichen Unversehrtheit. Damit die Weitergabe möglichst frühzeitig verhindert und die Infektionskette unterbrochen werden kann, muss sich die grundrechtliche Schutzpflicht also bereits in dem Moment aktivieren, in dem die Ansteckung einer Person möglich und diese somit in der Lage ist, weitere Personen anzustecken. Bereits dann nämlich kann ein Infizierter in (strafrechtlich) erlaubter Weise ein Risiko für deren Grundrecht auf körperliche Unversehrtheit verursachen.

Wenngleich also der Schadenseintritt (die klinische Manifestation der Krankheit als medizinische Folge der Ansteckung) bei einem Dritten, der der vulnerablen Risikogruppe angehört, ungewiss ist, muss in rechtlicher Hinsicht gelten: Bereits durch die Möglichkeit der unerkannten und insbesondere unfreiwilligen Ansteckung bei einer mit einem Krankheitserreger infizierten Person, die besonders in saisonal begünstigten Zeiträumen nicht ganz unwahrscheinlich ist, liegt das erforderliche schutzpflichtaktivierende Risiko vor.[568] Immer dann, wenn noch keine krankheitsspezifische Herdenimmunität hergestellt ist, besteht folglich ein Ansteckungsrisiko, das die Schutzpflicht für das Grundrecht auf Leben und körperliche Unversehrtheit aktiviert.[569]

(5) Zwischenergebnis: Aktivierung der Schutzpflicht

Die Schutzpflicht für das Grundrecht auf Leben und körperliche Unversehrtheit, die den legitimen Zweck einer Impfpflicht bildet, muss – wie aufgezeigt[570] – zunächst durch das Vorliegen eines Risikos[571] aktiviert werden. Das Risiko, sich ungewollt mit einer Infektionskrankheit anzustecken, besteht für impfunfähige Personen immer dann latent, wenn ein Krankheitserreger noch nicht ausgerottet und die Durchimpfungsrate zu gering ist, um eine Herdenimmunität herstellen zu können.[572] Schutzziel muss also sein, eine Herdenimmunität her-

---

568 Ähnlich *Höfling/Stöckle*, Elternrecht, Kindeswohl und staatliche Impfverantwortung, in: RdJB 2018, S. 284 (292).

569 So i. E. auch *Amhaouach/Kießling*, Die Steigerung der Masernimpfraten von Kindern – Möglichkeiten und Grenzen des Rechts, in: MedR 2019, S. 853 (859), die allerdings keine Ausführungen zur Überschreitung der Aktivierungsschwelle der Schutzpflicht machen.

570 Siehe bereits § 3 A. II. 1. c) „Maßstab der Aktivierungsschwelle der Schutzpflicht".

571 A. A. wohl *Zuck*, Rechtsgutachten wegen (verfassungs)rechtlicher Fragen zur Masernimpfung (2016), S. 61.

572 Angesichts des Einflusses der Durchimpfungsrate auf die Aktivierung der Schutzpflicht ist je nach Infektionskrankheit gesondert festzustellen, ob die Schutzpflicht im Hinblick auf die zu untersuchende Krankheit aktiviert ist.

zustellen, durch dessen „Infektionsbarriere" die Risikogruppe impfunfähiger Personen in tatsächlicher Hinsicht wirksam geschützt werden kann.

Bei der Impfpflicht als Mittel zur Herstellung dieser Infektionsbarriere stehen sich auf beiden Seiten der kollidierenden Grundrechtspositionen die Grundrechte aus Art. 2 Abs. 2 S. 1 GG gegenüber. *Nach* der Überschreitung der Aktivierungsschwelle der Schutzpflicht durch eine fehlende krankheitsspezifische Herdenimmunität liegt nun ein abstraktes Gleichgewicht von Schutzpflicht- und Abwehrrechtsdimension vor, so dass keiner der beiden Dimensionen bereits an dieser Stelle, d. h. vor der Betrachtung konkreter Krankheiten[573], ein Abwägungsvorteil zukommt. Infolge der Aktivierung der Schutzpflicht liegt also die Konstellation „Schutz durch Eingriff" vor.

(6) Exkurs: Eradikation von Infektionskrankheiten als grundrechtlich legitimes Ziel?

Nachdem die Aktivierung der grundrechtlichen Schutzpflicht durch die latente Gefahr der Ansteckung mit Infektionskrankheiten festgestellt und als legitimer Zweck einer Impfpflicht identifiziert wurde, stellt sich aber die Frage, ob ersatzweise auch in der angestrebten Ausrottung einer Krankheit ein legitimer Eingriffszweck liegen kann.

Wie bereits festgestellt, geht von den Programmen der WHO, mit denen die Eradikation oder Elimination von Infektionskrankheiten erreicht werden soll, keine völkerrechtliche Verpflichtung für die Mitgliedsstaaten aus.[574] Daher kann die Erreichung der Ziele dieser Programme nicht ersatz- oder hilfsweise als legitimer Zweck für den der Impfpflicht innewohnenden Grundrechtseingriff herangezogen werden, wenn die grundrechtliche Schutzpflicht, die eigentlich als legitimer Zweck fungiert, mangels Aktivierung nicht gegeben ist.[575] Die Vorgabe des Grundgesetzes, das Grundrecht nicht gegen den Träger selbst zu richten und damit dem staatlichen Paternalismus preiszugeben, darf nicht umgangen werden. Eine völkerrechtliche Verpflichtung der Bundesrepublik Deutschland ist dann ausgeschlossen, wenn sie im innerstaatlichen Rechtssystem einen Verfassungsverstoß darstellt. Wenn nämlich allein die von der WHO vorgegebene Zielsetzung maßgeblich wäre, gäbe Deutschland als WHO-Mitgliedsstaat die Einschätzungsprärogative hinsichtlich seiner gesundheitspolitischen Ziele aus der Hand. Da aber schon die grundsätzlich völkerrechtlich bindenden IGV die vertragsstaatliche Souveränität bei der Verfolgung gesundheitspolitischer Ziele unangetastet lassen (vgl. Art. 3 Abs. 4 IGV), kann dies bei rechtlich unverbindlichen Programmen erst recht nicht der Fall sein.

---

[573] Dazu im Folgenden § 3 B. II. „Infektionskrankheiten als Anwendungsfälle der grundrechtlichen Vorgaben".

[574] Vgl. § 2 B. III. „Impfungen im internationalen Recht".

[575] Ähnlich *Zuck*, Rechtsgutachten wegen (verfassungs)rechtlicher Fragen zur Masernimpfung (2016), S. 58 f.

Es stellt sich aber die Frage, ob die *Eradikation* von Infektionskrankheiten – unabhängig von der Erfüllung der WHO-Zielsetzungen – das grundrechtsdogmatisch legitime Ziel einer allgemeinen Impfpflicht darstellen kann. Wie bereits aufgezeigt, ist die Eradikation in medizinischer Hinsicht von ihrer Vorstufe, der Elimination, zu unterscheiden.[576] In der *Elimination* einer Infektionskrankheit, die schon mit der Herstellung der Herdenimmunität erreicht werden kann[577], liegt gerade der legitime Zweck einer Impfpflicht, weil durch sie in medizinischer Hinsicht eine Infektionsbarriere aufgebaut und somit in rechtlicher Hinsicht die grundrechtliche Schutzpflicht erfüllt wird. Sofern das Ziel aber auf die Eradikation einer Krankheit gerichtet wäre und damit weiter ginge als lediglich die Elimination, so wäre nicht nur – wie aufgezeigt – eine völkerrechtliche Verpflichtung Deutschlands ausgeschlossen. Der Zielvorgabe begegneten auch grundrechtliche Bedenken: Bei Zugrundelegung der grundrechtlichen Vorgaben, wonach die Aktivierung der Schutzpflicht die Voraussetzung dafür ist, überhaupt in eine Abwägung von Schutzpflicht und Abwehrrecht in der Dreieckskonstellation „Schutz durch Eingriff" eintreten zu können, ist nach der Herstellung der Herdenimmunität, mithin der Erreichung des Schutzziels, der Schutzpflicht Genüge getan und das Risiko ausgeräumt. Die Schutzpflicht ist folglich mangels Gefahrennähe des zu schützenden Rechtsgutes nicht mehr aktiviert.

Hier kommt nachvollziehbarerweise der Gedanke auf, dass es zweckmäßig wäre, die Impfpflicht bis zur vollständigen Eradikation der entsprechenden Krankheit aufrechtzuerhalten.[578] Die Eradikation ist erst dann erreicht, wenn ein Krankheitserreger aus einer Population vollständig entfernt werden konnte[579], also nicht schon bei Erreichung lediglich der Herdenimmunität. Es mag widersinnig erscheinen, dass die jeweilige Impfpflicht kurz vor Erreichen der Eradikation mangels weiterhin bestehender Schutzpflicht und damit mangels legitimen Zwecks des Eingriffs schließlich verfassungswidrig wird.[580] Die konsequente Betrachtung grundrechtsdogmatischer Prinzipien zur Aktivierung und folglich auch zur Deaktivierung der Schutzpflicht führt jedoch zu einem deutlichen Ergebnis: Sobald die erforderliche krankheitsspezifische Herdenimmunitätsschwelle erreicht worden ist, besteht keine latente Ansteckungsgefahr mehr. Die für die Aktivierung der Schutzpflicht für die Risikogruppe zu überschreitende Gefahrenschwelle wird nun unterschritten. Die in naher Zukunft erreich-

[576] Vgl. § 2 A. I. 2. d) „Gesellschaftsmedizinische Bedeutung der Impfung".

[577] Vgl. auch in Abgrenzung zur Eradikation *Fine*, Herd Immunity, in: Epidemiologic Reviews Vol. 15 (1993) No. 2, S. 265 (296).

[578] Vgl. *Council on Bioethics*, Public Health, Ethical Issues, Rn. 4.26; *Höfling/Stöckle*, Elternrecht, Kindeswohl und staatliche Impfverantwortung, in: RdJB 2018, S. 284 (297).

[579] *Pschyrembel* online, Stichwort „Eradikation".

[580] Mit dieser Auffassung jedenfalls *Schaks/Krahnert*, Die Einführung einer Impfpflicht zur Bekämpfung der Masern. Eine zulässige staatliche Handlungsoption, in: MedR 2015, S. 860 (865).

bare Eradikation kann daher mangels aktivierter Schutzpflicht nicht mehr zu deren Erfüllung dienen.[581] Stattdessen muss nunmehr dem Prinzip Rechnung getragen werden, dass es für die Adressaten der immer noch bestehenden Impfpflicht keine Verpflichtung zum Selbstschutz gibt.[582]

Allenfalls, wenn man die Aktualisierung der Schutzpflicht so weit ins „Nachfeld“ der Erreichung des legitimen Ziels hineinverlagerte, dass sie, gewissermaßen als „Nach*sorge*“, so weit reichen darf, die Gefahr bzw. das Risiko „ein für alle Mal“ auszuräumen und so eine Wiederholung der Gefahrenlage zu verhindern, wäre die Schutzpflicht auch nach Erreichung der Herdenimmunität noch aktualisiert. Dies führte jedoch zu dem verzerrten Ergebnis, dass die Schutzpflicht auch dann noch künstlich als aktiviert zu betrachten wäre, wenn sie bereits längst erfüllt worden ist, oder anders gewendet: Sie würde erst bei der endgültigen, unumkehrbaren Beseitigung des Risikos deaktiviert, obwohl bereits vorher schon – mangels Ansteckungsgefahr – kein Grundrechtsrisiko mehr besteht. Darin läge ein Überschießen über das Ziel hinaus, ein konkret vorliegendes Risiko abzuwehren und führte zur Uferlosigkeit der Schutzpflicht. Angesichts der im Vergleich zur Aktivierungsschwelle der Schutzpflichten für andere Grundrechte für das Grundrecht auf Leben und körperliche Unversehrtheit ohnehin schon abgesenkten Risikoschwelle[583] würde diese bei Ausdehnung auch auf das Nachfeld der Schutzpflichterfüllung deutlich überspannt. Daher kann sich weder aus der Erreichung der WHO-Zielvorgaben noch aus der Ausdehnung der Schutzpflichtaktualisierung auf das „Nachfeld“ ihrer Erfüllung ein Zweck ergeben, der noch zur Legitimierung eines Grundrechtseingriffs diente.[584]

bb) Geeignetheit

Eine allgemeine Impfpflicht als die vom Gesetzgeber gewählte Maßnahme muss geeignet sein, um den legitimen Zweck, die Erfüllung der grundrechtlichen Schutzpflicht der impfunfähigen, vulnerablen Personen, zu erreichen. Sie ist bereits dann geeignet, wenn sie der Erreichung des legitimen Zwecks dienlich ist.[585] Ob eine Impfpflicht dem legitimen Zweck aber dienlich ist, in dem dadurch die Herstellung einer Herdenimmunität zumindest gefördert werden kann, hängt maßgeblich von der Wirksamkeit der Impfstoffe ab.

---

581 So aber *Aligbe*, in: BeckOK IfSG (2021), § 20 Rn. 141; *Höfling/Stöckle*, Elternrecht, Kindeswohl und staatliche Impfverantwortung, in: RdJB 2018, S. 284 (297) sowie *Staudinger*, Verfassungsrechtliche Untersuchung der Impfgesetzgebung in Deutschland (2021), S. 174.

582 Vgl. § 3 A. II. 2. „Verpflichtung zum Schutz vor sich selbst?“.

583 Vgl. § 3 A. II. 1. c) „Maßstab der Aktivierungsschwelle der Schutzpflicht“.

584 Zustimmend *Mers*, Infektionsschutz im liberalen Rechtsstaat (2019), S. 147 (dort Fn. 496) sowie *Trapp*, Impfzwang – Verfassungsrechtliche Grenzen staatlicher Gesundheitsvorsorgemaßnahmen, in: DVBl. 2015, S. 11 (16).

585 *Epping*, Grundrechte (2021), Rn. 53.

(1) Wirksamkeit der Impfstoffe

An der rechtlichen Geeignetheit einer Impfpflicht zur Erfüllung der Schutzpflicht fehlte es schon dann, wenn Impfstoffe in medizinischer Hinsicht nicht ausreichend wirksam wären. Bereits in den 1950er Jahren wurden in der Bevölkerung Zweifel laut, ob durch eine Impfung nicht vielmehr erst andere Krankheiten verursacht würden, ob also Impfungen generell als Vorsorgemaßnahme wirksam und geeignet sind.[586] Auch heute halten sich unter Impfgegner und Impfkritikern Zweifel an der Unbedenklichkeit von Impfstoffen hartnäckig.[587]

Bei Impfstoffen handelt es sich nach § 4 Abs. 4 AMG um Arzneimittel, die der aktiven Immunisierung dienen.[588] Arzneimittel nach dem AMG müssen entweder als Arzneimittel zugelassen, registriert oder durch Rechtsverordnung von der Zulassung oder Registrierung freigestellt sein.[589] Die Zulassung von Impfstoffen durch das Paul-Ehrlich-Institut als zuständige Bundesoberbehörde gemäß § 77 Abs. 2 AMG erfolgt in vier Schritten: Dem Antrag auf Zulassung (§ 21 Abs. 3 S. 1 AMG), der formalen Vorprüfung durch die Zulassungsbehörde (§ 25a AMG), der inhaltlichen Prüfung der eingereichten Unterlagen auf Qualität, Wirksamkeit und Unbedenklichkeit des Arzneimittels (§ 25 AMG) und der Veröffentlichung der Zulassung (§ 34 AMG).[590] Die Qualität, Wirksamkeit und Unbedenklichkeit müssen dabei durch analytische, pharmakologisch-toxikologische und klinische Prüfungen nachgewiesen werden.[591] Diese durchlaufen im Falle von Impfstoffen insgesamt fünf Phasen: Die präklinische Phase mit dem Test an Tieren, die erste Testphase mit 30–50 humanen Probanden, die zweite Testphase mit 200–400 humanen Probanden, die Zulassungsstudie mit 3.000–10.000 Menschen sowie das Postmarketing mit mehr als 10.000 Menschen.[592]

---

586 Über den sog. „provoking effect“ berichtete der *Spiegel*, 14.08.1957, S. 50, Impfen: Krankheit durch Spritzen, www.spiegel.de/spiegel/print/d-41758278.html (Seite zuletzt aufgerufen am: 06.04.2021), worin über Forschungsergebnisse britischer Ärzte informiert wird, die einen Zusammenhang zwischen Impfungen gegen die Pocken und Diphtherie und dem Auftreten von Poliomyelitiserkrankungen bei den Geimpften erkennen.

587 *Buchwald*, Impfen – Das Geschäft mit der Angst (2000), S. 347 ff., auch unter Vertretern der Rechtswissenschaft sind Personen zu finden, die den grundsätzlichen Nutzen von Impfungen anzuzweifeln scheinen, so etwa *Zuck*, Rechtsgutachten wegen (verfassungs)rechtlicher Fragen zur Masernimpfung (2016), S. 24 ff.

588 *Koyuncu*, in: Deutsch/Lippert (Hrsg.), Kommentar zum AMG (2010), § 4 Rn. 21; *Krüger*, in: Kügel/Müller/Hofmann (Hrsg.), Arzneimittelgesetz Kommentar (2016), § 4 Rn. 33; *Rehmann*, AMG Kommentar (2020), § 4 Rn. 4.

589 *Baierl/Kellermann*, Arzneimittelrecht (2011), S. 15.

590 *Baierl/Kellermann*, Arzneimittelrecht (2011), S. 89; die detaillierte Darstellung des Zulassungsverfahrens muss indes einer anderen Arbeit vorbehalten sein, siehe dazu ausführlich *Meier/von Czettritz/Gabriel/Kaufmann*, Pharmarecht (2018), S. 74 ff.

591 *Baier/Kellermann*, Arzneimittelrecht (2011), S. 89.

592 *Pfleiderer/Wichmann*, Von der Zulassung von Impfstoffen zur Empfehlung durch die Ständige Impfkommission, in: BGesBl. 2014, S. 1 (2).

Dennoch können – trotz umfangreicher klinischer Studien bereits vor der Stellung des Zulassungsantrags – mit der Anwendung von Arzneimitteln auch Risiken (in Form von Nebenwirkungen[593]) verbunden sein, was der Gesetzgeber mit der Schaffung von § 4 Abs. 27, 28 AMG (in Umsetzung von Art. 1 Nr. 28a der RL 2001/83/EG) auch erkannt hat.[594] Dieses Risiko muss gemäß § 4 Abs. 28 AMG in eine Abwägung mit dem durch die Anwendung zu erwartenden Nutzen gebracht werden. Das Ergebnis dieser Nutzen-Risiko-Abwägung ist gemäß § 25 Abs. 2 S. 1 Nr. 5 AMG maßgeblich für die Verkehrsfähigkeit des Impfstoffs und damit die Zulassung des Arzneimittels.[595] Nur bei einem positiven Nutzen-Risiko-Verhältnis liegt eine arzneimittelrechtliche Verkehrsfähigkeit vor.[596] Bei der Risiko-Nutzen-Abwägung im Vorfeld der Zulassung sind eventuelle Risiken gemäß § 4 Abs. 27 AMG auf der einen Seite sowie die Schwere der Erkrankung, deren Eintritt verhindert werden soll, die zur Verfügung stehenden Behandlungsmethoden, die Folgen einer Nichtbehandlung sowie die therapeutischen Wirkungen des Arzneimittels[597] auf der anderen Seite zu berücksichtigen.[598]

Die Abwägung verteilt sich auf drei Stufen: Auf der ersten Stufe wird der Nutzen des Arzneimittels ermittelt, auf der zweiten Stufe dessen Risiken, und auf der dritten Stufe erfolgt schließlich eine sog. maßstabsbezogene Abwägung.[599] Den Maßstab bildet die in § 1 AMG normierte Arzneimittelsicherheit.[600] Auch nach der Zulassung des Impfstoffs erfolgt seitens des Paul-Ehrlich-Instituts für jede Charge noch einmal eine gesonderte Prüfung und Freigabe, so dass die Sicherheit der Impfstoffe auch noch nach der Zulassung gewährleistet ist. Zur Risiko-Nutzen-Bewertung gehört als wesentlicher Teil

593 *Rehmann*, AMG Kommentar (2020), § 5 Rn. 2; vgl. auch *Krüger*, in: Kügel/Müller/Hofmann (Hrsg.), Arzneimittelgesetz Kommentar (2016), § 4 Rn. 213.

594 *Koyuncu*, in: Deutsch/Lippert (Hrsg.), Kommentar zum AMG (2010), § 4 Rn. 104; *Krüger*, in: Kügel/Müller/Hofmann (Hrsg.), Arzneimittelgesetz Kommentar (2016), § 4 Rn. 209; *Rehmann*, AMG Kommentar (2020), § 4 Rn. 29.

595 *Baier/Kellermann*, Arzneimittelrecht, S. 94; *Rehmann*, AMG Kommentar (2020), § 4 Rn. 29.

596 Vgl. OVG Münster, Beschl. v. 17.09.2009 – 13 A 1428/08; *Hart*, Die Risiko/Nutzen-Abwägung im Arzneimittelrecht, in: BGesBl. 2005, S. 204; *Koyuncu*, in: Deutsch/Lippert (Hrsg.), Kommentar zum AMG (2010), § 4 Rn. 107.

597 *Hart*, Die Risiko/Nutzen-Abwägung im Arzneimittelrecht, in: BGesBl. 2005, S. 204 (209); *Krüger*, in: Kügel/Müller/Hofmann (Hrsg.), Arzneimittelgesetz Kommentar (2016), § 4 Rn. 220; *Wagner*, § 6 – Deutsches Zulassungssystem, in: Dieners/Reese (Hrsg.), Handbuch des Pharmarechts (2010), Rn. 113.

598 *Koyuncu*, in: Deutsch/Lippert (Hrsg.), Kommentar zum AMG (2010), § 4 Rn. 106; *Rehmann*, AMG Kommentar (2020), § 5 Rn. 2.

599 *Hart*, Die Risiko/Nutzen-Abwägung im Arzneimittelrecht, in: BGesBl. 2005, S. 204; *Koyuncu*, in: Deutsch/Lippert (Hrsg.), Kommentar zum AMG (2010), § 4 Rn. 105; *Rehmann*, AMG Kommentar (2020), § 5 Rn. 2.

600 *Hart*, Die Risiko/Nutzen-Abwägung im Arzneimittelrecht, in: BGesBl. 2005, S. 204.

auch die kontinuierliche Überwachung der Sicherheit von Impfstoffen nach ihrer Zulassung.[601]

Bereits vor der Zulassung erfolgt also eine umfassende Abwägung, ohne deren positives Ergebnis ein Impfstoff nicht zugelassen und somit auch nicht Teil der Empfehlungen der Ständigen Impfkommission werden kann. Darüber hinaus bezieht die Ständige Impfkommission in die eigene Risiko-Nutzen-Bewertung den weiteren Aspekt des Nutzens aus der Perspektive der Bevölkerung mit ein, was bedeutet, dass nicht jeder zugelassene Impfstoff zugleich geeignet ist, um in die Empfehlungen der Ständigen Impfkommission aufgenommen zu werden.[602] Die Anforderungen an die Sicherheit und Wirksamkeit eines Impfstoffs sind gegenüber seiner Zulassung durch das Paul-Ehrlich-Institut noch einmal erhöht.

Aus rechtlicher Sicht erfolgt daher eine ausreichende Sicherstellung der Impfstoffsicherheit, mit der Bedenken entkräftet werden können, Impfstoffe seien nur begrenzt in der Lage, Krankheiten zu vermeiden. Jedenfalls sind Impfstoffe aus rechtlicher Sicht damit als sicher und eine allgemeine Impfpflicht unter dem Aspekt der Impfstoffsicherheit als geeignet zu bewerten.[603]

Die Geeignetheit einer Impfpflicht liegt unter Gesichtspunkten der Impfstoffeigenschaften allerdings dann nicht vor, wenn – wie etwa bezüglich der neuen Impfstoffe gegen COVID-19[604] – eine Schutzimpfung nur die Erkrankung bei der geimpften Person selbst verhindert, mangels sog. „steriler Immunität“ nicht jedoch die Übertragung des Erregers durch den Geimpften auf andere Personen.[605] Das gleiche gilt, wenn anhand der verfügbaren Datenlage noch nicht endgültig feststeht, ob die Erregertransmission, d. h. die Ansteckung anderer Personen durch die Impfung wirksam verhindert werden kann.[606] Verhinderte die Impfung nur die Erkrankung des Geimpften selbst, käme der Grundsatz zum Tragen, dass dieser nicht gegen seinen Willen geschützt werden dürfte.[607]

---

601 *Mentzer/Meyer/Keller-Stanislawski*, Sicherheit und Verträglichkeit von monovalenten Masern- und kombinierten Masern-, Mumps-, Röteln- und Varizellenimpfstoffen, in: BGesBl. 2013, S. 1253.

602 *Pfleiderer/Wichmann*, Von der Zulassung von Impfstoffen zur Empfehlung durch die Ständige Impfkommission in Deutschland, in: BGesBl. 2014, S. 1 (8).

603 So auch *Aligbe*, in: BeckOK IfSG (2021), § 20 Rn. 144.

604 *Harder et al.*, Wie gut schützt die COVID-19-Impfung vor SARS-CoV-2-Infektionen und -Transmission?, in: EpidBull Nr. 19/2021, S. 13 (21); *Robert-Koch-Institut*, STIKO-Empfehlung zur COVID-19-Impfung, in: EpidBull Nr. 2/2021, S. 3 (5).

605 *Aligbe*, in: BeckOK IfSG (2021), § 20 Rn. 145; *Boehme-Neßler*, Auf dem Weg zur Herdenimmunität?, in: NVwZ 2021, S. 1241 (1243); a. A. wohl *Pieper/Schwager-Wehming*, Impfpflichten zur Bekämpfung von Masern- und COVID-19-Viren auf dem verfassungsrechtlichen Prüfstand, in: DÖV 2021, S. 287 (291).

606 *Aligbe*, in: BeckOK IfSG (2021), § 20 Rn. 146.1.

607 Vgl. § 3 A. II. 2. „Verpflichtung zum Schutz vor sich selbst?“.

(2) Durchsetzbarkeit einer Pflicht als Frage der Geeignetheit?

Da die Wahrscheinlichkeit umso höher ist, dass sich eine „Infektionsbarriere“ um impfunfähige Personen bildet, je mehr Personen geimpft sind, kann somit je nach Krankheit eine allgemeine Impfpflicht zur Erreichung einer Herdenimmunität beitragen.[608] Bei unbefangener Betrachtungsweise kommt deshalb der naheliegende Gedanke auf, in der Praxis komme der Erfolg einer allgemeinen Impfpflicht auch entscheidend auf deren Umsetzung an.

Die Realisierbarkeit bzw. die Durchsetzbarkeit der Impfpflicht spielt aber auf der Ebene der Geeignetheit keine Rolle.[609] Es kommt nicht darauf an, wie sich die tatsächliche Durchsetzung der Maßnahme „Impfpflicht“, die zunächst für sich allein gesehen verfassungsgemäß sein muss, auf die Akzeptanz und damit mittelbar auf die Geeignetheit auswirkt. Die verfassungsrechtliche Prüfung der Art und Weise der Durchsetzung ist davon strikt zu trennen. Im Rahmen der Geeignetheit kommt es lediglich darauf an, dass die Pflicht der Zweckerreichung zumindest dienlich ist.[610] Die Prüfung darf an dieser Stelle nicht dahingehend verengt werden, dass bereits eine maximale Dienlichkeit oder gar eine vollständige Zweckerreichung erfüllt werden soll. Da mit einer allgemeinen Impfpflicht die Erreichung des legitimen Zwecks aber zumindest gefördert werden kann, ist die Einführung einer solchen ein geeignetes Mittel, um die grundrechtliche Schutzpflicht zu erfüllen.[611]

cc) Erforderlichkeit

Eine Impfpflicht als Grundrechtseingriffsmaßnahme wäre dann subsidiär, wenn der Staat auf andere, weniger eingriffsintensive Weise die Erfüllung des Schutzauftrags für das Grundrecht der körperlichen Unversehrtheit der impfunfähigen Personen sicherstellen könnte, wobei ihm eine Vielzahl von Anreizinstrumenten zur Verfügung steht.[612] Sobald sich eine dieser Möglichkeiten im Hinblick auf das Schutzziel als gleich effektiv, aber weniger eingriffsintensiv erweist, scheidet die Maßnahme einer allgemeinen Impfpflicht wegen Verstoßes gegen den Grundsatz der Verhältnismäßigkeit als zulässiges Mittel aus.

Es gilt jedoch, dass der Prognosespielraum des Gesetzgebers umso größer ist, je höherrangiger das gefährdete Rechtsgut in der Werteordnung ist.[613] Wie bereits dargestellt, handelt es sich bei der Entscheidung über eine allgemei-

---

608 *Meyer et al.*, Über die Bedeutung von Schutzimpfungen, in: BGesBl. 2002, S. 323.

609 A. A. *Höfling/Stöckle*, Elternrecht, Kindeswohl und staatliche Impfverantwortung, in: RdJB 2018, S. 284 (295).

610 Vgl. BVerfGE 20, 250 (263 f.); 103, 293 (307); *Epping*, Grundrechte (2021), Rn. 53.

611 So i. E. auch *Mers*, Infektionsschutz im liberalen Rechtsstaat (2019), S. 149.

612 *Loer*, Gesundheitspolitik zwischen Schutzpflicht und Eigenverantwortung, in: Pünder/Klafki (Hrsg.), Risiko und Katastrophe als Herausforderung für die Verwaltung (2016), S. 81 (85).

613 *Hillgruber*, Grundrechtsschranken, in: Isensee/Kirchhof (Hrsg.), HStR IX (2011), § 201 Rn. 70.

ne Impfpflicht um eine Prognoseentscheidung, bei der die ungewissen Wahrscheinlichkeiten möglicher Schadenseintritte sowohl für die Schutzpflicht- als auch für die Abwehrrechtsdimension gegeneinander abzuwägen sind und bei der es daher maßgeblich auf die Gefahrennähe der beiden Grundrechtsdimensionen ankommt. Bei der Erreichung des Zwecks, die Rechtsgüter des Lebens und der körperlichen Unversehrtheit zu schützen, ist der dem Gesetzgeber zugestandene Einschätzungsspielraum hinsichtlich der Erforderlichkeit einer Maßnahme dementsprechend weit. Der Anwendungsbereich des Grundsatzes „in dubio pro libertate" ist also auf die Fälle verengt, in denen der Einschätzungsspielraum als überschritten und die gewählte gesetzgeberische Maßnahme als nicht mehr erforderlich und damit unverhältnismäßig angesehen werden muss. Das ist der Fall, wenn die gewählte Maßnahme evident unvertretbar ist oder die ihr zugrunde liegende Prognoseentscheidung als unrichtig widerlegt werden kann.[614] Nur in diesen Fällen setzt sich der Freiheitsanspruch des Einzelnen in der Abwägung gegenüber dem legitimen Zweck des Eingriffs durch.[615]

Diese Annahme wird teilweise als zutreffend betrachtet und behauptet, die Zweifel an der Erforderlichkeit einer Maßnahme, also die Ungewissheit des Erfolges einer milderen Maßnahme, dürften nur zu Lasten des Staates, nicht jedoch zu Lasten des Bürgers gehen.[616] Dem ist aber zu entgegnen, dass sich der Gesetzgeber bei der Erreichung des Schutzziels nicht auf die Wirksamkeit zwar milderer, aber dafür unsicherer Maßnahmen verlassen muss. Dass gerade in einer Schutzpflicht-Abwehrrechtskollision ansonsten die „Effektivität der Grundrechtsgefahrenabwehr" im Hinblick auf die grundrechtliche Schutzpflicht verloren zu gehen drohte, spricht für einen weiten Prognosespielraum des Gesetzgebers. Der Einwand, dadurch könne andererseits die Abwehrrechtsdimension preisgegeben werden, ist zweifelhaft, da die gesetzgeberische Einschätzungsprärogative angesichts des Übermaßverbotes keinesfalls uferlos ist.

Ziel der Überprüfung der hypothetischen Maßnahme der allgemeinen Impfpflicht am Maßstab der Erforderlichkeit muss also die Beantwortung der Frage sein, ob der Schutz der impfunfähigen Risikogruppen auch in gleich effektiver Weise anders als durch eine Impfpflicht herbeigeführt werden kann.

(1) Freiwillige Impfung

Fraglos lässt sich die Verhütung übertragbarer Krankheiten auch mithilfe von Maßnahmen vorantreiben, die unterhalb der Interventionsschwelle oder gar

---

614 *Hillgruber*, Grundrechtsschranken, in: Isensee/Kirchhof (Hrsg.), HStR IX (2011), § 201 Rn. 71.

615 *Hillgruber*, Grundrechtsschranken. in: Isensee/Kirchhof (Hrsg.), HStR IX (2011), § 201 Rn. 71.

616 *Schlink*, Der Grundsatz der Verhältnismäßigkeit, in: Badura/Dreier (Hrsg.), FS 50 Jahre Bundesverfassungsgericht Bd. 2 (2001), S. 445 (458).

einer Impfpflicht angesiedelt sind.[617] Derartige Maßnahmen hatte zuletzt der *Deutsche Ethikrat* als Empfehlungen vorgeschlagen.[618]

Das Infektionsschutzgesetz nennt gleich zu Beginn (§ 3) die Verhütung durch Aufklärung und setzt die Information der Bevölkerung, die mit der Einführung des Masernschutzgesetzes explizit „zielgruppenspezifisch" erfolgen soll, auch an den Kopf des § 20 IfSG (dort Abs. 1) als Vorschrift über die Schutzimpfung als Maßnahme der speziellen Prophylaxe.[619] Die freiwillige Aufklärung hinsichtlich der Effektivität von Impfungen muss nach dieser gesetzlichen Vorgabe zunächst das Mittel der Wahl sein.[620] Dies bedeutet mit Blick auf die zu erreichende Impfquote die Aufklärung über Vorteile und Risiken einer Schutzimpfung sowie die Beratung der Eltern impffähiger Kinder. Die Aufklärung über eine Schutzimpfung umfasst grundsätzlich die Information über die zu verhütende Krankheit, Nutzen und Risiken der Impfung sowie mögliche Nebenwirkungen, Durchführung der Impfung, Dauer des Impfschutzes sowie das Verhalten nach der durchgeführten Schutzimpfung.[621]

Fraglich ist allerdings, ob diese Maßnahmen ebenso erfolgversprechend sind wie eine verpflichtende Schutzimpfung. Als Begründung für geringe Impfquoten wird beispielsweise häufig das schlichte „Vergessen" der Impfungen angeführt, dem man freilich nicht mit einer Impfpflicht vorbeugen müsse.[622] Dieses Argument kann allenfalls für einzelne Auffrischungsimpfungen (etwa gegen

---

[617] *Rixen*, Befugnisse und Grenzen des staatlichen Infektionsschutzrechts, in: Kloepfer (Hrsg.), Pandemien als Herausforderung für die Rechtsordnung (2011), S. 67 (73); konkret in Bezug auf das Masernschutzgesetz auch *Schaks*, Schriftliche Stellungnahme zu BT-Drs. 19/13452, Ausschuss-Drs. 19(14)112(14), S. 17. Eine jüngere gesetzgeberische Maßnahme zur Optimierung der Impfquote vor allem in der erwachsenen Bevölkerung war die Durchführung von Schutzimpfungen durch „geeignete Ärzte einschließlich Betriebsärzte" zulasten der gesetzlichen Krankenkasse gem. § 20i i. V. m. § 132e SGB V, was durch das Masernschutzgesetz ab 01.03.2020 noch durch den umfassenden Wortlaut des § 132e Abs. 1 S. 1 SGB V („Ärzte") erweitert worden ist.

[618] *Deutscher Ethikrat*, Stellungnahme: Impfen als Pflicht? (2019), S. 85 f.

[619] Die staatliche Informationspflicht über die Chancen und Risiken von Schutzimpfungen hat damit im IfSG erstmals eine Kodifizierung erfahren, *Timme*, Die juristische Bewältigung eines ökonomischen Netzwerkgutes (2001), S. 155. Die Impfaufklärung umfasst gem. § 630e BGB regelmäßig die Information des zu Impfenden oder dessen Sorgeberechtigten über die zu verhütenden Krankheiten und deren Behandlungsmöglichkeiten, Nutzen der Impfung, Nebenwirkungen, Durchführung, Impfschutz, Impfkomplikationen sowie Auffrischungsimpfungen (vgl. *Widders*, Sicherheit beim Impfen, in: ASU 2018, S. 435 [436]).

[620] *Krüger/Krüger*, „Sich selber den Kopf zerbrechen" – Eine qualitative Studie zu elterlicher Impfskepsis, in: Z Allg Med 2015, S. 106 (107); *Ratzel*, Rechtliche Aspekte des Impfens gemäß den Empfehlungen der Ständigen Impfkommission (STIKO) am Robert-Koch-Institut (RKI), zugleich Anmerkung zum Urteil des EuGH v. 21.6.2017 – Rs. C-621/15, GesR 2017, S. 514 ff., in: GesR 2017, S. 625; vgl. *Mers*, Infektionsschutz im liberalen Rechtsstaat (2019), S. 140.

[621] *Ratzel*, Rechtliche Aspekte des Impfens gemäß den Empfehlungen der Ständigen Impfkommission (STIKO) am Robert-Koch-Institut (RKI), zugleich Anmerkung zum Urteil des EuGH v. 21.6.2017 – Rs. C-621/15, GesR 2017, S. 514 ff., in: GesR 2017, S. 625.

[622] So etwa *Witte*, Die verhängnisvolle Geschichte der Impfaufklärung, in: FAZ v. 17.07.2019, S. N2.

Poliomyelitis oder die zweiten Auffrischungsimpfungen gegen Tetanus, Diphtherie und Pertussis) zutreffen, da die Grundimmunisierungen inkl. Nachholimpfungen jeweils bis zu einem Alter bis 6 Jahre abgeschlossen sein sollen.[623] In diesem Alter findet jedoch bei jeder der Früherkennungsuntersuchungen im Kindesalter (sog. „U1"–„U9") eine Impfberatung statt, so dass ein Vergessen – eine Teilnahme an den Untersuchungen vorausgesetzt – nicht möglich ist.

Zudem wird teilweise diskutiert, es sei sinnvoller, anstelle einer Impfpflicht die Impfpässe aller hausärztlichen Patienten durch den Hausarzt überprüfen zu lassen, um Hinweise auf fehlenden Impfschutz zu geben.[624] Eine Überprüfung des Impfstatus durch den Hausarzt ist jedoch nur möglich, wenn eine Impfdokumentation gem. § 22 IfSG überhaupt vorhanden ist. Da diese jedoch noch immer nicht obligatorisch in elektronischer Form erfolgt, sondern in einem Impfausweis oder einer Impfbescheinigung, müsste für eine höhere Effektivität dieser Überprüfung zunächst eine elektronische Impfdokumentation obligatorisch werden, um den Verlust der nur analogen Dokumentation in Form des Impfpasses zu verhindern.[625]

Seit Jahren besteht das Prinzip des „informed consent", das die Aufklärung und den freiwilligen Entschluss zur Impfung aufgrund der Information der Bevölkerung in den Vordergrund stellt[626] und auf der Annahme beruht, es liege im Interesse des Einzelnen, Vorsorge vor Ansteckung zu leisten.[627] Dass jedenfalls letzteres nicht vorausgesetzt werden kann, zeigt nach wie vor das Bestehen einer Impfgegnerschaft.[628] Bis heute wird von Personen mit impfkritischen Haltungen mehr Information und Aufklärung über Impfungen gefordert, um den Zweifeln an der Notwendigkeit einer Impfpflicht Nachdruck zu verleihen, gleichzeitig werden aber die staatlicherseits angebotenen Informationen in Frage gestellt.[629] Das Vertrauen in die Impfempfehlungen nationaler Stellen ist

---

[623] *Robert-Koch-Institut*, Empfehlungen der Ständigen Impfkommission (STIKO), in: EpidBull Nr. 34/2018, S. 335 (338).

[624] *Lüdemann*, Impfen ja, Zwingen nein, www.zeit.de/wissen/gesundheit/2015-02/masern-impfpflicht-impfung-kommentar (Seite zuletzt aufgerufen am: 01.04.2021).

[625] *Gebhard*, in: Kießling (Hrsg.), IfSG Kommentar (2021), § 22 Rn. 2, 4; vgl. im Folgenden auch § 3 B. II. 2. a) cc) (3) (b) (aa) „Digitale Impfdokumentation".

[626] Vgl. Nationaler Impfplan (Stand. 01.01.2012), S. 50; *Loer*, Gesundheitspolitik zwischen Schutzpflicht und Eigenverantwortung, in: Pünder/Klafki (Hrsg.), Risiko und Katastrophe als Herausforderung für die Verwaltung (2016), S. 81 (94 f.) führt aus verhaltensökonomischer Sicht dafür das Prinzip des „Nudging" (dt. „Schubs") an.

[627] *Pflug*, Pandemievorsorge (2013), S. 216; *Spiecker gen. Döhmann/Kurzenhäuser*, Das rechtliche Darstellungsgebot, in: Engel et al. (Hrsg.), Recht und Verhalten (2007), S. 133 (139).

[628] Ähnlich *Amhaouach/Kießling*, Die Steigerung der Masernimpfraten von Kindern – Möglichkeiten und Grenzen des Rechts, in: MedR 2019, S. 853 (856); so konstatiert auch *Timme*, Die juristische Bewältigung eines ökonomischen Netzwerkgutes, S. 87: „Die historische Erfahrung lehrt, dass Aufklärung allein das Problem der gesellschaftlichen Akzeptanz nicht lösen konnte."; vgl. auch *Wedlich*, Nationale Präventionsmaßnahmen (2014), S. 50.

[629] Vgl. etwa bei *Junker*, Impfungen: Diskussionen und Scheindiskussionen, in: Schweizerische Ärztezeitung 2005, S. 1398.

folglich nicht in allen Teilen der Bevölkerung gegeben.[630] Daher stellt sich im Hinblick auf die Erfüllung der staatlichen Schutzpflicht für das Grundrecht der körperlichen Unversehrtheit die Frage, ob das Prinzip der Freiwilligkeit allein tragfähig und zielführend ist.[631] Hier lohnt sich ein Blick auf die psychologischen Hintergründe von Impfmüdigkeit, um daraus Schlussfolgerungen für die Effektivität einer freiwilligen Impfung ziehen zu können.

Anderes gilt jedoch bei neuartigen Infektionskrankheiten wie COVID-19, für die erst seit kürzester Zeit Impfstoffe existieren, die zunächst auch nicht allen Teilen der Bevölkerung gleichzeitig zur Verfügung standen. Hier kann nicht von vornherein davon ausgegangen werden, dass die Herstellung einer Herdenimmunität durch Impfungen auf freiwilliger Basis nicht erreicht werden kann. Gerade angesichts der Tatsache, dass das Infektionsgeschehen gesellschaftlich und medial sehr präsent ist, müsste hier zunächst in einem angemessenen Zeitraum die Immunitätsentwicklung auf Basis freiwilliger Impfungen abgewartet werden. Eine Impfpflicht kommt insbesondere gegen COVID-19 derzeit nur als ultima ratio in Betracht.

(a) Psychologische Hintergründe impfkritischer Haltungen

Aus psychologischer Sicht gibt es mehrere Begründungslinien für die Entstehung oder Verfestigung von Impfmüdigkeit und Impfskepsis. Ein erster Grund für die Zunahme der Impfskepsis ist paradoxerweise der Erfolg der Impfprogramme selbst[632]: Die Eindämmung von Krankheiten – insbesondere solcher, die früher regelmäßig Todesopfer forderte – geht mit dem Verschwinden der Möglichkeit der Ansteckung aus dem Bewusstsein einher. Mit dem Rückgang von Krankheiten verlagert sich die Wahrnehmung der Möglichkeit einer Infek-

[630] *Spiecker gen. Döhmann/Kurzenhäuser*, Das rechtliche Darstellungsgebot, in: Engel et al. (Hrsg.), Recht und Verhalten (2007), S. 133 (140); zum Vertrauen in Impfempfehlungen ausführlich *Pflug*, Pandemievorsorge (2013), S. 215 ff., der einen unauflösbaren Konflikt zwischen Risiko und Sicherheit sieht, den auch nationale Empfehlungen nicht ausräumen können, da auch sie nur auf Wahrscheinlichkeiten basierende Prognoseentscheidungen fällen, die sich im Einzelfall als unzutreffend herausstellen können. Der Empfehlungsempfänger als „Vertrauensgeber" könne somit niemals mit absoluter Sicherheit auf die Richtigkeit der Empfehlung vertrauen. Diese Herangehensweise überzeugt zunächst nicht, da eine Risikoentscheidung ihrer Natur nach niemals zu einer sicheren Antwort führen kann. Gleichwohl ist das Ergebnis zutreffend, dass die Konsequenz dieses Konflikts zwischen Risiko und Sicherheit einen Wirksamkeitsverlust staatlicher Präventionsmöglichkeiten bedeutet, die lediglich auf eine Anreizsetzung für eine freiwillige Entscheidung abzielen, da „die Gewährung von Vertrauen durch den potentiellen Impfempfänger […] für die Absicherung der Schutzimpfung als Maßnahme der Pandemievermeidung essentiell [ist]." (*Pflug*, a. a. O.).

[631] Lohnend ist auch ein Vergleich mit der als milderes Mittel zu einem Rauchverbot in Gaststätten zwischen der DEHOGA und dem Bundesgesundheitsministerium im Jahr 2005 abgesprochenen Selbstverpflichtung, bis zum Jahr 2008 in mindestens 90 % der Speisegaststätten mindestens 50 % des Platzangebotes für Nichtraucher zu schaffen. Diese Zielvereinbarung wurde eklatant verfehlt, da nur rund 10 % der Betriebe diese Zielvorgabe erfüllten, vgl. BVerfGE 121, 317 (325).

[632] Vgl. *Deutscher Ethikrat*, Stellungnahme: Impfen als Pflicht? (2019), S. 42 f.

tion mit einer offenbar „nicht vorhandenen" Krankheit hin zur Anzweiflung der Sicherheit von Impfungen.[633] Je seltener eine Krankheit auftritt, umso weniger notwendig erscheint ein Impfschutz.[634] Das ist psychologisch dadurch erklärbar, dass etwas, das keine sichtbare Bedrohung darstellt, nicht bekämpft werden muss (sog. „Protection Motivation Theory"[635]). Je stärker ein Risiko oder eine Bedrohung wahrgenommen wird, desto eher steigt die Motivation, sich vor dieser Bedrohung (freiwillig) zu schützen.

Die individuelle Impfentscheidung ist das Ergebnis einer subjektiven Nutzen-Risiko-Bewertung des Einzelnen[636]: Sehen sich Menschen also Risiken durch Langzeitschäden von Infektionskrankheiten ausgesetzt, neigen sie eher zur freiwilligen Durchführung einer Schutzimpfung.[637] Überwiegt dagegen die Wahrnehmung vereinzelt auftretender Impfschäden (infolge der Verdrängung einer ursprünglich deutlich häufiger auftretenden Krankheit), nimmt die Bereitschaft ab, eine Impfung freiwillig durchzuführen.[638] Je erfolgreicher ein Impfprogramm also ist, desto sichtbarer werden naturgemäß die in wenigen Fällen auftretenden Nebenwirkungen, deren Bekanntwerden wiederum einen Faktor darstellt, der Impfmüdigkeit und Impfskepsis begünstigen kann.[639] Diese An-

---

[633] *Heininger*, Risiken von Infektionskrankheiten, in: BGesBl. 2004, S. 1129; *Mutz*, Echte und vermeintliche Impfschäden, in: Pädiatrie & Pädologie 2015, Heft 50, S. 57; *Poethko-Müller/Schmitz*, Impfstatus von Erwachsenen in Deutschland, in: BGesBl. 2013, S. 845; *Zingg*, Machen Impfungen krank?, in: Therapeutische Umschau 2005, S. 665.

[634] *Betsch*, Psychologie des (Nicht-)Impfens, Interview, in: Barmer Ersatzkasse (Hrsg.), Arzneimittelreport 2019, S. 222 (223); *Meyer/Reiter*, Impfgegner und Impfskeptiker, in: BGesBl. 2004, S. 1182 (1187).

[635] *Norman/Boer/Seydel*, Protection motivation theory, in: Conner/Norman (Hrsg.), Predicting health behaviour: Research and practice with social cognition models (2005), S. 81–126; *Conner*, Cognitive Determinants of Health Behavior, in: Steptoe (Hrsg.), Handbook of Behavioral Medicine (2010), S. 19 (21 ff.); vgl. dazu speziell im Kontext von Impfverhalten und -skepsis: *Betsch/Böhm/Chapman*, Using Behavioral Insights to Increase Vaccination Policy Effectiveness, in: Policy Insights from the Behavioral and Brain Sciences 2015, Vol. 2(1), S. 61 (62).

[636] *Poethko-Müller/Schmitz*, Impfstatus von Erwachsenen in Deutschland, in: BGesBl. 2013, S. 845.

[637] *Betsch/Böhm/Chapman*, Using Behavioral Insights to Increase Vaccination Policy Effectiveness, in: Policy Insights from the Behavioral and Brain Sciences 2015, Vol. 2(1), S. 61 (62).

[638] *Kirschner/Koch*, Durchimpfungsgrade und Impfverhalten bei Kindern in West- und Ostdeutschland im Jahr 1994, in: Infektionsepidemiologische Forschung IV/95, S. 10 (12); *Zingg*, Machen Impfungen krank?, in: Therapeutische Umschau 2005, S. 665. Eine grundsätzlich vorhandene Impfbereitschaft kann schon nach wenigen Minuten der Information auf impfkritischen Seiten im Internet derart negativ beeinflusst werden, dass die Impfbereitschaft signifikant sinkt, wobei den Berichten über Einzelschicksale ein besonders hoher Einfluss auf die subjektive Risikowahrnehmung und somit auf die Impfbereitschaft zukommt, *Betsch*, Die Rolle des Internets bei der Elimination von Infektionskrankheiten, in: BGesBl. 2013, S. 1279 (1282); *Lutterotti*, Kontraproduktiv, in: FAZ v. 26.09.2018, S. N1; vgl. auch *Holland/Zachary*, Herd Immunity and compulsory Childhood Vaccination, in: Oregon Law Review 2014, S. 1 (9).

[639] So lautete der Versuch der Erklärung des Rückgangs der freiwilligen Poliomyelitis-Imp-

nahme bestätigt sich etwa durch einen Anstieg der Verkaufszahlen des Influenzaimpfstoffs bei medialer Berichterstattung über drohende Pandemien, deren Niveau nach Abebben der Bedrohung jedoch rückläufig ist.[640] Das bewusst als bedrohlich wahrnehmbare Risiko einer Infektionsmöglichkeit wäre also eine Voraussetzung für den Erfolg einer Impfstrategie auf freiwilliger Basis.[641]

Wenn jedoch die „protection motivation theory" nicht greift, ist fraglich, wann ein Anreiz für gesunde Menschen besteht, sich nicht nur für sich selbst, sondern vor allem zugunsten anderer einer Impfung zu unterziehen. Nach der „Theorie des prosozialen Verhaltens" gibt es einen solchen Anreiz nur, wenn ein konkretes und wahrnehmbares notfallähnliches Ereignis vorliegt, das der angesprochenen Person das Gefühl einer persönlichen Verantwortung zur Intervention vermittelt.[642] Gerade dieses Gefühl liegt aber bei Schutzimpfungen für wenig sichtbare Krankheiten nur sehr selten und dann auch meist nur zufällig vor, etwa wenn im persönlichen Umfeld des Angesprochenen tatsächlich ein Indexfall einer gefährlichen impfpräventablen Krankheit auftritt. Zwar ist ein prosoziales Verhalten auch im Bereich des Impfens nicht undenkbar[643] (man denke etwa an die Impfungen gegen COVID-19), die Verantwortung zur Intervention wird aber nur wahrgenommen, wenn die eigenen Risiken als gering angesehen werden.[644] Aus diesem Grund ist davon auszugehen, dass die zumindest kurzfristige Erhöhung der Durchimpfungsrate auf freiwilliger Basis zwar möglich erscheint, jedenfalls aber nicht die langfristige Sicherung einer für die Herstellung der Herdenimmunität ausreichenden Impfquote gewährleisten kann.[645]

---

fung in Bremen 1964, dass sich die Bevölkerung in Sicherheit wöge, da zuletzt so gut wie gar keine Fälle der Kinderlähmung mehr aufgetreten seien, Bundesarchiv Koblenz, B 189/14117, Bericht des Bremer Senators für Gesundheitswesen, 29.05.1964, Nachweis bei und zitiert nach *Thießen*, Vorsorge als Ordnung des Sozialen, in: Zeithistorische Forschungen 2013, S. 409 (421, dort Fn. 61); *Meyer/Reiter*, Impfgegner und Impfskeptiker, in: BGesBl. 2004, S. 1182 (1187); vgl. auch *Deutscher Ethikrat*, Stellungnahme: Impfen als Pflicht? (2019), S. 43 sowie *Lutterotti*, Kontraproduktiv, in: FAZ v. 26.09.2018, S. N1.

[640] Beispielhaft hierfür die medial vielbeachtete Pandemie H1N1 (sog. Schweinegrippe) im Jahr 2009, für die im Nachhinein im Jahr 2011 über 20 Millionen Dosen Impfstoff wegen Überschreitung des Haltbarkeitsdatums vernichtet werden mussten, siehe DÄ v. 31.08.2011, Länder beseitigen teuren Schweinegrippe-Impfstoff, www.aerzteblatt.de/treffer?mode=s&wo=113&s=Impfstoff&typ=1&nid=47165 (Seite zuletzt aufgerufen am: 09.04.2021), siehe auch *Klafki*, Risiko und Recht (2017), S. 258; vgl. zur Risikoüberschätzung *Braun*, Mythen in der Gesundheitspolitik, in: Gesundheits- und Sozialpolitik 2009, Heft 3–4, S. 32–41.

[641] Vgl. *Leask*, Vaccination and risk communication, in: Journal of Pediatrics and Child Health (2002), 38, S. 124 (125).

[642] *Bierhoff*, Prosoziales Verhalten, in: Brandstätter/Otto (Hrsg.), Handbuch der Allgemeinen Psychologie, Bd. 11 (2009), S. 246 f.

[643] *Betsch et al.*, Impfverhalten psychologisch erklären, messen und verändern, in: BGesBl. 2019, S. 400 (406).

[644] *Betsch/Böhm/Korn*, Inviting Free-Riders or Appealing to Prosocial Behavior?, in: Health Psychology 2013, S. 978 (981).

[645] So i. E. auch *Timme*, Die juristische Bewältigung eines ökonomischen Netzwerkgutes (2001), S. 75.

Neben theoretischen Begründungsansätzen aus der Psychologie begünstigen auch tatsächliche Faktoren eine Zunahme der Impfmüdigkeit. Dabei spielt die selbstständige Information über Schutzimpfungen im Internet eine besondere Rolle, wo nicht nur medizinisch relevante Fakten dargestellt und verbreitet werden können, sondern auch Darstellungen von Gegnern der evidenzbasierten Medizin eine Plattform finden.[646] Häufig werden gerade zum Thema „Impfrisiken" explizite Falschinformationen (sog. „Fake News") verbreitet und so platziert, dass der unbefangene Internet-Nutzer vergleichsweise rasch auf diese und nur bei weitergehender und beharrlicher Recherche auch auf neutrale Informationen zum Impfen stößt.[647] Bereits eine Verweildauer von weniger als zehn Minuten auf Internetseiten mit impfkritischen Inhalten kann dazu führen, dass die subjektive Einstellung zu Impfungen sich negativ verändert und die Impfentscheidung zukünftig stärker von dieser erworbenen negativen Einstellung geleitet wird.[648]

Die Verbreitung dieser Ansichten wird von häufig gleichen Kommunikationstechniken begünstigt[649]: Beim Austausch der vermeintlich neutralen Information ist die Vermittlung einer emotionsgeleiteten, auf einem Einzelfall beruhenden Erlebnisgeschichte[650] im Sinne einer sog. „FOAF tale" („*friend of a friend tale*") von entscheidender Bedeutung, da hier der Eindruck persönlicher Betroffenheit vermittelt wird.[651] Während Zweifel an der evidenzbasierten Medizin[652] hervorgerufen werden, wird die eigene – meist alternativmedizinische[653] – Haltung dazu gegensätzlich mit Natürlichkeit und Aufklärung positiv konnotiert. Um den Beweis vermeintlicher Kausalität zwischen Impfung und

646 *Betsch*, Die Rolle des Internets bei der Elimination von Infektionskrankheiten, in: BGesBl. 2013, S. 1279 (1280 ff.); *Heinemann*, Das unlösbare Problem mit dem Märchen der Impfgegner, www.welt.de/gesundheit/plus181514984/Das-unloesbare-Problem-mit-den-Maerchen-der-Impfgegner.html (Seite zuletzt aufgerufen am: 08.04.2021); *Maurer*, Impfskeptiker – Impfgegner: Von einer anderen Realität im Internet, in: PharmuZ 1/2008, S. 64–70; *Zepp*, Impfungen, in: Monatsschrift Kinderheilkunde 2019, S. 180 (182).

647 Vgl. *Betsch*, Die Rolle des Internets bei der Elimination von Infektionskrankheiten, in: BGesBl. 2013, S. 1279 (1280); ähnlich auch *Amhaouach/Kießling*, Die Steigerung der Masernimpfraten von Kindern, in: MedR 2019, S. 853 (855).

648 *Betsch/Renkewitz/Betsch/Ulshöfer*, The Influence of Vaccine-critical Websites on Perceiving Vaccination Risks, in: JHP 2010, S. 446 (453); *Betsch*, Die Rolle des Internets bei der Elimination von Infektionskrankheiten, in: BGesBl. 2013, S. 1279 (1282).

649 Vgl. *Meyer/Reiter*, Impfgegner und Impfskeptiker, in: BGesBl. 2004, S. 1182 (1186).

650 *Zingg*, Machen Impfungen krank?, in: Therapeutische Umschau 2005, S. 665.

651 *Capol*, Schaudern vor Impfzaudern?, in: Therapeutische Umschau 2016, S. 291 (292).

652 „Gewissenhafter, ausdrücklicher und vernünftiger Gebrauch der gegenwärtig besten externen, wissenschaftlichen Evidenz für Entscheidungen in der medizinischen Versorgung individueller Patienten, die Integration individueller klinischer Expertise mit der bestmöglichen externen Evidenz aus systematischer Forschung mit dem Ziel der Identifizierung sicherer, präziser und wirksamer Therapien und Untersuchungsverfahren", *Pschyrembel* online, Stichwort „evidenzbasierte Medizin"; zur Verwendung der „evidenzbasierten Medizin" als juristischer Begriff siehe *Todt*, Evidenzbasierte Medizin als Rechtsbegriff (2015), S. 32 ff.

653 Vgl. *Dahl*, Impfungen in der Pädiatrie, in: Ethik Med 2002, S. 201 (206).

eintretendem Schaden (wie z. B. Autismus[654]) anzutreten, werden einzelne, für sich genommen wissenschaftlich bewiesene Tatsachen miteinander in Beziehung gesetzt und so eine vermeintliche Relation kommuniziert.[655] Tatsächlich besteht eine solche Kausalität jedoch nicht.[656]

Die Entscheidungsfindung für oder gegen eine Impfung folgt also nicht stringent formalen wissenschaftlichen Erkenntnissen, vielmehr findet beim Entscheider eine emotionsgeleitete Einordnung von Meinungen aus verschiedenen Quellen statt.[657] Sind Vorbehalte gegen Impfungen und Zweifel an den Erfolgen und der medizinischen Legitimation der Schulmedizin[658] einmal entstanden[659], können sie durch bestätigende Informationen leichter verschärft als durch gegenteilige Fakten wieder abgebaut werden.[660] Das Phänomen, durch

---

[654] So aber behauptet u. a. von *Coulter*, Impfungen: der Großangriff auf Gehirn und Seele (2000), S. 21 ff.

[655] *Betsch*, Die Rolle des Internets bei der Elimination von Infektionskrankheiten, in: BGesBl. 2013, S. 1279 (1280).

[656] *Imhoff/Lamberty*, Der Geheimniswitterer, in: Könneker (Hrsg.), Fake oder Fakt? (2018), S. 165 (174 f.); Zahlreiche solcher Beispiele finden sich in *Buchwald*, Impfen – Das Geschäft mit der Angst (2000), S. 267–318, wobei die Kausalität zwischen Impfung und Schadensfall stets unterstellt und eindrucksvoll illustriert, jedoch in keinem Fall bewiesen wird. Diese Vorgehensweise ist seit Jahrzehnten das Hauptinstrument der Impfgegner zur Untermauerung ihrer Ansicht. Die Feststellung des Obermedizinalrats *Lentz* aus dem Jahr 1934 könnte auch in heutigen Tagen noch genauso getroffen werden: „Die Impfgegnerpropaganda wurde allmählich immer lebhafter und in Vorträgen, Flugblättern und besonderen impfgegnerischen Zeitschriften wurde unter Aufbauschung einzelner Erkrankungen, die sich zumeist nur zeitlich an die Impfung anschlossen, gegen die Pockenimpfung gehetzt, um die Bevölkerung abzuhalten, ihre Kinder impfen zu lassen.", „Beratung einer beabsichtigten reichgesetzlichen Änderung des Impfgesetzes", Bericht über die Verhandlungen eines Unterausschusses des Ausschusses c für die Seuchenbekämpfung vom 21. Februar 1934, in: Krohne/Lentz (Hrsg.), Veröffentlichungen auf dem Gebiet der Medizinalverwaltung, Zweiundvierzigster Band, 7. Heft (1934), S. 3 (6).

[657] *Boehme-Neßler*, Auf dem Weg zur Herdenimmunität?, in: NVwZ 2021, S. 1241 (1244); *Pieper/Schwager-Wehming*, Impfpflichten zur Bekämpfung von Masern- und COVID-19-Viren auf dem verfassungsrechtlichen Prüfstand, in: DÖV 2021, S. 287 (292); *Zepp*, Impfungen, in: Monatsschrift Kinderheilkunde 2019, S. 180.

[658] Schulmedizin ist die Bezeichnung für die allgemein anerkannte und an den medizinischen Hochschulen gelehrte Medizin im Sinne einer angewandten Naturwissenschaft, Gegenbegriff sind die sog. alternativen Heilverfahren, *Pschyrembel*, Klinisches Wörterbuch (2020), Stichwort „Schulmedizin", S. 1597.

[659] *Capol*, Schaudern vor Impfzaudern?, in: Therapeutische Umschau 2016, S. 291; *Kurz*, Schutzimpfungen und Ethik, in: Pädiatrie & Pädologie 2018, S. 8 (9); *Quattrociocchi*, „Fake News" in sozialen Netzwerken, in: Könneker (Hrsg.), Fake oder Fakt? (2018), S. 143 (174); *Mutz* hält die Masernepidemien in Deutschland und Österreich für den sichtbaren Auswuchs des „Esoterik- und Alternativ-‚Medizin'-Wahns" und verortet diesen vor allem in der gebildeten und relativ gut verdienenden Mittelschicht, vgl. *ders.*, Echte und vermeintliche Impfschäden, in: Pädiatrie & Pädologie 2015, Heft 50, S. 57.

[660] Als Beispiele seien hier die zahlreichen Gegenstudien zur der von *Wakefield* behaupteten These genannt, Impfungen seien der Auslöser von Autismus: so *De Stefano/Chen*, Negative association between MMR and autism, in: The Lancet 1999, Jun 12; 353(9169), S. 1987–1988; *Rao/Andrade*, The MMR vaccine and autism: sensation, refutation, retraction, and fraud, in: Indian J Psychiatry 2011 Apr–Jun; 53(2): 95–96; *Roberts*, MMR vaccination and autism, in:

eine Konfrontation mit gegenteiligen Fakten eher ein umso stärkeres Verharren in erworbenen Ansichten zu provozieren, das beim Empfänger die Abwehrhaltung verursacht, sich erst recht nicht zu beugen und von seiner Überzeugung abzurücken, da die Vertreter der gegenteiligen Ansicht eine absichtliche Täuschung versuchten, wird als sog. „Backfire-Effekt"[661] bezeichnet.[662] Die Zuschreibung der „Lüge" erfolgt stets von der eigenen Ansicht weg zu Vertretern der gegenteiligen Ansicht[663], in diesem Fall also den Vertretern der evidenzbasierten Medizin.[664] Das Ergebnis eines emotionalen Umgangs mit gegenteiligen Informationen (in diesem Fall dem Versuch, von außen mit Fakten auf die Impfentscheidung einzuwirken) ist jedoch besonders wichtig für die eigene Identität[665]; im Kontrast zu diesen gegenteiligen, „unliebsamen" Informationen wird die eigene Meinung als einzig richtige wahrgenommen.[666] In Bezug auf Menschen, die von der Unwirksamkeit oder gar Schädlichkeit von Impfungen überzeugt sind, bewirkt die Aufklärung mit wissenschaftlichen Fakten also eher eine Verstärkung der ablehnenden Haltung.[667]

BMJ 1998 Jun 13; 316(7147): 1824; *Taylor et al.*, Autism and measles, mumps, and rubella vaccine: no epidemiological evidence for a causal association, in: The Lancet 1999, Jun 12; 353(9169), S. 2026–2029; vgl. zusammenfassend *Winkelmann*, Nur ein Mythos, in: MMW-Fortschr. Med. 2015, S. 47 f. Die Ansicht von *Wakefield* hält sich unter Impfgegnern dennoch hartnäckig. Auch in der Historie lassen sich Beispiele finden: So war das „Lübecker Kindersterben" 1930 infolge einer Tuberkulose-Impfung zwar ausschließlich auf die fehlerhafte Lagerung des Impfstoffs zurückzuführen, das Ereignis löste aber eine Welle der Ablehnung gegenüber Impfungen insgesamt aus, vgl. *Thießen*, Vom immunisierten Volkskörper zum „präventiven Selbst", in: VfZ 2013, S. 35 (45); *ders.*: Immunisierte Gesellschaft (2017), S. 149 ff.

661 *Rossen et al.*, Going with the grain of cognition, in: Frontier in Psychology Sept. 2016, Vol. 7, Article 1483, S. 3.

662 Vgl. *Leask et al.*, Communicating with parents about vaccination, in: BMC pediatrics 2012, 12:154, S. 4 ff.; *Krüger/Krüger*, „Sich selber den Kopf zerbrechen" – Eine qualitative Studie zu elterlicher Impfskepsis, in: Z Allg Med 2015, S. 106 (109); *Schaarschmidt*, Gefühlte Wahrheit, in: Könneker (Hrsg.), Fake oder Fakt? (2018), S. 129 (131, 133).

663 *Schaarschmidt*, Gefühlte Wahrheit, in: Könneker (Hrsg.), Fake oder Fakt? (2018), S. 129 (131).

664 Vgl. etwa eindrücklich das Vorwort von *Johann Loibner* zum Buch „Macht Impfen Sinn?", Band 1 (2013), des erklärten Impfgegners *Hans Tolzin*, welcher nach eigener Auskunft von Beruf „Organisationsprogrammierer" ist: „Hans Tolzin ist kein Mediziner und kommt auch nicht aus einem der Heilkunde nahen Beruf. Sein Wissen und sein Studium erlauben mir, ihn als absolut kompetenten medizinischen Fachberater zum Thema Impfen zu bezeichnen. *Ich rate zur Zeit keinem Arzt, sich diesbezüglich mit ihm in ein wissenschaftliches Streitgespräch einzulassen. Er weiß sicher mehr als jeder Arzt.*" [Hervorh. d. Verf.], a. a. O., S. 10.

665 *Retzbach*, Warum wir nicht glauben, was uns nicht passt, in: Könneker (Hrsg.), Fake oder Fakt? (2018), S. 197 (201).

666 Ähnlich *Imhoff/Lamberty*, Der Geheimniswitterer, in: Könneker (Hrsg.), Fake oder Fakt? (2018), S. 165 (170): „So befriedigen [alternative Welterklärungen] das menschliche Bedürfnis danach, einzigartig zu sein".

667 So auch *Amhaouach/Kießling*, Die Steigerung der Masernimpfraten von Kindern, in: MedR 2019, S. 853 (854).

(b) Effektivitätsmangel der Freiwilligkeit

Die dargestellten Begründungen für Impfmüdigkeit und Impfskepsis erklären, weshalb es sich bei der Durchführung von Schutzimpfungen auf freiwilliger Basis zwar um eine Maßnahme handelt, die wegen des Verbleibs der Entscheidungskompetenz beim Bürger durch eine deutlich geringere Eingriffsintensität gekennzeichnet ist, in der Vergangenheit jedoch keinen signifikanten Erfolg gezeigt hat.[668] Aus diesem Grund erscheint auch die Auffassung des Deutschen Ethikrats, der einer juristischen, also durchsetzbaren Pflicht ablehnend gegenübersteht, gleichwohl aber eine „moralische" Pflicht erblickt[669] (die demgegenüber nicht durchsetzbar wäre), wenig zielführend: Eine moralische Pflicht weist mangels Verbindlichkeit allenfalls Appellcharakter auf, der sich nur aus der ethischen Verantwortlichkeit nicht nur für sich, sondern auch für andere Menschen speist.[670] Angesichts des psychologischen „Backfire"-Effekts, der Appelle zu Handlungen, die der eigenen Einstellung entgegenstehen, mindestens wirkungslos erscheinen lässt, kann also eine lediglich moralische Pflicht kaum nennenswerte positive Wirkungen haben. Eine nur freiwillige Impfung stößt aber jedenfalls dann an ihre Grenzen, wenn der internationale Kontext in den Blick genommen wird, denn nahezu jedes Land hat mit Impfmüdigkeit zu kämpfen.[671] Zwar existieren in einzelnen Ländern der europäischen Union Impfpflichten für bis zu zwölf Krankheiten[672], Infektionskrankheiten machen jedoch vor Ländergrenzen nicht halt.[673]

Zusammenfassend ist festzustellen, dass die individuelle Entscheidung über die Ablehnung oder Akzeptanz von Impfungen unter dem Einfluss psychologischer und weltanschaulicher Faktoren steht.[674] Die öffentliche Wahrnehmbarkeit der aktuellen Bedrohungslage, die Bewertung der Impfung als gesundheitssichernde Maßnahme und die Rolle öffentlich sichtbarer Meinungsbildner beeinflussen die Impfentscheidung zusätzlich.[675] Die Einflüsse auf Menschen, die aufgrund von Information und Anreizsetzung zur freiwilligen Impfung be-

---

668 Vgl. dazu *Razum/Matysiak-Klose/Kouros*, Elimination von Masern und Röteln: Keine signifikante Verbesserung, in: DÄ 2016, S. 113 ff.; *Richter-Kuhlmann*, Ethikrat gegen generellen Zwang, in: DÄ 2019, S. A1306 (A1307) sowie i. E. zustimmend *Wedlich*, Nationale Präventionsmaßnahmen (2014), S. 50.

669 *Deutscher Ethikrat*, Stellungnahme: Impfen als Pflicht? (2019), S. 44, 65.

670 *Deutscher Ethikrat*, Stellungnahme: Impfen als Pflicht? (2019), S. 64.

671 *Betsch/Böhm/Chapman*, Using Behavioral Insights to Increase Vaccination Policy Effectiveness, in: Policy Insights from the Behavioral and Brain Sciences 2015, Vol. 2(1), S. 61 (62).

672 Vgl. bereits § 2 B. II. „Rechtslage in anderen europäischen Staaten".

673 So bezeichnete *Michael Sulzner* die Europäische Union derzeit als „Masern-Exporteur", während der damalige EU-Kommissar für Gesundheit und Lebensmittelsicherheit, *Vytenis Andriukaitis*, die nicht ausreichende Immunisierung der Menschen eines Landes als eine „Gefahr für die gesamte EU" bezeichnete, *Korzilius*, Kampf gegen Impfskepsis, in: DÄ 2018, S. 728.

674 *Meyer/Reiter*, Impfgegner und Impfskeptiker, in: BGesBl. 2004, S. 1182; *Schmitt*, Factors influencing vaccine uptake in Germany, in: Vaccine 2002, S2–S4.

675 *Ehlkes/May*, Seuchen – gestern, heute, morgen, in: APuZ 20–21/2015, S. 2 (6); *Meyer/*

wegt werden sollen, sind somit vielfältig und teilweise einander gegenläufig, weshalb der Erfolg einer unverbindlichen Information nicht prognostizierbar ist.[676]

Der Gesetzgeber muss sich aufgrund seiner Einschätzungsprärogative nicht darauf verlassen, den Erfolg zur Erreichung des Schutzziels durch Maßnahmen auf freiwilliger Basis voranzutreiben.[677] Da eine Anreizsetzung, die Impfbereitschaft auf freiwilliger Basis zu erhöhen, zumindest auf Schwierigkeiten treffen dürfte[678], ist die Beibehaltung der Freiwilligkeit von Impfungen im Vergleich zur Einführung einer allgemeinen Impfpflicht mit Blick auf die Erfüllung der grundrechtlichen Schutzpflicht weniger effektiv.[679]

(2) Positive Anreizfaktoren

Nachdem festgestellt werden konnte, dass eine ausschließlich auf Freiwilligkeit beruhende Motivation zur Impfung zwar milder ist als eine Verpflichtung zur Impfung, im Hinblick auf die Herstellung einer Herdenimmunität als Erfüllung der grundrechtlichen Schutzpflicht aber weniger effektiv ist, stellt sich die Frage nach der Effektivität positiver Anreizfaktoren, die im Vergleich zu einer Impfpflicht keinen Eingriff und somit ein milderes Mittel darstellen.

Ein erster positiver Anreiz ist die Kostenübernahme seitens der GKV, da die Versicherten gemäß § 20i SGB V einen Anspruch auf Leistungen für Schutzimpfungen i. S. v. § 2 Nr. 9 IfSG haben.[680] Mit der Aufnahme in den GKV-Leistungskatalog hat der Gesetzgeber das Gewicht von Schutzimpfungen für das

---

Reiter, Impfgegner und Impfskeptiker, in: BGesBl. 2004, S. 1182; *Poethko-Müller/Schmitz*, Impfstatus von Erwachsenen in Deutschland, in: BGesBl. 2013, S. 845.

[676] Dazu konstatiert *Berit Uhlmann*: „Der Einzelne ist inmitten dieses Netzes längst nicht so frei, wie gerne postuliert wird. Es ist daher naiv und unaufrichtig, permanent an die Verantwortung des Individuums zu appellieren. [...] Public-Health-Forschung weiß längst, dass Verhaltensänderungen um so [sic!] schlechter gelingen, je mehr Verantwortung dem Einzelnen aufgebürdet wird.", *Uhlmann*, Gesundheit ist keine Privatsache, in: SZ v. 08.05.2018, S. 16.

[677] *Amhaouach/Kießling*, Die Steigerung der Masernimpfraten von Kindern – Möglichkeiten und Grenzen des Rechts, in: MedR 2019, S. 853 (861).

[678] Zu diesem Schluss gelangen auch *Horne et al.*, Countering antivaccination attitudes, in: PNAS 2015, S. 10321; *Storr et al.*, Masernstatus – Impfbarrieren und Strategien zu deren Überwindung, in: DÄ 2018, S. 723 (726) sowie *Grandt/Lappe/Schubert*, Impfungen bei Kindern und Jugendlichen, in: Barmer Ersatzkasse (Hrsg.), Arzneimittelreport 2019, S. 102 (132).

[679] So im Rahmen des Gesetzgebungsverfahrens zum Masernschutzgesetz auch *Schaks*, Schriftliche Stellungnahme zu BT-Drs. 19/13452, Ausschuss-Drs. 19(14)112(14), S. 17; *Aligbe*, in: BeckOK IfSG (2021), § 20 Rn. 147; *Pieper/Schwager-Wehming*, Impfpflichten zur Bekämpfung von Masern- und COVID-19-Viren auf dem verfassungsrechtlichen Prüfstand, in: DÖV 2021, S. 287 (292).

[680] *Amhaouach/Kießling*, Die Steigerung der Masernimpfraten von Kindern – Möglichkeiten und Grenzen des Rechts, in: MedR 2019, S. 853 (855 f.); *Gebert*, Verhaltens- und verhältnisbezogene Primärprävention (2020), S. 58; *Schütze*, in: Engelmann/Schlegel (Hrsg.), juris-PK SGB V, Bd. 1 (2021), § 20i Rn. 16; *Welti*, in: Becker/Kingreen (Hrsg.), SGB V Kommentar (2020), § 20i Rn. 1, 3; *Wiercimok*, in: Hänlein/Schuler (Hrsg.), SGB V-Kommentar (2016), § 20i Rn. 4.

Gesundheitswesen erkannt und betont, da Impfungen den Einzelnen und die Gemeinschaft durch eine kosteneffektive Präventionsmaßnahme vor dem Ausbruch und der Weiterverbreitung von Epidemien schützen können.[681] Ziel dieser beiden bestehenden Regelungen ist die Förderung des Impfwesens.[682] Gleichzeitig ermöglichen Impfungen durch ihre Effektivität im Vergleich zur Krankheitsbehandlung sogar Einsparungen.[683] Die einheitliche Kostenübernahme für Schutzimpfungen durch die GKV liegt daher im öffentlichen Interesse an der Verbesserung des Impfschutzes und der Herstellung einer Herdenimmunität.[684]

Kosten für Impfungen i. S. v. § 20i Abs. 1 S. 1 SGB V werden aber auch dann von der GKV getragen, wenn sie nur im individuellen Interesse liegen; ein öffentliches Interesse an der Schutzimpfung ist keine zwingende Voraussetzung.[685] Zwar liegt die Letztentscheidung über Voraussetzungen, Art und Umfang der GKV-Leistungen zu Schutzimpfungen gemäß § 92 Abs. 1 S. 2 Nr. 15 SGB V beim Gemeinsamen Bundesausschuss. Will dieser bei der Entscheidung über die Aufnahme von Schutzimpfungen in den Leistungskatalog der GKV aber von den Empfehlungen der Ständigen Impfkommission abweichen, bedarf es gemäß § 20i Abs. 1 S. 4 SGB V einer besonderen Begründung, so dass den Empfehlungen der Ständigen Impfkommission eine Indizwirkung zukommt.[686] Eine solche Abweichung ist derzeit nicht vorgesehen.[687]

Von der GKV-Pflichtleistung sind aber nicht nur die Impfungen selbst umfasst, sondern auch alle zugehörigen erforderlichen ärztlichen Untersuchungen, insbesondere solche, die zur Beurteilung eines möglichen Impfrisikos notwendig sind.[688] Das ist wichtig, um nicht für solche Personen einen negativen Anreiz zu setzen, die eine Impfunfähigkeit befürchten, zu deren Feststellung Kosten anfielen, die sie selbst zu tragen hätten.[689] Der positive Anreiz zur In-

---

681 BT-Drs. 16/3100, S. 100; vgl. *Wiercimok*, in: Hänlein/Schuler (Hrsg.), SGB V-Kommentar (2016), § 20i Rn. 7.

682 BT-Drs. 18/4282, S. 25; vgl. *Amhaouach/Kießling*, Die Steigerung der Masernimpfraten von Kindern – Möglichkeiten und Grenzen des Rechts, in: MedR 2019, S. 853 (855).

683 BT-Drs. 16/3100, S. 100; vgl. *Wiercimok*, in: Hänlein/Schuler (Hrsg.), SGB V-Kommentar (2016), § 20i Rn. 7.

684 *Schütze*, in: Engelmann/Schlegel (Hrsg.), jurisPK SGB V, Bd. 1 (2021), § 20i Rn. 32.

685 Vgl. *Schütze*, in: Engelmann/Schlegel (Hrsg.), jurisPK SGB V, Bd. 1 (2021), § 20i Rn. 39.

686 *Welti*, in: Becker/Kingreen (Hrsg.), SGB V Kommentar (2020), § 20i Rn. 4; vgl. *Wiercimok*, in: Hänlein/Schuler (Hrsg.), SGB V-Kommentar (2016), § 20i Rn. 19.

687 Vgl. Anl. 1 der Schutzimpfungs-Richtlinie des G-BA (Si-RL) in der Fassung, die am 18.09.2021 in Kraft getreten ist; *Amhaouach/Kießling*, Die Steigerung der Masernimpfraten von Kindern – Möglichkeiten und Grenzen des Rechts, in: MedR 2019, S. 853 (855).

688 *Schütze*, in: Engelmann/Schlegel (Hrsg.), jurisPK SGB V, Bd. 1 (2021), § 20i Rn. 37.

689 Allerdings hat die Reform des Infektionsschutzgesetzes durch das Masernschutzgesetz eine Diskrepanz ergeben, die es noch klarzustellen gilt und die bei der Ausgestaltung einer allgemeinen Impfpflicht ebenso problematisch wäre: Haben (impffähige!) Versicherte nämlich nach der Schutzimpfung gem. § 20i Abs. 4 SGB V ebenfalls einen Anspruch auf die Bereitstellung der „Impfdokumentation“ gem. § 22 IfSG, so ist das „ärztliche Zeugnis“ über eine

anspruchnahme der Schutzimpfungen, die von der Ständigen Impfkommission empfohlen sind, liegt also darin, dass eine finanzielle Hürde bei der Entscheidung für eine Impfung zumindest nicht überwunden werden muss und in finanzieller Hinsicht daher keine Argumente gegen die Impfung ins Feld geführt werden können.[690]

Weitere positive Anreizfaktoren für die freiwillige Inanspruchnahme von Schutzimpfungen können Boni darstellen.[691] Boni sind finanzielle Vorteile, die für ein bestimmtes Verhalten gewährt werden, dieses also „belohnen“[692], wobei unerheblich ist, ob sich diese in Form von Beitragsermäßigungen oder Prämien ausdrücken.[693] Diese Möglichkeit hat der Gesetzgeber bereits geregelt: Nachdem zunächst lediglich die Möglichkeit der Krankenkassen bestimmt war, durch Boni Anreize zu gesundheitsbewusstem Verhalten[694] zu setzen, ist diese Kann-Regelung mit dem Präventionsgesetz 2015 in eine Soll-Regelung umgewandelt worden, um den Anreiz der Inanspruchnahme primärer Präventionsleistungen zu stärken.[695] Dadurch wurde die Möglichkeit der Krankenkassen bestätigt, ihren Versicherten aufgrund von § 65a Abs. 1 S. 1 SGB V den Anspruch auf Boni in Aussicht zu stellen, sofern diese regelmäßig an Schutzimpfungen gemäß § 20i SGB V teilnehmen.[696] Zum 1. März 2020 ist die bisherige Soll-Vor-

---

Impf*un*fähigkeit wegen medizinischer Kontraindikationen, die nach § 20 Abs. 9 S. 2 IfSG zur Befreiung von der geltenden Masernimpfpflicht vorzulegen ist, gerade nicht Teil der Impfdokumentation gem. § 22 IfSG. Der Umkehrschluss zu § 20i Abs. 4 SGB V ergibt also, dass die Kosten für das ärztliche Zeugnis über medizinische Kontraindikationen nicht von der GKV getragen werden, sondern die Kostentragungspflicht beim impfunfähigen Adressaten der Pflicht liegt. Darin liegt allerdings eine Schlechterstellung Impfunfähiger gegenüber gesunden und damit impffähigen Adressaten der Masernimpfpflicht, für die im Lichte von Art. 3 Abs. 1 GG kein rechtfertigender sachlicher Grund zu erblicken ist, vgl. *Gebhard*, in: Kießling (Hrsg.), IfSG Kommentar (2021), § 20 Rn. 81. Eine solche Regelung wäre bei der Ausgestaltung einer allgemeinen Impfpflicht jedenfalls zu vermeiden.

690 Vgl. *Mers*, Infektionsschutz im liberalen Rechtsstaat (2019), S. 142, die betont, dass mit der Inanspruchnahme von Schutzimpfungen für gesetzlich Versicherte zumindest kein finanzieller Nachteil verbunden ist.

691 *Heininger*, Sollte eine gesetzliche Impfpflicht eingeführt werden?, in: Pädiatrie 2019, S. 31; *Wolff/Zimmermann*, Impfförder- und Impffolgenrecht in der COVID-19-Pandemie, in: NVwZ 2021, S. 182 (185).

692 *Gebert*, Verhaltens- und verhältnisbezogene Primärprävention (2020), S. 213.

693 *Welti*, in: Becker/Kingreen (Hrsg.), SGB V Kommentar (2020), § 65a Rn. 3.

694 Sehr deutlich mit der Klarstellung, dass es sich um Boni für gesundheitsbewusstes *Verhalten* und nicht für einen bestimmten Gesundheitszustand handelt *Gebert*, Verhaltens- und verhältnisbezogene Primärprävention (2020), S. 218.

695 *Henle*, in: Hänlein/Schuler (Hrsg.), SGB V-Kommentar (2016), § 65a Rn. 1; *Koch*, in: Engelmann/Schlegel (Hrsg.), jurisPK SGB V, Bd. 1 (2021), § 65a Rn. 1; *Samhat*, Gesundheitsgerechtes Verhalten (2019), S. 32; *Welti*, in: Becker/Kingreen (Hrsg.), SGB V Kommentar (2020), § 65a Rn. 2; BT-Drs. 18/4282, S. 43; im Gesetzesentwurf (a. a. O.) wird davon ausgegangen, dass damit in der Regel für jede Krankenkasse die Verpflichtung besteht, in ihrer Satzung Boni als Anreize für ein gesundheitsbewusstes Verhalten ihrer Versicherten vorzusehen.

696 *Welti*, in: Becker/Kingreen (Hrsg.), SGB V Kommentar (2020), § 65a Rn. 2; zuerst eingeführt durch das GKV-Modernisierungsgesetz 2003, hier jedoch noch ohne eine explizite

schrift für die Krankenkassen nunmehr bindend geworden, wobei das Kriterium der Regelmäßigkeit aus Abs. 1 jedoch gestrichen wurde.[697] Unter dem Blickwinkel eines im Vergleich zu einer allgemeinen Impfpflicht möglichen milderen Mittels sollte die Voraussetzung für den Anspruch des Versicherten auf Boni aber gleichwohl die regelmäßige Teilnahme an Schutzimpfungen sein, weil durch eine nur sporadische Teilnahme keine lückenlose individuelle Immunität sichergestellt werden kann.[698] Boni für die Inanspruchnahme von Schutzimpfungen nach § 65a Abs. 1 SGB V können nur als Prämie, die für alle Versicherten gleich ist, gewährt werden.[699]

Zuletzt stellt sich aber die Frage nach der Effektivität aller dargestellten positiven Anreizsetzungen, die zumindest mit der Effektivität einer allgemeinen Impfpflicht vergleichbar sein müsste. Aus psychologischer Sicht sind Anreize geeignet, um ein bestimmtes – gewünschtes – Verhalten auszulösen, zu diesem anzuregen oder zu motivieren.[700] Die Eignung setzt aber voraus, dass die in Aussicht gestellte Belohnung den Bedürfnissen des Anreizadressaten entspricht, dass in ihr also ein Mehrwert für die betreffende Person liegt.[701] Die Effektivität positiver Anreizsetzungen ist dann zweifelhaft, wenn die tatsächliche Hemmschwelle für die Inanspruchnahme von Schutzimpfungen beachtet wird: Für diejenigen Personen, die die Teilnahme an Impfungen schlicht vergessen, sind positive Anreizfaktoren irrelevant, da bei diesen Gruppen keine grundsätzliche Ablehnung vorliegt, die mit dem Inaussichtstellen solcher Boni überwunden werden müsste, die über die reine Kostenübernahme hinausgehen.

Vielmehr sollen positive Anreizsetzungen auf die Gruppe derjenigen einwirken, die Impfungen gegenüber prinzipiell skeptisch gegenüberstehen und deren Impfbereitschaft – wie gezeigt – aus psychologischen Gründen zweifelhaft ist.[702] Das Inaussichtstellen eines Bonus als „Belohnung" wird für diese Gruppe keinen ausschlaggebenden Anreiz für eine positive Impfentscheidung setzen. Ein Bonus hat lediglich dann eine veritable Anreizfunktion, wenn in ihm ein

---

Nennung von Schutzimpfungen, sondern lediglich mit der Formulierung „Leistung der primären Prävention", BT-Drs. 15/1525, S. 15; vgl. *Henle*, in: Hänlein/Schuler (Hrsg.), SGB V-Kommentar (2016), § 65a Rn. 4; *Koch*, in: Engelmann/Schlegel (Hrsg.), jurisPK SGB V, Bd. 1 (2021), § 65a Rn. 6.

[697] *Gebert*, Verhaltens- und verhältnisbezogene Primärprävention (2020), S. 213.

[698] Vgl. grds. BT-Drs. 16/3100, S. 100; ähnlich *Henle*, in: Hänlein/Schuler (Hrsg.), SGB V-Kommentar (2016), § 65a Rn. 5.

[699] *Welti*, in: Becker/Kingreen (Hrsg.), SGB V Kommentar (2020), § 65a Rn. 3.

[700] *Rudolph*, Erwartung und Anreiz, in: Brandstätter/Otto (Hrsg.), Handbuch der Allgemeinen Psychologie, Bd. 11 (2009), S. 21 (22).

[701] *Rudolph*, Erwartung und Anreiz, in: Brandstätter/Otto (Hrsg.), Handbuch der Allgemeinen Psychologie, Bd. 11 (2009), S. 21 (22); vgl. *Beckmann/Heckhausen*, Motivation durch Anreiz und Erwartung, in: Heckhausen/Heckhausen (Hrsg.), Motivation und Handeln (2018), S. 119 (121).

[702] *Starostzik*, Was tun mit Impfverweigerern?, in: Pädiatrie hautnah 2016, Heft 28, S. 8–11; vgl. *Kling/Kabelitz*, Impfen, in: BiUZ 2001, S. 375 (377).

nennenswerter Vorteil liegt, was wiederum von der finanziellen Situation der Gruppe abhängt, die der Effekt des Bonus erreichen soll. Dass ein Bonus einen nennenswerten Effekt haben könnte, ist vor dem Hintergrund der Zusammensetzung der Impfgegnerschaft mit Menschen aus überwiegend bildungsnahen Schichten indes zweifelhaft.[703] Für diejenige Gruppe, für die ein Bonus tatsächlich eine Anreizwirkung entfaltet, dürfte indes bereits die Hemmschwelle an der Teilnahme in finanzieller Hinsicht aufgrund der Kostenübernahme durch die GKV wegfallen.

Darüber hinaus liegt aus psychologischer Sicht der Schluss nahe, dass positive Anreizfaktoren und -erlebnisse weniger stark bzw. dauerhaft wirken als negative Anreizerlebnisse.[704] Während positive Anreize Belohnungen erwarten lassen, wirken negative Anreize wie eine Ahndung.[705] Wie bereits dargelegt, muss der Bonus jedoch einen Mehrwert für die betroffene Person bieten, d. h., die in Aussicht gestellte Belohnung muss ein Bedürfnis befriedigen, das wiederum die Motivation freisetzt, diese Belohnung zu erlangen. Es kann aber nicht bei allen betroffenen Personen davon ausgegangen werden, dass das Bedürfnis vorhanden ist, eine Belohnung für die positive Impfentscheidung zu erhalten. Das gilt insbesondere, wenn das prosoziale Verhalten[706], das mit dem positiven Anreiz aktiviert werden soll, nämlich die Vornahme der Impfung, durch das (vermeintliche) Vorhandensein von Risiken blockiert wird. Die intentionsbildende Abwägung fällt dann zugunsten der negativen Erwartung eines Risikos aus.[707] Die Bewertung der Impfung als Ergebnis einer gesundheitsbezogenen Handlung, deren Anstoß der positive Anreiz war, erfolgt zudem nicht über das aktive Erleben des Zustandes der Gesundheit bzw. der Nichterkrankung, da sich der Status quo des Geimpften nicht ändert, sondern lediglich erhalten bleibt.[708]

---

[703] *Amhaouach/Kießling*, Die Steigerung der Masernimpfraten von Kindern – Möglichkeiten und Grenzen des Rechts, in: MedR 2019, S. 853 (857); *Wolff/Zimmermann*, Impfförder- und Impffolgenrecht in der COVID-19-Pandemie, in: NVwZ 2021, S. 182 (185); vgl. *Krüger/Krüger*, „Sich selber den Kopf zerbrechen" – Eine qualitative Studie zu elterlicher Impfskepsis, in: Z Allg Med 2015, S. 106 (107).

[704] *Heckhausen/Heckhausen*, Motivation und Handeln: Einführung und Überblick, in: dies. (Hrsg.), Motivation und Handeln (2018), S. 1 (3); ähnlich *Hott*, Die Verdrängung intrinsischer Motivation durch extrinsische Anreize (2014), S. 15; vgl. *Hagemann*, Belohnungs- und Bestrafungssensibilität, in: Brandstätter/Otto (Hrsg.), Handbuch der Allgemeinen Psychologie, Bd. 11 (2009), S. 306 ff.

[705] *Hott*, Die Verdrängung intrinsischer Motivation durch extrinsische Anreize (2014), S. 5.

[706] Dazu bereits § 3 B. I. 3. c) cc) (1) (a) „Psychologische Hintergründe impfkritischer Haltungen".

[707] Vgl. *Schüler*, Motivation zur Förderung der Gesundheit, in: Brandstätter/Otto (Hrsg.), Handbuch der Allgemeinen Psychologie, Bd. 11 (2009), S. 383.

[708] Vgl. *Schüler*, Motivation zur Förderung der Gesundheit, in: Brandstätter/Otto (Hrsg.), Handbuch der Allgemeinen Psychologie, Bd. 11 (2009), S. 383 (389). Anders fiele die subjektive Bewertung des Impflings aus, wenn durch das vorgenommene gesundheitsbezoge-

Wie immer gilt aber, dass der Gesetzgeber sich bei der Erfüllung der Schutzpflicht nicht auf ein unsicheres Mittel verlassen muss. Sein Prognosespielraum ist – wie bereits ausgeführt – umso größer, je höher der Rang des zu schützenden Rechtsgutes in der Werteordnung der Grundrechte steht.[709] Von einem gleich effektiven Mittel kann also bei positiven Anreizfaktoren nicht ausgegangen werden.

(3) Negative Anreizfaktoren

Im Gegensatz zu positiven Anreizfaktoren treffen negative Anreize alle Adressaten gleichermaßen. Es bedarf nicht erst des Impulses der in Aussicht gestellten Belohnung, der möglicherweise keine Auswirkungen hat. Es ist also zu prüfen, ob in der Setzung negativer Anreize zur Impfung eine im Vergleich zur allgemeinen Impfpflicht mildere, aber gleich effektive Maßnahme liegt.

Seit dem Inkrafttreten des GKV-Wettbewerbsstärkungsgesetzes 2007 werden Schutzimpfungen als Pflichtleistungen von den gesetzlichen Krankenkassen zwar übernommen.[710] Fraglich ist aber, ob der Staat bei einer Nichtinanspruchnahme dieser Versicherungsleistung Handlungsmöglichkeiten zur negativen Anreizsetzung dergestalt hat, dass die Übernahme der Behandlungskosten bei der Erkrankung an einer impfpräventablen Krankheit ganz oder in Teilen wegfallen kann, wenn der Erkrankte zuvor die mögliche und empfohlene Impfung verweigert hat. Dieser Überlegung liegt die Annahme zugrunde, dass seitens des Versicherten eine sorgfältigere Kosten-Nutzen-Abwägung in Bezug auf die Inanspruchnahme der Schutzimpfung erfolgt (die sich zugunsten der Inanspruchnahme auswirken soll), wenn angedroht ist, dass die finanziellen Konsequenzen einer Erkrankung zumindest anteilig selbst zu tragen sind.[711] Im Rahmen der gesetzlichen Krankenversicherung schützt das Grundrecht aus Art. 2 Abs. 1 GG den beitragspflichtig Versicherten vor einer Unverhältnismäßigkeit zwischen Beitrag und Leistung[712], die möglicherweise bei dem skizzierten negativen Anreiz vorläge. Die Rechtfertigung gesetzlicher oder auf Gesetz beruhender Leistungsausschlüsse und -begrenzungen wäre demgemäß am Maßstab des Art. 2 Abs. 1 GG zu messen.[713] Zu prüfen ist also, ob die Übernahme der Behandlungskosten einer impfpräventablen Krankheit nach der Impfverweigerung des nun Erkrankten im Wege der individuellen Leistungsbeschränkung versagt werden darf.[714]

---

ne Handlungsergebnis, die Impfung, eine unmittelbare Verbesserung der Gesundheit zu erleben wäre.

709 *Hillgruber*, Grundrechtsschranken, in: Isensee/Kirchhof (Hrsg.), HStR IX (2011), § 201 Rn. 70.

710 BGBl. I (2007), Nr. 11, S. 381; BT-Drs. 16/3100, S. 8; *Schütze*, in: Engelmann/Schlegel (Hrsg.), jurisPK SGB V, Bd. 1 (2021), § 20i Rn. 2; *Wiercimok*, in: Hänlein/Schuler (Hrsg.), SGB V-Kommentar (2016), § 20i Rn. 3.

711 Vgl. *Süß*, Die Eigenverantwortung gesetzlich Krankenversicherter (2014), S. 165 f.

712 BVerfGE 115, 25 (43).

713 BVerfGE 115, 25 (43).

714 Eine ähnliche Überlegung zur „pretialen Steuerung als Königsweg" aus ökonomischer

(a) GKV-Leistungsbeschränkung de lege lata

Zunächst kommt das bestehende gesetzliche Instrumentarium als Grundlage der sekundären Leistungsbeschränkung in Betracht[715]: Gemäß § 52 Abs. 1 1. Alt SGB V greift eine Beschränkung der Versicherungsleistung nur ein, wenn eine Krankheit seitens des Erkrankten vorsätzlich hervorgerufen wurde. In dieser Regelung liegt eine Abweichung vom Prinzip der Unbeachtlichkeit der Krankheitsursache[716], die rechtsdogmatisch als „Obliegenheitsverletzung" eingeordnet werden kann.[717] Der Vorsatz – wobei Eventualvorsatz ausreicht, nicht aber lediglich bewusste Fahrlässigkeit[718] – muss sich auf die *Krankheit* selbst bzw. die schädigende *Wirkung* eines Handelns, jedoch nicht lediglich auf die sie herbeiführende Handlung beziehen.[719] Der Versicherte muss sich selbst bewusst einen Schaden zufügen, um die Wirkung des § 52 Abs. 1 1. Alt. SGB V auszulösen.[720] Die Handlung oder Unterlassung des Versicherten muss mitursächlich für den Eintritt der Erkrankung sein.[721] Selbst bei einer gesundheitsschädigenden Lebensführung aber, bei der sich der später Erkrankende über einen längeren Zeitraum Gefahren aussetzt, deren krankheitsprovozierende Wirkung wissenschaftlich anerkannt und hinreichend verbreitet ist (so etwa Alkoholismus und Nikotinkonsum), sowie bei Sportunfällen wird eine leistungsausschließende Selbstgefährdung im Sinne des § 52 Abs. 1 1. Alt. SGB V nicht angenommen, da es am erforderlichen Vorsatz mangele.[722] Dabei ist davon auszugehen, dass dem Versicherten in diesen Konstellationen zumindest bewusst ist, dass er das

---

Sicht äußert *Timme*, Die juristische Bewältigung eines ökonomischen Netzwerkgutes (2001), S. 77: „Der einzelne [sic!], der über seine Impfung befinden muss, bezieht in seine Überlegungen tendenziell nicht hinreichend ein, dass ein gesamtgesellschaftlicher Wohlfahrtsgewinn aus seiner Impfung resultiert. Bei einer Prämierung würde ein Teil dieses Wohlfahrtsgewinns in die individuelle Entscheidung integriert, so dass die Impfbereitschaft bis hin zur exakten Wiedergabe des gesamtgesellschaftlichen Wohlfahrtsgewinns steigen müsste."

[715] In keinem Fall ist die Krankenkasse berechtigt, dem Versicherten die Sachleistung in Form der Krankenbehandlung zu verweigern, *Grühn*, Gesundheitsbezogene Handlungspflichten (2001), S. 157; *Legde*, in: Hänlein/Schuler (Hrsg.), SGB V-Kommentar (2016), § 52 Rn. 6; vgl. *Wick*, Stärkung der Patientensouveränität (2015), S. 141.

[716] *Grühn*, Gesundheitsbezogene Handlungspflichten (2001), S. 65.

[717] *Samhat*, Gesundheitsgerechtes Verhalten (2019), S. 81.

[718] LSG Sachsen, Entsch. v. 09.10.2002 – L 1 KR 32/02; *Legde*, in: Hänlein/Schuler (Hrsg.), SGB V-Kommentar (2016), § 52 Rn. 2; *Nebendahl*, in: Spickhoff (Hrsg.), Medizinrecht (2018), § 52 SGB V Rn. 5; *Reyels*, in: Engelmann/Schlegel (Hrsg.), jurisPK SGB V, Bd. 1 (2021), § 52 Rn. 45; *Samhat*, Gesundheitsgerechtes Verhalten (2019), S. 81; *Süß*, Die Eigenverantwortung gesetzlich Krankenversicherter (2014), S. 175.

[719] *Grühn*, Gesundheitsbezogene Handlungspflichten (2001), S. 66; *Lang*, in: Becker/Kingreen (Hrsg.), SGB V Kommentar (2020), § 52 Rn. 2; *Reyels*, in: Engelmann/Schlegel (Hrsg.), jurisPK SGB V, Bd. 1 (2021), § 52 Rn. 46; *Samhat*, Gesundheitsgerechtes Verhalten (2019), S. 81; *Süß*, Die Eigenverantwortung gesetzlich Krankenversicherter (2014), S. 175.

[720] *Reyels*, in: Engelmann/Schlegel (Hrsg.), jurisPK SGB V, Bd. 1 (2021), § 52 Rn. 46.

[721] *Nebendahl*, in: Spickhoff (Hrsg.), Medizinrecht (2018), § 52 SGB V Rn. 4.

[722] *Kruse*, in: Kruse/Hänlein (Hrsg.), LPK-SGB V (2009), § 52 Rn. 2; *Nebendahl*, in: Spickhoff (Hrsg.), Medizinrecht (2018), § 52 SGB V Rn. 6; *Rompf*, Selbstverschulden im Krankenversicherungsrecht, in: SGb 1997, S. 105 (107, 108).

Risiko des Eintritts des Versicherungsfalles durch sein Verhalten nicht nur ermöglicht, sondern auch fördert.

Von diesem Vorsatz kann bei einer Nicht-Impfung erst recht nicht ausgegangen werden. Zwar hält der Versicherte die naturgegebene Möglichkeit offen, sich mit dem Erreger einer Infektionskrankheit anzustecken, indem er die Möglichkeit der Verhinderung im Wege der Impfung nicht wahrnimmt. Allein die Nicht-Verhinderung lässt jedoch noch nicht auf eine vorsätzliche Infektion schließen, die einen Ausschluss nach § 52 Abs. 1 1. Alt. SGB V rechtfertigte. Eine Infektion ist zwar eine mögliche, nicht aber sichere Folge einer Nichtimpfung, sofern die Infektion nicht durch eine bewusste und beabsichtigte Ansteckung provoziert wird.[723] Der Nicht-Impfung allein wohnt indes noch keine schädigende Wirkung inne. Vielmehr wird der Erkrankte auf eine Nichtansteckung vertraut haben, was unter den Begriff der groben Fahrlässigkeit zu fassen ist. Ein Leistungsausschluss nach § 52 Abs. 1 SGB V soll aber gerade nicht bei nur grober Fahrlässigkeit erfolgen können, da § 52 Abs. 1 SGB V restriktiv auszulegen und anzuwenden ist.[724] Eine Abwälzung der Behandlungskosten für eine impfpräventable Krankheit nach Verweigerung der Schutzimpfung ist im Wege des Leistungsausschlusses *de lege lata* somit nicht möglich.[725]

(b) GKV-Leistungsbeschränkung de lege ferenda

Auch ein Leistungsausschluss *de lege ferenda* für die Behandlung von Erkrankungen an impfpräventablen, lebensbedrohlichen Krankheiten nach vorheriger Impfverweigerung bedürfte einer besonderen Rechtfertigung vor Art. 2 Abs. 1 GG i. V. m. dem Sozialstaatsprinzip sowie vor der objektiv-rechtlichen Pflicht des Staates, sich schützend und fördernd vor die Rechtsgüter Leben und körperliche Unversehrtheit zu stellen[726], da das Grundrecht auf Leben als Voraussetzung jeder Art von Freiheitsbetätigung eine grundlegende objektive Wertentscheidung enthält.[727] Dennoch hat auch der Kostenaspekt für den Gesetzgeber gerade im Gesundheitswesen entscheidendes Gewicht, was verfassungsrechtlich auch nicht zu beanstanden ist.[728] Demnach kann der Gesetzgeber dem Einzelnen eine (Teil-)Kostenlast zumuten, wenn diese im Einzelfall finanziell zugemutet werden kann.[729] Bei einer Änderung der bisherigen Rechts-

[723] Eine solche müsste der Vorsatz jedoch umfassen, damit ein Leistungsausschluss nach § 52 Abs. 1 1. Alt. SGB V griffe, *Reyels*, in: Engelmann/Schlegel (Hrsg.), jurisPK SGB V, Bd. 1 (2021), § 52 Rn. 46.

[724] *Mihm*, Die Verschuldensrelevanz im Sozialleistungsrecht, in: NZS 1995, S. 7 (8); *Süß*, Die Eigenverantwortung gesetzlich Krankenversicherter (2014), S. 174.

[725] So im Hinblick auf Schutzimpfungen gegen COVID-19 auch *Wolff/Zimmermann*, Impfförder- und Impffolgenrecht in der COVID-19-Pandemie, in: NVwZ 2021, S. 182 (185).

[726] Vgl. BVerfGE 115, 25 (44, 45).

[727] Vgl. BVerfGE 39, 1 (41); 115, 25 (45); *Di Fabio*, in: Dürig/Herzog/Scholz GG Kommentar (2021), Art. 2 Abs. 2 Satz 1 Rn. 2.

[728] BVerfGE 103, 172 (184); 115, 25 (46).

[729] BVerfGE 115, 25 (46); vgl. BVerfGE 70, 1 (30); BVerfG, Beschluss der 2. Kammer des Ersten Senats v. 07.03.1994, NJW 1994, S. 3007.

lage müsste allerdings zu bedenken gegeben werden, dass ein solcher (teilweiser) Leistungsausschluss nicht in das bisherige System der Leistungsbeschränkungen nach § 52 SGB V passt, so dass jedenfalls eine systemfremde Rechtsfigur für diesen Einzelfall geschaffen würde.

Zu klären ist, ob eine derartige Änderung des § 52 SGB V verfassungsrechtlich zulässig wäre. Nach dem Wirtschaftlichkeitsgebot des § 12 SGB V als Grundprinzip[730] der gesetzlichen Krankenversicherung müssen die Leistungen, auf die die Versicherten gemäß § 27 SGB V einen Anspruch haben, ausreichend, zweckmäßig und wirtschaftlich sein und dürfen das Maß des Notwendigen nicht übersteigen.[731] Das Wirtschaftlichkeitsgebot begrenzt daher den Leistungsanspruch.[732] Das Maß an Behandlung, das „zwangsläufig, unentbehrlich oder unvermeidlich ist"[733], wird als notwendig erachtet.[734] Notwendig ist nach § 27 Abs. 1 SGB V, was dazu dient, die Krankheit zu erkennen, zu heilen, ihre Verschlimmerung zu verhüten und Beschwerden zu lindern.

Nun ließe sich einwenden, die Notwendigkeit einer Behandlung könnte entfallen, wenn ihr Auslöser (die Krankheit) zuvor mittels einer Impfung hätte verhindert werden können. Die Vorbeugung einer Krankheit erscheint im Sinne der Wirtschaftlichkeit zwar vorzugswürdiger als ihre Behandlung. Die Beurteilung der Notwendigkeit bezieht sich aber klar auf die Behandlung[735], eine Vorverlagerung auf die Verhinderungsmöglichkeit würde ihren Bezugspunkt in unzulässiger Weise verändern.[736] Eine fehlende Vorbeugungsmöglichkeit ist keine Voraussetzung der „Notwendigkeit" i. S. v. § 27 Abs. 1 SGB V. Die Behandlung ist auch bei unterbliebener Impfung daher notwendig; ein Behandlungsanspruch

---

[730] *Scholz*, in: Becker/Kingreen (Hrsg.), SGB V Kommentar (2020), § 12 Rn. 1; *Zwermann-Milstein*, Grund und Grenzen einer verfassungsrechtlich gebotenen gesundheitlichen Mindestversorgung (2015), S. 269.

[731] *Nebendahl*, § 30 – Krankenbehandlung, in: Igl/Welti (Hrsg.), Gesundheitsrecht (2018), Rn. 20; *Waltermann*, Sozialrecht (2020), Rn. 190; *Langsdorff*, § 9 – Wirtschaftlichkeitsgebot, in: Sodan (Hrsg.), Handbuch des Krankenversicherungsrechts (2018), § 9 Rn. 2.

[732] *Bußmann-Weigl*, Die Begriffe des Nutzens und der Wirtschaftlichkeit, in: Reimer/Schnitzler (Hrsg.), FS Francke (2012), S. 47 (48); *Heinz*, in: Engelmann/Schlegel (Hrsg.), jurisPK SGB V, Bd. 1 (2021), § 12 Rn. 18.

[733] BSG, SozR 2200 § 182 b Nr. 26, S. 68.

[734] *Grühn*, Gesundheitsbezogene Handlungspflichten (2001), S. 55; *Langsdorff*, § 9 – Wirtschaftlichkeitsgebot, in: Sodan (Hrsg.), Handbuch des Krankenversicherungsrechts (2018), § 9 Rn. 7.

[735] *Hellkötter-Backes*, in: Hänlein/Schuler (Hrsg.), SGB V-Kommentar (2016), § 12 Rn. 7; *Kingreen*, § 76 – Krankenversicherungsrecht, in: Ehlers/Fehling/Pünder (Hrsg.), Bes. VerwR Bd. 3 (2013), Rn. 71; *Kraftberger*, in: Hänlein/Schuler (Hrsg.), SGB V-Kommentar (2016), § 27 Rn. 58; *Scholz*, in: Becker/Kingreen (Hrsg.), SGB V Kommentar (2020), § 12 Rn. 8; *Koppenfels-Spies*, Sozialrecht (2018), Rn. 219; vgl. *Zwermann-Milstein*, Grund und Grenzen einer verfassungsrechtlich gebotenen gesundheitlichen Mindestversorgung (2015), S. 270.

[736] In eine andere Richtung geht *Grühn*, Gesundheitsbezogene Handlungspflichten (2001), S. 68, die für die Beurteilung der Fallgruppen des § 52 SGB V nach der Vermeidbarkeit der Belastung der Solidargemeinschaft fragt.

verstößt nicht gegen das Wirtschaftlichkeitsgebot als Grundprinzip der gesetzlichen Krankenversicherung.

Da die auf dem Sozialstaatsprinzip fußende Krankenversicherung als Solidargemeinschaft die Aufgabe hat, die Gesundheit der Versicherten zu erhalten, wiederherzustellen und zu fördern, weil das Risiko einer Erkrankung für den Einzelnen allein kaum zu tragen ist[737], sprechen auch die Grundsätze des § 1 SGB V gegen die Möglichkeit einer Abwälzung der Behandlungskosten auf den nichtgeimpften Erkrankten.[738] Solidarwidriges Verhalten, das sich primär an den eigenen Bedürfnissen ausrichtet und dessen Folgen die Solidargemeinschaft zu tragen hat, kann erst dann einen Leistungsausschluss rechtfertigen, wenn es final auf die Auslösung sozialversicherungsrechtlicher Leistungen gerichtet ist.[739] § 1 SGB V statuiert aber auch eine Eigenverantwortlichkeit des Versicherten[740], die in eine Balance zum Solidarprinzip tritt, damit die Solidarität der Krankenversicherung nicht „egoistisch, anonym und missbrauchbar" wird.[741] Auch diese soll gemäß § 1 S. 2 SGB V gefördert werden, weshalb die Übertragung der Kosten auf den ungeimpften Versicherten im Krankheitsfall als eine Förderung dieser Eigenverantwortlichkeit i. S. v. S. 2 verstanden werden könnte und dann keinen Verstoß gegen das Solidarprinzip darstellte.

Gleichzeitig geht das Krankenversicherungsrecht in § 1 S. 3 SGB V aber von einer Verantwortungsteilung (sog. Mitverantwortung) zwischen Versichertem und Versicherungsträger aus.[742] Der Einzelne ist gehalten, das ihm Mögliche zur Erhaltung seiner Gesundheit beizusteuern („gesundheitsbewusste Lebensführung", „frühzeitige Beteiligung an gesundheitlichen Vorsorgemaßnahmen", „aktive Mitwirkung an Krankenbehandlung und Rehabilitation").[743] Verantwor-

---

737 *Koppenfels-Spies*, Sozialrecht (2018), Rn. 158; *Schuler*, in: Hänlein/Schuler (Hrsg.), SGB V-Kommentar (2016), § 1 Rn. 2; vgl. *Bieback*, Solidarität und Sozialversicherung, in: SGb 2012, S. 1 (4); *Nebendahl*, § 30 – Krankenbehandlung, in: Igl/Welti (Hrsg.), Gesundheitsrecht (2018), Rn. 3; vgl. *Wick*, Stärkung der Patientensouveränität (2015), S. 138; vgl. *Süß*, Die Eigenverantwortung gesetzlich Krankenversicherter (2014), S. 85.

738 Zu Recht sind daher Leistungsbeschränkungen gemäß § 52 SGB V nur auf wenige Fallgestaltungen beschränkt, *Becker/Kingreen*, in: dies. (Hrsg.), SGB V Kommentar (2020), § 1 Rn. 8; *Nebendahl*, § 30 – Krankenbehandlung, in: Igl/Welti (Hrsg.), Gesundheitsrecht (2018), Rn. 142.

739 *Butzer*, Fremdlasten in der Sozialversicherung (2001), S. 511; *Süß*, Die Eigenverantwortung gesetzlich Krankenversicherter (2014), S. 132, 181.

740 BT-Drs. 11/2237, S. 157; *Becker/Kingreen*, in: dies. (Hrsg.), SGB V Kommentar (2020), § 1 Rn. 7.

741 BT-Drs. 11/2237, S. 157.

742 *Samhat*, Gesundheitsgerechtes Verhalten (2019), S. 76.

743 *Becker/Kingreen*, in: dies. (Hrsg.), SGB V Kommentar (2020), § 1 Rn. 7, 8; *Schuler*, in: Hänlein/Schuler (Hrsg.), SGB V-Kommentar (2016), § 1 Rn. 3; *Süß*, Die Eigenverantwortung gesetzlich Krankenversicherter (2014), S. 129: „Dem Solidarprinzip ist daher eine *Verpflichtung* zu einem solidarverträglichen selbstbestimmten Handeln immanent. [...] Diese sehr abstrakte Pflicht zu solidarverträglichem Verhalten ist keine gesetzlich normierte Pflicht des Sozialversicherten im Sinne einer rechtlichen Verantwortung, vielmehr ein Appell an die bestehende Eigenverantwortung des Sozialversicherten".

tungsteilung setzt aber zumindest die Möglichkeit von Handlungsalternativen voraus.[744] Solche werden bei der Wahl zwischen Impfung oder anschließender Übernahme der Behandlungskosten faktisch jedoch nicht bestehen. Eine Regelung, die eine Kostenabwälzung auf den ungeimpften Erkrankten vorsähe, hebelte diese Grundsätze aus. Der Einzelne muss aber auch in der ihm nach § 1 SGB V zugestandenen Eigenverantwortung genügend Raum haben, sich in Gesundheitsfragen nach seinen eigenen Vorstellungen zu verwirklichen.[745]

Entscheidend ist daher, dass § 1 SGB V, der das Solidarprinzip als Grundprinzip der Sozialversicherung einfachrechtlich normiert, keine rechtlichen Obliegenheiten des Versicherten statuiert.[746] Selbst wenn der Versicherte seiner Eigenverantwortlichkeit nur unzureichend nachkommt, dürfen hieraus für ihn keine Nachteile erwachsen, sofern nicht bereits ein Fall des § 52 SGB V vorliegt.[747] Ansonsten läge eine unzulässige Aufladung des Prinzips der Eigenverantwortlichkeit vor, die Eigenverantwortung mit Eigenverschulden gleichsetzte.[748] Mit der Abwälzung der Kostentragung auf den ungeimpften, erkrankten Versicherten würde dann eine faktische Pflicht geschaffen, die gegen § 1 SGB V und somit gegen das Solidarprinzip des Sozialstaats verstieße.[749] Gemessen an der Eigenart des Solidarprinzips, wechselseitig zu wirken, mag in der Verweigerung der Schutzimpfung und damit der Verhinderung der Herstellung einer Herdenimmunität zwar ein Verstoß gegen das Gebot solidarischen Verhaltens liegen (so pointiert *Butzer* mit der Feststellung, Solidarität dulde keine Drückebergerei[750]), dieses ist jedoch – wie aufgezeigt – nicht auf die finale Auslösung des Leistungsanspruchs gerichtet. Die Abwälzung der Behandlungskosten der entsprechenden Infektionskrankheit auf den ungeimpften Versicherten ist daher auch nach einem zu schaffenden Leistungsbeschränkungsregime wegen

---

[744] *Becker/Kingreen*, in: dies. (Hrsg.), SGB V Kommentar (2020), § 1 Rn. 7; *Süß*, Die Eigenverantwortung gesetzlich Krankenversicherter (2014), S. 147.

[745] *Zwermann-Milstein*, Grund und Grenzen einer verfassungsrechtlich gebotenen gesundheitlichen Mindestversorgung (2015), S. 258.

[746] *Becker/Kingreen*, in: dies. (Hrsg.), SGB V Kommentar (2020), § 1 Rn. 8; *Grühn*, Gesundheitsbezogene Handlungspflichten (2001), S. 51; *Schuler*, in: Hänlein/Schuler (Hrsg.), SGB V-Kommentar (2016), § 1 Rn. 3; *Süß*, Die Eigenverantwortung gesetzlich Krankenversicherter (2014), S. 148 f.; *Welti*, § 29 – Prävention, in: Igl/Welti (Hrsg.), Gesundheitsrecht (2018), Rn. 5; ähnlich *Riege*, Beitragsdifferenzierung, Gesundheitskontrolle, Gesundheitsförderung, in: SGb 1994, S. 464 (467); a. A. *Nebendahl*, in: Spickhoff (Hrsg.), Medizinrecht (2018), § 1 SGB V Rn. 2, 5, der von einer Verpflichtung des Versicherten ausgeht; tendenziell auch *Nassauer/Meyer*, Impfungen von Kindern und Jugendlichen auch gegen den Elternwillen?, in: BGesBl. 2004, S. 1230 (1234).

[747] Vgl. BT-Drs. 11/2237, S. 157; ähnlich *Grühn*, Gesundheitsbezogene Handlungspflichten (2001), S. 27; vgl. *Süß*, Die Eigenverantwortung gesetzlich Krankenversicherter (2014), S. 147.

[748] Vgl. *Süß*, Die Eigenverantwortung gesetzlich Krankenversicherter (2014), S. 153.

[749] Mit gleicher Tendenz *Gebert*, Verhaltens- und verhältnisbezogene Primärprävention (2020), S. 251.

[750] *Butzer*, Fremdlasten in der Sozialversicherung (2001), S. 510.

Verstoßes gegen das Solidarprinzip des Sozialstaats verfassungsrechtlich unzulässig.

Selbst bei rechtlicher Zulässigkeit der Kostenabwälzung gestaltete sich aber die praktische Umsetzung problematisch: Es bedürfte einer ausdrücklichen Verweigerung der Impfung, um diejenigen Personen auszuschließen, die die Impfung (etwa Auffrischungsimpfungen oder die Vervollständigung der Grundimmunisierung) lediglich „vergessen". Eine Nichtteilnahme an der Impfung ohne vorherige Aufforderung oder Abfrage der Impfbereitschaft als das eine Kostentragungspflicht auslösende „beredte Schweigen"[751] zu qualifizieren, erscheint unbillig, da insbesondere der vom individuellen Krankheitsverlauf abhängige Umfang der Kostentragungspflicht nicht absehbar ist. Soll bei einem zu schaffenden Leistungsausschluss an die bestehende Vorgabe des „Vorsatzes" i. S. v. § 52 SGB V angeknüpft werden, so erscheint eine Abwälzung der Behandlungskosten auf den Versicherten bei einem „Vergessen" der Impfung kaum denkbar. Es erscheint jedoch ebenso unbillig, bei „Vergessen" einer Impfung einen anderen Vorsatzmaßstab anzulegen als beim Leistungsausschluss nach § 52 SGB V, wenn doch die gleiche Rechtsfolge (Leistungsausschluss) greifen soll. Dann bestünde die Gefahr der uferlosen Anwendung von Leistungsausschlüssen bis hin zum Leerlaufen des Krankenversicherungssystems. Somit ist die Abwälzung der Behandlungskosten Ungeimpfter weder verfassungsrechtlich zulässig noch praktisch möglich.

(c) Festzuschuss-System

Ein weiterer Negativanreiz als milderes Mittel zu einer Impfpflicht könnte ein System ähnlich den Festzuschüssen zur Regelversorgung im Zahnersatz gemäß § 55 Abs. 1 SGB V sein, also der anteiligen Kostenübernahme des Versicherten.[752] Hierbei erhöht sich der selbst zu tragende Kostenanteil, wenn der Versicherte nur unregelmäßig an *zahn*ärztlichen Vorsorgeuntersuchungen teil-

[751] *„Qui tacet consentire videtur"* („Wer schweigt, scheint zuzustimmen") – Dieser Satz entspricht so allgemein nicht dem geltenden Recht, *v. Münch*, Sprechen und Schweigen im Recht, in: NJW 2002, S. 1995 (2000). Versucht man eine sinngleiche Anwendung des „beredten Schweigens", wie es unter bestimmten Umständen bei der bürgerlichrechtlichen Annahme des Vertragspartners anerkannt ist, so werden die Unterschiede zum Schweigen eines Leistungsempfängers von Krankenversicherungsleistungen deutlich, was das vorangegangene Ergebnis stützt: Im Bürgerlichen Recht kann dem Schweigen des Antragsempfängers nur ausnahmsweise ein als Zustimmung zu deutender Erklärungswert entnommen werden, wenn diese Deutung des Schweigens von den Vertragsparteien zuvor vereinbart wurde (*Busche*, in: Säcker/Rixecker/Oetker/Limperg [Hrsg.], Münchner Kommentar BGB [2018], § 147 Rn. 7). Die Situation der Pflichtversicherung in der gesetzlichen Krankenversicherung, wo also eine solche Zustimmung des Leistungsempfängers dann vom Gesetz antizipiert würde, ist mit einer vorherigen Vereinbarung, wie sie unter zwei gleichrangigen privaten Vertragspartnern getroffen wird, nicht vergleichbar.

[752] In ökonomischer Hinsicht eine Form der „direkten Selbstbeteiligung", *Wick*, Stärkung der Patientensouveränität (2015), S. 109; *Wolff/Zimmermann*, Impfförder- und Impffolgenrecht in der COVID-19-Pandemie, in: NVwZ 2021, S. 182 (185).

nimmt. Der Festzuschuss, den die GKV ohnehin trägt, bezieht sich regelmäßig nur auf die befundbezogene Regelversorgung[753], also die ausreichende, zweckmäßige und wirtschaftliche Versorgung, die sich am Stand der Wissenschaft orientiert.[754] Darüber hinausgehende Kosten trägt der Versicherte selbst.[755]

Die anteilig erhöhte Kostenübernahme des Festzuschusses durch die Krankenkasse bei regelmäßiger Teilnahme an zahnärztlichen Vorsorgeuntersuchungen gemäß § 55 Abs. 1 S. 3 SGB V stellt in rechtlicher Hinsicht daher lediglich eine „Belohnung" und somit ein Prä zur ohnehin gewährten Regelversorgung dar.[756] Der Versicherte erleidet bei der Nicht- oder nur unregelmäßigen Teilnahme kein „Malus", es entfällt gemäß § 55 Abs. 1 S. 4 SBG V lediglich die in Aussicht gestellte Erhöhung, da der Versicherte grundsätzlich nur einen Anspruch in Höhe des Festzuschusses hat.[757] Der Erklärungswert dieses „Schweigens" in Form der Nicht- oder unregelmäßigen Teilnahme kann somit allenfalls in der Weise interpretiert werden, dass ein „für eigene Bemühungen um die Gesunderhaltung der Zähne" in Aussicht gestellter Vorteil nicht in Anspruch genommen werden soll. Der Erklärungswert der Nichtteilnahme an einer Schutzimpfung müsste aber dann dahingehend interpretiert werden, dass ein Nachteil in Kauf genommen werden soll. Insofern läge in Bezug auf die (Nicht-) Inanspruchnahmen von Schutzimpfungen ein negativer Anreiz vor. Eine Vergleichbarkeit der geschilderten Fälle besteht also nicht.

Zwar handelt es sich nicht um ein „aliud" zur Pflicht, da die Entscheidungsfreiheit erhalten bleibt und anders als bei der (verfassungsrechtlich unzulässigen) vollständigen Abwälzung der Behandlungskosten kein faktischer Zwang vorliegt. Allerdings ist zu klären, ob das Festzuschussmodell auf Schutzimpfungen übertragbar ist. Zuschüsse zum Zahnersatz dienen im Gegensatz zur vollständigen Kostenübernahme dem Zweck, die Versicherten zur eigenverantwortlichen Zahnpflege zu motivieren.[758] Hierin liegt eine Ausprägung der Mitverantwortung i. S. v. § 1 SGB V.[759] Das Festzuschussmodell könnte etwa der-

[753] BT-Drs. 15/1525, S. 91; *Wick*, Stärkung der Patientensouveränität (2015), S. 208.

[754] *Beske/Golbach*, Festzuschüsse als zukunftsorientiertes Instrument der Hilfsmittelversorgung (2011), S. 38, 42; *Wick*, Stärkung der Patientensouveränität (2015), S. 208.

[755] *Beske/Golbach*, Festzuschüsse als zukunftsorientiertes Instrument der Hilfsmittelversorgung (2011), S. 42; vgl. *Wick*, Stärkung der Patientensouveränität (2015), S. 78, 210.

[756] BT-Drs. 15/1525, S. 92; *Gebert*, Verhaltens- und verhältnisbezogene Primärprävention (2020), S. 229; vgl. *Niggehoff*, in: Becker/Kingreen (Hrsg.), SGB V Kommentar (2020), § 55 Rn. 13; auch *Beske/Golbach*, Festzuschüsse als zukunftsorientiertes Instrument der Hilfsmittelversorgung (2011), S. 42.

[757] *Beske/Golbach*, Festzuschüsse als zukunftsorientiertes Instrument der Hilfsmittelversorgung (2011), S. 37; *Grühn*, Gesundheitsbezogene Handlungspflichten (2001), S. 62.

[758] BT-Drs. 11/2493, S. 13; vgl. *Heberlein*, in: BeckOK Sozialrecht (2021), § 55 SGB V Rn. 2. Vgl. aus volkwirtschaftlicher Sicht auch *Kern*, Ausgliederung von Leistungen für Zahnersatz aus der gesetzlichen Krankenversicherung, in: Institut für Volkswirtschaftslehre der Universität Augsburg (Hrsg.), Volkswirtschaftliche Diskussionsreihe No. 248 (2003), S. 3, der als weitere Zwecke die Reduktion der Gesundheitsausgaben nennt.

[759] Kritisch aber *Grühn*, Gesundheitsbezogene Handlungspflichten (2001), S. 60, die in

gestalt auf die Behandlungskosten[760] für impfpräventable Krankheiten durch die gesetzliche Krankenversicherung als Bonus für in Anspruch genommene Schutzimpfungen übertragen werden, dass im Krankheitsfall grundsätzlich nur 80 % der Behandlungskosten übernommen werden, wenn dessen Eintritt durch aktive Immunisierung[761] hätte verhindert werden können. Bei teilweise vorhandenem Impfschutz könnte sich der Anteil auf 90 % erhöhen, und nur bei vollständiger Immunisierung könnte eine volle Kostenübernahme seitens der Krankenversicherung erfolgen. Eine Übertragbarkeit des Zuschussmodells setzte aber eine vergleichbare Ausgangslage voraus, die eine rechtliche Gleichbehandlung beider Krankheitsfälle gemäß Art. 3 Abs. 1 GG legitimiert. Ausgehend von dieser Prämisse zeigen sich Unterschiede zwischen denjenigen Krankheitsfällen, die eine Behandlung mit Zahnersatz notwendig machen und denjenigen Fällen, bei denen eine impfpräventable Infektionskrankheit eine Behandlung erfordert:

Zunächst unterscheidet sich die individuelle Vorhersehbarkeit für den Versicherten in beiden Fällen deutlich. Fälle von ersatzbedürftigem Zahnverlust sind meist[762] auf eine Karieserkrankung durch mangelnde Zahnpflege zurückzuführen.[763] Bis ein Zahn nicht mehr durch konservierend-chirurgische Zahnbehandlungsleistungen erhalten werden kann, die gemäß § 28 Abs. 2 SGB V vollständig von der GKV getragen werden, sondern Zahnersatz gemäß § 55 Abs. 1 SGB V erforderlich wird, bedarf es einer Erkrankung von einiger Schwere, die auf einen entsprechend großen und/oder dauerhaften Sorgfaltsmangel bei der Zahnpflege seitens des Versicherten zurückzuführen ist. Der Eintritt des zahnersatzbedürftigen Krankheitsfalls ist für den Versicherten dementsprechend vorhersehbar, da dieser in unmittelbarer Kausalität zur Sorgfalt der eigenen Zahnpflege steht.[764] Die Ansteckung mit einer Infektionskrankheit ist dagegen keine zwingende Folge einer unterbliebenen Impfung. Wer nicht geimpft ist, erkrankt nicht automatisch, sondern erhält lediglich ein von Natur aus be-

der Fokussierung auf individuelle Risikovorsorge eher einen Fall individualverantwortlicher Selbsthilfe sieht.

[760] Die Ausgliederung von Leistungsbereichen aus der GKV ist aus verfassungsrechtlicher Sicht grundsätzlich nicht zu beanstanden, *Sodan*, Zur Verfassungsmäßigkeit der Ausgliederung von Leistungsbereichen aus der gesetzlichen Krankenversicherung, in: NZS 2003, S. 393 ff.

[761] Siehe dazu bereits § 2 A. I. 2. b) aa) „Aktive Immunisierung".

[762] Mit Ausnahme von traumatischem Zahnverlust durch Unfall, Gewalteinwirkung etc., bei dem häufig sind die Frontzähne betroffen sind.

[763] *Kern*, Ausgliederung von Leistungen für Zahnersatz aus der gesetzlichen Krankenversicherung, in: Institut für Volkswirtschaftslehre der Universität Augsburg (Hrsg.), Volkswirtschaftliche Diskussionsreihe No. 248 (2003), S. 16; *Schütte/Walter*, Zahnverlust und Zahnersatz vor dem Hintergrund des demographischen Wandels, in: Kirch/Badura (Hrsg.), Prävention (2006), S. 575 (577).

[764] Vgl. *Kern*, Ausgliederung von Leistungen für Zahnersatz aus der gesetzlichen Krankenversicherung, in: Institut für Volkswirtschaftslehre der Universität Augsburg (Hrsg.), Volkswirtschaftliche Diskussionsreihe No. 248 (2003), S. 6, der geradezu von einer „individuellen Planbarkeit" ausgeht.

stehendes Risiko aufrecht. Anders als beim Zahnersatz tritt die für die Erkrankung kausale Ansteckung erst mit dem hinzutretenden Verhalten eines Dritten ein und ist von dem Versicherten (jedenfalls auf sozialadäquate Weise) nicht beeinflussbar und damit nicht ausschließlich selbstverschuldet. Das Festzuschussmodell hingegen ist nur auf solche Gesundheitsleistungen ausgerichtet, deren auslösende Ursache ausschließlich im Verhalten des Versicherten liegt.[765] Eine Vergleichbarkeit liegt daher schon an dieser Stelle nicht vor; vielmehr handelt es sich um zwei wesensverschiedene Regelungsbereiche.

Darüber hinaus dürften sich die Ausgangssituationen auch im Hinblick auf die Behandlungserforderlichkeit unterscheiden: Während beim Zahnverlust zwar Beschwerden des gesamten Kauapparats, Kiefer- sowie Gelenkschmerzen zu befürchten sind[766], steht dem zumindest bei einigen Infektionskrankheiten Lebensgefahr gegenüber. Das Festzuschusssystem beim Zahnersatz soll dem Versicherten die Wahlfreiheit über die Art der Versorgung sichern[767], da mehrere Therapiemöglichkeiten zur Verfügung stehen, die sich in Art, Güte und Kosten unterscheiden. Die Wahlfreiheit hat bei der Behandlung von Infektionskrankheiten aufgrund ihrer Dringlichkeit aber einen anderen Stellenwert[768]: Hier steht nicht die Prävention langfristiger Beschwerden im Vordergrund, deren Effektivität zumindest teilweise von der Wahl der Therapiemethode abhängt, sondern die Linderung akuter Schmerzen sowie die Abwendung erheblicher akuter Gesundheits- oder Lebensgefahr. Dabei wird der Versicherte die Methode mit der höchsten Wirksamkeit sowie der geringsten Schmerzintensität wählen, weshalb eine souveräne Konsumentenentscheidung schon aufgrund der medizinischen Indikation nicht möglich ist.[769] Vielmehr muss hier sichergestellt werden, dass zutreffende medizinische Leistungen rechtzeitig in Anspruch genommen werden. Daher ist die Höhe der anfallenden Behandlungskosten und damit die individuelle finanzielle Belastung bei einer Infektionskrankheit wegen der Ungewissheit von Verlauf, Schwere und Dauer für den einzelnen Versicherten kaum absehbar.[770]

---

765 *Kern*, Ausgliederung von Leistungen für Zahnersatz aus der gesetzlichen Krankenversicherung, in: Institut für Volkswirtschaftslehre der Universität Augsburg (Hrsg.), Volkswirtschaftliche Diskussionsreihe No. 248 (2003), S. 4.

766 *Kern*, Ausgliederung von Leistungen für Zahnersatz aus der gesetzlichen Krankenversicherung, in: Institut für Volkswirtschaftslehre der Universität Augsburg (Hrsg.), Volkswirtschaftliche Diskussionsreihe No. 248 (2003), S. 16f.

767 BT-Drs. 15/1525, S. 92; *Wick*, Stärkung der Patientensouveränität (2015), S. 213.

768 Ähnlich *Grühn*, Gesundheitsbezogene Handlungspflichten (2001), S. 80; vgl. ähnlich zur Notwendigkeit der Aufklärung über mögliche Risiken der Behandlung in Abhängigkeit der Dringlichkeit der Behandlung *Deutsch*, Aufklärung und Einwilligung vor Impfungen, in: VersR 1998, S. 1053 (1055).

769 Vgl. *Süß*, Die Eigenverantwortung gesetzlich Krankenversicherter (2014), S. 168.

770 *Wick*, Stärkung der Patientensouveränität (2015), S. 17; vgl. *Tschurtschenthaler*, Gesundheit und Tourismus, in: Nussbaumer et al. (Hrsg.), FS Theurl (2011), S. 183 (186, 188), der vom „Einfluss des Schicksals" spricht.

Zudem ist die Behandlung von Infektionskrankheiten auch für die Verhinderung der weiteren Ausbreitung der Krankheit wichtig, während die von einem Zahnverlust ausgehenden Beeinträchtigungen – auch bei Behandlungsverzögerung – auf den einzelnen Versicherten beschränkt sind. Die Behandlung einer Infektionskrankheit ist auch aus sozialer Sicht notwendig, nicht nur aus Sicht des Erkrankten. Auch das vom Versicherten einzugehende Restrisiko ist bei der Vorbeugung jeweils von Zahnverlust bzw. Infektionskrankheiten unterschiedlich: Während die tägliche Zahnpflege in tatsächlicher Hinsicht weder einen schmerzintensiven Eingriff in die körperliche Integrität darstellt noch Nebenwirkungen beinhaltet, bleibt bei der Vornahme von Schutzimpfungen als Eingriff in die körperliche Integrität ein – wenn auch geringes – Risiko einer Nebenwirkung.

Im Ergebnis ist festzuhalten, dass sich die Krankheitskonstellation, in der die Behandlung einer Infektionskrankheit notwendig ist, in vielerlei Hinsicht von der Konstellation unterscheidet, in der ein Zahnersatz notwendig ist. Die krankenversicherungsrechtliche Ungleichbehandlung beider Konstellationen ist daher unter dem Gesichtspunkt des allgemeinen Gleichheitssatzes gemäß Art. 3 Abs. 1 GG geradezu geboten.[771] Die Übertragung des Zuschusssystems auf die Behandlung impfpräventabler Infektionskrankheiten nach fehlender Impfung wäre daher verfehlt.

(d) Kein Verdienstausfall bei Erkrankung an impfpräventabler Krankheit

Mit dem Masernschutzgesetz wurde ein weiterer negativer Anreizfaktor in das Infektionsschutzgesetz implementiert, der – ähnlich wie die vorangegangen vorgestellten GKV-Leistungsbeschränkungen – wie eine Sanktion für die Nicht-Inanspruchnahme öffentlich empfohlener Impfungen wirkt und somit ein milderes Mittel zu einer Impfpflicht darstellen könnte. Ein Entschädigungsanspruch wegen Verdienstausfalles infolge beruflichen Tätigkeitsverbotes nach § 31 IfSG gem. § 56 Abs. 1 S. 1 IfSG wird nunmehr dahingehend eingeschränkt, dass der Anspruch immer dann gem. § 56 Abs. 1 S. 4 IfSG ausgeschlossen ist, wenn die Voraussetzungen des Verbots durch den Verbotsadressaten selbst mittels Schutzimpfung hätten verhindert werden können.

Da die Eigenschaft des Verbotsadressaten als Kranker, Krankheitsverdächtiger, Ansteckungsverdächtiger oder Ausscheider bzw. seine potenzielle Überträgereigenschaft Voraussetzung für das Aussprechen des beruflichen Tätigkeitsverbotes nach § 31 IfSG durch die zuständige Behörde ist, liegt die Verhinderungsmöglichkeit stets in der vorherigen Inanspruchnahme der Schutzimpfung: Der Entschädigungsanspruch wegen Verdienstausfalles infolge eines beruflichen Tätigkeitsverbotes ist also immer dann ausgeschlossen, wenn die Voraussetzungen des beruflichen Tätigkeitsverbotes in Bezug auf eine Infek-

[771] Vgl. allgemein *Grühn*, Gesundheitsbezogene Handlungspflichten (2001), S. 262.

tionskrankheit vorliegen, gegen die eine Schutzimpfung öffentlich empfohlen oder sogar gesetzlich vorgeschrieben ist (wie bei Masern für bestimmte Berufsgruppen).

Anders als bei den zuvor vorgestellten negativen Anreizfaktoren im Bereich der gesetzlichen Krankenversicherung spricht zwar zunächst einmal nichts gegen die grundsätzliche *rechtliche* Zulässigkeit dieser Abwälzung des ökonomischen Risikos eines Verdienstausfalles auf den ungeimpften potenziellen Verbotsadressaten. Diese Maßnahme ist allerdings im Vergleich zu einer allgemeinen Impfpflicht weniger effektiv: Zunächst setzt das Aussprechen eines beruflichen Tätigkeitsverbotes eine entsprechende Gefahrerforschungstätigkeit mit dem Ziel der Generierung behördlicher Kenntnisse voraus, die dann erst die Möglichkeit des Verbots eröffnen, nicht aber schon den ursprünglichen Krankheitsausbruch verhindern können. Zum anderen liegt im Anspruchsausschluss für die Entschädigung eines Verdienstausfalles keine Anreizsetzung für die Impfung von Kindern als Hauptzielgruppe der Impfempfehlungen, sondern nur für berufstätige Erwachsene, die möglicherweise in der Lage sind, einen Verdienstausfall finanziell auch ohne staatliche Entschädigung zu bewältigen. Das gilt umso mehr, wenn in der individuellen Abwägung zwischen der Nichtinanspruchnahme einer Impfung und einem möglicherweise eintretenden Verdienstausfall die individuelle Entscheidung gegen eine Impfung überwiegt. Ein Verdienstausfall mit spürbarem finanziellen Nachteil tritt für einen Arbeitnehmer aber ohnehin erst dann ein, wenn keine Entgelt- bzw. Lohnfortzahlung nach § 3 EFZG oder § 616 BGB erfolgt.[772] Als Maßnahme zur Förderung der Herstellung einer Herdenimmunität in Erfüllung der grundrechtlichen Schutzpflicht eignet sich der Anspruchsausschluss also nur in äußerst begrenztem Maße. Er stellt kein Mittel dar, das die Erforderlichkeit einer allgemeinen Impfpflicht in Frage stellt.

(4) Impfstatusabhängiger Kindergartenbesuch

Ein milderes Mittel als die allgemeine Impfpflicht könnte der impfstatusabhängige Kindergartenbesuch sein.[773] § 24 Abs. 2, Abs. 3 SGB VIII statuiert den Rechtsanspruch jedes Kindes ab der Vollendung des ersten Lebensjahres auf Betreuung in einer Kindertagespflege bzw. in einer Tageseinrichtung.[774] Das Regelangebot ist bislang lediglich an den Tatbestand der Altersgrenze geknüpft.[775] Die Einführung eines impfstatusabhängigen Kindergartenbesuchs bedeute-

---

[772] Dazu weiterführend *Temming*, § 16 Infektionsschutzrechtliche Implikationen auf das Arbeitsrecht, in: Kluckert (Hrsg.), Das neue Infektionsschutzrecht (2021), Rn. 13 ff.

[773] Dafür jedenfalls *Deutscher Ethikrat*, Stellungnahme: Impfen als Pflicht? (2019), S. 43.

[774] *Lakies/Beckmann*, in: Münder/Meysen/Trenczek (Hrsg.), Frankfurter Kommentar SGB VIII (2019), § 24 Rn. 1; *Mers*, Infektionsschutz im liberalen Rechtsstaat (2019), S. 174; *Wersig*, in: Goerdeler/Wapler (Hrsg.), Onlinekommentar SGB VIII (2015), § 24 Rn. 3.

[775] *Scheiwe*, Rechtliche Rahmenbedingungen der Kindertageseinrichtungen, in: Scheiwe/Schuler-Harms (Hrsg.), Aktuelle Rechtsfragen der Familienpolitik (2008), S. 119.

te, den Rechtsanspruch auf einen Platz in einer Kindertageseinrichtung oder einer Kindertagespflege außerdem unter die Voraussetzung eines den Empfehlungen der Ständigen Impfkommission entsprechenden Impfschutzes zu stellen.[776] Aufgrund des Gesetzesvorbehalts bedürfte es für diese Voraussetzung einer Änderung des § 24 Abs. 2, Abs. 3 S. 1 SGB VIII[777], was im Rahmen der Masernimpfpflicht allerdings bislang versäumt wurde.[778] Kinder, deren Impf- bzw. Immunitätsstatus sich im Zeitpunkt der Antragsstellung altersentsprechend als unzureichend erweist, verlören dann ihren einklagbaren Rechtsanspruch auf Bereitstellung eines Platzes in einer Kindertagespflege bzw. Tageseinrichtung.[779]

Unabhängig von der rechtlichen Zulässigkeit der Anspruchsbeschränkung – entweder hypothetisch oder in Gestalt des diesbezüglich beanstandungswürdigen Masernschutzgesetzes[780] – ist im Rahmen der Erforderlichkeit einer allgemeinen Impfpflicht nach ihrer Effizienz zu fragen. Zwar handelt es sich bei dem impfstatusabhängigen Kindergartenbesuch – sofern der Rechtsanspruch auf Erteilung eines Tagespflege- oder -einrichtungsplatzes wahrgenommen werden soll – um eine mindestens faktische Impfpflicht, die prinzipiell geeignet ist, zur Herstellung einer höheren Durchimpfungsrate beizutragen. Jedoch er-

---

[776] *Amhaouach/Kießling*, Die Steigerung der Masernimpfraten von Kindern – Möglichkeiten und Grenzen des Rechts, in: MedR 2019, S. 853 (860).

[777] Vgl. *DIJuF e. V.*, Rechtsgutachten „Bindung der Inanspruchnahme eines Betreuungsplatzes an durchgeführte Impfungen des Kindes", in: JAmt 2018, S. 95; *Amhaouach/Kießling*, Die Steigerung der Masernimpfraten von Kindern – Möglichkeiten und Grenzen des Rechts, in: MedR 2019, S. 853 (860).

[778] Die Masernimpfpflicht statuiert faktisch eine Pflicht, neben dem bisher einzigen Tatbestandsmerkmal des Vorliegens eines bestimmten Alters in § 24 Abs. 2, Abs. 3 S. 1 SGB VIII nun auch ein weiteres Merkmal, nämlich einen vollständigen Impfstatus gegen Masern im Sinne des § 20 Abs. 8 S. 2 IfSG oder eine Immunität vorzuweisen bzw. den Nachweis einer medizinischen Kontraindikation zu erbringen. Anderenfalls kann die Wahrnehmung des Anspruchs durch das Aussprechen von Betretungsverboten vereitelt werden. Die Durchsetzbarkeit des Anspruchs auf einen Platz in einer Kindertageseinrichtung oder Tagespflege wird also unter den Vorbehalt der Erfüllung der Voraussetzung des § 20 Abs. 8 IfSG gestellt. Mit dieser Kritik auch *Rixen*, Verfassungsfragen der Masernimpfpflicht – Rechtsgutachten für „Ärzte für Individuelle Impfentscheidung e. V." (2019), S. 97.

[779] *Amhaouach/Kießling*, Die Steigerung der Masernimpfraten von Kindern – Möglichkeiten und Grenzen des Rechts, in: MedR 2019, S. 853 (860).

[780] Nach der derzeitigen Rechtslage sind § 20 Abs. 8 S. 1 Nr. 1 IfSG und § 24 Abs. 2, Abs. 3 S. 1 SGB VIII nicht miteinander vereinbar. Wenn das Alter des Anspruchsinhabers weiterhin das einzige Tatbestandsmerkmal des unveränderten § 24 Abs. 2, Abs. 3 S. 1 SGB VIII darstellen soll, ergibt sich aus der Nachweispflicht gem. § 20 Abs. 9 IfSG bezüglich des Anspruchs auf Bereitstellung eines Betreuungsplatzes mindestens eine Obliegenheit, die sich faktisch wie ein weiteres Tatbestandsmerkmal auswirkt. Hier wäre eine Klarstellung des § 24 Abs. 2, Abs. 3 S. 1 SGB VIII wünschenswert, zumal § 24 Abs. 6 SGB VIII ausdrücklich die Unberührtheit weitergehender *landes*rechtlicher Vorschriften vorsieht. Der Umkehrschluss daraus müsste lauten, dass weitergehendes *Bundes*recht, so wie § 20 Abs. 8 Nr. 1 IfSG, der rechtlich eine Obliegenheit, faktisch aber eine *weitere* Anspruchsvoraussetzung normiert, berührt würde. Fraglich ist also, welche der beiden Vorschriften vorrangig ist. So auch dargestellt bei *Gebhard*, in: Kießling (Hrsg.), Infektionsschutzgesetz Kommentar (2021), § 20 Rn. 55.

höhte eine derartige Maßnahme die Gefahr der Bildung privater Betreuungsinitiativen impfkritischer Eltern. In solchen privaten Kindergruppen, in denen sich folglich ausschließlich ungeimpfte oder nur unzureichend geimpfte Kinder sammelten, wäre die Gefahr einer Verbreitung von Krankheitserregern im Vergleich zu Kindergruppen mit überwiegend immunisierten Kindern ungleich höher.[781] Je nach Kontagionsindex und Kontagiosität eines Krankheitserregers (bei Masern jeweils annähernd bei 100 %[782]) verdichtete sich das Risiko zu einer überwiegenden Wahrscheinlichkeit einer Ansteckung, da eine Infektionsbarriere dann vollständig fehlte. Ein solches Geschehen begäbe die Eltern der in privaten Gruppen zu betreuenden Kinder dann in die Nähe einer Strafbarkeit wegen gefährlicher Körperverletzung in mittelbarer Täterschaft.[783] Ausgeweitet würde diese Gefahrenlage außerdem, wenn betroffene Kinder jüngere Geschwisterkinder haben, die altersbedingt noch Teil der impfunfähigen und damit schutzbedürftigen Risikogruppe sind.

Gleichwohl ist ein solches Szenario zwar nicht sicher vorhersagbar, aber auch nicht unmöglich.[784] Der Gesetzgeber muss sich bei der Auswahl seiner Mittel angesichts der Wertigkeit der Rechtsgüter Leben und körperliche Unversehrtheit indes – wie hier nochmals hervorzuheben ist – nicht auf ein unsicheres Mittel verlassen.[785] Dies gilt umso mehr, wenn das mildere Mittel sogar die Gefahr birgt, den legitimen Zweck zu torpedieren. Die Einführung eines impfstatusabhängigen Kindergartenbesuchs würde das (wenn auch geringe) Risiko bergen, zu einer Verlagerung des Problems zu führen, nicht jedoch zur wirksamen Erfüllung der grundrechtlichen Schutzpflicht mittels Förderung der Herstellung einer Herdenimmunität. Die Beschränkung einer Impfpflicht auf die Gruppe der Kindergartenkinder könnte sogar eine unzulässige „Verantwortungszuschreibung" auf diese Personengruppe darstellen, obgleich gerade auch andere ungeimpfte bzw. nicht immune Personen das Risiko der Ansteckung für Angehörige der schutzbedürftigen Risikogruppe verursachen können.[786] Ein milderes Mittel kann die Voraussetzung des vollständigen Impfstatus für den Rechtsanspruch auf einen Betreuungsplatz nach § 24 Abs. 2, 3 SGB VIII also nicht darstellen.

---

[781] So auch *Komp/Thrun*, Impfzwang als verfassungsrechtlich zulässiges Mittel gegen Masern?, in: JA 2020, S. 196 (199).

[782] Vgl. dazu später § 3 B. II. 3. a) „Masern".

[783] *Roth*, Die Strafbarkeit von Masernpartys (2013), S. 167.

[784] *Rixen*, Verfassungsfragen der Masernimpfpflicht – Rechtsgutachten für „Ärzte für Individuelle Impfentscheidung e. V." (2019), S. 84.

[785] Vgl. *Hillgruber*, Grundrechtsschranken, in: Isensee/Kirchhof (Hrsg.), HStR IX (2011), § 201 Rn. 70.

[786] Vgl. z. B. *Rixen*, Verfassungsfragen der Masernimpfpflicht – Rechtsgutachten für „Ärzte für Individuelle Impfentscheidung e. V." (2019), S. 84.

(5) Impfstatusabhängiger Schulbesuch

Auch der Nachweis einer Impfung als Voraussetzung für den Schulbesuch könnte eine mildere Maßnahme als eine allgemeine Impfpflicht darstellen. Sie ist jedenfalls dann milder, allerdings auch weniger effektiv und kann somit nicht zur Verfassungswidrigkeit einer allgemeinen Impfpflicht führen, wenn die Schulpflicht dabei (wie in der Regelung der Masernimpfpflicht[787]) unberührt bleibt. Ein Zurückstehen der allgemeinen Impfpflicht hinter der Schulpflicht bedeutet in Bezug auf die Herstellung einer Herdenimmunität zur Erfüllung der grundrechtlichen Schutzpflicht nämlich, dass die tatsächliche Gefährdungslage innerhalb der Schule als Gemeinschaftseinrichtung nicht abgemildert wird[788], da auch nicht immune Kinder weiterhin Teil der Gemeinschaft sein können. Dadurch ist denkbar, dass die Infektionsbarriere innerhalb der Teilpopulation ebenso durchlässig bliebe wie zuvor. Das gilt erst recht, wenn man bedenkt, dass vorhandene Immunitätslücken sich nicht nur auf Personen im schulpflichtigen Alter beziehen, so dass bei einer Impfpflicht, die sich nur auf schulpflichtige Personen bezieht, hinsichtlich des legitimen Ziels wenig gewonnen wäre.[789]

Fraglich ist jedoch die verfassungsrechtliche Zulässigkeit einer Verknüpfung von Impfpflicht und Schulpflicht, so dass ungeimpfte Kinder möglicherweise nie in die Schule aufgenommen werden dürften. Den Schulbesuch an die Bedingung der Impfung zu knüpfen, stellt sich allerdings im Hinblick auf ihre Eingriffsintensität als „aliud" dar. Eine derartige Maßnahme ist allenfalls *quantitativ* milder, da sie im Vergleich zur allgemeinen Impfpflicht einen kleineren Personenkreis umfasst. Ein dauerhafter Vorrang der Impfpflicht vor der Schulpflicht wäre verfassungsrechtlich jedoch unzulässig: Bei einer Verknüpfung von Impfpflicht und Schulpflicht läge inhaltlich eine Kollisionslage vor, weil die landesrechtliche Regelung eine Schulpflicht festlegt, die von der bundesgesetzlichen Regelung einer Impfpflicht dergestalt torpediert würde, dass bei fehlendem Impfschutz bzw. fehlender Immunität ein langfristiges Verbot des Schulbesuchs griffe. Ein ungeimpfter bzw. nicht immuner Schüler könnte nicht beide Pflichten gleichzeitig erfüllen. Da sich dem Grundgesetz selbst keine Regelung über eine Schulpflicht entnehmen lässt[790], wäre hier grundsätzlich der Impfpflicht als bundesrechtlicher Regelung gemäß Art. 31 GG Vorrang zu gewähren.

[787] Dazu vertiefend *Gebhard*, in: Kießling (Hrsg.), Infektionsschutzgesetz Kommentar (2021), § 20 Rn. 57 f.

[788] Vgl. ähnlich *Rixen*, Verfassungsfragen der Masernimpfpflicht – Rechtsgutachten für „Ärzte für Individuelle Impfentscheidung e. V." (2019), S. 7.

[789] Mit dieser Tendenz auch *Rixen*, Verfassungsfragen der Masernimpfpflicht – Rechtsgutachten für „Ärzte für Individuelle Impfentscheidung e. V." (2019), S. 5, 65 ff., 84.

[790] Für viele BVerfGE 6, 309 (354); 53, 185 (196); *Badura*, in: Dürig/Herzog/Scholz GG Kommentar (2021), Art. 7 Rn. 5; *Brosius-Gersdorf*, in: Dreier (Hrsg.), GG Kommentar, Bd. 1 (2013), Art. 7 Rn. 130; *Wolff*, in: Hömig/Wolff GG Kommentar (2018), Art. 7 Rn. 4; a. A. aber *Bader*, in: Umbach/Clemens (Hrsg.), Mitarbeiterkommentar GG, Bd. 1 (2002), Art. 7 Rn. 43, 45; *Barczak*, Die Entwicklung des Schulverwaltungs- und Schulverfassungsrechts, in: NVwZ 2014, S. 1556; ähnlich auch *Fetzer*, Die Zulässigkeit der Schulpflicht nach Art. 7 Abs. 1 GG, in:

Dieses Ergebnis erweist sich jedoch angesichts der vorrangigen Geltung von Art. 142 GG als *lex specialis* vor Art. 31 GG als problematisch, wonach in den Landesverfassungen normierte Grundrechte vom Geltungsvorrang des Grundgesetzes unberührt bleiben, also nicht durch Art. 31 GG „gebrochen" werden, sofern sie mit Art. 1–18 GG in Einklang stehen.[791] Die Rechtsfolge des Art. 31 GG tritt in diesen Fällen nicht ein.[792]

Bei der landesverfassungsrechtlich verankerten Schul*pflicht* kann es sich zwar bereits dem Wortlaut nach nicht um ein Grund*recht* handeln. Grundpflichten – wie die Schulpflicht[793] – fallen indes nicht in den Regelungskreis des Art. 142 GG[794] und sind damit grundsätzlich der Rechtsfolge des Art. 31 GG zugänglich. Allerdings *dient* die Schulpflicht zumindest in den Ländern, die das „[Grund]Recht auf Bildung" verfassungsrechtlich verankert haben[795], gerade der Durchsetzung dieses Rechts.[796] Dieser „Dienst" der Schulpflicht für die Durchsetzung des Landes[grund]rechts auf Bildung wirkt zwar nicht unmittelbar wie ein landesverfassungsrechtlich verbürgtes Grundrecht und kann somit nicht die in Art. 142 GG festgelegte Unberührtheit von der Rechtsfolge des Art. 31 GG für sich in Anspruch nehmen. Allerdings gewährleistet die Schulpflicht zumindest die Durchsetzung des Landesgrundrechts, das seinerseits unter die Rechtsfolge des Art. 142 GG fällt.[797] Daher entstünde bei der ab-

RdJB 1993, S. 91 (94); *Hofmann*, in: Schmidt-Bleibtreu/Hofmann/Henneke GG Kommentar (2018), Art. 7 Rn. 5; *Thiel*, in: Sachs (Hrsg.), GG Kommentar (2021), Art. 7 Rn. 12.

[791] *Dreier*, in: ders. (Hrsg.), GG Kommentar, Bd. 3 (2018), Art. 142 Rn. 29; *Germann*, in: BeckOK GG (2021), Art. 142 Rn. 15; *Gubelt/Hanschel*, in: v. Münch/Kunig GG Kommentar, Bd. 1 (2021), Art. 31 Rn. 2; *Hellermann*, in: BeckOK GG (2021), Art. 31 Rn. 6; *Wolff*, in: Hömig/Wolff GG Kommentar (2018), Art. 31 Rn. 2 allerdings mit dem Einwand, dass es Art. 142 GG nicht bedurft hätte.

[792] *Kunig/Hanschel*, in: v. Münch/Kunig GG Kommentar, Bd. 2 (2021), Art. 142 Rn. 7.

[793] *Schmidt*, Grundpflichten (1999), S. 270.

[794] *Dreier*, in: ders. (Hrsg.), GG Kommentar, Bd. 3 (2018), Art. 142 Rn. 36; tendenziell auch *Kunig/Hanschel*, in: v. Münch/Kunig GG Kommentar, Bd. 2 (2012), Art. 142 Rn. 7.

[795] So etwa Baden-Württemberg (Art. 11 Abs. 1 Verfassung des Landes Baden-Württemberg), Bayern (Art. 128 Abs. 1 Verfassung des Freistaates Bayern), Berlin (Art. 20 Abs. 1 Verfassung von Berlin), Brandenburg (Art. 29 Abs. 1 Verfassung des Landes Brandenburg), Bremen (Art. 27 Abs. 1 Landesverfassung der Freien Hansestadt Bremen), Mecklenburg-Vorpommern (Art. 8 Verfassung des Landes Mecklenburg-Vorpommern), Niedersachsen (Art. 4 Abs. 1 Niedersächsische Verfassung), Nordrhein-Westfalen (Art. 6 Abs. 3 Verfassung für das Land Nordrhein-Westfalen), Rheinland-Pfalz (Art. 31 Verfassung für Rheinland-Pfalz), Saarland (Art. 24a Abs. 1 Verfassung des Saarlandes), Sachsen (Art. 29 Verfassung des Freistaates Sachsen), Sachsen-Anhalt (Art. 11 Abs. 3 Verfassung des Landes Sachsen-Anhalt), Schleswig-Holstein (Art. 10 Abs. 3 Verfassung des Landes Schleswig-Holstein), Thüringen (Art. 20 Verfassung des Freistaates Thüringen); anders aber *Günther*, Die Auslegung des Rechts auf Bildung (2007), S. 189, die in diesen Bestimmungen entgegen des Wortlauts lediglich Staatszielbestimmungen sieht.

[796] *Badura*, in: Dürig/Herzog/Scholz GG Kommentar (2021), Art. 7 Rn. 5; vgl. exemplarisch für die Regelung des Art. 4 Abs. 2 der Verfassung des Landes Niedersachsen *Nolte/Ulrich*, in: HanKom NV (2021), Art. 4 Rn. 24.

[797] Auch solche Bestimmungen sollen von Art. 142 GG umfasst sein, vgl. *Germann*, in: BeckOK GG (2021), Art. 142 Rn. 6.

soluten Vorrangposition einer bundesrechtlichen Impfpflicht für Kinder und Jugendliche vor der landesrechtlich normierten Schulpflicht – als Ausdruck des Rechts auf Bildung – mit der Rechtsfolge eines dauerhaften Schulausschlusses ein erheblicher grundrechtlicher Wertungswiderspruch[798]:

Der dauerhafte Ausschluss von schulischer Bildung hätte für den Einzelnen gravierende und im Ergebnis unverhältnismäßige Auswirkungen[799]: Mag die Bedeutung des Rechts auf Bildung sich auch nicht allein auf schulische Bildung erstrecken[800], macht aber gerade die schulische Bildung aufgrund ihrer Verknüpfung mit zu erwerbenden Abschlüssen als Voraussetzung für den Erwerb weiterer Qualifikationen einen gewichtigen Anteil am Recht auf Bildung aus. Die Schulpflicht als Durchsetzungsinstrument des Rechts auf Bildung ist nämlich gerade „getragen von dem Erziehungsgedanken der Aufklärung, die erste und elementare Verwirklichung einer auf Volksbildung und Chancengleichheit abstellenden Bildungspolitik" darzustellen.[801] Der Erwerb von Bildung in der Schule mit entsprechenden Abschlüssen, die die Grundlage eines späteren Berufslebens bilden, ist zugleich die Grundlage aller späteren Erwerbstätigkeit.[802] Der Schule kommt also nicht zuletzt die Aufgabe der Schaffung von Grundrechtsvoraussetzungen (wie etwa für die Ausübung der Berufsfreiheit) zu.[803] Der generelle Schulausschluss wegen fehlender Impfung bzw. fehlender Immunität wirkt also nicht nur punktuell, sondern hat Folgen für das ganze Leben, die sich auch unter dem Gesichtspunkt der Folgen für den Sozialstaat nicht als staatlich gewollt herausstellen können. Die Verknüpfung von Impfpflicht und Schulpflicht wirkt damit deutlich gravierender als etwa der impfstatusabhängige Kindergartenbesuch und schießt somit hinsichtlich ihrer belastenden Folgen über das Schutzziel einer allgemeinen Impfpflicht, eine Herdenimmunität herzustellen, hinaus und wäre damit verfassungswidrig.[804]

---

[798] Tendenziell *Deutscher Ethikrat*, Stellungnahme: Impfen als Pflicht? (2019), S. 77; a. A. aber prinzipiell *Germann*, in: BeckOK GG (2021), Art. 142 Rn. 19, der der Auffassung ist, dass die vom Bundesrecht determinierten Rechtsfolgen nicht an den Landesgrundrechten zu messen seien, denn was die Bundesgrundrechte erlaubten, könnten weitergehende Landesgrundrechte nicht verbieten; auch *Sannwald*, in: Schmidt-Bleibtreu/Hofmann/Henneke GG Kommentar (2018), Art. 31 Rn. 41.

[799] Zustimmend ähnlich *Ratzel*, Der Entwurf für ein neues Masernschutzgesetz, in: GesR 2019, S. 560 (562).

[800] So *Thiel*, Der Erziehungsauftrag des Staates in der Schule (2000), S. 58.

[801] *Badura*, in: Dürig/Herzog/Scholz GG Kommentar (2021), Art. 7 Rn. 5.

[802] Ähnlich *Brosius-Gersdorf*, in: Dreier (Hrsg.), GG Kommentar, Bd. 1 (2013), Art. 7 Rn. 23, 26.

[803] *Brosius-Gersdorf*, in: Dreier (Hrsg.), GG Kommentar, Bd. 1 (2013), Art. 7 Rn. 23; *Robbers*, in: v. Mangoldt/Klein/Starck GG Kommentar, Bd. 1 (2018), Art. 7 Rn. 6.

[804] Vgl. mit einem ähnlichem Ergebnis in anderem Zusammenhang *Hofmann*, in: Schmidt-Bleibtreu/Hofmann/Henneke GG Kommentar (2018), Art. 7 Rn. 16, der vertritt, die Eltern würden bei einer anhaltenden Weigerung, das Kind zur Schule zu bringen, dessen geistiges und seelisches Wohl gefährden. A. A. aber *Staudinger*, Verfassungsrechtliche Untersuchung

(6) Weitere Maßnahmen nach dem Infektionsschutzgesetz

Mildere, gleich effektive Mittel zur Erfüllung der Schutzpflicht könnten sich ferner aus weiteren Maßnahmen zur Verhütung und Bekämpfung der Übertragung von Infektionskrankheiten gemäß §§ 16 ff., 24 ff. IfSG ergeben, wie sie – kontrovers diskutiert – insbesondere im Rahmen der Bekämpfung der Corona-Pandemie zum Einsatz kommen. Den Maßnahmen zur Bekämpfung übertragbarer Krankheiten gehen stets behördliche Ermittlungen gemäß § 25 Abs. 1 IfSG voraus, welche ihrerseits schon aufgrund eines niedrigschwelligen Anfangsverdachts (Gefahrenverdacht) ausgelöst werden.[805]

Fraglich ist, ob die Meldepflicht gemäß § 6 ff. IfSG eine im Vergleich zur Impfpflicht mildere Maßnahme darstellt. Danach sind der Krankheitsverdacht, die Erkrankung selbst sowie der Tod durch die in § 6 Abs. 1 Nr. 1 a)–t) IfSG genannten Krankheiten sowie der Nachweis von Krankheitserregern gemäß § 7 Abs. 1 Nr. 1–52 IfSG an das Gesundheitsamt zu melden. Allerdings zielen Meldepflichten zuvörderst darauf ab, dass die Gesundheitsbehörden im Interesse der Allgemeinheit überhaupt erst tätig werden können.[806] Ziel der Meldepflicht ist also erst die Ermöglichung der Gefahrenabwehr durch infektionsschutzrechtliche Maßnahmen.[807] Diese können als anlassbezogene Maßnahmen stets erst zu einem Zeitpunkt eingreifen, in dem schon mindestens ein Krankheitsverdacht besteht, weshalb sie eine Verbreitung übertragbarer Krankheiten nicht generell verhindern, sondern nur im konkreten Fall auf eine Gefahrensituation reagieren können. Entgegen dem Standort innerhalb des Infektionsschutzgesetzes sind die Vorschriften über die Meldepflicht sachlich den Bekämpfungsvorschriften zuzuordnen.[808] Die Meldepflicht stellt somit kein Mittel im Sinne der Erforderlichkeit dar.

Eine mildere Maßnahme könnten postexpositionelle Impfungen[809] (sog. Riegelungsimpfungen) darstellen. Riegelungsimpfungen sind zunächst von Inkubationsimpfungen zu unterscheiden: Letztere sind aktive Immunisierungen und werden einer einzelnen Person während der Inkubationszeit einer Krank-

der Impfgesetzgebung in Deutschland (2021), S. 181, die ein dauerhaftes Betretungsverbot für Nichtgeimpfte in Schulen für verfassungskonform hält.

805 *Höhl/Siewerin/Feil*, Ausbruchsmanagement von Masern, in: BGesBl. 2013, S. 1287 (1288).

806 *Erdle*, Infektionsschutzgesetz (2021), § 6 Rn. 22; *Mers*, Infektionsschutz im liberalen Rechtsstaat (2019), S. 35; *Steinau-Steinrück*, Die staatliche Verhütung und Bekämpfung von Infektionskrankheiten (2013), S. 86.

807 *Mers*, Infektionsschutz im liberalen Rechtsstaat (2019), S. 35 f.

808 So bereits die Gesetzesbegründung für die Vorschriften über das Meldewesen im Bundesseuchengesetz, BT-Drs. 03/1888, S. 20; *Costard*, Öffentlich-rechtliche Probleme beim Auftreten einer neuen übertragbaren Krankheit (1989), S. 92; *Steinau-Steinrück*, Die staatliche Verhütung und Bekämpfung von Infektionskrankheiten (2013), S. 86.

809 Bei Postexpositionsprophylaxe, zu der auch postexpositionelle Impfungen zählen, handelt es sich um die Prophylaxe einer Infektion nach Kontakt mit erregerhaltigem Material, *Pschyrembel*, Klinisches Wörterbuch (2020), Stichwort „Postexpositionsprophylaxe“, S. 1416.

heit verabreicht, um den Ausbruch der Krankheit noch zu verhindern oder zumindest deren Verlauf abzumildern.[810] Hauptanwendungsfälle sind allerdings solche Krankheiten, bei denen der Übertragungszeitpunkt bekannt ist (so etwa bei Tollwutverdacht nach Tierbiss oder bei Tetanus).[811] Bei den meisten Infektionskrankheiten mit mehrtätiger Inkubationszeit (bei Pertussis etwa bis zu 28 Tage[812]) sind sowohl der Übertragungszeitpunkt als auch die Person des Überträgers aber meist unbekannt. Inkubationsimpfungen unterscheiden sich aus medizinischer Sicht nicht wesentlich von einer präventiven Schutzimpfung und sind daher bei impfunfähigen Personen unanwendbar. Riegelungsimpfungen sind demgegenüber aktive Immunisierungen, die einer größeren Gruppe von Personen mit ungenügendem Impfschutz verabreicht werden, die innerhalb einer Gemeinschaftseinrichtung, in der ein Krankheitsfall aufgetreten ist, möglicherweise mit der erkrankten Person in Kontakt gekommen sind.[813] Sie können also nur bei Personen durchgeführt werden, die nach aktueller Rechtslage „Krankheitsverdächtige" i. S. v. § 2 Nr. 5 IfSG oder „Ansteckungsverdächtige" i. S. v. § 2 Nr. 7 IfSG sind. Riegelungsimpfungen kann die Gesundheitsbehörde aufgrund der Generalklausel § 28 Abs. 1 S. 1 IfSG anbieten, eine Teilnahme wird jedoch nur empfohlen und ist daher freiwillig.[814]

Da § 28 Abs. 1 S. 1 IfSG aber an eine konkrete Gefahrenlage bzw. einen konkreten Gefahrenverdacht anknüpft[815], ist das Ziel von postexpositionellen Impfungen nur die Verhinderung der Ausbreitung der Infektion, nachdem der Krankheitserreger bereits in einem einzelnen Fall (Indexfall) zum Ausbruch gelangt ist. Es geht nicht um die prinzipielle Verhinderung der Weitergabe des Erregers und die Herstellung einer flächendeckenden Immunität, sondern lediglich um die Kontrolle einer bereits ausgebrochenen lokalen Epidemie („outbreak control").[816] Wenngleich das Mittel der postexpositionellen Impfungen im Vergleich zu einer allgemeinen, präventiven Impfpflicht auch ein milderes Mittel sein mag, so erweisen sich Riegelungsimpfungen im Hinblick auf die Infektionsprävention als weniger effektiv als routinemäßige Schutzimpfungen. Sie stellen kein Mittel dar, das der Erforderlichkeit einer allgemeinen Impfpflicht entgegenstünde.

---

[810] *Heininger*, Inkubationsimpfungen, in: Monatsschrift Kinderheilkunde 2000, S. 274.

[811] *Heininger*, Inkubationsimpfungen, in: Monatsschrift Kinderheilkunde 2000, S. 274, 275.

[812] *Heininger*, Inkubationsimpfungen, in: Monatsschrift Kinderheilkunde 2000, S. 274 (275).

[813] *Heininger*, Inkubationsimpfungen, in: Monatsschrift Kinderheilkunde 2000, S. 274.

[814] *Höhl/Siewerin/Feil*, Ausbruchsmanagement von Masern, in: BGesBl. 2013, S. 1287; Für die Anordnung einer Impfung bedürfte es wohl zumindest einer speziellen gesetzlichen Ermächtigungsgrundlage.

[815] *Kießling*, in: dies. (Hrsg.), Infektionsschutzgesetz Kommentar (2021), § 2 Rn. 23; *Mers*, Infektionsschutz im liberalen Rechtsstaat (2019), S. 192.

[816] *Heininger*, Inkubationsimpfungen, in: Monatsschrift Kinderheilkunde 2000, S. 274.

Eine mildere Maßnahme als eine allgemeine Impfpflicht könnten aber Betretungsverbote für Gemeinschaftseinrichtungen wie etwa Schulen und Kindertagesstätten sein, die beim Auftreten einer übertragbaren Krankheit in einer solchen Gemeinschaftseinrichtung (Indexfälle) gegenüber ungeimpften Kindern bzw. Schülern gemäß § 28 bzw. § 34 IfSG[817] ausgesprochen werden.[818] Betretungsverbote für Gemeinschaftseinrichtungen sind unter dem Aspekt der Erforderlichkeit einer allgemeinen Impfpflicht allerdings problematisch, da bereits ihr Nutzen in der konkreten Gefahrensituation bezweifelt wird.[819] Das schärfste Argument gegen eine gleich hohe Effektivität hinsichtlich der Eignung als milderes Mittel zu einer allgemeinen Impfpflicht ist aber, wie bereits bei der Beurteilung der Effektivität von Riegelungsimpfungen, dass es sich nicht um eine Maßnahme der Prävention handelt, sondern um ein gefahrenabwehrrechtliches Instrument des „Ausbruchsmanagements".[820] Es ist nur geeignet, das „Ausbruchsgeschehen zu begrenzen", nicht aber, es schon im Vorfeld zu verhindern.[821] Die Verhinderung schon der Entstehung eines Ausbruchsgeschehens kann indes nur durch die Herstellung der Herdenimmunität erfolgen. Betretungsverbote für Gemeinschaftseinrichtungen führen jedoch bei dessen Adressaten nicht zu einer Immunität, die zur Verhinderung eines weiteren Ausbruchs beitragen kann.

Insgesamt erweisen sich die Maßnahmen des Infektionsschutzrechts im Hinblick auf die Erreichung des legitimen Zwecks als nicht gleich effektiv. Das Ziel aller Bekämpfungsmaßnahmen nach dem IfSG[822] ist nicht die Infektions*vorsorge*, sondern die Infektions- im Sinne einer Gefahren*abwehr*, die innerhalb einer bestimmten Frist nach Auftreten der ersten Krankheitssymptome beim Indexfall erfolgen muss.[823] Ist eine Gefahrensituation, auf die mit Mitteln des Infektionsschutzgesetzes reagiert werden kann, erst eingetreten, so ist die Möglichkeit nicht mehr auszuschließen, dass sich der Risikogruppe angehörende Personen bereits infiziert haben. Die grundrechtliche Schutzpflicht läuft in diesen Fällen

---

817 Vgl. eingehend *Kießling*, in: dies. (Hrsg.), Infektionsschutzgesetz Kommentar (2021), § 28 Rn. 27 ff. sowie *Schweigler*, in: Kießling (Hrsg.), Infektionsschutzgesetz Kommentar (2021), § 34 Rn. 3 ff.

818 Die einschlägige Vorschrift des § 34 IfSG ist durch die Einführung der Masernimpfpflicht, die in § 20 Abs. 9–13 IfSG ihrerseits Betretungsverbote statuiert, die allerdings unabhängig vom Vorliegen eines Indexfalls zum Tragen kommen und lediglich für Masern gelten, nicht geändert worden.

819 *Weigl*, Die Sinnhaftigkeit von Schulbetretungsverboten, in: Präv Gesundheitsf 2019, S. 102 ff., dessen Berechnungen zur Kontagiosität jedoch von deutlich zu geringen Basisreproduktionszahlen auszugehen scheint; vgl. auch *Trute*, Pandemien als potentiell globale Katastrophe, in: GSZ 2018, S. 125 (132).

820 *Höhl/Siewerin/Feil*, Ausbruchsmanagement von Masern, in: BGesBl. 2013, S. 1287.

821 *Höhl/Siewerin/Feil*, Ausbruchsmanagement von Masern, in: BGesBl. 2013, S. 1287.

822 *Mers*, Infektionsschutz im liberalen Rechtsstaat (2019), S. 177 f.

823 Beim Ausbruch von Masern müssen Riegelungsimpfungen binnen drei Tagen erfolgen, *Höhl/Siewerin/Feil*, Ausbruchsmanagement von Masern, in: BGesBl. 2013, S. 1287 (1288).

genauso leer, als wenn der Staat gänzlich von Schutzmaßnahmen zugunsten der Risikogruppe abgesehen hätte. Obwohl es sich bei den krankheitsverhütenden und -bekämpfenden Maßnahmen des Infektionsschutzgesetzes zweifellos um wichtige Maßnahmen zur Gefahrenabwehr handelt[824], erweisen sie sich aber als weniger effektiv als eine allgemeine Impfpflicht und stellen deren Erforderlichkeit daher nicht in Frage.

(7) Ergebnis

In der Gesamtschau erweisen sich alle Maßnahmen, die im Vergleich zu einer allgemeinen, nicht auf bestimmte Personengruppen beschränkten Impfpflicht eine geringere Eingriffsintensität aufweisen, entweder als schon selbst verfassungsrechtlich unzulässig, als nicht gleich effizient oder als qualitatives (in Anbetracht des Adressatenkreises nicht aber quantitatives) *aliud* einer allgemeinen Impfpflicht. Jedenfalls aber besteht bei allen geschilderten, möglicherweise milderen Maßnahmen keine Sicherheit darüber, ob tatsächlich eine gleiche Effektivität besteht. Da der Gesetzgeber sich indes, sollte er die Einführung einer allgemeinen Impfpflicht als Maßnahme zur Erfüllung der grundrechtlichen Schutzpflicht für Leben und körperliche Unversehrtheit der Risikogruppen wählen, nicht auf die Wirkung eines unsicheren Mittels verlassen muss, genügt eine allgemeine Impfpflicht dem Erforderlichkeitsmaßstab.[825]

dd) Angemessenheit

Eine allgemeine Impfpflicht kann nur dann als angemessen und somit insgesamt verhältnismäßig eingestuft werden, wenn ein ausgewogenes Verhältnis zwischen den Nachteilen, die seitens der Adressaten der Pflicht durch den Eingriff in die körperliche Unversehrtheit hinzunehmen sind (insb. der Eingriffsintensität), und dem legitimen Zweck, nämlich der Förderung des Schutzauftrags gegenüber der Risikogruppe der Impfunfähigen, hergestellt ist.[826]

Die auszugleichende Eingriffsintensität bemisst sich an der Beeinträchtigung durch die Verpflichtung, eine Impfung vornehmen zu lassen. Dabei sind die tatbestandliche Eingriffsschwelle, die Breiten- und die Tiefenwirkung des Eingriffs erheblich.[827] Eine *allgemeine* Impfpflicht träfe alle Bürger in der Bundes-

[824] *Steinau-Steinrück*, Die staatliche Verhütung und Bekämpfung von Infektionskrankheiten (2013), S. 86.

[825] So i. E. auch *Höfling/Stöckle*, Elternrecht, Kindeswohl und staatliche Impfverantwortung, in: RdJB 2018, S. 284 (296) sowie *Staudinger*, Verfassungsrechtliche Untersuchung der Impfgesetzgebung in Deutschland (2021), S. 174; vgl. i. E. auch *Schaks*, Schriftliche Stellungnahme zu BT-Drs. 19/13452, Ausschuss-Drs. 19(14)112(14), S. 9, allerdings in Bezug auf das Masernschutzgesetz, das lediglich eine Masern-Impfpflicht für bestimmte Personengruppen statuiert.

[826] Vgl. allgemein BVerfGE 67, 157 (173, 178); 90, 145 (173); *Hillgruber*, Grundrechtsschranken, in: Isensee/Kirchhof (Hrsg.), HStR IX (2011), § 201 Rn. 72.

[827] *Hillgruber*, Grundrechtsschranken, in: Isensee/Kirchhof (Hrsg.), HStR IX (2011), § 201 Rn. 73.

republik Deutschland, sofern sie nicht der Risikogruppe der Impfunfähigen zugeordnet werden können. Der tatsächliche Impfvorgang selbst geht jedoch – wie aufgezeigt[828] – nicht über einen Einstich hinaus, der meist im oberen Bereich des Oberarmes erfolgt. Hinzunehmen wäre seitens der großen Anzahl an Adressaten einer allgemeinen Impfpflicht also ein im Falle der komplikationslosen Impfung äußerst geringfügiger Eingriff in Form des Einstichs und gegebenenfalls einer ungefährlichen kurzzeitigen Impfreaktion.[829] Gegenüber den Risiken einer Impfung besteht hingegen auf Seiten der Impfunfähigen, auf die sich die Schutzpflicht als legitimer Zweck bezieht, eine permanente und während der Inkubationszeit einer Krankheit zudem unerkannte Ansteckungsgefahr in Alltagssituationen, die sich gegebenenfalls in der Erkrankung manifestiert.

Da ein Grundrechtseingriff dann verhältnismäßig ist, wenn die Schwere dieses Eingriffs dem Gewicht des legitimen Ziels gegenüber angemessen ist[830], lautet die Kernfrage also: „Wiegt die aktivierte staatliche Schutzpflicht für die körperliche Unversehrtheit Impfunfähiger so schwer, dass zu ihrer Erfüllung (in dem Umfang, in dem der Gesetzgeber sie erfüllen möchte) ein in den meisten Fällen nur geringfügiger Eingriff in die körperliche Unversehrtheit anderer angemessen ist?" Die Beantwortung dieser Frage wird jedoch dadurch erschwert, dass auf beiden Seiten Unsicherheiten darüber bestehen, ob sich einerseits das Ansteckungsrisiko, zu dessen Minimierung der Eingriff dient, tatsächlich realisiert bzw. ob die Eingriffsintensität andererseits im Einzelfall über die kalkulierte Minimalintensität hinausgeht und in einen Impfschaden mündet. Daher lässt sich nur anhand von Risikoprognosen bestimmen, die je nach Krankheit verschieden sind, welche Beeinträchtigungsintensität beide Seiten im schlimmsten Fall hinnehmen müssten.[831] Um diese Risikoprognosen vornehmen zu können, kommt die Gleichwertigkeitsprüfung[832] zur Anwendung. Dabei gilt, dass die Anforderungen an die Wahrscheinlichkeit für die Beeinträchtigung der Schutzpflichtdimension umso geringer sind, je gewichtiger deren drohende Beeinträchtigung ist und je weniger intensiv sich der zu ihrer Verhinderung erfolgende Grundrechtseingriff gestaltet.[833]

---

[828] Siehe zur Darstellung des Impfvorgangs § 2 A. I. 2. a) „Durchführung der Impfung".

[829] Zur Unterscheidung von bloßen Impfreaktionen und entschädigungspflichtigen Impfschäden siehe § 3 B. I. 3. c) dd) (3) „Entschädigung für Sonderopfer".

[830] *Epping*, Grundrechte (2021), Rn. 57.

[831] Mit gleicher Tendenz *Höfling/Stöckle*, Elternrecht, Kindeswohl und staatliche Impfverantwortung, in: RdJB 2018, S. 284 (292).

[832] Vgl. bereits § 3 A. II. 3. b) dd) „Entwicklung einer Gleichwertigkeitsprüfung für die Abwägung zweier Dimensionen des gleichen Grundrechts im Rahmen einer Prognoseentscheidung".

[833] *Hillgruber*, Grundrechtsschranken, in: Isensee/Kirchhof (Hrsg.), HStR IX (2011), § 201 Rn. 75; a. A. aber offenbar *Rixen*, Verfassungsfragen der Masernimpfpflicht – Rechtsgutachten für „Ärzte für Individuelle Impfentscheidung e. V." (2019), S. 83, der stattdessen in Anlehnung an die Wertung des Tatbestandes von § 20 Abs. 6 IfSG eine „akute Bedrohungssituation" für notwendig hält.

Aus der Bestimmung der detaillierten Risikoprognosen für beide Grundrechtsdimensionen ergibt sich die Zumutbarkeit dieser möglichen Risiken für beide Seiten. Darüber hinaus bestehen jedoch weitere Anforderungen an die Angemessenheit einer allgemeinen Impfpflicht. Diese äußern sich durch bestimmte Vorgaben an die Ausgestaltung, wie insbesondere das Bestehen von Ausnahmetatbeständen sowie Entschädigungsregelungen beim Auftreten von Impfschäden.

(1) Anwendung der Gleichwertigkeitsprüfung

Zentraler Punkt der Angemessenheit ist die Frage der Zumutbarkeit der Beeinträchtigungen für beide Seiten. Eine allgemeine Impfpflicht ist nur dann angemessen, wenn die Risiken, die mit einer Erkrankung an einer impfpräventablen Krankheit einhergehen, diejenigen Risiken überwiegen, die mit der Impfung verbunden sind. Positiv formuliert muss also der Nutzen einer allgemeinen Impfpflicht zur Erreichung des legitimen Zwecks in einem angemessenen Verhältnis zu den Nachteilen stehen, die Impfpflichtige in Kauf nehmen müssen. Die Zumutbarkeit wird daher maßgeblich von der Gefahrennähe beider Grundrechtsdimensionen beeinflusst, denn das größere Risiko eines Schadenseintritts ist weniger zumutbar als ein geringeres Schadenseintrittsrisiko.

Da auf beiden Seiten der Abwägung das Grundrecht auf körperliche Unversehrtheit steht[834], wobei zwischen den verschiedenen Dimensionen nach Aktivierung der Schutzpflicht in abstrakter Hinsicht Gleichwertigkeit besteht, kommt es entscheidend auf die konkrete Abwägung zwischen den spezifischen Risiken einer bestimmten Krankheit und denen der zugehörigen Impfung an.[835] Dafür müssen auf beiden Seiten eine Reihe von medizinisch relevanten Faktoren in den Blick genommen werden.[836] Eine genaue Risiko-Abwägung, ohne die nicht zu einem nachvollziehbaren Ergebnis gelangt werden kann, muss bezüglich der Betrachtung der verschiedenen Krankheiten als Anwendungsfälle einem rationalen und gleichmäßigen Schema folgen. Hierzu dient die zuvor entwickelte Gleichwertigkeitsprüfung[837], deren Anwendung unabdingbar ist, um im weiteren Gang der Untersuchung[838] für jede Krankheit zu einem Ergebnis zu gelangen, das auf einer nachvollziehbaren, gleichförmi-

---

[834] A. A. *Grüner*, Biologische Katastrophen (2017), S. 270, die die Abwägung der Rechtsgüter im Rahmen einer Impfpflicht für eine Abwägung der Rechtsgüter „Leben" und daher prinzipiell für unzulässig hält.

[835] So auch *Höfling/Stöckle*, Elternrecht, Kindeswohl und staatliche Impfverantwortung, in: RdJB 2018, S. 284 (297).

[836] Ähnlich *Pieper/Schwager-Wehming*, Impfpflichten zur Bekämpfung von Masern- und COVID-19-Viren auf dem verfassungsrechtlichen Prüfstand, in: DÖV 2021, S. 287 (292); vgl. auch *Wedlich*, Nationale Präventionsmaßnahmen (2014), S. 54.

[837] Siehe § 3 A. II. 3. b) dd) „Entwicklung einer Gleichwertigkeitsprüfung für die Abwägung zweier Dimensionen des gleichen Grundrechts im Rahmen einer Prognoseentscheidung".

[838] Dazu im Folgenden § 3 B. II. 3. „Krankheitsspezifische Risikoabwägung anhand der Gleichwertigkeitsprüfung".

gen Abwägung beruht, die alle in medizinischer Hinsicht wichtigen Faktoren berücksichtigt.

Die Intensität des Eingriffs durch eine Impfpflicht steht also nur dann in einem *angemessenen* Verhältnis zum legitimen Ziel, wenn sich aus der Anwendung der Gleichwertigkeitsprüfung auf eine bestimmte Infektionskrankheit ergibt, dass die Risiken dieser Krankheit das mit der zugehörigen Impfung verbundene Risiko überwiegen.[839] Dann überwiegt nämlich in rechtlichem Sinn die Gefahrennähe der Schutzpflichtdimension die Gefahrennähe der Abwehrrechtsdimension, weshalb das Gewicht des Eingriffs geringer ist als das Gewicht des legitimen Zwecks.[840]

(2) Bestehen von gesetzlich geregelten Ausnahmetatbeständen

Da eine allgemeine Impfpflicht gerade den legitimen Zweck verfolgt, impfunfähige und somit vulnerable Personen zu schützen, kann eine solche Regelung – über die allgemeine Abwägung hinaus – mit Blick auf die Zumutbarkeit nur dann angemessen sein, wenn auch ihre Ausnahmetatbestände gesetzlich geregelt sind. Diese sind notwendig, wenn für Teile der Adressatenschaft mit der Pflicht ansonsten eine unbillige Härte verbunden wäre, die außerhalb der Zumutbarkeit liegt.[841]

Dass Ausnahmetatbestände von einer allgemeinen Impfpflicht überhaupt erforderlich sind, ergibt sich bereits aus der medizinischen Disposition derjenigen Personen, die den impfunfähigen Risikogruppen angehören[842]: Gerade diesen Risikogruppen ist eigen, dass die Durchführung einer Schutzimpfung für ihre Gesundheit mehr Risiken als Nutzen birgt oder gar keinen Effekt hat. Häufig sind genau diejenigen Personengruppen von Impfschäden betroffen, die aus medizinischen Gründen nicht impffähig sind. Deshalb bildet der Schutz ausschließlich dieser Gruppen den Zweck einer Impfpflicht[843], nicht jedoch der Schutz prinzipiell Impffähiger, die sich aus freien Stücken gegen eine Impfung entscheiden.[844] Insofern wäre es in tatsächlicher und rechtlicher Hinsicht paradox, diese aus medizinischer Sicht impfunfähigen Personen ebenso zu Adressaten einer allgemeinen Impfpflicht zu erklären. Eine derartige Verpflichtung führte nicht nur aufgrund des Wegfalls des legitimen Zwecks in rechtlicher Sicht zur Verfassungswidrigkeit einer allgemeinen Impfpflicht, sondern auch zu einer unbilligen Härte für Zugehörige der

[839] Zur Anwendung der Gleichwertigkeitsprüfung auf ausgewählte Krankheiten siehe im Folgenden § 3 B. II. 3. „Krankheitsspezifische Risikoabwägung anhand der Gleichwertigkeitsprüfung".

[840] *Höfling/Stöckle*, Elternrecht, Kindeswohl und staatliche Impfverantwortung, in: RdJB 2018, S. 284 (296).

[841] BVerfGE 59, 275 (278).

[842] Vgl. § 2 A. I. 2. c) „Von Impfunfähigkeit betroffene Personengruppen".

[843] *Becker*, Soziales Entschädigungsrecht (2018), S. 99.

[844] Siehe bereits § 3 A. II. 2. „Verpflichtung zum Schutz vor sich selbst?".

medizinischen Risikogruppen, da eine Impfung für sie mit erheblichen Gefahren einhergeht.

Die Verhältnismäßigkeit der allgemeinen Impfpflicht steht deshalb unter der Bedingung, dass der Gesetzgeber die Ausnahme von der Pflicht für diese Risikogruppen unter Zugrundelegung des Standes der medizinischen Wissenschaft präzise definiert.[845] Damit wird nicht nur der legitime Zweck so genau wie möglich formuliert, sondern auch Sorge dafür getragen, dass der Schutz, der diesen Risikogruppen zusteht, auch in rechtstatsächlicher Hinsicht gewährleistet wird, indem sie von der – sie schützenden – Verpflichtung ausgenommen werden.[846] Dabei darf die einfachgesetzliche Ausgestaltung allerdings nicht so unklar formuliert bzw. weit gefasst werden, dass eine Umgehung der Pflicht möglich wird und diese somit leerliefe.[847]

(3) Entschädigungserfordernis für Sonderopfer

Da sich die bei der Gleichwertigkeitsprüfung zu ermittelnden Risiken einer Impfung in einzelnen Fällen auch realisieren können, kommt es bei der Beurteilung der Angemessenheit einer allgemeinen Impfpflicht nicht allein auf den Impfvorgang als Anknüpfungspunkt der Abwägung auf Seiten des betroffenen Grundrechts auf Leben und körperliche Unversehrtheit an, sondern auch auf den Ausgleich möglicher Folgen, nämlich mit dem Eingriff zwar nicht bezweckter, aber dennoch denkbarer Impfschäden.[848] Solche dürfen aber von vornherein nur eine absolute Ausnahme darstellen. Die Haftung für Impfschäden kann eine Maßnahme sein, die die Gewichtung der Intensität einer Grundrechtsbeeinträchtigung im Nachhinein jedenfalls dahingehend beeinflusst, dass ein Geimpfter, der ein Sonderopfer trägt, eine Kompensation in Form der Versorgung erhält.[849] Ein Impfschaden als gravierende Eingriffsfolge der Verpflichtung zur Schutzimpfung, welche für sich gesehen wegen ihres hohen Allgemeinwohlnutzens rechtfertigungsfähig ist, bedarf einer Kompensationsmöglichkeit, damit eine Impfpflicht als Ganzes noch zumutbar und damit verfassungsgemäß ausgestaltet ist.[850]

Als Prämisse muss allerdings klar sein, dass eine Impfpflicht ohnehin nur für solche Krankheitserreger bestehen kann, gegen die ein Impfstoff existiert,

---

[845] Daher kritisch im Hinblick auf die Ausgestaltung des § 20 Abs. 8 S. 4 IfSG *Rixen*, Verfassungsfragen der Masernimpfpflicht – Rechtsgutachten für „Ärzte für Individuelle Impfentscheidung e. V.“ (2019), S. 21.

[846] So i. E. auch *Wedlich*, Nationale Präventionsmaßnahmen (2014), S. 53.

[847] Dazu in Bezug auf die Ausnahmeregelung des § 20 Abs. 8 S. 4 IfSG beispielhaft *Gebhard*, in: Kießling (Hrsg.), Infektionsschutzgesetz Kommentar (2021), § 20 Rn. 45, 50; zustimmend *Zuck*, Infektionsschutzgesetz, in: NJW 2020, S. 3706.

[848] Dazu *Zuck*, Gesetzlicher Masern-Impfzwang, in: ZRP 2017, S. 118 (120).

[849] Vgl. auch *Schaks*, Schriftliche Stellungnahme zu BT-Drs. 19/13452, Ausschuss-Drs. 19(14)112(14), S. 10.

[850] *Ossenbühl/Cornils*, Staatshaftungsrecht (2013), S. 144 f.

dessen Nutzen-Risiko-Abwägung positiv ausfällt.[851] Wie bereits aufgezeigt[852], kennt das Arzneimittelgesetz in § 4 Abs. 27, 28 AMG rechtliche Vorgaben für die Risiko-Nutzen-Bewertung von Arzneimitteln.[853] Die Kausalität und das Ausmaß der positiven therapeutischen Wirkung des Impfstoffs müssen bei Einführung einer Impfpflicht gegen den damit bekämpfbaren Krankheitserreger gewährleistet sein.[854] Ansonsten stellte sich die Impfpflicht bereits von vornherein als unverhältnismäßig dar, da durch die zusätzliche Belastung des Impfverpflichteten aufgrund der Unsicherheit, ob die ihm im Wege der Pflichtimpfung zu versetzende Substanz überhaupt wirksam ist, bereits ein Ungleichgewicht der abzuwägenden Güter erzeugt würde.

Zur Zeit der Geltung des Reichsimpfgesetzes, das eine Impfpflicht gegen die Pocken anordnete, wurde die Erforderlichkeit einer Entschädigungsregelung für Impfschäden in der Rechtsprechung uneinheitlich beurteilt[855], da im Reichsimpfgesetz selbst keine Entschädigungsregelung vorgesehen war. Da diese Einschätzungen sich jedoch nicht auf eine heutige Beurteilung übertragen lassen[856], ist das Erfordernis einer gesetzlichen Anspruchsgrundlage für eine Entschädigung im Falle eines Impfschadens heute unabdingbar.

Allerdings kann nicht schon die Impfung selbst Grundlage des Entschädigungsanspruchs sein, da sie in die Sphäre der allgemeinen sozialen Bindung fällt.[857] Wenn ein Geimpfter darüber hinaus einen Schaden erleidet, den andere, ebenfalls der Impfpflicht unterliegende Personen nicht erlitten haben, trifft ihn allein ein besonderer Nachteil.[858] Für dieses Sonderopfer, dessen Schwelle der Gesetzgeber innerhalb der ihm durch die Grundrechte gesteckten Grenzen

---

851 Die Verfassungsmäßigkeit des nationalen Zulassungsverfahrens gem. § 25 AMG durch das Paul-Ehrlich-Institut und die Wirksamkeit der Impfstoffe werden unterstellt (weiterführend hierzu *Schwanig*, Die Zulassung von Impfstoffen, BGesBl. 2002, 338–343; *Pfleiderer/Wichmann*, Von der Zulassung von Impfstoffen zur Empfehlung durch die Ständige Impfkommission in Deutschland, BGesBl. 2014, S. 1–11). Zudem existieren auf europäischer Ebene das Zentrale Zulassungsverfahren sowie das Verfahren zur gegenseitigen Anerkennung. Die Erarbeitung dieses Themenkomplexes muss indes einer anderen Arbeit vorbehalten sein.

852 Siehe bereits § 3 B. I. 3. c) bb) (1) „Wirksamkeit der Impfstoffe".

853 Diese Bewertungskriterien sind gem. § 4 Abs. 4 AMG i. V. m. § 2 Abs. 1 AMG auch auf Impfstoffe anwendbar.

854 Vgl. Umkehrschluss aus *Zuck*, Gesetzlicher Masern-Impfzwang, in: MedR 2017, S. 85 (90); auch *Schumacher/Meyn*, Bundesseuchengesetz Kommentar (1992/1998), Erläuterungen zu § 14; Diese Gewährleistung der Wirksamkeit wird auch durch die in §§ 63b–d AMG normierte laufende Überwachung der auf dem Markt zugelassenen Arzneimittel sichergestellt, sog. Pharmakovigilanz.

855 Vgl. hierzu schon § 2 C. II. „Die Pockenimpfpflicht in der Rechtsprechung der jungen Bundesrepublik"; siehe zur Entstehung der Entschädigungsregelung ausführlich *Meßling*, in: Knickrehm (Hrsg.), Gesamtes Soziales Entschädigungsrecht (2012), § 60 IfSG Rn. 2–8.

856 Vgl. bereits § 2 C. III. „Schlussfolgerung: Keine Übertragbarkeit der Bewertung auf eine allgemeine Impfpflicht in heutiger Zeit".

857 *Kleinhoff*, Der Aufopferungsanspruch in der Rechtsprechung des Bundesgerichtshofs, in: DRiZ 1957, S. 225 (226); *Schiwy*, Impfung und Aufopferungsentschädigung (1974), S. 20.

858 *Schiwy*, Impfung und Aufopferungsentschädigung (1974), S. 21.

definiert hat[859], muss der Betroffene also von Verfassungs wegen entschädigt werden.[860] Ansonsten bestünde für jeden Adressaten der Impfpflicht das Risiko, sich durch die Befolgung der Pflicht einen Impfschaden zuzuziehen und sich damit einer Notlage auszusetzen, ohne dass der Staat als Veranlasser dieser Notlage für deren Abmilderung Verantwortung übernähme.

An dieser Stelle kommen deshalb „eingriffsbegleitende Schutzpflichten" zugunsten der Impfpflichtigen zum Tragen. Diese verpflichten den Staat, wegen seiner Position als Veranlasser des Risikos für einen Impfschaden die Schadensfolgen zu begrenzen und Vorkehrungen zur angemessenen Schadensregulierung zu treffen.[861] Durch die Auferlegung der Impfpflicht setzt der Staat das Rechtsgut der Pflichtadressaten nämlich seinerseits einem Risiko aus, das – soweit möglich – auf ein Minimum reduziert werden muss.[862] Der „eingriffsbegleitenden Schutzpflicht" kommt gewissermaßen eine „Korrektivfunktion" zu.[863] Eine allgemeine Impfpflicht wäre ohne Entschädigungsregelung unverhältnismäßig, da das Risiko, dessen Folgen dem Einzelnen gleichzeitig auferlegt werden, nicht abgefedert werden würde, was „eingriffsbegleitende Schutzpflichten" verletzte.[864] Gerade wegen dieser unverhältnismäßigen Risikoverteilung zulasten des Einzelnen wäre eine allgemeine Impfpflicht insgesamt als unverhältnismäßig einzustufen.

Um die Verfassungsmäßigkeit der Impfpflicht auch bei der Ausgestaltung der Entschädigungsregelung zu gewährleisten, sind einige Anforderungen zu erfüllen. Hier kann zwar prinzipiell auf die bestehende Regelung des § 60 IfSG zurückgegriffen werden, die nach § 60 Abs. 1 Nr. 2, 3 IfSG auch bei Schäden infolge infektionsschutzgesetzlich angeordneter oder gesetzlich vorgeschriebener Impfungen greift, so dass jedenfalls für die Entschädigung eines Impfschadens aufgrund einer gesetzlich geregelten allgemeinen Impfpflicht keine Anspruchsgrundlage *de lege ferenda* erforderlich wäre. Problematisch sind hier jedoch die Abgrenzung eines Impfschadens zu einer bloßen Impfreaktion sowie die Anforderungen an die Kausalität zwischen Impfung und Schaden. Es genügt nicht jede Schädigung, die infolge einer Schutzimpfung auftreten kann.[865] Nur die Inkaufnahme erheblicher gesundheitlicher Schädigungen liegt jedenfalls außerhalb des Willens des Gesetzgebers und stellt ein Sonderopfer dar.[866] Zum

[859] *Ossenbühl/Cornils*, Staatshaftungsrecht (2013), S. 144.

[860] Vgl. *Becker*, Soziales Entschädigungsrecht (2018), S. 118; vgl. *Meßling*, in: Knickrehm (Hrsg.), Gesamtes Soziales Entschädigungsrecht (2012), § 60 IfSG Rn. 1; vgl. *Ossenbühl/Cornils*, Staatshaftungsrecht (2013), S. 142, 144.

[861] *Sass*, Art. 14 GG und das Entschädigungserfordernis (1992), S. 403.

[862] Vgl. *Sass*, Art. 14 GG und das Entschädigungserfordernis (1992), S. 403.

[863] *Sass*, Art. 14 GG und das Entschädigungserfordernis (1992), S. 403.

[864] Vgl. *Sass*, Art. 14 GG und das Entschädigungserfordernis (1992), S. 404 f.

[865] *Becker*, Soziales Entschädigungsrecht (2018), S. 99; *Gerhardt*, Infektionsschutzgesetz Kommentar (2021), § 60 Rn. 11; *Wuttke*, Entschädigung von Impfschäden, in: ZfSG/SGB 1986, S. 529 (534 f.).

[866] *Ossenbühl/Cornils*, Staatshaftungsrecht (2013), S. 142 f.

Zwecke dieser Abgrenzung, die stets anhand des einzelnen Falles vorzunehmen ist, hat die Ständige Impfkommission gemäß § 20 Abs. 2 S. 3 IfSG Kriterien entwickelt[867], die auch bei entsprechenden Entschädigungen im Rahmen einer allgemeinen Impfpflicht beachtet werden müssen.

Auch die Wahrscheinlichkeit eines Kausalzusammenhangs zwischen der Impfung und dem eingetretenen Schaden ist gemäß § 61 S. 1 IfSG Voraussetzung für den Entschädigungsanspruch.[868] Die Kausalität zwischen Schutzimpfung und gesundheitlichem Schaden (der Impfkomplikation) wird als haftungsbegründend bezeichnet, die Kausalität zwischen gesundheitlichem Schaden und der Schadensfolge als haftungsausfüllend.[869] Die Beurteilung der Wahrscheinlichkeit der Kausalität hat nach dem aktuellen Stand der medizinisch-wissenschaftlichen Lehrmeinung zu erfolgen.[870] Die Anforderungen an die Kausalität zwischen Impfung und Schaden dürfen aber nicht überdehnt werden.[871] Bei der Beurteilung der *Wahrscheinlichkeit* der Kausalität zwischen Schädigung infolge der Impfung und Gesundheitsschaden, die eine Beweiserleichterung zugunsten des Geschädigten darstellt[872], wird als individuelles Kriterium eine zeitliche Nähe zwischen der Impfung und dem Schadensereignis gefordert.[873] Dagegen ist einzuwenden, dass die zeitliche Nähe in medizinischer Hinsicht zwar ein Indiz für eine bestehende Kausalität sein kann, aber kein sicheres Kriterium darstellt. Der prinzipielle Schluss auf eine fehlende Kausalität bei geringer zeitlicher Nähe zwischen Impfung und Gesundheitsschaden (welcher Zeitraum

---

867 Vgl. weiterführend *Gebhard*, in: Kießling (Hrsg.), Infektionsschutzgesetz Kommentar (2021), § 20 Rn. 13; *Kümper*, in: Kießling (Hrsg.), Infektionsschutzgesetz Kommentar (2021), § 60 Rn. 17; auch *Keller-Stanislawski*, Impfkomplikationen und Impfschäden, in: Spiess/Heininger/Jilg (Hrsg.), Impfkompendium (2015), S. 69 (70); *Mutz*, Echte und vermeintliche Impfschäden, in: Pädiatrie & Pädologie 2015, Heft 50, S. 57; *Robert-Koch-Institut*, Empfehlungen der Ständigen Impfkommission am Robert-Koch-Institut 2018/2019, in: EpidBull Nr. 34/2018, S. 335 (358).

868 LSG Bayern, Urt. v. 14.02.2012 – L 15 VJ 3/08, NZS 2012, 640; *Ratzel*, Rechtliche Aspekte des Impfens gemäß den Empfehlungen der Ständigen Impfkommission (STIKO) am Robert-Koch-Institut (RKI), zugleich Anmerkung zum Urteil des EuGH v. 21.6.2017 – Rs. C-621/15, GesR 2017, S. 514 ff., in: GesR 2017, 625 (626); vgl. zur „konstitutiven Bedeutung" des Kausalitätserfordernisses für das soziale Entschädigungsrecht *Becker*, Soziales Entschädigungsrecht (2018), S. 163 ff.

869 *Gelhausen*, Soziales Entschädigungsrecht (1998), Rn. 955; *Gerhardt*, Infektionsschutzgesetz Kommentar (2021), § 61 Rn. 2; *Knickrehm*, in: dies. (Hrsg.), Gesamtes Soziales Entschädigungsrecht (2012), § 1 BVG Rn. 30; *Meßling*, in: Knickrehm (Hrsg.), Gesamtes Soziales Entschädigungsrecht (2012), § 60 IfSG Rn. 17.

870 *Meßling*, in: Knickrehm (Hrsg.), Gesamtes Soziales Entschädigungsrecht (2012), § 61 IfSG Rn. 15.

871 Vgl. *Becker*, Soziales Entschädigungsrecht (2018), S. 98.

872 *Kümper*, in: Kießling (Hrsg.), Infektionsschutzgesetz Kommentar (2021), § 61 Rn. 1.

873 LSG NRW, Urt. v. 15.06.2012 – L 13 VJ 59/11; *Ratzel*, Rechtliche Aspekte des Impfens gemäß den Empfehlungen der Ständigen Impfkommission (STIKO) am Robert-Koch-Institut (RKI), zugleich Anmerkung zum Urteil des EuGH v. 21.6.2017 – Rs. C-621/15, GesR 2017, S. 514 ff., in: GesR 2017, S. 625 (626).

sollte als „nah" definiert werden?[874]) führte möglicherweise zu einer willkürlichen Grenzziehung zwischen denjenigen Fällen, in denen die Entschädigung gewährt wird und den Fällen, in denen die Entschädigung letztendlich unterbleibt, obgleich aus medizinischer und rechtlicher Sicht alle anderen Voraussetzungen vorliegen. Der Anschein der Willkür und damit der Verengung der Entschädigungsvoraussetzungen muss aber bei einer allgemeinen Impfpflicht unbedingt vermieden werden. Das gilt bei einer Impfpflicht im Vergleich zu Impfschäden nach freiwilligen Impfungen umso mehr, da der Geschädigte hier in die Position des Erbringers eines Sonderopfers gedrängt wurde, während bei einer freiwilligen Impfung der Entschluss, sich einem medizinischen Restrisiko auszusetzen, dem das Risiko des rechtlichen Sonderopfers innewohnt, auf freiem Willen basiert. Angesichts der eingriffsbegleitenden Schutzpflicht des Staates dürfen hier die Anforderungen an die Anerkennung eines Impfschadens nicht zu streng gestaltet werden.[875]

Insbesondere ist bei Entschädigungen für Impfschäden im Falle einer allgemeinen Impfpflicht von Bedeutung, dass bei der Beurteilung des Vorliegens eines Impfschadens nicht nur die Impfung allein als schädigendes Ereignis ausschlaggebend sein kann, sondern im Einzelfall ein besonderes Augenmerk auf mögliche Voranlagen gerichtet werden muss, die in Kombination mit der Impfung zu einem Gesundheitsschaden oder zur Verschlechterung des Gesundheitszustandes führen können. In diesen Fällen ist die Impfung nur mit-kausal, was aber erst recht zum Vorliegen des Entschädigungsanspruchs führen muss. Das gilt nicht nur, aber vor allem dann, wenn die Voranlage sich in der Zugehörigkeit zu einer der skizzierten Risikogruppen manifestiert, infolgedessen also eine Impfung wegen der Einschlägigkeit des Ausnahmetatbestandes[876] prinzipiell hätte unterbleiben müssen.

---

[874] BSG, Urt. v. 07.04.2011, Az. B 9 VJ 1/10 R, Rn. 67 nennt beispielsweise Zeiträume von drei Tagen bis 10 Wochen für die Ersterscheinung des Impfschadens (Impfpoliomyelitis bzw. Guillain-Barré-Syndrom).

[875] Dahingehend ähnlich auf Ebene des Unionsrechts für die Anwendung des Art. 4 der Produkthaftungs-RL 85/374/ EWG auf die Herstellerhaftung für die streitige Fehlerhaftigkeit eines Impfstoffs siehe EuGH, Urt. v. 21.6.2017 – Rs. C-621/15, in: GesR 2017, S. 514 (517 ff.), wonach „eine Beweisregelung, die jeglichen Rückgriff auf eine indiziengestützte Beweisführung [des Geschädigten, dem die Beweislast obliegt] ausschlösse und für die Erfüllung der Beweislast nach Art. 4 der Richtlinie vorsähe, dass der Geschädigte einen aus der medizinischen Forschung hervorgehenden sicheren Beweis für das Vorliegen eines ursächlichen Zusammenhangs zwischen dem dem Impfstoff zugeschriebenen Fehler und dem Auftreten der Krankheit beizubringen habe, die sich aus der Richtlinie ergebenden Anforderungen verkennen würde. Ein solcher Anforderungsgrad an den Beweis, der dem Ausschluss aller Arten der Beweisführung außer dem sicheren Beweis auf der Grundlage der medizinischen Forschung gleichkäme, hätte nämlich [...] die Wirkung, die Inanspruchnahme der Haftung des Herstellers in einer großen Anzahl von Fällen übermäßig schwierig oder [...] unmöglich zu machen [...]." (dort Rn. 30, 31).

[876] Zu dessen Erfordernis bereits § 3 B. I. 3. c) dd) (2) „Bestehen von gesetzlich geregelten Ausnahmetatbeständen".

Liegen die Voraussetzungen des Entschädigungsanspruchs vor, wird nach geltendem Recht gemäß § 60 Abs. 1 S. 1 IfSG auf Antrag Versorgung in entsprechender Anwendung des Bundesversorgungsgesetzes[877] gewährt. Die Entschädigung ist nur dann angemessen, wenn das erbrachte Sonderopfer damit vollständig kompensiert wird.[878] Das bedeutet, dass alle aus der Erbringung des Sonderopfers erwachsenen Nachteile in Höhe und Umfang als „unselbstständige Berechnungsfaktoren" in die „einheitliche" Entschädigung einfließen müssen.[879] Hier kann auf das bestehende Recht verwiesen werden[880], da sich Impfschäden nach Pflichtimpfungen im Hinblick auf ihre tatsächliche Schadensintensität nicht von lediglich empfohlenen Impfungen unterscheiden.

Für die Angemessenheit einer allgemeinen Impfpflicht ist das Bestehen einer Entschädigungsregelung folglich unerlässlich. Das gilt erst recht, sobald der durch die Impfpflicht gewünschte Effekt der Zurückdrängung von Infektionskrankheiten einsetzt und die Inzidenz der Krankheiten entsprechend abnimmt, da die Sichtbarkeit von Impfschäden dann umso mehr zunimmt.[881]

4. Ergebnis zu Art. 2 Abs. 2 S. 1 GG

Vorbehaltlich einer krankheitsbezogenen Einzelabwägung[882] ist der durch eine allgemeine Impfpflicht erfolgende Eingriff in das Grundrecht aus Art. 2 Abs. 2 S. 1 GG zum Schutz der Risikogruppe prinzipiell rechtfertigungsfähig.[883]

II. Infektionskrankheiten als Anwendungsfälle der grundrechtlichen Vorgaben

Die Prüfung, welches Gewicht der Schutzpflicht vor dem Eingriff eines Dritten in Leben und Gesundheit eines anderen zukommt, hängt letztendlich von einem konkreten Sachbereich ab.[884] Mit welchem Inhalt eine Ausgestaltung der Schutzpflicht verfassungsrechtlich zulässig ist, bestimmt sich in wesentlichem

[877] Ab 01.01.2024 Bestandteil des SGB XIV.

[878] BGHZ 7, 331 (334); 22, 43 (50); *Ossenbühl/Cornils*, Staatshaftungsrecht (2013), S. 146.

[879] *Becker*, Soziales Entschädigungsrecht (2018), S. 170; *Ossenbühl/Cornils*, Staatshaftungsrecht (2013), S. 146 f.

[880] Vgl. BGHZ 29, 95 ff.; *Bales/Baumann/Schnitzler*, Infektionsschutzgesetz Kommentar (2003), § 60 Rn. 2; *Heinz*, Opferentschädigungsgesetz Kommentar (2007), Teil A, Rn. 11.

[881] *Meyer et al.*, Anerkannte Impfschäden in der Bundesrepublik Deutschland, in: BGesBl. 2002, S. 364 (365).

[882] Siehe dazu im Folgenden § 3 B. II. 3. „Krankheitsspezifische Risikoabwägung anhand der Gleichwertigkeitsprüfung".

[883] A. A. aber *Zuck*, Rechtsgutachten wegen (verfassungs)rechtlicher Fragen zur Masernimpfung (2016), S. 65.

[884] *Hermes*, Das Grundrecht auf Schutz von Leben und Gesundheit (1987), S. 227.

Maße nach Art, Nähe und Ausmaß möglicher Gefahren für das zu schützende Rechtsgut.[885] Es ist ein interdisziplinärer Ansatz notwendig, um eine zutreffende Antwort der Frage nicht nur abstrakt, sondern auch im konkreten Risikoregelungsbereich zu finden.[886] „Für die Gestaltung der Sozialordnung muss es insoweit bei Abschätzungen anhand praktischer Vernunft bewenden"[887], wofür es einer Betrachtung anhand der Faktenlage bedarf, die so detailliert wie möglich ausfallen muss.[888]

1. *Auswahl der zu untersuchenden Infektionskrankheiten*

Die Prüfung der Verfassungsmäßigkeit einer Impfpflicht kann nur für jede Krankheit gesondert erfolgen, da die schutzpflichtauslösenden epidemischen und impfspezifischen Faktoren und somit die pflichtenaktivierenden Risikolagen für jede Krankheit verschieden sind.[889] Da eine Inblicknahme aller bekannten Infektionskrankheiten den Rahmen des in dieser Untersuchung Leistbaren jedoch überdehnte, beschränkt sich das Anwendungsfeld der zuvor entfalteten grundrechtlichen Vorgaben[890] mindestens auf die Abwägung derjenigen Krankheiten, gegen die eine *Grund*immunisierung von der Ständigen Impfkommission gemäß § 20 Abs. 2 S. 3 IfSG empfohlen wird.

---

[885] BVerfGE 49, 89 (142); *Höfling/Stöckle*, Elternrecht, Kindeswohl und staatliche Impfverantwortung, in: RdJB 2018, S. 284 (297); *Pestalozza*, Das Recht auf Gesundheit, in: BGesBl. 2007, S. 1113 (1116).

[886] Ähnlich auch *Klafki*, Risiko und Recht (2017), S. 51; vgl. ferner *Appel*, Das Verwaltungsrecht zwischen klassischem dogmatischem Verständnis und steuerungswissenschaftlichem Anspruch, in: VVDStRL Bd. 67 (2008), S. 226 (232) sowie *Rixen*, Befugnisse und Grenzen des staatlichen Infektionsschutzrechts, in: Kloepfer (Hrsg.), Pandemien als Herausforderung für die Rechtsordnung (2011), S. 67 (83 f.).

[887] Ursprünglich von *Breuer* anhand der atomrechtlichen Gefahrengrenze hergeleitete Formel, in: Gefahrenabwehr und Risikovorsorge im Atomrecht, DVBl. 1978, S. 829 (835), aufgenommen von BVerfGE 49, 89 (143); zustimmend hinsichtlich der Bestimmung der Erforderlichkeit von Schutzmaßnahmen für grundrechtliche Schutzpflichten *Nolte*, Rechtliche Anforderungen an die technische Sicherheit von Kernanlagen (1984), S. 63.

[888] Der *Deutsche Ethikrat* beschränkt sich in seiner Stellungnahme „Impfen als Pflicht?" (2019) hinsichtlich der rechtlichen Beurteilung einer Impfpflicht zwar auf die Betrachtung der Masern, entwickelt aber darüber hinaus ethische Maßstäbe, die auch auf andere impfpräventable Krankheiten anwendbar seien (a. a. O., S. 44–73). Diese können jedoch bei der vorzunehmenden *rechtlichen* Betrachtung der weiteren Infektionskrankheiten unter der Frage der verfassungsrechtlichen Abwägung keine Rolle spielen.

[889] Vgl. *Amhaouach/Kießling*, Die Steigerung der Masernimpfraten von Kindern – Möglichkeiten und Grenzen des Rechts, in: MedR 2019, S. 853 (860); *Wissenschaftlicher Dienst des Deutschen Bundestages*, Verfassungsrechtliche Zulässigkeit einer Impfpflicht, WD 3 – 3000 – 019/16, S. 5; *Gebhard*, Zur Bedeutung grundrechtlicher Schutzpflichten im Kontext der Masernimpfpflicht, in: RdJB 2021, S. 277 (292); ähnlich auch *Aligbe*, in: BeckOK IfSG (2021), § 20 Rn. 159.

[890] Vgl. § 3 B. I. „Grundrechtliche Vorgaben aus Art. 2 Abs. 2 S. 1 GG – Grundrecht auf körperliche Unversehrtheit".

Auch nach Anwendung dieses ersten Filters verbliebe jedoch noch ein Krankheitskatalog von beachtlichem Umfang. Dieser lässt sich weiter reduzieren, indem zusätzliche Eigenschaften der in Rede stehenden Krankheiten beachtet werden. Nicht alle in dieser Auswahl verbleibenden Krankheiten eignen sich überhaupt im Hinblick auf die Herstellung einer Herdenimmunität als Erfüllung der grundrechtlichen Schutzpflicht als Gegenstand einer Impfpflicht. So kann nur bei Krankheiten, die von Mensch zu Mensch übertragbar sind, überhaupt von einer Herdenimmunität gesprochen werden, da die „Infektionsbarriere“ ansonsten nicht aus menschlichen Immunitätsträgern bestünde. Zudem geht das besondere schutzpflichtaktivierende Risiko vor allem von Krankheiten aus, deren Übertragungsmoment unbemerkt vom Empfänger stattfindet. Zuletzt spielt für die Verhältnismäßigkeit einer Impfpflicht gegen eine Infektionskrankheit auch die Häufigkeit ihres Auftretens eine Rolle, so dass sich aus der Anwendung all dieser Filter schließlich eine sinnvolle Auswahl ergeben kann.

a) *Grundlage: Empfehlungen der Ständigen Impfkommission*

Die Grundlage der Auswahl der zu untersuchenden Infektionskrankheiten bilden die Empfehlungen der Ständigen Impfkommission zu Standardimpfungen. Diese erscheinen jährlich und orientieren sich daran, welche Schutzimpfungen von allgemeiner gesundheitspolitischer Bedeutung für die Bevölkerung sind.[891] Dies ist dann der Fall, wenn „es sich um Schutzimpfungen mit breiter Anwendung und erheblichem Wert für die Gesundheit der Bevölkerung handelt und bundesweit hohe Immunisierungsraten angestrebt werden, wenn so gut verträgliche und finanzierbare Schutzimpfungen gegen bestimmte Krankheiten zur Verfügung stehen, dass diese Krankheiten aus sozialen und volkswirtschaftlichen Gründen so weit wie möglich zurückgedrängt werden sollten [...] oder es um den Schutz besonders gefährdeter Bevölkerungsteile geht [...].“[892] Die Eliminierung bestimmter Krankheitserreger ist also bereits Bestandteil der den Empfehlungen vorausgehenden Abwägung.

Daher fällt bereits an dieser Stelle die Impfung gegen COVID-19 aus dem Katalog der zu untersuchenden Krankheiten heraus: Zwar sind nach dem Ausbruch der Pandemie im Jahr 2020 innerhalb eines Jahres mehrere Impfstoffe entwickelt worden, die im Dezember 2020 bzw. im Januar 2021 auch bereits zugelassen wurden.[893] Diese werden jedoch ausweislich der Impfkalenders 2020/2021 derzeit nicht prinzipiell als Grundimmunisierung für die gesamte

[891] *Pfleiderer/Wichmann*, Von der Zulassung von Impfstoffen zur Empfehlung durch die Ständige Impfkommission in Deutschland, in: BGesBl. 2014, S. 1, 8.

[892] *Pfleiderer/Wichmann*, Von der Zulassung von Impfstoffen zur Empfehlung durch die Ständige Impfkommission in Deutschland, in: BGesBl. 2014, S. 1, 8 m. w. N.

[893] *Robert-Koch-Institut*, STIKO-Empfehlung zur COVID-19-Impfung, in: EpidBull Nr. 2/2021, S. 3 (8).

Bevölkerung empfohlen.[894] Aufgrund der zunächst eingeschränkten Verfügbarkeit der Impfstoffe wurden Impfungen zu Beginn des Jahres 2021 in mehreren Abstufungen zuerst für Personen empfohlen, die ein besonders hohes Risiko für einen schweren Krankheitsverlauf haben.[895] Erst danach sollten „alle übrigen Personen im Alter von < 60 Jahren" geimpft werden.[896] Am 07.06.2021 wurde die Impfpriorisierung schließlich aufgehoben. Mit den bisher vorhandenen Impfstoffen gegen COVID-19 kann jedoch nur die Erkrankung bei der geimpften Person selbst verhindert werden, mangels sog. „steriler Immunität" aber nicht die Übertragung des Erregers durch den Geimpften auf andere Personen.[897]

Daher kommen im Folgenden nur bereits als Grundimmunisierung empfohlene Impfungen in Betracht: Die im Jahr 2018 als Grundimmunisierung mit bis zu vier Impfungen (G1 im Lebensalter von 2 Monaten bis G4 im Lebensalter von 11–14 Monaten) empfohlenen Schutzimpfungen erstrecken sich auf die Infektionskrankheiten Tetanus, Diphtherie, Pertussis („Keuchhusten"), Haemophilus influenzae Typ B (Hib), Poliomyelitis („Kinderlähmung"), Hepatitis B, Pneumokokken, Rotaviren sowie Meningokokken C, Masern, Mumps, Röteln und Varizellen („Windpocken") mit einer Grundimmunisierung ab Vollendung des ersten Lebensjahres.[898]

Die Grundimmunisierung in diesem frühen Lebensalter beabsichtigt (mit eventuellen Auffrischungsimpfungen in der Jugend), dass beim Impfling eine lebenslange Immunität hervorgerufen wird. Ausgeschlossen ist damit die Impfung gegen Influenza bzw. *Herpes zoster* (Gürtelrose), die erst für Personen im Lebensalter ab 60 Jahren empfohlen sind.[899] Hier ist die Immunisierung nicht auf lebenslangen Schutz ausgelegt, sondern lediglich auf einen Schutz in einem Lebensalter, in dem die Inzidenz von *Herpes zoster* ansteigt.[900] Gleichwohl ist der Erreger der Gürtelrose im Alter, das *Varizella-zoster*-Virus, der gleiche Er-

---

[894] *Robert-Koch-Institut*, Impfkalender 2020/2021, in: EpidBull Nr. 34/2020, S. 6.

[895] *Robert-Koch-Institut*, STIKO-Empfehlung zur COVID-19-Impfung, in: EpidBull Nr. 2/2021, S. 3 (4).

[896] *Robert-Koch-Institut*, STIKO-Empfehlung zur COVID-19-Impfung, in: EpidBull Nr. 2/2021, S. 3 (4).

[897] *Harder et al.*, Wie gut schützt die COVID-19-Impfung vor SARS-CoV-2-Infektionen und -Transmission?, in: EpidBull Nr. 19/2021, S. 13 (21); *Robert-Koch-Institut*, STIKO-Empfehlung zur COVID-19-Impfung, in: EpidBull Nr. 2/2021, S. 3 (5). Vgl. bereits § 3 B. I. 3. c) bb) (1) „Wirksamkeit der Impfstoffe".

[898] *Robert-Koch-Institut*, Empfehlungen der Ständigen Impfkommission (STIKO) 2018/2019, in: EpidBull Nr. 34/2018, S. 335 (338).

[899] *Robert-Koch-Institut*, Empfehlungen der Ständigen Impfkommission (STIKO), 2018/2019, in: EpidBull Nr. 34/2018, S. 335 (338); *dass.*, Wissenschaftliche Begründung zur Empfehlung einer Impfung mit dem Herpes zoster-subunit-Totimpfstoff, in: EpidBull Nr. 50/2018, S. 541 ff.

[900] *Robert-Koch-Institut*, Wissenschaftliche Begründung zur Empfehlung einer Impfung mit dem Herpes zoster-subunit-Totimpfstoff, in: EpidBull Nr. 50/2018, S. 541 (546).

reger wie derjenige der Windpocken, weshalb hier ggf. auf Besonderheiten eingegangen werden muss.[901]

Da die Möglichkeit der Herstellung einer Herdenimmunität überhaupt nur besteht, wenn der Mensch als *einziges* Erregerreservoir fungiert[902], werden Zoonosen[903] ausdrücklich nicht in den Blick genommen. Nur wenige zoonotische Erreger haben auch das Potenzial, von Mensch zu Mensch weiterübertragen zu werden.[904] Diese sind aber, soweit überhaupt Impfstoffe vorhanden sind[905], zum einen nicht als Standardimmunisierung von der Ständigen Impfkommission zur Impfung beim Menschen empfohlen. Zum anderen bestehen für Tiere eigene Impfempfehlungen durch die Ständige Impfkommission Veterinärmedizin (STIKO Vet), die gegenüber einer Impfung des Menschen jedenfalls vorrangig einzuhalten sind.

b) Methodik der Auswahl der Infektionskrankheiten

Nicht alle Krankheiten, gegen die von der Ständigen Impfkommission eine Grundimmunisierung im Kindesalter empfohlen wird, können hier aber gleichermaßen in den Blick genommen werden. Die Auswahl derjenigen Krankheiten, die im Folgenden der Gleichwertigkeitsprüfung unterzogen und anhand derer die Frage beantwortet werden soll, ob eine allgemeine Impfpflicht gegen die entsprechende Krankheit verfassungsrechtlich zulässig wäre, muss aber anhand nachvollziehbarer Kriterien erfolgen. Diese „filternden“ Kriterien müssen die tatsächliche Gefährdungslage, die medizinische sowie die rechtliche Relevanz der entsprechenden Krankheit abbilden.

aa) Erstes Filterkriterium: Ausschließliche Übertragbarkeit von Mensch zu Mensch

Anhand des ersten Filterkriteriums sollen diejenigen Krankheiten aus dem Prüfungskatalog ausgeschlossen werden, die nicht von Mensch zu Mensch übertragen werden können. Das ist bei denjenigen Krankheiten der Fall, deren Er-

---

[901] Vgl. dazu im Folgenden § 3 B. II. 3. e) aa) (2) „Sonderfall: Zweitmanifestation ‚Gürtelrose‘“.

[902] Vgl. *Wandeler et al.*, Infektionskrankheiten, in: Egger/Razum/Rieder (Hrsg.), Public Health Kompakt (2018), S. 437 (475). Siehe bereits § 2 A. I. 2. d) aa) „Herstellung und Bedeutung der Herdenimmunität“.

[903] Sofern es sich um reine Zoonosen handelt, deren Erreger ausschließlich von Tier zu Mensch (*Zooanthroponosen*), von Mensch zu Tier (*Anthropozoonosen*) oder in beide Richtungen (*Amphixenosen*), aber nicht zwischen Menschen weitergegeben werden können, ist schon aufgrund der fehlenden Überschreitung einer Aktivierungsschwelle der grundrechtlichen Schutzpflicht und daher mangels verfassungsrechtlich legitimen Zwecks keine Impfpflicht möglich.

[904] *Alpers et al.*, Zoonotische Infektionen beim Menschen, in: BGesBl. 2004, S. 622.

[905] Gegen die meisten Zoonose-Erreger existiert keine wirksame Impfung, *Alpers et al.*, Zoonotische Infektionen beim Menschen, in: BGesBl. 2004, S. 622 (623). Eine Ausnahme bildet z. B. die Impfung gegen den von Zecken übertragenen Erreger der Frühsommer-Meningoenzephalitis (FSME).

regern nicht ausschließlich der menschliche Organismus als Reservoirwirt[906] dient. Für eine Infektion braucht es drei Voraussetzungen: das Vorhandensein eines Erregers, einen Übertragungsvorgang sowie einen empfänglichen Wirtsorganismus.[907] Krankheitserreger, denen der menschliche Organismus nicht als tauglicher Wirt dient, können deshalb auch nicht an andere menschliche Organismen weitergegeben werden.[908] Es ist genetisch festgelegt, für welche Zielorganismen (Wirt oder Wirtsorganismus) ein anderer Organismus („Gast") pathogen ist, d. h. krankmachende Eigenschaften aufweist.[909]

Gerade aus der Übertragbarkeit eines Krankheitserregers von einem zum anderen menschlichen Organismus resultiert die Gefahr für die körperliche Unversehrtheit des Menschen, der die grundrechtliche Schutzpflicht auf den Plan ruft. Soziale Alltagskontakte finden permanent statt, weshalb stets unbemerkt Krankheitserreger von einem menschlichen Wirtsorganismus auf einen anderen übertragen werden können. Wird der Erreger von einem anderen als einem menschlichen Wirtsorganismus erlangt (etwa von einem tierischen Wirt bei einer Zoonose), so ist der potenzielle Übertragungsmoment eher wahrnehmbar, wodurch die Möglichkeit von Selbstschutzmaßnahmen besser ist. Durch die Übertragung von Mensch zu Mensch kann sich der Erreger jedoch – je nach Länge der Inkubationszeit – im alltäglichen sozialen Kontakt ungehindert ausbreiten. Zudem kann eine Herdenimmunität, durch die Risikogruppen erst zuverlässig geschützt werden können, nur bei Krankheiten erreicht werden, die ausschließlich von Mensch zu Mensch übertragen werden.[910] Die Betrachtung anderer Krankheiten wäre im Rahmen dieser Untersuchung somit nicht weiterführend.

Nach Anwendung des ersten Filterkriteriums verbleiben also als Krankheiten, die von Mensch zu Mensch übertragbar sind: Diphtherie[911], Pertussis[912], Haemophilus influenzae Typ B[913], Poliomyelitis[914], Hepatitis B[915], Pneumo-

---

[906] Ökologische Nische, in der sich Erreger übertragbarer Krankheiten vermehren, *Pschyrembel* online, Stichwort „Erregerreservoir".

[907] *Ammon*, Epidemiologie der Infektionskrankheiten, in: Suerbaum et al. (Hrsg.), Medizinische Mikrobiologie und Infektiologie (2012), S. 151 (154).

[908] Vgl. daher die Möglichkeit der Impfung eines potenziellen menschlichen Wirtes *Vonberg/Graf*, Prävention von Bakterien- und Virusinfektionen, in: Suerbaum et al. (Hrsg.), Medizinische Mikrobiologie und Infektiologie (2012), S. 157.

[909] *Dittmar*, Biologische Grundlagen, in: Adelmann/Schulze-Halberg (Hrsg.), Arbeitsschutz in Biotechnologie und Gentechnik (1996), S. 57 (59).

[910] *Deutscher Ethikrat*, Stellungnahme: Impfen als Pflicht? (2019), S. 20 f, 75.

[911] *Hofmann*, Diphtherie, in: Spiess/Heininger/Jilg (Hrsg.), Impfkompendium (2015), S. 148 (149).

[912] *Heininger*, Pertussis, in: Spiess/Heininger/Jilg (Hrsg.), Impfkompendium (2015), S. 231.

[913] *Hahn*, Haemophilus, in: Suerbaum et al. (Hrsg.), Medizinische Mikrobiologie und Infektiologie (2009), S. 296 (297).

[914] *Reiter*, Poliomyelitis, in: Spiess/Heininger/Jilg (Hrsg.), Impfkompendium (2015), S. 254.

[915] *Robert-Koch-Institut*, Infektionsepidemiologisches Jahrbuch 2017 (2018), S. 110.

kokken[916], Rotaviren[917], Meningokokken C[918], Masern[919], Mumps[920], Röteln[921] und Varizellen[922].

Der Erreger von Tetanus hingegen, *Clostridium tetani*, ist ubiquitär im Erdboden verbreitet und gelangt als exogene[923] Kontaminante in eine Wunde der Haut.[924] Tetanus ist nicht von Mensch zu Mensch übertragbar und daher nicht ansteckend.[925] Die Krankheit Tetanus wird hier aus dem Prüfkatalog ausgeschlossen.

bb) Zweites Filterkriterium: Infektionsweg

Ausgehend von den bisher herausgefilterten, zu überprüfenden Krankheiten muss sich die Untersuchung weiter auf diejenigen Krankheiten beschränken, die hauptsächlich im Wege der Tröpfcheninfektion übertragbar sind. Der medizinische Fachbegriff für die Tröpfcheninfektion lautet „aerogene Übertragung". Dabei handelt es sich um eine Form der indirekten Übertragung einer Infektion, wobei Krankheitserreger mit flüssigen oder festen Schwebeteilchen (< 5 µm) […] mit der Luft über Distanzen von weit über 1 m verbreitet werden und beim Einatmen in die unteren Atemwege und Lungenalveolen gelangen.[926] Selbst wenn die Partikel größer als 5 µm sind, können sie noch eine Flugdistanz von bis zu 2 m erreichen.[927]

Dieser Übertragungsweg ist deshalb so relevant für die Beurteilung der Gefährdungslage und damit für die Aktivierung von Schutzpflichten, weil die Infektion sowohl für den potenziell zu Infizierenden als auch für den Überträger

---

916 *Heininger/van der Linden*, Pneumokokken, in: Spiess/Heininger/Jilg (Hrsg.), Impfkompendium (2015), S. 242 (243).

917 *Robert-Koch-Institut*, Infektionsepidemiologisches Jahrbuch 2017 (2018), S. 192.

918 *Heininger*, Meningokokken, in: Spiess/Heininger/Jilg (Hrsg.), Impfkompendium (2015), S. 220.

919 *Forster/Heininger/Mankertz*, Masern, in: Deutsche Gesellschaft für pädiatrische Infektiologie e. V. (Hrsg.), DGPI-Handbuch (2013), S. 383; *Jilg/Heininger*, Masern, in: Spiess/Heininger/Jilg (Hrsg.), Impfkompendium (2015), S. 214 (215).

920 *Heininger/Jilg*, Mumps, in: Spiess/Heininger/Jilg (Hrsg.), Impfkompendium (2015), S. 227.

921 *Jilg/Heininger*, Röteln, in: Spiess/Heininger/Jilg (Hrsg.), Impfkompendium (2015), S. 261.

922 *Liese/Streng*, Varizellen, in: Spiess/Heininger/Jilg (Hrsg.), Impfkompendium (2015), S. 298.

923 Außerhalb des Organismus entstanden, von außen in den Körper eindringend, durch äußere Faktoren verursacht, *Pschyrembel*, Klinisches Wörterbuch (2020), Stichwort „exogen", S. 503.

924 *Rodloff*, Obligat anaerobe, sporenbildende Stäbchen (Clostridien), in: Suerbaum et al. (Hrsg.), Medizinische Mikrobiologie und Infektiologie (2012), S. 324 (327).

925 *Deutscher Ethikrat*, Stellungnahme: Impfen als Pflicht? (2019), S. 21; *Naumann/Abele-Horn*, Tetanus, in: Intensivmed 2003, S. 195 (196).

926 *Pschyrembel*, Klinisches Wörterbuch (2020), Stichwort „Übertragung, aerogene", S. 1823.

927 *Vonberg/Graf*, Prävention von Bakterien- und Virusinfektionen, in: Suerbaum et al. (Hrsg.), Medizinische Mikrobiologie und Infektiologie (2012), S. 157 (159).

unbemerkt stattfindet und daher kaum zu verhindern ist. Einer Übertragung, die durch unvermeidbare, permanent stattfindende und nicht steuerbare Vorgänge wie Atmen, Sprechen, Niesen etc. ermöglicht wird, lässt sich kaum durch Selbstschutzmaßnahmen in sozialadäquater Weise vorbeugen.[928] Dies gilt umso mehr, wenn bei dem Überträger zwar bereits eine Infektion stattgefunden hat, der Krankheitserreger also bereits weitergegeben werden kann, der Überträger aber selbst noch keine Kenntnis von seiner Infektion und der Übertragungsfähigkeit hat, weil die Inkubationszeit, die je nach Krankheit variiert, noch andauert. Aufgrund des Übertragungsweges ist die Infektionsmöglichkeit derjenigen Krankheiten, die ihre Erreger durch aerogene Übertragung weitergeben, in nahezu jedem sozialen Umgang mit anderen Personen möglich. Als Beispiele sind hier insbesondere der Öffentliche Personen(nah)verkehr sowie Großveranstaltungen mit größeren Menschenansammlungen (Fußballstadion, Oper, Konzert) zu nennen. Die Herstellung einer Infektionsbarriere in Form der Herdenimmunität ist als Ausdruck staatlichen Schutzes daher bei dieser Art der Krankheitsübertragung von besonderer Bedeutung.

Von der Betrachtung ausgeschlossen werden hier ferner diejenigen Krankheiten, die lediglich im Wege der sog. Schmierinfektion übertragen werden. Hierbei handelt es sich um infektiöse Krankheiten, deren Erreger direkt von Mensch zu Mensch durch Kontamination der Hand mit erregerhaltigem Material einer Infektionsquelle mit nachfolgendem Eintragen in eine Eintrittspforte (Mund oder Hautwunde) übertragen werden.[929] Bei dem erregerhaltigen Material kann es sich um Eiter, Blut, Sputum[930] oder Fäzes[931] handeln.[932] Bei diesem Übertragungsweg besteht – mehr als bei der Übertragung von Krankheitserregern im Wege der Tröpfcheninfektion – die Möglichkeit, sich in sozialadäquater Weise selbst zu schützen, weil der Moment der Übertragung besser eingegrenzt werden kann und bereits dessen Eintritt in der Bestimmungsmacht des potenziellen Infizierten liegt: So ist der Moment der möglichen Infektion – anders als bei der Übertragung kleinster Erregerpartikel bei der aerogenen Übertragung – meist schon durch die Sichtbarkeit des erregerhaltigen Materials bemerkbar. Der Kontakt mit dem erregerhaltigen Material kann also wahrgenommen werden. Aufgrund dieses Umstands besteht eine größere Möglichkeit des Selbst-

---

928 Man bedenke etwa die teilweise vorhandenen Widerstände gegen eine Pflicht zum Tragen von Schutzmasken während der Corona-Pandemie 2020 und 2021, vgl. *Engelmann*, „The Masked Bürger" – Die Exitstrategie des Staates und die Schutzmaskenpflicht (Teil 1), www.juwiss.de/63-2020/ (Seite zuletzt aufgerufen am: 15.03.2021).

929 *Pschyrembel*, Klinisches Wörterbuch (2020), Stichwort „Schmierinfektion", S. 1590.

930 Abgehustetes Sekret der Schleimhäute der Atemwege mit Leukozyten und anderen Zellen, Epithelzellen, Staubteilchen, evtl. auch Rauchpartikeln und Mikroorganismen, *Pschyrembel*, Klinisches Wörterbuch (2020), Stichwort „Sputum", S. 1671.

931 Ausscheidungsprodukt des Darms, syn. Stuhl, *Pschyrembel*, Klinisches Wörterbuch (2020), Stichwort „Fäzes", S. 513.

932 *Pschyrembel*, Klinisches Wörterbuch (2020), Stichwort „Schmierinfektion", S. 1590.

schutzes vor der Infektion, beispielsweise durch die sofortige Desinfektion der Kontaktstelle.

Nach Anwendung des zweiten Filterkriteriums verbleiben also noch folgende Krankheiten im Prüfkatalog: Diphtherie[933], Pertussis[934], Haemophilus influenzae Typ B[935], Pneumokokken[936], Meningokokken C[937], Masern[938], Mumps[939], Röteln[940] sowie Varizellen[941]. Keine weitere Berücksichtigung finden dagegen Poliomyelitis[942], Hepatitis B[943] und Rotaviren[944].

cc) Drittes Filterkriterium: Meldepflichtigkeit nach § 6 Abs. 1 IfSG

Als drittes und gleichzeitig einziges rechtliches Filterkriterium wird die Meldepflichtigkeit einer Krankheit gemäß § 6 Abs. 1 IfSG herangezogen. Zwar müssen medizinisch-epidemiologische Filterkriterien im Vordergrund stehen, da die Entscheidung über die Zulässigkeit einer allgemeinen Impfpflicht von der Bewertung und Abwägung der medizinischen Fakten bestimmt ist. Auch der Katalog der Krankheiten, bei denen in verschiedenen Situationen (Krankheitsverdacht, Auftreten oder Tod durch diese Erkrankung) die Meldepflicht greift, gibt aber Aufschluss darüber, der Bekämpfung welcher Krankheiten der Gesetzgeber derzeit besonderes Gewicht zuweist.

Die Meldepflicht ist von vornherein auf Krankheiten beschränkt, die eine wesentliche Gefahr für die Allgemeinheit oder für Einzelne darstellen können[945], da das Ziel des infektionsschutzrechtlichen Meldewesens die Herstellung einer zeitnahen Handlungsmöglichkeit zum Schutz der Allgemeinheit ist.[946] Dabei

---

[933] *Hofmann*, Diphtherie, in: Spiess/Heininger/Jilg (Hrsg.), Impfkompendium (2015), S. 148 (149).

[934] *Heininger*, Pertussis, in: Spiess/Heininger/Jilg (Hrsg.), Impfkompendium (2015), S. 231.

[935] *Hahn*, Haemophilus, in: Suerbaum et al. (Hrsg.), Medizinische Mikrobiologie und Infektiologie (2009), S. 296 (297).

[936] *Heininger/van der Linden*, Pneumokokken, in: Spiess/Heininger/Jilg (Hrsg.), Impfkompendium (2015), S. 242 (243).

[937] *Heininger*, Meningokokken, in: Spiess/Heininger/Jilg (Hrsg.), Impfkompendium (2015), S. 220.

[938] *Jilg/Heininger*, Masern, in: Spiess/Heininger/Jilg (Hrsg.), Impfkompendium (2015), S. 214 (215).

[939] *Heininger/Jilg*, Mumps, in: Spiess/Heininger/Jilg (Hrsg.), Impfkompendium (2015), S. 227; *Heininger*, Risiken von Infektionskrankheiten, in: BGesBl. 2004, S. 1129 (1132).

[940] *Jilg/Heininger*, Röteln, in: Spiess/Heininger/Jilg (Hrsg.), Impfkompendium (2015), S. 261 (262).

[941] *Heininger*, Risiken von Infektionskrankheiten, in: BGesBl. 2004, S. 1129 (1133); *Liese/Streng*, Varizellen, in: Spiess/Heininger/Jilg (Hrsg.), Impfkompendium (2015), S. 298.

[942] *Reiter*, Poliomyelitis, in: Spiess/Heininger/Jilg (Hrsg.), Impfkompendium (2015), S. 254 (256).

[943] *Jilg*, Hepatitis B, in: Spiess/Heininger/Jilg (Hrsg.), Impfkompendium (2015), S. 185.

[944] *Jilg*, Rotavirus, in: Spiess/Heininger/Jilg (Hrsg.), Impfkompendium (2015), S. 267 (268).

[945] *Erdle*, Infektionschutzgesetz (2021), § 6 Rn. 22.

[946] *Müllmann*, in: Kießling (Hrsg.), Infektionsschutzgesetz Kommentar (2021), § 6 Rn. 1.

ist allerdings zu beachten, dass es sich bei der Meldepflicht nach § 6 IfSG um eine anlassbezogene Eingriffsmaßnahme handelt, die nicht primär der Verhinderung der Verbreitung übertragbarer Krankheiten dient.[947] Da die Exekutive nur im konkreten Fall auf eine Gefahrensituation reagieren kann, ist die Meldepflicht sachlich den Bekämpfungsvorschriften zuzuordnen.[948]

Erst durch die Meldepflicht wird aber gefahrenabwehrrechtliches Handeln ermöglicht[949], die Meldepflicht setzt also den nach geltendem Recht frühesten Zeitpunkt der Krankheitsbekämpfung fest. Zudem ist die Meldepflicht die Grundlage der Erfüllung der dem Robert-Koch-Institut in § 4 IfSG gesetzlich zugewiesenen Aufgabe[950], die Vorbeugung übertragbarer Krankheiten und die Verhinderung der Weiterverbreitung als infektionsepidemiologisches Zentrum übergreifend zu koordinieren.[951] Die Bedeutung der Aussage, der Bekämpfung welcher Krankheiten der Gesetzgeber besondere Bedeutung dergestalt beimisst, dass ihr Auftreten unverzüglich zu melden ist, kann deshalb für die vorliegende Untersuchung nicht außer Betracht gelassen werden.

Von den bisher herausgefilterten Infektionskrankheiten unterliegen lediglich die Erkrankungen an Haemophilus influenzae Typ B und Pneumokokken nicht der Meldepflicht nach dem Infektionsschutzgesetz. Nach Anwendung des dritten Filterkriteriums verbleiben damit Diphtherie, Pertussis, Meningokokken C, Masern, Mumps, Röteln und Varizellen im Prüfkatalog.

dd) Viertes Filterkriterium: Inzidenz

Schlussendlich werden als viertes und letztes Filterkriterium die Inzidenzen der jeweiligen Krankheiten, die nach Anwendung der ersten drei Filterkriterien noch im Kanon verbleiben, herangezogen.[952] Die Inzidenz ist das epidemiologische Maß zur Charakterisierung des Krankheitsgeschehens in einer bestimmten Population für das Auftreten einer Erkrankung oder eines Merkmals während eines bestimmten Zeitraums.[953]

---

947 Vgl. *Müllmann*, in: Kießling (Hrsg.), Infektionsschutzgesetz Kommentar (2021), § 6 Rn. 1.

948 Gesetzesbegründung für die Vorschriften über das Meldewesen im Bundesseuchengesetz, BT-Drs. 3/1888, S. 20; *Costard*, Öffentlich-rechliche Probleme beim Auftreten einer neuen übertragbaren Krankheit (1989), S. 92; *Mers*, Infektionsschutz im liberalen Rechtsstaat (2019), S. 35; *Steinau-Steinrück*, Die staatliche Verhütung und Bekämpfung von Infektionskrankheiten (2013), S. 86.

949 So bereits in der Begründung zu § 3 BSeuchG, BT-Drs. 03/1888, S. 20.

950 *Gerhardt*, Infektionsschutzgesetz Kommentar (2021), § 11 Rn. 1.

951 *Erdle*, Infektionsschutzgesetz (2021), Vorb. vor § 4; *Gerhardt*, Infektionsschutzgesetz Kommentar (2021), § 4 Rn. 1; *Hollo*, in: Kießling (Hrsg.), Infektionsschutzgesetz Kommentar (2021), § 4 Rn. 1.

952 Vgl. *Deutscher Ethikrat*, Stellungnahme: Impfen als Pflicht? (2019), S. 17; anders aber *Höfling/Stöckle*, Elternrecht, Kindeswohl und staatliche Impfverantwortung, in: RdJB 2018, S. 284 (297).

953 *Pschyrembel* online, Stichwort „Inzidenz“.

Als Grundlage dieses Filterkriteriums dienen die vom Robert-Koch-Institut gesammelten und im Infektionsepidemiologischen Jahrbuch veröffentlichten Meldedaten, die erst auf der Grundlage der §§ 6 ff. IfSG erhoben werden konnten.[954] Das dritte Filterkriterium ist damit notwendige Voraussetzung des vierten Filterkriteriums, da ohne eine verbindliche Meldepflicht die zuverlässige Erhebung von Krankheits-Fallzahlen – wie sich nicht zuletzt bei der Corona-Pandemie zeigt[955] – nicht möglich ist. Aus den Meldedaten des Robert-Koch-Instituts gehen sowohl die relative[956] als auch die absolute Inzidenz[957] hervor. Die ausgegebene Risikopopulation beträgt dabei absolut ca. 83 Millionen Menschen. Anstelle der relativen Inzidenz wird bei der Anwendung des vierten Filterkriteriums zunächst die absolute Inzidenz zugrunde gelegt, da sie eine genauere Betrachtung ermöglicht. Um anhand der Inzidenz aber eine Filterung der noch verbleibenden Krankheiten vornehmen zu können, wird anschließend zusätzlich die relative Inzidenz herangezogen. Die relative Inzidenz gibt dabei die Anzahl der übermittelten Fälle pro 100.000 Personen an.[958]

Für das Jahr 2017 ergaben sich folgende absolute Inzidenzen: an Diphtherie erkrankten 11 Menschen, an Pertussis (Keuchhusten) 16.834[959], an Masern 929, an Meningokokken (alle Serogruppen) 283[960], an Mumps 652, an Röteln 19 sowie an Windpocken (Varizellen) 22.206 Menschen.[961] Damit ergeben sich

[954] Zur Methodik der Datenerhebung siehe *Robert-Koch-Institut*, Infektionsepidemiologisches Jahrbuch 2018 (2019), S. 13 ff.; darüber hinaus stehen als weitere Möglichkeiten der Inzidenzerfassung Meldungen nach Landesverordnungen, Sentinel-Erhebungen sowie Leistungs- und Abrechnungsdaten von Krankenkassen und Kassenärztlichen Vereinigungen zur Verfügung, die jedoch gegenüber der Meldestatistik nach dem Infektionsschutzgesetz aufgrund verschiedener Limitationen alle nicht den Anspruch auf Vollständigkeit erheben können, vgl. *Poggensee et al.*, Überblick und Bewertung der verfügbaren Datenquellen zur Inzidenz impfpräventabler Krankheiten, in: BGesBl. 2009, S. 1019 (1022).

[955] So ist die Meldepflicht bezüglich eines Krankheitsverdachts, der Erkrankung sowie des Todes an der „Coronavirus-Krankheit-2019 (COVID-19)" durch das Gesetz vom 19.05.2020 (BGBl. I S. 1018) in § 6 Abs. 1 Nr. 1 t) IfSG eingeführt worden.

[956] Quotient aus Anzahl der Personen mit Neuerkrankung an einer bestimmten Krankheit/Störung und der gemittelten Risikopopulation im Beobachtungszeitraum, häufig geschätzt durch die Risikopopulation zur Mitte des Beobachtungszeitraums, *Pschyrembel* online, Stichwort „Inzidenz".

[957] Anzahl der Neuerkrankungsfälle einer bestimmten Erkrankung innerhalb eines bestimten Zeitraums, *Pschyrembel* online, Stichwort „Inzidenz".

[958] *Robert-Koch-Institut*, Infektionsepidemiologisches Jahrbuch 2018 (2019), S. 24.

[959] In der medizinischen Literatur wird aufgrund der zunächst unspezifischen Symptome der Pertussis-Erkrankung teilweise noch von einer deutlich höheren Dunkelziffer ausgegangen, vgl. etwa *Heininger*, Pertussis, in: Monatsschrift Kinderheilkunde 2016, S. 987 (988).

[960] Im Hinblick auf Meningokokken ergibt sich die Besonderheit, dass der jeweilige Erreger in verschiedene Serogruppen eingeteilt werden kann. Im Jahr 2017 liegen für 228 Fälle (81 %) Informationen über die Serogruppe des Erregers vor, davon entfielen 39 Fälle auf die Serogruppe C, gegen die die Impfung empfohlen ist, *Robert-Koch-Institut*, Infektionsepidemiologisches Jahrbuch 2017 (2018), S. 170.

[961] *Robert-Koch-Institut*, Infektionsepidemiologisches Jahrbuch 2017 (2018), Jahresstatistik meldepflichtiger Krankheiten je nach Bundesland.

für das Jahr 2017 folgende relative Inzidenzen: für Keuchhusten 20,5; für Masern 1,1; für Meningokokken 0,3; für Mumps 0,8 sowie für Windpocken (Varizellen) 27,0.[962] Lediglich für Diphtherie und Röteln ergeben sich relative Inzidenzen von 0,0.[963] Ein ähnliches Bild zeigt sich für das Jahr 2018, für das sich folgende absolute Inzidenzen ergaben: an Diphtherie erkrankten 26 Menschen, an Pertussis (Keuchhusten) 12.907, an Masern 543, an Meningokokken 295[964], an Mumps 534, an Röteln 16 sowie an Windpocken (Varizellen) 20.448 Menschen.[965] Damit ergeben sich folgende relative Inzidenzen: für Keuchhusten 15,6; für Masern 0,7; für Meningokokken 0,4; für Mumps 0,6 sowie für Windpocken (Varizellen) 24,7.[966] Lediglich für Diphtherie und Röteln ergeben sich auch für 2018 relative Inzidenzen von 0,0.[967]

In Bezug auf die Krankheiten Diphtherie und Röteln bedeutet das zwar – wie sich aus den jeweiligen absoluten Inzidenzen ergibt – nicht, dass diese Krankheiten in Deutschland in den Jahren 2017 und 2018 überhaupt nicht aufgetreten sind. Es bedeutet aber, dass ihre Anzahl derart gering war, dass diese Krankheiten im Rahmen der relativen Inzidenz überhaupt nicht ins Gewicht fallen.

Diese quantitative Betrachtung deckt sich darüber hinaus mit den Meldedaten der vorigen Jahre: auch für 2015 und 2016 lagen die relativen Inzidenzen für Diphtherie und Röteln jeweils bei 0,0; die absoluten Fallzahlen bewegten sich in einer ähnlichen Größenordnung wie 2017 (Diphtherie 14 bzw. 11/Röteln 21 bzw. 30).[968] Die Inzidenzen für das Jahr 2016 lagen dagegen für Keuchhusten bei 13.813 (16,8); für Masern bei 325 (0,4); für Meningokokken bei 338 (0,4); für Mumps bei 741 (0,9) sowie für Windpocken bei 25.036 (30,5).[969] Daraus lässt sich insgesamt eine schwankende (bei Keuchhusten, Masern und Meningokokken C) oder wie im Beispiel Mumps und Varizellen sogar eine abnehmende Inzidenz ablesen.

Die Anwendung des vierten Filterkriteriums ergibt also einen Ausschluss der Krankheiten Diphtherie und Röteln aus dem bisherigen Prüfkatalog. Zwar

---

962 *Robert-Koch-Institut*, Infektionsepidemiologisches Jahrbuch 2017 (2018), Jahresstatistik meldepflichtiger Krankheiten je nach Bundesland.

963 *Robert-Koch-Institut*, Infektionsepidemiologisches Jahrbuch 2017 (2018), Jahresstatistik meldepflichtiger Krankheiten je nach Bundesland.

964 Im Jahr 2018 liegen für 237 Fälle (80 %) Informationen über die Serogruppe des Erregers vor, davon entfielen 31 Fälle auf die Serogruppe C, *Robert-Koch-Institut*, Infektionsepidemiologisches Jahrbuch 2018 (2019), S. 170.

965 *Robert-Koch-Institut*, Infektionsepidemiologisches Jahrbuch 2018 (2019), Jahresstatistik meldepflichtiger Krankheiten je nach Bundesland.

966 *Robert-Koch-Institut*, Infektionsepidemiologisches Jahrbuch 2018 (2019), Jahresstatistik meldepflichtiger Krankheiten je nach Bundesland.

967 *Robert-Koch-Institut*, Infektionsepidemiologisches Jahrbuch 2018 (2019), Jahresstatistik meldepflichtiger Krankheiten je nach Bundesland.

968 *Robert-Koch-Institut*, Infektionsepidemiologische Jahrbücher 2016 und 2017, jeweils Jahresstatistik meldepflichtiger Krankheiten je nach Bundesland.

969 *Robert-Koch-Institut*, Infektionsepidemiologisches Jahrbuch 2017, Jahresstatistik meldepflichtiger Krankheiten je nach Bundesland.

betreffen Röteln als Teil der schutzbedürftigen Risikogruppe auch ungeborene Kinder, diese Annahme steht jedoch auch unter dem Vorbehalt, dass eine Impfpflicht gegen Röteln verhältnismäßig sein muss. Eine allgemeine Impfpflicht gegen eine Krankheit, von der jährlich nur etwa 20 Fälle auftreten, scheint zumindest derzeit kaum verhältnismäßig zu sein.

ee) Ergebnis

Nach kumulativer Anwendung dieser vier Filterkriterien ergibt sich plausibel die Abwägung von Risiken der Impfung und der Krankheit am Beispiel von Pertussis, Meningokokken C, Masern, Mumps und Varizellen.

c) Problem: Zugelassene (Kombinations-)Impfstoffe

Für die Auswahl der Krankheitserreger, gegen die die Ständige Impfkommission eine standardmäßige Schutzimpfung empfiehlt und die aus diesem Grund in den Katalog der hier zu untersuchenden Krankheiten aufgenommen wurden, existieren jeweils mehrere Vakzine. Bei all diesen Impfstoffen handelt es sich um parenteral, d. h. nicht oral zu verabreichende Impfstoffe.[970] Die Verfügbarkeit von Impfstoffen ist dabei Voraussetzung für eine Impfempfehlung durch die Ständige Impfkommission.[971]

Alle Impfstoffe durchlaufen vor ihrer Verwendung in Deutschland das Zulassungsverfahren durch das Bundesinstitut für Impfstoffe und biomedizinische Arzneimittel, das Paul-Ehrlich-Institut.[972] Jeder Impfstoff wird nach erfolgreichem Durchlaufen des Zulassungsverfahrens in die jeweilige Liste der Impfstoffe mit gültiger Zulassung aufgenommen, die im Bundesanzeiger veröffentlicht wird. Auf dieser Liste ist neben der Angabe des Herstellers und des Zulassungsdatums auch ersichtlich, ob es sich bei dem zugelassenen Impfstoff um einen Mono- oder einen Kombinationsimpfstoff handelt. Monoimpfstoffe enthalten lediglich Vakzine gegen eine einzige Erkrankung, während Kombinationsimpfstoffe bei einem Impfvorgang die Immunisierung gegen mehrere Krankheiten gleichzeitig ermöglichen.[973]

Bezüglich der Krankheiten, gegen die eine allgemeine Impfpflicht zulässig ist, wirft die Verwendung von Kombinationsimpfstoffen dann Probleme auf, wenn die verfassungsrechtliche Zulässigkeit nicht zugleich auch bezüglich der ande-

[970] Vgl. bereits § 2 A. I. 2. a) „Durchführung der Impfung".

[971] *Schaade/Widders/Stange/Höhl*, Impfempfehlungen der Ständigen Impfkommission, in: BGesBl. 2009, S. 1006 (1007).

[972] Vgl. dazu schon § 3 B. I. 3. c) bb) (1) „Wirksamkeit der Impfstoffe"; *Schaks*, Schriftliche Stellungnahme zu BT-Drs. 19/13452, Ausschuss-Drs. 19(14)112(14), S. 13 f.; Die Verfassungsmäßigkeit des Zulassungsverfahrens für Impfstoffe durch das Paul-Ehrlich-Institut sowie die Wirksamkeit der zugelassenen Impfstoffe werden unterstellt, vgl. näher *Pfleiderer/Cichutek*, Herstellung und Prüfung von Impfstoffen, in: Spiess/Heininger/Jilg (Hrsg.), Impfkompendium (2015), S. 44 ff.

[973] Vgl. *Heininger*, Impfungen, in: Speer/Gahr (Hrsg.), Pädiatrie (2013), S. 435 (437).

ren Krankheiten besteht, gegen die der entsprechende Kombinationsimpfstoff Vakzine enthält.[974] Unter denjenigen Krankheiten, die nach Anwendung der vier Filterkriterien im Prüfkatalog verblieben sind, gibt es zugelassene Monoimpfstoffe nur gegen Meningokokken C[975] und Varizellen[976]. Gegen Varizellen sind daneben auch Kombinationsimpfstoffe zugelassen, die zusätzlich Vakzine gegen Masern, Mumps und Röteln enthalten. Zum Zeitpunkt der Einführung der Masernimpfpflicht war gegen Masern lediglich ein einziger Monoimpfstoff zugelassen, der jedoch derzeit (seit 2017) nicht vermarktet wurde.[977] Mittlerweile sind auf der Liste der zugelassenen Masernimpfstoffe des Paul-Ehrlich-Instituts nur noch Kombinationsimpfstoffe zu finden.[978]

Bei der Einführung einer allgemeinen Impfpflicht kommt es für die verfassungsrechtlich zulässige Umsetzung darauf an, dass zumindest die Möglichkeit besteht, Impflinge nur gegen diejenige Krankheit zu impfen, auf die sich die Pflicht bezieht.[979] Das setzt voraus, dass auch entsprechende monovalente Impfstoffe verfügbar sind.[980] Ansonsten bestünde „quasi als Bei-

---

[974] Vgl. bezüglich der Verfügbarkeit lediglich der Kombinationsimpfstoffe gegen MMR (Masern/Mumps/Röteln) oder MMRV (MMR+Varizellen) im Rahmen der Impfpflicht ausschließlich gegen Masern kritisch auch *Rixen*, Verfassungsfragen der Masernimpfpflicht – Rechtsgutachten für „Ärzte für Individuelle Impfentscheidung e. V." (2019), S. 4, 56; ähnlich *Pieper/Schwager-Wehming*, Impfpflichten zur Bekämpfung von Masern- und COVID-19-Viren auf dem verfassungsrechtlichen Prüfstand, in: DÖV 2021, S. 287 (290) sowie *Staudinger*, Verfassungsrechtliche Untersuchung der Impfgesetzgebung in Deutschland (2021), S. 195; a. A. in Bezug auf die Verfügbarkeit lediglich von Kombinationsimpfstoffen bei einer Masernimpfpflicht aber *Schaks*, Schriftliche Stellungnahme zu BT-Drs. 19/13452, Ausschuss-Drs. 19(14)112(14), S. 12 sowie *ders.*, Die Pflicht zur Verwendung von Kombinationsimpfstoffen gegen Masern, in: MedR 2020, S. 201 (203 f.) und *ders.*, § 14 Verhütung übertragbarer Krankheiten: Schutzimpfungen, in: Kluckert (Hrsg.), Das neue Infektionsschutzrecht (2021), Rn. 40.

[975] *Paul-Ehrlich-Institut*, Impfstoffe gegen Meningokokken, www.pei.de/DE/arzneimittel/impfstoffe/meningokokken/meningokokken-node.html?cms_gtp=175360_list%253D2&cms_tabcounter=0 (Seite zuletzt aufgerufen am: 08.04.2021).

[976] *Paul-Ehrlich-Institut*, Impfstoffe gegen Varizellen (Windpocken), www.pei.de/DE/arzneimittel/impfstoffe/varizellen-windpocken/windpocken-node.html (Seite zuletzt aufgerufen am: 08.04.2021).

[977] *Deutscher Ethikrat*, Stellungnahme: Impfen als Pflicht? (2019), S. 15, 66; *Schaks*, Die Pflicht zur Verwendung von Kombinationsimpfstoffen gegen Masern, in: MedR 2020, S. 201 (202).

[978] *Paul-Ehrlich-Institut*, Impfstoffe gegen Masern, www.pei.de/DE/arzneimittel/impfstoffe/masern/masern-node.html (Seite zuletzt aufgerufen am: 08.04.2021).

[979] Vgl. *Kießling*, Coronavirus, Masern und die Grundrechte, www.verfassungsblog.de/coronavirus-masern-und-die-grundrechte/ (Seite zuletzt aufgerufen am: 18.01.2021); *Pieper/Schwager-Wehming*, Impfpflichten zur Bekämpfung von Masern- und COVID-19-Viren auf dem verfassungsrechtlichen Prüfstand, in: DÖV 2021, S. 287 (290).

[980] So auch BR-Drs. 358/1/19 (Empfehlungen der Ausschüsse), S. 32; *Deutscher Ethikrat*, Stellungnahme: Impfen als Pflicht? (2019), S. 87; *Rixen*, Verfassungsfragen der Masernimpfpflicht – Rechtsgutachten für „Ärzte für Individuelle Impfentscheidung e. V." (2019), S. 81 f.; wohl auch *ders.*, Die Impfpflicht nach dem Masernschutzgesetz, in: NJW 2020, S. 647 (648); *Amhaouach/Kießling*, Die Steigerung der Masernimpfraten von Kindern – Möglichkeiten und Grenzen des Rechts, in: MedR 2019, S. 853 (861), die wenig nachvollziehbar dennoch von

fang“[981] die faktische Pflicht zur Impfung auch gegen die jeweils anderen Krankheiten, gegen die in dem Kombinationsimpfstoff Vakzine enthalten sind[982], und zwar unabhängig davon, ob auch gegen diese Krankheiten eine Impfpflicht verfassungsrechtlich zulässig wäre oder nicht.[983] Diese verfassungsrechtliche Zulässigkeit richtet sich jedoch – wie sich im Folgenden noch zeigen wird[984] – nach der für die Aktivierung der grundrechtlichen Schutzpflicht jeweils erforderlichen Herdenimmunitätsschwelle, die je nach Krankheit unterschiedlich ist.[985]

Die verfassungsrechtliche Beurteilung, ob die grundrechtliche Schutzpflicht als aktiviert zu betrachten ist, gehört (wie sich ebenfalls im Folgenden zeigen wird) zu denjenigen Entscheidungen, die aufgrund der Wesentlichkeit der Regelungsmaterie einer (nicht nur gefahrenabwehrrechtlichen) Impfpflicht allein dem Parlamentsgesetzgeber obliegt.[986] Dieser ist zwar kraft seines Einschätzungsspielraums nicht darauf beschränkt, „wissenschaftliche Erkenntnisse bloß zwingend nachzuvollziehen“.[987] Die Einschätzungsprärogative des Gesetzgebers geht aber keineswegs so weit, dass sie die Festlegung eines Eingriffszwecks erlaubte, der sich mit den verfügbaren wissenschaftlichen Erkenntnissen rechtlich nicht halten lässt.

Erst recht nicht darf – mangels Verfügbarkeit monovalenter Impfstoffe – der Umfang der Zielkrankheiten eines Kombinationsimpfstoffs völlig außerhalb von Gesetzgebungsverantwortung allein in die Hände der impfstoffentwickelnden und -produzierenden Industrie gelegt werden.[988] Ein solches Vorgehen zeug-

---

einer Verfassungsmäßigkeit des Masernschutzgesetzes ausgehen; anders aber *Schaks*, Schriftliche Stellungnahme zu BT-Drs. 19/13452, Ausschuss-Drs. 19(14)112(14), S. 12 sowie *ders.*, Die Pflicht zur Verwendung von Kombinationsimpfstoffen gegen Masern, in: MedR 2020, S. 201 (203 f.).

[981] So die scharfe Kritik des Bundesrates zum Gesetzesentwurf der Bundesregierung zum Masernschutzgesetz, BR-Drs. 358/1/19, S. 32.

[982] So *Lenzen-Schulte*, Der Zwang zum Kombinationsimpfen wird Folgen haben, in: DÄ 2020, S. A1685 (A1686) gar mit der Formulierung, die Pflicht zur Impfung mit Kombinationsimpfstoffen nach § 20 Abs. 8 S. 3 IfSG sei eine „Mogelpackung“.

[983] *Deutscher Ethikrat*, Stellungnahme: Impfen als Pflicht? (2019), S. 66; *Höfling*, Vom präventiven Selbst zum immunisierten Volkskörper, in: JZ 2019, S. 776 (777).

[984] Vgl. § 3 B. II. 2. a) cc) (1) „Folgen für die Beurteilbarkeit der Schutzpflichtaktivierung“ sowie § 3 B. II. 3. a)–e) jeweils aa) „Aktivierung der Schutzpflicht?“.

[985] Ähnlich *Staudinger*, Verfassungsrechtliche Untersuchung der Impfgesetzgebung in Deutschland (2021), S. 195; anders aber *Schaks*, Die Pflicht zur Verwendung von Kombinationsimpfstoffen gegen Masern, in: MedR 2020, S. 201 (203 f.).

[986] Vgl. daher zu Recht mit Kritik am Entwurf des Masernschutzgesetzes *Rixen*, Verfassungsfragen der Masernimpfpflicht – Rechtsgutachten für „Ärzte für Individuelle Impfentscheidung e. V.“ (2019), S. 55 ff.

[987] *Schaks*, Die Pflicht zur Verwendung von Kombinationsimpfstoffen gegen Masern, in: MedR 2020, S. 201 (202).

[988] *Rixen*, Verfassungsfragen der Masernimpfpflicht – Rechtsgutachten für „Ärzte für Individuelle Impfentscheidung e. V.“ (2019), S. 93; *ders.*, Die Impfpflicht nach dem Masernschutzgesetz, in: NJW 2020, S. 647 (648); aufgegriffen von *Pieper/Schwager-Wehming*, Impfpflichten zur Bekämpfung von Masern- und COVID-19-Viren auf dem verfassungsrechtlichen Prüfstand, in: DÖV 2021, S. 287 (290).

te mindestens von „mangelnder Sensibilität für die Anforderungen des verfassungsrechtlichen Übermaßkriteriums“[989], keinesfalls aber sorgte es für Rechtsklarheit.[990] Hier bestünde die Gefahr einer maßlosen Ausweitung des Umfangs einer Impfpflicht.[991] Denn nur, wenn in Bezug auf eine bestimmte Krankheit die Herdenimmunitätsschwelle noch unterschritten wird, kann von einer Aktivierung der grundrechtlichen Schutzpflicht und somit von einem legitimen Zweck für den Eingriff ausgegangen werden, der sich in Gestalt der (ausdrücklich normierten oder auch nur faktischen) krankheitsspezifischen Impfpflicht manifestiert: Jede Impfpflicht – und sei es nur, dass sie faktisch im Wege der Durchsetzung einer anderen Impfpflicht besteht, weil nur Kombinationsimpfstoffe zur Verfügung stehen – bedarf ihrerseits eines legitimen Zwecks, der sich allein an den epidemiologischen Fakten der jeweiligen einzelnen Zielkrankheit bemisst.[992] Fehlt dieser legitime Zweck wegen Nichtaktivierung der grundrechtlichen Schutzpflicht, so kann er auch nicht dadurch ersetzt werden, dass der Schutz vor weiteren Infektionskrankheiten dem Adressaten der Ausgangspflicht ja zugutekomme[993], weil es grundrechtlich keine Verpflichtung zum Schutz vor sich selbst gibt[994], die dementsprechend auch nicht als tauglicher Eingriffszweck herhalten kann.

Auch das Argument, die Verwendung von Kombinationsimpfstoffen käme ohnehin nur dann in Betracht, wenn Monoimpfstoffe nicht verfügbar sind, weshalb hieraus keine verfassungsrechtlich relevanten Probleme resultierten[995], lässt gerade die Anforderungen an die Aktivierung der grundrechtlichen Schutzpflicht außer Acht, die den legitimen Zweck des Eingriffs darstellt. Die Aktivierung orientiert sich – wie aufgezeigt – an den Gegebenheiten der einzelnen Zielkrankheit, genauer: an der Nichterreichung der erforderlichen Herden-

---

[989] *Höfling*, Vom präventiven Selbst zum immunisierten Volkskörper, in: JZ 2019, S. 776 (778).

[990] So aber in Bezug auf die Verfügbarkeit lediglich von Kombinationsimpfstoffen bei einer Impfpflicht ausschließlich gegen Masern *Schaks*, Schriftliche Stellungnahme zu BT-Drs. 19/13452, Ausschuss-Drs. 19(14)112(14), S. 12 sowie *ders.*, Die Pflicht zur Verwendung von Kombinationsimpfstoffen gegen Masern, in: MedR 2020, S. 201 (202).

[991] *Rixen*, Verfassungsfragen der Masernimpfpflicht – Rechtsgutachten für „Ärzte für Individuelle Impfentscheidung e. V.“ (2019), S. 93; *ders.*, Die Impfpflicht nach dem Masernschutzgesetz, in: NJW 2020, S. 647 (648), gar mit der zutreffenden Feststellung, die nicht limitierte Ausweitungsoption der Impfpflicht sei Teil des Normprogramms.

[992] Anders aber *Schaks*, Die Pflicht zur Verwendung von Kombinationsimpfstoffen gegen Masern, in: MedR 2020, S. 201 (203 f.), der die Legitimität eines Mittels zur Zweckerreichung bei der Verwendung von Kombinationsimpfstoffen nur dann nicht als gegeben ansieht, wenn ein solches durch die Verfassung ausdrücklich verboten ist, das Mittel sei hingegen dann legitim, wenn es zur Durchsetzung eines (anderen) legitimen Zwecks diente.

[993] So aber *Schaks*, Die Pflicht zur Verwendung von Kombinationsimpfstoffen gegen Masern, in: MedR 2020, S. 201 (206).

[994] Siehe bereits § 3 A. II. 2. „Verpflichtung zum Schutz vor sich selbst?“.

[995] So jedenfalls *Schaks*, Schriftliche Stellungnahme zu BT-Drs. 19/13452, Ausschuss-Drs. 19(14)112(14), S. 13.

immunitätsschwelle. Es kann nicht erst darauf ankommen, ob Kombinationsimpfstoffe im Vergleich zu monovalenten Impfstoffen risikoreicher hinsichtlich möglicher Nebenwirkungen sind.[996] Besteht mangels Verfügbarkeit von Monoimpfstoffen eine faktische Impfpflicht gegen mehrere Krankheiten, muss bezüglich all dieser Krankheiten die Herdenimmunitätsschwelle noch unterschritten sein, sonst kommt mangels legitimen Zwecks bereits gar keine Eingriffsrechtfertigung in Frage.

Das bedeutet aber nicht das „Ende der Kombinationsimpfstoffe", da sie freilich weiterhin bei der Impfung von Personen eingesetzt werden können, die sich über die Pflichtimpfungen hinaus freiwillig gegen weitere Krankheiten impfen lassen wollen. Dass die Verwendung von Kombinationsimpfstoffen an sich auch Vorteile hat (weniger notwendige Arztbesuche und einzelne Injektionen[997]), ist unbestritten. Diese Vorteile können aber nur dann ins Gewicht fallen, wenn die Freiwilligkeit der Verwendung gegeben ist; keinesfalls können sie eine fehlende Freiwilligkeit rechtlich kompensieren.[998]

Etwas anderes kann allenfalls und nur für einen begrenzten Zeitraum ausnahmsweise gelten, wenn eine bereits bekannte, hochkontagiöse Infektionskrankheit, gegen die nur Kombinationsimpfstoffe verfügbar sind, pandemisch auftritt. Hier steht – jedenfalls für einen begrenzten, möglichst kurz zu haltenden Zeitraum – die Abwehr akuter Gefahren im Vordergrund, wie etwa im Katastrophenfall[999] oder bei Vorliegen einer „epidemischen Lage von nationaler Tragweite"[1000] i. S. v. § 5 IfSG. Wenn für die pandemisch auftretende Krankheit, deren Herdenimmunitätsschwelle naturgemäß unterschritten ist (ansonsten wäre kein pandemisches Aufflammen denkbar), keine Monoimpfstoffe zur Verfügung stehen, kann für einen kurzen Zeitraum, der für die erneute Produktion bzw. (Wieder-)Beschaffung des Monoimpfstoffs notwendig ist, auch mit Kombinationsimpfstoffen geimpft werden. Das gilt jedoch höchstens so lange, wie eine akute Gefahrenlage im polizeirechtlichen Sinne besteht. Angesichts des kurzen Zeitraums von weniger als einem Jahr, in dem – wie sich in der Corona-Pandemie gezeigt hat – sogar die Entwicklung völlig neuer Impfstoffe möglich ist, erscheint für die Produktion eines bereits bekannten Monoimpfstoffs ein Zeitraum von maximal drei Monaten angemessen, in dem die pflichtmäßige Verimpfung von Kombinationsimpfstoffen zulässig ist. Diese Konstellation

---

[996] So aber *Schaks*, Schriftliche Stellungnahme zu BT-Drs. 19/13452, Ausschuss-Drs. 19(14)112(14), S. 14.

[997] So *Schaks*, Die Pflicht zur Verwendung von Kombinationsimpfstoffen gegen Masern, in: MedR 2020, S. 201 (202).

[998] So aber tendenziell *Schaks*, Die Pflicht zur Verwendung von Kombinationsimpfstoffen gegen Masern, in: MedR 2020, S. 201 (206).

[999] Vgl. zur Abgrenzung von Impfpflichten im Bereich des Infektionsschutzes und im Bereich des Katastrophenschutzes § 4 A. III. „Abgrenzung zum Katastrophenschutzrecht".

[1000] Vgl. zum Begriff näher *Hollo*, in: Kießling (Hrsg.), Infektionsschutzgesetz Kommentar (2021), § 5 Rn. 5 ff.

einer Pflicht ist aber allenfalls bei Gefahrensituationen denkbar, die dem Anwendungsbereich der gefahrenabwehrrechtlichen Impfpflicht aufgrund von § 20 Abs. 6, 7 IfSG zuzuordnen sind[1001], nicht hingegen dem Anwendungsbereich einer allgemeinen Impfpflicht. Bei Krankheiten, bezüglich derer außerhalb konkreter (pandemischer) Gefahrenlagen die Herdenimmunitätsschwelle durch langfristige Maßnahmen erreicht werden soll, greift diese Ausnahme nicht.

Bei pandemischem Auftreten einer völlig neuartigen Infektionskrankheit hingegen (wie etwa COVID-19), für die bislang überhaupt keine Impfstoffe existierten, wird sich dieses Problem nicht stellen. Wenngleich es sich ebenfalls um eine akute Gefahrenabwehrsituation handelt, ist kaum vorstellbar, dass ein Kombinationsimpfstoff noch vor dem entsprechenden *Mono*impfstoff entwickelt, zugelassen und produziert wird, zumal der Schritt der Vermischung stets nach dem Schritt der Herstellung der einzelnen Substanzen erfolgt.[1002]

2. *Auswahl der Abwägungskriterien innerhalb der Gleichwertigkeitsprüfung*

Um die Abwägung zur Beurteilung einer Verfassungsmäßigkeit für einzelne Krankheit zu ermöglichen, erfolgt die Betrachtung dieser Krankheiten jeweils unter mehreren krankheits- sowie impfspezifischen Kriterien.[1003]

Bevor die herausgefilterten Krankheiten der Gleichwertigkeitsprüfung unterzogen werden können, der die Rolle der Angemessenheitsprüfung innerhalb der Verhältnismäßigkeitsprüfung für die Rechtfertigung des Eingriffs in die körperliche Unversehrtheit der potenziellen Adressaten der Impfpflicht zukommt, muss die aktuelle Durchimpfungs- bzw. Immunitätsrate für die entsprechende Krankheit festgestellt werden. Je höher die Immunitätsrate ist, desto geringer ist die Gefahr für Ungeimpfte, sich mit der entsprechenden Krankheit zu infizieren.[1004] Wenn die für die Herdenimmunität erforderliche Immunitätsrate bereits erreicht ist, besteht praktisch keine relevante Infektionsgefahr, da durch die Geimpften eine Infektionsbarriere errichtet wird.

Hinsichtlich der Grundrechtsprüfung fehlt es bei einer ausreichenden Immunitätsrate also bereits an der Aktualisierung der grundrechtlichen Schutzpflicht. Diese kann dann auch nicht in eine Abwägung mit der abwehrrechtlichen Dimension der körperlichen Unversehrtheit eintreten. Die Gleichwertigkeits-

---

[1001] Vgl. dazu im Folgenden § 4 B. II. „Konsequenz: Keine Anwendung der Verordnungsermächtigung gem. § 20 Abs. 6, 7 IfSG".

[1002] www.pei.de/DE/arzneimittel/impfstoffe/kombinationsimpfstoffe/herstellung-kombinationsimpfstoffe-inhalt.html (Seite zuletzt aufgerufen am: 16.03.2021).

[1003] *Schaks/Krahnert*, Die Einführung einer Impfpflicht zur Bekämpfung der Masern. Eine zulässige staatliche Handlungsoption, in: MedR 2015, S. 860 (865); vgl. *Deutscher Ethikrat*, Stellungnahme: Impfen als Pflicht? (2019), S. 17 sowie *Nuffield Council on Bioethics*, Public Health, Ethical Issues (2007), Rn. 4.26.

[1004] *Maurer*, Impfskeptiker – Impfgegner, in: PharmuZ 1/2008, S. 64 (65).

prüfung kann also nur für diejenigen Krankheiten durchgeführt werden, für die noch keine Herdenimmunität vorhanden ist. Für diejenigen Krankheiten, für die bereits auf freiwilliger Basis eine ausreichende Durchimpfungsrate erzielt werden konnte, ist eine Impfpflicht also bereits wegen fehlenden legitimen Zwecks unzulässig, da dieser nur in Gestalt der Schutzpflicht für impfunfähige Dritte besteht.

a) Datengrundlage

Um zu einer konkreten Antwort auf die Frage der verfassungsrechtlichen Zulässigkeit einer Impfpflicht im Lichte von Art. 2 Abs. 2 S. 1 GG mittels der bis hierhin nur abstrakt skizzierten Gleichwertigkeitsprüfung gelangen zu können, bedarf es der Heranziehung konkreter Daten, die Aufschluss über die jeweilige Impf- und Immunitätssituation geben können. Deren Beurteilung ist wiederum unerlässlich für die Abwägung innerhalb der Frage, für welche Krankheit eine allgemeine Impfpflicht aus verfassungsrechtlicher Sicht zulässig sein kann.[1005] Hierbei treten jedoch mehrere Probleme zutage, die sich freilich auch auf die rechtssichere Beurteilungsfähigkeit der zugrunde liegenden Fragestellung auswirken.

aa) Herkunft der zugrunde gelegten Daten

Um im Folgenden im Rahmen der Gleichwertigkeitsprüfung eine Abwägung mit und anhand eines einheitlichen Datenmaterials sicherstellen zu können, ist eine Betrachtung der Herkunft der im Folgenden zugrunde gelegten Daten von besonderer Bedeutung. Dabei muss zwischen den in den verschiedenen Prüfungsabschnitten verwendeten Daten unterschieden werden.

Zuerst erfolgt stets eine kurze, allgemeine Charakterisierung der Infektionskrankheit, für die im Folgenden die grundrechtliche Zulässigkeit einer allgemeinen Impfpflicht geprüft wird. Dabei wird auf Angaben des Robert-Koch-Instituts und auf weitere medizinische Literatur zurückgegriffen. Sodann ist es bereits bei der Bestimmung der jeweils krankheitsspezifischen Herdenimmunitätsschwelle notwendig, auf eine Quelle zurückzugreifen, die neben ihrer wissenschaftlichen Fundierung auch eine gewisse staatliche Autorität in Anspruch nehmen kann. Weil sich nach der Erreichung oder Nichterreichung dieser Schwelle anschließend die Schutzpflichtaktivierung und damit das (Nicht-)Vorliegen eines legitimen Zwecks richtet, wirkt sich die wissenschaftliche Basis der entsprechenden Quellen auch auf die Beurteilbarkeit der Schutzpflichtaktivierung durch den Gesetzgeber aus.[1006] Um eine grundsätzliche Kohärenz der Datensätze sicherstellen zu können, sollte auch hier bevorzugt ein Rückgriff auf die

---

[1005] Vgl. *Poethko-Müller/Schmitz*, Impfstatus von Erwachsenen in Deutschland, in: BGesBl. 2013, S. 845.

[1006] Siehe dazu im Folgenden § 3 B. II. 2. a) cc) (1) „Folgen für die Beurteilbarkeit der Schutzpflichtaktivierung".

Expertise der staatlichen Institutionen erfolgen, die mit der Überwachung und Erforschung von Infektionskrankheiten und Impfstoffen betraut sind, namentlich das Robert-Koch-Institut und das Paul-Ehrlich-Institut. Diese beiden Institute sind sowohl im Vorfeld als auch während der Geltung einer allgemeinen Impfpflicht diejenigen staatlichen Institutionen, deren Expertise sich der Gesetzgeber in Erfüllung seiner Beobachtungspflichten primär bedienen sollte.[1007] Dieser Rückgriff erweist sich allerdings bezüglich der Angaben zu den krankheitsspezifischen Herdenimmunitätsschwellen bislang als nur unzureichend realisierbar, da das Robert-Koch-Institut als für die Krankheitsüberwachung und -prävention zuständige Bundesoberbehörde seinerseits auf die in der medizinischen Literatur verfügbaren Daten verweist.

Um nach der Bestimmung der jeweiligen Herdenimmunitätsschwellen feststellen zu können, ob diese bereits erreicht sind oder bislang noch unterschritten werden, sind Daten zu Durchimpfungsquoten in der Bevölkerung notwendig. Da eine Immunität mit dem Durchleben der entsprechenden Infektionskrankheit auch auf anderem Wege als durch Impfung erworben werden kann, müssen die Daten zu Impfquoten durch Daten zu vorhandenen Seroprävalenzraten, also zum tatsächlichen Immunitätsstatus, ergänzt werden. Da in Deutschland jedenfalls hinsichtlich der seit bereits längerem bekannten Infektionskrankheiten kein einheitliches Impfregister geführt wird, ist an dieser Stelle der Prüfung die Datengewinnung erheblich erschwert.[1008] Um dennoch auch hier weitgehend Einheitlichkeit gewährleisten zu können, die sich folglich auch auf die wissenschaftliche Fundierung der Grundrechtsabwägung auswirkt, wird bezüglich der erforderlichen Daten zu Impf- und Immunitätsquoten im Folgenden auf Angaben von Institutionen mit staatlicher Anbindung zurückgegriffen, namentlich auf offizielle veröffentlichte Daten des Robert-Koch-Instituts[1009], der WHO[1010],

---

[1007] Siehe im Folgenden § 4 C. I. „Mitwirkung von Expertengremien als Voraussetzung der Normsetzung".

[1008] Dazu teilt das *Robert-Koch-Institut* mit: „In Deutschland existiert kein einheitliches umfassendes System zur Erhebung von Impfdaten. Zur Ermittlung des Impf- und Immunstatus der Bevölkerung müssen daher Teilstichproben oder Querschnittsuntersuchungen herangezogen werden, die eine Einschätzung der Impfsituation ermöglichen. Daten zu durchgeführten Impfungen werden in Deutschland überwiegend dezentral und regional erhoben. Regelmäßig erhobene Daten zum Impfstatus der Bevölkerung in allen Bundesländern liegen nur aus den Schuleingangsuntersuchungen und ab dem Geburtsjahrgang 2004 auch aus dem vom Robert-Koch-Institut koordinierten Projekt ‚KV-Impfsurveillance' vor, das in Kooperation mit den 17 Kassenärztlichen Vereinigungen durchgeführt wird.", www.rki.de/DE/Content/Infekt/Impfen/Impfstatus/impfstatus_node.html (Seite zuletzt aufgerufen am: 27.03.2021). Siehe dazu sogleich § 3 B. II. 2. a) bb) „Problematik der Datenlage".

[1009] Namentlich die im Rahmen der Schuleingangsuntersuchungen erhobenen Impfquoten, die KiGGS-Studie, die DEGS-Studie sowie die vom Robert-Koch-Institut koordinierte KV-Impfsurveillance.

[1010] *World Health Organization*, Data and statistics, Immunization Monitoring and Surveillance.

des Bundesgesundheitsministeriums[1011] und teilweise der Barmer GEK[1012] als gesetzliche Krankenversicherung.

Sofern sich anhand dieser Datenauswertung die bisherige Unterschreitung der erforderlichen Herdenimmunitätsschwelle und somit die Aktivierung der grundrechtlichen Schutzpflicht ergibt, wird in die Gleichwertigkeitsprüfung eingetreten. Hier erfolgt eine detaillierte Gegenüberstellung der einerseits mit der Krankheit und andererseits mit der Impfung einhergehenden Risiken und jeweils deren Eintrittswahrscheinlichkeiten unter Berücksichtigung der Sicherheit dieser Eintrittswahrscheinlichkeit (sog. Prognostizierbarkeit). Für diesen Prüfungsschritt werden weitere, über die Impf- und Immunitätsquoten hinausgehende Daten benötigt. Auch hier offenbart sich aber das Problem, dass die an dieser Stelle erforderlichen Datensätze nicht alle aus einer Hand verfügbar sind, sondern nur aus einer Zusammenschau von Daten aus mehreren Quellen gewonnen werden können, die sich bestenfalls gegenseitig ergänzen. Um zu einem nachvollziehbaren und vertretbaren Abwägungsergebnis gelangen zu können, muss aber – insbesondere hinsichtlich der Eintrittswahrscheinlichkeiten der jeweiligen Schadensereignisse für beide Grundrechtsdimensionen, die ausschlaggebend für die Grundrechtsabwägung sind – eine zumindest grundsätzlich einheitliche Ausgangslage bzw. ein einheitlicher Wahrscheinlichkeitsmaßstab gewährleistet sein. Deshalb werden hier vorrangig Datensätze herangezogen und in einer verdichtenden Zusammenschau betrachtet, die vom Robert-Koch-Institut, vom Paul-Ehrlich-Institut oder von Mitgliedern dieser Institute bzw. den dort ansässigen Gremien veröffentlicht wurden.[1013] Nur, wenn aus diesen Quellen keine oder nur unzureichende Daten zu erlangen sind, werden ergänzend weitere Quellen der medizinischen Literatur herangezogen.[1014] So kann neben der Kohärenz der bei der Gleichwertigkeitsprüfung zugrunde gelegten Daten auch deren wissenschaftliche Fundierung sichergestellt werden.

1011 *Bundesministerium für Gesundheit*, Nationaler Aktionsplan 2015–2020 zur Elimination von Masern und Röteln in Deutschland.

1012 *Barmer Ersatzkasse*, Arzneimittelreport 2019.

1013 Neben Veröffentlichungen vom Robert-Koch-Institut und vom Paul-Ehrlich-Institut werden Veröffentlichungen von *Forster/Heininger/Mankertz* (Mitglieder des Robert-Koch-Instituts, der STIKO), *Poethko-Müller* (Mitglied des Robert-Koch-Instituts), *Jilg* (ehem. Mitglied der STIKO) sowie *Mentzer/Meyer/Keller-Stanislawski* (Mitglieder des Paul-Ehrlich-Instituts) verwendet; ferner auch von *Mutz* (ehem. Vorsitzender des Impfausschusses des Obersten Sanitätsrates [Österreich]).

1014 So *Rospino*, Masern – eine Analyse nach szientometrischen Gesichtspunkten (2009); *Storr et al.*, Masernstatus – Impfbarrieren und Strategien zu deren Überwindung, in: DÄ 2018, S. 723–730; *Zingg*, Machen Impfungen krank?, in: Therapeutische Umschau 2005, S. 665–674; *Wendorf et al.*, Subacute Sclerosing Panencephalitis, in: Clinical Infectious Diseases 2017, S. 226–232; *Schönberger et al.*, Epidemiology of Subacute Sclerosing Panencephalitis (SSPE) in Germany, in: PLOS ONE 2013, e68909, S. 1–8; *Hengel*, Masernvirus, in: Darai et al. (Hrsg.), Lexikon der Infektionskrankheiten (2012), S. 521–524; *Uçkay et al.*, Die Folgen einer ungenügenden Herdimmunität, in: Therapeutische Umschau 2005, S. 679–684.

bb) Problematik der Datenlage

Aufgrund der – wie geschildert – vielfältigen Herkunft der zugrunde zu legenden Daten, die derzeit nur im Wege einer Zusammenschau von Daten aus mehreren Quellen zu einem vollständigen Datensatz verdichtet werden können, lassen sich bereits Defizite im Bereich der Organisation und der Nutzbarmachung staatlichen Wissens erahnen. Diese Defizite müssen – ebenso wie ihre möglichen Lösungen – für die Beurteilbarkeit der Verfassungskonformität einer allgemeinen Impfpflicht im weiteren Verlauf dieser Untersuchung näher beleuchtet werden.[1015]

Bereits an dieser Stelle offenbart sich aber ein Problem, das nicht nur die Anwendung der abstrakten Gleichwertigkeitsprüfung im konkreten Sachbereich erschwert, sondern im Grunde die Abwägung insgesamt, die anhand belastbarer und exakter medizinischer Daten erfolgen sollte. Dieses Problem liegt jedoch nicht in der gewählten Methodik der Abwägung, sondern in der auf sie anzuwendenden Datengrundlage: Letztere kann derzeit nämlich schon nicht in gesicherter Form gewährleistet werden, da – wie bereits erwähnt – in Deutschland (jedenfalls für alle Infektionskrankheiten außer COVID-19[1016]) kein einheitliches und vollumfassendes System zur Erhebung von Impf- und Immunitätsdaten existiert.[1017] Aus diesem Grund liegen nicht für alle entscheidungsrelevanten Altersgruppen gesicherte Impfquoten bezüglich der als Untersuchungsgegenstand herausgefilterten Infektionskrankheiten vor.[1018] Insbesondere für die Impfdaten von Kindern im Alter von 24 Monaten, wenn also die Grundimmunisierungen abgeschlossen sein sollen, gibt es kein allgemeines Erfassungssystem.[1019] Zur Ermittlung des Impfstatus können – mit wenigen Ausnahmen – vielmehr nur Querschnittsuntersuchungen und Teilstichproben herangezogen werden, die vorwiegend dezentral und regional erhoben werden.[1020]

1015 Dazu im Folgenden § 3 B. II. 2. a) cc) „Folgen der unzureichenden Datenlage" sowie § 4 C. I. „Mitwirkung von Expertengremien als Voraussetzung der Normsetzung".

1016 Bezüglich der Erkrankung an COVID-19 erfolgt eine Erfassung aufgrund der Meldepflicht nach § 6 Abs. 1 S. 1 Nr. 1 t) IfSG, die Erfassung der erst seit 2021 überhaupt möglichen Impfungen gegen COVID-19 erfolgt durch das „Digitale Impfquotenmonitoring".

1017 www.rki.de/DE/Content/Infekt/Impfen/Impfstatus/impfstatus_node.html (Seite zuletzt aufgerufen am: 27.03.2021); *Poethko-Müller/Schmitz*, Impfstatus von Erwachsenen in Deutschland, in: BGesBl. 2013, S. 845; *Poethko-Müller/Mankertz*, Durchimpfung und Prävalenz von IgG-Antikörpern gegen Masern bei Kindern und Jugendlichen in Deutschland, in: BGesBl. 2013, S. 1243; *Poggensee et al.*, Überblick und Bewertung der verfügbaren Datenquellen zur Inzidenz impfpräventabler Krankheiten, in: BGesBl. 2009, S. 1019 (1024).

1018 Mit dieser Kritik schon *Schaks/Krahnert*, Die Einführung einer Impfpflicht zur Bekämpfung der Masern. Eine zulässige staatliche Handlungsoption, in: MedR 2015, S. 860 (865); anklingend auch bei *Kouros et al.*, Nationale Initiativen im Impfwesen, in: BGesBl. 2019, S. 386 (387).

1019 *Reuß*, Bestimmung von Impfquoten und Inzidenzen impfpräventabler Erkrankungen anhand von Daten der Kassenärztlichen Vereinigungen (2012), S. 5.

1020 www.rki.de/DE/Content/Infekt/Impfen/Impfstatus/impfstatus_node.html (Seite zuletzt aufgerufen am: 27.03.2021).

Sie unterscheiden sich in ihrer Methodik, der Häufigkeit der Datenerhebung, Repräsentativität und hinsichtlich der Verfügbarkeit ihrer Ergebnisse.[1021] Diese unklare Datenlage bietet Anlass zur Kritik.

(1) Impfquoten in Bezug auf Kinder

Als vergleichsweise brauchbar erweisen sich hier nur die Daten zur Durchimpfung, die Impfungen im Kindesalter erfassen. Hier existieren zum einen die Daten der jährlichen Schuleingangsuntersuchung. Die Überprüfung des Impfstatus im Zuge der Schuleingangsuntersuchung wurde mit dem Infektionsschutzgesetz 2001 eingeführt und ist bislang die einzige gesetzlich festgelegte, dauerhafte und systematische Impfstatuserhebung.[1022] Die Erhebung der jeweiligen Impfstatus der Schulanfänger erfolgt gemäß § 34 Abs. 11 IfSG durch das Gesundheitsamt, das Ergebnis wird über die oberste Landesgesundheitsbehörde an das Robert-Koch-Institut übermittelt und von diesem jährlich veröffentlicht.[1023] Sie ermöglicht für jeden Jahrgang der Schulanfänger die vollständige, nicht nur stichprobenartige Erfassung der Impfquoten und ist daher die zuverlässigste Datenquelle für die Impfquoten im Kindesalter.[1024] Es muss allerdings beachtet werden, dass nur Kinder einbezogen werden, die überhaupt einen Impfpass vorweisen können; Kinder ohne vorgelegten Impfpass sind höchstwahrscheinlich nicht geimpft und fallen aus der Erhebung heraus.[1025]

Darüber hinaus stehen Daten aus dem vom Robert-Koch-Institut koordinierten und vom Bundesgesundheitsministerium geförderten Forschungsprojekt „KV-Impfsurveillance" zur Verfügung, das durch das Masernschutz-

[1021] *Poggensee et al.*, Überblick und Bewertung der verfügbaren Datenquellen zur Inzidenz impfpräventabler Krankheiten, in: BGesBl. 2009, S. 1019.

[1022] *Poggensee et al.*, Überblick und Bewertung der verfügbaren Datenquellen zur Inzidenz impfpräventabler Krankheiten, in: BGesBl. 2009, S. 1019 (1026); *Rieck et al.*, Umsetzung der Masern- und Pertussisimpfempfehlungen für Erwachsene, in: BGesBl. 2019, S. 422; *Siedler et al.*, Estimating vaccination coverage in the absence of immunisation registers, in: Eurosurveillance Apr. 2012, S. 1 (4).

[1023] *Schweigler*, in: Kießling (Hrsg.), Infektionsschutzgesetz Kommentar (2021), § 34 Rn. 57. Obgleich die Erhebung des Impfstatus im Rahmen der Schuleingangsuntersuchungen im Jahr 2001 eingeführt wurde, vgl. *Poethko-Müller et al.*, Durchimpfung von Kindern und Jugendlichen in Deutschland, in: BGesBl. 2019, S. 410, stehen veröffentlichte Daten des Robert-Koch-Instituts erst ab der Schuleingangsuntersuchung 2005 zur Verfügung, vgl. www.rki.de/DE/Content/Infekt/Impfen/Impfstatus/schulanfaenger/schuleingangsuntersuchungen_inhalt.html (Seite zuletzt aufgerufen am: 06.04.2021).

[1024] Kritisch aber zu Recht *Terhardt*, Zur Masern-Impfpflicht – ein Zwischenruf, in: Kinder- und Jugendarzt 2019, S. 370, da die Schuleingangsuntersuchungen die Impfquoten deutlich außerhalb der von der STIKO empfohlenen Impf-Zeiträume erfassen (mehrere Jahre nach Abschluss der empfohlenen Grundimmunisierung), so dass anhand der bei den Schuleingangsuntersuchungen gemessenen Quoten nicht festgestellt werden kann, ob die Kinder tatsächlich zum Zeitpunkt des von der STIKO empfohlenen Abschlusses der Grundimmunisierungen (im Alter von 14–23 Monaten) vollständig geimpft waren oder erst deutlich später.

[1025] *Grandt/Lappe/Schubert*, Impfungen bei Kindern und Jugendlichen, in: Barmer Ersatzkasse (Hrsg.), Arzneimittelreport 2019, S. 102 (145).

gesetz in § 13 Abs. 5 IfSG nunmehr eine gesetzliche Normierung erfahren hat, allerdings erst Daten ab dem Geburtsjahrgang 2004 erhebt.[1026] Wenngleich es sich um eine im Vergleich mit nur teilstichprobenartigen Erhebungen relativ umfassende Erhebung handelt, sind die Daten der KV-Impfsurveillance neben der Erfassung erst ab 2004 der Begrenzung ausgesetzt, dass die Bezugspopulation – die mit knapp 88 % der Bevölkerung ohnehin nur den gesetzlich krankenversicherten Anteil erfasst[1027] – nicht einheitlich ist, sondern Personen durch Umzug, Emigration und Wechsel von der GKV zur PKV aus der Bezugspopulation herausfallen.[1028]

Die Daten der KV-Impfsurveillance unterliegen somit von vornherein der Einschränkung, dass sie nur für jüngere Altersgruppen gesetzlich Versicherter Aufschluss über den Impfstatus geben können.[1029] Darüber hinaus werden die erhobenen Daten nicht immer veröffentlicht[1030] und sind damit für die Auswertung unter der Fragestellung dieser Arbeit nicht zugänglich. So sind die Daten für die Impfquoten *aller* empfohlenen Impfungen nur für den Zeitraum von 2004–2009 veröffentlicht und geben daher nicht die aktuellen Tendenzen wieder.[1031] Lediglich für die Erst- und Zweitimpfungsquoten gegen Masern und Varizellen liegen Daten bis 2014 bzw. bis 2015 vor.[1032] Zum Teil können diese Daten ergänzt werden durch die Arzneimittelreporte einzelner Krankenkassen (z. B. Barmer Arzneimittelreport 2019[1033]), deren Daten als Erhebungen nur über einen Teil der Versicherten im Grunde in die KV-Impfsurveillance einfließen und daher keine eigenen Erkenntnisse liefern können, aber aktuellere Veröffentlichungen darstellen. Zudem ist die KV-Impfsurveillance insgesamt in

[1026] www.rki.de/DE/Content/Infekt/Impfen/Impfstatus/impfstatus_node.html (Seite zuletzt aufgerufen am: 27.03.2021); *Hecht/Siedler*, Die Epidemiologie der Varizellen, in: BGesBl. 2017, S. 118; *Kouros et al.*, Nationale Initiativen im Impfwesen, in: BGesBl. 2019, S. 386 (387); mit dieser Kritik auch *Siedler et al.*, Estimating vaccination coverage in the absence of immunisation registers, in: Eurosurveillance Apr. 2012, S. 1 (5).

[1027] *Rieck et al.*, Assessing varicella vaccine effectiveness and its influencing factors using health insurance claims data, Germany, 2006 to 2015, in: Eurosurveillance April 2017, S. 1 (2).

[1028] *Rieck*, KV-Impfsurveillance – Möglichkeiten und Herausforderungen, Tagungsbeitrag Berlin 23.01.2019, Folie 5.

[1029] *Poethko-Müller et al.*, Durchimpfung von Kindern und Jugendlichen in Deutschland, in: BGesBl. 2019, S. 410.

[1030] Vgl. *Rieck*, KV-Impfsurveillance – Möglichkeiten und Herausforderungen, Tagungsbeitrag Berlin 23.01.2019, Folie 11, 12; vgl. auch bei *Siedler et al.*, Estimating vaccination coverage in the absence of immunisation registers, in: Eurosurveillance Apr. 2012, S. 1 (4).

[1031] So bei *Rieck et al.*, Vaccination coverage among children in Germany estimated by analysis of health insurance claims data, in: Human Vaccines & Immunotherapeutics 2014, S. 476 (477).

[1032] *Terhardt*, Zur Masern-Impfpflicht – ein Zwischenruf, in: Kinder- und Jugendarzt 2019, S. 370; *Rieck et al.*, Assessing varicella vaccine effectiveness and its influencing factors using health insurance claims data, Germany, 2006 to 2015, in: Eurosurveillance April 2017, S. 1–10.

[1033] *Grandt/Lappe/Schubert*, Impfungen bei Kindern und Jugendlichen, in: Barmer Ersatzkasse (Hrsg.), Arzneimittelreport 2019, S. 102–186.

Bezug auf die valide Ermittlung der Durchimpfungsquote in Deutschland Limitationen ausgesetzt, da etwa stationär und in Notaufnahmen verabreichte Impfungen nicht erfasst werden.[1034] Ein großer Nachteil der KV-Impfsurveillance besteht auch darin, dass Daten über Impfungen von Privatversicherten nicht erfasst werden.[1035] Diese machen aber immerhin rund 10 % der Bevölkerung aus.[1036]

Als Grundlage der Impfquoten für Kinder eignen sich daher – jedenfalls bis zum Geburtsjahrgang 2013, der als erster von den bis Ende 2019 verfügbaren Daten zu Impfquoten in der Schuleingangsuntersuchung noch nicht erfasst ist – aufgrund der Einheitlichkeit und Vollständigkeit eher die Quoten aus den Daten der Schuleingangsuntersuchungen, in denen die Daten der von der KV-Impfsurveillance erfassten Kinder ebenfalls umfasst sind. Zur Vervollständigung im Hinblick auf Geburtsjahrgänge ab 2014 können aber die Daten der KV-Impfsurveillance herangezogen werden, die den Impfstatus von Kindern umfassen, die sich bis Ende des Jahres 2019 noch nicht der Schuleingangsuntersuchung unterzogen haben.

Zudem stehen in Bezug auf den Impfstatus im Kindesalter Daten aus der Studie zur Kindergesundheit in Deutschland („KiGGS") zur Verfügung. Diese Studie ist bis Ende des Jahres 2019 in der zweiten Welle (durchgeführt in den Jahren 2014–2017) angekommen, nachdem sich nach der Basiserhebung (durchgeführt in den Jahren 2003–2006) im Jahr 2007 die Rahmenbedingungen des Impfwesens in Deutschland verändert haben (Inkrafttreten der Schutzimpfungsrichtlinie 2007 und damit einhergehender Leistungsanspruch aller gesetzlich Krankenversicherter, Inkrafttreten des Nationalen Aktionsplans zur Masern- und Rötelnelimination 2015).[1037] Der Vorteil der Studie gegenüber der KV-Impfsurveillance liegt in der Erfassung der Impfquoten der 3–17-Jährigen in Deutschland unabhängig von ihrem Versicherungsstatus.[1038] Dennoch handelt es sich bei KiGGS nicht um eine umfassende Erhebung der Impfquoten, sondern lediglich um eine repräsentative Querschnittsuntersuchung anhand einer Studiengruppe von 15.023 Personen, von denen jedoch nur 3.657 Jungen und

---

1034 *Rieck et al.*, Umsetzung der Masern- und Pertussisimpfempfehlungen für Erwachsene, in: BGesBl. 2019, S. 422 (431).

1035 *Rieck et al.*, Umsetzung der Masern- und Pertussisimpfempfehlungen für Erwachsene, in: BGesBl. 2019, S. 422 (431); *Siedler et al.*, Estimating vaccination coverage in the absence of immunisation registers, in: Eurosurveillance Apr. 2012, S. 1 (5).

1036 www.vdek.com/presse/daten/b_versicherte.html (Seite zuletzt aufgerufen am: 06.04.2021).

1037 *Poethko-Müller et al.*, Durchimpfung von Kindern und Jugendlichen in Deutschland, in: BGesBl. 2019, S. 410.

1038 *Poethko-Müller et al.*, Durchimpfung von Kindern und Jugendlichen in Deutschland, in: BGesBl. 2019, S. 410. Die zusätzlich ermittelten Faktoren wie Sozialstatus, Wohnort, Migrationshintergrund und Geschlecht der Kinder sind für die vorliegende Fragestellung, ob die Impfquoten überhaupt an den Schwellenwert der Herdenimmunität heranreichen, irrelevant.

Mädchen in die Erhebung des Impfstatus einbezogen wurden, von denen wiederum – durch die Vorlage des Impfpasses – nur 3.238 Teilnehmende in die Auswertung eingeschlossen werden konnten.[1039] Da die Teilnahme freiwillig war, ist davon auszugehen, dass insbesondere impfkritische Personen zu dem gut einen Drittel der Nicht-Responder gehören.[1040] Zudem wird nicht in jeder Welle die gleiche Untersuchungsmethode angewandt: Während die Basiserhebung und die Welle 2 als Untersuchungs- und Befragungssurvey durchgeführt wurden, wurden die in Welle 1 (in den Jahren 2009–2012) erhobenen Daten nur im Wege telefonischer Befragungen erhoben.[1041] Sehr vereinzelt ist die Studie auch dem Vorwurf ausgesetzt, die Impfquoten deutlich zu überschätzen.[1042]

Dennoch ermöglicht die KiGGS-Studie eine – wenn auch nicht sehr breite – Darstellung der bis Ende des Jahres 2019 verfügbaren Impfquoten im Kindesalter[1043] und kann deshalb zusätzlich zu den Daten aus den Schuleingangsuntersuchungen zur Bestimmung der Aktivierung der Schutzpflicht durch Vorliegen oder Nichtvorliegen einer Herdenimmunität herangezogen werden.[1044] Zum Teil (z. B. bei Masern und Windpocken) können die Daten zum Impfstatus auch durch Daten zur Krankheitsprävalenz aus der gleichen Studie ergänzt werden, die dementsprechend Aufschluss über die Quote der durch Krankheit erworbenen Immunität geben.[1045]

Auch aus der Datensammlung der WHO (Data and Statistics, Immunization Monitoring and Surveillance) können für die vorliegende Arbeit teilweise die Daten für die Impfquoten für Erst- und Zweitimpfung gewonnen werden. Hier sind Ende des Jahres 2019 jedoch nur die Werte für die Impfabdeckung im Kindesalter und nur bis einschließlich des Jahres 2013 verfügbar gewesen. Zudem sind die Daten je nach Krankheit bzw. Impfung/Impfstoff unvollständig oder nicht mit den national erhobenen Daten vergleichbar, was im Folgenden jeweils bei der Prüfung der entsprechenden Krankheit erläutert wird. So sind für die Impfung gegen Masern erst Daten ab dem Jahr 1998 verfügbar, obgleich

---

[1039] *Poethko-Müller et al.*, Durchimpfung von Kindern und Jugendlichen in Deutschland, in: BGesBl. 2019, S. 410 (411, 420).

[1040] *Grandt/Lappe/Schubert*, Impfungen bei Kindern und Jugendlichen, in: Barmer Ersatzkasse (Hrsg.), Arzneimittelreport 2019, S. 102 (131).

[1041] *Poethko-Müller et al.*, Fieberkrämpfe, Epilepsie, Migräne, Diabetes und Herzerkrankungen sowie Masern, Windpocken und Keuchhusten bei Kindern und Jugendlichen in Deutschland, in: BGesBl. 2019, S. 1162.

[1042] Soweit ersichtlich nur *Grandt/Lappe/Schubert*, Impfungen bei Kindern und Jugendlichen, in: Barmer Ersatzkasse (Hrsg.), Arzneimittelreport 2019, S. 102 (131).

[1043] *Poethko-Müller et al.*, Durchimpfung von Kindern und Jugendlichen in Deutschland, in: BGesBl. 2019, S. 410.

[1044] Vgl. *Siedler et al.*, Estimating vaccination coverage in the absence of immunisation registers, in: Eurosurveillance Apr. 2012, S. 1 (5).

[1045] *Poethko-Müller et al.*, Fieberkrämpfe, Epilepsie, Migräne, Diabetes und Herzerkrankungen sowie Masern, Windpocken und Keuchhusten bei Kindern und Jugendlichen in Deutschland, in: BGesBl. 2019, S. 1162–1173.

die Einführung der Impfung bereits im Jahr 1973 (in der Bundesrepublik[1046], in der DDR im Jahr 1970) erfolgte. Grundsätzlich sind in der Datensammlung der WHO für keine Impfung Daten vorhanden, die sich auf die Zeit vor dem Jahr 1980 beziehen. Darüber hinaus sind die Daten häufig nur lückenhaft vorhanden; in Bezug auf Mumps etwa nur für die Jahre 2002, 2003 und 2012, für Meningokokken C dagegen überhaupt nicht.

Es zeigt sich deutlich, dass die Vergleichbarkeit der Daten aus den nationalen Erhebungen der Schuleingangsuntersuchungen mit der Datensammlung der WHO nur eingeschränkt gegeben ist. Die Daten der WHO erweisen sich daher mindestens als unvollständig und können daher mehr als Tendenz denn als Fakten herangezogen werden.

(2) Impfquoten in Bezug auf Erwachsene

Im Hinblick auf die Impfquoten unter Erwachsenen ist die Datenlage mit dem Stand des Jahres 2019 noch erheblich dünner.[1047] Die KV-Impfsurveillance, die zwar für die Bestimmung der Impfquoten unter Kindern brauchbar ist, zeigt in der Verwendbarkeit für die Bestimmung der Impfquoten in darüberliegenden, d. h. älteren Altersgruppen aber Schwächen: Impfungen und impfpräventable Krankheiten, die vor dem Jahr 2004 und damit vor dem Beginn der KV-Impfsurveillance erfolgt bzw. aufgetreten sind, werden nicht berücksichtigt.[1048] Dennoch sind auch diese wichtig, da sie eine lebenslange Immunität provoziert haben und daher für die Bestimmung des Immunitätsstatus der Bevölkerung bedeutsam sind[1049], der wiederum das Vorliegen der Herdenimmunität und deshalb die Aktualisierung der grundrechtlichen Schutzpflicht bestimmt.

Eine Ausnahme kann hier allenfalls die Beurteilung der Masern-Impfquoten darstellen, da die Ständige Impfkommission seit 2010 allen nach 1970 Geborenen über 18-Jährigen eine einmalige Masernimpfung empfiehlt, sofern in der Kindheit max. eine Masernimpfung erfolgt oder der Impfstatus unklar ist.[1050] Diese ab 2010 nachgeholten Impfungen werden von der KV-Impfsurveillance erfasst. Dennoch ist aber auch bei dieser Erhebung unklar, wie viele Personen von der entsprechenden Empfehlung der Ständigen Impfkommission tatsächlich angesprochen sind, wie viele also keine vollständige Immunität gegen

1046 *Gerike/Tischer*, Masernimpfung in Deutschland, in: Monatsschrift Kinderheilkunde 2000, S. 623 (627).

1047 Vgl. mit dieser Kritik auch *Deutscher Ethikrat*, Stellungnahme: Impfen als Pflicht? (2019), S. 26 f. sowie *European Centre for Disease Prevention and Control*, Risk assessment: Who is at risk of measles in the EU/EEA?, S. 31 f.

1048 *Rieck et al.*, Umsetzung der Masern- und Pertussisimpfempfehlungen für Erwachsene, in: BGesBl. 2019, S. 422.

1049 *Rieck et al.*, Umsetzung der Masern- und Pertussisimpfempfehlungen für Erwachsene, in: BGesBl. 2019, S. 422.

1050 *Robert-Koch-Institut*, Empfehlungen der Ständigen Impfkommission, in: EpidBull Nr. 30/2010, S. 279 (282); *Rieck et al.*, Umsetzung der Masern- und Pertussisimpfempfehlungen für Erwachsene, in: BGesBl. 2019, S. 422.

Masern haben, weil sie selbst nicht im Wege einer Erkrankung eine natürliche Immunität aufgebaut haben: Zwar beläuft sich der Anteil der seronegativen Personen in der Gruppe der 1970–1993 Geborenen auf lediglich 15 % (dieser Anteil an Personen ist also weder geimpft noch jemals an Masern erkrankt), auch dieser Wert ist aber lediglich in der DEGS-Stichprobe ermittelt worden[1051], die im Folgenden Kritik hinsichtlich ihrer Tauglichkeit zur Bestimmung der Herdenimmunität ausgesetzt ist.

In Bezug auf die Impfquote für die ab 2009 für Erwachsene empfohlene azelluläre Pertussis-Impfung existierten Ende des Jahres 2019 außer einer Telefonabfrage 2012/2013 ohne Abgleich mit dem Impfpass keine Daten. Diese Daten sind daher nicht mehr aktuell und auch nicht repräsentativ.[1052] In der KV-Impfsurveillance werden nun lediglich die seit 2009 empfohlenen Auffrischungsimpfungen erhoben, die im Abstand von 10 Jahren vorgenommen werden sollen.[1053]

Auch darüber hinaus stehen nur äußerst lückenhafte Daten zur Verfügung. Die einzige Studie in den letzten Jahren fand von 2008 bis 2011 („DEGS" = Studie zur Gesundheit Erwachsener in Deutschland, in der die Impfsurveillance jedoch nur einen Teilaspekt unter vielen darstellte[1054]) unter der Leitung des Robert-Koch-Institutes statt.[1055] Obgleich es sich dabei Ende des Jahres 2019 noch immer um die aktuellsten verfügbaren Zahlen handelte[1056], dürfte die Validität dieser Studie tatsächlich nur noch eingeschränkt gegeben sein. Die Zielpopulation waren Menschen aus der Bevölkerung Deutschlands im Alter zwischen 18 und 79 Jahren, die Studie umfasste Befragungen, Untersuchungen und Tests.[1057] Obwohl die Studie selbst von einer Verallgemeinerbarkeit der Daten ausgeht[1058], müssen hinsichtlich ihrer Eignung als Datengrundlage für die verfassungsrechtliche Abwägung mehrere Einschränkungen beachtet werden:

[1051] *Rieck et al.*, Umsetzung der Masern- und Pertussisimpfempfehlungen für Erwachsene, in: BGesBl. 2019, S. 422 (429).

[1052] Vgl. *Rieck et al.*, Umsetzung der Masern- und Pertussisimpfempfehlungen für Erwachsene, in: BGesBl. 2019, S. 422 (425).

[1053] Vgl. *Rieck et al.*, Umsetzung der Masern- und Pertussisimpfempfehlungen für Erwachsene, in: BGesBl. 2019, S. 422 (425).

[1054] Vgl. www.degs-studie.de/deutsch/ergebnisse/degs1/degs1-basispublikation.html (Seite zuletzt aufgerufen am: 06.04.2021); siehe zur Methodik der Studie *Gößwald et al.*, DEGS: Studie zur Gesundheit Erwachsener in Deutschland, in: BGesBl. 2012, S. 775–780; *Kamtsiuris et al.*, Die erste Welle der Studie zur Gesundheit Erwachsener in Deutschland (DEGS1), in: BGesBl. 2013, S. 620–630.

[1055] *Poethko-Müller/Schmitz*, Impfstatus von Erwachsenen in Deutschland, in: BGesBl. 2013, S. 845.

[1056] *Rieck et al.*, Umsetzung der Masern- und Pertussisimpfempfehlungen für Erwachsene, in: BGesBl. 2019, S. 422 (424).

[1057] *Poethko-Müller/Schmitz*, Impfstatus von Erwachsenen in Deutschland, in: BGesBl. 2013, S. 845.

[1058] www.degs-studie.de/deutsch/studie/degs-im-ueberblick/ziele-der-studie.html (Seite zuletzt aufgerufen am: 17.03.2021).

Zum einen fällt bei der Wahl der Untersuchungsorte tendenziell eine Ballung der Orte im urbanen Raum auf, während Stichproben in Gebieten des ländlichen Raumes eher selten waren[1059], wodurch die Ergebnisse verzerrt sein könnten. Zum anderen resultiert die eingeschränkte Eignung der Studie auch aus der im Vergleich zur Gesamtbevölkerung relativ geringen Teilnehmerzahl: Während etwa für die Schulanfänger umfassende Impfquoten vorliegen, bezieht sich die DEGS-Studie lediglich auf eine repräsentative Stichprobe von 8.152 Personen.[1060]

Eine Hochrechnung der Ergebnisse der „DEGS"-Studie auf die Gesamtbevölkerung ist zwar möglich, birgt aber Fehlerquellen, die bei der Nutzung als Beurteilungsgrundlage für die Frage nach der Einführung einer Impfpflicht möglichst gering zu halten sind. Darüber hinaus beachtet die Studie von den für diese Arbeit herausgefilterten Krankheiten nur die Impfquoten für Keuchhusten, Meningokokken, Masern und Mumps, nicht jedoch für Varizellen.[1061] Ihre Ergebnisse können allenfalls als Tendenz herangezogen werden. Hier offenbaren sich dann im Vergleich zu den Impfquoten bei Kindern durchgängig geringere Quoten.[1062]

(3) Stellungnahme zur Datenlage

Die Datenlage erweist sich hinsichtlich der Impfquoten bzw. der Anzahl an immunisierten Personen somit als in kritischer Weise unzureichend.[1063]

Relativ brauchbar für die Bestimmung der Durchimpfungsquoten sind noch die Daten zu den Impfquoten bei Kindern: Hier existieren mit den gesetzlich vorgeschriebenen Impfquotenerhebungen im Rahmen der Schuleingangsuntersuchung immerhin für eine Alterskohorte umfassende und einheitliche Daten, die in ihrer Aussagekraft aufgrund ihrer Vollständigkeit über die Repräsentanz von Teilstichproben hinausgehen.[1064] Der Vergleich von Daten aus den Schul-

[1059] So scheinen etwa die ländlichen Gebiete von Niedersachsen, Mecklenburg-Vorpommern, Schleswig-Holstein und Rheinland-Pfalz ausgespart worden zu sein, www.degs-studie.de/deutsch/studie/degs1/stichprobe.html (Seite zuletzt aufgerufen am: 09.04.2021); vgl. Darstellung bei *Kamtsiuris et al.*, Die erste Welle der Studie zur Gesundheit Erwachsener in Deutschland (DEGS1), in: BGesBl. 2013, S. 620 (621).

[1060] *Poethko-Müller/Schmitz*, Impfstatus von Erwachsenen in Deutschland, in: BGesBl. 2013, S. 845.

[1061] *Poethko-Müller/Schmitz*, Impfstatus von Erwachsenen in Deutschland, in: BGesBl. 2013, S. 845 (848 f.).

[1062] Einzelheiten im Folgenden bei der Prüfung der jeweiligen Krankheiten.

[1063] Vgl. prägnant *Staudinger*, Verfassungsrechtliche Untersuchung der Impfgesetzgebung in Deutschland (2021), S. 161: „Auf der einen Seite macht der Gesetzgeber seinen ihm durch die Verfassung übertragenen Schutz der Bürger allein von der Mitwirkung der Bevölkerung abhängig, auf der anderen Seite hat er keine Kenntnis über den Umfang selbiger. Dass dieses im Widerspruch zueinander steht, liegt auf der Hand".

[1064] In diesem Punkt zustimmend, jedoch auch mit Kritik an der Vorgehensweise der Schuleingangsuntersuchungen *Siedler et al.*, Estimating vaccination coverage in the absence of immunisation registers, in: Eurosurveillance Apr. 2012, S. 1 (4).

eingangsuntersuchungen vergangener Jahre komplettiert dieses Bild und zeigt zuverlässig Tendenzen auf.

Werden hingegen nur Teilstichproben herangezogen, ergeben sich aufgrund der unterschiedlichen Bezugspopulationen und Erhebungszeiträume häufig unterschiedliche Werte, die eine sichere und einheitliche Beurteilung der Frage der Überschreitung der Herdenimmunitätsschwelle erschweren. Ein Vorteil etwa der KiGGS-Studie, die als Teilstichprobe konzipiert ist, liegt aber in der Erfassung der größeren Alterskohorte, die 3–17-Jährige umfasst, während die umfassende Datenerhebung der Schuleingangsuntersuchung auf Kinder im Schuleintrittsalter (fünf bis sieben Jahre[1065]) beschränkt ist.

Im Hinblick auf die Erhebungen im Rahmen der KV-Impfsurveillance, die Impfungen im Bereich der gesetzlichen Krankenversicherung seit 2004 erfassen, zeigen sich jedoch methodisch bedingte Limitationen.[1066] Wenngleich anhand der KV-Impfsurveillance die Durchimpfungsquoten nicht völlig ohne Fehleranfälligkeit ermittelt werden können, was die Brauchbarkeit zur Ermittlung der Durchimpfungsquote einschränkt, so liegt ein Vorteil der Surveillance aber darin, anhand der Daten ermitteln zu können, wie hoch die Akzeptanz von Impfungen unter gesetzlich Versicherten seit 2004 ist.[1067]

Hinsichtlich der Impfquoten im Kindesalter existieren also zumindest vollständige Erhebungen, die zwar entweder auf eine bestimmte Alterskohorte begrenzt (Schuleingangsuntersuchungen) oder ihrerseits Limitationen ausgesetzt sind (KV-Impfsurveillance). Diese Ansätze sind aber erfreulich[1068] und bedürften daher nur einer weiteren Aufspannung der Erhebungen in zeitlicher Hinsicht (etwa mehrere Erhebungszeiträume für die gleiche Alterskohorte, beispielsweise eine erneute Erfassung der Impfquote am Ende der Grundschulzeit und noch einmal am Ende des achten Schuljahres).[1069] Insgesamt erweisen sich die vorgestellten Datenquellen bezüglich der Impfquoten von Kindern (Schuleingangsuntersuchungen, KV-Impfsurveillance, „KiGGS“, Barmer-Arzneimittel-

[1065] *Reuß*, Bestimmung von Impfquoten und Inzidenzen impfpräventabler Erkrankungen anhand von Daten der Kassenärztlichen Vereinigungen (2012), S. 9; vgl. *Siedler et al.*, Estimating vaccination coverage in the absence of immunisation registers, in: Eurosurveillance Apr. 2012, S. 1.

[1066] Vgl. schon § 3 B. II. 2. a) bb) (1) „Impfquoten in Bezug auf Kinder“.

[1067] *Reuß*, Bestimmung von Impfquoten und Inzidenzen impfpräventabler Erkrankungen anhand von Daten der Kassenärztlichen Vereinigungen (2012), S. 16; *Siedler et al.*, Estimating vaccination coverage in the absence of immunisation registers, in: Eurosurveillance Apr. 2012, S. 1 (5).

[1068] A. A. aber *Grandt/Lappe/Schubert*, Impfungen bei Kindern und Jugendlichen, in: Barmer Ersatzkasse (Hrsg.), Arzneimittelreport 2019, S. 102 (146), die den bislang existierenden Erhebungen und Surveillance-Studien z. T. die harsche Kritik entgegenbringen, die Impfquoten aufgrund methodischer Unsicherheiten zu überschätzen, die Erklärung der Abweichungen zu eigenen Daten aufgrund unterschiedlicher Kohorten aber nicht benennen.

[1069] Vgl. zur gesetzlichen Verankerung der KV-Impfsurveillance im IfSG durch das Masernschutzgesetz ab 01.03.2020 im Folgenden auch § 3 B. II. 2. a) cc) (3) (b) (bb) „Nationales Impfregister“.

report sowie WHO-Daten) jeweils für sich allein betrachtet als in unterschiedlichem Maße brauchbar. Die Zusammenschau dieser Quellen ermöglicht aber die Annäherung an ein Gesamtbild, das im Folgenden der Abwägung zugrunde gelegt werden kann.

Problematisch sind aber die Lücken in der Datenerhebung bezüglich der Impfquoten unter Erwachsenen[1070]: Die Ergebnisse der einzigen vorhandenen, stichprobenbasierten Studie „DEGS" (von ohnehin lediglich 0,01 % der Gesamtbevölkerung) legen zwar häufig einen anderen Schluss nahe als der, der sich aus den gesichert erhobenen Impfquoten von Kindern ergibt, diese haben jedoch schon aufgrund der Methodik der Studie als Stichprobenerhebung nicht die Aussagekraft, die von den tatsächlich erhobenen Daten ausgehenden Erkenntnisse sicher widerlegen zu können.

Ebenso wird die Relevanz der Stichprobenerhebung für die Impfquoten im Erwachsenenalter dadurch in Frage gestellt, dass sie mutmaßlich nicht die Quote der Immunisierung auf natürlichem Wege, nämlich durch Durchleben der jeweiligen Krankheit berücksichtigt[1071]: Das legen vor allem die niedrigen Impfquoten in den höheren Alterskohorten (kontinuierlich abnehmend von 30–79 Jahren) nahe. Viele der Studienteilnehmer dieser Alterskohorte dürften die Immunität auf natürlichem Wege erworben haben[1072] (daher im Volksmund verharmlosend „Kinderkrankheit"), was die geringen Impfquoten belegen.[1073] Auch eine auf natürlichem Wege erworbene Immunität schützt nämlich teils lebenslang (wie bei Masern[1074]) oder wenigstens über mehrere Jahrzehnte (etwa bei Keuchhusten[1075]) vor der Infektion und der Weitergabe des Erregers und

[1070] Mit dieser Kritik bereits *Deutscher Ethikrat*, Stellungnahme: Impfen als Pflicht? (2019), S. 26 f.

[1071] Mit dieser Kritik auch *Rieck et al.*, Umsetzung der Masern- und Pertussisimpfempfehlungen für Erwachsene, in: BGesBl. 2019, S. 422 (425); diesen Faktor jedoch auslassend *Höfling*, Vom präventiven Selbst zum immunisierten Volkskörper, in: JZ 2019, S. 776 (778) sowie *Rixen*, Verfassungsfragen der Masernimpfpflicht – Rechtsgutachten für „Ärzte für Individuelle Impfentscheidung e. V." (2019), S. 5.

[1072] So sind beispielsweise allein zwischen 1950–1964 jährlich mehrere hundert Menschen an den Folgen einer Masernerkrankung verstorben, weitaus mehr dürften die Krankheit durchgemacht und überlebt haben, vgl. *Höhn/Rasch*, Statistik meldepflichtiger übertragbarer Krankheiten (1994), S. 81.

[1073] Der Stellenwert der Immunität, die durch die Erkrankung selbst erworben wurde, ist bei Kindern aufgrund der sinkenden Fallzahlen (vgl. § 3 B. II. 1. b) dd) „Viertes Filterkriterium: Inzidenz") hingegen zunehmend geringer, was auch mit dem Erfolg von Impfungen selbst zu erklären ist: Da weniger Kinder erkranken, wird die Immunität zunehmend seltener auf anderem Wege als durch Impfung erworben. Zum Teil dürften die entsprechenden Impfstoffe, für die in der DEGS-Studie die Durchimpfungsrate ermittelt wurde, auch erst zu einem Zeitpunkt eingeführt worden sein, in dem die höhere Alterskohorte schon nicht mehr die Zielgruppe von Impfungen im Kindesalter war. Vgl. zu den Zeitpunkten der Einführung entsprechender Impfstoffe in der DDR und der Bundesrepublik schon § 2 C. I. 2. b) „Exkurs: Weitere Impfpflichten in der DDR".

[1074] *Pschyrembel*, Klinisches Wörterbuch (2020), Stichwort „Masern-Virus", S. 1083.

[1075] *Pschyrembel*, Klinisches Wörterbuch (2020), Stichwort „Pertussis", S. 1356 f.

trägt dadurch ebenfalls zur Herdenimmunität bei.[1076] Diese Vermutung wird auch dadurch gestützt, dass die DEGS-Studie demgegenüber bezüglich der Impfung gegen Tetanus eine Durchimpfungsquote von durchschnittlich mind. 95,0 % über alle Alterskohorten (und für beide Geschlechter) hinweg ermittelt hat.[1077] Tetanus hinterlässt im Unterschied zu vielen anderen Infektionskrankheiten, für die niedrigere Impfquoten unter Erwachsenen ermittelt wurden, auch nach überstandener Erkrankung keine Immunität, so dass nur eine Impfung sicheren Schutz bietet.[1078]

Die Vermutung über die auf natürlichem Wege durch das Durchleben der Erkrankung erworbene Immunität kann aber nicht durch umfassend erhobene Fallzahlen belegt oder entkräftet werden, da bei den ausgewählten Krankheiten Mumps, Pertussis und Windpocken erst seit dem Jahr 2013 eine Meldepflicht besteht[1079] und dementsprechend zuvor keine umfassende Erfassung der entsprechenden Krankheitsfälle stattgefunden hat. Für Masern besteht eine Meldepflicht erst seit 2001[1080], was daher für die Bestätigung einer unter Erwachsenen bestehenden Seroprävalenz ebenfalls problematisch ist. Für Meningokokken besteht eine Meldepflicht zwar bereits mindestens seit 1991, die Fallzahlen der Meningokokkenerkrankungen erfassen indes die Infektion mit Erregern aller Serogruppen, so dass nur eine ungefähre Angabe darüber möglich ist, wie viele Fälle davon auf Erreger der Serogruppe C entfallen, die dementsprechend eine Immunität hervorgerufen haben.

Die als einzige verfügbare DEGS-Studie lässt somit zwar Rückschlüsse auf die Impfquoten im Erwachsenenalter, nicht jedoch auf die tatsächliche Immunitätsrate in dieser Alterskohorte und damit auch nicht auf deren Einfluss auf das Bestehen oder Nichtbestehen einer Herdenimmunität zu.[1081] Die Berechtigung des Anspruchs, aufgrund ihrer Repräsentativität als Grundlage für gesundheits-

---

[1076] Vgl. *Buxbaum/Doerr/Allwinn*, Untersuchungen zur Immunitätslage der impfpräventablen Kinderkrankheiten, in: DMW 2001, S. 1289.

[1077] *Poethko-Müller/Schmitz*, Impfstatus von Erwachsenen in Deutschland, in: BGesBl. 2013, S. 845 (848 f.).

[1078] *Naumann/Abele-Horn*, Tetanus, in: Intensivmed 2003, S. 195 (201).

[1079] Vgl. *Wichmann*, Neue Meldepflichten, in: DÄ 2013, S. A879.

[1080] *Poethko-Müller et al.*, Fieberkrämpfe, Epilepsie, Migräne, Diabetes und Herzerkrankungen sowie Masern, Windpocken und Keuchhusten bei Kindern und Jugendlichen in Deutschland, in: BGesBl. 2019, S. 1162 (1170).

[1081] Obgleich die Bestimmung von Seroprävalenzen von Antikörpern gegen Infektionserreger Teil der DEGS-Studie war (vgl. *Gößwald et al.*, DEGS: Studie zur Gesundheit Erwachsener in Deutschland, in: BGesBl. 2012, S. 775 [778]; *Siedler et al.*, Estimating vaccination coverage in the absence of immunisation registers, in: Eurosurveillance Apr. 2012, S. 1 [2] sowie *Scheidt-Nave et al.*, German health interview and examination survey for adults [DEGS], in: BMC Public health 2012, S. 730 [734]), treten als Ergebnisse des Teilaspekts der Studie über Impfungen lediglich die Impfquote, nicht aber die Immunisierungsquote in Erscheinung, siehe *Poethko-Müller/Schmitz*, Impfstatus von Erwachsenen in Deutschland, in: BGesBl. 2013, S. 845–857; mit dieser Kritik vgl. auch *Rieck et al.*, Umsetzung der Masern- und Pertussisimpfempfehlungen für Erwachsene, in: BGesBl. 2019, S. 422 (425).

politische Entscheidungen zu dienen[1082], die in Bezug auf die vielfältigen weiteren Teilaspekte sicherlich vorliegt[1083], muss zumindest im Hinblick auf die Fragestellung dieser Arbeit in Zweifel gezogen werden, da mangels Möglichkeit der Bestimmung der Herdenimmunität kein Mehrwert für die Beurteilung der Schutzpflichtaktivierung gezogen werden kann.

Aus den geschilderten Gründen liegt es nahe, zur Beurteilung der Aktivierung der grundrechtlichen Schutzpflicht anhand der Impfquoten unter der Fragestellung des Bestehens oder Nichtbestehens einer Herdenimmunität nur auf die Daten der Schuleingangsuntersuchungen, der KV-Impfsurveillance sowie ergänzend der WHO (Data and statistics) und der KiGGS-Studie zurückzugreifen. Letztendlich zeigt die DEGS-Studie auch auf, dass die Vorgehensweise, vorwiegend auf die validierten Impfquoten unter Kindern zurückzugreifen, zumindest nicht von der Hand zu weisen ist, da die Impfquoten umso vollständiger sind, je jünger die Alterskohorten sind.[1084] Es ist daher prognostizierbar, dass sich dieser positive Trend fortsetzt[1085], wenngleich die für die Herdenimmunität erforderliche Durchimpfungsquote in Bezug auf bestimmte Krankheiten noch immer verfehlt wird. Auch besteht in den jüngeren Alterskohorten aufgrund der – verglichen mit den Inzidenzen in der Mitte des letzten Jahrhunderts – geringen Inzidenzen etwa von Masernerkrankungen[1086] kaum noch Grund zur Annahme, dass eine Immunität statt durch Impfung auf natürlichem Wege erworben wurde und die Immunitätsquote demnach wesentlich höher sein könnte als die Impfquote.

Abschließend muss aber festgehalten werden, dass in Ermangelung eines einheitlichen Erfassungssystems[1087] die Beurteilung der Immunitätslage zunächst aus medizinischer und anschließend auch aus rechtlicher Sicht für die Schutzpflichtaktivierung, die daher anhand verschiedener Stichprobenerhebungen mit unterschiedlichen Kohorten und unterschiedlichen Methoden erfolgen muss, erschwert wird. Nur aus der Gesamtschau mehrerer Datensätze aus verschiedenen Quellen kann indes eine annähernd belastbare Abwägungsgrundlage gewonnen werden.

[1082] www.degs-studie.de/deutsch/studie/degs-im-ueberblick/ziele-der-studie.html (Seite zuletzt aufgerufen am: 17.03.2021).

[1083] *Kamtsiuris et al.*, Die erste Welle der Studie zur Gesundheit Erwachsener in Deutschland (DEGS1), in: BGesBl. 2013, S. 620 (626).

[1084] Vgl. *Poethko-Müller/Schmitz*, Impfstatus von Erwachsenen in Deutschland, in: BGesBl. 2013, S. 845 (848).

[1085] So gelten die Impfquoten der Alterskohorte der 18–29-Jährigen der Jahre 2008–2011 heute für die Alterskohorte der 26–37-Jährigen usw.

[1086] Vgl. § 3 B. II. 1. b) dd) „Viertes Filterkriterium: Inzidenz".

[1087] Mit Kritik bereits *Staudinger*, Verfassungsrechtliche Untersuchung der Impfgesetzgebung in Deutschland (2021), S. 76 f.

cc) Folgen der unzureichenden Datenlage

Das Vorliegen von Impfsurveillances, unabhängig davon, wie umfassend oder nicht diese sein mögen, ist zwar zu begrüßen. In der Erweiterung und Validierung der verfügbaren Datengrundlage durch umfassende Erhebungen zu Immunitätsquoten in allen Alterskohorten liegt indes ein äußerst notwendiger Schritt auf dem Weg zur verfassungsrechtlich sicheren Einschätzung der Zulässigkeit von Impfpflichten gegen verschiedene Krankheiten.[1088] Der Verfügbarkeit der Datenlage muss in Zukunft ein besonderes Augenmerk zukommen, da nur bei einer umfassenden Erhebung, Auswertung und fortlaufenden Kontrolle von Impfdaten eine auch in juristischem Sinne bestmögliche Einschätzung möglich ist.[1089] Diese sollte unbedingt angestrebt werden.

(1) Folgen für die Beurteilbarkeit der Schutzpflichtaktivierung

Die unzureichende Datenlage hat Auswirkungen auf die Beurteilbarkeit der Aktivierung der grundrechtlichen Schutzpflicht für die körperliche Unversehrtheit der Risikogruppe und wirft eine verfassungsrechtstatsächliche Problemlage auf: Momentan ist die medizinische Grundlage einer juristischen Beurteilung der Aktivierung der grundrechtlichen Schutzpflicht nur in Grundzügen gegeben, da es weitgehend an belastbaren Daten mangelt, die darlegen können, ob die Herdenimmunitätsschwelle bezüglich der genannten Infektionskrankheiten überschritten ist oder nicht. Ist sie nämlich bereits überschritten, besteht also eine Herdenimmunität, durch die die Risikogruppe geschützt werden kann[1090], so liegen die Rechtsgüter des Grundrechts auf Leben und körperliche Unversehrtheit der Risikogruppe so weit außerhalb eines in der Ansteckung begründeten Risikos, dass die Schutzpflicht durch sie nicht aktiviert werden kann.[1091] Das Risiko ist also zu gering, um die Schwelle zur Schutzpflichtaktivierung zu überschreiten. Die Schutzpflicht kann nur dann als aktiviert betrachtet werden, wenn derzeit (durch Impfung auf freiwilliger Basis) noch keine Herdenimmunität hergestellt werden konnte.

Momentan wird die Beurteilung der Schutzpflichtaktivierung aber dadurch erschwert, dass sie wegen der Unvollständigkeit der medizinischen Daten bislang auch nur so weit möglich ist, wie die Datengrundlage vorhanden ist. In der medizinischen Wissenschaft gibt es – sogar in Bezug auf die gleiche Population[1092] –

1088 Mit ähnlicher Tendenz schon *Poggensee et al.*, Überblick und Bewertung der verfügbaren Datenquellen zur Inzidenz impfpräventabler Krankheiten, in: BGesBl. 2009, S. 1019 (1028).

1089 So deutlich auch *Staudinger*, Verfassungsrechtliche Untersuchung der Impfgesetzgebung in Deutschland (2021), S. 77.

1090 Vgl. § 2 A. I. 2. d) aa) „Herstellung und Bedeutung der Herdenimmunität".

1091 Vgl. aber offenbar anders *Gerbig*, Grundrecht auf staatlichen Schutz (2014), S. 64, die die Aktivierung der Schutzpflicht nicht davon abhängig machen will, ob der Staat seine Schutzpflicht bereits erfüllt (hat) oder nicht.

1092 Vgl. bereits § 2 A. I. 2. d) aa) „Herstellung und Bedeutung der Herdenimmunität".

zum Teil nur ungenaue oder gar abweichende Einschätzungen darüber, wie hoch bei jeder einzelnen impfpräventablen Infektionskrankheit die Herdenimmunitätsschwelle ist, d. h. wie hoch die Anzahl der *immunen* (nicht zwingend aber geimpften![1093]) Personen in der Bevölkerung sein muss, damit die Weitergabe des Erregers durch die vorhandene Infektionsbarriere verhindert wird. Auf dem Weg zur verfassungsrechtlich sicheren Beurteilung der Schutzpflichtaktivierung sollte dieses rechtstatsächliche Problem behoben werden.

Wenngleich die Ermittlung der medizinischen Datengrundlage der medizinischen Wissenschaft vorbehalten ist, so ist der Gesetzgeber allein für die normative Bewertung dieser Datenlage zuständig.[1094] Daher ist es nicht zuletzt unter Aspekten der Rechtssicherheit von entscheidender Bedeutung, seitens des schutzverpflichteten Staates Gebrauch von der zugestandenen Einschätzungsprärogative zu machen. Dazu gehört, auf Basis der von der medizinischen Wissenschaft ermittelten Werte festzulegen, unterhalb welchen Anteils immunisierter Personen in der Bevölkerung sich die grundrechtliche Schutzpflicht aus staatlicher Sicht aktivieren soll. Da bei den durch die Medizin ermittelten Werten aber derzeit nicht immer Einheitlichkeit oder Eindeutigkeit vorausgesetzt werden kann[1095], empfiehlt sich bei der normativen Bewertung der Risikoschwelle die Anwendung der Je-desto-Formel: Dann wäre erst der höchste ermittelte Wert ausschlaggebend, um eine Aktivierung der Schutzpflicht seitens des schutzverpflichteten Staates abzulehnen.

Auf dieses Festlegungsbedürfnis[1096] aufbauend ist jedoch darüber hinaus eine verlässliche Datengrundlage dazu, ob diese Immunitätsschwelle tatsächlich in der Bevölkerung bereits erreicht wurde oder nicht, nur unzureichend vorhanden. Da aber nur die wegen fehlender Herdenimmunität aktivierte Schutzpflicht bei einer Impfpflicht den legitimen Zweck bilden kann[1097], fehlt es bei der fehlenden Möglichkeit der Feststellung ihrer Aktivierung auch an einem tauglichen legitimen Eingriffszweck. In der Folge bedeutete dieses Szenario die Verfassungswidrigkeit einer allgemeinen Impfpflicht. Das wäre allerdings ein verzerrtes Ergebnis, denn streng genommen kann nicht positiv die verfassungsrechtliche Unzulässigkeit des Eingriffs festgestellt werden, sondern nur negativ, dass die Aktivierung der Schutzpflicht unklar ist. Diese Unklarheit muss der

---

1093 Vgl. § 2 A. I. 2. d) aa) „Herstellung und Bedeutung der Herdenimmunität".

1094 Vgl. in anderem Zusammenhang *Hollo*, Das Verfahren zur Anerkennung von Berufskrankheiten (2018), S. 146.

1095 So schon pointiert vgl. *Huster*, Die Beobachtungspflicht des Gesetzgebers, in: ZfRSoz 2003, S. 3 (6): „[…] gleichzeitig macht man die ernüchternde Erfahrung, daß die Ergebnisse in den einschlägigen Wissenschaften häufig nicht weniger umstritten sind und entsprechend selektiv und interessengeleitet herangezogen werden".

1096 Vgl. dazu im Folgenden § 4 C. I. 1. a) „Aufgabe des Robert-Koch-Instituts bei der Einführung einer allgemeinen Impfpflicht".

1097 Vgl. § 3 B. I. 3. c) aa) „Legitimer Zweck: Schutzpflicht für Leben und körperliche Unversehrtheit".

schutzverpflichtete Gesetzgeber aber ausräumen: Wenn nämlich bereits die Datengrundlage für die medizinische Bewertung einer epidemiologischen Situation fehlt, kann erst recht keine normative Bewertung dieser Situation vorgenommen werden.

(2) Beobachtungspflicht des Gesetzgebers

An den festgestellten Folgen für die Beurteilbarkeit der Schutzpflichtaktivierung wird deutlich, dass der Gesetzgeber zu jedem Zeitpunkt eine Pflicht zur Beobachtung der tatsächlichen Situation und ihrer Auswirkungen auf Grundrechtsrisiken hat. Denn eine elementare Aufgabe des Staates ist, nicht nur bestehende Schutzpflichten zu erfüllen, sofern das Schutzgut so weit in die Nähe einer Gefahr gerückt ist, dass sich die Schutzpflicht aktualisiert. Auch die Beobachtung (noch) inaktivierter Schutzpflichten im Vorfeld der eigentlichen, dann aktivierten Schutzpflicht ist unerlässlich, um bei einer wachsenden Risikonähe und dementsprechender Aktualisierung der Schutzpflicht handeln zu können.[1098] Die Beobachtungspflicht erstreckt sich zudem auch noch auf den Zeitraum, in dem die Schutzpflicht aktiviert ist, um ihre mögliche Deaktivierung durch abnehmende Gefahrennähe erfassen zu können.

(a) Beobachtungspflicht im Vorfeld der Schutzpflicht

Der schutzverpflichtete Staat darf die Wahrnehmung seiner Pflicht nicht schon dadurch vereiteln, dass er geeignete Maßnahmen zur Identifikation eines Grundrechtsrisikos unterlässt und sich somit langfristig der Erfüllung der Schutzpflicht entzieht, indem er die Bedingungen für die Beurteilung ihrer Aktualisierung fahrlässig verkennt.[1099] Anders ausgedrückt: Der Staat darf vor einer sich ihm aufdrängenden Pflicht nicht die Augen verschließen und dann ihre Existenz negieren. Gerade, wenn sich – wie bei der Frage nach einer Impfpflicht – die Schutzpflicht auf Rechtsgüter von höchstem Verfassungswert bezieht, kann es nicht sein, dass der Staat die Erfüllung der Schutzpflicht deshalb verweigert, weil er durch ungenügende Beobachtung eines potenziell schutzpflichtsensiblen Bereichs schon die Feststellung ihrer Aktivierung unterlässt, obgleich rechtstatsächlich die Möglichkeit dazu besteht.[1100] Die Schutzpflicht des Staates bezieht sich deshalb auch auf die verantwortungsvolle Wahrnehmung der Einschätzungsprärogative.

Die der Schutzpflicht vorgelagerte Beobachtungspflicht zielt darauf ab, den Staat zu verpflichten, die Voraussetzungen für die Beurteilung der Gefahrenschwelle und deren Überschreitung herzustellen. Für die Wahrnehmung der

[1098] *Huster*, Die Beobachtungspflicht des Gesetzgebers, in: ZfRSoz 2003, S. 3 (5, 17); vgl. zu den Pflichten des Gesetzgebers, die soziale Wirklichkeit und die darauf einwirkenden Gesetzeswirkungen zu beobachten, im Bereich des Berufkrankheitenrechts *Hollo*, Das Verfahren zur Anerkennung von Berufskrankheiten (2018), S. 151.

[1099] Vgl. *Huster*, Die Beobachtungspflicht des Gesetzgebers, in: ZfRSoz 2003, S. 3 (5).

[1100] Ähnlich *Huster*, Die Beobachtungspflicht des Gesetzgebers, in: ZfRSoz 2003, S. 3 (17).

Beobachtungspflicht speziell im Bereich von Infektionskrankheiten folgt daraus, dass der Staat sich erstens kraft seiner Einschätzungsprärogative entscheiden muss, ab welcher Herdenimmunitätsschwelle er von einer aktualisierten Schutzpflicht ausgeht, die er erfüllen muss.[1101] Zweitens muss er die tatsächliche Immunitätslage im Hinblick auf die Unter- oder Überschreitung dieser Schwelle im Blick behalten, um gegebenenfalls Maßnahmen zur Schutzpflichterfüllung zu intensivieren, zu minimieren oder – wenn die Schutzpflicht deaktiviert ist – sie ganz zu unterlassen. Er hat also die Voraussetzungen für eine rechtliche Bewertbarkeit der Sachlage zu schaffen.

Dabei muss er sich naturgemäß der Hilfe der medizinischen Wissenschaft bedienen. Diese wirkt nicht im luftleeren Raum: Ihre Erkenntnisse können und müssen – auch im Kontext der Fragestellung dieser Arbeit – durch verschiedene Institutionen wie das Robert-Koch-Institut und das Paul-Ehrlich-Institut generiert werden, die gewissermaßen als Verbindungsstück zwischen medizinischer Wissenschaft und staatlichen Entscheidungsorganen fungieren und deren Informationen als Grundlage staatlicher Maßnahmen dienen.[1102] Wenn also mithilfe staatlicher Akteure mit medizinischem Fachwissen erst einmal festgelegt ist, ab welcher Herdenimmunitätsschwelle die Schutzpflicht als aktiviert gelten soll, ist das ein erster Schritt auf dem Weg zur rechtssicheren Beurteilung der Sach- und Rechtslage. Diesem muss dann als zweiter Schritt die entsprechende Beobachtung der tatsächlichen Immunitätslage in der Bevölkerung folgen.[1103] Der dritte Schritt besteht in der Subsumtion der Erkenntnisse dieser Beobachtung unter die festgelegte Aktivierungsschwelle der Schutzpflicht.

(b) Beobachtungspflicht während der Aktualität der Schutzpflicht

Die staatliche Beobachtungspflicht im Vorfeld der Schutzpflicht, die auf das Erkennen des aktivierenden Moments der Schutzpflicht abzielt, bleibt aber auch während des Zeitraums erhalten, in dem die Schutzpflicht aktiviert ist und auf ihrer Grundlage staatliche Maßnahmen ergriffen werden[1104], die in Grundrechte Anderer eingreifen, denn: Es handelt sich bei der rechtlichen Beurteilung einer epidemiologischen Sachlage aufgrund der Eigendynamik des Sachbereichs niemals um einen abgeschlossenen Sachverhalt. Der Gesetzgeber muss also die Sachlage, die Gegenstand und Grundlage seiner normativen Beurtei-

[1101] So auch *Staudinger*, Verfassungsrechtliche Untersuchung der Impfgesetzgebung in Deutschland (2021), S. 185.

[1102] Vgl. zur „Schaffung einer Infrastruktur für die Erzeugung eines spezifischen Wissens" als Staatsaufgabe *Huster*, Die Beobachtungspflicht des Gesetzgebers, in: ZfRSoz 2003, S. 3 (18) sowie im Folgenden § 4 C. I. „Mitwirkung von Expertengremien als Voraussetzung der Normsetzung".

[1103] So auch *Staudinger*, Verfassungsrechtliche Untersuchung der Impfgesetzgebung in Deutschland (2021), S. 162.

[1104] Vgl. *Amhaouach/Kießling*, Die Steigerung der Masernimpfraten von Kindern – Möglichkeiten und Grenzen des Rechts, in: MedR 2019, S. 853 (861).

lung geworden ist, nämlich die zugrunde gelegten medizinischen Fakten, stets weiterhin auf ihre Gültigkeit überprüfen.[1105] Nur so kann er Veränderungen der Sachlage erkennen und seine normative Bewertung anpassen.[1106] Auch hierbei kann er sich der Hilfe staatlicher Akteure bedienen, die über medizinisches Fachwissen verfügen, wie dem Paul-Ehrlich-Institut, dem Robert-Koch-Institut und insbesondere der dort angesiedelten Ständigen Impfkommission.

Diese Beobachtungspflicht, die sich auf den Zeitraum während der Aktualität der Schutzpflicht bezieht, hat je nach der zur Erfüllung der Schutzpflicht gewählten staatlichen Maßnahme aber nicht nur die Aufgabe, der weiteren Aufrechterhaltung dieser Maßnahme einen legitimatorischen Boden zu verschaffen. Sie ermöglicht auch die Feststellung, wann ein deaktivierendes Moment eintritt[1107]: Ohne eine umfassende Beobachtung der Immunitätsentwicklung der Bevölkerung[1108] kann nicht festgestellt werden, wann die grundrechtliche Schutzpflicht *de*aktiviert ist, weil die Herdenimmunität hergestellt ist und eine Impfpflicht somit verfassungswidrig wird.[1109] Das ist nur konsequent, da in der Rechtsprechung des Bundesverfassungsgerichts anerkannt ist, dass „eine ursprünglich verfassungsgemäße Regelung wegen Veränderungen der maßgeblichen Umstände verfassungswidrig werden kann".[1110] Die Erfüllung der Beobachtungspflicht parallel zu Maßnahmen, die der Erfüllung der Schutzpflicht dienen, hat also den Vorteil einer dauerhaften und größeren Rechtssicherheit

[1105] Vgl. auch *Schaks*, Die Pflicht zur Verwendung von Kombinationsimpfstoffen gegen Masern, in: MedR 2020, S. 201 (202 f.).

[1106] Vgl. grundsätzlich zu Beobachtungs- und Nachbesserungspflichten des Gesetzgebers BVerfGE 88, 203 (309), wobei in dieser Entscheidung von einer echten Rechtspflicht ausgegangen wird; ferner BVerfGE 87, 348 (358); 90, 226 (238); 93, 37 (84 f.); 95, 267 (314); vgl. bei *Hollo*, Das Verfahren zur Anerkennung von Berufskrankheiten (2018), S. 151, dort Fn. 219; abstrakter auch *Möllers*, Kognitive Gewaltengliederung, in: Die Verwaltung, Beiheft 9 (2010), S. 113 (123), der diese Pflichten als „Konsequenz der Geeignetheitsprüfung" bezeichnet.

[1107] *Huster*, Die Beobachtungspflicht des Gesetzgebers, in: ZfRSoz 2003, S. 3 (11, 12).

[1108] Sofern die Aktivierung der grundrechtlichen Schutzpflicht positiv festgestellt werden konnte, ist darüber hinaus auch die Bedeutung insbesondere aller verabreichten Impfungen für die Abwägung der beiden Grundrechtsdimensionen bedeutsam, da nur anhand der Anzahl der tatsächlich verimpften Dosen die Quote und damit die Wahrscheinlichkeit einer Impf-Nebenwirkung festgestellt werden kann, *Mentzer/Meyer/Keller-Stanislawski*, Sicherheit und Verträglichkeit von monovalenten Masern- und kombinierten Masern-, Mumps-, Röteln- und Varizellenimpfstoffen, in: BGesBl. 2013, S. 1253 (1254).

[1109] So deutlich *Huster*, Die Beobachtungspflicht des Gesetzgebers, in: ZfRSoz 2003, S. 3 (7): „Wenn nun die verfassungsrechtliche Beurteilung einer Norm von den tatsächlichen Verhältnissen abhängt, auf deren Regelung die Norm bezogen ist, so kann eine Änderung dieser Verhältnisse gleichzeitig zu einer anderen verfassungsrechtlichen Bewertung der Norm führen. Die verfassungsrechtliche Beurteilung ist daher mit einem Zeitindex versehen: Ein Gesetz ist nicht schlechthin verfassungsgemäß oder verfassungswidrig; vielmehr ist diese Beurteilung unter Bedingungen des sozialen Wandels nur zu einem bestimmten Zeitpunkt möglich."; vgl. auch *Amhaouach/Kießling*, Die Steigerung der Masernimpfraten von Kindern – Möglichkeiten und Grenzen des Rechts, in: MedR 2019, S. 853 (861).

[1110] BVerfGE 59, 336 (357); *Huster*, Die Beobachtungspflicht des Gesetzgebers, in: ZfRSoz 2003, S. 3 (8).

im Hinblick auf die gewählte Maßnahme.[1111] Dies führte nicht zuletzt zu einer größeren Akzeptanz bei denjenigen Personen, die durch die Erfüllung der staatlichen Schutzpflicht belastet werden, da in ihre Grundrechte eingegriffen wird – hier also die Adressaten der Impfpflicht.

Dabei ist es für die Fragestellung dieser Arbeit unerheblich, ob der Beobachtungspflicht des Gesetzgebers der Charakter einer eigenständigen Rechtspflicht im Sinne einer Pflicht zur aktiven *Nachbesserung* zukommt[1112]: Im Falle der grundlegenden Änderung der epidemischen Lage, auf die eine (vom Gesetzgeber unbeobachtete und daher unbemerkte) Deaktivierung der Schutzpflicht folgt, läuft die Regelung einer Impfpflicht schlicht in die Verfassungswidrigkeit hinein[1113]: Bei der Veränderung der epidemischen Lage hin zur Deaktivierung der Schutzpflicht ist die Modifikation und folglich die Aufrechterhaltung der Pflicht tatsächlich gar nicht notwendig.

(3) Mittel zur Erfüllung der Beobachtungspflicht im Hinblick auf die Zulässigkeit einer allgemeinen Impfpflicht

Die festgestellte verfassungsrechtliche Beobachtungspflicht erfordert im Hinblick auf die Fragestellung dieser Arbeit und die festgestellten Lücken in der Datengrundlage konkrete Erfüllungsmaßnahmen. Hierbei kann der Gesetzgeber zum einen auf einen Vergleich mit anderen Regelungsbereichen zurückgreifen, in denen der Rückgriff auf medizinische Sachlagen notwendig ist (a), zum anderen gibt es aber im Bereich der Kontrolle des Impfwesens bereits recht konkrete Beobachtungs- und Kontrollansätze (b).

(a) Vergleichsweise geringer Beobachtungsaufwand

Die Schaffung der Grundlage für die normative Bewertung als Erfüllung der Beobachtungspflicht im Vorfeld der Schutzpflichtaktivierung ist im Bereich der Infektionskrankheiten vergleichsweise unkompliziert. Zunächst geht es im Grunde nur um eine *Erfassung* der in der evidenzbasierten Medizin vorhandenen Fakten, nicht aber eigens um die Erforschung neuer medizinischer Phänomene.[1114] Die Risiken von Infektionskrankheiten, die bereits seit Jahrhunderten existieren, sind in der Regel – Ausnahmen wie die neue Infektionskrankheit „COVID-19" außen vor gelassen – seit vielen Jahren bekannt und ausführlich erforscht worden.[1115] Aber selbst bei der Entdeckung des Erregers

---

[1111] Vgl. *Huster*, Die Beobachtungspflicht des Gesetzgebers, in: ZfRSoz 2003, S. 3 (7).

[1112] Zum Unterschied von Beobachtungs- und Nachbesserungspflicht vgl. *Huster*, Die Beobachtungspflicht des Gesetzgebers, in: ZfRSoz 2003, S. 3 (15–17).

[1113] Vgl. dazu auch *Huster*, Die Beobachtungspflicht des Gesetzgebers, in: ZfRSoz 2003, S. 3 (15); so wohl in Bezug auf die Masern-Impfpflicht nach dem Masernschutzgesetz auch *Schaks*, Die Pflicht zur Verwendung von Kombinationsimpfstoffen gegen Masern, in: MedR 2020, S. 201 (202 f.).

[1114] Vgl. dagegen aber in anderem Zusammenhang *Hollo*, Das Verfahren zur Anerkennung von Berufskrankheiten (2018), S. 147 ff.

[1115] Man bedenke nur etwa die Forschungen von Emil v. Behring (1854–1917) im Bereich einer neuen Infektionskrankheit, die selbstverständlich durch die medizinische Wissenschaft erforscht werden muss, wird die Entwicklung eines entsprechenden Impfstoffs, wie auch bei der Corona-Pandemie 2020, mindestens mehrere Monate in Anspruch nehmen, bevor ein staatlich gesteuertes Impfwesen gegen die neue Infektionskrankheit überhaupt auf den Plan treten kann.

Es muss als Beurteilungsgrundlage also lediglich der Status quo der Faktenlage in Bezug auf die Infektionskrankheit und das zugehörige Impfwesen erfasst werden (gewissermaßen die „nackten Zahlen"). Dieser Status quo steht im Bereich der Infektionskrankheiten für sich selbst und ist daher weniger dynamisch als etwa in anderen Bereichen der Medizin, die mit der Notwendigkeit einer juristischen Beurteilung in Wechselwirkung treten.[1116] So steht beispielsweise die Ansteckung mit einer Infektionskrankheit (durch infektiöse Dritte) nicht zwingend in einem Zusammenhang mit einer vorherigen – etwa beruflich bedingten – Exposition.[1117] Von einem „Wandel" der Wissensgrundlagen ist bei Infektionskrankheiten und den möglichen Impfungen dagegen weniger auszugehen als in anderen medizinischen Wissenschaftsbereichen.[1118]

Bei der Übersetzung medizinischer Fakten und Fachbegriffe in juristische Normen werden aufgrund der geringen Dynamik des medizinischen Wandels in diesem Bereich auch keine unbestimmten Rechtsbegriffe benötigt[1119]: Es geht nicht um Wissens*generierung*, sondern um Wissens*erfassung*. Dass es im Bereich der Epidemiologie und Prävention übertragbarer Krankheiten einen teilweise über Jahrhunderte gewachsenen Wissensfundus gibt, ist ein Unterschied zu anderen medizinischen Fachrichtungen. Nicht die subjektive *Einschätzung* aus medizinischen Fachkreisen ist entscheidungserheblich, sondern die mit Mitteln der evidenzbasierten Medizin erheb- und erfassbaren medizinischen Fakten, die allein den Gegenstand der normativen Beurteilung bilden müssen.

der Diphtherie und Robert Koch (1843–1910) im Bereich der Tuberkulose, vgl. *Schuchart*, Medizingeschichte: Robert Koch und die Geschichte der Tuberkulose, in: DÄ 2017, S. 76.

[1116] So aber etwa bei der Kausalität zwischen Tätigkeit und Krankheit im Berufskrankheitenrecht, vgl. *Hollo*, Das Verfahren zur Anerkennung von Berufskrankheiten (2018), S. 147 ff.

[1117] So aber etwa im Berufskrankheitenrecht, wo die Wissensgenerierung daher deutlich erschwert ist, vgl. *Hollo*, Das Verfahren zur Anerkennung von Berufskrankheiten (2018), S. 154 ff.

[1118] Eine Ausnahme bildet hier der Erreger der Grippe, bei dem es sich um ein wandelbares Influenza-Virus handelt, das fortwährend neue Varianten bildet. Es existieren derzeit drei Virustypen (A, B, C) mit jeweils mehreren Subtypen. Aufgrund der großen genetischen Variabilität des Virus muss die Antigenkombination für die Influenzaimpfstoffe jährlich neu festgelegt werden, wobei diejenigen Virusstämme Berücksichtigung finden, deren Zirkulation in der kommenden Saison vermutet wird (vgl. *Robert-Koch-Institut*, Wissenschaftliche Begründung für die Empfehlung des quadrivalenten saisonalen Influenzaimpfstoffs, in: EpidBull Nr. 2/2018, S. 19 ff.).

[1119] Vgl. demgegenüber aber beispielsweise im Berufskrankheitenrecht wiederum *Hollo*, Das Verfahren zur Anerkennung von Berufskrankheiten (2018), S. 149.

(b) Mittel zur Beobachtung des Impfwesens und der Bevölkerungsimmunität

Die Mittel, die dem Gesetzgeber speziell zur Erfüllung seiner Beobachtungspflicht im Hinblick auf die Fragestellung dieser Untersuchung zur Verfügung stehen, sind vielfältig und ganz praktischer Natur. Es ist aus grundrechtlicher Sicht jedenfalls kein zureichender Grund, diese Beobachtungspflicht deshalb zu vernachlässigen, weil Erhebungen möglicherweise kostenintensiv sind oder der Durchführungsaufwand gegebenenfalls den Erkenntnisertrag übersteigt.[1120] Vielmehr muss eine langfristige, ohne konkreten Anlass durchzuführende Beobachtung der Bevölkerungsimmunität erfolgen, die keineswegs auf die Bewältigung einer pandemischen Krisensituation beschränkt ist.

(aa) Digitale Impfdokumentation

Ein erster Schritt, dessen Vorschlag auch bereits einigen Zuspruch in der politischen Debatte gefunden hat, wäre die verpflichtende Einführung eines digitalen Impfpasses.[1121] Hier zeigen sich bislang große Rückstände auf dem Gebiet der Verwaltungsdigitalisierung. Der Inhalt der gesetzlich vorgeschriebenen Dokumentation von Impfungen gemäß § 22 Abs. 1–4 IfSG ist zwar inhaltlich recht umfangreich.[1122] Derzeit wird diese Dokumentation jedoch noch obligatorisch in dem für jede Person nur einmalig ausgeteilten papiernen Impfausweis geführt[1123], der nicht selten verloren geht (und mit ihm alle Aufzeichnungen zu erfolgten Impfungen, wobei auch der Kenntnisstand des Impflings selbst häufig sehr lückenhaft ist[1124]). Allerdings ist nach § 22 Abs. 2 S. 1 Nr. 5 IfSG die Impfdokumentation nunmehr immerhin durch „eine Bestätigung in elektronischer Form" *möglich*[1125], wobei unklar ist, ob sich diese „Bestätigung in elektronischer Form" dann auf eine analoge oder elektronische Dokumentation beziehen kann.[1126]

[1120] So aber anklingend bei *Siedler et al.*, Estimating vaccination coverage in the absence of immunisation registers, in: Eurosurveillance Apr. 2012, S. 1 (5).

[1121] www.aerzteblatt.de/nachrichten/102498/Gruene-wollen-digitalen-Impfpass (Seite zuletzt aufgerufen am: 06.04.2021); befürwortend *Ratzel*, Der Entwurf für ein neues Masernschutzgesetz, in: GesR 2019, S. 560 (562).

[1122] Vgl. ausführlich *Gebhard*, in: Kießling (Hrsg.), Infektionsschutzgesetz Kommentar (2021), § 22 Rn. 5 f.

[1123] Das Datum der Impfung, die Chargennummer sowie die Bezeichnung der Krankheit sind allerdings daneben auch in den Patientenunterlagen des Arztes festzuhalten, *Wichmann*, Dokumentation der Schutzimpfungen, in: Spiess/Heininger/Jilg (Hrsg.), Impfkompendium (2015), S. 67.

[1124] *Poethko-Müller/Schmitz*, Impfstatus von Erwachsenen in Deutschland, in: BGesBl. 2013, S. 845 (847); ähnlich *IfD Allensbach*, Impfen in Deutschland, Allensbacher Kurzbericht 11013/I, S. 1; vgl. zur Verringerung dieses bekannten Problems nicht zuletzt die vielbeworbene Kampagne „Deutschland sucht den Impfpass!" der Bundeszentrale für gesundheitliche Aufklärung; vgl. auch *Wichmann*, Dokumentation der Schutzimpfungen, in: Spiess/Heininger/Jilg (Hrsg.), Impfkompendium (2015), S. 67, der anmerkt, ein verloren gegangener Impfpass zwinge Chirurgen nicht selten zu einer unnötigen Tetanusimpfung.

[1125] BT-Drs. 19/13452, S. 31.

[1126] Ebenso hat § 26 Abs. 2 S. 4 SGB V keinen Einfluss auf die zu wünschende Optimierung

Auch die Speicherung der Impfdaten auf der elektronischen Gesundheitskarte ist grundsätzlich denkbar, allerdings gibt es diese verpflichtend nur für gesetzlich Versicherte, nicht aber für Versicherte der Privaten Krankenversicherung, bei der die Nutzung der elektronischen Gesundheitskarte freiwillig ist. Gleiches gilt gemäß § 341 Abs. 1 S. 2, Abs. 2 Nr. 5 SGB V für die Eintragung der Impfdokumentation in die elektronische Patientenakte, die ab 2021 für alle gesetzlich Versicherten verfügbar ist[1127], zu deren Erstellung aber ebenfalls nur die gesetzlichen Krankenkassen verpflichtet sind.[1128]

Im Vergleich zu einer nur analogen Impfdokumentation wären die Verlustrisiken bei einer digitalen Impfdokumentation in Bezug auf jeden einzelnen Impfling nahezu auf null reduziert.[1129] Ein weiterer Vorteil einer elektronischen Erfassung der Impfdaten vor dem Hintergrund einer möglichst hohen Bevölkerungsimmunität ist die Möglichkeit der Erinnerung des Impflings an mögliche Auffrischungs- oder Erstimpfungen im Erwachsenenalter. Dies betrifft im Rahmen einer allgemeinen Impfpflicht zwar nur diejenigen Impfungen, die weiterhin auf freiwilliger Basis erfolgen können, ist aber angesichts der sich auch auf die Impfquoten unter Erwachsenen durchschlagenden geringen Impf-Ambitionen[1130] notwendig. Eine digitalisierte Impfdokumentation kann daher den Effekt haben, das Impfwesen insgesamt unter eine verbesserte staatliche Kontrolle zu stellen. Eine Vorbildwirkung könnte etwa die bereits durchgeführte digitale Erfassung der Schutzimpfungen gegen COVID-19 haben. Hier besteht gem. § 22 Abs. 5 IfSG auf Wunsch der geimpften Person die Möglichkeit, die Schutzimpfung in einem digitalen Impfzertifikat zu bescheinigen.

Um der staatlichen Beobachtungspflicht aber im Hinblick auf die Schutzpflichtaktivierung als legitimem Zweck einer Impfpflicht zu genügen, müssten die Daten zur Impfdokumentation jedoch (unabhängig davon, ob sie in einem digitalen Impfpass oder auf der elektronischen Gesundheitskarte gespeichert werden) einem staatlichen Zugriff auch zugänglich sein. Das setzt die zentrierte Zurverfügungstellung des Aufzeichnungsdigitalisates voraus. Das erfolgt – wie aufgezeigt – bereits im Rahmen der KV-Impfsurveillance für den Bereich der gesetzlichen Krankenversicherung nach § 13 Abs. 5 IfSG, jedoch in anonymisierter Form und nicht rückwirkend für solche Impfungen, die vor der Einführung des § 13 Abs. 5 IfSG zum 01.03.2020 durchgeführt worden sind. Die bei der Einführung der elektronischen Patientenakte auftretenden komplexen datenschutz-

der Impfsurveillance, da hier keine Impfung dokumentiert werden soll, sondern lediglich der erfolgte Hinweis auf den Masern-Impfstatus und eine erfolgte Impfberatung.

[1127] www.aerzteblatt.de/nachrichten/108835/Elektronischer-Impfplan-erster-Baustein-der-Patientenakte (Seite zuletzt aufgerufen am: 17.03.2021).

[1128] Vgl. Änderung des § 291a Abs. 5c S. 1 SGB V durch das Terminservice- und Versorgungsgesetz (TSVG) vom 06.05.2019, BGBl. I/2019, Nr. 18, S. 646 (677).

[1129] *Gebhard*, in: Kießling (Hrsg.), Infektionsschutzgesetz Kommentar (2021), § 22 Rn. 2.

[1130] *IfD Allensbach*, Impfen in Deutschland, Allensbacher Kurzbericht S. 1 (2, 3).

rechtlichen Fragen der Digitalisierung im Gesundheitswesen sollen in einem eigenen Datenschutzgesetz geklärt werden[1131], was jedenfalls zum Teil bereits im Patientendaten-Schutz-Gesetz (PDSG) erfolgt ist.[1132] Ein Gesetz zur besseren Versorgung durch Digitalisierung (Digitale-Versorgungs-Gesetz; DVG) ist am 19. Dezember 2019 in Kraft getreten. Demzufolge sollen alle Applikationen zunächst vom Bundesinstitut für Arzneimittel und Medizinprodukte (BfArM) auf Datensicherheit, Datenschutz und Funktionalität getestet werden, bevor sie für den Zeitraum von zunächst einem Jahr vorläufig von der gesetzlichen Krankenversicherung erstattet werden. Währenddessen muss der Hersteller die Verbesserung der Patientenversorgung durch sein Produkt beim BfArM bewiesen.[1133] Erste Konzeptionen für die „Entwicklung von medizinischen Informationsobjekten, kurz MIOs“[1134], von denen der digitale Impfpass das erste Projekt sein soll, sind im Januar 2020 von der Kassenärztlichen Bundesvereinigung (KBV) vorgestellt worden.[1135] In diesem Bereich sind also dynamische technische Entwicklungen zu verzeichnen, die noch nicht abgeschlossen sind und wohl in der Zukunft – insbesondere auch im Hinblick auf die Impfungen gegen COVID-19 – erheblich zum Tragen kommen werden. Eine abschließende rechtliche Einschätzung dieser Entwicklungen hinsichtlich der Erfüllung staatlicher Beobachtungspflichten scheint zum jetzigen Zeitpunkt noch nicht möglich.

(bb) Nationales Impfregister

Ein weiteres Mittel zur umfassenden Erhebung von Impfdaten kann die ebenfalls lebhaft diskutierte Einführung eines nationalen Impfregisters sein.[1136] Die-

---

[1131] „Dazu erforderliche Regelungen zur Digitalisierung, insbesondere zur elektronischen Patientenakte und zum Anschluss des öffentlichen Gesundheitsdienstes an die TelematikInfrastruktur, sollen in einem weiteren Gesetzgebungsvorhaben zum Thema Digitalisierung aufgenommen werden.“, Erläuterung zu TOP 2, 984. BR, 20.12.2019; auch bereits www.bundesgesundheitsministerium.de/digitale-versorgung-gesetz.html (Seite zuletzt aufgerufen am: 29.10.2021); weiter auch die Homepage des Bundesgesundheitsministeriums: „Gesundheitsdaten sind extrem sensible Daten. Wir wollen optimale rechtliche Voraussetzungen für den Datenschutz. Dafür muss im SGB V vieles angepasst werden. Denn die gesetzlichen Grundlagen zur Patientenakte sind teilweise mehr als 15 Jahre alt. [...] Deshalb kommen die weiteren Regelungen zur Patientenakte nicht im Digitalisierungsgesetz, sondern in einem eigenen Gesetz.“, www.bundesgesundheitsministerium.de/digitale-versorgung-gesetz.html (Seite zuletzt aufgerufen am: 29.10.2021).

[1132] Gesetz vom 14.10.2020, BGBl. I 2020, S. 2115 ff.

[1133] www.bundesgesundheitsministerium.de/digitale-versorgung-gesetz.html (Seite zuletzt aufgerufen am: 29.10.2021).

[1134] MIOs sollen dazu dienen, „medizinische Inhalte zu standardisieren, maschinenlesbar zu machen und den interprofessionellen sektorenübergreifenden Datenaustausch im Gesundheitswesen zu vereinfachen.“, www.aerzteblatt.de/nachrichten/108835/Elektronischer-Impfplan-erster-Baustein-der-Patientenakte (Seite zuletzt aufgerufen am: 17.03.2021).

[1135] www.aerzteblatt.de/nachrichten/108835/Elektronischer-Impfplan-erster-Baustein-der-Patientenakte (Seite zuletzt aufgerufen am: 17.03.2021).

[1136] Vgl. etwa www.aerzteblatt.de/nachrichten/102568/Kinderaerzte-fuer-nationales-Impfregister (Seite zuletzt aufgerufen am: 06.04.2021).

ses müsste dann nicht nur die Erfassung der Impfdaten von Kindern beinhalten, sondern darüber hinaus auch Daten in Bezug auf Schutzimpfungen für Erwachsene erfassen, da gerade hier die größten Lücken im Monitoring bestehen. Hier regt sich jedoch teilweise Widerspruch, der auf die hohe Kostenlast der Einrichtung eines solchen Registers abzielt.[1137] Auch im Zuge der Einführung des digitalen Impfnachweises gegen COVID-19, der jedoch – wie aufgezeigt – gem. § 22 Abs. 5 IfSG lediglich ergänzend neben den analogen Impfausweis tritt, ist der Einführung eines nationalen Impfregisters zuletzt eine Absage erteilt worden.[1138]

Wegen der aufgezeigten Relevanz der Beobachtungspflicht für die Erfüllung grundrechtlicher Schutzpflichten ist es aus verfassungsrechtlichem Blickwinkel allerdings unverständlich, ein Impfregister abzulehnen, das eine nationale, umfassende und zentralisierte Impfdatenerhebung ermöglicht und damit nicht nur eine erhebliche Verbesserung der Rechtssicherheit herbeiführt, sondern auch das Kostenargument entkräftet, da ebenfalls kostenverursachende Teilstichproben an Notwendigkeit verlieren. Ein weiterer Vorteil eines Impfregisters besteht darüber hinaus auch für die Erfassbarkeit unerwünschter Nebenwirkungen von Impfungen: Bislang kann die Quote bestimmter Impfreaktionen bzw. -nebenwirkungen nur anhand eines Vergleichs mit den freigegebenen Impfdosen, nicht aber anhand der tatsächlich verimpften Dosen berechnet werden.[1139]

Erfreulich ist jedoch die bereits beschriebene und seit dem 1. März 2020 in § 13 Abs. 5 IfSG gesetzlich geregelte Aufgabe der KV-Impfsurveillance, die dadurch eine deutliche Etablierung erfährt.[1140] Durch die gesetzliche Verankerung wird zum einen die wichtige Aufgabe der KV-Impfsurveillance für die Evaluation der Durchimpfungsraten als Mittel zur Erfüllung der Beobachtungspflicht im Rahmen der Schutzpflichterfüllung nun auch vom Gesetzgeber erkannt.[1141] Zum anderen werden die Kassenärztlichen Vereinigungen fortan dazu verpflichtet, dem Robert-Koch-Institut zum Zwecke der Feststellung der Inanspruchnahme von Schutzimpfungen und Impfeffekten in von diesem festgelegten Zeitabständen vielfältige Angaben zum Impfling, dem impfenden Arzt und zur Impfung selbst zu übermitteln. Wenngleich damit – anders als bei der Einführung eines nationalen Impfregisters – noch keine einhundertprozentige

---

[1137] So aber etwa der Präsident des Robert-Koch-Instituts, *Lothar Wieler*, vgl. www.aerzteblatt.de/nachrichten/100779/RKI-und-KVen-wollen-Luecken-beim-Impfmonitoring-schliessen (Seite zuletzt aufgerufen am: 06.04.2021).

[1138] www.bundesgesundheitsministerium.de/coronavirus/faq-covid-19-impfung/faq-digitaler-impfnachweis.html (Seite zuletzt aufgerufen am: 17.03.2021).

[1139] *Mentzer/Meyer/Keller-Stanislawski*, Sicherheit und Verträglichkeit von monovalenten Masern- und kombinierten Masern-, Mumps-, Röteln- und Varizellenimpfstoffen, in: BGesBl. 2013, S. 1253 (1259).

[1140] *Müllmann*, in: Kießling (Hrsg.), Infektionsschutzgesetz Kommentar (2021), § 13 Rn. 35.

[1141] Vgl. dazu bereits § 3 B. II. 2. a) bb) (3) „Stellungnahme zur Datenlage" sowie § 3 B. II. 2. a) cc) (2) „Beobachtungspflicht des Gesetzgebers".

Erfassung aller zukünftig in Deutschland verabreichten Schutzimpfungen und somit der Impfquote in der Bevölkerung gelingen kann[1142], da nur gesetzlich krankenversicherte Patienten erfasst werden[1143], so ist die umfassende Übermittlungspflicht der Kassenärztlichen Vereinigungen ein erfreulicher Schritt, um zumindest einen Großteil der zukünftig erfolgenden Schutzimpfungen in der Bevölkerung zu erfassen.[1144]

(cc) Überprüfung der Immunität durch Titerbestimmungen

Zuletzt hat sich bei der Sichtung und Analyse des vorhandenen Datenmaterials zur Erfassung von Impfquoten jedoch für die rechtssichere Einschätzung der Schutzpflichtaktivierung ein Umstand offenbart, der auf die Feststellung der Bevölkerungsimmunität im Ganzen gerichtet ist: Da eine lebenslange Immunität gegen Infektionskrankheiten (mit Ausnahme der Pertussiserkrankung) auch durch die Erkrankung selbst erworben werden kann, fällt die Erfassung dieser Art von Immunität aus den erhobenen (und auch denen in einem nationalen Impfregister zu erfassenden) Daten heraus. Gerade in den älteren Alterskohorten spielt die auf natürlichem Wege erworbene Immunität aber im Vergleich zu der durch Impfung erworbenen Immunität eine große Rolle, so dass auch bei geringerer Durchimpfung einer älteren Erhebungskohorte nicht fälschlicherweise der Umkehrschluss auf eine entsprechend große fehlende Immunität erfolgen darf: Da es sich häufig um Angehörige einer Alterskohorte handeln dürfte, die zum Zeitpunkt der Einführung von Impfstoffen nicht mehr dem Zielgruppenalter (Säuglinge und Kleinkinder) entsprochen, die Krankheit aber selbst durchlebt haben, ist bei dieser Kohorte keineswegs das vollständige Fehlen einer Immunität anzunehmen. Diese Annahme kann aber zumeist nur durch Schätzungen aus Stichprobenstudien be- oder widerlegt werden, da eine vollständige Erfassung fehlt oder zumindest lückenhaft ist: Die entsprechenden Meldepflichten sind zumeist erst vor wenigen Jahren eingeführt worden (Mumps, Pertussis, Windpocken erst 2013, Masern immerhin 2001), so dass sich die Datengrundlage bezüglich der Seroprävalenz nicht aus erfassten Fallzahlen speisen kann, weshalb auch nicht zuverlässig auf das Nichtbestehen einer flächendeckenden natürlichen Immunität geschlossen werden kann.

1142 Vgl. dazu die Aussage des Sachverständigen *Thomas Mertens* von der STIKO im Rahmen der öffentlichen Anhörung im Gesundheitsausschuss während des Gesetzgebungsverfahrens zum Masernschutzgesetz: „Aus Sicht der STIKO, und ich glaube auch hier für das RKI sprechen zu können, ist diese Datenerhebung im Augenblick eine ganz wesentliche Quelle für uns. Solange es kein Impfregister in Deutschland gibt, was das ablösen könnte, ist das für uns eine entscheidende Surveillance-Information, die wir brauchen und mit der wir schon gut arbeiten. Natürlich wissen wir, dass das nicht ganz komplett ist.", Wortprotokoll der 68. Sitzung des Ausschusses für Gesundheit vom 23.10.2019, Protokoll Nr. 19/68, S. 27.

1143 Vgl. zu den Limitationen der KV-Impfsurveillance bereits § 3 B. II. 2. a) bb) „Problematik der Datenlage".

1144 *Müllmann*, in: Kießling (Hrsg.), Infektionsschutzgesetz Kommentar (2021), § 13 Rn. 35 f.

Bis hierhin kann es sich angesichts der weitenteils fehlenden Datengrundlage zu Seroprävalenzen nur um Mutmaßungen handeln, weshalb auch der schutzverpflichtete Staat nicht zu einer Einschätzung imstande sein kann, die größere Rechtssicherheit für sich beanspruchen könnte. Daher ist zur vollständigen Erfassung der Bevölkerungsimmunität auch die Erhebung der Seroprävalenzen wichtig und notwendig, also die Bestimmung des tatsächlich immunen Bevölkerungsanteils.[1145] Dieser Aspekt ist entscheidend für die Beurteilung einer gelingenden Krankheitselimination.[1146]

Die Erfassung von Immunität kann individuell entweder durch Krankheitsnachweis (bei zukünftigen Erkrankungen: durch die bereits bestehenden gesetzlichen Meldepflichten) oder durch Bestimmung der Titerhöhe von Antikörpern im Blut erfolgen (etwa durch den sog. ELISA-Test[1147]). Naturgemäß ist die Bestimmung der Seroprävalenzrate nur in Ergänzung zur Erhebung des Durchimpfungsstatus und nur dort notwendig, wo überhaupt keine Daten zu erfolgten Impfungen erhoben werden können oder der Impfstatus unklar bzw. keine Impfung erfolgt ist. Sobald aber eine vollständige Impfserie erfolgt ist, kann angesichts der hohen Wirksamkeit von Impfungen von einer erworbenen Immunität ausgegangen werden. Zwar gibt es Fälle von primärem oder sekundärem Impfversagen, deren Anzahl aber äußerst gering ist. Im Falle des primären Impfversagens wird nach der Impfung keine nachweisbare Immunität entwickelt, im Falle des sekundären Impfversagens entwickelt sich zwar eine Immunität, diese lässt jedoch im Laufe der Zeit nach. Primäres Impfversagen kommt jedoch am häufigsten bei Personen vor, die ohnehin aufgrund einer vorliegenden Immundefizienz zur Risikogruppe der Impfunfähigen gehören und daher die mittels einer Impfpflicht zu Schützenden darstellen. Bei sekundärem Impfversagen kann problemlos eine weitere Booster-Impfung[1148] zur Wiederherstellung der Immunität erfolgen.

Im Übrigen sollte die notwendige Erhebung von Seroprävalenzraten auch nicht an den Mühen der praktischen Umsetzung scheitern: Dass die Erhe-

---

[1145] *Poethko-Müller/Mankertz*, Durchimpfung und Prävalenz von IgG-Antikörpern gegen Masern bei Kindern und Jugendlichen in Deutschland, in: BGesBl. 2013, S. 1243 (1250); *Poggensee et al.*, Überblick und Bewertung der verfügbaren Datenquellen zur Inzidenz impfpräventabler Krankheiten, in: BGesBl. 2009, S. 1019 (1025); vgl. *Aligbe*, in: BeckOK IfSG (2021), § 20 Rn. 163–168.

[1146] *Poethko-Müller/Mankertz*, Durchimpfung und Prävalenz von IgG-Antikörpern gegen Masern bei Kindern und Jugendlichen in Deutschland, in: BGesBl. 2013, S. 1243 (1250).

[1147] *enzyme-linked immuno sorbent assay*. Immunologische Methode, bei der spezifische Antikörper […] gegen das zu bestimmende Antigen […] an einen Träger gebunden sind. Nach der Antigen-Antikörper-Reaktion werden Immunkomplexe durch einen weiteren Antikörper detektiert. Dieser ist Enzym-gekoppelt und wird nach Reaktion mit einem chromogenen Substrat fotometrisch bestimmt, *Pschyrembel*, Klinisches Wörterbuch (2020), Stichwort „Enzym-Immunoassay“, S. 467.

[1148] Verursacht eine verstärkte und im Vergleich zur ersten Reaktion des Immunsystems beschleunigte zweite (sekundäre) Immunantwort, *Pschyrembel*, Klinisches Wörterbuch (2020), Stichwort „Booster-Effekt“, S. 256.

bung von Seroprävalenzen prinzipiell möglich ist, hat bereits die Methodik der DEGS-Studie gezeigt, wenngleich hier auch Ergebnisse vermisst wurden.[1149]

(4) Folgen für das weitere Vorgehen der Abwägung

In Anbetracht der – wie dargestellt – lückenhaften Datenlage muss an dieser Stelle festgehalten werden, dass die Beobachtungspflicht durch den Gesetzgeber derzeit nur unzureichend erfüllt wird. Um angesichts dieser Datenlage im Rahmen der vorliegenden Arbeit dennoch eine verfassungsrechtliche Einschätzung der Zulässigkeit einer allgemeinen Impfpflicht gegen verschiedene impfpräventable Krankheiten abgeben zu können, werden im Folgenden die vorgestellten verfügbaren Datenquellen in einer Zusammenschau und jeweils gegenseitiger Ergänzung verwendet. Diese kommen zunächst bei der Frage der Aktivierung der Schutzpflicht zum Tragen.

Aufgrund der dargestellten Limitationen einiger Datenquellen kann es schon in der Frage der Schutzpflichtaktivierung teilweise zu widersprüchlichen oder uneindeutigen Ergebnissen kommen. Es werden im Folgenden daher nur die Abwägungen mittels der entwickelten Gleichwertigkeitsprüfung unter der Frage der Impfpflicht für diejenigen Krankheiten durchgeführt, bezüglich derer anhand der verfügbaren Daten *sicher* von einer Aktivierung der Schutzpflicht ausgegangen werden kann. Bezüglich der anderen Krankheiten, bei denen die Daten für die Impfquoten nicht einheitlich und daher nicht eindeutig sind, ist der Gesetzgeber zunächst in der Pflicht, die Voraussetzungen für die Wahrnehmung seiner Einschätzungsprärogative zu schaffen, um dann feststellen zu können, ob die Schutzpflicht als aktiviert betrachtet werden kann oder nicht.

b) Medizinische Kriterien unter der Gleichwertigkeitsprüfung

Die Analyse der Rechtsprechung des Bundesverfassungsgerichts zur tatbestandlichen Zuordnung von Abwehrrechtsdimension und aktivierter Schutzpflichtdimension des Grundrechts auf Leben und körperliche Unversehrtheit hat die – allerdings nicht einheitliche – Anwendung mehrerer Kriterien ergeben.[1150] Dabei hat sich das Kriterium der „Gefahrennähe" bei einer Prognoseentscheidung, in der bei keiner der beiden Grundrechtsdimensionen ein Schadenseintritt sicher ist, als das einzige brauchbare Kriterium erwiesen.[1151] Es hat sich bei der Analyse aber auch gezeigt, dass das Potenzial dieses Kriteriums für die Abwägung als schonendster Ausgleich beider kollidierender Dimensionen noch nicht voll ausgeschöpft wird. Vielmehr kann es in seinen Feinheiten noch weiter ausdifferenziert werden und damit zu einer nachvollziehbareren tatbestand-

[1149] Vgl. mit dieser Kritik schon *Poethko-Müller/Schmitz*, Impfstatus von Erwachsenen in Deutschland, in: BGesBl. 2013, S. 845–857 sowie *Rieck et al.*, Umsetzung der Masern- und Pertussisimpfempfehlungen für Erwachsene, in: BGesBl. 2019, S. 422 (425).

[1150] Vgl. dazu bereits § 3 A. II. 3. b) cc) (2) „Bisheriger Maßstab bei der Abwägung zweier gleicher Grundrechte bei verschiedendimensionaler Ausprägung im Risikofall".

[1151] Vgl. dazu bereits § 3 A. II. 3. b) cc) (2) (b) „Kritik".

lichen Gewichtung der kollidierenden Grundrechtsdimensionen beitragen, die letztendlich auch zu einer transparenteren Abwägungsentscheidung auf der Rechtsfolgenseite führt.[1152]

Die Gleichwertigkeitsprüfung, die dieser Ausdifferenzierung des verfassungsrechtlichen Abwägungskriteriums der „Gefahrennähe" dient, wird im Folgenden bei der Frage der Angemessenheit einer allgemeinen Impfpflicht jeweils gegen verschiedene Krankheiten gesondert Anwendung finden. Die Gleichwertigkeitsprüfung speist sich aus denjenigen Faktoren, die für die Ermittlung und Beurteilung der „Gefahrennähe" der beiden kollidierenden Grundrechtsdimensionen von Bedeutung sind. Das Gewicht der grundrechtlichen Schutzpflicht richtet sich nach der durch die Krankheit bedingte Gefahrennähe des Grundrechts auf Leben und körperliche Unversehrtheit der impfunfähigen Schutzbedürftigen, während sich das Gewicht des Abwehrrechts nach den Risiken der Impfung für die Pflicht-Adressaten richtet. Mithilfe der Gleichwertigkeitsprüfung kann somit eine transparente Abwägung der Risiken für beide Dimensionen erfolgen.

Die unterschiedlichen Stufen der Gleichwertigkeitsprüfung, die gemeinsam der Ermittlung der Gefahrennähe beider Grundrechtsdimensionen dienen, müssen dafür „mit Leben gefüllt werden". Dazu werden auf jeder Stufe bzw. in jedem Teilbereich medizinisch-epidemiologische Faktoren und deren Wahrscheinlichkeiten miteinander verglichen und unter Einbeziehung der jeweiligen Prognosesicherheit gegeneinander abgewogen. Die von dem Krankheitserreger ausgehenden Risiken für die vulnerable Gruppe der impfunfähigen Schutzbedürftigen stehen dabei den Risiken einer Impfung der Pflichtadressaten gegenüber: Die auf beiden Seiten zu verzeichnenden Risiken sind durch ihre Abwägung gegeneinander gemeinsam ausschlaggebend dafür, ob der grundrechtlichen Schutzpflicht für Leben und körperliche Unversehrtheit Dritter oder dem Abwehrrecht der Pflichtadressaten Vorrang gewährt werden muss. Diese jeweils gegenüberzustellenden Risiken unterscheiden sich jeweils von einem zum anderen Krankheitserreger und dem entsprechenden Impfstoff und sind daher auch unabhängig voneinander zu beurteilen.[1153] Insofern ist der Rückgriff auf konkrete medizinische Fakten notwendig, die sich aus den Eigenschaften der Infektionskrankheit auf der einen Seite (Schutzpflichtdimension) und den Eigenschaften des entsprechenden Impfstoffs auf der anderen Seite (Abwehrrechtsdimension) ergeben.

[1152] Vgl. dazu ebenfalls bereits § 3 A. II. 3. b) cc) (2) (b) „Kritik".

[1153] Vgl. dazu *Pieper/Schwager-Wehming*, Impfpflichten zur Bekämpfung von Masern- und COVID-19-Viren auf dem verfassungsrechtlichen Prüfstand, in: DÖV 2021, S. 287 (289 f.): „Innerhalb der Prüfung der materiellen Verfassungsmäßigkeit kann vor allem die Verhältnismäßigkeit von Impfpflichten nicht pauschal festgestellt werden. Im Gegenteil, es müssen die jeweiligen Besonderheiten der Infektionskrankheit Berücksichtigung finden, sodass eine schlichte Übernahme von Wertungen gerade nicht möglich ist".

aa) Medizinische Kriterien auf der ersten Stufe

Auf der ersten Stufe der Gleichwertigkeitsprüfung werden die für beide Grundrechtsdimensionen zu erwartenden Schadensintensitäten gegenübergestellt. Die Ermittlung dieser jeweiligen Schadensintensitäten verteilt sich wiederum auf zwei Teilbereiche.

Im ersten Teilbereich wird aus medizinischer Sicht nach den für beide Dimensionen jeweils *maximal* erwartbaren Schadensereignissen[1154], deren Eintrittswahrscheinlichkeiten[1155] und der Möglichkeit gefragt, diese Wahrscheinlichkeit überhaupt prognostizieren zu können (sog. Prognostizierbarkeit[1156]). Bei der Prognostizierbarkeit erfolgt im Grunde eine Bewertung der Wissenschaftlichkeit und Glaubwürdigkeit der heranzuziehenden Quellen, durch die etwa schlichte Behauptungen, wie sie im Zusammenhang mit einer möglichen Gefährlichkeit von Impfungen und damit für die Abwehrrechtsdimension häufig postuliert werden, mangels Beweisbarkeit herausfallen. Da die evidenzbasierte medizinische Faktenlage die Basis der Grundrechtsabwägung bilden muss, ist das Aussieben von nur vermeintlichen Fakten, die nicht dem Beweis zugänglich sind, unerlässlich.

Letztendlich werden also im ersten Teilbereich der ersten Stufe folgende Fragen beantwortet: „Worin besteht jeweils der intensivste Schaden, der einerseits durch die Krankheit (für die Schutzpflichtdimension) und andererseits durch die Impfung (für die Abwehrrechtsdimension) eintreten kann? Wie wahrscheinlich ist dieser Schadenseintritt jeweils? Und: Wie zuverlässig ist die wissenschaftliche Methode, anhand derer die Schadenseintrittswahrscheinlichkeit ermittelt wurde?“ Die jeweils für beide Grundrechtsdimensionen separat ermittelten Antworten auf diese drei Fragen[1157] bilden gemeinsam das Ergebnis des ersten Teilbereichs: Das Gewicht derjenigen Grundrechtsdimension, für die das maximale Schadensereignis intensiver und wahrscheinlicher ist und wissenschaftlich zuverlässiger vorausgesagt werden kann, überwiegt an dieser Stelle das Gewicht der anderen Dimension.

Da aber für beide Grundrechtsdimensionen nicht nur die Maximalschadensereignisse (im Sinne von „worst-case-Szenarien“) in die Grundrechtsabwägung einfließen sollten, werden diese drei Fragen im zweiten Teilbereich auch in Bezug auf Schadensereignisse gestellt, die *unterhalb des maximalen Schadens* liegen: „Worin liegen weitere, aber weniger intensive Schäden, die einerseits durch die Krankheit (für die Schutzpflichtdimension) und andererseits durch die Impfung (für die Abwehrrechtsdimension) eintreten können?[1158] Wie wahr-

[1154] Im Schaubild (Anhang, S. 556) dargestellt durch Variable „a“.
[1155] Im Schaubild (Anhang, S. 556) dargestellt durch Variable „b“
[1156] Im Schaubild (Anhang, S. 556) dargestellt durch Variable „c“.
[1157] Im Schaubild (Anhang, S. 556) dargestellt durch Produkt „X“.
[1158] Im Schaubild (Anhang, S. 556) dargestellt durch Variable „d“.

scheinlich sind diese Schadenseintritte jeweils?[1159] Und wie zuverlässig ist die wissenschaftliche Methode, mit der die Schadenseintrittswahrscheinlichkeiten ermittelt wurden?[1160]" Die jeweils für beide Grundrechtsdimensionen ermittelten Antworten auf diese drei Fragen[1161] bilden gemeinsam das Ergebnis des zweiten Teilbereichs. Auch hier überwiegt das Gewicht derjenigen Grundrechtsdimension, für die die erwartbaren weiteren Schadensereignisse intensiver und wahrscheinlicher sind und wissenschaftlich zuverlässiger vorausgesagt werden können.

Das Zusammenspiel der für beide Teilbereiche ermittelten Ergebnisse ergibt anschließend, ob auf der ersten Stufe insgesamt eine Gleichwertigkeit der Gefahrennähe zwischen beiden Grundrechtsdimensionen vorliegt oder nicht[1162]: Wenn in beiden Teilbereichen die Gefahrennähe und damit das Gewicht der Schutzpflichtdimension überwiegt, wird die Prüfung zugunsten der Schutzpflicht beendet: Eine Impfpflicht wäre dann verhältnismäßig. Überwiegt hingegen in beiden Teilbereichen die Gefahrennähe und somit das Gewicht der Abwehrrechtsdimension, wird die Prüfung zugunsten des Abwehrrechts beendet: Eine Impfpflicht wäre unverhältnismäßig. Nur, wenn in einem Teilbereich das Gewicht der Abwehrrechtsdimension überwiegt, im anderen Teilbereich aber das Gewicht der Schutzpflichtdimension, liegt eine gleichwertige Gefahrennähe vor. Die Prüfung wird dann auf der zweiten Stufe fortgesetzt.

Um die genannten drei Fragen in den beiden Teilbereichen jeweils „mit Leben zu füllen" und beantworten zu können, ist eine konkrete Betrachtung der Risikofaktoren der Krankheit sowie der Impfung notwendig: Auf Seiten der Schutzpflichtdimension sind Fakten zum Krankheitserreger, zum Krankheitsverlauf und zu möglichen Komplikationen insbesondere für die Risikogruppe der Schutzbedürftigen ausschlaggebend. Dabei sind für die Beurteilung der Schadenseintrittswahrscheinlichkeit auch immer die Dauer der Ansteckungsfähigkeit während der Inkubationszeit, ferner der Kontagionsindex und der Manifestationsindex des Krankheitserregers von Bedeutung: Die Dauer der Ansteckungsfähigkeit während der Inkubationszeit gibt an, wie lange der Infizierte andere Personen anstecken kann, ohne seine Ansteckungsfähigkeit mangels Kenntnis von der Infektion selbst wahrnehmen und die Weitergabe des Erregers dementsprechend verhindern zu können. Der Kontagionsindex wird auch „Infektionsindex" genannt und gibt an, wie viele der exponierten Personen sich mit einem Erreger tatsächlich infizieren.[1163] Der Manifestationsindex gibt an, bei

1159 Im Schaubild (Anhang, S. 556) dargestellt durch Variable „e".

1160 Im Schaubild (Anhang, S. 556) dargestellt durch Variable „f".

1161 Im Schaubild (Anhang, S. 556) dargestellt durch Produkt „Y".

1162 Vgl. für die Erläuterung der methodischen Vorgehensweise bei der Gleichwertigkeitsprüfung bereits § 3 A. II. 3. b) dd) (1) „Erste Stufe".

1163 *Pschyrembel*, Klinisches Wörterbuch (2020), Stichwort „Kontagionsindex", S. 940.

wie vielen dieser exponierten Personen sich die Infektion mit dem Erreger dann tatsächlich klinisch manifestiert, d. h. bei wie vielen die Krankheit ausbricht.[1164]

Für die Beantwortung der drei Fragen in den beiden Teilbereichen auf Seiten der Abwehrrechtsdimension spielen hingegen die Risiken der jeweiligen Impfung, wie mögliche Nebenwirkungen und Impfschäden, eine Rolle. Relevant ist auch, wie wahrscheinlich diese unerwünschten Nebenwirkungen von Impfungen sind und wie häufig sie tatsächlich vorkommen. Hier fließen aber nur diejenigen Schadensszenarien ein, deren Eintritt bei impffähigen Personen möglich ist: Personen, die hingegen impfunfähig sind, weil die Impfung bei ihnen gerade den gewünschten Schutzeffekt verfehlte, sind zur Risikogruppe zu zählen. Auf diese Risikogruppe bezieht sich die grundrechtliche Schutzpflicht gerade, die dazugehörigen vulnerablen Gruppen können daher nicht Adressat einer Impfpflicht sein. Insbesondere für die Abwehrrechtsdimension ist die Frage nach der „Prognostizierbarkeit der Wahrscheinlichkeit des Schadenseintritts" (also die Bewertung der Wissenschaftlichkeit und Glaubwürdigkeit der medizinischen Faktenlage) wichtig, da hier die Menge an „alternativen Fakten" und Behauptungen zu vermeintlich durch Impfungen hervorgerufenen Schäden immens ist.

bb) Behelfskriterien auf der zweiten und dritten Stufe

Wenn durch das Zusammenspiel der in beiden Teilbereichen ermittelten Ergebnisse bei der Prüfung auf der ersten Stufe eine Gleichwertigkeit beider Grundrechtsdimensionen festgestellt wird, also bisher weder das Gewicht der Schutzpflichtdimension noch das Gewicht der entgegenstehenden Abwehrrechtsdimension überwiegt, kommt auf der zweiten Stufe das erste Behelfskriterium zum Tragen. Dieses fragt nach der medizinischen Möglichkeit, das bereits eingetretene Schadensereignis zu revidieren. Eine solche Möglichkeit besteht beispielsweise dann nicht, wenn das maximal erwartbare Schadensereignis für eine der beiden Dimension in der Letalität besteht, so dass diese Dimension stets überwöge.

Auf der ersten Stufe wurde zuvor ermittelt, dass die Schadensintensitäten auf Seiten der sich gegenüberstehenden Grundrechtsdimensionen gleichwertig sind. Wird nun auf der zweiten Stufe ermittelt, dass die Schadensintensität für *eine* der beiden Grundrechtsdimensionen reversibel ist, weil der eingetretene Schaden in medizinischem Sinne geheilt werden kann, der Schaden für die andere Grundrechtsdimension jedoch dauerhaft bleibt, wird die Prüfung an dieser Stelle zugunsten der dauerhaft beeinträchtigten Grundrechtsdimension beendet.

Ergibt sich auch auf der zweiten Stufe eine Gleichwertigkeit, weil entweder die Schadensereignisse beider oder keiner der beiden Dimensionen reversibel

---

1164 Manifestiert sich der Erreger nicht klinisch, kommt es zu einem inapparenten/stummen Verlauf, sog. „stille Feiung", *Pschyrembel* online, Stichwort „Manifestationsindex" sowie Stichwort „Stille Feiung".

sind, kommt auf der dritten Stufe das zweite Behelfskriterium zum Tragen: Dieses fragt danach, wann nach dem medizinischen Sachstand auf beiden Seiten mit dem Schadenseintritt zu rechnen ist. Die zeitliche Nähe des Schadenseintritts muss in Relation zur Schwere des Schadens stehen. Je ferner in der Zukunft ein Schadensereignis liegt, desto eher kann der Schaden möglicherweise noch abgewendet werden.

Die Anwendung all dieser Kriterien, die sich für alle Infektionskrankheiten ermitteln lassen (müssten), deren konkreter Inhalt sich aber von Krankheit zu Krankheit und dem jeweils entsprechenden Impfstoff unterscheidet, ermöglicht somit, bei der Verfassungsmäßigkeitsprüfung einer allgemeinen Impfpflicht für jede Krankheit gesondert zu einem Abwägungsergebnis zu gelangen, das all diesen krankheitsspezifischen medizinischen Besonderheiten Rechnung trägt.

3. *Krankheitsspezifische Risikoabwägung anhand der Gleichwertigkeitsprüfung*

Im Folgenden werden die vorgestellten Kriterien dem „Praxistest" unterzogen und anhand des Modells der Gleichwertigkeitsprüfung auf verschiedene Infektionskrankheiten angewandt. Zuvor wurden bereits sowohl die grundsätzliche Verfassungsmäßigkeit einer allgemeinen Impfpflicht aus (rein) juristischer Sicht festgestellt[1165] als auch die Bedeutung einer sich anschließenden, detaillierten Abwägung anhand medizinischer Fakten für die Rechtssicherheit und Nachvollziehbarkeit der (verfassungs-)rechtlichen Entscheidung beleuchtet. Dabei waren erhebliche Lücken in der als Entscheidungsgrundlage zur Verfügung stehenden Datenlage auszumachen.[1166] Nun erfolgt der letzte und konkreteste Schritt der verfassungsrechtlichen Beurteilung einer allgemeinen Impfpflicht: Die fünf herausgefilterten Infektionskrankheiten (Masern, Mumps, Meningokokken C, Pertussis und Varizellen), die sich als geeignete Untersuchungsgegenstände aus dem Katalog der von der Ständigen Impfkommission als Grundimmunisierung im Kindesalter empfohlenen Impfungen herauskristallisiert haben[1167], werden im Folgenden – soweit möglich – jeweils der Gleichwertigkeitsprüfung unterzogen.

Die Anwendung der Gleichwertigkeitsprüfung als Abwägung zwischen den Risiken der Krankheit und der Impfung ist jedoch erst unter einer bestimmten Bedingung möglich, denn die Abwägung zwischen beiden Grundrechtsdimensionen steht unter der Voraussetzung, dass die Schutzpflichtdimension des Grundrechts auf Leben und körperliche Unversehrtheit überhaupt als aktiviert zu betrachten ist. Ansonsten wäre eine Gleichwertigkeit, die sich anhand der Gefahrennähe beider Dimensionen beurteilen lässt, von vornherein aus-

[1165] Siehe § 3 B. I. „Grundrechtliche Vorgaben aus Art. 2 Abs. 2 S. 1 GG – Grundrecht auf körperliche Unversehrtheit".

[1166] Siehe § 3 B. II. 2. a) bb) „Problematik der Datenlage".

[1167] Siehe bereits § 3 B. II. 1. b) „Methodik der Auswahl der Infektionskrankheiten".

geschlossen, denn ohne das Bestehen eines gewissen Risikos für die zu schützende Grundrechtsdimension[1168] muss zwingend die Abwehrrechtsdimension überwiegen. Ohne die Aktivierung der staatlichen Schutzpflicht fehlte auch der Zweck, der im Grundrechtsdreieck den Eingriff in das Abwehrrecht legitimiert, da dieser dann denklogisch gerade nicht in der Erfüllung der Schutzpflicht liegen kann.

Wie bereits aufgezeigt, ist die Schutzpflicht nur dann als aktiviert zu betrachten, wenn nicht bereits eine Herdenimmunität in Bezug auf die konkrete Infektionskrankheit besteht. Die verfassungsrechtliche Prüfung, ob eine allgemeine Impfpflicht gegen eine bestimmte Infektionskrankheit zulässig ist, beginnt daher mit der Prüfung, ob die Schutzpflicht aktiviert ist. Wenn diese aktiviert ist, kommt es für die Angemessenheit der Impfpflicht anschließend auf die jeweilige Gefahrennähe beider Grundrechtsdimensionen an, die mithilfe der Gleichwertigkeitsprüfung einander gegenübergestellt werden.

Abschließend muss aber festgehalten werden: Trotz der notwendigen und entscheidenden Einbeziehung medizinisch-epidemiologischer Faktoren handelt es sich nur um den Versuch einer Gewichtung von Abwehrrecht und Schutzpflicht für die körperliche Unversehrtheit im Rahmen des Grundsatzes der Verhältnismäßigkeit.[1169] Medizinische Werte werden sich auch mit dem ausgefeiltesten Modell kaum eins-zu-eins in ein juristisches Urteil umsetzen lassen.

Trotzdem dient das Modell der Gleichwertigkeitsprüfung als Beispiel, wie aus juristischer Perspektive eine Antwort auf die Frage der verfassungsrechtlichen Zulässigkeit einer Maßnahme wie der allgemeinen Impfpflicht gefunden werden könnte, die im Ergebnis nur positiv oder negativ ausfallen kann. Die Entscheidungsfindung im Wege der Abwägung darf sich nicht in pauschalen Zuschreibungen wie „Impfung = gut“ bzw. „Krankheit = schlecht“ erschöpfen, sondern muss möglichst nachvollziehbar sein und die zur Verfügung stehenden Entscheidungskriterien umfassend berücksichtigen. Der Vorteil des Gleichwertigkeitsmodells liegt darin, dass es sich gleichförmig wiederholen und auf verschiedene ähnlich gelagerte Sachverhalte, nämlich verschiedene Infektionskrankheiten, anwenden lässt. Die beiden Wissenschaftsdisziplinen Medizin und Rechtswissenschaft weisen aber im Hinblick auf die Absolutheit ihrer Erkenntnisse und Ergebnisse eine unübersehbare Verschiedenartigkeit auf. Daher kann es sich bei einem Modell zur Subsumtion absoluter Werte (aus der Medizin) unter relative, d. h. subjektiven Wertungen zugängliche juristische Vorgaben nur um ein Beispiel für den Beurteilungsprozess tatsächlicher Fakten handeln, um die aus rechtlicher Perspektive „richtige“ Antwort zu finden.

1168 Siehe dazu bereits § 3 A. I. 3. „Aktivierungsschwelle der Schutzpflicht“.

1169 Vgl. als Beispiel für eine rein epidemiologische Betrachtung *Deutscher Ethikrat*, Stellungnahme: Impfen als Pflicht? (2019), S. 17–20.

a) Masern

Da es sich bei einer Impfpflicht gegen die Masern – nicht zuletzt aufgrund der geltenden Masernimpfpflicht für bestimmte Personengruppen – um eine vieldiskutierte Maßnahme handelt, erscheint die Anwendung des Gleichwertigkeitsmodells auf die Risiken der Masernerkrankung einerseits und der Masernimpfung andererseits als Beispiel prädestiniert. Der (anhaltende) Streit um die Notwendigkeit einer Impfpflicht gegen Masern wird nicht zuletzt aufgrund der Inzidenz der Masernerkrankung geführt, die mit 543 Fällen (im Jahr 2018) in der Bevölkerung offenbar als relativ gering empfunden wird, weshalb eine Impfpflicht unnötig sei.[1170] Allerdings gibt es durchaus Anhaltspunkte dafür, von einer Untererfassung der Masernfälle in Deutschland auszugehen.[1171]

Masern gehören zu den hochinfektiösen Viruserkrankungen.[1172] Nach einer Inkubationszeit von durchschnittlich 10–12 Tagen[1173] beginnt ein zwei- bis dreitägiges Prodromalstadium[1174] mit unspezifischen, grippeartigen Symptomen (Schnupfen, Husten, Halsschmerzen, Fieber, Konjunktivitis[1175], Appetitlosigkeit, allgemeines Krankheitsgefühl).[1176] Kurz vor Ende des Prodromalstadiums treten die pathognomonischen[1177] Koplik'schen Flecken[1178] an der Wangenschleimhaut auf.[1179] Sie bilden sich zurück, wenn etwa am 14. Tag nach

[1170] So etwa der erklärte Gegner einer Impfpflicht *Steffen Rabe*, Wider eine Impfpflicht in Deutschland – eine Streitschrift, in: Z Allg Med 2019, S. 215 (216).

[1171] *Bundesministerium für Gesundheit*, Nationaler Aktionsplan 2015–2020 zur Elimination von Masern und Röteln in Deutschland, S. 21; *Takla et al.*, Measles incidence and reporting trends in Germany, in: Bulletin of the WHO 2014, S. 742.

[1172] *Peters*, Masern- und Mumpsantikörperstatus (2003), S. 22; *Uçkay et al.*, Die Folgen einer ungenügenden Herdimmunität, in: Therapeutische Umschau 2005, S. 679 (680).

[1173] *Hengel*, Masernvirus, in: Darai et al. (Hrsg.), Lexikon der Infektionskrankheiten (2012), S. 521; *Uçkay et al.*, Die Folgen einer ungenügenden Herdimmunität, in: Therapeutische Umschau 2005, S. 679 (680).

[1174] Vorläuferstadium, *Pschyrembel*, Klinisches Wörterbuch (2020), Stichwort „Prodromalstadium", S. 1429.

[1175] Entzündung der Bindehaut mit vielfältigen Ursachen, *Pschyrembel*, Klinisches Wörterbuch (2020), Stichwort „Konjunktivitis", S. 938.

[1176] *Robert-Koch-Institut*, Ratgeber Masern, www.rki.de/DE/Content/Infekt/EpidBull/Merkblaetter/Ratgeber_Masern.html (Seite zuletzt aufgerufen am: 06.04.2021); *Jilg*, Der Impfkurs (2009), S. 125; *Forster/Heininger/Mankertz*, Masern, in: Deutsche Gesellschaft für pädiatrische Infektiologie e. V. (Hrsg.), DGPI-Handbuch (2013), S. 383; *Jilg/Heininger*, Masern, in: Spiess/Heininger/Jilg (Hrsg.), Impfkompendium (2015), S. 214 (215); *Mutz*, Masern, in: Kollaritsch/Wiedermann (Hrsg.), Leitfaden für Schutzimpfungen (2000), S. 118 (119); *Peters*, Masern- und Mumpsantikörperstatus (2003), S. 22.

[1177] Für eine Krankheit oder psychische Störung kennzeichnend, *Pschyrembel*, Klinisches Wörterbuch (2020), Stichwort „pathognomonisch", S. 1328.

[1178] Kleine weißliche Stippchen der Wangenschleimhaut mit leicht gerötetem Hof in Höhe der oberen und unteren Backenzähne im Prodromalstadium von Masern, die sich nach wenigen Tagen zurückbilden, *Pschyrembel*, Klinisches Wörterbuch (2020), Stichwort „Koplik-Flecken", S. 948; auch *Forster/Heininger/Mankertz*, Masern, in: Deutsche Gesellschaft für pädiatrische Infektiologie e. V. (Hrsg.), DGPI-Handbuch (2013), S. 383.

[1179] *Jilg/Heininger*, Masern, in: Spiess/Heininger/Jilg (Hrsg.), Impfkompendium (2015), dem Erregerkontakt das für Masern typische makulopapulöse Exanthem[1180] – bräunlich-rosafarbene konfluierende Hautflecken – hinter den Ohren auftritt und sich von dort aus rasch über Hals, Gesicht, Schultern und Rumpf auf alle Extremitäten ausbreitet.[1181] Dieses geht mit hohem Fieber (meist über 39 °C) einher.[1182] Am ganzen Körper können die Lymphknoten deutlich geschwollen sein.[1183] Etwa eine Woche nach Auftreten des Exanthems lässt das Fieber nach, und die Krankheit klingt ab, jedoch bleibt das Immunsystem im Anschluss noch für eine Dauer von mindestens sechs Wochen geschwächt und daher anfällig für sogenannte „bakterielle Superinfektionen".[1184] Diese treten bei noch bestehender viraler Primärinfektion (also Masern) und unvollständiger Immunantwort als Zweit- oder Koinfektion mit einem anderen Stamm des gleichen oder eines anderen Virus auf.[1185] Zudem ist die Krankheit in der Lage, akute oder subakute Enzephalitiden zu verursachen, die einen letalen Verlauf nehmen können.[1186]

aa) Aktivierung der Schutzpflicht?

Zunächst ist zu klären, bei welcher Immunitätsschwelle die krankheitsspezifische Herdenimmunität in Bezug auf Masern erreicht wird und ob die grundrechtliche Schutzpflicht vor diesem Hintergrund aktiviert ist.

(1) Streit um die erforderliche Herdenimmunitätsschwelle

Im Hinblick auf die Immunitätsquote, die für die Herstellung einer masernspezifischen Herdenimmunität erforderlich ist, herrscht teilweise Uneinigkeit. Für

---

S. 214 (215); *Forster/Heininger/Mankertz*, Masern, in: Deutsche Gesellschaft für pädiatrische Infektiologie e. V. (Hrsg.), DGPI-Handbuch (2013), S. 383; *Peters*, Masern- und Mumpsantikörperstatus (2003), S. 22; *Mutz*, Masern, in: Kollaritsch/Wiedermann (Hrsg.), Leitfaden für Schutzimpfungen (2000), S. 118 (119).

1180 Fleckig-knotiger Hautausschlag, *Pschyrembel* online, Stichwort „makulopapulöses Exanthem".

1181 *Robert-Koch-Institut*, Ratgeber Masern, www.rki.de/DE/Content/Infekt/EpidBull/Merkblaetter/Ratgeber_Masern.html (Seite zuletzt aufgerufen am: 06.04.2021); *Jilg*, Der Impfkurs (2009), S. 125; *Forster/Heininger/Mankertz*, Masern, in: Deutsche Gesellschaft für pädiatrische Infektiologie e. V. (Hrsg.), DGPI-Handbuch (2013), S. 383; *Jilg/Heininger*, Masern, in: Spiess/Heininger/Jilg (Hrsg.), Impfkompendium (2015), S. 214 (215); *Peters*, Masern- und Mumpsantikörperstatus (2003), S. 22.

1182 *Forster/Heininger/Mankertz*, Masern, in: Deutsche Gesellschaft für pädiatrische Infektiologie e. V. (Hrsg.), DGPI-Handbuch (2013), S. 383; *Heininger*, Risiken von Infektionskrankheiten und der Nutzen von Impfungen, in: BGesBl. 2004, S. 1129 (1132).

1183 *Forster/Heininger/Mankertz*, Masern, in: Deutsche Gesellschaft für pädiatrische Infektiologie e. V. (Hrsg.), DGPI-Handbuch (2013), S. 383.

1184 *Robert-Koch-Institut*, Ratgeber Masern, www.rki.de/DE/Content/Infekt/EpidBull/Merkblaetter/Ratgeber_Masern.html (Seite zuletzt aufgerufen am: 06.04.2021); *Forster/Heininger/Mankertz*, Masern, in: DGPI-Handbuch (2013), S. 383; *Hengel*, Masernvirus, in: Darai et al. (Hrsg.), Lexikon der Infektionskrankheiten (2012), S. 521.

1185 *Pschyrembel*, Klinisches Wörterbuch (2020), Stichwort „Superinfektion", S. 1717.

1186 *Robert-Koch-Institut*, Ratgeber Masern, www.rki.de/DE/Content/Infekt/EpidBull/Merkblaetter/Ratgeber_Masern.html (Seite zuletzt aufgerufen am: 06.04.2021).

die weltweite Ausrottung der Masern, die sich alle sechs Regionen der WHO[1187] bis 2020 vorgenommen hatten, hatte etwa die WHO das Ziel vorgegeben, eine stabile Durchimpfungsrate von 95 % für die zweifache Masernimpfung bzw. Immunität in allen Altersgruppen zu erreichen.[1188]

Diese Einschätzung einer erforderlichen Immunitätsrate von mindestens 95 %, die entweder durch einen krankheitsbedingten Immunitätserwerb oder durch die zweifache Masernimpfung hergestellt werden kann, ist zwar überwiegend anerkannt[1189], wird jedoch nicht durchweg geteilt. Insbesondere Kritiker einer Masernimpfpflicht nehmen Herdenimmunitätsschwellen an, die unter 95 % für beide Impfdosen liegen[1190] und deshalb nach den derzeitigen Impfquoten eher als erfüllt anzusehen wären. Teilweise wird auch die Erfor-

---

1187 Dazu gehören die Afrikanische Region (AFR), die Amerikanische Region (AMR), die Südostasiatische Region (SEAR), die Europäische Region (EUR), die Region Östlicher Mittelmeerraum (EMR) sowie die Westpazifikregion (WPR).

1188 *Robert-Koch-Institut*, Impfquoten der Masern-, HPV- und Influenza-Impfung in Deutschland, in: EpidBull Nr. 1/2016, S. 1 (3); *dass.*, Ratgeber Masern, www.rki.de/DE/Content/Infekt/EpidBull/Merkblaetter/Ratgeber_Masern.html (Seite zuletzt aufgerufen am: 06.04.2021); *dass.*, Infektionsepidemiologisches Jahrbuch 2018 (2019), S. 170; *Bundesministerium für Gesundheit*, Nationaler Aktionsplan 2015–2020 zur Elimination von Masern und Röteln in Deutschland, S. 13; *Wandeler et al.*, Infektionskrankheiten, in: Egger/Razum/Rieder (Hrsg.), Public Health Kompakt (2018), S. 437 (476); *World Health Organization*, Eliminating measles and rubella. Framework for the verification process in the WHO European Region, S. 3; *Jilg/Heininger*, Masern, in: Spiess/Heininger/Jilg (Hrsg.), Impfkompendium (2015), S. 214 (218); *Uçkay et al.*, Die Folgen einer ungenügenden Herdimmunität, in: Therapeutische Umschau 2005, S. 679 (681); *Weigl*, Die Sinnhaftigkeit von Schulbetretungsverboten, in: Präv Gesundheitsf 2019, S. 102 (103).

1189 *Bundesministerium für Gesundheit*, Nationaler Aktionsplan 2015–2020 zur Elimination von Masern und Röteln in Deutschland, S. 13; *Gay*, The Theory of Measles Elimination, in: The Journal of Infectious Diseases 2004, 189, S. S27 (S29); *Jilg/Heininger*, Masern, in: Spiess/Heininger/Jilg (Hrsg.), Impfkompendium (2015), S. 214 (218); *Kries et al.*, Prävention und Früherkennung von Krankheiten, in: Schlack/Kries/Thyen (Hrsg.), Sozialpädiatrie (2009), S. 76 (79); *Robert-Koch-Institut*, Impfquoten der Masern-, HPV- und Influenza-Impfung in Deutschland, in: EpidBull Nr. 1/2016, S. 1 (3); *dass.*, Ratgeber Masern, www.rki.de/DE/Content/Infekt/EpidBull/Merkblaetter/Ratgeber_Masern.html (Seite zuletzt aufgerufen am: 06.04.2021); *dass.*, Infektionsepidemiologisches Jahrbuch 2018 (2019), S. 170; *Wandeler et al.*, Infektionskrankheiten, in: Egger/Razum/Rieder (Hrsg.), Public Health Kompakt (2018), S. 437 (476); *World Health Organization*, Eliminating measles and rubella. Framework for the verification process in the WHO European Region, S. 3.

1190 So insbesondere *Kekulé*, Masern-Schutzimpfung in Deutschland, Gutachten v. 22.10.2019 zum Masernschutzgesetz für den Verein „Ärzte für individuelle Impfentscheidung e. V.", S. 4. Vgl. auch *Plans-Rubió*: Evaluation of the establishment of herd immunity, in: Human Vaccines and Immunotherapeutics 2012, S. 184 (185), der schon bei einer Impfabdeckung von 91–94 % von einer Herdenimmunität ausgeht. Ebenso gehen auch *Anderson/May*, Directly Transmitted Infectious Diseases, in: Science 1982, S. 1053 (1059) von nur 94 % aus. Unklar bei *Buxbaum/Doerr/Allwinn*, Untersuchungen zur Immunitätslage der impfpräventablen Kinderkrankheiten, in: DMW 2001, S. 1289, die eine Schwelle von 85 % annehmen, diese indes nur auf die Population der *Kinder* beziehen, so dass keine Aussage über die notwendige Immunitätsschwelle der Gesamtbevölkerung möglich ist; ferner *Wallinga et al.*, A Measles epidemic Threshold, in: PLoS Medicine 2005, S. 1152 (1153).

derlichkeit einer zweiten Impfdosis bestritten, so dass es nur auf eine einzige Impfgabe ankäme.[1191] Andererseits wird vereinzelt sogar von einer notwendigen Durchimpfungsquote bzw. Immunitätsquote von 96–99 % ausgegangen, um eine Herdenimmunität zu bewirken, die Ausbrüche von Masern in der Zukunft verhindern könnte.[1192] Die Angaben über die Höhe der erforderlichen Herdenimmunitätsschwelle schlagen somit – ausgehend von der Vorgabe der WHO – innerhalb der Meinungen in der Literatur in beide Richtungen aus. Zu bemerken ist somit zunächst, dass in Bezug auf die Masernerkrankung nicht nur wegen der Geltung der Masernimpfpflicht in besonderer Weise eine Verifizierung der Annahme über die Herdenimmunitätsschwelle vorzunehmen ist, um zukünftig eine Über- oder Unterschreitung dieser Schwelle justiziabel feststellen zu können.

Das Robert-Koch-Institut schließt sich jedoch der Zielvorgabe der WHO an und legt seinen Überlegungen ebenfalls zugrunde, dass erst ab 95 % Immunität in der Bevölkerung ein Herdenschutz gegeben ist.[1193] Die Annahme der Herdenimmunitätsschwelle von *mindestens* 95 % erklärt sich plausibel durch die recht hohe Basisreproduktionszahl von R_0 = 15–18.[1194]

Dadurch liegt es nahe, auch für die folgende Feststellung der Schutzpflichtaktivierung im Rahmen dieser Untersuchung von einer erforderlichen Immunitätsrate von 95 % auszugehen, so dass in grundrechtlicher Hinsicht erst ab dem Erreichen dieses Wertes nicht mehr von der Überschreitung der Gefahrenschwelle ausgegangen werden kann. Wenn die aktuelle Immunitätsquote unter dieser erforderlichen Quote liegt, besteht zumindest eine latente Ansteckungs- bzw. Infektionsgefahr für die schutzbedürftige Risikogruppe der Impfunfähigen. Die Schutzpflicht wäre dann aktiviert.

[1191] Wiederum *Kekulé*, Masern-Schutzimpfung in Deutschland, Auftragsgutachten v. 22.10.2019 zum Masernschutzgesetz für den Verein „Ärzte für individuelle Impfentscheidung e. V.", S. 5.

[1192] Vgl. *Majumder et al.*, Substandard Vaccination Compliance and the 2015 Measles Outbreak, in: JAMA Pediatrics 2015, S. 494.

[1193] *Robert-Koch-Institut*, Ratgeber Masern, www.rki.de/DE/Content/Infekt/EpidBull/Merkblaetter/Ratgeber_Masern.html (Seite zuletzt aufgerufen am: 06.04.2021); *Gay*, The Theory of Measles Elimination, in: The Journal of Infectious Diseases 2004, 189, S. S27 (S29). Vgl. ferner *Anderson/May*, Vaccination and herd immunity, in: Nature 1985, S. 323 (324); *Fine*, Herd Immunity, in: Epidemiologic Reviews Vol. 15 (1993) No. 2, S. 265 (285); *Kries et al.*, Prävention und Früherkennung von Krankheiten, in: Schlack/Kries/Thyen (Hrsg.), Sozialpädiatrie (2009), S. 76 (79); *Wichmann/Ultsch*, Effektivität, Populationseffekte und Gesundheitsökonomie der Impfungen gegen Masern und Röteln, in: BGesBl. 2013, S. 1260 (1263).

[1194] So die Pressestelle des Robert-Koch-Instituts in einer persönlichen E-Mail vom 14.08.2019 um 12:30 Uhr; *Kries et al.*, Prävention und Früherkennung von Krankheiten, in: Schlack/Kries/Thyen (Hrsg.), Sozialpädiatrie (2009), S. 76 (79) nehmen einen Wert von 15–17 an; ungenauer *Wandeler et al.*, Infektionskrankheiten, in: Egger/Razum/Rieder (Hrsg.), Public Health Kompakt (2018), S. 437 (441), die R_0 = 11–18 annehmen.

(2) Datenlage zu Impfquoten

Angesichts der Zugrundelegung einer erforderlichen Herdenimmunitätsschwelle von 95 % ist nun entscheidend, ob in der Bevölkerung tatsächlich bereits eine maserspezifische Immunität von mindestens 95 % besteht. Dazu werden zunächst die Daten aus den Schuleingangsuntersuchungen herangezogen, die – wie ausgeführt – die einzige umfassende, gesetzlich vorgeschriebene Erhebung über die Impfquoten einer Alterskohorte darstellen. Diese erfolgt zum Zeitpunkt des Schuleintritts der Kinder, in dem in jedem Fall bereits beide Impfdosen der Masernimpfung verabreicht worden sein müssten. Die derzeitige Durchimpfungsrate für Masern liegt zwar für die Schulanfänger im Jahr 2017 für die erste Impfung bei 97,1 %[1195], die Quote für die zweite Impfung jedoch, ab der erst von einer vollständigen Immunität ausgegangen werden kann[1196], liegt bei lediglich 92,8 %.[1197] Die zweifache Impfung ist erforderlich, um auch die etwa 5 % der Non-Responder (solche Personen, bei denen sich die gewünschte immunologische Reaktion der Antikörperbildung nach der ersten Impfung noch nicht eingestellt hat)[1198], zu erfassen.[1199] Die zweite Impfdosis ist ausdrücklich keine Booster-Impfung, sie dient also nicht erst der Auffrischung bereits bestehender Immunität, sondern schon überhaupt deren Herstellung.[1200]

Dieses Bild wird durch die Impfquoten aus früheren Schuleingangsuntersuchungen bestätigt: Während die Quoten für die erste Impfdosis seit 2007 über der geforderten Schwelle von 95 % liegen[1201], stagniert die Quote für die Zweitimpfung seit 2011 zwischen 92–93 %.[1202] Aus den bei den Schuleingangsunter-

[1195] *Robert-Koch-Institut*, Impfquoten bei der Schuleingangsuntersuchung in Deutschland 2017, in: EpidBull Nr. 18/2019, S. 149.

[1196] *Robert-Koch-Institut*, Schutzimpfung gegen Masern: Häufig gestellte Fragen und Antworten, www.rki.de/SharedDocs/FAQ/Impfen/MMR/FAQ_Uebersicht_MSG.html (Seite zuletzt aufgerufen am: 09.04.2021); anders aber *Rixen*, Verfassungsfragen der Masernimpfpflicht – Rechtsgutachten für „Ärzte für Individuelle Impfentscheidung e. V." (2019), S. 6, der davon ausgeht, eine vollständige Immunität könne bereits bei nach einmaliger Impfung erreicht werden.

[1197] *Robert-Koch-Institut*, Impfquoten bei der Schuleingangsuntersuchung in Deutschland 2017, in: EpidBull Nr. 18/2019, S. 149.

[1198] Siehe bereits § 2 A. I. 2. c) dd) „Non-Responder".

[1199] *Terhardt*, Zur Masern-Impfpflicht – ein Zwischenruf, in: Kinder- und Jugendarzt 2019, S. 370 (376); *Kries et al.*, Prävention und Früherkennung von Krankheiten, in: Schlack/Kries/Thyen (Hrsg.), Sozialpädiatrie (2009), S. 76 (79).

[1200] *Robert-Koch-Institut*, Infektionsepidemiologisches Jahrbuch 2018 (2019), S. 173.

[1201] *Robert-Koch-Institut*, Impfquoten bei der Schuleingangsuntersuchung in Deutschland 2005, in: EpidBull Nr. 48/2006, S. 431; *dass.*, Impfquoten bei der Schuleingangsuntersuchung in Deutschland 2007, in: EpidBull Nr. 16/2009, S. 145.

[1202] *Robert-Koch-Institut*, Impfquoten bei der Schuleingangsuntersuchung in Deutschland 2011, in: EpidBull Nr. 16/2013, S. 130; *dass.*, Impfquoten bei der Schuleingangsuntersuchung in Deutschland 2012, in: EpidBull Nr. 16/2014, S. 139; *dass.*, Impfquoten bei der Schuleingangsuntersuchung in Deutschland 2013, in: EpidBull Nr. 16/2015, S. 132; *dass.*, Impfquoten bei der Schuleingangsuntersuchung in Deutschland 2014, in: EpidBull Nr. 16/2016, S. 131; *dass.*, Impfquoten bei der Schuleingangsuntersuchung in Deutschland 2015, in: EpidBull Nr. 16/2017, suchungen erhobenen Impfquoten lässt sich auch ablesen, dass die Impfquote für die zweite Masernimpfung seit dem Beginn der Erhebung der Impfquoten im Rahmen der Schuleingangsuntersuchungen 2005 stets unter 95 % lag und damit dauerhaft zu gering ist. Bei den seitdem erfassten Alterskohorten ist also – vorbehaltlich der Auswertung weiterer Datenquellen – von bestehenden Impflücken auszugehen.

Die Ergebnisse der KiGGS-Studie bestätigen die Erkenntnisse der Impfstatuserhebung aus den Schuleingangsuntersuchungen: Demnach haben zwar in allen Altersgruppen (in der Stichprobenkohorte der 3–17-Jährigen) über 96 % der Kinder mindestens eine Impfdosis gegen Masern erhalten.[1203] Für die zweite Impfdosis wurde hingegen in keiner der Altersgruppen die erforderliche Durchimpfungsquote von 95 % erreicht.[1204] Die Quote für die zweite Impfdosis unter den Kindern, die im Erhebungszeitraum von 2014–2017 drei bis sechs Jahre alt waren, war mit nur 91,9 % unter allen Teilalterskohorten am niedrigsten.[1205] Das weist auf eine in jüngerer Zeit eher negative Tendenz in der Entwicklung der Impfquoten denn auf eine positive Akzeptanz der zweiten Masernimpfung hin.

Dieses Ergebnis wird tendenziell auch durch die Daten der KV-Impfsurveillance gestützt[1206], obgleich diese Erhebung aufgrund ihrer Limitationen nicht vollständig tauglich ist[1207], da beispielsweise für die Impfquoten von Masern bisher (bis Ende des Jahres 2019) nur Daten für den Zeitraum bis Dezember 2015 zur Verfügung stehen.[1208] Nach dieser Erhebung konnten für die Geburtsjahrgänge 2004–2009 für die erste Impfdosis zwar durchgängig Quoten über 95 % erreicht werden.[1209] Die Quote für die zweite Impfdosis fiel in der gleichen Kohorte mit nur 70–80 % deutlich geringer aus.[1210] In der Zusammenschau mit

S. 139; *dass.*, Impfquoten bei der Schuleingangsuntersuchung in Deutschland 2016, in: EpidBull Nr. 16/2018, S. 153; *dass.*, Impfquoten bei der Schuleingangsuntersuchung in Deutschland 2017, in: EpidBull Nr. 18/2019, S. 149.

1203 *Poethko-Müller et al.*, Durchimpfung von Kindern und Jugendlichen in Deutschland, in: BGesBl. 2019, S. 410 (413).

1204 *Poethko-Müller et al.*, Durchimpfung von Kindern und Jugendlichen in Deutschland, in: BGesBl. 2019, S. 410 (413).

1205 Die sich aus der KiGGS-Studie ergebenden Quoten für die zweite Masernimpfung lag bei den 7–10-Jährigen dagegen bei 94,9 %, bei den 11–13-Jährigen bei 94,7 % und bei den 14–17-Jährigen bei 93,2 %, *Poethko-Müller et al.*, Durchimpfung von Kindern und Jugendlichen in Deutschland, in: BGesBl. 2019, S. 410 (416).

1206 *Rieck et al.*, Umsetzung der Masern- und Pertussisimpfempfehlungen für Erwachsene, in: BGesBl. 2019, S. 422 (426).

1207 Siehe zu den Limitationen der KV-Impfsurveillance bereits § 3 B. II. 2. a) bb) (1) „Impfquoten in Bezug auf Kinder“ sowie § 3 B. II. 2. a) bb) (2) „Impfquoten in Bezug auf Erwachsene“.

1208 *Siedler/Rieck*, Varizellenimpfempfehlungen der Ständigen Impfkommission werden befolgt, in: Monatsschrift Kinderheilkunde 2019, S. 900.

1209 *Rieck et al.*, Vaccination coverage among children in Germany estimated by analysis of health insurance claims data, in: Human Vaccines & Immunotherapeutics 2014, S. 476 (477).

1210 In einem Lebensalter von 24 Monaten, in dem nach Empfehlung der STIKO die den Ergebnissen der Schuleingangsuntersuchungen weisen die Erhebungen der KV-Impfsurveillance darauf hin, dass die Quote für die zweite Impfdosis die kritische Schwelle von 95 % zu keinem Zeitpunkt erreicht. Auch aktuellere Daten der KV-Impfsurveillance, die die Quoten für die zweite Masernimpfung in den Geburtsjahrgängen 2008–2013 evaluiert haben, betonen diese Stagnation.[1211] In einem Lebensalter von 48 Monaten können nicht einmal 90 % der Kinder (aktuellste Erhebung des Geburtsjahrgangs 2011) eine vollständige Grundimmunisierung gegen Masern aufweisen.[1212] Diese Tendenz zeigt sich auch bei jüngeren Geburtskohorten.[1213] Diesen Trend bestätigt zudem der Barmer Arzneimittelreport, der für die Kohorte des Geburtsjahrgangs 2015 für nur 80,5 % der bei der Barmer versicherten Kinder eine vollständige Grundimmunisierung gegen Masern feststellt.[1214]

Diese Lage wird auch durch die WHO bestätigt, die in Bezug auf die Erstimpfung gegen Masern zwar Quoten konstatiert, die seit dem Jahr 2008 durchgängig über 95 % liegen.[1215] Die Quoten für die zweite Impfung liegen jedoch stets bei maximal 92 %.[1216] Zudem lassen die Quoten Immunitätslücken unter jungen Erwachsenen vermuten[1217], die sich dann etwa darin zeigen, dass allein

---

Grundimmunisierung abgeschlossen sein sollte, waren kaum 70 % der Kinder vollständig gegen Masern geimpft, in einem Lebensalter von 36 Monaten nur annähernd 80 %, *Rieck et al.*, Vaccination coverage among children in Germany estimated by analysis of health insurance claims data, in: Human Vaccines & Immunotherapeutics 2014, S. 476 (477).

1211 Demnach steigerte sich die Anzahl der Kinder, die im Alter von 24 Monaten bereits vollständig gegen Masern geimpft waren, nur von 67,5 % (Geburtsjahrgang 2008) auf 73,7 % (Geburtsjahrgang 2013), *Siedler/Rieck*, Varizellenimpfempfehlungen der Ständigen Impfkommission werden befolgt, in: Monatsschrift Kinderheilkunde 2019, S. 900 (901).

1212 *Siedler/Rieck*, Varizellenimpfempfehlungen der Ständigen Impfkommission werden befolgt, in: Monatsschrift Kinderheilkunde 2019, S. 900 (901).

1213 Für den Geburtsjahrgang 2014 sind im Alter von 24 Monaten, wenn also die Grundimmunisierung abgeschlossen sein soll, sind nur 24,9 % der Kinder in Sachsen (wegen abweichender Empfehlungen der Sächsischen Impfkommission SIKO der bundesweit geringste Wert) und nur 80,5 % der Kinder in Hamburg (bundesweit höchster Wert) vollständig gegen Masern immunisiert, *Robert-Koch-Institut*, Aktuelles aus der KV-Impfsurveillance – Impfquoten ausgewählter Schutzimpfungen in Deutschland, in: EpidBull Nr. 1/2018, S. 1 (3); sowie *dass.*, VacMap – Measles Vaccination Coverage in Germany, www.vacmap.de/ (Seite zuletzt aufgerufen am: 06.04.2021).

1214 *Grandt/Lappe/Schubert*, Impfungen bei Kindern und Jugendlichen, in: Barmer Ersatzkasse (Hrsg.), Arzneimittelreport 2019, S. 102 (147).

1215 *World Health Organization*, Data and statistics, Immunization Monitoring and Surveillance.

1216 Wobei auch diese Entwicklung noch jung ist: Noch zu Beginn des Jahrtausends lagen die Quoten für die zweite Impfdosis bei unter 50 %, *World Health Organization*, Data and statistics, Immunization Monitoring and Surveillance.

1217 Die Quote für die Erstimpfung verzeichnete seit 1980 zwar eine kontinuierliche Steigerung (allein von 1980 auf 1981 eine Steigerung von 25 % auf 50 %), bis einschließlich 1994 lagen aber allein schon die Quoten für die erste Masernimpfung stets teilweise deutlich unter 90 %, so etwa allein zwischen 1985 und 1992 nur zwischen 50–75 %, *World Health Organization*, Data and statistics, Immunization Monitoring and Surveillance; auch *Forster/Heinin-*

im Jahr 2017 fast die Hälfte (47 %) der 929 gemeldeten Masernfälle Personen betraf, die über 20 Jahre alt waren.[1218]

Über die Durchimpfungsquoten für Erwachsene lassen sich keine gesicherten Erkenntnisse gewinnen, es wird aber angenommen, dass diese noch deutlich geringer ausfallen als bei Kindern.[1219] Diese Vermutung bestätigt die „DEGS"-Studie, die eine Impfquote gegen Masern unter Erwachsenen von lediglich 38,1 % bestimmt, wobei die Quoten unter den Alterskohorten stark schwanken (von lediglich 3,8 % unter den 60–64-Jährigen bis zu 79,8 % in der Altersgruppe der 18- bis 29-Jährigen).[1220] Dieses Bild ist erklärbar durch die Einführung der Masern-Impfempfehlung (erst) im Jahr 1973, so dass die Alterskohorte der 60–64-Jährigen frühestens im Erwachsenenalter zum ersten Mal gegen Masern geimpft worden sein könnte.[1221] Auch die Impfinzidenz der empfohlenen Auffrischungsimpfung gegen Masern unter den nach 1970 geborenen Über-18-Jährigen kann wenig Aussagekraft im Hinblick auf eine etwaige Herdenimmunität entfalten, da nicht klar ist, wie viele Personen der genannten Population bislang noch überhaupt keine Immunität (weder durch Impfung noch durch Krankheit) entwickelt haben.

Allein aus der Zusammenschau der Daten zu den erforderlichen *Impf*quoten wird jedoch – und zwar unabhängig davon, welche Alterskohorte und welche Erhebungsmethode in den Blick genommen wird – deutlich, dass die Durchimpfungsquoten mindestens für die notwendige zweite Impfdosis momentan nicht ausreichen.

(3) Datenlage zu Fallzahlen und Seroprävalenzen

Bei der Betrachtung der geringen Impfquoten unter den älteren Erwachsenen wird auch deutlich, dass es für die Beurteilung des Bestehens einer Herdenimmunität nicht nur auf die Impfquoten, sondern zusätzlich auf Fallzahlen und Seroprävalenzerhebungen der Masernerkrankung ankommt. Diese können Auskunft darüber geben, wie viele Personen auf natürlichem Wege durch das Durchleben der Erkrankung eine Immunität ausgebildet haben und daher denklogisch nicht mehr geimpft werden mussten. Das Bestehen von bis hier-

---

ger/Mankertz, Masern, in: Deutsche Gesellschaft für pädiatrische Infektiologie e.V. (Hrsg.), DGPI-Handbuch (2013), S. 383 (384).

[1218] *Robert-Koch-Institut*, Infektionsepidemiologisches Jahrbuch 2018 (2019), S. 172.

[1219] *Deutscher Ethikrat*, Stellungnahme: Impfen als Pflicht? (2019), S. 27.

[1220] *Poethko-Müller/Schmitz*, Impfstatus von Erwachsenen in Deutschland, in: BGesBl. 2013, S. 845 (849); zur Kritik an der Tauglichkeit der DEGS-Studie für die vorliegende Arbeit siehe aber § 3 B. II. 2. a) bb) (2) „Impfquoten in Bezug auf Erwachsene".

[1221] Diese Vermutung wird durch Schätzungen bestätigt, die ausgehend von der Anzahl der (seit 1962 in der Bundesrepublik meldepflichtigen) Masern-Todesfälle und im Abgleich der Erkrankungszahlen in der DDR, wo seit 1970 eine Impfpflicht gegen Masern bestand, im Jahr 1989 eine durchschnittliche Durchimpfungsrate (bezogen auf eine Impfgabe) in der Bevölkerung von 50 % annehmen, *Pöhn/Rasch*, Statistik meldepflichtiger übertragbarer Krankheiten, S. 19.

hin nur vermuteten Immunitätslücken könnte demnach bei einem Blick auf die Seroprävalenzen der Masernerkrankung bestätigt werden, wenn die bei der Durchimpfung ausgemachten Lücken nicht durch die Immunitätsentwicklung im Krankheitswege kompensiert werden.

Wenngleich die Meldepflicht für alle Masernfälle zwar erst im Jahr 2001 durch das Infektionsschutzgesetz eingeführt wurde[1222], wird teilweise vermutet, dass aufgrund des hohen Kontagions- und Manifestationsindexes des Masernvirus nahezu alle Nicht-Immunen erkrankt sein müssten.[1223] Diese Vermutung der vollständigen Durchseuchung einer Population, wie sie aufgrund des ähnlichen Kontagionsindexes von 0,95[1224] etwa auch für Varizellen angenommen wird[1225], liegt allerdings bei der Betrachtung der Seroprävalenzen insbesondere junger Erwachsener eher fern: Vielmehr kann vermutet werden, dass bei der Erkrankung mit dem Masernvirus – anders als etwa bei der Erkrankung an *Varizella zoster* – nicht von einer nahezu vollständigen Durchseuchung der Bevölkerung ausgegangen werden kann: Das liegt daran, dass die Impfempfehlung für Masern bereits 1973 ausgegeben wurde, die Empfehlung für *Varizella zoster* hingegen erst 2004. Die Impfung gegen Masern in der „Impf-Ära" ab 1973 dürfte auch unterhalb der Herdenimmunitätsschwelle bereits zu vereinzelten, regional begrenzten Infektionsbarriere-Effekten geführt und die Infektion Ungeimpfter verhindert haben. Die Annahme einer vollständigen Durchseuchung kann sich allenfalls auf die „Vorimpf-Ära" beziehen, die allerdings schon knapp fünf Jahrzehnte zurückliegt.[1226]

Das Bild einer nur unvollständigen Immunität gegen Masern unter den (jüngeren) Erwachsenen wird etwa durch die innerhalb der (gesamten) KiGGS-Studie erhobenen Elternangaben über durchlebte Masernerkrankungen ihrer Kinder belegt: Von denjenigen Kindern, die im Erhebungszeitraum von 2014–2017 zwischen null und 17 Jahre alt waren, sind nur 2,1 % jemals an Masern erkrankt.[1227] In der Zusammenschau mit den Prävalenzen im Zeitraum der

---

1222 *Robert-Koch-Institut*, Ratgeber Masern, www.rki.de/DE/Content/Infekt/EpidBull/Merkblaetter/Ratgeber_Masern.html (Seite zuletzt aufgerufen am: 06.04.2021); *Forster/Heininger/Mankertz*, Masern, in: Deutsche Gesellschaft für pädiatrische Infektiologie e. V. (Hrsg.), DGPI-Handbuch (2013), S. 383 (386). Die Meldepflicht nur für masernbedingte Todesfälle wurde hingegen bereits 1962 eingeführt, *Pöhn/Rasch*, Statistik meldepflichtiger übertragbarer Krankheiten, S. 19.

1223 *Bundesministerium für Gesundheit*, Nationaler Aktionsplan 2015–2020 zur Elimination von Masern und Röteln in Deutschland, S. 12; *Pöhn/Rasch*, Statistik meldepflichtiger übertragbarer Krankheiten, S. 18.

1224 *Pschyrembel*, Klinisches Wörterbuch (2020), Stichwort „Kontagionsindex", S. 940.

1225 Siehe dazu im Folgen § 3 B. II. 3. e) aa) (1) „Erstmanifestation ‚Windpocken'".

1226 Vgl. *Jilg/Heininger*, Masern, in: Spiess/Heininger/Jilg (Hrsg.), Impfkompendium (2015), S. 214 sowie *Meyer/Mentzer/Keller-Stanislawski*, Sicherheit von Masernimpfstoffen, in: Bulletin zur Arzneimittelsicherheit Nr. 3/2013, S. 12.

1227 *Poethko-Müller et al.*, Fieberkrämpfe, Epilepsie, Migräne, Diabetes und Herzerkrankungen sowie Masern, Windpocken und Keuchhusten bei Kindern und Jugendlichen in Deutschland, in: BGesBl. 2019, S. 1162 (1167).

KiGGS-Basiserhebung (von 2003–2006)[1228] ist von größeren Immunitätslücken unter den Personen auszugehen, die heute junge Erwachsene sind.[1229] Denn nur wenn die Anteile der in einer Kohorte vollständig gegen Masern Geimpften und der Erkrankten zusammen mindestens 95 % der Gesamtkohorte abbildeten, wäre von einer lückenlosen Immunität auszugehen. Es sind zwar bereits einige Maßnahmen und Kampagnen ergriffen worden, um diese Lücken zu schließen, dabei konstatiert aber auch das Robert-Koch-Institut im Rahmen der KV-Impfsurveillance eine nur zögerliche Annahme der seit 2010 empfohlenen Masern-Auffrischungsimpfung für alle nach 1970 geborenen Über-18-Jährigen mit unklarem oder unzureichenden Impfstatus.[1230] Entwickelte sich die Akzeptanz dieser empfohlenen Auffrischungsimpfung weiter wie bisher, dauerte es nach Einschätzung des Robert-Koch-Instituts mindestens 15 Jahre, bis die gesamte Empfehlungskohorte erfasst wäre.[1231]

Die Annahme einer zu geringen Seroprävalenz wird durch einen Blick auf die – soweit verfügbaren – Schätzungen zu den Seroprävalenzen unter Erwachsenen bestätigt: Wie bereits festgestellt, ist angesichts der erst im Jahr 2001 eingeführten Meldepflicht für Masern erst ab diesem Zeitpunkt eine wirklich umfassende und belastbare Datenlage zur Häufigkeit der Masernerkrankung und dementsprechend zur Immunitätsentwicklung durch Krankheit vorhanden. Seit der Einführung der Meldepflicht konnten bis einschließlich 2018 insgesamt 25.754 Masernfälle erhoben werden.[1232] Seit 2001 haben also nur 25.754 un-

[1228] Im Zeitraum von 2003–2006 waren die Prävalenzen für die Alterskohorte der (damals) 0–17-Jährigen zwar höher als heute, betrugen aber dennoch lediglich 7,6 %, während die für die zweite Masernimpfung erhobene Quote für die Geburtsjahrgänge 1987–2002 aber dauerhaft um etwa 70 % (und damit deutlich unter der erforderlichen Schwelle) stagniert, *Poethko-Müller/Kuhnert/Schlaud*, Durchimpfung und Determinanten des Impfstatus, in: BGesBl. 2007, S. 851 (857); *Poethko-Müller/Mankertz*, Durchimpfung und Prävalenz von IgG-Antikörpern gegen Masern bei Kindern und Jugendlichen in Deutschland, in: BGesBl. 2013, S. 1243 (1244); *Poethko-Müller et al.*, Fieberkrämpfe, Epilepsie, Migräne, Diabetes und Herzerkrankungen sowie Masern, Windpocken und Keuchhusten bei Kindern und Jugendlichen in Deutschland, in: BGesBl. 2019, S. 1162 (1167).

[1229] *Poethko-Müller et al.*, Fieberkrämpfe, Epilepsie, Migräne, Diabetes und Herzerkrankungen sowie Masern, Windpocken und Keuchhusten bei Kindern und Jugendlichen in Deutschland, in: BGesBl. 2019, S. 1162 (1171); *Poethko-Müller/Mankertz*, Durchimpfung und Prävalenz von IgG-Antikörpern gegen Masern bei Kindern und Jugendlichen in Deutschland, in: BGesBl. 2013, S. 1243 (1250).

[1230] *Robert-Koch-Institut*, Impfquoten bei Erwachsenen in Deutschland, in: EpidBull Nr. 44/2019, S. 457 (464).

[1231] *Robert-Koch-Institut*, Impfquoten bei Erwachsenen in Deutschland, in: EpidBull Nr. 44/2019, S. 457 (464). Diese Prognose gilt indes nur, wenn sich unter den Personen, die die Empfehlung zur Auffrischungsimpfung wahrnehmen, auch tatsächlich ausschließlich solche befänden, die noch nicht vollständig immun sind, ansonsten verlängerte sich der für die Erfassung notwendige Zeitraum.

[1232] Summe ermittelt aus *Bundesrepublik Deutschland*, Das Informationssystem der Gesundheitsberichterstattung des Bundes, www.gbe-bund.de (Seite zuletzt aufgerufen am: 16.03.2021). Aufgrund der lebenslangen Immunität nach Überstehen der Krankheit ist ausgeimpfte Personen statt durch Impfung die Immunität gegen Masern auf natürlichem Wege entwickelt. Diese im Vergleich zur Gesamtpopulation relativ geringe Zahl dürfte nicht ausreichen, um die zum Teil jahrzehntelange Stagnation der (Zweit-)Impfquote bei 70 % zu kompensieren.

Darüber hinaus existieren zwei einzelne Seroprävalenzstudien aus den Jahren 2001[1233] sowie 2008–2011 (DEGS-Studie), die auch die Masernimmunität vor der Einführung der Meldepflicht beleuchten könnten. Die Studie aus dem Jahr 2001 kommt für die Kohorte der zum Erhebungszeitpunkt über 50-Jährigen zwar auf eine Seroprävalenz von nahezu 100 % (aus Wildvirusinfektion oder Impfung), weist jedoch aufgrund ihrer Methodik auf eine nur begrenzte Repräsentativität hin.[1234] Zwar ist aus den bereits genannten Gründen auch die Repräsentativität der DEGS-Studie mit Zurückhaltung zu bewerten[1235], auch die in diesem Rahmen durchgeführte Seroprävalenzstudie mit 7.115 Teilnehmern stellt aber eine ansteigende Seronegativität (also fehlende Immunität) ab dem Geburtsjahrgang 1965 fest.[1236] Bei den älteren Geburtsjahrgängen (ab 1928) konnten dagegen durchweg Seropositivitätsquoten von über 98 % festgestellt werden.[1237]

(4) Ergebnis zur Schutzpflichtaktivierung

Aus der Zusammenschau aller vorhandenen Daten sowohl zu Impfquoten als auch zu Seroprävalenzraten lässt sich insgesamt schließen, dass die für die Herstellung der Herdenimmunität erforderliche Immunitätsquote in Bezug auf Masern derzeit *tendenziell* verfehlt wird.[1238] Die derzeitige Immunitätsquote reicht in epidemiologischer Hinsicht also nicht aus, um impfunfähige Personen zuverlässig vor einer Infektion mit dem Masernvirus zu schützen. Für diese Risiko-

geschlossen, dass Personen zweimal an Masern erkranken und daher mehrfach in den Fallzahlen berücksichtigt werden.

[1233] *Buxbaum/Doerr/Allwinn*, Untersuchungen zur Immunitätslage der impfpräventablen Kinderkrankheiten, in: DMW 2001, S. 1289–1293.

[1234] Die Antikörper-Untersuchung gegen Masern umfasste insgesamt nur die Seren von 915 Personen, die allesamt in der Uniklinik Frankfurt/Main oder in Praxen im Rhein-Main-Gebiet betreut werden, wodurch auf eine von vornherein relativ engmaschige medizinische Betreuung der Probanden zu schließen ist, wovon die Gruppe der Über-50-Jährigen (also der vor 1950 Geborenen) wiederum nur einen Bruchteil ausgemacht haben dürfte, *Buxbaum/Doerr/Allwinn*, Untersuchungen zur Immunitätslage der impfpräventablen Kinderkrankheiten, in: DMW 2001, S. 1289 (1290).

[1235] Siehe bereits § 3 B. II. 2. a) bb) (2) „Impfquoten in Bezug auf Erwachsene".

[1236] *Poethko-Müller et al.*, Seroprävalenz von IgG-Antikörpern gegen Masern bei Erwachsenen in Deutschland, www.rki.de/DE/Content/InfAZ/M/Masern/Seropraevalenz_DEGS1.pdf?__blob=publicationFile (Seite zuletzt aufgerufen am: 01.04.2021), Folie 9.

[1237] *Poethko-Müller et al.*, Seroprävalenz von IgG-Antikörpern gegen Masern bei Erwachsenen in Deutschland, www.rki.de/DE/Content/InfAZ/M/Masern/Seropraevalenz_DEGS1.pdf?__blob=publicationFile (Seite zuletzt aufgerufen am: 01.04.2021), Folie 8.

[1238] Zu diesem Ergebnis gelangen auch *Poethko-Müller et al.*, Fieberkrämpfe, Epilepsie, Migräne, Diabetes und Herzerkrankungen sowie Masern, Windpocken und Keuchhusten bei Kindern und Jugendlichen in Deutschland, in: BGesBl. 2019, S. 1162 (1171).

gruppe besteht daher eine latente Infektionsgefahr. Daraus folgt in rechtlicher Hinsicht, dass die Schutzpflicht für das Grundrecht auf Leben und körperliche Unversehrtheit dieser Risikogruppe als aktiviert zu betrachten ist.[1239]

bb) Gleichwertigkeitsprüfung

Da die staatliche Schutzpflicht für das Grundrecht der schutzbedürftigen Risikogruppe aktiviert ist, kann sie in die Abwägung mit der abwehrrechtlichen Dimension des Grundrechts auf Leben und körperliche Unversehrtheit der potenziellen Adressaten einer Impfpflicht treten. Die Abwägung, die hier für eine Prognoseentscheidung erfolgen muss, weshalb das Kriterium der „Gefahrennähe" beider Grundrechtsdimensionen von ausschlaggebender Bedeutung ist, erfolgt im Folgenden anhand der „Gleichwertigkeitsprüfung".

(1) Erste Stufe

Auf der ersten Stufe werden diejenigen Schadensereignisse miteinander in Beziehung gesetzt, die für beide Grundrechtsdimensionen zu erwarten sind.

Wie bereits erläutert, ist die Eintrittswahrscheinlichkeit des Schadensereignisses auf Seiten der Schutzpflichtdimension (durch Krankheit) nicht nur abhängig von der isoliert für das jeweilige Schadensereignis ermittelten Wahrscheinlichkeit. Die Eintrittswahrscheinlichkeit wird im Vorfeld bereits von den medizinischen Faktoren der Ansteckungsfähigkeit, nämlich des Kontagions- und des Manifestationsindex bestimmt.[1240] In Bezug auf das Masernvirus liegt hier eine Besonderheit vor, die sich auch auf die Bewertung der Eintrittswahrscheinlichkeiten der Schadensereignisse für die Schutzpflichtdimension auswirkt: Sowohl der Kontagions- als auch der Manifestationsindex liegt bei Masern bei 95–100 %.[1241] Das bedeutet, dass alle Exponierten sich mit dem Erreger infizieren und sich die Krankheit in all diesen Fällen auch manifestiert, d. h. in klinisch apparenter Weise ausbricht.

Das bedeutet für die Ermittlung der Eintrittswahrscheinlichkeit der jeweiligen Schadensereignisse innerhalb der Gleichwertigkeitsprüfung, dass die in medizinischer Hinsicht bestehenden Wahrscheinlichkeiten sich nicht nur auf die Kohorte der bereits Erkrankten beziehen. Sie sind auch auf die Gesamtpopulation übertragbar, da aufgrund der nahezu einhundertprozentigen Kon-

---

[1239] Vgl. dazu bereits § 3 B. I. 3. c) aa) (3) „Infektionskrankheiten als schutzpflichtaktivierendes Risiko".

[1240] Siehe bereits § 3 B. II. 2. b) aa) „Medizinische Kriterien auf der ersten Stufe".

[1241] *Robert-Koch-Institut*, Ratgeber Masern, www.rki.de/DE/Content/Infekt/EpidBull/Merkblaetter/Ratgeber_Masern.html (Seite zuletzt aufgerufen am: 06.04.2021); *Forster/Heininger/Mankertz*, Masern, in: Deutsche Gesellschaft für pädiatrische Infektiologie e. V. (Hrsg.), DGPI-Handbuch (2013), S. 383 (384); *Hengel*, Masernvirus, in: Darai et al. (Hrsg.), Lexikon der Infektionskrankheiten (2012), S. 521 (523); *Jilg/Heininger*, Masern, in: Spiess/Heininger/Jilg (Hrsg.), Impfkompendium (2015), S. 214; *Mutz*, Masern, in: Kollaritsch/Wiedermann (Hrsg.), Leitfaden für Schutzimpfungen (2000), S. 118; *Peters*, Masern- und Mumpsantikörperstatus (2003), S. 22.

tagions- und Manifestationsindizes von Masern potenziell alle Mitglieder einer Population erkranken und Schäden davontragen können.[1242]

Da der Erreger durch Tröpfcheninfektion (sog. „fliegende" Infektion[1243]) übertragen wird, kann er beispielsweise durch Luftzug auch über größere Entfernungen (max. 5m) weitergegeben werden.[1244] Deshalb sind nicht nur Personen im unmittelbaren Umfeld des Infizierten ansteckungsgefährdet, sondern auch Personen im öffentlichen Raum (Personennahverkehr, Arbeitsplatz etc.). Dieses erregerspezifische Charakteristikum ist bei der Beurteilung der Eintrittswahrscheinlichkeit der Schadensereignisse auf Seiten der Schutzpflichtdimension sowohl im ersten als auch im zweiten Teilbereich ebenfalls stets zu bedenken.

Wenn man davon ausgeht, dass in dem Umkreis einer erkrankten ansteckenden Person, innerhalb dessen die „fliegende" Infektion erfolgen kann, keine Immunität durch Impfung oder vorherige Erkrankung besteht, wird der Erreger aufgrund seiner Basisreproduktionszahl R_0 an 15–18 weitere Personen weitergegeben.[1245] Das führt in der zweiten und dritten Infektionsgeneration zu mindestens 225 ($1 \times 15 \times 15$) bzw. mindestens 3.375 ($1 \times 15 \times 15 \times 15$) Erkrankten. Auch verglichen mit anderen Infektionskrankheiten mit ähnlich hoher Basisreproduktionszahl (so etwa Mumps, deren Basisreproduktionszahl zwar R_0 = 10–12[1246], deren Kontagionsindex indes nur 0,4 beträgt[1247]) liegt hier also eine hoch ansteckende Krankheit vor.[1248]

1242 Als Gegenbeispiel dazu müssten etwa bei Mumps die jeweiligen Schadenseintrittswahrscheinlichkeiten vorher dadurch relativiert werden, dass aufgrund des Kontagionsindex von Mumps nur bei 40 % der Exponierten überhaupt eine Infektion eintritt, die sich wiederum nur in etwa 70 % der Fälle manifestiert. Denn etwa 30–40 % der Fälle verlaufen subklinisch, d. h. inapparent, woraus sich ein maximaler Manifestationsindex von 70 % ableiten lässt, vgl. *Robert-Koch-Institut*, Ratgeber Mumps, www.rki.de/DE/Content/Infekt/EpidBull/Merkblaetter/Ratgeber_Mumps.html#doc13018560bodyText13 (Seite zuletzt aufgerufen am: 06.04.2021); *Forster/Heininger/Mankertz*, Mumps, in: Deutsche Gesellschaft für pädiatrische Infektiologie e. V. (Hrsg.), DGPI-Handbuch (2013), S. 407. Diese Relativierung ist bei Masern nicht notwendig. Die Eintrittswahrscheinlichkeiten können ohne weiteres auf die Gesamtpopulation übertragen werden.

1243 *Mutz*, Masern, in: Kollaritsch/Wiedermann (Hrsg.), Leitfaden für Schutzimpfungen (2000), S. 118 (119).

1244 *Forster/Heininger/Mankertz*, Masern, in: Deutsche Gesellschaft für pädiatrische Infektiologie e. V. (Hrsg.), DGPI-Handbuch (2013), S. 383 (384).

1245 *Ehlkes/May*, Seuchen – gestern, heute, morgen, in: APuZ 20–21/2015, S. 2 (5); *Grandt/Lappe/Schubert*, Impfungen bei Kindern und Jugendlichen, in: Barmer Ersatzkasse (Hrsg.), Arzneimittelreport 2019, S. 102 (143); *Weigl*, Die Sinnhaftigkeit von Schulbetretungsverboten, in: Präv Gesundheitsf 2019, S. 102.

1246 *Robert-Koch-Institut*, Änderung der Empfehlung zur Impfung gegen Mumps, in: EpidBull Nr. 31/2012, S. 314 (315).

1247 *Pschyrembel*, Klinisches Wörterbuch (2020), Stichwort „Kontagionsindex", S. 940.

1248 Zum Vergleich: Die Basisreproduktionszahl des Ebola-Virus, dessen Verbreitung auch als Epidemie bewertet wird, liegt bei lediglich 1,7 – 2, vgl. *WHO Ebola Response Team*, Ebola Virus Disease in West Africa, in: N Engl J Med 2014, S. 1481.

Für die Möglichkeit, die Ansteckung und damit den Eintritt von infektionsbedingten Schadensereignissen zu verhindern, ist auch die Frage bedeutsam, für welche Dauer eine unbemerkte Ansteckungsfähigkeit besteht. Wie lange ist ein Infizierter also in der Lage, den Erreger weiterzugeben, ohne Kenntnis von seiner Infektiosität zu haben? Die Inkubationszeit beträgt durchschnittlich 10–12 Tage[1249], in Einzelfällen sind auch Zeitspannen von 7–21 Tagen möglich.[1250] Mindestens während der Inkubationszeit bleibt die Maserninfektion unbemerkt. Erst danach setzt das ca. dreitägige Prodromalstadium mit ersten unspezifischen Grippesymptomen ein, an welches sich das Exanthemstadium anschließt. Spätestens im Prodromalstadium beginnt aber die Infektiosität des Infizierten[1251] und dauert bis zum Abklingen des Exanthems (genauer: vom 7. Tag nach dem Erregerkontakt bis zum 4./5. Exanthemtag[1252]) an, also etwa über einen Zeitraum von einer Woche bis zu zehn Tagen.[1253] Von dieser Zeitdauer ist zumindest im Prodromalstadium davon auszugehen, dass der Infizierte aufgrund der noch unspezifischen, erkältungsähnlichen Symptome keine Kenntnis von seiner masernspezifischen Infektiosität hat. In diesem Zeitraum wird der Infizierte – jedenfalls außerhalb einer pandemischen Lage, in der die Bevölkerung auf Situationen einer möglichen Ansteckung höchst sensibilisiert ist – die Erregerweitergabe dementsprechend auch nur unzureichend selbst verhindern. Während dieses Zeitraums besteht folglich allenfalls ein geringer Schutz der ansteckungsgefährdeten Risikogruppe.

(a) Erster Teilbereich

Im Gleichwertigkeitsmodell wird zunächst nach einer Gleichwertigkeit der maximal erwartbaren Eingriffsintensität für beide Grundrechtsdimensionen gefragt. Diese maximal erwartbare Eingriffsintensität stellt eine Komponente dar, um die Gefahrennähe beider Dimensionen zu ermitteln, welche als Abwägungskriterium dient.[1254]

1249 *Jilg*, Der Impfkurs (2009), S. 125.

1250 *Robert-Koch-Institut*, Ratgeber Masern, www.rki.de/DE/Content/Infekt/EpidBull/Merkblaetter/Ratgeber_Masern.html (Seite zuletzt aufgerufen am: 06.04.2021).

1251 Vgl. *Mutz*, Masern, in: Kollaritsch/Wiedermann (Hrsg.), Leitfaden für Schutzimpfungen (2000), S. 118 (119).

1252 *Robert-Koch-Institut*, Ratgeber Masern, www.rki.de/DE/Content/Infekt/EpidBull/Merkblaetter/Ratgeber_Masern.html (Seite zuletzt aufgerufen am: 06.04.2021); auch *Forster/Heininger/Mankertz*, Masern, in: Deutsche Gesellschaft für pädiatrische Infektiologie e.V. (Hrsg.), DGPI-Handbuch (2013), S. 383 (386).

1253 *Forster/Heininger/Mankertz*, Masern, in: Deutsche Gesellschaft für pädiatrische Infektiologie e.V. (Hrsg.), DGPI-Handbuch (2013), S. 383 (384); *Jilg*, Der Impfkurs (2009), S. 125; *Jilg/Heininger*, Masern, in: Spiess/Heininger/Jilg (Hrsg.), Impfkompendium (2015), S. 214 (216); vgl. *Uçkay et al.*, Die Folgen einer ungenügenden Herdimmunität, in: Therapeutische Umschau 2005, S. 679 (681).

1254 Vgl. bereits § 3 A. II. 3. b) cc) (2) „Bisheriger Maßstab bei der Abwägung zweier gleicher Grundrechte bei verschiedendimensionaler Ausprägung im Risikofall".

(aa) Gefahrennähe auf Seiten der Schutzpflichtdimension
Das zu erwartende, objektiv maximale Schadensereignis, das durch oder infolge der Masernerkrankung eintreten kann, ist der Tod des Erkrankten. Dieser kann in medizinischer Hinsicht auf verschiedene Weisen hervorgerufen werden.

Zunächst ist der Todeseintritt als unmittelbare Folge einer Masernerkrankung durch die *akute postinfektiöse Enzephalitis* möglich. Diese tritt in 0,1 % der Masernfälle auf (einer von 1.000 Erkrankungsfällen) und entwickelt sich etwa am 3.–9. Tag nach Auftreten des Exanthems. Wenn die akute postinfektiöse Enzephalitis auftritt, endet sie in 10–20 % der Fälle tödlich, in 20–30 % der (überlebenden) Fälle bleiben dauerhafte Schäden am Zentralen Nervensystem zurück.[1255] Die Quote, die sich für den Tod durch die akute postinfektiöse Enzephalitis als unmittelbare Auswirkung der Masernerkrankung ergibt, liegt somit bei 0,01 % (1:10.000 Fällen).[1256]

Aber auch, wenn der Erkrankte die Infektion scheinbar komplikationslos überstanden hat, kann das maximale Schadensereignis noch deutlich später eintreten: Eine Spätfolge der Masern ist die *subakute sklerosierende Panenzephalitis* (SSPE). Die SSPE tritt etwa sechs bis acht Jahre nach der Masernerkrankung auf[1257] und durchläuft als Erkrankung des zentralen Nervensystems während des stets tödlich endenden und daher infausten[1258] mehrjährigen[1259] Verlaufs vier Stadien: Zunächst machen sich beim Erkrankten Verhaltensauffälligkeiten und der Verlust intellektueller Fähigkeiten bemerkbar, anschließend kommt

---

[1255] *Robert-Koch-Institut*, Ratgeber Masern, www.rki.de/DE/Content/Infekt/EpidBull/Merkblaetter/Ratgeber_Masern.html (Seite zuletzt aufgerufen am: 06.04.2021); *Bundesministerium für Gesundheit*, Nationaler Aktionsplan 2015–2020 zur Elimination von Masern und Röteln in Deutschland, S. 12; auch *Forster/Heininger/Mankertz*, Masern, in: Deutsche Gesellschaft für pädiatrische Infektiologie e. V. (Hrsg.), DGPI-Handbuch (2013), S. 383; *Grandt/Lappe/Schubert*, Impfungen bei Kindern und Jugendlichen, in: Barmer Ersatzkasse (Hrsg.), Arzneimittelreport 2019, S. 102 (144); *Jilg/Heininger*, Masern, in: Spiess/Heininger/Jilg (Hrsg.), Impfkompendium (2015), S. 214 (216); *Mentzer/Meyer/Keller-Stanislawski*, Sicherheit und Verträglichkeit von monovalenten Masern- und kombinierten Masern-, Mumps-, Röteln- und Varizellenimpfstoffen, in: BGesBl. 2013, S. 1253 (1258); *Mutz*, Masern, in: Kollaritsch/Wiedermann (Hrsg.), Leitfaden für Schutzimpfungen (2000), S. 118 (119); *Poethko-Müller/Mankertz*, Seroprevalence of Measles-, Mumps- and Rubella-Specific IgC Antibodies in German Children, in: PLoS ONE 2012, e42867, S. 1; *Storr et al.*, Masernstatus – Impfbarrieren und Strategien zu deren Überwindung, in: DÄ 2018, S. 723 (729); *Zingg*, Machen Impfungen krank?, in: Therapeutische Umschau 2005, S. 665 (670).

[1256] *Jilg*, Der Impfkurs (2009), S. 125; *Jilg/Heininger*, Masern, in: Spiess/Heininger/Jilg (Hrsg.), Impfkompendium (2015), S. 214 (216).

[1257] *Robert-Koch-Institut*, Ratgeber Masern, www.rki.de/DE/Content/Infekt/EpidBull/Merkblaetter/Ratgeber_Masern.html (Seite zuletzt aufgerufen am: 06.04.2021); *Meyer/Mentzer/Keller-Stanislawski*, Sicherheit von Masernimpfstoffen, in: Bulletin zur Arzneimittelsicherheit Nr. 3/2013, S. 12.

[1258] Aussichtslos, ungünstig, *Pschyrembel*, Klinisches Wörterbuch (2020), Stichwort „infaust", S. 825.

[1259] *Wendorf et al.*, Subacute Sclerosing Panencephalitis, in: Clinical Infectious Diseases 2017, S. 226, geben die Dauer des Krankheitsverlaufs der SSPE vom Ausbruch bis zum Eintritt des Todes mit etwa 1–3 Jahren an.

es zu Myoklonien[1260] und zerebralen Anfällen, Krämpfen und Demenz sowie schließlich zu Dezerebrationsstarre[1261] und Koma.[1262]

Zur SSPE kommt es in 4–11 von 100.000 Masernfällen; bei Kindern, die Masern im Alter von unter fünf Jahren durchlebt haben, ist die Wahrscheinlichkeit mit 20–60 von 100.000 Masernfällen deutlich höher.[1263] Die Wahrscheinlichkeit einer SSPE liegt also bei mindestens 0,01 %, in der Alterskohorte der Unter-5-Jährigen sogar bei 0,02–0,06 %. Am höchsten ist die Wahrscheinlichkeit, an SSPE zu erkranken, jedoch bei Kindern, die innerhalb der ersten beiden Lebensjahre an Masern erkrankten.[1264] Neugeborene von seropositiven Müttern sind zwar etwa im ersten Lebenshalbjahr durch die maternale Leihimmunität geschützt, danach jedoch bis zur ersten Möglichkeit der Impfdosis (also bis mindestens zum elften Lebensmonat) hinsichtlich einer Maserninfektion besonders gefährdet.[1265] Deshalb gehören gerade diese Kinder aufgrund der altersbedingten Unfähigkeit, gegen Masern geimpft zu werden, in grundrechtlicher Hinsicht zur schutzbedürftigen Risikogruppe. Überhaupt handelt es sich bei Kindern in diesem Alter auch um eine Kohorte, bei der bei einer Masernerkrankung die höchsten Komplikationsraten zu verzeichnen sind.[1266]

Bei Personen mit Immundefekten, die ebenfalls zur Gruppe der Schutzbedürftigen zu zählen sind, wird zumeist ein vom uniformen Krankheitsverlauf

---

[1260] Kurze, ruckartige Zuckungen einzelner Muskeln ohne oder mit geringem Bewegungseffekt, *Pschyrembel*, Klinisches Wörterbuch (2020), Stichwort „Myoklonien“, S. 1173.

[1261] Spastische Streckhaltung des Rumpfs und der Extremitäten mit Innenrotation der Arme, die nach dem Ausfall der Großhirnfunktionen infolge funktioneller Entkopplung des Hirnmantels vom Hirnstamm oder des Großhirns vom Rückenmarkt auftritt, *Pschyrembel*, Klinisches Wörterbuch (2020), Stichworte „Dezerebration“ und „Dezerebrationsstarre“, S. 369.

[1262] *Forster/Heininger/Mankertz*, Masern, in: Deutsche Gesellschaft für pädiatrische Infektiologie e. V. (Hrsg.), DGPI-Handbuch (2013), S. 383; *Schönberger et al.*, Epidemiology of Subacute Sclerosing Panencephalitis (SSPE) in Germany, in: PLOS ONE 2013, e68909, S. 1.

[1263] *Robert-Koch-Institut*, Ratgeber Masern, www.rki.de/DE/Content/Infekt/EpidBull/Merkblaetter/Ratgeber_Masern.html (Seite zuletzt aufgerufen am: 06.04.2021); dem entspricht auch eine Studie von Wissenschaftlern des Bayerischen Landesamtes für Gesundheit und Lebensmittelsicherheit, wonach das Risiko einer SSPE bei Kindern, die bei der Masernerkrankung jünger als fünf Jahre alt waren, bei 1:1700 bis 1:3300 liegt, *Schönberger et al.*, Epidemiology of Subacute Sclerosing Panencephalitis (SSPE) in Germany, in: PLOS ONE 2013, e68909, S. 1 (5); auch *Forster/Heininger/Mankertz*, Masern, in: Deutsche Gesellschaft für pädiatrische Infektiologie e. V. (Hrsg.), DGPI-Handbuch (2013), S. 383; *Hengel*, Masernvirus, in: Darai et al. (Hrsg.), Lexikon der Infektionskrankheiten (2012), S. 521 (522); *Jilg/Heininger*, Masern, in: Spiess/Heininger/Jilg (Hrsg.), Impfkompendium (2015), S. 214 (216); ähnlich *Wendorf et al.*, Subacute Sclerosing Panencephalitis, in: Clinical Infectious Diseases 2017, S. 226.

[1264] *Schönberger et al.*, Epidemiology of Subacute Sclerosing Panencephalitis (SSPE) in Germany, in: PLOS ONE 2013, e68909, S. 1 (7); auch *Wendorf et al.*, Subacute Sclerosing Panencephalitis, in: Clinical Infectious Diseases 2017, S. 226.

[1265] *Hengel*, Masernvirus, in: Darai et al. (Hrsg.), Lexikon der Infektionskrankheiten (2012), S. 521 (523); vgl. auch *Grandt/Lappe/Schubert*, Impfungen bei Kindern und Jugendlichen, in: Barmer Ersatzkasse (Hrsg.), Arzneimittelreport 2019, S. 102 (143).

[1266] *Robert-Koch-Institut*, Infektionsepidemiologisches Jahrbuch 2018 (2019), S. 175.

abweichender Verlauf der Masernerkrankung beobachtet.[1267] In Deutschland leben etwa 3.100 Menschen mit einem primären Immundefekt, es wird jedoch von einer hohen Dunkelziffer ausgegangen.[1268] Sekundäre Immundefekte treten weitaus häufiger auf.[1269] Bei beiden Arten von Immundefekten besteht im Falle der Masernerkrankung ein erhöhtes Risiko für Komplikationen: Bei dieser Personengruppe kann die Infektion mit schweren Organschäden wie etwa einer progredienten Riesenzellpneumonie oder einer Masern-Einschlusskörperchen-Enzephalitis einhergehen, wobei letztere – wie SSPE – subakut verläuft und sich postinfektiös nach etwa sechs Monaten manifestiert.[1270] Diese Komplikationen treten ausschließlich bei Masernerkrankungen von immundefizienten Personen auf[1271] und enden in 30 % dieser Fälle letal.[1272]

Die Letalität infolge der Masernerkrankung, verursacht durch Komplikationen während der Erkrankung oder durch die Spätfolge SSPE als maximal zu erwartendes Schadensereignis, kann in Industrieländern wie Deutschland insgesamt mit mindestens 0,01–0,1 % angegeben werden.[1273] Da die SSPE jedoch bislang nicht meldepflichtig[1274] war[1275] und der Zeitraum zwischen der Masernerkrankung und den ersten Anzeichen von SSPE mehrere Jahre beträgt, wird teilweise von einer Dunkelziffer und dementsprechend von einer noch hö-

[1267] *Forster/Heininger/Mankertz*, Masern, in: Deutsche Gesellschaft für pädiatrische Infektiologie e. V. (Hrsg.), DGPI-Handbuch (2013), S. 383; *Hengel*, Masernvirus, in: Darai et al. (Hrsg.), Lexikon der Infektionskrankheiten (2012), S. 521 (523).

[1268] www.journalonko.de/thema/lesen/primaere_sekundaere_immundefekte (Seite zuletzt aufgerufen am: 30.03.2021).

[1269] www.journalonko.de/thema/lesen/primaere_sekundaere_immundefekte (Seite zuletzt aufgerufen am: 30.03.2021).

[1270] *Forster/Heininger/Mankertz*, Masern, in: Deutsche Gesellschaft für pädiatrische Infektiologie e. V. (Hrsg.), DGPI-Handbuch (2013), S. 383; *Jilg/Heininger*, Masern, in: Spiess/Heininger/Jilg (Hrsg.), Impfkompendium (2015), S. 214 (216).

[1271] *Rospino*, Masern – eine Analyse nach szientometrischen Gesichtspunkten (2009), S. 13.

[1272] *Robert-Koch-Institut*, Ratgeber Masern, www.rki.de/DE/Content/Infekt/EpidBull/Merkblaetter/Ratgeber_Masern.html (Seite zuletzt aufgerufen am: 06.04.2021); *Jilg/Heininger*, Masern, in: Spiess/Heininger/Jilg (Hrsg.), Impfkompendium (2015), S. 214 (216), geben die masernbedingte Letalität bei Immunsuppression dagegen sogar mit 40–70 % an.

[1273] *Bundesministerium für Gesundheit*, Nationaler Aktionsplan 2015–2020 zur Elimination von Masern und Röteln in Deutschland, S. 12; ebenso *Poethko-Müller et al.*, Seroprävalenz von IgG-Antikörpern gegen Masern, www.rki.de/DE/Content/InfAZ/M/Masern/Seropraevalenz_DEGS1.pdf?__blob=publicationFile (Seite zuletzt aufgerufen am: 01.04.2021), Folie 2; auch *Rospino*, Masern – eine Analyse nach szientometrischen Gesichtspunkten (2009), S. 13; *Uçkay et al.*, Die Folgen einer ungenügenden Herdimmunität, in: Therapeutische Umschau 2005, S. 679 (680).

[1274] *Robert-Koch-Institut*, Infektionsepidemiologisches Jahrbuch 2018 (2019), S. 173; *Schönberger et al.*, Epidemiology of Subacute Sclerosing Panencephalitis (SSPE) in Germany, in: PLOS ONE 2013, e68909, S. 1.

[1275] Durch die Rechtslage ab 01.03.2020 ist die Erkrankung an oder der Tod durch SSPE infolge einer Masernerkrankung nunmehr gemäß § 6 Abs. 2 S. 1 IfSG meldepflichtig.

heren Wahrscheinlichkeit ausgegangen.[1276] Somit lässt sich unter gleichzeitiger Betrachtung der Dauer der Infektiosität sowie der Kontagions- und Manifestationsindizes von nahezu 100 % für die Gesamtpopulation feststellen, dass einer bis zehn von 10.000 Menschen an oder infolge der Masern sterben.

Um nun das Produkt aus dem maximalen Schadensereignis und dessen Eintrittswahrscheinlichkeit für die Gefahrennähe der Schutzpflichtdimension zu ermitteln, das sogleich dem für die Gefahrennähe der Abwehrrechtsdimension ermittelten Produkt gegenübergestellt werden soll, muss berücksichtigt werden, dass dem Tod als maximales Schadensereignis für das Grundrecht auf Leben dementsprechend der Zahlenwert 10 zugeordnet werden muss. Der Eintritt dieses Schadensereignisses ist mit 0,01 % bis 0,1 % (als Dezimalzahl: 0,0001 bis 0,001) zwar weder sicher noch besonders wahrscheinlich. Gleichwohl ist der Eintritt des maximalen Schadensereignisses auch nicht völlig unwahrscheinlich.

Darüber hinaus ist die im Gleichwertigkeitsmodell ebenfalls zu berücksichtigende Prognostizierbarkeit dieser Wahrscheinlichkeit aufgrund der Qualität und der wissenschaftlich-methodischen Basis der für die Bestimmung der Eintrittswahrscheinlichkeiten verwendeten Quellen[1277] uneingeschränkt gegeben.[1278]

Daraus ergibt sich für das maximal denkbare Schadensereignis [Tod] ein Wert von 10[1279], der mit dem Produkt aus der Eintrittswahrscheinlichkeit [0,01 % bis 0,1 %, als Dezimalzahl: 0,0001 bis 0,001][1280] und deren Prognostizierbarkeit [10][1281] multipliziert werden muss, woraus sich als Endprodukt der Wert 0,01 bis 0,1[1282] ergibt.[1283]

1276 *Meyer/Mentzer/Keller-Stanislawski*, Sicherheit von Masernimpfstoffen, in: Bulletin zur Arzneimittelsicherheit Nr. 3/2013, S. 12; *Wendorf et al.*, Subacute Sclerosing Panencephalitis, in: Clinical Infectious Diseases 2017, S. 226 (230, 231); *Schönberger et al.*, Epidemiology of Subacute Sclerosing Panencephalitis (SSPE) in Germany, in: PLOS ONE 2013, e68909, S. 1 (7).

1277 Namentlich *Robert-Koch-Institut*, Ratgeber Masern, www.rki.de/DE/Content/Infekt/EpidBull/Merkblaetter/Ratgeber_Masern.html (Seite zuletzt aufgerufen am: 06.04.2021); *Jilg*, Der Impfkurs (2009); *Jilg/Heininger*, Masern, in: Spiess/Heininger/Jilg (Hrsg.), Impfkompendium (2015), S. 214–219; *Poethko-Müller et al.*, Seroprävalenz von IgG-Antikörpern gegen Masern, www.rki.de/DE/Content/InfAZ/M/Masern/Seropraevalenz_DEGS1.pdf?__blob=publicationFile (Seite zuletzt aufgerufen am: 01.04.2021); *Schönberger et al.*, Epidemiology of Subacute Sclerosing Panencephalitis (SSPE) in Germany, in: PLOS ONE 2013, e68909, S. 1–8.

1278 Zur wissenschaftlichen Basis der verwendeten Daten siehe bereits § 3 B. II. 2. a) aa) „Herkunft der zugrunde gelegten Daten".

1279 Im Schaubild (Anhang, S. 556) dargestellt durch Variable „a_1".

1280 Im Schaubild (Anhang, S. 556) dargestellt durch Variable „b_1".

1281 Im Schaubild (Anhang, S. 556) dargestellt durch Variable „c_1".

1282 Im Schaubild (Anhang, S. 556) dargestellt durch Produkt „X_1".

1283 Die vollständige Rechnung lautet: 10 × (0,0001 bis 0,001 × 10) = *0,01* bis *0,1*.

(bb) Gefahrennähe auf Seiten der Abwehrrechtsdimension

Mit Impfungen sind auch Risiken verbunden, die zu Nebenwirkungen unterschiedlichen Ausmaßes führen können.[1284] Auf Seiten der Abwehrrechtsdimension des Grundrechts auf Leben und körperliche Unversehrtheit, die für die potenziellen Adressaten einer Impfpflicht streitet, steht deshalb im ersten Teilbereich der ersten Stufe die Frage nach dem maximalen Schadensereignis, das infolge einer Impfung gegen Masern zu erwarten ist.

Bei Masernimpfstoffen handelt es sich um Lebendimpfstoffe[1285], die keine Wirkverstärker benötigen.[1286] Obwohl der verabreichte Impfstoff also in geringfügiger Menge vermehrungsfähige Krankheitserreger enthält[1287], sind gegen Masern geimpfte Personen nicht ansteckend.[1288] Sie können den Erreger, der dann bei Dritten zu einem gewissermaßen „mittelbaren" Impfschaden führen würde, nicht weitergeben. (In Bezug auf andere Lebendimpfstoffe wie z. B. gegen Poliomyelitis ist diese Erregerweitergabe hingegen möglich, mit der Folge, dass Impfnebenwirkungen und -schäden bei Personen eintreten können, die zwar nicht selbst geimpft wurden, sondern den Erreger lediglich von geimpften Personen aufgenommen haben.[1289]) Im Rahmen der Anwendung des Gleichwertigkeitsmodells am Beispiel der Masern können also nur Impfschäden und -nebenwirkungen relevant werden, die bei derjenigen Person eintreten, die selbst geimpft worden ist. Darüber hinaus können sich die auf Seiten der Abwehrrechtsdimension möglicherweise auftretenden Schadensereignisse sowie deren Eintrittswahrscheinlichkeiten nur auf solche Impflinge beziehen, die überhaupt impffähig sind.

Einige Quellen[1290] stufen die von Masern*impfungen* ausgehenden Gefahren höher ein als die Gefahren, die von der Masern*erkrankung* ausgehen, was in rechtlicher Hinsicht ein Überwiegen der Abwehrrechtsdimension nach sich

---

1284 *Mentzer/Meyer/Keller-Stanislawski*, Sicherheit und Verträglichkeit von monovalenten Masern- und kombinierten Masern-, Mumps-, Röteln- und Varizellenimpfstoffen, in: BGesBl. 2013, S. 1253; *Zwieauer*, Impfreaktionen, Impfnebenwirkungen, Impfschäden, in: Kollaritsch/Wiedermann (Hrsg.), Leitfaden für Schutzimpfungen (2000), S. 22.

1285 Zum Begriff der Lebendimpfstoffe siehe bereits § 2 A. I. 2. b) aa) „Aktive Immunisierung".

1286 *Wissenschaftlicher Dienst des Deutschen Bundestages*, Beiträge zur Verwendung von Wirkverstärkern in Impfstoffen – WD 9 – 3000 – 069/19, S. 6.

1287 *Bundeszentrale für gesundheitliche Aufklärung (BZgA)*, Welche unterschiedlichen Impfstoffe gibt es?, www.impfen-info.de/wissenswertes/impfstoffe/ (Seite zuletzt aufgerufen am: 15.03.2021).

1288 *Forster/Heininger/Mankertz*, Masern, in: Deutsche Gesellschaft für pädiatrische Infektiologie e. V. (Hrsg.), DGPI-Handbuch (2013), S. 383 (385); *Jilg/Heininger*, Masern, in: Spiess/Heininger/Jilg (Hrsg.), Impfkompendium (2015), S. 214 (217).

1289 Vgl. dazu § 21 IfSG, der Entschädigungsansprüche gerade solcher Personen sicherstellen sollen, die selbst nicht geimpft wurden, aber verimpfte Erreger aufgenommen haben, die von Geimpften ausgeschieden wurden, näher bei *Gebhard*, in: Kießling (Hrsg.), Infektionsschutzgesetz Kommentar (2021), § 21 Rn. 5 ff.

1290 Vgl. beispielsweise die Aufzählung impfkritischer Werke im Vorwort von *Johann Loib-*

zöge. Diese Quellen postulieren – anders als die nachfolgend zu erörternden Daten des Paul-Ehrlich-Instituts – als maximal erwartbares Schadensereignis Szenarien wie den plötzlichen Kindstod[1291], eine nicht durch die Erkrankung, sondern durch die Impfung ausgelöste SSPE[1292], die stets tödlich verlaufende amyotrophe Lateralsklerose (ALS)[1293] oder schlicht den Tod als Folge der Impfung[1294], der pro Jahr bei mindestens 25 Personen einträte und wobei die Dunkelziffer unbekannt sei[1295]. Träfen diese Annahmen zu, läge in der Impfung tatsächlich ein deutlich höheres Maximalschadensrisiko als in der Masernerkrankung.

Allerdings leiden diese Annahmen an fehlender wissenschaftlicher Beweisbarkeit, was zumeist dadurch zum Ausdruck kommt, dass nur die *Mutmaßung* von Kausalzusammenhängen zwischen Impfungen und besagten Schadensereignissen geäußert wird.[1296] Darin unterscheiden sich diese Quellen von der Erfassung durch das Paul-Ehrlich-Institut oder das Robert-Koch-Institut, die ausdrücklich betonen, dass ein Kausalzusammenhang zwischen der Meldung des Verdachtsfalls und der Impfung gerade nicht erwiesen ist.[1297] Teilweise zweifeln Vertreter dieser Ansichten bereits die Existenz von Viren bzw. deren Eigenschaft als Krankheitserreger an[1298], weshalb auch alle darauf basierenden Annahmen fehlerhaft sein müssen. Diese Vorgehensweise führt dazu, dass die Prognostizierbarkeit der behaupteten Schadensereignisse, die im Abwägungsmodell der Gleichwertigkeitsprüfung ebenfalls relevant ist, nicht gegeben ist. Vielmehr sind vorgenannte Annahmen, die eher als Behauptungen einzustufen sind, bereits von der evidenzbasierten Medizin widerlegt, indem ein kausaler Zusammenhang gerade nicht nachgewiesen werden konnte. Sie können damit

---

ner zum Buch „Macht Impfen Sinn?", Band 1 (2013), des erklärten Impfgegners *Hans Tolzin*, S. 10.

1291 *Andreas Bachmair* auf www.impfschaden.info/masern/impfung.html%20/ (Seite zuletzt aufgerufen am: 20.01.2021) sowie *Hans Tolzin* auf www.impfkritik.de/sids/index.html (Seite zuletzt aufgerufen am: 06.04.2021).

1292 *Andreas Bachmair* auf www.impfschaden.info/masern/impfung.html%20/ (Seite zuletzt aufgerufen am: 20.01.2021) sowie *Hans Tolzin* auf www.impfkritik.de/sspe/index2.html (Seite zuletzt aufgerufen am: 06.04.2021).

1293 *Hans Tolzin* auf www.impfkritik.de/amyotrophe-lateralsklerose-als/index.html (Seite zuletzt aufgerufen am: 06.04.2021).

1294 *Kögel-Schauz*, Ungeimpfte Kinder sind gesünder, efi-online.de/wp-content/uploads/2014/01/UngeimpfteGesuender.pdf (Seite zuletzt aufgerufen am: 18.03.2021), S. 1.

1295 So *Hans Tolzin* auf www.impfkritik.de/todesfaelle/index.html (Seite zuletzt aufgerufen am: 06.04.2021).

1296 So häufig etwa bei *Steffen Rabe*, www.impf-info.de/die-impfungen/masern/115-masern-die-impfung.html (Seite zuletzt aufgerufen am: 06.04.2021).

1297 *Paul-Ehrlich-Institut*, Erläuterungen zur UAW-Datenbank, www.pei.de/DE/arzneimittelsicherheit/pharmakovigilanz/uaw-datenbank/uaw-datenbank-node.html (Seite zuletzt aufgerufen am: 01.04.2021).

1298 So *Hans Tolzin* auf www.impfkritik.de/virusbeweis/index.html (Seite zuletzt aufgerufen am: 06.04.2021) sowie *Kögel-Schauz*, Ungeimpfte Kinder sind gesünder, efi-online.de/wp-content/uploads/2014/01/UngeimpfteGesuender.pdf (Seite zuletzt aufgerufen am: 18.03.2021), S. 5, die stattdessen die Ansicht vertritt, nur *Impf*viren lösten Krankheiten aus.

im Rahmen der Gleichwertigkeitsprüfung keinen Eingang in die verfassungsrechtliche Abwägung finden.

Das nach einer Masernimpfung maximal erwartbare Schadensereignis, über das demgegenüber in der wissenschaftlichen Literatur berichtet wird, die sich auf die evidenzbasierte Medizin stützt, ist eine Thrombozytopenie[1299] bzw. idiopathische thrombozytopenische Purpura[1300] (ITP).[1301] Deren Auftreten ist allerdings deutlich unwahrscheinlicher als nach einer Infektion mit dem Masern-Wildvirus.[1302] Das Auftreten einer Enzephalitis, die als Begleiterscheinung einer Masernerkrankung durchaus bekannt ist[1303], ist als Folge einer Impfung hingegen nicht belegt.[1304] Selbst, wenn ein Zusammenhang bestehen sollte, läge die Wahrscheinlichkeit bei unter 1 : 2.000.000.[1305] Auch bei der Diagnose der SSPE konnten im Erreger bislang keine Impfviren nachgewiesen werden[1306], so dass die Impfung als Auslöser von SSPE ausgeschlossen werden kann.[1307]

1299 Verminderte Konzentration der Thrombozyten im Blut unter dem Referenzbereich, *Pschyrembel*, Klinisches Wörterbuch (2020), Stichwort „Thrombozytopenie", S. 1764.

1300 Thrombozytopenie, die mit multiplen exanthematischen, punktförmigen bis kleinfleckigen, meist symmetrischen Hautblutungen einhergeht, *Pschyrembel*, Klinisches Wörterbuch (2020), Stichwort „Purpura, thrombozytopenische", S. 1469, sowie „Purpura", S. 1467.

1301 *Poethko-Müller et al.*, Impfnebenwirkungen bei Kindern und Jugendlichen, in: BGesBl. 2011, S. 357 (361); vgl. auch *Pschyrembel*, Klinisches Wörterbuch (2020), Stichwort „Masern-Schutzimpfung", S. 1082.

1302 *Forster/Heininger/Mankertz*, Masern, in: Deutsche Gesellschaft für pädiatrische Infektiologie e. V. (Hrsg.), DGPI-Handbuch (2013), S. 383 (385); *Jilg/Heininger*, Masern, in: Spiess/Heininger/Jilg (Hrsg.), Impfkompendium (2015), S. 214 (217); *Storr et al.*, Masernstatus – Impfbarrieren und Strategien zu deren Überwindung, in: DÄ 2018, S. 723 (729).

1303 Vgl. bereits § 3 B. II. 3. a) bb) (1) (a) (aa) „Gefahrennähe auf Seiten der Schutzpflichtdimension".

1304 Dennoch wurde der Verdachtsfall einer Enzephalitis in den Jahren 2001–2012 beim Paul-Ehrlich-Institut als Nebenwirkung einer Masernimpfung in ca. 1 % der Reaktionen gemeldet (also in etwa 53 Fällen), *Meyer/Mentzer/Keller-Stanislawski*, Sicherheit von Masernimpfstoffen, in: Bulletin zur Arzneimittelsicherheit Nr. 3/2013, S. 12 (13), was durch die zunächst grippeähnlichen Symptome einer Enzephalitis wie etwa Fieber bedingt sein kann, da z. B. die mit Abstand am häufigsten gemeldete Nebenwirkung als Verdachtsfall mit über 10 % der Reaktionen auf Fieber entfiel, *Mentzer/Meyer/Keller-Stanislawski*, Sicherheit und Verträglichkeit von monovalenten Masern- und kombinierten Masern-, Mumps-, Röteln- und Varizellenimpfstoffen, in: BGesBl. 2013, S. 1253 (1258).

1305 *Jilg/Heininger*, Masern, in: Spiess/Heininger/Jilg (Hrsg.), Impfkompendium (2015), S. 214 (218); *Mentzer/Meyer/Keller-Stanislawski*, Sicherheit und Verträglichkeit von monovalenten Masern- und kombinierten Masern-, Mumps-, Röteln- und Varizellenimpfstoffen, in: BGesBl. 2013, S. 1253 (1258); abweichend geben *Storr et al.*, Masernstatus – Impfbarrieren und Strategien zu deren Überwindung, in: DÄ 2018, S. 723 (729) die Wahrscheinlichkeit mit 1 : 1.000.000 an.

1306 *Schönberger et al.*, Epidemiology of Subacute Sclerosing Panencephalitis (SSPE) in Germany, in: PLOS ONE 2013, e68909, S. 1; *Wendorf et al.*, Subacute Sclerosing Panencephalitis, in: Clinical Infectious Diseases 2017, S. 226.

1307 Stattdessen kann seit Einführung der Masernimpfung sogar ein Rückgang der SSPE beobachtet werden, *Mentzer/Meyer/Keller-Stanislawski*, Sicherheit und Verträglichkeit von monovalenten Masern- und kombinierten Masern-, Mumps-, Röteln- und Varizellenimpfstoffen, in: BGesBl. 2013, S. 1253 (1258).

Diese Beschreibungen des denkbaren Maximalschadensfalles infolge einer Masernimpfung werden durch die Daten des für Pharmakovigilanz zuständigen Paul-Ehrlich-Instituts bestätigt[1308]: Aus den Verdachtsfällen von „über das übliche Ausmaß einer Impfreaktion hinausgehenden Schädigungen", die gemäß § 6 Abs. 1 Nr. 3 IfSG namentlich meldepflichtig sind[1309], hat das Paul-Ehrlich-Institut für die in den Jahren 2001 bis 2012 gemeldeten 1.696 Verdachtsfälle von Nebenwirkungen nach der Impfung mit monovalenten oder Kombinationsimpfstoffen gegen Masern eine Zusammenfassung veröffentlicht.[1310] Aus dieser geht hervor, dass insgesamt 5.297 (über die regelkonforme Impfreaktion hinausgehende) Reaktionen auf diese gemeldete Anzahl von Verdachtsfällen entfallen (also zumeist mehrere verschiedene Reaktionen bei einem Verdachtsfall bzw. Impfling gleichzeitig auftraten[1311]), wobei in 14,1 % der gemeldeten Fälle dem Impfling zusätzlich zum Masernimpfstoff (Mono oder Kombi) ein weiterer Impfstoff verabreicht wurde.[1312] Von diesen im Rahmen eines Verdachtsfalls einer Nebenwirkung gemeldeten 5.297 Reaktionen entfielen etwa 2,45 % auf eine Thrombozytopenie bzw. idiopathische thrombozytopenische Purpura[1313], d. h. sie trat in den Jahren 2001–2012 insgesamt 129 Mal als Verdachtsfall einer Impf*reaktion* auf.[1314] Gemessen an der Gesamtzahl der Verdachts*fall*meldungen (1.696) trat eine Thrombozytopenie/ITP also in 7,6 % dieser Verdachtsfälle auf.

1308 Andere Stichprobenerhebungen eignen sich dagegen weniger zur Beschreibung des Maximalschadensereignisses nach einer Masernimpfung, wie etwa die KiGGS-Studie, die im Rahmen ihrer Basiserhebung von 2003–2006 auch Impfnebenwirkungen bei Kindern und Jugendlichen erhoben hat (*Poethko-Müller et al.*, Impfnebenwirkungen bei Kindern und Jugendlichen, in: BGesBl. 2011, S. 357–364), da diese erheblichen Limitationen unterworfen ist: Zum einen basiert die Erhebung auf der Befragung der Eltern mittels der Frage, ob das Kind die Impfung „schlecht" vertragen habe, was den Antwortmaßstab zwangsläufig uneinheitlich werden lassen muss, zum anderen gestaltet sich die Untersuchungsgruppe mit Kindern im Alter von 0–17 Jahren äußerst unhomogen, darüber hinaus erfolgt – anders als bei der Datenauswertung durch das Paul-Ehrlich-Institut selbst – keine Kausalitätsbeurteilung, weshalb aus der genannten KiGGS-Basiserhebung gegenüber der Datenerhebung durch das Paul-Ehrlich-Institut kein Erkenntnisgewinn für die vorliegende Arbeit zu erwarten ist.

1309 Für Ärzte und Apotheker besteht diese Meldeverpflichtung auch schon aus standesrechtlichen Gründen, *Mentzer/Meyer/Keller-Stanislawski*, Sicherheit und Verträglichkeit von monovalenten Masern- und kombinierten Masern-, Mumps-, Röteln- und Varizellenimpfstoffen, in: BGesBl. 2013, S. 1253.

1310 *Meyer/Mentzer/Keller-Stanislawski*, Sicherheit von Masernimpfstoffen, in: Bulletin zur Arzneimittelsicherheit Nr. 3/2013, S. 12–14 sowie *Mentzer/Meyer/Keller-Stanislawski*, Sicherheit und Verträglichkeit von monovalenten Masern- und kombinierten Masern-, Mumps-, Röteln- und Varizellenimpfstoffen, in: BGesBl. 2013, S. 1253–1259.

1311 *Mentzer/Meyer/Keller-Stanislawski*, Sicherheit und Verträglichkeit von monovalenten Masern- und kombinierten Masern-, Mumps-, Röteln- und Varizellenimpfstoffen, in: BGesBl. 2013, S. 1253.

1312 *Meyer/Mentzer/Keller-Stanislawski*, Sicherheit von Masernimpfstoffen, in: Bulletin zur Arzneimittelsicherheit Nr. 3/2013, S. 12 (14).

1313 *Meyer/Mentzer/Keller-Stanislawski*, Sicherheit von Masernimpfstoffen, in: Bulletin zur Arzneimittelsicherheit Nr. 3/2013, S. 12 (13).

1314 *Mentzer/Meyer/Keller-Stanislawski*, Sicherheit und Verträglichkeit von monovalenten

Die Einordnung der Größenordnung der Verdachtsfälle einer Impfnebenwirkung ist aber dadurch erschwert, dass nur ansatzweise bestimmbar ist, in welchem Verhältnis zum einen die Anzahl der Reaktionen (5.297) und andererseits die Anzahl an Verdachtsfallmeldungen (1.696) zur Anzahl der insgesamt verimpften Dosen steht: Da es keine vollständige Erfassung aller erfolgten Impfungen[1315] gibt, kann die Wahrscheinlichkeit einer Nebenwirkung nicht anhand der tatsächlich erfolgten Impfungen angegeben werden, sondern nur in Bezug auf die Anzahl freigegebener Impfdosen.[1316] Demnach machen die in den Jahren 2001–2012 gesammelten 1.696 Verdachtsfallmeldungen durchschnittlich nur 5,7 Meldungen auf 100.000 freigegebene[1317] Impfdosen aus.[1318]

Fraglich ist nun, wie hoch der Anteil der Personen, die in Folge der Masernimpfung als Nebenwirkung eine Thrombozytopenie/ITP angegeben haben, an der *Gesamtzahl* der freigegebenen Impfungen ist. Dazu muss mangels Datenverfügbarkeit zunächst errechnet werden, in wie vielen der durchschnittlich 5,7 Verdachtsfallmeldungen eine Thrombozytopenie/ITP gemeldet wurde: Da nur in 7,6 % der durchschnittlich 5,7 Verdachtsfallmeldungen eine Thrombozytopenie/ITP angegeben wurde, lässt sich errechnen, dass folglich 0,43 mal pro 100.000 Impfdosen der Verdacht einer Thrombozytopenie/ITP aufkam. Die Wahrscheinlichkeit einer Thrombozytopenie oder idiopathischen thrombozytopenischen Purpura als Nebenwirkung einer Masernimpfung liegt demnach bei 0,00043 % (als Dezimalzahl: 0,0000043).

Ein ähnliches Bild zeigen auch die für die Jahre 2013–2019[1319] gemeldeten Verdachtsfälle, die allerdings (anders als zuvor die Fälle von 2011–2012) nicht zusammengefasst veröffentlicht wurden, sondern nur auf der Datenbank für unerwünschte Arzneimittelnebenwirkungen des Paul-Ehrlich-Institut (DB-UAW[1320]) nach gezielter Eingabe der Kriterien abrufbar sind. Die Gesamtanzahl der gemeldeten *Reaktionen* hingegen, die für die Jahre 2001–2012 noch zusammengefasst aufgeschlüsselt und veröffentlicht wurde, fehlt in der Daten-

---

Masern- und kombinierten Masern-, Mumps-, Röteln- und Varizellenimpfstoffen, in: BGesBl. 2013, S. 1253 (1257).

[1315] Vgl. bereits § 3 B. II. 2. a) bb) „Problematik der Datenlage"; mit Kritik auch *Poethko-Müller et al.*, Impfnebenwirkungen bei Kindern und Jugendlichen, in: BGesBl. 2011, S. 357.

[1316] *Mentzer/Meyer/Keller-Stanislawski*, Sicherheit und Verträglichkeit von monovalenten Masern- und kombinierten Masern-, Mumps-, Röteln- und Varizellenimpfstoffen, in: BGesBl. 2013, S. 1253 (1254).

[1317] Die Anzahl der in Deutschland freigegeben Impfdosen entspricht in etwa der Anzahl der tatsächlich verimpften Dosen, *Meyer/Mentzer/Keller-Stanislawski*, Sicherheit von Masernimpfstoffen, in: Bulletin zur Arzneimittelsicherheit Nr. 3/2013, S. 12 (14).

[1318] *Meyer/Mentzer/Keller-Stanislawski*, Sicherheit von Masernimpfstoffen, in: Bulletin zur Arzneimittelsicherheit Nr. 3/2013, S. 12 (14).

[1319] Bis einschließlich 31.10.2019.

[1320] *Paul-Ehrlich-Institut*, Datenbank mit Verdachtsfällen von Impfkomplikationen, www.pei.de/DE/arzneimittelsicherheit/pharmakovigilanz/uaw-datenbank/uaw-datenbank-node.html (Seite zuletzt aufgerufen am: 01.04.2021).

bank für die Jahre 2013–2019. Der Datenbank lassen sich nach Eingrenzung auf einen bestimmten Zeitraum nur die gemeldeten Verdachts*fälle* entnehmen. Da ein Verdachtsfall (Person) aber mehrere Reaktionen aufweisen kann, kann die Anzahl der Reaktionen auch über die Anzahl der Verdachts*fälle* (Personen) hinausgehen.

Ebenso ist für die Jahre 2013–2019 aufgrund der Verfügbarkeit lediglich in der Datenbank (DB-UAW) – nicht jedoch in zusammengefasst veröffentlichter Form – auch keine Information darüber verfügbar, wie viele Verdachtsfallmeldungen *durchschnittlich* auf 100.000 freigegebene Impfdosen kommen. Dementsprechend kann für die Jahre 2013–2019 auch nicht – wie gerade zuvor für die Jahre 2001–2012 – errechnet werden, wie wahrscheinlich die Nebenwirkung einer Thrombozytopenie bzw. ITP auf die Gesamtzahl verabreichter Impfungen ist. Anhand der DB-UAW kann aber festgestellt werden, dass sich für alle gegen Masern zugelassenen Impfstoffe (M-M-RVAXPRO, Masern-Impfstoff Mérieux, Priorix, Priorix Tetra sowie ProQuad[1321]) im Zeitraum von 2013–2019 Meldungen von Verdachtsfällen bei insgesamt 2.072 Personen ergeben haben, von denen sich 35 Meldungen auf die thrombozytopenische Purpura und 17 auf eine Thrombozytopenie beziehen. Eine Thrombozytopenie bzw. eine thrombozytopenische Purpura machte also auch im Zeitraum von 2013–2019 nur 2,51 % aller bei der Masernimpfung gemeldeten Verdachts*fälle* aus, was im Vergleich zum vorherigen errechneten Wert von 7,6 % (für 2001–2012) auf einen deutlichen Rückgang schließen lässt. Eine Thrombozytopenie bzw. thrombozytopenische Purpura gilt in medizinischer Hinsicht als schwere Nebenwirkung[1322], die in den meisten Fällen zwar mild verläuft, aber für die vollständige Ausheilung einer Dauer von bis zu sechs Monaten bedarf.[1323] Im Rahmen der Gleichwertigkeitsprüfung kann ihr als maximales Schadensereignis im Hinblick auf die Schwere der Erkrankung also skalar – insbesondere im Vergleich mit dem Tod als maximales Schadensereignis mit dem Wert 10 – der Wert 6 zugeordnet werden.

Die Prognostizierbarkeit der Eintrittswahrscheinlichkeit einer Thrombozytopenie als maximaler möglicher Nebenwirkung ist zwar – gemessen an der Glaubwürdigkeit der Quelle (Paul-Ehrlich-Institut) – sehr gut. Allerdings muss beachtet werden, dass es sich stets nur um Verdachtsfälle handelt, d. h. um Ereignisse, die im Zeitraum nach der Einnahme oder der Verabreichung eines Impfstoffs aufgetreten sind. Ein Kausalzusammenhang zwischen dem gemel-

---

1321 *Paul-Ehrlich-Institut*, Masern-Impfstoffe, www.pei.de/DE/arzneimittel/impfstoffe/masern/masern-node.html (Seite zuletzt aufgerufen am: 08.04.2021).

1322 *Poethko-Müller et al.*, Impfnebenwirkungen bei Kindern und Jugendlichen, in: BGesBl. 2011, S. 357 (361).

1323 *Mentzer/Meyer/Keller-Stanislawski*, Sicherheit und Verträglichkeit von monovalenten Masern- und kombinierten Masern-, Mumps-, Röteln- und Varizellenimpfstoffen, in: BGesBl. 2013, S. 1253 (1257).

deten Ereignis und der Impfung ist damit noch nicht bewiesen.[1324] Es handelt sich um ein passives Meldesystem, das Limitationen hinsichtlich des Kausalitätsnachweises ausgesetzt ist, weshalb damit zu rechnen ist, dass Erkrankungen wegen der großen Anzahl geimpfter Personen durchaus auch zufällig in der Zeit nach der Impfung auftreten.[1325] Das Paul-Ehrlich-Institut hat für den Zeitraum von 2001–2012 lediglich in 6 % der Fälle einen Zusammenhang zwischen der Impfung und der Nebenwirkung als „wahrscheinlich" und in 43,3 % der Fälle als „möglich" angesehen; in den übrigen Verdachtsfällen war ein Kausalzusammenhang entweder „unwahrscheinlich" oder die Beurteilung aufgrund mangelnder Datenlage nicht möglich.[1326] Für den Zeitraum von 2013–2019, für den man hinsichtlich verfügbarer Daten auf die Datenbank (DB-UAW) angewiesen ist, sind dieser keine Informationen über die durch das Paul-Ehrlich-Institut erfolgte Kausalitätsbewertung zu entnehmen.

Die Prognostizierbarkeit der Eintrittswahrscheinlichkeit, die danach fragt, als wie erwiesen die Kausalität zwischen der Impfung und dem Schadensereignis zu bewerten ist, wirkt sich jedoch auf das weitere Vorgehen aus: Es erscheint plausibel, für die Gegenüberstellung der maximalen denkbaren Schadensereignisse im Rahmen der Gleichwertigkeitsprüfung eine zumindest fünfzigprozentige Prognosesicherheit der Verdachtsfälle zugrunde zu legen. Denn ein Zusammenhang zwischen gemeldeter Reaktion und der Impfung ist weder überwiegend wahrscheinlich noch überwiegend unwahrscheinlich. Diese Prognosesicherheit wirkt sich somit auf die Berechnung der Eintrittswahrscheinlichkeit aus: Die Eintrittswahrscheinlichkeit der Thrombozytopenie von 0,00043 % – als maximal denkbares Schadensereignis auf Seiten der Abwehrrechtsdimension – wird deshalb mit dem Wert 5 multipliziert, der der „Prognostizierbarkeit" zugeordnet wurde und dadurch signalisiert, dass diese unsicher ist.[1327]

[1324] *Paul-Ehrlich-Institut*, Erläuterungen zur UAW-Datenbank, www.pei.de/DE/arzneimittelsicherheit/pharmakovigilanz/uaw-datenbank/uaw-datenbank-node.html (Seite zuletzt aufgerufen am: 01.04.2021).

[1325] *Mentzer/Meyer/Keller-Stanislawski*, Sicherheit und Verträglichkeit von monovalenten Masern- und kombinierten Masern-, Mumps-, Röteln- und Varizellenimpfstoffen, in: BGesBl. 2013, S. 1253 (1256); *Poethko-Müller et al.*, Impfnebenwirkungen bei Kindern und Jugendlichen, in: BGesBl. 2011, S. 357.

[1326] *Mentzer/Meyer/Keller-Stanislawski*, Sicherheit und Verträglichkeit von monovalenten Masern- und kombinierten Masern-, Mumps-, Röteln- und Varizellenimpfstoffen, in: BGesBl. 2013, S. 1253 (1255).

[1327] Man beachte aber, dass die Zahl anerkannter Impf*schäden* (ohne Einschränkung des Impfantigens, d. h. für alle Zielkrankheiten), die zuletzt für die Jahre 2005–2009 erfasst wurde (vgl. *Robert-Koch-Institut*, Sicherheit von Impfungen, www.rki.de/DE/Content/Kommissionen/STIKO/Impfsicherheit/sicherheit_impfungen_node.html [Seite zuletzt aufgerufen am: 06.04.2021]), bei Lichte betrachtet noch auf eine deutlich geringere Prognostizierbarkeit hinweist, denn in diesem Zeitraum sind nur 169 Impfschäden anerkannt worden, Nationaler Impfplan (2012), S. 120. Selbst das bedeutet indes noch nicht, dass die Impfung die tatsächliche Ursache des Schadens ist, sondern nur, dass die Hinweise auf diese Kausalität überwiegen, vgl. die Aussage der Pressesprecherin des Paul-Ehrlich-Instituts, *Susanne Stöcker*,

Die Thrombozytopenie als maximal denkbares Schadensereignis infolge einer Masern*impfung* liegt damit hinsichtlich seiner Beeinträchtigungsintensität unter dem maximalen Schadensereignis, das infolge einer Masern*erkrankung* auftreten kann, nämlich dem Tod. Zwar sind dem Paul-Ehrlich-Institut in den Jahren 2001 bis 2012 auch insgesamt 15 Verdachtsmeldungen von Todesfällen im Zusammenhang mit Masernimpfungen zugegangen[1328], so dass auch hier durchaus ein Maximalschadensereignis vorliegen könnte, das mit dem Maximalschadensereignis bei einer Masernerkrankung vergleichbar ist. Allerdings wurde der Kausalzusammenhang vom Paul-Ehrlich-Institut in keinem dieser Fälle als „gesichert", „wahrscheinlich" oder auch nur als „möglich" bewertet.[1329] Stattdessen wurde entweder eine Todesursache festgestellt, die nicht mit der Impfung in Verbindung stand, oder die Todesursache konnte auch im Rahmen einer Autopsie sowie umfassender histologischer[1330], toxikologischer und molekularbiologischer Untersuchungen nicht festgestellt werden.[1331]

Wird nun die – anhand der für die Jahre 2011–2012 zusammengefasst veröffentlichten Daten – errechnete Wahrscheinlichkeit von 0,00043 % (als Dezimalzahl: 0,0000043)[1332] für die Impfnebenwirkung einer Thrombozytopenie/ITP zugrunde gelegt und mit dem Wert 5 [Prognostizierbarkeit][1333] multipliziert, ergibt sich daraus ein Wert von 0,0000215. Dieser wird sogleich mit dem Wert multipliziert, der dem maximal erwartbaren Schadensereignis skalar zugeordnet wurde, folglich 6.[1334] Daraus lässt sich im ersten Teilbereich der ersten

---

in: *Grabar*, Krank nach der Impfung, in: Der Tagesspiegel v. 03.11.2014, www.tagesspiegel.de/wissen/impfung-und-risiken-krank-nach-der-impfung/10918284.html (Seite zuletzt aufgerufen am: 18.03.2021).

1328 *Meyer/Mentzer/Keller-Stanislawski*, Sicherheit von Masernimpfstoffen, in: Bulletin zur Arzneimittelsicherheit Nr. 3/2013, S. 12 (14).

1329 „Fünf Meldungen beziehen sich auf plötzliche ungeklärte Todesfälle, bei denen auch im Rahmen einer Autopsie keine eindeutige Todesursache festgestellt werden konnte. Die geringe Zahl der Meldungen von Todesfällen ohne autoptisch erkennbare Ursache im zeitlichen Zusammenhang mit monovalenten oder kombinierten Masernimpfstoffen innerhalb des Beobachtungszeitraums von zwölf Jahren spricht vor dem Hintergrund der neueren wissenschaftlichen Erkenntnisse über den plötzlichen Tod bei Kindern und jungen Erwachsenen für ein koinzidentes Geschehen.", *Meyer/Mentzer/Keller-Stanislawski*, Sicherheit von Masernimpfstoffen, in: Bulletin zur Arzneimittelsicherheit Nr. 3/2013, S. 12 (14); ähnlich *Mentzer/Meyer/Keller-Stanislawski*, Sicherheit und Verträglichkeit von monovalenten Masern- und kombinierten Masern-, Mumps-, Röteln- und Varizellenimpfstoffen, in: BGesBl. 2013, S. 1253 (1255).

1330 Histologie bezeichnet die Lehre von den Geweben des Körpers als wissenschaftliches Teilgebiet von Medizin und Biologie, *Pschyrembel*, Klinisches Wörterbuch (2020), Stichwort „Histologie", S. 742.

1331 *Mentzer/Meyer/Keller-Stanislawski*, Sicherheit und Verträglichkeit von monovalenten Masern- und kombinierten Masern-, Mumps-, Röteln- und Varizellenimpfstoffen, in: BGesBl. 2013, S. 1253 (1255).

1332 Im Schaubild (Anhang, S. 556) dargestellt durch Variable „b_2".

1333 Im Schaubild (Anhang, S. 556) dargestellt durch Variable „c_2".

1334 Im Schaubild (Anhang, S. 556) dargestellt durch Variable „a_2".

Stufe für die Gefahrennähe der Abwehrrechtsdimension der Wert 0,000129[1335] ermitteln.[1336]

(cc) Zwischenergebnis zum ersten Teilbereich

Für die Gefahrennähe der Schutzpflichtdimension des Grundrechts auf Leben und körperliche Unversehrtheit ließ sich in diesem Teilbereich ein Wert von 0,01 bis 0,1 ermitteln[1337], für die Abwehrrechtsdimension ein Wert von 0,000129.[1338] Aus der für beide Grundrechtsdimensionen isoliert erfolgten Produktbildung hat sich somit für die Gefahrennähe der Schutzpflichtdimension des Grundrechts auf Leben und körperliche Unversehrtheit ein höherer Wert ergeben als für die Gefahrennähe der Abwehrrechtsdimension, so dass in Bezug auf das maximal zu erwartende Schadensereignis keine Gleichwertigkeit der beiden Grundrechtsdimensionen vorliegt: Die Gefahrennähe der Schutzpflichtdimension überwiegt im ersten Teilbereich der ersten Stufe die Gefahrennähe der Abwehrrechtsdimension.

(b) Zweiter Teilbereich

Nachdem im ersten Teilbereich der ersten Stufe die Maximalschadensintensität für beide Grundrechtsdimensionen ermittelt wurde, wird im zweiten Teilbereich nach den unterhalb des maximal erwartbaren Schadens liegenden Schadensereignissen gefragt. Das ist bedeutsam, weil für die Gefahrennähe beider Grundrechtsdimensionen nicht nur „worst-case-Szenarien“ ausschlaggebend sein können, sondern ebenso auch weniger schadensintensive, aber dafür möglicherweise umso zahlreicher auftretende Ereignisse berücksichtigt werden müssen. Der zweite Teilbereich steht deshalb gleichberechtigt neben dem ersten Teilbereich, erst aus dem Zusammenspiel der in beiden Teilbereichen ermittelten Ergebnisse lässt sich anschließend das Ergebnis der ersten Stufe ermitteln.

(aa) Gefahrennähe auf Seiten der Schutzpflichtdimension

Die Gefahren, die für die Schutzpflichtdimension auch von Schadensereignissen ausgehen können, die weniger gravierend sind als der letale Ausgang der Masernerkrankung, sind vielfältig.

Die in der medizinischen Literatur am häufigsten beschriebenen Schadensereignisse im Schweregrad unterhalb der Letalität des Masernerkrankten (als maximal erwartbares Schadensereignis) sind Mittelohrentzündungen und Lungenentzündungen. Mittelohrentzündungen treten als sogenannte Sekundär-

---

[1335] Im Schaubild (Anhang, S. 556) dargestellt durch Produkt „X_2“.

[1336] Die gesamte Rechnung lautet 6 × (0,0000043 × 5) = *0,000129*.

[1337] 10 [Wert des maximalen Schadensereignisses: Tod] × (0,0001 bis 0,001 [Eintrittswahrscheinlichkeit des Todes] × 10 [Prognostizierbarkeit der Wahrscheinlichkeit]) = *0,01* bis *0,1*.

[1338] 6 [Wert des maximalen Schadensereignisses: Thrombozytopenie/ITP] × (0,0000043 [Eintrittswahrscheinlichkeit einer Thrombozytopenie] × 5 [Prognostizierbarkeit der Wahrscheinlichkeit]) = *0,000129*.

infektion in etwa 7–9 % der Masernfälle auf.[1339] Lungenentzündungen kommen bei etwa 1–6 % der Masernfälle als Nebenwirkung zur Masernerkrankung selbst hinzu.[1340] Auch Hepatitiden[1341] und Myokarditiden[1342] können durch Masernviren ausgelöst werden.[1343] Insgesamt treten derartige bakterielle Sekundärinfektionen bei etwa 15 % der Masernfälle auf.[1344] Diese werden dadurch bedingt, dass eine Maserninfektion – selbst bei zunächst komplikationslosem Verlauf in (lediglich) der oben geschilderten Ausprägung[1345] – über einen Zeitraum von mindestens sechs Wochen eine transitorische[1346] Immunschwäche hinterlässt.[1347]

Überhaupt schwächen Maserninfektionen das Immunsystem – anders als die Impfung – über Jahre hinweg, da das Masernvirus bis zu 73 % der bereits gebildeten Antikörper im Immunsystem eines Menschen beseitigen kann.[1348] Je weniger Antikörper aber (noch) vorhanden sind, desto gesteigerter ist naturgemäß eine über Jahre andauernde Anfälligkeit für Infektionen. Darüber hinaus können auch Nebenwirkungen wie Thrombozytopenien (in 6:40.000 Fällen[1349]) bzw. Fieberkrämpfe (in 2 % der Fälle[1350]) auftreten. Die Wahrscheinlichkeiten

---

1339 *Jilg*, Der Impfkurs (2009), S. 125; *Mutz*, Masern, in: Kollaritsch/Wiedermann (Hrsg.), Leitfaden für Schutzimpfungen (2000), S. 118 (119).

1340 *Jilg/Heininger*, Masern, in: Spiess/Heininger/Jilg (Hrsg.), Impfkompendium (2015), S. 214 (216); *Meyer/Mentzer/Keller-Stanislawski*, Sicherheit von Masernimpfstoffen, in: Bulletin zur Arzneimittelsicherheit Nr. 3/2013, S. 12; *Mentzer/Meyer/Keller-Stanislawski*, Sicherheit und Verträglichkeit von monovalenten Masern- und kombinierten Masern-, Mumps-, Röteln- und Varizellenimpfstoffen, in: BGesBl. 2013, S. 1253; *Mutz*, Masern, in: Kollaritsch/Wiedermann (Hrsg.), Leitfaden für Schutzimpfungen (2000), S. 118 (119).

1341 Diffuse Entzündung des Leberparenchyms, *Pschyrembel*, Klinisches Wörterbuch (2020), Stichwort „Hepatitis“, S. 703.

1342 Umschriebene oder diffuse entzündliche Erkrankung des Herzmuskels, die Herzrhythmusstörungen und Symptome einer Herzinsuffizienz verursacht, *Pschyrembel*, Klinisches Wörterbuch (2020), Stichwort „Myokarditis“, S. 1173.

1343 *Uçkay et al.*, Die Folgen einer ungenügenden Herdimmunität, in: Therapeutische Umschau 2005, S. 679 (680).

1344 *Forster/Heininger/Mankertz*, Masern, in: Deutsche Gesellschaft für pädiatrische Infektiologie e. V. (Hrsg.), DGPI-Handbuch (2013), S. 383; z. T. geht das Robert-Koch-Institut allerdings von einer geringen Erfassung der Komplikationen aus, so dass die Dunkelziffer der Komplikationsraten möglicherweise höher ist, vgl. *Robert-Koch-Institut*, Aktuelle Epidemiologie der Masern in Deutschland, in EpidBull Nr. 33/2018, S. 325 (326).

1345 Siehe bereits § 3 B. II. 3. a) „Masern“.

1346 Vorübergehend (auftretend), *Pschyrembel*, Klinisches Wörterbuch (2020), Stichwort „transitorisch“, S. 1788.

1347 *Robert-Koch-Institut*, Ratgeber Masern, www.rki.de/DE/Content/Infekt/EpidBull/Merkblaetter/Ratgeber_Masern.html (Seite zuletzt aufgerufen am: 06.04.2021); *Forster/Heininger/Mankertz*, Masern, in: Deutsche Gesellschaft für pädiatrische Infektiologie e. V. (Hrsg.), DGPI-Handbuch (2013), S. 383.

1348 *Mina et al.*, Measles virus infection diminishes preexisting antibodies, in: Science 2019, S. 599 (601).

1349 *Jilg/Heininger*, Masern, in: Spiess/Heininger/Jilg (Hrsg.), Impfkompendium (2015), S. 214 (217).

1350 *Forster/Heininger/Mankertz*, Masern, in: Deutsche Gesellschaft für pädiatrische Infektiologie e. V. (Hrsg.), DGPI-Handbuch (2013), S. 383.

all dieser unterhalb der Letalität als maximalem Schadensereignis liegenden Ereignisse sind aufgrund der Kontagions- und Manifestationsindizes von nahezu 100 % auch direkt auf eine Wahrscheinlichkeit übertragbar, die sich auf die Gesamtbevölkerung bezieht.

Zu den Schadensereignissen des zweiten Teilbereichs der ersten Stufe zählen jedoch nicht nur krankheitsbedingte Komplikationen, sondern auch der typische, in gewisser Weise „regelkonforme" Krankheitsverlauf, der in allen übrigen Fällen vorliegt.[1351] Zu beachten ist, dass es bei Erwachsenen häufiger als bei Kindern zu einem Verlauf der Krankheit kommt, der auch im Vergleich zum „regelkonformen" Verlauf schwerer ist.[1352] Je länger das Fieber andauert, desto wahrscheinlicher wird das Auftreten der o. g. Komplikationen.[1353] Die Folgen eines Erregerkontaktes zeigen sich aufgrund des – wie bereits mehrfach dargelegt – hohen Kontagions- und Manifestationsindex des Masernerregers in allen anderen Fällen der Exposition (folglich etwa 85 %) also mindestens in dieser Schwere. Wenngleich zwar der regelkonforme Krankheitsverlauf – jedenfalls bei Kindern – zu einer „unkomplizierten und folgenlosen" Ausheilung führt[1354], so dürfte doch auch die Krankheit eine deutliche Beeinträchtigung des Wohlbefindens des Erkrankten darstellen.

Um nun für die Gefahrennähe der Schutzpflichtdimension das Produkt aus den unterhalb des maximalen Schadensereignisses liegenden Schadensereignissen und deren Eintrittswahrscheinlichkeiten zu ermitteln, müssen den bakteriellen Superinfektionen als Folge der Masernerkrankung als unter dem maximalen Schadensereignis („Tod", zugeordneter Wert: 10) liegende Ereignisse für das Grundrecht auf Leben mindestens die Zahlenwerte 5–7 zugeordnet werden.[1355] Deren Eintritt ist mit einer Gesamtwahrscheinlichkeit von bis zu 15 % (als Dezimalzahl: 0,15)[1356] zwar nicht übermäßig wahrscheinlich, aber auch nicht unwahrscheinlich und deutlich naheliegender als etwa der Eintritt des maximalen Schadensereignisses. Nicht zu vernachlässigen ist hier zudem, dass ansonsten der auch nur „regelkonforme" Krankheitsverlauf, der ebenfalls mit erheblichen körperlichen Beschwerden einhergeht und die körperliche Unversehrtheit damit mindestens vorübergehend beeinträchtigt, mit der übrigen Wahrscheinlichkeit von 85 % aber überaus wahrscheinlich ist. Jedenfalls aber ist die Prognostizierbarkeit[1357] dieser Wahrscheinlichkeit aufgrund der Quali-

---

[1351] Vgl. für die Schilderung des gewöhnlichen und regelkonformen Krankheitsverlaufs bereits § 3 B. II. 3. a) „Masern".

[1352] *Pschyrembel*, Klinisches Wörterbuch (2020), Stichwort „Masern", S. 1081 f.

[1353] *Mutz*, Masern, in: Kollaritsch/Wiedermann (Hrsg.), Leitfaden für Schutzimpfungen (2000), S. 118 (119).

[1354] *Jilg/Heininger*, Masern, in: Spiess/Heininger/Jilg (Hrsg.), Impfkompendium (2015), S. 214 (216).

[1355] Im Schaubild (Anhang, S. 556) dargestellt durch Variable „d_1".

[1356] Im Schaubild (Anhang, S. 556) dargestellt durch Variable „e_1".

[1357] Im Schaubild (Anhang, S. 556) dargestellt durch Variable „f_1".

tät und der wissenschaftlich-methodischen Basis der für die Bestimmung der Eintrittswahrscheinlichkeiten verwendeten Quellen[1358] – wie schon bei der Prognostizierbarkeit des maximal denkbaren Schadensereignisses im ersten Teilbereich – uneingeschränkt gegeben.[1359] (Hierin liegt ein bedeutender Unterschied zur Datenlage, die jeweils für die Risiken der Impfung bei der Abwehrrechtsdimension ausgewertet werden muss.) Daraus ergibt sich für die Gefahrennähe der Schutzpflichtdimension im zweiten Teilbereich der ersten Stufe folglich ein Wert[1360] von 7,5 bis 10,5.[1361]

(bb) Gefahrennähe auf Seiten der Abwehrrechtsdimension

Auch im Rahmen einer Masernimpfung können auf Seiten der Abwehrrechtsdimension verschiedene Impfreaktionen und -nebenwirkungen auftreten, die in ihrer Schadensintensität unterhalb einer Thrombozytopenie/ITP als maximal mögliches Schadensereignis liegen.

Ebenso wie bereits im ersten Teilbereich gibt es auch zu unterhalb des maximal erwartbaren Schadensereignisses liegenden, durch die Impfung ausgelösten Schadensereignissen mehrere Quellen, deren wissenschaftliche Basis zumindest zweifelhaft ist und deren Annahmen daher nicht die erforderliche Prognostizierbarkeit beanspruchen können, um innerhalb der Gleichwertigkeitsprüfung berücksichtigt zu werden. Dass die Masernimpfung „nur" wirkungslos sei[1362] oder nur einen lediglich vorübergehenden Schutz vermittle[1363], gehört hier zu den relativ harmlosen Behauptungen. Vielmehr wird auch behauptet, es erkrankten 10 % der Geimpften an „Impfmasern", und weitere Masernerkrankungen verliefen bei Geimpften im Folgenden komplikationsreicher als bei Ungeimpften.[1364] Enzephalitiden (Gehirnentzündungen) und Meningitiden (Hirnhautentzündungen) seien nach der Masernimpfung „nicht selten".[1365] Es

[1358] Namentlich *Jilg*, Der Impfkurs (2009), S. 125; *Mutz*, Masern, in: Kollaritsch/Wiedermann (Hrsg.), Leitfaden für Schutzimpfungen (2000), S. 118 ff.; *Jilg/Heininger*, Masern, in: Spiess/Heininger/Jilg (Hrsg.), Impfkompendium (2015), S. 214 ff.; *Forster/Heininger/Mankertz*, Masern, in: Deutsche Gesellschaft für pädiatrische Infektiologie e. V. (Hrsg.), DGPI-Handbuch (2013), S. 383 ff.

[1359] Zur wissenschaftlichen Basis der verwendeten Daten siehe bereits § 3 B. II. 2. a) aa) „Herkunft der zugrunde gelegten Daten".

[1360] Im Schaubild (Anhang, S. 556) dargestellt durch Produkt „Y_1".

[1361] 5 bis 7 [Werte der Schadensereignisse] × (0,15 [Eintrittswahrscheinlich des Schadensereignisses] × 10 [Prognostizierbarkeit der Wahrscheinlichkeit]) = *7,5* bis *10,5*.

[1362] So für viele *Kögel-Schauz*, Ungeimpfte Kinder sind gesünder, efi-online.de/wp-content/uploads/2014/01/UngeimpfteGesuender.pdf (Seite zuletzt aufgerufen am: 18.03.2021), S. 6, die behauptet, von 6 von 100 geimpften Kindern erkrankten dennoch an Masern.

[1363] *Bachmair* auf www.impfschaden.info/masern/impfung.html%20/ (Seite zuletzt aufgerufen am: 20.01.2021); *Rabe* auf www.impf-info.de/die-impfungen/masern/115-masern-die-impfung.html (Seite zuletzt aufgerufen am: 06.04.2021).

[1364] *Rabe* auf www.impf-info.de/die-impfungen/masern/115-masern-die-impfung.html (Seite zuletzt aufgerufen am: 06.04.2021).

[1365] *Rabe* auf www.impf-info.de/die-impfungen/masern/115-masern-die-impfung.html

bestünde zudem eine erhöhte Wahrscheinlichkeit für (wahlweise epileptische) Krampfanfälle.[1366] Außerdem sei die Masernimpfung die Ursache für bzw. begünstige schwere Atemwegsinfektionen wie Bronchitis, Lungenentzündung, Pseudokrupp[1367], der Erkrankung am „Respiratory syncitial virus" sowie Mittelohrentzündungen.[1368] Überhaupt verursachten Impfungen insgesamt eine höhere Infektanfälligkeit.[1369] Die Masernimpfung sei zudem eine mögliche Ursache von Leukämie[1370], Gebärmutterkrebs[1371], Allergien[1372] und verschiedenen Autoimmunerkrankungen (wie z. B. Multiple Sklerose, Neurodermitis)[1373]. Sie bewirke bei Kindern Entwicklungsverzögerungen und bleibende Hirnschädigungen[1374], Sprachschwäche, ADHS (Aufmerksamkeitsdefizits-Hyperaktivitätsstörung[1375]) und eine Schädigung der Sehnerven.[1376] Sogar für Skoliosen

(Seite zuletzt aufgerufen am: 06.04.2021); *Bachmair* auf www.impfschaden.info/masern/impfung.html%20/ (Seite zuletzt aufgerufen am: 20.01.2021).

[1366] *Rabe* auf www.impf-info.de/die-impfungen/masern/115-masern-die-impfung.html (Seite zuletzt aufgerufen am: 06.04.2021); *Kögel-Schauz*, Ungeimpfte Kinder sind gesünder, efi-online.de/wp-content/uploads/2014/01/UngeimpfteGesuender.pdf (Seite zuletzt aufgerufen am: 18.03.2021), S. 4.

[1367] Meist viral bedingte, bei Säuglingen und Kleinkindern akute stenosierende obere Atemwegsentzündung mit bellendem Husten, *Pschyrembel*, Klinisches Wörterbuch (2020), Stichworte „Pseudokrupp", S. 1447 und „Krupp-Syndrom", S. 964.

[1368] *Bachmair* auf www.impfschaden.info/masern/impfung.html%20/ (Seite zuletzt aufgerufen am: 20.01.2021); *Rabe* auf www.impf-info.de/die-impfungen/masern/115-masern-die-impfung.html (Seite zuletzt aufgerufen am: 06.04.2021); *Kögel-Schauz*, Ungeimpfte Kinder sind gesünder, efi-online.de/wp-content/uploads/2014/01/UngeimpfteGesuender.pdf (Seite zuletzt aufgerufen am: 18.03.2021), S. 4.

[1369] *Kögel-Schauz*, Ungeimpfte Kinder sind gesünder, efi-online.de/wp-content/uploads/2014/01/UngeimpfteGesuender.pdf (Seite zuletzt aufgerufen am: 18.03.2021), S. 4.

[1370] *Bachmair* auf www.impfschaden.info/masern/impfung.html%20/ (Seite zuletzt aufgerufen am: 20.01.2021).

[1371] *Bachmair* auf www.impfschaden.info/masern/impfung.html%20/ (Seite zuletzt aufgerufen am: 20.01.2021).

[1372] *Bachmair* auf www.impfschaden.info/masern/impfung.html%20/ (Seite zuletzt aufgerufen am: 20.01.2021); *Rabe* auf www.impf-info.de/die-impfungen/masern/115-masern-die-impfung.html (Seite zuletzt aufgerufen am: 06.04.2021); *Kögel-Schauz*, Ungeimpfte Kinder sind gesünder, efi-online.de/wp-content/uploads/2014/01/UngeimpfteGesuender.pdf (Seite zuletzt aufgerufen am: 18.03.2021), S. 2.

[1373] *Bachmair* auf www.impfschaden.info/masern/impfung.html%20/ (Seite zuletzt aufgerufen am: 20.01.2021); *Kögel-Schauz*, Ungeimpfte Kinder sind gesünder, efi-online.de/wp-content/uploads/2014/01/UngeimpfteGesuender.pdf (Seite zuletzt aufgerufen am: 18.03.2021), S. 2.

[1374] *Rabe* auf www.impf-info.de/die-impfungen/masern/115-masern-die-impfung.html (Seite zuletzt aufgerufen am: 06.04.2021).

[1375] Psychische Störung im Kindes-, Jugend- und Erwachsenenalter mit Leitsymptomen Unaufmerksamkeit, Hyperaktivität und Impulsivität, die in einem für den Entwicklungsstand des Betroffenen abnormen Ausmaß situationsübergreifend auftritt, *Pschyrembel*, Klinisches Wörterbuch (2020), Stichwort „ADHS", S. 24.

[1376] *Kögel-Schauz*, Ungeimpfte Kinder sind gesünder, efi-online.de/wp-content/uploads/2014/01/UngeimpfteGesuender.pdf (Seite zuletzt aufgerufen am: 18.03.2021), S. 3, 4.

(strukturelle Deformität der Wirbelsäule[1377]) seien Impfungen verantwortlich.[1378] Auch auf die Behauptung, Impfungen verursachten Autismus, welche längst widerlegt werden konnte[1379], wird immer wieder rekurriert.[1380] Die Einbeziehung dieser Schadensszenarien in die Grundrechtsabwägung anhand der Gleichwertigkeitsprüfung ist daher aufgrund fehlender wissenschaftlich-methodischer Basis nicht geboten.

Demgegenüber wird in der wissenschaftlichen Literatur, die sich auf die evidenzbasierte Medizin stützt, als Nebenwirkung einer Masernimpfung insbesondere von lokalen Impfreaktionen wie Schmerzen und Rötungen an der Einstichstelle sowie von Fieber, Müdigkeit und Gelenkschmerzen berichtet.[1381] Bei 5–15 % der Geimpften tritt in den Tagen nach der Impfung Fieber auf, das gelegentlich (bei etwa 5 % der Fiebernden) mit einem morbilliformen Exanthem[1382] (sog. „Impfmasern") einhergeht.[1383] Diese Erscheinung hält für maximal drei Tage an[1384], wodurch die „Impfmasern" als „Impfkrankheit" von der Ausgangserkrankung zu unterscheiden sind, deren Verlauf deutlich langwieriger ist. Bei „Impfmasern" besteht zudem – anders als bei der Ausgangserkrankung – keine Ansteckungsgefahr.[1385]

1377 *Pschyrembel*, Klinisches Wörterbuch (2020), Stichwort „Skoliose", S. 1640.

1378 *Kögel-Schauz*, Ungeimpfte Kinder sind gesünder, efi-online.de/wp-content/uploads/2014/01/UngeimpfteGesuender.pdf (Seite zuletzt aufgerufen am: 18.03.2021), S. 4.

1379 So *De Stefano/Chen*, Negative association between MMR and autism, in: The Lancet 1999, Jun 12; 353(9169), S. 1987–1988; *Rao/Andrade*, The MMR vaccine and autism: sensation, refutation, retraction, and fraud, in: Indian J Psychiatry 2011 Apr–Jun; 53(2): 95–96; *Roberts*, MMR vaccination and autism, in: BMJ 1998 Jun 13; 316(7147): 1824; *Taylor et al.*, Autism and measles, mumps, and rubella vaccine: no epidemiological evidence for a causal association, in: The Lancet 1999, Jun 12; 353(9169), S. 2026–2029.

1380 So von *Bachmair* auf www.impfschaden.info/masern/impfung.html%20/ (Seite zuletzt aufgerufen am: 20.01.2021); *Rabe* auf www.impf-info.de/die-impfungen/masern/115-masern-die-impfung.html (Seite zuletzt aufgerufen am: 06.04.2021) und *Hans Tolzin* auf www.impfkritik.de/virusbeweis/index.html (Seite zuletzt aufgerufen am: 06.04.2021).

1381 *Pschyrembel*, Klinisches Wörterbuch (2020), Stichwort „Masern-Schutzimpfung", S. 1082; *Zingg*, Machen Impfungen krank?, in: Therapeutische Umschau 2005, S. 665 (670).

1382 Masernähnlicher Ausschlag, vgl. bei *Jilg/Heininger*, Masern, in: Spiess/Heininger/Jilg (Hrsg.), Impfkompendium (2015), S. 214 (217).

1383 *Forster/Heininger/Mankertz*, Masern, in: Deutsche Gesellschaft für pädiatrische Infektiologie e. V. (Hrsg.), DGPI-Handbuch (2013), S. 383 (385); *Jilg/Heininger*, Masern, in: Spiess/Heininger/Jilg (Hrsg.), Impfkompendium (2015), S. 214 (217); *Mutz*, Masern, in: Kollaritsch/Wiedermann (Hrsg.), Leitfaden für Schutzimpfungen (2000), S. 118 (121); *Storr et al.*, Masernstatus – Impfbarrieren und Strategien zu deren Überwindung, in: DÄ 2018, S. 723 (729).

1384 *Jilg/Heininger*, Masern, in: Spiess/Heininger/Jilg (Hrsg.), Impfkompendium (2015), S. 214 (217).

1385 *Pschyrembel*, Klinisches Wörterbuch (2020), Stichwort „Masern-Schutzimpfung", S. 1082; *Forster/Heininger/Mankertz*, Masern, in: Deutsche Gesellschaft für pädiatrische Infektiologie e. V. (Hrsg.), DGPI-Handbuch (2013), S. 383 (385); *Uçkay et al.*, Die Folgen einer ungenügenden Herdimmunität, in: Therapeutische Umschau 2005, S. 679 (680).

Die in der Literatur beschriebenen Nebenwirkungen lassen sich durch die vorhandenen Daten des Paul-Ehrlich-Instituts bestätigen: Die zusammenfassende Veröffentlichung des Paul-Ehrlich-Instituts für die nach § 6 Abs. 1 Nr. 3 IfSG namentlich meldepflichtigen Verdachtsfälle von Impfreaktionen[1386] aus den Jahren 2001–2012 legt dar, dass ca. 10,5 % der 5.297 gemeldeten Reaktionen (also etwa 556) auf Fieber entfallen.[1387] Neben weiteren Reaktionen sind mögliche Nebenwirkungen, die unterhalb des Maximalschadensrisikos liegen, außerdem Konvulsionen[1388] (etwa 2 % der Reaktionen, trat also ca. 106 Mal auf), Diabetes mellitus Typ 1 (etwa 0,7 % der Reaktionen, trat folglich ca. 37 Mal auf), Bronchitiden (etwa 0,6 % der Reaktionen, trat somit ca. 32 Mal auf) sowie Mittelohr- und Bindehautentzündungen (jeweils etwa 0,5 % der Reaktionen, traten also jeweils ca. 26 Mal auf).[1389]

Fraglich ist nun, wie wahrscheinlich das Auftreten dieser unterhalb des maximalen Schadensereignisses liegenden Ereignisse in Folge einer Masernimpfung ist. Wie bereits bei der Prüfung der Gefahrennähe der Abwehrrechtsdimension im ersten Teilbereich tritt hier das Problem des uneinheitlichen Datenbezugs auf[1390]: Die zusammenfassende Veröffentlichung des Paul-Ehrlich-Instituts für die Jahre 2001–2012 gibt zwar einerseits an, wie hoch der prozentuale Anteil einer bestimmten Reaktion an der Zahl der Gesamtreaktionen ist und andererseits, wie viele Verdachtsfallmeldungen (also Personen, die eine oder mehrere Reaktionen aufweisen) auf 100.000 freigegebene Impfdosen kommen (nämlich 5,7).[1391] Um die Eintrittswahrscheinlichkeit eines bestimmten Schadensereignisses bestimmen zu können, muss daraus aber nun errechnet werden, in wie viel Prozent freigegebener Impfdosen eine bestimmte Reaktion in zeitlicher Nähe zur Impfung gemeldet worden ist. Daraus ergeben sich folgende Ergebnisse[1392]:

[1386] *Meyer/Mentzer/Keller-Stanislawski*, Sicherheit von Masernimpfstoffen, in: Bulletin zur Arzneimittelsicherheit Nr. 3/2013, S. 12–14 sowie *Mentzer/Meyer/Keller-Stanislawski*, Sicherheit und Verträglichkeit von monovalenten Masern- und kombinierten Masern-, Mumps-, Röteln- und Varizellenimpfstoffen, in: BGesBl. 2013, S. 1253–1259.

[1387] *Mentzer/Meyer/Keller-Stanislawski*, Sicherheit und Verträglichkeit von monovalenten Masern- und kombinierten Masern-, Mumps-, Röteln- und Varizellenimpfstoffen, in: BGesBl. 2013, S. 1253 (1258); *Meyer/Mentzer/Keller-Stanislawski*, Sicherheit von Masernimpfstoffen, in: Bulletin zur Arzneimittelsicherheit Nr. 3/2013, S. 12 (13).

[1388] Anfallartig und episodisch auftretende unwillkürliche Muskelkontraktion, *Pschyrembel*, Klinisches Wörterbuch (2020), Stichwort „Konvulsion", S. 946.

[1389] *Mentzer/Meyer/Keller-Stanislawski*, Sicherheit und Verträglichkeit von monovalenten Masern- und kombinierten Masern-, Mumps-, Röteln- und Varizellenimpfstoffen, in: BGesBl. 2013, S. 1253 (1258); *Meyer/Mentzer/Keller-Stanislawski*, Sicherheit von Masernimpfstoffen, in: Bulletin zur Arzneimittelsicherheit Nr. 3/2013, S. 12 (13).

[1390] Siehe bereits § 3 B. II. 3. a) bb) (1) (a) (bb) „Gefahrennähe auf Seiten der Abwehrrechtsdimension".

[1391] *Mentzer/Meyer/Keller-Stanislawski*, Sicherheit und Verträglichkeit von monovalenten Masern- und kombinierten Masern-, Mumps-, Röteln- und Varizellenimpfstoffen, in: BGesBl. 2013, S. 1253 (1254, 1258); *Meyer/Mentzer/Keller-Stanislawski*, Sicherheit von Masernimpfstoffen, in: Bulletin zur Arzneimittelsicherheit Nr. 3/2013, S. 12 (13).

[1392] Im Schaubild (Anhang, S. 556) jeweils dargestellt durch Variable „e_2".

Der Anteil der Personen, bei denen nach der Impfung Fieber aufgetreten ist, betrug 32,78 % der Gesamtzahl der Verdachtsfallmeldungen (556 Personen von 1.696) in den Jahren 2001–2012. Daraus ergibt sich eine Wahrscheinlichkeit von 0,00187 % (als Dezimalzahl: 0,0000187), nach der Masernimpfung Fieber zu bekommen.[1393]

Der Anteil der Personen, bei denen nach der Impfung Konvulsionen aufgetreten sind, betrug 6,25 % der Gesamtzahl der Verdachtsfallmeldungen (106 Personen von 1.696). Daraus ergibt sich eine Wahrscheinlichkeit von 0,000356 % (als Dezimalzahl: 0,00000356), nach der Masernimpfung eine Konvulsion zu erleiden.[1394]

Der Anteil der Personen, bei denen nach der Impfung Diabetes mellitus Typ 1 aufgetreten ist, betrug 2,18 % der Gesamtzahl der Verdachtsfallmeldungen (37 Personen von 1.696). Daraus ergibt sich eine Wahrscheinlichkeit von 0,000124 % (als Dezimalzahl: 0,00000124), nach der Masernimpfung an Diabetes mellitus Typ 1 zu erkranken.[1395]

Der Anteil der Personen, bei denen nach der Impfung eine Bronchitis aufgetreten ist, betrug 1,89 % der Gesamtzahl der Verdachtsfallmeldungen (32 Personen von 1.696). Daraus ergibt sich eine Wahrscheinlichkeit von 0,000107 % (als Dezimalzahl: 0,00000107), nach der Masernimpfung eine Bronchitis zu bekommen.[1396]

Der Anteil der Personen, bei denen nach der Impfung entweder eine Mittelohr- oder eine Bindehautentzündung aufgetreten ist, betrug jeweils 1,53 % der Gesamtzahl der Verdachtsfallmeldungen (jeweils 26 Personen von 1.696). Daraus ergibt sich eine Wahrscheinlichkeit von jeweils 0,000087 % (als Dezimalzahl: 0,00000087), nach der Masernimpfung eine Mittelohr- bzw. eine Bindehautentzündung zu bekommen.[1397]

Dieses Bild bestätigen auch die der DB-UAW des Paul-Ehrlich-Instituts zu entnehmenden Daten zu den in den Jahren 2013–2019[1398] gemeldeten Verdachtsfällen: Wie bereits aufgezeigt[1399], sind diese dort allerdings nicht zusammengefasst veröffentlicht, sondern nur nach gezielter Eingabe der Kriterien abrufbar. Die Anzahl der *Reaktionen*, die für die zusammenfassende Datenver-

1393 32,78 % von 5,7 Verdachtsfallmeldungen sind 1,87 Meldungen auf 100.000 Impfdosen, woraus sich eine Wahrscheinlichkeit von 0,00187 % (als Dezimalzahl: 0,0000187) ergibt.

1394 6,25 % von 5,7 Verdachtsfallmeldungen sind 0,356 Meldungen auf 100.000 Impfdosen, woraus sich eine Wahrscheinlichkeit von 0,000356 % (als Dezimalzahl: 0,00000356) ergibt.

1395 2,18 % von 5,7 Verdachtsfallmeldungen sind 0,124 Meldungen auf 100.000 Impfdosen, woraus sich eine Wahrscheinlichkeit von 0,000124 % (als Dezimalzahl: 0,00000124) ergibt.

1396 1,89 % von 5,7 Verdachtsfallmeldungen sind 0,107 Meldungen auf 100.000 Impfdosen, woraus sich eine Wahrscheinlichkeit von 0,000107 % (als Dezimalzahl: 0,00000107) ergibt.

1397 1,53 % von 5,7 Verdachtsfallmeldungen sind 0,087 Meldungen auf 100.00 Impfungen, woraus sich eine Wahrscheinlichkeit von 0,000087 % (als Dezimalzahl: 0,00000087) ergibt.

1398 Bis einschließlich 31.10.2019.

1399 Siehe bereits zuvor § 3 B. II. 3. a) bb) (1) (a) (bb) „Gefahrennähe auf Seiten der Abwehrrechtsdimension".

öffentlichung für die Jahre 2001–2012 aufgeschlüsselt wurde und die über die Anzahl der Verdachtsfälle hinausgehen kann, fehlt allerdings in der Datenbank. Dadurch wird eine einheitliche Darstellung und somit Vergleichbarkeit mit den zu den Jahren 2001–2012 verfügbaren, einheitlich veröffentlichten Daten verunmöglicht. Der UAW-DB lassen sich nach Eingrenzung auf einen bestimmten Zeitraum nur die gemeldeten Verdachts*fälle* (Personen) entnehmen, nicht aber die Gesamtanzahl an Reaktionen, weshalb auch keine Information darüber verfügbar ist, wie viele Verdachtsfallmeldungen *durchschnittlich* bei 100.000 freigegebenen Impfdosen vorkommen. Dementsprechend kann auch nicht – wie zuvor für die Jahre 2001–2012 – errechnet werden, wie wahrscheinlich die Nebenwirkungen Fieber/Konvulsionen/Diabetes/Bronchitis/Mittelohr- bzw. Bindehautentzündung in Anbetracht der Gesamtzahl verabreichter Impfungen jeweils auftreten.

Einiges lässt sich der Datenbank für die Jahre 2013–2019 aber dennoch entnehmen: Wie ebenfalls bereits festgestellt, haben sich im Zeitraum von 2013–2019 insgesamt für 2.072 Personen Verdachts*fall*meldungen in Bezug auf alle derzeit gegen Masern zugelassenen Impfstoffe[1400] ergeben. Davon wurde in 732 Fällen (35,33 %) die Nebenwirkung Fieber gemeldet, in zwei Fällen (0,1 %) die Nebenwirkung Konvulsion[1401], in 20 Fällen (0,97 %) die Nebenwirkung Bronchitis, in 15 Fällen (0,72 %) die Nebenwirkung Mittelohrentzündung und in 25 Fällen (1,21 %) die Nebenwirkung Bindehautentzündung. Diese Werte zeigen zumindest eine ähnliche Tendenz auf wie die für 2001–2012 errechneten Werte. Lediglich im Hinblick auf die Nebenwirkung Diabetes mellitus Typ 1 erweist sich die Datenbank leider aus mehreren Gründen als nicht brauchbar.[1402]

Auch im zweiten Teilbereich wirkt sich die Prognostizierbarkeit der Eintrittswahrscheinlichkeit, die danach fragt, wie erwiesen die Kausalität zwischen der Impfung und dem Schadensereignis ist, auf das weitere Vorgehen aus: Angesichts der bereits geschilderten, durch das Paul-Ehrlich-Institut vorgenommenen Kausalitätsbewertung der Verdachtsfallmeldungen, die nur in etwa der Hälfte der Fälle eine Kausalität zwischen Impfung und Nebenwirkung als

[1400] M-M-RVAXPRO, Masern-Impfstoff Mérieux, Priorix, Priorix Tetra sowie Pro-Quad, vgl. *Paul-Ehrlich-Institut*, Masern-Impfstoffe, www.pei.de/DE/arzneimittel/impfstoffe/masern/masern-node.html (Seite zuletzt aufgerufen am: 08.04.2021).

[1401] Hier liegt als Ursache der vergleichsweise geringen Anzahl allerdings ein fehlerhafter Algorithmus der Datenbank näher: Zwar werden für die gemeldeten Nebenwirkungen „Konvulsionen lokal"/„Konvulsionen Neugeborenes"/„Muskelkontraktur/„Muskelkontraktionen unwillkürlich", die jeweils für die derzeit zugelassenen Masernimpfstoffe angefragt wurden, insgesamt das Vorhandensein zweier Datensätze angezeigt, die weitere Filterung (etwa nach Jahr der Meldung) gelingt aber nicht.

[1402] Auch hier wird zwar das Vorhandensein von Datensätzen angezeigt, diese sind aber anschließend nicht aufrufbar; zudem sind sowohl die Nebenwirkung „Diabetes mellitus" als auch die Nebenwirkungen „Diabetes mellitus Typ 1" und „Diabetes mellitus ungenügend eingestellt" auswählbar, so dass völlig unklar ist, wie viele Überschneidungen sich hier in den Datensätzen möglicherweise ergeben.

„wahrscheinlich" oder „möglich" eingestuft hatte[1403], erscheint es auch hier plausibel, für die Gegenüberstellung der unterhalb des Maximums liegenden Schadensereignisse im Rahmen der Gleichwertigkeitsprüfung eine zumindest fünfzigprozentige Prognosesicherheit der Verdachtsfälle zugrunde zu legen. Diese wirkt sich auch hier auf deren Eintrittswahrscheinlichkeit aus, indem die Eintrittswahrscheinlichkeit der Ereignisse Fieber, Konvulsion, Diabetes mellitus Typ 1, Bronchitis, Mittelohr- sowie Bindehautentzündungen – als unterhalb des Maximums liegende Schadensereignisse auf Seiten der Abwehrrechtsdimension – jeweils mit dem Wert 5 multipliziert wird[1404], der signalisiert, dass die Prognostizierbarkeit unsicher ist.

Nun muss eine skalare Bewertung der Schadensereignisse erfolgen: Angesichts der Bewertung von 10 für das Schadensmaximum (letaler Ausgang)[1405] erscheint es schlüssig, der Nebenwirkung „Fieber" den Wert 2 beizumessen, den Nebenwirkungen Konvulsion, Mittelohrentzündung, Bindehautentzündung und Bronchitis jeweils den Wert 3 und der Nebenwirkung Diabetes mellitus Typ 1 den Wert 4.[1406] Dadurch ergeben sich für die Berechnung der Gefahrennähe der Abwehrrechtsdimension jeweils folgende Ergebnisse:

Der Nebenwirkung „Fieber" kommt hinsichtlich der Gefahrennähe für die Abwehrrechtsdimension der Wert 0,000187[1407] zu, der Nebenwirkung „Konvulsion" der Wert 0,0000534[1408], der Nebenwirkung „Diabetes mellitus Typ 1" der Wert 0,0000248[1409], der Nebenwirkung „Bronchitis" der Wert 0,000016[1410] und den Nebenwirkungen „Mittelohrentzündung" und „Bindehautentzündung" jeweils der Wert 0,00001305[1411]. Diese Werte müssen nun addiert werden, da Impfnebenwirkungen nach der Datenlage des Paul-Ehrlich-Instituts auch kumulativ auftreten können (anders als *das eine* maximale Schadensereignis). Da-

---

1403 *Mentzer/Meyer/Keller-Stanislawski*, Sicherheit und Verträglichkeit von monovalenten Masern- und kombinierten Masern-, Mumps-, Röteln- und Varizellenimpfstoffen, in: BGesBl. 2013, S. 1253 (1255); siehe bereits § 3 B. II. 3. a) bb) (1) (a) (bb) „Gefahrennähe auf Seiten der Abwehrrechtsdimension".

1404 Im Schaubild (Anhang, S. 556) dargestellt durch Variable „f_2".

1405 Siehe bereits § 3 B. II. 3. a) bb) (1) (a) (aa) „Gefahrennähe auf Seiten der Schutzpflichtdimension".

1406 Im Schaubild (Anhang, S. 556) dargestellt durch Variable „d_2".

1407 2 [Wert des Schadensereignisses: Fieber] × (0,0000187 [Eintrittswahrscheinlichkeit des Schadensereignisses] × 5 [Prognostizierbarkeit der Wahrscheinlichkeit]) = *0,000187.*

1408 3 [Wert des Schadensereignisses: Konvulsion] × (0,00000356 [Eintrittswahrscheinlichkeit des Schadensereignisses] × 5 [Prognostizierbarkeit der Wahrscheinlichkeit]) = *0,0000534.*

1409 4 [Wert des Schadensereignisses: Diabetes mellitus Typ 1] × (0,00000124 [Eintrittswahrscheinlichkeit des Schadensereignisses] × 5 [Prognostizierbarkeit der Wahrscheinlichkeit]) = *0,0000248.*

1410 3 [Wert des Schadensereignisses: Bronchitis] × (0,00000107 [Eintrittswahrscheinlichkeit des Schadensereignisses] × 5 [Prognostizierbarkeit der Wahrscheinlichkeit]) = *0,000016.*

1411 3 [Wert der Schadensereignisse: Bindehautentzündung bzw. Mittelohrentzündung] × (0,00000087 [Eintrittswahrscheinlichkeit des Schadensereignisses] × 5 [Prognostizierbarkeit der Wahrscheinlichkeit]) = *0,00001305.*

raus ergibt sich für die Gefahrennähe der Abwehrrechtsdimension im zweiten Teilbereich der ersten Stufe folglich ein Wert von 0,00031.[1412]

(cc) Zwischenergebnis zum zweiten Teilbereich

Für die Gefahrennähe der Schutzpflichtdimension des Grundrechts auf Leben und körperliche Unversehrtheit hat sich in diesem Teilbereich ein Wert von 7,5 bis 10,5 ergeben[1413], für die Abwehrrechtsdimension ein Wert von 0,00031.[1414]

Auch aus der Gegenüberstellung der Ergebnisse der Produktbildungen im zweiten Teilbereich der ersten Stufe der Gleichwertigkeitsprüfung ergibt sich für die Schutzpflichtdimension ein deutlich höherer Wert, so dass die jeweiligen Gefahrennähen der beiden Grundrechtsdimensionen nicht gleichwertig sind. Die Gefahrennähe der Schutzpflichtdimension des Grundrechts auf Leben und körperliche Unversehrtheit ist auch in Bezug auf unter dem maximalen Schadensereignis liegende Schäden größer.

(c) Zusammenspiel der Teilbereiche

Es hat sich gezeigt, dass weder im ersten noch im zweiten Teilbereich der ersten Stufe eine Gleichwertigkeit zwischen den Risikoprognosen für die Gefahrennähe der Schutzpflichtdimension und die Gefahrennähe der Abwehrrechtsdimension besteht. Stattdessen überwiegt in beiden Teilbereichen die Gefahrennähe der Schutzpflichtdimension, so dass auch das Zusammenspiel beider Teilbereiche ein sehr eindeutiges Ergebnis der Grundrechtsabwägung hervorbringt: Sowohl das maximal erwartbare Schadensereignis durch die Krankheit als auch krankheitsbedingte, darunter liegende Schadensereignisse haben sich als deutlich gefährlicher für die körperliche Unversehrtheit erwiesen als die Schadensereignisse, die durch eine Masernimpfung zu erwarten sind.

(2) Zweite und dritte Stufe

Da sich bereits auf der ersten Stufe der Gleichwertigkeitsprüfung für die Verfassungsmäßigkeit einer allgemeinen Impfpflicht gegen Masern insgesamt ein Überwiegen der Schutzpflichtdimension gezeigt hat, kommt es auf die Behelfskriterien der zweiten und dritten Stufe nicht mehr an: Die durch die Krankheit bedingte Gefahrennähe der Schutzpflichtdimension überwiegt die impfbedingte Gefahrennähe der Abwehrrechtsdimension deutlich.

[1412] Im Schaubild (Anhang, S. 556) dargestellt durch Produkt „Y_2".

[1413] 5 bis 7 [Werte der Schadensereignisse] × (0,15 [Eintrittswahrscheinlichkeit des Schadensereignisses] × 10 [Prognostizierbarkeit der Wahrscheinlichkeit]) = *7,5* bis *10,5*.

[1414] 0,000187 [Wert der Gefahrennähe für die Nebenwirkung „Fieber"] + 0,0000534 [Wert der Gefahrennähe für die Nebenwirkung „Konvulsion"] + 0,0000248 [Wert der Gefahrennähe für die Nebenwirkung „Diabetes mellitus Typ 1"] + 0,000016 [Wert der Gefahrennähe für die Nebenwirkung „Bronchitis"] + 0,00001305 [Wert der Gefahrennähe für die Nebenwirkung „Mittelohrentzündung"] 0,00001305 [Wert der Gefahrennähe für die Nebenwirkung „Bindehautentzündung"] = *0,00031*.

Die etwaigen Möglichkeiten der Schadensreversibilität als Behelfskriterium der zweiten Stufe können das eindeutige Ergebnis der Prüfung auf der ersten Stufe nicht verschieben. Die Möglichkeit, einen eingetretenen Schaden rückgängig zu machen bzw. in medizinischem Sinne zu heilen, besteht indes bei dem maximalen Schadensrisiko für die Schutzpflichtdimension – dem tödlichen Ausgang der Masernerkrankung – ohnehin nicht. Auch schon für die komplikationslose Form der Masernerkrankung als darunterliegendes Schadensereignis gibt es keine virale Therapiemöglichkeit.[1415] Auch die zeitliche Nähe der möglichen Schadensereignisse als zweites Behelfskriterium kann das auf der ersten Stufe ermittelte, eindeutige Ergebnis nicht abändern.

cc) Ergebnis

Weil sich in Bezug auf die Masernerkrankung aus der (teilweise allerdings etwas lückenhaften oder unpraktikablen) Datenlage ergeben hat, dass die erforderliche Herdenimmunitätsschwelle von 95 % derzeit unterschritten wird und die Schutzpflicht für das Grundrecht auf Leben und körperliche Unversehrtheit der schutzbedürftigen Risikogruppe der Impfunfähigen damit aktiviert ist, mussten die beiden Grundrechtsdimensionen gegeneinander abgewogen werden. Diese Abwägung ist im Wege der Gleichwertigkeitsprüfung erfolgt und hat – zumindest anhand der vorhandenen Daten – eindeutig ergeben, welche der beiden Dimensionen eine größere Gefahrennähe aufweist: Schon auf der ersten Stufe hat sich ein deutliches Überwiegen der Schutzpflichtdimension gezeigt: Die Masern*erkrankung* stellt sowohl hinsichtlich maximal denkbarer Schadensereignisse als auch hinsichtlich der Intensität darunterliegender Schäden eine deutlich größere Gefahr für das Grundrecht auf Leben und körperliche Unversehrtheit dar als die Masern*impfung*. Eine allgemeine Impfpflicht gegen Masern ist daher sowohl angemessen als auch insgesamt verhältnismäßig und verfassungsgemäß.

b) Mumps

Als zweite Krankheit, bei der die Verfassungsmäßigkeit einer Impfpflicht anhand des Modells der Gleichwertigkeitsprüfung geprüft werden kann, hat sich die Infektionskrankheit Mumps herausfiltern lassen.

Bei Mumps handelt es sich um eine akute und hochansteckende Viruserkrankung.[1416] Eine Impfempfehlung wurde seitens der Ständigen Impfkommission

---

[1415] *Robert-Koch-Institut*, Ratgeber Masern, www.rki.de/DE/Content/Infekt/EpidBull/Merkblaetter/Ratgeber_Masern.html (Seite zuletzt aufgerufen am: 06.04.2021); *Bundesministerium für Gesundheit*, Nationaler Aktionsplan 2015–2020 zur Elimination von Masern und Röteln in Deutschland, S. 12; *Forster/Heininger/Mankertz*, Masern, in: Deutsche Gesellschaft für pädiatrische Infektiologie e. V. (Hrsg.), DGPI-Handbuch (2013), S. 383 (384); *Hengel*, Masernvirus, in: Darai et al. (Hrsg.), Lexikon der Infektionskrankheiten (2012), S. 521 (523); *Uçkay et al.*, Die Folgen einer ungenügenden Herdimmunität, in: Therapeutische Umschau 2005, S. 679 (680).

[1416] *Robert-Koch-Institut*, Infektionsepidemiologisches Jahrbuch 2018 (2019), S. 186.

erstmals 1976 ausgesprochen.[1417] Die Meldepflicht für Erkrankungs- und Verdachtsfälle von Mumps wurde jedoch erst im Jahr 2013 in das Infektionsschutzgesetz aufgenommen[1418], so dass vorher keine umfassenden Prävalenzdaten zum Auftreten der Mumps-Erkrankung erhoben werden konnten.

Ebenso wie bei der Impfung gegen Masern erfolgt die Grundimmunisierung mittels zweier für die Herstellung der (individuellen) Immunität notwendigen Impfgaben[1419], die erst ab einem Lebensalter von elf bzw. 15 Monaten erfolgen darf.[1420] Vorher sind die Kinder zur schutzbedürftigen Gruppe der Impfunfähigen zu zählen. Die Erkrankung ist stets gekennzeichnet von schmerzhaften entzündlichen Schwellungen der Ohrspeicheldrüse, es können aber auch zahlreiche Komplikationen wie Meningitis, Enzephalitis, Hörverlust, Orchitis (Hodenentzündung, in 15–30 % der Fälle), Oophoritis (Eierstockentzündung, in etwa 5 % der Fälle) und Mastitis (Brustdrüsenentzündung) auftreten.[1421] Mindestens 30–40 % der Infektionen verlaufen jedoch auch klinisch inapparent, subklinisch oder komplikationslos.[1422]

aa) Aktivierung der Schutzpflicht?

Die für die Erreichung der Herdenimmunität[1423] gegen Mumps erforderliche Durchimpfungsrate bei einer Basisreproduktionszahl $R_0 = 10–12$[1424] liegt bei 88–92 %[1425], teilweise werden auch geringere Werte von 75–86 % angenommen.[1426]

[1417] *Robert-Koch-Institut*, Änderung der Empfehlung zur Impfung gegen Mumps, in: EpidBull Nr. 31/2012, S. 314 (315); *dass.*, Ratgeber „Mumps", www.rki.de/DE/Content/Infekt/EpidBull/Merkblaetter/Ratgeber_Mumps.html#doc13018560bodyText13 (Seite zuletzt aufgerufen am: 06.04.2021).

[1418] *Wichmann*, Neue Meldepflichten, in: DÄ 2013, S. A879.

[1419] *Kries et al.*, Prävention und Früherkennung von Krankheiten, in: Schlack/Kries/Thyen (Hrsg.), Sozialpädiatrie (2009), S. 76 (79).

[1420] *Robert-Koch-Institut*, Impfkalender 2019/20, in: EpidBull Nr. 34/2019, S. 316.

[1421] *Robert-Koch-Institut*, Infektionsepidemiologisches Jahrbuch 2018 (2019), S. 186; *Koch/Takla*, Effekte der Masern-Mumps-Röteln (MMR)-Impfung, in: BGesBl. 2013, S. 1305; *Takla et al.*, Mumps epidemiology in Germany 2007–2011, in: Eurosurveillance 2013 (online); *Wichmann*, Neue Meldepflichten, in: DÄ 2013, S. A879.

[1422] *Forster/Heininger/Mankertz*, Mumps, in: Deutsche Gesellschaft für pädiatrische Infektiologie e. V. (Hrsg.), DGPI-Handbuch (2013), S. 407; *Koch/Takla*, Effekte der Masern-Mumps-Röteln (MMR)-Impfung, in: BGesBl. 2013, S. 1305; *Mutz*, Mumps, in: Kollaritsch/Wiedermann (Hrsg.), Leitfaden für Schutzimpfungen (2000), S. 124; *Heininger*, Risiken von Infektionskrankheiten und der Nutzen von Impfungen, in: BGesBl. 2004, S. 1129 (1132 f.) geht sogar von mehr als der Hälfte der Fälle aus.

[1423] Beachte aber *Rabe*, Wider eine Impfpflicht in Deutschland – eine Streitschrift, in: Z Allg Med 2019, S. 215 (219), der behauptet: „Da die Impfung schon unzuverlässig vor der Erkrankung schützt, kann die entstehende Herdenimmunität nicht besser sein als der (schlechte) Schutz des Geimpften selbst".

[1424] *Robert-Koch-Institut*, Änderung der Empfehlung zur Impfung gegen Mumps, in: EpidBull Nr. 31/2012, S. 314 (315).

[1425] *Anderson/May*, Vaccination and herd immunity, in: Nature 1985, S. 323 (324); *Robert-Koch-Institut*, Änderung der Empfehlung zur Impfung gegen Mumps, in: EpidBull Nr. 31/2012,

Die derzeitige Durchimpfungsrate für Mumps liegt nach den Erhebungen der Schuleingangsuntersuchungen für die Schulanfänger im Jahr 2017 für die zweite Impfung, ab der erst von einer vollständigen Immunität ausgegangen werden kann, bei 92,6 %.[1427] Dieses Bild geht Hand in Hand mit den Durchimpfungsquoten der Vorjahre: So zeigten sich schon bei den Schuleingangsuntersuchungen 2016 Werte von 96,8 % für die erste Mumps-Impfung und 92,7 % für die zweite Mumps-Impfung.[1428] Auch bei den Schuleingangsuntersuchungen 2015 haben sich mit 96,5 % bzw. 92,6 % Werte ergeben, die auf ein Vorliegen der Herdenimmunität gegen Mumps hinweisen.[1429] Die in den Quoten der Schuleingangsuntersuchungen erkennbare positive Tendenz setzt sich bereits seit über 10 Jahren fort: Wenngleich zuletzt bei den Schuleingangsuntersuchungen im Jahr 2006 eine Quote für die 2. Mumpsimpfung gemessen werden konnte, die mit 82,9 % unter der für die Herdenimmunität erforderlichen Schwelle liegt[1430], so steigt die Quote seitdem kontinuierlich an und bewegt sich seither in einem Bereich, der oberhalb der Herdenimmunitätsschwelle (88–92 %) liegt.[1431]

Auch die Daten der KiGGS-Studie ergeben Quoten, die über der erforderlichen Schwelle liegen: Für die erste Mumpsimpfung ergibt sich demnach eine

S. 314 (315); *Poethko-Müller/Mankertz*, Seroprevalence of Measles-, Mumps- and Rubella-Specific IgC Antibodies in German Children, in: PLoS ONE 2012, e42867, S. 1 (10); deutlich ungenauer geben *Hviid/Rubin/Mühlemann*, Mumps, in: The Lancet 2008, S. 932 (940) die erforderliche Durchimpfungsquote mit 70–90 % an; einen weiteren Rahmen zieht mit 86–93 % auch *Plans-Rubió*: Evaluation of the establishment of herd immunity, in: Human Vaccines and Immunotherapeutics 2012, S. 184 (185); mit Zweifeln auch *Quinlisk*, Mumps Control Today, in: The Journal of Infectious Diseases 2010, S. 655.

[1426] *Fine*, Herd Immunity, in: Epidemiologic Reviews Vol. 15 (1993) No. 2, S. 265 (268).

[1427] *Robert-Koch-Institut*, Impfquoten bei der Schuleingangsuntersuchung in Deutschland 2017, in: EpidBull Nr. 18/2019, S. 149.

[1428] *Robert-Koch-Institut*, Impfquoten bei der Schuleingangsuntersuchung in Deutschland 2016, in: EpidBull Nr. 16/2018, S. 153.

[1429] *Robert-Koch-Institut*, Impfquoten bei der Schuleingangsuntersuchung in Deutschland 2015, in: EpidBull Nr. 16/2017, S. 139.

[1430] *Robert-Koch-Institut*, Impfquoten bei der Schuleingangsuntersuchung in Deutschland 2006, in: EpidBull Nr. 7/2008, S. 56.

[1431] Vgl. *Robert-Koch-Institut*, Impfquoten bei der Schuleingangsuntersuchung in Deutschland 2007, in: EpidBull Nr. 16/2009, S. 145; *dass.*, Impfquoten bei der Schuleingangsuntersuchung in Deutschland 2008, in: EpidBull Nr. 16/2010, S. 139; *dass.*, Impfquoten bei der Schuleingangsuntersuchung in Deutschland 2009, in: EpidBull Nr. 16/2011, S. 127; *dass.*, Impfquoten bei der Schuleingangsuntersuchung in Deutschland 2010, in: EpidBull Nr. 16/2012, S. 137; *dass.*, Impfquoten bei der Schuleingangsuntersuchung in Deutschland 2011, in: EpidBull Nr. 16/2013, S. 130; *dass.*, Impfquoten bei der Schuleingangsuntersuchung in Deutschland 2012, in: EpidBull Nr. 16/2014, S. 139; *dass.*, Impfquoten bei der Schuleingangsuntersuchung in Deutschland 2013, in: EpidBull Nr. 16/2015, S. 132; *dass.*, Impfquoten bei der Schuleingangsuntersuchung in Deutschland 2014, in: EpidBull Nr. 16/2016, S. 131; *dass.*, Impfquoten bei der Schuleingangsuntersuchung in Deutschland 2015, in: EpidBull Nr. 16/2017, S. 139; *dass.*, Impfquoten bei der Schuleingangsuntersuchung in Deutschland 2016, in: EpidBull Nr. 16/2018, S. 153; *dass.*, Impfquoten bei der Schuleingangsuntersuchung in Deutschland 2017, in: EpidBull Nr. 18/2019, S. 149.

Durchimpfungsquote von 97,3 %, für die zweite Mumpsimpfung von 93,2 %.[1432] Ein übereinstimmendes Bild geben weiter die Ergebnisse der Datenerhebung im Rahmen der KV-Impfsurveillance ab, die für die Geburtsjahrgänge zwischen 2004 und 2009 eine dauerhafte Durchimpfungsrate von Kindern über 90 % ergab.[1433] Ergänzend dazu konstatiert auch der Arzneimittelreport der *Barmer Ersatzkasse* einen Anstieg der Impfquoten gegen Mumps.[1434] Eine ähnliche Tendenz ergibt zudem die Aufzeichnung der WHO Data and statistics: Während die im Kindesalter erhobenen Impfquoten in den Jahren 2002 und 2003 noch bei 91,4 % bzw. 91,1 % lagen, so wurde im Jahr 2012 immerhin eine Durchimpfungsrate von 96,3 % und damit ein Wert gemessen, der klar über der erforderlichen Herdenimmunitätsschwelle liegt.[1435]

Ein anderes Bild zeigt jedoch die „DEGS"-Studie, die als Ergebnis der Stichprobe für die Impfquote gegen Mumps unter Erwachsenen auf eine Durchimpfungsrate von lediglich 30,1 % kommt, wobei die Quoten unter den Alterskohorten stark schwanken (von lediglich 3,1 % unter den 60–64-Jährigen bis zu 75,8 % in der Altersgruppe der 18–29-Jährigen).[1436] Allerdings leidet die DEGS-Studie im Hinblick auf ihre Brauchbarkeit zur Beantwortung der Fragestellung dieser Arbeit an den bereits dargelegten Mängeln.[1437] Die Überzeugungskraft der in der DEGS-Studie erhobenen Impfquoten für Mumps unter den Erwachsenen kann weiter entkräftet werden, wenn Daten zur auf dem Krankheitswege erworbenen Immunität in den Blick genommen werden. Aufgrund der Kontagiosität des Erregers wird geschätzt, dass in der „Vorimpfära" (vor 1976) rund 90 % der Bevölkerung bis zum 15. Lebensjahr (durch Erkrankung) Antikörper gegen Mumps entwickelt hatten.[1438] Das bestätigt – mangels Daten zur Inzidenz in der Bundesrepublik – auch ein Blick auf die Inzidenzen der Mumps-Erkrankung in der DDR: Dort lag die Anzahl der jährlich gemeldeten Erkrankungszahlen (wie in der Bundesrepublik ebenfalls trotz empfohlener Impfung) von 1967–1989 stets zwischen ca. 50.000 und 100.000 Fällen, teilweise auch deutlich

[1432] *Poethko-Müller et al.*, Durchimpfung von Kindern und Jugendlichen in Deutschland, in: BGesBl. 2019, S. 410 (416).

[1433] *Rieck et al.*, Vaccination coverage among children in Germany estimated by analysis of health insurance claims data, in: Human Vaccines & Immunotherapeutics 2014, S. 476 (477).

[1434] *Barmer Ersatzkasse*, Arzneimittelreport 2019, www.barmer.de/presse/infothek/studien-und-reports/arzneimittelreporte/arzneimittelreport-192562 (Seite zuletzt aufgerufen am: 15.03.2021), dort Infografik „Impfbereitschaft ist gestiegen".

[1435] *World Health Organization*, Data and statistics, Immunization Monitoring and Surveillance.

[1436] *Poethko-Müller/Schmitz*, Impfstatus von Erwachsenen in Deutschland, in: BGesBl. 2013, S. 845 (849).

[1437] Vgl. § 3 B. II. 2. a) bb) (3) „Stellungnahme zur Datenlage".

[1438] *Heininger/Jilg*, Mumps, in: Spiess/Heininger/Jilg (Hrsg.), Impfkompendium (2015), S. 227; *Mutz*, Mumps, in: Kollaritsch/Wiedermann (Hrsg.), Leitfaden für Schutzimpfungen (2000), S. 124.

darüber.[1439] Bei all diesen Fällen dürfte sich nach Abklingen der Krankheit eine natürliche Immunität eingestellt haben. Wenngleich es sich bei der Kohorte der (mittlerweile) Erwachsenen, auf die sich die in der DDR gemessenen Mumps-Prävalenzen beziehen, nur um einen Teil der Kohorte der Erwachsenen in der gesamten Bundesrepublik handelt, so liegt doch aufgrund ähnlicher Umstände in Bezug auf die Mumps-Impfung zu dieser Zeit eine Vergleichbarkeit der Prävalenzen und somit der natürlichen Immunitätsquote nahe.

An der kontinuierlichen Steigerung der Impfquoten zeigt sich insgesamt, dass die Herdenimmunität gegen Mumps – anders als gegen Masern! – auf dem Weg der Freiwilligkeit der Impfung hergestellt werden kann, was derzeit erfolgreich geschieht. Insgesamt muss daher aufgrund der Vielzahl der Datenquellen, die auf Durchimpfungsquoten oberhalb der Herdenimmunitätsschwelle hinweisen, von dem Bestehen der Herdenimmunität ausgegangen werden. Die grundrechtliche Schutzpflicht für die körperliche Unversehrtheit der Risikogruppe ist in Bezug auf die Gefahr, die von der Infektionskrankheit Mumps ausgeht, derzeit deshalb nicht aktiviert.

bb) Ergebnis

Die Gleichwertigkeitsprüfung ist mangels Schutzpflichtaktivierung nicht anwendbar, das Abwehrgrundrecht auf körperliche Unversehrtheit zum Schutz vor einer verpflichtenden Impfung überwiegt. Eine allgemeine Impfpflicht gegen Mumps wäre daher derzeit verfassungswidrig.

c) Meningokokken C

Meningokokken rufen eine akute oder sogar perakute[1440] Erkrankung hervor, die sich als Meningitis oder als Sepsis[1441] manifestiert.[1442] Teilweise kann es zum Waterhouse-Friderichsen-Syndrom kommen[1443], das mit der hämorrhagischen Nekrose beider Nebennieren einhergeht und eine hohe Letalität (bis zu 35 % der Fälle, in denen das Waterhouse-Friderichsen-Syndrom auftritt) zur Folge hat.[1444]

[1439] So etwa 1977, 1980, 1984 und 1987, *Pöhn/Rasch*, Statistik meldepflichtiger übertragbarer Krankheiten, S. 83.

[1440] Sehr akut, sehr plötzlich auftretend, *Pschyrembel*, Klinisches Wörterbuch (2020), Stichwort „perakut", S. 1341.

[1441] Komplexe systemische Entzündungsreaktion auf eine Infektion mit Gefährdung von Vitalfunktionen (= Körperfunktionen zur Sicherung der Lebensvorgänge des Organismus), es handelt sich um einen medizinischen Notfall, der eine unverzügliche und adäquate antiinfektive Therapie unter intensivmedizinischer Überwachung erfordert, *Pschyrembel*, Klinisches Wörterbuch (2020), Stichworte „Sepsis", S. 1621 f. und „Vitalfunktionen", S. 1890.

[1442] *Robert-Koch-Institut*, Infektionsepidemiologisches Jahrbuch 2018 (2019), S. 176.

[1443] *Robert-Koch-Institut*, Infektionsepidemiologisches Jahrbuch 2018 (2019), S. 176; *Heininger*, Meningokokken, in: Spiess/Heininger/Jilg (Hrsg.), Impfkompendium (2015), S. 220 (221).

[1444] *Pschyrembel*, Klinisches Wörterbuch (2020), Stichwort „Waterhouse-Friderichsen-

Von dem Erreger der Meningokokken, dem Bakterium *Neisseria meningitidis* sind bis heute allerdings 12 voneinander serologisch unterscheidbare Gruppen bekannt, die alle Meningokokken-Meningitiden verursachen, von denen nur etwa 20–30 % der Erkrankungen auf die Verursachung durch die Serogruppe C entfallen.[1445]

aa) Aktivierung der Schutzpflicht?

Die für die Herstellung einer Herdenimmunität speziell gegen Meningokokken der Serogruppe C erforderliche Durchimpfungsrate[1446] ist mit 25 % relativ gering, was durch die niedrige Basisreproduktionszahl des Bakteriums von $R_0 = 1{,}3$ begründet ist.[1447] Eine einzige Impfgabe ist ausreichend, die die Ständige Impfkommission derzeit erst ab einem Lebensalter von zwölf Monaten empfiehlt[1448], so dass jüngere Kinder zur impfunfähigen und damit schutzbedürftigen Risikogruppe zu zählen sind.

Die Durchimpfungsrate für Meningokokken C lag für die Schulanfänger im Jahr 2017 bei 89,5 %.[1449] Dieses Bild zeigt sich auch bei der Betrachtung der in den Schuleingangsuntersuchungen der vorangegangenen Jahre erhobenen Impfquoten. Dabei ist zu beachten, dass die Empfehlung der Ständigen Impfkommission zur Impfung gegen Meningokokken C erst seit 2006 besteht.[1450] Seitdem erstmals im Rahmen der Schuleingangsuntersuchungen 2008 die Quote für die Impfung gegen Meningokokken C erfasst wurde, haben sich die Werte von zunächst 53,1 %[1451] kontinuierlich und deutlich gesteigert und bewegen sich seit einigen Jahren konstant auf dem Niveau um etwa 90 %. Diese Entwicklung ist positiv, da deutlich abzulesen ist, dass sich die Impfempfehlung etabliert hat.[1452] Diesen Trend bestätigen auch die Daten, die in der KV-Impfsurveillan-

Syndrom", S. 1910; *Tenenbaum et al.*, Meningokokkeninfektionen, in: Deutsche Gesellschaft für pädiatrische Infektiologie e. V. (Hrsg.), DGPI-Handbuch (2013), S. 387 (390).

1445 *Heininger*, Meningokokken, in: Spiess/Heininger/Jilg (Hrsg.), Impfkompendium (2015), S. 220; *Tenenbaum et al.*, Meningokokkeninfektionen, in: Deutsche Gesellschaft für pädiatrische Infektiologie e. V. (Hrsg.), DGPI-Handbuch (2013), S. 387 (388).

1446 Vgl. für eine Herdenimmunität speziell bei Meningokokken *Robert-Koch-Institut*, Invasive Meningokokken-Erkrankungen, in: EpidBull 2016, S. 471–484; entgegen aber *Rabe*, Wider eine Impfpflicht in Deutschland – eine Streitschrift, in: Z Allg Med 2019, S. 215 (219), der sogar unter Bezugnahme auf den vorgenannten Artikel davon ausgeht, das Robert-Koch-Institut ginge selbst nicht vom Entstehen einer relevanten Herdenimmunität aus.

1447 *Trotter/Gay/Edmunds*, Dynamic Models of Meningococcal Carriage, in: American Journal of Epidemiology 2005, S. 89 (95); *Trotter/Maiden*, Meningococcal vaccines and herd immunity, in: Expert Rev Vaccines 2009, S. 851 (857).

1448 *Robert-Koch-Institut*, Impfkalender 2019/20, in: EpidBull Nr. 34/2019, S. 316.

1449 *Robert-Koch-Institut*, Impfquoten bei der Schuleingangsuntersuchung in Deutschland 2017, in: EpidBull Nr. 18/2019, S. 149.

1450 *Poethko-Müller et al.*, Durchimpfung von Kindern und Jugendlichen in Deutschland, in: BGesBl. 2019, S. 410 (418).

1451 *Robert-Koch-Institut*, Impfquoten bei der Schuleingangsuntersuchung in Deutschland 2008, in: EpidBull Nr. 16/2010, S. 139.

1452 *Barmer Ersatzkasse*, Arzneimittelreport 2019, www.barmer.de/presse/infothek/stu

ce für die Geburtsjahrgänge zwischen 2004 und 2009 erhoben wurden: Diese zeigen, dass bereits im dritten Jahr nach der erstmaligen Empfehlung Impfquoten von über 80 % erzielt wurden.[1453] Auch aktuellere Daten des *Barmer Arzneimittelreports* (der sich naturgemäß nur auf Versicherte der Barmer bezieht) stellen für jüngere Geburtsjahrgänge stets Impfquoten um 80 % fest.[1454] Wenngleich die Daten der KiGGS-Studie mit einer durchschnittlichen Impfquote von 81,6 % gegenüber den Erhebungen in den Schuleingangsuntersuchungen einen niedrigeren Wert aufzeigen[1455], so liegt dieser Wert immer noch deutlich über der Herdenimmunitätsschwelle.

Die im Jahr 2006 eingeführte und damit relativ junge Impfempfehlung erklärt auch den unter den Erwachsenen relativ geringen Durchimpfungsgrad von nur etwa 3 %[1456]. Dieser ist allerdings nur in der Stichprobe der DEGS-Studie ermittelt worden, die aufgrund ihres länger zurückliegenden Erhebungszeitraums von 2008–2011 mittlerweile an Aktualität eingebüßt hat und die Entwicklung hinsichtlich der Akzeptanz der Impfempfehlung gegen Meningokokken C daher kaum abbilden kann. Die Datenlage zu den Impfquoten unter den Erwachsenen kann bezüglich Meningokokken der Serogruppe C auch nicht durch Seroprävalenzdaten vervollständigt werden, die Aufschluss über eine auf natürlichem Wege erworbene Immunität geben könnten, da die von der Gesundheitsberichterstattung des Bundes seit 1991 gesammelten Daten der Inzidenzen für Meningokokken-Meningitiden nicht zwischen den ursächlichen Serogruppen des Erregers aufschlüsseln.[1457]

Insgesamt lässt sich feststellen, dass die Impfquoten derzeit deutlich über dem Wert liegen, ab dem eine Herdenimmunität besteht. Es gibt daher keinen Anlass, die grundrechtliche Schutzpflicht für die körperliche Unversehrtheit der impfunfähigen Risikogruppe im Hinblick auf Meningokokken der Serogruppe C als aktiviert zu betrachten.

bb) Ergebnis

Mangels Schutzpflichtaktivierung fehlt im Hinblick auf eine allgemeine Impfpflicht gegen Meningokokken C der legitime Zweck. Die Gleichwertigkeitsprüfung ist nicht anwendbar, das Grundrecht auf körperliche Unversehrtheit zum

---

dien-und-reports/arzneimittelreporte/arzneimittelreport-192562 (Seite zuletzt aufgerufen am: 15.03.2021), dort Infografik „Impfbereitschaft ist gestiegen".

[1453] *Rieck et al.*, Vaccination coverage among children in Germany estimated by analysis of health insurance claims data, in: Human Vaccines & Immunotherapeutics 2014, S. 476 (477).

[1454] *Grandt/Lappe/Schubert*, Impfungen bei Kindern und Jugendlichen, in: Barmer Ersatzkasse (Hrsg.), Arzneimittelreport 2019, S. 102 (114).

[1455] *Poethko-Müller et al.*, Durchimpfung von Kindern und Jugendlichen in Deutschland, in: BGesBl. 2019, S. 410 (414).

[1456] *Poethko-Müller/Schmitz*, Impfstatus von Erwachsenen in Deutschland, in: BGesBl. 2013, S. 845 (848).

[1457] *Bundesrepublik Deutschland*, Das Informationssystem der Gesundheitsberichterstattung des Bundes, www.gbe-bund.de (Seite zuletzt aufgerufen am: 16.03.2021).

Schutz vor einer verpflichtenden Impfung überwiegt von vornherein. Eine allgemeine Impfpflicht gegen Meningokokken C wäre somit derzeit verfassungswidrig.

d) Pertussis („Keuchhusten")

Keuchhusten ist eine langwierige respiratorische[1458] Infektionskrankheit. Nach dem Beginn mit unspezifischen Symptomen einer gewöhnlichen Erkältung entwickelt sich nach ein bis zwei Wochen der für Pertussis typische anfallartige, stakkatoähnliche Husten.[1459] Dieser geht häufig mit Erbrechen und Atemnot einher und kann sich bis zu mehrere Monate lang halten, ehe die Anfälle seltener werden.[1460] Nur in seltenen Fällen wird die Krankheit von Fieber begleitet.[1461] Besondere Gefahren der Erkrankung bestehen in Bezug auf Säuglinge (die ohnehin im grundrechtlichen Sinne Teil der schutzbedürftigen Risikogruppe sind[1462]), da plötzlich auftretende Apnoe[1463] (Atemstillstand bzw. längeres Aussetzen der normalen Atemtätigkeit)[1464] in etwa 1 % der Fälle zum Tod führen können.[1465] Darüber hinaus zählen Pneumonien[1466] und Mittelohrentzündungen als Sekundärinfektionen zu den häufigsten Komplikationen.[1467]

Die Impfung, die 1955 in Deutschland eingeführt wurde, wird seit 1991 als Standardimpfung für alle Kinder von der Ständigen Impfkommission empfohlen.[1468] Nach dem derzeitigen Impfkalender empfiehlt die Kommission eine viermalige Impfgabe zur Grundimmunisierung, die im Lebensalter von zwei, drei und vier Monaten erfolgt und im Alter von 11–14 Monaten mit der vierten Impfdosis abgeschlossen sein soll.[1469]

1458 Die Atmung, im engeren Sinne äußere Atmung betreffend, vgl. *Pschyrembel*, Klinisches Wörterbuch (2020), Stichwort „Respiration", S. 1514.

1459 *Robert-Koch-Institut*, Infektionsepidemiologisches Jahrbuch 2018 (2019), S. 144.

1460 *Heininger*, Pertussis, in: Spiess/Heininger/Jilg (Hrsg.), Impfkompendium (2015), S. 231 (232); *ders.*, Pertussis, in: Monatsschrift Kinderheilkunde 2016, S. 987 (988); *Robert-Koch-Institut*, Infektionsepidemiologisches Jahrbuch 2018 (2019), S. 144.

1461 *Wichmann*, Neue Meldepflichten, in: DÄ 2013, S. A879.

1462 Vgl. § 2 A. I. 2. c) aa) „Neugeborene und Kleinkinder"; allerdings muss bedacht werden, dass in Bezug auf Pertussis bei ganz jungen Säuglingen streng genommen in medizinischer Hinsicht keine Impfunfähigkeit vorliegt: Eine Impfung gegen Pertussis ist mit einem Einzelimpfstoff beim ganz jungen Säugling zwar möglich, wird aber mangels Verfügbarkeit und Zulassung eines Impfstoffs nicht praktiziert, vgl. *Heininger*, Impfungen im ersten Lebensjahr, in: Monatsschrift Kinderheilkunde 2017, S. 308.

1463 *Wichmann*, Neue Meldepflichten, in: DÄ 2013, S. A879.

1464 *Pschyrembel*, Klinisches Wörterbuch (2020), Stichwort „Apnoe", S. 114.

1465 *Heininger*, Pertussis, in: Spiess/Heininger/Jilg (Hrsg.), Impfkompendium (2015), S. 231 (232); *ders.*, Risiken von Infektionskrankheiten, in: BGesBl. 2004, S. 1129 (1130); vgl. *Klein*, Zusammenhang zwischen Impfungen und Inzidenz (2013), S. 144.

1466 Lungenentzündung, *Pschyrembel*, Klinisches Wörterbuch (2020), Stichwort „Pneumonie", S. 1399.

1467 *Wichmann*, Neue Meldepflichten, in: DÄ 2013, S. A879.

1468 *Heininger*, Pertussis, in: Spiess/Heininger/Jilg (Hrsg.), Impfkompendium (2015), S. 231.

1469 *Robert-Koch-Institut*, Impfkalender 2019/20, in: EpidBull Nr. 34/2019, S. 316.

aa) Aktivierung der Schutzpflicht?
Die zur Herstellung einer Herdenimmunität gegen Pertussis erforderliche Durchimpfungsrate liegt bei ca. 93 %.[1470] Dies begründet sich mit der Basisreproduktionszahl von etwa $R_0 = 15$, die vergleichbar ist mit der Basisreproduktionszahl des Masernvirus.[1471] Zu beachten ist aber, dass eine Elimination der Krankheit nicht möglich ist, da die Immunität im Gegensatz zur Immunität gegen andere Infektionskrankheiten zeitlich limitiert ist.[1472] Trotz Impfung oder Durchleben der Erkrankung ist eine spätere Erkrankung an Pertussis somit möglich.[1473] Das bedeutet für Pertussis als Sonderfall, dass es für die Beurteilung des Vorliegens oder Nichtvorliegens einer Herdenimmunität und damit die Beurteilung der Schutzpflichtaktivierung tatsächlich nicht auf die „Immunitätslage" ankommt, sondern allein auf die Durchimpfungsquote. Dass Daten zu Seroprävalenzen, die den Anteil der durch die Krankheit erworbenen, aber zeitlich limitierten Immunität darstellen könnten, hier aufgrund der erst seit 2013 bestehenden Meldepflicht weitgehend fehlen, ist deshalb unerheblich.

Die Durchimpfungsrate für Pertussis lag für die Schulanfänger im Jahr 2017 bei 93,2 %.[1474] Dieses Bild bestätigt sich bei einem Vergleich zu den ermittelten Impfquoten der Schuleingangsuntersuchungen der Vorjahre, die in jedem Jahr bei mindestens 91,9 % lagen.[1475] Schon im Jahr 2006 betrug die gemessene Durchimpfungsquote 92,7 %[1476] und war somit sehr nah an der erforderlichen Quote. Es fällt aber auf, dass der Trend nach einem Höchststand der Impfquo-

---

[1470] *Fine*, Herd Immunity, in: Epidemiologic Reviews Vol. 15 (1993) No. 2, S. 265 (288); *Anderson/May*, Vaccination and herd immunity, in: Nature 1985, S. 323 (324); vgl. *Holland/Zachary*, Herd Immunity and compulsory Childhood Vaccination, in: Oregon Law Review 2014, S. 1 (17); *Kries et al.*, Prävention und Früherkennung von Krankheiten, in: Schlack/Kries/Thyen (Hrsg.), Sozialpädiatrie (2009), S. 76 (79); etwas ungenauer *Plans-Rubió*: Evaluation of the establishment of herd immunity, in: Human Vaccines and Immunotherapeutics 2012, S. 184 (185), der 90–94 % annimmt.

[1471] *Fine*, Herd Immunity, in: Epidemiologic Reviews Vol. 15 (1993) No. 2, S. 265 (288); *Kries et al.*, Prävention und Früherkennung von Krankheiten, in: Schlack/Kries/Thyen (Hrsg.), Sozialpädiatrie (2009), S. 76 (79); völlig anders aber *Wandeler et al.*, Infektionskrankheiten, in: Egger/Razum/Rieder (Hrsg.), Public Health Kompakt (2018), S. 437 (441), die lediglich eine Basisreproduktionszahl von $R_0 = 5{,}5$ angeben, wobei dann erst recht bereits jetzt eine Herdenimmunität gegeben und die Schutzpflicht als nicht aktiviert anzusehen wäre.

[1472] *Heininger*, Pertussis, in: Spiess/Heininger/Jilg (Hrsg.), Impfkompendium (2015), S. 231.

[1473] Anders allerdings *Rabe*, Wider eine Impfpflicht in Deutschland – eine Streitschrift, in: Z Allg Med 2019, S. 215 (219), der behauptet, „anders als von der STIKO gehofft und in den Impfempfehlungen propagiert, schützt die [...] Impfung [...] nicht relevant vor der Übertragung auf andere".

[1474] *Robert-Koch-Institut*, Impfquoten bei der Schuleingangsuntersuchung in Deutschland 2017, in: EpidBull Nr. 18/2019, S. 149.

[1475] So für die Schuleingangsuntersuchungen im Jahr 2005, *Robert-Koch-Institut*, EpidBull Nr. 48/2006, S. 431.

[1476] *Robert-Koch-Institut*, Impfquoten bei der Schuleingangsuntersuchung in Deutschland 2006, in: EpidBull Nr. 7/2008, S. 56.

ten von 95,4 % in den Jahren 2012–2014[1477] derzeit leicht rückläufig ist. Hier gilt es für den Gesetzgeber, der Beobachtungspflicht zu genügen und in Zukunft diese Entwicklung im Blick behalten.[1478]

Ein leicht abweichendes Bild zeigen die Daten der KV-Impfsurveillance, die als Durchimpfungsrate gegen Pertussis lediglich Werte ausgeben, die knapp unter 90 % liegen.[1479] Diese Abweichung ist dadurch erklärbar, dass die KV-Impfsurveillance aus sich heraus bereits – wie aufgezeigt – Limitationen ausgesetzt ist, die hier möglicherweise zum Tragen kommen. Darüber hinaus liegt der Erfassungszeitraum mit den Geburtsjahrgängen 2004–2009 als Erhebungskohorte recht weit zurück. Für die Geburtsjahrgänge 2004–2009, die später im Rahmen der Schuleingangsuntersuchungen der Jahre 2010–2015 erfasst sind, liegt die Durchimpfungsrate gegen Pertussis dann stets über 94 %. Diese Veränderung in Bezug auf die gleiche Kohorte lässt sich damit erklären, dass im Zeitraum zwischen der Erfassung im Rahmen der KV-Impfsurveillance und der Erfassung im Rahmen der Schuleingangsuntersuchungen möglicherweise viele Pertussis-Impfungen nachgeholt oder Impfgaben vervollständigt wurden. Nicht zuletzt aufgrund der höheren Aktualität sowie der umfassenderen Erfassungskohorte ist den Daten der Schuleingangsuntersuchungen eine höhere Bedeutung für die Zielfrage dieser Arbeit zuzumessen.

Den Eindruck der Schuleingangsuntersuchungen bestätigen die aktuellen Daten der KiGGS-Studie, die für die Alterskohorte der 3–17-Jährigen im Durchschnitt eine Durchimpfungsrate von 94,8 % feststellen.[1480] Dieser Wert entspricht eher den Daten der Schuleingangsuntersuchungen denn denen der KV-Impfsurveillance. Die positive Entwicklung wird ebenso durch die zweite Welle der KiGGS-Studie bestätigt, die im Zusammenhang mit angestiegenen Impfquoten gegen Keuchhusten eine positive Tendenz feststellt.[1481]

Als weitere Quelle können auch die Daten der WHO (Data and statistics) zur DTP-Impfung[1482] herangezogen werden. Für die Impfquoten der ersten Gabe existieren seit dem Jahr 1981 Zahlen, die weit überwiegend Werte von deutlich

---

[1477] *Robert-Koch-Institut*, Impfquoten bei der Schuleingangsuntersuchung in Deutschland 2012, in: EpidBull Nr. 16/2014, S. 139; *dass.*, Impfquoten bei der Schuleingangsuntersuchung in Deutschland 2013, in: EpidBull Nr. 16/2015, S. 132; *dass.*, Impfquoten bei der Schuleingangsuntersuchung in Deutschland 2014, in: EpidBull Nr. 16/2016, S. 131.

[1478] Vgl. schon § 3 B. II. 2. a) cc) (1) „Folgen für die Beurteilbarkeit der Schutzpflichtaktivierung".

[1479] *Rieck et al.*, Vaccination coverage among children in Germany estimated by analysis of health insurance claims data, in: Human Vaccines & Immunotherapeutics 2014, S. 476 (477).

[1480] *Poethko-Müller et al.*, Durchimpfung von Kindern und Jugendlichen in Deutschland, in: BGesBl. 2019, S. 410 (414).

[1481] *Poethko-Müller et al.*, Fieberkrämpfe, Epilepsie, Migräne, Diabetes und Herzerkrankungen sowie Masern, Windpocken und Keuchhusten bei Kindern und Jugendlichen in Deutschland, in: BGesBl. 2019, S. 1162 (1171).

[1482] Kombinationsimpfstoff gegen Diphtherie, Tetanus und Pertussis.

über 90 %, teilweise bis zu 99 % zeigen.[1483] Demgegenüber sind für die zweite Impfdosis keine Daten der WHO verfügbar. Die Daten für die dritte Impfdosis ergeben relativ schwankende Werte zwischen 62 % und 96,8 %, wovon aber lediglich die Jahre 1987, 1988, 1990–1995 negativ auffallen.[1484] Seit dem Jahr 1996 liegen die Durchimpfungsquoten (mit Ausnahme von 2005, in dem nur 90,1 % der Kinder eine zweite Impfdosis bekamen) durchgehend bei über 94 %.[1485] Für die vierte Impfdosis sind nur sehr rudimentäre Daten vorhanden, die aber überwiegend Quoten von über 96 % aufweisen.[1486]

Aufgrund der nicht lebenslang anhaltenden Immunität nach der Pertussisimpfung wird darüber hinaus seit 2009 für Erwachsene zur Auffrischung eine azelluläre Pertussis-Impfung[1487] empfohlen, die im 10-Jahres-Turnus durchgeführt werden soll. Auffrischungsimpfungen werden dann gegeben, wenn der Antikörpertiter abfällt; also nicht schon zur Herstellung einer Immunität, sondern erst zu deren Aufrechterhaltung.[1488] Durchimpfungsquoten von Auffrischungsimpfungen sind deshalb weniger gut geeignet, um zur Ermittlung des Bestehens oder Nichtbestehens einer Herdenimmunität beizutragen, da der Ausgangspunkt (nach Ablauf von 10 Jahren nach der Erstimpfung noch bestehende Immunität des Impflings oder nicht?) unklar ist. Bei Fehlen der Auffrischungsimpfung kann also nicht prinzipiell davon ausgegangen werden, dass die betroffene Person nicht mehr immun ist und dementsprechend eine Lücke in die Infektionsbarriere der Herdenimmunität reißt. Es ist daher zumindest methodisch angreifbar, von der Durchimpfungsquote einer Auffrischungsimpfung Rückschlüsse auf die Herdenimmunität zu ziehen.

Insgesamt scheinen die Durchimpfungsquoten gegen Pertussis derzeit hoch genug zu sein, um die Herdenimmunität aufrecht zu erhalten. Wenngleich anhand der vorhandenen Daten auch nicht konstant Werte verzeichnet werden können, die definitiv über der Herdenimmunitätsschwelle liegen, so zeigt sich doch, dass die Impfquoten sich stets im Bereich um den erforderlichen Wert herum bewegen und teilweise auch deutlich darüber liegen.

Vorbehaltlich weiterer Erkenntnisse, die sich aus der notwendigen Beobachtung der Impfentwicklung ergeben müssen, kann daher an dieser Stelle insgesamt vom Bestehen der Herdenimmunität ausgegangen werden. Die grundrechtliche Schutzpflicht für die körperliche Unversehrtheit ist in Bezug auf die

---

[1483] *World Health Organization*, Data and statistics, Immunization Monitoring and Surveillance.

[1484] *World Health Organization*, Data and statistics, Immunization Monitoring and Surveillance.

[1485] *World Health Organization*, Data and statistics, Immunization Monitoring and Surveillance.

[1486] *World Health Organization*, Data and statistics, Immunization Monitoring and Surveillance.

[1487] *Wichmann*, Neue Meldepflichten, in: DÄ 2013, S. A879 (880).

[1488] *Pschyrembel*, Klinisches Wörterbuch (2020), Stichwort „Auffrischimpfung", S. 168.

Risiken, die von der Pertussiserkrankung ausgehen, derzeit deshalb nicht aktiviert.

bb) Ergebnis

Mangels Schutzpflichtaktivierung fehlt es für den Eingriff in Form einer allgemeinen Impfpflicht gegen Pertussis bereits an einem legitimen Zweck. Die Gleichwertigkeitsprüfung ist nicht anwendbar; die abwehrrechtliche Grundrechtsdimension überwiegt. Eine Impfpflicht gegen Pertussis wäre derzeit verfassungswidrig.

e) Varizella-zoster-Virus

Das *Varizella-zoster*-Virus (VZV) ist sowohl der Erreger von Windpocken als auch von Gürtelrose. Varizellen bzw. Windpocken sind die manifeste Erkrankung nach der *Erst*infektion mit dem hochansteckenden *Varizella-zoster*-Erreger.[1489] Der Manifestationsindex (also der Anteil der Infizierten, bei denen die Krankheit tatsächlich ausbricht), liegt bei über 90 %.[1490] Die Ansteckungsfähigkeit des Erkrankten beginnt erst nach etwa zehn Tagen Inkubationszeit.[1491] Die Krankheit manifestiert sich beim Infizierten in bemerkbarer Weise etwa 12–13 Tage nach der Ansteckung.[1492] Somit besteht die Gefahr einer sowohl vom Empfänger als auch vom Ansteckenden unbemerkten Weiterübertragung – mit der Folge der fehlenden Verhinderbarkeit – nur über einen Zeitraum von maximal drei Tagen.

Die Erkrankung äußert sich durch einen charakteristischen, von Juckreiz begleiteten Ausschlag der Haut und der Schleimhäute, der im Gesicht beginnt und sich weiter über den Rumpf am ganzen Körper verteilt.[1493] Dieses Exanthem besteht anfangs aus stecknadelkopf- bis linsengroßen roten Flecken, die sich innerhalb weniger Stunden zu Papeln und wasserklaren Bläschen (in denen sich die hochkontagiösen Erreger befinden), gelblichen Pusteln und schließlich zu Krusten weiterentwickeln.[1494] Im Krankheitsverlauf kommt es im Abstand

---

[1489] *Robert-Koch-Institut*, Infektionsepidemiologisches Jahrbuch 2018 (2019), S. 233; *Borte et al.*, Varizellen Zoster, in: Deutsche Gesellschaft für pädiatrische Infektiologie e. V. (Hrsg.), DGPI-Handbuch (2013), S. 582; *Schlaak*, Varizella-Zoster-Virus-(VZV)Infektionen, in: Lehmann/Ruf/Jung (Hrsg.), FAQ Infektiologie (2018), S. 251.

[1490] *Liese/Streng*, Varizellen, in: Spiess/Heininger/Jilg (Hrsg.), Impfkompendium (2015), S. 298.

[1491] *Heininger*, Risiken von Infektionskrankheiten, in: BGesBl. 2004, S. 1129 (1133).

[1492] *Heininger*, Risiken von Infektionskrankheiten, in: BGesBl. 2004, S. 1129 (1133).

[1493] *Liese/Streng*, Varizellen, in: Spiess/Heininger/Jilg (Hrsg.), Impfkompendium (2015), S. 298; *Robert-Koch-Institut*, Infektionsepidemiologisches Jahrbuch 2018 (2019), S. 234; *Schlaak*, Varizella-Zoster-Virus-(VZV)Infektionen, in: Lehmann/Ruf/Jung (Hrsg.), FAQ Infektiologie (2018), S. 251 (252).

[1494] *Liese/Streng*, Varizellen, in: Spiess/Heininger/Jilg (Hrsg.), Impfkompendium (2015), S. 298.

von wenigen Tagen zu mehreren Effloreszenzen[1495], weshalb mehrere Stadien des Ausschlags nebeneinander sichtbar sein können.[1496] Der Ausschlag heilt zumeist narbenlos ab, oft aber unter Hinterlassung eines hellen Flecks.[1497] Die Erkrankung ist häufig von Fieber bis zu 39,5 °C begleitet[1498], verläuft bei Kindern aber zumeist mild.[1499] Dennoch kann es zu Komplikationen wie u. a. Enzephalitis (1 : 25.000 Fälle) und Meningitis kommen.[1500] Ähnliches gilt auch für Erwachsene und Immunsupprimierte (letztere sind auch im rechtlichen Sinne Teil der Risikogruppe der Impfunfähigen), bei denen durch bakterielle Superinfektionen bedingte Pneumonien und Enzephalitiden ausgelöst werden können.[1501]

Die Ständige Impfkommission empfiehlt eine Grundimmunisierung mit einer ersten Impfgabe im Alter von 11–14 Monaten und einer zweiten Impfgabe im Alter von 15–23 Monaten.[1502] Der vergleichsweise späte Beginn der Grundimmunisierung begründet sich damit, dass es sich bei Impfstoffen gegen Windpocken um Lebendimpfstoffe handelt[1503], die keine Wirkverstärker benötigen.[1504] Wie bereits bei Masern und Mumps kann die Grundimmunisierung daher frühestens im zweiten Lebensjahr abgeschlossen werden.

Die Besonderheit des *Varizella-zoster*-Erregers liegt in der wiederkehrenden Infektionsgefahr (sog. „Zweitmanifestation"[1505]) im Alter: Der Erreger löst nicht nur (vorwiegend im Kindesalter) Windpocken aus, sondern verbleibt auch nach überstandener Windpockeninfektion lebenslang zunächst in nicht-infektiöser Form im peripheren Nervensystem[1506], wo er aber bei nachlassender T-Zell-spezifischer Immunität und späterer endogener Reaktivierung[1507] (zumeist in

1495 Pathologische Hautveränderungen, *Pschyrembel*, Klinisches Wörterbuch (2020), Stichwort „Effloreszenzen", S. 421.

1496 *Heininger*, Risiken von Infektionskrankheiten, in: BGesBl. 2004, S. 1129 (1133); *Liese/Streng*, Varizellen, in: Spiess/Heininger/Jilg (Hrsg.), Impfkompendium (2015), S. 298.

1497 *Liese/Streng*, Varizellen, in: Spiess/Heininger/Jilg (Hrsg.), Impfkompendium (2015), S. 298.

1498 *Huppertz*, Akutes Fieber, in: Michalk/Schönau (Hrsg.), Differenzialdiagnose Pädiatrie (2018), S. 3 (6); *Wittek/Doerr/Allwinn*, Varizellen und Herpes zoster, in: Med Klin 2010, S. 334 (335).

1499 *Wichmann*, Neue Meldepflichten, in: DÄ 2013, S. A879 (880).

1500 *Borte et al.*, Varizellen Zoster, in: Deutsche Gesellschaft für pädiatrische Infektiologie e. V. (Hrsg.), DGPI-Handbuch (2013), S. 582.

1501 *Wittek/Doerr/Allwinn*, Varizellen und Herpes zoster, in: Med Klin 2010, S. 334 (335).

1502 *Robert-Koch-Institut*, Impfkalender 2019/20, in: EpidBull Nr. 34/2019, S. 316.

1503 Zum Begriff der Lebendimpfstoffe siehe bereits § 2 A. I. 2. b) aa) „Aktive Immunisierung".

1504 *Wissenschaftlicher Dienst des Deutschen Bundestages*, Beiträge zur Verwendung von Wirkverstärkern in Impfstoffen – WD 9 – 3000 – 069/19, S. 6.

1505 *Schlaak*, Varizella-Zoster-Virus-(VZV)Infektionen, in: Lehmann/Ruf/Jung (Hrsg.), FAQ Infektiologie (2018), S. 251 (252).

1506 Teil des Nervensystems, das das Zentralnervensystem mit Effektororganen wie der Skelettmuskulatur, mit peripheren Rezeptoren sowie den inneren Organen verbindet, *Pschyrembel* online, Stichwort „Peripheres Nervensystem".

1507 Synonym für körpereigene Infektion. Infektion durch Erreger der körpereigenen physehr fortgeschrittenem Alter) *Herpes zoster* (Gürtelrose) auslösen kann.[1508] Das gilt auch, wenn die Immunität gegen die Erstmanifestation „Windpocken" nicht auf natürlichem Wege, sondern durch Impfung erworben wurde, da es sich beim Impfstoff gegen das *Varizella-zoster*-Virus – wie ausgeführt – um einen Lebendimpfstoff handelt.[1509] Eine spätere Erkrankung an Gürtelrose kann also auch durch eine Impfung gegen Windpocken nicht verhindert werden.

Gürtelrose äußert sich in charakteristischen brennenden schmerzenden Flecken, die indes auf ein Hautareal beschränkt sind, begleitet von Allgemeinsymptomen wie Fieber und Kopfschmerzen.[1510] Zumeist heilt eine Gürtelrose nach 2–4 Wochen ab, als häufige Folgekomplikation kann jedoch über mehrere Monate bis Jahre ein neuropathischer Schmerz („Post-Zoster-Neuralgie" [PZN]) zurückbleiben.[1511] In Deutschland erkranken jährlich etwa 300.000 Personen im Alter von über 50 Jahren an *Herpes zoster*.[1512] Die Erkrankung ist zwar – anders als Windpocken – nicht nach § 6 IfSG meldepflichtig, jedoch ist der direkte oder indirekte Nachweis des *Varizella-zoster*-Erregers gemäß § 7 Abs. 1 Nr. 47 IfSG zu melden, sofern die Nachweise auf eine akute Infektion hinweisen.

aa) Aktivierung der Schutzpflicht?

Im Hinblick auf die Aktivierung der Schutzpflicht ist man bei deren Beurteilung in Bezug auf das *Varizella-zoster*-Virus auch im Vergleich zu den bisher in dieser Arbeit untersuchten Infektionskrankheiten vor eine Herausforderung gestellt, da sich aus der medizinischen Literatur bereits keine eindeutige Herdenimmunitätsschwelle herauskristallisiert: Teilweise wird eine erforderliche

siologischen Flora, entweder durch Standortwechsel (z. B. Darm- oder Hautbakterien) oder durch Ungleichgewicht der bakteriellen Zusammensetzung etwa nach Antibiotikagabe, *Pschyrembel*, Klinisches Wörterbuch (2020), Stichwort „Endogene Infektion", S. 448.

[1508] *Heininger*, Risiken von Infektionskrankheiten, in: BGesBl. 2004, S. 1129 (1133); *Liese/Streng*, Varizellen, in: Spiess/Heininger/Jilg (Hrsg.), Impfkompendium (2015), S. 298; *Robert-Koch-Institut*, Wissenschaftliche Begründung für die Entscheidung, die Herpes-zoster-Lebendimpfung nicht als Standardimpfung zu empfehlen, in: EpidBull Nr. 36/2017, S. 391 (392); *dass.*, Infektionsepidemiologisches Jahrbuch 2018 (2019), S. 234; *Schlaak*, Varizella-Zoster-Virus-(VZV)Infektionen, in: Lehmann/Ruf/Jung (Hrsg.), FAQ Infektiologie (2018), S. 251; *Wittek/Doerr/Allwinn*, Varizellen und Herpes zoster, in: Med Klin 2010, S. 334.

[1509] *Robert-Koch-Institut*, Schutzimpfung gegen Windpocken (Varizellen): Antworten auf häufig gestellte Fragen, www.rki.de/SharedDocs/FAQ/Impfen/Varizellen/FAQ-Liste_Varizellen_Impfen.html (Seite zuletzt aufgerufen am: 01.04.2021).

[1510] *Robert-Koch-Institut*, Wissenschaftliche Begründung für die Entscheidung, die Herpes-zoster-Lebendimpfung nicht als Standardimpfung zu empfehlen, in: EpidBull Nr. 36/2017, S. 391 (392); *Schlaak*, Varizella-Zoster-Virus-(VZV)Infektionen, in: Lehmann/Ruf/Jung (Hrsg.), FAQ Infektiologie (2018), S. 251 (252); *Wittek/Doerr/Allwinn*, Varizellen und Herpes zoster, in: Med Klin 2010, S. 334 (336).

[1511] *Wittek/Doerr/Allwinn*, Varizellen und Herpes zoster, in: Med Klin 2010, S. 334 (336).

[1512] *Robert-Koch-Institut*, Wissenschaftliche Begründung für die Entscheidung, die Herpes-zoster-Lebendimpfung nicht als Standardimpfung zu empfehlen, in: EpidBull Nr. 36/2017, S. 391 (392); *dass.*, Wissenschaftliche Begründung zur Empfehlung einer Impfung mit dem Herpes zoster-subunit-Totimpfstoff, in: EpidBull Nr. 50/2018, S. 541 (544).

Durchimpfungsrate von 86–91 % ermittelt.[1513] Diese Forschung rekurriert auf eine Basisreproduktionszahl von $R_0 = 7–11$.[1514] Andere Forschungen haben jedoch eine erforderliche Durchimpfungsrate von nur 85 % ergeben.[1515] Wieder andere Quellen deuten eine erforderliche Durchimpfungsrate für die Herstellung der Herdenimmunität von lediglich 83 % an.[1516] Zudem gibt es in der medizinischen Forschung auch Annahmen über eine Basisreproduktionszahl von lediglich $R_0 = 5–7$[1517], woraus eine noch niedrigere Herdenimmunitätsschwelle folgte.[1518]

Auch auf internationaler europäischer Ebene ist das Problem der fehlenden Bestimmung der Herdenimmunitätsschwelle für Windpocken bereits erkannt worden. So beklagt auch das *European Centre for Disease Prevention and Control (ECDC)*, dass etwa in Italien von einer Herdenimmunitätsschwelle von 70 % ausgegangen wird, während in den Niederlanden die Herdenimmunitätsschwelle gegen Windpocken auf 94 % geschätzt wird.[1519]

Es erscheint angesichts der unterschiedlichen Schätzungen naheliegend, bei der Beurteilung der Schutzpflichtaktivierung im Folgenden eine Herdenimmunitätsschwelle von mindestens 80 % zugrunde zulegen. Aufgrund der Besonderheit des *Varizella-zoster*-Virus, je nach Alter des Infizierten zwei verschiedene Krankheiten auslösen zu können, muss bezüglich der Aktivierung der grundrechtlichen Schutzpflicht im Folgenden aber zwischen den beiden Manifestationen unterschieden werden.

(1) Erstmanifestation „Windpocken"

Fraglich ist zunächst, bei welchem Grad der Bevölkerungsimmunität die Herdenimmunitätsschwelle hinsichtlich der Erstmanifestation „Windpocken" erreicht ist. Angesichts der schon uneindeutigen Schätzungen über die Höhe der Herdenimmunitätsschwelle für Windpocken erweist sich die Feststellung, ob diese erreicht ist, als umso diffiziler.

[1513] *Plans-Rubió*: Evaluation of the establishment of herd immunity, in: Human Vaccines and Immunotherapeutics 2012, S. 184 (185); zustimmend *Freidl et al.*, Immunity against measles, mumps, rubella, varicella, diphtheria, tetanus, polio, hepatitis A and hepatitis B, in: Vaccine 2018, S. 1664 (1666).

[1514] *Plans-Rubió*: Evaluation of the establishment of herd immunity, in: Human Vaccines and Immunotherapeutics 2012, S. 184 (185).

[1515] *Garnett/Grenfell*, The epidemiology of varicella-zoster virus infections, in: Epidemiol Infect. 1992, S. 513 (523).

[1516] *Hambleton/Gershon*, Preventing Varicella-Zoster Disease, in: Clin Microbiol Rev 2005, S. 70 (75).

[1517] *Wandeler et al.*, Infektionskrankheiten, in: Egger/Razum/Rieder (Hrsg.), Public Health Kompakt (2018), S. 437 (441).

[1518] Vgl. für den Zusammenhang zwischen Basisreproduktionszahl und Herdenimmunitätsschwelle bereits § 2 A. I. 2. d) aa) „Herstellung und Bedeutung der Herdenimmunität".

[1519] *European Centre for Disease Prevention and Control*, ECDC Guidance: Varicella vaccination in the European Union, S. 8; *Flatt/Breuer*, Varicella vaccines, in: British Medical Bulletin 2012, S. 115 (124).

Die Durchimpfungsrate für Varizellen lag für die Schulanfänger im Jahr 2017 für die erste Impfung bei 87,3 %, für die zweite Impfung allerdings, ab der erst von einer vollständigen Immunität ausgegangen werden kann, bei 83,7 %.[1520] Wenngleich auch die zweite Impfung – wie auch die zweiten Impfdosen in Bezug auf die Grundimmunisierungen gegen andere Infektionskrankheiten – nicht ganz an die Quote der Erstimmunisierung heranreicht, so lässt sich an den im Rahmen der Schuleingangsuntersuchungen erhobenen Impfquoten indes eine positive Tendenz ablesen: Da die Impfung gegen Varizellen erst im Jahr 2004 in die Empfehlungen der Ständigen Impfkommission aufgenommen wurde[1521], konnte im Rahmen der Schuleingangsuntersuchungen erstmals im Jahr 2009 auch die Durchimpfungsquote gegen Varizellen – zunächst nur mit einer einzigen Impfgabe – erhoben werden.[1522] Wurde bei dieser zwar lediglich eine Quote von 37,9 % gemessen[1523], steigerte sich diese Quote über die Schuleingangsuntersuchungen 2010 (mit schon 57,6 % für die erste und 24,2 % für die zweite Impfung)[1524], 2011 (68,9 %/48,1 %)[1525], 2012 (78,2 %/67,6 %)[1526], 2013 (82,7 %/76,8 %)[1527], 2014 (85,7 %/82,9 %)[1528], 2015 (87,1 %/83,7 %)[1529] und 2016 (87,3 %/84,3 %).[1530] Nicht nur diese positive Entwicklung der Impfquoten, die zudem die breite Akzeptanz der Varizellen-Impfung belegt[1531], deutet

1520 *Robert-Koch-Institut*, Impfquoten bei der Schuleingangsuntersuchung in Deutschland 2017, in: EpidBull Nr. 18/2019, S. 149.

1521 *Poethko-Müller et al.*, Durchimpfung von Kindern und Jugendlichen in Deutschland, in: BGesBl. 2019, S. 410 (418).

1522 *Siedler et al.*, Estimating vaccination coverage in the absence of immunisation registers, in: Eurosurveillance Apr. 2012, S. 1 (4).

1523 *Robert-Koch-Institut*, Impfquoten bei der Schuleingangsuntersuchung in Deutschland 2009, in: EpidBull Nr. 16/2011, S. 127.

1524 *Robert-Koch-Institut*, Impfquoten bei der Schuleingangsuntersuchung in Deutschland 2010, in: EpidBull Nr. 16/2012, S. 137.

1525 *Robert-Koch-Institut*, Impfquoten bei der Schuleingangsuntersuchung in Deutschland 2011, in: EpidBull Nr. 16/2013, S. 130.

1526 *Robert-Koch-Institut*, Impfquoten bei der Schuleingangsuntersuchung in Deutschland 2012, in: EpidBull Nr. 16/2014, S. 139.

1527 *Robert-Koch-Institut*, Impfquoten bei der Schuleingangsuntersuchung in Deutschland 2013, in: EpidBull Nr. 16/2015, S. 132.

1528 *Robert-Koch-Institut*, Impfquoten bei der Schuleingangsuntersuchung in Deutschland 2014, in: EpidBull Nr. 16/2016, S. 131.

1529 *Robert-Koch-Institut*, Impfquoten bei der Schuleingangsuntersuchung in Deutschland 2015, in: EpidBull Nr. 16/2017, S. 139.

1530 *Robert-Koch-Institut*, Impfquoten bei der Schuleingangsuntersuchung in Deutschland 2016, in: EpidBull Nr. 16/2018, S. 153.

1531 So auch *Siedler/Rieck*, Varizellenimpfempfehlungen der Ständigen Impfkommission werden befolgt, in: Monatsschrift Kinderheilkunde 2019, S. 900 (906) sowie auch schon *Reuß*, Bestimmung von Impfquoten und Inzidenzen impfpräventabler Erkrankungen anhand von Daten der Kassenärztlichen Vereinigungen (2012), S. 13; vgl. auch *Barmer Ersatzkasse*, Arzneimittelreport 2019, www.barmer.de/presse/infothek/studien-und-reports/arzneimittelreporte/arzneimittelreport-192562 (Seite zuletzt aufgerufen am: 15.03.2021), dort Infografik „Impfbereitschaft ist gestiegen".

auf eine bereits erreichte oder bei gleichbleibender Entwicklung zeitnah zu erreichende Durchimpfung unter Kindern und Jugendlichen hin. Auch erscheint es bereits nach diesen Erkenntnissen angesichts der skizzierten Entwicklung kaum notwendig, die Impfquoten gegen Varizellen mittels einer Impfpflicht zu steigern, zumal sich zumindest die bei den Schuleingangsuntersuchungen seit 2014 gemessenen Quoten über 80 % befinden und damit wahrscheinlich über der Herdenimmunitätsschwelle liegen.

Die erkennbare Tendenz, dass sich die Impfempfehlung gegen Varizellen etabliert hat, wird bestätigt durch die Ergebnisse der KiGGS-Studie, die für die Jahre 2014–2017 stichprobenartig die Durchimpfungsraten für Kinder im Alter von 3–17 Jahren erhoben hat: Demnach ergeben sich für die erste und zweite Impfdosis über die gesamte Erhebungskohorte zwar nur Quoten von 57,3 % bzw. 50,9 %[1532], aufschlussreich ist aber die Verteilung in den verschiedenen Alterskohorten: In der Kohorte der 14–17-Jährigen, bei denen der etwaige Abschluss der Grundimmunisierung also noch vor der Einführung der Impfempfehlung im Jahr 2004 gelegen haben dürfte, sind die Durchimpfungsquoten mit 16,2 % bzw. 11,7 % relativ gering. Diese steigern sich aber kontinuierlich von 47,1 % bzw. 35,2 % in der Kohorte der 11–13-Jährigen über 81,8 % bzw. 76,1 % bei den 7–10-Jährigen auf 85,3 % bzw. 80,4 % bei den 3–6-Jährigen.[1533]

Zwar sind für die Durchimpfungsraten von Kindern gegen Varizellen keine Daten der WHO (Data and statistics) vorhanden, als weitere Datengrundlage dient aber die KV-Impfsurveillance.[1534] Der Vorteil dieser Erhebung liegt in der mehrmaligen Erfassung der Impflinge, um jeweils den Impfstatus im Alter von zwölf, 24, 36 und 48 Monaten zu überprüfen und dadurch gegebenenfalls festzustellen, ob die Impfgaben rechtzeitig (im Sinne der Empfehlungen der Ständigen Impfkommission) oder zu spät erfolgen.[1535] Aus dieser Erhebung ist ablesbar, dass die Impfquoten der Kinder im Alter von 36 Monaten stets höher sind als die Impfquoten der gleichen Kohorte im Alter von 24 Monaten.[1536] Die Grundimmunisierung gegen Varizellen ist also nicht in jedem Fall – wie aber von der Ständigen Impfkommission empfohlen – im zweiten Lebensjahr abgeschlossen. Auch aus den Daten der KV-Impfsurveillance lässt sich jedoch die zunehmende Akzeptanz der Varizellenimpfung ablesen: So ist im Erhebungszeitraum (der Impfstatus der Geburtsjahrgänge 2004–2009 jeweils im Alter ein-

---

1532 *Poethko-Müller et al.*, Durchimpfung von Kindern und Jugendlichen in Deutschland, in: BGesBl. 2019, S. 410 (416).

1533 *Poethko-Müller et al.*, Durchimpfung von Kindern und Jugendlichen in Deutschland, in: BGesBl. 2019, S. 410 (416).

1534 *Rieck et al.*, Vaccination coverage among children in Germany estimated by analysis of health insurance claims data, in: Human Vaccines & Immunotherapeutics 2014, S. 476 (477).

1535 *Siedler/Rieck*, Varizellenimpfempfehlungen der Ständigen Impfkommission werden befolgt, in: Monatsschrift Kinderheilkunde 2019, S. 900.

1536 *Rieck et al.*, Vaccination coverage among children in Germany estimated by analysis of health insurance claims data, in: Human Vaccines & Immunotherapeutics 2014, S. 476 (477).

mal von 24 und einmal von 36 Monaten) gemessen worden, dass die Durchimpfungsquote stets höher war als die des vorangegangenen Geburtsjahrgangs.[1537] So hat sich bereits für die Kohorte des Geburtsjahrgangs 2009 eine Quote von über 85 % für die erste und von über 60 % für die zweite Impfdosis ergeben.[1538] Jüngere Erhebungen weisen auch für die Kohorte des Geburtsjahrgangs 2011 in einem Lebensalter von 48 Monaten Quoten von 91,3 % bzw. 82,1 % nach und komplettieren damit dieses Bild.[1539]

Ergänzend dazu können weitere Ergebnisse der KiGGS-Welle 2 herangezogen werden, die sich nicht mit der Durchimpfungsrate, sondern den Prävalenzen der Windpockenerkrankung im Kindesalter befassen. Sie sind insofern komplementär zu den – zu Beginn der Impfempfehlung – gemessenen geringen Impfquoten bei den Schuleingangsuntersuchungen: Da auch durch das Durchleben der Windpocken*erkrankung* eine Immunität gegen die Erstmanifestation erworben wird, ist davon auszugehen, dass nicht nur die seit Einführung der Impfempfehlung 2004 gegen Windpocken geimpften Kinder, sondern auch diejenigen Kinder, die jemals eine Windpockenerkrankung durchlebt haben, immun sind: Für den Zeitraum von 2014–2017 sind wiederum die höchsten Prävalenzraten einer jemals durchlebten Windpockenerkrankung bei den 14–17-Jährigen (78,3 %) zu verzeichnen, während von den 11–13-Jährigen schon nur noch 49,5 % und von den 7–10-Jährigen sogar nur noch 19,3 % jemals eine Windpockeninfektion durchlebt haben (in der Gesamtkohorte der 0–17-Jährigen = 32,5 %).[1540] Die gleiche Erhebung im Rahmen der KiGGS-Welle 1 (2009–2012) hatte für die Gesamtkohorte noch eine Prävalenz von 51,4 % ergeben, die KiGGS-Basiserhebung (2003–2006) sogar eine Prävalenz von 68,4 %.[1541] Gerade in der frühen Phase nach Einführung der Impfempfehlung gegen Varizellen, die die zunächst geringen Impfquoten erklärt, ist aber aufgrund der Prävalenz von einer deutlich höheren Immunität in der Bevölkerung auszugehen.

Obgleich sich aus der bisherigen Betrachtung der Daten ein relativ eindeutiges Bild der positiven Akzeptanz der Varizellenimpfung ergeben hat, tritt zu den bereits genannten Unsicherheiten, die bezüglich der Datenlage schon bei den bisher als Anwendungsfälle der grundrechtlichen Vorgaben behandelten Infek-

[1537] *Rieck et al.*, Vaccination coverage among children in Germany estimated by analysis of health insurance claims data, in: Human Vaccines & Immunotherapeutics 2014, S. 476 (477).

[1538] *Rieck et al.*, Vaccination coverage among children in Germany estimated by analysis of health insurance claims data, in: Human Vaccines & Immunotherapeutics 2014, S. 476 (477).

[1539] *Siedler/Rieck*, Varizellenimpfempfehlungen der Ständigen Impfkommission werden befolgt, in: Monatsschr Kinderheilkd 2019, S. 900 (901).

[1540] *Poethko-Müller et al.*, Fieberkrämpfe, Epilepsie, Migräne, Diabetes und Herzerkrankungen sowie Masern, Windpocken und Keuchhusten bei Kindern und Jugendlichen in Deutschland, in: BGesBl. 2019, S. 1162 (1167).

[1541] *Poethko-Müller et al.*, Fieberkrämpfe, Epilepsie, Migräne, Diabetes und Herzerkrankungen sowie Masern, Windpocken und Keuchhusten bei Kindern und Jugendlichen in Deutschland, in: BGesBl. 2019, S. 1162 (1167).

tionskrankheiten bestehen, bei Varizellen eine weitere Unsicherheit hinzu: Erstens besteht die Impfempfehlung der Ständigen Impfkommission gegen Varizellen – wie bereits dargelegt – erst seit dem Jahr 2004, so dass für Erwachsene keine Daten zu Impfquoten gegen Varizellen zu erlangen sind. Seit der Einführung der Impfempfehlung sind die Fallzahlen der Erkrankung jedoch zurückgegangen.[1542] Zweitens sind keine umfassenden Erhebungen zur Seropositivität Erwachsener gegen Varizellen vorhanden, es liegt aber die Vermutung nahe, dass der Großteil der Erwachsenen (also derjenigen, die aufgrund ihres Alters bei der Einführung der Impfempfehlung nicht mehr Adressat der Empfehlung waren) auf natürlichem Wege eine Immunität gegen Varizellen erworben hat. Dadurch, dass auch die Meldepflicht im Infektionsschutzgesetz für Varizellen erst im März 2013 eingeführt wurde[1543], kann diese Vermutung auch nicht durch absolute Fallzahlen der Erkrankung (aus denen die Anzahl der Personen abgelesen werden könnte, die gerade durch die Erkrankung eine natürliche Immunität erworben haben) bestätigt oder widerlegt werden.[1544] Lediglich ein im April 2005 von der „Arbeitsgemeinschaft Masern und Varizellen" (AGMV) als gemeinsame Initiative des Robert-Koch-Instituts mit pharmazeutischen Unternehmen und dem Deutschen Grünen Kreuz eingeführtes und bis zum 31. Dezember 2017 fortgeführtes Sentinelsystem zu Varizellen und *Herpes zoster* kann noch Auskunft über Prävalenzen vor der Einführung der Meldepflicht geben.[1545] Die Sentineldaten ergeben für den Zeitraum von 2005 bis 2014 einen Prävalenzrückgang von 3,5 Fällen pro Arztpraxis auf 0,5 Fälle pro Arztpraxis.[1546]

Es liegen aber stichprobenartige Erkenntnisse zur Seroprävalenz gegen das *Varizella-zoster*-Virus aus der „Vorimpfära"[1547] vor, die die Vermutung einer relativ hohen Immunitätsrate unter den Erwachsenen bestätigen: Bereits im Jahr 2001 konnte in einer Studie, die 2.036 Seren von Personen im Alter von 20–79 Jahren untersucht hat, eine Populationsimmunität ermittelt werden, die durchgängig bei über 90 %, bei den über 40-Jährigen sogar bei nahezu 100 % lag.[1548] Auch in weiteren Studien konnten – bedingt durch die weltweite Verbreitung des *Varizella-zoster*-Virus – Seroprävalenzen von über 90 % beobach-

---

1542 *Wichmann*, Neue Meldepflichten, in: DÄ 2013, S. A879 (A880).

1543 *Hecht/Siedler*, Die Epidemiologie der Varizellen, in: BGesBl. 2017, S. 118; *Wichmann*, Neue Meldepflichten, in: DÄ 2013, S. A879.

1544 Vgl. *Robert-Koch-Institut*, Evaluation der Varizellen-Impfempfehlung durch die STIKO, in: EpidBull Nr. 1/2013, S. 1 (3).

1545 *Hecht/Siedler*, Die Epidemiologie der Varizellen, in: BGesBl. 2017, S. 118 (119).

1546 *Hecht/Siedler*, Die Epidemiologie der Varizellen, in: BGesBl. 2017, S. 118 (121).

1547 Terminus bei *Robert-Koch-Institut*, Evaluation der Varizellen-Impfempfehlung durch die STIKO, in: EpidBull Nr. 1/2013, S. 1 (3).

1548 *Wutzler/Neiß*, Medizinische und ökonomische Aspekte der Varizellen und der Varizellen-Schutzimpfung in Deutschland, in: Stiftung Präventive Pädiatrie (Hrsg.), Alte und neue Impfstoffe in Deutschland (2002), S. 23 (24); *Robert-Koch-Institut*, Evaluation der Varizellen-Impfempfehlung durch die STIKO, in: EpidBull Nr. 1/2013, S. 1 (3).

tet werden.[1549] Nach Angaben des Robert-Koch-Instituts war die natürliche Durchseuchung bis zur Einführung der Impfempfehlung 2004 so hoch, dass ab dem Alter von 14 Jahren über 95 % der Personen bereits Antikörper gegen das *Varizella-zoster*-Virus aufwiesen.[1550] Auch das Robert-Koch-Institut geht deshalb davon aus, dass mindestens jede in Deutschland aufgewachsene erwachsene Person im Alter von über 50 Jahren in seinem Leben einmal an Windpocken erkrankt und damit gegen die Erstmanifestation immun ist.[1551]

Die Immunitätsquote gegen Windpocken dürfte damit insgesamt ausreichend hoch sein, so dass eine Herdenimmunität erreicht[1552] und eine grundrechtliche Schutzpflicht vor der Erkrankung an Windpocken als Erstmanifestation des *Varizella-zoster*-Virus damit nicht als aktiviert anzusehen ist. Das zeigt sich auch daran, dass seit der Einführung der Impfempfehlung für die Windpockenimpfung im Kindesalter die Krankheitszahlen in der als schutzbedürftige Risikogruppe einzustufenden Kohorte der Unter-1-Jährigen um 80 % zurückgegangen sind.[1553] Insgesamt lässt sich ein Rückgang von jährlich wohl geschätzten 750.000 Fällen von Windpocken vor der Einführung einer Impfempfehlung auf nunmehr zuletzt nur noch 22.448 Fälle im Jahr 2018 feststellen.[1554] Eine allgemeine Impfpflicht gegen Windpocken entbehrt daher eines legitimen Zwecks und ist deshalb zum jetzigen Zeitpunkt nicht verfassungsgemäß.

(2) Sonderfall: Zweitmanifestation „Gürtelrose"

Die hohe Immunitätsdichte bezüglich der Windpocken als Erstmanifestation des *Varizella-zoster*-Virus führt jedoch sowohl in medizinischer Hinsicht als auch im Hinblick auf die rechtliche Beurteilung des Bestehens einer Herdenimmunität zu einem Paradox:

Da das *Varizella-zoster*-Virus nach einer Windpockeninfektion im Körper verbleibt und dadurch in der Lage ist, bei nachlassender Immunität der Infizierten in fortgeschrittenem Alter *Herpes zoster* (Gürtelrose) als Zweitmanifestation

---

1549 *Buxbaum/Doerr/Allwinn*, Untersuchungen zur Immunitätslage der impfpräventablen Kinderkrankheiten, in: DMW 2001, S. 1289 (1290); *Wittek/Doerr/Allwinn*, Varizellen und Herpes zoster, in: Med Klin 2010, S. 334 (335); *Wutzler et al.*, Seroprevalence of varicella-zoster virus in the German population, in: Vaccine 2002, S. 121 (122).

1550 *Robert-Koch-Institut*, Wissenschaftliche Begründung in: EpidBull Nr. 36/2017, S. 391 (392).

1551 *Robert-Koch-Institut*, Wissenschaftliche Begründung zur Empfehlung einer Impfung mit dem Herpes zoster-subunit-Totimpfstoff, in: EpidBull Nr. 50/2018, S. 541 (543).

1552 So i. E. auch *Hecht/Siedler*, Die Epidemiologie der Varizellen, in: BGesBl. 2017, S. 118 (122); *Siedler et al.*, Die Varizellenimpfung in Deutschland, in: BGesBl. 2013, S. 1313 (1317); *Robert-Koch-Institut*, Stellungnahme der Ständigen Impfkommission: Evaluation der Varizellen-Impfempfehlung durch die STIKO, in: EpidBull Nr. 1/2013, S. 1.

1553 *Robert-Koch-Institut*, Evaluation der Varizellen-Impfempfehlung durch die STIKO, in: EpidBull Nr. 1/2013, S. 1.

1554 *Robert-Koch-Institut*, Infektionsepidemiologisches Jahrbuch 2018 (2019), S. 233; *Wutzler*, Die Varizellenimpfung in Deutschland, in: Präv Gesundheitsf 2010, S. 28.

auszulösen, sind ältere Menschen in medizinischer Hinsicht als Risikogruppe für Gürtelrose zu betrachten. In rechtlicher Hinsicht sind sie jedoch nicht zu den genannten schutz*bedürftigen* Risikogruppen[1555] zu zählen, an deren Ansteckungsrisiko sich die Aktivierung der grundrechtlichen Schutzpflicht messen lassen muss: Denn sofern es sich bei den Menschen in fortgeschrittenem Lebensalter nicht ohnehin um Angehörige der impfunfähigen und daher schutzbedürftigen Risikogruppe[1556] handelt, so greift hier der Vorrang des Grundsatzes, dass der Grundrechtsträger nicht gegen seinen Willen vor sich selbst zu schützen ist.[1557] Angehörige der in medizinischer Hinsicht für Gürtelrose altersbedingt besonders gefährdeten Gruppe sind prinzipiell in der Lage, sich durch (freiwillige) Impfung selbst vor einer Erkrankungsgefahr zu schützen, zumal die (erneute) Grundimmunisierung mit zwei Impfdosen des Totimpfstoffs[1558] für Personen ab einem Alter von 60 Jahren seit Dezember 2018 durch die Ständige Impfkommission empfohlen wird[1559] und deren Kosten damit auch nicht selbst zu tragen sind.

Bei der infektiologischen Besonderheit des *Varizella-zoster*-Virus, in fortgeschrittenem Alter endogen (d. h. nicht durch äußere Faktoren beeinflusst) eine Zweitmanifestation des Krankheitsausbruchs auszulösen, erweist sich nun aber die rechtliche Frage der Einordnung dieses latenten Infektionsherdes in das System der Herdenimmunität als problematisch: Die große Anzahl derjenigen Personen, die – wie aufgezeigt – ihre Immunität durch das Durchmachen der Windpocken im Kindesalter auf natürlichem Wege erworben haben, ist bezüglich dieser Erstmanifestation bislang erfreulicherweise ursächlich für das Bestehen einer Herdenimmunität. Mit zunehmendem Alter werden dieselben Personen aber Auslöser des Risikos, durch endogene Reaktivierung des *Varizella-zoster*-Virus an der Zweitmanifestation *Herpes zoster* zu erkranken und den Erreger damit sowohl an ebenfalls ältere Menschen als auch an jüngere Personen weiterzugeben, bei denen sich dann (sofern sie nicht selbst immun

[1555] Siehe § 2 A. I. 2. c) „Von Impfunfähigkeit betroffene Personengruppen".

[1556] Etwa Allergiker gegen einen der im Impfstoff enthaltenen Bestandteile, seit kurzem aber nicht mehr Immundefizienten- oder Supprimierte, da zur Impfung gegen *Herpes zoster* seit Mai 2018 ein Totimpfstoff verwendet wird, *Robert-Koch-Institut*, Wissenschaftliche Begründung zur Empfehlung einer Impfung mit dem Herpes zoster-subunit-Totimpfstoff, in: EpidBull Nr. 50/2018, S. 541 (543). Die Impfung wird für entsprechende Personen ab einem Alter von 50 Jahren sogar als Indikationsimpfung empfohlen, *Robert-Koch-Institut*, Wissenschaftliche Begründung zur Empfehlung einer Impfung mit dem Herpes zoster-subunit-Totimpfstoff, in: EpidBull Nr. 50/2018, S. 541.

[1557] Vgl. § 3 A. II. 2. „Verpflichtung zum Schutz vor sich selbst?".

[1558] Für diesen Impfstoff wurde über alle Alterskohorten hinweg eine Wirksamkeit von 92 % ermittelt, vgl. *Robert-Koch-Institut*, Wissenschaftliche Begründung zur Empfehlung einer Impfung mit dem Herpes zoster-subunit-Totimpfstoff, EpidBull Nr. 50/2018, S. 541 (543).

[1559] *Robert-Koch-Institut*, Wissenschaftliche Begründung zur Empfehlung einer Impfung mit dem Herpes zoster-subunit-Totimpfstoff, in: EpidBull Nr. 50/2018, S. 541 ff.; *dass.*, Empfehlungen der Ständigen Impfkommission 2019/2020, in: EpidBull Nr. 34/2019, S. 316.

sind), die Erstmanifestation in Form der Windpocken ausprägt. In rechtlicher Hinsicht bedeutet diese immunologische Entwicklung ein unbemerktes „Umschlagen" von „Risikoverhinderung" in „Risikoauslösung" durch eine personenidentische Gruppe. Dabei ist es unerheblich, ob die Immunität gegen die Erstmanifestation, die nun – in endogener Reaktivierung des Erregers – zu einer Durchbrechung der Immunität führt, durch Erkrankung oder durch Impfung erworben wurde.[1560] Eine Impfung in der Kindheit kann einen Ausbruch von *Herpes zoster* im Alter also nicht verhindern[1561], die Reaktivierungshäufigkeit der Impfviren gegen Varizellen zu einem späteren *Herpes zoster* ist im Vergleich zu *Varizella-zoster*-Wildviren jedoch deutlich reduziert (4–12mal geringer).[1562]

Kann dann aber der simple Umkehrschluss greifen, dass die – durch die hohe Immunität gegen die Erstmanifestation geschaffene – Herdenimmunität bei zunehmendem Alter der immunen Personen automatisch umschlagen muss in eine nur noch lückenhafte Immunisierung der Gesellschaft, mit der Folge, dass automatisch eine Schutzpflichtaktivierung einsetzt? Das muss durchaus verneint werden, denn darüber hinaus sind im Zusammenhang mit der Reaktivierung des *Varizella-zoster*-Virus weitere infektiologische Faktoren unklar: Zum einen kann der Zeitpunkt dieses „Umschlagens", also des Nachlassens der individuellen Immunität und der Reaktivierung des Erregers, die erneut einen Krankheitsausbruch hervorrufen kann, nicht exakt bestimmt werden.[1563] Das Risiko steigt hier lediglich mit zunehmendem Alter an, wobei sich die Fallzahlen bei den unter 50-Jährigen mit 4 Fällen pro 1.000 Personenjahren einordnen und auf bis zu 14 Fälle pro 1.000 Personenjahre bei den 80–89-Jährigen ansteigen.[1564] Zum anderen steht nicht fest, dass eine endogene Reaktivierung überhaupt erfolgt: Nur in maximal etwa 15–20 % der Fälle von Personen, die das *Varizella-zoster*-Virus in sich tragen, kommt es zu einer endogenen Reaktivierung.[1565]

[1560] *Robert-Koch-Institut*, Wissenschaftliche Begründung für die Entscheidung, die Herpes-zoster-Lebendimpfung nicht als Standardimpfung zu empfehlen, in: EpidBull Nr. 36/2017, S. 391 (392).

[1561] *Robert-Koch-Institut*, Schutzimpfung gegen Windpocken (Varizellen): Antworten auf häufig gestellte Fragen, www.rki.de/SharedDocs/FAQ/Impfen/Varizellen/FAQ-Liste_Varizellen_Impfen.html (Seite zuletzt aufgerufen am: 01.04.2021).

[1562] *Civen et al.*, The Incidence and Clinical Characteristics of Herpes Zoster, in: The Pediatric Infectious Disease Journal 2009, S. 954 (957); *Robert-Koch-Institut*, Wissenschaftliche Begründung für die Entscheidung, die Herpes-zoster-Lebendimpfung nicht als Standardimpfung zu empfehlen, in: EpidBull Nr. 36/2017, S. 391 (392).

[1563] *Popow-Kraupp*, Varizellen – Herpes zoster, in: Kollaritsch/Wiedermann (Hrsg.), Leitfaden für Schutzimpfungen (2000), S. 174 (175).

[1564] *Robert-Koch-Institut*, Wissenschaftliche Begründung für die Entscheidung, die Herpes-zoster-Lebendimpfung nicht als Standardimpfung zu empfehlen, in: EpidBull Nr. 36/2017, S. 391 (393).

[1565] *Wutzler et al.*, Seroprevalence of varicella-zoster virus in the German population, in: Vaccine 2002, S. 121; vgl. auch *Buxbaum/Doerr/Allwinn*, Untersuchungen zur Immunitätslage der impfpräventablen Kinderkrankheiten, in: DMW 2001, S. 1289; eine mit nur 5,4 % deut-

Das bedeutet folglich, dass nicht jede Person, die in ihrer Kindheit eine Immunität gegen Windpocken als Erstmanifestation erworben hat, ab einem bestimmten Alter (≥ 60 Jahre) ein Infektionsrisiko für Dritte in sich birgt. Das Nachlassen der T-Zell-vermittelten Immunität, das erst die endogene Reaktivierung des *Varizella-zoster*-Virus ermöglicht, kann aber durch Faktoren wie Stress, infolge anderer Erkrankungen oder durch eine spezielle Therapie begünstigt werden.[1566] Selbst wenn sich die Zweitmanifestation ausprägt, so ist die Kontagiosität bei dem Ausbruch von *Herpes zoster* im Vergleich zur Kontagiosität der Erstmanifestation „Windpocken" indes deutlich geringer: Während sich in 61–100% der Fälle von Erstkontakten zu einem Varizellen-Fall ebenfalls ein Krankheitsbild zeigt, entwickeln umgekehrt nur 20% der für eine *Varizella-zoster*-Infektion empfänglichen Personen nach Kontakt zu einem *Herpes-zoster*-Fall tatsächlich ein Krankheitsbild.[1567] Im Gegensatz zur Übertragung von Windpocken durch die (namensgebende) Tröpfcheninfektion, kann eine Übertragung von *Herpes zoster* durch simples Abdecken der betroffenen Hautareale auch deutlich besser verhindert werden.[1568]

Genau in diesem Punkt unterscheidet sich die Risikolage für *Herpes zoster* von der Risikolage anderer Infektionskrankheiten, bei denen ungeimpfte Personen (die nicht unter die Gruppe der Schutzbedürftigen fallen) eindeutig als vollkommen ungeschützte, potenzielle Infizierte und damit Überträger des Erregers identifiziert werden können, die auf diese Weise eine Lücke in die Infektionsbarriere reißen. Gerade weil es sich bei der älteren, risikoauslösenden Gruppe der *Herpes-zoster*-Gefährdeten aber um Personen handelt, die sich – anders als Impfgegner und Impfskeptiker – in der Vergangenheit nicht vollkommen auf den Herdenschutz durch Andere verlassen, sondern zu diesem selbst beigetragen haben und nun „unverschuldet" zu einem Risiko geworden sind, ist in Bezug auf den Schutz vor der Zweitmanifestation des *Varizella-zoster*-Virus zunächst an Maßnahmen unterhalb einer Impfpflicht zu denken: Hier muss erst einmal die Akzeptanz der kürzlich erstmals empfohlenen *Herpes-zoster*-Impfung für Menschen im Alter von über 60 Jahren innerhalb der Adressatenschaft abgewartet und evaluiert werden, bevor zum Mittel einer Pflicht gegriffen wer-

lich geringere durchschnittliche Erkrankungshäufigkeit nimmt dagegen *Popow-Kraupp*, Varizellen – Herpes zoster, in: Kollaritsch/Wiedermann (Hrsg.), Leitfaden für Schutzimpfungen (2000), S. 174 (177) an.

[1566] *Siedler et al.*, Background paper to the decision not to recommend a standard vaccination with the live attenuated herpes zoster vaccine, in: BGesBl. 2017, S. 1162 (1163).

[1567] *Robert-Koch-Institut*, Wissenschaftliche Begründung für die Entscheidung, die Herpes-zoster-Lebendimpfung nicht als Standardimpfung zu empfehlen, in: EpidBull Nr. 36/2017, S. 391 (392); *Popow-Kraupp*, Varizellen – Herpes zoster, in: Kollaritsch/Wiedermann (Hrsg.), Leitfaden für Schutzimpfungen (2000), S. 174.

[1568] *Robert-Koch-Institut*, Wissenschaftliche Begründung für die Entscheidung, die Herpes-zoster-Lebendimpfung nicht als Standardimpfung zu empfehlen, in: EpidBull Nr. 36/2017, S. 391 (392).

den kann.[1569] Da es sich bei Personen in dieser Altersgruppe ohnehin meist um Menschen mit einer engmaschigeren (haus)ärztlichen Betreuung handelt als bei jungen und gesunden Erwachsenen[1570], scheint ein Setzen auf die freiwillige Impfung gegen *Herpes zoster* als milderes Mittel vielversprechend.

bb) Ergebnis

Trotz der diffizilen Feststellung der Höhe der Herdenimmunitätsschwelle konnte bezüglich der Herdenimmunität gegen Windpocken als Erstmanifestation der Infektion mit dem *Varizella-zoster*-Virus zum einen festgestellt werden, dass die Quoten der seit 2004 mit zweifacher Impfgabe empfohlenen Impfung kontinuierlich ansteigen und mittlerweile ein konstantes Niveau erreicht haben, das für sich gesehen bereits die Herdenimmunitätsschwelle übersteigt. Zum anderen ließ sich eine hohe – über der angenommenen Herdenimmunitätsschwelle liegende – Seroprävalenz in den Alterskohorten der Erwachsenen feststellen, die die Immunität zwar nicht durch Impfung, aber durch das Durchleben der Erstmanifestation erworben haben. Bezüglich der Windpocken ist aufgrund des höchstwahrscheinlichen Bestehens einer Herdenimmunität nicht von einer Aktivierung der grundrechtlichen Schutzpflicht auszugehen, so dass eine allgemeine Impfpflicht gegen Windpocken derzeit nicht mit dem Grundgesetz zu vereinbaren wäre.

Aus der Besonderheit, dass das *Varizella-zoster*-Virus zu einer Zweitmanifestation in der Lage ist, die sich bei den Betroffenen als Ausbruch der „Gürtelrose" äußert, erwachsen zwar zunächst weitere Schwierigkeiten hinsichtlich der Feststellung der Unterschreitung der Herdenimmunitätsschwelle als schutzpflichtaktivierendes Risikoniveau. Auch bezüglich der Zweitmanifestation ist aus epidemiologischer Sicht aber eine Impfpflicht derzeit nicht notwendig, was sich auch auf die rechtliche Bewertung auswirkt, zumal erst einmal abgewartet werden muss, wie sich die Akzeptanz der erst seit Dezember 2018 empfohlenen Impfung gegen *Herpes zoster* entwickeln wird. Insgesamt erscheint eine allgemeine Impfpflicht gegen das *Varizella-zoster*-Virus also derzeit als nicht verfassungsgemäß.

4. Fazit

Vorstehend wurde die Frage beantwortet, gegen welche Infektionskrankheiten eine allgemeine Impfpflicht derzeit im Hinblick auf Art. 2 Abs. 2 S. 1 GG verfassungskonform wäre. Die Anwendung der grundrechtlichen Vorgaben, die sich zum Abwägungsmodell der Gleichwertigkeitsprüfung verdichten ließen, zeigt

[1569] Vgl. *Robert-Koch-Institut*, Wissenschaftliche Begründung zur Empfehlung einer Impfung mit dem Herpes zoster-subunit-Totimpfstoff, in: EpidBull Nr. 50/2018, S. 541 (566).

[1570] Vgl. *Glaeske*, Adhärenz und Arzneimittelversorgung älterer Menschen, in: Burger (Hrsg.), Alter und Multimorbidität (2013), S. 99 (106).

hier – unter dem Vorbehalt der derzeit eher dünnen Datenlage[1571] – recht eindeutige Ergebnisse:

Schon bevor die Gleichwertigkeitsprüfung überhaupt zur Anwendung gelangen konnte, hatte sich bezüglich der Krankheiten Mumps, Meningokokken C, Pertussis sowie des *Varizella-zoster*-Virus bereits die verfassungsrechtliche Unzulässigkeit einer allgemeinen Impfpflicht ergeben. Die anhand der Datenlage ermittelbaren Impf- bzw. Immunitätsquoten für diese Krankheiten sind ausreichend für die Herstellung der Herdenimmunität, die jeweils je nach Krankheit bei unterschiedlichen Immunitätsgraden eintritt. Beim Bestehen einer Herdenimmunität kann jedoch – wie bereits erläutert – diejenige Risikoschwelle, die zur Aktivierung der Schutzpflichtdimension des Grundrechts auf Leben und körperliche Unversehrtheit notwendig ist, nicht als überschritten angesehen werden.

Deshalb war hier schon die Abwägungsmöglichkeit zwischen Abwehrrechts- und (aktivierter) Schutzpflichtdimension verschlossen, so dass eine allgemeine Impfpflicht gegen Mumps, Meningokokken C und Pertussis sowie gegen das *Varizella-zoster*-Virus derzeit vor dem Hintergrund des Grundrechts auf Leben und körperliche Unversehrtheit als verfassungswidrig einzustufen ist. Da sich diese epidemiologische Lage indes wandeln kann, bleibt die beschriebene Beobachtungspflicht des Gesetzgebers jedenfalls bestehen.[1572]

Als verfassungskonform hat sich nach der Berücksichtigung der grundrechtlichen Vorgaben sowie der Abwägung aller medizinisch-epidemiologischen Fakten, deren Wahrscheinlichkeiten sowie der Seriosität der entsprechenden Datenquellen derzeit nur eine allgemeine Impfpflicht gegen Masern erwiesen.

Dieses Ergebnis hat auch Konsequenzen für die Auswahl der bei einer allgemeinen Masernimpfpflicht in zulässiger Weise zu verwendenden Impfstoffe: Da eine Impfpflicht – jedenfalls! – gegen Mumps, Meningokokken C, Pertussis und Windpocken derzeit nicht verfassungsrechtlich zulässig ist (und zwar weder eine allgemeine Impfpflicht noch eine auf bestimmte Personengruppen beschränkte, da für beide Eingriffsarten kein legitimer Zweck vorliegt), darf diese nicht „als Beifang" faktisch mitrealisiert werden, indem gegen den Willen des Impfpflichtigen Kombinationsimpfstoffe verwendet werden, die gerade auch andere Krankheiten abdecken.[1573] Solche Impfstoffe dürfen nur verwendet werden, wenn der Adressat der Pflicht damit einverstanden ist, neben dem zulässigen Umfang der Pflicht noch Impfungen gegen weitere Infektionskrankheiten zu empfangen.

[1571] Dazu ausführlich bereits § 3 B. II. 2. a) bb) „Problematik der Datenlage".
[1572] Siehe bereits § 3 B. II. 2. a) cc) (2) „Beobachtungspflicht des Gesetzgebers".
[1573] Vgl. bereits § 3 B. II. 1. c) „Problem: Zugelassene (Kombinations-)Impfstoffe".

C. Grundrechtsbetroffenheit der Eltern zu impfender minderjähriger Personen

Betroffene einer allgemeinen Impfpflicht können nicht nur die impfpflichtigen Personen selbst sein. Da nach den Empfehlungen der Ständigen Impfkommission insbesondere auch Kinder im Alter von elf bis 24 Monaten (bei Grundimmunisierungen) sowie Jugendliche im Alter von zehn bis 17 Jahren (bei Auffrischungsimmunisierungen)[1574] als Adressaten der Impfpflicht in Betracht kommen, ist nicht nur deren Abwehrgrundrecht auf körperliche Unversehrtheit berührt, sondern auch das Grundrecht ihrer Eltern aus Art. 6 Abs. 2 S. 1 GG.[1575] Deshalb ist die Frage, wie sich die Regelung einer allgemeinen Impfpflicht zum Elterngrundrecht verhält, von entscheidender Bedeutung.

Art. 6 Abs. 2 S. 1 GG weist in seiner Struktur einige Besonderheiten auf, die für die Einordnung der allgemeinen Impfpflicht in den Kontext des Elterngrundrechts relevant sind. In abstrakter Betrachtung stellt die Norm zunächst eine Institutsgarantie und wertentscheidende Grundsatznorm dar.[1576] Das darin verbürgte Grundrecht teilt sich aber – im Gegensatz zu anderen Grundrechtsgewährleistungen – in zwei Aspekte[1577]: Die Gewährleistung regelt sowohl die Eltern-Kind-Beziehung, steckt aber auch selbst die Grenzen der staatlichen Intervention ab, die in diese Beziehung hineingreifen darf.[1578] Es enthält aufgrund seiner zugleich freiheitssichernden als auch freiheitsbeschränkenden Funktion einen Recht-Pflicht-Komplex für die Eltern als Grundrechtsträger.[1579] Dieser Komplex beinhaltet neben dem Recht zur Wahrnehmung der Pflege und Er-

[1574] So hinsichtlich der Infektionskrankheiten Masern und Röteln auch *Bundesministerium für Gesundheit*, Nationaler Aktionsplan 2015–2020 zur Elimination von Masern und Röteln in Deutschland, S. 7.

[1575] Zum Umfang des Begriffs der „Eltern" als Träger des Elternrechts und der Elternpflicht ausführlich *Brosius-Gersdorf*, in: Dreier (Hrsg.), GG Kommentar, Bd. 1 (2013), Art. 6 Rn. 147 sowie *Heiderhoff*, in: v. Münch/Kunig GG Kommentar, Bd. 1 (2021), Art. 6 Rn. 108 ff.

[1576] *Brüser*, Die Bedeutung der Grundrechte (2010), S. 39; *Epping*, Grundrechte (2021), Rn. 521; *Heiderhoff*, in: v. Münch/Kunig GG Kommentar, Bd. 1 (2021), Art. 6 Rn. 104 f.; *Sodan*, in: ders. (Hrsg.), GG Kommentar (2018), Art. 6 Rn. 14; *Uhle*, in: BeckOK GG (2021), Art. 6 Rn. 49, 50; *Umbach*, in: Umbach/Clemens (Hrsg.), Mitarbeiterkommentar GG, Bd. 1 (2002), Art. 6 Rn. 70.

[1577] Damit nicht zu verwechseln ist der dritte Aspekt der Wahrnehmung des Grundrechts, nämlich die Befugnis zur Wahrnehmung der Grundrechte und Pflichten des Kindes nach außen (Handeln für das Kind gegenüber Dritten), vgl. *Coelln*, in: Sachs (Hrsg.), GG Kommentar (2021), Art. 6 Rn. 62.

[1578] *Antoni*, in: Hömig/Wolff GG Kommentar (2018), Art. 6 Rn. 13; *Heiderhoff*, in: v. Münch/Kunig GG Kommentar, Bd. 1 (2021), Art. 6 Rn. 100; *Nassauer/Meyer*, Impfungen von Kindern und Jugendlichen auch gegen den Elternwillen?, in: BGesBl. 2004, S. 1230 (1233); *Uhle*, in: BeckOK GG (2021), Art. 6 Rn. 46; *Coelln*, in: Sachs (Hrsg.), GG Kommentar (2021), Art. 6 Rn. 52 f.; *Wapler*, Kinderrechte und Kindeswohl (2015), S. 105; vgl. *Ossenbühl*, Das elterliche Erziehungsrecht (1981), S. 50.

[1579] BVerfGE 121, 69 (92); *Epping*, Grundrechte (2021), Rn. 517.

ziehung auch die Pflicht der Eltern, dieses Recht wahrzunehmen (sog. „Junktim von Recht und Pflicht").[1580] Der untrennbare Komplex aus Grundrecht und Grundpflicht bildet die „Elternverantwortung".[1581]

Bevor eine allgemeine Impfpflicht grundrechtlich in diesen Recht-Pflicht-Komplex eingeordnet werden kann, bedarf dessen Inhalt einer präziseren Charakterisierung: In erster Linie stellt Art. 6 Abs. 2 S. 1 GG ein Abwehrrecht der Eltern gegen staatliche Eingriffe in die Erziehung[1582] dar, denn die Sorge für die Pflege und Erziehung des Kindes ist ein „natürliches Recht" der Eltern.[1583] Den Eltern kommt das Primat der Wahrnehmung des Rechts der Pflege und Erziehung ihres Kindes zu, welches den Staat für diese Aufgabe klar auf eine nachgeordnete Position verweist.[1584] Sie sollen die Pflege und Erziehung ihres Kindes selbstverantwortlich und nach ihren eigenen Vorstellungen gestalten können.[1585] Das Elterngrundrecht schützt seitens der Eltern also die „Freiheit von Fremdbestimmung".[1586]

[1580] Für viele *Böckenförde*, Elternrecht – Recht des Kindes – Recht des Staates, in: Krautscheid/Marré (Hrsg.), Essener Gespräche Bd. 14 (1980), S. 54 (67); *Brosius-Gersdorf*, in: Dreier (Hrsg.), GG Kommentar, Bd. 1 (2013), Art. 6 Rn. 141, 156; *Erichsen/Reuter*, Elternrecht – Kindeswohl – Staatsgewalt (1985), S. 33; *Heiderhoff*, in: v. Münch/Kunig GG Kommentar, Bd. 1 (2021), Art. 6 Rn. 103; *Höfling/Stöckle*, Elternrecht, Kindeswohl und staatliche Impfverantwortung, in: RdJB 2018, S. 284 (289); *Höfling*, Elternrecht, in: Isensee/Kirchhof (Hrsg.), HStR VII (2009), § 155 Rn. 13; *Hölbling*, Wie viel Staat vertragen Eltern? (2010), S. 130; *Hohmann-Dennhardt*, Kindeswohl und Elternrecht, in: FPR 2008, S. 476 (477); *Langenfeld/Wiesner*, Verfassungsrechtlicher Rahmen für die öffentliche Kinder- und Jugendhilfe, in: DIJuF e. V. (Hrsg.), Verantwortlich handeln – Schutz und Hilfe bei Kindeswohlgefährdungen (2004), S. 45 (50).

[1581] Für viele BVerfGE 24, 119 (143); 59, 360 (376 f.); 107, 150 (169); 108, 82 (102); *Hanschmann*, Staatliche Bildung und Erziehung (2017), S. 74; *Heiderhoff*, in: v. Münch/Kunig GG Kommentar, Bd. 1 (2021), Art. 6 Rn. 103; *Höfling*, Elternrecht, in: Isensee/Kirchhof (Hrsg.), HStR VII (2009), § 155 Rn. 29; *Hofmann*, in: Schmidt-Bleibtreu/Hofmann/Henneke GG Kommentar (2018), Art. 6 Rn. 44; *Horndasch*, Zum Wohle des Kindes (1983), S. 57; *Jestaedt*, Staatliche Rollen in der Eltern-Kind-Beziehung, in: DVBl. 1997, S. 693; *Robbers*, in: v. Mangoldt/Klein/Starck GG Kommentar, Bd. 1 (2018), Art. 6 Abs. 2 Rn. 143; kritisch zu diesem Begriff *Brüser*, Die Bedeutung der Grundrechte (2010), S. 38.

[1582] Für viele BVerfGE 31, 194 (204); *Böckenförde*, Elternrecht – Recht des Kindes – Recht des Staates, in: Krautscheid/Marré (Hrsg.), Essener Gespräche Bd. 14 (1980), S. 54 (59); *Höfling*, Elternrecht, in: Isensee/Kirchhof (Hrsg.), HStR VII (2009), § 155 Rn. 14, der die Abwehrrechtsdimension bei aller dogmatischer Besonderheit des Elterngrundrechts als „Systemmitte" bezeichnet; *Hofmann*, in: Schmidt-Bleibtreu/Hofmann/Henneke GG Kommentar (2018), Art. 6 Rn. 44; *Robbers*, in: v. Mangoldt/Klein/Starck GG Kommentar, Bd. 1 (2018), Art. 6 Abs. 2 Rn. 140; ähnlich, allerdings mit stärkerer Betonung des abwehrrechtlichen Gehalts *Hanschmann*, Staatliche Bildung und Erziehung (2017), S. 78; *Höfling/Stöckle*, Elternrecht, Kindeswohl und staatliche Impfverantwortung, in: RdJB 2018, S. 284 (289).

[1583] Für viele *Brosius-Gersdorf*, in: Dreier (Hrsg.), GG Kommentar, Bd. 1 (2013), Art. 6 Rn. 141; darstellend zu der Kontroverse über den Ursprung der „Natürlichkeit" dieses Rechts *Höfling*, Elternrecht, in: Isensee/Kirchhof (Hrsg.), HStR VII (2009), § 155 Rn. 2.

[1584] Für viele BVerfGE 24, 119 (138); 31, 194 (204); 47, 46 (69 f.); 56, 363 (385); 107, 104 (117); *Brosius-Gersdorf*, in: Dreier (Hrsg.), GG Kommentar, Bd. 1 (2013), Art. 6 Rn. 141; *Höfling/Stöckle*, Elternrecht, Kindeswohl und staatliche Impfverantwortung, in: RdJB 2018, S. 284 (289); *Zorn*, Das Recht der elterlichen Sorge (2016), Rn. 274.

[1585] Für viele BVerfGE 59, 360 (376 f.); *Brosius-Gersdorf*, in: Dreier (Hrsg.), GG Kommen-

Gleichzeitig wird durch Art. 6 Abs. 2 S. 2 GG auch deutlich, dass den Eltern eine Verantwortung auferlegt wird, so dass dem Staat für den Fall des Versagens der „zuvörderst" verpflichteten Eltern eine Ersatzkompetenz für die Wahrnehmung des Elternrechts zukommt.[1587] Die gewährte Freiheit dient nicht der Selbstbestimmung der Eltern, sondern dem Schutz des Kindes.[1588] Da das Kind den Bezugspunkt der Elternverantwortung darstellt, ist das Elterngrundrecht ein ihm „dienendes", treuhänderisches (fiduziarisches) Recht.[1589] Das Recht zur Wahrnehmung der Pflege- und Erziehungsaufgabe verpflichtet die Eltern daher zugleich dem Kind gegenüber zur Tätigkeit.[1590]

Der Schutzgegenstand des Elternrechts ist somit zwar zunächst die einseitige und unmittelbare Bestimmungsmöglichkeit über die Persönlichkeitsentwicklung des Kindes. Diese elterlichen Bestimmungsrechte werden jedoch von vornherein durch das Grundrecht selbst begrenzt.[1591] Zu ermitteln ist deshalb vor dem Hintergrund der Elternpflicht, ob die freie Entscheidung für die Nichtimpfung des Kindes noch zu ihrer grundrechtlich geschützten Freiheit gehört oder bereits von vornherein aus dem Gewährleistungsbereich herausfällt.

---

tar, Bd. 1 (2013), Art. 6 Rn. 155; *Hölbling*, Wie viel Staat vertragen Eltern? (2010), S. 127; mit deutlicher Betonung dessen auch *Geiger*, Kraft und Grenze der elterlichen Erziehungsverantwortung, in: Krautscheid/Marré (Hrsg.), Essener Gespräche Bd. 14, S. 9 (19), der jedoch von einem eher konservativen Familienbild ausgeht.

[1586] *Höfling*, Elternrecht, Isensee/Kirchhof (Hrsg.), in: HStR VII (2009), § 155 Rn. 14.

[1587] *Facius*, Elternverantwortung und staatliches Erziehungsmandat (2011), S. 69; *Heiderhoff*, in: v. Münch/Kunig GG Kommentar, Bd. 1 (2021), Art. 6 Rn. 101; *Hohmann-Dennhardt*, Kindeswohl und Elternrecht, in: FPR 2008, S. 476 (477); *Nassauer/Meyer*, Impfungen von Kindern und Jugendlichen auch gegen den Elternwillen?, in: BGesBl. 2004, S. 1230 (1233).

[1588] Für viele BVerfGE 59, 360 (376 f.); *Böckenförde*, Elternrecht – Recht des Kindes – Recht des Staates, in: Krautscheid/Marré (Hrsg.), Essener Gespräche Bd. 14 (1980), S. 54 (63); *Löhnig/Preisner*, Anm. zu BGH XII ZB 157/16, in: FamRZ 2017, S. 1060; *Nassauer/Meyer*, Impfungen von Kindern und Jugendlichen auch gegen den Elternwillen?, in: BGesBl. 2004, S. 1230 (1233); *Ossenbühl*, Das elterliche Erziehungsrecht (1981), S. 51; *Wapler*, Kinderrechte und Kindeswohl (2015), S. 114; zu Recht aber einwendend *Höfling*, Elternrecht, in: Isensee/Kirchhof (Hrsg.), HStR VII (2009), § 155 Rn. 16, dass die Erziehung der Kinder auch elementarer Bestandteil der Lebenserfüllung dazu bereiter Eltern sei, das führt dennoch nicht dazu, dass die Persönlichkeiten der Kinder diesem Zweck untergeordnet sein können; ähnlich auch *Schmitt Glaeser*, Das elterliche Erziehungsrecht (1980), S. 54; *Sanders*, Mehrelternschaft (2018), S. 134; vermittelnd *Kotzur/Vasel*, in: Stern/Becker (Hrsg.), Grundrechte Kommentar (2019), Art. 6 GG Rn. 51.

[1589] Für viele BVerfGE 99, 145 (156); *Brosius-Gersdorf*, in: Dreier (Hrsg.), GG Kommentar, Bd. 1 (2013), Art. 6 Rn. 142; *Löhnig/Preisner*, Anm. zu BGH XII ZB 157/16, in: FamRZ 2017, S. 1060; *Ossenbühl*, Das elterliche Erziehungsrecht (1981), S. 51; *Uhle*, in: BeckOK GG (2021), Art. 6 Rn. 48; *Vellmer*, Religiöse Kindererziehung (2010), S. 53; *Coelln*, in: Sachs (Hrsg.), GG Kommentar (2021), Art. 6 Rn. 53; *Wapler*, Kinderrechte und Kindeswohl (2015), S. 113.

[1590] *Coelln*, in: Sachs (Hrsg.), GG Kommentar (2021), Art. 6 Rn. 53; beachte aber *Höfling*, Elternrecht, in: Isensee/Kirchhof (Hrsg.), HStR VII (2009), § 155 Rn. 30 ff., der darauf hinweist, dass die Grundpflicht der Eltern nicht nur im Innenverhältnis zum Kind besteht, sondern auch im Außenverhältnis gegenüber dem Staat wirkt.

[1591] Hierzu ausführlich *Böckenförde*, Elternrecht – Recht des Kindes – Recht des Staates, in: Krautscheid/Marré (Hrsg.), Essener Gespräche Bd. 14 (1980), S. 54 (60 ff.).

I. Einheitlicher Schutzbereich des Elterngrundrechts

Bevor die Frage geklärt werden kann, ob durch eine allgemeine Impfpflicht der Schutzbereich eröffnet ist, verdienen auch dessen Besonderheiten eine besondere Beachtung. Dazu gehört, dass der Schutzbereich des Art. 6 Abs. 2 S. 1 GG sich auf zwei verschiedene Elemente elterlicher Fürsorge bezieht: die Pflege und die Erziehung des Kindes. Zu klären ist deshalb, wie sich die elterliche Entscheidung über eine Impfung des Kindes diesen beiden Elementen zuordnen lässt.

Erziehung ist die Sorge für die geistige und seelische Entwicklung des Kindes, seine Bildung und Ausbildung sowie die Vermittlung von Werten und Grundhaltungen.[1592] Pflege umfasst die tatsächliche Sorge um das Kind, also um seine physische Existenz und um sein körperliches Wohlbefinden.[1593] Eine Impfung sorgt bei einem geimpften Kind für den immunologischen Schutz vor einer Infektionskrankheit. Eine Impfpflicht, die den Eltern die Entscheidung über die Impfung ihres Kindes abnimmt, betrifft folglich vor allem das Schutzbereichselement der Pflege als Ausdruck der Sorge für die Gesundheit[1594] des Kindes.[1595]

Die beiden Schutzbereichselemente der Pflege und der Erziehung werden aber als Einheit der Gesamtsorge für das Kind verstanden[1596]: Die Verantwortung der Eltern bezieht sich umfassend auf alle körperlichen und seelischen Belange des Kindes[1597] in gegenwärtig betreuender und zukunftsgerichtet för-

---

[1592] Für viele BVerfGE 52, 223 (235 f.); 93, 1 (17); 108, 282 (301); BVerwGE 116, 359 (361 f.); *Brosius-Gersdorf*, in: Dreier (Hrsg.), GG Kommentar, Bd. 1 (2013), Art. 6 Rn. 159; *Coelln*, in: Sachs (Hrsg.), GG Kommentar (2021), Art. 6 Rn. 60; *Erichsen/Reuter*, Elternrecht – Kindeswohl – Staatsgewalt (1985), S. 31; *Hanschmann*, Staatliche Bildung und Erziehung (2017), S. 73; *Horndasch*, Zum Wohle des Kindes (1983), S. 52; *Ossenbühl*, Das elterliche Erziehungsrecht (1981), S. 48; *Uhle*, in: BeckOK GG (2021), Art. 6 Rn. 51; *Wapler*, Kinderrechte und Kindeswohl (2015), S. 111.

[1593] Für viele *Brosius-Gersdorf*, in: Dreier (Hrsg.), GG Kommentar, Bd. 1 (2013), Art. 6 Rn. 158; *Coelln*, in: Sachs (Hrsg.), GG Kommentar (2021), Art. 6 Rn. 60; *Robbers*, in: v. Mangoldt/Klein/Starck GG Kommentar, Bd. 1 (2018), Art. 6 Abs. 2 Rn. 143; *Uhle*, in: BeckOK GG (2021), Art. 6 Rn. 51; *Wapler*, Kinderrechte und Kindeswohl (2015), S. 110.

[1594] Vgl. *Brosius-Gersdorf*, in: Dreier (Hrsg.), GG Kommentar, Bd. 1 (2013), Art. 6 Rn. 158; *Höfling/Stöckle*, Elternrecht, Kindeswohl und staatliche Impfverantwortung, in: RdJB 2018, S. 284 (290).

[1595] Vgl. *Dahl*, Impfungen in der Pädiatrie, in: Ethik Med 2002, S. 201 (210).

[1596] Für viele *Brosius-Gersdorf*, in: Dreier (Hrsg.), GG Kommentar, Bd. 1 (2013), Art. 6 Rn. 155; *Brüser*, Die Bedeutung der Grundrechte (2010), S. 40; *Facius*, Elternverantwortung und staatliches Erziehungsmandat (2011), S. 12; *Heiderhoff*, in: v. Münch/Kunig GG Kommentar, Bd. 1 (2021), Art. 6 Rn. 102; wohl auch *Höfling/Stöckle*, Elternrecht, Kindeswohl und staatliche Impfverantwortung, in: RdJB 2018, S. 284 (290) sowie *Höfling*, Elternrecht, in: Isensee/Kirchhof (Hrsg.), HStR VII (2009), § 155 Rn. 18; *Wapler*, Kinderrechte und Kindeswohl (2015), S. 111; a. A. nur *Umbach*, in: Umbach/Clemens (Hrsg.), Mitarbeiterkommentar GG, Bd. 1 (2002), Art. 6 Rn. 74; sehr ausführlich differenzierend *Jestaedt/Reimer*, in: Bonner Kommentar GG (2021), Art. 6 Abs. 2 und 3 Rn. 265 ff.

[1597] Das ist sinnvoll, weil die Ursachen körperlichen sowie seelischen (Un)Wohls nicht immer eindeutig den Belangen zugeordnet werden können, die entweder eindeutig und ausdernder Perspektive.[1598] Auch bei einer Erkrankung, die durch eine staatlich angeordnete Impfung verhindert werden kann, wird nicht nur das körperliche Wohlbefinden des Kindes in erheblichem Maße eingeschränkt sein, sondern auch sein geistiges Wohlbefinden. Das geistig-emotionale Befinden des Kindes kann beim Durchleben einer Infektionskrankheit etwa dadurch beeinträchtigt sein, dass es die Sorge seiner Eltern miterlebt und/oder sich selbst um die eigene Gesundheit sorgt (sofern das Kind bereits in der Lage ist, seine eigene gesundheitliche Situation zu erfassen) sowie dadurch, dass gegebenenfalls eine mehrwöchige Isolation vom gewohnten sozialen Umfeld (Freundeskreis in Kindergarten/Schule) erfolgt.

Bei einer Impfpflicht lassen sich also die Auswirkungen auf die beiden miteinander korrespondierenden Schutzbereichselemente Pflege und Erziehung nicht trennen. Daher kommt es für die Frage der Vereinbarkeit einer Impfpflicht mit dem Elterngrundrecht nicht darauf an, dass das eine oder das andere Element betroffen ist, sondern nur darauf, ob der Schutzbereich des Elterngrundrechts überhaupt eröffnet ist.

1. Die Elternverantwortung als Inhalt, Umfang und Grenze des Schutzbereichs

Nachdem die strukturellen Besonderheiten des Elterngrundrechts aufgezeigt wurden, stellt sich die Frage, welches elterliche Verhalten dem Schutzbereich zuzuordnen ist und welches Verhalten dagegen von vornherein nicht von Art. 6 Abs. 2 S. 1 GG gedeckt ist. Der Umfang des grundrechtlich geschützten Elternverhaltens wird maßgeblich von der „Elternverantwortung" determiniert. Eine allgemeine Impfpflicht berührt somit nur dann den Schutzbereich des Elterngrundrechts, wenn das elterliche Verhalten, das mit einer Impfpflicht verhindert werden soll (die Nichtimpfung des Kindes), der Elternverantwortung entspricht. Um also zu ermitteln, ob auch eine negative elterliche Impfentscheidung tauglicher Ausdruck der Elternverantwortung sein kann, ist zunächst ausschlaggebend, wie die „Elternverantwortung" inhaltlich konkretisiert wird.

Der Inhalt der Elternverantwortung wird seinerseits maßgeblich vom Begriff des „Kindeswohls" determiniert. Dieses bildet aufgrund der Charakteris-

---

schließlich unter das Schutzbereichselement der Pflege einerseits oder das Schutzbereichselement der Erziehung andererseits fallen. Vgl. *Brüser*, Die Bedeutung der Grundrechte (2010), S. 40. So etwa bei Erkrankungen mit psychosomatischem Hintergrund, denen eine Wechselwirkung von Körper und Seele zugrunde liegt. Psychosomatische Auslöser werden insb. auch bei Neurodermitis als häufigste chronische Erkrankung bei Kindern vermutet (betrifft in Industrieländern etwa 10–15 % der Kinder im Vorschulalter), *Pschyrembel*, Klinisches Wörterbuch (2020), Stichworte „Psychosomatik", S. 1457 und „Neurodermitis", S. 1220 i. V. m. „Ekzem, atopisches", S. 434.

[1598] Mit dem Hinweis, dass eine trennscharfe Unterscheidung nicht nur nicht erforderlich wäre, sondern auch den „zentralen Sinngehalt der Formulierung verfehlen" würde *Robbers*, in: v. Mangoldt/Klein/Starck GG Kommentar, Bd. 1 (2018), Art. 6 Abs. 2 Rn. 143.

tik des Elterngrundrechts als fremdnütziges Recht die „oberste Richtschnur“[1599] der Elternverantwortung.[1600] Das Kindeswohl stellt als „eigentliches Schutzgut“ des Elternrechts[1601] nicht nur die Zielvorgabe der Elternverantwortung dar, sondern verkörpert schon die „tatbestandsimmanente“ Begrenzung des Schutzbereichs.[1602] Die kindeswohlorientierte Ausübung der Elternverantwortung ist notwendig, weil Kinder der Fürsorge Dritter bedürfen, um sich körperlich, geistig und seelisch entwickeln zu können.[1603] Denn die Entscheidungen der Eltern haben nicht nur Konsequenzen für sie selbst, sondern insbesondere für ihre Kinder. Wenn elterliche Handlungen der Pflege und Erziehung sich aber nicht am Kindeswohl ausrichten, können sie folglich von vornherein nicht unter den Schutzbereich des Elternrechts fallen.[1604]

Zwar wird teilweise angeführt, die Beschränkung des Schutzbereichs des Elterngrundrechts auf am Kindeswohl ausgerichtetes elterliches Verhalten führe zu weit, da der Staat dadurch zu umfangreichen, von vornherein abwägungsfreien Eingriffen in das Eltern-Kind-Verhältnis berechtigt würde.[1605] Dem ist aber

---

[1599] BVerfGE 60, 79 (88); 121, 69 (92); *Brosius-Gersdorf*, Demografischer Wandel und Familienförderung (2011), S. 451; *Hofmann*, in: Schmidt-Bleibtreu/Hofmann/Henneke GG Kommentar (2018), Art. 6 Rn. 44; *Ossenbühl*, Das elterliche Erziehungsrecht (1981), S. 50; *Uhle*, in: BeckOK GG (2021), Art. 6 Rn. 48; *Wapler*, Kinderrechte und Kindeswohl (2015), S. 113.

[1600] Für viele *Badura*, in: Dürig/Herzog/Scholz GG Kommentar (2021), Art. 6 Rn. 139; *Heiderhoff*, in: v. Münch/Kunig GG Kommentar, Bd. 1 (2021), Art. 6 Rn. 102; *Höfling*, Elternrecht, in: Isensee/Kirchhof (Hrsg.), HStR VII (2009), § 155 Rn. 17 f., 49; *Jestaedt/Reimer*, in: Bonner Kommentar GG (2021), Art. 6 Abs. 2 und 3 Rn. 89; *Kotzur/Vasel*, in: Stern/Becker (Hrsg.), Grundrechte Kommentar (2019), Art. 6 GG Rn. 98; *Robbers*, in: v. Mangoldt/Klein/Starck GG Kommentar, Bd. 1 (2018), Art. 6 Abs. 2 Rn. 145; *Ossenbühl*, Schule im Rechtsstaat, in: DÖV 1977, S. 801 (806); *Reith*, Der Erziehungs-, Bildungs- und Betreuungsauftrag des Staates (2014), S. 123; *Jestaedt* bezeichnet das Kindeswohl gar als „Gravitationszentrum der Elternverantwortung“, *ders.*, Staatliche Rollen in der Eltern-Kind-Beziehung, in: DVBl. 1997, S. 693 (697); einschränkend aber *Sanders*, Mehrelternschaft (2018), S. 143.

[1601] *Uhle*, in: BeckOK GG (2021), Art. 6 Rn. 55.

[1602] *Brosius-Gersdorf*, in: Dreier (Hrsg.), GG Kommentar, Bd. 1 (2013), Art. 6 Rn. 161; *Epping*, Grundrechte (2021), Rn. 520; *Heiderhoff*, in: v. Münch/Kunig GG Kommentar, Bd. 1 (2021), Art. 6 Rn. 148; *Höfling*, Elternrecht, in: Isensee/Kirchhof (Hrsg.), HStR VII (2009), § 155 Rn. 17, 35; *Uhle*, in: BeckOK GG (2021), Art. 6 Rn. 57; *Vellmer*, Religiöse Kindererziehung (2010), S. 53; *Wapler*, Kinderrechte und Kindeswohl (2015), S. 113; vgl. *Antoni*, in: Hömig/Wolff GG Kommentar (2018), Art. 6 Rn. 13; vgl. *Jestaedt*, Staatliche Rollen in der Eltern-Kind-Beziehung, in: DVBl. 1997, S. 693 (696 f.).

[1603] *Brosius-Gersdorf*, in: Dreier (Hrsg.), GG Kommentar, Bd. 1 (2013), Art. 6 Rn. 141; *Jestaedt*, Staatliche Rollen in der Eltern-Kind-Beziehung, in: DVBl. 1997, S. 693; *Langenfeld/Wiesner*, Verfassungsrechtlicher Rahmen für die öffentliche Kinder- und Jugendhilfe, in: DIJuF e. V. (Hrsg.), Verantwortlich handeln – Schutz und Hilfe bei Kindeswohlgefährdungen (2004), S. 45 (50); *Reith*, Der Erziehungs-, Bildungs- und Betreuungsauftrag des Staates (2014), S. 124; *Vellmer*, Religiöse Kindererziehung (2010), S. 52.

[1604] *Brosius-Gersdorf*, in: Dreier (Hrsg.), GG Kommentar, Bd. 1 (2013), Art. 6 Rn. 161; *Epping*, Grundrechte (2021), Rn. 520; *Höfling*, Elternrecht, in: Isensee/Kirchhof (Hrsg.), HStR VII (2009), § 155 Rn. 46.

[1605] Nur *Sanders*, Mehrelternschaft (2018), S. 134 f.

entgegenzuhalten, dass die staatliche Intervention ausschließlich auf den Ausgleich defizitär wahrgenommener Elternverantwortung abzielt, aber niemals darüber hinausgehen darf.[1606] Auch ohne eine Abwägung mit dem Elterngrundrecht droht daher keine Uferlosigkeit staatlicher Intervention.

Die Elternverantwortung beinhaltet aber nicht nur das schlichte, passive „Verwalten" des Kindeswohls. Der dem Elternrecht innewohnende Aspekt der „Grundpflicht" verlangt nach ganz überwiegender Ansicht, dass die Eltern das ihnen obliegende, dienende Recht auch positiv wahrnehmen, es gibt keine „negative Freiheit".[1607] Nicht erst die aktive Schädigung, sondern schon die Untätigkeit fällt von vornherein aus dem Schutzbereich heraus.[1608] Wegen des dienenden Charakters der Grundrechtsgewährleistung kann nicht vom Elternrecht geschützt sein, das Kind zu vernachlässigen.[1609] Kein elterliches Verhalten, das außerhalb des Kindeswohls liegt, sei es wegen Untätigkeit oder aktiver Verletzung des Kindeswohls, genießt noch den Schutz des Elterngrundrechts.[1610] Die Grundpflicht, das Elternrecht aktiv und im Sinne des Kindeswohls wahrzunehmen, begrenzt das Recht in dogmatischer Hinsicht also bereits als dessen wesensbestimmender, prägender Teil, nicht erst als Schranke des Abwehrrechts.[1611]

[1606] Vgl. *Brosius-Gersdorf*, Kindeswohl zwischen Selbstbestimmungsrecht, Elternrecht und Wächteramt des Staates, in: Heimbach-Steins/Riedl (Hrsg.), Kindeswohl zwischen Anspruch und Wirklichkeit (2017), S. 73 (77); *Uhle*, in: BeckOK GG (2021), Art. 6 Rn. 60.

[1607] Für viele *Höfling*, Elternrecht, in: Isensee/Kirchhof (Hrsg.), HStR VII (2009), § 155 Rn. 30; *Höfling/Stöckle*, Elternrecht, Kindeswohl und staatliche Impfverantwortung, in: RdJB 2018, S. 284 (289); *Jeand'Heur*, Verfassungsrechtliche Schutzgebote zum Wohl des Kindes (1993), S. 21; *ders.*, Der Kindeswohl-Begriff aus verfassungsrechtlicher Sicht (1991), S. 20; *Jestaedt/Reimer*, in: Bonner Kommentar GG (2021), Art. 6 Abs. 2 und 3, Rn. 293; *Langenfeld/Wiesner*, Verfassungsrechtlicher Rahmen für die öffentliche Kinder- und Jugendhilfe, in: DIJuF e. V. (Hrsg.), Verantwortlich handeln – Schutz und Hilfe bei Kindeswohlgefährdungen (2004), S. 45 (50); *Schmitt Glaeser*, Das elterliche Erziehungsrecht (1980), S. 48; *Vellmer*, Religiöse Kindererziehung (2010), S. 52; *Coelln*, in: Sachs (Hrsg.), GG Kommentar (2021), Art. 6 Rn. 53; *Wapler*, Kinderrechte und Kindeswohl (2015), S. 112; a. A. aber *Robbers*, in: v. Mangoldt/Klein/Starck GG Kommentar, Bd. 1 (2018), Art. 6 Abs. 2 Rn. 151.

[1608] BVerfGE 24, 119 (143); 121, 69 (92 f.); *Uhle*, in: BeckOK GG (2021), Art. 6 Rn. 48; vgl. auch *Brosius-Gersdorf*, in: Dreier (Hrsg.), GG Kommentar, Bd. 1 (2013), Art. 6 Rn. 163; dahingehend auch *Böckenförde*, Elternrecht – Recht des Kindes – Recht des Staates, in: Krautscheid/Marré (Hrsg.), Essener Gespräche Bd. 14 (1980), S. 54 (68).

[1609] *Coelln*, in: Sachs (Hrsg.), GG Kommentar (2021), Art. 6 Rn. 53; *Zorn*, Das Recht der elterlichen Sorge (2016), Rn. 275.

[1610] Vgl. *Brosius-Gersdorf*, Kindeswohl zwischen Selbstbestimmungsrecht, Elternrecht und Wächteramt des Staates, in: Heimbach-Steins/Riedl (Hrsg.), Kindeswohl zwischen Anspruch und Wirklichkeit (2017), S. 73 (76); *Schulze*, Elternrecht und Beschneidung (2017), S. 105 f.; *Wapler*, Kinderrechte und Kindeswohl (2015), S. 114 f.

[1611] *Erichsen/Reuter*, Elternrecht – Kindeswohl – Staatsgewalt (1985), S. 34; *Jarass*, in: Jarass/Pieroth GG Kommentar (2020), Art. 6 Rn. 45; *Robbers*, in: v. Mangoldt/Klein/Starck GG Kommentar, Bd. 1 (2018), Art. 6 Abs. 2 Rn. 149; *Schulze*, Elternrecht und Beschneidung (2017), S. 104; *Umbach*, in: Umbach/Clemens (Hrsg.), Mitarbeiterkommentar GG, Bd. 1 (2002), Art. 6 Rn. 70; *Coelln*, in: Sachs (Hrsg.), GG Kommentar (2021), Art. 6 Rn. 53; vgl. *Jeand'Heur*, Ver-

Die zentrale Frage für die Beurteilung der Verfassungsmäßigkeit einer allgemeinen Impfpflicht im Lichte des Elterngrundrechts lautet also: Liegt die negative Impfentscheidung, folglich die Entscheidung gegen die Impfung des Kindes, bereits außerhalb des Kindeswohls?[1612] Das Kindeswohl als genauer Inhalt und Orientierungspunkt der Elternverantwortung ist aber wiederum offen.[1613] Um zu ermitteln, ob die elterliche Entscheidung gegen eine Impfung des Kindes noch dem Kindeswohl entspricht oder ob sie der Kategorie der „Untätigkeit" zuzuordnen ist, die aus dem Schutzbereich herausfällt, bedarf es zunächst einer Definition des Kindeswohls.

a) *Definition des Kindeswohls*

Der für die Interpretation des Elterngrundrechts zentrale Begriff des Kindeswohls selbst kommt im Grundgesetz nicht vor und wurde auch bei den Beratungen zum Grundgesetz nicht behandelt.[1614] Es handelt sich insofern um einen unbestimmten Rechtsbegriff[1615], in dessen Verständnis nicht nur Erkenntnisse aus juristischer Perspektive hineinfließen können, sondern auch gesellschaftliche, sich wandelnde Anschauungen davon, was dem Wohl des Kindes dient.[1616] Jedenfalls von letzteren muss eine verfassungsrechtliche Definition des Kindes-

fassungsrechtliche Schutzgebote zum Wohl des Kindes (1993), S. 20; kritisch aber *Geiger*, Kraft und Grenze der elterlichen Erziehungsverantwortung, in: Krautscheid/Marré (Hrsg.), Essener Gespräche Bd. 14, S. 9 (11, 23), der in der Verankerung elterlicher Pflichten eine „Manipulierung und Deformierung der Familie" erkennen will.

1612 Vgl. *Höfling*, Elternrecht, in: Isensee/Kirchhof (Hrsg.), HStR VII (2009), § 155 Rn. 47.

1613 Für viele *Brosius-Gersdorf*, Kindeswohl zwischen Selbstbestimmungsrecht, Elternrecht und Wächteramt des Staates, in: Heimbach-Steins/Riedl (Hrsg.), Kindeswohl zwischen Anspruch und Wirklichkeit (2017), S. 73; *Höfling*, Elternrecht, in: Isensee/Kirchhof (Hrsg.), HStR VII (2009), § 155 Rn. 33; *Höfling/Stöckle*, Elternrecht, Kindeswohl und staatliche Impfverantwortung, in: RdJB 2018, S. 284 (289); *Sanders*, Mehrelternschaft (2018), S. 135; *Schulze*, Elternrecht und Beschneidung (2017), S. 92, 106; *Trapp*, Impfzwang – Verfassungsrechtliche Grenzen staatlicher Gesundheitsvorsorgemaßnahmen, in: DVBl. 2015, S. 11 (18); *Uhle*, in: BeckOK GG (2021), Art. 6 Rn. 57; *Wapler*, Kinderrechte und Kindeswohl (2015), S. 114; siehe aber zum Erfordernis einer Ergänzung des Art. 6 Abs. 2 GG *Kirchhof*, Kinderrechte in der Verfassung, in: ZRP 2007, S. 149 ff.

1614 *Wapler*, Kinderrechte und Kindeswohl (2015), S. 106.

1615 Für viele *Böckenförde*, Elternrecht – Recht des Kindes – Recht des Staates, in: Krautscheid/Marré (Hrsg.), Essener Gespräche Bd. 14 (1980), S. 54 (77); *Erichsen/Reuter*, Elternrecht – Kindeswohl – Staatsgewalt (1985), S. 49; *Langenfeld/Wiesner*, Verfassungsrechtlicher Rahmen für die öffentliche Kinder- und Jugendhilfe, in: DIJuF e. V. (Hrsg.), Verantwortlich handeln – Schutz und Hilfe bei Kindeswohlgefährdungen (2004), S. 45 (60); *Uhle*, in: BeckOK GG (2021), Art. 6 Rn. 57; *Dettenborn*, Kindeswohl und Kindeswille (2017), S. 48, bezeichnet den Begriff des Kindeswohls „unter wissenschaftstheoretischem Aspekt" als „definitorische Katastrophe".

1616 *Langenfeld/Wiesner*, Verfassungsrechtlicher Rahmen für die öffentliche Kinder- und Jugendhilfe, in: DIJuF e. V. (Hrsg.), Verantwortlich handeln – Schutz und Hilfe bei Kindeswohlgefährdungen (2004), S. 45 (60); *Schulze*, Elternrecht und Beschneidung (2017), S. 94; vgl. *Dettenborn*, Kindeswohl und Kindeswille (2017), S. 48.

wohls aber unabhängig sein.[1617] Zwar besteht in § 1666 Abs. 1 BGB eine einfachgesetzliche Definition als „körperliches, geistiges und seelisches Wohl des Kindes", diese kann aber aus normenhierarchischen Gründen allenfalls indiziell zur verfassungsrechtlichen Definition des Kindeswohls als Umgrenzung des grundrechtlichen Schutzbereichs herangezogen werden.

Der Versuch, den verfassungsrechtlichen Kindeswohlbegriff mit Leben zu füllen, wird allerdings dadurch erschwert, dass dieser zumeist nur negativ definiert wird, wodurch zwar feststellbar ist, was sicher nicht mehr dem Kindeswohl dient, nicht aber, was das Kindeswohl inhaltlich auszeichnet.[1618] Die Unbestimmtheit des Kindeswohlbegriffs erweist sich daher – nicht zuletzt im Rahmen der Fragestellung dieser Arbeit – als „neuralgischer Punkt".[1619]

Das Primat der Definition und Interpretation des Kindeswohls steht zunächst nicht dem Staat, sondern den Eltern zu.[1620] Zwar wäre als interpretatorische Ausfüllung des Kindeswohlbegriffs durch die Eltern die „Normalitätsvorstellung einer an den Interessen des Kindes orientierten Erziehung" wünschenswert.[1621] Diese Prämisse ist jedoch kaum mehr als die „Chiffre für den abstrakten Wunsch, dass es Kindern gut gehen soll".[1622] Wenn die Interpretation des Kindeswohlbegriffs aber ausschließlich den Eltern überlassen ist, so ist eine einheitliche abstrakte Definition deshalb kaum möglich, weil in ihm „alle öffentlichen Interessen, kulturellen und sozialen Wertungen darüber enthalten sind, was Kindern nutzt und schadet".[1623] Diese Wertungen und ihre Gewichtung zueinander können freilich je nach dem individuellen Verständnis

[1617] Zutreffend fordern daher *Langenfeld/Wiesner*, Verfassungsrechtlicher Rahmen für die öffentliche Kinder- und Jugendhilfe, in: DIJuF e. V. (Hrsg.), Verantwortlich handeln – Schutz und Hilfe bei Kindeswohlgefährdungen (2004), S. 45 (60), dass „Parameter zur Beurteilung des Kindeswohls zunächst eine gewisse Konsolidierung zu erfahren haben, bevor sie zur allgemeinen Maxime erhoben werden"; ähnlich *Schulze*, Elternrecht und Beschneidung (2017), S. 94; mahnend auch *Mnookin*, Was stimmt nicht mit der Formel „Kindeswohl"?, in: FamRZ 1975, S. 1; kritisch ebenso *Coester*, Das Kindeswohl als Rechtsbegriff (1983), S. 425 ff.; *Facius*, Elternverantwortung und staatliches Erziehungsmandat (2011), S. 92.

[1618] Vgl. *Erichsen/Reuter*, Elternrecht – Kindeswohl – Staatsgewalt (1985), S. 53.

[1619] Mit dieser treffenden Formulierung *Trapp*, Impfzwang – Verfassungsrechtliche Grenzen staatlicher Gesundheitsvorsorgemaßnahmen, in: DVBl. 2015, S. 11 (18).

[1620] *Facius*, Elternverantwortung und staatliches Erziehungsmandat (2011), S. 87; *Herdegen*, Die Aufnahme besonderer Rechte des Kindes in die Verfassung, in: FamRZ 1993, S. 374 (376); *Jeand'Heur*, Der Kindeswohl-Begriff aus verfassungsrechtlicher Sicht (1991), S. 20; *Jestaedt/Reimer*, in: Bonner Kommentar GG (2021), Art. 6 Abs. 2 und 3 Rn. 94; *Löhnig/Preisner*, Anm. zu BGH XII ZB 157/16, in: FamRZ 2017, S. 1060 (1061); *Ossenbühl*, Das elterliche Erziehungsrecht (1981), S. 64; *ders.*, Schule im Rechtsstaat, in: DÖV 1977, S. 801 (806); *Sanders*, Mehrelternschaft (2018), S. 139; *Schulze*, Elternrecht und Beschneidung (2017), S. 96; *Uhle*, in: BeckOK GG (2021), Art. 6 Rn. 57; ähnlich *Erichsen/Reuter*, Elternrecht – Kindeswohl – Staatsgewalt (1985), S. 50.

[1621] *Wapler*, Kinderrechte und Kindeswohl (2015), S. 114.

[1622] *Sanders*, Mehrelternschaft (2018), S. 136.

[1623] *Sanders*, Mehrelternschaft (2018), S. 136.

von Erziehung und Elternschaft variieren.[1624] Da das Kindeswohl aber zugleich die Grenze des Elterngrundrechts festlegt (durch die sich auch die Subsumtion der elterlichen Impfentscheidung unter den Schutzbereich bestimmt), wäre es widersinnig, wenn die Definition dieser Grenze vollständig und ausschließlich in der Hand der Eltern selbst läge.[1625]

Weil das Kindeswohl nicht allein durch die Eltern definiert werden darf, weist *Ossenbühl* zutreffend darauf hin, dass das elterliche Interpretationsprimat nicht mit einem Interpretations*monopol* gleichzusetzen ist.[1626] Dem Interpretationsprimat sind – durch die Verankerung des Kindeswohls in den Rechten des Kindes selbst – Grenzen gesetzt.[1627] Daher ist der Kindeswohlbegriff durch die Menschenwürde und das allgemeine Persönlichkeitsrecht des Kindes aufgeladen.[1628] Diese Gewährleistungen wirken zwar nicht unmittelbar zwischen Kindern und Eltern, das an Art. 1 Abs. 1 GG orientierte Menschenbild des Grundgesetzes muss aber dem Recht an der Person eines anderen (dem Kind), die Pflicht gegenüberstellen, dessen Menschenwürde zu respektieren.[1629] Dem Kind kommt selbstverständlich ebenso wie einem Erwachsenen ein Recht auf Menschenwürde und freie Persönlichkeitsentfaltung zu. Aufgrund des Bedürfnisses der Hilfe eines Dritten zu dieser Entwicklung – jedenfalls bis zu einem gewissen Alter – stehen diese Rechte aber nicht allein in der Wahrnehmung der Kinder selbst.[1630] Das Kindeswohl wird daher spätestens dann verletzt, wenn diese grundlegenden Kindesrechte missachtet werden oder innerhalb der Pflege und Erziehung nicht zum Tragen kommen. Läge in der Vorenthaltung einer

---

[1624] Vgl. etwa für die positive oder negative Impfbereitschaft als Teil einer individuellen Konzeption von „guter" Elternschaft bereits § 2 A. II. 1. „Impfgegner und Impfskeptiker".

[1625] *Böckenförde*, Elternrecht – Recht des Kindes – Recht des Staates, in: Krautscheid/Marré (Hrsg.), Essener Gespräche Bd. 14 (1980), S. 54 (72); vgl. *Facius*, Elternverantwortung und staatliches Erziehungsmandat (2011), S. 88; *Hörnle/Huster*, Wie weit reicht das Erziehungsrecht der Eltern?, in: JZ 2013, S. 328 (332); *Staudinger*, Verfassungsrechtliche Untersuchung der Impfgesetzgebung in Deutschland (2021), S. 122.

[1626] *Ossenbühl*, Das elterliche Erziehungsrecht (1981), S. 64; ähnlich auch *Hölbling*, Wie viel Staat vertragen Eltern? (2010), S. 141; *Erichsen/Reuter*, Elternrecht – Kindeswohl – Staatsgewalt (1985), S. 53; *Facius*, Elternverantwortung und staatliches Erziehungsmandat (2011), S. 88.

[1627] *Schulze*, Elternrecht und Beschneidung (2017), S. 106.

[1628] Für viele BVerfGE 24, 119 (144); 72, 155 (172); *Badura*, in: Dürig/Herzog/Scholz GG Kommentar (2021), Art. 6 Rn. 133, 135; *Brüser*, Die Bedeutung der Grundrechte (2010), S. 39; *Hölbling*, Wie viel Staat vertragen Eltern? (2010), S. 144 f.; ähnlich *Höfling*, Elternrecht, in: Isensee/Kirchhof (Hrsg.), HStR VII (2009), § 155 Rn. 36; *Jeand'Heur*, Verfassungsrechtliche Schutzgebote zum Wohl des Kindes (1993), S. 208 sowie *Wapler*, Kinderrechte und Kindeswohl (2015), S. 100; sehr weitgehend *Jestaedt/Reimer*, in: Bonner Kommentar GG (2021), Art. 6 Abs. 2 und 3 Rn. 86, die im Wohl des Kindes eine „spezifische Adaption der Menschenwürde für die besondere Situation des Kindes" sehen.

[1629] BVerfGE 24, 119 (144); vgl. BVerwGE 20, 188 (192); *Schmitt Glaeser*, Das elterliche Erziehungsrecht (1980), S. 49; vgl. *Schulze*, Elternrecht und Beschneidung (2017), S. 105.

[1630] *Jeand'Heur*, Der Kindeswohl-Begriff aus verfassungsrechtlicher Sicht (1991), S. 17, 53; vgl. *Wapler*, Kinderrechte und Kindeswohl (2015), S. 90.

Schutzimpfung also eine Beeinträchtigung der Menschenwürde oder des allgemeinen Persönlichkeitsrechts des Kindes, fiele dieses Elternverhalten somit von vornherein aus dem Schutzbereich heraus. Eine allgemeine Impfpflicht begründete dann keinen Eingriff in Art. 6 Abs. 2 S. 1 GG. Eine Verletzung dieser Kindesrechte durch fehlende Impfung erscheint jedoch eher fernliegend.

Allerdings kann das elterliche Interpretationsprimat für das Kindeswohl nicht in Bezug auf diejenigen Inhalte gelten, die objektiv bestimmbar sind[1631], weil diese keiner Interpretation bedürfen. Somit sind dem elterlichen Interpretationsprimat neben der Menschenwürde und dem allgemeinen Persönlichkeitsrecht noch weitere Rechtspositionen des Kindes entzogen, die jedoch bei einer allgemeinen Impfpflicht betroffen sind: Als Steuerungsvorgabe der Elternverantwortung kommt die „vitale Basis der Menschenwürde"[1632], nämlich der Schutz des Lebens und der körperlichen Unversehrtheit des Kindes zum Tragen.[1633]

Gegen eine prinzipielle Ausklammerung objektiv bestimmbarer Inhalte aus dem elterlichen Interpretationsprimat wird zwar teilweise angeführt, dass in keinem Bereich eine Objektivierung des Kindeswohls möglich sei und eine Beschränkung des Interpretationsprimates daher fehlschlüge.[1634] *Für* die Objektivierbarkeit der körperlichen Unversehrtheit als Bestandteil des Kindeswohls lässt sich jedoch anführen, dass die körperliche Integrität als Grundrechtsgewährleistung schon deshalb keiner Interpretation offenstehen darf, weil ansonsten willkürlich festgelegt werden könnte, welche Handlung als Eingriff zu qualifizieren ist. Die körperliche Unversehrtheit garantiert aber stets – das gilt für Kinder als Grundrechtsträger ebenso wie für Erwachsene – die Nichtbeeinträchtigung des Rechtsguts.[1635] Die Interpretation der objektiv bestimmbaren Rechtsposition der körperlichen Unversehrtheit des Kindes durch die Eltern ist somit gar nicht notwendig, weil das eigene Recht des Kindes auf körperliche Unversehrtheit einen inhaltlich bereits von vornherein feststehenden Aspekt der Elternverantwortung betrifft.[1636] Es bedarf gar nicht erst der Konkretisie-

---

[1631] *Uhle*, in: BeckOK GG (2021), Art. 6 Rn. 57; *Umbach*, in: Umbach/Clemens (Hrsg.), Mitarbeiterkommentar GG, Bd. 1 (2002), Art. 6 Rn. 75; *Coelln*, in: Sachs (Hrsg.), GG Kommentar (2021), Art. 6 Rn. 71.

[1632] BVerfGE 39, 1 (37); 88, 203 (251 f.).

[1633] *Brosius-Gersdorf*, Kindeswohl zwischen Selbstbestimmungsrecht, Elternrecht und Wächteramt des Staates, in: Heimbach-Steins/Riedl (Hrsg.), Kindeswohl zwischen Anspruch und Wirklichkeit (2017), S. 73; *Hölbling*, Wie viel Staat vertragen Eltern? (2010), S. 145; ähnlich *Langenfeld/Wiesner*, Verfassungsrechtlicher Rahmen für die öffentliche Kinder- und Jugendhilfe, in: DIJuF e. V. (Hrsg.), Verantwortlich handeln – Schutz und Hilfe bei Kindeswohlgefährdungen (2004), S. 45 (59); vgl. *Höfling*, Elternrecht, in: Isensee/Kirchhof (Hrsg.), HStR VII (2009), § 155 Rn. 36.

[1634] So ließe sich auch bereits der Inhalt der körperlichen Unversehrtheit (losgelöst vom Kindeswohl) nicht objektiv bestimmen, *Schulze*, Elternrecht und Beschneidung (2017), S. 98 ff.

[1635] Vgl. BVerfGE 128, 282 (300); *Rixen*, in: Sachs (Hrsg.), GG Kommentar (2021), Art. 2 Rn. 148.

[1636] *Coelln*, in: Sachs (Hrsg.), GG Kommentar (2021), Art. 6 Rn. 71; ähnlich *Germann*, rung der Ausübung der Pflege durch den elterlichen Interpretationswillen. Dass die körperliche Unversehrtheit des Kindes bei der Interpretation seines Wohls und der dementsprechenden Ausübung der Elternverantwortung gewahrt bleiben muss, liegt auf der Hand, da eine Verletzung dieses Grundrechts dem Kind von vornherein schadete.[1637] Das Kindeswohl ist bei der Ausübung der Elternverantwortung daher jedenfalls im Hinblick auf die körperliche Unversehrtheit keiner Interpretation zugänglich.[1638]

Dieses Ergebnis muss aber speziell im Hinblick auf Schutzimpfungen modifiziert werden, da eine Impfung ansonsten als Eingriff in die körperliche Unversehrtheit des Kindes stets dem Kindeswohl entzogen und von vornherein nicht vom Schutzbereich des Elterngrundrechts gedeckt wäre. Eine Impfpflicht stellte sich dann – obgleich sie sich hinsichtlich des Grundrechts auf körperliche Unversehrtheit des Kindes (als der zur Impfung verpflichteten Person), wie aufgezeigt[1639], als verfassungskonform erwiesen hat – stets als Verletzung des Kindeswohls dar. Dieselbe Handlung, die der Staat grundsätzlich anordnen darf (die Impfung), kann aber nicht dem Kindeswohl schaden, wenn sie stattdessen durch die Eltern vorgenommen wird. Die enge definitorische Umgrenzung des Kindeswohls, dass die körperliche Unversehrtheit dem Interpretationsprimat vollständig entzogen sei, wird der Eigenart der Impfung als vorbeugende Gesundheitsmaßnahme somit nicht gerecht.

Daher drängt sich auf, dass die Beschränkung des Interpretationsprimates zumindest nicht für die Gesamtheit der Gewährleistung der körperlichen Unversehrtheit gelten kann. Bei demjenigen Inhalt der körperlichen Unversehrtheit als Teil des Kindeswohls, der aufgrund der objektiven Bestimmbarkeit seines Inhalts dem elterlichen Interpretationsprimat entzogen ist, muss es sich deshalb um das Minimum des Standards handeln. Nur über die untere Grenze des Kindeswohls dürfen die Eltern nicht frei verfügen, in dem sie die Integrität des Rechtsgutes nicht verletzen dürfen. Es steht ihnen aber frei, dem Kindeswohl auch im Bereich der objektivierbaren Inhalte – über das Minimum der Achtung der Kindesrechte hinaus – gerecht zu werden, in dem sie es in darüber hinausgehender Weise fördern.[1640] Angesichts des Paradoxes einer Impfung, die körperliche Unversehrtheit zwar zu berühren[1641], langfristig durch den Schutz

---

Die Verfassungsmäßigkeit des Gesetzes über den Umfang der Personensorge, in: MedR 2013, S. 412 (416).

[1637] *Uhle*, in: BeckOK GG (2021), Art. 6 Rn. 57; kritisch zur Praktikabilität der Zuordnung von Elterngrundrecht und Kindesgrundrechten aber *Böckenförde*, Elternrecht – Recht des Kindes – Recht des Staates, in: Krautscheid/Marré (Hrsg.), Essener Gespräche Bd. 14 (1980), S. 54 (62).

[1638] Vgl. *Uhle*, in: BeckOK GG (2021), Art. 6 Rn. 57; *Coelln*, in: Sachs (Hrsg.), GG Kommentar (2021), Art. 6 Rn. 71.

[1639] Bereits § 3 B. I. 4. „Ergebnis zu Art. 2 Abs. 2 S. 1 GG".

[1640] Vgl. grundlegend *Sanders*, Mehrelternschaft (2018), S. 136–142.

[1641] Vgl. § 3 B. I. 2. „Eingriff".

vor Infektionskrankheiten aber zu ihrer Erhaltung beizutragen, ist im Folgenden zu klären, ob entweder die Impfung oder ihre Vorenthaltung das Kindeswohl verletzt.

b) Exkurs: Begrenzung des Elternrechts durch Sozialschädlichkeit?

Im Zusammenhang mit einer allgemeinen Impfpflicht könnte eine Schutzbereichsumgrenzung auch unter dem Aspekt diskutiert werden, dass der Inhalt der Elternverantwortung nicht nur durch individualwohlbezogene Parameter geprägt wird, sondern sich möglicherweise auch auf „Infektionsschutz als öffentliches Gut" und somit auf das angestrebte gesamtgesellschaftliche Ziel der Herstellung einer Herdenimmunität bezieht.[1642]

Deshalb stellt sich die Frage, ob Pflege- und Erziehungshandlungen, die sich als sozialschädlich erweisen, ebenso wie kindeswohlgefährdende Handlungen von vornherein aus dem Schutzbereich herausfallen. Dann müsste die Wahrnehmung des Elterngrundrechts auch daran gemessen werden, ob sie sich an gesellschafts- oder sozialdienlichen Zielen orientiert. Im Umkehrschluss genössen also nur solche Handlungen und Ziele der Pflege und Erziehung den Schutz des Elterngrundrechts, die sich als nicht sozialschädlich erweisen. Denn dass die individuelle negative Impfentscheidung aus rein moralischer und ethischer Sicht durch die aus ihr resultierende Vereitelung der Herstellung der Herdenimmunität sozialschädlich sein könnte, ist jedenfalls nicht evident ausgeschlossen.[1643]

Fraglich ist jedoch, woran sich die Verpflichtung, die Elternverantwortung „sozialdienlich" auszuüben, dogmatisch anknüpfen ließe: Der Bezugspunkt der Elternverantwortung ist zwar das Kindeswohl, dieses bezieht sich jedoch ausschließlich auf das *eigene* Kind.[1644] Diese Prämisse leitet sich aus der Grundrechtsträgerschaft der Eltern ab, die deshalb den personalen Schutzbereich des Elterngrundrechts genießen, weil sie diejenigen Personen sind, die einem Kind das Leben gegeben haben.[1645] Allein aus der Herleitung der Elternverantwortung wird bereits deutlich, dass diese sich nicht auf die Gesamtheit aller Kinder oder individuell auch auf die Kinder anderer Eltern beziehen kann, sondern ausschließlich auf das eigene Kind, das den Eltern kraft Geburt oder sonstiger Zuweisung[1646] anvertraut ist.

Neben der fehlenden dogmatischen Anknüpfung ist fraglich, inwieweit eine „Schutzbereichsbegrenzung durch Sozialschädlichkeit" überhaupt sinnvoll

---

1642 So *Deutscher Ethikrat*, Stellungnahme: Impfen als Pflicht? (2019), S. 54.

1643 *Deutscher Ethikrat*, Stellungnahme: Impfen als Pflicht? (2019), S. 54 ff.

1644 *Ossenbühl*, Schule im Rechtsstaat, in: DÖV 1977, S. 801 (806).

1645 BVerfGE 24, 119 (150).

1646 Zum Begriff der Eltern als Träger des Elterngrundrechts siehe für viele ausführlich *Brosius-Gersdorf*, in: Dreier (Hrsg.), GG Kommentar, Bd. 1 (2013), Art. 6 Rn. 147–150 sowie *Sanders*, Mehrelternschaft (2018), S. 144–187.

wäre: Führte man diesen Gedanken *ad absurdum*, so wäre denkbar, den Schutz der Ausübung aller grundrechtlichen Freiheiten von vornherein auf sozialverträgliche Handlungen zu reduzieren. Eine solche Begrenzung ist jedoch keinem der einzelnen Grundrechte immanent, sie ergibt sich vielmehr erst aus dem Zusammenspiel mit den Grundrechten anderer. Ansonsten wäre die Figur der Schutzpflichten – jedenfalls in Bezug auf Grundrechtsgefährdungen, die von personalen Dritten ausgehen – überflüssig. Das Ausgleichsmonopol liegt aber bei der staatlichen Gewalt, die einzelnen Grundrechtsträger sind nicht dafür verantwortlich, ihre Grundrechtsgewährleistungen an die Grundrechte anderer anzupassen. Deshalb ist der Schutzbereich des Elterngrundrechts nicht auf eine sozialverträgliche Pflege- und Erziehungsweise beschränkt. Eine negative Impfentscheidung von Eltern für ihr Kind kann jedenfalls nicht deshalb schon aus dem Schutzbereich des Elterngrundrechts herausfallen.[1647]

2. *Nichtimpfung als Kindeswohlgefährdung?*

Nachdem das Kindeswohl als „oberste Richtschnur"[1648] der Elternverantwortung definiert und damit die Grenze des Elterngrundrechts abstrakt abgesteckt wurde, ist nun konkret im Hinblick auf die verfassungsrechtliche Vereinbarkeit einer allgemeinen Impfpflicht mit dem Elterngrundrecht zu fragen, ob eine negative elterliche Impfentscheidung noch mit dem Kindeswohl vereinbar ist. Denn wenn die Vorenthaltung eines möglichen Impfschutzes als Unterschreitung des Minimalstandards eine „Vernachlässigung der elterlichen Fürsorgepflicht" darstellte[1649], wäre die elterliche Entscheidung gegen eine Impfung als Gefährdung des Kindeswohls einzustufen, die nicht mehr vom Schutzbereich des Elterngrundrechts gedeckt ist.[1650] Eine allgemeine Impfpflicht erwiese sich dann im Hinblick auf das Elterngrundrecht mangels Schutzbereichseröffnung schon nicht als Eingriff. Unter dieser Prämisse könnte der Staat die Impfent-

[1647] Davon zu unterscheiden ist freilich die sachliche Grenze der Erziehung zur Rechtstreue (BVerfGE 99, 145 [156 f.]). Kinder dürfen nicht z. B. zu Straftätern erzogen werden (*Epping*, Grundrechte [2021], Rn. 520). Diese Grenze dient zwar auch der Ausklammerung sozialschädlicher Handlungen aus dem Schutzbereich des Erziehungsgrundrechts, sie dient jedoch auch dem Kind selbst. Die negativen Auswirkungen einer Erziehung zur Rechtsuntreue kämen nämlich spätestens bei einem Konflikt mit dem Gesetz im Erwachsenenalter zum Tragen, sie träten jedoch bei dem konkreten eigenen Kind auf, auf das sich die Elternverantwortung bezieht.

[1648] BVerfGE 60, 79 (88); 121, 69 (92); *Brosius-Gersdorf*, Demografischer Wandel und Familienförderung (2011), S. 451; *Hofmann*, in: Schmidt-Bleibtreu/Hofmann/Henneke GG Kommentar (2018), Art. 6 Rn. 44; *Ossenbühl*, Das elterliche Erziehungsrecht (1981), S. 50; *Uhle*, in: BeckOK GG (2021), Art. 6 Rn. 48; *Wapler*, Kinderrechte und Kindeswohl (2015), S. 113.

[1649] So der Präsident des Berufsverbandes der Kinder- und Jugendärzte, *Thomas Fischbach*, www.aerzteblatt.de/nachrichten/74449/Impfpflicht-fuer-Kinder-gefordert (Seite zuletzt aufgerufen am: 06.04.2021).

[1650] Dahingehend wohl *Dahl*, Impfungen in der Pädiatrie, in: Ethik Med 2002, S. 201.

scheidung von vornherein vorgeben, ohne überhaupt in das Elternrecht einzugreifen. Gleichzeitig läge in einer Impfpflicht der Ausdruck der staatlichen Schutzpflicht aus Art. 6 Abs. 2 GG für die Kinder vor der Beeinträchtigung ihres Kindeswohls.

Stellt sich im Folgenden hingegen heraus, dass das Vorenthalten einer Schutzimpfung dem Minimalstandard der körperlichen Unversehrtheit als interpretationsfestem Teil des Kindeswohls nicht widerspricht, ist der Schutzbereich des Elterngrundrechts eröffnet.

a) *Schutzimpfung als notwendiger Teil des Kindeswohls (BGH XII ZB 157/16)*

Ein Anhaltspunkt dafür, dass das Vorenthalten einer Schutzimpfung nicht mehr am Kindeswohl ausgerichtet sein könnte, offenbart sich bei einem Blick auf die Rechtsprechung: Der Bundesgerichtshof hatte sich im Jahr 2017 mit der Frage zu befassen, ob eine Schutzimpfung für das Kind eine Angelegenheit von erheblicher Bedeutung im familienrechtlichen Sinne ist.[1651] Im Zuge dessen bezog der Bundesgerichtshof auch dazu Stellung, ob eher die positive oder die negative Impfentscheidung dem Kindeswohl gerecht werde.

Der Bundesgerichtshof entschied, dass die routinemäßige Schutzimpfung eines Kindes eine Angelegenheit sei, die nicht nur alltäglich sei, sondern erhebliche Bedeutung habe. Getrenntlebende Elternteile müssten sich daher gemäß § 1687 BGB einigen.[1652] Ausschlaggebend war die Einmaligkeit der Entscheidung, ob ein minderjähriges Kind einen Impfschutz gegen eine bestimmte Krankheit erhalten soll.[1653] Denn ist ein Kind einmal geimpft, kann diese Entscheidung nicht mehr rückgängig gemacht werden. Sind gleichermaßen sorgeberechtigte, aber getrenntlebende Elternteile in dieser Frage uneinig, sei die Entscheidungskompetenz nach dem Kindeswohlprinzip gemäß § 1697a BGB daher demjenigen Elternteil zu übertragen, „dessen Lösungsvorschlag dem Wohl des Kindes besser gerecht wird“[1654].

Der Ansicht, dass die Entscheidung über die Vornahme einer Schutzimpfung eine Angelegenheit von erheblicher Bedeutung ist, womit der Bundesgerichtshof den bisherigen Meinungsstreit zugunsten von § 1628 BGB entschieden hat[1655], ist grundsätzlich zuzustimmen.[1656] Die Entscheidung im konkreten

---

[1651] BGH, Beschluss vom 03.05.2017 – XII ZB 157/16.

[1652] BGH, Beschluss vom 03.05.2017 – XII ZB 157/16.

[1653] Vgl. *Götsche*, Kindschaftsrechtliche Angelegenheiten von alltäglicher oder erheblicher Bedeutung, in: FuR 2017, S. 418 (420); *Makoski*, Schutzimpfungen und Sorgerecht, in: jurisPR-MedizinR 8/2017, Anm. 2.

[1654] BGH, Beschluss vom 03.05.2017 – XII ZB 157/16.

[1655] Ebenso bisher OLG Frankfurt, Beschl. v. 04.09.2015 – 6 UF 150/15 = FamRZ 2016, 834; OLG Karlsruhe, Beschl. v. 02.06.2015 – 18 UF 117/15; KG Berlin, Beschl. v. 18.05.2005 – 13 UF 12/05 = FamRZ 2006, 142; a. A. OLG Frankfurt, Beschl. v. 07.06.2010 – 2 WF 117/10 = FamRZ 2011, 47; OLG Dresden, Beschl. v. 07.06.2010 – 20 UF 350/10 = FamRZ 2011, 48; AG Darmstadt, Beschl. v. 11.06.2015 – 50 F 39/15 SO = FamRZ 2016, 248; Nachweise bei *Götsche*,

Fall, nämlich die Übertragung der alleinigen Entscheidung auf den Elternteil, der die Impfung[1657] bejaht, hat zudem über die konkrete Entscheidung hinausgehenden Einfluss auf die Einordnung der negativen Impfentscheidung in das Kindeswohl: Der Bundesgerichtshof positioniert sich deutlich zur Wichtigkeit des Impfschutzes. Zugleich trifft der 12. Senat in Übereinstimmung mit der vorinstanzlichen Entscheidung[1658] eine allgemeingültige Aussage, deren Geltungsanspruch einer Überprüfung bedarf[1659]:

Eine Standard- oder Routineimpfung entspricht nach der Ansicht des Bundesgerichtshofs grundsätzlich dem Kindeswohl, sofern keine besonderen individuellen Impfrisiken vorliegen.[1660] Das bedeutet *e contrario*, dass das Vorenthalten einer Routineimpfung grundsätzlich *nicht* dem Kindeswohl entspricht: Angesichts der Orientierung am Kindeswohl ist es geboten, insbesondere eingedenk gravierender und teilweise nicht behandelbarer Erkrankungen nach dem allgemeinen Stand der medizinischen Wissenschaft Schutzimpfungen vorzunehmen.[1661] Diese Annahme stellt der Bundesgerichtshof allerdings unter die Voraussetzung, dass die Schutzimpfung unter den Katalog der von der Ständigen Impfkommission empfohlenen Impfungen fällt. Die Empfehlungen der Ständigen Impfkommission sind nach dem Standpunkt wissenschaftlicher Evidenz als medizinischer Standard zu betrachten.[1662] Damit räumt der Bundesgerichtshof dem Elternteil, der sich den Empfehlungen der Ständigen Impfkommission anschließt, eine größere Kompetenz hinsichtlich der Entscheidung über das Wohl des eigenen Kindes ein als dem Elternteil, der sich trotz bestehender Empfehlung gegen eine Impfung des Kindes entscheidet.[1663]

Dem Argument, das Risiko von Impfschäden könne schwerer wiegen als das allgemeine Infektionsrisiko, misst der Bundesgerichtshof damit weniger Gewicht bei als der Auffassung, die Durchführung von Schutzimpfungen falle notwendigerweise unter die Pflichten der elterlichen Gesundheitsfürsorge. Damit geht der Bundesgerichtshof Hand in Hand mit der medizinisch-wissenschaft-

---

Elterliches Sorgerecht und Schutzimpfung, in: jurisFamFR 2017, Anm. 7; *Schwedler*, Anm. zu BGH XII ZB 157/16, in: NZFam 2017, S. 564.

1656 A. A. *Marquardt*, Gegen die Impfmärchen!, in: ZJS 2017, S. 588 (598), der Standardimpfungen mittlerweile als Alltagsproblem einordnet.

1657 Jedenfalls die Schutzimpfungen gegen Tetanus, Diphtherie, Pertussis, Pneumokokken, Rotaviren, Meningokokken C, Masern, Mumps und Röteln, vgl. *Schwedler*, Anm. zu BGH XII ZB 157/16, in: NZFam 2017, S. 564.

1658 OLG Jena, Beschluss vom 07.03.2016, FamRZ 2016, 1175.

1659 A. A. *Löhnig/Preisner*, Anm. zu BGH XII ZB 157/16, in: FamRZ 2017, S. 1060, wonach die ergangene Entscheidung „uneingeschränkte Zustimmung" verdiene.

1660 Vgl. BGH, Beschluss vom 03.05.2017 – XII ZB 157/16 (Ls).

1661 Vgl. *Götsche*, Kindschaftsrechtliche Angelegenheiten von alltäglicher oder erheblicher Bedeutung, in: FuR 2017, S. 418 (420).

1662 BGH, Beschluss vom 03.05.2017 – XII ZB 157/16, Rn. 25; *Höfling/Stöckle*, Elternrecht, Kindeswohl und staatliche Impfverantwortung, in: RdJB 2018, S. 284 (291).

1663 Zustimmend *Jost*, Elterliche Entscheidungsbefugnis i. S.d § 1628 BGB bei Schutzimpfung, in: JR 2018, S. 335 (339).

lichen Lehrmeinung zur Wahrscheinlichkeit von Impfschäden im Vergleich zum Impferfolg.[1664] Die Rechtsprechung[1665] unterscheidet dadurch – allerdings ohne die verfassungsrechtlich heikle Frage nach der Reichweite des elterlichen Bestimmungsrechts über die Pflege des Kindes zu thematisieren – über die Abstufungen der Qualität elterlicher Pflege und knüpft hieran Rechtsfolgen, die das Elterngrundrecht für den Elternteil einschränken, der die Schutzimpfung ablehnt.

b) Die freie Impfentscheidung als Teil des Elternrechts

In der zuvor analysierten Rechtsprechung des Bundesgerichtshofs ist zwar die eindeutige Tendenz zu erkennen, die Vornahme einer empfohlenen Schutzimpfung im familienrechtlichen Sinne eher der Erfüllung des Kindeswohls zuzuordnen als ihr Unterbleiben. Darin könnte ein Indiz dafür liegen, auch im verfassungsrechtlichen Sinne nur die positive Impfentscheidung unter den Schutz des Elterngrundrechts zu stellen.[1666]

Es weisen jedoch mehrere Gesichtspunkte darauf hin, dass das Vorenthalten einer Schutzimpfung im verfassungsrechtlichen Sinne keine Kindeswohlverletzung darstellt, die nicht mehr vom Schutzbereich des Elterngrundrechts gedeckt wäre. Deshalb ist zu fragen, wie sich Schutzimpfungen zum Minimalstandard der körperlichen Unversehrtheit des Kindes als interpretationsfestem Teil des Kindeswohls verhalten. Stellt das Vorenthalten einer Impfung eine kindeswohlgefährdende Untätigkeit dar? Ist die Vornahme einer Impfung vielleicht sogar aus Gründen der Fremdnützigkeit geboten? Oder kann der Staat den Eltern – wenn die Impfung nicht notwendiger Teil des Kindeswohls ist – auferlegen, nicht nur ausreichend, sondern bestmöglich für das Kind zu sorgen?

aa) Impfung als Verletzung des Minimums des objektivierbaren Inhalts des Kindeswohls?

Wie aufgezeigt, ist jedenfalls das Minimum des objektivierbaren Inhalts der körperlichen Unversehrtheit des Kindes aus dem elterlichen Interpretationsprimat für das Kindeswohl ausgenommen.[1667] Eine Schutzimpfung birgt jedoch das Dilemma, dass sie aufgrund des Impfvorgangs im tatsächlichen Sinne eine Beeinträchtigung der körperlichen Integrität darstellt.[1668] Damit wäre auch eine positive Entscheidung über die Schutzimpfung – wie bereits dargelegt[1669] – ei-

---

1664 Vgl. *Jost*, Elterliche Entscheidungsbefugnis i. S.d § 1628 BGB bei Schutzimpfung, in: JR 2018, S. 335 (339).

1665 So jüngst nahezu identisch auch OLG Frankfurt a. M., Beschluss vom 08.03.2021 – 6 UF 3/21.

1666 Ähnlich *Amhaouach/Kießling*, Die Steigerung der Masernimpfraten von Kindern – Möglichkeiten und Grenzen des Rechts, in: MedR 2019, S. 853 (859).

1667 Vgl. § 3 C. I. 1. a) „Definition des Kindeswohls".

1668 Siehe § 2 A. I. 2. a) „Durchführung der Impfung".

1669 Vgl. bereits § 3 C. I. 1. a) „Definition des Kindeswohls".

gentlich aus dem Schutzbereich ausgenommen, da sie eine Substanzverletzung des Körpers darstellt. Aus Sicht des Elterngrundrechts wären dann aber niemals Handlungen zulässig, die die körperliche Integrität des Kindes verändern, also etwa auch keine Zustimmung der Eltern zu ärztlichen Heileingriffen. Diese Prämisse führte in unveränderter Form folglich zu unvertretbaren Ergebnissen. Deshalb muss zwischen solchen Veränderungen der körperlichen Integrität des Kindes unterschieden werden, die dem Kind schaden (z. B. körperliche Züchtigung zu Erziehungszwecken), und solchen, die seine Gesundheit langfristig fördern und erhalten (z. B. ärztliche Heileingriffe).

Die Schutzimpfung ist aufgrund ihrer immunisierenden Wirkung letzterer Kategorie zuzuordnen, da sie dazu führt, dass das Kind zukünftig nicht mehr der Gefahr der Ansteckung an derjenigen Krankheit ausgesetzt ist, gegen die sich die Impfung richtet. Zielrichtung der Impfung ist gerade nicht die Schädigung der körperlichen Integrität des Kindes, anders als etwa die Vorenthaltung lebenswichtiger Heilbehandlungen. Statt der körperlichen Unversehrtheit des Kindes zu schaden, „dient" die Impfung diesem Kindesgrundrecht. Die Vornahme einer Impfung fügt sich daher in das Kindeswohl als Orientierungspunkt einer „dienenden" Elternverantwortung ein. Eine Impfung ist somit nicht als Verletzung des Minimums der körperlichen Unversehrtheit des Kindes (als objektivierbarer Bestandteil des Kindeswohls) zu sehen[1670], so dass eine positive Impfentscheidung jedenfalls bei Zugrundelegung dieses Aspekts vom Schutzbereich des Elterngrundrechts umfasst ist.

bb) Impfung als in der Fremdnützigkeit begründete Notwendigkeit?

Als weiterer Aspekt könnte aber die Betrachtung des „Elternrechts als fremdnütziges Recht" Aufschluss darüber bringen, wie eine elterliche Impfentscheidung im Lichte des Kindeswohls zu bewerten ist.

Das Elterngrundrecht wird deshalb als fremdnützig bezeichnet, weil die Kinder, auf die es sich bezieht, der Pflege und der Erziehung Dritter bedürfen, um sich körperlich und geistig entwickeln und entfalten zu können. Dieses Bedürfnis lässt sich auch am Beispiel der elterlichen Impfentscheidung nachzeichnen: Die ersten Impfungen erfolgen nämlich bereits in einem Kindesalter von zwei bis zwölf Monaten und damit zu einem Zeitpunkt, in dem das Kind noch keinerlei Verantwortung für sich selbst übernehmen kann und deshalb vollständig auf die Pflege der Eltern angewiesen ist. In diesem frühen Zeitpunkt der Erstimmunisierung ist ausgeschlossen, dass das Kind bereits einen Willen äußern könnte. Wenn also eine positive Impfentscheidung wegen der Fremdnützigkeit des Elterngrundrechts für das Kind notwendiger Teil des Kindeswohls ist, wäre die negative Impfentscheidung nicht mehr vom Schutzbereich gedeckt und eine Impfpflicht somit kein Eingriff in das Elternrecht.

[1670] Auch *Pieper/Schwager-Wehming*, Impfpflichten zur Bekämpfung von Masern- und COVID-19-Viren auf dem verfassungsrechtlichen Prüfstand, in: DÖV 2021, S. 287 (295).

Hinsichtlich des gebotenen Maßes der „Fremdnützigkeit" wird teilweise vertreten, das Elternrecht diene ausschließlich dem Zweck, das Kindeswohl zu fördern.[1671] Nach dieser Betrachtung fördert die Nichtimpfung das Kindeswohl gerade nicht, sondern behält lediglich den *Status quo* bei. Die Nichtimpfung ist das bewusste Aufrechterhalten der verhinderbaren Möglichkeit einer Infektion durch einen hinzutretenden Faktor, nämlich den infizierenden Dritten. Eine Kindeswohlgefährdung wäre also immer dann anzunehmen, wenn das Kind einem Infektionsrisiko ausgesetzt ist.[1672] Dies ist als Konsequenz einer Nichtimpfung stets der Fall (sofern das Kind die Immunität gegen die entsprechende Krankheit nicht bereits auf andere Weise erlangt hat), so dass die negative Impfentscheidung nach dieser Ansicht nicht vom Schutzbereich des Elterngrundrechts gedeckt wäre.

Unter dem Aspekt des notwendigen Maßes an Fremdnützigkeit gelangt die Ansicht, dass den Interessen des Kindes (die weiter zu fassen sind als das „Kindeswohl"[1673]) grundsätzlich Vorrang vor dem Elternwillen zukomme, zum gleichen Ergebnis.[1674] Auch dann wäre eine negative elterliche Impfentscheidung niemals vom Elternrecht gedeckt, da die Impfung als medizinische Maßnahme die Gesundheit des Kindes langfristig fördert und daher in seinem Interesse liegt.

Gegen die Ansicht, dem Kindesinteresse gebühre unbedingter Vorrang, wird aber zu Recht eingewandt, dass diese Ansicht in der Konsequenz zu weit führt und den Kindesinteressen gegenüber der Elternverantwortung zu großen Spielraum einräumt.[1675] Eltern sind nicht nur „bloße Erziehungsbeauftragte des Staates, denen das Erziehungsrecht nur um der Kinder willen anvertraut wird"[1676], da ansonsten die „Elternpflicht zur bloßen Amtspflicht denaturiert würde"[1677]. Dieses weite Verständnis von dienender Ausführung der Elternverantwortung schmälerte die Eigenschaft als eigenständiges Grundrecht der Eltern, dessen fiduziarischer Charakter sich darin zeigt, dass den Eltern in der Ausübung ihres Grundrechts gerade ein weiter Interpretations- und Gestaltungsspielraum einzuräumen ist.[1678]

[1671] *Herdegen*, Die Aufnahme besonderer Rechte des Kindes in die Verfassung, in: FamRZ 1993, S. 374 (376).

[1672] So offenbar *Löhnig/Preisner*, Anm. zu BGH XII ZB 157/16, in: FamRZ 2017, S. 1060.

[1673] *Facius*, Elternverantwortung und staatliches Erziehungsmandat (2011), S. 93; *Jestaedt/Reimer*, in: Bonner Kommentar GG (2021), Art. 6 Abs. 2 und 3 Rn. 90.

[1674] So *Nassauer/Meyer*, Impfungen von Kindern und Jugendlichen auch gegen den Elternwillen?, in: BGesBl. 2004, S. 1230 (1233); auch *Antoni*, in: Hömig/Wolff GG Kommentar (2018), Art. 6 Rn. 15; mit ähnlicher Tendenz auch *Brosius-Gersdorf*, in: Dreier (Hrsg.), GG Kommentar, Bd. 1 (2013), Art. 6 Rn. 142.

[1675] *Jestaedt/Reimer*, in: Bonner Kommentar GG (2021), Art. 6 Abs. 2 und 3, Rn. 90, 101; *Wapler*, Kinderrechte und Kindeswohl (2015), S. 117.

[1676] *Wapler*, Kinderrechte und Kindeswohl (2015), S. 119 f.

[1677] *Höfling/Stöckle*, Elternrecht, Kindeswohl und staatliche Impfverantwortung, in: RdJB 2018, S. 284 (289).

[1678] *Wapler*, Kinderrechte und Kindeswohl (2015), S. 120; ähnlich *Erichsen/Reuter*, Eltern-

Auch bei Betrachtung des Kindesinteresses ist also die positive Impfentscheidung nicht notwendigerweise Teil des Kindeswohls, oder anders gewendet: Trotz des Nutzens der Impfung, der zweifelsohne im Interesse des Kindes liegt, besteht noch kein Verstoß gegen das Kindeswohl, wenn die Impfentscheidung der Eltern negativ ausfällt. Somit fällt auch unter Zugrundelegung dieses Gesichtspunktes eine negative elterliche Impfentscheidung nicht von vornherein aus dem Schutzbereich des Elterngrundrechts heraus.

cc) Nichtimpfung als kindeswohlgefährdende Untätigkeit?

Darüber hinaus könnte die negative Impfentscheidung bereits deswegen aus dem Schutzbereich ausgenommen sein und eine Impfpflicht schon keinen Eingriff in das Elternrecht darstellen, weil es keine „negative Freiheit" zur Ausübung des Grundrechts gibt, Eltern also verpflichtet sind, ihr Grundrecht auch auszuüben. Untätigkeit ist von vornherein nicht vom Schutzbereich gedeckt. Dabei ist nicht entscheidend, dass die elterliche Untätigkeit in eine vollständige Nichterfüllung der Elternpflicht mündet, vielmehr kann auch eine teilweise Nichterfüllung bereits ausreichen, um ein unterlassensbedingtes Fehlverhalten zu begründen.[1679]

Die Frage elterlicher Untätigkeit stellt sich auch bei einer negativen Impfentscheidung: Der Prozess der elterlichen Entscheidungsfindung über die Vornahme einer Schutzimpfung ist zwar Ausdruck der aktiven Wahrnehmung der Elternverantwortung. Fällt die Entscheidung aber zu Ungunsten der Impfung aus, so äußert sie sich faktisch im Unterlassen der Schutzimpfung. Das Ergebnis des elterlichen Entscheidungsprozesses drückt sich also bei einer negativen Impfentscheidung genauso aus wie bei einem bereits von vornherein unterbliebenen Entscheidungsprozess. Die Abgrenzung von kindeswohlgefährdender und daher schutzbereichsirrelevanter Untätigkeit einerseits und schlichtem Unterlassen als Folge einer aktiven elterlichen Entscheidungsfindung andererseits ist daher ausschlaggebend: Untätigkeit fällt aus dem Schutzbereich heraus, eine aktive Entscheidungsfindung hingegen kann bereits denklogisch keine „Untätigkeit" darstellen. Wie weit muss die elterliche Untätigkeit also gehen, damit sie nicht mehr dem Schutzbereich des Elterngrundrechts zugeordnet werden darf? Oder anders gewendet: Welche Auswirkungen elterlicher Untätigkeit genießen noch den Schutz des Elterngrundrechts, weil sie eben keine Gefahr für das Kindeswohl darstellen?

Vereinzelt wird vertreten, in der negativen Impfentscheidung und der unterbleibenden Impfung liege eine Kindeswohlgefährdung, die von vornherein aus dem Schutzbereich herausfiele. Schutzimpfungen „sollten elementarer Be-

recht – Kindeswohl – Staatsgewalt (1985), S. 34f.; *Ossenbühl*, Das elterliche Erziehungsrecht (1981), S. 52.

[1679] *Jestaedt/Reimer*, in: Bonner Kommentar GG (2021), Art. 6 Abs. 2 und 3 Rn. 405.

standteil des Rechts auf Gesundheit im verfassungsrechtlichen Sinn sein."[1680] Unabhängig davon, ob das Grundgesetz überhaupt ein Recht auf *Gesundheit* gewährleistet[1681], drückt diese Ansicht angesichts des Nutzens von Impfungen jedenfalls einen Zustand aus, der aus Sicht der medizinischen Wissenschaft wünschenswert wäre.

In rechtlicher Hinsicht ist das Vorenthalten von Schutzimpfungen, das sich hinsichtlich des Kindes dahingehend auswirkt, dass die Gefahr einer Infektion und damit einer Beeinträchtigung seiner körperlichen Unversehrtheit zumindest aufrechterhalten wird, ein „ausgesprochen schwieriger Grenzfall".[1682] Es liegt jedoch näher, die freie elterliche Entscheidung über die Impfung bzw. Nichtimpfung unter den Schutzbereich des Elterngrundrechts zu stellen.

Dafür spricht zuerst die extensive Interpretation des elterlichen Deutungsprimats hinsichtlich des Kindeswohls.[1683] Obgleich die Impfung das Grundrecht auf körperliche Unversehrtheit des Kindes betrifft, das wegen seines objektiven Inhalts keiner Interpretation bedarf, ist die Entscheidung über die Vornahme der Impfung aber – wie aufgezeigt – wegen der Zielrichtung des Erhalts der körperlichen Unversehrtheit des Kindes nicht von vornherein dem Deutungsprimat entzogen.[1684]

Unklar ist aber die Reichweite des notwendigerweise weiten Interpretationsprimats.[1685] Dieses ist als Bestandteil der Elternverantwortung nicht grenzenlos, sondern endet bei einer eindeutigen, „offenkundigen" Gefährdung des Kindeswohls.[1686] Die elterliche Einfluss- und Bestimmungsmöglichkeit reicht „bis zur Grenze einer missbräuchlichen Handhabung"[1687], also bis zu dem Punkt, an dem Eltern die Entwicklung des Kindes gefährden[1688] und damit ihr Erzie-

---

[1680] *Nassauer/Meyer*, Impfungen von Kindern und Jugendlichen auch gegen den Elternwillen?, in: BGesBl. 2004, S. 1230 (1233).

[1681] Vgl. *Huster*, Haben wir ein Recht auf Gesundheit?, in: Der Onkologe 2011, S. 197 ff.

[1682] *Nassauer/Meyer*, Impfungen von Kindern und Jugendlichen auch gegen den Elternwillen?, in: BGesBl. 2004, S. 1230 (1233).

[1683] Vgl. *Antoni*, in: Hömig/Wolff GG Kommentar (2018), Art. 6 Rn. 16; *Höfling*, Elternrecht, in: Isensee/Kirchhof (Hrsg.), HStR VII (2009), § 155 Rn. 47.

[1684] Vgl. § 3 C. I. 2. b) aa) „Impfung als Verletzung des Minimums des objektivierbaren Inhalts des Kindeswohls?".

[1685] Abermals *Höfling* mit dem Hinweis, dass die Elternverantwortung nicht zur „bloßen Amtspflicht denaturieren" dürfe, *ders.*, Elternrecht, in: HStR Bd. VII (2009), § 155 Rn. 47.

[1686] *Hanschmann*, Staatliche Bildung und Erziehung (2017), S. 78; *Höfling*, Elternrecht, in: Isensee/Kirchhof (Hrsg.), HStR VII (2009), § 155 Rn. 47; *Höfling/Stöckle*, Elternrecht, Kindeswohl und staatliche Impfverantwortung, in: RdJB 2018, S. 284 (290); anders aber *Geiger*, Kraft und Grenze der elterlichen Erziehungsverantwortung, in: Krautscheid/Marré (Hrsg.), Essener Gespräche Bd. 14, S. 9 (25), der den Schutzbereich weiter ziehen will und nicht schon eine Gefährdung, sondern erst eine Verletzung des Kindeswohls als außerhalb des Schutzbereichs liegend betrachtet.

[1687] *Hölbling*, Wie viel Staat vertragen Eltern? (2010), S. 129.

[1688] *Wapler*, Kinderrechte und Kindeswohl (2015), S. 119; vgl. *Brosius-Gersdorf*, in: Dreier (Hrsg.), GG Kommentar, Bd. 1 (2013), Art. 6 Rn. 179.

hungsrecht zum Gegenteil dessen ausüben, zu dem es ihnen zugedacht ist. Das ist immer dann der Fall, wenn es auch bei weitester Anerkennung der Elternverantwortung keine denkbare Betrachtungsweise des elterlichen Handelns mehr gibt, unter der sich dieses noch als Pflege und Erziehung verstehen ließe.[1689]

Wenngleich sich die negative Impfentscheidung der Eltern in medizinischer Hinsicht als Nachlässigkeit darstellt, so kann der Staat deshalb nicht an dieser Stelle bereits wegen elterlicher Untätigkeit eingreifen[1690]: Der Schutzbereich des Elterngrundrechts darf nicht „auf den Vollzug jeweils vorherrschender schulmedizinischer Ansichten begrenzt werden".[1691] Vielmehr liegt die Untätigkeit der Eltern erst dann außerhalb des Schutzbereichs, wenn dem Kind diejenigen „unverzichtbaren Lebensbedürfnisse" vorenthalten werden, „auf deren vollständige und unbedingte Erfüllung es nach dem jeweiligen Stand seiner Entwicklung angewiesen ist".[1692] Da ein Aspekt der Elternpflicht in der Ermöglichung eines menschenwürdigen Daseins des Kindes besteht[1693], endet die grundrechtlich geschützte Wahrnehmung dieser Pflicht erst dann, wenn das Kind durch die Vernachlässigung in einen menschenunwürdigen Zustand gerät.

Bei der Vorenthaltung einer Schutzimpfung aufgrund einer negativen Impfentscheidung erscheinen all diese Zustände, die als Szenarien zur Umgrenzung des Interpretationsprimats skizziert werden, aber recht fernliegend.[1694] Kinder sind weit davon entfernt, aufgrund fehlenden Impfschutzes einen menschenunwürdigen Zustand zu erreichen oder in ihrer Entwicklung gefährdet zu sein. Dass diese Zustände zwar bei einer schweren Erkrankung vorstellbar sind, welche durch eine Schutzimpfung hätte verhindert werden können, ist an dieser Stelle hingegen unerheblich: Das Vorenthalten des Impfschutzes allein fördert

[1689] BVerfGE 24, 119 (143); *Brosius-Gersdorf*, Kindeswohl zwischen Selbstbestimmungsrecht, Elternrecht und Wächteramt des Staates, in: Heimbach-Steins/Riedl (Hrsg.), Kindeswohl zwischen Anspruch und Wirklichkeit (2017), S. 73 (77); *dies.*, in: Dreier (Hrsg.), GG Kommentar, Bd. 1 (2013), Art. 6 Rn. 179; *Facius*, Elternverantwortung und staatliches Erziehungsmandat (2011), S. 88; *Germann*, Die Verfassungsmäßigkeit des Gesetzes über den Umfang der Personensorge, in: MedR 2013, S. 412 (416); *Hörnle/Huster*, Wie weit reicht das Erziehungsrecht der Eltern?, in: JZ 2013, S. 328 (332).

[1690] Vgl. *Brosius-Gersdorf*, Kindeswohl zwischen Selbstbestimmungsrecht, Elternrecht und Wächteramt des Staates, in: Heimbach-Steins/Riedl (Hrsg.), Kindeswohl zwischen Anspruch und Wirklichkeit (2017), S. 73 (77).

[1691] *Trapp*, Impfzwang – Verfassungsrechtliche Grenzen staatlicher Gesundheitsvorsorgemaßnahmen, in: DVBl. 2015, S. 11 (19).

[1692] *Brosius-Gersdorf*, Kindeswohl zwischen Selbstbestimmungsrecht, Elternrecht und Wächteramt des Staates, in: Heimbach-Steins/Riedl (Hrsg.), Kindeswohl zwischen Anspruch und Wirklichkeit (2017), S. 73 (77).

[1693] *Horndasch*, Zum Wohle des Kindes (1983), S. 57.

[1694] Vgl. eingehend die Darstellung bei *Staudinger*, Verfassungsrechtliche Untersuchung der Impfgesetzgebung in Deutschland (2021), S. 126–130, die die „Impffrage" mit der Gabe einer Bluttransfusion, Organspenden und dem Besuch eines öffentlichen Sonnenstudios durch das Kind gegenüberstellt und jeweils feststellt, dass das Überwiegen der Grundrechte des Kindes in diesen Konstellationen auf „Notfällen" beruht.

noch nicht die Entstehung solcher Zustände, sondern hält nur die von Natur aus bestehende Möglichkeit ihres Eintritts weiterhin offen. Ebenso kann die Vorenthaltung einer Schutzimpfung nicht mit dem Vorenthalten unverzichtbarer Lebensbedürfnisse gleichgesetzt werden[1695], da sich diese Unverzichtbarkeit auf die Bedürfnisse des Kindes selbst bezieht. Dass die Immunisierung anderer aus Sicht der Risikogruppe der Impfunfähigen unverzichtbar sein mag, spielt an dieser Stelle ebenfalls keine Rolle. Der Vergleich mit anderen Unverzichtbarkeiten wie Nahrung, Schlaf, Kleidung etc. legt nahe, dass es sich bei der Schutzimpfung um ein für das Kind verzichtbares Lebensbedürfnis handelt.

Das zeigt auch der Vergleich mit anderen medizinischen Maßnahmen, deren Zielrichtung zwar ebenso der Erhalt der körperlichen Unversehrtheit ist, die sich jedoch in ihrer medizinischen Notwendigkeit deutlich von Schutzimpfungen unterscheiden. Zwar umfasst der Schutzbereich des Elterngrundrechts grundsätzlich auch alle Entscheidungen über medizinische Interventionen, da den Eltern ein weiter Entscheidungsspielraum zugestanden wird.[1696] Dieser muss aber dann enden, wenn die elterliche Untätigkeit unmittelbar in einer Gefahr für das Kind mündet.[1697] So ist etwa die Verweigerung einer lebenswichtigen Bluttransfusion nicht mehr vom Elternrecht gedeckt.[1698] Die Notwendigkeit dieser medizinischen Maßnahme unterscheidet sich in der Intensität und der Nähe der Gefahr für das Grundrecht des Kindes auf Leben und körperliche Unversehrtheit von der Maßnahme „Schutzimpfung": Während die Gefahr sich im Beispiel der ärztlich indizierten Bluttransfusion bereits so weit zugespitzt hat, dass ohne medizinisches Eingreifen das Grundrecht auf Leben in akuter Gefahr ist[1699], wird durch eine Schutzimpfung lediglich ein Ansteckungsrisiko minimiert, dessen Realisierung bereits ungewiss ist. So sind etwa auch Vorsorgeuntersuchungen in den ersten sechs Lebensjahren, die in ihrer medizinischen Dringlichkeit mit Schutzimpfungen vergleichbar sind, in den meisten Bundesländern lediglich fakultativ.[1700] Das Auslassen dieser Vorsorgeuntersuchungen ist vom Elterngrundrecht gedeckt. Wenn also der Schutzbereich des Elterngrundrechts grundsätzlich alle Entscheidungen über medizinische Interventio-

---

1695 Vgl. *Landenberg-Roberg*, Elternverantwortung im Verfassungsstaat (2021), S. 700, der die „Gewährleistung einer ausreichenden medizinischen Versorgung im Bedarfsfall" dann als Teil des „materiellen Grundpflichtengehalts" der Eltern ansieht, wenn „andernfalls eine erhebliche Schädigung der Gesundheit des Kindes droht".

1696 *Höfling/Stöckle*, Elternrecht, Kindeswohl und staatliche Impfverantwortung, in: RdJB 2018, S. 284 (290).

1697 Vgl. *Brosius-Gersdorf*, in: Dreier (Hrsg.), GG Kommentar, Bd. 1 (2013), Art. 6 Rn. 181.

1698 OLG Celle NJW 1995, S. 792; *Nassauer/Meyer*, Impfungen von Kindern und Jugendlichen auch gegen den Elternwillen?, in: BGesBl. 2004, S. 1230 (1236); vgl. *Brosius-Gersdorf*, in: Dreier (Hrsg.), GG Kommentar, Bd. 1 (2013), Art. 6 Rn. 184.

1699 So jedenfalls bei OLG Celle NJW 1995, S. 792 (793).

1700 *Hofmann*, in: Schmidt-Bleibtreu/Hofmann/Henneke GG Kommentar (2018), Art. 6 Rn. 44. Eine Ausnahme bilden hier die Bundesländer Baden-Württemberg, Bayern und Hessen, in denen die Teilnahme an den Untersuchungen U1–U9 verpflichtend ist.

nen umfasst, muss diese Prämisse erst recht für den Bereich der Prävention gelten, da die Gefahr für das Kindeswohl hier merklich geringer ist.

Der Vergleich mit den Beispielen einer Kindeswohlgefährdung durch elterliche Untätigkeit ergibt daher, dass die Untätigkeit infolge negativer Impfentscheidung nicht in diesen „Katalog" von Kindeswohlgefährdungen passt. Elterliches Verhalten ist erst dann eine Kindeswohlgefährdung, die das staatliche Wächteramt auf den Plan ruft, wenn es sich (aktiv oder durch Untätigkeit) als Versagen oder Missbrauch des Elternrechts darstellt.[1701] Neben der Rubrizierung der bewussten Nichtimpfung als Versagen der Eltern liegt es auch fern, diese Entscheidung als Missbrauch des Elternrechts einzustufen: Zwar dürfte die negative Impfentscheidung vor allem auf der elterlichen kritischen Einstellung zu medizinisch-wissenschaftlichen Erkenntnissen beruhen. Da sie dem Kind jedoch noch nicht unmittelbar schadet, kann sie schwerlich eine Kindeswohlgefährdung im Sinne eines Missbrauchs des Elternrechts darstellen.[1702]

Vielmehr liegt eine gesundheitlich relevante Kindeswohlgefährdung erst dann vor, wenn das Kind vernachlässigt[1703] oder nicht mehr ausreichend ernährt wird, ihm Verletzungen zugefügt werden oder es durch die Eltern oder infolge deren Billigung Opfer sexuellen Missbrauchs wird.[1704] Die Nichtimpfung dagegen ist keine unmittelbare Beeinträchtigung, sondern lediglich die Beibehaltung des Status quo und daher mit keiner dieser Fallgruppen von Kindeswohlgefährdung vergleichbar.

Zusammenfassend ist festzustellen, dass in der negativen Impfentscheidung keine Gefährdung des Kindeswohls liegt.[1705] Das liegt auch daran, dass die negative Impfentscheidung in weitem Rahmen durch Nachholung reversibel ist.[1706] Obwohl also Untätigkeit prinzipiell aus dem Schutzbereich des Eltern-

---

[1701] *Brosius-Gersdorf*, in: Dreier (Hrsg.), GG Kommentar, Bd. 1 (2013), Art. 6 Rn. 179; *Erichsen/Reuter*, Elternrecht – Kindeswohl – Staatsgewalt (1985), S. 57; *Coelln*, in: Sachs (Hrsg.), GG Kommentar (2021), Art. 6 Rn. 77.

[1702] Das gilt auch dann, wenn es um Impfungen nach den Empfehlungen der Ständigen Impfkommission geht: Wäre deren Vornahme nämlich der elterlichen Entscheidungsgewalt entzogen, verlören die Empfehlungen gewissermaßen „durch die Hintertür" ihren unverbindlichen Charakter. Etwas anderes kann nur ausnahmsweise bei der Anwendung von § 1628 BGB gelten. Siehe bereits § 3 C. I. 2. a) „Schutzimpfung als notwendiger Teil des Kindeswohls (BGH XII ZB 157/16)".

[1703] Von einer Vernachlässigung spricht man bei einem andauerndern oder wiederholten Unterlassen von fürsorglichem Handeln, das aber zur Sicherstellung der Versorgung des Kindes notwendig wäre, wenn das Unterlassen vorhersehbar zu erheblichen Beeinträchtigungen der Entwicklung des Kindes oder einem hohen Risiko solcher Folgen führt, *Kindler*, Prävention von Vernachlässigung, in: *Ziegenhain/Fegert* (Hrsg.), Kindeswohlgefährdung und Vernachlässigung (2008), S. 94 (96); *Hölbling*, Wie viel Staat vertragen Eltern? (2010), S. 44.

[1704] *Brosius-Gersdorf*, in: Dreier (Hrsg.), GG Kommentar, Bd. 1 (2013), Art. 6 Rn. 184; *Hölbling*, Wie viel Staat vertragen Eltern? (2010), S. 44 f.

[1705] Zu diesem Schluss gelangt auch *Jost*, Elterliche Entscheidungsbefugnis i. S. d. § 1628 BGB bei Schutzimpfung, in: JR 2018, S. 335 (340).

[1706] *Höfling/Stöckle*, Elternrecht, Kindeswohl und staatliche Impfverantwortung, in: RdJB grundrechts herausfällt, ist diejenige Untätigkeit, die sich in der Nichtimpfung äußert, eine andere als die vom Schutzbereich ausgenommene Untätigkeit: Die Nichtimpfung führt nicht aus sich heraus schon zu einer Verschlechterung der körperlichen Unversehrtheit des Kindes und damit seines Kindeswohls, während die Untätigkeit hinsichtlich der täglichen Fürsorge – wie die aufgeführten Beispiele zeigen – sehr wohl zu einer Verschlechterung führt. Daher ist auch die Nichtimpfung des Kindes vom Schutzbereich des Elterngrundrechts umfasst.

dd) Kein staatliches Optimierungsgebot für die Ausübung des Elternrechts

Nachdem anhand von drei diskutierten Aspekten festgestellt wurde, dass auch eine negative Impfentscheidung unter dem Schutz des Elterngrundrechts steht, ist allerdings anhand eines vierten Aspekts zu fragen, ob der Staat auch für eine „bestmögliche" Ausübung des Grundrechts sorgen und die Impfung des Kindes vorschreiben darf.

Unter Zugrundelegung der weitestgehenden Interpretationsfreiheit der Eltern hinsichtlich des Kindeswohls ist die denkbare Begründung für die Nichtimpfung also die elterliche Intention, das Kind keinem Impfrisiko auszusetzen. Weil diese Intention und, wie aufgezeigt, auch ihre faktische Auswirkung noch als „Pflege" i. S. v. Art. 6 Abs. 2 S. 1 GG zu verstehen sind, fällt dieser Beweggrund jedenfalls noch unter den Schutzbereich des Elterngrundrechts. Wie vernünftig und sinnhaft dieser Ansatz ist und ob die Eltern dem Kindeswohl nicht durch die Vornahme der Schutzimpfung langfristig besser gerecht werden können, entzieht sich der staatlichen Beurteilungsbefugnis. Der Grund dafür liegt im fehlenden „Optimierungsgebot" des Staates, dem es nicht zusteht, über das „gut" oder „besser" der Wahrnehmung des Elternrechts zu urteilen.[1707] Aufgrund des extensiv auszulegenden Interpretationsprimats der Eltern ist es dem Staat untersagt, gegen deren Willen für eine „bestmögliche" Förderung des Kindes zu sorgen.[1708]

Deshalb unterfallen nicht nur solche elterlichen Handlungen dem Schutzbereich des Elterngrundrechts, die dem Kindeswohl in maximaler Weise die-

---

2018, S. 284 (291). Die Nachholung der Impfung ist allerdings ausgeschlossen bzw. nicht sinnhaft, wenn das Kind bereits an der Zielkrankheit erkrankt ist.

[1707] *Böckenförde*, Elternrecht – Recht des Kindes – Recht des Staates, in: Krautscheid/Marré (Hrsg.), Essener Gespräche Bd. 14 (1980), S. 54 (76); *Brosius-Gersdorf*, Demografischer Wandel und Familienförderung (2011), S. 452; *Facius*, Elternverantwortung und staatliches Erziehungsmandat (2011), S. 88; *Nassauer/Meyer*, Impfungen von Kindern und Jugendlichen auch gegen den Elternwillen?, in: BGesBl. 2004, S. 1230 (1233).

[1708] BVerfGE 60, 79 (94); *Stern/Sachs/Dietlein*, Staatsrecht IV/1 (2006), S. 513; so auch *Facius*, Elternverantwortung und staatliches Erziehungsmandat (2011), S. 88; *Heiderhoff*, in: v. Münch/Kunig GG Kommentar, Bd. 1 (2021), Art. 6 Rn. 103; *Hörnle/Huster*, Wie weit reicht das Erziehungsrecht der Eltern?, in: JZ 2013, S. 328 (332); *Jarass*, in: Jarass/Pieroth GG Kommentar (2020), Art. 6 Rn. 56; vgl. *Coelln*, in: Sachs (Hrsg.), GG Kommentar (2021), Art. 6 Rn. 57.

nen.[1709] Vielmehr genießen auch solche Maßnahmen den Schutz des Grundrechts, die dem Kindeswohl überhaupt dienen und sogar solche, die ihm zumindest (auch durch Untätigkeit) nicht schaden. Die Elternverantwortung muss sich nur auf eine körperliche Entwicklung konzentrieren, die wenigstens das Minimum darstellt und die Entwicklung des Kindes nicht gefährdet[1710], sie schuldet dem Kind nicht das Optimum an Entwicklungsmöglichkeiten. Der Staat ist also nicht schon dann zum Eingreifen in das Elternrecht berechtigt, wenn er dem Kind „bessere" Erziehungs- oder Pflegemaßnahmen angedeihen lassen möchte als jene, die es von den Eltern erhält, auch wenn diese dem Kindeswohl nicht in bestmöglicher Weise dienen.[1711] Es kann keine Optimierung gegen den Elternwillen geben.[1712] Welche über das Minimum hinausgehende Pflege und Erziehung „gut" oder „besser" für die Förderung des Kindes ist, liegt allein im Ermessen der Eltern als Träger der Elternverantwortung.[1713]

Angesichts dieses an den Staat gerichteten Optimierungsverbots könnte eine allgemeine Impfpflicht im Lichte des Schutzbereichs des Elterngrundrechts nur dann zulässig sein, wenn die Versorgung mit Impfschutz für das Kind zum Minimum der Versorgung gehört, ein fehlender Impfschutz also das Minimum der Pflege unterschritte. Dies kann in Anbetracht der zuvor aufgezeigten Fallgruppen von Kindeswohlgefährdungen, bei denen das Minimum der Pflege und Erziehung als unterschritten gelten kann, mangels Vergleichbarkeit nicht auch für Schutzimpfungen gelten. Auch wenn Schutzimpfungen zwar den medizinischen Standard darstellen, so ist „nicht jede gesundheitsbezogene Entscheidung, die den medizinischen Standard unterschreitet", eine Kindeswohlgefährdung.[1714]

[1709] *Brüser*, Die Bedeutung der Grundrechte (2010), S. 106; *Sanders*, Mehrelternschaft (2018), S. 136.

[1710] *Brosius-Gersdorf*, in: Dreier (Hrsg.), GG Kommentar (2013), Art. 6 Rn. 153, 161, 183.

[1711] *Brosius-Gersdorf*, in: Dreier (Hrsg.), GG Kommentar (2013), Art. 6 Rn. 183; *Dahl*, Impfungen in der Pädiatrie, in: Ethik Med 2002, S. 201 (210).

[1712] *Brosius-Gersdorf*, in: Dreier (Hrsg.), GG Kommentar, Bd. 1 (2013), Art. 6 Rn. 161; *dies.*, Kindeswohl zwischen Selbstbestimmungsrecht, Elternrecht und Wächteramt des Staates, in: Heimbach-Steins/Riedl (Hrsg.), Kindeswohl zwischen Anspruch und Wirklichkeit (2017), S. 73 (77); *Heiderhoff*, in: v. Münch/Kunig GG Kommentar, Bd. 1 (2021), Art. 6 Rn. 103; *Höfling*, Elternrecht, in: Isensee/Kirchhof (Hrsg.), HStR VII (2009), § 155 Rn. 17; *Nassauer/Meyer*, Impfungen von Kindern und Jugendlichen auch gegen den Elternwillen?, in: BGesBl. 2004, S. 1230 (1233); *Peschel-Gutzeit*, Das missverstandene Wächteramt, in: Hilbig-Lugani et al. (Hrsg.), FS Coester-Waltjen (2015), S. 173 (174); *Uhle*, in: BeckOK GG (2021), Art. 6 Rn. 61.

[1713] *Erichsen/Reuter*, Elternrecht – Kindeswohl – Staatsgewalt (1985), S. 53.

[1714] *Höfling/Stöckle*, Elternrecht, Kindeswohl und staatliche Impfverantwortung, in: RdJB 2018, S. 284 (290); *Hörnle/Huster*, Wie weit reicht das Erziehungsrecht der Eltern?, in: JZ 2013, S. 328 (332); anders aber *Dahl*, Impfungen in der Pädiatrie, in: Ethik Med 2002, S. 201 (212): „Impfungen trotz Ablehnung der Eltern lassen sich in bestimmten Fällen rechtfertigen, wenn [...] für andere Personen eine schwere Schädigung von dem nicht geimpften Kind ausgeht".

3. Zwischenergebnis

Die Einordnung der Schutzimpfung des Kindes in die Elternverantwortung ergibt, dass sie weder der körperlichen Unversehrtheit des Kindes als interpretationsfestem Teil des Kindeswohls schadet noch eine durch eine etwaige Fremdnützigkeit des Elterngrundrechts begründete Notwendigkeit darstellt. Auch unter dem Gesichtspunkt der schutzbereichsrelevanten Untätigkeit, die zu einer Kindeswohlgefährdung führen kann, grenzt sich die negative Impfentscheidung der Eltern zu anderen Fallgruppen der Kindeswohlgefährdung deutlich ab: Das Fehlen der Impfung führt nicht unmittelbar zu einer Gefahr für die Gesundheit des Kindes, sondern hält lediglich die von Natur aus gegebene Möglichkeit der Beeinträchtigung durch ein Infektionsereignis weiterhin offen. Die Nichtimpfung allein stellt gerade noch keine Kindeswohlgefährdung, weniger noch eine „rechtsmissbräuchliche Verweigerung" der Eltern dar.[1715] Die freie Entscheidung der Eltern über die Vornahme einer Schutzimpfung bei ihrem Kind ist daher – völlig unabhängig von ihrem Ausgang – vom Schutzbereich des Art. 6 Abs. 2 S. 1 GG umfasst.[1716]

II. Eingriff oder lediglich Ausgestaltung des Kindeswohls?

Im Anschluss an die Feststellung, dass sowohl die positive als auch die negative elterliche Impfentscheidung den Schutz des Elterngrundrechts genießt, ist zu klären, wie sich die Regelung einer allgemeinen Impfpflicht weiter auf die Grundrechtsgewährleistung auswirkt. Denn nicht jede Beeinträchtigung des Schutzbereichs des Elterngrundrechts ist *per se* ein rechtfertigungsbedürftiger Eingriff. Das Elterngrundrecht bedarf der Ausgestaltung, weil die Wahrnehmung des elterlichen Rechts zur Pflege und Erziehung rechtliche Befugnisse im Verhältnis zum Kind und zu Dritten voraussetzt.[1717] Dabei stehen Eingriff und Ausgestaltung zueinander in einem Exklusivitätsverhältnis.[1718] Da keine elter-

[1715] So drastisch aber *Ratzel*, Der Entwurf für ein neues Masernschutzgesetz, in: GesR 2019, S. 560 (561).

[1716] So auch *DIJuF e. V.*, Rechtsgutachten „Bindung der Inanspruchname eines Betreuungsplatzes an durchgeführte Impfungen des Kindes", in: JAmt 2018, S. 95 sowie *Amhaouach/Kießling*, Die Steigerung der Masernimpfraten von Kindern – Möglichkeiten und Grenzen des Rechts, in: MedR 2019, S. 853 (859); *Komp/Thrun*, Impfzwang als verfassungsrechtlich zulässiges Mittel gegen Masern?, in: JA 2020, S. 196 (197); *Staudinger*, Verfassungsrechtliche Untersuchung der Impfgesetzgebung in Deutschland (2021), S. 101; *Wedlich*, Nationale Präventionsmaßnahmen (2014), S. 47.

[1717] BVerfGE 84, 168 (180); *Badura*, in: Dürig/Herzog/Scholz GG Kommentar (2021), Art. 6 Rn. 97; *Brosius-Gersdorf*, in: Dreier (Hrsg.), GG Kommentar, Bd. 1 (2013), Art. 6 Rn. 166; *Heiderhoff*, in: v. Münch/Kunig GG Kommentar, Bd. 1 (2021), Art. 6 Rn. 104; *Höfling*, Elternrecht, in: Isensee/Kirchhof (Hrsg.), HStR VII (2009), § 155 Rn. 20, 23 ff., 27; *Jarass*, in: Jarass/Pieroth GG Kommentar (2020), Art. 6 Rn. 51; *Jestaedt*, Staatliche Rollen in der Eltern-Kind-Beziehung, in: DVBl. 1997, S. 693 (694).

[1718] *Höfling*, Elternrecht, in: Isensee/Kirchhof (Hrsg.), HStR VII (2009), § 155 Rn. 25; vgl. *Jestaedt*, Staatliche Rollen in der Eltern-Kind-Beziehung, in: DVBl. 1997, S. 693 (694).

liche Fürsorgepflicht hinsichtlich der Impfung besteht, ist fraglich, ob die Einführung einer allgemeinen Impfpflicht die elterliche Fürsorgepflicht entweder dahingehend konkretisiert, dass in das elterliche Erziehungsgrundrecht eingegriffen würde oder ob sie lediglich eine Ausgestaltungsregelung darstellt.

Ausgestaltungen des Elterngrundrechts sind Regelungen, die unter Berücksichtigung des Kindeswohls die Rechte der Kinder und Elternteile gegeneinander abgrenzen.[1719] Die Elternverantwortung erlaubt und das Kindeswohl verlangt diese Ausgestaltung, um dem Komplex aus Recht und Pflicht der Eltern auch im einfachgesetzlichen Familienrecht Wirksamkeit zu verschaffen.[1720] Der Gesetzgeber stellt den Eltern deshalb die in der elterlichen Sorge gebündelten Rechte wie das Sorge-, Namens- und Vertretungsrecht zur Verfügung.[1721] Die Ausgestaltung ermöglicht somit erst den Gebrauch des Elterngrundrechts.[1722]

Dabei hat der Gesetzgeber aber die Institutsgarantie zu wahren, welche Veränderungen der „wesentlichen Elemente“ und damit gewissermaßen die Aushöhlung des Elterngrundrechts verhindert.[1723] Sie beinhaltet etwa die Erziehung innerhalb der Familie, weshalb eine Kollektiverziehung von vornherein im Widerspruch zur Verfassung stünde.[1724] Ebenso wird der Vorrang der leiblichen Eltern des Kindes bei der Pflege und Erziehung gegenüber anderen gewährleistet[1725]: Der Gesetzgeber hat die Rechtsposition der Eltern so auszugestalten, dass sie störende Dritte abwehren kann.[1726] Durch die Verankerung der Ausgestaltungsbefugnis im Kindeswohl sind aber auch solche Regelungen, die der zunehmenden Selbstverantwortung und Selbstständigkeit des heranwachsenden Kindes Rechnung tragen, lediglich als Ausgestaltung und nicht als Eingriff aufzufassen.[1727]

Eingriffe in das Elterngrundrecht sind dagegen staatliche Maßnahmen, die das Grundrecht der Eltern im Verhältnis zum Kind oder untereinander be-

---

[1719] *Epping*, Grundrechte (2021), Rn. 524.

[1720] *Badura*, in: Dürig/Herzog/Scholz GG Kommentar (2021), Art. 6 Rn. 97; *Heiderhoff*, in: v. Münch/Kunig GG Kommentar, Bd. 1 (2021), Art. 6 Rn. 104; vgl. *Höfling*, Elternrecht, in: Isensee/Kirchhof (Hrsg.), HStR VII (2009), § 155 Rn. 24.

[1721] BVerfGE 84, 168 (180); *Brosius-Gersdorf*, in: Dreier (Hrsg.), GG Kommentar, Bd. 1 (2013), Art. 6 Rn. 166; *Coelln*, in: Sachs (Hrsg.), GG Kommentar (2021), Art. 6 Rn. 57.

[1722] *Brosius-Gersdorf*, in: Dreier (Hrsg.), GG Kommentar, Bd. 1 (2013), Art. 6 Rn. 166; *Höfling*, Elternrecht, in: Isensee/Kirchhof (Hrsg.), HStR VII (2009), § 155 Rn. 50.

[1723] *Uhle*, in: BeckOK GG (2021), Art. 6 GG Rn. 49; *Coelln*, in: Sachs (Hrsg.), GG Kommentar (2021), Art. 6 Rn. 57; vgl. *Brosius-Gersdorf*, in: Dreier (Hrsg.), GG Kommentar, Bd. 1 (2013), Art. 6 Rn. 166; *Höfling*, Elternrecht, in: Isensee/Kirchhof (Hrsg.), HStR VII (2009), § 155 Rn. 24.

[1724] *Heiderhoff*, in: v. Münch/Kunig GG Kommentar, Bd. 1 (2021), Art. 6 Rn. 100, 141; *Uhle*, in: BeckOK GG (2021), Art. 6 GG Rn. 49.

[1725] *Brosius-Gersdorf*, in: Dreier (Hrsg.), GG Kommentar, Bd. 1 (2013), Art. 6 Rn. 166.

[1726] *Heiderhoff*, in: v. Münch/Kunig GG Kommentar, Bd. 1 (2021), Art. 6 Rn. 102; *Jestaedt*, Staatliche Rollen in der Eltern-Kind-Beziehung, in: DVBl. 1997, S. 693 (694).

[1727] *Epping*, Grundrechte (2021), Rn. 524.

schränken.[1728] Sie realisieren sich in jeder Beeinträchtigung der freien Bestimmungsmacht der Eltern über Pflege und Erziehung[1729], also all jener elterlicher Handlungen, die unter den Schutzbereich fallen. Jedoch können nur solche staatlichen Maßnahmen Eingriffe sein, die – unter Berücksichtigung der durch die Institutsgarantie gewährleisteten und deshalb unveränderlichen wesentlichen Elemente des Elterngrundrechts – nicht schon Teil der notwendigen gesetzgeberischen Ausgestaltung sind.[1730]

Eine allgemeine Impfpflicht ist keine Ausgestaltung im Sinne einer Zuordnung von Rechten des Kindes und der Eltern zueinander oder der Elternteile untereinander, sondern eine schlichte Übertragung der elterlichen Entscheidungsbefugnis auf den Staat in der Frage, ob das Kind eine Impfung erhalten soll.[1731] Der grundsätzliche, durch die Institutsgarantie geschützte Elternvorrang wird also an dieser Stelle durchbrochen, eine freie elterliche Impfentscheidung ist dann nicht mehr möglich. Der Eingriff in das Recht auf körperliche Unversehrtheit des Kindes geht in der Folge nicht von den Eltern, sondern vom Staat aus.[1732] Die Regelung einer allgemeinen Impfpflicht stellt in Bezug auf das Elterngrundrecht deshalb keine Ausgestaltung, sondern einen Eingriff dar.[1733]

III. Verfassungsrechtliche Rechtfertigung

Im Zentrum der Rechtfertigung des Eingriffs in das Elterngrundrecht durch die allgemeine Impfpflicht steht die Frage nach der Einschränkbarkeit des Elterngrundrechts. In diesem Zusammenhang sind insbesondere die Rolle und die Anwendbarkeit des staatlichen Wächteramtes bei Eingriffen relevant, die sich

---

[1728] *Jarass*, in: Jarass/Pieroth GG Kommentar (2020), Art. 6 Rn. 49, 50.

[1729] *Höfling*, Elternrecht, in: Isensee/Kirchhof (Hrsg.), HStR VII (2009), § 155 Rn. 51; *Sodan*, in: ders. (Hrsg.), GG Kommentar (2018), Art. 6 Rn. 17.

[1730] BVerfGE 84, 168 (180); *Sodan*, in: ders. (Hrsg.), GG Kommentar (2018), Art. 6 Rn. 17.

[1731] Mit Zweifeln jedoch *Schaks/Krahnert*, Die Einführung einer Impfpflicht zur Bekämpfung der Masern. Eine zulässige staatliche Handlungsoption, in: MedR 2015, S. 860 (865); i. E. zustimmend im Zusammenhang mit dem Entwurf des Masernschutzgesetzes (BR-Drs. 358/19) *Rixen*, Verfassungsfragen der Masernimpfpflicht – Rechtsgutachten für „Ärzte für Individuelle Impfentscheidung e. V." (2019), S. 97.

[1732] Eine Ausgestaltungsregelung, die Rechte des Kindes und der Eltern einander zuordnet, läge allenfalls bei der entgegengesetzten Konstellation vor, wenn nämlich die Vornahme der Impfung den Eltern gesetzlich verboten wäre.

[1733] So i. E. auch *Boehme-Neßler*, Auf dem Weg zur Herdenimmunität?, in: NVwZ 2021, S. 1241 (1242); *Deutscher Ethikrat*, Stellungnahme: Impfen als Pflicht? (2019), S. 77; *Heiderhoff*, in: v. Münch/Kunig GG Kommentar, Bd. 1 (2021), Art. 6 Rn. 176; *Spree/Kozak*, Arbeitsrechtliche Folgen der Einführung des Masernschutzgesetzes, in: ZTR 2020, S. 383 (387); *Wedlich*, Nationale Präventionsmaßnahmen (2014), S. 47; *Staudinger*, Verfassungsrechtliche Untersuchung der Impfgesetzgebung in Deutschland (2021), S. 103 sowie *Schaks*, Schriftliche Stellungnahme zu BT-Drs. 19/13452, Ausschuss-Drs. 19(14)112(14), S. 18; mit Zweifeln jedoch *Schaks/Krahnert*, Die Einführung einer Impfpflicht zur Bekämpfung der Masern. Eine zulässige staatliche Handlungsoption, in: MedR 2015, S. 860 (866).

nicht auf die Bewertung des Kindeswohls beziehen. Die Entscheidung, ob bei Einschränkungen elterlicher Befugnisse diesseits der Kindeswohlgefährdung als Schranke das staatliche Wächteramt überhaupt zum Tragen kommen kann oder ob diese Schutzbereichsverkürzungen vielmehr nur anhand kollidierenden Verfassungsrechts gerechtfertigt werden können, wirkt sich auch auf die Verhältnismäßigkeitsprüfung und hier insbesondere auf die Anforderungen an die Qualität des legitimen Zwecks aus.

1. Schranke

Um den Eingriff in das Elterngrundrecht rechtfertigen zu können, muss die den Eltern entzogene, nunmehr staatlich vorgegebene Entscheidung über die Impfung des Kindes tauglicher Ausdruck einer Schranke des Elterngrundrechts sein. Schwierigkeiten bereitet schon die Bestimmung, an welcher Schranke sich eine Beschränkung des Elterngrundrechts messen lassen muss, die mangels Kindeswohlgefährdung nicht auf die Beseitigung dieser Gefährdung abzielt: Infrage kommt zunächst das staatliche Wächteramt gemäß Art. 6 Abs. 2 S. 2 GG, wobei dessen Einordnung in die grundrechtliche Schrankendogmatik umstritten ist.[1734] Wenn sich das staatliche Wächteramt hingegen als untauglich erweist, um eine Impfpflicht als Eingriff in das Elternrecht in verfassungsrechtlich zulässiger Weise zu rechtfertigen, kommt nur kollidierendes Verfassungsrecht als verfassungsimmanente Schranke in Frage.

a) Staatliches Wächteramt für das Kindeswohl?

Die Schranke für den der allgemeinen Impfpflicht innewohnenden Eingriff in das Elterngrundrecht könnte im staatlichen Wächteramt für das Kindeswohl gemäß Art. 6 Abs. 2 S. 2 GG liegen. Dieses soll darüber wachen, dass die Eltern ihrer Elternverantwortung gerecht werden und ihr Verhalten tatsächlich am Kindeswohl ausrichten, das Kindeswohl also in der Ausübung der Pflege und Erziehung achten.[1735] Es ist aber umstritten, wie das staatliche Wächteramt in die Schrankendogmatik einzuordnen ist.[1736]

[1734] Für viele *Höfling*, Elternrecht, in: Isensee/Kirchhof (Hrsg.), HStR VII (2009), § 155 Rn. 51; *Vellmer*, Religiöse Kindererziehung (2010), S. 58; *Wapler*, Kinderrechte und Kindeswohl (2015), S. 123.

[1735] Vgl. für viele *Böckenförde*, Elternrecht – Recht des Kindes – Recht des Staates, in: Krautscheid/Marré (Hrsg.), Essener Gespräche Bd. 14 (1980), S. 54 (73); *Brosius-Gersdorf*, in: Dreier (Hrsg.), GG Kommentar, Bd. 1 (2013), Art. 6 Rn. 175; *Brüser*, Die Bedeutung der Grundrechte (2010), S. 45.

[1736] Zum Problemaufriss siehe *Höfling*, Elternrecht, in: Isensee/Kirchhof (Hrsg.), HStR VII (2009), § 155 Rn. 44. Problematisch ist, dass im Kontext des Wächteramts der Begriff des „Eingriffs" zum Teil auch dann verwendet wird, wenn das Elternverhalten schon außerhalb des tatbestandlich geschützten Bereichs liegt, weshalb dogmatisch kein Eingriff vorliegen kann, etwa *Hölbling*, Wie viel Staat vertragen Eltern? (2010), S. 151.

Teilweise wird dem Wächteramt unspezifisch die Qualität einer Schranke bzw. eines Eingriffsvorbehalts attestiert.[1737] Eine weitere Möglichkeit ist die dogmatische Einordnung des Wächteramtes als einfacher Gesetzesvorbehalt.[1738] Dagegen spricht aber, dass das staatliche Einschreiten, wenn auch nicht *expressis verbis*, von einer Gefährdung des Kindeswohls abhängig ist und damit unter eine Voraussetzung gestellt wird, weshalb zumindest die Einordnung als *einfacher* Gesetzesvorbehalt ausgeschlossen ist.[1739]

Daneben sind Stimmen zu vernehmen, die das Wächteramt als qualifizierten Gesetzesvorbehalt einordnen.[1740] Es handele sich um einen Gesetzesvorbehalt, zu dessen Gebrauch der Staat bei elterlichem Überschreiten der Grenzen des Elternrechts verpflichtet sei und der stets der Pflege und Erziehung des Kindes zu dienen habe.[1741]

Eine weitere Ansicht sieht im Wächteramt eine Aufgabenzuschreibung, die einen Schutzauftrag für die staatliche Gemeinschaft und zugleich eine „spezielle Form der Eingriffsermächtigung" enthalte.[1742] Der Terminus des „Wächters" bedeute ein Beobachten, Registrieren und Vorbeugen möglicher Gefahren, weshalb darin die Ermächtigung zum aktiven Eingreifen drohender Gefahren zu sehen sei.[1743] Diese Auffassung missachtet aber den weiten Interpretationsspielraum der Elternbefugnis, der nicht schon in den diffusen Weiten des Vorfeldes möglicher Kindeswohlgefahren endet.

Eine andere Ansicht bringt vor, dass Art. 6 Abs. 2 GG selbst zwar keinen Gesetzesvorbehalt enthalte. Dennoch sei im Wege des *argumentum a maiore ad minus* wegen des nach Art. 6 Abs. 3 GG aufgrund eines Gesetzes denkbar schwersten möglichen Eingriffs der Trennung des Kindes von den Eltern

---

1737 *Epping*, Grundrechte (2021), Rn. 525; *Erichsen/Reuter*, Elternrecht – Kindeswohl – Staatsgewalt (1985), S. 48; *Pfeifenbring*, Die Verfassungsmäßigkeit der Erziehungsrente (2018), S. 166; *Sanders*, Mehrelternschaft (2018), S. 118, 137; *Sodan*, in: ders. (Hrsg.), GG Kommentar (2018), Art. 6 Rn. 18; *Wapler*, Kinderrechte und Kindeswohl (2015), S. 126; ferner *Badura*, Verfassungsfragen des Erziehungsrechts der Eltern, in: Rauscher/Mansel (Hrsg.), FS Lorenz (2001), S. 101 (108).

1738 *Kotzur/Vasel*, in: Stern/Becker (Hrsg.), Grundrechte Kommentar (2019), Art. 6 GG Rn. 100; ähnlich *Schmitt Glaeser*, Das elterliche Erziehungsrecht (1980), S. 57.

1739 *Höfling*, Elternrecht, in: Isensee/Kirchhof (Hrsg.), HStR VII (2009), § 155 Rn. 53; *Wapler*, Kinderrechte und Kindeswohl (2015), S. 124.

1740 Vgl. BVerfGE 4, 52 (57); *Höfling*, Elternrecht, in: Isensee/Kirchhof (Hrsg.), HStR VII (2009), § 155 Rn. 53; *Höfling/Stöckle*, Elternrecht, Kindeswohl und staatliche Impfverantwortung, in: RdJB 2018, S. 284 (290); *Jestaedt*, Staatliche Rollen in der Eltern-Kind-Beziehung, in: DVBl. 1997, S. 693 (696); *Lenz*, Vorbehaltlose Freiheitsrechte (2006), S. 39; *Mers*, Infektionsschutz im liberalen Rechtsstaat (2019), S. 145; *Sacksofsky/Nowak*, Grundrechte und Staatsorganisationsrecht – Masernimpfpflicht, in: JuS 2015, S. 1007 (1010); *Trapp*, Impfzwang – Verfassungsrechtliche Grenzen staatlicher Gesundheitsvorsorgemaßnahmen, in: DVBl. 2015, S. 11 (18); *Coelln*, in: Sachs (Hrsg.), GG Kommentar (2021), Art. 6 Rn. 76.

1741 *Coelln*, in: Sachs (Hrsg.), GG Kommentar (2021), Art. 6 Rn. 76; *Mers*, Infektionsschutz im liberalen Rechtsstaat (2019), S. 145.

1742 *Wapler*, Kinderrechte und Kindeswohl (2015), S. 124 f.

1743 *Erichsen/Reuter*, Elternrecht – Kindeswohl – Staatsgewalt (1985), S. 48.

zu folgern, dass auch mildere Maßnahmen auf gesetzlicher Grundlage möglich seien. Das staatliche Wächteramt stelle deshalb eine Schranke des Elternrechts dar.[1744]

Alle Versuche der Einordnung in die grundrechtliche Schrankendogmatik kranken aber daran, dass eine fehlende Schutzbereichseröffnung, wie sie bei fehlender Orientierung des Elternverhaltens am Kindeswohl vorliegt[1745], aus dogmatischer Sicht keinen Platz für einen Eingriff lässt. Da das Kindeswohl der Bezugspunkt des staatlichen Wächteramts ist[1746], aktualisiert sich die Auffangerziehungsfunktion des Staates aus Art. 6 Abs. 2 S. 2 GG nur, wenn die Eltern ihrer Elternverantwortung nicht gerecht werden.[1747] Das folgt auch aus dem Charakter des Wächteramtes als *Ersatz*kompetenz des Staates.[1748] Nur bei einer Beeinträchtigung des Kindeswohls berechtigt und verpflichtet das Wächteramt den Staat zur Intervention zum Zwecke der Sicherstellung von Pflege und Erziehung anstelle der Eltern.[1749] Eine solche Kindeswohlbeeinträchtigung liegt aber bereits außerhalb des Schutzbereichs des Elterngrundrechts.[1750] Wo schon der Schutzbereich nicht eröffnet ist, kann kein Eingriff im grundrechtsdogma-

---

1744 *Hufen*, Staatsrecht II (2020), § 16 Rn. 28; *Lenz*, Vorbehaltlose Freiheitsrechte (2006), S. 40; *Wapler*, Kinderrechte und Kindeswohl (2015), S. 124; mit dieser Tendenz auch *Stern/Sachs/Dietlein*, Staatsrecht IV/1 (2006), S. 626.

1745 *Brüser*, Die Bedeutung der Grundrechte (2010), S. 104; *Epping*, Grundrechte (2021), Rn. 520; *Schulze*, Elternrecht und Beschneidung (2017), S. 105.

1746 *Böckenförde*, Elternrecht – Recht des Kindes – Recht des Staates, in: Krautscheid/Marré (Hrsg.), Essener Gespräche Bd. 14 (1980), S. 54 (77); *Brosius-Gersdorf*, in: Dreier (Hrsg.), GG Kommentar, Bd. 1 (2013), Art. 6 Rn. 176; *Heiderhoff*, in: v. Münch/Kunig GG Kommentar, Bd. 1 (2021), Art. 6 Rn. 137; *Herdegen*, Die Aufnahme besonderer Rechte des Kindes in die Verfassung, in: FamRZ 1993, S. 374 (377); *Jeand'Heur*, Der Kindeswohl-Begriff aus verfassungsrechtlicher Sicht (1991), S. 27; *Lenz*, Vorbehaltlose Freiheitsrechte (2006), S. 39; *Ossenbühl*, Das elterliche Erziehungsrecht (1981), S. 73; *Schmitt Glaeser*, Das elterliche Erziehungsrecht (1980), S. 49; *Uhle*, in: BeckOK GG (2021), Art. 6 Rn. 60.

1747 BVerfGE 69, 79 (88); *Böckenförde*, Elternrecht – Recht des Kindes – Recht des Staates, in: Krautscheid/Marré (Hrsg.), Essener Gespräche Bd. 14 (1980), S. 54 (76); *Brosius-Gersdorf*, Demografischer Wandel und Familienförderung (2011), S. 451; vgl. *Brüser*, Die Bedeutung der Grundrechte (2010), S. 45. Prägnant auch *Landenberg-Roberg*, Elternverantwortung im Verfassungsstaat (2021), S. 151: „Der Staat wacht im Rahmen des Wächteramtes aber nur über die Erfüllung dieser durch die verfassungsrechtliche Pflichtigkeit abgesicherten Mindestbedingungen, sodass nicht jede nach bestimmten moralischen Maßstäben defizitäre Erziehung schon die staatliche Intervention rechtfertigt".

1748 Vgl. *Badura*, in: Dürig/Herzog/Scholz GG Kommentar (2021), Art. 6 Rn. 139 sowie *Jeand'Heur*, Verfassungsrechtliche Schutzgebote zum Wohl des Kindes (1993), S. 22.

1749 *Brosius-Gersdorf*, in: Dreier (Hrsg.), GG Kommentar, Bd. 1 (2013), Art. 6 Rn. 175, 179, 181; *Herdegen*, Die Aufnahme besonderer Rechte des Kindes in die Verfassung, in: FamRZ 1993, S. 374 (377); *Hölbling*, Wie viel Staat vertragen Eltern? (2010), S. 152; *Jestaedt/Reimer*, in: Bonner Kommentar GG (2021), Art. 6 Abs. 2 und 3 Rn. 403 ff.; *Ossenbühl*, Das elterliche Erziehungsrecht (1981), S. 72; *Uhle*, in: BeckOK GG (2021), Art. 6 Rn. 61; *Coelln*, in: Sachs (Hrsg.), GG Kommentar (2021), Art. 6 Rn. 76.

1750 *Vellmer*, Religiöse Kindererziehung (2010), S. 59; vgl. *Jestaedt/Reimer*, in: Bonner Kommentar GG (2021), Art. 6 Abs. 2 und 3 Rn. 398 mit der Formulierung, wo „die beobachtete Betätigung [der Eltern] den Rahmen des Zuzulassenden überschreitet".

tischen Sinne erfolgen, der anschließend einer verfassungsrechtlichen Rechtfertigung bedürfte.[1751]

Die Situation, in der das Wächteramt erst aktualisiert wird, ist daher weder der Eingriffs- noch der Schrankendogmatik zugänglich. Daher kann es sich bei dem Wächteramt des Staates nicht um eine Schranke des Elterngrundrechts im dogmatischen Sinne handeln, es stellt dogmatisch vielmehr die positive Normierung und Deklaration der Schutzpflicht für die Rechtspositionen des Kindes und das Kindeswohl dar.[1752] Das Elterngrundrecht ist daher vorbehaltlos gewährleistet und nur durch verfassungsimmanente Schranken einschränkbar.[1753]

Weil das Wächteramt mangels Schrankeneigenschaft nicht die Gestalt eines Gesetzesvorbehalts annehmen kann, erfolgt die Rechtfertigung des Eingriffs in das Elternrecht durch die allgemeine Impfpflicht nicht durch das staatliche Wächteramt[1754]: Wie bereits festgestellt, ist das Kindeswohl durch eine negative Impfentscheidung der Eltern nicht gefährdet, vielmehr ist auch diese Entscheidung Ausdruck elterlicher Pflege und Erziehung und daher vom Schutzbereich des Elterngrundrechts umfasst.[1755] Von einer schwerwiegenden Beeinträchtigung des Kindeswohls durch fehlenden Impfschutz kann nicht gesprochen werden. Die Voraussetzung der Aktualisierung des Wächteramtes liegt deshalb nicht vor.[1756]

Über ein Eingreifen des staatlichen Wächteramtes könnte man in der Konstellation der negativen Impfentscheidung allenfalls dann nachdenken, wenn dessen Aktualisierung auch auf Ereignisse im Vorfeld einer Kindeswohlgefähr-

---

[1751] Vgl. *Höfling*, Elternrecht, in: Isensee/Kirchhof (Hrsg.), HStR VII (2009), § 155 Rn. 46; *Staudinger*, Verfassungsrechtliche Untersuchung der Impfgesetzgebung in Deutschland (2021), S. 103.

[1752] BVerfGE 60, 79 (88); *Brosius-Gersdorf*, in: Dreier (Hrsg.), GG Kommentar, Bd. 1 (2013), Art. 6 Rn. 171, 175; *Brüser*, Die Bedeutung der Grundrechte (2010), S. 45, 103; *Vellmer*, Religiöse Kindererziehung (2010), S. 59; *Jeand'Heur* hat hierfür den Begriff „Garantienorm" geprägt, *ders.*, Verfassungsrechtliche Schutzgebote zum Wohl des Kindes (1993), S. 90 sowie *ders.*, Der Kindeswohl-Begriff aus verfassungsrechtlicher Sicht (1991), S. 27 ff.; wohl auch *Herdegen*, Die Aufnahme besonderer Rechte des Kindes in die Verfassung, in: FamRZ 1993, S. 374 (377).

[1753] *Brosius-Gersdorf*, in: Dreier (Hrsg.), GG Kommentar, Bd. 1 (2013), Art. 6 Rn. 171; *Brüser*, Die Bedeutung der Grundrechte (2010), S. 45.

[1754] *Pieper/Schwager-Wehming*, Impfpflichten zur Bekämpfung von Masern- und COVID-19-Viren auf dem verfassungsrechtlichen Prüfstand, in: DÖV 2021, S. 287 (295); a. A. offenbar *Deutscher Ethikrat*, Stellungnahme: Impfen als Pflicht? (2019), S. 77, der in der Impfpflicht einen Eingriff in das Elternrecht sieht, der nur im Rahmen des staatlichen Wächteramtes legitim sei.

[1755] Vgl. § 3 C. I. 3. „Zwischenergebnis".

[1756] Auch *Höfling/Stöckle*, Elternrecht, Kindeswohl und staatliche Impfverantwortung, in: RdJB 2018, S. 284 (291) sowie *Zuck*, Rechtsgutachten wegen (verfassungs)rechtlicher Fragen zur Masernimpfung (2016), S. 67; anders aber wohl *Amhaouach/Kießling*, Die Steigerung der Masernimpfraten von Kindern – Möglichkeiten und Grenzen des Rechts, in: MedR 2019, S. 853 (859).

dung ausgedehnt würde.[1757] Jedenfalls nach derzeitiger Rechtslage kann vor dem Einsetzen einer Kindeswohlgefährdung nicht das Wächteramt als Eingriffsberechtigung angeführt werden. Ermächtigte das staatliche Wächteramt jedoch zu einem Eingreifen noch vor der Gefährdung des Kindeswohls, wäre auch die elterliche Impfentscheidung unter dem Deckmantel des „Vorfeld-Wächteramtes" staatlich steuerbar.

Sofern daraus allerdings folgte, dass Vorfeldeingriffe durch das Wächteramt ebenso wie staatliche Maßnahmen bei Kindeswohlgefährdungen, die außerhalb des Schutzbereichs liegen, nicht rechtfertigungsbedürftig sind, läge hierin eine deutliche Entwertung des Schutzbereichs des Elterngrundrechts.[1758] Nahezu jede elterliche Handlung, die möglicherweise im Vorfeld einer Kindeswohlgefährdung stünde, wäre fortan ohne Rechtfertigungsbedürftigkeit einschränkbar. Das führte nicht nur zu weit, sondern verdeutlichte auch die Notwendigkeit der Definition des „Vorfeldes", um den Raum nicht rechtfertigungsbedürftiger staatlicher Eingriffe nicht uferlos werden zu lassen.

b) Kollidierendes Verfassungsrecht

Da das Elterngrundrecht – wie aufgezeigt – vorbehaltlos gewährleistet ist, stellt sich im Rahmen der Einführung einer allgemeinen Impfpflicht weiterhin die Frage nach der Einschränkbarkeit des Grundrechts. Bei vorbehaltlos gewährleisteten Grundrechten kann sich die Grundrechtsschranke stets nur aus der Verfassung selbst ergeben.[1759] Das bedeutet, dass jedenfalls ein in kollidierendem Verfassungsrecht begründeter Zweck als Rechtfertigung für die Einschränkung des Elternrechts herangezogen werden kann.[1760] Davon sind freilich auch kol-

---

[1757] *Brosius-Gersdorf*, Thesenpapier „Kinderrechte ins Grundgesetz" v. 28.06.2019, www.jura.uni-hannover.de/de/brosius-gersdorf/aktuelles/einzelansicht/news/thesenpapier-zu-kinderrechten-im-grundgesetz/ (Seite zuletzt aufgerufen am: 16.03.2021); *Reith*, Der Erziehungs-, Bildungs- und Betreuungsauftrag des Staates (2014), S. 168, offenbar auch *Schmitt Glaeser*, Das elterliche Erziehungsrecht (1980), S. 57, nach dem es dem Wächteramt vielmehr als dem Einschreiten erst bei Kindeswohlgefährdung entspreche, „vorausschauend zu beobachten und in Orientierung am Wohl des Kindes unter Beachtung des Verhältnismäßigkeitsgrundsatzes mitzuhelfen, dass die Eltern ihrer Verantwortung bei der Erziehung der Kinder gerecht werden und gerecht werden können".

[1758] Vgl. *Kirchhof*, Die Kinderrechte des Grundgesetzes, in: NJW 2018, S. 2690 (2693); wohl mit ähnlicher Tendenz auch *Wapler*, Kinderrechte ins Grundgesetz, www.verfassungsblog.de/kinderrechte-ins-grundgesetz-ein-neuer-entwurf-bringt-nichts-neues/ (Seite zuletzt aufgerufen am: 07.04.2021).

[1759] BVerfGE 30, 173 (193); 32, 98 (107).

[1760] *Brosius-Gersdorf*, in: Dreier (Hrsg.), GG Kommentar, Bd. 1 (2013), Art. 6 Rn. 171; *Höfling*, Elternrecht, in: Isensee/Kirchhof (Hrsg.), HStR VII (2009), § 155 Rn. 54, 56; *Höfling/Stöckle*, Elternrecht, Kindeswohl und staatliche Impfverantwortung, in: RdJB 2018, S. 284 (290); *Jarass*, in: Jarass/Pieroth GG Kommentar (2020), Art. 6 Rn. 59; *Pfeifenbring*, Die Verfassungsmäßigkeit der Erziehungsrente (2018), S. 167; *Sacksofsky/Nowak*, Grundrechte und Staatsorganisationsrecht – Masernimpfpflicht, in: JuS 2015, S. 1007 (1010); *Vellmer*, Religiöse Kindererziehung (2010), S. 61.

lidierende Grundrechte umfasst.[1761] Zu beachten ist aber, dass die Belange des Kindes (als die Person, gegenüber der Pflege und Erziehung ausgeübt werden) bei Eingriffen in das Elterngrundrecht zumindest nicht den alleinigen wesentlichen Maßstab darstellen können.[1762] Dann nämlich wäre das Elterngrundrecht stets in legitimer Weise nur aufgrund von Belangen des Kindes einschränkbar, niemals aber durch die Erfüllung von Schutzpflichten für Grundrechte Dritter, die dann leerliefen. Kindeswohlbelange sind also nicht der einzige Grund für eine Einschränkung des Elternrechts; Eingriffe in das Elterngrundrecht kommen nicht nur in der Konstellation „Eltern gegen Kind" zum Tragen. Vielmehr kommen als verfassungsimmanente Schranken alle Vorschriften in Betracht, die auf gleicher normenhierarchischer Regelungsstufe stehen.[1763]

Bei einer allgemeinen Impfpflicht erfolgt die Entziehung der elterlichen Entscheidungsgewalt über die Vornahme einer Schutzimpfung an dem Kind zur Erfüllung der grundrechtlichen Schutzpflicht für die körperliche Unversehrtheit gemäß Art. 2 Abs. 2 S. 1 GG der Risikogruppe der Impfunfähigen.[1764] Dieser Zweck ergibt sich aus der Verfassung selbst und ist daher geeignet, die Vorbehaltlosigkeit der Grundrechtsgarantie des Elterngrundrechts zu überwinden und in der Folge einen tauglichen Eingriffszweck darzustellen.[1765]

2. Schranken-Schranke

Jede Regelung, die das Elterngrundrecht berührt, bedarf eines legitimen Ziels und muss sich am Grundsatz der Verhältnismäßigkeit messen lassen.[1766] Der Abwägungsspielraum des Gesetzgebers ist jedoch bei einer Regelung zulasten der Entscheidungsbefugnis der Eltern, wie bei einer allgemeinen Impfpflicht, geringer als bei einer Regelung, die sich zugunsten der Elternverantwortung auswirkt.[1767] Dennoch sind staatliche Eingriffe in das Elterngrundrecht stets nur „im Rahmen des Notwendigen" und unter Wahrung des Verhältnismäßigkeitsprinzips möglich.[1768]

[1761] *Höfling*, Elternrecht, in: Isensee/Kirchhof (Hrsg.), HStR VII (2009), § 155 Rn. 56.

[1762] So indes anklingend bei *Wapler*, Kinderrechte und Kindeswohl (2015), S. 121; vgl. ähnlich auch *Hölbling*, Wie viel Staat vertragen Eltern? (2010), S. 143.

[1763] *Vellmer*, Religiöse Kindererziehung (2010), S. 61.

[1764] So auch *Pieper/Schwager-Wehming*, Impfpflichten zur Bekämpfung von Masern- und COVID-19-Viren auf dem verfassungsrechtlichen Prüfstand, in: DÖV 2021, S. 287 (295) sowie *Spree/Kozak*, Arbeitsrechtliche Folgen der Einführung des Masernschutzgesetzes, in: ZTR 2020, S. 383 (387).

[1765] Auf die umstrittene Frage, ob im Rahmen der Einschränkung des Elterngrundrechts auch eine Schrankenleihe der Schrankentrias von Art. 2 Abs. 1 GG möglich sein soll, kommt es hier daher nicht mehr an.

[1766] *Badura*, in: Dürig/Herzog/Scholz GG Kommentar (2021), Art. 6 Rn. 98.

[1767] Vgl. *Badura*, in: Dürig/Herzog/Scholz GG Kommentar (2021), Art. 6 Rn. 98.

[1768] *Wapler*, Kinderrechte und Kindeswohl (2015), S. 120 f.

a) Legitimer Zweck

Im Mittelpunkt der Rechtfertigung steht hier die Abwägung zwischen der staatlichen Schutzpflicht für das Grundrecht auf körperliche Unversehrtheit der impfunfähigen Risikogruppe aus Art. 2 Abs. 2 S. 1 GG als legitimem Zweck und dem abwehrrechtlichen Elterngrundrecht.[1769] Zwar liegt auch in dieser Konstellation ein Grundrechtsdreieck aus Staat, Trägern des Elterngrundrechts und schutzbedürftigen Dritten vor. Anders als bei der Abwägung zwischen dem abwehrrechtlichen Grundrecht auf körperliche Unversehrtheit der potenziell Impfpflichtigen und der Schutzpflicht für die körperliche Unversehrtheit der schutzbedürftigen Risikogruppe besteht aber keine Identität der abzuwägenden Güter. Für die Rechtfertigung des Eingriffs in das Elterngrundrecht streitet also ein Schutzzweck, der sich nicht im Elterngrundrecht finden lässt, sondern in der körperlichen Unversehrtheit als Rechtsposition der schutzbedürftigen Dritten.[1770] Wegen der Verschiedenheit der Grundrechtsgewährleistungen kann hier nicht von vornherein eine abstrakte Gleichwertigkeit der konkurrierenden Grundrechtsdimensionen angenommen werden.

Der Herleitung der Schutzpflicht für das Grundrecht auf körperliche Unversehrtheit kommt wegen des untrennbaren Zusammenhangs der körperlichen Unversehrtheit mit dem Leben als Höchstwert besondere Bedeutung zu[1771], die sich auf die Abwägung mit dem Elterngrundrecht auf das Gewicht der Schutzpflicht auswirkt. Denn den „Höchstwert des Lebens" kann das Elterngrundrecht jedenfalls nicht für sich in Anspruch nehmen.[1772] Daher ist die Abwägung von grundrechtlicher Schutzpflicht für die körperliche Unversehrtheit und dem abwehrrechtlichen Elterngrundrecht in gängiger Weise unter Beachtung der Besonderheiten der konkurrierenden Grundrechtspositionen auf die Herstellung praktischer Konkordanz gerichtet.

1769 Zustimmend *Deutscher Ethikrat*, Stellungnahme: Impfen als Pflicht? (2019), S. 77 sowie *Höfling/Stöckle*, Elternrecht, Kindeswohl und staatliche Impfverantwortung, in: RdJB 2018, S. 284 (291, 294).

1770 A. A. *Höfling/Stöckle*, Elternrecht, Kindeswohl und staatliche Impfverantwortung, in: RdJB 2018, S. 284 (296), die die elterliche Entscheidung über die Impfung mit dem Grundrecht auf körperliche Unversehrtheit der Kinder gleichsetzen und daher zu dem Schluss kommen, es stünden sich die gleichen Grundrechte, nämlich auf beiden Seiten die körperliche Unversehrtheit gegenüber. Diese Ansicht lässt jedoch das eigenständige Gewicht des Elterngrundrechts offenbar außen vor und vermengt daher im Außenrechtsverhältnis die Grundrechte der Eltern und ihrer Kinder miteinander.

1771 Vgl. BVerfGE 39, 1 (42); Vgl. BVerfG, Urt. v. 15.02.2006 – 1 BvR 357/05 (LuftSiG), Rn. 120; *Di Fabio*, in: Dürig/Herzog/Scholz GG Kommentar (2021), Art. 2 Abs. 2 Satz 1 Rn. 43; *Lang*, in: BeckOK GG (2021), Art. 2 Rn. 56; *Starck*, in: v. Mangoldt/Klein/Starck GG Kommentar, Bd. 1 (2018), Art. 2 Abs. 2 Rn. 229; *Steinau-Steinrück*, Die staatliche Verhütung und Bekämpfung von Infektionskrankheiten (2013), S. 128.

1772 *Höfling/Stöckle*, Elternrecht, Kindeswohl und staatliche Impfverantwortung, in: RdJB 2018, S. 284 (296).

Keine Rolle für den legitimen Zweck spielt dagegen der Schutz der Kinder der betroffenen Eltern. Die Schutzpflicht des Staates für die Kinder gegenüber ihren eigenen Eltern, die dann tatsächlich Ausdruck des staatlichen Wächteramtes nach Art. 6 Abs. 2 S. 2 GG wäre, aktualisierte sich – wie aufgezeigt – nur bei der Einordnung der Nichtimpfung des Kindes als Kindeswohlgefährdung. Mangels objektiver Gefährdung des Wohls des Kindes bei lediglich fehlendem Impfschutz[1773] kommt eine dahingehende Schutzpflicht als legitimer Zweck der allgemeinen Impfpflicht jedoch nicht in Frage.[1774]

b) Geeignetheit

Hinsichtlich der Geeignetheit der allgemeinen Impfpflicht als Mittel zur Erfüllung der Schutzpflicht für die Risikogruppe der Impfunfähigen bestehen – wie schon dargelegt – keine Zweifel.[1775] Auch bezüglich des damit notwendigerweise verbundenen Eingriffs in das Elterngrundrecht ergibt sich kein anderes Ergebnis: Die mit der allgemeinen Impfpflicht einhergehende Reduktion der elterlichen Entscheidungsgewalt über die Vornahme von Schutzimpfungen am Kind ist prinzipiell geeignet, um die Herstellung einer krankheitsspezifischen Herdenimmunität zu fördern und damit den Schutz für die Risikogruppe zu erhöhen.[1776]

c) Erforderlichkeit

Auch im Rahmen der Erforderlichkeit kommen – jedenfalls in Teilen – diejenigen Erwägungen zum Tragen, die bereits bei der Abwägung der Grundrechtsdimensionen der körperlichen Unversehrtheit maßgeblich waren[1777], etwa die geringere Effektivität freiwilliger Impfungen sowie positiver und negativer Anreizfaktoren. Die Erwägungen zu negativen Anreizfaktoren, die darüber hinaus im Rahmen der Erforderlichkeit eines Eingriffs in die körperliche Unversehrtheit angestellt wurden, lassen sich nicht ohne weiteres auf die Erforderlichkeit eines Eingriffs in das Elterngrundrecht übertragen, da sie auf eine Selbstübernahme der Kosten im Erkrankungsfall abzielen, die als Maßnahme selbst keinen Bezug zum Elterngrundrecht aufweist.

Daneben sind jedoch einige Maßnahmen denkbar, die speziell für die Einschränkung des Elterngrundrechts ein Mittel darstellen könnten, das im Vergleich zur Entziehung der impfspezifischen Entscheidungskompetenz der Eltern milder ist.

[1773] Siehe dazu bereits ausführlich § 3 C. I. 2. „Nichtimpfung als Kindeswohlgefährdung?“.

[1774] A. A. aber *Mers*, Infektionsschutz im liberalen Rechtsstaat (2019), S. 147 f.

[1775] Siehe schon § 3 B. I. 3. c) bb) „Geeignetheit“.

[1776] I. E. zustimmend *Höfling/Stöckle*, Elternrecht, Kindeswohl und staatliche Impfverantwortung, in: RdJB 2018, S. 284 (291, 295).

[1777] Vgl. die Vorgehensweise bei *Sacksofsky/Nowak*, Grundrechte und Staatsorganisationsrecht – Masernimpfpflicht, in: JuS 2015, S. 1007 (1012) sowie des *Deutschen Ethikrats*, Stellungnahme: Impfen als Pflicht? (2019), S. 42 f.

aa) Anleitung zu einer freiwilligen positiven Impfentscheidung

Zunächst kommt als milderes Mittel zu dem einer Impfpflicht innewohnenden Eingriff auch bezüglich des Elterngrundrechts der Versuch einer Erhöhung der Impfquote auf freiwilliger Basis in Betracht. Hier gelten zwar die Erwägungen, die bereits im Kontext des Eingriffs in das Grundrecht auf körperliche Unversehrtheit an der zielbezogenen Effektivität lediglich freiwilliger Impfungen zweifeln lassen.[1778] Allerdings – diese Besonderheit ist in Bezug auf das Elterngrundrecht entscheidend – erscheint eine individuelle elterliche Entscheidung für eine Impfung ihres Kindes noch weniger mit objektiver Information beeinflussbar, als wenn es um die eigene Impfung des erwachsenen Elternteils ginge.[1779]

Wie bereits aufgezeigt[1780], ist die jeweilige Entscheidung für oder gegen eine Impfung des Kindes häufig Ausdruck des eigenen Verständnisses von „guter" bzw. verantwortungsbewusster Elternschaft.[1781] Sie deckt sich daher nicht zwingend mit der Auffassung der evidenzbasierten Medizin hinsichtlich der Befürwortung von Impfungen.[1782] Dieses Phänomen lässt sich mit dem psychologischen Effekt erklären, ein Schadensereignis dem elterlichen Schuldgefühl stärker anzurechnen bzw. sich seitens des Elternteils selbst zu umso mehr zu verurteilen, wenn es kausal zu einer Handlung eintritt, als wenn die Schädigung von einer Unterlassung ausgeht – so wie das Eintreten einer Krankheit, gegen die eine Impfung unterblieben ist (sog. „Omission Bias").[1783] Daraus lässt sich schließen, dass sich gerade bei Eltern bestehende Zweifel noch weniger durch Information ausräumen lassen[1784], sondern sich möglicherweise sogar in Richtung einer negativen Impfentscheidung manifestieren.[1785]

1778 Vgl. § 3 B. I. 3. c) cc) (1) „Freiwillige Impfung".

1779 Vgl. tendenziell bei *Poethko-Müller et al.*, Impfnebenwirkungen bei Kindern und Jugendlichen, in: BGesBl. 2011, S. 357.

1780 Siehe § 2 A. II. 1. „Impfgegner und Impfskeptiker".

1781 So etwa der Appell: „Verantwortungsvolle und informierte Eltern lassen ihre Kinder nicht impfen!", *Kögel-Schauz*, Ungeimpfte Kinder sind gesünder, efi-online.de/wp-content/uploads/2014/01/UngeimpfteGesuender.pdf (Seite zuletzt aufgerufen am: 18.03.2021), S. 6.

1782 Vgl. etwa folgende Aussage, abermals von *Angelika Kögel-Schauz*: „Eltern, die ihre Kinder mit Impfungen und andere schulmedizinischen Maßnahmen traktieren, sollten eher ihre eigene Einstellung zum Leben hinterfragen und Hilfestellungen suchen ihre Ängste zu überwinden statt auf das auf Angst basierende Marketing der Pharmaindustrie reinzufallen. Da [...] weiß ich sehr gut, wie leicht man Eltern durch ständige und subtile Manipulationen Angst machen kann." [sic!], *dies.*, Ungeimpfte Kinder sind gesünder, efi-online.de/wp-content/uploads/2014/01/UngeimpfteGesuender.pdf (Seite zuletzt aufgerufen am: 18.03.2021), S. 6.

1783 Vgl. *Asch et al.*, Omission Bias and Pertussis Vaccination, in: Medical Decision Making 1994, No. 2 S. 118 (122); *Böhm/Betsch/Korn*, Selfish-rational non-vaccination, in: Journal of Economic Behaviour & Organization 2016, S. 183 (184); *Spranca/Minsk/Baron*, Omission and Commission in Judgment and Choice, in: Journal of Experimental Social Psychology 1991, S. 76 (79).

1784 Ähnliches fand auch ein Cochrane Review heraus, wonach die persönliche Beratung der Eltern kaum einen Einfluss auf deren Entscheidung über die Schutzimpfung des Kindes

Zudem kann bei Kindern als (Erst-)Impfpflichtige als Begründung für zu niedrige Impfquoten nicht das „Vergessen" der Termine zur Grundimmunisierung angeführt werden. Denn ab der sog. „U3"-Untersuchung, die in der 4.–5. Lebenswoche durchgeführt wird, ist eine verpflichtende Impfberatung vorgesehen, die sich an den Vorgaben des Gemeinsamen Bundesausschusses orientiert.[1786] An diesen Vorsorgeuntersuchungen (U3 bis U9, letztere findet etwa zu Beginn des 6. Lebensjahres statt) nehmen aber nur etwa 81 % aller Kinder teil, während die Beteiligungsrate an den Untersuchungen U1 und U2, die überwiegend noch in der jeweiligen Geburtsklinik stattfinden, bei nahezu 100 % der Kinder liegt.[1787] Die Beratung an sich scheint somit nicht auszureichen, um alle entscheidungsbefugten Eltern zu erreichen. Das Hinwirken auf eine freiwillige positive Impfentscheidung der Eltern ist daher im Kontext einer Impfpflicht zwar ein milderes, aber weniger effektives Mittel zur Erreichung des legitimen Zwecks.[1788]

bb) Modifikation familienbezogener Leistungen bei negativer Impfentscheidung

Ein weiteres, möglicherweise milderes Mittel, das einen direkten Bezug zum Elterngrundrecht aufweist, wäre die Beibehaltung der autonomen Impfentscheidung, wobei eine negative Entscheidung aber beispielsweise eine Kürzung der Familienförderungsleistung nach sich ziehen könnte und somit einen negativen Anreizfaktor darstellte (sog. indirekter Zwang[1789]).[1790]

Zwar wäre zunächst auch denkbar, die Impfentscheidung ebenso fortan weiterhin den Eltern zu überlassen, eine positive Impfentscheidung aber – als po-

---

hatte, *Kaufman et al.*, Face to face interventions für informing or educating parents about early childhood vaccination, S. 2 ff.

1785 Mit tendenziell anderer Ansicht im Zusammenhang mit dem Entwurf des Masernschutzgesetzes (BR-Drs. 358/19) *Rixen*, Verfassungsfragen der Masernimpfpflicht – Rechtsgutachten für „Ärzte für Individuelle Impfentscheidung e. V." (2019), S. 102.

1786 *Kieseritzky*, Früherkennungsuntersuchungen für Kinder, in: pädiatrie hautnah 2016, S. 56 (58).

1787 *Kieseritzky*, Früherkennungsuntersuchungen für Kinder, in: pädiatrie hautnah 2016, S. 56.

1788 Abzuwarten bleibt aber, wie sich die am 1. März 2020 in Kraft getretene Einführung des § 26 Abs. 2 S. 4 SGB V auswirkt, der vorsieht, dass in der ärztlichen Dokumentation der Gesundheitsuntersuchungen für Kinder und Jugendliche nach § 26 Abs. 1 SGB V auf eine erfolgte Impfberatung hingewiesen werden *soll*, wie sie als Nachweis i. S. v. § 34 Abs. 10a IfSG benötigt wird. Auch soll auf den bestehenden Impfstatus des Kindes hingewiesen werden, allerdings nur in Bezug auf Masern. Hier wäre ein prinzipieller und verpflichtend angeordneter Hinweis auf den Impfstatus in Bezug auf alle von der STIKO im Kindesalter empfohlenen Grund- und Auffrischungsimmunisierungen durch den untersuchenden Arzt wohl effektiver.

1789 *Rixen*, in: Huster/Kingreen (Hrsg.), Handbuch Infektionsschutzrecht (2021), Kapitel 5, Rn. 70 ff.

1790 Mit diesem Gedanken im Hinblick auf Impfungen gegen COVID-19 jedenfalls *Wolff/ Zimmermann*, Impfförder- und Impffolgenrecht in der COVID-19-Pandemie, in: NVwZ 2021, S. 182 (185).

sitiven Anreizfaktor – mit einer Erhöhung des Kindergeldes zu belohnen[1791], das nach § 1 BKGG als Sozialleistung mindestens bis zur Vollendung des 18. Lebensjahres des Kindes gewährt wird und auf dem Familienleistungsausgleich bei Erziehung eines oder mehrerer Kinder beruht.[1792] Dann knüpften sich an die jeweiligen elterlichen Impfentscheidungen verschiedene Rechtsfolgen, die als solche eine Ungleichbehandlung darstellen.[1793] Da das Gleichbehandlungsgebot aber subjektiv-rechtlich als Teilhaberecht wirkt, verbietet es dem Staat den gleichheitswidrigen Ausschluss bestimmter Personenkreise aus gewährten Begünstigungen.[1794] Ungeachtet dessen, ob ein Bonus-Kindergeld als „Belohnung" für die positive Impfentscheidung verfassungsrechtlich zulässig wäre, muss die gleiche Effektivität dieser milderen Maßnahme im Vergleich zur Impfpflicht aber bezweifelt werden. Wenn der monetäre Anreiz zwar für einkommensschwache Familien nicht zu bezweifeln ist, zeigt sich bei der Zusammensetzung der Impfgegnerschaft[1795], dass Eltern aus bildungsnahen Schichten einen erheblichen Anteil stellen.[1796] Ob ein monetärer Bonus für diesen Personenkreis tatsächlich einen Anreiz zur Überwindung gefestigter (Fehl-)Vorstellungen über die Wirkung und Effizienz von Schutzimpfungen bildet, ist fraglich.

Daher ist eher an eine Kürzung des Kindergeldes bei negativer Impfentscheidung als negativer Anreizfaktor zu denken. Hieran knüpfen sich jedoch weitere verfassungsrechtliche Probleme, die sich am Fördergebot des Art. 6 Abs. 1 GG für Ehe und Familie[1797] und an Art. 3 Abs. 1 GG aufhängen. Da aus diesem verfassungsrechtlich kodifizierten Schutzgebot die Aufgabe des Staates folgt, Ehe und Familie zu fördern[1798], stellt die Kürzung des Kindergeldes als Konsequenz einer negativen Impfentscheidung möglicherweise einen Verstoß hiergegen dar.

Inhaltlich bedeutet das Fördergebot die staatliche Verpflichtung zu rechtlichem Schutz und zu materieller und ideeller Förderung der Familie als positi-

---

[1791] Vgl. *Komp/Thrun*, Impfzwang als verfassungsrechtlich zulässiges Mittel gegen Masern?, in: JA 2020, S. 196 (199).

[1792] Vgl. *Pfeifenbring*, Die Verfassungsmäßigkeit der Erziehungsrente (2018), S. 79 (dort Fn. 208).

[1793] Vgl. *Kischel*, in: BeckOK GG (2021), Art. 3 Rn. 15.

[1794] BVerfGE 110, 412 (431); 126, 400 (416); *Epping*, Grundrechte (2021), Rn. 771.

[1795] Siehe § 2 A. II. 1. „Impfgegner und Impfskeptiker".

[1796] *Deutscher Ethikrat*, Stellungnahme: Impfen als Pflicht? (2019), S. 26; *Krüger/Krüger*, „Sich selber den Kopf zerbrechen" – Eine qualitative Studie zu elterlicher Impfskepsis, in: Z Allg Med 2015, S. 106 (107).

[1797] Für viele *Brosius-Gersdorf*, in: Dreier (Hrsg.), GG Kommentar, Bd. 1 (2013), Art. 6 Rn. 129; *dies.*, Demografischer Wandel und Familienförderung (2011), S. 198 ff.; *Di Fabio*, Der Schutz von Ehe und Familie, in: NJW 2003, S. 993 (994); *Heiderhoff*, in: v. Münch/Kunig GG Kommentar, Bd. 1 (2021), Art. 6 Rn. 49; *Pfeifenbring*, Die Verfassungsmäßigkeit der Erziehungsrente (2018), S. 75; *Reith*, Der Erziehungs-, Bildungs- und Betreuungsauftrag des Staates (2014), S. 128.

[1798] BVerfGE 6, 55 (72); 87, 1 (35); 105, 313 (346); *Reith*, Der Erziehungs-, Bildungs- und Betreuungsauftrag des Staates (2014), S. 128; *Uhle*, in: BeckOK GG (2021), Art. 6 Rn. 20.

ve Handlung.[1799] Die Schutz- und Förderpflicht soll insbesondere die aus einem generellen Erziehungs- und Betreuungsbedarf resultierenden Nachteile ausgleichen, die außerhalb von Familien demgegenüber nicht bestehen.[1800] Allerdings ist der Staat nicht verpflichtet, jede kindbezogene finanzielle Belastung in voller Höhe auszugleichen[1801], so dass ein Verstoß gegen das Fördergebot gemäß Art. 6 Abs. 1 GG allenfalls dann vorläge, wenn sich die Familienförderung infolge einer negativen Impfentscheidung zukünftig auf das Existenzminimum der Familie[1802] beschränkte.[1803]

Weil aber, wie soeben aufgezeigt, bereits die Effektivität dieser Ungleichbehandlung insgesamt fraglich ist, die eine Modifikation der Höhe des Kindergeldes abhängig vom Ausgang der elterlichen Impfentscheidung mit sich bringt, bestehen auch bei einer Kürzung des Kindergeldes die gleichen gewichtigen Bedenken: Zweifelhaft ist, ob die Kürzung einer Familienförderleistung in jetziger Höhe für einkommensstarke Familien überhaupt einen Anreiz darstellte, die sich bei der Betrachtung der Zusammensetzung der Impfgegnerschaft verstärken. Für einkommensschwache Familien hingegen – und dieser Zweifel wirkt noch gravierender – könnte sich dieses Mittel als nicht milder gestalten, sondern einen Quasi-Zwang darstellen. Deshalb kann offenbleiben, ob ein Verstoß gegen das Fördergebot aus Art. 6 Abs. 1 GG bei einer Kürzung des Kindergeldes tatsächlich vorläge.

Zudem liefen die Folgen einer Kürzung des Kindergeldes auch dem Bezugspunkt des Fördergebotes zuwider: Dieses setzt an der Eltern-Kind-Beziehung an und begründet sich gerade aus der besonderen Aufgabe der Familie, als „Keimzelle der menschlichen Gemeinschaft“[1804] die Pflege und Erziehung des

---

[1799] *Brosius-Gersdorf*, in: Dreier (Hrsg.), GG Kommentar, Bd. 1 (2013), Art. 6 Rn. 129; *dies.*, Demografischer Wandel und Familienförderung (2011), S. 216; *Di Fabio*, Der Schutz von Ehe und Familie, in: NJW 2003, S. 993 (994, 997); *Pfeifenbring*, Die Verfassungsmäßigkeit der Erziehungsrente (2018), S. 75; *Reith*, Der Erziehungs-, Bildungs- und Betreuungsauftrag des Staates (2014), S. 128.

[1800] *Di Fabio*, Der Schutz von Ehe und Familie, in: NJW 2003, S. 993 (997); *Reith*, Der Erziehungs-, Bildungs- und Betreuungsauftrag des Staates (2014), S. 185.

[1801] BVerfGE 112, 50 (65 f.); *Di Fabio*, Der Schutz von Ehe und Familie, in: NJW 2003, S. 993 (998); *Pfeifenbring*, Die Verfassungsmäßigkeit der Erziehungsrente (2018), S. 79; so auch *Tünnemann*, Der verfassungsrechtliche Schutz der Familie (2002), S. 166, die allerdings aus Art. 6 Abs. 1 GG auch das Gebot des Ausgleichs der Nachteile von Familien gegenüber Nichtfamilien „im Grundsatz“ herausliest, a. a. O., S. 136.

[1802] Das Förderniveau als solches ist bei weitem nicht unumstritten, vgl. jedoch zutreffend *Brosius-Gersdorf*, Demografischer Wandel und Familienförderung (2011), S. 262 ff.; *dies.*, in: Dreier (Hrsg.), GG Kommentar, Bd. 1 (2013), Art. 6 Rn. 130; vgl. *Coelln*, in: Sachs (Hrsg.), GG Kommentar (2021), Art. 6 Rn. 35.

[1803] *Brosius-Gersdorf*, Demografischer Wandel und Familienförderung (2011), S. 520; vgl. für den eigenständigen Gehalt des Schutzgebotes aus Art. 6 Abs. 1 GG gegenüber dem Sozialstaatsprinzip und der Menschenwürdegarantie, aus dem hervorgeht, dass sich die Förderung jedenfalls nicht auf die Sicherstellung des existenziellen Daseinsminimums der Familie beschränken darf *dies.*, a. a. O., S. 267 ff.

[1804] BVerfGE 6, 55 (71); 24, 119 (149); *Uhle*, in: BeckOK GG (2021), Art. 6 Rn. 33.

Kindes als Mitglied der Gesellschaft und damit die Sicherung dieser zu übernehmen.[1805] Die staatliche Förderung soll dem Mehraufwand der dazu notwendigen Persönlichkeitsentwicklung Rechnung tragen, die sich in zunehmendem Alter zwar auch außerhalb der Familie abspielt, auf die die familiäre Erziehung aber gleichwohl erst ermöglichend und richtungsweisend hinwirkt.[1806] Wenn die Verwirklichung dieser Aufgabe eingeschränkt wird, ist der Zweck des Fördergebots gefährdet. Die Gefahr einer solchen Einschränkung liegt gerade darin, dass bei einer Kürzung des Kindergeldes möglicherweise Maßnahmen wegfallen, die zur Erziehung des Kindes dienen und sich positiv auf seine Entwicklung auswirken sollen, in der Regel aber mit einer finanziellen Mehrbelastung für die Familie einhergehen. Bei der Gewährung von Kindergeld als Ausdruck der Förderpflicht des Staates geht es immer auch um das Wohlergehen der Kinder.[1807] Eine Kürzung dieser Förderung in der bestehenden Form liefe geradewegs in die Gefahr der praktischen Kontraproduktivität hinein. Denn das Fördergebot, das mit einer Kürzung des Kindesgeldes möglicherweise verletzt würde, hat eine ganz andere Zielrichtung als jene, die der Staat mit einer Impfpflicht verfolgt.

Daher ist die Maßnahme der Kürzung des Kindergeldes im Vergleich zu einer allgemeinen Impfpflicht aus zwei Gründen abzulehnen: Zum einen wäre ein negativer monetärer Anreiz im Hinblick auf das Elterngrundrecht zwar für die Betroffenen milder, die Effektivität bliebe aber deutlich hinter der einer Pflicht zurück. Es gilt aber auch hinsichtlich der Effektivität dieser milderen Mittel, dass der Staat zur Erreichung des legitimen Ziels nicht auf unsichere Maßnahmen vertrauen muss. Zum anderen konterkarierte dieses Mittel die Zielrichtung einer Familienfördermaßnahme, die nicht auf die Impfförderung gerichtet ist, sondern auf die Unterstützung von heranwachsenden Mitgliedern der Gesellschaft.

cc) Zwischenergebnis

Die Erforderlichkeit einer allgemeinen Impfpflicht liegt derzeit auch in Bezug auf den Eingriff in das Elterngrundrecht vor. Bezüglich der hier untersuchten milderen Mittel ist zwar nicht vollständig ausgeschlossen, dass sie sich in der Zukunft einmal als tauglich erweisen könnten. Der Gesetzgeber muss sich jedoch zum aktuellen Zeitpunkt nicht auf ein gleichwohl milderes, aber auch unsicheres Mittel zur Zweckerfüllung verlassen.

[1805] *Badura*, in: Dürig/Herzog/Scholz GG Kommentar (2021), Art. 6 Rn. 75; *Brosius-Gersdorf*, Demografischer Wandel und Familienförderung (2011), S. 244; *dies.*, in: Dreier (Hrsg.), GG Kommentar, Bd. 1 (2013), Art. 6 Rn. 129.

[1806] *Badura*, in: Dürig/Herzog/Scholz GG Kommentar (2021), Art. 6 Rn. 75.

[1807] Vgl. *Di Fabio*, Der Schutz von Ehe und Familie, in: NJW 2003, S. 993 (998).

d) Angemessenheit

Zuletzt muss der angeführte legitime Zweck in einem angemessenen Verhältnis zum Gewicht des Eingriffs in das Elterngrundrecht stehen. Im Rahmen der Abwägung der Gewichte des Elterngrundrechts und der grundrechtlichen Schutzpflicht für Leben und körperliche Unversehrtheit der Risikogruppe der Impfunfähigen ist die entwickelte Gleichwertigkeitsprüfung jedoch nicht anwendbar, da sich hier verschiedene Grundrechte gegenüberstehen, die unterschiedliche abstrakte Gewichtungen für sich beanspruchen.

Deshalb sind hier wieder die gängigen Maßstäbe des Bundesverfassungsgerichts zum möglichst schonenden Ausgleich zwischen der Schutzpflicht für das Grundrecht der körperlichen Unversehrtheit und der abwehrrechtlichen Dimension eines kollidierenden anderen Grundrechts anzuwenden. Aus der Analyse der Rechtsprechung zur Abwägung der Schutzpflicht für Art. 2 Abs. 2 S. 1 GG mit anderen Abwehrgrundrechten haben sich die folgenden Kriterien herauskristallisiert[1808]: die jeweilige *verfassungsrechtliche Bedeutung des Schutzgutes*, die *Gefahrennähe des Schutzgutes* sowie die *Schutzbedürftigkeit* der Güter. Das letztgenannte Kriterium kann jedoch erst bei der Ausgestaltung zu berücksichtigen sein, nicht schon bei der tatbestandlichen Abwägung der kollidierenden Grundrechtspositionen.

Anders als im Rahmen der Abwägung zwischen Abwehrrecht und Schutzpflicht jeweils für die körperliche Unversehrtheit ist die Anwendung des Kriteriums der *verfassungsrechtlichen Bedeutung des Schutzgutes* hier regelrecht geboten und führt zu einem eindeutigen Ergebnis: Das Elternrecht ist neben dem Grundrecht aus Art. 2 Abs. 2 S. 1 GG von niedrigerem Verfassungsrang[1809], da das Leben innerhalb der Werteordnung des Grundgesetzes einen „Höchstwert" darstellt und als „vitale Basis der Menschenwürde" fungiert.[1810]

Das ändert sich auch nicht dadurch, dass auch das Elterngrundrecht einen – wenngleich auch entfernteren – Bezug zur Menschenwürde aufweist[1811]: Zwar ist das Wohl des Kindes, das die Begrenzung des elterlichen Interpretationsprimates darstellt, seinerseits durch die Menschenwürde des Kindes gemäß Art. 1 Abs. 1 GG und dessen allgemeines Persönlichkeitsrecht gemäß Art. 2 Abs. 1 i. V. m. Art. 1 Abs. 1 GG aufgeladen.[1812] Die Menschenwürde des Kindes lädt deshalb jedoch nicht zugleich die verfassungsrechtliche Wertigkeit des Eltern-

---

[1808] Vgl. § 3. A. II. 3. b) cc) (2) „Bisheriger Maßstab bei der Abwägung zweier gleicher Grundrechte bei verschiedendimensionaler Ausprägung im Risikofall".

[1809] *Höfling/Stöckle*, Elternrecht, Kindeswohl und staatliche Impfverantwortung, in: RdJB 2018, S. 284 (291, 296); *Komp/Thrun*, Impfzwang als verfassungsrechtlich zulässiges Mittel gegen Masern?, in: JA 2020, S. 195 (201).

[1810] BVerfGE 39, 1 (42); 110, 141 (163).

[1811] Vgl. bereits § 3 C. I. 1. „Die Elternverantwortung als Inhalt, Umfang und Grenze des Schutzbereichs".

[1812] Für viele BVerfGE 24, 119 (144); 72, 155 (172); *Badura*, in: Dürig/Herzog/Scholz GG Kommentar (2021), Art. 6 Rn. 133, 135.

grundrechts auf, sondern gerade dessen immanente Begrenzung. Die Menschenwürde Dritter hingegen, zu der die Schutzpflicht für die körperliche Unversehrtheit der Risikogruppe einen Bezug aufweist, ist zwar nicht immanente Grenze des Elternrechts. Sie beeinflusst dessen Einschränkbarkeit aber nicht nur auf der Ebene des legitimen Zwecks, sondern auch auf der Ebene der Angemessenheit, so dass im Hinblick auf das Abwägungskriterium der „verfassungsrechtlichen Bedeutung der Rechtsgüter" der Schutzpflicht für die körperliche Unversehrtheit der Vorzug gebührt.

Bezüglich des Kriteriums der *Gefahrennähe des Schutzgutes* besteht für das Elterngrundrecht bei der gesetzgeberischen Entscheidung für eine Impfpflicht keine Unsicherheit hinsichtlich des möglichen Eintritts eines Risikos, da der Eingriff in das Elterngrundrecht schlicht erfolgt. Das gilt allerdings auch für das Grundrecht auf Leben und körperliche Unversehrtheit in der Abwehrfunktion. Bei diesem besteht allerdings noch ein über den Eingriff hinausgehendes (Impf-)Schadensrisiko[1813], wodurch beim Eintritt dieses zusätzlichen Risikos die Eingriffsintensität gesteigert wird. Dieses zusätzliche Schadensrisiko besteht in Bezug auf das Elterngrundrecht nicht. Wenngleich der Eingriff in das Elterngrundrecht durch eine Impfpflicht sicher erfolgt, ist die Impfung jedoch meistens in gesundheitlichem Sinne harmlos. Die Gefahrennähe der körperlichen Unversehrtheit ist hingegen bei fehlender Herdenimmunität stets durch die latente Gefahr einer Ansteckung und Erkrankung an z. T. lebensbedrohlichen Infektionskrankheiten geprägt.

Auch dann, wenn die Schutzpflicht für Leben und körperliche Unversehrtheit hinsichtlich bestimmter Infektionskrankheiten mit dem Elterngrundrecht abgewogen wird, kann sich kein anderes Ergebnis herausstellen als im Rahmen der Grundrechtsprüfung bezüglich der zu impfenden Personen selbst[1814]: Eine allgemeine Impfpflicht hatte sich bei der Abwägung beider Dimensionen des Grundrechts auf körperliche Unversehrtheit jedenfalls hinsichtlich der Masernerkrankung als verfassungskonform erwiesen. Im Rahmen der Abwägung der Schutzpflicht für die körperliche Unversehrtheit mit dem Elterngrundrecht kann sich kein anderes Ergebnis zeigen, denn das Elterngrundrecht ist nicht je nach Krankheit durch den Eingriff (die Pflicht zur Impfung des Kindes) schwächer oder stärker beschnitten. Einwände, die auf die Art der Zielkrankheit und der zugehörigen Impfung abzielen, sind bereits im Rahmen der Abwägung der beiden Dimensionen von Art. 2 Abs. 2 S. 1 GG hinreichend zur Sprache gekommen. Es könnte sich nur um gewissermaßen „elterngrundrechtsspezifische" Beweggründe handeln, die zwar bei der allgemeinen Impfpflicht für Krankheit A Beachtung finden müssen, nicht aber bei einer allgemeinen Impfpflicht

[1813] Vgl. § 3 B. I. 3. c) dd) (3) „Entschädigungserfordernis für Sonderopfer".

[1814] So auch *Pieper/Schwager-Wehming*, Impfpflichten zur Bekämpfung von Masern- und COVID-19-Viren auf dem verfassungsrechtlichen Prüfstand, in: DÖV 2021, S. 287 (295).

für Krankheit B.[1815] Da sich aber bei der Abwägung der beiden Dimensionen des Grundrechts auf körperliche Unversehrtheit die Verfassungsmäßigkeit einer Impfpflicht bezüglich einer bestimmten Infektionskrankheit ergeben hat, sind keine auf das Elterngrundrecht abzielenden Einwände denkbar, die so gewichtig sind, dass sie das Ergebnis der Abwägung medizinisch-epidemiologischer Fakten überwiegen könnten: Die am Kindeswohl orientierte elterliche Sorge kann keine strengeren Maßstäbe aufstellen als das Grundrecht des Kindes auf körperliche Unversehrtheit selbst.[1816]

Deshalb ist nach alledem festzuhalten, dass der Nutzen des Eingriffs den Abwehrgehalt des Elterngrundrechts überwiegt und sich daher als angemessen darstellt[1817], so dass die Regelung einer allgemeinen Impfpflicht das Elterngrundrecht nicht verletzt.

IV. Ergebnis zu Art. 6 Abs. 2 S. 1 GG

Ein Eingriff in das Elterngrundrecht gemäß Art. 6 Abs. 2 S. 1 GG durch die Übertragung der elterlichen Impfentscheidung auf den Staat erweist sich als rechtfertigungsfähig und damit als verfassungsrechtlich zulässig.[1818]

Anders als bei der verfassungsrechtlichen Rechtfertigung der allgemeinen Impfpflicht als Eingriff in das Grundrecht auf Leben und körperliche Unversehrtheit spielt die Betrachtung konkreter Krankheiten für das Elterngrundrecht keine Rolle: Die Sperrung der elterlichen Entscheidungskompetenz bleibt in Bezug auf die Vornahme von Schutzimpfungen unabhängig von der jeweiligen Zielkrankheit als Eingriff in das Elterngrundrecht stets gleich. Es kommt für die endgültige Entscheidung über die Verfassungsmäßigkeit des Eingriffs nicht auf die Betrachtung konkreter Krankheiten und ihrer Gefährlichkeit sowie der Abwägung mit den Risiken der zugehörigen Impfung an. Das Elterngrundrecht ist nicht je nach spezieller Impfung stärker oder schwächer beschnitten. Die Eingriffsintensität und damit die Anforderungen an die Abwägung im Rahmen der Verhältnismäßigkeitsprüfung verändern sich bezüglich des Elterngrundrechts –

[1815] Vgl. auch *Schaks/Krahnert*, Die Einführung einer Impfpflicht zur Bekämpfung der Masern. Eine zulässige staatliche Handlungsoption, in: MedR 2015, S. 860 (865).

[1816] *Pieper/Schwager-Wehming*, Impfpflichten zur Bekämpfung von Masern- und COVID-19-Viren auf dem verfassungsrechtlichen Prüfstand, in: DÖV 2021, S. 287 (295); *Schaks/Krahnert*, Die Einführung einer Impfpflicht zur Bekämpfung der Masern. Eine zulässige staatliche Handlungsoption, in: MedR 2015, S. 860 (866).

[1817] A. A., allerdings im Zusammenhang mit dem Entwurf des Masernschutzgesetzes (BR-Drs. 358/19) *Rixen*, Verfassungsfragen der Masernimpfpflicht – Rechtsgutachten für „Ärzte für Individuelle Impfentscheidung e. V." (2019), S. 101.

[1818] In Bezug auf die Masernerkrankung i. E. so auch *Höfling/Stöckle*, Elternrecht, Kindeswohl und staatliche Impfverantwortung, in: RdJB 2018, S. 284 (298) sowie *Komp/Thrun*, Impfzwang als verfassungsrechtlich zulässiges Mittel gegen Masern?, in: JA 2020, S. 196 (200).

anders als in Bezug auf das Grundrecht auf Leben und körperliche Unversehrtheit – nicht von Krankheit zu Krankheit.

Erweist sich eine allgemeine Impfpflicht für eine konkrete Krankheit im Lichte von Art. 2 Abs. 2 S. 1 GG also bei der Risikoabwägung im Wege der Gleichwertigkeitsprüfung als verfassungsrechtlich zulässig, können sich aus dem Elterngrundrecht keine entgegenstehenden Einwände ergeben, die zwar bei der allgemeinen Impfpflicht für Krankheit A Beachtung finden müssen, nicht aber bei einer allgemeinen Impfpflicht für Krankheit B.[1819] Elterliche Einwände dieser Art können sich denklogisch nur auf die medizinisch-epidemiologische Eigenart der Krankheit selbst und der zugehörigen Impfung beziehen (etwa „Krankheit A sei gefährlicher als Krankheit B, während die Impfung B aber mehr Risiken berge"). Diese Aspekte sind jedoch bereits von der Abwägung der Schutzpflicht- und Abwehrrechtsdimension in Bezug auf Art. 2 Abs. 2 S. 1 GG erfasst worden. Oder anders gewendet: Da sich der Eingriff in das Elterngrundrecht in abstrakter Hinsicht als verfassungsrechtlich zulässig erwiesen hat, richtet sich die endgültige Entscheidung darüber, für welche Krankheit eine allgemeine Impfpflicht verfassungsrechtlich zulässig ist, allein nach medizinischen Faktoren und damit nach der Abwägung von Abwehrrecht und Schutzpflicht für Leben und körperliche Unversehrtheit.

D. *Exkurs: Durchsetzung der Pflicht*

Abzugrenzen von der Problematik der Vereinbarkeit einer allgemeinen Impfpflicht mit den Grundrechten aus Art. 2 Abs. 2 S. 1 sowie Art. 6 Abs. 2 S. 1 GG ist die Frage, ob die Durchsetzung der Pflicht bzw. die Sanktionierung von Verstößen verfassungskonform wäre. Betrachtet man die Regelung der Impfpflicht nämlich als primäre, ihre Durchsetzung jedoch erst als sekundäre Maßnahme, kann sich die Verfassungsmäßigkeit der primären Maßnahme nicht erst nach der Verfassungskonformität ihrer Durchsetzungsmöglichkeit (sekundäre Maßnahme) richten.[1820] Die verfassungsrechtliche Beurteilung der Impfpflicht ist der Beurteilung der *anschließenden* Durchsetzungsmaßnahme selbstständig vorgelagert. Eine Einstufung der Durchsetzung (Sekundärmaßnahme) als verfassungswidrig hat auf die verfassungsrechtliche Beurteilung der Impfpflicht selbst (Primärmaßnahme) also keinen Einfluss.

[1819] Vgl. auch *Schaks/Krahnert*, Die Einführung einer Impfpflicht zur Bekämpfung der Masern. Eine zulässige staatliche Handlungsoption, in: MedR 2015, S. 860 (865).

[1820] So aber *Deutscher Ethikrat*, Stellungnahme: Impfen als Pflicht? (2019), S. 43: „Diese [entscheidende Frage nach der Angemessenheit] aber lässt sich nicht beantworten ohne Berücksichtigung der normativen Ausgestaltung einer solchen Pflicht vor allem im Hinblick auf das gewählte Instrumentarium ihrer Durchsetzung".

Greift die Impfpflicht als anschließend durchzusetzende Primärmaßnahme also in Grundrechte ein, bemisst sich die Rechtfertigung dieses Eingriffs nur an dessen (eigener) Intensität. Die demgegenüber möglicherweise gesteigerte Eingriffsintensität nachgelagerter Vollstreckungsmaßnahmen, die erst dann in Frage kommen, wenn die Pflichterfüllung seitens des Adressaten verweigert wird, kann an dieser Stelle noch keine Rolle spielen. Überhaupt kommen Vollstreckungsmaßnahmen mit gegenüber der ursprünglichen Pflicht gesteigerter Eingriffsintensität nur bei Erfüllungsverweigerung in Betracht. Es verschöbe aber den Abwägungsmaßstab, die gesteigerte Eingriffsintensität nachgelagerter Vollstreckungsmaßnahmen auch schon bei denjenigen Konstellationen in die Abwägung einzubeziehen, in denen die Pflichterfüllung wie vorgesehen erfolgt. Dann nämlich liegt die gesteigerte Eingriffsintensität tatsächlich gar nicht vor. Oder anders gewendet: Die verfassungswidrige *Durchsetzung* führt nicht automatisch zur Verfassungswidrigkeit der Ausgangsmaßnahme.

Dennoch drängen sich mehrere Möglichkeiten auf, wie eine Impfpflicht durchzusetzen wäre. Davon sind – exkursorisch – diejenigen Durchsetzungsmaßnahmen zu ermitteln, die ihrerseits verfassungsgemäß sind.

I. Sanktionsmöglichkeiten

Zuerst stellt sich die Frage nach der verfassungskonformen Ausgestaltung von Sanktionsmöglichkeiten bei Verstößen gegen die Pflicht. Feststeht zumindest, dass ein Verstoß gegen die Impfpflicht überhaupt sanktionsbewehrt sein müsste, um eine gewisse Mindest-Wirksamkeit nicht von vornherein zu vereiteln.[1821]

Der *Deutsche Ethikrat* hatte im Rahmen seiner Stellungnahme zum Masernschutzgesetz zur Durchsetzung einer Impfpflicht (nicht schon als mildere Mittel![1822]) mehrere Maßnahmen vorgeschlagen: Dazu gehören etwa ein Bonus/Malus-System, der Ausschluss des Pflichtadressaten aus der gesetzlichen Krankenversicherung, die Haftung für Schäden Dritter, das Verbot des Besuchs bestimmter Einrichtungen und Tätigkeitsverbote sowie Bußgelder und Strafen.[1823] Die Vorschläge überzeugen indes nur in Teilen. Insbesondere bezüglich des vollständigen Ausschlusses von Leistungen der gesetzlichen Krankenversicherung ist fraglich, ob ein solcher Ausschluss überhaupt möglich ist. Zudem kommt das Problem auf, ob der Impfpflichtige selbst oder – wenn es sich um eine minderjährige Person handelt – deren Eltern durch den Leistungsausschluss sanktioniert werden sollen. Die rechtliche Zulässigkeit eines auch nur teilweisen Leistungsausschlusses ist bereits im Rahmen der Frage diskutiert und abgelehnt worden,

[1821] Vgl. *Loer*, Gesundheitspolitik zwischen Schutzpflicht und Eigenverantwortung, in: Pünder/Klafki (Hrsg.), Risiko und Katastrophe als Herausforderung für die Verwaltung (2016), S. 81 (93).

[1822] Vgl. dazu bereits § 3 B. I. 3. c) cc) „Erforderlichkeit“.

[1823] *Deutscher Ethikrat*, Stellungnahme: Impfen als Pflicht? (2019), S. 36.

ob eine Leistungsbeschränkung infolge Erkrankung an einer impfpräventablen Krankheit möglich ist.[1824] Die Eingriffsintensität eines *vollständigen* Ausschlusses von Leistungen der GKV wäre gegenüber der bloßen Pflicht zur Impfung aufgrund der Unvorhersehbarkeit künftiger Krankheitsfälle noch deutlich gesteigert. Der vollständige Leistungsausschluss geht dann über das Ziel, eine Sanktion der Verweigerung darzustellen, hinaus und ist daher unverhältnismäßig.

Ebenso stellt der Vorschlag, im Falle der Nichtbefolgung die Haftung für Schäden Dritter dem verweigernden Impfpflichtigen aufzuerlegen, den Rechtsanwender vor Kausalitätsprobleme: Aufgrund der Verbreitung bestimmter Krankheiten im Wege der Tröpfcheninfektion[1825] und Inkubationszeiten von zumeist mehreren Tagen ist der Ansteckungsverursacher häufig nicht mehr identifizierbar und zumeist nicht einmal bekannt, wie etwa bei einer Ansteckung im öffentlichen Raum. Nur dann, wenn eine erkrankte Person ausschließlich mit einer einzigen weiteren Person Kontakt hatte, die zuvor selbst erkrankt war, kann eine Kausalität sicher hergestellt werden. Diese Sanktionsmöglichkeit ist daher praktisch häufig nicht durchsetzbar. Sofern die Übertragung des Erregers während der Inkubationszeit des Ansteckungsverursachers erfolgt, handelt es sich aus dessen Sicht zudem um eine – jedenfalls in Bezug auf das konkret haftungsauslösende Ansteckungsmoment – verschuldensunabhängige Haftung, die (außer durch vorherige Impfung, deren Unterlassen hier gerade geahndet werden soll) weder steuer- noch vermeidbar ist.

Ein Tätigkeitsverbot als weitere Durchsetzungsmöglichkeit müsste – um eine Sanktionswirkung zu erzielen – entweder den (erwachsenen) Impfpflichtigen selbst oder die Eltern eines impfpflichtigen Kindes treffen. Durch ein Tätigkeitsverbot werden aber weitere verfassungsrechtliche Probleme aufgeworfen. Ein solches stellt zwar dogmatisch keine Sanktion, sondern eine Maßnahme zur Abwehr der Infektionsgefahr bei Nichtbefolgung der Pflicht dar, wirkt sich für den Betroffenen jedoch wie eine Sanktion für den Pflichtverstoß aus. Da ein Tätigkeitsverbot stets mit objektiv-berufsregelnder Tendenz in den Schutzbereich der Berufsfreiheit gemäß Art. 12 Abs. 1 GG eingreift, ist die gestufte Rechtfertigungsmöglichkeit anhand der Drei-Stufen-Theorie[1826] zu beachten. Das Tätigkeitsverbot als faktische Sanktionierung des Verstoßes gegen eine Impfpflicht – wie bereits im Rahmen des Masernschutzgesetzes vorgesehen[1827] – dürfte als subjektive Zulassungsvoraussetzung zur Berufswahl einen Eingriff auf zweiter Stufe darstellen.[1828]

[1824] Siehe dazu bereits § 3 B. I. 3. c) cc) (3) „Negative Anreizfaktoren".

[1825] Siehe dazu § 3 B. II. 1. b) bb) „Zweites Filterkriterium: Infektionsweg".

[1826] Siehe BVerfGE 7, 377 (397 ff.) [Apotheken-Urteil]; *Epping*, Grundrechte (2021), Rn. 409 ff.; *Ruffert*, in: BeckOK GG (2021), Art. 12 Rn. 93 ff.

[1827] Vgl. zu den dortigen Problemen *Gebhard*, in: Kießling (Hrsg.), Infektionsschutzgesetz Kommentar (2021), § 20 Rn. 67 ff.

[1828] So auch *Schaks*, Schriftliche Stellungnahme zu BT-Drs. 19/13452, Ausschuss-Drs. 19(14)112(14), S. 16.

Sofern vorliegend als legitimer Zweck des Tätigkeitsverbots die „Volksgesundheit" angeführt würde, die auch Eingriffe auf dritter Stufe rechtfertigte[1829], läge dieser Zweck tatsächlich gar nicht vor: Freilich wirkt eine Impfpflicht *auch* auf die Elimination und weiterführend auf die Eradikation einer Krankheit[1830] und damit auf ein volksgesundheitlich relevantes Ziel hin. Aus einer Schutzpflicht für das individuelle Grundrecht aus Art. 2 Abs. 2 S. 1 GG lässt sich grundsätzlich auch eine Schutzpflicht für die Gesundheit der Gesamtbevölkerung ableiten.[1831] Durch den Verwendungszusammenhang des Begriffs der Volksgesundheit kommt ihm jedoch die Bedeutung zu, auf die Bevölkerung in ihrer Gesamtheit bezogen zu sein.[1832] Weil sich die Volksgesundheit erst aus der Summe der Individualgesundheiten zusammensetzt[1833], ist der Schutz der „Volksgesundheit" nicht der in dieser Konstellation zugrunde liegende legitime Zweck: Es geht nicht um den Gesundheitsschutz des gesamten Volkes, sondern nur derer, die auf staatlichen Schutz angewiesen sind und deren Exponiertheit gegenüber dem (Krankheits-)Risiko erst zur Aktivierung der Schutzpflicht führt. Der Kreis der grundrechtlich zu Schützenden ist durch die Zugehörigkeit zur impfunfähigen Risikogruppe klar bestimmbar. Nur um den Schutz dieser Gruppe geht es aus verfassungsrechtlicher Sicht. Diejenigen Grundrechtsträger innerhalb des Volkes, die freiwillig auf den Impfschutz verzichten, sind jedoch nicht Ziel der Schutzpflicht, da für sie keine Verpflichtung zum Schutz vor sich selbst besteht.[1834] Diese Personen trotzdem zu schützen, um die Rechtfertigungsmöglichkeit eines Eingriffs auf dritter Stufe mit dem Ziel der „Volksgesundheit" erst herzustellen, widerspräche dem Prinzip der individuellen Grundrechtsdisponibilität.[1835]

Als Vorschlag mit der höchsten Praktikabilität erweist sich die Durchsetzung mittels der Präventivwirkung von Bußgeldandrohungen[1836], derer sich beispielsweise auch die Masernimpfpflicht bedient. Diejenigen Tatbestände, die durch das Masernschutzgesetz in den Bußgeldkatalog des Infektionsschutzgesetzes, § 73 Abs. 1a Nr. 7a)–d), aufgenommen wurden, sich jedoch ausschließlich auf Verstöße gegen die Masernimpfpflicht als Ordnungswidrigkeiten bezie-

1829 BVerfGE 7, 377 (414).

1830 Vgl. zur Erläuterung dieser Begriffe bereits § 2 A. I. 2. d) bb) „Elimination und Eradikation von Infektionskrankheiten".

1831 So BVerfGE 121, 317 (356); *Höfling/Stöckle*, Elternrecht, Kindeswohl und staatliche Impfverantwortung, in: RdJB 2018, S. 284 (297).

1832 *Sander*, Internationaler und europäischer Gesundheitsschutz (2004), S. 32.

1833 *Sander*, Internationaler und europäischer Gesundheitsschutz (2004), S. 32.

1834 Vgl. § 3 A. II. 2. „Verpflichtung zum Schutz vor sich selbst?".

1835 Anders aber *Höfling/Stöckle*, Elternrecht, Kindeswohl und staatliche Impfverantwortung, in: RdJB 2018, S. 284 (297).

1836 So sah es bereits der Referentenentwurf zum Masernschutzgesetz vor, vgl. *Bundesministerium für Gesundheit*, Entwurf eines Gesetzes für den Schutz vor Masern und zur Stärkung der Impfprävention, S. 3, 6, 16, 18; a. A. *Deutscher Ethikrat*, Stellungnahme: Impfen als Pflicht? (2019), S. 87.

hen, stellen eine echte Sanktion für Verstöße gegen die Benachrichtigungs- und Nachweispflichten aus § 20 Abs. 9, 12 IfSG dar.[1837]

Zwar sieht § 73 Abs. 2 IfSG grundsätzlich einen Höchstsatz der Geldbuße von 25.000 € vor. Speziell für Verstöße gegen die Masernimpfpflicht gemäß § 73 Abs. 1a Nr. 7a)–7d) i. V. m. Abs. 2 IfSG ist jedoch ein deutlich reduzierter Höchstsatz von 2.500 €[1838] vorgesehen. Dessen Effektivität mag angezweifelt werden. Bei der Sanktionierung von Verstößen gegen eine hypothetische allgemeine Impfpflicht erscheint deshalb eine Höhe des Bußgeldes am effektivsten, die sich am jeweiligen Einkommen des Impfpflichtigen bzw. der Eltern des impfpflichtigen Kindes orientiert und dementsprechend auch über die in § 73 Abs. 2 1./2. Alt. IfSG bestimmten Maximalwerte hinausgehen kann. Danach könnte eine gewisse Empfindlichkeit des Bußgeldes erreicht werden, die zur tatsächlichen Durchsetzung der Pflicht beiträgt.

Die Auferlegung eines Bußgeldes bei Verstoß erscheint auch deshalb am sinnvollsten, weil diese Sanktion im Gegensatz zu den vorgestellten anderen Durchsetzungsmethoden nicht ihrerseits neue Verfassungs- und Grundrechtsfragen aufwirft, die die Ausgestaltung der Impfpflicht angreifbar machen.

II. Durchsetzung mittels unmittelbaren Zwangs

Als Möglichkeit, eine Impfpflicht durchzusetzen, wird auch die zwangsweise Vornahme der Impfung thematisiert.[1839] Unmittelbarer Zwang ist die direkte Gewaltanwendung gegen den Pflichtigen, um ihn zur Vornahme der geschuldeten Handlung zu zwingen.[1840] Dieser kann nur als ultima ratio angewendet werden[1841], da die Eingriffsintensität gegenüber der durchzusetzenden Primärmaßnahme, der Impfpflicht selbst, hier noch gesteigert ist.[1842] Zwar wird teilweise schon die rechtliche Notwendigkeit einer „Zwangsimpfung" unter Verweis auf das Verbot der Heilbehandlung gemäß § 28 Abs. 1 S. 3 IfSG abgelehnt.[1843] Dieses Argument ist jedoch bei Zugrundelegung der Stoßrichtung der Norm verfehlt,

---

1837 Vgl. eingehend *Lorenz/Oğlakcıoğlu*, in: Kießling (Hrsg.), Infektionsschutzgesetz Kommentar (2021), § 73 Rn. 6; *Gebhard*, in: Kießling (Hrsg.), Infektionsschutzgesetz Kommentar (2021), § 20 Rn. 79.

1838 *Lorenz/Oğlakcıoğlu*, in: Kießling (Hrsg.), Infektionsschutzgesetz Kommentar (2021), § 73 Rn. 13.

1839 *Deutscher Ethikrat*, Stellungnahme: Impfen als Pflicht? (2019), S. 36.

1840 *Deusch/Burr*, in: BeckOK VwVfG (2021), § 12 VwVG Rn. 1.

1841 A. A. aber offenbar *Deutscher Ethikrat*, Stellungnahme: Impfen als Pflicht? (2019), S. 86; bejahend im Hinblick auf eine Impfpflicht, die allerdings auf einer auf § 20 Abs. 6 IfSG basierenden Rechtsverordnung beruht *Erdle*, Infektionsschutzgesetz (2021), § 20 Rn. 65.

1842 Vgl. *Deusch/Burr*, in: BeckOK VwVfG (2021), § 12 VwVG Rn. 16; mit ähnlicher Tendenz wohl auch *Amhaouach/Kießling*, Die Steigerung der Masernimpfraten von Kindern – Möglichkeiten und Grenzen des Rechts, in: MedR 2019, S. 853 (860), die allerdings nur von einem „Zwangscharakter" sprechen.

1843 *Zuck*, Gesetzlicher Masern-Impfzwang, in: ZRP 2017, S. 118 (119).

denn bei dem Verbot der Behandlung, auf die sich § 28 Abs. 1 S. 3 IfSG einzig bezieht, handelt es sich um den Ausschluss von Maßnahmen nach der Generalklausel (§ 28 IfSG) zur Bekämpfung übertragbarer Krankheiten. Die Schutzimpfung hingegen stellt eine präventive Maßnahme zur Verhütung des Auftretens einer übertragbaren Krankheit dar.

Die Durchsetzung im Wege des unmittelbaren Zwangs setzt gemäß § 12 VwVG aber voraus, dass die Verpflichtung des sich weigernden Adressaten tatsächlich nicht anders durchgesetzt werden kann, d. h. alle anderen Maßnahmen, die auf eine Durchsetzung des Verstoßes hinwirken, fruchtlos geblieben sind (erneute Ansprache, Androhung von Zwangsmitteln, zunächst Anwendung des anderen Zwangsmittels „Zwangsgeld" gemäß § 11 VwVG; Ersatzvornahme gemäß § 10 VwVG kommt hier mangels vertretbarer Handlung nicht in Betracht).[1844]

Zudem ist es zwar sinnvoll, Verwaltungszwang nur dann anzuwenden, wenn die Impfquoten sinken, weil die Anzahl der Verweigerer zu hoch ist.[1845] Das bringt aber Rechtsunsicherheit für alle Adressaten sowie die Gefahr der Ungleichbehandlung mit sich, wenn nicht klar ist, ab welcher Anzahl an Verweigerungen der Erfolg der Impfpflicht gefährdet ist und wonach sich diese „Erfolgsgefährdung" bemessen soll. Diese Problematik birgt auch das Risiko der willkürlichen Festlegung, welcher Adressat sich der zwangsweisen Durchführung schon zu unterziehen hat und welcher gerade noch nicht. Zudem kennt das Gesetz die Voraussetzung der „Gefährdung eines gesamtgesellschaftlichen Ziels" nicht: § 12 VwVG sieht unmittelbaren Zwang als Zwangsmittel vor, ohne diesen unter eine – über die vorherige Erfolglosigkeit anderer Zwangsmittel hinausgehende – Voraussetzung zu stellen. Die Anwendung unmittelbaren Zwangs muss jedoch im Rahmen der konkreten Ausübung dem Grundsatz der Verhältnismäßigkeit entsprechen.[1846] Die Impfung selbst mittels Spritze als Ausdruck des unmittelbaren Zwangs kann dann nur unter Zuhilfenahme von Hilfsmitteln der körperlichen Gewalt i. S. v. § 2 Abs. 3 UZwG erfolgen. Werkzeuge zur Durchführung von Impfungen sind dort zwar nicht ausdrücklich erwähnt, die Aufzählung ist jedoch nicht abschließend.[1847] Da „Werkzeuge aller Art"[1848] umfasst sind, dürften auch medizinische Werkzeuge dazu zu zählen sein.

Der Anwendung von Zwangsmitteln steht jedenfalls auch eine parallele Verhängung eines Bußgeldes nicht entgegen[1849] (vgl. § 13 Abs. 6 S. 1 VwVG). Der Charakter von Bußgeld und Verwaltungszwangshandlungen unterschei-

[1844] Vgl. *Deusch/Burr*, in: BeckOK VwVfG (2021), § 12 VwVG Rn. 17.

[1845] *Höfling/Stöckle*, Elternrecht, Kindeswohl und staatliche Impfverantwortung, in: RdJB 2018, S. 284 (294 f.).

[1846] *Deusch/Burr*, in: BeckOK VwVfG (2021), § 12 VwVG Rn. 11.

[1847] *Deusch/Burr*, in: BeckOK VwVfG (2021), § 12 VwVG Rn. 7.

[1848] *Deusch/Burr*, in: BeckOK VwVfG (2021), § 12 VwVG Rn. 7.

[1849] VG Freiburg, Gerichtsbescheid v. 25.11.2011 – 4 K 2329/10; *Deusch/Burr*, in: BeckOK VwVfG (2021), § 13 VwVG Rn. 28.

det sich grundlegend[1850]: Die Geldbuße ist eine Möglichkeit der Verwaltung, eine schuldhafte Zuwiderhandlung zu sanktionieren; es wirkt also repressiv.[1851] Demgegenüber wirken Mittel des Verwaltungszwanges weiterhin auf die Durchsetzung des Verwaltungsaktes im Wege der Erzwingung hin[1852], sie werden – anders als die Geldbuße – gegenstandslos, sobald der Gesetzesbefehl befolgt wurde.[1853] Sie sind ein Mittel zur Willensbeugung zur Durchsetzung öffentlichrechtlicher Verpflichtungen.[1854] Dies wiederum trifft auf den Bußgeldbescheid nicht zu. Die zwangsweise Durchsetzung der Impfpflicht – auch mittels unmittelbaren Zwangs – ist dem Gesetz nach *prima facie* also nicht ausgeschlossen.

Dabei ist in rein tatsächlicher Hinsicht aber zu beachten, dass die zwangsweise Durchsetzung der Impfpflicht ihrerseits möglicherweise Gegenbewegungen hervorrufen und bezüglich der weiterhin freiwilligen Impfungen eine Senkung der Impfquoten fördern könnte.[1855] Gleichwohl besteht im Hinblick auf in der Zukunft wirkende Schutzmaßnahmen ein weiter Prognosespielraum des Gesetzgebers.[1856] Dieser Spielraum von Gefahren für die Allgemeinheit und deren Verhütung und Bewältigung endet erst, „wenn die Erwägungen des Gesetzgebers so offensichtlich fehlsam sind, dass sie vernünftigerweise keine Grundlage für gesetzgeberische Maßnahmen abgeben können".[1857] Diese gravierende Fehlsamkeit kann der Einführung einer allgemeinen Impfpflicht im Hinblick auf das zu erreichende Ziel nicht attestiert werden, sofern alle Adressaten dieser Verpflichtung nachkommen.[1858] Dann leistet die Impfpflicht nämlich zumindest einen Beitrag zur Steigerung der Immunisierungsquote und damit zur Erreichung der Herdenimmunität in Bezug auf die entsprechende Krankheit.[1859]

III. Ergebnis

Der Einführung einer allgemeinen Impfpflicht stehen etwaige verfassungsrechtliche Probleme der Möglichkeiten ihrer Durchsetzung nicht entgegen. Ins-

---

[1850] VG Freiburg, Gerichtsbescheid v. 25.11.2011 – 4 K 2329/10.

[1851] *Deusch/Burr*, in: BeckOK VwVfG (2021), § 1 VwVG Rn. 8.

[1852] *Deusch/Burr*, in: BeckOK VwVfG (2021), § 13 VwVG Rn. 28.

[1853] *Deusch/Burr*, in: BeckOK VwVfG (2021), § 1 VwVG Rn. 8.

[1854] VG Freiburg, Gerichtsbescheid v. 25.11.2011 – 4 K 2329/10.

[1855] *Höfling/Stöckle*, Elternrecht, Kindeswohl und staatliche Impfverantwortung, in: RdJB 2018, S. 284 (295).

[1856] *Höfling/Stöckle*, Elternrecht, Kindeswohl und staatliche Impfverantwortung, in: RdJB 2018, S. 284 (295).

[1857] BVerfGE 30, 292 (317); 37, 1 (20); 121, 317 (350); vgl. bei *Höfling/Stöckle*, Elternrecht, Kindeswohl und staatliche Impfverantwortung, in: RdJB 2018, S. 284 (295).

[1858] Davon ist bei einer nur moralischen, aber nicht rechtlichen Pflicht, wie sie etwa der *Deutscher Ethikrat*, Stellungnahme: Impfen als Pflicht? (2019), S. 85, konstatiert, indes nicht automatisch auszugehen.

[1859] *Höfling/Stöckle*, Elternrecht, Kindeswohl und staatliche Impfverantwortung, in: RdJB 2018, S. 284 (295).

besondere beurteilt sich ihre Verfassungsmäßigkeit nicht nach den skizzierten Möglichkeiten ihrer Durchsetzung als sekundäre Maßnahmen, sondern bestimmt sich allein nach der primären Maßnahme selbst.

Als Sanktionen kommen zuvörderst Bußgelder in Betracht, deren Höhe sich indes am Einkommen orientieren sollte, wodurch die Höhe von 2.500 €, wie sie bisher als maximale Grenze für Verstöße gegen die Masernimpfpflicht in § 73 Abs. 2 1. Alt. IfSG vorgesehen ist, auch überschritten werden kann. Dadurch kann zudem für eine Angemessenheit im Einzelfall gesorgt werden.

Daneben ist auch die Durchsetzung der Pflicht mit Mitteln der Verwaltungsvollstreckung verfassungsrechtlich zulässig.[1860] Der Einwand, die Durchsetzung mittels unmittelbaren Zwangs sei nicht zu rechtfertigen[1861], trägt nicht. Dessen Anwendung ist als ultima ratio grundsätzlich möglich. Wenn die Vollstreckung von öffentlich-rechtlichen Pflichten, die aus sich heraus keinen Eingriff in die körperliche Unversehrtheit bedeuten, schon mittels unmittelbaren Zwangs und damit unter Beeinträchtigung der körperlichen Unversehrtheit möglich ist, muss das erst recht für solche Pflichten gelten, die einen Eingriff in die körperliche Unversehrtheit selbst schon vorsehen. Die Steigerung der Eingriffsintensität ist dann nämlich im Vergleich zur Eingriffsintensität der primären Pflicht deutlich geringer. Im Ergebnis bestehen damit mehrere verfassungsgemäße Möglichkeiten, eine allgemeine Impfpflicht durchzusetzen.

[1860] Diese Debatte wurde ebenso bereits beim Reichsimpfgesetz von 1874 geführt, vgl. *Kastner*, Der Impfzwang und das Reichs-Impfgesetz vom 8. April 1874 (1909), S. 22: „Der Gesetzgeber hat, wie unzweifelhaft, eine allgemeine Impfpflicht statuiert. Eine solche Aufstellung einer Verpflichtung, so folgert man weiter, hat nur dann einen Sinn, wenn gleichzeitig der Gesetzgeber den ausführenden Organen ein Mittel an die Hand gibt, diese Pflicht auf jeden Fall, das heisst unter Umständen durch Zwangsmittel zur Durchführung zu bringen, und so die Erfüllung seiner Vorschrift gewissermaßen garantiert".

[1861] So aber *Deutscher Ethikrat*, Stellungnahme: Impfen als Pflicht? (2019), S. 86.

§ 4

Einfachgesetzliche Umsetzung der Einführung einer allgemeinen Impfpflicht

Die Einführung einer allgemeinen Impfpflicht birgt im Hinblick auf ihre einfachgesetzliche Umsetzung eine Reihe von verfassungsrechtlichen Problemen. Da unter der Geltung des Grundgesetzes bislang noch nie eine allgemeine Impfpflicht eingeführt wurde, kann der Gesetzgeber hier auf keine Erfahrungen zurückgreifen. Die bisher einzige Impfpflicht gegen die Pocken beruhte im Jahr 1874 noch auf der Reichsgesetzgebung der Kaiserzeit, so dass eine Übertragbarkeit formeller Anforderungen an die einfachrechtliche Umsetzung auf die heutige Verfassungsrechtslage nicht möglich ist.[1]

Unter der Voraussetzung, dass eine allgemeine Impfpflicht zunächst Ausdruck der Gesetzgebungskompetenz des Bundes ist, stellt sich die Frage, welche Normqualität eine solche Regelung aufweisen muss: Im Infektionsschutzgesetz existiert zwar eine Verordnungsermächtigung zur Einführung einer Impfpflicht, fraglich ist allerdings, ob diese Verordnungsermächtigung als Grundlage der Einführung einer allgemeinen und präventiven Impfpflicht dienen kann oder ob nicht vielmehr der Parlamentsvorbehalt für wesentliche Grundrechtsentscheidungen hier eine „Leitentscheidung des Gesetzgebers“[2] verlangt.

Zu den „Schlüsselfragen“ einer einfachgesetzlichen Umsetzung zählen anschließend die Rolle und die Aufgaben von Expertengremien wie dem Robert-Koch-Institut und der Ständigen Impfkommission, die an einer Gesetzgebung im Bereich medizinisch-epidemiologischer Fragestellungen notwendigerweise mitwirken sollten. Ebenso ist zu diskutieren, wie die Reihenfolge der Adressaten einer Impfpflicht ausgestaltet sein sollte, da eine Herdenimmunität – wie eben aufgezeigt[3] – nicht notwendigerweise erst bei einer Impfung der gesamten Bevölkerung hergestellt werden kann. Abschließend steht auch zur Debatte, ob in der Ausgestaltung der Masernimpfpflicht als Impfpflicht für bestimmte Personengruppen möglicherweise eine Vorbildregelung für eine allgemeine Impf-

[1] Zur Übertragbarkeit der materiellrechtlichen Bewertung der Impfpflicht durch die Rechtsprechung in der jungen Bundesrepublik vgl. aber § 2 C. III. „Schlussfolgerung: Keine Übertragbarkeit der Bewertung auf eine allgemeine Impfpflicht in heutiger Zeit“.

[2] *Huster/Rux*, in: BeckOK GG (2021), Art. 20 Rn. 105.

[3] Siehe § 3 B. II. 3. „Krankheitsspezifische Risikoabwägung anhand der Gleichwertigkeitsprüfung“.

pflicht zu finden ist oder aus welchen Gründen und in welchen Punkten eine allgemeine Impfpflicht anders umgesetzt werden müsste.

A. Die Impfpflicht als Gegenstand der Gesetzgebung des Bundes

Da die Einführung einer allgemeinen Impfpflicht der Erfüllung grundrechtlicher Schutzpflichten dient und die verfassungsrechtlich vorgegebene Kompetenzordnung zu beachten hat[4], muss die Regelung einer allgemeinen Impfpflicht von den grundgesetzlich dem Bundesgesetzgeber zugewiesenen Kompetenzen umfasst sein. In Betracht kommt eine konkurrierende Gesetzgebungskompetenz für Maßnahmen gegen gemeingefährliche oder übertragbare Krankheiten beim Menschen gemäß Art. 74 Abs. 1 Nr. 19 GG.[5]

Bezüglich des Katastrophenschutzes, der Pandemiebekämpfung[6] und der Pandemiefolgenbewältigung gestaltet sich jedoch nicht nur die Verteilung von Verwaltungs- und Vollzugskompetenzen zwischen Bund und Ländern komplizierter.[7] Auch die Gesetzgebungskompetenz für den Katastrophenschutz liegt gemäß Art. 70, 30 GG als Residualkompetenz bei den Ländern.[8] Sofern der Ausbruch eines Krankheitserregers also das Ausmaß einer Katastrophe erreicht[9], könnte im Hinblick auf die Regelung einer Impfpflicht eine Konkurrenz zwischen den Kompetenznormen[10] für das Infektionsschutzrecht und das Katastrophenschutzrecht vorliegen, die daher voneinander abzugrenzen sind.

---

[4] Für viele *Gerbig*, Grundrecht auf staatlichen Schutz (2014), S. 69.

[5] So i. E. auch *Wedlich*, Nationale Präventionsmaßnahmen (2014), S. 43.

[6] Unter Pandemie wird eine Epidemie verstanden, die sich über Länder und Kontinente ausbreitet und i. d. R. eine große Anzahl von Menschen betrifft, *Pschyrembel*, Klinisches Wörterbuch (2020), Stichwort „Pandemie", S. 1303.

[7] Vgl. hierzu aber die Untersuchungen von *Klafki*, Risiko und Recht (2017), S. 174 ff., 227 ff., 297 ff., *Pflug*, Pandemievorsorge (2013), S. 181–184 sowie *Grüner*, Biologische Katastrophen (2017), S. 156 ff. sowie den exemplarischen Problemaufriss bei *Walus*, Pandemie und Katastrophennotstand, in: DÖV 2010, S. 127–133.

[8] Für viele *Klafki*, Risiko und Recht (2017), S. 171.

[9] So gesehen nicht zuletzt beim Ausbruch der Corona-Pandemie im Jahr 2020, vgl. kritisch zur Kompetenzverteilung *Klafki*, Coronavirus und Reformbedarf des „Pandemierechts", www.verfassungsblog.de/coronavirus-und-reformbedarf-des-pandemierechts/ (Seite zuletzt aufgerufen am: 15.03.2021).

[10] So *Herbst*, Gesetzgebungskompetenzen im Bundesstaat (2014), S. 133: „Eine Regelungseinheit, die kompetenziell zugeordnet werden soll, lässt sich möglicherweise unter verschiedene Kompetenznormen subsumieren, wenn sie nicht nur für einen Sachbereich, sondern für mehrere Sachbereiche als zweckhafte Ordnung verstanden werden kann"; vgl. zur Konkurrenz von Kompetenznormen *Wagner*, Die Konkurrenzen der Gesetzgebungskompetenzen von Bund und Ländern (2011), S. 129 ff.

I. Gemeingefährliche oder übertragbare Krankheiten als Gegenstand einer allgemeinen Impfpflicht

Um unter den Kompetenztitel des Art. 74 Abs. 1 Nr. 19 GG zu fallen, müsste sich eine allgemeine Impfpflicht auf eine Zielkrankheit beziehen, die „gemeingefährlich" oder „übertragbar" ist. Die Auffassungen über die Definitionen der Gemeingefährlichkeit und Übertragbarkeit von Krankheiten unterscheiden sich in der Medizin und der Rechtswissenschaft kaum, da die Rechtswissenschaft mangels eigener Expertise in diesem Punkt auf die Erkenntnisse der medizinischen Forschung angewiesen ist. Was der Gesetzgeber als „übertragbare Krankheit" erachtet, ist zwar in § 2 Nr. 3 IfSG legaldefiniert, kann aber aus normenhierarchischen Gründen nicht für die Bestimmung der Regelungsmaterie der Gesetzgebungskompetenz herangezogen werden, da das Infektionsschutzgesetz gerade Ausdruck der bundeskompetenziellen Verfassungsnorm des Art. 74 Abs. 1 Nr. 19 GG ist.[11] Die einfachrechtliche Legaldefinition der „übertragbaren Krankheit" setzt die Kompetenz zum Erlass des Infektionsschutzgesetzes von Verfassungs wegen gerade voraus, da ansonsten ein kompetenzrechtlicher Zirkelschluss vorläge.

Krankheiten im Sinne der Verfassungsnorm sind regelwidrige Körper- oder Geisteszustände, die ärztlicher Behandlung bedürfen.[12] „Gesund" ist im Gegensatz dazu derjenige, der seine körperlichen und geistigen Funktionen ausüben kann.[13] Im medizinischen Sinn ist eine „übertragbare Krankheit" die Bezeichnung für Infektionskrankheiten, die von Mensch zu Mensch, durch Überträger wie Zecken oder verunreinigtes Trinkwasser auf den Menschen übertragen werden.[14]

Eine „gemeingefährliche Krankheit" ist hochkontagiös und nimmt einen schweren bis tödlichen Verlauf. Ob eine Krankheit gemeingefährlich im Sinne der Verfassungsnorm ist, bestimmt sich sowohl aus der Schwere des drohenden Gesundheitsschadens als auch aus der individuellen Betroffenheit.[15] Nach ganz herrschender Meinung gilt eine Krankheit nur dann als gemeingefährlich, wenn sie zu schweren Gesundheitsschäden oder zum Tode führen kann und zudem zumindest das Potenzial einer gewissen Verbreitung aufweist.[16] An-

---

[11] Vgl. *Mers*, Infektionsschutz im liberalen Rechtsstaat (2019), S. 24.

[12] *Degenhart*, in: Sachs (Hrsg.), GG Kommentar (2021), Art. 74 Rn. 84; *Oeter*, in: v. Mangoldt/Klein/Starck GG Kommentar, Bd. 2 (2018), Art. 74 Rn. 135; *Kment*, in: Jarass/Pieroth GG Kommentar (2020), Art. 74 Rn. 49; *Wittreck*, in: Dreier (Hrsg.), GG Kommentar, Bd. 2 (2015), Art. 74 Rn. 86.

[13] BSGE 35, 10 (12); 39, 167 (168); 48, 258 (265); 62, 83; *Oeter*, in: v. Mangoldt/Klein/Starck GG Kommentar, Bd. 2 (2018), Art. 74 Rn. 135.

[14] *Pschyrembel*, Klinisches Wörterbuch (2020), Stichwort „Krankheiten, übertragbare", S. 957; dahingehend auch *Steinau-Steinrück*, Die staatliche Verhütung und Bekämpfung von Infektionskrankheiten (2013), S. 19.

[15] *Oeter*, in: v. Mangoldt/Klein/Starck GG Kommentar, Bd. 2 (2018), Art. 74 Rn. 135.

[16] *Broemel*, in: v. Münch/Kunig GG Kommentar, Bd. 2 (2021), Art. 74 Rn. 70; *Degenhart*,

sonsten wäre dieses Merkmal einer Ausuferung zugänglich, da auch Krankheiten mit leichteren Verläufen zum Tode führen können.[17] Gemeingefährliche Krankheiten müssen nicht ansteckend sein.[18] Nicht wenige Krankheiten sind aber im medizinischen Sinn sowohl gemeingefährlich als auch übertragbar und unterfallen daher dem Merkmal der Übertragbarkeit.[19] Aus der Natur einer übertragbaren Krankheit ergibt sich, dass alle Infektionskrankheiten ansteckend und somit übertragbar i. S. d. Art. 74 Abs. 1 Nr. 19 GG sind.[20] Teilweise wird auch hier ein gewisses Maß der Schwere gefordert[21], was der Wortlaut der Kompetenznorm indes nicht hergibt. Die Beschränkung auf übertragbare Krankheiten mit gewichtigerem Ausmaß wird sich jedenfalls bezüglich vorzunehmender Grundrechtseinschränkungen schon aus dem Grundsatz der Verhältnismäßigkeit ergeben, so dass eine allzu enge Auslegung der Verfassungsnorm nicht notwendig ist.[22]

Als Folge der tatsächlichen medizinischen Gegebenheiten ergibt sich damit auch für die rechtliche Betrachtung, dass die Merkmale der „Gemeingefährlichkeit" und der „Übertragbarkeit" sich häufig überlappen. Die derzeitig von der Ständigen Impfkommission empfohlenen Impfungen beziehen sich allesamt auf Infektionskrankheiten, auf die jedenfalls das Merkmal der Übertragbarkeit zutrifft.[23] Auch das teilweise geforderte „gewisse Maß der Schwere" – wobei kaum trennscharf festzulegen ist, welches Maß erreicht sein muss und worin der

in: Sachs (Hrsg.), GG Kommentar (2021), Art. 74 Rn. 84; *Oeter*, in: v. Mangoldt/Klein/Starck GG Kommentar, Bd. 2 (2018), Art. 74 Rn. 135; *Kment*, in: Jarass/Pieroth GG Kommentar (2020), Art. 74 Rn. 49; *Rengeling*, Gesetzgebungszuständigkeit, in: Isensee/Kirchhof (Hrsg.), HStR VI (2008), § 135 Rn. 264; *Wittreck*, in: Dreier (Hrsg.), GG Kommentar, Bd. 2 (2015), Art. 74 Rn. 86. A. A. nur *Sannwald*, in: Schmidt-Bleibtreu/Hofmann/Henneke GG Kommentar (2018), Art. 74 Rn. 238, der auf das Erfordernis der Verbreitung ohne Begründung verzichtet.

[17] *Broemel*, in: v. Münch/Kunig GG Kommentar, Bd. 2 (2012), Art. 74 Rn. 70; *Degenhart*, in: Sachs (Hrsg.), GG Kommentar (2021), Art. 74 Rn. 84.

[18] *Mers*, Infektionsschutz im liberalen Rechtsstaat (2019), S. 23; *Siekmann*, Die Zuständigkeit des Bundes zum Erlass umfassender Rauchverbote, in: NJW 2006, S. 3382 (3383).

[19] *Broemel*, in: v. Münch/Kunig GG Kommentar, Bd. 2 (2021), Art. 74 Rn. 70; *Oeter*, in: v. Mangoldt/Klein/Starck GG Kommentar, Bd. 2 (2018), Art. 74 Rn. 135; *Rengeling*, Gesetzgebungszuständigkeit in: Isensee/Kirchhof (Hrsg.), HStR VI (2008), § 135 Rn. 264; *Sannwald*, in: Schmidt-Bleibtreu/Hofmann/Henneke GG Kommentar (2018), Art. 74 Rn. 238.

[20] *Kment*, in: Jarass/Pieroth GG Kommentar (2020), Art. 74 Rn. 49; *Pschyrembel*, Klinisches Wörterbuch (2020), Stichworte „Ansteckung", S. 89 und „Infektion", S. 825; *Wittreck*, in: Dreier (Hrsg.), GG Kommentar, Bd. 2 (2015), Art. 74 Rn. 86; ferner auch BVerwGE 33, 339 (342).

[21] *Oeter*, in: v. Mangoldt/Klein/Starck GG Kommentar, Bd. 2 (2018), Art. 74 Rn. 135; *Wittreck*, in: Dreier (Hrsg.), GG Kommentar, Bd. 2 (2015), Art. 74 Rn. 86.

[22] So ist ein gewöhnlicher Schnupfen (Rhinitis) zwar ansteckend und daher übertragbar, bei isoliertem Auftreten ist ein besonderes Maß der Schwere wohl aber abzulehnen. Gleichwohl fänden Maßnahmen gegen solche „Alltagserkrankungen" ihre Grenzen in Verhältnismäßigkeitserwägungen.

[23] Diphtherie, Pertussis, Haemophilus influenzae Typ B, Poliomyelitis, Pneumokokken, Rotaviren, Meningokokken C, Masern, Mumps, Röteln sowie Varizellen. Bezüglich der Teta-

Bezugspunkt der Schwere liegt (Verlaufsform, Symptome, Kontagiosität? Kumulativ oder alternatives Vorliegen?) – dürfte jedenfalls bei allen Krankheiten vorliegen, gegen die Impfungen standardmäßig empfohlen sind. Ausgehend von den Empfehlungen der Ständigen Impfkommission handelt es sich bei denjenigen Krankheiten, gegen die eine Schutzimpfung durchgeführt werden kann, im verfassungsrechtlichen Sinne um übertragbare Krankheiten, gegen deren Verbreitung der Bundesgesetzgeber tätig werden darf. Sofern Schutzimpfungen also „Maßnahmen" im Sinne der Norm sein können, unterfällt eine allgemeine Impfpflicht, die sich bei der Auswahl der vorzunehmenden Impfungen an den Empfehlungen der Ständigen Impfkommission orientiert[24], somit der Gesetzgebungskompetenz des Bundes gemäß Art. 74 Abs. 1 Nr. 19 GG.[25]

II. Prävention als „Maßnahme" i. S. v. Art. 74 Abs. 1 Nr. 19 GG

Die Verpflichtung zur Vornahme von Schutzimpfungen müsste auch Ausdruck des Kompetenztitels sein, der dem Wortlaut nach nur „Maßnahmen" gegen Krankheiten umfasst. Da eine Krankheit im Sinne der Norm *nach* der Infektion mit einem Krankheitserreger unbestritten vorliegt, ist der Bundesgesetzgeber für den gesetzlichen Regelungsrahmen von Heilbehandlungen zuständig. Bei der Schutzimpfung handelt es sich hingegen um ein präventives Vorgehen: Der Zeitpunkt einer Impfung ist in den Zeitraum vorverlagert, in dem ein regelwidriger Zustand noch nicht vorliegt, da schon dessen Eintritt verhütet werden soll. Bei der Regelungsmaterie einer allgemeinen Impfpflicht handelt es sich also gerade nicht um eine Behandlungs-, sondern eine Vorsorgemaßnahme. Schutzimpfungen fungieren gewissermaßen als Maßnahmen, die dem Eintritt eines Zustandes vorbeugen sollen, für den dann unbestreitbar die Regelungskompetenz des Bundes grundgesetzlich vorliegt. Es ist daher zu fragen, ob dem Wortlaut der Kompetenznorm nach Pflichtimpfungen als gesetzgeberische Akte der Vorsorge überhaupt „Maßnahmen" im Sinne des Art. 74 Abs. 1 Nr. 19 GG sein können.[26]

---

nusinfektion liegt zwar keine Weitergabe des Erregers von Mensch zu Mensch vor, jedoch ist der Erreger *auf* den Menschen übertragbar.

[24] Vgl. für die Auswahl derjenigen Infektionskrankheiten, gegen die in materiellverfassungsrechtlicher Hinsicht eine allgemeine Impfpflicht zulässig wäre schon § 3 B. II. „Infektionskrankheiten als Anwendungsfälle der grundrechtlichen Vorgaben".

[25] Dass das Infektionsschutzgesetz, aus dem eine Impfpflicht *de lege lata* zu entnehmen oder in das eine Impfpflicht *de lege ferenda* zu implementieren wäre, derzeit als eigene Angelegenheit der Länder gemäß Art. 30, 83 GG ausgeführt wird, ändert an der Kompetenzverteilung nichts.

[26] Statt vieler zumindest mit Kritik an der in der Kommentarliteratur häufig fehlenden Begründung einer diese Frage bejahenden Auffassung *Ossenbühl/Cornils*, Hat der Bund die Gesetzgebungskompetenz zum Erlass eines Nichtraucherschutzgesetzes? (1994), S. 19; *Steinau-Steinrück*, Die staatliche Verhütung und Bekämpfung von Infektionskrankheiten (2013), S. 62.

Entgegen aller anderen Stimmen vertritt *Sannwald* die Auffassung, der Begriff der „Maßnahmen" sei eng auszulegen und daher auf repressive Bekämpfungsmaßnahmen zu beschränken, da die vorbeugende mittelbare Krankheitsbekämpfung in erster Linie der Landesgesetzgebung vorbehalten bleiben solle.[27] Gleichzeitig erkennt diese Ansicht aber an, dass Impfungen als „dem Ausbruch und der schädigenden Wirkung konkreter Krankheiten entgegenwirkende Maßnahmen" doch von der Kompetenznorm umfasst sein sollen.[28] Diese Argumentation gestaltete die Einordnung jeder Maßnahme mit zumindest teilweise präventivem Nutzen für den Gesetzgeber im Einzelfall allerdings schwierig und ist daher abzulehnen.

Der ganz herrschenden Meinung nach sind daher vorbeugende und vorsorgende Gesundheitsmaßnahmen von Art. 74 Abs. 1 Nr. 19 GG umfasst.[29] Dafür spricht, dass sich der Verfassungsgeber nach der Diskussion um die Formulierungen „Maßnahme" oder „Schutz" zwar für „Maßnahme" und damit scheinbar für den ausschließlich auf repressive staatliche Handlungen ausgelegten Wortlaut entschieden hat, diese Entscheidung aber lediglich dadurch zu begründen ist, dass wiederum eine Beschränkung auf rein präventive Maßnahmen durch den Wortlaut „Schutz" vermieden werden sollte.[30] Die Einbeziehung vorbeugender Maßnahmen in den Kompetenztitel ist auch sinnvoll[31], da der Bund ansonsten die Folgen ggf. auf Landesebene erfolgter gesetzgeberischer Fehlentscheidungen hinsichtlich der Gesundheitsvorsorge nur mit Maßnahmen der Bekämpfung abzuwehren hätte. Dabei ist auch zu bedenken, dass die Krankheitsbekämpfung – nicht zuletzt auch unter Finanzierungsgesichtspunkten – eine wesentlich schwächere Steuerungsmöglichkeit für die Legislative bedeutet als schon die Prävention. Durch die Schaffung des IfSG hat der Bundesgesetzgeber abschließend von dieser kompetenziellen Steuerungsmöglichkeit Gebrauch gemacht.[32]

[27] *Sannwald*, in: Schmidt-Bleibtreu/Hofmann/Henneke GG Kommentar (2018), Art. 74 Rn. 241.

[28] *Sannwald*, in: Schmidt-Bleibtreu/Hofmann/Henneke GG Kommentar (2018), Art. 74 Rn. 241.

[29] *Degenhart*, in: Sachs (Hrsg.), GG Kommentar (2021), Art. 74 Rn. 85; *Oeter*, in: v. Mangoldt/Klein/Starck GG Kommentar, Bd. 2 (2018), Art. 74 GG Rn. 135; *Rengeling*, Gesetzgebungszuständigkeit, in: Isensee/Kirchhof (Hrsg.), HStR VI (2008), § 135 Rn. 264; *Seiler*, in: BeckOK GG (2021), Art. 74 Rn. 70; *Siekmann*, Die Zuständigkeit des Bundes zum Erlass umfassender Rauchverbote, in: NJW 2006, S. 3382 (3383); *Umbach/Clemens*, in: dies. (Hrsg.), Mitarbeiterkommentar GG, Bd. 2 (2002), Art. 74 Rn. 113; *Wittreck*, in: Dreier (Hrsg.), GG Kommentar, Bd. 2 (2015), Art. 74 GG Rn. 86; *Zuck*, Bundeskompetenz für einen gesetzlichen Nichtraucherschutz nach französischem Vorbild, in: DÖV 1993, S. 936 (939).

[30] *Doemming/Füsslein/Matz*, in: JöR, n. F., Band 1 (1951), S. 539 f.; so schon *Steinau-Steinrück*, Die staatliche Verhütung und Bekämpfung von Infektionskrankheiten (2013), S. 63.

[31] *Ossenbühl/Cornils*, Hat der Bund die Gesetzgebungskompetenz zum Erlass eines Nichtraucherschutzgesetzes? (1994), S. 20.

[32] *Grüner*, Biologische Katastrophen (2017), S. 172; mit gleicher Tendenz auch *Sodan*, § 56 – Infektionsschutzrecht, in: Ehlers/Fehling/Pünder (Hrsg.), Bes. VerwR Bd. 2 (2020),

Deshalb liegt die Regelung einer allgemeinen Impfpflicht als „Maßnahme" gegen eine übertragbare Krankheit im IfSG nahe.[33]

III. Abgrenzung zum Katastrophenschutzrecht

Da eine Pflichtimpfung auch eine Maßnahme darstellen kann, die in einem sehr frühen Stadium zur Verhütung von Krankheitsausbrüchen katastrophischen Ausmaßes beiträgt[34], muss zur Absteckung der Gesetzgebungszuständigkeit für gesundheitspräventive Maßnahmen eine Abgrenzung zum Katastrophenschutzrecht erfolgen, für das im Gegensatz zum Infektionsschutzrecht die Gesetzgebungskompetenz bei den Ländern liegt.

Zunächst muss der Begriff der „Katastrophe"[35] definiert werden, da der Regelungsbereich des Katastrophenschutzes in Abgrenzung zu anderen, ähnlichen Regelungsbereichen durch den Katastrophenbegriff erst „sowohl begründet als auch begrenzt"[36] wird: Eine Katastrophe ist „ein Geschehen, bei dem Leben oder Gesundheit einer Vielzahl von Menschen oder die natürlichen Lebensgrundlagen oder bedeutende Sachwerte in so ungewöhnlichem Ausmaß gefährdet oder geschädigt werden, dass die Gefahr nur abgewehrt oder die Störung nur unterbunden und beseitigt werden kann, wenn die im Katastrophenschutz mitwirkenden Behörden, Organisationen und Einrichtungen unter einheitlicher Führung und Leitung durch die Katastrophenschutzbehörde zur Gefahrenabwehr tätig werden."[37] Charakteristisch ist eine Gefahren- oder Schadenslage größeren Ausmaßes in Folge eines Unglücksfalles.[38]

Grüner differenziert zutreffend weiter aus, nämlich in einerseits natürlich und andererseits menschlich verursachte Katastrophen, wobei die Ausbreitung von Krankheitserregern zu den natürlichen Katastrophen zählt (mit Ausnahme von Terroranschlägen, bei denen Krankheitserreger gezielt eingesetzt werden).[39] Genauer handelt es sich dabei um eine biologische Gefahrenlage, die die

Rn. 16; *Taupitz*, Infektionsrechtliche „Triage", in: Kloepfer (Hrsg.), Pandemien als Herausforderung für die Rechtsordnung (2011), S. 103 (111).

[33] So i. E. auch *Staudinger*, Verfassungsrechtliche Untersuchung der Impfgesetzgebung in Deutschland (2021), S. 178.

[34] So etwa sog. „Riegelungsimpfungen", vgl. dazu § 2 A. I. 2. b) bb) „Passive Immunisierung".

[35] Zur allgemeinen Herleitung auch durch sprachliche Betrachtung *Leupold*, Die Feststellung des Katastrophenfalls (2012), S. 16.

[36] *Walus*, Katastrophenorganisationsrecht (2012), S. 85; *Trute*, Katastrophenschutzrecht, in: KritV 2005, S. 342 (346) hingegen mit der Feststellung, es handele sich um einen „offenen" Begriff.

[37] *Bundesamt für Bevölkerungsschutz und Katastrophenhilfe*, Glossar „Katastrophe", www.bbk.bund.de/DE/Servicefunktionen/Glossar/Glossar_Buchstabe_k.pdf?__blob=publicationFile (Seite zuletzt aufgerufen am: 18.03.2021); vgl. auch *Steinau-Steinrück*, Die staatliche Verhütung und Bekämpfung von Infektionskrankheiten (2013), S. 107.

[38] *Pohlmann*, Rechtliche Rahmenbedingungen der Katastrophenbewältigung (2012), S. 53; vgl. *Winkler*, Verfassungsmäßigkeit des Luftsicherheitsgesetzes, in: NVwZ 2006, S. 536.

[39] *Grüner*, Biologische Katastrophen (2017), S. 69 f.

Schwelle zur Katastrophe dann überschritten hat, wenn sich das Risiko negativer Auswirkungen für den Menschen durch biologische Agenzien und Toxine realisiert.[40] Unter den Begriff der „Katastrophe" fallen also nicht nur lokal beherrschbare Katastrophen.

Der Ausbruch eines aggressiven und hochkontagiösen Krankheitserregers mit rascher Verbreitung kann also eine Katastrophe darstellen[41], deren Verhütung und Bekämpfung in der Kompetenz der Länder zum Schutz der Bevölkerung i. S. v. Art. 70, 30 GG liegt. Dies ergibt sich auch aus dem Begriff des „Katastrophenvorbehalts" für die Rechtfertigung durch „Seuchengefahr" in Eingriffe aus Art. 11 Abs. 2, Art. 13 Abs. 7 GG, der von Gefahren ausgeht, die durch übertragbare Krankheiten verursacht werden und im Ausmaß einer Katastrophe gleichen können.[42] Soweit ist folglich eine Kompetenz der Länder in einem Katastrophenfall, der im Ausbruch einer Epidemie oder Pandemie begründet ist, nicht ausgeschlossen.[43]

Vorbeugende Schutzimpfungen sind jedoch grundsätzlich Maßnahmen der Gesundheitsprävention, die keine Katastrophenhilfe im Sinne einer Katastrophen*ab*hilfe darstellen.[44] Die Regelung von Schutzimpfungen wäre nur dann

---

[40] Vgl. *Grüner*, Biologische Katastrophen (2017), S. 71.

[41] *Loer*, Gesundheitspolitik zwischen Schutzpflicht und Eigenverantwortung, in: Pünder/Klafki (Hrsg.), Risiko und Katastrophe als Herausforderung für die Verwaltung (2016), S. 81 (82); *Pflug*, Pandemievorsorge (2013), S. 67 f.; *Trute*, Pandemien als potentiell globale Katastrophe, in: GSZ 2018, S. 125; *Sodan*, § 56 – Infektionsschutzrecht, in: Ehlers/Fehling/Pünder (Hrsg.), Bes. VerwR Bd. 2 (2020), Rn. 19; offengelassen bei *Steinau-Steinrück*, Die staatliche Verhütung und Bekämpfung von Infektionskrankheiten (2013), S. 106, sowie bei *Grüner*, Biologische Katastrophen (2017), S. 195. Bei einer akuten Gefahrenlage in Form des Ausbruchs einer virologischen Katastrophe werden allerdings sowohl Elemente des Katastrophen- als auch des Infektionsschutzes bedeutsam, dazu *Klafki*, Coronavirus und Reformbedarf des „Pandemierechts", www.verfassungsblog.de/coronavirus-und-reformbedarf-des-pandemierechts/ (Seite zuletzt aufgerufen am: 15.03.2021), so dass eine trennscharfe Abgrenzung zwischen Katastrophen- und Infektionsschutzrecht nicht von vornherein vorgenommen werden kann.

[42] *Stober/Eisenmenger*, Katastrophenverwaltungsrecht, in: NVwZ 2005, S. 121 (122); *Jarass*, in: Jarass/Pieroth GG Kommentar (2020), Art. 11 Rn. 15; *Ogorek*, in: BeckOK GG (2021), Art. 11 Rn. 35 f.; befürwortend auch *Seewald*, Zum Verfassungsrecht auf Gesundheit (1981), S. 171; a. A. nur *Durner*, in: Dürig/Herzog/Scholz GG Kommentar (2021), Art. 11 Rn. 144, 147, der in dem „Katastrophenvorbehalt" und dem „Seuchenvorbehalt" unterschiedliche Grundrechtsschranken erblickt, was den hier dargelegten Rückschluss nicht zuließe.

[43] Mit anderer Tendenz aber *Sodan*, § 56 – Infektionsschutzrecht, in: Ehlers/Fehling/Pünder (Hrsg.), Bes. VerwR Bd. 2 (2020), Rn. 19, der das aufgrund von Art. 74 Abs. 1 Nr. 19 GG erlassene Infektionsschutzgesetz als „besonderes Katastrophenschutzrecht" einordnet. Dabei muss allerdings zu bedenken gegeben werden, dass rechtlich eigentlich erst dann eine Katastrophe vorliegt, wenn die tatbestandlichen Voraussetzungen der jeweiligen landesrechtlichen Vorschrift vorliegen. Diese landesrechtlichen Definitionen eignen sich aber wiederum aufgrund des kompetenzrechtlichen Zirkelschlusses nicht zur Definition einer Katastrophe, die eine landesrechtliche Kompetenz gemäß Art. 70, 30 GG auslösen könnte, so auch *Bundesamt für Bevölkerungsschutz und Katastrophenhilfe*, Glossar „Katastrophe", www.bbk.bund.de/DE/Servicefunktionen/Glossar/Glossar_Buchstabe_k.pdf?__blob=publicationFile (Seite zuletzt aufgerufen am: 18.03.2021) sowie *Grüner*, Biologische Katastrophen (2017), S. 70.

[44] Anders liegt es freilich, wenn die pandemische Verbreitung einer neuartigen Infektions-

von der Kompetenz der Länder für den „Katastrophenschutz“ gem. Art. 70, 30 GG umfasst, wenn der „Katastrophenschutz“ auch die Risikoprävention umfasste, die der Katastrophen*vorbereitung* bzw. der Vorbereitung des bereits vorhersehbaren Risikoeintritts wiederum noch vorgelagert ist.[45] Dieses Abgrenzungsbedürfnis wird auch durch den in Art. 104b Abs. 1 S. 2 GG genannten Begriff der „Naturkatastrophen“ verdeutlicht, der zwar mit dem Begriff der „natürlich verursachten Katastrophe“ nicht *per se* gleichzusetzen ist, worunter jedoch auch Massenerkrankungen sowie unmittelbar drohende Gefahrenzustände gezählt werden.[46] Für die Naturkatastrophen kennt die Verfassung den Fall, dass eine Gesetzgebungskompetenz des Bundes gerade nicht besteht (vgl. Art. 104b Abs. 1 S. 2 GG: „[...] kann der Bund auch im Falle von Naturkatastrophen [...], auch ohne Gesetzgebungsbefugnisse Finanzhilfen gewähren.“).

Jedenfalls die Katastrophenvorbereitung, die der Vorbereitung des *vorhersehbaren* Risikoeintritts entspricht, ist von der Kompetenz aus Art. 70, 30 GG umfasst.[47] Dies ergibt sich aus den jeweiligen Katastrophenschutzgesetzen der Länder, was normenhierarchisch angesichts der nicht umgrenzten grundsätzlichen Länderkompetenz aus Art. 70, 30 GG auch unbedenklich ist.[48] Alle Katastrophenschutzgesetze kennen auch die Kompetenz zu vorbereitenden Maßnahmen im Vorfeld einer Katastrophe.[49] Die Risiko*prävention* findet hingegen in einem Stadium statt, in dem das Risiko einer Katastrophe sich noch nicht so weit realisiert hat, dass mit deren Eintritt zu rechnen wäre oder der Zeitpunkt des Eintritts bereits feststünde. Die bloße Vorbeugung eines Risikos ist damit bei Lichte betrachtet nicht mehr dem Anwendungs- und Regelungsbereich des Katastrophenschutzes und somit nicht mehr der Kompetenz der Länder zuzurechnen.

So unklar die Kompetenzverteilung zwischen Bund und Ländern für die der Katastrophenvorbereitung vorgelagerten Risikoprävention im Rahmen des *Katastrophen*schutzrechts ist[50], so klar umfasst sie im Falle der grundsätzlichen

---

krankheit – wie im Jahr 2020 die Verbreitung von COVID-19, „Corona“ – die schnellstmögliche Entwicklung eines Impfstoffs erst erforderlich macht, um die Ausbreitung zu stoppen, dazu www.rp-online.de/panorama/coronavirus/coronavirus-impfstoff-forschung-im-eiltempo-so-ist-die-entwicklung_aid-49581223 (Seite zuletzt aufgerufen am: 06.04.2021); vgl. zum Problem der Verteilung eines neuen Impfstoffs, mit dem zuerst medizinisches und Pflegepersonal geimpft werden soll *Körtner*, Ethische Leitlinien für die Triage im Kontext der COVID-19-Pandemie, in: Ärzte Woche Nr. 17/2020, S. 12 (14).

[45] Vgl. dazu grundlegend und ausführlich *Klafki*, Risiko und Recht (2017), S. 149, 153.

[46] *Mann*, Fluthilfe 2013 (2018), S. 128.

[47] Ähnlich *Pohlmann*, Rechtliche Rahmenbedingungen der Katastrophenbewältigung (2012), S. 57 f.

[48] Vgl. dazu exemplarisch § 1 Abs. 1 KatSG Niedersachsen.

[49] So umfasst die Katastrophenschutzvorbereitung etwa die Aufstellung von Notfall-, Katastrophen-, Alarm- und Einsatzplänen, vgl. exemplarisch § 2 Abs. 1 Nr. 3 KatSG Baden-Württemberg, Art. 3 Abs. 1 Nr. 1, Art. 3a, Art. 3b KatSG Bayern; Aufzählung bei *Klafki*, Risiko und Recht (2017), S. 262; auch *Grüner*, Biologische Katastrophen (2017), S. 197.

[50] *Stober/Eisenmenger*, Katastrophenverwaltungsrecht, in: NVwZ 2005, S. 121; *Trute*, Pandemien als potentiell globale Katastrophe, in: GSZ 2018, S. 125 (129). Vgl. zur Aufgabenver-

Gesundheitsvorsorge im Rahmen des *Infektions*schutzrechts auch die Risikovorsorge.[51] Die Risikoprävention *vor* dem Eintritt einer Katastrophe durch den Ausbruch von Krankheitserregern ist jedenfalls von den Landesgesetzen nicht ausdrücklich umfasst, vielmehr muss sie deshalb aus vielerlei Gründen dem Infektionsschutz zugeordnet werden, für den der Bundesgesetzgeber aus Art. 74 Abs. 1 Nr. 19 GG die Kompetenz innehat[52]:

Der gravierende Unterschied zwischen Katastrophenschutzrecht und Gesundheitsprävention, wobei eine allgemeine Impfpflicht letzterer Kategorie zuzuordnen ist, liegt im Charakter als Gefahren*abwehr*[53] bzw. im Gegensatz dazu als Gefahren*vorsorge*. Katastrophenschutzrecht ist „Ausnahmerecht *in* [Hervorhebung durch Verf.] einer Ausnahmesituation."[54] So fällt erst die Vorsorge einer *bestimmten* Katastrophe bzw. einer Katastrophe, deren Eintritt einigermaßen vorhersehbar erscheint, in den Bereich des Katastrophenschutzes und somit der Gefahrenabwehr.[55] Das Katastrophenschutzrecht hat weniger die Aufgabe, den Eintritt des Katastrophenereignisses zu verhindern; diese kommt vielmehr dem Gefahrenabwehrrecht zu, das schon der Entstehung von Ereignissen entgegenwirken soll, deren *Folge* aber eine Katastrophe sein kann.[56] Das ist überzeugend, da ansonsten die Kompetenz für die Katastrophenvorsorge uferlos vorverlagert zu werden droht, da sich denklogisch selbst kleinste Naturereignisse (wie z. B. ein Gewitter) nach Art und Häufigkeit theoretisch zu einer Katastrophe entwickeln könnten und sogleich bereits in ihrem an sich ungefährlichen Ursprung eine Länderkompetenz für den Katastrophenschutz auslösten.[57] Risikovorsorge

---

teilung zwischen Legislative, Exekutive und privatem Sachverstand im Rahmen der Risikoprävention *Klafki*, Risiko und Recht (2017), S. 149 ff.

[51] *Broemel*, in: v. Münch/Kunig GG Kommentar, Bd. 2 (2021), Art. 74 Rn. 70; *Oeter*, in: v. Mangoldt/Klein/Starck GG Kommentar, Bd. 2 (2018), Art. 74 GG Rn. 135; *Pflug*, Pandemievorsorge (2013), S. 119; *Schmidt am Busch*, Die Gesundheitssicherung im Mehrebenensystem (2007), S. 54; einschränkend *Axer*, in: Bonner Kommentar GG (2021), Art. 74 Abs. 1 Nr. 19 Rn. 16; mit Zweifeln auch *Ossenbühl/Cornils*, Hat der Bund die Gesetzgebungskompetenz zum Erlass eines Nichtraucherschutzgesetzes? (1994), S. 21, die zu bedenken geben, dass die Bundeskompetenz aus Art. 74 Abs. 1 Nr. 19 GG jedenfalls „nicht als Einfallstor für allgemeine Risikoverringerungsgesetze genutzt werden [kann], nur weil – wie fast immer – auch eine risikovermindernde Wirkung bei […] ‚Volkskrankheiten' geltend gemacht werden kann."

[52] *Pohlmann*, Rechtliche Rahmenbedingungen der Katastrophenbewältigung (2012), S. 260; a. A. aber *Steinau-Steinrück*, Die staatliche Verhütung und Bekämpfung von Infektionskrankheiten (2013), S. 106, die den Infektionsschutz ebenfalls dem Katastrophenschutz zuordnet, ohne jedoch den kompetenziellen Widerspruch zu Art. 74 Abs. 1 Nr. 19 GG zu benennen.

[53] *Trute*, Katastrophenschutzrecht, in: KritV 2005, S. 342 (346).

[54] *Stober*, Befugnisse und Kontrolle im Katastrophenschutzrecht, in: Kloepfer (Hrsg.), Katastrophenrecht: Grundlagen und Perspektiven (2008), S. 43.

[55] *Köck*, § 71 – Katastrophenschutz, in: Ehlers/Fehling/Pünder (Hrsg.), Bes. VerwR Bd. 3 (2013), Rn. 8; vgl. als internationale, völkerrechtlich verbindliche Vorgaben für die Bekämpfung von Infektionskrankheiten die Internationalen Gesundheitsvorschriften (IGV) der WHO (2005).

[56] *Pohlmann*, Rechtliche Rahmenbedingungen der Katastrophenbewältigung (2012), S. 58.

[57] Vgl. metaphorisch *Paracelsus* (1493–1541): „Allein die dosis machts, daß ein Ding kein

bezüglich des Infektionsschutzes ist daher nicht gleichzusetzen mit der generellen Katastrophenvorsorge. Elemente der Vorsorge sind beispielsweise auch der Austausch und die Erhebung von gesundheitsrelevanten Daten.[58] Solche staatlichen Handlungen können aber kaum schon der Katastrophenvorsorge zugerechnet werden.

Selbst bei der Annahme, die infektionsschutzrechtliche Risikovorsorge könne dennoch unter die Katastrophenvorsorge gefasst werden[59], ergäbe sich eine kompetenzrechtliche Spezialität zugunsten des Bundesgesetzgebers aus Art. 74 Abs. 1 Nr. 19 GG, da jedenfalls die Festlegung der Abwehr eines Gesundheitsrisikos aus übertragbaren Krankheiten spezieller ist als die Abwehr eines Gesundheitsrisikos aus einer irgendwie gearteten natürlich oder technisch bedingten Begebenheit, die in eine Katastrophe umschlagen kann. Für dieses Ergebnis spricht auch, dass eine Ermächtigung zur Einführung einer Impfpflicht qua Verordnung in *kompetenz*rechtlich nicht zu beanstandender Weise[60] bisher im Infektionsschutzgesetz geregelt ist, welches auf die Bundeskompetenz aus Art. 74 Abs. 1 Nr. 19 GG zurückzuführen ist. Als Rechtsmaterie, die *auch* Maßnahmen zur *Bekämpfung* von bereits ausgebrochenen Krankheiten kennt, wäre das IfSG jedoch noch eher dem Katastrophenschutzrecht zuzuordnen als eine allgemeine, nicht lediglich auf die Gefahrenabwehr gerichtete Impfpflicht. Eine allgemeine Impfpflicht dient jedoch der Erfüllung einer grundrechtlichen Schutzpflicht und setzt deshalb zeitlich deutlich früher ein als der Katastrophenfall, nämlich zu einem Zeitpunkt, in dem die konkrete Pandemie noch nicht eingetreten und eine Katastrophe noch nicht absehbar ist. Die Einführung einer allgemeinen Impfpflicht muss daher *erst recht* auf dem Bundeskompetenztitel zur Verhütung übertragbarer Krankheiten i. S. v. Art. 74 Abs. 1 Nr. 19 GG beruhen.

IV. Ergebnis

Die Regelungskompetenz für eine allgemeine Impfpflicht kann daher – auch und gerade in Abgrenzung zum Katastrophenschutzrecht[61] – nur aus Art. 74 Abs. 1 Nr. 19 GG erwachsen.[62]

Gift sei" [sic!], aus Die dritte Defension wegen des Schreibens der neuen Rezepte, in: Septem Defensiones (1538), Berliner Ausgabe 2013, S. 72 (73).

[58] *Pflug*, Pandemievorsorge (2013), S. 120; *Spiecker gen. Döhmann/Kurzenhäuser*, Das rechtliche Darstellungsgebot, in: Engel et al. (Hrsg.), Recht und Verhalten (2007), S. 133 ff.

[59] In der Tendenz *Kloepfer*, Einführung zu ders. (Hrsg.), Katastrophenrecht: Grundlagen und Perspektiven (2008), S. 9, der zwischen dem Katastrophenschutzrecht im engeren und im weiteren Sinne unterscheidet und zumindest der weiten Auslegung auch die Katstrophenvermeidung zuweist, ohne jedoch auf das Infektionsschutzrecht im Speziellen einzugehen.

[60] So auch *Pflug*, Pandemievorsorge (2013), S. 121.

[61] Die Analyse der nationalen und internationalen Regelungsstrukturen und deren Zuständigkeiten muss im Rahmen der vorliegenden Arbeit ausgeklammert werden, da der Ein-

B. Formelle Grundlagen einer allgemeinen Impfpflicht

Dem Bundesgesetzgeber stehen in formeller Hinsicht verschiedene Möglichkeiten der Einführung der allgemeinen Impfpflicht zur Verfügung, von denen jedoch nicht alle den verfassungsrechtlichen Vorgaben genügen können. Um die verfassungsrechtlich zulässige Rechtsform der Regelung zu ermitteln, sind einerseits die Vorgaben des Parlamentsvorbehalts, die sich an der Wesentlichkeit der Regelungsmaterie orientieren, sowie andererseits die Einordnung bestehender Vorschriften entscheidend, auf die sich eine allgemeine Impfpflicht stützen könnte.

I. Geltung des Parlamentsvorbehalts

In einer allgemeinen Impfpflicht liegt, wie bereits festgestellt, ein wesentlicher Grundrechtseingriff.[63] Angesichts der Wesentlichkeit des Grundrechtseingriffs ist der Parlamentsvorbehalt – als formelle Folge der materiellen Wesentlichkeit einer Regelungsmaterie[64] – für die Beurteilung der formellen Regelungsanforderungen von zentraler Bedeutung.[65] Es steht zu untersuchen, welche formellen Vorgaben aus der Wesentlichkeit und somit aus dem Parlamentsvorbehalt für die Einführung einer allgemeinen Impfpflicht erwachsen.

Zunächst ist festzuhalten, dass die Regelung einer allgemeinen Impfpflicht nicht nur in materieller, sondern auch in formeller Hinsicht Ausdruck der Schranke des Grundrechts auf Leben und körperliche Unversehrtheit gemäß Art. 2 Abs. 2 S. 1 GG sein muss.[66] Die Anforderungen an die formelle Schran-

---

führung einer allgemeinen Impfpflicht unter dem Blickwinkel und im Rahmen des Katastrophenschutzrechts allenfalls die Bedeutung eines Teilaspekts zugemessen werden kann, zumal der Gegenstand dieser Untersuchung durch die verfassungsrechtliche Analyse einer allgemeinen Impfpflicht umgrenzt ist. Die Analyse nationaler und internationaler Regelungsinstrumente im Pandemiefall indes war und ist auch zukünftig anderen Arbeiten vorbehalten, so in jüngerer Zeit etwa *Grüner*, Biologische Katastrophen (2017); *Pflug*, Pandemievorsorge (2013); *Steinau-Steinrück*, Die staatliche Verhütung und Bekämpfung von Infektionskrankheiten (2013); *Pohlmann*, Rechtliche Rahmenbedingungen der Katastrophenbewältigung (2012); herausragend *Klafki*, Risiko und Recht (2017).

[62] So auch *Pieper/Schwager-Wehming*, Impfpflichten zur Bekämpfung von Masern- und COVID-19-Viren auf dem verfassungsrechtlichen Prüfstand, in: DÖV 2021, S. 287 (288); jedenfalls für Regelungen über Impfungen auch *Kment*, in: Jarass/Pieroth GG Kommentar (2020), Art. 74 Rn. 49.

[63] Siehe § 3 B. I. 2. „Eingriff".

[64] *Busch*, Das Verhältnis des Art. 80 Abs. 1 S. 2 GG zum Gesetzes- und Parlamentsvorbehalt (1992), S. 55.

[65] Zu dessen verfassungsrechtlicher und funktionell-struktureller Begründung bereits grundlegend und ausführlich *Staupe*, Parlamentsvorbehalt und Delegationsbefugnis (1986), Kap. V und VI.

[66] Da das Elterngrundrecht gemäß Art. 6 Abs. 2 S. 1 GG nur durch verfassungsimmanente Schranken einschränkbar ist (vgl. bereits § 3 C. III. 1. b) „Kollidierendes Verfassungsrecht"), ist dort – anders als bei der Einschränkung des Grundrechts aus Art. 2 Abs. 2 S. 1 GG – keine Aus-

kenqualität, die Art. 2 Abs. 2 S. 3 GG fordert, sind indes umstritten. Teilweise werden mit Verweis auf die Wesentlichkeitstheorie nur solche Eingriffe formell als zulässig erachtet, die auf einem förmlichen Parlamentsgesetz beruhen.[67] Diese Ansicht verlagerte jedoch die Wesentlichkeitstheorie vor zu der Frage, welches Grundrecht an sich wesentlich sei, nicht erst welche konkret in Rede stehende Regelungsmaterie.[68] Der eindeutige Wortlaut des Art. 2 Abs. 2 S. 3 GG hingegen schließt mit der Formulierung „aufgrund eines Gesetzes" nicht von vornherein aus, dass Eingriffe auch auf untergesetzlichem Recht wie etwa einer Rechtsverordnung beruhen können.[69]

Grundsätzlich ist die Regelung von Eingriffen in das Grundrecht auf Leben und körperliche Unversehrtheit also auch durch Rechtssätze unterhalb des Ranges formeller Gesetze denkbar.[70] Der Parlamentsvorbehalt überlagert nicht automatisch die grundrechtsspezifischen Schrankenregelungen.[71] Jedoch verengt sich möglicherweise die Auswahl der Gesetzesform der Schrankenregelung, wenn die entsprechende Regelungsmaterie – wie hier – der Erfüllung von Schutzpflichten dient, als materiell wesentlich einzustufen ist und daher dem Parlamentsvorbehalt unterfällt, der ein generelles oder grundsätzliches Verbot der Rechtsetzungsdelegation auf der Grundlage von Art. 80 Abs. 1 GG darstellt.[72] Ist ein Delegationsbereich also vom Gesetzgeber beliebig ausweitbar oder sind ihm aus der Tragweite der Regelungsmaterie heraus Grenzen gesetzt?

Somit kristallisiert sich nicht nur die zentrale Frage heraus, welche Normqualität die Regelung einer allgemeinen Impfpflicht als Grundrechtsschranke aufweisen muss. Als Konsequenz ist auch zu ermitteln, ob eine Verordnungsermächtigung, wie sie § 20 Abs. 6, 7 IfSG vorsieht, für die Einführung einer Impfpflicht unter dem Gesichtspunkt des Parlamentsvorbehalts den verfassungsrechtlichen Anforderungen genügen kann, da zumindest fraglich ist, ob eine gegebenenfalls massive Eingriffe gestattende verordnungsrechtliche Befugnisnorm eine ausreichende parlamentsgesetzliche Basis hat.[73]

---

sage hinsichtlich der formellen Anforderungen an ein einschränkendes Gesetz möglich. Vielmehr gilt hier zumindest der allgemeine Vorbehalt des Gesetzes (vgl. *Michael/Morlok*, Grundrechte [2020], Rn. 560).

[67] So beispielsweise *Lang*, in: BeckOK GG (2021), Art. 2 Rn. 68; *Höfling*, in: Friauf/Höfling (Hrsg.), Berliner Kommentar GG, Bd. 1 (2021), Art. 2 (3. Teil) Rn. 96.

[68] Vgl. dazu bereits § 3 B. I. 3. b) „Schranke".

[69] Vgl. *Michael/Morlok*, Grundrechte (2020), Rn. 576; ähnlich *Hesse*, Grundzüge des Verfassungsrechts (1999), Rn. 314 und *Roellecke*, Die Verwaltungsgerichtsbarkeit im Grenzbereich zur Gesetzgebung, in: NJW 1978, S. 1776 (1778).

[70] *Gerbig*, Grundrecht auf staatlichen Schutz (2014), S. 69.

[71] *Schulze-Fielitz*, in: Dreier (Hrsg.), GG Kommentar, Bd. 2 (2015), Art. 20 (Rechtsstaat) Rn. 123.

[72] BVerfGE 106, 1 (22); vgl. *Kalscheuer/Jacobsen*, Der Parlamentsvorbehalt: Wesentlichkeitstheorie als Abwägungstheorie, in: DÖV 2018, S. 523 (dort Fn. 1).

[73] *Rixen*, Befugnisse und Grenzen des staatlichen Infektionsschutzrechts, in: Kloepfer (Hrsg.), Pandemien als Herausforderung für die Rechtsordnung (2011), S. 67 (75). Vereinzelt wird angeführt, die Gebotenheit einer „Zwangsimpfung" sei allein anhand des § 20 Abs. 6 IfSG

1. *Inhalt des Parlamentsvorbehalts*

Da der Grundrechtseingriff, der mit einer allgemeinen Impfpflicht verbunden ist, im materiellen Sinne wesentlich ist und somit in formeller Hinsicht die Geltung des Parlamentsvorbehalts bewirkt, ist zuvörderst zu klären, was den Parlamentsvorbehalt inhaltlich charakterisiert. Den Parlamentsvorbehalt hat das Bundesverfassungsgericht aus dem in Art. 20 Abs. 3 GG nicht ausdrücklich normierten, aber vorausgesetzten[74] Vorbehalt des Gesetzes hergeleitet.[75] Der allgemeine Vorbehalt des Gesetzes besagt als tragendes Element des Rechtsstaats[76], dass das Handeln der Exekutive, das in Freiheit und Eigentum der Bürger eingreift, stets einer parlamentsgesetzlichen Grundlage bedarf.[77]

Das bedeutet aber nicht, dass nur formelle Gesetze auch Gesetze im Sinne des Vorbehalts des Gesetzes sein können, so dass die Verwaltung[78] in bestimmten Konstellationen nur aufgrund einer parlamentsgesetzlichen Grundlage handeln dürfte.[79] Auch untergesetzliches Recht ist Gesetz, jedoch nicht in formellem, sondern nur in materiellem Sinne.[80] Belastendes Verwaltungshandeln kann sich auch auf untergesetzliches Recht stützen, sofern sich dessen Ermächtigungsgrundlage zumindest auf ein förmliches Parlamentsgesetz zurückführen

---

zu klären (*Zuck*, Gesetzlicher Masern-Impfzwang, in: ZRP 2017, S. 118 [119 f.]). Die Gebotenheit der Einführung einer präventiven Schutzmaßnahme muss sich indes denklogisch an den tatsächlichen Gegebenheiten der epidemiologischen Lebenswirklichkeit sowie geltenden Verfassungsrechts orientieren, die Schaffung neuen einfachen Rechts kann aber nicht von den Grenzen bisher geltenden einfachen Rechts abhängig sein.

[74] *Degenhart*, Staatsrecht I (2020), Rn. 313; *Hesse*, Grundzüge des Verfassungsrechts (1999), Rn. 201; *Arnim*, Zur „Wesentlichkeitstheorie" des Bundesverfassungsgerichts, in: DVBl. 1987, S. 1241.

[75] BVerfGE 49, 89 (126 f.); ausführliche Aufbereitung der Rechtsprechungsentwicklung bei *Stern*, Staatsrecht II (1980), S. 568 ff. sowie bei *Seiler*, Der einheitliche Parlamentsvorbehalt (2000), S. 64 ff.

[76] *Hofmann*, in: Schmidt-Bleibtreu/Hofmann/Henneke GG Kommentar (2018), Art. 20 Rn. 69; *Huster/Rux*, in: BeckOK GG (2021), Art. 20 Rn. 105 f., 173; *Schnapp/Nolden*, § 4 – Verfassungsrechtliche Determinanten vertragsärztlicher Tätigkeit, in: Schnapp/Wigge (Hrsg.), Handbuch des Vertragsarztrechts (2017), Rn. 18; *Schulze-Fielitz*, in: Dreier (Hrsg.), GG Kommentar, Bd. 2 (2015), Art. 20 (Rechtsstaat) Rn. 105.

[77] Für viele *Degenhart*, Staatsrecht I (2020), Rn. 316; *Gersdorf*, Parlamentsvorbehalt versus Gesetzesvorbehalt?, in: DÖV 1990, S. 514; *Hesse*, Grundzüge des Verfassungsrechts (1999), Rn. 201; *Schulze-Fielitz*, in: Dreier (Hrsg.), GG Kommentar, Bd. 2 (2015), Art. 20 (Rechtsstaat) Rn. 105; vgl. aber auch *Hofmann*, in: Schmidt-Bleibtreu/Hofmann/Henneke GG Kommentar (2018), Art. 20 Rn. 69, der an dieser Stelle noch offenlässt, ob der Vorbehalt des Gesetzes ein Parlamentsgesetz erfordert.

[78] Gemeint sind innerhalb dieses Kapitels stets die Verwaltung und die Gubernative als Teile der Exekutive.

[79] So aber *Grzeszick*, in: Dürig/Herzog/Scholz GG Kommentar (2021), Art. 20, VI Rn. 75; mit gleicher Tendenz auch *Ipsen*, Staatsrecht I (2020), Rn. 799.

[80] Strikt anders in der Terminologie aber *Hesse*, Grundzüge des Verfassungsrechts (1999), Rn. 506, der vertritt, es gäbe nach dem Grundgesetz keine „nur-formellen oder nur-materiellen Gesetze", vielmehr bestünde für Rechtsverordnungen und autonome Satzungen „weder Veranlassung noch eine Berechtigung, sie als ‚Gesetze' zu bezeichnen".

lässt.[81] Anderenfalls drohte ein erheblicher Teil der Anwendungsbereiche von Rechtsverordnungen und Satzungen leerzulaufen.[82] Die Sichtweise, der Vorbehalt des Gesetzes schließe nur formelle Parlamentsgesetze ein[83], liefe sogar einigen Gesetzesvorbehalten zuwider, wie etwa Art. 5 Abs. 2 GG.[84]

Der Parlamentsvorbehalt ist demgegenüber eine besondere Ausformung des Vorbehalts des Gesetzes und statuiert in formeller Hinsicht verschärfte Anforderungen an die demokratische Legitimation von Eingriffsermächtigungen.[85] Anders als der Vorbehalt des Gesetzes findet der Parlamentsvorbehalt seine Grundlage also nicht nur im Rechtsstaatsprinzip, sondern basiert auch auf dem Demokratieprinzip.[86] Die wichtigste Bedeutung entfaltet der Parlamentsvorbehalt für den Bereich der „wesentlichen"[87] Grundrechtsbeschränkungen.[88] Was „wesentlich" ist und dadurch in formeller Hinsicht den Parlamentsvorbehalt für die entsprechende Regelungsmaterie auslöst, ist eine materielle Frage[89]: Nach der Wesentlichkeitstheorie soll der Gesetzgeber alle „wesentlichen", die

[81] *Busch*, Das Verhältnis des Art. 80 Abs. 1 S. 2 GG zum Gesetzes- und Parlamentsvorbehalt (1992), S. 23; *Degenhart*, Staatsrecht I (2020), Rn. 317; *Schulze-Fielitz*, in: Dreier (Hrsg.), GG Kommentar, Bd. 2 (2015), Art. 20 (Rechtsstaat) Rn. 107, 123; anklingend auch bei *Hesse*, Grundzüge des Verfassungsrechts (1999), Rn. 314 sowie bei *Kloepfer*, Der Vorbehalt des Gesetzes im Wandel, in: JZ 1984, S. 685 (690); wohl auch *Arnim*, Zur „Wesentlichkeitstheorie" des Bundesverfassungsgerichts, in: DVBl. 1987, S. 1241 (1242).

[82] Vgl. *Kloepfer*, Der Vorbehalt des Gesetzes im Wandel, in: JZ 1984, S. 685 (690).

[83] So aber offenbar *Grzeszick*, in: Dürig/Herzog/Scholz GG Kommentar (2021), Art. 20, VI Rn. 76.

[84] Vgl. *Grabenwarter*, in: Dürig/Herzog/Scholz GG Kommentar (2021), Art. 5 Abs. 1, Abs. 2, Rn. 880.

[85] BVerfGE 40, 237 (248 f.); *Gersdorf*, Parlamentsvorbehalt versus Gesetzesvorbehalt?, in: DÖV 1990, S. 514 (516); *Hofmann*, in: Schmidt-Bleibtreu/Hofmann/Henneke GG Kommentar (2018), Art. 20 Rn. 69; *Kloepfer*, Der Vorbehalt des Gesetzes im Wandel, in: JZ 1984, S. 685 (690); *Michael/Morlok*, Grundrechte (2020), Rn. 575 ff.; *Stern*, Staatsrecht I (1984), S. 811; anders aber *Grzeszick*, in: Dürig/Herzog/Scholz GG Kommentar (2021), Art. 20, VI Rn. 76, der davon ausgeht, der Vorbehalt des Gesetzes beziehe sich nur auf formelle Parlamentsgesetze und sei gegenüber dem Parlamentsvorbehalt strenger, da das Parlament auch durch andere Instrumentarien agieren könne als Gesetze, etwa durch Beschlüsse.

[86] *Busch*, Das Verhältnis des Art. 80 Abs. 1 S. 2 GG zum Gesetzes- und Parlamentsvorbehalt (1992), S. 63; *Kingreen*, Das Deutsche Institut für Medizinische Dokumentation und Information, in: NZS 2019, S. 561 (563); vgl. *Roellecke*, Die Verwaltungsgerichtsbarkeit im Grenzbereich zur Gesetzgebung, in: NJW 1978, S. 1776 (1778); *Schulze-Fielitz*, in: Dreier (Hrsg.), GG Kommentar, Bd. 2 (2015), Art. 20 (Rechtsstaat) Rn. 114; *Stern*, Staatsrecht I (1984), S. 811.

[87] Vgl. zur verfassungsrechtlichen Begründung der Wesentlichkeitstheorie bereits eingehend *Busch*, Das Verhältnis des Art. 80 Abs. 1 S. 2 GG zum Gesetzes- und Parlamentsvorbehalt (1992), S. 25–39.

[88] BVerfGE 34, 165 (192 f.); 40, 237 (249); 45, 400 (417 f.); 47, 46 (78 ff.); 48, 210 (221); 49, 89 (126); 108 (311); *Kingreen*, Das Deutsche Institut für Medizinische Dokumentation und Information, in: NZS 2019, S. 561 (563); *Mayer*, Untermaß, Übermaß und Wesensgehaltsgarantie (2005), S. 107.

[89] Vgl. dazu bereits eingehend § 3 B. I. 2. „Eingriff".

Allgemeinheit betreffenden Fragen selbst regeln.[90] Denn in grundrechtssensiblen Bereichen ist die Koordination kollidierender Freiheitssphären eine Aufgabe gerade des Gesetzgebers, die auch die vorausblickende, angemessene und ausgewogene Klärung zukünftiger Konfliktsituationen umfasst.[91] Dem Gesetzgeber kommt die Aufgabe zu, die Grundrechte in Koordination zueinander auszugestalten und einer „praktischen Realisierung zuzuführen".[92] Erweist sich ein Grundrechtseingriff als wesentlich, so wird in formeller Hinsicht die Grundrechtsbindung des Gesetzgebers dahingehend konkretisiert, dass er einer durch Gesetz ergangenen Leitentscheidung des Gesetzgebers bedarf.[93]

Das gilt auch für die Erfüllung verfassungsrechtlicher Schutzpflichten, die sich im Grundrechtsdreieck in der Konstellation „Schutz durch Eingriff" – wie auch bei einer allgemeinen Impfpflicht – ohnehin als Koordination verschiedener grundrechtlicher Freiheitssphären darstellt: Sie erfolgt durch Gesetzesrecht, denn ohne Ausprägung in Gesetzesrecht liefe leer, was sich aus der verfassungsrechtlichen Schutzpflicht ergeben soll.[94] Keinesfalls genügt als formelle Eingriffsermächtigung die unmittelbare Geltung der Schutzdimension aus der Verfassung: Das bedeutet, dass sich der Eingriff in formeller Hinsicht niemals nur auf einen unmittelbar aus der Verfassung abgeleiteten Schutzauftrag stützen kann, ohne auf ein Parlamentsgesetz zurückführbar zu sein. Ansonsten würde gegen den Vorbehalt des Gesetzes verstoßen, die Last zum Nachweis genauer gesetzlicher Eingriffsbefugnisse überflüssig sowie die Rechtssicherheit erheblich beeinträchtigt.[95] Die Übertragung der Entscheidung allein auf das Parlament dient der demokratischen Legitimation der getroffenen Grundentscheidung[96], da sie die vorherige öffentliche Auseinandersetzung mit der Materie und dadurch „die für Demokratie lebenswichtige Grundübereinstimmung zwischen der demokratischen Führung und der Bürgerschaft"[97] sichert. Der Par-

[90] BVerfGE 49, 89 (127); *Busch*, Das Verhältnis des Art. 80 Abs. 1 S. 2 GG zum Gesetzes- und Parlamentsvorbehalt (1992), S. 63; *Degenhart*, Staatsrecht I (2020), Rn. 330; *Ipsen*, Staatsrecht I (2020), Rn. 800; *Roellecke*, Die Verwaltungsgerichtsbarkeit im Grenzbereich zur Gesetzgebung, in: NJW 1978, S. 1776 (1778).

[91] Vgl. BVerfGE 108, 282 (311 f.); *Greve/Kortländer/Schwarz*, Das Gesetz zu bereichsspezifischen Regelungen der Gesichtsverhüllung, in: NvwZ 2017, S. 992 (993).

[92] *Mayer*, Untermaß, Übermaß und Wesensgehaltsgarantie (2005), S. 116.

[93] BVerfGE 49, 89 (129); Vgl. *Enders*, in: BeckOK GG (2021), Art. 19 Rn. 21; *Huster/Rux*, in: BeckOK GG (2021), Art. 20 Rn. 105.

[94] Sondervotum der Richter *Mahrenholz* und *Sommer* zur zweiten Bundesverfassungsgerichtsentscheidung zum Schwangerschaftsabbruch, BVerfGE 88, 203 (352); tendenziell zustimmend *Ipsen*, Staatsrecht I (2020), Rn. 800; zustimmend auch mit Betonung der Unabhängigkeit vom Eingriffskriterium *Degenhart*, Staatsrecht I (2020), Rn. 330 sowie *Staupe*, Parlamentsvorbehalt und Delegationsbefugnis (1986), S. 115 ff.

[95] Siehe die „Verlustliste" bei *Wahl/Masing*, Schutz durch Eingriff, in: JZ 1990, S. 553 (555 ff.).

[96] *Roellecke*, Die Verwaltungsgerichtsbarkeit im Grenzbereich zur Gesetzgebung, in: NJW 1978, S. 1776 (1778).

[97] *Kloepfer*, Der Vorbehalt des Gesetzes im Wandel, in: JZ 1984, S. 685 (694).

lamentsvorbehalt, der aufgrund der Wesentlichkeit einer allgemeinen Impfpflicht auch bei deren einfachgesetzlicher Regelung zur Anwendung kommen muss, sorgt für eine größere demokratische Legitimation als (nur) der Vorbehalt des Gesetzes und damit für genau die Legitimation, derer „wesentliche" Entscheidungen bedürfen.[98]

2. Konsequenzen des Parlamentsvorbehalts für die Regelung einer allgemeinen Impfpflicht

Anknüpfend an den Inhalt des Parlamentsvorbehalts ist aber bedeutsam, was als Rechtsfolge aus seiner Geltung folgt. Der Parlamentsvorbehalt statuiert jedenfalls eine Beschränkung der Rechtsverordnungs- und Satzungsgewalt der Exekutive[99], durch die der Gesetzgeber verpflichtet ist, „im Bereich der Grundrechtsausübung die der staatlichen Gestaltung offenliegende Rechtssphäre selbst abzugrenzen und nicht dem Ermessen der Verwaltungsbehörde zu überlassen."[100] Umstritten ist aber, was diese Verpflichtung des Gesetzgebers zum einen für die formelle Rechtssatzqualität der zu erlassenden Regelung bedeutet und zum anderen, welche Regelungsdichte in materieller Hinsicht zu fordern ist.

Um die formellen Anforderungen an die Umsetzung einer allgemeinen Impfpflicht herauszuarbeiten, muss auf Rechtsfolgenseite daher zwischen der verfassungsrechtlich gebotenen Regelungsebene und der notwendigen Regelungsdichte differenziert werden.[101] Daran entscheidet sich, welche Normqualität die Regelung einer allgemeinen Impfpflicht aufweisen und welchen Umfang ihr materiellrechtlicher Inhalt haben muss.

a) In formeller Hinsicht

Unklar ist zunächst, welche formellen Vorgaben aus dem Parlamentsvorbehalt auf Rechtsfolgenseite für den Gesetzgeber folgen[102]: Was bedeutet der Parlamentsvorbehalt konkret für die Rechtssatzform der Grundrechtsregelung?[103]

---

[98] *Huster/Rux*, in: BeckOK GG (2021), Art. 20 Rn. 106; *Schmidt*, Die demokratische Legitimationsfunktion der parlamentarischen Kontrolle (2007), S. 62.

[99] *Kloepfer*, Der Vorbehalt des Gesetzes im Wandel, in: JZ 1984, S. 685 (690).

[100] BVerfGE 34, 165 (192 f.).

[101] *Staupe*, Parlamentsvorbehalt und Delegationsbefugnis (1986), S. 128, verweist zu Recht darauf, dass sich an diese Unterscheidung konsequenterweise die Frage anschließen muss, auf welchen dieser beiden Aspekte sich die Kriterien für die Anwendbarkeit des Parlamentsvorbehalts beziehen müssen: „Entweder sie erschöpfen sich darin, auf die verfassungsrechtlich gebotene Regelungsebene des Parlamentsgesetzes zu verweisen, oder sie fordern alleine eine bestimmte Regelungsdichte, oder aber neben der Regelungsebene des Parlamentsgesetzes wird zugleich eine bestimmte Regelungsdichte [...] gefordert".

[102] *Staupe*, Parlamentsvorbehalt und Delegationsbefugnis (1986), S. 129.

[103] *Busch*, Das Verhältnis des Art. 80 Abs. 1 S. 2 GG zum Gesetzes- und Parlamentsvorbehalt (1992), S. 67 m. w. N., führt diese Rechtsunklarheit überzeugend nicht zuletzt auf die

Teilweise wird vertreten, aus dem Parlamentsvorbehalt folge nicht zwingend die Pflicht des Gesetzgebers, ein förmliches Parlamentsgesetz zu erlassen. Vielmehr genüge für die Einhaltung des Parlamentsvorbehalts auch die Rechtsform des Parlamentsbeschlusses oder auch nur die parlamentarische Auseinandersetzung mit der wesentlichen Regelungsmaterie.[104] Die Vertreter dieser Ansicht sehen im Parlamentsvorbehalt vielmehr einen „Institutionsvorbehalt", der nicht zwingend die von der zur Regelung befugten Institution zu wählende Handlungsform vorgibt.[105] Dann könnte bezüglich einer allgemeinen Impfpflicht auch die alleinige Regelung in untergesetzlichem Recht ausreichen, sofern sich der Gesetzgeber überhaupt einmal mit der wesentlichen Materie beschäftigt hat. In krassen Fällen, in denen die Beratung des Gesetzgebers in keinerlei Rechtssetzung mündet (etwa durch Diskontinuität), könnte als Folge einer parlamentarischen Beratung sogar ein „beredtes Schweigen" stehen, das dann dem Parlamentsvorbehalt genügte, ohne dass daraus irgendeine inhaltliche Regelung ablesbar wäre.

Daher muss aus dem Parlamentsvorbehalt zwingend der Erlass eines Parlamentsgesetzes folgen[106], denn die demokratische Legitimation einer Entscheidung über Wesentliches wird nicht nur über die Autorität der regelnden Institution verliehen, sondern vielmehr auch durch das zu durchlaufende Gesetzgebungsverfahren.[107] Dieses stellt zum einen im Parlament die Gelegenheit des Gesetzgebers sicher, sich in öffentlicher Sitzung mit der entsprechenden Regelungsvorlage auseinanderzusetzen und Änderungsvorschläge einzubringen.[108] Zum Anderen erhält die im Wege des Parlamentsgesetzes geregelte Ma-

Unklarheit der Formulierung zurück und schlägt stattdessen die Begriffe „Vorbehalt des formellen Gesetzes", „unmittelbarer Gesetzesvorbehalt" oder „Parlamentsgesetzvorbehalt" vor.

104 Soweit ersichtlich nur *Grzeszick*, in: Dürig/Herzog/Scholz GG Kommentar (2021), Art. 20, VI Rn. 76 sowie *Ossenbühl*, Zur Erziehungskomptenz des Staates, in: Habscheid/Gaul/Mikat (Hrsg.), FS Bosch (1976), S. 751 (756, dort Fn. 26); ferner auch *ders.*, Verwaltungsvorschriften und Grundgesetz (1968), S. 214 (dort Fn. 136); wohl auch *Pegatzky*, Parlament und Verordnungsgeber (1999), S. 82 f.

105 *Schnapp*, Der Verwaltungsvorbehalt, in: VVDStRL Bd. 43 (1985), S. 172 (184); zwar ist die Existenz von organisatorischen Gesetzesvorbehalten bekannt, diese leiten sich jedoch nicht aus dem Rechtsstaats- und dem Demokratieprinzip her, sondern aus den staatsorganisationsrechtlichen Bestimmungen des Grundgesetzes, *Kingreen*, Das Deutsche Institut für Medizinische Dokumentation und Information, in: NZS 2019, S. 561 (563).

106 *Busch*, Das Verhältnis des Art. 80 Abs. 1 S. 2 GG zum Gesetzes- und Parlamentsvorbehalt (1992), S. 70 f.; *Gersdorf*, Parlamentsvorbehalt versus Gesetzesvorbehalt?, in: DÖV 1990, S. 514 (516); *Hermes*, Der Bereich des Parlamentsgesetzes (1988), S. 77; *Huster/Rux*, in: BeckOK GG (2021), Art. 20 Rn. 107; *Nierhaus*, Bestimmtheitsgebot und Delegationsverbot, in: Burmeister (Hrsg.), FS Stern (1997), S. 717 (723); *Schulze-Fielitz*, in: Dreier (Hrsg.), GG Kommentar, Bd. 2 (2015), Art. 20 (Rechtsstaat) Rn. 122; *Danwitz*, Die Gestaltungsfreiheit des Verordnungsgebers (1989), S. 82; vgl. auch *Kloepfer*, Der Vorbehalt des Gesetzes im Wandel, in: JZ 1984, S. 685 (694); wohl auch *Seiler*, Der einheitliche Parlamentsvorbehalt (2000), S. 105.

107 Vgl. *Kingreen*, Das Deutsche Institut für Medizinische Dokumentation und Information, in: NZS 2019, S. 561 (563).

108 Vgl. *Brosius-Gersdorf*, in: Dreier (Hrsg.), GG Kommentar, Bd. 2 (2015), Art. 77 Rn. 21; *Huster/Rux*, in: BeckOK GG (2021), Art. 20 Rn. 107.

terie im weiteren Verfahren größeren Legitimationsgehalt durch die Befassung des Bundesrates, dem im Gesetzgebungsverfahren Mitwirkungsrechte zugestanden werden.[109] Ohne den bekannten Streit über die materielle Prüfungskompetenz des Bundespräsidenten bei der Ausfertigung des Gesetzes erneut auffächern zu wollen[110], dürfte auch dessen Befassung mit dem Parlamentsgesetz gemäß Art. 82 Abs. 1 S. 1 GG der Legitimation zuträglich sein. Da durch den Ablauf des Gesetzgebungsverfahrens insgesamt ein Höchstmaß an demokratischer Legitimation gewährleistet wird, ist es nur konsequent, diese maximale Legitimation gerade für solche Regelungsmaterien zu fordern, die in materiellem Sinne wesentlich sind.

Genügte hingegen bereits die Befassung durch das Parlament dem Parlamentsvorbehalt, ohne dass daraus (wie im Beispiel des „beredten Schweigens") zwingend ein Rechtssatz zu folgen hätte, wäre für die Verwaltung vollkommen unklar, worauf sich mögliche Eingriffsbefugnisse stützen. Darin läge nicht nur ein Verstoß gegen den Parlamentsvorbehalt, sondern schon gegen den Vorbehalt des Gesetzes, da sich Eingriffe dann nicht einmal auf eine parlamentsgesetzliche Grundlage *zurückführen* ließen.[111]

Die formellen Anforderungen des Parlamentsvorbehalts, dessen zwingende Anwendung sich aus der materiellen Wesentlichkeit einer allgemeinen Impfpflicht ergibt, wirken sich deshalb zunächst darauf aus, dass sich mit der Frage der Einführung einer allgemeinen Impfpflicht überhaupt zuvörderst der Parlamentsgesetzgeber auseinandersetzen und diese auch selbst positiv oder negativ entscheiden muss. Falls diese Entscheidung befürwortend ausfällt, muss sie sich im Erlass eines förmlichen Parlamentsgesetzes widerspiegeln.[112]

b) *In materieller Hinsicht*

Unbestritten ist, dass der Gesetzgeber durch den Parlamentsvorbehalt nicht nur in formeller Hinsicht zu Leitentscheidungen verpflichtet wird (wie sich gezeigt hat, bei einer allgemeinen Impfpflicht in Form eines Parlamentsgesetzes). Auch in materieller Hinsicht muss die Leitentscheidung inhaltlich hinreichend bestimmt und begrenzt sein, der Gesetzgeber muss also alle wesentlichen normativen Grundlagen des zu regelnden Rechtsbereichs selbst festlegen.[113] Die gefor-

---

[109] *Brosius-Gersdorf*, in: Dreier (Hrsg.), GG Kommentar, Bd. 2 (2015), Art. 77 Rn. 18.

[110] Vgl. hier für viele darstellend *Bauer*, in: Dreier (Hrsg.), GG Kommentar, Bd. 2 (2015), Art. 82 Rn. 13 ff.; sehr eingehend bei *Butzer*, in: Dürig/Herzog/Scholz GG Kommentar (2021), Art. 82 Rn. 160 ff.

[111] Vgl. *Umbach*, Das Wesentliche an der Wesentlichkeitstheorie, in: Zeidler/Maunz/Roellecke (Hrsg.), FS Faller (1984), S. 111 (128).

[112] Vgl. dazu bereits § 4 B. I. 2. a) „In formeller Hinsicht". Zustimmend *Ratzel*, Der Entwurf für ein neues Masernschutzgesetz, in: GesR 2019, S. 560 (561).

[113] Für viele *Böckenförde*, Gesetz und gesetzgebende Gewalt (1981), S. 392; *Busch*, Das Verhältnis des Art. 80 Abs. 1 S. 2 GG zum Gesetzes- und Parlamentsvorbehalt (1992), S. 74; *Kloepfer*, Der Vorbehalt des Gesetzes im Wandel, in: JZ 1984, S. 685 (692); *Sodan*, § 56 – Infek-

derte Regelungsdichte des materiellen Rechts, die inhaltliche Absteckung, die dieser Vorgabe genügen soll, wird im Einzelnen jedoch diskutiert.[114] Entscheidend ist deshalb, welche materielle Regelungsdichte das Parlamentsgesetz, das eine allgemeine Impfpflicht regelt, aufweisen muss, um in verfassungsrechtlich zulässiger Weise Ausdruck einer hinreichenden Bestimmung und Begrenzung der Leitentscheidung des Gesetzgebers zu sein.[115]

Denkbar wäre zunächst eine vollständige Regelung der Materie inklusive aller Einzelheiten innerhalb des Parlamentsgesetzes, so dass sich der Anwendungsbereich untergesetzlicher Normen im Bereich „wesentlicher" Regelungsmaterien auf null verkürzte. Es verbliebe zwar noch ein Anwendungsbereich für untergesetzliche Normen, dieser käme allerdings erst dann zum Tragen, wenn die Regelungsmaterie tatbestandlich nicht als „wesentlich" eingestuft wurde, der Anwendungsbereich des Parlamentsvorbehalts folglich noch gar nicht eröffnet ist. Untergesetzliche Normen könnten dann ausschließlich in den Fällen Bedeutung erlangen, in denen eine „unwesentliche" Regelungsmaterie vorliegt.

Dagegen spricht aber, dass auch und gerade im Bereich der „wesentlichen" Fragen die Normierbarkeit von Detailaspekten durch den Gesetzgeber an Grenzen stößt.[116] Diese Grenzen ergeben sich in zweierlei Hinsicht: Sowohl aus qualitativen Gesichtspunkten kann ein Parlamentsgesetz, das jede Detailregelung beinhalten will, mängelbehaftet und zweckverfehlt sein, weil – im Unterschied zum für deutlich mehr Kompetenzbereiche zuständigen Parlament – seitens der Verwaltung eine größere Sachnähe zu erwarten ist, die zu dementsprechend größerer Sachgerechtigkeit führt.[117] Darin begründet sich zugleich der zweite Aspekt, der gegen eine vollständige und detaillierte Regelung der wesentlichen Materie im Rahmen eines Parlamentsgesetzes spricht: Die Quoren für die Einbringung von Gesetzesvorhaben[118] sprechen in der

---

tionsschutzrecht, in: Ehlers/Fehling/Pünder (Hrsg.), Bes. VerwR Bd. 2 (2020), Rn. 11; *Staupe*, Parlamentsvorbehalt und Delegationsbefugnis (1986), S. 129, 136.

[114] Vgl. für viele *Kloepfer*, Der Vorbehalt des Gesetzes im Wandel, in: JZ 1984, S. 685 (692 ff.); *Staupe*, Parlamentsvorbehalt und Delegationsbefugnis (1986), S. 129; *Umbach*, Das Wesentliche an der Wesentlichkeitstheorie, in: Zeidler/Maunz/Roellecke (Hrsg.), FS Faller (1984), S. 111 (128).

[115] Vgl. im Kontext einer geforderten parlamentsgesetzlichen Grundlage der Verteilungspriorisierung von Impfstoffen gegen COVID-19 dazu prägnant *Kießling/Kingreen/Leisner-Egensperger*, Keine Priorität für die Rechtswissenschaft, www.verfassungsblog.de/keine-prioritat-fur-die-rechtswissenschaft/ (Seite zuletzt aufgerufen am: 03.02.2021): „Auch kann man noch kopfschüttelnd zur Kenntnis nehmen, dass es Abgeordnete gibt, die in normativ-ethischen Zielkonflikten lieber nicht selbst entscheiden, sondern Fachleute an ihre Stelle treten lassen möchten".

[116] *Busch*, Das Verhältnis des Art. 80 Abs. 1 S. 2 GG zum Gesetzes- und Parlamentsvorbehalt (1992), S. 76, zumindest aber mit der theoretischen Möglichkeit einer abschließenden „gesetzlichen Vollregelung" in Teilbereichen.

[117] Vgl. *Klafki*, Risiko und Recht (2017), S. 347; *Brosius-Gersdorf*, Der Gesetzgeber als Verordnungsgeber, in: ZG 2007, S. 305 (315).

[118] Für Gesetzesinitiativen etwa aus der „Mitte des Bundestags" gem. Art. 76 Abs. 1 GG hat

Zusammenschau mit dem weiten Zuständigkeitskatalog des (Bundes-)Gesetzgebers[119] ohnehin dafür, dass die hohe quantitative Auslastung des allbefassten Gesetzgebers möglichst eingedämmt werden soll, um die Arbeitsfähigkeit des Parlaments sicherzustellen. Diese Maßnahme zur Eindämmung der lähmenden Dichte der Arbeitsbelastung beispielsweise liefe indes leer, wenn auf der Seite der inhaltlichen Anforderungen an die Ergebnisse formeller Gesetzgebung dann eine Überfrachtung stattfände, die über das Maß des verfassungsrechtlich Notwendigen hinausginge. Daher muss gelten, dass der Gesetzgeber auch im Bereich des Wesentlichen nicht jedes Detail selbst regeln muss.[120]

Eine „Aufgabenteilung" zwischen dem Parlament, welches die Leitlinien vorgibt und der Exekutive, die im Rahmen dieser Leitlinien die notwendigen Details bestimmt, ist daher Ausdruck eines „dynamischen Grundrechtsschutzes".[121] Je nachdem, wie schnelllebig und wandelbar tatsächliche Ereignisse oder technische Entwicklungen sind, können Grundrechte entweder mittels eines Parlamentsgesetzes oder einer Rechtsverordnung effektiver geschützt werden.[122] Immer dann also, wenn ein wesentlicher Regelungsbereich in tatsächlicher Hinsicht einem ständigen Wandel unterworfen ist, der eine kurzfristige Anpassung der Rechtslage erfordert, muss der Gesetzgeber zwar weiterhin die wesentlichen Leitlinien vorgeben, darf dem Verordnungsgeber aber diejenigen Bereiche überlassen, deren Regelung innerhalb eines Parlamentsgesetz aufgrund ihrer Unpraktikabilität letztlich zu einem „Weniger" an Grundrechtsschutz führten.[123] Als aktuelles Beispiel kann hier etwa die Normierung der Impfziele bei der Bekämpfung von COVID-19 in § 20 Abs. 2a IfSG dienen, die gemeinsam mit den Priorisierungskriterien in § 20i Abs. 3 S. 5 SGB V die parlamentsgesetzliche Rahmenregelung für die notwendigerweise dynamische Ausgestaltung der Impfpriorisierung bilden, welche daraufhin durch Rechtsverordnungen des Bundesgesundheitsministeriums erfolgt.[124]

Daran schließt sich aber zwingend die Frage an, wie hoch das Maß der verfassungsrechtlich notwendigen Regelungsdichte denn sein muss, welche inneren Bereiche der wesentlichen Regelungsmaterie also wirklich delegationsfest sind und daher auch nicht zur Entscheidung in untergesetzlicher Form an die Verwaltung abgegeben werden dürfen.[125] Weil alle Gesetzesvorbehalte Er-

---

der Bundestag in § 76 Abs. 1 GO-BT ein Quorum von 5 % der Mitglieder des Bundestages oder Fraktionsstärke festgelegt, vgl. *Dietlein*, in: BeckOK GG (2021), Art. 76 Rn. 7.

[119] Vgl. zur Bundeskompetenz des Gesetzgebers für die Einführung einer allgemeinen Impfpflicht § 4 A. „Die Impfpflicht als Gegenstand der Gesetzgebung des Bundes".

[120] *Sendler*, Gesetzesrecht und Richterrecht im Schulwesen, in: DVBl. 1982, S. 381 (385).

[121] BVerfGE 49, 89 (137).

[122] Vgl. BVerfGE 49, 89 (137).

[123] BVerfGE 49, 89 (137).

[124] Vgl. eingehend *Leisner-Egensperger*, Impfpriorisierung und Verfassungsrecht, in: NJW 2021, S. 202 (204).

[125] Teilweise wird hierin ein Streit ohne eigenständigen Gehalt gesehen, da die Forderung einer bestimmten Regelungsdichte ohnehin in allgemeinen Bestimmtheitsanforderungen und

mächtigungen zur Grundrechtsbegrenzung darstellen, die nur an den Gesetzgeber gerichtet sind, darf nur er allein die Voraussetzungen der Grundrechtsbegrenzung bestimmen.[126] Diese ausschließliche Berechtigung verpflichtet ihn aber gleichzeitig, diese Grenzen so genau zu bestimmen, dass „die Befugnis zur Begrenzung nicht ganz in das Verwaltungs- oder das richterliche Ermessen gelegt wird."[127]

Wenngleich inhaltlich zutreffend, hilft die Faustformel, dass jedenfalls *Grundzüge* der beabsichtigten Regelung formell-gesetzlich bestimmt werden müssen[128], für die Bestimmung des delegationsfesten Kerns nicht weiter, da zunächst definiert werden muss, was die „Grundzüge" einer Regelungsmaterie ausmacht und wie diese erkannt werden können. Aus der Wesentlichkeitstheorie selbst ist kaum ein Hinweis darauf zu gewinnen, worin der delegationsfeste Kern der „wesentlichen" Materie liegt.[129] *Böckenförde* spricht sich dafür aus, dass jedenfalls alle „das Rechtsverhältnis qualifizierenden und ausgestaltenden Regelungen vom Gesetzgeber selbst getroffen werden".[130] Es gilt aber zumindest: Je intensiver sich der Eingriff gestaltet, je eher das Intensitätskriterium der Wesentlichkeitstheorie also greift, desto *bestimmter* muss die Grundsatzentscheidung im Parlamentsgesetz ausfallen.[131] Daraus folgt mindestens, dass weder *unbestimmte* Rechtsbegriffe noch Generalklauseln[132] Teil des Parlamentsgesetzes sein dürfen, da diese einen erheblichen Teil der Entscheidungsmacht der Exekutive überlassen (sog. „versteckte Delegation"[133]). Gerade un-

---

auch in dem Bestimmtheitsgebot nach Art. 80 Abs. 1 S. 1 GG aufgingen, so jedenfalls *Kloepfer*, Der Vorbehalt des Gesetzes im Wandel, in: JZ 1984, S. 685 (691). Jedoch ist das delegationsrechtliche Bestimmtheitsgebot auf wesentliche Regelungsmaterien schon gar nicht anwendbar.

[126] BVerfGE 20, 150 (157 ff.); 21, 73 (79 f.); 34, 165 (192 f.); 41, 251 (262 f.); 45, 393 (399); *Hesse*, Grundzüge des Verfassungsrechts (1999), Rn. 314.

[127] BVerfGE 20, 150 (157 ff.); 21, 73 (79 f.); 34, 165 (192 f.); 41, 251 (262 f.); 45, 393 (399); *Hesse*, Grundzüge des Verfassungsrechts (1999), Rn. 314.

[128] *Danwitz*, Die Gestaltungsfreiheit des Verordnungsgebers (1989), S. 82; *Staupe*, Parlamentsvorbehalt und Delegationsbefugnis (1986), S. 138.

[129] *Umbach*, Das Wesentliche an der Wesentlichkeitstheorie, in: Zeidler/Maunz/Roellecke (Hrsg.), FS Faller (1984), S. 111 (128) weist zurecht darauf hin, dass dies allenfalls möglich sei, wollte man die Wesentlichkeitstheorie mit einer weiteren „Stufentheorie" mit Differenzierungen von „ein bisschen wesentlich" über „ziemlich wesentlich" bis „wirklich wesentlich" verfeinern, diese wohl befürwortend *Busch*, Das Verhältnis des Art. 80 Abs. 1 S. 2 GG zum Gesetzes- und Parlamentsvorbehalt (1992), S. 75 f.; Diese Kriterien allerdings scheinen kaum zu einer eindeutigen Klassifizierung des „inneren Regelungsmaterials" geeignet.

[130] *Böckenförde*, Gesetz und gesetzgebende Gewalt (1981), S. 392.

[131] BVerfGE 41, 251 (266); 56, 1 (13); 58, 257 (277 ff.); *Nierhaus*, Bestimmtheitsgebot und Delegationsverbot, in: Burmeister (Hrsg.), FS Stern (1997), S. 717 (724); *Umbach*, Das Wesentliche an der Wesentlichkeitstheorie, in: Zeidler/Maunz/Roellecke (Hrsg.), FS Faller (1984), S. 111 (128); vgl. auch *Busch*, Das Verhältnis des Art. 80 Abs. 1 S. 2 GG zum Gesetzes- und Parlamentsvorbehalt (1992), S. 75 sowie *Staupe*, Parlamentsvorbehalt und Delegationsbefugnis (1986), S. 137.

[132] *Staupe*, Parlamentsvorbehalt und Delegationsbefugnis (1986), S. 37, 139.

[133] *Staupe*, Parlamentsvorbehalt und Delegationsbefugnis (1986), S. 139.

bestimmte Rechtsbegriffe im Tatbestand des Parlamentsgesetzes eröffnen der Exekutive durch ihre Auslegungsbedürftigkeit eine eigenständige Zuständigkeit zur Konkretisierung des Gesetzes.[134] Je nach enger oder weiter Auslegung wird die Schwelle der Eingriffsermächtigung angehoben oder abgesenkt, was nicht nur zu einer Aufweichung der parlamentsgesetzlichen „Leitentscheidung" führte, sondern diese beinahe ganz der Verwaltung überließe.

Teilweise wird vertreten, dass zudem Vorschriften, die der Verwaltung auf der Rechtsfolgenseite ein Ermessen eröffnen, vom Kanon der Regelungsmittel des Parlamentsgesetzes ausgeschlossen sein sollen.[135] Dies ist als Komplettausschluss jedoch möglicherweise zu weit gegriffen, vielmehr reicht in Bezug auf die Rechtsfolge der Regelung einer wesentlichen Materie auch aus, dass ein Ermessen gewährt wird, das die Grenzen der Ermessensbetätigung bereits vorzeichnet.[136] Anders als bei Beurteilungsspielräumen ist bei einem der Verwaltung eingeräumten Ermessen die Grenze der Ermessensbetätigung in § 40 VwVfG vorgezeichnet[137], während der Beurteilungsspielraum nur in bestimmten Fallgruppen gerichtlich nachprüfbar ist.

Für das Parlamentsgesetz, das eine allgemeine Impfpflicht regelt, bedeuten diese Anforderungen des verfassungsrechtlich notwendigerweise formell-gesetzlich zu regelnden Inhalts also, dass mindestens das „Ob" der Einführung der Pflicht, also die Entscheidung über die Begrenzung der Abwehrrechtsdimension des Grundrechts festgelegt werden muss. Diese Leitentscheidung, die nur „ja" oder „nein" lauten kann, darf nicht an die Exekutive delegiert werden, denn „eine selbstständige Begrenzung von Grundrechten durch die vollziehende oder rechtsprechende Gewalt ist unzulässig."[138] Insbesondere darf der Verwaltung kein Beurteilungsspielraum hinsichtlich des zum Eingriff ermächtigenden Tatbestandes zugestanden werden. Zudem darf ein zugestandenes Ermessen sich zumindest nicht als „Entschließungsermessen" gestalten, da das „Ob" des Eingriffs auch bei eindeutig vorliegendem Tatbestand der Eingriffsermächtigung ansonsten wieder bei der Verwaltung läge und der Wille des Gesetzgebers an dieser Stelle unterginge. Das eine allgemeine Impfpflicht regelnde Parlamentsgesetz muss die Grundrechtsbegrenzung also selbst anordnen und darf sie nicht im Wege der versteckten Delegation über auslegungsfähige und auslegungsbedürftige unbestimmte Rechtsbegriffe im Tatbestand der Exekutive überlassen.

Die Besonderheit einer allgemeinen Impfpflicht liegt aber darin, dass der Gesetzgeber nicht nur überhaupt über deren Einführung entscheiden muss,

---

[134] *Seiler*, Der einheitliche Parlamentsvorbehalt (2000), S. 139.

[135] Vgl. *Gersdorf*, Parlamentsvorbehalt versus Gesetzesvorbehalt?, in: DÖV 1990, S. 514 (516).

[136] *Seiler*, Der einheitliche Parlamentsvorbehalt (2000), S. 142.

[137] *Seiler*, Der einheitliche Parlamentsvorbehalt (2000), S. 142.

[138] *Hesse*, Grundzüge des Verfassungsrechts (1999), Rn. 314.

sondern auch jeweils für welche Krankheit.[139] Zwar sind hierfür in erheblicher Weise medizinisch-epidemiologische Daten notwendig, die eher bei der Exekutive (wie etwa beim Robert-Koch-Institut) als beim Parlamentsgesetzgeber selbst zu erwarten sind, was aus Praktikabilitätsgründen zunächst für einen „dynamischen Grundrechtsschutz" durch die Exekutive im Sinne einer Funktionsteilung beider Gewalten zu sprechen scheint. Dennoch kann die Entscheidung über den krankheitsbezogenen Umfang der Impfpflicht nicht an die Exekutive delegiert werden[140]: In der Entscheidung über den Umfang der allgemeinen Impfpflicht nämlich liegt eine eigenständige Grundrechtsrelevanz, die nicht nur darauf basiert, dass die jeweiligen Krankheiten unterschiedliche Verläufe und damit unterschiedlich schwerwiegende Gefährdungen auslösen, die im Rahmen der Gleichwertigkeitsprüfung den Risiken der Impfung gegenübergestellt werden müssen. Vielmehr setzt die je nach Krankheit unterschiedliche Grundrechtsrelevanz bereits bei der Schutzpflichtaktivierung und damit schon an dem Punkt an, an dem erst die Grundrechtsrelevanz überhaupt in Rede steht. Die erste Voraussetzung, dass die Impfpflicht gegen eine bestimmte Krankheit verfassungsrechtlich zulässig ist, ist nämlich – wie aufgezeigt[141] – schon die Schutzpflichtaktivierung, die vom Bestehen bzw. Nichtbestehen einer Herdenimmunität abhängt, aber krankheitsbezogen bestimmt werden muss.[142] Dass der Gesetzgeber sich bei dieser Leitentscheidung denklogisch der Expertise kundiger Stellen bedienen muss, steht dem Parlamentsvorbehalt nicht notwendigerweise entgegen.[143]

Darüber hinaus müssen auch auf Rechtsfolgenseite die für die Umsetzung des Gesetzeszwecks notwendigen Eingriffsbefugnisse durch das Parlamentsgesetz festgelegt und klar umzeichnet werden. Sollte sich der Gesetzgeber für mehrere, alternativ mögliche Rechtsfolgen entscheiden, so ist dies im Hinblick auf die geforderte Regelungsdichte nicht zu beanstanden, da ermessenseröffnende Klauseln auf der Rechtsfolgenseite im Gegensatz zu unbestimmten Rechtsbegriffen auf Tatbestandsseite des Parlamentsgesetzes zulässig sind. Sol-

---

139 Vgl. im Ergebnis ähnlich, jedoch in Bezug auf eine Impfpflicht nur für Gemeinschaftseinrichtungen *Rixen*, Verfassungsfragen der Masernimpfpflicht – Rechtsgutachten für „Ärzte für Individuelle Impfentscheidung e. V." (2019), S. 48, der allerdings aufgrund der Untersuchung des konkreten Gesetzesentwurfs (BR-Drs. 358/19) zu einem Verstoß gegen das Gebot der Normenklarheit gelangt.

140 Zustimmend *Rixen*, Verfassungsfragen der Masernimpfpflicht – Rechtsgutachten für „Ärzte für Individuelle Impfentscheidung e. V." (2019), S. 51 ff.; vgl. zum Problem des notwendigen Expertenwissens im Folgenden § 4 C. I. „Mitwirkung von Expertengremien als Voraussetzung der Normsetzung".

141 Vgl. § 3 B. II. 3. a)–e) jeweils aa) „Aktivierung der Schutzpflicht?".

142 Vgl. bereits § 3 B. II. 3. „Krankheitsspezifische Risikoabwägung anhand der Gleichwertigkeitsprüfung".

143 Dazu müssen indes weitere Voraussetzungen der demokratischen Legitimation der beratenden Institution eingehalten werden, vgl. dazu im Folgenden § 4 C. I. „Mitwirkung von Expertengremien als Voraussetzung der Normsetzung".

che Rechtsfolgenalternativen sind bei der Regelung einer allgemeinen Impfpflicht sogar notwendig, da im Bereich der Adressaten stets auch Ausnahmen von der Pflicht für die Risikogruppe der impfunfähigen Schutzbedürftigen vorgesehen sein müssen.[144] Denn ob im *Einzelfall* eine Ausnahme vorliegt, kann nur durch die Exekutive bestimmt werden. Die Tatbestände dieser Ausnahmen müssen aber ihrerseits bereits vom Gesetzgeber im Parlamentsgesetz klar umrissen sein, dürfen nur enumerativ fungieren und der Exekutive insbesondere nicht durch unbestimmte Rechtsbegriffe eine weite Auslegung ermöglichen, die die Zielerreichung der allgemeinen Impfpflicht konterkarieren könnte. Dafür spricht nicht zuletzt die Bezeichnung der zweiten, „vollziehenden Gewalt" als Eingriffsermächtigtem[145], da die Bezeichnung „Exekutive" als Aufgabenbereich lediglich die „Ausführung" bereits getroffener Entscheidungen enthält. Das bedeutet zumindest eine zwingende Umgrenzung dessen, *was* auszuführen ist, nicht aber notwendigerweise auch, *wie*. Letzteres ist einer Delegation als „unwesentlicher" Teil des „Wesentlichen" zugänglich, allerdings nur, sofern die Art und Weise der Ausführung nicht eigenständige Steigerungen der Eingriffsintensität mit sich bringt.

Zum Auswahlermessen der Exekutive gehört auch die Auswahl der weiteren Reihenfolge der Impfpflichtigen für die Umsetzung *im Einzelfall*. Die abstrakte Bestimmung dieser Vorgehensweise, nämlich die Vorgabe der Reihenfolge (die bei den Kindern beginnen sollte, die sich nach dem derzeitigen Impfkalender der Ständigen Impfkommission ohnehin in dem Alter befinden, in dem die Grundimmunisierungen durchgeführt werden, und sich bezogen auf das Lebensalter der Impfpflichtigen aufsteigend fortsetzt) obliegt allerdings – außerhalb einer Pandemiesituation mit knapper Impfstoffverfügbarkeit! – allein dem Gesetzgeber. (Während einer pandemischen Lage allerdings kann die Adressatenreihenfolge im Falle von knapper Impfstoffverfügbarkeit aufgrund der Effektivität der Gefahrenabwehr auch an die Exekutive delegiert werden. Das gilt allerdings, wie bei der Impfstoffpriorisierung im Rahmen von COVID-19, nur dann, wenn durch den Gesetzgeber die entsprechenden Rahmenregelungen getroffen wurden.)

Da bei einer allgemeinen Impfpflicht grundsätzlich alle Personen Adressaten der Pflicht sind, sofern sie nicht als Angehörige der schutzbedürftigen Risikogruppe in den Anwendungsbereich des Ausnahmetatbestandes fallen, liegt in der konkreten, einzelfallbezogenen Adressatenauswahl durch die Exekutive auch keine eigenständige Grundrechtsbegrenzung, der eine gesteigerte Intensität zuzumessen wäre.[146] Offen delegationsfähig, also im Wege der gesetzlichen

---

[144] Vgl. dazu bereits § 2 A. I. 2. c) „Von Impfunfähigkeit betroffene Personengruppen" sowie § 3 B. I. 3. c) dd) (2) „Bestehen von gesetzlich geregelten Ausnahmetatbeständen".

[145] *Seiler*, Der einheitliche Parlamentsvorbehalt (2000), S. 139.

[146] Vgl. dazu im Folgenden § 4 C. II. „Ausgestaltung der Reihenfolge der Adressaten".

Verordnungsermächtigung oder der Einräumung von Satzungsautonomie[147] regelungsfähig, ist nach alledem lediglich die Bestimmung über die Art und Weise der Durchführung der allgemeinen Impfpflicht.

Für den Parlamentsvorbehalt als Folge einer möglichen materiellen Wesentlichkeit kann für die Grundrechtsbegrenzung in Bezug auf das *Elterngrundrecht* gemäß Art. 6 Abs. 2 S. 1 GG nichts anderes gelten. Daher kann offenbleiben, ob auch der Eingriff in das Elterngrundrecht wesentlich ist und seine Regelung in formellverfassungsrechtlich zulässiger Weise ebenfalls nur durch Parlamentsgesetz erfolgen kann, da jedenfalls schon durch die Wesentlichkeit der Koordination der verschiedenen Grundrechtssphären des Grundrechts aus Art. 2 Abs. 2 S. 1 GG die formellen Anforderungen an die beschränkende Regelung determiniert werden. Selbst, wenn das Elterngrundrecht nicht in ebenso intensiver Weise berührt wäre wie das Grundrecht auf körperliche Unversehrtheit, richteten sich die formellen Anforderungen an das einschränkende Gesetz dennoch nach der jeweils höchsten Vorgabe, also nach denjenigen formellen Anforderungen, die die materielle Wesentlichkeit der Einschränkung der körperlichen Unversehrtheit statuiert. Da das einschränkende Parlamentsgesetz, in dem die Einführung der allgemeinen Impfpflicht geregelt wird, in seiner Geltung nicht zwischen den beiden einzuschränkenden Grundrechten unterscheidet, sind eventuelle Anforderungen als Folge der Wesentlichkeit auch für das Elterngrundrecht jedenfalls als eingehalten zu betrachten.

3. *Ergebnis*

Aufgrund der Wesentlichkeit der Regelungsmaterie einer allgemeinen Impfpflicht gilt das aus dem Parlamentsvorbehalt folgende Delegationsverbot. Die Leitentscheidung über die Einführung einer allgemeinen Impfpflicht ist daher ausschließlich dem Gesetzgeber, nicht aber dem Verordnungsgeber zugewiesen. Nur eine formell-gesetzliche Grundlage kann das hinreichende Legitimationsniveau eines so erheblichen Grundrechtseingriffs gewährleisten.[148] Das Parlament als einziges zur Leitentscheidung berufene Organ muss sich mit der Frage des „Ob" einer Impfpflicht überhaupt einmal auseinandersetzen. Bei einer positiven Entscheidung über die Regelungsmaterie ist die Festsetzung der Leitentscheidung sowie aller Eingriffsbefugnisse im Rahmen des Parlamentsgeset-

[147] Mit dieser Definition von „offener Delegation" *Staupe*, Parlamentsvorbehalt und Delegationsbefugnis (1986), S. 37 (dort Fn. 90).

[148] *Wicker/Rabenau/Marckmann et al.*, Argumente für eine verpflichtende Influenzaimpfung, in: DMW 2009, S. 1650 (1651), die davon bereits bei Einführung einer nur temporären Impfpflicht ausgehen. Erst recht muss diese demokratisch legitimierte Grundlage des Eingriffs bei einer allgemeinen Impfpflicht sichergestellt werden; siehe dazu auch *Klafki*, Risiko und Recht (2017), S. 346–352; tendenziell auch *Pieper/Schwager-Wehming*, Impfpflichten zur Bekämpfung von Masern- und COVID-19-Viren auf dem verfassungsrechtlichen Prüfstand, in: DÖV 2021, S. 287 (288).

zes unabdingbar. Die Regelung des „Ob“ einer allgemeinen Impfpflicht im Verordnungswege ist mit dem Parlamentsvorbehalt hingegen nicht vereinbar.[149] Es genügt gerade nicht, dass sich die Regelung einer allgemeinen Impfpflicht lediglich auf ein Parlamentsgesetz *zurückführen* lässt.

Eine gesetzgeberische Änderung des Infektionsschutzgesetzes birgt zwar fraglos einen gewissen Aufwand.[150] Das Prinzip des Parlamentsvorbehalts verlangt jedoch aufgrund seiner Verankerung nicht nur im Rechtsstaats-, sondern auch im Demokratieprinzip gerade die Sicherstellung des ausreichenden Diskurses und der intensiven Auseinandersetzung der gewählten Volksvertretung mit der grundrechtssensiblen Frage einer allgemeinen Impfpflicht und dient zugleich deren Akzeptanz.[151] Der parlamentarische Aufwand, der seine Grenzen gleichwohl darin findet, nicht jedes nicht grundrechtsrelevante Detail selbst regeln zu müssen, kann und muss insoweit sogar als geboten bezeichnet werden.

II. Konsequenz: Keine Anwendung der Verordnungsermächtigung gem. § 20 Abs. 6, 7 IfSG

Da sich aus den Vorgaben des Parlamentsvorbehalts ergeben hat, dass die einfachrechtliche Umsetzung einer allgemeinen Impfpflicht zwingend in Form eines förmlichen Parlamentsgesetzes erfolgen muss, bleibt in dieser Frage für die Anwendung von bereits existierendem untergesetzlichen Recht kein Raum mehr. Die Verordnungsermächtigung in § 20 Abs. 6, 7 IfSG, nach der angeordnet werden kann, „dass bedrohte Teile der Bevölkerung an Schutzimpfungen […] teilzunehmen haben, wenn eine übertragbare Krankheit mit klinisch schweren Verlaufsformen auftritt und mit ihrer epidemischen Verbreitung zu rechnen ist“, ist als Regelungsgrundlage somit bereits aufgrund der Vorgabe des Parlamentsvorbehalts ausgeschlossen.[152]

---

[149] So i. E. auch *Deutscher Ethikrat*, Stellungnahme: Impfen als Pflicht? (2019), S. 38.

[150] Vgl. *Klafki*, Risiko und Recht (2017), S. 347. Allerdings hat das Infektionsschutzgesetz allein im Jahr 2020 im Zuge der Bewältigung der Corona-Pandemie innerhalb kürzester Zeit so zahlreiche und weitgreifende Änderungen erfahren, dass die im Vergleich zur Verordnungsgebung befürchtete „Behäbigkeit“ des Gesetzgebungsverfahrens nicht zu erkennen war.

[151] Vgl. prägnant *Heinig* zum Verhältnis legislativischer und exekutivischer Normsetzung während der Corona-Pandemie: „Es macht für die politische Integrationsleistung einen Unterschied, ob über die Ausrichtung der Pandemiemaßnahmen nur in Talkshows und in vertraulichen Regierungskonferenzen mit nachfolgenden Pressekonferenzen gestritten wird oder eben auch und in prominenter Weise im Rahmen einer – gar argumentativ niveauvollen – parlamentarischen Debatte. Wenn Parlamente diese kommunikative Integrationsfunktion erfolgreich wahrnehmen, d. h. auch politische Alternativen zu Mehrheitsentscheidungen zur Darstellung bringen, hat das Auswirkungen auf die Akzeptanz der getroffenen Entscheidungen.“, *ders.*, Parlamentarismus in der Pandemie, www.verfassungsblog.de/parlamentarismus-in-der-pandemie/ (Seite zuletzt aufgerufen am 07.01.2021).

[152] *Gebhard*, in: Kießling (Hrsg.), Infektionsschutzgesetz Kommentar (2021), § 20 Rn. 34;

Die Tauglichkeit der Verordnungsermächtigung gemäß § 20 Abs. 6, 7 IfSG als Grundlage einer allgemeinen Impfpflicht ist aber auch aus weiteren Gründen zweifelhaft: Als Adressaten der Verordnungsermächtigung werden zunächst in Abs. 6 das Bundesministerium für Gesundheit sowie in Abs. 7 S. 1 die Landesregierungen als Erstdelegatare genannt, Abs. 7 S. 2 nennt die obersten Landesgesundheitsbehörden als Subdelegatare. Die gesetzliche Vorwegnahme der Subdelegatare ist im Hinblick auf Art. 80 Abs. 1 S. 4 GG zwar nicht zu beanstanden[153], allerdings ist das Rangverhältnis der beiden Erstdelegatare zueinander aufgrund des Wortlauts „solange" unklar.[154] Zwar wäre eine Nachrangigkeit der Landesregierungen gegenüber dem Bundesgesundheitsministerium denkbar.[155] Für eine Gleichrangigkeit spricht jedoch, dass ansonsten eine sachnähere Einschätzung der Bedrohungslage „vor Ort" vereitelt würde. Unklar wäre bei einer Nachrangigkeit auch, wie lange das Bundesgesundheitsministerium untätig sein müsste, bevor die Ermächtigung auf die Landesregierungen übergeht, so dass die Kompetenz der Länder erst bei einer inhaltlich umfassenden Rechtsverordnung des Bundesministeriums nicht mehr vorläge.[156]

Allerdings enthalten auch die tatbestandlichen Voraussetzungen zum Erlass einer Impfpflicht-Verordnung nach § 20 Abs. 6, 7 IfSG unbestimmte Rechtsbegriffe und begegnen daher Zweifeln im Hinblick auf ihre Bestimmtheit gemäß Art. 80 Abs. 1 S. 2 GG.[157] Das Merkmal der „übertragbaren Krankheit mit klinisch schweren Verlaufsformen" dürfte stets bei einer Infektionskrankheit vorliegen, die mit einer gewissen Vorhersehbarkeit zu nicht nur leichten oder nur

---

Höfling/Stöckle, Elternrecht, Kindeswohl und staatliche Impfverantwortung, in: RdJB 2018, S. 284 (293); *Staudinger*, Verfassungsrechtliche Untersuchung der Impfgesetzgebung in Deutschland (2021), S. 51. Darüber hinaus besteht in der Literatur grundsätzlich ein Diskurs über eine Parlamentsbeteiligung bei Verordnungen als „kompetenz- und legitimationsvermittelnde Verfahrensform" (sog. „Kompensationstheorie"), dazu näher *Schwanengel*, Einwirkungen der Landesparlamente auf die Normsetzung der Exekutive (2002), S. 90 ff. sowie *Pegatzky*, Parlament und Verordnungsgeber (1999), S. 133 ff.; *Saurer*, Funktionen der Rechtsverordnung (2005), S. 383 ff.; *Danwitz*, Die Gestaltungsfreiheit des Verordnungsgebers (1989), S. 128 ff.

153 *Gebhard*, in: Kießling (Hrsg.), Infektionsschutzgesetz Kommentar (2021), § 20 Rn. 25; *Klafki*, Risiko und Recht (2017), S. 348; *Mers*, Infektionsschutz im liberalen Rechtsstaat (2019), S. 157.

154 *Gebhard*, in: Kießling (Hrsg.), Infektionsschutzgesetz Kommentar (2021), § 20 Rn. 26.

155 *Bales/Baumann/Schnitzler*, Infektionsschutzgesetz Kommentar (2003), § 20 Rn. 28; *Klafki*, Risiko und Recht (2017), S. 348; *Pieper/Schwager-Wehming*, Impfpflichten zur Bekämpfung von Masern- und COVID-19-Viren auf dem verfassungsrechtlichen Prüfstand, in: DÖV 2021, S. 287 (288); *Samhat*, Gesundheitsgerechtes Verhalten (2019), S. 193.

156 *Gebhard*, in: Kießling (Hrsg.), Infektionsschutzgesetz Kommentar (2021), § 20 Rn. 26.

157 So auch *Klafki*, Risiko und Recht (2017), S. 349; a. A. aber *Grüner*, Biologische Katastrophen (2017), S. 215; *Mers*, Infektionsschutz im liberalen Rechtsstaat (2019), S. 143; *Schaks/Krahnert*, Die Einführung einer Impfpflicht zur Bekämpfung der Masern. Eine zulässige staatliche Handlungsoption, in: MedR 2015, S. 860 (863) sowie *Staudinger*, Verfassungsrechtliche Untersuchung der Impfgesetzgebung in Deutschland (2021), S. 96.

vorübergehenden Schäden führt[158] und ist vor diesem Hintergrund noch als bestimmt genug aufzufassen.[159] Anders liegt es jedoch bei den übrigen beiden Voraussetzungen: Bezüglich der „Prognose der epidemischen Verbreitung" ist unklar, welches Ausmaß die Verbreitung bereits angenommen haben muss, ob also bereits ein Ausbruchsgeschehen vorliegen[160] oder ein solches nur drohen muss.[161] Hinsichtlich des Merkmals „bedrohte Teile der Bevölkerung" ist offen, ob auch die gesamte Bevölkerung ein „Teil" im Sinne des Wortlauts der Norm darstellen kann.[162] Hier bestehen für den Verordnungsgeber jeweils so große Einschätzungsspielräume, dass weder ein Gebrauchmachen an sich noch der quantitative Regelungsumfang im Sinne der delegationsrechtlichen Bestimmtheitstrias vorhersehbar sind.[163]

Zuletzt ist auch wegen der gefahrenabwehrrechtlichen Gesamtausrichtung des Infektionsschutzgesetzes[164] als „Fachgesetz angewandter Epidemiologie"[165] die Verordnungsermächtigung des § 20 Abs. 6, 7 IfSG zur Regelung einer allgemeinen Impfpflicht unanwendbar, da die ihr zugrunde liegende Situation sich durch eine konkrete Bedrohungslage auszeichnet.[166] Aufgrund der im Vergleich zum Parlamentsgesetz abgeschwächten formellen Verfahrensregeln ist es

---

[158] Ähnlich *Staudinger*, Verfassungsrechtliche Untersuchung der Impfgesetzgebung in Deutschland (2021), S. 47.

[159] *Gebhard*, in: Kießling (Hrsg.), Infektionsschutzgesetz Kommentar (2021), § 20 Rn. 27, 31.

[160] So tendenziell *Staudinger*, Verfassungsrechtliche Untersuchung der Impfgesetzgebung in Deutschland (2021), S. 48, die deshalb von einer hinreichenden Bestimmtheit der Regelung ausgeht, da das Merkmal erfüllt sei, wenn „bereits zahlreiche Krankheitsfälle eingetreten" seien, „sodass bei ungehemmtem Fortgang der Situation damit zu rechnen ist, dass die vorhandene Krankheit ein epidemisches Ausmaß annehmen" werde.

[161] *Gebhard*, in: Kießling (Hrsg.), Infektionsschutzgesetz Kommentar (2021), § 20 Rn. 28.

[162] Befürwortend *Grüner*, Biologische Katastrophen (2017), S. 218; *Schaks*, § 14 Verhütung übertragbarer Krankheiten: Schutzimpfungen, in: Kluckert (Hrsg.), Das neue Infektionsschutzrecht (2021), Rn. 25; *Stebner/Bothe*, Impfzwang der Bevölkerung wegen Pockengefahr?, in: MedR 2003, S. 287; *Steinau-Steinrück*, Die staatliche Verhütung und Bekämpfung von Infektionskrankheiten (2013), S. 190; *Zuck*, Gesetzlicher Masern-Impfzwang, in: ZRP 2017, S. 118 (119); ablehnend *Boehme-Neßler*, Auf dem Weg zur Herdenimmunität?, in: NVwZ 2021, S. 1241 (1242); *Gassner*, Impfzwang und Verfassung: Mit Macht gegen die Masern?, Legal Tribune Online v. 10.07.2013, www.lto.de/recht/hintergruende/h/masern-impfzwang-bahr/ (Seite zuletzt aufgerufen am: 16.03.2021); *Kersten/Rixen*, Der Verfassungsstaat in der Corona-Krise (2021), Kap. VI. 3.; *Rixen*, in: Huster/Kingreen (Hrsg.), Handbuch Infektionsschutzrecht (2021), Kapitel 5, Rn. 25; offengelassen bei *Pieper/Schwager-Wehming*, Impfpflichten zur Bekämpfung von Masern- und COVID-19-Viren auf dem verfassungsrechtlichen Prüfstand, in: DÖV 2021, S. 287 (288).

[163] A. A. *Aligbe*, in: BeckOK IfSG (2021), § 20 Rn. 134.

[164] *Gebhard*, in: Kießling (Hrsg.), Infektionsschutzgesetz Kommentar (2021), § 20 Rn. 32; *Kießling*, in: dies. (Hrsg.), Infektionsschutzgesetz Kommentar (2021), Einf. Rn. 23.

[165] *Rixen*, Befugnisse und Grenzen des staatlichen Infektionsschutzrechts, in: Kloepfer (Hrsg.), Pandemien als Herausforderung für die Rechtsordnung (2011), S. 67 (70).

[166] *Gebhard*, in: Kießling (Hrsg.), Infektionsschutzgesetz Kommentar (2021), § 20 Rn. 33; *Wicker/Rabenau/Marckmann et al.*, Argumente für eine verpflichtende Influenzaimpfung, in: DMW 2009, S. 1650 (1651).

mittels Rechtsverordnungen möglich, das Recht kurzfristig an veränderte tatsächliche Verhältnisse anzupassen.[167] Die Verordnungsermächtigung ist deshalb lediglich darauf ausgerichtet, zeitnah reagieren und im Epidemiefall eine weitere Ausbreitung verhindern zu können, nicht aber darauf, als Mittel zur Herstellung einer Herdenimmunität zu dienen.[168] Mit der Vorgängerregelung im Bundesseuchengesetz 1961[169] hatte der Gesetzgeber eine Verordnungsermächtigung für eine Impfpflicht nur „für Notfälle"[170] geschaffen, was wohl auch auf die derzeit geltende Regelung zutrifft. § 20 regelt – jedenfalls in den Absätzen 1 bis 7 – Maßnahmen der „spezifischen Prophylaxe", eine allgemeine Impfpflicht wäre jedoch eher der generellen Prophylaxe zuzuordnen.[171] Unklar ist hier auch die Geltungsdauer einer auf der Verordnungsermächtigung basierenden Impfpflicht, die – im Umkehrschluss aus § 15 Abs. 2 IfSG – nicht mit Ablauf eines Jahres außer Kraft tritt. Eine unbegrenzte Dauer wäre jedoch zu weitreichend, weshalb die Verordnung als Gefahrenabwehrmaßnahme nur so lange in rechtmäßiger Weise gelten kann, wie noch eine abzuwehrende Gefahr vorliegt.[172]

Selbst wenn der Parlamentsvorbehalt also nicht zwingend vorgäbe, eine allgemeine Impfpflicht im Wege eines Parlamentsgesetzes zu regeln, könnte die Verordnungsermächtigung aufgrund eigener verfassungsrechtlich relevanter Mängel nicht als Regelungsgrundlage dienen. Vor diesem Hintergrund ist allerdings auch ihre Tauglichkeit schon als Grundlage einer nur gefahrenabwehrrechtlichen Impfpflicht fraglich.[173]

---

[167] *Brosius-Gersdorf*, Der Gesetzgeber als Verordnungsgeber, in: ZG 2007, S. 305 (315).

[168] So i. E. auch *Höfling/Stöckle*, Elternrecht, Kindeswohl und staatliche Impfverantwortung, in: RdJB 2018, S. 284 (294).

[169] § 15 Abs. 1 des BSeuchG (1961) lautete: „Der Bundesminister des Innern wird ermächtigt, bei erheblicher Seuchengefahr durch Rechtsverordnung, die der Zustimmung des Bundesrates nicht bedarf, Schutzimpfungen gegen übertragbare Krankheiten für bedrohte Teile der Bevölkerung anzuordnen. Das Grundrecht der körperlichen Unversehrtheit (Artikel 2 Abs. 2 Grundgesetz) kann insoweit eingeschränkt werden. Eine Seuchengefahr ist dann als erheblich anzusehen, wenn die Krankheit in bösartiger Form auftritt und mit ihrer epidemischen Verbreitung zu rechnen ist".

[170] Gesetzesbegründung BSeuchG (1961), BT-Drs. 03/1888, S. 23; vgl. auch *Staudinger*, Verfassungsrechtliche Untersuchung der Impfgesetzgebung in Deutschland (2021), S. 34, 49.

[171] Daher wirkt die Masernimpfpflicht als Maßnahme der generellen Prophylaxe in den Abs. 8–13 in der Dramaturgie des gesamten IfSG sowie im Besonderen in § 20 fremd, *Gebhard*, in: Kießling (Hrsg.), Infektionsschutzgesetz Kommentar (2021), § 20 Rn. 36.

[172] *Gebhard*, in: Kießling (Hrsg.), Infektionsschutzgesetz Kommentar (2021), § 20 Rn. 35; *Klafki*, Risiko und Recht (2017), S. 349.

[173] *Gebhard*, in: Kießling (Hrsg.), Infektionsschutzgesetz Kommentar (2021), § 20 Rn. 31.

C. Schlüsselfragen der einfachgesetzlichen Umsetzung einer allgemeinen Impfpflicht

Bei der einfachgesetzlichen Umsetzung einer allgemeinen Impfpflicht im Parlamentsgesetz muss – auch aufgrund der Vorgaben des Parlamentsvorbehalts – mehreren Schlüsselfragen Rechnung getragen werden.

Zunächst besteht Klärungsbedarf hinsichtlich der Bereitstellung desjenigen Wissens, das als Entscheidungsgrundlage für den Gesetzgeber unbedingt notwendig ist, jedoch nicht durch den Gesetzgeber selbst generiert wird. Hier kommen die Aufgaben und die demokratische Legitimation derjenigen Wissensakteure zum Tragen, auf deren Expertise der Gesetzgeber bei der Ausgestaltung der Regelung zurückgreifen muss (I.).

Eine Frage der verfassungskonformen Ausgestaltung ist auch die Reihenfolge der Adressaten der Impfpflicht, da zur Erreichung der Herdenimmunität als legitimem Ziel nicht unbedingt die Immunität der gesamten Bevölkerung notwendig ist, die Impfpflicht also nicht zwingend bei allen Adressaten durchgesetzt werden muss (II.).

Zuletzt stellt sich angesichts der derzeitigen Rechtslage die Frage, ob die Regelungen der Masernimpfpflicht in § 20 Abs. 8–13 IfSG (als generelle Impfpflicht immerhin für bestimmte Personengruppen[174]) Vorbildcharakter für die Ausgestaltung einer generellen Impfpflicht entfalten können. Hier lohnt sich insbesondere ein Blick auf die Sanktionsmöglichkeiten in Form von Betretungs- und Tätigkeitsverboten sowie auf die Zulässigkeit der speziellen Ausgestaltung, dass die Pflicht auch durchsetzbar ist, wenn ausschließlich Kombinationsimpfstoffe zur Verfügung stehen (III.).

I. Mitwirkung von Expertengremien als Voraussetzung der Normsetzung

Als erstes Schlüsselproblem offenbart sich, dass die tatsächliche Grundlage der gesetzgeberischen Entscheidung für oder gegen eine allgemeine Impfpflicht nur ein medizinisches Expertenwissen bilden kann, das beim Gesetzgeber selbst nicht in der notwendigen Tiefe vorhanden ist.[175] Aufgrund der Vorgaben des Parlamentsvorbehalts ist bei der Regelung einer allgemeinen Impfpflicht aber mindestens die Entscheidung über das „Ob" einer solchen Pflicht allein dem Parlamentsgesetzgeber vorbehalten und darf nicht der Exekutive überlassen werden. Das umfasst wegen der unterschiedlichen Schwellen der Schutzpflicht-

[174] *Gebhard*, in: Kießling (Hrsg.), Infektionsschutzgesetz Kommentar (2021), § 20 Rn. 36.

[175] Vgl. hier in anderem Problemzusammenhang treffend *Reinhardt*, Umweltschutz ist wesentlich, in: NVwZ 2019, S. 195 (197), der kritisch feststellt, dass heutzutage vielfach die Grenzen fachwissenschaftlicher Unterstützung staatlicher Entscheidungsprozesse in der Form der tatsächlichen Erkenntnisfindung überschritten würden.

aktivierung[176] auch die Entscheidung über die jeweilige Infektionskrankheit, gegen die eine allgemeine Impfpflicht eingeführt werden soll.[177]

Wenn man sich die inhaltliche Komplexität einer Regelungsmaterie im Bereich der Infektionsepidemiologie und der Dynamik ihrer Beurteilungsgrundlagen vor Augen führt, zeigen sich jedoch Schwierigkeiten: Bei der Regelung einer Impfpflicht besteht die Gefahr eines Zielkonflikts aus den Vorgaben des Parlamentsvorbehalts und der im Vergleich zur Rechtsverordnung weniger vorhandenen Eignung des Parlamentsgesetzes zur Regelung dynamischer[178] Sachverhalte (wie eben der Infektionsepidemiologie).[179] Der Einwand, der zugleich den Telos von Rechtsverordnungen[180] im Allgemeinen begründet, bricht sich hier Bahn: die mangelnde Sachnähe des Parlaments. Das medizinisch-fachliche Wissen muss aber zwingend den Ausgangspunkt der rechtlichen Abwägung durch den Parlamentsgesetzgeber bilden.[181] Somit liegt eine „kognitive Abhängigkeit des staatlichen Entscheidungssubjekts vom wissenschaftlichen Sachverstand" vor.[182]

Es steht dem Gesetzgeber bei der Einführung einer allgemeinen Impfpflicht zwar grundsätzlich frei, die Quellen medizinischen Fachwissens selbst zu bestimmen.[183] *Huster* stellt dazu treffend fest, dass „Pflichten des Gesetzgebers zur umfassenden Tatsachenfeststellung, zur nachvollziehbaren Prognose, zur Abwägung und auch zur Kontrolle und Beobachtung der Auswirkungen seiner Gesetze […] letztlich Anforderungen an die Gesetzgebungsmethodik und

---

[176] Vgl. § 3 B. II. 3. „Krankheitsspezifische Risikoabwägung anhand der Gleichwertigkeitsprüfung".

[177] Vgl. bereits § 4 B. I. 2. „Konsequenzen des Parlamentsvorbehalts für die Regelung einer allgemeinen Impfpflicht".

[178] Dass bei der Festlegung der zu impfenden Krankheiten eine Dynamik besteht, ist bereits daran erkennbar, dass die Empfehlungen der Ständigen Impfkommission in jährlichem Turnus erscheinen, also grundsätzlich einem Wandel unterliegen.

[179] Vgl. zum Problem der eingeschränkten Eignung von Parlamentsgesetzen zur Regelung sich schnell wandelnder Sachverhalte *Jaeckel*, Gefahrenabwehrrecht und Risikodogmatik (2010), S. 178; *Klafki*, Risiko und Recht (2017), S. 123; allgemein siehe auch *Huber*, Niedergang des Rechts und Krise des Rechtsstaates, in: Imboden et al. (Hrsg.), FS Giacometti (1953), S. 59 (81); ferner zur sog. „Versuchsgesetzgebung" *Stettner*, Verfassungsbindungen des experimentierenden Gesetzgebers, in: NVwZ 1989, S. 806 ff.

[180] Zwar bedarf auch die Exekutive bei dem Erlass von untergesetzlichem Recht je nach Regelungsmaterie fremder Expertise, jedoch können in den entsprechenden untergesetzlichen Regelungen keine grundrechtswesentlichen Eingriffe geregelt werden. Das Fehlen dieser Expertise wirkt sich also weniger intensiv auf die Wahrnehmbarkeit grundrechtlicher Freiheiten aus als bei einem Parlamentsgesetz.

[181] *Wilke*, Der Schutz vor den Wirkungen des Fluglärms (2017), S. 178.

[182] *Di Fabio*, Risikoentscheidungen im Rechtsstaat (1994), S. 452; grundlegend und abstrakter *Möllers*, Kognitive Gewaltengliederung, in: Die Verwaltung, Beiheft 9 (2010), S. 113 (121): „Zweifellos muss parlamentarische Gesetzgebung informiert sein […]."; vgl. auch *Voßkuhle*, Sachverständige Beratung des Staates, in: Isensee/Kirchhof (Hrsg.), HStR III (2005), § 43 Rn. 1.

[183] Vgl. *Hollo*, in: Kießling (Hrsg.), Infektionsschutzgesetz Kommentar (2021), § 4 Rn. 2.

an das ‚innere'[184] Gesetzgebungsverfahren darstellen."[185] Dieses innere Gesetzgebungsverfahren, der „Willensbildungs- und Entscheidungsprozess"[186] des Gesetzgebers, ist – begründet durch die Natur der Regelungsmaterie – von eigenen Wissensmängeln des Gesetzgebers durchzogen. Angesichts der Wesentlichkeit der Grundrechtsbetroffenheit ist bei der Regelung einer Impfpflicht aber umso mehr eine Einbeziehung medizinisch-naturwissenschaftlicher Fakten in die rechtliche Bewertung geboten, da mit deren Objektivität auch eine Steigerung der Rechtssicherheit einhergeht.[187] Medizinisch-naturwissenschaftliches Fachwissen, das kaum im Wissenskontor des Gesetzgebers selbst zu finden ist[188], bildet sogar erst die Grundlage für die Wahrnehmbarkeit der dem Gesetzgeber allein zustehenden Einschätzungsprärogative.[189]

Die im Regelungsbereich einer Impfpflicht daher notwendigen zahlreichen Rückgriffe auf medizinisches Expertenwissen bedürfen einer näheren Beleuchtung unter dem Gesichtspunkt der verfassungsrechtlich gebotenen demokratischen Legitimation: Die (wenn auch nur mittelbare) Mitwirkung nicht unmittelbar vom Volk gewählter Gremien am Gesetzgebungsverfahren ist aus verfassungsrechtlicher Sicht nämlich nur dann zulässig, wenn sich ihre Einrichtung zumindest auf dic unmittelbar vom Volk gewählten und damit legitimierten Organe zurückführen lässt.[190] Erlangen Tätigkeiten eines Sachverständigengremiums aufgrund seiner prominenten Position sogar eine zumindest mittelbar-faktische Außenwirkung, so dass es politische Entscheidungen zu lenken oder sogar vorzugeben vermag, bedarf es einer demokratischen Legitimation seiner Einflussnahme.[191]

Wessen Expertenwissen tritt hier also an die Stelle mangelnder Expertise seitens des Gesetzgebers selbst? Verfügen diese Expertenstellen über eine hinreichende demokratische Legitimationsgrundlage, um als Quelle der Grundlagen gesetzgeberischer Entscheidungen zu dienen? Bei der Notwendigkeit der Einbeziehung von Expertenwissen im Rahmen der hier vorliegenden Regelungsmaterie geht es jedoch nicht um eine möglichst von machtpolitischen Erwägungen unabhängige Entscheidungsfindung, die den politisch Verantwortlichen

[184] Siehe zum Begriff des „inneren" Gesetzgebungsverfahrens *Meßerschmidt*, Gesetzgebungsermessen (2000), S. 828 ff.

[185] *Huster*, Die Beobachtungspflicht des Gesetzgebers, in: ZfRSoz 2003, S. 3 (19).

[186] *Meßerschmidt*, Gesetzgebungsermessen (2000), S. 829.

[187] *Seewald*, Zur Verantwortlichkeit des Bürgers nach dem Bundesseuchengesetz, in: NJW 1987, S. 2265 (2271).

[188] Vgl. *Thiele*, Verlustdemokratie (2018), S. 116 ff., der für manche Regelungsmaterien aufgrund der „Komplexität der Fragestellung" eine „Überforderung der politisch Verantwortlichen" erblickt.

[189] Vgl. *Fassbender*, Wissen als Grundlage staatlichen Handelns, in: Isensee/Kirchhof (Hrsg.), HStR IV (2006), § 76 Rn. 2.

[190] *Hollo*, Das Verfahren zur Anerkennung von Berufskrankheiten (2018), S. 118.

[191] So prägnant *Hollo*, in: Kießling (Hrsg.), Infektionsschutzgesetz Kommentar (2021), § 4 Rn. 2.

nur deshalb entzogen und auf Expertengremien übertragen werden sollte, weil sie sonst „interessengeleitet, willkürlich und irrational“[192] wäre. Das Expertenwissen bildet hier vielmehr schon die Grundlage dafür, eine gesetzgeberische Entscheidungsfindung überhaupt erst zu ermöglichen.[193]

Diese Aufgabe der Generierung und Sammlung von Expertenwissen wird im Bereich der Prävention und Überwachung von Infektionskrankheiten vom Robert-Koch-Institut und im Bereich der Schutzimpfungen von der dort angesiedelten Ständigen Impfkommission übernommen.[194] Diese werden damit gemeinsam zum „Quasi-Normgeber“[195].[196] Es kommt deshalb zum einen auf deren institutionelle demokratische Legitimation und zum anderen auf die demokratische Legitimation ihrer jeweiligen Aufgabenwahrnehmung im Kontext einer Impfpflicht an.[197] Nur, wenn diese in einem dem Parlamentsvorbehalt gerecht werdenden Maße gegeben sind, ist der Rückgriff auf das dort vorhandene Wissen im Rahmen der parlamentsgesetzlichen Regelung einer allgemeinen Impfpflicht verfassungsrechtlich unbedenklich. Wie den Anforderungen des Parlamentsvorbehalts insbesondere im Hinblick auf die notwendige Wissensgrundlage und die deshalb erforderliche Einbeziehung von Expertengremien in das „innere Gesetzgebungsverfahren“ im Speziellen genügt werden kann, bedarf im Folgenden einer näheren Betrachtung.

1. Rolle des Robert-Koch-Instituts

Da der Gesetzgeber dem Robert-Koch-Institut im Bereich des Infektionsschutzes eine besondere Rolle eingeräumt hat[198], kommt diese auch bei der gesetzgeberischen Entscheidung über eine Impfpflicht zum Tragen. Zwar darf die

[192] Mit dieser Begründung für eine Entscheidungsverlagerung weg vom Gesetzgeber auf unabhängige Expertengremien aber *Thiele*, Verlustdemokratie (2018), S. 117; gegenteilig indes *Möllers*, Kognitive Gewaltengliederung, in: Die Verwaltung, Beiheft 9 (2010), S. 113 (121), der darauf hinweist, dass etwa Lobbying als „Wissensaufbereitung im Dienste bestimmter Interessen“ zwar nur begrenzt zuverlässig, aber trotzdem unverzichtbar und auf das „Kontrastwissen anderer Interessenten“ bezogen sei.

[193] Vgl. bereits § 3 B. II. 2. a) cc) (1) „Folgen für die Beurteilbarkeit der Schutzpflichtaktivierung“.

[194] *Hollo*, in: Kießling (Hrsg.), Infektionsschutzgesetz Kommentar (2021), § 4 Rn. 6; *Gebhard*, in: Kießling (Hrsg.), Infektionsschutzgesetz Kommentar (2021), § 20 Rn. 10.

[195] *Leisner-Egensperger*, Schriftliche Stellungnahme zu BT-Drs. 19/26545, Ausschuss-Drs. 19(14)288(9), S. 29, attestiert den Empfehlungen der STIKO bereits jetzt eine „quasinormative Wirkung“.

[196] Vgl. allgemein *Reiling*, Der Hybride (2016), S. 38, die im Bereich „unsicherer Handlungsgrundlagen“ zutreffend einen „Funktionszuwachs der Verwaltung“ ausmacht, indem der Gesetzgeber die Generierung fehlenden Wissens an administrative Verfahren delegiert; siehe auch im Folgenden § 4 C. I. 3. „Zusammenfassung: Gemeinsame Aufgabe des Robert-Koch-Instituts und der Ständigen Impfkommission bei der Einführung einer allgemeinen Impfpflicht“.

[197] Vgl. zu den Beobachtungspflichten des Gesetzgebers im Rahmen einer allgemeinen Impfpflicht bereits § 3 B. II. 2. a) cc) (2) „Beobachtungspflicht des Gesetzgebers“.

[198] *Hollo*, in: Kießling (Hrsg.), Infektionsschutzgesetz Kommentar (2021), § 4 Rn. 8.

Letztentscheidung über eine wesentliche Regelungsmaterie – wie aufgezeigt – nicht in der Verantwortung der Exekutive liegen.[199] Der parlamentarische Gesetzgeber kann es jedoch fachlich kaum leisten, bereits im Vorfeld jedes Detail festzulegen.[200] Angesichts des raschen naturwissenschaftlich-technischen Fortschritts, dem der Gesetzgeber kaum in Echtzeit folgen kann, wird ihm vom Bundesverfassungsgericht daher zugestanden, die Entscheidungsdetails in diesem Bereich kurzfristig sachnäheren Gremien außerhalb der Gesetzgebung zu überlassen und sich auf eine alsbaldige Überprüfung dieser Entscheidung zu beschränken.[201] Nur so kann die weite Einschätzungs-, Wertungs- und Gestaltungsprärogative des Gesetzgebers abgesichert werden.[202] Dennoch darf in Ansehung einer möglichst hohen Transparenz der gesetzgeberischen Entscheidungsfindung auch nicht der Eindruck entstehen, die Gesetzgebung läge mittelbar vollständig in den Händen der „Expertokratie".[203]

Dem Robert-Koch-Institut wird im Rahmen der Einführung einer allgemeinen Impfpflicht die wichtige und verfassungsrechtlich notwendige Aufgabe zuteil, medizinisch-epidemiologische Entwicklungen im Blick zu behalten und den Gesetzgeber von diesen zu unterrichten.[204] Es fungiert dabei quasi als „Gehilfe" des Gesetzgebers zur Erfüllung der Beobachtungspflicht[205] sowohl im Vorfeld als auch während der Geltung der Impfpflicht. Wird die gesetzgeberische Entscheidung für eine Impfpflicht nämlich von epidemiologischen Faktoren beeinflusst, deren Entwicklung dynamisch ist und die unter dem direkten Einfluss der Auswirkungen bisheriger gesetzgeberischer Entscheidungen stehen, ist der Gesetzgeber – wie bereits dargelegt – zur Überprüfung und gegebenenfalls zur Veränderung seiner Entscheidung gehalten.[206] Das bei der Gesundheitsverwaltung, mithin auch beim Robert-Koch-Institut, versammelte Fachwissen bedingt dessen „Sachverständigenfunktion"[207] hinsichtlich medizinischer Fragestellungen[208], denn: Medizinische Sachkenntnis hat faktisch präjudizieren-

---

[199] Vgl. BVerfGE 49, 89 (98).

[200] BVerfGE 49, 89 (103); ähnlich *Reiling*, Der Hybride (2016), S. 38 sowie *Reinhardt*, Umweltschutz ist wesentlich, in: NVwZ 2019, S. 195 (196).

[201] BVerfGE 149, 407 (415 f.); ähnlich *Reinhardt*, Umweltschutz ist wesentlich, in: NVwZ 2019, S. 195 (196).

[202] *Fassbender*, Wissen als Grundlage staatlichen Handelns, in: Isensee/Kirchhof (Hrsg.), HStR IV (2006), § 76 Rn. 19.

[203] Vgl. jedoch zur hohen medialen Präsenz des Robert-Koch-Instituts während der Corona-Pandemie *Wolf*, Quantifizierung und Querfront, www.verfassungsblog.de/quantifizierung-und-querfront/ (Seite zuletzt aufgerufen am: 09.01.2021): „Virologinnen und Virologen machten in der Anfangsphase mitunter den Eindruck einer expertokratischen Priesterkaste".

[204] Vgl. *Hollo*, in: Kießling (Hrsg.), Infektionsschutzgesetz Kommentar (2021), § 4 Rn. 6.

[205] Vgl. bereits § 3 B. II. 2. a) cc) (2) „Beobachtungspflicht des Gesetzgebers".

[206] BVerfGE 49, 89 (90).

[207] Z. B. § 1 Gesundheitsdienstgesetz (GDG) Schleswig-Holstein.

[208] Vgl. *Rixen*, Befugnisse und Grenzen des staatlichen Infektionsschutzrechts, in: Kloepfer (Hrsg.), Pandemien als Herausforderung für die Rechtsordnung (2011), S. 67 (78).

de Wirkung, die allerdings einer rechtlichen Kontrolle bedarf.[209] Angesichts dieser zwar nicht rechtlichen, aber dennoch faktischen Bindungswirkung der medizinischen Faktenlage für die vom Gesetzgeber zu treffende Entscheidung bedarf es einer Betrachtung der demokratischen Legitimation zum einen des Robert-Koch-Instituts als Beratungsgremium. Zum anderen muss auch die ihm in dieser Fragestellung zuteilwerdende Aufgabenwahrnehmung der Ermittlung und Unterrichtung über die medizinisch-epidemiologische Faktenlage auf ihre Legitimation untersucht werden.

a) Aufgabe des Robert-Koch-Instituts bei der Einführung einer allgemeinen Impfpflicht

Bereits nach derzeitiger Rechtslage besteht der zentrale Auftrag des Robert-Koch-Instituts gemäß § 4 Abs. 1 S. 1, 2 IfSG in der Entwicklung von Konzeptionen zur „Vorbeugung übertragbarer Krankheiten sowie zur frühzeitigen Erkennung und Verhinderung der Weiterverbreitung von Infektionen" und der Beratung zuständiger Bundesministerien.[210] Die Aufgabe des Robert-Koch-Instituts konkretisiert sich jedoch bei einer allgemeinen Impfpflicht und liegt hier vor allem in der Beobachtung der epidemiologischen Situation und ihrer Entwicklung, und zwar *unabhängig* vom Vorliegen eines infektionsschutzrechtlichen Gefahrenmoments.[211]

Im Vorfeld einer allgemeinen Impfpflicht beinhaltet diese Beobachtung zunächst die Festlegung der entscheidenden Herdenimmunitätsschwellen für die einzelnen Infektionskrankheiten in der Population und anschließend die Beobachtung der Immunitätsentwicklung für impfpräventable Infektionskrankheiten (nicht bloß die Entwicklung des *Impf*status der Bevölkerung![212]).[213] Diese Beobachtung ist notwendig, um die medizinisch-infektiologische Risikolage zu erkennen, die sich aus verfassungsrechtlicher Sicht als die Aktivierung einer grundrechtlichen Schutzpflicht darstellt.[214] Erst aus dem Zusammenspiel dieser vom Robert-Koch-Institut beobachteten medizinischen Fakten kann nämlich aus juristischer Sicht die Gefahrenschwelle festgelegt und deren Über-

[209] *Rixen*, Befugnisse und Grenzen des staatlichen Infektionsschutzrechts, in: Kloepfer (Hrsg.), Pandemien als Herausforderung für die Rechtsordnung (2011), S. 67 (79).

[210] BT-Drs. 14/2530, S. 45; *Hollo*, in: Kießling (Hrsg.), Infektionsschutzgesetz Kommentar (2021), § 4 Rn. 6.

[211] Siehe für Einzelheiten bereits ausführlich § 3 B. II. 2. a) cc) (2) „Beobachtungspflicht des Gesetzgebers".

[212] Eine individuelle Immunität, die zur Herstellung einer Herdenimmunität beiträgt, kann nämlich nicht nur durch Impfung, sondern auch durch das Durchleben der Krankheit erworben werden, vgl. bereits § 2 A. I. 2. d) aa) „Herstellung und Bedeutung der Herdenimmunität", zudem § 3 B. II. 2. a) bb) (2) „Impfquoten in Bezug auf Erwachsene" sowie § 3 B. II. 2. a) cc) (1) „Folgen für die Beurteilbarkeit der Schutzpflichtaktivierung".

[213] Vgl. bereits § 3 B. II. 2. a) cc) (2) (a) „Beobachtungspflicht im Vorfeld der Schutzpflicht".

[214] Vgl. allgemein zutreffend *Reiling*, Der Hybride (2016), S. 39: „Es geht um die Beobachtung des Risikosubstrats an sich".

schreitung beurteilt werden. Diesen Moment darf der Gesetzgeber nicht verpassen, da ansonsten eine Verletzung des Untermaßverbotes droht.

Während der Geltung einer allgemeinen Impfpflicht besteht die Aufgabe des Robert-Koch-Instituts in der ständigen Überwachung der Auswirkung der Impfpflicht auf die Immunitätslage[215] der Bevölkerung.[216] Es handelt sich bei dem Beobachtungsgegenstand keineswegs um einen abgeschlossenen Sachverhalt. Das Augenmerk muss hier darauf liegen, ob unter Zugrundelegung der festgelegten Herdenimmunitätsschwelle die Herstellung der Herdenimmunität bereits erfolgt und somit die Schutzpflicht deaktiviert ist. Auch diesen Zeitpunkt darf der Gesetzgeber nicht verpassen, da im Moment der Deaktivierung der Schutzpflicht der legitime Zweck des einer allgemeinen Impfpflicht innewohnenden Grundrechtseingriffs für die Abwehrrechtsdimension entfällt.[217]

Aus diesem Grund umfasst die Aufgabe des Robert-Koch-Instituts auch die dauerhafte Unterrichtung des Parlamentsgesetzgebers[218], dessen (eigene) Aufmerksamkeit sich bei der Erfüllung von schutzpflichtbezogenen Beobachtungspflichten als „knappe Ressource" erweist.[219] Die Aufgabe des Robert-Koch-Instituts darf sich nicht nur auf die „Beratung nach Aufforderung" beschränken. Denn nur, wenn das Robert-Koch-Institut den Gesetzgeber durchgehend und nicht nur nach Aufforderung unterrichtet, kann sichergestellt werden, dass der Parlamentsgesetzgeber, der allein zu grundlegenden Weichenstellungen in der Frage einer allgemeinen Impfpflicht befugt ist, eine ausreichend evaluierte Tatsachenbasis für seine Entscheidung vorfindet.[220]

[215] Diese kann keineswegs allein durch die Auswertung meldepflichtiger Krankheiten und meldepflichtiger Nachweise von Krankheitserregern, die dem Robert-Koch-Institut übermittelt worden sind (§ 4 Abs. 2 Nr. 2 i. V. m. §§ 6, 7 IfSG), bewerkstelligt werden, da die Fall- und Verdachtsfallzahlen in Bezug auf die Immunitätsentwicklung hinsichtlich einer Infektionskrankheit nur geringe Aussagekraft haben.

[216] Vgl. bereits § 3 B. II. 2. a) cc) (2) (b) „Beobachtungspflicht während der Aktualität der Schutzpflicht".

[217] Vgl. § 3 B. I. 3. c) aa) „Legitimer Zweck: Schutzpflicht für Leben und körperliche Unversehrtheit" sowie § 3 C. III. 1. b) „Kollidierendes Verfassungsrecht".

[218] Die Zurverfügungstellung der Ergebnisse der infektionsepidemiologischen Auswertungen (§ 4 Abs. 2, Nr. 2, 3 IfSG) für die in § 4 Abs. 2 Nr. 3 lit. a)–i) genannten Stellen nützen in Bezug auf die Aufgabe, die dem Robert-Koch-Institut bei einer allgemeinen Impfpflicht zufällt, wenig.

[219] So prägnant *Huster*, Die Beobachtungspflicht des Gesetzgebers, in: ZfRSoz 2003, S. 3 (20); vgl. auch *Möllers*, Kognitive Gewaltengliederung, in: Die Verwaltung, Beiheft 9 (2010), S. 113 (121).

[220] Bei der Unterrichtung des Gesetzgebers von den getätigten Beobachtungen handelt es sich dann keineswegs um eine eigene Rechtsetzung des Robert-Koch-Instituts, vgl. für die Informationsverbreitungsinstrumente des Robert-Koch-Instituts, die indes vorwiegend an die Öffentlichkeit gerichtet sind *Pflug*, Pandemievorsorge (2013), S. 145 ff.

b) Demokratische Legitimation des Robert-Koch-Instituts und seiner Aufgabenwahrnehmung im Rahmen einer allgemeinen Impfpflicht

Die bedeutende Aufgabe der Beobachtung der epidemiologischen Situation und der (unaufgeforderten) Beratung des letztentscheidenden Gesetzgebers, die dem Robert-Koch-Institut bei einer allgemeinen Impfpflicht zukommt, ist gewissermaßen die Voraussetzung und wissenschaftliche Basis dafür, dass der Gesetzgeber seine Einschätzungsprärogative in hinreichendem und nachvollziehbarem Maße wahrnehmen kann. Deshalb stellt sich die Frage nach der demokratischen Legitimation dieser Aufgabenwahrnehmung.[221]

Wie bereits dargelegt, ist die inhaltliche Determination von Entscheidungsmaterien im Gesetzgebungsverfahren durch nicht unmittelbar vom Volk gewählte Gremien aus verfassungsrechtlicher Sicht nur dann zulässig, wenn sich die Einrichtung dieser Gremien zumindest auf die unmittelbar vom Volk gewählten und damit legitimierten Organe zurückführen lässt.[222] An dieser Anforderung ändert es auch nichts, dass hier als „inneres" Gesetzgebungsverfahren der Entscheidungsfindungsprozess des Gesetzgebers[223] betroffen ist, dessen inhaltlich-sachliche Voraussetzungen erst durch die Generierung medizinischen Fachwissens geschaffen werden. Die Wahrnehmung der notwendigen Aufgaben des Robert-Koch-Instituts vor und während der Geltung einer allgemeinen Impfpflicht muss also auf eine hinreichende demokratische Legitimation zurückführbar sein.

aa) Institutionelle Legitimation

Die Anforderung des Parlamentsvorbehalts an die ausreichende demokratische Legitimation der an der gesetzgeberischen Entscheidung beteiligten Akteure betrifft zunächst die institutionelle Legitimation des Robert-Koch-Instituts. Beim Robert-Koch-Institut handelt es sich um eine selbstständige Bundesoberbehörde im Sinne von Art. 87 Abs. 3 S. 1 GG.[224] Durch die Errichtung kann der Bund die Verwaltungskompetenzen in den Bereichen an sich ziehen, in denen er selbst die Gesetzgebungskompetenz besitzt. Diese Verwaltungskompetenzen beschränken sich aber auf Aufgaben, „die der Sache nach für das ganze Bundesgebiet von einer Oberbehörde ohne Mittel- und Unterbau und ohne Inanspruchnahme von Verwaltungsbehörden der Länder – außer für reine Amts-

[221] Vgl. *Hollo*, in: Kießling (Hrsg.), Infektionsschutzgesetz Kommentar (2021), § 4 Rn. 2. Davon zu unterscheiden sind die bereits in § 4 Abs. 1 Nr. 2 IfSG geregelten Instrumente, die dem Robert-Koch-Institut zur Information der Bevölkerung zur Verfügung stehen, vgl. eingehend *Pflug*, Pandemievorsorge (2013), S. 146 ff.

[222] *Hollo*, Das Verfahren zur Anerkennung von Berufskrankheiten (2018), S. 118.

[223] Vgl. näher *Meßerschmidt*, Gesetzgebungsermessen (2000), S. 829.

[224] *Burgi*, in: v. Mangoldt/Klein/Starck GG Kommentar, Bd. 3 (2018), Art. 87 Rn. 100; *Hollo*, in: Kießling (Hrsg.), Infektionsschutzgesetz Kommentar (2021), § 4 Rn. 6; *Pflug*, Pandemievorsorge (2013), S. 123; *Trute*, Pandemien als potentiell globale Katastrophe, in: GSZ 2018, S. 125 (129); *Walus*, Pandemie und Katastrophennotstand, in: DÖV 2010, S. 127 (129).

hilfe[225] – wahrgenommen werden können."[226] Wie bereits aufgezeigt, ist die Regelung einer allgemeinen Impfpflicht, welche sowohl im Vorfeld als auch während ihrer Geltung die Expertise des Robert-Koch-Instituts erfordert[227], Bestandteil der Gesetzgebung des Bundes.[228]

Das institutionelle Legitimitätsniveau des Robert-Koch-Institut muss als hoch eingestuft werden: Das Institut ist durch §2 des Gesetzes über Nachfolgeeinrichtungen des Bundesgesundheitsamtes (BGA-NachfG) v. 24. Juni 1994 vom Bundesgesetzgeber selbst errichtet worden[229] und damit Teil der bundeseigenen Verwaltung gemäß Art. 86 S. 1 GG.[230] Seine Einrichtung und Aufgaben werden zudem in §4 IfSG konkretisiert[231] und bekräftigen damit seine gesetzliche Legitimität. Durch die Eigenschaft als Teil der bundeseigenen Verwaltung ist das Institut als Organisationseinheit ohne eigene Rechtspersönlichkeit[232] direkt dem Bundesministerium für Gesundheit als Rechts- und Fachaufsichtsbehörde unterstellt.[233] Es verfügt damit in institutioneller Hinsicht durch eine sehr kurze Legitimationskette über ein hohes Maß an demokratischer Legitimation.

bb) Legitimation der notwendigen Aufgabenwahrnehmung bei einer allgemeinen Impfpflicht

Dass dem Robert-Koch-Institut zwar im „föderal fragmentierten Gesundheitswesen formal keine starke Stellung" zukommt, seine informale Stärke aufgrund seiner Aufgabenwahrnehmung (schon nach derzeitiger Rechtslage) aber umso größer ist[234], ist schließlich weniger eine Frage der institutionellen Legitimation. Die Bedeutung der Legitimation seiner Aufgabenwahrnehmung im Kontext einer möglichen zukünftigen allgemeinen Impfpflicht ist indes umso bedeutsamer.

---

225 Ausführlich *Hermes*, in: Dreier (Hrsg.), GG Kommentar, Bd. 3 (2018), Art. 87 Rn. 87.

226 BVerfGE 14, 197 (211); *Broß/Mayer*, in: v. Münch/Kunig GG Kommentar, Bd. 2 (2021), Art. 87 Rn. 28ff.; *Hermes*, in: Dreier (Hrsg.), GG Kommentar, Bd. 3 (2018), Art. 87 Rn. 66, 80; *Maiwald*, in: Schmidt-Bleibtreu/Hofmann/Henneke, Art. 87 Rn. 29, 38; *Suerbaum*, in: BeckOK GG (2021), Art. 87 Rn. 28.

227 Siehe dazu sogleich §4 C. I. 1. b) bb) „Legitimation der notwendigen Aufgabenwahrnehmung bei einer allgemeinen Impfpflicht".

228 Vgl. §4 A. „Die Impfpflicht als Gegenstand der Gesetzgebung des Bundes".

229 Vgl. Gesetzesbegründung zum BGA-NachfG, BT-Drs. 12/7112, S. 13; *Hollo*, in: Kießling (Hrsg.), Infektionsschutzgesetz Kommentar (2021), §4 Rn. 7.

230 Vgl. *Maiwald*, in: Schmidt-Bleibtreu/Hofmann/Henneke, Art. 87 Rn. 27.

231 *Erdle*, Infektionsschutzgesetz (2021), Vorb. zu §4; *Gerhardt*, Infektionsschutzgesetz Kommentar (2021), §4 Rn. 1.

232 Vgl. grundsätzlich *Suerbaum*, in: BeckOK GG (2021), Art. 86 Rn. 16.

233 Vgl. *Klafki*, Risiko und Recht (2017), S. 200; auch *Burgi*, in: v. Mangoldt/Klein/Starck GG Kommentar, Bd. 3 (2018), Art. 87 Rn. 97 sowie *Hermes*, in: Dreier (Hrsg.), GG Kommentar, Bd. 3 (2018), Art. 87 Rn. 79.

234 So zutreffend *Rixen*, Befugnisse und Grenzen des staatlichen Infektionsschutzrechts, in: Kloepfer (Hrsg.), Pandemien als Herausforderung für die Rechtsordnung (2011), S. 67 (77).

Diese Aufgabe umfasst – wie bereits aufgezeigt – die Erfüllung der eigentlich dem Gesetzgeber obliegenden Beobachtungspflicht, die er jedoch hinsichtlich der Komplexität der epidemiologischen Gegebenheiten nicht selbst leisten kann. Es ist daher zunächst am Robert-Koch-Institut, dem Gesetzgeber die entscheidungsrelevanten Tatsachen zu präsentieren. Dadurch kann das Robert-Koch-Institut bereits die Tatsachenlage determinieren und diejenigen Fakten vorsortieren, die der Gesetzgeber anschließend normativ bewerten muss. Das „Wissensgefälle" geht dabei nur in eine Richtung: Das Robert-Koch-Institut kann allein steuern, wie und mit welchen Mitteln es die Beobachtungspflicht der epidemischen Lage wahrnimmt und welche Ergebnisse seiner Beobachtung es dem Gesetzgeber vorsortiert oder aufbereitet zur Verfügung stellt. Der Gesetzgeber hingegen muss aufgrund seiner „Wissensunterlegenheit" darauf vertrauen, ein möglichst umfassendes und neutrales Bild von der Tatsachenlage zu erhalten.

Fraglich ist, ob diese Wahrnehmung der Beobachtungspflicht als „Gehilfe" des Gesetzgebers nach der geltenden Rechtslage von den Aufgaben des Robert-Koch-Instituts umfasst ist. Dessen derzeitige Befugnisse umfassen zwar nach § 4 Abs. 1 S. 2 IfSG ausdrücklich auch die institutseigene Forschung („Ressortforschung"). Die vorgesehene Verwendung dieser Forschungsergebnisse ist allerdings bisher mehr auf die exekutivische Nutzung als Gegenstand einer Beratungstätigkeit des Robert-Koch-Instituts (zugunsten von Ministerien) denn auf eine Zurverfügungstellung zugunsten der Wahrnehmbarkeit der legislativischen Einschätzungsprärogative zugeschnitten.[235] Das ergibt die Betrachtung, zu welchem Anlass das Robert-Koch-Institut nach jetziger Rechtslage seiner Aufgabe der Beratung anderer infektionsschutzrechtlich relevanter Akteure nachkommen muss:

Derzeit leistet das Robert-Koch-Institut nur „auf Ersuchen" der zuständigen Landesgesundheitsbehörde Amtshilfe (§ 4 Abs. 1 S. 5 IfSG), also dann, wenn es offenbar konkrete Anhaltspunkte für eine auftretende Gesundheitsgefahr gibt, die mit den Mitteln des Infektionsschutzgesetzes abgewehrt werden soll.[236] Amtshilfe umfasst zwar auch die Beratung der ersuchenden Exekutivstelle.[237] Dem Robert-Koch-Institut kommt aber weder eine über Befugnisse der Informationstätigkeit und der Amtshilfe hinausgehende Weisungsbefugnis noch ein anforderungs*un*abhängiges Interventionsrecht im Sinne einer Ermächtigungsgrundlage zu.[238] Zudem beschränkt sich die Befugnis, Beratung bzw. Amtshilfe

---

[235] *Hollo*, in: Kießling (Hrsg.), Infektionsschutzgesetz Kommentar (2021), § 4 Rn. 6, 8; vgl. *Pflug*, Pandemievorsorge (2013), S. 124 sowie darstellend *Schmidt am Busch*, Die Gesundheitssicherung im Mehrebenensystem (2007), S. 81 f.

[236] Mit der wohl nicht ganz treffenden Bezeichnung des Robert-Koch-Instituts als einer „Servicestelle" *Walus*, Pandemie und Katastrophennotstand, in: DÖV 2010, S. 127 (129) sowie zustimmend *Grüner*, Biologische Katastrophen (2017), S. 186.

[237] *Hollo*, in: Kießling (Hrsg.), Infektionsschutzgesetz Kommentar (2021), § 4 Rn. 11.

[238] *Hollo*, in: Kießling (Hrsg.), Infektionsschutzgesetz Kommentar (2021), § 4 Rn. 12; *Klafki*, Risiko und Recht (2017), S. 315 f.

zu ersuchen, *expressis verbis* auf Stellen der Exekutive (oberste Landesgesundheitsbehörde).[239] Auch die regelmäßige Zurverfügungstellung der infektionsepidemiologischen Auswertungsergebnisse i. S. v. § 4 Abs. 2 Nr. 2 IfSG (Fallzahlen und Fallverdachtszahlen) ist gemäß § 4 Abs. 2 Nr. 3 IfSG auf Exekutivstellen[240], Selbstverwaltungskörperschaften[241] und eingetragene Vereine[242] beschränkt. Die derzeitigen Aufgaben des Robert-Koch-Instituts nach § 4 IfSG fügen sich demnach vorwiegend in den Charakter des Infektionsschutzgesetzes als Gefahrenabwehrrecht ein, bei dessen Ausführung der Bund eine untergeordnete Rolle spielt.[243] Das gilt auch für die Aufgaben, die dem Robert-Koch-Institut zukommen, nachdem der Bundestag das Vorliegen einer „epidemischen Lage von nationaler Tragweite“ i. S. v. § 5 Abs. 1 S. 1, 6 IfSG festgestellt hat: Dann nämlich dienen Empfehlungen des Robert-Koch-Instituts als Grundlage für mögliche Empfehlungen des Bundesgesundheitsministeriums, die dieses für ein koordiniertes Vorgehen abgeben *kann* (§ 5 Abs. 6 IfSG, [Hervorh. d. Verf.]). Gleichzeitig kommt dem Robert-Koch-Institut die Aufgabe der Koordination der Zusammenarbeit zwischen den Ländern bzw. zwischen den Ländern und dem Bund sowie weiterer Stellen zu (§ 5 Abs. 7 IfSG).

Die Begrenzung der derzeitigen Aufgabe des Robert-Koch-Instituts, nach § 4 Abs. 1 S. 5 IfSG nur auf Ersuchen beratend im Wege der Amtshilfe tätig zu werden (was denklogisch eine Einschätzung der Lage durch dauerhafte Beobachtung voraussetzt[244]), wird sich allerdings bei der Einführung einer allgemeinen Impfpflicht und der anschließenden Beobachtung ihrer Auswirkungen nicht durchhalten lassen. Gleiches gilt für die Beschränkung der gesetzlichen Anfragebefugnis auf Stellen der Exekutive. Bei der Einführung einer allgemeinen Impfpflicht muss die Beratung und die Unterrichtung (auch) der *Legislative* über die Ergebnisse der Beobachtung der epidemiologischen Lage unbedingt vorgesehen sein, da ansonsten keine ausreichende Tatsachenbasis für eine nachvollziehbare gesetzgeberische Entscheidung generiert werden kann.[245] Zudem kann die Aufgabe, die epidemiologische Situation im Blick zu behal-

---

[239] Vgl. *Gerhardt*, Infektionsschutzgesetz Kommentar (2021), § 4 Rn. 6; *Gottschalk et al.*, Kommunen, Länder, Bund und Europäische Gemeinschaft, in: BGesBl. 2009, S. 183 (188 f.).

[240] Jeweils zuständige Bundesbehörden (lit. a), Kommando Sanitätsdienst der Bundeswehr (lit. b), oberste Landesgesundheitsbehörden (lit. c) sowie Gesundheitsämter (lit. d).

[241] Landesärztekammern (lit. e), Spitzenverband Bund der Krankenkassen (lit. f) sowie die kassenärztliche Bundesvereinigung (lit. g).

[242] Institut für Arbeitsschutz der Deutschen Gesetzlichen Unfallversicherung e. V. (lit. h) sowie die Deutsche Krankenhausgesellschaft e. V. (lit. i).

[243] *Grüner*, Biologische Katastrophen (2017), S. 188; ähnlich *Gottschalk et al.*, Kommunen, Länder, Bund und Europäische Gemeinschaft, in: BGesBl. 2009, S. 183 (188).

[244] Hier prägnant *Rixen*, Befugnisse und Grenzen des staatlichen Infektionsschutzrechts, in: Kloepfer (Hrsg.), Pandemien als Herausforderung für die Rechtsordnung (2011), S. 67 (70), der feststellt, dass die Befugnisse des Infektionsschutzgesetzes [nach geltendem Recht] ohne verlässliches medizinisches Wissen „gleichsam in der Luft hängen“.

[245] Vgl. bereits § 3 B. II. 2. a) cc) (2) „Beobachtungspflicht des Gesetzgebers“.

ten und den Gesetzgeber hierüber zu unterrichten, bei einer allgemeinen Impfpflicht nicht auf die Situationen beschränkt sein, in denen der Gesetzgeber selbst eine Beratung wünscht.[246] Da die Beobachtungstätigkeit, die das Robert-Koch-Institut kraft seiner Expertise bei einer allgemeinen Impfpflicht für den Gesetzgeber übernimmt, ununterbrochen und lückenlos erfolgen muss, kann die Unterrichtung des Gesetzgebers nicht nur auf dessen Anforderung hin geschehen.

Angesichts der dargestellten, nach der geltenden Rechtslage wahrzunehmenden Aufgaben, ist das Robert-Koch-Institut erkennbar eine Einrichtung, die über einen Wissensvorsprung – gerade auch gegenüber dem Gesetzgeber – verfügt. Teilweise wird deshalb die „leitende" Rolle des Robert-Koch-Instituts als Einrichtung mit „überlegenem Wissen"[247] wegen der dadurch verminderten aufsichtsrechtlichen Steuerungsmöglichkeit des Bundesgesundheitsministeriums kritisiert.[248] Bei der Aufgabenwahrnehmung im Kontext einer allgemeinen Impfpflicht würde diese „leitende Rolle" noch gestärkt. Dann nämlich kann das Robert-Koch-Institut die Erkenntnisse aus der Wahrnehmung der Beobachtungspflicht bereits vor der Weitergabe an den Gesetzgeber vorsortieren und damit maßgeblichen Einfluss auf die Gestaltung der Entscheidungsgrundlage ausüben. Allerdings stellt sich auch die Frage, aus welcher Quelle der Gesetzgeber die – angesichts der erheblichen Grundrechtsauswirkungen einer Impfpflicht unbestreitbar notwendige[249] – Expertise zur Überwindung des fehlenden eigenen Wissens sonst in einer ähnlich demokratisch legitimierten Weise erlangen sollte.[250]

Zudem darf nicht übersehen werden, dass der Gesetzgeber – freilich außerhalb des Kontexts einer allgemeinen Impfpflicht – im Hinblick auf § 4 Abs. 1 IfSG bereits erkannt hat, dass „erst die Detailkenntnis in den Bereichen Ursache, Diagnostik und Prävention ausgewählter übertragbarer Krankheiten das Institut in die Lage versetzt, wirksame und effektive Vorschläge im Bereich des

246 Vgl. z. B. § 5 Abs. 6 IfSG, wonach das Bundesministerium für Gesundheit unter Heranziehung der Empfehlungen des Robert-Koch-Instituts im Falle einer epidemischen Lage von nationaler Tragweite seinerseits Empfehlungen an die Länder abgeben kann, um ein bundesweit einheitlich koordiniertes Vorgehen zu ermöglichen, näher *Hollo*, in: Kießling (Hrsg.), Infektionsschutzgesetz Kommentar (2021), § 5 Rn. 42 ff.

247 *Klafki*, Risiko und Recht (2017), S. 316.

248 Tendenziell *Walus*, Pandemie und Katastrophennotstand, in: DÖV 2010, S. 127 (129); auch *Wernitz* (Wissenschaftsmarketing [2015], S. 41) konstatiert, dass Ressortforschungseinrichtungen (also auch das Robert-Koch-Institut) lediglich Dienstleister mit enger Bindung zur Forschung seien, ihre Aufgaben sich aber an der Aufgabe der Bundesverwaltung ableiten müsse und nicht an der Entwicklung wissenschaftlicher Disziplinen orientiere.

249 Vgl. für die Notwendigkeit der „fortlaufenden Aktualisierung von Risikowissen" *Reiling*, Der Hybride (2016), S. 37.

250 Dazu äußerst prägnant *Rixen*, Befugnisse und Grenzen des staatlichen Infektionsschutzrechts, in: Kloepfer (Hrsg.), Pandemien als Herausforderung für die Rechtsordnung (2011), S. 67 (80), man solle sich „über das Vorhandensein des erforderlichen medizinisch-epidemiologischen Wissens außerhalb der Mauern des RKI keine Illusionen machen".

Infektionsschutzes zu erarbeiten."[251] Insbesondere ist gerade solche „instituts-eigene Forschung zu solchen Schwerpunktthemen" seitens des Gesetzgebers gewünscht, zu denen „im öffentlichen Gesundheitswesen und in der Wissenschaft noch nicht genügend Fachwissen vorhanden ist und die von besonderer gesundheitspolitischer Bedeutung sind."[252] Die eigene Forschung des Robert-Koch-Instituts zu Ursache, Diagnostik und Prävention übertragbarer Krankheiten ist in §4 Abs. 1 S. 2 IfSG damit gerade vorgesehen.[253] §2 BGA-NachfG legt nahe, dass sich darunter auch die Überwachung der epidemiologischen Lage als „Forschung zur Prävention" fassen lassen dürfte.[254] Darin nämlich werden dem Institut insbesondere die Aufgaben der „Erkennung, Verhütung und Bekämpfung von übertragbaren und nicht übertragbaren Krankheiten" (§2 Abs. 3 Nr. 1 BGA-NachfG) sowie der *„epidemiologischen Untersuchungen* auf dem Gebiet der übertragbaren und nicht übertragbaren Krankheiten einschließlich der Erkennung und Bewertung von *Risiken* sowie der *Dokumentation* und Information" (§2 Abs. 3 Nr. 2 BGA-NachfG) [Hervorh. d. Verf.] zugewiesen.[255]

Daraus ist abzuleiten, dass der Gesetzgeber das Robert-Koch-Institut – anders als es seine im Infektionsschutzgesetz geregelten Aufgaben zunächst nahelegen – nicht nur als Gefahrenabwehrbehörde, sondern gerade auch als Akteur der „Ressortforschung" installiert hat, um selbst Zugriff zu medizinisch-epidemiologischen Fakten als Grundlage seiner Entscheidungen zu haben.[256] Dass seine infektionsschutzrechtlichen Aufgaben derzeit vorwiegend nur auf eine Beratungs- und Amtshilfetätigkeit auf Anfrage der Exekutive abzielen[257], bedeutet somit nicht, dass diese bei der Einführung einer allgemeinen Impfpflicht nicht auch gesetzlich – wenigstens im Hinblick auf den hier zu untersuchenden Regelungsgegenstand – auf eine Beratungstätigkeit für die *Legislative* ausgeweitet werden können. Denn das Robert-Koch-Institut ist bereits nach derzeitiger Rechtslage ein „zentraler Akteur innerhalb der Informations- und Wissensordnung, dem zugleich eine wesentliche Bedeutung im Hinblick

[251] BT-Drs. 14/2530, S. 45.

[252] BT-Drs. 14/2530, S. 45; *Pflug*, Pandemievorsorge (2013), S. 133; *Schmidt am Busch*, Die Gesundheitssicherung im Mehrebenensystem (2007), S. 81.

[253] *Hollo*, in: Kießling (Hrsg.), Infektionsschutzgesetz Kommentar (2021), §4 Rn. 8; befürwortend *Klafki*, Risiko und Recht (2017), S. 199.

[254] Mit ähnlicher Tendenz *Gottschalk et al.*, Kommunen, Länder, Bund und Europäische Gemeinschaft, in: BGesBl. 2009, S. 183 (184), die dem Robert-Koch-Institut immerhin die Aufgabe der „Kontrolle von Krankheiten" zusprechen.

[255] Vgl. auch Gesetzesbegründung zum BGA-NachfG, BT-Drs. 12/7112, S. 3, 14.

[256] Mit etwas anderer Tendenz jedoch *Trute*, Pandemien als potentiell globale Katastrophe, in: GSZ 2018, S. 125 (130), der dem Robert-Koch-Institut vorwiegend nur die Befugnis zu „reaktionsorientierter Forschung" attestiert; vgl. auch *Walus*, Pandemie und Katastrophennotstand, in: DÖV 2010, S. 127 (129).

[257] Treffend für die derzeitige Rechtslage *Erdle*, Infektionsschutzgesetz (2021), §4 Rn. 18; *Schmidt am Busch*, Die Gesundheitssicherung im Mehrebenensystem (2007), S. 80 sowie *Klafki*, Risiko und Recht (2017), S. 199 mit der Charakterisierung des Robert-Koch-Instituts als „epidemiologischer Leitstelle".

auf die Einbeziehung von Expertenwissen zukommt."[258] Die Forschungsarbeit des Robert-Koch-Instituts dient als Ressortforschung gerade der Verarbeitung wissenschaftlicher Erkenntnisse im Kontext staatlicher Verwaltung.[259] Es fungiert schon jetzt als „epidemiologisches Datenzentrum", dem die „wichtige"[260] Aufgabe der Dokumentation und Überwachung von Infektionskrankheiten zukommt.[261] Das Maß an demokratischer Legitimation, die der Gesetzgeber der Aufgabenzuweisung an das Robert-Koch-Institut bereits jetzt zukommen lässt, ist dementsprechend hoch.[262]

Dieses hohe Maß an Legitimation sollte bei einer zukünftigen Aufgabenwahrnehmung des Robert-Koch-Instituts im Rahmen einer allgemeinen Impfpflicht ebenfalls gesetzlich verankert werden. Denn anders als man bei Forschungseinrichtungen vielleicht vermuten könnte, die in politische Ressorts (wie hier dem Bundesgesundheitsministerium) eingebunden sind, liegt die Aufgabe der in die Zukunft gerichteten Forschung nicht auf der Legitimation vorgetroffener politischer Entscheidungen.[263] Vielmehr ist – wie hier – in Ermangelung ähnlich demokratisch legitimierter Träger von Expertenwissen[264] die Ausweitung der Beratung auf die Legislative bereits für die verantwortungsbewusste Wahrnehmung der gesetzgeberischen Einschätzungsprärogative notwendig. Sie ist sogar bereits Voraussetzung dafür, dass der Gesetzgeber überhaupt im Stande ist, seine Einschätzungsprärogative wahrzunehmen. Gerade, weil es sich bei der Entwicklung der epidemiologischen Situation der Bevölkerung um einen dynamischen, dem Wandel unterworfenen Bereich handelt[265], sollte die „Wissensverarbeitung" nicht auf den Kontext der Verwaltung beschränkt sein.

Zwar kommt dem medizinischen Wissen eine „faktisch präjudizierende Kraft"[266] zu. Es wäre jedoch widersinnig, in einem Bereich, in dem der Bund die Gesetzgebungskompetenz innehat[267], die Erkenntnisse einer expertenbesetzten Exekutivstelle wie dem Robert-Koch-Institut, das aufgrund der verwaltungskompetenzeröffnenden Norm für den Bund gemäß Art. 87 Abs. 3

[258] *Pflug*, Pandemievorsorge (2013), S. 123.

[259] *Groß*, Ressortforschung, Agenturen und Beiräte, in: Die Verwaltung, Beiheft 9 (2010), S. 135 (141); *Pflug*, Pandemievorsorge (2013), S. 133.

[260] Gesetzesbegründung zum BGA-NachfG, BT-Drs. 12/7112, S. 14.

[261] *Klafki*, Risiko und Recht (2017), S. 199; *Schmidt am Busch*, Die Gesundheitssicherung im Mehrebenensystem (2007), S. 81.

[262] *Schimmelpfennig*, Das Infektionsschutzgesetz (IfSG), in: RDG 2008, S. 224 (228).

[263] Mit diesem Hinweis *Groß*, Ressortforschung, Agenturen und Beiräte, in: Die Verwaltung, Beiheft 9 (2010), S. 135 (147).

[264] Vgl. dazu § 4 C. I. 1. b) aa) „Institutionelle Legitimation".

[265] Vgl. *Groß*, Ressortforschung, Agenturen und Beiräte, in: Die Verwaltung, Beiheft 9 (2010), S. 135 (141).

[266] *Rixen*, Befugnisse und Grenzen des staatlichen Infektionsschutzrechts, in: Kloepfer (Hrsg.), Pandemien als Herausforderung für die Rechtsordnung (2011), S. 67 (79).

[267] Vgl. dazu bereits § 4 A. „Die Impfpflicht als Gegenstand der Gesetzgebung des Bundes".

S. 1 GG[268] eingerichtet wurde, nicht auch nutzbar zu machen.[269] Denn der Mehrwert des Potenzials einer solchen Ressortforschungseinrichtung wie dem Robert-Koch-Institut verringert sich in dem Moment, indem ihr lediglich die Funktion eines Koordinators in der Bundesverwaltung zukommt und der Vorteil eines Wissensvorsprungs nicht legislativ genutzt werden kann. Schließlich kann der Gesetzgeber nicht in allen Bereichen, in denen dies notwendig wäre, auf den Wissensfundus eines Instituts mit so hoher demokratischer Legitimation wie derjenigen des Robert-Koch-Instituts zurückgreifen.[270] Diese durch das Robert-Koch-Institut als „Bundesagentur für Wissensvermittlung im infektionsrelevanten Gesundheitswesen"[271] generierten und dadurch demokratisch legitimierten Wissensressourcen sollten dem Gesetzgeber daher für die Einschätzungsprärogative bezüglich der zukünftigen Frage einer allgemeinen Impfpflicht zugänglich sein.[272]

Zusammenfassend lässt sich festhalten, dass das Robert-Koch-Institut den generellen gesetzlichen Auftrag hat, wissenschaftliche Erkenntnisse zu erarbeiten, die als Basis für gesundheitspolitische Entscheidungen dienen.[273] Es muss daher selbstverständlich sein, Erkenntnisse aus der Verwaltungstätigkeit in den Gesetzgebungsprozess einzubringen.[274] Das gilt erst recht, wenn diese Erkenntnisse durch die „forschende" Verwaltungstätigkeit als „organisatorisch verselbstständigte Form staatlicher Wissensbeschaffung"[275] erst generiert werden konnten und – wie in diesem Kontext – sogar die Grundlage für Wahrnehmung staatlicher Schutzpflichten bilden.[276] Die Gewährleistung der Zugriffsmöglich-

---

[268] Vgl. *Ibler*, in: Dürig/Herzog/Scholz GG Kommentar (2021), Art. 87 Rn. 226.

[269] Vgl. *Groß*, Ressortforschung, Agenturen und Beiräte, in: Die Verwaltung, Beiheft 9 (2010), S. 135 (141).

[270] Vgl. ausführlich für diesen Missstand etwa im Berufskrankheitenrecht *Hollo*, Das Verfahren zur Anerkennung von Berufskrankheiten (2018), S. 118 ff., 153 ff.

[271] *Rixen*, Befugnisse und Grenzen des staatlichen Infektionsschutzrechts, in: Kloepfer (Hrsg.), Pandemien als Herausforderung für die Rechtsordnung (2011), S. 67 (77).

[272] Vgl. die Kritik von *Rixen*, Befugnisse und Grenzen des staatlichen Infektionsschutzrechts, in: Kloepfer (Hrsg.), Pandemien als Herausforderung für die Rechtsordnung (2011), S. 67 (77, dort Fn. 66) zwar nicht zur Wissensverteilung zwischen den Staatsgewalten, jedoch aber zur infektionsschutzrechtlichen Zuständigkeitsverteilung zwischen Bund und Ländern, deren Kern sich aber auf das geschilderte Problem des notwendigen Wissenszugangs des Gesetzgebers übertragen lässt: „Generell gilt: Die Dynamik des Wissens hält sich nicht an die Statik föderaler Kompetenzverteilung. Die Macht überlegenen Wissens kann einen Plausibilitätssog entfachen, der faktisch vom gut gemeinten Gedanken föderaler Gewaltenteilung wenig übrig lässt".

[273] *Hollo*, in: Kießling (Hrsg.), Infektionsschutzgesetz Kommentar (2021), § 4 Rn. 6.

[274] *Groß*, Ressortforschung, Agenturen und Beiräte, in: Die Verwaltung, Beiheft 9 (2010), S. 135 (137, 141); vgl. *Fassbender*, Wissen als Grundlage staatlichen Handelns, in: Isensee/Kirchhof (Hrsg.), HStR IV (2006), § 76 Rn. 16.

[275] *Groß*, Ressortforschung, Agenturen und Beiräte, in: Die Verwaltung, Beiheft 9 (2010), S. 135 (139).

[276] Vgl. *Groß*, Ressortforschung, Agenturen und Beiräte, in: Die Verwaltung, Beiheft 9 (2010), S. 135 (152).

keit der Entscheidungsträger in der Gesetzgebung auf das erforderliche Wissen ist eine „organisatorische Aufgabe", die den „organisierten Informationsaustausch" zum Ziel hat.[277] Das kommt in den derzeit geltenden Regelungen (insb. § 4 IfSG) noch nicht hinreichend zum Ausdruck. Gerade weil dieses Expertenwissen aber Ausdruck eines Wissensgefälles zwischen dem Robert-Koch-Institut und Gesetzgeber ist, sollte die legislativische Informationsnutzung im Kontext einer allgemeinen Impfpflicht gesetzlich normiert werden. Die Nutzung des Expertenwissens des Robert-Koch-Instituts trägt schließlich nicht nur zur Erhöhung der demokratischen Legitimation, sondern auch zur Rechtsstaatlichkeit der gesetzgeberischen Entscheidung für eine allgemeine Impfpflicht bei.

2. Rolle der Ständigen Impfkommission

Neben dem Robert-Koch-Institut kommt auch der Ständigen Impfkommission als Hort externer Expertise[278] eine bedeutende Rolle im Vorfeld und während der Geltung einer allgemeinen Impfpflicht zu. Insbesondere ist bei ihr spezielles Expertenwissen im Hinblick auf die Wirksamkeit und den Nutzen von Schutzimpfungen vorhanden, während das Robert-Koch-Institut als Bundesoberbehörde die infektiologische Situation als Ganzes im Blick hat. Auch die demokratische Legitimation und die Rolle der Ständigen Impfkommission verdienen deshalb im Kontext einer allgemeinen Impfpflicht Beachtung.

a) Aufgabe der Ständigen Impfkommission bei der Einführung einer allgemeinen Impfpflicht

Die Einbeziehung auch der fachlichen Expertise der Ständigen Impfkommission als spezielles Expertengremium im Bereich der Schutzimpfungen ist gerade bei einer allgemeinen Impfpflicht als der eingriffsintensivsten Maßnahme gegen die Verbreitung einer übertragbaren Krankheit notwendig und aus rechtspolitischer Sicht wünschenswert.[279] Von Bedeutung für die demokratische Legitimation der Parlamentsentscheidung ist indes, welche Aufgabe und welcher Anteil an der Vorbereitung der gesetzgeberischen Entscheidungsfindung dem Expertenwissen der Kommission zukommen.

Die Aufgabe der Ständigen Impfkommission besteht nach derzeitiger Rechtslage gemäß § 20 Abs. 2 S. 3 IfSG grundsätzlich in der Erarbeitung von Empfehlungen zur Durchführung von Schutzimpfungen.[280] Die Kommission entwickelt zudem Kriterien zur Abgrenzung einer üblichen Impfreaktion bzw. einer

---

[277] *Groß*, Ressortforschung, Agenturen und Beiräte, in: Die Verwaltung, Beiheft 9 (2010), S. 135 (138 f.).

[278] *Pflug*, Pandemievorsorge (2013), S. 149.

[279] So *Pflug*, Pandemievorsorge (2013), S. 152 f., der die STIKO als Beispiel für die „Expertifizierung" der Verwaltung bezeichnet.

[280] *Gebhard*, in: Kießling (Hrsg.), Infektionsschutzgesetz Kommentar (2021), § 20 Rn. 10,13.

über dieses übliche Maß einer Impfreaktion hinausgehenden gesundheitlichen Schädigung.[281] Letztere Frage ist insbesondere für die Haftung für Impfschäden gemäß § 60 IfSG von Bedeutung.[282] Die Empfehlungen, die in regulärem Turnus jährlich aktualisiert und vom Robert-Koch-Institut veröffentlicht werden[283], sind gemäß § 20i Abs. 1 S. 3 SGB V i. V. m. § 92 Abs. 1 S. 2 Nr. 15 SGB V Grundlage der richtlinienförmigen Entscheidung des Gemeinsamen Bundesausschusses (G-BA) über den Umfang der Leistungen der gesetzlichen Krankenversicherung. Kommt es zu einer Änderung der Impfempfehlungen, so ist der G-BA gemäß § 20i Abs. 1 S. 5 SGB V i. V. m. § 13 der SI-RL des G-BA innerhalb von zwei Monaten ab Veröffentlichung der Empfehlungen inklusive ihrer wissenschaftlichen Begründungen zur Aktualisierung der Richtlinie verpflichtet. Zwar liegt die Letztentscheidung über Voraussetzungen, Art und Umfang der GKV-Leistungen zu Schutzimpfungen somit beim G-BA. Will dieser aber von den Empfehlungen der Ständigen Impfkommission abweichen, muss er die Abweichung gemäß § 20i Abs. 1 S. 4 SGB V besonders begründen, so dass den Empfehlungen der Ständigen Impfkommission eine gewichtige Indizwirkung beizumessen ist.[284]

Allerdings können die Empfehlungen der Ständigen Impfkommission nach der derzeitigen Rechtslage (abgesehen von der Soll-Vorschrift des § 20 Abs. 3 IfSG[285] sowie dem Anspruchsausschluss für die Verdienstausfall-Entschädigung bei einem beruflichen Tätigkeitsverbot gem. § 56 Abs. 1 S. 4 IfSG[286]) für sich – und das ist bedeutsam![287] – keinen zwingenden Charakter beanspruchen.[288] Die Empfehlungen binden die obersten Landesgesundheitsbehörden bei ihren

---

[281] *Gebhard*, in: Kießling (Hrsg.), Infektionsschutzgesetz Kommentar (2021), § 20 Rn. 10,13; vgl. auch *Gerhardt*, Infektionsschutzgesetz Kommentar (2021), § 20 Rn. 5.

[282] Vgl. auch § 3 B. I. 3. c) dd) (3) „Entschädigung für Sonderopfer".

[283] *Wichmann*, Leitlinien für Schutzimpfungen, in: Spiess/Heininger/Jilg (Hrsg.), Impfkompendium (2015), S. 74 (75).

[284] *Welti*, in: Becker/Kingreen (Hrsg.), SGB V Kommentar (2020), § 20i Rn. 4; vgl. *Wiercimok*, in: Hänlein/Schuler (Hrsg.), SGB V-Kommentar (2016), § 20i Rn. 19.

[285] Mit der Einrichtung der Ständigen Impfkommission im Jahr 1972 wurden erstmals bundeseinheitliche Impfpläne und Impfempfehlungen ausgegeben, von denen jedoch die seit 1980 ausgesprochenen „öffentlichen Empfehlungen" der Landesgesundheitsbehörden abweichen konnten. Erst durch den Beschluss der Gesundheitsministerkonferenz 1991 bilden seitdem die Empfehlungen der STIKO die Grundlage für die öffentlichen Empfehlungen der Länder.

[286] Siehe ausführlich *Kümper*, in: Kießling (Hrsg.), Infektionsschutzgesetz Kommentar (2021), § 56 Rn. 28.

[287] Vgl. deshalb zu Recht die Kritik von *Rixen*, Verfassungsfragen der Masernimpfpflicht – Rechtsgutachten für „Ärzte für Individuelle Impfentscheidung e. V." (2019), S. 53, am ursprünglichen Regierungsentwurf des Masernschutzgesetzes, in dem den Empfehlungen der STIKO fortan (ohne „Zwischenschritt" des Gesetzgebers) unmittelbare Geltung im Rahmen einer Impfpflicht für Gemeinschaftseinrichtungen zukommen sollte.

[288] *Reiter*, Staat und Impfungen, in: Spiess/Heininger/Jilg (Hrsg.), Impfkompendium (2015), S. 135 (136); *Wichmann*, Leitlinien für Schutzimpfungen, in: Spiess/Heininger/Jilg (Hrsg.), Impfkompendium (2015), S. 74; zwar handelt es sich bei den Empfehlungen um sog.

eigenen Empfehlungen nach § 20 Abs. 3, 5 IfSG nicht.[289] Gleichwohl werden sie als „medizinischer Standard" angesehen.[290]

Im Rahmen der Einführung und Geltung einer allgemeinen Impfpflicht kommt den Empfehlungen der Ständigen Impfkommission dann jedoch grundlegende Bedeutung für die gesetzgeberische Entscheidungsfindung zu: Den Ausgangspunkt der Auswahl der Krankheiten, für die eine allgemeine, rein präventive Impfpflicht überhaupt in Betracht kommen kann, bilden denklogisch diejenigen Krankheiten, gegen die die Ständige Impfkommission bereits eine Grundimmunisierung empfiehlt.[291] Es wäre aber unzulässig, die jeweilige konkrete Auswahl empfohlener Impfungen *ohne* Überprüfung und (zumindest teilweiser) Bestätigung dieses Empfehlungskatalogs durch den Parlamentsgesetzgeber auch im Rahmen einer allgemeinen Impfpflicht quasi „ungefiltert" gelten zu lassen: Aufgrund der dynamischen Empfehlungen der Ständigen Impfkommission würde auf diese Weise letztendlich jährlich ein unabhängiges Gremium allein anhand medizinischer, nicht aber rechtlicher Expertise entscheiden können, *welcher* Schutzimpfung sich die Bevölkerung verpflichtend zu unterziehen hätte.[292]

Wenn sich die Impfpflicht von vornherein prinzipiell jeweils auf die geltenden Empfehlungen der Ständigen Impfkommission bezöge, begegneten wir einer „dynamischen" Impfpflicht. Ein solches Vorgehen wäre nicht nur hinsichtlich der Rechtsunsicherheit, für welche Schutzimpfungen jeweils aktuell eine Durchführungspflicht besteht, ein erhebliches Problem. Es wäre insbesondere in Ansehung des Parlamentsvorbehalts auch unzulässig, da die Empfehlungen der Ständigen Impfkommission dann unmittelbar grundrechtseinschränkende Gesetzeskraft erlangten[293], obgleich ihnen keine grundrechtliche, sondern lediglich eine medizinisch-epidemiologische Abwägung vorangegangen ist.[294]

Richtlinien, diese erwachsen jedoch nicht in [materielle] Gesetzeskraft, *Gerhardt*, Infektionsschutzgesetz Kommentar (2021), § 20 Rn. 9 i. V. m. § 4 Rn. 17.

[289] *Erdle*, Infektionsschutzgesetz (2021), § 20 Rn. 61; *Gerhardt*, Infektionsschutzgesetz Kommentar (2021), § 20 Rn. 9.

[290] BGH, Urt. v. 15.02.2000 – VI ZR 48/99, Rn. 25; auch BGH, Beschluss vom 03.05.2017 – XII ZB 157/16; *Gerhardt*, Infektionsschutzgesetz Kommentar (2021), § 20 Rn. 9 i. V. m. § 4 Rn. 17; *Wichmann*, Leitlinien für Schutzimpfungen, in: Spiess/Heininger/Jilg (Hrsg.), Impfkompendium (2015), S. 74; *Wiercimok*, in: Hänlein/Schuler (Hrsg.), SGB V-Kommentar (2016), § 20i Rn. 20.

[291] Vgl. bereits § 3 B. II. 1. a) „Grundlage: Empfehlungen der Ständigen Impfkommission".

[292] Vgl. diesbezüglich auch die deutliche Kritik am ursprünglichen Entwurf des „Masernschutzgesetzes", die der Stellungnahme des Bundesrates zu entnehmen ist, BR-Drs. 358/1719, S. 32 sowie zu selbigem Gesetzesentwurf *Rixen*, Verfassungsfragen der Masernimpfpflicht – Rechtsgutachten für „Ärzte für Individuelle Impfentscheidung e. V." (2019), S. 53, der von einer „Blankovollmacht" für die STIKO spricht.

[293] BR-Drs. 358/1719, S. 32; *Rixen*, Verfassungsfragen der Masernimpfpflicht – Rechtsgutachten für „Ärzte für Individuelle Impfentscheidung e. V." (2019), S. 53.

[294] Vgl. § 1 Abs. 3 S. 2 GO-STIKO. Siehe im Folgenden auch § 4 C. I. 2. b) bb) „Legitimation der Empfehlungen der Ständigen Impfkommission im Rahmen einer allgemeinen Impfpflicht".

Die Auswahl der Krankheiten, gegen die eine allgemeine Impfpflicht eingeführt werden soll, obliegt jedoch aufgrund der Wesentlichkeit dieser Entscheidung allein dem Parlamentsgesetzgeber.[295]

Grundsätzlich nicht zu beanstanden ist hingegen, dass die Empfehlungen im Rahmen einer allgemeinen Impfpflicht zumindest überhaupt erst einmal die *Grundlage* dieser Auswahl bilden. Hier spielt abermals das Wissensgefälle zwischen Expertengremium und Gesetzgeber eine Rolle: Der Gesetzgeber ist darauf angewiesen, zumindest einen Überblick darüber zu erhalten, gegen welche Krankheiten eine Grundimmunisierung aus epidemiologischen Gesichtspunkten in Betracht kommen kann, da er dazu mangels Expertenwissens selbst nicht in der Lage ist. Um diesen Überblick zu bieten, sind die Empfehlungen besonders geeignet, denn sie beruhen auf Beobachtungen und epidemiologischen Abwägungen, die eine Vorauswahl dahingehend treffen, welche Impfungen aus medizinischer Sicht – für den Einzelnen und die Allgemeinheit[296] – überhaupt empfehlenswert sind.[297]

Dass diese Empfehlungen zumindest in tatsächlicher Hinsicht die plausible Grundlage der späteren Auswahl durch den Gesetzgeber bilden und eine allgemeine Impfpflicht gegen Krankheiten, deren Schutzimpfungen nicht Teil der Empfehlungen der Ständigen Impfkommission geworden sind, damit von vornherein ausschließen, drängt sich aus zweierlei Gründen auf: Zum einen ist faktisch kaum vorstellbar, dass eine bereits bekannte Krankheit, gegen die bisher zwar eine Impfung möglich, aber nicht einmal empfohlen ist[298], innerhalb von weniger als einem halben Jahr[299] eine solche Gefährlichkeit und Verbreitung erreicht, dass eine allgemeine Impfpflicht erforderlich ist, etwa weil die Wirkung einer gefahrenabwehrrechtlichen Impfpflicht[300] schon nicht mehr ausreicht.

---

[295] Dadurch kann auch die Entstehung von Widersprüchen über den Umfang der Krankheitsauswahl vermieden werden, wie sie etwa von *Rixen*, Verfassungsfragen der Masernimpfpflicht – Rechtsgutachten für „Ärzte für Individuelle Impfentscheidung e. V." (2019), S. 48 ff. in Bezug auf das Masernschutzgesetz (BR-Drs. 358/19) kritisiert wird.

[296] Vgl. § 1 Abs. 3 S. 2 GO-STIKO sowie die Angabe des Robert-Koch-Instituts: „Die STIKO analysiert […] neben dem individuellen Nutzen-Risiko-Verhältnis auch die Epidemiologie auf Bevölkerungsebene und die Effekte einer flächendeckenden Impfstrategie für Deutschland", www.rki.de/DE/Content/Kommissionen/STIKO/Aufgaben_Methoden/methoden_node.html (Seite zuletzt aufgerufen am: 09.04.2021) sowie *Wichmann*, Leitlinien für Schutzimpfungen, in: Spiess/Heininger/Jilg (Hrsg.), Impfkompendium (2015), S. 74.

[297] Vgl. für die Darstellung der Vorgehensweise bei der Ermittlung der Empfehlungen sogleich § 4 C. I. 2. b) bb) „Legitimation der Empfehlungen der Ständigen Impfkommission im Rahmen einer allgemeinen Impfpflicht".

[298] Anders etwa als bei der Coronavirus-Pandemie im Frühjahr 2020, bei der aufgrund der Neuartigkeit der Erkrankung noch kein Impfstoff zur Verfügung stand.

[299] Dieser Zeitraum entspricht der Zeitspanne zwischen den Sitzungen der Ständigen Impfkommission. Innerhalb dieses Zeitraums könnte die entsprechende Impfung also in die Empfehlungen aufgenommen werden. Vgl. § 5 Abs. 1 S. 1 GO-STIKO: „Die Kommission tritt in der Regel zweimal im Jahr zu Sitzungen zusammen".

[300] Vgl. zu der Möglichkeit einer gefahrenabwehrrechtlichen Impfpflicht, deren Normie-

Zum anderen berücksichtigt die Ständige Impfkommission bei der Erstellung der Empfehlungen gemäß § 1 Abs. 3 S. 2 GO-STIKO a. E. auch die praktische Durchsetzbarkeit der empfohlenen Impfungen und damit etwa auch das Vorhandensein zugelassener Impfstoffe. (Ob dieses Vorgehen allerdings auch den rechtlichen Anforderungen des Parlamentsvorbehalts genügen kann, wird im Folgenden noch zu beurteilen sein.[301]) Bei neu auftretenden und unbekannten Infektionskrankheiten wie beispielsweise COVID-19, bei der eine Impfung mangels Impfstoffs in der Anfangsphase ihrer Verbreitung nicht einmal empfohlen werden konnte[302], dürften Impfstoffe jedoch zunächst entweder gar nicht oder nicht in ausreichender Menge vorhanden sein.[303]

Dennoch verhält es sich bei den Empfehlungen der Ständigen Impfkommission als Grundlage der Krankheitsauswahl, die später durch den Gesetzgeber zu erfolgen hat, ähnlich wie bei der Aufgabe des Robert-Koch-Instituts: Das Expertenwissen, dessen sich der Gesetzgeber zwangsläufig bedienen muss, wird mangels eigener Expertise des Gesetzgebers gewichtigen, wenn nicht sogar (allein) entscheidenden Einfluss auf das „innere" Gesetzgebungsverfahren haben. Zu hinterfragen ist deshalb, ob den Empfehlungen der Ständigen Impfkommission – vor dem Hintergrund des Rechtsstaatsprinzips[304] sowie der hinreichenden Achtung der gesetzgeberischen Einschätzungsprärogative – in zulässiger Weise eine mittelbare „quasinormative Wirkung"[305] für die Frage der krankheitsbezogenen Reichweite einer allgemeinen Impfpflicht zukommen kann.

b) Demokratische Legitimation der Ständigen Impfkommission und ihrer Aufgabenwahrnehmung im Rahmen einer allgemeinen Impfpflicht

Vor dem Hintergrund der Anforderungen des Parlamentsvorbehalts drängt sich im Rahmen einer Impfpflicht zunächst die Frage auf, wie hoch das Bedürfnis nach demokratischer Legitimation der Ständigen Impfkommission als unabhängigem Expertengremium ist und ob diesem derzeit genügt wird. Das Bedürfnis nach ausreichender Legitimation kommt dabei auch den jeweiligen

---

rung jedoch nach derzeitiger Rechtslage als verfassungswidrig einzustufen ist, schon § 4 B. II. „Konsequenz: Keine Anwendung der Verordnungsermächtigung gem. § 20 Abs. 6, 7 IfSG".

301 Vgl. sogleich § 4 C. I. 2. b) bb) „Legitimation der Empfehlungen der Ständigen Impfkommission im Rahmen einer allgemeinen Impfpflicht".

302 Nach der Zulassung zweier Impfstoffe gegen SARS-CoV-2 am 21. Dezember 2020 (BNT162b2/Comirnaty; BioNTech/Pfizer) und am 6. Januar 2021 (mRNA-1273; COVID-19-Impfstoff Moderna/Moderna) empfahl die Ständige Impfkommission die Impfung gegen COVID-19 am 8. Januar 2021, *Robert-Koch-Institut*, STIKO-Empfehlung zur COVID-19-Impfung, in: EpidBull Nr. 2/2021, S. 3 (8, 57).

303 Vgl. *Klafki*, Wer bekommt den knappen Covid-19-Impfstoff?, www. verfassungsblog.de/wer-bekommt-den-knappen-covid-19-impfstoff/ (Seite zuletzt aufgerufen am: 10.01.2021).

304 Vgl. *Rixen*, Befugnisse und Grenzen des staatlichen Infektionsschutzrechts, in: Kloepfer (Hrsg.), Pandemien als Herausforderung für die Rechtsordnung (2011), S. 67 (79).

305 Mit dieser prägnanten Formulierung abermals *Leisner-Egensperger*, Schriftliche Stellungnahme zu BT-Drs. 19/26545, Ausschuss-Drs. 19(14)288(9), S. 29.

Empfehlungen zu[306], welche als Vorauswahl die gesetzgeberische Entscheidung von vornherein auf die getroffene Auswahl verengen.

aa) Institutionelle Legitimation

Zunächst ist das Maß an Legitimation zu ermitteln, das die Ständige Impfkommission in institutioneller Hinsicht für sich beanspruchen kann. Zwar obliegt die Letztentscheidung über diejenigen Krankheiten, für die eine allgemeine Impfpflicht eingeführt werden soll, allein dem Gesetzgeber. Der Ständigen Impfkommission kommt indes – wie aufgezeigt – die zwar nicht unmittelbar in Grundrechte eingreifende, aber dennoch gewichtige Aufgabe zu, die Vorauswahl an Infektionskrankheiten zu treffen, für die überhaupt eine Impfpflicht in Frage kommt.[307] Daher muss hier der verfassungsrechtliche Vorbehalt des Gesetzes sicherstellen[308], dass die Entscheidung über die Zielkrankheit einer Impfpflicht in einem transparenten Verfahren getroffen wird, das alle Abgeordneten einbindet und den Betroffenen und dem Publikum die Möglichkeit bietet, ihre Auffassungen zu vertreten.[309] Zwar ist die Einrichtung der Ständigen Impfkommission in § 20 Abs. 2 S. 1 IfSG parlamentsgesetzlich geregelt[310] und genügt somit den Anforderungen des Vorbehalts des Gesetzes.[311] Die Rechtsnatur der Ständigen Impfkommission ist hingegen unklar. Darauf gründet sich die Frage, ob die Kommission bezüglich ihres Einflusses im Rahmen einer allgemeinen Impfpflicht eine unzulässige Quelle privaten Wissens innerhalb der Verwaltung darstellt.

(1) Rechtsnatur der Ständigen Impfkommission

Die Ständige Impfkommission stellte im Rahmen einer allgemeinen Impfpflicht jedenfalls dann keine unzulässige Quelle privaten Wissens dar, wenn sie ihrer Rechtsnatur nach originärer Teil der Verwaltung ist. Die Frage nach der Rechtsnatur der Ständigen Impfkommission wird jedoch gerade durch die parlamentsgesetzliche Grundlage ihrer Errichtung aufgeworfen: Gemäß § 20 Abs. 2 S. 1 IfSG ist die Ständige Impfkommission *beim* Robert-Koch-Institut angesiedelt, das – wie bereits dargelegt – funktional betrachtet die Nachfolgebehörde des Bundesgesundheitsamtes ist.[312] Zwar ist das Robert-Koch-Institut als selbstständige Bundesoberbehörde der Rechts- und Fachaufsicht des Bundes-

---

[306] Vgl. BR-Drs. 358/1/19, S. 32.

[307] Vgl. bereits § 4 C. I. 2. a) „Aufgabe der Ständigen Impfkommission bei der Einführung einer allgemeinen Impfpflicht".

[308] *Bales/Baumann/Schnitzler*, Infektionsschutzgesetz Kommentar (2003), Vorb. zu § 20.

[309] BVerfGE 95, 267 (307 f.); vgl. auch *Hollo*, Das Verfahren zur Anerkennung von Berufskrankheiten (2018), S. 111 f.

[310] *Pflug*, Pandemievorsorge (2013), S. 153.

[311] Das ist indes nicht bei allen zumindest faktisch an gewichtigen Entscheidungen beteiligten Expertengremien der Fall, vgl. beispielhaft für den „Ärztlichen Sachverständigenbeirat" *Hollo*, Das Verfahren zur Anerkennung von Berufskrankheiten (2018), S. 110 ff.

[312] *Pflug*, Pandemievorsorge (2013), S. 149; *Rixen*, Befugnisse und Grenzen des staatlichen

gesundheitsministeriums unterstellt[313], dieses gilt nicht jedoch nicht für die *bei* dem Robert-Koch-Institut angesiedelte Ständige Impfkommission. Aus deren Ansiedlung lediglich „beim" Robert-Koch-Institut folgt allerdings die Frage, ob § 20 Abs. 2 S. 1 IfSG zugleich Ausdruck des institutionellen Gesetzesvorbehalts gemäß Art. 87 Abs. 3 S. 1 GG ist, wodurch der Ständigen Impfkommission selbst die Stellung einer selbstständigen Bundesoberbehörde zukäme, oder ob damit eine lediglich materiell-unabhängige Sachverständigenfunktion der Ständigen Impfkommission gemeint ist.

Teilweise wird angenommen, die Ständige Impfkommission sei eine selbstständige Bundesoberbehörde i. S. v. Art. 87 Abs. 3 GG.[314] Dafür spricht zwar, dass der Wortlaut „beim Robert-Koch-Institut" anstelle von „des Robert-Koch-Instituts" auf eine nicht nur materiell, sondern auch funktionell unabhängige Organisation hinweisen könnte.[315] Zudem sieht § 20 Abs. 2 S. 5 IfSG vor, dass neben Vertretern des Robert-Koch-Instituts auch Vertreter des Bundesministeriums für Gesundheit, der obersten Landesgesundheitsbehörden sowie des Paul-Ehrlich-Instituts mit beratender Stimme an den Sitzungen der Ständigen Impfkommission teilnehmen. Damit werden die Vertreter des Robert-Koch-Instituts auf dem gleichen Rang eingeordnet wie Vertreter von Bundesbehörden, die keine institutionelle Verknüpfung mit der Ständigen Impfkommission aufweisen.[316] Gleichzeitig wird deutlich, dass die Mitglieder der Ständigen Impfkommission gerade keine Mitglieder des Robert-Koch-Instituts sind.[317]

Daraus kann staatsorganisationsrechtlich jedoch nicht als Umkehrschluss automatisch die Einordnung der Ständigen Impfkommission als selbstständige Bundesoberbehörde folgen. Die Ständige Impfkommission ist im Gegensatz zu anderen Bundesbehörden im Infektionsschutzgesetz als Errichtungsgesetz gerade nicht ausdrücklich als Bundesoberbehörde i. S. d. Art. 87 Abs. 3 S. 1 GG benannt worden. Diese Benennung wäre jedoch unabdingbar gewesen, hätte der Gesetzgeber ihr die im Verfassungsgefüge außergewöhnliche Rechtstellung einer eigenständigen Bundesoberbehörde zukommen lassen wollen.[318] Auch die Beschränkung auf die lediglich beratende Tätigkeit der Mitglieder des Robert-Koch-Instituts in den Sitzungen der Ständigen Impfkommission weist darauf hin, dass gerade spezielles Expertenwissen in Bezug auf Schutzimpfun-

Infektionsschutzrechts, in: Kloepfer (Hrsg.), Pandemien als Herausforderung für die Rechtsordnung (2011), S. 67 (77).

313 BT-Drs. 12/7112, S. 12.

314 So *Schmidt am Busch*, Die Gesundheitssicherung im Mehrebenensystem (2007), S. 58 f.; *Pflug*, Pandemievorsorge (2013), S. 150.

315 *Bales/Baumann/Schnitzler*, Infektionsschutzgesetz Kommentar (2003), § 20 Rn. 8; *Schmidt am Busch*, Die Gesundheitssicherung im Mehrebenensystem (2007), S. 58; *Pflug*, Pandemievorsorge (2013), S. 151.

316 Vgl. bei *Klafki*, Risiko und Recht (2017), S. 315, dort Fn. 1753.

317 *Klafki*, Risiko und Recht (2017), S. 315, dort Fn. 1753.

318 Vgl. Gesetzesbegründung zum IfSG, BT-Drs. 14/2530, S. 71 f.; *Klafki*, Risiko und Recht (2017), S. 315, dort Fn. 1753.

gen bei der Kommission vorhanden ist, das der Gesetzgeber möglicherweise nicht in gleich konzentrierter Form beim Robert-Koch-Institut vermutet, welches demgegenüber ein viel größeres Spektrum an infektionsschutzrelevantem Wissen in sich vereinen muss.

Bei der Ständigen Impfkommission handelt es sich deshalb um einen unabhängigen, gleichwohl aber nicht selbstständigen Teil des Robert-Koch-Instituts.[319] Diejenige institutionelle demokratische Legitimation, die das Robert-Koch-Institut auf sich vereint[320], kann daher auch die Ständige Impfkommission – zusätzlich zur gesetzlichen Grundlage in § 20 Abs. 2 S. 1 IfSG – als Gesamtgremium für sich beanspruchen. Somit verbietet sich der Rückgriff auf die Expertise der Ständigen Impfkommission im Hinblick auf die Entscheidungsgrundlage einer allgemeinen Impfpflicht jedenfalls nicht schon aufgrund einer mangelnden institutionellen Legitimation.

(2) Problem: Die Ständige Impfkommission als unzulässige Quelle privaten Wissens?

Trotz der organisatorischen Verortung beim Robert-Koch-Institut ist die Ständige Impfkommission aber in ihrer Entscheidungsfindung unabhängig.[321] Das Problem der Kommission als „Quelle befangenen Wissens"[322], das sich aus der ehrenamtlichen Stellung ihrer Mitglieder ergibt und sich in den größeren Kontext des allgemeinen Problems der demokratischen Legitimation des Einflusses von Sachverständigen einreiht[323], stellt sich damit weiterhin.

Die zwölf bis achtzehn Mitglieder der Ständigen Impfkommission werden gemäß § 20 Abs. 2 S. 4 IfSG vom Bundesministerium für Gesundheit im Benehmen mit den obersten Landesgesundheitsbehörden für eine Amtszeit von drei Jahren berufen.[324] Dadurch kann auch eine Rückkopplung und Legitimation durch die Länder sichergestellt werden, die die Empfehlungen der Ständigen Impfkommission anschließend gemäß § 20 Abs. 3 IfSG zur Grundlage ihrer eigenen Empfehlungen machen sollen.[325] Der Einfluss der Landesgesundheitsbehörden auf die Besetzung der Ständigen Impfkommission ist allerdings recht gering: Obgleich die Berufung der Mitglieder „in breitem fachlichen Konsens"[326] erfolgen soll, kommt dem erforderlichen „Benehmen" lediglich die

[319] *Klafki*, Risiko und Recht (2017), S. 315, dort Fn. 1753.
[320] Vgl. dazu bereits § 4 C. I. 1. b) aa) „Institutionelle Legitimation".
[321] *Gerhardt*, Infektionsschutzgesetz Kommentar (2021), § 20 Rn. 4.
[322] *Pflug*, Pandemievorsorge (2013), S. 152.
[323] Dieses soll hier indes nicht aufgefächert werden, vgl. dazu bereits ausführlich *Pflug*, Pandemievorsorge (2013), S. 156 ff. sowie grundlegend *Voßkuhle*, Sachverständige Beratung des Staates, in: Isensee/Kirchhof (Hrsg.), HStR III (2005), § 43 Rn. 58 ff.
[324] www.rki.de/DE/Content/Kommissionen/STIKO/Mitgliedschaft/mitgliedschaft_node.html (Seite zuletzt aufgerufen am: 09.04.2021); siehe auch *Gerhardt*, Infektionsschutzgesetz Kommentar (2021), § 20 Rn. 8.
[325] *Schmidt am Busch*, Die Gesundheitssicherung im Mehrebenensystem (2007), S. 58.
[326] BT-Drs. 14/2530, S. 72.

gleiche Bedeutung zu wie der „Beteiligung" gemäß § 4 Abs. 1 S. 4 IfSG, weshalb sich das Bundesgesundheitsministerium über mögliche Einwände hinwegsetzen kann.[327] Den Länderbehörden muss bei der Auswahl der Kommissionsmitglieder lediglich die Gelegenheit zur Stellungnahme gegeben werden, ohne dass das Bundesgesundheitsministerium jedoch an deren Voten gebunden wäre.[328]

Angesichts dieser Zusammensetzung speist sich die Skepsis gegenüber dem Rückgriff auf das „private" Wissen der Ständigen Impfkommission, das auch bei einer allgemeinen Impfpflicht von Bedeutung wäre, insbesondere daraus, dass ihre Mitglieder keine festen Amtsträger sind. Es handelt sich hingegen um Privatpersonen aus den Bereichen der medizinischen Wissenschaften, der Gesundheitsverwaltung, der niedergelassenen Ärzteschaft und der Krankenkassen.[329] Das lässt zumindest ansatzweise den Verdacht zu, dass die Arbeit der Ständigen Impfkommission von Eigeninteressen der (allerdings für die Öffentlichkeit einsehbar benannten[330]) Mitglieder beeinflusst werden könnte.[331]

Es lassen sich jedoch zahlreiche Argumente dagegen anführen, im Einfluss der Ständigen Impfkommission auf das „innere Gesetzgebungsverfahren" bei einer allgemeinen Impfpflicht einen unzulässigen Rückgriff auf eine Quelle privaten Wissens zu sehen: Entscheidend ist zunächst die durch das Benennungsverfahren des Bundesgesundheitsministeriums relativ kurze Legitimationskette, die die Kommissionsmitglieder in ihrer Funktion als solche vorweisen können. Aber nicht nur die personelle Legitimation wird durch das Benennungsverfahren vermittelt, auch die Geschäftsordnung, die sich die Ständige Impfkommission gemäß § 20 Abs. 2 S. 2 IfSG gibt, bedarf der Zustimmung des Bundesgesundheitsministeriums und wird auf diese Weise legitimatorisch rück-

---

[327] *Gebhard*, in: Kießling (Hrsg.), Infektionsschutzgesetz Kommentar (2021), § 20 Rn. 8; *Gerhardt*, Infektionsschutzgesetz Kommentar (2021), § 20 Rn. 8.

[328] *Bales/Baumann/Schnitzler*, Infektionsschutzgesetz Kommentar (2003), § 20 Rn. 13; *Gerhardt*, Infektionsschutzgesetz Kommentar (2021), § 20 Rn. 8; *Schmidt am Busch*, Die Gesundheitssicherung im Mehrebenensystem (2007), S. 58.

[329] Vgl. dazu das Mitgliederverzeichnis der STIKO, www.rki.de/DE/Content/Kommissionen/STIKO/Mitgliedschaft/Mitglieder/mitglieder_node.html (Seite zuletzt aufgerufen am: 06.04.2021); *Harder et al.*, Die neue Standardvorgehensweise der Ständigen Impfkommission, in: BGesBl. 2019, S. 392; vgl. *Pflug*, Pandemievorsorge (2013), S. 153; *Wichmann*, Leitlinien für Schutzimpfungen, in: Spiess/Heininger/Jilg (Hrsg.), Impfkompendium (2015), S. 74 (75) weist jedoch darauf hin, dass es sich bei den Mitgliedern der STIKO um ausgewiesene Experten der von ihnen vertretenen Fachgebiete (Pädiatrie, Allgemeinmedizin, Virologie, Immunologie und Epidemiologie) handele.

[330] Dass das nicht selbstverständlich ist, zeigt etwa, dass lange Zeit beispielsweise die Mitglieder des am Verfahren zur Aufnahme einer Krankheit in die Berufskrankheitenliste beteiligten Gremiums des „Ärztlichen Sachverständigenbeirats" geheimgehalten wurden, *Hollo*, Das Verfahren zur Anerkennung von Berufskrankheiten (2018), S. 107.

[331] *Pflug*, Pandemievorsorge (2013), S. 153 f.; abstrakter *Voßkuhle*, Sachverständige Beratung des Staates, in: Isensee/Kirchhof (Hrsg.), HStR III (2005), § 43 Rn. 12; vgl. auch exemplarisch die ähnlichlautende Kritik am Gremium des „Ärztlichen Sachverständigenbeirats" bei *Hollo*, Das Verfahren zur Anerkennung von Berufskrankheiten (2018), S. 105 ff.

gekoppelt. Diese Rückkopplung wird unterstrichen, indem die beratende Teilnahme an den Sitzungen der Ständigen Impfkommission für Vertreter anderer Bundesbehörden und insbesondere des Bundesgesundheitsministeriums obligatorisch ist. Die Teilnahme an den Sitzungen der Kommission kann neben der fachlichen Teilhabe der Behörden auch als Art „Kontrollsystem" aufgefasst werden, das sich nicht nur auf die Zusammensetzung der Kommission beschränkt, sondern auch die tatsächliche Neutralität der Kommission während der Aufgabenwahrnehmung sicherstellen soll.

Ihre fachliche Neutralität belegen die Kommissionsmitglieder zudem *vor* ihrer Berufung durch die Offenlegung möglicher Befangenheiten und Interessenskonflikte, die sich gerade aus ihrer Expertise ergeben können, im Wege der Selbstauskunft.[332] Davon sind etwa Inhaberschaften von Patenten an Impfstoffen, die Erstellung von Gutachten für impfstoffherstellende Unternehmen oder die Durchführung von Studien im Auftrag solcher Unternehmen umfasst.[333] Diese Selbstauskünfte werden veröffentlicht und laufend aktualisiert.[334] Zudem wird vor jeder Sitzung durch das Robert-Koch-Institut erneut geprüft, ob ein Mitglied an der Sitzung oder an einzelnen Beratungspunkten mitwirken darf.[335] Die vorgeworfene „Privatheit des Wissens" wird damit jedenfalls teilweise reduziert. Dem entspricht auch die Selbstzuschreibung in § 7 GO-STIKO, der auf die Befangenheitsvorschriften des VwVfG verweist.[336]

Wichtigstes Argument gegen die Unzulässigkeit des Rückgriffs auf das Expertenwissen der Ständigen Impfkommission ist schließlich, dass es sich bei der Mitgliedschaft in der Kommission um ein persönliches Ehrenamt handelt, weshalb die Mitglieder unabhängig, unparteiisch und nur ihrem Gewissen verpflichtet sind.[337] Dadurch wird ihre finanzielle und formale fachliche Unabhängigkeit von einer staatlichen Stelle sichergestellt, was eine zulässige Grundlage für die Erkenntnisse der Kommission bietet, als Voraussetzung der gesetzgeberischen Entscheidung für eine allgemeine Impfpflicht und deren Umfang dienen zu können.

---

[332] www.rki.de/DE/Content/Kommissionen/STIKO/Mitgliedschaft/Interessenskonflikte/interessenskonflikte_node.html (Seite zuletzt aufgerufen am: 09.04.2021).

[333] *Harder et al.*, Die neue Standardvorgehensweise der Ständigen Impfkommission, in: BGesBl. 2019, S. 392.

[334] *Harder et al.*, Die neue Standardvorgehensweise der Ständigen Impfkommission, in: BGesBl. 2019, S. 392.

[335] *Harder et al.*, Die neue Standardvorgehensweise der Ständigen Impfkommission, in: BGesBl. 2019, S. 392.

[336] Vgl. *Gerhardt*, Infektionsschutzgesetz Kommentar (2021), § 20 Rn. 8; dennoch kritisch allerdings *Pflug*, Pandemievorsorge (2013), S. 168.

[337] www.rki.de/DE/Content/Kommissionen/STIKO/Mitgliedschaft/mitgliedschaft_node.html (Seite zuletzt aufgerufen am: 09.04.2021).

(3) Ergebnis

Die Institutionalisierung der Ständigen Impfkommission dient dem Staat dazu, die für seine Entscheidungen notwendige Wissensgrundlage durch den Rückgriff auf privates Wissen zu optimieren.[338] Die Kommission stellt – wie aufgezeigt – in institutioneller Hinsicht eine demokratisch legitime Form der Einbeziehung externen Sachverstands dar.[339]

bb) Legitimation der Empfehlungen der Ständigen Impfkommission im Rahmen einer allgemeinen Impfpflicht

Nachdem die ausreichende demokratische Legitimation des Gremiums und der Mitglieder der Ständigen Impfkommission dargelegt worden ist, kommt es für die Frage, ob deren Empfehlungen in zulässiger Weise die Grundlage der allein vom Gesetzgeber zu treffenden Krankheitsauswahl einer allgemeinen Impfpflicht darstellen können, auf die Legitimität und die Transparenz dieser Empfehlungen an. Dazu muss die Vorgehensweise bei der Erarbeitung der Empfehlungen insbesondere unter dem Gesichtspunkt analysiert werden, ob nicht bereits Entscheidungen vorweggenommen werden, die bei der derzeitigen Unverbindlichkeit der Empfehlungen[340] zwar zulässig, im Rahmen einer allgemeinen Impfpflicht aber ausschließlich dem Parlament vorbehalten sind. Denn ein Rückgriff auf die Impfempfehlungen als Vorauswahl für eine zukünftige Impfpflicht ist nur dann nicht zu beanstanden, wenn die Vorgehensweise bei der Ermittlung der Empfehlungen ihrerseits die Einschätzungsprärogative des Gesetzgebers hinreichend achtet.

(1) Vorgehensweise bei der Ermittlung der Empfehlungen

Fraglich ist, inwieweit die Empfehlungen der Ständigen Impfkommission in verfassungsrechtlich-formeller Hinsicht eine taugliche Grundlage der Vorauswahl der mittels einer allgemeinen Impfpflicht zu bekämpfenden Krankheiten darstellen können.[341] Bei der Frage, ob die dynamischen, (mindestens) jährlich aktualisierten Empfehlungen auch im Rahmen ihrer Bedeutung bei einer allgemeinen Impfpflicht die notwendige demokratische Legitimation aufwei-

---

338 *Pflug*, Pandemievorsorge (2013), S. 153.

339 *Pflug*, Pandemievorsorge (2013), S. 166; skeptisch aber *Rixen*, Verfassungsfragen der Masernimpfpflicht – Rechtsgutachten für „Ärzte für Individuelle Impfentscheidung e. V." (2019), S. 3, 52 f.

340 Vgl. § 4 C. I. 2. a) „Aufgabe der Ständigen Impfkommission bei der Einführung einer allgemeinen Impfpflicht".

341 Bei lediglich freiwilligen, auf Impfempfehlungen beruhenden Schutzimpfungen steht diese Tauglichkeit außer Frage. Zudem wird vertreten, angesichts der hohen Zahl möglicher Impfungen und ihres unterschiedlichen Einsatzes bei den verschiedenen Altersgruppen sei der Einzelne nicht mehr in der Lage, „die Dinge" zu übersehen, so dass er sogar darauf angewiesen sei, dass die für das Gemeinwohl zuständigen und sachkundigen Stellen öffentliche Empfehlungen ausspprächen, *Schumacher/Meyn*, Bundesseuchengesetz Kommentar (1992/1998), Erläuterungen zu § 14.

sen, kommt es entscheidend auf die Vorgehensweise an, mit der die Kommission bei der Entscheidungsfindung über die Aufnahme einer Impfung in die Liste der Empfehlungen operiert. Diese Vorgehensweise muss im Rahmen einer allgemeinen Impfpflicht so ausgestaltet sein, dass sie keine Entscheidungen vorwegnimmt, die aufgrund des Parlamentsvorbehalts ausschließlich dem Gesetzgeber zugewiesen sind. So läge es jedoch etwa, wenn die Ständige Impfkommission bei der Ermittlung der Empfehlungen bereits Prämissen zugrunde legte, die nur der Gesetzgeber treffen kann oder grundrechtliche Abwägungen vornähme, die ergebnisartig dem Gesetzgeber als Grundlage seiner Krankheits-Auswahlentscheidung präsentiert würden.

Vorweg muss klargestellt werden, dass den Empfehlungen der Kommission notwendigerweise eine verbindliche Einschätzung des Paul-Ehrlich-Instituts als nationale Zulassungsbehörde für Impfstoffe vorausgeht.[342] Ein Impfstoff wird nur zugelassen, wenn die seitens des Paul-Ehrlich-Instituts vorgenommene Risiko-Nutzen-Abwägung zugunsten des Nutzens eines Impfstoffs ausfällt.[343] Daher können nur solche Impfstoffe Eingang in die Ermittlung der Impfempfehlungen finden, die durch das Paul-Ehrlich-Institut zugelassen wurden.[344] Das Paul-Ehrlich-Institut übt damit bereits eine vorgelagerte Entscheidungsgewalt aus, die allerdings auch vor dem Hintergrund der Bedeutung des Parlamentsvorbehalts bei der Einführung einer allgemeinen Impfpflicht nicht zu beanstanden ist.

Bei der Ermittlung der Empfehlungen durch die Ständige Impfkommission handelt es sich um eine Abwägung von Risiken und Nutzen von Impfungen für das geimpfte Individuum einerseits und andererseits für die Gesamtbevölkerung unter Berücksichtigung des aktuellen Standes der medizinisch-epidemiologischen Wissenschaft und Technik.[345] Die Ständige Impfkommission bezieht in die Ermittlung ihrer Empfehlungen folglich bereits jetzt auch die erwarteten Effekte einer flächendeckenden Impfstrategie für Deutschland ein.[346] Dabei erfolgt eine vollständige Bewertung der verfügbaren Evidenz zur Wirksamkeit und Sicherheit der Impfstoffe.[347] Ausschlaggebend für die Beurteilung der Qualität der medizinisch-epidemiologischen Faktenlage ist der Maßstab der evidenzba-

---

342 Vgl. *Klafki*, Risiko und Recht (2017), S. 316.

343 Siehe zum Ablauf des Zulassungsverfahrens durch das Paul-Ehrlich-Institut bereits § 3 B. I. 3. c) bb) (1) „Wirksamkeit der Impfstoffe".

344 *Schaade/Widders/Stange/Höhl*, Impfempfehlungen der Ständigen Impfkommission, in: BGesBl. 2009, S. 1006 (1007); vgl. www.rki.de/DE/Content/Kommissionen/STIKO/stiko_node.html (Seite zuletzt aufgerufen am: 09.04.2021).

345 BT-Drs. 16/3100, S. 100; www.rki.de/DE/Content/Kommissionen/STIKO/stiko_node.html (Seite zuletzt aufgerufen am: 09.04.2021).

346 www.rki.de/DE/Content/Kommissionen/STIKO/stiko_node.html (Seite zuletzt aufgerufen am: 09.04.2021); Nationaler Impfplan (2012), S. 44 ff.

347 www.rki.de/DE/Content/Kommissionen/STIKO/Aufgaben_Methoden/methoden_node.html (Seite zuletzt aufgerufen am: 09.04.2021); Nationaler Impfplan (2012), S. 44 ff.; *Wichmann*, Leitlinien für Schutzimpfungen, in: Spiess/Heininger/Jilg (Hrsg.), Impfkompendium (2015), S. 74 (75).

sierten Medizin.[348] Die Risiko-Nutzen-Abwägung und damit die Einschätzungen, die den Empfehlungen zugrunde liegen, beruhen somit auf ausschließlich dem Beweis zugänglichen Erkenntnissen der medizinischen Forschung. Das Bekenntnis zu faktenbasierten Erkenntnissen, die dem Beweis zugänglich sind, ist von enormer Bedeutung für die Legitimität der Empfehlungen der Ständigen Impfkommission. Das gilt unabhängig davon, ob die Empfehlungen im Rahmen einer Pflicht „quasinormative" Verbindlichkeit erlangen oder wie bisher (mit Ausnahme der Masernimpfung für bestimmte Personengruppen) für die Bevölkerung lediglich Appellfunktion aufweisen.

Bei der Erarbeitung der Empfehlungen hält sich die Kommission an die Standardvorgehensweise (Standard Operating Procedure [SOP]), die die anzuwendende Methodik bei der systematischen Erarbeitung der Empfehlungen enthält.[349] Die SOP statuiert einen gestuften Fragenkatalog, der für die Entscheidung für oder gegen eine Impfempfehlung unter anderem alle evidenzbasierten Daten zur Impfstoffwirksamkeit, zu möglichen Impfrisiken und zur Schwere und Epidemiologie der Zielkrankheit berücksichtigt, wodurch sich ergibt, ob die Empfehlung einer bestimmten Impfung sinnvoll erscheint oder nicht.[350] Für die Vorauswahl, für welche Krankheiten und Impfstoffe der Fragenkatalog überhaupt angewendet werden soll, fragt die Impfkommission nach der „Relevanz"[351] einer entsprechenden Impfempfehlung. Relevant sind insbesondere solche Impfungen, deren Impfziel nur mit dem Aufbau einer Herdenimmunität erreicht werden kann und die ihrerseits Todesfälle, schwere Krankheitsverkäufe und Folgeschäden sowie Epidemien vermeiden, welche das öffentliche Leben „in relevanter Weise" einschränken können.[352]

Im Zentrum des ersten Fragenkomplexes stehen Daten zur Charakteristik und der Epidemiologie des Krankheitserregers (Infektiosität, Übertragungsweg, Basisreproduktionszahl).[353] Bereits hier werden also gewichtige medizi-

---

[348] www.rki.de/DE/Content/Kommissionen/STIKO/stiko_node.html (Seite zuletzt aufgerufen am: 09.04.2021); *Wichmann*, Leitlinien für Schutzimpfungen, in: Spiess/Heininger/Jilg (Hrsg.), Impfkompendium (2015), S. 74 (75); *Zuck*, Öffentliche Empfehlungen zur Masernimpfung, in: MedR 2017, S. 85. Diese ist der „gewissenhafte, ausdrückliche und vernünftige Gebrauch der gegenwärtig besten externen, wissenschaftlichen Evidenz für Entscheidungen in der medizinischen Versorgung individueller Patienten [...] mit der bestverfügbaren externen Evidenz aus systematischer Forschung.", *Todt*, Evidenzbasierte Medizin als Rechtsbegriff (2015), S. 25.

[349] *Wichmann*, Leitlinien für Schutzimpfungen, in: Spiess/Heininger/Jilg (Hrsg.), Impfkompendium (2015), S. 74 (75).

[350] Nationaler Impfplan (2012), S. 44 ff.; *Wichmann*, Leitlinien für Schutzimpfungen, in: Spiess/Heininger/Jilg (Hrsg.), Impfkompendium (2015), S. 74 (75).

[351] *Ständige Impfkommission*, Standardvorgehensweise (SOP) (2018), S. 4.

[352] Nationaler Impfpflan (2012), S. 44 ff.

[353] *Ständige Impfkommission*, Standardvorgehensweise (SOP) (2018), S. 4; *Harder et al.*, Die neue Standardvorgehensweise der Ständigen Impfkommission, in: BGesBl. 2019, S. 392 (393); Nationaler Impfplan (2012), S. 45; *Wichmann*, Leitlinien für Schutzimpfungen, in: Spiess/Heininger/Jilg (Hrsg.), Impfkompendium (2015), S. 74 (75).

nisch-epidemiologische Faktoren benannt, die für die Krankheitsauswahl von großer Bedeutung sind.

Im Zentrum des zweiten Fragenkomplexes steht die eigentliche medizinisch-epidemiologische Risikoabwägung, bei der nach der Krankheitslast (Inzidenz, Hospitalisierungsrate, Mortalität, Seroprävalenz, Komplikationen, Folgeschäden und Therapiemöglichkeiten) gefragt wird[354], die sogleich dem dritten Fragenkomplex gegenübergestellt wird, der sich mit den verfügbaren Impfstoffen sowie deren Anwendungsgebieten, Kontraindikationen, Immunogenitäten[355], Wirksamkeiten, Sicherheiten und der Schutzdauer beschäftigt.[356]

Der vierte Fragenkomplex befasst sich mit der Impfstrategie, genauer mit dem Impfziel und der erforderlichen Anzahl an zu impfenden Personen bezogen auf verschiedene Endpunkte, von denen die Herstellung einer Herdenimmunität nur eine Möglichkeit darstellt.[357] Hinsichtlich der erforderlichen Herdenimmunitätsschwellen greift die Ständige Impfkommission – wie aufgezeigt – allerdings auf die in der Literatur verfügbaren Daten zurück, deren Angaben sich als nicht immer einheitlich erwiesen haben.[358] Sie verwendet im Rahmen der SOP zur Bestimmung der erwarteten bevölkerungsbezogenen Auswirkungen einer Impfung entsprechend internationaler Standards jedoch zunehmend mathematische Modellierungen, die entweder durch das RKI erstellt oder in Kooperation mit externen Partnern (z. B. Universitäten) erarbeitet werden.[359] Bei diesen Modellen ist deshalb davon auszugehen, dass sie den unterschiedlichen Angaben zu Herdenimmunitätsschwellen in der Literatur zumindest ansatzweise Rechnung tragen, dadurch die erwarteten Auswirkungen auf Basis verschiedener Angaben miteinander vergleichen können und somit eine grundsätzlich verlässliche Einschätzung im Rahmen des SOP-Fragenkatalogs ermöglichen.

---

[354] *Ständige Impfkommission*, Standardvorgehensweise (SOP) (2018), S. 4; *Harder et al.*, Die neue Standardvorgehensweise der Ständigen Impfkommission, in: BGesBl. 2019, S. 392 (393); Nationaler Impfplan (2012), S. 45; *Wichmann*, Leitlinien für Schutzimpfungen, in: Spiess/Heininger/Jilg (Hrsg.), Impfkompendium (2015), S. 74 (75).

[355] Fähigkeit einer Substanz (Antigen), das Immunsystem zu stimulieren und eine Immunantwort hervorzurufen, die abhängig ist von der Größe und Struktur der Substanz und des Immunstatus, *Pschyrembel* online, Stichwort „Immunogenität".

[356] *Ständige Impfkommission*, Standardvorgehensweise (SOP) (2018), S. 4; *Harder et al.*, Die neue Standardvorgehensweise der Ständigen Impfkommission, in: BGesBl. 2019, S. 392 (393); Nationaler Impfplan (2012), S. 45; *Wichmann*, Leitlinien für Schutzimpfungen, in: Spiess/Heininger/Jilg (Hrsg.), Impfkompendium (2015), S. 74 (75).

[357] *Ständige Impfkommission*, Standardvorgehensweise (SOP) (2018), S. 5; *Harder et al.*, Die neue Standardvorgehensweise der Ständigen Impfkommission, in: BGesBl. 2019, S. 392 (393); Nationaler Impfplan (2012), S. 45; *Wichmann*, Leitlinien für Schutzimpfungen, in: Spiess/Heininger/Jilg (Hrsg.), Impfkompendium (2015), S. 74 (75).

[358] Vgl. beispielsweise die vorhandenen Daten zur erforderlichen Herdenimmunitätsschwelle beim Varizella-zoster-Virus, § 3 B. II. 3. e) aa) „Aktivierung der Schutzpflicht?".

[359] *Harder et al.*, Die neue Standardvorgehensweise der Ständigen Impfkommission, in: BGesBl. 2019, S. 392 (395).

Der fünfte Fragenkomplex beleuchtet die Implementierung, also die Umsetzbarkeit und Akzeptanz der Impfempfehlung in der Bevölkerung, die auch die Kosteneffektivität einzelner Impfstrategien umfasst.[360]

Als letzter Schritt folgt eine abschließende Bewertung[361]: Die Impfempfehlung wird folglich nur ausgesprochen, wenn anhand der einbezogenen Daten und der verwendeten mathematischen Modelle die erforderliche Evidenz vorliegt.[362]

(2) Bewertung der Anwendung der Standardvorgehensweise im Rahmen einer allgemeinen Impfpflicht

Angesichts der geschilderten Vorgehensweise ist zu klären, ob im Rahmen einer allgemeinen Impfpflicht alle Fragenkomplexe der SOP weiterhin durch die Ständige Impfkommission beantwortet werden dürfen oder ob dadurch bereits Entscheidungen vorweggenommen werden, die aufgrund ihrer Wesentlichkeit nur dem Gesetzgeber zustehen.

Indem die Ständige Impfkommission bei der Entwicklung der Empfehlungen anhand der Standardvorgehensweise – wie aufgezeigt – sowohl den Nutzen einer Impfung für das Individuum als auch für die Gesamtbevölkerung berücksichtigt[363], genügt sie zwar der höchstgerichtlich[364] gesetzten Anforderung, die gesamte epidemiologische Lage in den Blick zu nehmen. Die Abwägung nicht nur des individuellen, sondern auch des Nutzens für die Population durch die Kommission birgt indes auch verfassungsrechtliche Probleme, die sich ausschließlich dann Bahn brechen, wenn man – wie hier – die Situation einer *allgemeinen Impfpflicht* zugrunde legt: Die Ständige Impfkommission nimmt nämlich schon für die Entwicklung der Empfehlungen, die erst die Vorauswahl derjenigen Krankheiten darstellen, für die der Gesetzgeber dann unter Vorbehalt der sonstigen Verfassungsmäßigkeit eine allgemeine Impfpflicht einführen könnte, eine Risiko-Nutzen-Abwägung vor. Diese Abwägung ließe sich

---

360 *Ständige Impfkommission*, Standardvorgehensweise (SOP) (2018), S. 5; *Harder et al.*, Die neue Standardvorgehensweise der Ständigen Impfkommission, in: BGesBl. 2019, S. 392 (393); Nationaler Impfplan (2012), S. 45; *Wichmann*, Leitlinien für Schutzimpfungen, in: Spiess/Heininger/Jilg (Hrsg.), Impfkompendium (2015), S. 74 (75).

361 *Ständige Impfkommission*, Standardvorgehensweise (SOP) (2018), S. 5; *Harder et al.*, Die neue Standardvorgehensweise der Ständigen Impfkommission, in: BGesBl. 2019, S. 392 (393); Nationaler Impfplan (2012), S. 45; *Wichmann*, Leitlinien für Schutzimpfungen, in: Spiess/Heininger/Jilg (Hrsg.), Impfkompendium (2015), S. 74 (75).

362 Nationaler Impfplan (2012), S. 45.

363 Vgl. § 1 Abs. 3 S. 2 GO-STIKO sowie die Angabe des Robert-Koch-Instituts: „Die STIKO analysiert […] neben dem individuellen Nutzen-Risiko-Verhältnis auch die Epidemiologie auf Bevölkerungsebene und die Effekte einer flächendeckenden Impfstrategie für Deutschland", www.rki.de/DE/Content/Kommissionen/STIKO/Aufgaben_Methoden/methoden_node.html (Seite zuletzt aufgerufen am: 09.04.2021).

364 BSGE 95, 66 (69); *Zuck*, Öffentliche Empfehlungen zur Masernimpfung, in: MedR 2017, S. 85 (88).

im rechtlichen Sinne allerdings als eine Abwägung der betroffenen Grundrechte verstehen, welche aber dem Gesetzgeber zusteht.

Zunächst bedürfen Impfempfehlungen und erst recht eine Impfpflicht ohne Frage fundierter medizinischer Erkenntnisse als Grundlage der Einschätzungsprärogative des Normgebers. Gerade die medizinisch-epidemiologische Nutzen-Risiko-Abwägung i. S. v. § 1 Abs. 3 S. 2 GO-STIKO, die die Kommission im Rahmen der Impf*empfehlungen* selbst vornimmt, darf sie zwar auch bei der Empfehlung zur Einführung einer Impf*pflicht* selbst vornehmen: Hierin liegt gerade die Bereitstellung des Wissenselementes, die der Gesetzgeber aufgrund mangelnder Expertise nicht selbst leisten kann. Wichtig ist indes, dass die *grundrechtliche* Abwägung, die auf Basis der medizinisch-epidemiologisch fundierten Empfehlungen erfolgt, dem Gesetzgeber vorbehalten ist.

Vor dem Hintergrund des Parlamentsvorbehalts erweisen sich im Rahmen einer allgemeinen Impfpflicht daher die Fragenkomplexe vier und fünf als problematisch: Zuerst muss klar sein, dass die Festlegung auf die Impfstrategie – in diesem Fall also die Pflicht – dem Gesetzgeber vorbehalten ist. Sie steht, anders als wenn es lediglich um Empfehlungen geht, nicht in der Prärogative der Impfkommission (4. Fragenkomplex). Darüber hinaus schließen die Anforderungen des Parlamentsvorbehalts aus, dass die Kommission bei der Grundlage für eine Impf*pflicht* in ihre Empfehlungen auch Aspekte der Implementierung und Akzeptanz der Impfungen einbezieht (5. Fragenkomplex).

Die Berücksichtigung dieser Aspekte im Rahmen einer „Vorabentscheidung“ bei einer allgemeinen Impfpflicht steht der Impfkommission aus zwei Gründen nicht zu: Erstens spielt die Akzeptanz einer Impfung in der Bevölkerung bei einer Pflicht für die Durchsetzung nur eine untergeordnete Rolle. Gewichtiger ist aber der zweite Einwand: Aufgrund der Geltung des Parlamentsvorbehalts darf und muss der Gesetzgeber die Frage der Durchsetzbarkeit selbst entscheiden, da es sich nicht mehr um eine medizinisch-epidemiologische Entscheidung handelt. Insbesondere kann die Gewichtung von möglicherweise gegen eine Pflicht sprechenden Gesichtspunkten wie der Kosteneffizienz sowie dem Verwaltungsaufwand bei der Durchsetzung allein dem Parlamentsgesetzgeber obliegen. Im Rahmen einer allgemeinen Impfpflicht darf die Ständige Impfkommission dem Gesetzgeber nur die rein medizinisch-epidemiologische Grundlage „liefern“ (siehe Fragenkomplexe 1–3), muss ihm darüber hinausgehende Entscheidungen aber überlassen.

(3) Vorwurf der Intransparenz der Empfehlungen

Die dargestellte SOP zur Ermittlung der Empfehlungen der Ständigen Impfkommission begegnet zudem teilweise dem Vorwurf der Intransparenz.[365] Dieser Vorwurf wirkt sich auch auf die Eignung der Empfehlungen als Grundlage

[365] *Pflug*, Pandemievorsorge (2013), S. 154; *Zuck*, Öffentliche Empfehlungen zur Masernimpfung, in: MedR 2017, S. 85 (86).

einer allgemeinen Impfpflicht aus, da er aufgrund der methodischen Vorgehensweise zu ihrer Ermittlung infragestellt, inwieweit es sich bei den zugrunde gelegten Kriterien um kontrollierbare medizinische Kriterien handelt. Vorwürfe der Intransparenz begründen sich allerdings größtenteils in einer vermuteten Einflussnahme der Pharmalobby.[366]

Dieser Vorwurf erscheint allerdings angesichts der dargestellten und offengelegten Vorgehensweise zur Entscheidungsfindung der Ständigen Impfkommission kaum zutreffend: Die Kommission erarbeitet die Impfempfehlungen – wie aufgezeigt – als unabhängiges Expertengremium mit hinreichender institutioneller Legitimation unter Beachtung umfassender Befangenheitsvorschriften, wodurch interessensgeleitete Einflüsse auf die Empfehlungen minimiert werden. Die Orientierung an der SOP sorgt aufgrund ihres mehrstufigen Findungsprozesses für eine hohe wissenschaftliche Qualität der Empfehlungen.[367] Mit der Veröffentlichung der SOP und sowie der jeweiligen Begründungen der Empfehlung und sogar der Nichtempfehlung[368] geht zudem eine größtmögliche Nachvollziehbarkeit und Transparenz einher[369], selbst wenn die vorhande-

---

[366] Bereits jetzt wird durch die gesundheitspolitisch beeinflusste intendierte *Empfehlung* vereinzelt ein verfassungsrechtlich erheblicher Verstoß gegen die staatliche Informationspflicht in Form der STIKO-Empfehlungen gesehen (so *Zuck*, Öffentliche Empfehlungen zur Masernimpfung, in: MedR 2017, S. 85 [91]). Zum einen misst diese Ansicht den Empfehlungen jedoch bereits jetzt hinsichtlich der Beeinflussung des potenziellen Impflings das Gewicht einer Impfpflicht bei. Zum anderen ist die Methode der Entscheidungsfindung der STIKO der öffentlichen Information zugänglich, weshalb eine gegebene Empfehlung auf diesem Wege auch vom Adressaten hinterfragt werden kann.

[367] *Loer*, Gesundheitspolitik zwischen Schutzpflicht und Eigenverantwortung, in: Pünder/Klafki (Hrsg.), Risiko und Katastrophe als Herausforderung für die Verwaltung (2016), S. 81 (95).

[368] So etwa *Robert-Koch-Institut*, Wissenschaftliche Begründung für die Entscheidung, die Herpes-zoster-Lebendimpfung nicht als Standardimpfung zu empfehlen, in: EpidBull Nr. 36/2017, S. 391 ff.

[369] www.rki.de/DE/Content/Kommissionen/STIKO/Aufgaben_Methoden/methoden_node.html (Seite zuletzt aufgerufen am: 09.04.2021); vgl. dazu auch die Aussage des Sachverständigen *Thomas Mertens* von der STIKO bei der öffentlichen Anhörung im Gesundheitsausschuss des Deutschen Bundestages im Rahmen des Gesetzgebungsverfahrens zum Masernschutzgesetz: „Wir haben in den letzten zehn Jahren eine Methodik erarbeitet, die Sie im Internet nachlesen können, die es jetzt in der dritten Version gibt. Das ist eine, wie man auf neudeutsch sagt, SOP. Da wird genau festgelegt, wie wir vorzugehen haben. Unsere Ansprüche sind außerordentlich hoch. Wir machen nämlich für jede der entscheidenden Fragen im Zusammenhang mit der Entwicklung einer Impfempfehlung eine systematische Literatursuche. Das heißt, wir schauen die gesamten publizierten Daten an. Das kann einen Mitarbeiter für eine der Unterfragen schon mal für ein halbes Jahr beschäftigen. Wenn die ganzen Daten vorliegen, wird daraus eine Gesamtevidenz geschaffen. Das ist de facto eine sehr große Tabelle, auf der man das finden kann. Es werden zwischendurch noch mit Hilfe des sogenannten Grade-Systems Auf- und Abwertungen nach bestimmten festgelegten Kriterien vorgenommen. Also das ist ein sehr großer Aufwand. Erst wenn das geschehen ist, das heißt, wenn die Gesamtevidenz festgelegt worden ist, setzt sich die STIKO zusammen, berät dieses Ergebnis und diese Evidenz und berücksichtigt dabei natürlich noch andere Dinge, wie Implementierbarkeit der Impfung, Akzeptanz usw. Da gibt es noch Aspekte, die sich nicht so ohne weiteres über Litera-

ne Datenlage im Hinblick auf manche Fragenkomplexe – wie aufgezeigt – weniger umfangreich ist als hinsichtlich anderer Fragenkomplexe. Dass gleichwohl im Rahmen der wissenschaftlichen Forschung Kontakte zu Pharmaunternehmen unterhalten werden, ist als solches nicht zu beanstanden, da es nach dem Selbstverständnis der Kommission „nicht sachgerecht" ist, auf extern vorhandenen Sachverstand zu verzichten.[370] Zudem müssen die Mitglieder der Ständigen Impfkommission vor ihrer Benennung vergangene und gegenwärtige derartige Kontakte offenlegen[371], so dass auch ihre Benennung nicht „unter falschen Vorzeichen" erfolgt, was wiederum ihrer Legitimation zugutekommt.[372]

Zuletzt muss festgehalten werden, dass mit der SOP nicht nur die Vorgehensweise für die Ermittlung der Empfehlungen quasi als selbstverpflichtende „Agenda" für die Öffentlichkeit einsehbar ist. Auch das Ergebnis ihrer Anwendung steht der Öffentlichkeit nicht nur in Form der Empfehlungen selbst sowie ihren wissenschaftlichen Begründungen, sondern auch in Form der Sitzungsprotokolle der Kommission zur Verfügung. Darüber hinaus hat die Öffentlichkeit sogar Zugang zu einer Interpretationshilfe für einzelne Fragen des Fragenkatalogs der Standardvorgehensweise.[373] Eine Intransparenz ist den Empfehlungen der Ständigen Impfkommission insgesamt also nicht zu attestieren. Eine solche kann sich folglich auch nicht auf deren Eignung als Grundlage der Krankheitsauswahl durch den Gesetzgeber im Rahmen einer allgemeinen Impfpflicht auswirken.

(4) Ergebnis

Die Legitimation der Empfehlungen der Ständigen Impfkommission liegt in Anbetracht der Vorgehensweise bei ihrer Ermittlung nur für die derzeitige Rechtslage vor, nach der es sich bei den Impfempfehlungen für die Bevölkerung tatsächlich lediglich um Empfehlungen handelt.

---

tursuche klären lassen. Letztendlich entsteht die Impfempfehlung, die, wie Sie wissen, nach der Geschäftsordnung in das Stellungnahmeverfahren geht, so dass die Berufsfachgesellschaften, Berufsgruppen und auch die Länder und der G-BA dazu noch Stellung nehmen können. Also insgesamt ist das ein sehr aufwendiges Verfahren und ich glaube auch sagen zu können, meiner Kenntnis nach, dass wir uns weltweit in einer Dreier-Spitzengruppe befinden, was die Anforderungen an die Erarbeitung von Impfempfehlungen angeht.", Wortprotokoll der 68. Sitzung des Ausschusses für Gesundheit vom 23.10.2019, Protokoll Nr. 19/68, S. 34.

[370] www.rki.de/DE/Content/Kommissionen/STIKO/Mitgliedschaft/Interessenskonflikte/interessenskonflikte_node.html (Seite zuletzt aufgerufen am: 09.04.2021).

[371] www.rki.de/DE/Content/Kommissionen/STIKO/Mitgliedschaft/Interessenskonflikte/interessenskonflikte_node.html (Seite zuletzt aufgerufen am: 09.04.2021).

[372] *Pflug*, Pandemievorsorge (2013), S. 169; vgl. dazu bereits § 4 C. I. 2. b) aa) (2) „Problem: Die Ständige Impfkommission als unzulässige Quelle privaten Wissens?".

[373] www.rki.de/DE/Content/Kommissionen/STIKO/Aufgaben_Methoden/Interpretationshilfe_STIKO-Methodik.pdf?__blob=publicationFile (Seite zuletzt aufgerufen am: 09.04.201); vgl. *Harder et al.*, Die neue Standardvorgehensweise der Ständigen Impfkommission, in: BGesBl. 2019, S. 392 (394).

Fungieren die Empfehlungen jedoch als Grundlage der vom Gesetzgeber zu treffenden Krankheitsauswahl bei der Einführung einer allgemeinen Impfpflicht, bei der den Anforderungen des Parlamentsvorbehalts eine entscheidende Rolle zukommt, sind nicht alle Fragenkomplexe der Standardvorgehensweise (SOP) der Ständigen Impfkommission anwendbar. Als problematisch erweisen sich die Abwägungen des vierten und fünften Fragenkomplexes, die die Einschätzungsprärogative des Gesetzgebers missachten.

3. Zusammenfassung: Gemeinsame Aufgabe des Robert-Koch-Instituts und der Ständigen Impfkommission bei der Einführung einer allgemeinen Impfpflicht

Vor dem Hintergrund der Anforderungen des Parlamentsvorbehalts, die bei der Regelung einer allgemeinen Impfpflicht zu beachten sind, muss der Gesetzgeber aufgrund der Komplexität und Dynamik der Regelungsmaterie sowohl im Vorfeld als auch während der Geltung seiner Entscheidung auf Expertenwissen zurückgreifen, um eine belastbare Entscheidungsgrundlage vorzufinden und in der Folge auch seiner Beobachtungspflicht in ausreichendem Maße nachzukommen. Dieses Expertenwissen wird insbesondere durch das Robert-Koch-Institut und die dort angesiedelte Ständige Impfkommission als Ressortforschungseinrichtungen generiert und aufbereitet. Für die Schaffung einer Faktengrundlage verknüpfen sich die dargestellten Aufgaben des Robert-Koch-Instituts und der dort angesiedelten Ständigen Impfkommission teilweise und beziehen sich aufeinander. Dabei müssen zwei Entscheidungssituationen für den Gesetzgeber voneinander unterschieden werden.

Bei der Ersteinführung einer allgemeinen Impfpflicht kommt dem Robert-Koch-Institut die Aufgabe zu, im Vorfeld die epidemiologische Lage und insbesondere die Immunitätsentwicklung (nicht lediglich die Entwicklung der Impfquoten!) impfpräventabler Krankheiten zu beobachten. Dazu gehört, die in Deutschland für die Herdenimmunität erforderlichen Immunitätsschwellen dieser Infektionskrankheiten verbindlich festzulegen und damit Risikolagen zu erkennen, in denen diese Schwelle unterschritten wird. Die dauerhafte Unterrichtung des Gesetzgebers über diese Beobachtungsergebnisse erfolgt zu dem Zweck, dass dieser die Aktivierung der grundrechtlichen Schutzpflicht erkennen und handeln kann. Die Beobachtung der epidemiologischen Situation kann zwar derzeit aus einer Zusammenschau von Datenquellen erfolgen, es bestehen aber – beispielsweise in Gestalt eines Impfregisters – Optimierungsmöglichkeiten. Der Ständigen Impfkommission kommt im Vorfeld der Einführung einer allgemeinen Impfpflicht die Aufgabe zu, Impfempfehlungen zu erarbeiten, die dem Gesetzgeber als Auswahl-Grundlage dienen, für welche Krankheiten eine generelle Impfpflicht überhaupt in Betracht gezogen werden könnte.

Während der Geltung einer allgemeinen Impfpflicht trifft den Gesetzgeber die Pflicht, die Auswirkungen seiner Entscheidung zu beobachten und diese durch Anpassung an eine veränderte epidemiologische Lage gegebenenfalls nachzubessern. Diese Aufgabe übernimmt das Robert-Koch-Institut: Es muss die Immunitätsentwicklung als Auswirkung der gesetzgeberischen Entscheidung insbesondere für diejenigen Infektionskrankheiten im Blick behalten, die als Teil der Auswahl des Gesetzgebers Gegenstand einer allgemeinen Impfpflicht geworden sind und den Gesetzgeber fortlaufend unterrichten. Die Aufgabe der Ständigen Impfkommission beschränkt sich währenddessen darauf, den Katalog der nach § 20 Abs. 2 S. 3 IfSG weiterhin freiwillig bleibenden Empfehlungen stets zu aktualisieren und den Gesetzgeber gegebenenfalls von Änderungen zu unterrichten. So kann dieser erneut auf Basis dieser Auswahlgrundlage über eine parlamentsgesetzliche Änderung, Erweiterung oder Reduktion des Krankheitsumfangs, der Gegenstand einer allgemeinen Impfpflicht geworden ist, entscheiden.

Obgleich der notwendige Rückgriff auf Expertenwissen verfassungsrechtliche Probleme aufwirft, ist der darin begründete Einfluss auf das „innere" Gesetzgebungsverfahren jedenfalls des Robert-Koch-Instituts als Expertengremium in Hinsicht auf die *institutionelle* demokratische Legitimation und die Aufgaben dieser Wissensquelle im Ergebnis nicht zu beanstanden: Das Robert-Koch-Institut verfügt als selbstständige Bundesoberbehörde sowohl *institutionell* über die notwendige demokratische Legitimation, um eine geeignete Quelle notwendiger Wissensgrundlagen für die Entscheidung des Parlamentsgesetzgebers darzustellen, als auch im Hinblick auf seine Aufgabenwahrnehmung im Rahmen einer allgemeinen Impfpflicht. Zwar ist die kontinuierliche Unterrichtung des Gesetzgebers über die epidemiologische Lage und im Besonderen über den Immunitätsstatus der Bevölkerung bislang im Infektionsschutzgesetz neben der Beratung der Exekutive nicht ausdrücklich vorgesehen. Das vom Robert-Koch-Institut generierte Faktenwissen sollte freilich auch dem Gesetzgeber zur Verfügung gestellt[374] und die Beratungstätigkeit des Instituts gegenüber dem Gesetzgeber im Infektionsschutzgesetz verankert werden.

Auch die Einbeziehung der Ständigen Impfkommission in das „innere Gesetzgebungsverfahren" ist bei der Frage einer allgemeinen Impfpflicht in *institutioneller* Hinsicht nicht zu beanstanden. Problematisch ist allerdings in Teilen die konkrete Vorgehensweise der Ermittlung der Impfempfehlungen, wenn diese als Grundlage der durch den Gesetzgeber vorzunehmenden Auswahl der Krankheiten dienen, für die eine allgemeine Impfpflicht überhaupt in Betracht kommt. Dabei erweisen sich die „Fragenkomplexe" vier und fünf der Standardvorgehensweise (SOP) angesichts der Letztentscheidungsmacht des Parlamentsgesetzgebers als verfassungsrechtlich bedenklich, da sie zum Teil der

[374] Vgl. bereits § 4 C. I. 1. b) bb) „Legitimation der notwendigen Aufgabenwahrnehmung bei einer allgemeinen Impfpflicht".

Einschätzungsprärogative des Gesetzgebers vorgreifen.[375] Nur, wenn für die Ermittlung der Empfehlungen als Grundlage der gesetzgeberischen Auswahl diese Fragenkomplexe angepasst oder ausgelassen werden, ist der Rückgriff auf die Empfehlungen der Impfkommission im Rahmen einer allgemeinen Impfpflicht zulässig.

II. Ausgestaltung der Reihenfolge der Adressaten

Bei einer allgemeinen Impfpflicht, deren Ziel gerade die Herstellung einer Herdenimmunität für bestimmte Infektionskrankheiten ist, liegt auf der Hand, dass *alle* Personen, die nicht der Risikogruppe der Impfunfähigen zuzuordnen sind, prinzipiell Adressaten der Pflicht sein müssen (nicht nur – wie im Rahmen der Masernimpfpflicht – bestimmte Personengruppen). Auch die Festlegung dieser allumfassenden Adressatenregelung fällt aufgrund ihrer Wesentlichkeit für die betroffenen Grundrechtsträger – wie aufgezeigt[376] – in den Entscheidungsbereich des Parlamentsgesetzgebers. Die Bestimmung dieses prinzipiellen Umfangs der Pflichtadressaten darf er nicht der Exekutive überlassen.

Zur notwendigerweise durch den Gesetzgeber zu regelnden Ausgestaltung gehört auch die Bestimmung der Reihenfolge der Adressaten, die die Exekutive bei der Umsetzung der Impfpflicht beachten muss. Dass die Festlegung einer *Umsetzungsreihenfolge* überhaupt notwendig ist, begründet sich durch die verschiedenen Herdenimmunitätsschwellen der jeweiligen Infektionskrankheiten[377]: Aufgrund dieser ist nicht stets eine Bevölkerungsimmunität von 100 % für die Herstellung der Herdenimmunität notwendig, sondern nur eine Immunitätsquote in Höhe des Anteils, der für die Erreichung der Herdenimmunität erforderlich ist (so wie etwa bei Meningokokken C, wo bereits ab einer Immunitätsquote von 25 % eine Herdenimmunität einsetzt[378]). Weil die Schutzpflicht somit je nach Krankheit bzw. Herdenimmunitätsschwelle bereits nach nur teilweiser Umsetzung erfüllt wird, ist es unabdingbar, parlamentsgesetzlich festzulegen, nach welcher Reihenfolge die Exekutive bei der Umsetzung der Pflicht vorgehen soll.

Bei der Ausgestaltung der Umsetzungsreihenfolge muss der Gesetzgeber darauf achten, dass insbesondere diejenigen Bevölkerungsanteile zuvörderst in die Pflicht genommen werden, bei denen die größten Immunitätslücken vorhanden sind[379], was ebenfalls eine lückenlose Immunitätserfassung durch das Robert-

[375] Vgl. bereits § 4 C. I. 2. b) bb) (2) „Bewertung der Anwendung der Standardvorgehensweise im Rahmen einer allgemeinen Impfpflicht".

[376] Siehe § 4 B. I. 2. b) „In materieller Hinsicht".

[377] Vgl. bereits § 3 B. II. 3. a)–e), jeweils aa) „Aktivierung der Schutzpflicht?".

[378] *Trotter/Gay/Edmunds*, Dynamic Models of Meningococcal Carriage, in: American Journal of Epidemiology 2005, S. 89 (95); *Trotter/Maiden*, Meningococcal vaccines and herd immunity, in: Expert Rev Vaccines 2009, S. 851 (857).

[379] Daher mit Kritik am Masernschutzgesetz *Rixen*, Verfassungsfragen der Masernimpf-

Koch-Institut und dessen Unterrichtung des Gesetzgebers voraussetzt.[380] Sobald die Herdenimmunitätsschwelle allerdings erreicht ist, muss auch die Umsetzung der Impfpflicht beendet werden, da in diesem Moment aufgrund der Erfüllung und dadurch Deaktivierung der grundrechtlichen Schutzpflicht auch der legitime Zweck des Eingriffs entfällt.

Es verstieße jedoch auch noch dann gegen den Parlamentsvorbehalt, wenn der Gesetzgeber im Parlamentsgesetz lediglich vorgäbe, dass die Umsetzung überhaupt nach irgendeiner Reihenfolge erfolgen muss. Vielmehr muss er auch die Art und Weise dieser späteren Auswahl durch die Exekutive abstrakt vorgeben. Es bietet sich an, dass diese vorzugsweise einem Modell folgt, welches die Adressaten der *Umsetzung* nach aufsteigendem Alter bestimmt, so dass die Umsetzung der Pflicht bei den Kindern beginnt, auf die sich ohnehin bereits jetzt die Impfempfehlungen der Ständigen Impfkommission beziehen. Bei der Umsetzung einer allgemeinen Impfpflicht sollte daher mit den jüngeren Alterskohorten begonnen werden, da Impfungen als Grundimmunisierungen vorwiegend im Kindesalter vorgenommen werden.[381] Anders als etwa bei der geltenden Masernimpfpflicht ist somit nicht ausgeschlossen, dass je nach Höhe der erforderlichen Herdenimmunitätsschwelle die Umsetzung der Pflicht auch die erwachsenen Adressaten bis hin zur gesamten Bevölkerung betrifft.

Im Hinblick auf eine mögliche Impfpflicht gegen COVID-19 besteht hier allerdings das Problem, dass bislang kein SARS-CoV-2-Impfstoff für die Anwendung bei Kindern empfohlen wird.[382] Im Kontext einer hypothetischen allgemeinen Impfpflicht stellt COVID-19 im Kanon der Infektionskrankheiten ohnehin einen Sonderfall dar: Hier wurde die Grundimmunisierung zwar grundsätzlich für alle, jedoch zuerst – ähnlich wie bei der Impfung gegen *Herpes zoster* – vorwiegend für Personen in einem Lebensalter von über 80 Jahren und erst nach und nach absteigend auch für jüngere Personen empfohlen. Zudem stand der Anspruch auf eine Impfung gegen COVID-19 anfangs aufgrund knapper Impfstoffverfügbarkeit noch unter dem Vorbehalt der Priorisierung.[383]

---

pflicht – Rechtsgutachten für „Ärzte für Individuelle Impfentscheidung e. V." (2019), S. 66, das eine Impfpflicht insbesondere für Kinder statuiert, obgleich größere Immunitätslücken unter den jungen Erwachsenen vermutet werden.

[380] Siehe dazu bereits § 3 B. II. 2. a) cc) (2) „Beobachtungspflicht des Gesetzgebers" sowie § 4 C. I. 1. a) „Aufgabe des Robert-Koch-Instituts bei der Einführung einer allgemeinen Impfpflicht".

[381] Etwas anderes gälte allerdings bei einer Impfpflicht gegen Gürtelrose (*Herpes zoster*), da gegen diese Erkrankung eine Grundimmunisierung erst für Personen ab einem Lebensalter von 60 Jahren empfohlen wird, *Robert-Koch-Institut*, Wissenschaftliche Begründung zur Empfehlung einer Impfung mit dem Herpes zoster-subunit-Totimpfstoff, in: EpidBull Nr. 50/2018, S. 541 ff.

[382] *Robert-Koch-Institut*, STIKO-Empfehlung zur COVID-19-Impfung, in: EpidBull Nr. 2/2021, S. 3 (56).

[383] Wie der priorisierte Anspruch auf Schutzimpfungen gegen COVID-19 innerhalb einer Rechtsverordnung gestaltet werden soll, geben die Verteilungskriterien des § 20i Abs. 3

Erst wenn – jedenfalls im Fall der „gängigen" Infektionskrankheiten – durch die Impfung jüngerer Alterskohorten noch keine Herdenimmunität hergestellt werden kann, was jedenfalls bei Krankheiten mit hoher Basisreproduktionszahl und dementsprechend hoher Herdenimmunitätsschwelle (wie z. B. Masern[384]) der Fall sein wird, müssen nach und nach kontinuierlich aufsteigend auch ältere Alterskohorten in die Umsetzung einbezogen werden. Beispielsweise könnten zunächst Jugendliche unter 18 Jahren, dann junge Erwachsene im Alter von unter 25 Jahren usw. geimpft werden. Die epidemiologische Verteilung der Krankheitsfälle zeigt zudem deutlich, dass die altersmäßig zuerst bei Kindern ansetzende und in der Alterskohorte kontinuierlich aufsteigende Umsetzung der Impfpflicht sinnvoll ist.[385] Nur die konkrete Auswahl der Personen in den jeweiligen Alterskohorten darf und muss aber dem Ermessen der Exekutive überlassen werden[386], da eine nähere Ausgestaltung auch der konkreten Auswahl durch den Gesetzgeber gar nicht mehr möglich wäre, ohne in die Nähe des Einzelfallgesetzes zu rücken.

Mögliche verfassungsrechtliche Bedenken an der geschilderten Verteilung der Auswahlkompetenz zwischen Gesetzgeber und Exekutive, welche die endgültige Auswahl, d. h. die Bestimmung des Adressatenkreises in konkreter Hinsicht der Exekutive überlässt[387], können bei der hier vorgeschlagenen Umsetzung nicht durchgreifen: Dass aufgrund des Parlamentsvorbehalts der Adressatenkreis notwendigerweise durch den Parlamentsgesetzgeber selbst bestimmt werden muss[388], steht dieser stufenweisen näheren Adressatenauswahl durch die Exekutive nicht entgegen.[389] Da der Gesetzgeber in der hier vorgeschlagenen Ausgestaltung der allgemeinen Impfpflicht grundsätzlich niemanden aus dem Adressatenkreis ausnehmen würde (sofern kein gesetzlicher Ausnahmetatbestand greift), hat die konkrete Auswahl von nur einem Anteil der Gesamtheit der prinzipiellen Adressaten keine eigenständige Eingriffsqualität, die wegen des Parlamentsvorbehalts in unzulässiger Weise von der Exekutive

S. 4, 5 SGB V vor, die sich wiederum an den Impfzielen des § 20 Abs. 2a S. 1 IfSG (jeweils i. d. F. v. 31.03.2021) orientieren sollen.

384 Vgl. bereits § 3 B. II. 3. a) aa) „Aktivierung der Schutzpflicht?".

385 So wie etwa bei Masern, bei denen im Jahr 2017 auf die Altersgruppe der 0–9-Jährigen 42 % der Erkrankungen entfielen. Weitere 21 % der Erkrankungen betrafen die Alterskohorte der 10–19-Jährigen, rund 30 % die Altersgruppe der 20–39-Jährigen, *Robert-Koch-Institut*, Aktuelle Epidemiologie der Masern in Deutschland, in: EpidBull Nr. 33/2018, S. 325 (326); innerhalb dieser Gruppe entfallen allerdings 61 % auf die 0–2-Jährigen, die aufgrund ihres Alters noch (jedenfalls in Bezug auf Masern) der Risikogruppe der Impfunfähigen zuzuordnen sind.

386 Vgl. bereits § 4 B. I. 2. „Konsequenzen des Parlamentsvorbehalt für die Regelung einer allgemeinen Impfpflicht".

387 Vgl. BR-Drs. 358/1/19, S. 32.

388 Vgl. tendenziell auch die Stellungnahme des Bundesrates zum Entwurf des „Masernschutzgesetzes", BR-Drs. 358/1/19, S. 32; siehe bereits § 4 B. I. 2. „Konsequenzen des Parlamentsvorbehalts für die Regelung einer allgemeinen Impfpflicht".

389 Vgl. bereits die Ausführungen zum Auswahlermessen der Exekutive in § 4 B. I. 2. „Konsequenzen des Parlamentsvorbehalts für die Regelung einer allgemeinen Impfpflicht".

ausginge. Vielmehr stellt die Auswahl durch die altersabhängige Reihenfolge der Adressaten seitens der Exekutive ein „Minus" zur Intensität der gesetzlichen Regelung dar und ist somit als Ausgestaltung einer allgemeinen Impfpflicht verfassungsrechtlich nicht zu beanstanden.

III. Die Ausgestaltung der Masernimpfpflicht (§ 20 Abs. 8–13 IfSG) als Vorbild?

Angesichts der seit dem 1. März 2020 geltenden gesetzlichen Masernimpfpflicht für bestimmte Personengruppen[390] stellt sich die Frage, ob deren Regelung in § 20 Abs. 8–13 IfSG Vorbildcharakter für die Ausgestaltung einer allgemeinen Impfpflicht entfalten kann.[391] Dazu ist ein Blick auf diejenigen Aspekte der Masernimpfpflicht zu werfen, die auch bei der Ausgestaltung einer allgemeinen Impfpflicht relevant sind, um festzustellen, ob eine ähnliche Ausgestaltung von Vorteil ist.

1. *Regelungsgehalt des Masernschutzgesetzes*

Durch das Masernschutzgesetz ist in § 20 Abs. 8 S. 1 IfSG eine Regelung geschaffen worden, die eine Masernimpfpflicht für bestimmte Personengruppen statuiert. Es sind von vornherein ausschließlich Personen erfasst, die nach dem 31. Dezember 1970 geboren wurden. Diese Begrenzung trägt den vermuteten tatsächlichen Unterschieden hinsichtlich der Masernimmunität von Personen Rechnung, die bis zu diesem Zeitpunkt geboren wurden. Bei dieser Alterskohorte wird im Gegensatz zu jüngeren Personen eine natürliche Masernimmunität vermutet.[392]

Die Pflicht gilt zum einen für Kinder, die in Kindertageseinrichtungen und Kinderhorten (§ 33 Nr. 1 IfSG), in der nach § 43 Abs. 1 SGB VIII erlaubnispflichtigen Kindertagespflege (§ 33 Nr. 2 IfSG) sowie in Schulen und sonstigen Aus-

[390] BGBl. I/2020, S. 148–157.

[391] Das Bundesverfassungsgericht hat § 20 Abs. 8 S. 1–3 i. V. m. Abs. 9 S. 1 und Abs. 12 S. 1, 3 sowie Abs. 13 S. 1 IfSG im Rahmen der Folgenabwägung einer Eilentscheidung für verfassungsgemäß erklärt, BVerfG, Beschl. v. 11.05.2020 – 1 BvR 469/20; zustimmend *Gebhard*, Medizinisch-wissenschaftliche Fakten im Rechtsgewand, www.juwiss.de/76-2020/ (Seite zuletzt aufgerufen am: 15.01.2021).

[392] So auch *Rixen*, Die Impfpflicht nach dem Masernschutzgesetz, in: NJW 2020, S. 647. Danach ist für die Zeit *vor* der Einführung der Masern-Impfempfehlung im Jahr 1973 (in der Bundesrepublik) von einer hohen Durchseuchung und dementsprechend einer hohen Immunitätsquote auszugehen, weil aufgrund des hohen Kontagions- und Manifestationsindex der Masern nahezu alle Exponierten auch erkrankt sein und die Immunität daher auf natürlichem Wege erworben haben dürften. Siehe bereits § 3 B. II. 3. a) aa) (3) „Datenlage zu Fallzahlen und Seroprävalenzen"; vgl. *Jilg/Heininger*, Masern, in: Spiess/Heininger/Jilg (Hrsg.), Impfkompendium (2015), S. 214); zustimmend *Schaks*, Schriftliche Stellungnahme zu BT-Drs. 19/13452, Ausschuss-Drs. 19(14)112(14), S. 17; *Gebhard*, in: Kießling (Hrsg.), Infektionsschutzgesetz Kommentar (2021), § 20 Rn. 39.

bildungseinrichtungen (§ 33 Nr. 3 IfSG) betreut werden. Diese Kinder sind gem. § 20 Abs. 8 S. 1 Nr. 1 IfSG zum Nachweis eines vollständigen Masern-Impfschutzes, einer Immunität gegen Masern oder der Impfunfähigkeit wegen des Vorliegens einer medizinischen Kontraindikation verpflichtet.

Die gleiche Nachweisverpflichtung trifft zum anderen Personen, die in Einrichtungen nach § 23 Abs. 3 S. 1 IfSG, § 33 Nr. 1–4 IfSG oder § 36 Abs. 1 Nr. 4 IfSG tätig sind. Das betrifft Personen, die in Krankenhäusern, Einrichtungen für ambulantes Operieren, Vorsorge- und Rehabilitationseinrichtungen mit krankenhausähnlicher medizinischer Versorgung, Dialyseeinrichtungen, Tageskliniken, Entbindungseinrichtungen, Arztpraxen und Zahnarztpraxen sowie Praxen sonstiger humanmedizinischer Heilberufe, Untersuchungs- und Behandlungseinrichtungen des öffentlichen Gesundheitsdienstes, bei Rettungsdiensten und bei ambulanten Pflegediensten tätig sind. Ebenso umfasst sind Personen, die in Kindertageseinrichtungen, Kinderhorten, Einrichtungen der Kindertagespflege, Schulen und sonstigen Ausbildungseinrichtungen sowie Heimen arbeiten. Darunter ist in erster Linie medizinisches Personal und Personal mit Lehr-, Erziehungs-, Pflege- und Aufsichtstätigkeiten zu verstehen, aber auch sonst in den genannten Einrichtungen tätiges Personal wie Küchen-, Reinigungs- und Transportpersonal und Hausmeister.[393]

Ebenso bezieht sich die Pflicht gemäß § 20 Abs. 8 S. 1 Nr. 2 a) IfSG auf Personen, die bereits vier Wochen in einer Gemeinschaftseinrichtung nach § 33 Nr. 4 IfSG („Heime") betreut werden. Da es sich bei allen Gemeinschaftseinrichtungen i. S. v. § 33 IfSG um Einrichtungen handelt, in denen „überwiegend minderjährige Personen betreut werden", dürfte der personelle Anwendungsbereich der Pflicht nach § 20 Abs. 8 S. 1 Nr. 2 a) IfSG bereits überwiegend im personellen Anwendungsbereich der Pflicht nach Nr. 1 (Gemeinschaftseinrichtungen i. S. v. § 33 Nr. 1–3 IfSG) aufgehen. Weiter gilt die Pflicht nach § 20 Abs. 8 S. 1 Nr. 2 b) i. V. m. Abs. 11 IfSG auch für alle Personen, die seit bereits vier Wochen in Einrichtungen zur gemeinschaftlichen Unterbringung von Asylbewerbern, vollziehbar Ausreisepflichtigen, Flüchtlingen und Spätaussiedlern (§ 36 Abs. 1 Nr. 4 IfSG) untergebracht sind. Darunter fallen also alle Bewohner von Aufnahmeeinrichtungen i. S. v. § 44 AsylG und Gemeinschaftsunterkünften i. S. v. § 53 AsylG, so wie etwa auch Hafteinrichtungen nach § 62a AufenthG (Abschiebungshaft).[394]

§ 20 Abs. 8–13 IfSG stellt somit keine allgemeine, sondern lediglich eine auf bestimmte Personengruppen begrenzte Impfpflicht ausschließlich gegen Ma-

---

[393] BT-Drs. 19/13452, S. 27; daraus ergibt sich, dass es sich bei den Adressaten der berufsbezogenen Masernimpfpflicht nicht nur um Personen handelt, die „zum Schutz der ihnen anvertrauten Personen" beruflich tätig sind, anders aber *Schaks*, Schriftliche Stellungnahme zu BT-Drs. 19/13452, Ausschuss-Drs. 19(14)112(14), S. 18; auch *Rixen*, Die Impfpflicht nach dem Masernschutzgesetz, in: NJW 2020, S. 647 (648).

[394] Entwurf eines Gesetzes zur Modernisierung der epidemiologischen Überwachung übertragbarer Krankheiten, BT-Drs. 18/10938, S. 69.

sern dar.[395] Damit ist der Adressatenkreis der Masernimpfpflicht kleiner als der einer allgemeinen Impfpflicht. Deshalb werden allerdings nicht ganz zu Unrecht Bedenken hinsichtlich ihrer Effektivität geäußert.[396] Denn wenn ein umfassender Schutz der Bevölkerung vor den Gefahren durch Infektionskrankheiten, die sich nicht nur in Gestalt der Masernerkrankung realisieren können, bezweckt wird, warum sollte eine Impfpflicht dann auf bestimmte Personengruppen wie Kinder und in Gemeinschaftseinrichtungen tätige und betreute Personen beschränkt sein?

2. *Problem: Kombinationsimpfstoffe*

Fraglich ist, ob die Regelung der Masernimpfpflicht insbesondere im Hinblick auf die derzeit lediglich verfügbaren Kombinationsimpfstoffe auf die Ausgestaltung einer allgemeinen Impfpflicht übertragbar ist. Wie bereits aufgezeigt, ist die Verwendung von Kombinationsimpfstoffen im Rahmen einer Impfpflicht dann problematisch, wenn die Impfpflicht sich nicht auf alle Zielkrankheiten bezieht bzw. nicht im Hinblick auf alle Zielkrankheiten verfassungsgemäß ist, gegen die der Kombinationsimpfstoff Vakzine enthält.[397]

Die Masernimpfpflicht soll gemäß § 20 Abs. 8 S. 3 IfSG gerade auch in Ansehung der Nichtverfügbarkeit eines Monoimpfstoffs realisiert werden. Der Gesetzgeber hat die Nichtverfügbarkeit eines Monoimpfstoffs gegen Masern also erkannt und darin dennoch kein Problem gesehen.[398] Angesichts der derzeitigen Existenz nur eines einzigen Monoimpfstoffs gegen Masern, der seit 2017 nicht vermarktet wurde und mittlerweile nicht mehr auf der Liste der zugelassenen Impfstoffe des Paul-Ehrlich-Instituts zu finden ist[399], dürfte die Verfügbarkeit des Impfstoffs ausschließlich gegen Masern nur in äußerst seltenen Fällen gegeben sein. Die Impfung mit Kombinationsimpfstoffen stellt also – anders

---

[395] Vgl. für die Abgrenzung der Impfpflicht nach dem Masernschutzgesetz und einer hypothetischen allgemeinen, dieser Arbeit als Untersuchungsgegenstand zugrunde liegenden Impfpflicht bereits § 1 „Einführung und Problemaufriss" sowie § 1 A. „Verfassungsrechtliche Problemlage".

[396] Mit der kritischen Bemerkung, ob das Masernschutzgesetz überhaupt eine geeignete Maßnahme ist oder sich nicht auch auf Erwachsene beziehen müsste, bereits während des Gesetzgebungsverfahrens die Ausschüsse des Bundesrates, BR-Drs. 358/1/19, S. 31 f. sowie *Becker*, Ethikrat fordert Debatte um Impfpflicht für Erwachsene, www.faz.net/aktuell/politik/inland/ethikrat-fordert-debatte-um-impfpflicht-fuer-erwachsene-16155585.html (Seite zuletzt aufgerufen am 16.03.2021); *Höfling*, Vom präventiven Selbst zum immunisierten Volkskörper, in: JZ 2019, S. 776 (778); *Rixen*, Verfassungsfragen der Masernimpfpflicht – Rechtsgutachten für „Ärzte für Individuelle Impfentscheidung e. V." (2019), S. 5, 68, 84; *Terhardt*, Zur Masern-Impfpflicht – ein Zwischenruf, in: Kinder- und Jugendarzt 2019, S. 370 (374 f.).

[397] Vgl. bereits § 3 B. II. 1. c) „Problem: Zugelassene (Kombinations-)Impfstoffe"; sehr skeptisch aus ärztlicher Sicht auch *Lenzen-Schulte*, Der Zwang zum Kombinationsimpfen wird Folgen haben, in: DÄ 2020, S. A1685 f.

[398] BT-Drs. 19/13452, S. 28.

[399] *Paul-Ehrlich-Institut*, Impfstoffe gegen Masern, www.pei.de/DE/arzneimittel/impfstoffe/masern/masern-node.html (Seite zuletzt aufgerufen am: 08.04.2021).

als der Wortlaut des § 20 Abs. 8 S. 3 IfSG vermuten lassen könnte – keine Ausnahme, sondern die Regel dar.[400] Deshalb bezieht sich die Masernimpfpflicht des Masernschutzgesetzes faktisch auch mindestens auf die Krankheiten Röteln und Mumps.[401]

Diese Verpflichtung zur „obligatorischen Mitimpfung"[402], die mit der regelhaften Verwendung von Kombinationsimpfstoffen einhergeht, wäre allerdings nur zulässig, wenn eine Impfpflicht für die Pflichtadressaten des Masernschutzgesetzes auch gegen Röteln und Mumps zulässig wäre. Das steht allerdings – wie aufgezeigt[403] – unter der Voraussetzung epidemiologischer Anforderungen an das Bestehen oder Nichtbestehen einer Herdenimmunität gegen die Zielkrankheiten Röteln und Mumps. Jedenfalls für eine Impfpflicht (auch) gegen Mumps besteht jedoch – wie ebenfalls aufgezeigt – schon mangels Schutzpflichtaktivierung kein legitimer Eingriffszweck.[404] Dessen bedürfte es aber, da mit der Verimpfung weiterer Vakzine eigenständige Eingriffe in die körperliche Unversehrtheit einhergehen.[405]

Insofern kann auch der – aus rein tatsächlichen Gesichtspunkten möglicherweise zutreffende – Gedanke, dass eine Impfung mit Kombinationsimpfstoffen für die Erfüllung der Schutzpflicht besser wäre als überhaupt keine Impfung, in rechtlicher Hinsicht nicht greifen: Denn die Erfüllung der Schutzpflicht hinsichtlich einer Krankheit kann die fehlende Aktivierung der Schutzpflicht hinsichtlich anderer Infektionskrankheiten nicht „ersetzen". Oder anders gewendet: Weil die Schutzpflicht bezüglich einer Krankheit erfüllt werden muss, darf eine Schutzpflicht bezüglich einer anderen Krankheit nicht „miterfüllt" werden, ohne dass diese überhaupt besteht. Daher ist das Masernschutzgesetz aufgrund seiner hier dargelegten Ausgestaltung jedenfalls in dem in § 20 Abs. 8 S. 3 IfSG beschlossenen Passus nicht ohne weiteres verfassungskonform.[406]

---

400 *Rixen*, in: Huster/Kingreen (Hrsg.), Handbuch Infektionsschutzrecht (2021), Kapitel 5, Rn. 37.

401 *Rixen*, Die Impfpflicht nach dem Masernschutzgesetz, in: NJW 2020, S. 647; *ders.*, in: Huster/Kingreen (Hrsg.), Handbuch Infektionsschutzrecht (2021), Kapitel 5, Rn. 37.

402 *Rixen*, in: Huster/Kingreen (Hrsg.), Handbuch Infektionsschutzrecht (2021), Kapitel 5, Rn. 37.

403 Siehe dazu § 3 B. II. 3. „Krankheitsspezifische Risikoabwägung anhand der Gleichwertigkeitsprüfung".

404 Vgl. § 3. B. II. 3. b) „Mumps".

405 A. A. *Schaks*, Die Pflicht zur Verwendung von Kombinationsimpfstoffen gegen Masern, in: MedR 2020, S. 201 (203); *ders.*, § 14 Verhütung übertragbarer Krankheiten: Schutzimpfungen, in: Kluckert (Hrsg.), Das neue Infektionsschutzrecht (2021), Rn. 40.

406 *Gebhard*, in: Kießling (Hrsg.), Infektionsschutzgesetz Kommentar (2021), § 20 Rn. 47; ähnlich *Kießling*, Coronavirus, Masern und die Grundrechte, www.verfassungsblog.de/coronavirus-masern-und-die-grundrechte/ (Seite zuletzt aufgerufen am: 18.01.2021); a. A. aber *Schaks*, Die Pflicht zur Verwendung von Kombinationsimpfstoffen gegen Masern, in: MedR 2020, S. 201 (206); i. E. auch *Staudinger*, Verfassungsrechtliche Untersuchung der Impfgesetzgebung in Deutschland (2021), S. 195, die in § 20 Abs. 8 S. 3 IfSG allerdings einen Verstoß gegen den Bestimmtheitsgrundsatz erblickt.

Die Ausgestaltung der Masernimpfpflicht, die auch dann durchsetzbar ist, wenn nur Kombinationsimpfstoffe zur Verfügung stehen, darf angesichts der gezeichneten Problematik, so gewichtige grundrechtliche Vorgaben wie schon das Verfolgen eines legitimen Zwecks zur Rechtfertigung des damit einhergehenden Grundrechtseingriffs zu missachten, für die Ausgestaltung einer allgemeinen Impfpflicht nicht übernommen werden.

3. *Problem: Ausgestaltung der Ausnahmetatbestände*

Neben den verfassungsrechtlichen Bedenken gegen die Durchsetzung einer Pflicht auch mit Kombinationsimpfstoffen bestehen Zweifel an der Bestimmtheit der Ausnahmetatbestände für impfunfähige Personen. Zwar statuiert § 20 Abs. 8 S. 4 IfSG einen Ausnahmetatbestand und genügt damit grundsätzlich der Angemessenheitsanforderung, überhaupt Ausnahmen von der Impfpflicht zuzulassen.[407] Impfunfähige Personen fallen von vornherein aus dem Adressatenkreis der Masernimpfpflicht heraus. Das Gesetz statuiert für diese Personen stattdessen eine Pflicht zum Nachweis der Kontraindikation, da nur das Vorliegen einer solchen den Ausschluss aus dem Adressatenkreis begründen kann.[408]

Jedoch wirft der Wortlaut, dass Satz 1 (die Pflicht zum Nachweis eines ausreichenden Impfschutzes oder einer Immunität gegen Masern) nicht für Personen gelte, „die auf Grund einer medizinischen Kontraindikation nicht geimpft werden können", Bedenken hinsichtlich der Bestimmtheit auf: Denn das Tatbestandsmerkmal der „medizinischen Kontraindikation" bleibt durch seine weite Formulierung relativ unklar[409] und stellt die Einschätzung, ob eine „medizinische Kontraindikation" und damit eine Nicht-Adressatenschaft des eigentlichen Pflicht-Adressaten vorliegt, allein in die Prärogative des impfenden Arztes.[410]

Das kann jedoch aus zweierlei Gründen nachteilig sein: Erstens ist gerade durch das Masernschutzgesetz aufgrund der Neufassung des § 20 Abs. 4 IfSG im Zuge des „universellen Impfens" nunmehr jeder Arzt (mit Ausnahme von Zahnärzten) unabhängig von den Grenzen seiner Facharztausbildung dazu berechtigt, Impfungen durchzuführen.[411] Das kann aber dazu führen, dass auch

---

[407] Vgl. bereits § 3 B. I. 3. c) dd) (2) „Bestehen von gesetzlich geregelten Ausnahmetatbeständen".

[408] *Gebhard*, in: Kießling (Hrsg.), Infektionsschutzgesetz Kommentar (2021), § 20 Rn. 43, 50.

[409] So wohl auch *Rixen*, Verfassungsfragen der Masernimpfpflicht – Rechtsgutachten für „Ärzte für Individuelle Impfentscheidung e. V." (2019), S. 21.

[410] Vgl. *Gebhard*, in: Kießling (Hrsg.), Infektionsschutzgesetz Kommentar (2021), § 20 Rn. 43, 50; *Rixen*, in: Huster/Kingreen (Hrsg.), Handbuch Infektionsschutzrecht (2021), Kapitel 5, Rn. 36; *Schaks*, § 14 Verhütung übertragbarer Krankheiten: Schutzimpfungen, in: Kluckert (Hrsg.), Das neue Infektionsschutzrecht (2021), Rn. 28.

[411] Für Einzelheiten siehe *Gebhard*, in: Kießling (Hrsg.), Infektionsschutzgesetz Kommentar (2021), § 20 Rn. 19–21.

die ärztliche Expertise über medizinische Kontraindikationen von Impfungen nur begrenzt vorhanden ist, dass also keine ausreichende Kenntnis darüber vorliegt, ob in Bezug auf die spezielle Impfung eine medizinische Kontraindikation gegeben ist oder nicht.[412] Dadurch besteht entweder einerseits die Gefahr, trotz Vorliegens einer solchen zu impfen oder andererseits die Gefahr, auch bei Nichtvorliegen einer Kontraindikation die Impfung zu unterlassen und fehlerhaft eine Impfunfähigkeit zu bescheinigen. Dieses Problem hatte auch der Bundesrat in seiner Stellungnahme während des Gesetzgebungsverfahrens bereits angemerkt.[413] Ein entsprechender dahingehender Änderungsvorschlag, dass sich die Feststellung einer Kontraindikation nach den Empfehlungen der Ständigen Impfkommission zu richten habe[414], ist von der Bundesregierung jedoch abgelehnt und nachfolgend vom Bundestag auch nicht aufgegriffen worden.[415] Aufgrund der Unklarheit der Anforderungen ist in der verwaltungsgerichtlichen Rechtsprechung[416] nunmehr die Tendenz wahrnehmbar, zumindest die Anforderungen an den Nachweis der Kontraindikation i. S. v. § 20 Abs. 9 S. 1 Nr. 2 IfSG streng zu halten: Der Nachweis der Kontraindikation darf sich nicht in der Wiedergabe des Gesetzeswortlauts erschöpfen, sondern muss den Grund der Kontraindikation und die Art der Impfstoffe nennen, um in der Praxis einer Plausibilitätskontrolle durch das Gesundheitsamt standzuhalten.[417]

Zweitens ist unklar, bei welcher negativen Folge einer Impfung eine „Kontraindikation" vorgelegen haben muss: Wie bereits gezeigt, kann es auch bei Impfungen Impfreaktionen und Nebenwirkungen geben.[418] Bereits das Auftreten einer normalen Impfreaktion bei der Erstimpfung darf aber beispielsweise nicht dazu führen, darin Anzeichen für eine medizinische Kontraindikation zu sehen,

---

[412] Mit ähnlicher Kritik auch *Rixen*, in: Huster/Kingreen (Hrsg.), Handbuch Infektionsschutzrecht (2021), Kapitel 5, Rn. 98.

[413] Stellungnahme des Bundesrates, BR-Drs. 358/19 (Beschluss), S. 10.

[414] So stellt die STIKO im Rahmen der jährlichen Impfempfehlungen ebenfalls Beispiellisten von Kontraindikationen sowie ebenso von „falschen Kontraindikationen" auf, vgl. *Robert-Koch-Institut*, Empfehlungen der Ständigen Impfkommission beim Robert Koch-Institut – 2019/2020, in: EpidBull Nr. 34/2019, S. 313 (336).

[415] Vgl. die Gegenäußerung der Bundesregierung zur Stellungnahme des Bundesrates: „Die Bundesregierung lehnt den Vorschlag des Bundesrates ab. Die Empfehlungen der Ständigen Impfkommission beim Robert Koch-Institut zu Kontraindikationen und falschen Kontraindikationen können der Praxis zwar eine wichtige Orientierung geben, eine abschließende Aufzählung der in Frage kommenden Kontraindikationen kann jedoch nicht in Betracht kommen.", BT-Drs. 19/13826, S. 2.

[416] VG Meiningen, Beschl. v. 10.11.2020 – 2 E 1144/20, Rn. 26 f.; a. A. *Aligbe*, Das neue Masernschutzgesetz, in: ARP 2020, S. 227 (228).

[417] Sächsisches OVG, Beschl. v. 05.05.2021 – 3 B 411/20, Rn. 21 ff.; Bayerischer VGH, Beschl. v. 07.07.2021 – 25 CS 21.1651, Rn. 14; VG Meiningen, Beschl. v. 10.11.2020 – 2 E 1144/20, Rn. 26 f.; *Schaks*, § 14 Verhütung übertragbarer Krankheiten: Schutzimpfungen, in: Kluckert (Hrsg.), Das neue Infektionsschutzrecht (2021), Rn. 28.

[418] Vgl. § 3 B. II. 3. „Krankheitsspezifische Risikoabwägung anhand der Gleichwertigkeitsprüfung".

weshalb die Zweitimpfung dann mit dem Verweis auf eine Impfunfähigkeit unterlassen wird. Obgleich der Katalog der Faktoren, die eine Impfunfähigkeit auslösen können, vielfältig ist[419], sollte daher bei der Ausgestaltung einer allgemeinen Impfpflicht im Bereich der (Legal-)Definition einer „medizinischen Kontraindikation" nachjustiert werden.

4. Problem: Ausgestaltung der Rechtsfolge von Verstößen als gestuftes Durchsetzungskonzept?

Zuletzt stellt sich die Frage, ob die Ausgestaltung der Masernimpfpflicht in Bezug auf ihre Durchsetzung ein Vorbild für die Ausgestaltung einer allgemeinen Impfpflicht darstellen könnte. Die Pflicht, eine Masernimpfung bzw. Immunität oder Impfunfähigkeit nachzuweisen, ist derzeit nach § 20 Abs. 8 ff. IfSG jedenfalls nicht unmittelbar durchsetzbar.[420] Die Durchsetzung mittels unmittelbaren Zwangs wäre bei einer allgemeinen Impfpflicht jedoch – wie aufgezeigt – als ultima ratio rechtlich zulässig.[421]

An dieser Stelle ist zwischen willensbeeinflussenden Maßnahmen, die als Konsequenz von Verstößen gegen die Nachweispflicht präventiv zur indirekten Durchsetzung dienen (Verbote)[422], und direkt wirkenden repressiven Sanktionen bei Verstößen gegen diese Verbote zu unterscheiden (Bußgelder).

Das Masernschutzgesetz wird gegenüber den Adressaten der Nachweispflicht mittels Betretungs- und Tätigkeitsverboten als willensbeeinflussende und somit indirekte Zwangsmaßnahmen durchgesetzt.[423] Deren strukturelle Unübersichtlichkeit wird in der Literatur teilweise kritisiert.[424] Weiter sind für Zuwiderhandlungen gegen diese Verbote mit § 73 Abs. 1a Nr. 7b)–d) IfSG eine Reihe von Bußgeldtatbeständen vorgesehen[425], die jedenfalls in direktem Maße sanktionierenden Charakter haben.

a) Influenzierende Maßnahmen als indirekter Zwang

Das Masernschutzgesetz statuiert mehrere Verbote gegenüber den Pflichtadressaten, die die Freiwilligkeit der Impfung zwar scheinbar unberührt lassen, aber der Durchsetzung der „Grundpflicht" dienen sollen, die im Nachweis eines Ma-

---

[419] Vgl. § 2 A. I. 2. c) „Von Impfunfähigkeit betroffene Personengruppen".

[420] BT-Drs. 19/13452, S. 25.

[421] Vgl. bereits § 3 D. II. „Durchsetzung mittels unmittelbaren Zwangs".

[422] Zu deren grundrechtsdogmatischer Charakterisierung sehr eingehend *Rixen*, in: Huster/Kingreen (Hrsg.), Handbuch Infektionsschutzrecht (2021), Kapitel 5, Rn. 63 ff.

[423] *Rixen*, in: Huster/Kingreen (Hrsg.), Handbuch Infektionsschutzrecht (2021), Kapitel 5, Rn. 70.

[424] *Gebhard*, in: Kießling (Hrsg.), Infektionsschutzgesetz Kommentar (2021), § 20 Rn. 52; *Rixen*, in: Huster/Kingreen (Hrsg.), Handbuch Infektionsschutzrecht (2021), Kapitel 5, Rn. 86.

[425] Vgl. näher *Gebhard*, in: Kießling (Hrsg.), Infektionsschutzgesetz Kommentar (2021), § 20 Rn. 79.

sernimpfschutzes besteht (*Rixen* spricht zutreffend von einem „Cluster-Eingriff").[426]

Dazu gehören die Verbote für nachweissäumige Pflichtadressaten, die in § 20 Abs. 8 IfSG genannten Einrichtungen zu betreten bzw. in ihnen tätig zu werden. Ein entsprechendes Tätigkeitsverbot ist bereits in § 20 Abs. 9 S. 7 IfSG gesetzlich geregelt, ein gesetzliches Betretungsverbot existiert hingegen nicht. Tätigkeits- und Betretungsverbote können gem. § 20 Abs. 12 S. 3 IfSG zudem vom Gesundheitsamt ausgesprochen werden. Fraglich ist, ob die indirekten Durchsetzungsmaßnahmen, die im Rahmen der Masernimpfpflicht gelten, sich als „gestuftes Konzept" auch im Kontext einer allgemeinen Impfpflicht anbieten, um eine Durchsetzung mittels unmittelbaren Zwangs zu vermeiden. Dazu wird im Folgenden ein Blick auf ihre Ausgestaltung geworfen.

Die weiteren Verbote, die im Zusammenhang mit der Masernimpfpflicht gelten, sollen hier außen vor bleiben, da sie sich nicht an die unmittelbaren Adressaten der Nachweispflicht richten. Es handelt sich dabei um Verbote gegenüber den jeweiligen Einrichtungsleitungen, nachweissäumige Personen nicht zu betreuen und zu beschäftigten (§ 20 Abs. 9 S. 6 IfSG). Diese Verbote stellen gewissermaßen lediglich das „passivische" Pendant der an die nachweispflichtigen Personen gerichteten „aktivischen" Verbote dar, die Einrichtungen zu betreten und/oder dort tätig zu werden.

aa) Betretungsverbote

Gegenüber nachweissäumigen Pflichtadressaten kann das Gesundheitsamt gemäß § 20 Abs. 12 S. 3 IfSG ein Betretungsverbot für Einrichtungen i. S. v. § 20 Abs. 8 S. 1 IfSG aussprechen, wenn trotz Anforderung nicht innerhalb einer angemessenen Frist ein Nachweis über den Impfschutz, die Immunität oder das Vorliegen einer Kontraindikation vorgelegt wird. Um zu ermitteln, ob und in welcher Ausgestaltung sich Betretungsverbote auch als Durchsetzungsmaßnahmen im Rahmen einer allgemeinen Impfpflicht eignen, muss im Folgenden untersucht werden, wie sich Betretungsverbote auf die jeweiligen Adressaten der Masernimpfpflicht auswirken.

Die Nachweispflicht und ein entsprechendes Betretungsverbot für die Kindertageseinrichtung betreffen zunächst einmal Kinder, die noch nicht schulpflichtig sind. Problematisch ist allerdings, dass § 24 SGB VIII durch das Masernschutzgesetz gerade keine Änderung erfahren hat, so dass der Anspruch auf „frühkindliche Förderung in einer Tageseinrichtung oder in Kindertagespflege" gemäß des gleichgebliebenen *Wortlauts* des § 24 Abs. 2, Abs. 3 S. 1 SGB VIII nach wie vor lediglich an den Tatbestand des Kindesalters – und darüber hinaus keine weitere Voraussetzung – geknüpft ist.[427] Dieser Wortlaut steht nunmehr

---

[426] *Rixen*, in: Huster/Kingreen (Hrsg.), Handbuch Infektionsschutzrecht (2021), Kapitel 5, Rn. 71 ff.

[427] Ebenso *Rixen*, Verfassungsfragen der Masernimpfpflicht – Rechtsgutachten für „Ärzte

im Widerspruch zu den Regelungen der Masernimpfpflicht, da diese jedenfalls die Wahrnehm- bzw. Durchsetzbarkeit des Anspruchs nach § 24 Abs. 2, Abs. 3 S. 1 SGB VIII unter die Voraussetzung von Impfstatus bzw. Masernimmunität oder Nachweis der medizinischen Kontraindikation stellen.[428]

Das führt zu folgendem Problem: Wenn der Träger der öffentlichen Jugendhilfe den gegen ihn gerichteten Anspruch auf Bereitstellung eines Betreuungsplatzes i. S. v. § 24 Abs. 2, Abs. 3 S. 1 SGB VIII durch das Angebot eines bedarfsgerechten Platzes erfüllt, dieser Platz aber wegen der fehlenden Vollständigkeit des Masernimpfstatus oder der -immunität nicht an- oder wahrgenommen werden kann, so wird diese Nichtwahrnehmung zukünftig als Ablehnung des bereitgestellten Betreuungsplatzes gedeutet, wodurch der Anspruchsinhaber seinen Anspruch „verliert".[429] Das spricht dafür, dass der Anspruchsinhaber seinen Anspruch zumindest zuvor einmal erworben haben muss. Trotz der Erfüllung des Tatbestandes des § 24 Abs. 2, Abs. 3 S. 1 SGB VIII führt der Verstoß gegen § 20 Abs. 8 IfSG also nun dazu, dass der Anspruchsinhaber seinen Anspruch nicht wahrnehmen kann.[430] Offen ist allerdings, ob der Anspruch erlischt oder lediglich seine Durchsetzbarkeit gehemmt ist, so dass er bei Nachholung des Nachweises wieder auflebt.[431]

Deshalb stellt sich die Frage, ob der sozialrechtliche Anspruch oder die infektionsschutzrechtliche Pflicht Vorrang genießt. § 24 Abs. 6 SGB VIII regelt ausdrücklich die Unberührtheit weitergehenden Landes-, im Umkehrschluss aber nicht Bundesrechts. Die Anwendung des Satzes *lex superior derogat legi inferiori* führt hier aufgrund der normenhierarchischen Gleichrangigkeit von Infektionsschutzgesetz und SGB VIII nicht weiter. Die Anwendung des *lex-specialis*-Grundsatzes führt zu dem Ergebnis, dass in Bezug auf den Anspruch auf Bereitstellung des Betreuungsplatzes, also der Anspruchs*entstehung* § 24 Abs. 2, Abs. 3 S. 1 SGB VIII spezieller ist. Dagegen führt der *lex-posterior*-Grundsatz zu dem Ergebnis, dass die Vorschrift des Infektionsschutzgesetzes Vorrang genießt. Es zeigt sich anhand dieser gegenläufigen Ergebnisse verschiedener Kollisionsregeln, dass zumindest im Sinne der Rechtsklarheit nunmehr eine Anpassung bzw. Klarstellung der Anspruchsnorm des § 24 Abs. 2, Abs. 3 S. 1 SGB VIII not-

für Individuelle Impfentscheidung e. V." (2019), S. 97 sowie *ders.*, Die Impfpflicht nach dem Masernschutzgesetz, in: NJW 2020, S. 647 (649); *Winkler*, in: BeckOK Sozialrecht (2021), § 24 SGB VIII, Rn. 16.

428 BR-Drs. 358/19, S. 28.

429 Originalwortlaut aus BR-Drs. 358/19, S. 28.

430 *Winkler*, in: BeckOK Sozialrecht (2021), § 24 SGB VIII, Rn. 16a, erblickt in der Nachweispflicht gem. § 20 Abs. 9 IfSG eine zusätzliche Voraussetzung für die Betreuung in Tageseinrichtungen.

431 Dazu *Rixen*, in: Huster/Kingreen (Hrsg.), Handbuch Infektionsschutzrecht (2021), Kapitel 5, Rn. 47: „Wenn überhaupt, ist die Verwirklichung des Anspruchs nur zeitweilig (bis der Nachweis ggf. doch noch erfolgt) nicht möglich, ohne dass der Anspruch schon beim erstmalig unterlassenen Nachweis erlöschen würde".

wendig ist.[432] Die Ausgestaltung der Betretungsverbote ist in dieser Hinsicht jedenfalls nicht auf die Durchsetzung einer allgemeinen Impfpflicht übertragbar, ohne der geschilderten Rechtsunklarheit zuvor abzuhelfen.

Keine Probleme ergeben sich bei der konkreten Ausgestaltung von Betretungsverboten jedoch im Hinblick auf schulpflichtige Kinder. Zwar unterliegen gemäß § 20 Abs. 9 S. 1 IfSG auch diese Personen der Nachweispflicht, für sie besteht jedoch eine Ausnahme. Im Unterschied zu Klein- und Kindergartenkindern ab der Vollendung der ersten Lebensjahres bis zum Schuleintritt dürfen diese auch bei Nachweissäumigkeit weiter in Schulen und sonstigen Ausbildungseinrichtungen betreut werden, da das Gesetz gemäß § 20 Abs. 12 S. 4 IfSG der Erfüllung der Schulpflicht abweichend von S. 3 ausdrücklich Vorrang vor der Erfüllung der Masernimpfpflicht eingeräumt hat.[433] Die derartige Ausgestaltung des Betretungsverbots wäre somit auch bei einer allgemeinen Impfpflicht nicht zu beanstanden.

Brisant ist jedoch die Möglichkeit von Betretungsverboten für Bewohner von Heimen oder Einrichtungen zur gemeinschaftlichen Unterbringung von Asylbewerbern, vollziehbar Ausreisepflichtigen, Flüchtlingen und Spätaussiedlern, die das Masernschutzgesetz offenhält: Auch Personen, die in einer solchen Einrichtung i. S. v. § 36 Abs. 1 Nr. 4 IfSG untergebracht sind, können gemäß § 20 Abs. 12 S. 3 IfSG mit einem Betretungsverbot belegt werden, wenn der Nachweis trotz Aufforderung durch das Gesundheitsamt nicht binnen acht Wochen nach Beginn ihrer Unterbringung erbracht wird. Die Vorstellung eines Betretungsverbotes für Personen mit offenem Schutzstatus, die in einer Aufnahme- oder Gemeinschaftseinrichtung für Asylbewerber untergebracht sind, erscheint allerdings mindestens befremdlich. In diesen Fällen ist nämlich im Falle des Betretungsverbots nicht nur der Tagesaufenthalt betroffen (wie im Falle des impfstatusabhängigen Kindergartenbesuchs, in dem bei Vorliegen eines Betretungsverbots dann seitens der Eltern eine Alternativbetreuung gesucht werden muss[434]), sondern überhaupt die Möglichkeit des Aufenthalts in geschlossenen Räumen, die sich freilich auch auf die Nachtzeit erstreckt.[435]

Allerdings statuiert § 20 Abs. 12 S. 5 IfSG eine Ausnahme für Personen, die einer Unterbringungs*pflicht* unterliegen: Diese dürfen nicht mit einem Betretungsverbot für die entsprechenden Einrichtungen belegt werden. Unter die

[432] *Amhaouach/Kießling*, Die Steigerung der Masernimpfraten von Kindern – Möglichkeiten und Grenzen des Rechts, in: MedR 2019, S. 853 (860); *Gebhard*, in: Kießling (Hrsg.), Infektionsschutzgesetz Kommentar (2021), § 20 Rn. 55; *Rixen*, Die Impfpflicht nach dem Masernschutzgesetz, in: NJW 2020, S. 647 (649); vgl. auch *Mers*, Infektionsschutz im liberalen Rechtsstaat (2019), S. 175.

[433] *Gebhard*, in: Kießling (Hrsg.), Infektionsschutzgesetz Kommentar (2021), § 20 Rn. 70.

[434] Vgl. BVerfG, Beschl. v. 11.05.2020 – 1 BvR 469/20, Rn. 14 f.

[435] In tatsächlicher Hinsicht ist zwar auch eine Einzelunterbringung denkbar, bei der die Infektionsgefahr indes deutlich geringer wäre. Fraglich ist jedoch, ob das in der Realität im Hinblick auf verfügbare Unterbringungskapazitäten geleistet werden kann.

Ausnahmeregelung für Unterbringungspflichtige fallen jedenfalls Personen, die in Aufnahmeeinrichtungen i. S. v. § 47 AsylG untergebracht sind, weil für diese gemäß § 47 AsylG schon kraft Gesetzes eine Wohnverpflichtung besteht.[436] Ebenfalls unter die Ausnahmeregelung zu fassen sind Personen, die in einer Gemeinschaftsunterkunft i. S. v. § 53 AsylG wohnen, die nach der Entlassung aus der Aufnahmeeinrichtung die Regelunterkunft darstellt[437], da eine Wohnverpflichtung in einer Gemeinschaftsunterkunft nach § 53 AsylG kraft einer behördlichen Anordnung besteht.[438]

Betretungsverbote als Durchsetzungsmaßnahmen unterhalb einer Durchsetzung mithilfe unmittelbaren Zwangs erscheinen insgesamt auch im Hinblick auf die Ausgestaltung einer allgemeinen Impfpflicht nicht prinzipiell ausgeschlossen. Diese Einschätzung steht jedoch unter der Voraussetzung, dass eine sorgfältige Ausgestaltung von Ausnahmetatbeständen für die Personen erfolgt, die ein Betretungsverbot unverhältnismäßig belastete oder für die es offensichtlich unsinnig wäre. Ebenso muss immer dort, wo ein Betretungsverbot entweder mit einer konkurrierenden Pflicht oder einem Anspruch kollidiert, für Rechtsklarheit gesorgt werden, welchem Gebot Vorrang zu gewähren ist.

bb) Tätigkeitsverbote

Wenn es um die Vermeidung einer Durchsetzung mit unmittelbarem Zwang geht, könnten zuletzt auch die Tätigkeitsverbote des Masernschutzgesetzes, die ebenfalls eine willensbeeinflussende Wirkung auf den Impfpflichtigen ausüben, als Vorbild für die Ausgestaltung einer allgemeinen Impfpflicht dienen. Diese gestalten sich im Vergleich zu „bloßen" Betretungsverboten möglicherweise eingriffsintensiver, weil eine Tätigkeit stets Ausdruck der Berufsfreiheit ist.

Für den nachweissäumigen Adressaten der Impfpflicht erwächst zunächst gemäß § 20 Abs. 9 S. 7 IfSG ein gesetzliches Verbot, in Einrichtungen gemäß §§ 23 Abs. 3 S. 1, 33 Nr. 1–4 oder 36 Abs. 1 Nr. 4 IfSG überhaupt tätig zu werden. Für die Dauer des Tätigkeitsverbots besteht zudem bei Arbeitnehmern kein Entgeltanspruch.[439] Unklar sind jedoch Dauer und Umfang dieses Verbots: Da es kraft Gesetzes eintritt, gilt es bis zur Vorlage eines entsprechenden Nachweises unbefristet.[440] Allerdings kann die darauf basierende Ordnungswidrigkeit gemäß § 73 Abs. 1a Nr. 7 b) IfSG i. V. m. § 84 Abs. 1 OWiG nur einmal verfolgt werden.

Zudem kann der Verstoß gegen die Pflicht zum Nachweis eines vollständigen Masernimpfschutzes, der Immunität oder des Vorliegens einer medizinischen Kontraindikation nach fristgemäßer Anforderung durch das Gesundheitsamt

436 *Heusch*, in: BeckOK Ausländerrecht (2021), § 47 AsylG Rn. 1.
437 *Heusch*, in: BeckOK Ausländerrecht (2021), § 53 AsylG Rn. 1.
438 *Heusch*, in: BeckOK Ausländerrecht (2021), § 53 AsylG Rn. 17.
439 *Hinrichs/Wüpper/Kripke*, Masern-Impfpflicht für Arbeitgeber, in: AuA 2020, S. 408.
440 *Gebhard*, in: Kießling (Hrsg.), Infektionsschutzgesetz Kommentar (2021), § 20 Rn. 56.

zum Ausspruch eines Tätigkeitsverbots gemäß § 20 Abs. 12 S. 1, 3 IfSG führen, sofern der Nachweispflichtige seine Tätigkeit bereits aufgenommen hat.[441]

Ein Kernproblem beider Arten von Tätigkeitsverboten (gesetzlich oder behördlich) ist die Vereinbarkeit mit der grundrechtlich gewährleisteten Berufsfreiheit gemäß Art. 12 Abs. 1 GG[442], denn bei einem Verstoß gegen die Nachweispflicht wird die Berufsausübung vereitelt[443] und somit in die Berufsfreiheit eingegriffen. Fraglich ist deshalb, ob die Ausgestaltung der indirekten Durchsetzung der Masernimpfpflicht mittels Tätigkeitsverboten ihrerseits grundrechtskonform ist. Wenngleich das Erfordernis einer objektiv berufsregelnden Tendenz für das Vorliegen eines Eingriffs nicht völlig unumstritten ist[444], kommt es auf dieses nicht an, wenn die Maßnahme bereits den klassischen Eingriffsbegriff erfüllt.[445] Ansonsten weist der Eingriff dann eine objektiv berufsregelnde Tendenz auf, wenn sein Ziel zwar nicht primär die Regulierung eines Berufs ist, er gleichwohl aber Auswirkungen auf die Berufsfreiheit hat, die von einigem Gewicht sind und in einem engen Zusammenhang mit der Ausübung des Berufs stehen.[446] Ergeht infolge des Verstoßes gegen die Nachweispflicht ein jeweils bußgeldbewehrtes gesetzliches oder behördliches Tätigkeitsverbot, weist dieses sowohl eine Finalität als auch eine Unmittelbarkeit zur Grundrechtsbeeinträchtigung auf. Angesichts der Imperativität und des Rechtsaktscharakters des Verbots erfüllt die Ahndung des Pflichtverstoßes in Bezug auf das Grundrecht der Berufsfreiheit bereits den klassischen Eingriffsbegriff.

Gleichwohl ist wohl auch die objektiv berufsregelnde Tendenz eines Tätigkeitsverbots für eine schwerpunktmäßig beruflich ausgeübte Tätigkeit[447] kaum zu verneinen[448], da diese Sanktion in einem engen Zusammenhang mit der Ausübung des Berufs steht. Das gilt selbst dann, wenn man der Masernimpfpflicht zugutehalten möchte, dass ihr Ziel nicht die Regulierung von Gesund-

---

[441] Dieses Tätigkeitsverbot ist allerdings zu unterscheiden von einem Tätigkeitsverbot nach § 42 IfSG, dessen Rechtsgrundlage durch das Masernschutzgesetz nicht angetastet worden ist.

[442] So auch *Schaks*, Schriftliche Stellungnahme zu BT-Drs. 19/13452, Ausschuss-Drs. 19(14)112(14), S. 16 sowie *Spree/Kozak*, Arbeitsrechtliche Folgen der Einführung des Masernschutzgesetzes, in: ZTR 2020, S. 383 (386).

[443] Vgl. *Spree/Kozak*, Arbeitsrechtliche Folgen der Einführung des Masernschutzgesetzes, in: ZTR 2020, S. 383 (386).

[444] Befürwortend etwa *Epping*, Grundrechte (2021), Rn. 399; *Mann*, in: Sachs (Hrsg.), GG Kommentar (2021), Art. 12 Rn. 95; *Wieland*, in: Dreier (Hrsg.), GG Kommentar, Bd. 1 (2013), Art. 12 Rn. 71; *Wolff*, in: Hömig/Wolff GG Kommentar (2018), Art. 12 Rn. 6; klar ablehnend hingegen *Manssen*, in: v. Mangoldt/Klein/Starck GG Kommentar, Bd. 1 (2018), Art. 12 Rn. 75; *Ruffert*, in: BeckOK GG (2021), Art. 12 Rn. 57.

[445] *Epping*, Grundrechte (2021), Rn. 399.

[446] *Wieland*, in: Dreier (Hrsg.), GG Kommentar, Bd. 1 (2013), Art. 12 Rn. 71.

[447] Ehrenamtlich Tätige und Praktikanten werden eher die Minderheit der Adressaten nach § 20 Abs. 8 S. 1 Nr. 3 IfSG darstellen.

[448] So auch *Schaks*, Schriftliche Stellungnahme zu BT-Drs. 19/13452, Ausschuss-Drs. 19(14)112(14), S. 16.

heits-, Erziehungs- und Pflegeberufen, sondern die Steigerung der Masern-Impfquoten ist.[449] Bei einem Tätigkeitsverbot handelt es sich nicht nur um eine reine Modalität der Berufsausübung. Vielmehr vereitelt das Verbot bereits die Ausübung der beruflichen Tätigkeit an sich und knüpft dabei an den subjektiven Verstoß des Verbotsadressaten an.[450] Damit handelt es um einen Eingriff auf der zweiten Stufe des einheitlich gewährleisteten Schutzbereichs der Berufsfreiheit.[451]

Um aber die Eingriffsintensität zu identifizieren, die für die Anforderungen an die Rechtfertigung maßgeblich ist, muss geklärt werden, ob ein Tätigkeitsverbot befristet oder unbefristet angeordnet werden darf.[452] § 20 Abs. 12 S. 3 IfSG enthält selbst keine Befristungsregelung. Auch die Übernahme einer etwaigen Befristungsregelung aus der Rechtsgrundlage eines Tätigkeitsverbotes gemäß § 42 IfSG misslingt, da dieser ebenfalls keine gesetzliche Befristungsregelung zu entnehmen ist. Eine Befristung muss aber – bei Tätigkeitsverboten nach § 42 IfSG[453] ebenso wie nach § 20 Abs. 12 S. 3 IfSG – grundsätzlich möglich sein. Davon geht auch die Gesetzesbegründung zu § 20 Abs. 12 S. 3 IfSG aus, die die Berücksichtigung der Bedeutung des Grundrechts „bei der Bemessung der Dauer des Verbotes" durch das Gesundheitsamt fordert.[454] Eine Befristung des Verbots soll nach der Gesetzesbegründung also die Regel darstellen.[455]

§ 20 Abs. 12 S. 3 IfSG ist darüber hinaus auch nicht zu entnehmen, woran sich die Dauer des Verbots (außer an der Bedeutung des Grundrechts der Berufsfreiheit selbst) orientieren soll, und ob das Tätigkeitsverbot ggf. auch mehrmals gegenüber demselben Adressaten ausgesprochen werden kann. Das Aussprechen des Tätigkeitsverbotes muss aber so lange möglich sein, wie der Tatbestand der Rechtsgrundlage, die Nichtvorlage des Nachweises, erfüllt ist. Das schließt ein erneutes Tätigkeitsverbot nach Ablauf der Dauer des ersten Tätigkeitsverbotes jedenfalls dann nicht aus, wenn das Gesundheitsamt den Adressaten anschließend erneut gemäß § 20 Abs. 12 S. 1 IfSG zur Vorlage des entsprechenden Nachweises auffordert und er dieser Aufforderung erneut nicht nachkommt.

Ob das Tätigkeitsverbot mehrfach nacheinander gegenüber demselben Adressaten ausgesprochen werden kann, hängt also entscheidend davon ab, das Verbot als Zwangsmittel für die weitere Durchsetzung der Nachweispflicht zu charakterisieren[456], nicht jedoch als Strafe für dessen Verstoß: Das Tätigkeits-

[449] BT-Drs. 19/13452, S. 2.

[450] So auch *Schaks*, Schriftliche Stellungnahme zu BT-Drs. 19/13452, Ausschuss-Drs. 19(14)112(14), S. 16.

[451] So auch *Spree/Kozak*, Arbeitsrechtliche Folgen der Einführung des Masernschutzgesetzes, in: ZTR 2020, S. 383 (387).

[452] *Gebhard*, in: Kießling (Hrsg.), Infektionsschutzgesetz Kommentar (2021), § 20 Rn. 68.

[453] So jedenfalls *Erdle*, Infektionsschutzgesetz (2021), Vorb. zu § 42.

[454] BT-Drs. 19/13452, S. 30.

[455] BT-Drs. 19/13452, S. 30.

[456] Wie aus historischer Sicht schon bei der „Strafe" i. S. v. § 14 Abs. 2 des Reichsimpfgeset-

verbot zielt – gerade auch in Abgrenzung zur Bußgeldvorschrift gemäß § 73 Abs. 1a Nr. 7 c) IfSG, die explizit für den Fall der Nichtvorlage des Nachweises trotz Aufforderung geschaffen wurde, also die gleiche Voraussetzung hat wie das Tätigkeitsverbot – auf die Abwehr der Infektionsgefahr ab und ist damit als präventiv zu qualifizieren. Da das Tätigkeitsverbot also rechtlich keinen Strafcharakter hat (wohl aber subjektiv-faktisch für den Betroffenen), sondern den Charakter eines Zwangsmittels, ist seine mehrfache Verhängung gegenüber demselben Adressaten möglich.[457] Anderenfalls wäre das Verbot aus infektiologischer Sicht auch nur in begrenztem Maße zielführend. Dagegen spricht jedoch erneut, dass der Gesetzgeber selbst von einer nur begrenzten Verbotsdauer ausgeht[458], die bei einer mehrfachen Verhängung konterkariert würde.

Dieses Ergebnis stellt die Rechtfertigungsmöglichkeit des Eingriffs in die Berufsfreiheit aber zumindest infrage: Selbst, wenn man das Vorliegen eines legitimen Ziels für den Eingriff auf der zweiten Stufe unterstellt[459], das in dem Schutz eines besonders wichtigen Gemeinschaftsgutes liegen muss[460], erscheint das Tätigkeitsverbot – unbefristet oder befristet, aber jedenfalls mehrmals verhängbar – in Anbetracht der langfristigen Auswirkung auf die Erwerbstätigkeit für die gesamte Lebensführung als unverhältnismäßig. Denn im schlimmsten Fall sind sogar Tätigkeitsverbote denkbar, die in ihrer Summe für die Dauer des gesamten Erwerbslebens gelten. Dann erwiese sich ein Tätigkeitsverbot als Reaktion auf einen Verstoß gegen die Nachweispflicht im Rahmen des Masernschutzgesetzes – gerade, weil die Masernimpfpflicht in der jetzigen Ausgestaltung nicht unmittelbar durchsetzbar ist[461] – als sogar gravierender als eine allgemeine Impfpflicht. Diese könnte nämlich – wie aufgezeigt[462] – so ausgestaltet werden, dass sie unmittelbar durchsetzbar ist. Eine hypothetische allgemeine Impfpflicht müsste dagegen nicht mit indirekten Maßnahmen durchgesetzt werden, die ihrerseits in gewichtiger Weise Grundrechtsgewährleistungen berühren.

Verhältnismäßig erschiene es hier eher, eine Erwerbstätigkeit zumindest nicht lebenslang zu verbieten. Die Ausübung der Tätigkeit könnte stattdessen beispielsweise nach einem empfindlichen Zeitraum der Dauer des Verbots von mindestens einem Jahr mit Auflagen versehen werden, die zumindest auch zur Eindämmung der Infektionsgefahr beitragen können: Die COVID-19-Pandemie hat hier etwa gezeigt, dass das dauerhafte Tragen einer FFP2-Schutzmaske

---

zes gegen die Pocken aus dem Jahr 1874, vgl. dazu bereits § 2 C. I. 1. „Rechtliche Regelungen und deren Umsetzung".

457 *Gebhard*, in: Kießling (Hrsg.), Infektionsschutzgesetz Kommentar (2021), § 20 Rn. 68.

458 BT-Drs. 19/13452, S. 30.

459 Unkritisch aber *Schaks*, Schriftliche Stellungnahme zu BT-Drs. 19/13452, Ausschuss-Drs. 19(14)112(14), S. 16.

460 *Epping*, Grundrechte (2021), Rn. 420.

461 BT-Drs. 19/13452, S. 25.

462 Siehe bereits § 3 D. „EXKURS: Durchsetzung der Pflicht".

zwar unangenehm sein mag, die Gefahr einer aerogenen Erregerübertragung aber um bis zu 85% verringern kann[463] (wenngleich die Übertragung auch nicht vollständig verhindert werden kann). Die Auflage, bei der Tätigkeit dauerhaft FFP2-Schutzmasken zu tragen, die freilich vom nachweissäumigen Adressaten der Impfpflicht selbst zu finanzieren sind, könnte etwa eine im Vergleich zu einem lebenslangen Tätigkeitsverbot mildere Maßnahme darstellen. Durch die „Umwandlung" des Tätigkeitsverbots in eine Erlaubnis unter Auflage erst nach einem „erwerbslosen" Zeitraum von gewisser Dauer kann jedoch noch eine ausreichende indirekte Zwangswirkung gewährleistet werden.

Die Ausgestaltung der Tätigkeitsverbote, mit denen die Masernimpfpflicht durchgesetzt wird, kann somit zunächst nicht ohne weiteren Klärungsbedarf dahingehend für eine allgemeine Impfpflicht übernommen werden, ob die Verbote letztendlich eine Erwerbstätigkeit dauerhaft unterbinden können oder nicht. Auch die Möglichkeit der Ausgestaltung mittels eines gegebenenfalls lebenslangen Verbots, eine berufliche Tätigkeit auszuüben, sollte angesichts ihrer verfassungsrechtlichen Bedenken nicht als Vorbild für die Ausgestaltung einer allgemeinen Impfpflicht dienen.

b) Bußgelder

Neben den influenzierenden Maßnahmen indirekten Zwangs wurden durch das Masernschutzgesetz als Erweiterung des bisherigen Bußgeldkataloges nach § 73 Abs. 1a IfSG Tatbestände für Verstöße gegen die Nachweispflicht sowie gegen die influenzierenden Betretungs- und Tätigkeitsverbote eingeführt. Daneben sind auch Verstöße gegen die Benachrichtigungs-, Betreuungs- und Beschäftigungsverbote bußgeldbewehrt. Diese Verbote richten sich aber nicht an die Nachweispflichtigen selbst, sondern an diejenigen Personen, die eine nachweissäumige Person gesetzeswidrig betreuen, beschäftigen oder gegen ihre Benachrichtigungspflicht gegenüber dem Gesundheitsamt verstoßen. Da auch diese Bußgeldtatbestände nur das „passivische" Pendant der an die nachweispflichtigen Personen gerichteten „aktivischen" bußgeldbewehrten Verbote darstellen, werden sie an dieser Stelle keiner eingehenden Analyse unterzogen.

Nach § 73 Abs. 1a Nr. 7 b) IfSG handelt diejenige Person ordnungswidrig, die entgegen § 20 Abs. 9 S. 7 IfSG ohne Nachweis in einer der genannten Einrichtungen tätig wird. Das bußgeldbewehrte Verhalten kann allerdings nicht in der Betreuung von schulpflichtigen Personen liegen, die selbst zwar nach § 20 Abs. 9 S. 9 IfSG nicht von der Nachweispflicht, aber vom Betreuungsverbot ausgenommen sind.[464]

---

[463] *Zemouri et al.*, Modeling of the Transmission of Coronaviruses, Measles Virus, Influenza Virus, Mycobacterium tuberculosis, and Legionella pneumophila in Dental Clinics, in: Journal of the Dental Research 2020, S. 1192 (1194).

[464] Vgl. *Lorenz/Oğlakcıoğlu*, in: Kießling (Hrsg.), Infektionsschutzgesetz Kommentar (2021), § 73 Rn. 6. Hier wäre auch eine Klarstellung innerhalb des § 73 Abs. 1a Nr. 7 b) IfSG

Nach § 73 Abs. 1a Nr. 7 c) IfSG handelt derjenige ordnungswidrig, der entgegen § 20 Abs. 12 S. 1 (auch i. V. m. Abs. 13) IfSG einen Nachweis nach § 20 Abs. 9 S. 1 IfSG nicht, nicht richtig, nicht vollständig oder nicht rechtzeitig vorlegt. Hier werden Personen bzw. bei Minderjährigen deren Sorgeberechtigte dafür sanktioniert, trotz Aufforderung durch das Gesundheitsamt der Nachweispflicht nicht nachzukommen. Das gilt auch für schulpflichtige Personen, da diese bei Nichtvorlage zwar nicht von der Schule ausgeschlossen werden können, von der Nachweispflicht selbst aber gem. § 20 Abs. 12 S. 1 IfSG ausdrücklich umfasst sind.[465] Dieser Tatbestand stellt die einzige „echte" repressive Sanktion gegen die „Grundpflicht"[466] dar, einen entsprechenden Nachweis zu erbringen. Verstöße gegen die gesetzlich vorgeschriebene (erste) Nachweispflicht vor der Leitung der jeweiligen Einrichtung (§ 20 Abs. 9 S. 4 Nr. 1, 2 IfSG), die der Aufforderung durch das Gesundheitsamt vorgelagert ist, bleiben damit ohne Konsequenzen. Dieser Bußgeldtatbestand dürfte potenziell die meisten Adressaten betreffen und damit hauptsächlich für die Sanktionierung von Verstößen gegen die Masernimpfpflicht in Betracht kommen.

Zuletzt handelt nach § 73 Abs. 1a Nr. 7 d) IfSG ordnungswidrig, wer einer vollziehbaren Anordnung nach § 20 Abs. 12 S. 3 (auch i. V. m. Abs. 13) IfSG zuwiderhandelt. Danach werden also Personen bzw. bei Minderjährigen deren Sorgeberechtigte dafür sanktioniert, gegen das gemäß § 20 Abs. 12 S. 6 IfSG vollziehbare, vom Gesundheitsamt ausgesprochene Betretungs- oder Tätigkeitsverbot verstoßen zu haben. Es handelt sich um die Sanktion des Verstoßes einer indirekten Durchsetzungsmaßnahme. An dieser Stelle hat der Gesetzgeber im Bußgeldtatbestand zutreffend keine Ausnahme für gesetzlich schul- oder unterbringungspflichtige Personen geregelt, da diese gemäß § 20 Abs. 12 S. 4, 5 IfSG bereits gar nicht mit einem Betretungsverbot für die Gemeinschaftseinrichtung belegt werden dürfen.

Der Höchstsatz der Geldbuße für Verstöße nach § 73 Abs. 1a Nr. 7a)–d) IfSG beträgt gemäß § 73 Abs. 2 IfSG 2.500,00 €, was eine Ausnahme zum regelmäßig vorgesehenen Höchstsatz von 25.000,00 € darstellt.[467] Da es sich um echte repressive Sanktionen handelt, kann die selbe Ordnungswidrigkeit gem. § 84 OWiG nur einmal verfolgt werden. Die Verbote als indirekte Durchsetzungsmaßnahmen bleiben jedoch auch nach Zahlung des Bußgeldes bestehen.

Die Ordnungswidrigkeitstatbestände, mit denen Verstöße gegen die Grundpflicht sowie die indirekten Durchsetzungsmaßnahmen der Masernimpfpflicht

---

wünschenswert, der bislang nicht auch auf § 20 Abs. 9 S. 9 IfSG, sondern nur auf § 20 Abs. 9 S. 6, 7 IfSG verweist.

465 *Lorenz/Oğlakcıoğlu*, in: Kießling (Hrsg.), Infektionsschutzgesetz Kommentar (2021), § 73 Rn. 6.

466 *Rixen*, in: Huster/Kingreen (Hrsg.), Handbuch Infektionsschutzrecht (2021), Kapitel 5, Rn. 74.

467 *Lorenz/Oğlakcıoğlu*, in: Kießling (Hrsg.), Infektionsschutzgesetz Kommentar (2021), § 73 Rn. 13.

sanktioniert werden, eignen sich aufgrund ihrer Praktikabilität und mangels eigener verfassungsrechtlicher Probleme als Vorbild für die Ausgestaltung von Sanktionsmaßnahmen auch einer allgemeinen Impfpflicht. Ob im Hinblick auf die Effektivität die Höchstgrenze eines Verstoßes jedoch zwingend bei maximal 2.500,00 € liegen muss oder sich möglicherweise stärker an der Höhe beispielsweise des Einkommens orientieren sollte und auch über diese festgelegte Höhe hinausgehen könnte, ist diskussionswürdig.

5. Fazit: Kein genereller Vorbildcharakter der Masernimpfpflicht nach dem Masernschutzgesetz

Die Analyse der Regelungen des Masernschutzgesetzes hat ergeben, dass diese nur teilweise einen Vorbildcharakter für die Ausgestaltung einer allgemeinen Impfpflicht entfalten können. Viele der verfassungsrechtlichen Probleme der Masernimpfpflicht[468] entzünden sich jedoch nicht schon an der Grundrechtsbeeinträchtigung, die einer Impfpflicht prinzipiell innewohnt, sondern erst an ihrer konkreten Ausgestaltung.[469]

Demnach ist die Durchsetzung der Pflicht dann verfassungswidrig, wenn nur Kombinationsimpfstoffe zur Verfügung stehen, eine Impfpflicht aber nicht gegen alle entsprechenden Zielkrankheiten grundrechtskonform wäre, gegen die der Impfstoff Vakzine enthält. Das ist der Fall, da eine Masernimpfung derzeit nur bei gleichzeitiger Impfung gegen Mumps und Röteln realisiert werden kann, eine Impfpflicht gegen Mumps aufgrund der krankheitsspezifischen epidemiologischen Situation aber verfassungswidrig ist. Auch die Ausgestaltung der Ausnahmetatbestände bei der Masernimpfpflicht erscheint derzeit zu unbestimmt. Ebenso sind die Maßnahmen zur Durchsetzung der Masernimpfpflicht, insbesondere Betretungs- und Tätigkeitsverbote angesichts ihrer Rechtsunklarheit und/oder weitergehenden Grundrechtseingriffe als Vorbild für die Umsetzung einer allgemeinen Impfpflicht in ihrer jetzigen Gestalt eher ungeeignet. Allein die Ausgestaltung der Sanktionen mittels bußgeldbewehrter Ordnungswidrigkeitstatbestände scheint auch für die Ausgestaltung einer allgemeinen Impfpflicht uneingeschränkt empfehlenswert.

---

468 A.A. aber *Lutz*, Infektionsschutzgesetz Kommentar (2020), § 20 Rn. 1a, der die Masernimpfpflicht für verfassungsgemäß hält.

469 *Gebhard*, in: Kießling (Hrsg.), Infektionsschutzgesetz Kommentar (2021), § 20 Rn. 74; *Rixen*, Verfassungsfragen der Masernimpfpflicht – Rechtsgutachten für „Ärzte für Individuelle Impfentscheidung e. V." (2019), S. 6.

D. Ergebnis

Für die Verfassungskonformität der einfachgesetzlichen Umsetzung einer allgemeinen Impfpflicht als Teil des Infektionsschutzrechts, die kompetenziell dem Bundesgesetzgeber zugewiesen ist, müssen mehrere Anforderungen erfüllt sein.

Angesichts der materiellen Wesentlichkeit der Regelungsmaterie ist in formeller Hinsicht der Parlamentsvorbehalt zu beachten. Das formelle Gesetz wiederum muss sicherstellen, dass die verbleibende Entscheidungsmacht der Exekutive inhaltlich begrenzt ist: Generalklauseln und unbestimmte Rechtsbegriffe fallen deshalb bei der Regelung einer allgemeinen Impfpflicht im Wege des Parlamentsgesetzes prinzipiell aus dem Gestaltungskanon heraus. Das Parlament muss das „Ob" der Impfpflicht selbst festlegen und darf auch die Auswahl der Zielkrankheiten nicht der Exekutive überlassen. Die Exekutive kann ihr Ermessen aber bei der anschließenden Umsetzung der Impfpflicht bei der konkreten Auswahl der Umsetzungsadressaten ausüben, sofern sie sich dabei an die vom Parlament vorgegebene Vorgehensweise hält.

In Anbetracht der bei der Ausgestaltung erforderlichen medizinisch-wissenschaftlichen Expertise, auf die der Gesetzgeber zurückgreifen muss, kommen dem Robert-Koch-Institut und der Ständigen Impfkommission tragende Rollen zu. Das Robert-Koch-Institut übernimmt die notwendige und demokratisch legitimierte Aufgabe der Überwachung der epidemiologischen Lage im Hinblick auf Impfquoten und Bevölkerungsimmunität. Die Erhebung dieser wissenschaftlichen Fakten stellt die Voraussetzung dafür dar, dass der Gesetzgeber seine Aufgabe, die grundrechtliche Schutzpflicht für die körperliche Unversehrtheit impfunfähiger, vulnerabler Gruppen zu erfüllen, überhaupt wahrnehmen kann.

Die Ständige Impfkommission, deren Rechtsform zwar umstritten ist, die institutionell jedoch über eine hinreichende demokratische Legitimation verfügt, übernimmt im Rahmen einer allgemeinen Impfpflicht eine wichtige Rolle, da ihre Impfempfehlungen die Grundlage der Auswahl durch den Gesetzgeber darstellen, für welche Krankheit eine allgemeine Impfpflicht überhaupt in Frage kommt. Die Standardvorgehensweise bei der Ermittlung der Empfehlungen überlässt derzeit jedoch gewichtige Entscheidungen der Ständigen Impfkommission selbst, die bei einer Entscheidung über eine allgemeine Impfpflicht aufgrund ihrer Wesentlichkeit allein dem Parlament zugewiesen sein müssen.

Zu den wesentlichen Fragen, die das Parlament festlegen muss, gehört auch die Ausgestaltung der Reihenfolge der Adressaten, da eine Impfpflicht je nach Zielkrankheit nicht auch bei der gesamten Bevölkerung durchgesetzt werden muss, um eine Herdenimmunität zu erreichen. Hier ist eine aufsteigende Reihenfolge nach Alter empfehlenswert, da die Grundimmunisierungen ohnehin im Kindesalter erfolgen sollten und hinsichtlich der bereits seit langem bekannten Infektionskrankheiten wie z. B. Masern in den älteren Kohorten oftmals auf natürlichem Weg eine Immunität erworben wurde. Nur die konkrete Adressatenauswahl im Einzelfall darf anschließend der Exekutive überlassen werden.

Zuletzt können die Regelungen der einzigen derzeit geltenden Impfpflicht in § 20 Abs. 8–13 IfSG nicht als Vorbild für die Ausgestaltung einer allgemeinen Impfpflicht dienen, so dass bei der Ausgestaltung aber ein besonderes Augenmerk auf die identifizierten verfassungsrechtlichen Probleme der Masernimpfpflicht gelegt werden sollte.

§ 5

Zusammenfassung und Ausblick

Nach der vorangegangenen eingehenden verfassungsrechtlichen Prüfung hat sich die Einführung einer allgemeinen, nicht von vornherein auf einen bestimmten Adressatenkreis beschränkten Impfpflicht prinzipiell als verfassungsrechtlich zulässig erwiesen. Sowohl im Hinblick auf ihre formellgesetzliche Basis als auch auf ihre Ausgestaltung steht die Verfassungsmäßigkeit der allgemeinen Impfpflicht allerdings unter bestimmten Prämissen, die etwa die Masernimpfpflicht nach dem Masernschutzgesetz – wie aufgezeigt[1] – teilweise nicht erfüllt.

Nach der Anwendung der grundrechtlichen Vorgaben auf bestimmte Infektionskrankheiten, die notwendig ist, weil sich die verfassungsrechtliche Zulässigkeit einer allgemeinen Impfpflicht an den Anforderungen orientieren muss, die dem aktuellen epidemiologischen Erkenntnisstand der medizinischen Wissenschaft entsprechen, hat sich ergeben, dass die Rechtfertigungsfähigkeit einer allgemeinen Impfpflicht derzeit nur hinsichtlich der Infektionskrankheit Masern vorliegt. Ausdrückliche oder auch nur faktische Impfpflichten[2] gegen andere oder weitere Krankheiten erscheinen momentan verfassungsrechtlich unzulässig.

Davon zu unterscheiden und auch anders zu beantworten ist allerdings die daran anschließende Frage, ob ihre gesetzliche Einführung aus verfassungs- und insbesondere grundrechtlicher Perspektive auch *geboten* ist: Schon *Alexy* zieht den Unterschied zwischen Eingriffsabwehr und Schutzpflicht sehr deutlich: „Wenn mehrere Schutz- oder Förderungshandlungen geeignet sind, ist keine von ihnen zur Erfüllung notwendig, notwendig ist nur, dass irgendeine vorgenommen wird.“[3] Da der legitime Zweck der allgemeinen Impfpflicht – wie aufgezeigt – die Erfüllung der durch ein Risiko aktivierten grundrechtlichen Schutzpflicht für Leben und körperliche Unversehrtheit ist, bei der dem Gesetz-

---

[1] Vgl. etwa § 4 C. III. „Die Ausgestaltung der Masernimpfpflicht (§ 20 Abs. 8–13 IfSG) als Vorbild?“.

[2] So aber bei der derzeitigen Ausgestaltung des Masernschutzgesetzes, das in § 20 Abs. 8 S. 3 IfSG die Durchführung der Pflicht auch dann vorsieht, wenn nur Kombinationsimpfstoffe zur Verfügung stehen, vgl. § 3 B. II. 1. c) „Problem: Zugelassene (Kombinations-)Impfstoffe“ sowie § 4 C. III. 2. „Problem: Kombinationsimpfstoffe“, a. A. aber *Schaks*, Die Pflicht zur Verwendung von Kombinationsimpfstoffen gegen Masern, in: MedR 2020, S. 201 (206).

[3] *Alexy*, Theorie der Grundrechte (1985), S. 421.

geber ein weiter Gestaltungsspielraum zukommt[4], ist der Staat nicht verpflichtet, diese Schutzpflicht ausschließlich mittels einer Impfpflicht zu erfüllen. Sofern er bei der Schutzpflichterfüllung das Untermaßverbot nicht verletzt, ist er in der Wahl seiner Mittel frei. Da die Impfpflicht aber nicht das einzige (wenngleich jedoch effektivste) Mittel ist, um der Schutzpflicht vor Grundrechtsbeeinträchtigungen durch Infektionskrankheiten nachzukommen, die von Mensch zu Mensch übertragbar sind, gibt es keinen subjektiven Anspruch auf die Einführung einer solchen.

A. Zusammenfassung in Thesen

1. Impfungen sind – sofern sie eine sog. „sterile Immunität" hervorrufen – ein wirksames medizinisches Mittel zur Herstellung einer Immunität gegen eine bestimmte Zielkrankheit. Zur langfristigen Eindämmung von Infektionskrankheiten im Wege der Elimination und der darauffolgenden Eradikation ist in Bezug auf eine einzelne Infektionskrankheit die Herstellung einer sogenannten „Herdenimmunität" erforderlich, also die Summe der Immunitäten einer großen Anzahl von Individuen innerhalb einer Population. Besteht eine Herdenimmunität, ist die Weitergabe eines Krankheitserregers im Wege der Ansteckung nicht mehr möglich. Je geringer jedoch die Anzahl der immunen Personen ist, desto größer sind die Lücken in der Herdenimmunität: Die „Infektionsbarriere", mithilfe derer auch impfunfähige Personen geschützt werden können, wird durchlässig. Die impfunfähigen und daher für die Ansteckung mit Infektionskrankheiten mangels sozialadäquater Selbstschutzmöglichkeit vulnerablen Personengruppen setzen sich zusammen aus Neugeborenen und Kleinkindern, Immundefizienten und Immunsupprimierten, sogenannten „Non-Respondern" sowie Personen, die allergisch auf Impfstoffe oder deren einzelne Bestandteile reagieren.

2. Während in Deutschland seit dem 01. März 2020 eine personenspezifische Masernimpfpflicht gilt, kennen mehrere europäische Länder seit Jahren umfangreiche Impfpflichten. Auch die Internationale Gemeinschaft hat sich das Ziel gesetzt, Infektionskrankheiten weltweit auszurotten, wie es bereits im Jahr 1980 bezüglich der Pocken gelungen ist. Die bedeutendste Akteurin auf dem Gebiet des internationalen Infektionsschutzes ist die Weltgesundheitsorganisation WHO, der die Aufgaben der Koordinierung der Information zukommen. Dieser steht jedoch auf dem Weg, Infektionskrankheiten weltweit zu eliminieren, gegenüber den Mitgliedsstaaten keine rechtsverbindliche Handhabe zur Verfügung: Das einzig verbindliche Regularium sind die Internationalen Gesundheitsvorschriften (IGV), welche die WHO jedoch lediglich zu verpflichtenden Regelungen gegenüber den Mitgliedsstaaten im Bereich der ereignis-

[4] BVerfGE 77, 170 (214); *Samhat*, Gesundheitsgerechtes Verhalten (2019), S. 22.

bezogenen grenzüberschreitenden Gesundheitsgefahren ermächtigen, die mit Blick auf den weltweiten Handel und Verkehr im Pandemiefall entstehen. Eine generelle Verpflichtung zu Maßnahmen zur Elimination von Infektionskrankheiten für die Mitgliedsstaaten enthalten die IGV nicht. Diesem Anliegen widmen sich explizit nur die Eliminations- und Eradikationsprogramme der WHO, die in Deutschland auch zu nationalen Umsetzungsmaßnahmen geführt haben. Diese hingegen entfalten keine rechtsverbindliche Wirkung, so dass keine internationale Verpflichtung der Bundesrepublik Deutschland besteht, Maßnahmen zur Elimination und Eradikation von Infektionskrankheiten voranzutreiben.

3. In Deutschland gibt es mit der Pockenimpfpflicht nach dem Reichsimpfgesetz einen Vorläufer, der seit dem Jahr 1875 über einen Zeitraum von knapp 100 Jahren in Kraft war. Diese Impfpflicht hatte, trotz einiger Unklarheiten bei der Durchsetzung, positive Auswirkungen auf die Gesundheitssituation der Bevölkerung. Die Pockenimpfpflicht war in den frühen Jahren unter der Geltung des Grundgesetzes mehrere Male Gegenstand obergerichtlicher und höchstrichterlicher Rechtsprechung, welche die Impfpflicht als verfassungsgemäß erachtete. Die Überlegung, eine verfassungsrechtliche Analyse einer allgemeinen Impfpflicht erübrige sich möglicherweise deshalb, weil neuralgische Punkte bereits geklärt seien, erweist sich jedoch als Trugschluss, da die Übertragung der Rechtsprechungserkenntnisse in die heutige Zeit sowohl aufgrund der veränderten epidemischen Lage als auch der weiterentwickelten Grundrechtsdogmatik nicht möglich ist.

a) Im Reichsimpfgesetz war keine Entschädigungsregelung für Impfschäden nach der gesetzlich angeordneten Pockenimpfung normiert. In der Rechtsprechung der 1950er Jahre wurde das Fehlen einer Entschädigungsnorm entweder nicht in den Blick genommen, für nicht erforderlich erachtet oder die Lücke mit einem Rückgriff auf den Rechtsgedanken aus §§ 75 EinlPrALR geschlossen. Bei einer heutigen gesetzlichen Regelung einer allgemeinen Impfpflicht müsste für eine Verfassungsmäßigkeit eine Entschädigungsregelung hingegen in jedem Fall ausdrücklich normiert sein.

b) Auch der angenommene Zweck der Pockenimpfpflicht für den Eingriff in das Grundrecht auf körperliche Unversehrtheit wäre auf eine Betrachtung nach heutiger Grundrechtsdogmatik nicht übertragbar: Zum Zeitpunkt der untersuchten Entscheidungen zum Reichsimpfgesetz war die grundrechtliche Schutzpflichtendogmatik vom Bundesverfassungsgericht noch nicht entwickelt worden. In der Rechtsprechung bleibt das rechtfertigende Ziel der Impfpflicht entweder unklar, der Zweck wurde im Schutz des Grundrechtsträgers vor sich selbst gesehen oder eine Schutzwirkung der Impfpflicht für vulnerable Gruppen (Impfunfähige im Sinne des § 2 ImpfG) mit Verweis auf den Schutz der Allgemeinheit zumindest nicht ausdrücklich angeführt. Allein in der Erfüllung der grundrechtlichen Schutzpflicht ist heute der legitime Zweck einer allgemeinen Impfpflicht zu sehen.

c) Ebenso sind die Ausführungen zur Antastung der Wesensgehaltsgarantie des Grundrechts auf Leben und körperliche Unversehrtheit durch die Impfpflicht nicht auf eine heutige Beurteilung übertragbar. Entweder wird die Antastung des Wesensgehalts verneint, weil diese nicht berührt sei, wenn ein „zwingender übergeordneter Grund" für den Eingriff bestehe, oder weil der Eingriff nicht so weitreichend sei, dass vom Grundrechtsgehalt „nichts mehr übrig" bliebe. Nach heutigem Verständnis stellt sich die Frage der Antastung des Wesensgehalts bereits auf der Ebene des Eingriffs, da bei einer Antastung des Wesensgehalts die Möglichkeit der Rechtfertigung von vornherein wegfällt.

4. Die grundrechtliche Schutzpflicht bildet den Ausgangspunkt der verfassungsrechtlichen Untersuchung einer allgemeinen Impfpflicht. Schutzpflichten verfolgen das Ziel, den grundrechtlichen Gewährleistungen zu möglichst umfassender Geltung zu verhelfen und kommen zum Tragen, wenn Grundrechte von anderer Seite als durch den Staat bedroht sind. Bei Infektionskrankheiten sind solche Personen einem Gesundheitsrisiko ausgesetzt, die selbst nicht geimpft werden können und deshalb möglicherweise von ungeimpften Dritten angesteckt werden. Fallen – wie hier – die Träger der beiden Grundrechtsdimensionen auseinander, spannt sich ein „Grundrechtsdreieck" auf.

a) Die Existenz grundrechtlicher Schutzpflichten, die neben die abwehrrechtliche Dimension eines Grundrechts treten, ist anerkannt. Sie lassen sich – sofern ein Grundrecht sie nicht bereits *expressis verbis* enthält – aus mehreren Ansätzen herleiten. Dem Herleitungsansatz aus den Grundrechten als objektiv-rechtliche Werteordnung ist zentral, dass die Achtung des individualrechtlichen Gehalts der Grundrechte als allgemeine Wertentscheidung bei jedem staatlichen Handeln gewährleistet sein muss. Die Herleitung der grundrechtlichen Schutzpflicht aus dem Schutzauftrag für die Menschenwürde, bei der in jedem Grundrecht die Verankerung eines „Menschenwürdekerns" gesehen wird, kann ebenfalls überzeugen, jedoch nur dann, wenn sich die Konstruktion eines unantastbaren Menschenwürdekerns auf die Tatbestandsebene beschränkt. Beiden Herleitungslinien ist ihr Ursprung in einem staatsfunktionalen Ansatz gemein, der „Sicherheit" gewähren soll. Dem Individuum wird als Grundrechtsträger der Schutz durch den Staat als Ausgleich für das staatliche Gewaltmonopol zugesichert. Abzulehnen ist dagegen eine ausschließlich abwehrrechtliche Konzeption der Schutzpflicht, bei der jede nicht einfachrechtlich verbotene private Handlung im Umkehrschluss erlaubt sei. Daher soll jede erlaubte private Handlung dem Staat mit der Folge einer Duldungspflicht für den Grundrechtsträger zugerechnet werden, was eine nicht zutreffende Reduktion schutzpflichtenauslösender Gefahrenmomente auf individualisierbare und punktuelle Eingriffe bedeutete.

b) Die Schutzpflicht aktualisiert sich aber nicht nur, wenn die Quelle der Beeinträchtigung in Handlungen oder Unterlassungen von personalen, selbst nicht grundrechtsverpflichteten Dritten liegt. Im Sinne einer umfassenden Effektuierung der grundrechtlichen Gewährleistungen ist es geboten, auch unpersonale gefahrenauslösende Ereignisse wie beispielsweise Naturkatastrophen in den Kreis der schutzpflichtaktivierenden Gefahrenquellen einzubeziehen. Auch die Frage, ab welcher Gefahrenschwelle sich die grundrechtliche Schutzpflicht aktiviert, um überhaupt in die Abwägung mit der abwehrrechtlichen Dimension eines Grundrechts eintreten zu können, ist vor dem Hintergrund einer möglichst umfassenden Gewährleistung der Grundrechtswahrnehmbarkeit zu sehen: Der Rückgriff auf den Rechtsgedanken aus dem polizeirechtlichen Gefahrenbegriff schlägt dabei fehl, weil dieser Gefahrenbegriff eher akute und einzelfallbezogene Ereignisse meint. Die Idee der „eingriffsäquivalenten Beeinträchtigung" ist ebenfalls abzulehnen. Vielmehr muss schon das Risiko einer Grundrechtsgefährdung von nichtstaatlicher Seite für die Aktivierung der grundrechtlichen Schutzpflicht ausreichen, da der Staat bereits im Vorfeld drohender Gefahren zur Risikominimierung befugt sein muss, um es gar nicht erst zur Realisierung dieses Risikos in Form der Grundrechtsbeeinträchtigung kommen zu lassen. Ist die grundrechtliche Schutzpflicht aktiviert, entsteht ein „mehrpoliges Verfassungsrechtsverhältnis", welches der Staat als Mittler durch Abwägung auflösen muss.

5. Die grundsätzlichen Dogmen zu grundrechtlichen Schutzpflichten sind speziell für die Schutzpflicht für das Grundrecht auf Leben und körperliche Unversehrtheit noch einmal zu vertiefen. Die Schutzpflicht für Leben und körperliche Unversehrtheit leitet sich – aufgrund des in ihr verkörperten Höchstwertes – sowohl aus der Menschenwürde gemäß Art. 1 Abs. 1 sowie aus Art. 2 Abs. 2 S. 1 GG ab. Zudem schützen zwar beide Güter – Leben und körperliche Unversehrtheit – gleichermaßen die physische Existenz als Voraussetzung der Wahrnehmbarkeit aller anderen Grundrechtsgarantien. Da eine Beeinträchtigung des Lebensgrundrechts jedoch stets eine Beeinträchtigung des Rechts auf körperliche Unversehrtheit umfasst, besteht ein enger tatbestandlicher Zusammenhang zwischen beiden Gewährleistungen und somit ein einheitlicher Schutzbereich. Für die Frage nach der Verfassungsmäßigkeit einer allgemeinen Impfpflicht ist allerdings – mangels Zielgerichtetheit eines Eingriffs in das Lebensgrundrecht – in erster Linie das Recht auf körperliche Unversehrtheit relevant. Im Vergleich zu den prinzipiellen Aussagen zu grundrechtlichen Schutzpflichten liegt bei der Schutzpflicht für Leben und körperliche Unversehrtheit eine noch weitere Absenkung der Aktivierungsschwelle vor, was dem Höchstwert der zu schützenden Rechtsgüter und deren Nähe zur Menschenwürdegarantie geschuldet ist: Bereits eine entfernte Wahrscheinlichkeit der Grundrechtsbeeinträchtigung reicht daher aus, um die Schutzpflicht zu aktivieren. Hinsichtlich der Risikoprognose sind die Anforderungen auch deshalb abgesenkt, weil eine Beeinträchtigung des Grundrechts auf Leben und körperliche Unversehrtheit zumeist nicht re-

versibel ist, so dass die Möglichkeit der Verhinderung einer drohenden Beeinträchtigung frühestmöglich bestehen muss.

6. Die Schutzpflicht kann sich jedoch – außer bei Selbsttötung – nicht auf den selbstgefährdenden Grundrechtsträger beziehen, da der einzelne Grundrechtsberechtigte nicht zur bestmöglichen Wahrnehmung seiner grundrechtlich gewährleisteten Freiheiten verpflichtet ist. Die Eigenverantwortlichkeit des Individuums gehört zum „Würdekern der Grundrechte". Anderenfalls könnte der Staat dann gegen den Willen des Individuums zum vermeintlichen „Beschützer" werden, wodurch die Fundamentalfunktion der Grundrechte als Eingriffsabwehrrechte pervertiert würde. Wenn die Schutzpflicht für das Grundrecht auf Leben und körperliche Unversehrtheit durch das Vorliegen einer Risikolage aktiviert ist, liegt also ein Grundrechtsdreieck zwischen Störer, Staat und Schutzberechtigtem vor, das nur mittels der Konzeption von „Schutz durch Eingriff" gelöst werden kann. Hier reichen auch Risiken aus, die lediglich durch den Störer vermittelt werden oder solche Beeinträchtigungen, die durch ein Unterlassen privater, selbst nicht grundrechtsverpflichteter Dritter, hervorgerufen werden.

7. Die verfassungsrechtliche Beurteilung einer allgemeinen Impfpflicht hängt maßgeblich von dem Gewicht der aktivierten Schutzpflicht ab, das ihr im Rahmen der Abwägung mit der Abwehrrechtsdimension des gleichen Grundrechts zugemessen wird. Es besteht – außer bei einer freiwilligen Ermöglichung der Grundrechtsbeeinträchtigung durch den Schutzberechtigten – nicht schon ein prinzipielles Gewichtungsverbot für die Dimensionen des Grundrechts aus Art. 2 Abs. 2 S. 1 GG. Zwar ist die ursprüngliche, im Wortlaut verankerte Ausrichtung der Grundrechte im Sinne eines liberalen Verständnisses auf die Abwehr staatlicher Eingriffe gerichtet. Dass die Schutzpflichtdimension dagegen erst von der bundesverfassungsgerichtlichen Rechtsprechung entwickelt wurde, führt jedoch nicht zu einer von vornherein geringeren Bedeutung: Das Grundgesetz stellt mit der Schutzverpflichtung für die Menschenwürde in Art. 1 Abs. 1 S. 2 GG nicht nur eine Schutzdimension schon an die Spitze der Verfassung, ein Anspruch des einzelnen Grundrechtsträgers ist auch Ausdruck des vertragstheoretischen Synallagmas, dass der Einzelne das Gewaltmonopol an den Staat abgegeben und sich eine „Friedenspflicht" auferlegt hat. Daher existiert für keine der beiden Dimensionen bereits aus sich heraus eine Präponderanz. Die Gewichte beider Grundrechtsdimensionen sind abstrakt gleichwertig. Bevor die Waage also bei der konkreten Fallbetrachtung auf beiden Seiten mit Gewichten gefüllt wird, steht sie auf null.

8. Die zuordnende Gewichtung beider Dimensionen des Grundrechts auf Leben und körperliche Unversehrtheit wird dadurch erschwert, dass die Erfüllung von Schutzpflichten eine Prognoseentscheidung ist. Es kann nicht sicher

vorausgesagt werden, ob sich ein Grundrechtsrisiko tatsächlich realisieren wird. Bevor Maßnahmen zur Erfüllung der aktivierten Schutzpflicht ergriffen werden können, müssen jeweils die tatbestandlichen Gewichte beider Grundrechtsdimensionen ermittelt werden. Diese bilden die Maßgabe für die anschließend zur Erfüllung zu ergreifende Rechtsfolge. Für die tatbestandliche Gewichtung zweier Grundrechtsdimensionen hat das Bundesverfassungsgericht in seiner Rechtsprechung zu Schutzpflichten für das Grundrecht auf Leben und körperliche Unversehrtheit Kriterien entwickelt, die sich in drei Kategorien zusammenfassen lassen. Als erstes Kriterium hat sich die verfassungsrechtliche Bedeutung des Schutzgutes bzw. des kollidierenden Abwehrrechts herauskristallisiert. Ein zweites Kriterium lässt sich unter der „Schutzbedürftigkeit des Rechtsgutes" zusammenfassen, wobei jedoch unklar ist, ob die abstrakte Schutzbedürftigkeit im Sinne einer Wertigkeit (wie bereits beim ersten Kriterium) oder eine konkrete Schutzbedürftigkeit im Sinne einer „Gefahrennähe" gemeint ist. Die zweite Kriterienkategorie nimmt somit eine Zwischenposition zwischen dem ersten und dem dritten Kriterium ein. Letzteres kann als „Gefahrennähe des Schutzgutes" bezeichnet werden. Dieser dritte Ansatz erweist sich als am konkretesten und brauchbarsten, um die Schutzpflicht gegenüber der abwehrrechtlichen Dimension zu gewichten. Allerdings wird seine Anwendung bei einer Prognoseentscheidung durch die Ungewissheit hinsichtlich des Risikos und dessen Realisierung erschwert.

9. Die gängige Methode der grundrechtlichen Zuordnung im Kollisionsfall ist die praktische Konkordanz, mit der durch einen schonenden Ausgleich möglichst beide Güter zu optimaler Wirksamkeit gelangen sollen. Die anhand der bundesverfassungsgerichtlichen Rechtsprechung herausgearbeiteten Kriterienkategorien lassen sich aber dann nicht mit den Grundsätzen der praktischen Konkordanz zu einem Abwägungssystem verdichten, wenn sich – wie bei der Frage einer Impfpflicht – auf beiden Seiten das gleiche Grundrecht in verschiedenen Dimensionen gegenübersteht. Bereits das erste Kriterium verliert für die Gewichtung vollständig an Aussagekraft, da sich die gegenüberliegenden Größen bei Identität der Rechtsgüter gleichen. Das Kriterium der Schutzbedürftigkeit ist ebenfalls nicht anwendbar, da es mangels „Verpflichtung zum Schutz vor sich selbst" keinem Grundrechtsträger zum Nachteil gereichen kann, wenn er keine Selbstschutzmaßnahmen ergreift. Das Potenzial des Kriteriums der „Gefahrennähe" hingegen wird bislang noch nicht maximal ausgeschöpft. Da bei einer Prognoseentscheidung die Wahrscheinlichkeit des Eintritts von Schadensereignissen für die Abwägung der Grundrechtsdimensionen aber bedeutsam ist, bedarf es einer weiteren Auffächerung der unter diesem Kriterium zu berücksichtigenden Aspekte. Diese Auffächerung erfolgt mithilfe der Gleichwertigkeitsprüfung, die in dieser Arbeit entwickelt wird: Sie setzt sich aus drei aufeinander aufbauenden Stufen zusammen. Die zweite und dritte Stufe kom-

men indes nur zum Tragen, wenn auf der jeweils vorhergehenden Stufe eine Gleichwertigkeit der Gefahrennähe beider Grundrechtsdimensionen ermittelt wurde. Auf der ersten Stufe wird in zwei Teilbereichen nach den Schadensereignissen und deren Eintrittswahrscheinlichkeiten unter Berücksichtigung der Sicherheit der Prognosemethode („Prognostizierbarkeit") gefragt, die für beide Dimensionen zu erwarten sind. Aus dem Zusammenspiel der beiden Teilbereiche ergibt sich für die erste Stufe entweder bereits ein Überwiegen einer der beiden Dimensionen oder eine Gleichwertigkeit, die zur Heranziehung des ersten Hilfskriteriums auf der zweiten Stufe (zeitliche Nähe der Schadensereignisse) zwingt. Ergibt sich auch hier eine Gleichwertigkeit, wird auf der dritten Stufe das zweite Hilfskriterium (Reversibilität des zu erwartenden Schadens) herangezogen. Ergibt sich bis zum Schluss eine Gleichwertigkeit beider Grundrechtsdimensionen des gleichen Grundrechts, spricht aus der abwehrrechtlichen Grundausrichtung der Grundrechte eine Vermutung für ein Überwiegen der Abwehrrechtsdimension.

10. Die Einführung einer allgemeinen Impfpflicht stellt in erster Linie einen Eingriff in das Grundrecht auf Leben und körperliche Unversehrtheit dar. Dass die medizinische Zielrichtung einer Schutzimpfung die Erhaltung der Gesundheit in Gestalt des Status quo darstellt, führt in rechtlicher Hinsicht nicht dazu, einen Eingriff zu verneinen. Ebenso wenig ist dieser als so tiefgreifend anzusehen, dass er die identitätsbegründenden Merkmale und damit den Wesensgehalt des Grundrechts antastete. Allerdings ist der Eingriff „wesentlich" im Sinne der Wesentlichkeitstheorie, wobei sich der Maßstab, woran sich die Wesentlichkeit bemessen soll, nicht danach bestimmen darf, ob und wie politisch kontrovers der Eingriff gesellschaftlich betrachtet wird. Vielmehr kommt es auf die Grundrechtsrelevanz des Eingriffs an, die von Kriterien wie der individuellen Betroffenheit, der Größe des Adressatenkreises, der Dauer und der Art der Beeinträchtigung abhängt.

11. Der legitime Zweck des Eingriffs in das Grundrecht auf Leben und körperliche Unversehrtheit, der mit einer allgemeinen Impfpflicht einhergeht, besteht im Schutz von Leben und körperlicher Unversehrtheit vulnerabler Gruppen impfunfähiger Personen. Dieses Grundrechtsdreieck wird in tatsächlicher Hinsicht durch die Drittbezogenheit der individuellen Impfentscheidung aufgespannt, die im negativen Fall nicht nur die eigene Ansteckungsfähigkeit aufrechterhält, sondern auch die Möglichkeit offenhält, impfunfähige Grundrechtsträger anzustecken. Sofern keine flächendeckende, auf die jeweilige Infektionskrankheit bezogene ausreichende (Herden-)Immunität in der Bevölkerung vorhanden ist, besteht für vulnerable Gruppen stets eine latente Ansteckungsgefahr. In Ansehung der aufgrund der herausragenden Bedeutung des Grundrechts auf Leben und körperliche Unversehrtheit abgesenkten Aktivierungsschwelle der Schutzpflicht wird bereits bei dieser latenten Ansteckungs-

möglichkeit die Schutzpflicht aktiviert. Der legitime Zweck kann allerdings – wenn die Anforderungen an die Aktivierung der grundrechtlichen Schutzpflicht nicht erfüllt sind – nicht in der Erreichung der von der WHO ausgegebenen Zielvorgaben zur Elimination und Eradikation von Infektionskrankheiten liegen, da diese Ziele rechtlich nicht bindend sind. Zudem dürfte ihre Umsetzung auch nicht entgegen der nationalen grundrechtlichen Vorgaben erfolgen, was zumindest hinsichtlich des Ziels der Eradikation jedoch der Fall wäre.

12. Die Einführung einer allgemeinen Impfpflicht erweist sich vor dem Hintergrund einer (krankheitsspezifisch) aktivierten Schutzpflicht für das Grundrecht auf Leben und körperliche Unversehrtheit auch als erforderlich. Dem Gesetzgeber stehen zwar verschiedene mildere Maßnahmen zur Schutzpflichterfüllung zur Verfügung, die sich jedoch nicht auch als gleich effektiv erweisen. Insbesondere muss sich der Gesetzgeber kraft seiner weiten Einschätzungsprärogative bei der Auflösung der Schutzpflicht-Abwehrrechtskollision angesichts der „Effektivität der Grundrechtsgefahrenabwehr" nicht auf unsichere Mittel verlassen.

a) Zunächst kommt der Versuch in Betracht, die Herdenimmunität in der Bevölkerung auf freiwilliger Basis zu erreichen. Allerdings muss dessen Effektivität angesichts des Bestehens von Impflücken in Bezug auf Infektionskrankheiten, gegen die eine Grundimmunisierung teilweise bereits seit Jahrzehnten von der Ständigen Impfkommission empfohlen ist, als gering bis mäßig bezeichnet werden. Das entscheidende Argument gegen die nicht zu erwartende gleich hohe Effektivität von Maßnahmen, die die freiwillige Impfbereitschaft erhöhen, liegt jedoch in der psychologischen Erklärung für die (nicht) wahrgenommene Notwendigkeit, sich selbst zu schützen (sog. „Protection Motivation Theory"): Je unsichtbarer die Gefahr der Ansteckung mit bedrohlichen Infektionskrankheiten ist (etwa durch den bisherigen Erfolg von Impfprogrammen), desto weniger besteht ein Bedürfnis, sich dennoch vor diesen Infektionskrankheiten zu schützen.

b) Eine weitere mildere Maßnahme kann in der Schaffung positiver oder negativer Anreize zur freiwilligen Impfung liegen. Positive Anreize können allerdings nur dann wirksam sein, wenn von ihnen für den Empfänger ein spürbarer nennenswerter Vorteil ausgeht. Das hängt allerdings von der Ausgangskonstitution der Anreizempfänger ab. Während die Effektivität positiver Anreizfaktoren daher zweifelhaft ist, erweisen sich negative Anreizfaktoren nicht durchgängig als rechtlich zulässig: Nach derzeitiger Rechtslage ist etwa eine Abwälzung der Behandlungskosten auf den an einer impfpräventablen Infektionskrankheit infolge fehlender Impfung Erkrankten wegen § 52 Abs. 1 SGB V nicht möglich. Eine solche Abwälzung ist aber auch nach zu schaffender Rechtslage unzulässig, da § 1 SGB V keine rechtlichen Obliegenheiten gegenüber dem Versicherten statuiert. Ansonsten würde das Prinzip der Eigenverantwortung aus § 1 SGB V zu einem Prinzip des „Eigenverschuldens" aufgeladen. Auch ein Anreiz im Sinne eines Festzuschuss-Systems, wie es nach § 55 Abs. 1 SGB V im Bereich des Zahnersatzes geregelt ist, ist mangels Vergleichbarkeit von Zahnersatz und Behandlung einer akut lebensbedrohlichen Infektionskrankheit nicht möglich. Die negative Anreizsetzung in Form des Anspruchsausschluss wegen Verdienstausfalls bei Erkrankung an einer impfpräventablen Krankheit hingegen ist zwar rechtlich zulässig, hinsichtlich ihrer Effektivität aber weniger erfolgversprechend als eine Pflicht zur Impfung.

c) Maßnahmen, die Pflichten nur für bestimmte Personengruppen statuieren und damit bezüglich der Größe des Adressatenkreises zwar quantitativ milder sind, qualitativ jedoch ein aliud darstellen, führen nicht zur fehlenden Erforderlichkeit und damit zur Verfassungswidrigkeit einer allgemeinen Impfpflicht. Die Beurteilung eines impfstatusabhängigen Kindergartenbesuchs ergibt zwar, dass ein solcher rechtlich möglich ist (wenn auch unter einer notwendigen Änderung des § 24 SGB VIII). Dessen gleiche Effektivität ist aber zweifelhaft, weil dadurch die Möglichkeit der Entstehung einer weiteren Gefahrenquelle in Gestalt alternativer privater Betreuung mehrerer ausschließlich ungeimpfter Kinder geschaffen wird. Zwar leidet auch die Bedingung der Immunität für den Schulbesuch an geringer Effektivität im Hinblick auf die Herstellung einer Herdenimmunität, wenn sie – wie im Beispiel des Masernschutzgesetzes – nicht rechtlich zwingend ausgestaltet ist. Den Schulbesuch allerdings unter die Bedingung einer erfolgten Impfung bzw. einer Immunität zu stellen, wäre rechtlich unzulässig, da diese Anforderung nicht mit der bestehenden Schulpflicht in Einklang zu bringen ist: Die Schulpflicht ist zwar nicht bundesgesetzlich geregelt und hätte deshalb normenhierarchisch hinter einer bundesgesetzlichen Impfpflicht zurückzustehen. Mit dem landesverfassungsrechtlich verbürgten Grundrecht auf Bildung wird aber ein „Mehr" an Grundrechtsschutz gewährt, das der in Art. 142 GG geforderten „Übereinstimmung" nicht widerspricht und daher nicht die Rechtsfolge des Art. 31 GG auslösen kann. In Anbetracht des Landesgrundrechts auf Bildung erscheint die Kopplung des Schulbesuchs an eine Immunität bzw. erfolgte Impfung daher unverhältnismäßig.

13. Eine allgemeine Impfpflicht kann schließlich nur verfassungsgemäß sein, wenn sie angemessen ist. Dazu gehört die gesetzliche Regelung von Ausnahmetatbeständen für solche Personen, die Teil der Risikogruppe sind und deshalb gerade nicht als Pflichtadressaten in Betracht kommen. Zudem bedarf es einer Entschädigungsregelung für Impfschäden als Sonderopfer. Als Ergebnis zur Betroffenheit des Grundrechts auf Leben und körperliche Unversehrtheit steht fest, dass eine allgemeine Impfpflicht bei ausschließlich abstrakt-rechtlicher Betrachtung verfassungsgemäß ist. Eine allgemeingültige, für alle Infektionskrankheiten gleichermaßen geltende Aussage ist jedoch nicht möglich, da sich die Verfassungsmäßigkeit nur konkret anhand der typischen krankheitsspezifischen

Gefährdungen beurteilen lässt: Schon die Aktivierung der grundrechtlichen Schutzpflicht für Leben und körperliche Unversehrtheit Impfunfähiger steht als legitimer Zweck in zwingender Abhängigkeit eines krankheitsspezifischen Faktors: der erforderlichen Herdenimmunitätsschwelle. Erst, wenn krankheitsspezifisch feststeht, dass eine Bevölkerungsimmunität noch nicht ausreichend vorhanden ist, kann die aktivierte Schutzpflicht in die Abwägung mit der abwehrrechtlichen Dimension des Grundrechts eintreten. Diese Abwägung der krankheitsspezifischen Gefahrenfaktoren erfolgt – für jede Impfung und Zielkrankheit gesondert – anhand der Gleichwertigkeitsprüfung.

14. Die Verfassungskonformität einer allgemeinen Impfpflicht muss – um zu einem Mehrwert für die Rechtswirklichkeit führen zu können – für verschiedene Infektionskrankheiten konkret ermittelt werden. Nach einer Auswahl der hier zu untersuchenden Krankheiten auf Basis der Empfehlungen der Ständigen Impfkommission ergeben sich (auf Basis der bis Ende 2019 ermittelten Daten) nach der Anwendung der Filterkriterien „Ausschließliche Übertragbarkeit von Mensch zu Mensch", „Infektionsweg", „Meldepflichtigkeit nach § 6 Abs. 1 IfSG" sowie „Inzidenz" folgende Infektionskrankheiten als Untersuchungsgegenstände: Masern, Mumps, Meningokokken C, Pertussis und das *Varizella-zoster*-Virus. Um die einerseits von den Schutzimpfungen und andererseits von den zugehörigen Krankheiten ausgehenden Gefahren einer Abwägung im Kontext der beiden Grundrechtsdimensionen von Art. 2 Abs. 2 S. 1 GG zugänglich zu machen, bedarf es einer ausreichenden epidemiologischen Datenlage. Für die Beurteilung der Aktivierung der jeweils isoliert krankheitsbezogenen grundrechtlichen Schutzpflichten werden Daten zur Immunisierungs- und Durchimpfungsquote benötigt, für die weitere Abwägung mittels der Gleichwertigkeitsprüfung Daten zu jeweils möglichen Schadensereignissen und deren Eintrittswahrscheinlichkeiten. Um die Einheitlichkeit und Glaubwürdigkeit der Datensätze und -quellen gewährleisten zu können, sollten die Daten möglichst aus „einer Hand" stammen, die sich zudem an den Maximen der evidenzbasierten Medizin orientiert, hier also das Robert-Koch-Institut, die Ständige Impfkommission sowie Publikationen aktueller oder ehemaliger Mitglieder dieser Institution bzw. dieses Gremiums. Die Datenlage erweist sich jedoch teilweise als unzulänglich: Da es in Deutschland bislang weder ein Impfregister noch eine vollständige – auch rückwirkende – digitale Speicherung erfolgter Impfungen gibt, muss auf die seit 2005 erhobenen Impfquoten bei den Schuleingangsuntersuchungen sowie auf ergänzende Stichproben zurückgegriffen werden. Die Daten zu Impfquoten bei Kindern erweisen sich dabei immerhin als umfangreicher als die Daten zu Impfquoten bei Erwachsenen, wobei bei letzterer Kohorte die größeren Impflücken vermutet werden.

15. Aus dem Zustand dieser Datenlage folgen Pflichten für den Gesetzgeber: Da schon die Beurteilbarkeit der Schutzpflichtaktivierung derzeit durch die Da-

tenlage erschwert wird, muss der Gesetzgeber zunächst einmal die Voraussetzungen für die Wahrnehmbarkeit seiner Schutzpflicht schaffen. Bezüglich der einzelnen Infektionskrankheiten ist zu klären, ab welchem Immunisierungsgrad in Bezug auf eine Population wie der Bevölkerung der Bundesrepublik Deutschland von einer Herdenimmunität auszugehen ist. Weiter ist der Gesetzgeber gehalten, die Immunitätsentwicklung im Blick zu behalten, um die Überschreitung der Risikoschwelle (durch Unterschreitung der erforderlichen Immunitätsquote) und damit die Aktivierung der seinerseits zu erfüllenden grundrechtlichen Schutzpflicht zu erfassen. Der Staat darf gewissermaßen nicht die Augen vor seiner Schutzverpflichtung verschließen. Anschließend dient die Beobachtungspflicht aber auch dazu, das deaktivierende Moment (durch Erreichung der erforderlichen Immunitätsquote) nicht zu verpassen, das zum Wegfall des legitimen Zwecks der Impfpflicht und damit durch Änderung der tatsächlichen Lage zu deren Verfassungswidrigkeit führt. Bei der Erfüllung beider Beobachtungspflichten – sowohl vor als auch während der Schutzpflichtaktivierung – kann und muss sich der grundrechtsverpflichtete Staat der Expertise seiner eigenen Wissensakteure (Paul-Ehrlich-Institut, Robert-Koch-Institut, Ständige Impfkommission) bedienen. Die Beobachtungspflicht bezieht sich vor allem auf die Beobachtung der Immunitätslage, also der Erfassung des Impfverhaltens und der Krankheitsentwicklung. Dabei stehen dem Staat prinzipiell mehrere Mittel zur Verfügung, wie etwa eine digitale Impfdokumentation, ein nationales Impfregister oder Immunitätsüberprüfungen durch Antikörpertiter-Bestimmungen. Diese Möglichkeiten der Immunitätsbeobachtung werden allerdings derzeit nur teilweise genutzt.

16. Bei der Prüfung, ob für die herausgefilterten Infektionskrankheiten eine allgemeine Impfpflicht jeweils verfassungsrechtlich zulässig wäre, haben sich in Ansehung der verfügbaren Daten zur Herdenimmunitätsschwelle und durch die Anwendung der Gleichwertigkeitsprüfung eindeutige Ergebnisse ermitteln lassen: Für die Infektionskrankheiten Mumps, Meningokokken C, Pertussis und das Varizella-zoster-Virus hat sich anhand der Datenlage bereits keine Unterschreitung der erforderlichen Herdenimmunitätsschwelle und damit kein legitimer Zweck für die krankheitsspezifische Impfpflicht ergeben. Für diese Infektionskrankheiten kommt nach der derzeitigen epidemiologischen Lage keine allgemeine Impfpflicht in verfassungskonformer Weise in Betracht. Bei der Infektionskrankheit Masern jedoch ist nach derzeitigem Datenstand (bis Ende 2019) von einer Unterschreitung der Herdenimmunitätsschwelle von 95 % und damit von einer latenten Risikolage für das Grundrecht auf Leben und körperliche Unversehrtheit impfunfähiger Personen auszugehen, die die grundrechtliche Schutzpflicht somit aktiviert. Das Gewicht der aktivierten Schutzpflicht steht dem der abwehrrechtlichen Dimension der körperlichen Unversehrtheit nun abstrakt gleichwertig gegenüber. Bei der konkreten Abwägung mittels der

Gleichwertigkeitsprüfung zeigt sich schon auf der ersten Stufe eine deutlich höhere Gefahrennähe für die Schutzpflichtdimension (durch die möglichen Schadensereignisse der Krankheit) als für die Abwehrrechtsdimension (durch die Impfung). Eine Gleichwertigkeit beider Dimensionen ist daher bereits an dieser Stelle ausgeschlossen. Der Schutzpflichtdimension muss der Vorzug gegeben werden. Eine allgemeine Impfpflicht ist derzeit daher (nur) für die Infektionskrankheit Masern verfassungsrechtlich zulässig.

17. Vor diesem Hintergrund erweist es sich als problematisch, dass gegen Masern in Deutschland derzeit keine monovalenten Impfstoffe verfügbar sind, so dass sich eine allgemeine Masernimpfpflicht nur mittels Kombinationsimpfstoffen mindestens gegen zwei (Mumps, Röteln) bzw. drei (plus Varizellen) weitere Infektionskrankheiten realisieren ließe. Bei einer verfassungsgemäßen allgemeinen Impfpflicht gegen nur eine bestimmte Infektionskrankheit muss jedoch – jedenfalls außerhalb einer akuten pandemischen oder epidemischen Gefahrenlage – ein Monoimpfstoff allein gegen die entsprechende Krankheit verfügbar sein. Stehen hingegen ausschließlich Kombinationsimpfstoffe zur Verfügung, liegt hierin die faktische Pflicht, sich nicht nur gegen diejenige Infektionskrankheit impfen zu lassen, für die eine grundrechtliche Abwägung die Verfassungskonformität der Pflicht ergeben hat, sondern „als Beifang" auch gegen andere Infektionskrankheiten, für die eine allgemeine Impfpflicht demgegenüber nicht verfassungskonform ist. Die verfassungsrechtliche Zulässigkeit einer Impfpflicht hat sich aber allein an denjenigen tatsächlichen medizinisch-epidemiologischen Fakten zu orientieren, die die einzelne Infektionskrankheit und die zugehörige Schutzimpfung vorgeben. (Ausschließlich) Kombinationsimpfstoffe können im Rahmen einer allgemeinen Impfpflicht deshalb nur dann verwendet werden, wenn alle Zielkrankheiten, gegen die der Kombinationsimpfstoff Vakzine enthält, in verfassungsgemäßer Weise Gegenstand einer Impfpflicht sein können, oder wenn sich die Pflichtadressaten mit der Verwendung des Kombinationsimpfstoffs einverstanden erklären. Etwas anderes kann allenfalls für einen begrenzten Zeitraum im Rahmen einer akuten Gefahrenlage gelten. In dieser Situation wird jedoch von vornherein eher eine gefahrenabwehrrechtliche Impfpflicht gem. § 20 Abs. 6, 7 IfSG, nicht aber eine allgemein-präventive Impfpflicht in Betracht kommen.

18. Die Einführung einer allgemeinen Impfpflicht betrifft auch das Elterngrundrecht aus Art. 6 Abs. 2 S. 1 GG, da Grundimmunisierungen zum einen zumeist im Kindesalter erfolgen und zum anderen die Umsetzung der allgemeinen Impfpflicht bei denjenigen Alterskohorten begonnen werden sollte, die bislang bereits Adressaten der Empfehlungen der Ständigen Impfkommission sind. Der Recht-Pflicht-Komplex des Elterngrundrechts umfasst das elterliche Recht, die Pflege und Erziehung des Kindes nach ihren Vorstellungen zu gestalten, gleichzeitig bedeutet die „Elternverantwortung" auch die Pflicht zur treuhänderischen

Ausübung dieser Rechte zum Wohle des Kindes. Das Kindeswohl ist „oberste Richtschnur", Inhalt und Orientierungspunkt des elterlichen Handelns bzw. Unterlassens und damit tatbestandsimmanente Begrenzung des Schutzbereichs. Das Interpretationsprimat hinsichtlich des Kindeswohls steht zwar in erster Linie den Eltern zu, muss aber restringiert werden, da es sich nicht um ein Interpretationsmonopol handelt. Vielmehr weist das Kindeswohl aufgrund seiner Verwurzelung in der Menschenwürdegarantie einen interpretationsfesten Kern auf, der die objektiv bestimmbaren Essenzen des Kindeswohls einer Deutung entzieht. Dazu zählt auch die körperliche Unversehrtheit des Kindes. Im Zentrum steht die Frage, ob eine Schutzimpfung dem Kindeswohl dient oder nicht, ob das Vorenthalten der Impfung also eine Kindeswohlgefährdung sein kann. Der Bundesgerichtshof tendierte im Jahr 2017 jedenfalls dazu, im Streitfall über die Vornahme von Schutzimpfungen beim Kind demjenigen Elternteil die alleinige Entscheidungsbefugnis zu übertragen, „dessen Lösungsvorschlag dem Wohl des Kindes besser gerecht wird" und wählte den impfbefürwortenden Elternteil aus. Gleichwohl bleibt die freie Impfentscheidung Teil des Elterngrundrechts, da eine Impfung die körperliche Unversehrtheit zwar kurzfristig verletzt und damit eigentlich als Verletzung des objektiven Kerns einzuordnen ist, damit jedoch der Erhaltung der körperlichen Unversehrtheit des Kindes dient. Ebenso wenig kann eine Impfung in Bezug auf das Elterngrundrecht als eine durch Fremdnützigkeit begründete Notwendigkeit oder in ihrer Unterlassung gar eine kindeswohlgefährdende Untätigkeit gesehen werden. Dafür spricht insbesondere ein Vergleich mit den bekannten Fällen einer kindeswohlgefährdenden Untätigkeit, die erst dann auftreten, wenn dem Kind Verwahrlosung oder die Verunmöglichung eines menschenwürdigen Daseins droht. Auch ein staatliches Optimierungsverhalten ist ausgeschlossen, da der Staat nur bei Versagen der Eltern intervenieren kann, aber nicht schon, wenn dem Kind nicht die bestmögliche Pflege und Erziehung zukommt. Die staatliche Vorgabe der Impfentscheidung berührt daher den Schutzbereich des Art. 6 Abs. 2 S. 1 GG.

19. Nicht jede Beeinträchtigung des Schutzbereichs des Elterngrundrechts ist allerdings ein rechtfertigungsbedürftiger Eingriff, da das Elterngrundrecht der Ausgestaltung der rechtlichen Befugnisse der Eltern im Verhältnis zum Kind und zu Dritten bedarf. In der staatlichen Vorgabe der Impfentscheidung liegt jedoch eine Maßnahme, die das Recht der Eltern im Verhältnis zum Kind beschränkt und daher einen Eingriff darstellt. Dieser bedarf einer Rechtfertigung, die durch die Schrankendogmatik des Art. 6 Abs. 2 GG determiniert wird. Da das staatliche Wächteramt erst auf den Plan tritt, wenn das Kindeswohl bereits objektiv gefährdet ist, das elterliche Verhalten also schon aus dem Schutzbereich herausfällt, kann es keine Schranke im Sinne einer Eingriffsrechtfertigung darstellen. Ein „Eingriff" ist dann dogmatisch bereits ausgeschlossen. Da in der negativen elterlichen Impfentscheidung aber keine Kindeswohlgefährdung

liegt, kommt als Eingriffsrechtfertigung nur kollidierendes Verfassungsrecht in Betracht, das in der Erfüllung der grundrechtlichen Schutzpflicht für Leben und körperliche Unversehrtheit impfunfähiger Personen liegt. Die Rechtfertigung gelingt jedoch nur, wenn der Eingriff verhältnismäßig ist: Besonderheiten bei der Rechtfertigung des Eingriffs in das Elterngrundrecht im Vergleich zur Rechtfertigung des Eingriffs in das Recht auf körperliche Unversehrtheit liegen darin, dass die Anleitung zu einer freiwilligen positiven Impfentscheidung in Ansehung der oftmals emotionsgeleiteten Wahrnehmung des Rechts durch die Eltern zusätzlich erschwert wird. Die Modifikation familienbezogener Leistungen im Rahmen der Erforderlichkeit wie etwa eine Erhöhung oder Kürzung des Kindergeldes scheitert jedoch entweder schon an der verfassungsrechtlichen Unzulässigkeit oder an einer im Vergleich zu einer Pflicht geringeren Effektivität. Hinsichtlich der Angemessenheit ergeben sich indes im Vergleich zur Angemessenheitsprüfung des Eingriffs in das Recht auf körperliche Unversehrtheit keine neuen Erkenntnisse, da keine Infektionskrankheit als Gegenstand einer Impfpflicht denkbar ist, deren Gefahren zwar hinsichtlich Art. 2 Abs. 2 S. 1 GG eine Impfpflicht rechtfertigen können, nicht aber im Hinblick auf Art. 6 Abs. 2 S. 1 GG. Eine allgemeine Impfpflicht ist daher auch bezüglich des Elterngrundrechts verfassungsgemäß.

20. Losgelöst von der Frage der Verfassungsmäßigkeit der Impfpflicht ist die Frage nach ihrer Durchsetzbarkeit. Eine verfassungswidrige, weil im Vergleich zur Pflicht eingriffsintensivere Durchsetzung führt nicht automatisch zur Verfassungswidrigkeit der Impfpflicht als Primärmaßnahme. Allerdings müssen überhaupt Durchsetzungsmöglichkeiten bestehen, um den Charakter einer Pflicht nicht seiner Wirksamkeit zu berauben. Die verschiedenen Möglichkeiten der Durchsetzung einer allgemeinen Impfpflicht sind jedoch nicht alle in gleicher Weise vorzugswürdig. Das Mittel der Wahl sollte zunächst die Durchsetzung mithilfe von Sanktionen bei Nichtbefolgung sein. Derartige Sanktionsmöglichkeiten müssen jedoch ihrerseits verfassungsrechtlichen Bedenken standhalten, weshalb etwa der vollständige Leistungsausschluss aus der GKV oder ein (dauerhaftes) Tätigkeitsverbot ausscheiden. Die Haftung für Schäden, die bei Dritten nach einer Ansteckung eintreten, dürfte praktisch aufgrund des erschwerten Kausalitätsnachweises kaum möglich sein. Demgegenüber gestaltet sich die Androhung von Bußgeld als vorzugswürdige Sanktionsmöglichkeit, obgleich bei der Bemessung der Höhe des Bußgeldes auch die Vermögensverhältnisse des Pflichtverweigerers bzw. dessen Sorgeberechtigen zum Tragen kommen sollten. Als ultima ratio ist gemäß § 12 VwVG aber auch die Durchsetzung mittels unmittelbaren Zwangs zulässig, wenn die Verpflichtung des verweigernden Adressaten nicht auf andere Weise durchgesetzt werden kann. Obgleich bei der Anwendung von Verwaltungszwang möglichst schonend vorzugehen ist, so darf die Möglichkeit der Anwendung hier nicht von vornherein ausgeschlossen sein.

21. Eine allgemeine Impfpflicht fällt gemäß Art. 74 Abs. 1 Nr. 19 GG in die Gesetzgebungskompetenz des Bundes. Zwar wird mit einer Impfpflicht präventiv gegen eine mögliche Erkrankung vorgegangen, weshalb sie eher als Vorsorge denn als „Maßnahme" im Sinne des Kompetenztitels einzuordnen ist. Häufig kommt es jedoch gerade auf die präventive Handlungsmöglichkeit an, da bereits eingetretene Schäden an Leben und Gesundheit schlechter mit Bekämpfungsmaßnahmen revidiert als sie bereits im Vorfeld durch Vorsorgemaßnahmen verhindert werden können. Eine Impfpflicht ist jedoch vom Bereich des Katastrophenschutzes abzugrenzen, der in die Residualkompetenz der Länder fällt. Auch der Ausbruch eines hochkontagiösen Krankheitserregers kann zwar eine Katastrophe darstellen. Die Katastrophenvorbereitung setzt jedoch erst dann ein, wenn ein vorhersehbarer Risikoeintritt bevorsteht. Die reine Risikoprävention noch vor der Vorhersehbarkeit des Katastropheneintritts, zu der eine allgemeine Impfpflicht zu zählen ist, verbleibt im Bereich des Gesundheitsrechts beim Bundesgesetzgeber.

22. Da in einer allgemeinen Impfpflicht ein wesentlicher Grundrechtseingriff liegt, muss sie den Anforderungen des Parlamentsvorbehaltes genügen. Eine allgemeine Impfpflicht kann in verfassungskonformer Weise nur im Wege eines Parlamentsgesetzes eingeführt werden. Eine untergesetzliche Norm oder lediglich die Befassung des Parlaments mit der Materie ohne förmliches Ergebnis reichen nicht aus. In Bezug auf die materielle Regelungsdichte genügen den Anforderungen des Parlamentsvorbehalts weder unbestimmte Rechtsbegriffe noch Generalklauseln, die die Regelung der wesentlichen Materie versteckt an die Exekutive delegieren. Die Regelung des „Ob" des Eingriffs muss das Parlamentsgesetz ebenso enthalten wie die Regelung der notwendigen Eingriffsbefugnisse der Exekutive bei der Umsetzung unter Vorzeichnung aller Rechtsfolgenalternativen. Der Gesetzgeber muss nicht nur die Adressatenschaft einer allgemeinen Impfpflicht hinsichtlich ihrer Durchsetzung genau umreißen, sondern vor allem auch die entsprechenden Zielkrankheiten unter Zugrundelegung einer krankheitsspezifischen Abwägung der Gefahren für beide Grundrechtsdimensionen selbst festlegen, da gerade die Entscheidung für eine bestimmte Infektionskrankheit eine enorme grundrechtliche Relevanz aufweist. Unabhängig von den Vorgaben des Parlamentsvorbehalts kennt das Infektionsschutzgesetz mit § 20 Abs. 6, 7 bereits eine Regelung, mit der das Bundesministerium für Gesundheit sowie die Landesregierungen und Landesgesundheitsbehörden zum Erlass einer Impfpflicht ermächtigt werden. Da hier die Entscheidung über das „Ob" der Impfpflicht der Exekutive überlassen ist, kann auf der Verordnungsermächtigung aber keine allgemeine, sondern allenfalls eine gefahrenabwehrrechtliche Impfpflicht basieren. Allerdings bestehen auch an der diesbezüglichen Tauglichkeit der Verordnungsermächtigung Zweifel, die sich an der hinreichenden Bestimmtheit entzünden.

23. Angesichts der Vorgaben des Parlamentsvorbehalts muss sich der Gesetzgeber eines umfassenden Expertenwissens aus dem Bereich der Medizin und der Epidemiologie bedienen können, um überhaupt über eine Grundlage für die gesetzliche Entscheidung zu verfügen. Dies betrifft im Hinblick auf die Schutzpflichtaktivierung zunächst die Bestimmung der jeweiligen krankheitsspezifischen Herdenimmunitätsschwellen. Die Feststellung der Unter- oder Überschreitung dieser Schwellen kann nur durch die Beobachtung der epidemiologischen Lage, der Immunitäts- und Impfstatusentwicklung erfolgen, die der Gesetzgeber naturgemäß nicht selbst leisten kann. Nur durch die Mitwirkung von Expertengremien am Prozess des „inneren" Gesetzgebungsverfahrens kann sichergestellt werden, dass der Gesetzgeber seiner Beobachtungspflicht nachkommen und seine Einschätzungsprärogative nutzen kann, wodurch erst die Möglichkeit dafür geschaffen wird, dass die gesetzgeberische Entscheidung von medizinisch-wissenschaftlichen Fakten getragen wird.

24. Bedeutender Wissensakteur ist das Robert-Koch-Institut, dem eine „Sachverständigenfunktion" hinsichtlich medizinischer Fragestellungen zukommt. Im Rahmen einer allgemeinen Impfpflicht hat das Robert-Koch-Institut die Aufgabe, nach der Bestimmung der jeweiligen Herdenimmunitätsschwellen die Immunitätsentwicklung der Bevölkerung zu beobachten und den Gesetzgeber von diesen Beobachtungsergebnissen zu unterrichten, um weder die Aktivierung noch die Deaktivierung (durch Erreichung der Herdenimmunitätsschwelle) zu verpassen. Aufgrund der Einrichtung des Robert-Koch-Instituts als selbstständige Bundesoberbehörde ist dessen institutionelle Legitimation unproblematisch vorhanden. Bezüglich der notwendigen Aufgabenwahrnehmung des Robert-Koch-Instituts im Rahmen einer allgemeinen Impfpflicht ist die gesetzliche Grundlage in § 4 Abs. 1 S. 2 IfSG bereits vorhanden. Die Unterrichtung über diese Forschungs- und Beobachtungsergebnisse darf jedoch nicht – wie bisher – auf Stellen der Exekutive beschränkt sein, sondern muss ausdrücklich auch die Legislative umfassen.

25. Der Ständigen Impfkommission kommt bei einer allgemeinen Impfpflicht die Aufgabe zu, durch ihre Impfempfehlungen zunächst die Grundlage für die Auswahl derjenigen Infektionskrankheiten zu benennen, gegen die eine Impfpflicht – noch vor der Feststellung der Immunitätslage und der Betrachtung jeweiliger impf- und krankheitsspezifischer Risiken – überhaupt in Betracht kommen kann. Diese darf der Gesetzgeber jedoch nicht als eine „dynamische Verweisung" ungeprüft übernehmen, da ihm allein die Entscheidung über die Krankheitsauswahl zusteht. Die Rechtsnatur der Ständigen Impfkommission ist hingegen uneindeutig: Sie ist keine selbstständige Bundesoberbehörde, sondern ein unselbstständiger, jedoch fachlich unabhängiger Teil des Robert-Koch-Instituts. Das bringt ihr zum Teil den Vorwurf ein, eine unzulässige Quelle privaten Wissens im demokratischen Entscheidungsfindungsprozess zu sein. Die-

ser Vorwurf speist sich insbesondere daraus, dass ihre Mitglieder keine festen Amtsträger sind, sondern Privatpersonen aus der Medizin. Diese sind aber unabhängig, unparteiisch, nur ihrem Gewissen verpflichtet und üben die Tätigkeit in der Ständigen Impfkommission als Ehrenamt aus. Zudem werden sie – was eine relativ kurze Legitimationskette bedeutet – durch das Bundesgesundheitsministerium benannt und müssen sämtliche mögliche Befangenheiten und Interessenskonflikte offenlegen.

26. Die demokratische Legitimation der Empfehlungen der Ständigen Impfkommission hängt bedeutend von der Vorgehensweise bei ihrer Ermittlung ab: Zwei Fragenkomplexe der bei der Ermittlung angewandten Standardvorgehensweise (SOP) begegnen hinsichtlich ihrer Verwendung auch im Rahmen der allgemeinen Impfpflicht allerdings Bedenken: Die erforderliche Anzahl geimpfter Personen bezüglich verschiedener avisierter Endpunkte darf bei der Ermittlung der Empfehlungen keine Rolle spielen, da die Herstellung einer Herdenimmunität als grundrechtliches Ziel vorgegeben ist. Auch die Einschätzung der Umsetzbarkeit und Akzeptanz der Impfempfehlung muss bei einer allgemeinen Impfpflicht allein dem Gesetzgeber vorbehalten sein. Es darf keine „Vorabentscheidung" durch die Ständige Impfkommission dergestalt getroffen werden, dass wesentliche, der Einschätzungsprärogative des Parlamentsgesetzgebers zugewiesene Fragen bereits durch die Ständige Impfkommission beantwortet und somit dem Gesetzgeber vorenthalten werden.

27. Abschließend können die Regelungen der derzeit geltenden Masernimpfpflicht, die jedoch keine allgemeine Impfpflicht darstellt, nicht für die Ausgestaltung einer allgemeinen Impfpflicht Pate stehen, da diese verfassungsrechtlichen Zweifeln ausgesetzt sind. Insbesondere die Aufrechterhaltung der Pflicht trotz der Verfügbarkeit nur von Kombinationsimpfstoffen, die eine Impfung ausschließlich gegen Masern verunmöglichen, ist bedenklich, da damit eine Impfpflicht auch gegen Mumps einhergeht, die derzeit nicht grundrechtskonform ist. Darüber hinaus erscheint die gesetzliche Umgrenzung der Ausnahmetatbestände zu unbestimmt. Die Durchsetzung der Masernimpfpflicht mittels Betretungs- und Tätigkeitsverboten wirft eigene Unklarheiten und verfassungsrechtliche Zweifel auf: Während das Verhältnis des Kitaplatz-Anspruchs ab dem ersten Lebensjahr gemäß § 24 Abs. 2, 3 SGB VIII zu der Voraussetzung des Masernimpfschutzes unklar ist, steht bei einem Tätigkeitsverbot je nach Dauer sogar ein Eingriff auf der zweiten Stufe der Berufsfreiheit zur Debatte, dessen Auswirkung (möglicherweise Verbot der Ausübung der Tätigkeit für die Dauer des gesamten Berufslebens) unverhältnismäßig erscheint. Insofern dienen die Regelungen des Masernschutzgesetzes – mit Ausnahme der entsprechenden Ordnungswidrigkeitstatbestände – nicht als Vorbild für die Ausgestaltung einer allgemeinen Impfpflicht.

B. Rechtspolitischer Ausblick

Die vorliegende Untersuchung hat sich mit der Frage nach der Verfassungsmäßigkeit einer allgemeinen Impfpflicht befasst und ist zu je nach unterschiedlicher Infektionskrankheit eindeutigen Ergebnissen gekommen, deren dauerhafte Gültigkeit allerdings in Abhängigkeit zur Entwicklung der epidemiologischen Lage steht.

Prospektiv wird sich die Frage einer allgemeinen Impfpflicht jedoch weniger in Bezug auf die „bekannten" Krankheiten stellen, sondern vor allem im Hinblick auf die Infektionskrankheit COVID-19, die die Gesellschaft im Jahr 2020 vor bis dahin selten dagewesene Herausforderungen und „nationale Kraftanstrengungen"[5] gestellt hat: Die teils gravierenden Maßnahmen (Lockdown, Maskenpflicht, Abstandsgebote, Ausgangssperren) und die damit verbundenen Grundrechtseinschränkungen haben nicht nur einen „rechtswissenschaftlichen Diskurs hervorgerufen, der in der Geschichte der Bundesrepublik seinesgleichen sucht"[6], sondern auch in der breiten Bevölkerung ein deutliches Bewusstsein für grundrechtliche Gewährleistungen und die Grenzen von deren Einschränkbarkeit geschaffen. Da derartige Kontroversen sich auch in Protesten entladen, die über die Grenze der rationalen, wissenschaftsbasierten Kritik bisweilen hinausgehen (wie etwa im Rahmen der „Querdenker"-Demonstrationen), ist das Infektionsschutzrecht wiederum als regulierendes Instrument gefragt: Man denke nur an die massenhaften Verstöße gegen die Maskenpflicht und die Abstandsgebote.[7] Jedenfalls scheinen diese grundrechtseinschränkenden Maßnahmen auch unter dem Aspekt der gesellschaftlichen Akzeptanz keine dauerhafte, langfristige Perspektive für die Pandemiebekämpfung darzustellen.[8]

Das rief mit der Forderung nach der Entwicklung eines Impfstoffs gegen SARS-CoV-2 wiederum die stärkste und wirksamste Waffe im Kampf gegen Infektionskrankheiten auf den Plan. Binnen weniger eines Jahres wurden mehrere Impfstoffe in Verfahren entwickelt, welche bei keinem der bisher zugelassenen

[5] So die damalige Bundeskanzlerin *Angela Merkel* am 28.10.2020, www.bundeskanzlerin.de/bkin-de/aktuelles/bund-laender-beschluss-1805264 (Seite zuletzt aufgerufen am: 26.01.2021).

[6] *Kingreen*, in: Huster/Kingreen (Hrsg.), Handbuch Infektionsschutzrecht (2021), Kapitel 1, Rn. 18.

[7] Vgl. eingehend *Hecker*, Versammlungsfreiheit und Maskenpflicht, www.verfassungsblog.de/versammlungsfreiheit-und-maskenpflicht/ (Seite zuletzt aufgerufen am: 26.01.2021) sowie *Henseler*, Masernimpfpflicht, Maskenpflicht und unrichtige Gesundheitszeugnisse, in: MedR 2020, S. 1000 ff.

[8] Tendenziell *Robert-Koch-Institut*, STIKO-Empfehlung zur COVID-19-Impfung, in: EpidBull Nr. 2/2021, S. 3 (57): „Die Datenlage zur Effektivität der Infektionsschutzmaßnahmen wurde vielfach kritisiert und es wurden qualitativ hochwertige Studien dazu gefordert. Insgesamt muss man jedoch festhalten, dass es [alternativ zur Impfung] keine alleinige Maßnahme gibt, die sicher vor der SARS-CoV-2-Infektion schützt".

Impfstoffe zu Einsatz kamen, zugelassen und von der Ständigen Impfkommission empfohlen.[9] Der Prozess eines arzneimittelrechtlichen Zulassungsverfahrens dauert normalerweise mehrere Jahre.[10] Das zeigt, dass ein Impfstoff gegen SARS-CoV-2 sowohl aufgrund der hohen Infektionsgefahr als auch wegen der Auswirkungen der bisherigen nicht-medizinischen Maßnahmen auf die Wirtschaft und das gesellschaftlich-soziale Leben dringend benötigt wurde.[11] Daher steht die Frage einer allgemeinen Impfpflicht derzeit vordringlich im Zusammenhang mit COVID-19 im Raum. Einen ersten Vorstoß, der jedoch zunächst mehrheitlich abgelehnt wurde, gab es mit der Forderung nach einer COVID-19-Impfpflicht speziell für Pflegekräfte bereits wenige Tage nach der Impfempfehlung.[12] Im Herbst 2021 häuften sich die Forderungen nach einer solchen personenspezifischen Impfpflicht – gerade vor der anstehenden „Grippe-Saison" im Winter – abermals.

Wenngleich sich die Ergebnisse der vorliegenden Untersuchung wohl in wesentlichem Umfang auf die Bewertung einer Impfpflicht gegen COVID-19 übertragen lassen, so muss zum jetzigen Zeitpunkt (im Herbst 2021) jedoch ein deutlicher Unterschied hinsichtlich der tatsächlichen Umstände festgestellt werden: Es ist – verglichen mit den gängigen Infektionskrankheiten – noch deutlich weniger sowohl über die Krankheit und deren (Langzeit-)Schäden als auch über die Impfung, deren mögliche Nebenwirkungen und die Risikofaktoren für Impfdurchbrüche bekannt, um einen so gravierenden Schritt justiziabel rechtfertigen zu können. Angesichts des legitimen Zwecks, der in der Erfüllung der grundrechtlichen Schutzpflicht für Personen liegen muss, die selbst impfunfähig sind, bestehen schon Zweifel: Zum einen ist noch nicht abschließend geklärt, welche Personengruppen (neben Senioren und Vorerkrankten[13]) in Bezug auf COVID-19 besonders gefährdet sind[14], und zum anderen, ob Per-

---

[9] Die Zulassung des ersten COVID-19-Impfstoffs (BNT162b2/Comirnaty; BioNTech/Pfizer) erfolgte am 21. Dezember 2020, die Zulassung eines weiteren Impfstoffs erfolgte am 6. Januar 2021 (mRNA-1273; COVID-19-Impfstoff Moderna/Moderna), die Empfehlung der Ständigen Impfkommission erschien am 8. Januar 2021, *Robert-Koch-Institut*, STIKO-Empfehlung zur COVID-19-Impfung, in: EpidBull Nr. 2/2021, S. 3 (8, 57).

[10] *Bockholdt*, in: Schlegel/Meßling/Bockholdt (Hrsg.), COVID-19 – Corona-Gesetzgebung – Gesundheit und Soziales (2020), § 12 Rn. 45.

[11] *Robert-Koch-Institut*, STIKO-Empfehlung zur COVID-19-Impfung, in: EpidBull Nr. 2/2021, S. 3 (57).

[12] www.faz.net/aktuell/politik/inland/soeder-bringt-corona-impfpflicht-fuer-pflegekraefte-ins-gespraech-17141637.html (Seite zuletzt aufgerufen am: 26.01.2021).

[13] *Eckert/Lenzen-Schulte*, Risikogruppen sind jetzt bekannt, in: DÄ 2020, S. A2047 f.

[14] „Die Vielfalt verschiedener potentiell prädisponierender Vorerkrankungen und ihrer Schweregrade sowie die Vielzahl anderer Einflussfaktoren machen die Komplexität einer Risiko-Einschätzung deutlich. Daher ist eine generelle Festlegung zur Einstufung in eine Risikogruppe nicht möglich [...] Schwere Verläufe können auch bei Personen ohne bekannte Vorerkrankung und bei jüngeren Patienten auftreten", *Robert-Koch-Institut*, Epidemiologischer Steckbrief zu SARS-CoV-2 und COVID-19, www.rki.de/DE/Content/InfAZ/N/Neuartiges_Coronavirus/Steckbrief.html (Seite zuletzt aufgerufen am: 26.01.2021).

sonen aus dieser Gruppe selbst impfunfähig sind. Unklar ist auch, bei welchem genauen Wert die Herdenimmunitätsschwelle liegt[15] und ob auch die Erkrankung an COVID-19 selbst eine *dauerhafte* Immunität verursacht[16], so dass mehrere Faktoren unklar sind, die für die Aktivierung der grundrechtlichen Schutzpflicht relevant sind. Bei der Frage der Geeignetheit einer Impfpflicht gegen COVID-19 ist etwa noch ungeklärt, ob eine Impfung auch gegen (alle) Mutationen des Virus eine Schutzwirkung entfaltet.[17] Im Rahmen der Erforderlichkeitsprüfung ist es, verglichen etwa mit den jahrelangen zahlreichen Impfkampagnen bezüglich der Masernimpfung, die letztlich nicht zur Erreichung der notwendigen Herdenimmunitätsschwelle führten, fraglich, ob eine Herdenimmunität gegen COVID-19 nicht auch schon durch Impfungen auf freiwilliger Basis erreicht werden kann[18], da eine Pflicht zur Impfung immer nur die ultima ratio sein sollte. Angesichts der umfangreichen Datenlage, die zur plausiblen und justiziablen Beurteilung der Verfassungskonformität einer allgemeinen Impfpflicht notwendig ist[19], ist eine Beurteilung über die Verfassungsmäßigkeit einer Corona-Impfpflicht derzeit noch nicht möglich. Ob eine Impfpflicht gegen COVID-19 dagegen aus politischer Sicht sinnvoll wäre, ist eine andere Frage.

Daneben wird die Masernimpfpflicht gem. § 20 Abs. 8–13 IfSG in rechtspolitischer Hinsicht weiter Aufmerksamkeit auf sich ziehen. Insbesondere bleibt die gesellschaftliche Reaktion auf die Masernimpfpflicht abzuwarten[20], die im ersten Jahr ihrer Geltung neben den zum Teil existenziellen, grundrechtsrelevanten Maßnahmen im Zuge der Corona-Krise in der öffentlichen Wahrnehmung beinahe unterging. Teilweise werden Hoffnungen geäußert, die auf ein gesellschaftliches Umdenken abzielen, das eine Impfpflicht zukünftig obsolet macht.[21] Selbst, wenn sich diese Hoffnungen in Bezug auf die Adressaten

---

[15] Vermutet werden mindestens 70 %, *Robert-Koch-Institut*, Antworten auf häufig gestellte Fragen zum Coronavirus SARS-CoV-2/Krankheit COVID-19, www.rki.de/SharedDocs/FAQ/NCOV2019/gesamt.html (Seite zuletzt aufgerufen am: 26.01.2021); *Kersten/Rixen*, Der Verfassungsstaat in der Corona-Krise (2021), Kap. VI. 3.

[16] *Robert-Koch-Institut*, Epidemiologischer Steckbrief zu SARS-CoV-2 und COVID-19, www.rki.de/DE/Content/InfAZ/N/Neuartiges_Coronavirus/Steckbrief.html (Seite zuletzt aufgerufen am: 26.01.2021).

[17] www.aerzteblatt.de/nachrichten/120379/SARS-CoV-2-Laborexperimente-deuten-auf-verminderte-Schutzwirkung-gegen-neue-Varianten-hin (Seite zuletzt aufgerufen am: 26.01.2021).

[18] *Kersten/Rixen*, Der Verfassungsstaat in der Corona-Krise (2021), Kap. VI. 3.

[19] Dazu *Kersten/Rixen*, Der Verfassungsstaat in der Corona-Krise (2021), Kap. VI. 3.: „Dabei kommt es auf zahlreiche empirische Annahmen an, über die derzeit noch Unklarheit besteht".

[20] So auch *Amhaouach/Kießling*, Die Steigerung der Masernimpfraten von Kindern – Möglichkeiten und Grenzen des Rechts, in: MedR 2019, S. 853 (861).

[21] *Amhaouach/Kießling*, Die Steigerung der Masernimpfraten von Kindern – Möglichkeiten und Grenzen des Rechts, in: MedR 2019, S. 853 (861); *Rixen*, Die Impfpflicht nach dem Masernschutzgesetz, in: NJW 2020, S. 647 (651).

der Impfpflicht nach dem Masernschutzgesetz erfüllen sollten, wodurch dann das Masernschutzgesetz in seiner konkreten Ausgestaltung überflüssig werden könnte, darf jedoch nicht vergessen werden, dass auch solche Personengruppen, die gerade nicht Adressaten der Masernimpfpflicht geworden sind, prinzipiell auch zur Herstellung einer Herdenimmunität beitragen können und sollen.[22]

Im Hinblick auf die gesellschaftliche Akzeptanz kommt abermals die Beobachtungspflicht des Gesetzgebers zum Tragen, die darauf abzielt, die epidemiologische Lage im Blick zu behalten[23] und somit auch Veränderungen in Bezug auf die Akzeptanz von Impfungen im Grundsätzlichen zu erfassen, die sich dann durch geringere Impfquoten bei anderen Infektionskrankheiten ausdrücken könnten: Sollten sich bei anderen Krankheiten als den Masern die Impfquoten verringern, wobei sich für diese Annahme durchaus Belege in der Verhaltensforschung finden lassen[24], so ist der Gesetzgeber erneut in der Pflicht, gegenzusteuern, sobald sich die Immunitätslage für diese Zielkrankheiten derart entwickelt, dass sich die Immunitätsquote unterhalb der erforderlichen Herdenimmunitätsschwelle befindet. Ob er dieser Entwicklung dann mit einer (allgemeinen oder personengruppenspezifischen) Impfpflicht auch für weitere Zielkrankheiten (wie beispielsweise COVID-19) oder mit einer Zurücknahme der Masernimpfpflicht nach dem Masernschutzgesetz begegnet, bleibt seiner Einschätzungsprärogative überlassen, die sich allerdings wesentlich an den Erkenntnissen aus der Beobachtung der Umsetzung und den Auswirkungen des Masernschutzgesetzes speisen sollte.

Jedenfalls aber wird sich der rechtswissenschaftliche Diskurs um die Vereinbarkeit einer Impfpflicht mit dem Grundgesetz fortsetzen: Dieser Streit mag sich in Bezug auf eine allgemeine Impfpflicht, wie sie Gegenstand dieser Untersuchung war, möglicherweise zwar auf Stimmen in der Literatur beschränken. Der Streit um die Verfassungsmäßigkeit der Masernimpfpflicht in Gestalt des Masernschutzgesetzes dagegen, an deren verfassungskonformer Ausgestaltung

---

[22] Vgl. bereits § 3 B. II. 3. a) aa) (3) „Datenlage zu Fallzahlen und Seroprävalenzen"; ähnlich *Amhaouach/Kießling*, Die Steigerung der Masernimpfraten von Kindern – Möglichkeiten und Grenzen des Rechts, in: MedR 2019, S. 853 (861).

[23] Siehe bereits § 3 B. II. 2. a) cc) (2) „Beobachtungspflicht des Gesetzgebers".

[24] Vgl. etwa die Äußerung der Einzelsachverständigen *Prof. Dr. Cornelia Betsch* im Rahmen der öffentlichen Anhörung im Gesundheitsausschuss während des Gesetzgebungsverfahrens zum Masernschutzgesetz (Wortprotokoll der 68. Sitzung des Ausschusses für Gesundheit vom 23.10.2019, Protokoll Nr. 19/68, S. 19): „Ich bin Psychologin und beschäftige mich damit, wie verhält sich der Mensch gegeben seiner Umwelt und gegeben seiner Psyche, seiner Einstellung. Damit haben wir uns schon 2015, als es schon einmal in der Luft hing, ein Gesetz, was nur die Masern verpflichtend machen wollte, beschäftigt, was passiert dann eigentlich mit den anderen Impfungen? Da konnten wir kausal nachweisen, dass wenn nur eine Impfung verpflichtend ist, die zweite Impfung, die freiwillig war, weniger häufig nachgefragt, auch weniger häufig angenommen wurde. [...] Jedoch ist bei einer teilweisen Impfpflicht zu beachten, dass es noch andere Impfungen gibt, die freiwillig sind und hier ist es besser ein schlaues Policydesign zu machen, was nicht das gesamte Impfsystem beschädigt." [sic!].

man durchaus Zweifel haben kann[25], wird sich in der Rechtsrealität abspielen: Das Bundesverfassungsgericht hatte in einer Eilentscheidung von gegen die Masernimpfpflicht gerichteten Verfassungsbeschwerden den Erlass einer einstweiligen Anordnung im Mai 2020 zunächst abgelehnt.[26] Das Gericht hatte im Rahmen der Folgenabwägung entschieden, dass das Interesse der Antragssteller, auch ohne einen ausreichenden Impfschutz gegen Masern bzw. Immunität oder das Vorliegen einer medizinischen Kontraindikation in einer Kindertagesstätte bzw. in Kindertagespflege betreut zu werden, hinter dem Interesse an der Abwehr infektionsbedingter Risiken für Leib und Leben einer Vielzahl von Personen zurückstehen müsse, was Zustimmung verdient.[27] Die Nachteile, die die Antragssteller erwarten, überwögen die Nachteile im Falle der vorläufigen Verhinderung eines sich im Nachhinein als verfassungsgemäß erweisenden Gesetzes nicht – „und schon gar nicht deutlich".[28]

Die Hauptsacheentscheidung des Bundesverfassungsgerichts steht jedoch noch aus. Aus der zu erwartenden detaillierten Auseinandersetzung mit dem Masernschutzgesetz werden sich aber auch Erkenntnisse für die Verfassungsmäßigkeitsanforderungen einer – nach wie vor hypothetischen – allgemeinen Impfpflicht, wie etwa gegen COVID-19, ziehen lassen:

Zum ersten wird sich die rechtliche Diskussion um die Verfassungsmäßigkeit der faktisch verpflichtenden Verwendung von Kombinationsimpfstoffen auch in der Entscheidung des Bundesverfassungsgerichts wiederfinden lassen müssen, da sich an dieser Regelung die größten Zweifel an der Verfassungsmäßigkeit des Masernschutzgesetzes entzünden.[29] Es wird von größter Brisanz sein, ob das Bundesverfassungsgericht die Durchsetzung der Pflicht trotz der derzeit fehlenden Möglichkeit, die Masernimpfpflicht mittels Impfung mit Monoimpfstoffen zu erfüllen, als verfassungsgemäß erachten und auf diesem Wege gewissermaßen eine Grundsatzentscheidung hinsichtlich der Zulässigkeit einer faktischen Verwendungsverpflichtung von Kombinationsimpfstoffen im Rahmen einer Impfpflicht für nur eine einzige Infektionskrankheit fällen wird.[30]

Zudem darf von einer Entscheidung des Bundesverfassungsgerichts auch eine Aussage dazu erwartet werden, worin ein legitimer Zweck für den einer all-

[25] Vgl. § 4 C. III. „Die Ausgestaltung der Masernimpfpflicht (§ 20 Abs. 8–13 IfSG) als Vorbild?".

[26] BVerfG, Beschl. v. 11.05.2020 – 1 BvR 469/20.

[27] Vgl. *Gebhard*, Zur Bedeutung grundrechtlicher Schutzpflichten im Kontext der Masernimpfpflicht, in: RdJB 2021, S. 277 (281–286).

[28] BVerfG, Beschl. v. 11.05.2020 – 1 BvR 469/20, Rn. 16; zustimmend *Gebhard*, Medizinisch-wissenschaftliche Fakten im Rechtsgewand, www.juwiss.de/76-2020/ (Seite zuletzt aufgerufen am: 15.01.2021).

[29] Vgl. § 4 C. III. 2. „Problem: Kombinationsimpfstoffe".

[30] Diese Grundsatzentscheidung lässt sich dann jedoch nicht auf die Bewertung einer gefahrenabwehrrechtlichen Impfpflicht auf Basis von § 20 Abs. 6, 7 IfSG übertragen, da der legitime Zweck einer solchen nicht zwingend in der Herstellung einer Herdenimmunität bestehen muss, sondern in der Gefahrenabwehr.

gemeinen Impfpflicht innewohnenden Grundrechtseingriff besteht. Sollte auch das Bundesverfassungsgericht den legitimen Zweck in einer aktivierten grundrechtlichen Schutzpflicht des Staates für die körperliche Unversehrtheit impfunfähiger und damit vulnerabler Gruppen von Schutzbedürftigen sehen, ist entscheidend, wie hoch nach der Auffassung des Gerichts die rechtliche Risikoschwelle sein muss, die zu überschreiten notwendig ist, damit die grundrechtliche Schutzpflicht als legitimer Zweck des Eingriffs aktiviert wird. Hier kommt es insbesondere darauf an, wie sich das Bundesverfassungsgericht zu der unzureichenden Datenlage hinsichtlich der Bestimmung der Impf- und Immunitätsquoten in der Bevölkerung verhalten und mit ihr umgehen wird. Bedeutsam wird sein, ob das Bundesverfassungsgericht dem Gesetzgeber eine – aus Sicht dieser Untersuchung notwendige – besondere Beobachtungspflicht auch hinsichtlich der Auswirkungen des Masernschutzgesetzes auferlegt, dessen Geltungsdauer nicht befristet ist.

Für die Beurteilung der Verfassungsmäßigkeit einer allgemeinen Impfpflicht wird exemplarisch auch entscheidend sein, ob das Bundesverfassungsgericht den Grundrechtseingriff durch die Impfpflicht in Gestalt des Masernschutzgesetzes im Rahmen der Verhältnismäßigkeitsprüfung für erforderlich hält. Falls es zu dem Schluss kommt, die Masernimpfpflicht in der aktuellen Ausgestaltung als Impfpflicht nur für bestimmte Personengruppen sei bereits wegen ihrer fehlenden Erforderlichkeit unverhältnismäßig, so würde damit eine Verfassungsmäßigkeitsentscheidung über eine (hypothetische) allgemeine Impfpflicht gegen Masern vorweggenommen: Im Wege des Erst-recht-Schlusses müsste diese sich dann zwingend als verfassungswidrig erweisen, da die Masernimpfpflicht in der Ausgestaltung des Masernschutzgesetzes (abgesehen vom verfassungsrechtlich bedenklichen Kritikpunkt der Kombinationsimpfstoffe) als eine im Vergleich zur allgemeinen Impfpflicht mildere Maßnahme erweist. Im Hinblick auf Impfpflichten gegen andere Infektionskrankheiten (insbesondere COVID-19[31]) wären dann jedoch vor dem Hintergrund epidemiologischer Unsicherheiten auch die Anforderungen an die gesetzgeberische Einschätzungsprärogative hinsichtlich des Erforderlichkeitsmaßstabs klarer umrissen.

Hält das Bundesverfassungsgericht die Masernimpfpflicht in Gestalt des Masernschutzgesetzes für erforderlich und dringt damit bis zur Angemessenheitsprüfung vor, so wird – neben der prinzipiellen Zuordnung der Gewichte von Schutzpflicht und Abwehrrecht – die Bestimmtheit des Ausnahmetatbestandes der „medizinischen Kontraindikation" von besonderer Bedeutung auch für Impfpflichten gegen andere Krankheiten sein. Fraglich ist, ob die Normierung

[31] Man denke hier etwa an den Vorstoß des bayerischen Ministerpräsidenten *Markus Söder* im Januar 2021, der nur wenige Wochen nach der Zulassung eines Impfstoffs eine COVID-19-Impfpflicht für Pflegekräfte anregte, www.aerztezeitung.de/Politik/Debatte-ueber-Corona-Impfpflicht-fuer-Pflegekraefte-entbrannt-416146.html (Seite zuletzt aufgerufen am: 25.01.2021).

des Ausnahmetatbestandes in dieser Form bestehen kann.[32] Wie sich das Bundesverfassungsgericht entscheiden wird, stellt jedenfalls zugleich eine Vorgabe für die Bestimmtheitsanforderungen an einen Ausnahmetatbestand im Rahmen einer allgemeinen, aber nach wie vor hypothetischen Impfpflicht dar.

Insgesamt und abschließend werden durch eine Entscheidung des Bundesverfassungsgerichts über die Vereinbarkeit des Masernschutzgesetzes mit dem Grundgesetz zwar bereits eine Reihe von Punkten aufgegriffen und möglicherweise geklärt bzw. übertragbare Grundsatzentscheidungen getroffen werden, die auch im Rahmen einer hypothetischen allgemeinen Impfpflicht relevant sind. Dennoch ist eine allgemeine Impfpflicht, die nicht auf einen bestimmten Adressatenkreis reduziert ist, wie eingangs dargestellt[33], deutlich weitreichender und wird daher teils auch weitreichendere Probleme aufwerfen. Gleichzeitig wird eine potenzielle allgemeine Impfpflicht in der Zukunft von einer höchstrichterlichen Entscheidung über das Masernschutzgesetz profitieren, damit die aufgezeigten kritischen Punkte der Ausgestaltung sich bei der Regelung einer allgemeinen Impfpflicht nicht wiederfinden.

32 Siehe § 4 C. III. 3. „Problem: Ausgestaltung der Ausnahmetatbestände".
33 So bereits § 1 A. „Verfassungsrechtliche Problemlage".

Anhang

Schaubild zum Modell der Gleichwertigkeitsprüfung

1. Stufe

Erster Teilbereich

$a_1 \times (b_1 \times c_1) = X_1$
$a_2 \times (b_2 \times c_2) = X_2$ → Vergleich: Höherer Wert?

Zweiter Teilbereich

$d_1 \times (e_1 \times f_1) = Y_1$
$d_2 \times (e_2 \times f_2) = Y_2$ → Vergleich: Höherer Wert?

a = zugeordneter Wert des Maximalschadensereignisses
b = Eintrittswahrscheinlichkeit des Maximalschadensereignisses
c = zugeordneter Wert der Prognostizierbarkeit der Eintrittswahrscheinlichkeit

1 = Index der Schutzpflichtdimension
2 = Index der Abwehrrechtsdimension

d = zugeordneter Wert von Schadensereignissen unterhalb des Maximalschadensereignisses
e = Eintrittswahrscheinlichkeiten dieser Schadensereignisse
f = zugeordneter Wert der Prognostizierbarkeiten dieser Eintrittswahrscheinlichkeiten

Zusammenspiel der Teilbereiche

folgende Varianten:

- Sowohl X_1 als auch Y_1 höher?
  → Gefahrennähe der ***Schutzpflichtdimension überwiegt***
  = Impfpflicht verhältnismäßig (Ende der Prüfung)
- Sowohl X_2 als auch Y_2 höher?
  → Gefahrennähe der ***Abwehrrechtsdimension überwiegt***
  = Impfpflicht unverhältnismäßig (Ende der Prüfung)
- Nur in einem Teilbereich X_1 oder Y_1 höher, in anderem Teilbereich liegt Gleichwertigkeit vor?
  → Gefahrennähe der ***Schutzpflichtdimension überwiegt***
  = Impfpflicht verhältnismäßig (Ende der Prüfung)
- Nur in einem Teilbereich X_2 oder Y_2 höher, in anderem Teilbereich liegt Gleichwertigkeit vor?
  → Gefahrennähe der ***Abwehrrechtsdimension überwiegt***
  = Impfpflicht unverhältnismäßig (Ende der Prüfung)

- In einem Teilbereich ist $\mathbf{X}_1$ bzw. $\mathbf{Y}_1$ höher, in anderem Teilbereich aber $\mathbf{X}_2$ bzw. $\mathbf{Y}_2$?
  → Gleichwertigkeit der Gefahrennähe beider Grundrechtsdimensionen
  = Prüfung auf zweiter Stufe fortsetzen
- In beiden Teilbereichen Gleichwertigkeit?
  → Gleichwertigkeit der Gefahrennähe beider Grundrechtsdimensionen
  = Prüfung auf zweiter Stufe fortsetzen

2. Stufe

Kontrollfrage: „Können die für beide Dimensionen festgestellten Schadensereignisse rückgängig gemacht werden bzw. sind sie heilbar?"
- Schaden nur für **eine** Dimension irreversibel?
  → Ende der Prüfung zugunsten dieser Dimension
- Schaden für beide Dimensionen jeweils (nicht) reversibel?
  → weiterhin Gleichwertigkeit der Gefahrennähe beider Dimensionen
  = Prüfung auf dritter Stufe fortsetzen

3. Stufe

Kontrollfrage: „Wie weit in der Zukunft liegen die Schadensereignisse für beide Grundrechtsdimensionen in Relation zu ihrer Schwere?"
(= schwerer Schaden, der noch weit in der Zukunft liegt, ist auf dieser Stufe gleichwertig zu einem leichteren Schaden, der sehr zeitnah eintritt)
- Entscheidung zugunsten der Dimension, deren Schaden schwerer ist und zeitnah eintritt
- bei Gleichwertigkeit beider Dimensionen: Entscheidung zugunsten der abwehrrechtlichen Dimension („in dubio pro libertate")
  → Impfpflicht unverhältnismäßig

Literaturverzeichnis

Abendroth, Wolfgang: Das Abtreibungsurteil des Bundesverfassungsgerichts. Leo Kofler zum 70. Geburtstag, in: Kritische Justiz (KJ) 1975, S. 121–128.

Adelmann, Siegfried/Schulze-Halberg, Harald (Hrsg.): Arbeitsschutz in Biotechnologie und Gentechnik, Berlin/Heidelberg 1996 (zitiert als: *Bearbeiter*, Titel des Beitrags, in: Adelmann/Schulze-Halberg [Hrsg.], Arbeitsschutz in Biotechnologie und Gentechnik).

Albrich, Werner: Infektiologie: Schutz vor dem „Captain of the men of death", in: Swiss Medical Forum 2014, S. 973–975.

Alexy, Robert: Theorie der Grundrechte, Habilitationsschrift Georg-August-Universität Göttingen 1984, Baden-Baden 1985.

Ders.: Die Gewichtsformel, in: Jickeli, Joachim/Kreutz, Peter/Reuter, Dieter (Hrsg.): Gedächtnisschrift für Jürgen Sonnenschein, Berlin 2003, S. 771–792.

Aligbe, Patrick: Das neue Masernschutzgesetz, in: Arbeitsschutz in Recht und Praxis (ARP) 2020, S. 227–230.

Alpers, Katharina/Stark, Klaus/Hellenbrand, Wiebke/Ammon, Andrea: Zoonotische Infektionen beim Menschen, in: Bundesgesundheitsblatt (BGesBl.) 2004, S. 622–632.

Amhaouach, Lamia/Kießling, Andrea: Die Steigerung der Masernimpfraten von Kindern – Möglichkeiten und Grenzen des Rechts, in: Medizinrecht (MedR) 2019, S. 853–861.

Anderson, Roy M./May, Robert M.: Directly Transmitted Infectious Diseases: control by vaccination, in: Science 1982, S. 1053–1060.

Dies.: Vaccination and herd immunity to infectious diseases, in: Nature 1985, S. 323–329.

Appel, Ivo: Das Verwaltungsrecht zwischen klassischem dogmatischen Verständnis und steuerungswissenschaftlichem Anspruch, in: Vereinigung der Deutschen Staatsrechtslehrer (Hrsg.): Veröffentlichungen der Vereinigung der Deutschen Staatsrechtslehrer (VVDStRL) Bd. 67 (2008), Berlin 2008, S. 226–364.

Arnim, Hans Herbert von: Zur „Wesentlichkeitstheorie" des Bundesverfassungsgerichts, in: Deutsches Verwaltungsblatt (DVBl.) 1987, S. 1241–1249.

Asch, David A./Baron, Jonathan/Hershey, John C./Kunreuther, Howard/Meszaros, Jaqueline/Ritov, Ilana/Spranca, Mark: Omission Bias and Pertussis Vaccination, in: Medical Decision Making 1994, No. 2, S. 118–123.

Autenrieth, Ingo B./Noll, Annette: Perspektiven für die Entwicklung neuer Impfstoffe, in: Monatsschrift Kinderheilkunde 1998, S. 355–364.

Bachmair, Andreas: Risiko und Nebenwirkung Impfschaden: Was Ihnen Ihr Arzt oder Apotheker nicht erzählt, Eigenverlag 2012.

Ders.: Masern-Impfung (MMR-Impfung) und Nebenwirkungen, www.impfschaden.info/masern/impfung.html%20 (Seite zuletzt aufgerufen am 20.01.2021).

Bachof, Otto: Aussprache zu *Scheuner, Ulrich*: Pressefreiheit, in: Vereinigung der Deutschen Staatsrechtslehrer (Hrsg.): Veröffentlichungen der Vereinigung der Deutschen Staatsrechtslehrer (VVDStRL) Bd. 22 (1965), Reprint 2013, Berlin 2013, S. 184–185.

Badura, Peter: Verfassungsfragen des Erziehungsrechts der Eltern, in: Rauscher, Thomas/Mansel, Heinz-Peter (Hrsg.): Festschrift für Werner Lorenz zum 80. Geburtstag, München 2001, S. 101–111.

Baierl, Marion/Kellermann, Andreas: Arzneimittelrecht, München 2011.

Bales, Stefan/Baumann, Hans/Schnitzler, Norbert: Infektionsschutzgesetz Kommentar, 2. Auflage, Stuttgart 2003.

Barczak, Tristan: Die Entwicklung des Schulverwaltungs- und Schulverfassungsrechts seit dem Jahr 2010, in: Neue Zeitschrift für Verwaltungsrecht (NVwZ) 2014, S. 1556–1563.

Barmer Ersatzkasse (Hrsg.): Arzneimittelreport 2019, Berlin 2019 (zitiert als: *Bearbeiter*, Titel des Beitrags, in: Barmer Ersatzkasse [Hrsg.], Arzneimittelreport 2019).

Bauer, Hartmut: Der Gesetzesvorbehalt im Subventionsrecht, in: Die Öffentliche Verwaltung (DÖV) 1983, S. 53–60.

Baur, Nicole-Kerstin: Die Diphtherie in medizinisch-geographischer Perspektive, Dissertation Universität Heidelberg 2005, Eigenverlag 2005.

Beck'scher Onlinekommentar Ausländerrecht, Heusch, Andreas/Kluth, Winfried (Hrsg.), 30. Edition, Stand: 01.07.2021, München 2021 (zitiert als: *Bearbeiter*, in: BeckOK Ausländerrecht).

Beck'scher Onlinekommentar Grundgesetz, Epping, Volker/Hillgruber, Christian (Hrsg.), 48. Edition, Stand: 15.08.2021, München 2021 (zitiert als: *Bearbeiter*, in: BeckOK GG).

Beck'scher Onlinekommentar Infektionsschutzrecht, Eckart, Christian/Winkelmüller, Michael (Hrsg.), 7. Edition, Stand: 01.10.2021, München 2021 (zitiert als: *Bearbeiter*, in: BeckOK IfSG).

Beck'scher Onlinekommentar Sozialrecht, Rolfs, Christian/Giesen, Richard/Kreikebohm, Ralf/Meßling, Miriam/Udsching, Peter (Hrsg.), 62. Edition, Stand: 01.09.2021, München 2021 (zitiert als: *Bearbeiter*, in: BeckOK Sozialrecht).

Beck'scher Onlinekommentar VwVfG mit VwVG und VwZG, Bader, Johann/Ronellenfitsch, Michael (Hrsg.), 52. Edition, Stand: 01.07.2021, München 2021 (zitiert als: *Bearbeiter*, in: BeckOK VwVfG).

Becker, Kim Björn: Ethikrat fordert Debatte um Impfpflicht für Erwachsene, www.faz.net/aktuell/politik/inland/ethikrat-fordert-debatte-um-impfpflicht-fuer-erwachsene-16155585.html (Seite zuletzt aufgerufen am: 16.03.2021).

Becker, Ulrich: Soziales Entschädigungsrecht: Bestand, Grundsätze, Neuordnung, Baden-Baden 2018.

Becker, Ulrich/Kingreen, Thorsten (Hrsg.): SGB V Kommentar, 7. Auflage, München 2020 (zitiert als: *Bearbeiter*, in: Becker/Kingreen [Hrsg.], SGB V Kommentar).

Benda, Ernst: Verfassungsrechtliche Aspekte des Umweltschutzes, in: Umwelt- und Planungsrecht (UPR) 1982, S. 241–247.

Berres, Irene: Wo die Impfpflicht gilt – und wie sie wirkt, www.spiegel.de/gesundheit/diagnose/impfpflicht-in-diesen-eu-laendern-funktioniert-sie-a-1259575.html (Seite zuletzt aufgerufen am: 16.03.2021).

Beske, Fritz/Golbach, Ute: Festzuschüsse als zukunftsorientiertes Instrument der Hilfsmittelversorgung, Kiel 2011.

Betsch, Cornelia: Die Rolle des Internets bei der Elimination von Infektionskrankheiten, in: Bundesgesundheitsblatt (BGesBl.) 2013, S. 1279–1286.

Betsch, Cornelia/Böhm, Robert/Chapman, Gretchen B.: Using Behavioral Insights to Increase Vaccination Policy Effectiveness, in: Policy Insights from the Behavioral and Brain Sciences 2015, Vol. 2(1), S. 61–73.

Betsch, Cornelia/Böhm, Robert/Korn, Lars: Inviting Free-Riders or Appealing to Prosocial Behavior? Game-Theoretical Reflections on Communicating Herd Immunity in Vaccine Advocacy, in: Health Psychology 2013, S. 978–985.

Betsch, Cornelia/Renkewitz, Frank/Betsch, Tilmann/Ulshöfer, Corina: The Influence of Vaccine-critical Websites on Perceiving Vaccination Risks, in: Journal of Health Psychology 2010, S. 446–455.

Betsch, Cornelia/Schmid, Philipp/Korn, Lars/Steinmeyer, Lisa/Heinemeier, Dorothee/Eitze, Sarah/Küpke, Nora Katharina/Böhm, Robert: Impfverhalten psychologisch erklären, messen und verändern, in: Bundesgesundheitsblatt (BGesBl.) 2019, S. 400–409.

Bieback, Karl-Jürgen: Solidarität und Sozialversicherung, in: Die Sozialgerichtsbarkeit (SGb) 2012, S. 1–8.

Bleckmann, Albert: Grundrechtsschutz gegen sich selbst, in: Recht der Arbeit (RdA) 1988, S. 332–336.

Böckenförde, Ernst-Wolfgang: Gesetz und gesetzgebende Gewalt. Von den Anfängen der deutschen Staatsrechtslehre bis zur Höhe des staatsrechtlichen Positivismus, Dissertation Universität Münster 1956, 2. Auflage, Berlin 1981.

Ders.: Grundrechtstheorie und Grundrechtsinterpretation, in: Neue Juristische Wochenschrift (NJW) 1974, S. 1529–1538.

Ders.: Elternrecht – Recht des Kindes – Recht des Staates. Zur Theorie des verfassungsrechtlichen Elternrechts und seiner Auswirkung auf Erziehung und Schule, in: Krautscheid, Joseph/Marré, Heiner (Hrsg.): Essener Gespräche zum Thema Staat und Kirche, Bd. 14, Münster 1980, S. 54–93.

Ders.: Grundrechte als Grundsatznormen, in: Der Staat Bd. 29 (1990), S. 1–31.

Ders.: Staat, Verfassung, Demokratie, Frankfurt am Main 1991.

Böhm, Robert/Betsch, Cornelia/Korn, Lars: Selfish-rational non-vaccination: Experimental Evidence from an interactive vaccination game, in: Journal of Economic Behaviour & Organization 2016, S. 183–195.

Boehme-Neßler, Volker: Auf dem Weg zur Herdenimmunität? Verfassungsrechtliche Spielräume und Grenzen einer Corona-Impfpflicht, in: Neue Zeitschrift für Verwaltungsrecht (NVwZ) 2021, S. 1241–1245.

Bonner Kommentar zum Grundgesetz, Kahl, Wolfgang/Waldhoff, Christian/Walter, Christian (Hrsg.), Stand: 212. Aktualisierung August 2021, Heidelberg 2021 (zitiert als: *Bearbeiter*, in: Bonner Kommentar GG).

Boršo, Denise/Löbermann, Micha/Fritsche, Carlos/Hemmer, Christoph/Führer, Andreas/Zettl, Uwe/Reisinger, Emil C.: Impfen bei Immundefekten oder medikamentöser Immunsuppression, in: Deutsche Medizinische Wochenschrift (DMW) 2013, S. 145–150.

Brandstätter, Veronika/Otto, Jürgen H. (Hrsg.): Handbuch der Allgemeinen Psychologie Bd. 11 – Motivation und Emotion, Göttingen 2009 (zitiert als: *Bearbeiter*, Titel des Beitrags, in: Brandstätter/Otto [Hrsg.], Handbuch der Allgemeinen Psychologie, Bd. 11).

Braun, Bernard: Mythen in der Gesundheitspolitik: „Erst handeln dann denken", in: Gesundheits- und Sozialpolitik 2009, Heft 3–4, S. 32–41.

Breckwoldt, Maike: Grundrechtskombinationen, Dissertation Universität Hamburg 2014, Tübingen 2015.

Breuer, Rüdiger: Direkte und indirekte Rezeption technischer Regeln durch die Rechtsordnung, in: Archiv des öffentlichen Rechts (AöR) Bd. 101 (1976), S. 46–88.

Ders.: Gefahrenabwehr und Risikovorsorge im Atomrecht, in: Deutsches Verwaltungsblatt (DVBl.) 1978, S. 829–839.

Brisson, M./Edmunds, W. J.: Economic Evaluation of Vaccination Programs: The Impact of Herd-Immunity, in: Medical Decision making 2003, S. 76–82.

Brockmann, Stefan O./Wjst, Stephanie/Zelmer, Ursula/Carollo, Stefanie/Schmid, Mirjam/Roller, Gottfried/Eichner, Martin: ÖGD-Initiative zur Verbesserung der Durchimpfung bei Asylsuchenden, in: Bundesgesundheitsblatt (BGesBl.) 2016, S. 592–598.

Brosius-Gersdorf, Frauke: Der Gesetzgeber als Verordnungsgeber, in: Zeitschrift für Gesetzgebung (ZG) 2007, S. 305–327.

Dies.: Demografischer Wandel und Familienförderung, Habilitationsschrift Universität Potsdam 2010, Tübingen 2011.

Dies.: Kindeswohl zwischen Selbstbestimmungsrecht, Elternrecht und Wächteramt des Staates, in: Heimbach-Steins, Marianne/Riedl, Anna Maria (Hrsg.): Kindeswohl zwischen Anspruch und Wirklichkeit, Leiden/Boston/Singapur/Paderborn 2017, S. 73–88.

Dies.: Thesenpapier „Kinderrechte ins Grundgesetz" v. 28.06.2019, www.jura.uni-hannover.de/de/brosius-gersdorf/aktuelles/einzelansicht/news/thesenpapier-zu-kinderrechten-im-grundgesetz (Seite zuletzt aufgerufen am: 16.03.2021).

Brückner, Joachim Daniel: Folgerichtige Gesetzgebung im Steuerrecht und Öffentlichen Wirtschaftsrecht, Dissertation Eberhard Karls Universität Tübingen 2013, Baden-Baden 2014.

Brüser, Meinolf: Die Bedeutung der Grundrechte im Kindesalter für das „Elternrecht", Dissertation Universität zu Köln 2009, Frankfurt a. M. 2010.

Brugha R./Ramsay M./Forsey T et al.: A study of maternally derived measles antibody in infants born to naturally infected and vaccinated women, in: Epidemiology & Infection (Epidemiol Infect.) 1996, S. 519–524.

Buchwald, Gerhard: Impfen – Das Geschäft mit der Angst, München 2000.

Ders.: Nachwort zu Petek-Dimmer, Anita/Emmenegger, Julia: Rund um's Impfen [sic!], 7. Auflage, Sargans 2014, S. 212–216.

Bühler, Silja/Hatz, Christoph: Impfungen bei Patienten mit Autoimmunerkrankungen, in: Therapeutische Umschau 2016, S. 275–280.

Bundesrepublik Deutschland: Das Informationssystem der Gesundheitsberichterstattung des Bundes, www.gbe-bund.de (Seite zuletzt aufgerufen am: 16.03.2021).

Bundesrepublik Deutschland, Bundesamt für Bevölkerungsschutz und Katastrophenhilfe: Glossar „Katastrophe", www.bbk.bund.de/DE/Servicefunktionen/Glossar/Glossar_Buchstabe_k.pdf?__blob=publicationFile (Seite zuletzt aufgerufen am: 18.03.2021).

Bundesrepublik Deutschland, Bundesgesundheitsamt: Gutachten über die Durchführung des Impfgesetzes, Berlin 1959.

Dass.: Zur Durchführung der gesetzlichen Pockenschutzimpfung, in: Anders, Werner (Hrsg.): Abhandlungen aus dem Bundesgesundheitsamt, Heft 9, Heidelberg 1970.

Bundesrepublik Deutschland, Bundesministerium für Gesundheit: Nationaler Aktionsplan 2015–2020 zur Elimination der Masern und Röteln in Deutschland (Stand: Juni 2015).

Dass.: Impfungen und Gesundheitsversorgung bei Asylsuchenden, Mitteilung v. 09.11.2017 (Stand: 18.05.2018).

Bundesrepublik Deutschland, Bundeszentrale für gesundheitliche Aufklärung (BZgA): Ergebnisbericht zur Elternbefragung „Impfen im Kindesalter" (Mai 2011), www.bzga.de/fileadmin/user_upload/PDF/studien/impfen_im_kindesalter_elternstudie_2011-d3352a307b12b3fe36e110304ebd4ea4.pdf (Seite zuletzt aufgerufen am: 16.03.2021).

Dies.: Welche unterschiedlichen Impfstoffe gibt es?, www.impfen-info.de/wissenswertes/impfstoffe (Seite zuletzt aufgerufen am: 15.03.2021).

Dies.: Aktive und passive Immunisierung – Was ist der Unterschied?, www.impfen-info.de/wissenswertes/aktive-und-passive-immunisierung (Seite zuletzt aufgerufen am: 09.04.2021).

Bundesrepublik Deutschland, Statistisches Bundesamt: Pressemitteilung Nr. 282 vom 29.07.2020, www.destatis.de/DE/Presse/Pressemitteilungen/2020/07/PD20_282_122.html (Seite zuletzt aufgerufen am: 29.01.2021).

Bundschuh, M./Gerber, A.: Ebola-Viruserkrankung: Aktuelle Übersicht, in: Zentralblatt für Arbeitsmedizin, Arbeitsschutz und (Zbl Arbeitsmed) 2014, S. 279–280.

Burger, Reinhard/Kurth, Reinhard: Eine Wiedereinführung der Pockenimpfung ist derzeit nicht notwendig, in: Deutsches Ärzteblatt (DÄ) 2003, S. A163–A164.

Burger, Stephan (Hrsg.): Alter und Multimorbidität – Herausforderungen an die Gesundheitsversorgung und die Arbeitswelt – eine Einführung, Heidelberg 2013 (zitiert als: *Bearbeiter*, Titel des Beitrags, in: Burger [Hrsg.], Alter und Multimorbidität).

Burgi, Martin: Erholung in freier Natur, Dissertation Universität Konstanz 1993, Berlin 1993.

Busch, Bernhard: Das Verhältnis des Art. 80 Abs. 1 S. 2 GG zum Gesetzes- und Parlamentsvorbehalt, Dissertation Westfälische Wilhelms-Universität Münster 1991, Berlin 1992.

Bußmann-Weigl, Oliver: Die Begriffe des Nutzens und der Wirtschaftlichkeit und die Gestaltung des Leistungskatalogs der gesetzlichen Krankenversicherung, in: Reimer, Sonja/Schnitzler, Jörg (Hrsg.): Gesundheitsrecht und Krankenversicherung, Freundesgabe für Robert Francke zum 70. Geburtstag, Baden-Baden 2012, S. 47–58.

Butzer, Hermann: Fremdlasten in der Sozialversicherung, Habilitationsschrift Ruhr-Universität Bochum 2000, Tübingen 2001.

Buxbaum, S./Doerr, H. W./Allwinn, R.: Untersuchungen zur Immunitätslage der impfpräventablen Kinderkrankheiten Röteln, Masern, Mumps und Windpocken, in: Deutsche Medizinische Wochenschrift (DMW) 2001, S. 1289–1293.

Calliess, Christian: Rechtsstaat und Umweltstaat, Habilitationsschrift Universität des Saarlandes 2000, Tübingen 2001.

Ders.: Sicherheit im freiheitlichen Rechtsstaat, in: Zeitschrift für Rechtspolitik (ZRP) 2002, S. 1–7.

Ders.: Gewährleistung von Freiheit und Sicherheit im Lichte unterschiedlicher Staats- und Verfassungsverständnisse, in: Deutsches Verwaltungsblatt (DVBl.) 2003, S. 1096–1105.

Camilo de Oliveira, Renata: Zur Kritik der Abwägung in der Grundrechtsdogmatik, Dissertation Humboldt-Universität zu Berlin 2012, Berlin 2013.

Canaris, Claus-Wilhelm: Grundrechte und Privatrecht, Eine Zwischenbilanz, Berlin 1999.

Capol, Svend: Schaudern vor Impfzaudern?, in: Therapeutische Umschau 2016, S. 291–296.

Civen, Rachel/Chaves, Sandra S./Jumaan, Aisha/Wu, Han/Mascola, Laurene/Gargiullo, Paul/Seward, Jane F.: The Incidence and Clinical Characteristics of Herpes Zoster Among Children and Adolescents After Implementation of Varicella Vaccination, in: The Pediatric Infectious Disease Journal 2009, S. 954–959.

Clausen, Christoph: Das Verhältnis von Achtungs- und Schutzpflichten in Ausnahmesituationen, Dissertation Westfälische Wilhelms-Universität Münster 2017, Berlin 2018.

Coester, Michael: Das Kindeswohl als Rechtsbegriff, Habilitationsschrift Universität Augsburg 1982, Frankfurt a. M. 1983.

Costard, Andreas: Öffentlich-rechtliche Probleme beim Auftreten einer neuen übertragbaren Krankheit am Beispiel AIDS, Dissertation Universität Hamburg 1988, Berlin 1989.

Coulter, Harris L.: Impfungen: der Großangriff auf Gehirn und Seele, 4. Auflage, München 2000.

Creutz, Curt: Die „Zweiheit in Einheit" von Mutter und ungeborenem Kind, Dissertation Rheinische Friedrich-Wilhelms-Universität 1997, Münster 1997.

D'Alfonso Masarié, Edoardo: Phantastische Geimpftenrechtedebatten und wie sie zu meiden sind, in: JuWissblog v. 27.01.2021, abrufbar unter www.juwiss.de/11-2021/ (Seite zuletzt aufgerufen am: 03.02.2021).

D'Ancona, Fortunato/D'Amario, Claudio/Maraglino, Francesco/Rezza, Giovanni/Ricciardi, Walter/Iannazzo, Stefania: Introduction of new and reinforcement of existing compulsory vaccinations in Italy: first evaluation of the impact on vaccination coverage in 2017, in: Euro Surveillance 2018, 23 (22): pii=1800238.

Dahl, Matthias: Impfungen in der Pädiatrie und der „informed consent" – Balanceakt zwischen Sozialpaternalismus und Autonomie, in: Ethik in der Medizin (Ethik Med) 2002, S. 201–214.

Danwitz, Thomas von: Die Gestaltungsfreiheit des Verordnungsgebers, Dissertation Rheinische Friedrich-Wilhelms-Universität zu Bonn 1988, Berlin 1989.

Darai, Gholamreza/Handermann, Michaela/Sonntag, Hans G./Tidona, Christian/Zöller, Lothar (Hrsg.): Lexikon der Infektionskrankheiten, 4. Auflage, Berlin/Heidelberg 2012 (zitiert als: *Bearbeiter*, Titel des Beitrags, in: Darai et al. [Hrsg.], Lexikon der Infektionskrankheiten).

Degenhart, Christoph: Staatsrecht I – Staatsorganisationsrecht, 36. Auflage, Heidelberg 2020.

De Stefano, Frank/Chen, Robert T.: Negative association between MMR and autism, in: The Lancet 1999, Jun 12; 353(9169), S. 1987–1988.

Dettenborn, Harry: Kindeswohl und Kindeswille. Psychologische und rechtliche Aspekte, 5. Auflage, Basel 2017.

Deutsch, Ernst/Lippert, Hans-Dieter (Hrsg.): Kommentar zum Arzneimittelgesetz (AMG), 3. Auflage, Heidelberg 2010 (zitiert als: *Bearbeiter*, in: Deutsch/Lippert [Hrsg.], Kommentar zum AMG).

Deutsch, Erwin: Aufklärung und Einwilligung vor Impfungen, in: Versicherungsrecht (VersR) 1998, S. 1053–1059.

Deutsche Gesellschaft für pädiatrische Infektiologie e. V. (DGPI) (Hrsg.): DGPI-Handbuch. Infektionen bei Kindern und Jugendlichen, 6. Auflage, Stuttgart 2013 (zitiert als: *Bearbeiter*, Titel des Beitrags, in: Deutsche Gesellschaft für pädiatrische Infektiologie e. V. [Hrsg.], DGPI-Handbuch).

Deutscher Bundestag/Bundesarchiv (Hrsg.): Der Parlamentarische Rat 1948–1949 – Akten und Protokolle, Bd. 5/I Ausschuss für Grundsatzfragen, bearbeitet von Pikart, Eberhard/Werner, Wolfram, Boppard am Rhein 1993.

Deutscher Ethikrat: Impfen als Pflicht? Stellungnahme vom 27. Juni 2019, Berlin 2019.

Deutsches Institut für Jugendhilfe und Familienrecht e. V. (DIJuF): Rechtsgutachten „Bindung der Inanspruchnahme eines Betreuungsplatzes an durchgeführte Impfungen des Kindes", in: Das Jugendamt (JAmt) 2018, S. 95–97.

Deutsches Reich, Reichsgesundheitsamt: Blattern- und Schutzpockenimpfung, Denkschrift zur Beurteilung des Nutzens des Impfgesetzes vom 8. April 1874 und zur Würdigung der dagegen gerichteten Angriffe, 4. Auflage, Berlin 1925.

Di Fabio, Udo: Risikoentscheidungen im Rechtsstaat, Habilitationsschrift Rheinische Friedrich-Wilhelms-Universität Bonn 1992, Tübingen 1994.

Ders.: Der Schutz von Ehe und Familie: Verfassungsentscheidung für die vitale Gesellschaft, in: Neue Juristische Wochenschrift (NJW) 2003, S. 993–998.

Dieners, Peter/Reese, Ulrich (Hrsg.): Handbuch des Pharmarechts, München 2010 (zitiert als: *Bearbeiter*, in: Dieners/Reese [Hrsg.], Handbuch des Pharmarechts).

Dietlein, Johannes: Die Lehre von den grundrechtlichen Schutzpflichten, Dissertation Westfälische Wilhelms-Universität Münster 1991, Berlin 1992.

Dittmann, Sieghart/Thilo, Waltraud: Vademekum für Impfärzte, 7. Auflage, Jena 1986.

Doemming, Klaus-Berto von/Füsslein, Rudolf Werner/Matz, Werner: Entstehungsgeschichte der Artikel des Grundgesetzes, JöR, n. F. Bd. 1 (1951).

Dolderer, Michael: Objektive Grundrechtsgehalte, Habilitationsschrift Universität Konstanz 1998, Berlin 2000.

Doran, Michele F./Crowson, Cynthia S./Pond, Gregory R./O'Fallon, W. Michael/Gabriel, Sherine E.: Frequency of Infection in Patients With Rheumatoid Arthritis Compared With Controls, in: Arthritis & Rheumatism 2002, S. 2287–2293.

Dreier, Horst: Dimensionen der Grundrechte, Hannover 1993.

Ders.: Bioethik: Politik und Verfassung, Tübingen 2013.

Ders. (Hrsg.): Grundgesetz Kommentar; Bd. 1, 3. Auflage, Tübingen 2013; Bd. 2, 3. Auflage, Tübingen 2015; Bd. 3, 3. Auflage, Tübingen 2018 (zitiert als: *Bearbeiter*, in: Dreier [Hrsg.], GG Kommentar).

Drews, Claudia: Die Wesensgehaltsgarantie des Art. 19 II GG, Dissertation Christian-Albrechts-Universität zu Kiel 2004, Baden-Baden 2005.

Driendl, Johannes: Zur Notwendigkeit und Möglichkeit einer Strafgesetzgebungswissenschaft in der Gegenwart, Tübingen 1983.

Dubé, Eve/Gagnon, Dominique/Nickels, Emily/Jeram, Stanley/Schuster, Melanie: Mapping vaccine hesitancy – Country-specific characteristics of a global phenomenon, in: Vaccine 32 (2014), S. 6649–6654.

Duchini, Andrea/Goss, John A./Karpen, Saul/Pockros, Paul J.: Vaccinations for Adult Solid-Organ Transplant Recipients: Current Recommendations and Protocols, in: Clinical Microbiology Reviews (Clin Microbiol Rev) 2003, S. 357–364.

Dürig/Herzog/Scholz Grundgesetz Kommentar, Herzog, Roman/Scholz, Rupert/Herdegen, Matthias/Klein, Hans Hugo (Hrsg.), Stand: 95. Ergänzungslieferung Juli 2021, München 2021 (zitiert als: *Bearbeiter*, in: Dürig/Herzog/Scholz GG Kommentar).

Eckert, Nadine/Lenzen-Schulte, Martina: Risikogruppen sind jetzt bekannt, in: Deutsches Ärzteblatt (DÄ) 2020, S. A2047–A2049.

Egger, Matthias/Razum, Oliver/Rieder, Anita (Hrsg.): Public Health Kompakt, Berlin 2018 (zitiert als: *Bearbeiter*, Titel des Beitrags, in: Egger/Razum/Rieder [Hrsg.], Public Health Kompakt).

Eggstein, Martin: Ist der Straßenverkehr in seiner heutigen Form verfassungswidrig?, in; Verwaltungsblätter für Baden-Württemberg (VBlBW) 1995, S. 161–172.

Ehlers, Dirk/Fehling, Michael/Pünder, Hermann (Hrsg.): Besonderes Verwaltungsrecht; Bd. 2, 4. Auflage, Heidelberg 2020; Bd. 3, 3. Auflage, Heidelberg 2013 (zitiert als: *Bearbeiter*, Titel des Beitrags, in: Ehlers/Fehling/Pünder [Hrsg.], Bes. VerwR).

Ehlkes, L./Kreuels, B./Schwarz, N. G./May, Jürgen: Epidemiologie des Ebolafiebers und anderer, in Deutschland seltener hochkontagiöser, lebensbedrohlicher Erkrankungen, in: Bundesgesundheitsblatt (BGesBl.) 2015, S. 705–713.

Ehlkes, Lutz/May, Jürgen: Seuchen – gestern, heute, morgen, in: Aus Politik und Zeitgeschichte (APuZ) 20–21 (2015), S. 3–10.

Ekardt, Felix: Umweltverfassung und Schutzpflichten, in: Neue Zeitschrift für Verwaltungsrecht (NVwZ) 2013, S. 1105–1110.

Ellerbrock, Dagmar: „Healing Democracy“: Demokratie als Heilmittel: Gesundheit, Krankheit und Politik in der amerikanischen Besatzungszone 1945–1949, Dissertation Universität Bielefeld 1999, Bonn 2004.

Enders, Martin/Biber, M./Exler, S.: Masern, Mumps und Röteln in der Schwangerschaft, in: Bundesgesundheitsblatt (BGesBl.) 2007, S. 1393–1398.

Dies.: Kinderkrankheiten und Schwangerschaft – Mumps, Masern und Röteln, in: Der Gynäkologe 2016, S. 575–581.

Engelmann, Björn: „The Masked Bürger“ – Die Exitstrategie des Staates und die Schutzmaskenpflicht (Teil 1), in: JuWissblog v. 23.04.2020, abrufbar unter: www.juwiss.de/63-2020/ (Seite zuletzt aufgerufen am: 15.03.2021).

Engelmann, Klaus/Schlegel, Rainer (Hrsg.): juris Praxiskommentar SGB V, Bd. 1, 4. Auflage, Saarbrücken 2021 (zitiert als: *Bearbeiter*, in: Engelmann/Schlegel [Hrsg.], jurisPK SGB V, Bd. 1).

Engels, Andreas: Infektionsschutzrecht als Gefahrenabwehrrecht, in: Die Öffentliche Verwaltung (DÖV) 2014, S. 464–475.

Epping, Volker: Grundrechte, 9. Auflage, Heidelberg 2021.

Erdle, Helmut: Infektionsschutzgesetz Kommentar, 8. Auflage, Landsberg am Lech 2021.

Erichsen, Hans-Uwe: Zum staatlich-schulischen Erziehungsauftrag und zur Lehre vom Gesetzes- und Parlamentsvorbehalt, in: Verwaltungsarchiv (VerwArch) 1978, S. 387–397.

Erichsen, Hans-Uwe/Reuter, Heidrun: Elternrecht – Kindeswohl – Staatsgewalt, Berlin 1985.

Eser, Albin: Sterbewille und ärztliche Verantwortung, in: Medizinrecht (MedR) 1985, S. 6–17.

European Centre for Disease Prevention and Control (ECDC): ECDC Guidance: Varicella vaccination in the European Union, www.ecdc.europa.eu/sites/portal/files/media/en/publications/Publications/Varicella-Guidance-2015.pdf (Seite zuletzt aufgerufen am: 16.03.2021).

Dass.: Risk assessment: Who is at risk of measles in the EU/EEA?, www.ecdc.europa.eu/sites/default/files/documents/RRA-Measles-EU-EEA-May-2019.pdf (Seite zuletzt aufgerufen am: 16.03.2021).

Facius, Daniel: Elternverantwortung und staatliches Erziehungsmandat – grundrechtliche Konfliktfelder, Dissertation Rheinische Friedrich-Wilhelms-Universität Bonn 2011, Eigenverlag 2011.

Fetzer, Helmut: Die Zulässigkeit der Schulpflicht nach Art. 7 Abs. 1 GG, in: Recht der Jugend und des Bildungswesens (RdJB) 1993, S. 91–97.

Fidler, David P.: From International Sanitary Conventions to Global Health Security: The New International Health Regulations, in: Chinese Journal of International Law 2005 (Vol. 4), S. 325–392.

Fine, Paul E. M.: Herd Immunity: History, Theory, Practice, in: Epidemiologic Reviews Vol. 15 (1993), No. 2, S. 265–302.

Fink, Udo: Selbstbestimmung und Selbsttötung, Dissertation Universität des Saarlandes 1991, Köln 1992.

Flamm, Heinz/Vutuc, Christian: Geschichte der Pocken-Bekämpfung in Österreich, in: Wiener Klinische Wochenschrift (Wien Klin Wochenschr) 2010, S. 265–275.

Flatt, Andrew/Breuer, Judy: Varicella vaccines, in: British Medical Bulletin 2012, S. 115–127.

Freidl, Gudrun S./Tostmann, Alma/Curvers, Moud/Ruijs, Wilhelmina L. M./Smits, Gaby/Schepp, Rutger/Duizer, Erwin/Boland, Greet/de Melker, Hester/van der Klis, Fiona R. M./Hautvast, Jeannine L. A./Veldhuijzen, Irene K.: Immunity against measles, mumps, rubella, varicella, diphtheria, tetanus, polio, hepatitis A and hepatitis B among adult asylum seekers in the Netherlands, 2016, in: Vaccine 2018, S. 1664–1672.

Friauf, Karl Heinrich/Höfling, Wolfram (Hrsg.), Berliner Kommentar zum Grundgesetz, Bd. 1, Stand: Mai 2021, Berlin 2021 (zitiert als: *Bearbeiter*, in: Friauf/Höfling [Hrsg.], Berliner Kommentar GG, Bd. 1).

Fritze, Jürgen/Mehrhoff, Friedrich (Hrsg.): Die ärztliche Begutachtung, 8. Auflage, Heidelberg 2012 (zitiert als: *Bearbeiter*, Titel des Beitrags, in: Fritze/Mehrhoff [Hrsg.], Die ärztliche Begutachtung).

Füeßl, Hermann S.: Königsweg der Prävention, in: Münchner Medizinische Wochenschrift – Fortschritte der Medizin (MMW-Fortschr. Med.) Nr. 11/2012, S. 42.

Garnett, G. P./Grenfell, B. T.: The epidemiology of varicella-zoster virus infections: the influence of varicella on the prevalence of herpes zoster, in: Epidemiology & Infection (Epidemiol Infect.) 1992, S. 513–528.

Gassner, Ulrich M.: Impfzwang und Verfassung: Mit Macht gegen Masern?, Legal Tribune Online v. 10.07.2013, www.lto.de/recht/hintergruende/h/masern-impfzwang-bahr/ (Seite zuletzt aufgerufen am: 16.03.2021).

Gay, Nigel J.: The Theory of Measles Elimination: Implications for the Design of Elimination Strategies, in: The Journal of Infectious Diseases 2004, 189, S. S27–S35.

Gebert, Christian: Verhaltens- und verhältnisbezogene Primärprävention und Gesundheitsförderung im Recht der gesetzlichen Krankenversicherung, Dissertation Universität Konstanz 2020, Baden-Baden 2020.

Gebhard, Friederike: Medizinisch-wissenschaftliche Fakten im Rechtsgewand, in: JuWissblog v. 26.05.2020, abrufbar unter: www.juwiss.de/76-2020/ (Seite zuletzt aufgerufen am: 15.01.2021).

Dies.: Zur Bedeutung grundrechtlicher Schutzpflichten im Kontext der Masernimpfpflicht – Anmerkung zu BVerfG, Beschluss der 1. Kammer des Ersten Senats vom 11. Mai 2020, 1 BvR 469/20, in: Recht der Jugend und des Bildungswesens (RdJB) 2021, S. 277–292.

Geddert-Steinacher, Tatjana: Menschenwürde als Verfassungsbegriff, Dissertation Eberhard Karls Universität Tübingen 1989, Berlin 1990.

Geerlings, Jörg: Die Finanzierung parteinaher Stiftungen im Lichte der vom Bundesverfassungsgericht entwickelten Wesentlichkeitstheorie, in: Zeitschrift für Parlamentsfragen (ZParl) 2003, S. 768–777.

Geiger, Willi: Kraft und Grenze der elterlichen Erziehungsverantwortung unter den gegenwärtigen gesellschaftlichen Verhältnissen, in: Krautscheid, Joseph/Marré, Heiner (Hrsg.): Essener Gespräche zum Thema Staat und Kirche, Bd. 14, Münster 1980, S. 9–27.

Gelhausen, Reinhard: Soziales Entschädigungsrecht, 2. Auflage, Neuwied 1998.

Gellermann, Martin: Grundrechte in einfachgesetzlichem Gewande, Habilitationsschrift Universität Osnabrück 1999, Tübingen 2000.

Gerbig, Mara: Grundrecht auf staatlichen Schutz. Ein Vergleich von Grundgesetz für die Bundesrepublik Deutschland und Verfassung der Vereinigten Staaten von Amerika, Dissertation Universität Hamburg 2013, Berlin 2014.

Gerhardt, Jens: Infektionsschutzgesetz Kommentar, 5. Auflage, München 2021.

Gerike, E./Tischer, A.: Masernimpfung in Deutschland, in: Monatsschrift Kinderheilkunde 2000, S. 623–633.

Germann, Michael: Die Verfassungsmäßigkeit des Gesetzes über den Umfang der Personensorge bei einer Beschneidung des männlichen Kindes vom 20.12.2012, in: Medizinrecht (MedR) 2013, S. 412–424.

Gerner, P./Schmitz, H./Daschner, F./Niedrig, M./Wirth, S.: Die Pocken. Prävention, Diagnose und Therapie einer ausgerotteten Erkrankung, in: Monatsschrift Kinderheilkunde 2003, S. 893–907.

Gersdorf, Hubertus: Parlamentsvorbehalt versus Gesetzesvorbehalt?, in: Die Öffentliche Verwaltung (DÖV) 1990, S. 514–517.

Gins, H. A.: Vorwort, in: *Anonymus*: „Ein geschichtlich wertvolles Dokument über die Bedeutung der Pocken-Schutzimpfung", in: Krohne/Lentz (Hrsg.): Veröffentlichung auf dem Gebiet der Medizinalverwaltung, Zweiundvierzigster Band, 7. Heft, S. 3–12, Berlin 1934.

Goerdeler, Jochen/Wapler, Friederike (Hrsg.): Onlinekommentar SGB VIII, Bearbeitungsstand: 15.02.2015 (zitiert als: *Bearbeiter*, in: Goerdeler/Wapler [Hrsg.], Onlinekommentar SGB VIII).

Goerlich, Helmut: Wertordnung und Grundgesetz, Dissertation Universität Hamburg 1972, Baden-Baden 1973.

Ders.: Schutzpflicht – Grundrechte – Verfahrensschutz, in: Neue Juristische Wochenschrift (NJW) 1981, S. 2616–2617.

Gößwald, A./Lange, M./Kamtsiuris, Panagiotis/Kurth, Bärbel-Maria: DEGS: Studie zur Gesundheit Erwachsener in Deutschland, in: Bundesgesundheitsblatt (BGesBl.) 2012, S. 775–780.

Götsche, Frank: Kindschaftsrechtliche Angelegenheiten von alltäglicher oder erheblicher Bedeutung, in: Familie und Recht (FuR) 2017, S. 418–423.

Ders.: Elterliches Sorgerecht und Schutzimpfung, in: Familienrecht und Familienverfahrensrecht (jurisFamFR) 2017, Anm. 7.

Gottschalk, R./Dreesman, J./Leitmeyer, K./Krause, G.: Kommunen, Länder, Bund und Europäische Gemeinschaft. Zuständigkeiten und Aufgaben bei Seuchennotfällen im Kontext der neuen Internationalen Gesundheitsvorschriften, in: Bundesgesundheitsblatt (BGesBl.) 2009, S. 183–192.

Grabar, Edda: Krank nach der Impfung, in: Der Tagesspiegel v. 03.11.2014, www.tagesspiegel.de/wissen/impfung-und-risiken-krank-nach-der-impfung/10918284.html (Seite zuletzt aufgerufen am: 18.03.2021).

Grabitz, Eberhard: Freiheit und Verfassungsrecht, Habilitationsschrift Universität Hamburg 1973, Tübingen 1976.

Grabmeier-Pfistershammer, K./Herkner, H./Touzeau-Roemer, V./Rieger, A./Burgmann, H./Poeppl, W.: Low tetanus, diphtheria and acellular pertussis (Tdap) vaccination coverage among HIV infected individuals in Austria, in: Vaccine Vol. 33, S. 3929–3932.

Grenfell, Bryan: Boosting understanding of pertussis outbreaks, in: Proceedings of the National Academy of Sciences of the United States of America (PNAS) 2011, S. 7279–7280.

Greve, Holger/Kortländer, Paul/Schwarz, Michael: Das Gesetz zu bereichsspezifischen Regelungen der Gesichtsverhüllung, in: Neue Zeitschrift für Verwaltungsrecht (NVwZ) 2017, S. 992–1000.

Grimm, Dieter: Das Grundgesetz nach vierzig Jahren, in: Neue Juristische Wochenschrift (NJW) 1989, S. 1305–1312.

Groß, Thomas: Ressortforschung, Agenturen und Beiräte – zur notwendigen Pluralität der staatlichen Wissensinfrastruktur, in: Röhl, Hans Christian (Hrsg.): Wissen – Zur kognitiven Dimension des Rechts, Die Verwaltung, Beiheft 9, 2010, S. 135–155.

Grotjahn, Alfred: Soziale Pathologie: Versuch einer Lehre von den sozialen Beziehungen der Krankheiten als Grundlage der soziale Hygiene, Berlin 1923.

Grühn, Corinna: Gesundheitsbezogene Handlungspflichten der Versicherten in der Sozialversicherung als Dimensionen von Eigenverantwortung und Solidarität, Dissertation Universität Bremen 2000, – als Ms. Gedr. – Berlin: dissertation.de, 2001.

Grüner, Anna-Maria: Biologische Katastrophen, Dissertation Julius-Maximilians-Universität Würzburg 2016, Baden-Baden 2017.

Günther, Cécile: Die Auslegung des Rechts auf Bildung in der europäischen Grundrechtsordnung, Dissertation Universität zu Köln 2006, Frankfurt am Main 2007.

Häberle, Peter: Die Wesensgehaltgarantie des Art. 19 Abs. 2 Grundgesetz, Dissertation Albert-Ludwigs-Universität Freiburg 1961, 2. Auflage, Karlsruhe 1972.

Hänlein, Andreas/Schuler, Rolf (Hrsg.): Sozialgesetzbuch V Kommentar, 5. Auflage, Baden-Baden 2016 (zitiert als: *Bearbeiter*, in: Hänlein/Schuler [Hrsg.], SGB V-Kommentar).

Hager, Johannes: Grundrechte im Privatrecht, in: Juristenzeitung (JZ) 1994, S. 373–383.

Hain, Karl-Eberhard: Der Gesetzgeber in der Klemme zwischen Übermaß- und Untermaßverbot?, in: Deutsches Verwaltungsblatt (DVBl.) 1993, S. 982–984.

Hakimi, Rainer: Gefangen in der Flüchtlingsunterkunft, in: Münchner Medizinische Wochenschrift – Fortschritte der Medizin (MMW-Fortschr. Med.) 2016 (Heft 1), S. 18.

Hambleton, Sophie/Gershon, Anne A.: Preventing Varicella-Zoster Disease, in: Clinical Microbiology Reviews (Clin Microbiol Rev) 2005, S. 70–80.

Hannoverscher Kommentar zur Niedersächsischen Verfassung, Butzer, Hermann/Epping, Volker/Brosius-Gersdorf, Frauke/Germelmann, Claas Friedrich/Mehde, Veith/Rademacher, Timo/Waechter, Kay (Hrsg.), 2. Auflage, Baden-Baden 2021 (zitiert als: *Bearbeiter*, in: HanKom NV).

Hanschmann, Felix: Staatliche Bildung und Erziehung, Habilitationsschrift Goethe-Universität Frankfurt a. M. 2016, Tübingen 2017.

Hansen-Dix, Frauke: Die Gefahr im Polizeirecht, im Ordnungsrecht und im Technischen Sicherheitsrecht, Dissertation Universität Hamburg 1981, Köln 1982.

Harder, Thomas/Koch, Judith/Kries, Rüdiger von/Wichmann, Ole: Die neue Standardvorgehensweise der Ständigen Impfkommission, in: Bundesgesundheitsblatt (BGesBl.) 2019, S. 392–399.

Harder, Thomas/Koch, Judith/Vygen-Bonnet, Sabine/Scholz, Stefan/Pilic, Antonia/Reda, Sarah/Wichmann, Ole: Wie gut schützt die COVID-19-Impfung vor SARS-CoV-2-Infektionen und -Transmission?, in: EpidBull Nr. 19/2021, S. 13–23.

Hart, Dieter: Die Nutzen/Risiko-Abwägung im Arzneimittelrecht, in: Bundesgesundheitsblatt (BGesBl.) 2005, S. 204–214.

Hartmann, Wolfram: Eine Pflicht zur Impfberatung greift viel zu kurz, in: Münchner Medizinische Wochenschrift – Fortschritte der Medizin (MMW-Fortschr. Med.) 2015, S. 157.

Hartung, Thomas: Zur Entwicklung der Pockenschutzimpfung unter besonderer Berücksichtigung Thüringens im 18. und 19. Jahrhundert, Dissertation Friedrich-Schiller-Universität Jena 2002, Eigenverlag.

Hasan, Sana A./Wells, Regina D./Davis, Carla M.: Egg hypersensitivity in review, in: Allergy and Asthma Proceedings (Allergy Asthma Proc) 2013 (34), S. 26–32.

Haverich, A./Haller, H.: Organtransplantation in Deutschland, in: Der Internist 2016, S. 7–14.

Hecht, Jane/Siedler, Anette: Die Epidemiologie der Varizellen in Deutschland unter Einfluss der Varizellen-Impfempfehlung, in: Bundesgesundheitsblatt (BGesBl.) 2017, S. 118–126.

Hecker, Wolfgang: Versammlungsfreiheit und Maskenpflicht, in: Verfassungsblog v. 16.12. 2020, www.verfassungsblog.de/versammlungsfreiheit-und-maskenpflicht/ (Seite zuletzt aufgerufen am: 26.01.2021).

Heckhausen, Jutta/Heckhausen, Heinz (Hrsg.): Motivation und Handeln, 5. Auflage, Berlin 2018 (zitiert als: *Bearbeiter*, Titel des Beitrags, in: Heckhausen/Heckhausen [Hrsg.], Motivation und Handeln).

Heinemann, Pia, www.welt.de/gesundheit/plus181514984/Das-unloesbare-Problem-mit-den-Maerchen-der-Impfgegner.html (Seite zuletzt aufgerufen am: 08.04.2021).

Heinig, Hans Michael: Parlamentarismus in der Pandemie, in: Verfassungsblog v. 25.11.2020, www.verfassungsblog.de/parlamentarismus-in-der-pandemie/ (Seite zuletzt aufgerufen am: 07.01.2021).

Heininger, Ulrich: Inkubationsimpfungen, in: Monatsschrift Kinderheilkunde 2000, S. 274–283.

Ders.: Risiken von Infektionskrankheiten und der Nutzen von Impfungen, in: Bundesgesundheitsblatt (BGesBl.) 2004, S. 1129–1135.

Ders.: Pertussis: Epidemiologie und neue Impfkonzepte, in: Monatsschrift Kinderheilkunde 2016, S. 987–993.

Ders.: Impfungen im ersten Lebensjahr, in: Monatsschrift Kinderheilkunde 2017, S. 308–315.

Ders.: Sollte eine gesetzliche Impfpflicht eingeführt werden?, in: Pädiatrie 2019, S. 31.

Heinz, Dirk: Opferentschädigungsgesetz Kommentar, Stuttgart 2007.

Hellermann, Johannes: Die sogenannte negative Seite der Freiheitsrechte, Dissertation Albert-Ludwigs-Universität Freiburg 1992, Berlin 1993.

Helmstädter, Axel: Zur Geschichte der aktiven Immunisierung, in: Pharmazie in unserer Zeit (PharmuZ) 2008, S. 12–18.

Henig, Eva-Maria/Krafft, Fritz: Pockenimpfstoffe in Deutschland, www.pharmazeutische-zeitung.de/inhalt-38-1999/titel-38-1999/ (Seite zuletzt aufgerufen am: 18.03.2021).

Henseler, Sven: Masernimpfpflicht, Maskenpflicht und unrichtige Gesundheitszeugnisse, in: MedR 2020, S. 1000–1003.

Herbst, Tobias: Gesetzgebungskompetenzen im Bundesstaat, Habilitationsschrift Humboldt-Universität zu Berlin 2010, Tübingen 2014.

Herdegen, Matthias: Die Aufnahme besonderer Rechte des Kindes in die Verfassung, in: Zeitschrift für das gesamte Familienrecht (FamRZ) 1993, S. 374–384.

Hermes, Georg: Das Grundrecht auf Schutz von Leben und Gesundheit, Dissertation Albert-Ludwigs-Universität Freiburg 1986, Heidelberg 1987.

Hermes, Reinhard: Der Bereich des Parlamentsgesetzes, Dissertation Universität Hamburg 1987, Berlin 1988.

Herrlich, Albert (Hrsg.): Handbuch der Schutzimpfungen, Berlin 1965 (zitiert als: *Bearbeiter*, Titel des Beitrags, in: Herrlich [Hrsg.], Handbuch der Schutzimpfungen).

Hess, Bärbel-Jutta: Seuchengesetzgebung in den deutschen Staaten und im Kaiserreich vom ausgehenden 18. Jahrhundert bis zum Reichsseuchengesetz 1900, Dissertation Ruprecht-Karls-Universität Heidelberg 2009, Eigenverlag.

Hesse, Konrad: Grundzüge des Verfassungsrechts der Bundesrepublik Deutschland, Neudruck der 20. Auflage, Heidelberg 1999.

Heun, Walter: Impfzwang und Impfgegnerschaft, Dissertation Königliche Universität Göttingen 1911, Göttingen 1911.

Heymann, David L.: Control, elimination, eradication and re-emergence of infectious diseases: getting the message right, in: Bulletin of the WHO 2006, S. 82.

Hillgruber, Christian: Der Schutz des Menschen vor sich selbst, Dissertation Universität zu Köln 1991, München 1992.

Hinrichs, Lars/Wüpper, Leonie/Kripke, Carla: Masern-Impfpflicht für Arbeitgeber, in: Arbeit und Arbeitsrecht (AuA) 2020, S. 408–411.

Hippel, Eike von: Grenzen und Wesensgehalt der Grundrechte, Berlin 1965.

Hirschberg, Lothar: Der Grundsatz der Verhältnismäßigkeit, Habilitationsschrift Georg-August-Universität Göttingen 1979, Göttingen 1981.

Hochhuth, Martin: Grundrechte und Grundfreiheiten als Schutzpflichten?, in: Anderheiden, Michael/Bürkli, Peter/Heinig, Hans Michael/Kirste, Stephan/Seelmann, Kurt (Hrsg.): Paternalismus und Recht. In memoriam Angela Augustin (1968–2004), Tübingen 2006.

Höfling, Wolfram: Vom präventiven Selbst zum immunisierten Volkskörper?, in: Juristenzeitung (JZ) 2019, S. 776–778.

Höfling, Wolfram/Stöckle, Philipp: Elternrecht, Kindeswohl und staatliche Impfverantwortung, in: Recht der Jugend und des Bildungswesens (RdJB) 2018, S. 284–299.

Höhl, N./Siewerin, C./Feil, F.: Ausbruchsmanagement von Masern, in: Bundesgesundheitsblatt (BGesBl.) 2013, S. 1287–1292.

Höhn, H. P./Rasch, G.: Statistik meldepflichtiger übertragbarer Krankheiten. Vom Beginn der Aufzeichnungen bis heute, München 1994.

Höhne, E./Ehrengut, W.: Immunitätslage von Müttern und ihren Neugeborenen gegenüber der Poliomyelitis, in: Deutsche Medizinische Wochenschrift (DMW) 1982, S. 1804–1808.

Hölbling, Pamela: Wie viel Staat vertragen Eltern?, Dissertation Ruhr-Universität Bochum 2009, Berlin 2010.

Hömig/Wolff Grundgesetz Kommentar, Wolff, Heinrich Amadeus (Hrsg.), 12. Auflage, Baden-Baden 2018 (zitiert als: *Bearbeiter*, in: Hömig/Wolff GG Kommentar).

Hörnle, Tatjana/Huster, Stefan: Wie weit reicht das Erziehungsrecht der Eltern?, in: Juristenzeitung (JZ) 2013, S. 328–339.

Hoerster, Norbert: Abtreibung im säkularen Staat: Argumente gegen den § 218, 2. Auflage, Frankfurt am Main 1995.

Hofmann, Hasso: Rechtsfragen der atomaren Entsorgung, Stuttgart 1981.

Hofmann, Rainer M. (Hrsg.): Ausländerrecht, 2. Auflage, Baden-Baden 2016 (zitiert als: *Bearbeiter*, in: Hofmann [Hrsg.], Ausländerrecht).

Hohendahl, J./Peters, N./Hüttermann, U./Rieger, C.: Masern- und Mumpsantikörperstatus bei Neugeborenen und ihren Müttern – Verlauf im ersten Lebensjahr, in: Klinische Pädiatrie 2006, S. 213–220.

Hohmann-Dennhardt, Christine: Kindeswohl und Elternrecht – Rechtsverhältnis von Eltern und Kindern, in: Familie Partnerschaft Recht (FPR) 2008, S. 476–477.

Holland, Mary/Zachary, Chase E.: Herd Immunity and Compulsory Childhood Vaccination: Does the Theory Justify the Law?, in: Oregon Law Review 2014, S. 1–48.

Hollo, Anna-Lena: Das Verfahren zur Anerkennung neuer Berufskrankheiten, Dissertation Gottfried Wilhelm Leibniz Universität Hannover 2017, Baden-Baden 2018.

Horndasch, Klaus-Peter: Zum Wohle des Kindes: Möglichkeiten und Grenzen staatlicher Einwirkung auf die Erziehungsverantwortung der Eltern, Dissertation Georg-August-Universität Göttingen 1983, Eigenverlag 1983.

Horne, Zachary/Powell, Derek/Hummel, John E./Holyoak, Keith J.: Countering antivaccination attitudes, in: Proceedings of the National Academy of Sciences of the United States of America (PNAS) 2015, S. 10321–10324.

Hott, Katharina: Die Verdrängung intrinsischer Motivation durch extrinsische Anreize, Diplomarbeit Universität Kassel 2010, Hamburg 2014.

Huber, Hans: Niedergang des Rechts und Krise des Rechtsstaates, in: Imboden, Max/Kägi, Werner/Lautner, Julius G./Nef, Hans/Niederer, Werner/Oftinger, Karl (Hrsg.): Demokratie und Rechtsstaat, Festgabe zum 60. Geburtstag von Zaccaria Giacometti (26. September 1953), Zürich 1953, S. 59–88.

Hufeland, Christoph Wilhelm von: Über die wesentlichen Vorzüge der Inoculation, Leipzig 1792.

Hufen, Friedhelm: Staatsrecht II – Grundrechte, 8. Auflage, München 2020.

Humboldt, Wilhelm von: Idee zu einem Versuch, die Grenzen der Wirksamkeit des Staates zu bestimmen (entstanden 1792, Ausgabe von Hubert Tigges), Wuppertal 1947.

Huster, Stefan: Die Beobachtungspflicht des Gesetzgebers, in: Zeitschrift für Rechtssoziologie (ZfRSoz) 2003, S. 3–26.

Ders.: Haben wir ein Recht auf Gesundheit? – Grund und Grenzen der Verantwortung des Sozialstaats, in: Der Onkologe 2011, S. 197–202.

Huster, Stefan/Kingreen, Thorsten (Hrsg.): Handbuch Infektionsschutzrecht, München 2021 (zitiert als: *Bearbeiter*, in: Huster/Kingreen [Hrsg.], Handbuch Infektionsschutzrecht).

Hutt, Hans Joachim/Bennerscheidt, Petra/Thiel, Britta/Arand, Manuela: Immunseneszenz und Impfungen im höheren Lebensalter. Ein Diskussionsbeitrag, in: Medizinische Klinik (Med Klin) 2010, S. 802–807.

Hviid, Anders/Rubin, Steven/Mühlemann, Kathrin: Mumps, in: The Lancet 2008, S. 932–944.

Igl, Gerhard/Welti, Felix (Hrsg.): Gesundheitsrecht, 3. Auflage, München 2018 (zitiert als: *Bearbeiter*, Titel des Beitrags, in: Igl/Welti [Hrsg.], Gesundheitsrecht).

Institut für Demoskopie Allensbach: Impfen in Deutschland. Viele kennen ihren aktuellen Impfschutz nicht – Mehrheit der Bevölkerung für Impfpflicht gegen Masern, Allensbacher Kurzbericht – 15. November 2013, Archiv-Nr. 11013/I, Allensbach 2013.

Ipsen, Jörn: Staatsrecht I – Staatsorganisationsrecht, 32. Auflage, München 2020.

Isensee, Josef: Das Grundrecht auf Sicherheit. Zu den Schutzpflichten des freiheitlichen Verfassungsstaates, Berlin 1983.

Isensee, Josef/Kirchhof, Paul (Hrsg.): Handbuch des Staatsrechts; Bd. 1, Heidelberg 1987; Bd. II, 3. Auflage, Heidelberg 2004; Bd. III, 3. Auflage, Heidelberg 2005; Bd. IV, 3. Auflage, Heidelberg 2006; Bd. V, Heidelberg 1992; Bd. VI, 3. Auflage, Heidelberg 2008; Bd. VII, 3. Auflage, Heidelberg 2009; Bd. IX, 3. Auflage, Heidelberg 2011 (zitiert als: *Bearbeiter*, Titel des Beitrags, in: Isensee/Kirchhof [Hrsg.], HStR).

Jablonka, Alexandra/Happle, Christine/Grote, Ulrike/Schleenvoigt, Benjamin Thomas/Hampel, Annika/Dopfer, Christian/Hansen, Gesine/Schmidt, Reinhold Ernst/Behrens, Georg M. N.: Measles, mumps, rubella and varicella seroprevalence in refugees in Germany in 2015, in: Infection 2016, S. 781–787.

Jablonka, Alexandra/Solbach, P./Happle, Christine/Hampel, Annika/Schmidt, Reinhold Ernst/Behrens, Georg M. N.: Hohe Hepatitis-A-Immunitätsrate bei Flüchtlingen in Deutschland, in: Medizinische Klinik – Intensivmedizin und Notfallmedizin 2017, S. 347–351.

Jacobi, C.: Das Reichs-Impf-Gesetz vom 8. April 1874 nebst Ausführungsbestimmungen des Bundesraths und den in Geltung gebliebenen Landesgesetzen über Zwangs-Impfungen bei Pocken-Epidemien, Berlin 1875.

Jaeckel, Liv.: Schutzpflichten im deutschen und im europäischen Recht, Dissertation Universität Leipzig 2000, Baden-Baden 2001.

Dies.: Gefahrenabwehrrecht und Risikodogmatik, Habilitationsschrift Ludwig-Maximilians-Universität München 2008, Tübingen 2010.

Dies.: Die Simulation des Urknalls vor dem Bundesverfassungsgericht, in: Deutsches Verwaltungsblatt (DVBl.) 2011, S. 13–20.

Jakobs, Michael Ch.: Der Grundsatz der Verhältnismäßigkeit, Dissertation Universität Osnabrück 1984, Köln 1985.

Jarass, Hans D.: Grundrechte als Wertentscheidung bzw. objektivrechtliche Prinzipien in der Rechtsprechung des Bundesverfassungsgerichts, in: Archiv des öffentlichen Rechts (AöR) Bd. 110 (1985), S. 363–397.

Ders.: Die Grundrechte: Abwehrrechte und objektive Grundsatznormen, Objektive Grundrechtsgehalte, insbes. Schutzpflichten und privatrechtsgestaltende Wirkung, in: Badura, Peter/Dreier, Horst (Hrsg.): Festschrift 50 Jahre Bundesverfassungsgericht, Bd. 2, Tübingen 2001, S. 35–53.

Jarass, Hans D./Kment, Martin: Jarass/Pieroth Grundgesetz Kommentar, 16. Auflage, München 2020 (zitiert als: *Bearbeiter*, in: Jarass/Pieroth GG Kommentar).

Jeand'heur, Bernd: Der Kindeswohl-Begriff aus verfassungsrechtlicher Sicht. Rechtsgutachten erstellt im Auftrag des Kinderbeauftragten der Landesregierung Nordrhein-Westfalen beim Ministerium für Arbeit, Gesundheit und Soziales sowie der Arbeitsgemeinschaft für Jugendhilfe, Bonn 1991.

Ders.: Verfassungsrechtliche Schutzgebote zum Wohl des Kindes und staatliche Interventionspflichten aus der Garantienorm des Art. 6 Abs. 2 Satz 2 GG, Habilitationsschrift Universität Hamburg 1993, Berlin 1993.

Jellinek, Georg: Allgemeine Staatslehre, 3. Auflage, Heidelberg 1929, bearbeitet von *Walter Jellinek*.

Jenner, Edward: The Origin of the Vaccine Inoculation, London 1801.

Jestaedt, Matthias: Staatliche Rollen in der Eltern-Kind-Beziehung, in: Deutsches Verwaltungsblatt (DVBl.) 1997, S. 693–697.

Jilg, Wolfgang: Der Impfkurs. Eine Anleitung zum richtigen Impfen, Heidelberg 2009.

John, T. Jacob/Samuel, Reuben: Herd immunity and herd effect: new insights and definitions, in: European Journal of Epidemiology 2000, S. 601–606.

Jost, Fritz: Elterliche Entscheidungsbefugnis i. S. d. § 1628 BGB bei Schutzimpfung, in: Juristische Rundschau (JR) 2018, S. 335–340.

Junker, Christoph: Impfungen: Diskussionen und Scheindiskussionen, in: Schweizerische Ärztezeitung 2005, S. 1398–1399.

Kacica, Marilyn A./Venezia, Richard A./Miller, Joan/Hughes, Patricia A./Lepow, Martha L.: Measles Antibodies in Women and Infants in the Vaccine Era, in: Journal Of Medical Virology 1995, S. 227–229.

Kaiser, Marius: Pocken und Pockenschutzimpfung. Ein Leitfaden für Amtsärzte, Impfärzte und Studierende der Medizin, Wien 1949.

Kalscheuer, Fiete/Jacobsen, Annika: Der Parlamentsvorbehalt: Wesentlichkeitstheorie als Abwägungstheorie, in: Die Öffentliche Verwaltung (DÖV) 2018, S. 523–529.

Kamtsiuris, Panagiotis/Lange, M./Hoffmann, R./Schaffrath Rosario, A./Dahm, S./Kuhnert, R./Kurth, B. M.: Die erste Welle der Studie zur Gesundheit Erwachsener in Deutschland (DEGS1), in: Bundesgesundheitsblatt (BGesBl.) 2013, S. 620–630.

Kastner, Hermann: Der Impfzwang und das Reichs-Impfgesetz vom 8. April 1874, Dissertation Sächsische Gesamtuniversität Jena 1909, Berlin 1909.

Kaufman, J./Synnot, A./Ryan, R./Hill, S./Horey, D./Willis, N./Lin, V./Robinson, P.: Face to face interventions for informing or educating parents about early childhood vaccination (Review), www.cochranelibrary.com/cdsr/doi/10.1002/14651858.CD010038.pub2/epdf/full (Seite zuletzt aufgerufen am: 18.03.2021).

Kaufmann, Arthur: Was heißt „Wesensgehalt" der Grundrechte? Überlegungen zu Artikel 19 Absatz 2 Grundgesetz, in: Schünemann, Bernd/Müller, Jörg Paul/Philipps, Lothar (Hrsg.): Das Menschenbild im weltweiten Wandel der Grundrechte, Berlin 2002, S. 23–35.

Kaufmann, Stefan H. E.: Immunologische Grundlagen neuer Impfstrategien, in: Naturwissenschaften 1998 (85), S. 62–72.

Kekulé, Alexander S.: Masern-Schutzimpfung in Deutschland: Epidemiologische Lücken und Handlungsoptionen, Kurzfassung, freigegebene Vorabversion (22. Oktober 2019) des im Auftrag des Vereins „Ärzte für individuelle Impfentscheidung e. V." erstellten Gutachtens „Schutzimpfung Masern", www.individuelle-impfentscheidung.de/pdfs/Kekule/MSG_Kekule_Kurzfassung.pdf (Seite zuletzt aufgerufen am: 18.03.2021).

Kern, Axel Olaf: Ausgliederungen von Leistungen für Zahnersatz aus der gesetzlichen Krankenversicherung – Eigenverantwortung der Versicherten und Folgen für die GKV, in: Institut für Volkswirtschaftlehre der Universität Augsburg (Hrsg.): Volkswirtschaftliche Diskussionsreihe No. 248, Juli 2003.

Kerscher, Wolfram: Der preußische Weg zum Impfzwang, Dissertation Rheinische Friedrich-Wilhelms-Universität Bonn 2011, Baden-Baden 2011.

Kersten, Jens: Die Tötung von Unbeteiligten. Zum verfassungsrechtlichen Grundkonflikt des § 14 III LuftSiG, in: Neue Zeitschrift für Verwaltungsrecht (NVwZ) 2005, S. 661–663.

Kersten, Jens/Rixen, Stephan: Der Verfassungsstaat in der Corona-Krise, 2. Auflage, München 2021.

Kiehl, Wolfgang: Infektionsschutz und Infektionsepidemiologie. Fachwörter – Definitionen – Interpretationen, Berlin 2015.

Kieseritzky, Kathrin von: Früherkennungsuntersuchungen für Kinder. Das neue Gelbe Heft kommt, in: pädiatrie hautnah 2016, S. 56–58.

Kießling, Andrea: Coronavirus, Masern und die Grundrechte, in: Verfassungsblog v. 02.03.2020, www.verfassungsblog.de/coronavirus-masern-und-die-grundrechte/ (Seite zuletzt aufgerufen am: 18.01.2021).

Dies. (Hrsg.): Infektionsschutzgesetz Kommentar, 2. Auflage, München 2021 (zitiert als: *Bearbeiter*, in: Kießling [Hrsg.], Infektionsschutzgesetz Kommentar).

Kießling, Andrea/Kingreen, Thorsten/Leisner-Egensperger, Anna: Keine Priorität für die Rechtswissenschaft, in: Verfassungsblog v. 02.02.2021, www.verfassungsblog.de/keine-prioritat-fur-die-rechtswissenschaft/ (Seite zuletzt aufgerufen am: 03.02.2021).

Kindler, Heinz: Prävention von Vernachlässigung, in: Ziegenhain, Ute/Fegert, Jörg M. (Hrsg.): Kindeswohlgefährdung und Vernachlässigung, 2. Auflage, Basel 2008, S. 94–108.

Kingreen, Thorsten: Das Deutsche Institut für Medizinische Dokumentation und Information: Verfassungsrechtliche Anmerkungen zu einem organisationsrechtlichen Phantom, in: Neue Zeitschrift für Sozialrecht (NZS) 2019, S. 561–565.

Ders.: Ist das Kunst? Dann kann das weg!, in: Verfassungsblog v. 04.11.2020, www.verfassungsblog.de/ist-das-kunst-dann-kann-das-weg/ (Seite zuletzt aufgerufen am: 15.03.2021).

Kirchhof, Gregor: Kinderrechte in der Verfassung – zur Diskussion einer Grundgesetzänderung, in: Zeitschrift für Rechtspolitik (ZRP) 2007, S. 149–153.

Ders.: Die Kinderrechte des Grundgesetzes, in: Neue Juristische Wochenschrift (NJW) 2018, S. 2690–2693.

Kirschner, W./Koch, Judith: Durchimpfungsgrade und Impfverhalten bei Kindern in West- und Ostdeutschland im Jahr 1994, in: Infektionsepidemiologische Forschung IV/95, S. 10–16.

Kisker, Gunter: Neue Aspekte im Streit um den Vorbehalt des Gesetzes, in: Neue Juristische Wochenschrift (NJW) 1977, S. 1313–1320.

Kistemann, Thomas/Exner, Martin: Bedrohung durch Infektionskrankheiten?, in: Deutsches Ärzteblatt (DÄ) 1997, S. A251–A255.

Klafki, Anika: Risiko und Recht, Dissertation Bucerius Law School 2016, Tübingen 2017.

Dies.: Coronavirus und Reformbedarf des „Pandemierechts", in: Verfassungsblog v. 05.03.2020, www.verfassungsblog.de/coronavirus-und-reformbedarf-des-pandemie rechts/ (Seite zuletzt aufgerufen am: 15.03.2021).

Dies.: Wer bekommt den knappen Covid-19-Impfstoff?, in: Verfassungsblog v. 22.09.2020, www.verfassungsblog.de/wer-bekommt-den-knappen-covid-19-impfstoff/ (Seite zuletzt aufgerufen am: 10.01.2021).

Klatt, Matthias/Schmidt, Johannes: Abwägung unter Unsicherheit, in: Klatt, Matthias (Hrsg.): Prinzipientheorie und Theorie der Abwägung, Tübingen 2013, S. 105–150.

Klebs, Arnold C.: Variolation im 18. Jahrhundert: Ein historischer Beitrag zur Immunitätsforschung, Gießen 1914.

Klein, Eckart: Grundrechtliche Schutzpflicht des Staates, in: Neue Juristische Wochenschrift (NJW) 1989, S. 1633–1640.

Klein, Hans H.: Die grundrechtliche Schutzpflicht, in: Deutsches Verwaltungsblatt (DVBl.) 1994, S. 489–497.

Klein, Silvia: Zusammenhang zwischen Impfungen und Inzidenz und Mortalität von Infektionskrankheiten. Zeitreihenanalysen mit Meldedaten zu Diphtherie, Pertussis, Poliomyelitis und Tetanus von 1892 bis 2011 in Deutschland, Dissertation Charité – Universitätsmedizin Berlin 2013, Eigenverlag 2013.

Klein, Silvia/Schöneberg, I./Krause, G.: Vom Zwang zur Pockenschutzimpfung zum Nationalen Impfplan – Die Entwicklung des Impfwesens vom Deutschen Kaiserreich bis heute, in: Bundesgesundheitsblatt (BGesBl.) 2012, S. 1512–1523.

Kleinhoff, J.: Der Aufopferungsanspruch in der Rechtsprechung des Bundesgerichtshofs, in: Deutsche Richterzeitung (DRiZ) 1957, S. 225–228.

Kling, Christiane/Kabelitz, Dieter: Impfen – von der Empirie zur Immunologie, in: Biologie Unserer Zeit (BiUZ) 2011, S. 375–383.

Kloepfer, Michael: Der Vorbehalt des Gesetzes im Wandel, in: Juristenzeitung (JZ) 1984, S. 685–695.

Ders.: Katastrophenschutzrecht, in: Verwaltungsarchiv (VerwArch) 2007, S. 163–198.

Ders.: Einführung, in: ders. (Hrsg.): Katastrophenrecht: Grundlagen und Perspektiven, Band zur gleichnamigen Tagung am 24. Mai 2007, Baden-Baden 2008, S. 9–14.

Ders.: Handbuch des Katastrophenrechts, Baden-Baden 2015.

Kloepfer, Michael/Brandner, Thilo: Umweltrecht, 2. Auflage, München 1998.

Kluckert, Sebastian (Hrsg.): Das neue Infektionsschutzrecht, 2. Auflage, Baden-Baden 2021 (zitiert als: *Bearbeiter*, Titel des Beitrags, in: Kluckert [Hrsg.], Das neue Infektionsschutzrecht).

Kluth, Winfried/Sander, Birgit: Verfassungsrechtliche Aspekte einer Organspendepflicht, in: Deutsches Verwaltungsblatt (DVBl.) 1996, S. 1285–1293.

Knickrehm, Sabine (Hrsg.): Gesamtes Soziales Entschädigungsrecht, Baden-Baden 2012 (zitiert als: *Bearbeiter*, in: Knickrehm [Hrsg.], Gesamtes Soziales Entschädigungsrecht).

Koch, J./Takla, Anja: Effekte der Masern-Mumps-Röteln (MMR)-Impfung auf die Epidemiologie von Mumps in Deutschland, in: Bundesgesundheitsblatt (BGesBl.) 2013, S. 1305–1312.

Köck, Wolfgang: Grundzüge des Risikomanagements im Umweltrecht, in: Bora, Alfons (Hrsg.): Rechtliches Risikomanagement. Form, Funktion und Leistungsfähigkeit des Rechts in der Risikogesellschaft, Berlin 1999, S. 129–191.

Kögel-Schauz, Angelika: Ungeimpfte Kinder sind gesünder, efi-online.de/wp-content/uploads/2014/01/UngeimpfteGesuender.pdf (Seite zuletzt aufgerufen am: 18.03.2021).

Könneker, Carsten (Hrsg.): Fake oder Fakt? – Wissenschaft, Wahrheit und Vertrauen, Berlin 2018 (zitiert als: *Bearbeiter*, Titel des Beitrags, in: Könneker [Hrsg.], Fake oder Fakt?).

Körtner, Ulrich H. J.: Ethische Leitlinien für die Triage im Kontext der COVID-19-Pandemie, in: Ärzte Woche Nr. 17/2020, S. 12–14.

Kolb, Peter-Paul: Die Pflicht des Staates zum Schutz von Leben und Gesundheit des einzelnen im Rahmen der Gesundheitsvorsorge für den Katastrophenfall, Dissertation Universität der Bundeswehr München 1992, Eigenverlag 1992.

Kollaritsch, Herwig/Wiedermann, Gerhard (Hrsg.): Leitfaden für Schutzimpfungen, Wien 2000 (zitiert als: *Bearbeiter*, Titel des Beitrags, in: Kollaritsch/Wiedermann [Hrsg.], Leitfaden für Schutzimpfungen).

Komp, Lennart/Thrun, Felix: Impfzwang als verfassungsrechtlich zulässiges Mittel gegen Masern?, in: JA 2020, S. 195–201.

Kopp, Ferdinand: Grundrechtliche Schutz- und Förderungspflichten der öffentlichen Hand, in: Neue Juristische Wochenschrift (NJW) 1994, S. 1753–1757.

Koppenfels-Spies, Katharina von: Sozialrecht, Tübingen 2018.

Korzilius, Heike: Kampf gegen Impfskepsis, in: Deutsches Ärzteblatt (DÄ), 2012, S. 728.

Kouros, Bijan/Nennstiel, Uta/Liebl, Bernhard/Ludwig, Maria-Sabine: Nationale Initiativen im Impfwesen – Was können sie zur Elimination der Masern und Röteln in Deutschland beitragen?, in: Bundesgesundheitsblatt (BGesBl.) 2019, S. 386–391.

Krämer, Alexander/Reintjes, Ralf (Hrsg.): Infektionsepidemiologie, Berlin/Heidelberg 2003 (zitiert als: *Bearbeiter*, Titel des Beitrags, in: Krämer/Reintjes [Hrsg.], Infektionsepidemiologie).

Kraft, Dennis/Dohmen, Anja: Rechtliche Aspekte einer Pandemie in Deutschland: in: Pharmarecht (PharmR) 2008, S. 401–407.

Kreichauf, René: Europäische Lagerlandschaften, in: Altrock, Uwe/Kunze, Ronald (Hrsg.): Stadterneuerung und Armut. Jahrbuch Stadterneuerung 2016, Wiesbaden 2017, S. 171–200.

Kries, Rüdiger von/Rückinger, Simon/Kalies, Helen: Impfungen, in: Bitzer, Eva M./Walter, Ulla/Lingner, Heidrun/Schwartz, Friedrich-Wilhelm (Hrsg.): Kindergesundheit stärken. Vorschläge zur Optimierung von Prävention und Versorgung, Heidelberg 2009, S. 140–147.

Krings, Günter: Grund und Grenzen grundrechtlicher Schutzansprüche, Dissertation Universität zu Köln 2002, Berlin 2003.

Krüger, Herbert: Der Wesensgehalt der Grundrechte i. S. des Art. 19 GG, in: Die Öffentliche Verwaltung (DÖV) 1955, S. 597–602.

Krüger, Jens Oliver/Krüger, Kathrin: Skepsis im Entscheiden: Wie begründen impfskeptische Eltern ihre Impfentscheidung?, in: Zeitschrift für Qualitative Forschung (ZQF) 1/2015, S. 99–114.

Dies.: „Sich selber den Kopf zerbrechen" – Eine qualitative Studie zu elterlicher Impfskepsis, in: Zeitschrift für Allgemeinmedizin (Z Allg Med) 2015, S. 106–110.

Kruse, Jürgen/Hänlein, Andreas (Hrsg.): Lehr- und Praxiskommentar Sozialgesetzbuch V – Gesetzliche Krankenversicherung, 3. Auflage, Baden-Baden 2009 (zitiert als: *Bearbeiter*, in: Kruse/Hänlein [Hrsg.], LPK-SGB V).

Kübler, Paul: Geschichte der Pocken und der Impfung, Berlin 1901.

Kügel, Wilfried/Müller, Rolf-Georg/Hofmann, Hans-Peter (Hrsg.): Arzneimittelgesetz Kommentar, 2. Auflage, München 2016 (zitiert als: *Bearbeiter*, in: Kügel/Müller/Hofmann [Hrsg.], Arzneimittelgesetz Kommentar).

Kühn, D./Miller, S./Schwemmle, C./Jungheim, M./Ptok, M.: Frühkindliches Schlucken, in: Laryngo-Rhino-Otologie (LRO) 2014, S. 231–236.

Kühne, Anna/Gilsdorf, Andreas: Ausbrüche von Infektionskrankheiten in Gemeinschaftsunterkünften für Asylsuchende 2004–2014 in Deutschland, in: Bundesgesundheitsblatt (BGesBl.) 2016, S. 570–577.

Kurz, Ronald: Schutzimpfungen und Ethik, in: Pädiatrie & Pädologie 2018, S. 8–11.

Landenberg-Roberg, Michael von: Elternverantwortung im Verfassungsstaat, Dissertation Humboldt-Universität zu Berlin 2020, Tübingen 2021.

Langenfeld, Christine/Wiesner, Reinhard: Verfassungsrechtlicher Rahmen für die öffentliche Kinder- und Jugendhilfe, in: DIJuF e. V. (Hrsg.): Verantwortlich handeln – Schutz und Hilfe bei Kindeswohlgefährdungen, Köln 2004, S. 45–81.

Larson, Heidi J./Figueiredo, Alexandre de/Xhiahon, Zhao/Schulz, William S./Verger, Pierre: The State of Vaccine Confidence 2016: Global Insights of a 67-Country-Survey, in: EBioMedicine 12 (2016), S. 295–301.

Laubereau, B./Hermann, M./Weil, J./Schmitt, H. J./Kries, Rüdiger von: Durchimpfungsraten bei Kindern in Deutschland 1999, in: Monatsschrift Kinderheilkunde 1999, S. 367–372.

Laws, H. J.: Impfung bei Immunsuppression, in: Monatsschrift Kinderheilkunde 2013, S. 713–719.

Leask, Julie: Vaccination and risk communication: Summary of a workshop, Arlington, Virginia, USA, 5–6 October 2000, in: Journal of Pediatrics and Child Health (2002) 38, S. 124–128.

Leask, Julie/Kinnersley, Paul/Jackson, Cath/Cheater, Francine/Bedford, Helen/Rowles, Greg: Communicating with parents about vaccination: a framework for health professionals, in: BMC Pediatrics 2012, 12:154.

Lehmann, Clara/Ruf, Bernhard R./Jung, Norma (Hrsg.): FAQ Infektiologie, München 2018 (zitiert als: *Bearbeiter*, Titel des Beitrags, in: Lehmann/Ruf/Jung [Hrsg.], FAQ Infektiologie).

Lehrke, P./Nübling, M./Hofmann, F./Stössel, U.: Impfverhalten und Impfeinstellungen bei Ärzten mit und ohne Zusatzbezeichnung Homöopathie, in: Monatsschrift Kinderheilkunde 2004, S. 751–757.

Leidel, Jan: Impfungen: Die Abwehr stimulieren, in: Heilberufe 2015, S. 12–14.

Leipold, Klaus/Tsambikakis, Michael/Zöller, Mark Alexander (Hrsg.): Anwaltkommentar StGB, 3. Auflage, Heidelberg 2020 (zitiert als: *Bearbeiter*, in: Leipold/Tsambikakis/Zöller [Hrsg.], Anwaltkommentar StGB).

Leisner-Egensperger, Anna: Schriftliche Stellungnahme zum Entwurf eines Gesetzes zur Fortgeltung der die epidemische Lage von nationaler Tragweite betreffenden Regelungen vom 18.02.2021 [BT-Drs. 19/26545], Ausschuss-Drs. 19(14)288(9).

Dies.: Impfpriorisierung und Verfassungsrecht, in: Neue Juristische Wochenschrift (NJW) 2021, S. 202–208.

Lenckner, Theodor: Der rechtfertigende Notstand, Habilitationsschrift Eberhard-Karls-Universität Tübingen 1963, Tübingen 1965.

Lenz, Sebastian: Vorbehaltlose Freiheitsrechte, Dissertation Universität Hannover 2005, Tübingen 2006.

Lenzen-Schulte, Martina: Der Zwang zum Kombinationsimpfen wird Folgen haben, in: Deutsches Ärzteblatt (DÄ) 2020, S. A1685–A1686.

Lepsius, Oliver: Die Chancen und Grenzen des Grundsatzes der Verhältnismäßigkeit, in: Lepsius, Oliver/Jestaedt, Matthias (Hrsg.): Verhältnismäßigkeit, Tübingen 2015, S. 1–41.

Leupold, Henrik: Die Feststellung des Katastrophenfalls, Dissertation Humboldt-Universität zu Berlin 2011, Baden-Baden 2012.

Liese, Johannes G./Knuf, M.: Impfungen von Frühgeborenen, in: Monatsschrift Kinderheilkunde 2009, S. 758–766.

Lindner, Josef Franz: Theorie der Grundrechtsdogmatik, Habilitationsschrift Ludwig-Maximilians-Universität München 2003, Tübingen 2005.

Lindner, Lena Maria Elisabeth: Ausbruch einer hochinfektiösen, lebensbedrohlichen Krankheit in Nordrhein-Westfalen. Welche Erfahrungen der Pockenausbrüche in NRW können in die heutige Zeit übertragen werden?, Dissertation Heinrich-Heine-Universität Düsseldorf 2016, Göttingen 2017.

Lindner, Ulrike: Gesundheitspolitik in der Nachkriegszeit, Dissertation Ludwig-Maximilians-Universität München 2001, München 2004.

Lindner, Ulrike/Blume, Stuart S.: Vaccine Innovation and Adoption: Polio Vaccines in the UK, the Netherlands and West Germany, 1955–1965, in: Medical History (MedHist) 2006, S. 425–466.

Littwin, Frank: Grundrechtsschutz gegen sich selbst, Dissertation Westfälische Wilhelms-Universität 1993, Frankfurt am Main 1993.

Löhnig, Martin/Preisner, Mareike: Anmerkung zu BGH XII ZB 157/16, in: Zeitschrift für das gesamte Familienrecht (FamRZ) 2017, S. 1060–1061.

Loer, Kathrin: Gesundheitspolitik zwischen Schutzpflicht und Eigenverantwortung. Das Beispiel der Impfpolitik in Deutschland, in: Pünder, Hermann/Klafki, Anika (Hrsg.): Risiko und Katastrophe als Herausforderung für die Verwaltung, Baden-Baden 2016, S. 81–103.

Loibner, Johann: Vorwort zu *Tolzin, Hans*: Macht Impfen Sinn?, Bd. 1, Schwäbisch Hall 2013, S. 10–11.

Lorenz, Dieter: Der grundrechtliche Anspruch auf effektiven Rechtsschutz, in: Archiv des öffentlichen Rechts (AöR) Bd. 105 (1980), S. 623–649.

Loubet, Paul/Kernéis, Solen/Groh, Matthieu/Loulergue, Pierre/Blanche, Philippe/Verger, Pierre/Launay, Odile: Attitude, knowledge and factors associated with influenza and pneumococcal vaccine uptake in a large cohort of patients with secondary immune deficiency, in: Vaccine Vol. 33, S. 3703–3708.

Ludwig, Maria-Sabine: Die Nationale Lenkungsgruppe Impfen (NaLI), in: Arbeitsmedizin Sozialmedizin Umweltmedizin (ASU) 2018, S. 424–428.

Lübbe-Wolff, Gertrude: Die Grundrechte als Eingriffsabwehrrechte, Habilitationsschrift Universität Bielefeld 1987, Baden-Baden 1988.

Lücke, Jörg: Das Grundrecht des einzelnen gegenüber dem Staat auf Umweltschutz, in: Die Öffentliche Verwaltung (DÖV) 1976, S. 289–296.

Lüdemann, Dagny: Impfen ja, zwingen nein, www.zeit.de/wissen/gesundheit/2015-02/masern-impfpflicht-impfung-kommentar (Seite zuletzt aufgerufen am: 01.04.2021).

Luhmann, Niklas: Grundrechte als Institution. Ein Beitrag zur politischen Soziologie, Berlin 1965.

Lutterotti, Nicola von: Kontraproduktiv, in: Frankfurter Allgemeine Zeitung (FAZ) v. 26.09.2018, S. N1.

Lutz, Hans-Joachim: Infektionsschutzgesetz Kommentar, 2. Auflage, München 2020.

Maehle, Andreas-Holger: Präventivmedizin als wissenschaftliches und gesellschaftliches Problem: Der Streit über das Reichsimpfgesetz von 1874, in: Jütte, Robert (Hrsg.): Medizin, Gesellschaft und Geschichte: Jahrbuch des Instituts für Geschichte der Medizin der Robert Bosch Stiftung (MedGG), Bd. 9 (1990), Stuttgart 1991.

Maihofer, Werner: Grundwerte heute in Staat und Gesellschaft, in: Gorschenek, Günter (Hrsg.): Grundwerte in Staat und Gesellschaft, 3. Auflage, München 1978, S. 88–102.

Majumder, Maimuna S./Cohn, Emiliy I./Mekaru, Sumiko R./Huston, Jane E./Brownstein, John S.: Substandard Vaccination Compliance and the 2015 Measles Outbreak, in: JAMA Pediatrics 2015, S. 494.

Makoski, Kyrill: Schutzimpfungen und Sorgerecht, in: juris Praxisreport Medizinrecht (jurisPR-MedizinR) 8/2017, Anm. 2.

Maldonado, Yvonne A./Lawrence, Elizabeth C./DeHovitz, Ross/Hartzell, Harry/Albrecht, Paul: Early Loss of Passive Measles Antibody in Infants of Mothers With Vaccine-Induced Immunity, in: Pediatrics 1995, S. 447–450.

Malinverni, Raffaele: Editorial: Impfen – vom Kopf auf die Füße gestellt, in: Therapeutische Umschau 2005, S. 663–664.

Mampel, Siegfried: Die sozialistische Verfassung der Deutschen Demokratischen Republik, 2. Auflage, Frankfurt a. M. 1982.

Mangold, Anna Katharina/Gallon, Johannes: Rechtsstaatliche Immunabwehr, in: Verfassungsblog v. 31.10.2020, www.verfassungsblog.de/rechtsstaatliche-immunabwehr/ (Seite zuletzt aufgerufen am: 15.03.2021).

Mangoldt, Hans von/Rittberger, Volker (Hrsg.): Das System der Vereinten Nationen und seine Vorläufer. Satzungen und Rechtsakte, Bd. I/2, München 1995.

v. Mangoldt/Klein/Starck Grundgesetz Kommentar, Huber, Peter M./Voßkuhle, Andreas (Hrsg.), Bd. 1, 7. Auflage, München 2018; Bd. 2, 7. Auflage, München 2018; Bd. 3, 7. Auflage, München 2018 (zitiert als: *Bearbeiter*, in: v. Mangoldt/Klein/Starck GG Kommentar).

Mann, Christian S.: Fluthilfe 2013: Finanzierung der Hochwassernachsorge, Dissertation Universität Potsdam 2017, Baden-Baden 2018.

Mannhardt-Laakmann, Wilma: Impfungen bei chronischen Krankheiten, in: Monatsschrift Kinderheilkunde 2009, S. 767–781.

Mannhardt-Laakmann, Wilma/Wahn, V.: Impfungen bei primären Immundefekten, in: Monatsschrift Kinderheilkunde 2011, S. 451–460.

Markus, Lothar: Diplom-Mediziner: 35 Jahre Entwürdigung ostdeutscher Ärzte, in: Deutsches Ärzteblatt (DÄ) 2004, S. 2372–2373.

Marquardt, Nick: Gegen die Impfmärchen! Anmerkung zu BGH XII ZB 157/16, in: Zeitschrift für das Juristische Studium (ZJS) 2017, S. 588–590.

Martens, Klaus: Der Schutz des einzelnen im Polizei- und Ordnungsrecht, in: Die Öffentliche Verwaltung (DÖV) 1976, S. 457–463.

Marx, Reinhard: Kommentar zum Asylgesetz, 10. Auflage, München 2019.

Matzel, Oskar: Die Pocken in Deutsch-Französischen Krieg 1870/71, Düsseldorf 1977.

Maurer, Wolfgang: Impfskeptiker – Impfgegner: Von einer anderen Realität im Internet, in: Pharmazie in unserer Zeit (PharmuZ) 1/2008, S. 64–70.

Mayer, Matthias: Untermaß, Übermaß und Wesensgehaltsgarantie, Dissertation Justus-Liebig-Universität Gießen 2005, Baden-Baden 2005.

Meier, Alexander/Czettritz, Peter von/Gabriel, Marc/Kaufmann, Marcel: Pharmarecht, 2. Auflage, München 2018.

Mentzer, D./Meyer, H./Keller-Stanislawski, B.: Sicherheit und Verträglichkeit von monovalenten Masern- und kombinierten Masern-, Mumps-, Röteln- und Varizellenimpfstoffen, in: Bundesgesundheitsblatt (BGesBl.) 2013, S. 2013, S. 1253–1259.

Merkel, Reinhard: § 14 Abs. 3 Luftsicherheitsgesetz: Wann und warum darf der Staat töten?, in: Juristenzeitung (JZ) 2007, S. 373–385.

Mers, Jutta: Infektionsschutz im liberalen Rechtsstaat, Dissertation Westfälische Wilhelms-Universität Münster 2019, Baden-Baden 2019.

Merten, Detlef/Papier, Hans-Jürgen (Hrsg.): Handbuch der Grundrechte; Bd. II, Heidelberg 2006; Bd. IV, Heidelberg 2011; Bd. V, Heidelberg 2013 (zitiert als: *Bearbeiter*, Titel des Beitrags, in: Merten/Papier [Hrsg.], HGRe).

Meßerschmidt, Klaus: Gesetzgebungsermessen, Habilitationsschrift Humboldt-Universität zu Berlin 1998, Berlin 2000.

Meyer, Christiane/Rasch, G./Keller-Stanislawski, B./Schnitzler, N.: Anerkannte Impfschäden in der Bundesrepublik Deutschland 1990–1999, in: Bundesgesundheitsblatt (BGesBl.) 2002, S. 364–370.

Meyer, Christiane/Reiter, Sabine: Impfgegner und Impfskeptiker – Geschichte, Hintergründe, Thesen, Umgang, in: Bundesgesundheitsblatt (BGesBl.) 2004, S. 1182–1188.

Meyer, Christiane/Reiter, Sabine/Siedler, A./Hellenbrand, Wiebke/Rasch, G.: Über die Bedeutung von Schutzimpfungen, in: Bundesgesundheitsblatt (BGesBl.) 2002, S. 323–331.

Meyer, H./Mentzer, D./Keller-Stanislawski, B.: Sicherheit von Masernimpfstoffen, in: Bulletin für Arzneimittelsicherheit Nr. 3/2013, S. 12–14.

Michael, Lothar: Folgerichtigkeit als Wettbewerbsgleichheit. Zur Verwerfung von Rauchverboten in Gaststätten durch das BVerfG, in: Juristenzeitung (JZ) 2008, S. 875–882.

Michael, Lothar/Morlok, Martin: Grundrechte, 7. Auflage, Baden-Baden 2020.

Michalk, Dietrich/Schönau, Eckhard (Hrsg.): Differenzialdiagnose Pädiatrie, 4. Auflage, München 2018 (zitiert als: *Bearbeiter*, Titel des Beitrags, in: Michalk/Schönau [Hrsg.], Differenzialdiagnose Pädiatrie).

Middendorf, Max: Zur Wesensgehaltsgarantie des Grundgesetzes, in: Jura 2003, S. 232–236.

Mihm, Andreas: Impfschutz rettet Millionen Leben, in: Frankfurter Allgemeine Zeitung (FAZ) v. 11.05.2018, S. 19.

Mihm, Katja: Die Verschuldensrelevanz im Sozialleistungsrecht, in: Neue Zeitschrift für Sozialrecht (NZS) 1995, S. 7–12.

Mina, Michael J./Kula, Tomasz/Leng, Yumei/Li, Mamie et al.: Measles virus infection diminishes preexisting antibodies that offer protection from other pathogens, in: Science 2019, S. 599–606.

Mnookin, Robert: Was stimmt nicht mit der Formel „Kindeswohl"?, in: Zeitschrift für das gesamte Familienrecht (FamRZ) 1975, S. 1–6.

Möller, Kai: Paternalismus und Persönlichkeitsrecht, Dissertation Albert-Ludwigs-Universität Freiburg 2003, Berlin 2005.

Möllers, Christoph: Kognitive Gewaltengliederung, in: Röhl, Hans Christian (Hrsg.): Wissen – Zur kognitiven Dimension des Rechts, Die Verwaltung, Beiheft 9, 2010, S. 113–134.

Möstl, Markus: Die staatliche Garantie für die öffentliche Sicherheit und Ordnung, Habilitationsschrift Ludwig-Maximilians-Universität München 2001, Tübingen 2002.

Mohammadzadeh, Zahra/Jung, Felicitas/Lelgemann, Monika: Gesundheit für Flüchtlinge – das Bremer Modell, in: Bundesgesundheitsblatt (BGesBl.) 2016, S. 561–569.

Müller-Ladner, Claudia/Müller-Ladner, Ulf: Impfungen bei Patienten mit autoimmunen entzündlichen rheumatischen Erkrankungen, in: Arzneimitteltherapie (AMT) 2012, S. 254–264.

Münch, Ingo von: Grundrechtsschutz gegen sich selbst?, in: Stödter, Rolf/Thieme, Werner (Hrsg.): Festschrift für Hans Peter Ipsen zum siebzigsten Geburtstag, Tübingen 1977, S. 113–128.

Ders.: Sprechen und Schweigen im Recht, in: Neue Juristische Wochenschrift (NJW) 2002, S. 1995–2001.

v. Münch/Kunig Grundgesetz Kommentar, Kämmerer, Jörn Axel/Kotzur, Markus (Hrsg.), Bd. 1, 7. Auflage, München 2021; Bd. 2, 7. Auflage, München 2021 (zitiert als: *Bearbeiter*, in: v. Münch/Kunig GG Kommentar).

Münder, Johannes/Meysen, Thomas/Trenczek, Thomas (Hrsg.): Frankfurter Kommentar SGB VIII, 8. Auflage, Baden-Baden 2019 (zitiert als: *Bearbeiter*, in: Münder/Meysen/Trenczek [Hrsg.], Frankfurter Kommentar SGB VIII).

Murswiek, Dietrich: Die staatliche Verantwortung für die Risiken der Technik, Habilitationsschrift Universität des Saarlandes 1983, Berlin 1985.

Ders.: Zur Bedeutung der grundrechtlichen Schutzpflichten für den Umweltschutz, in: Wirtschaft und Verwaltung (WiVerw) 1986, S. 179–204.

Mutschler, Ulrich: Zweistufig impfen bei Hühnereiweißallergie, in: pädiatrie hautnah 2011, S. 224.

Mutz, Ingomar: Echte und vermeintliche Impfschäden, in: Pädiatrie & Pädologie 2015, Heft 50, S. 57–62.

Mylonas, Ioannis/Bauerfeind, I./Friese, K.: Impfungen in der Schwangerschaft, in: Der Gynäkologe 2005, S. 771–779.

N. N.: „Impfmüdigkeit gefährdet globale Gesundheit“, in: Frankfurter Allgemeine Zeitung (FAZ) v. 21.01.2019, S. 7.

N. N.: www.aerzteblatt.de/nachrichten/74449/Impfpflicht-fuer-Kinder-gefordert (Seite zuletzt aufgerufen am: 06.04.2021).

N. N.: www.aerzteblatt.de/nachrichten/62226/Impfpflicht-in-Frankreich-ist-verfassungs gemaess (Seite zuletzt aufgerufen am: 06.04.2021).

N. N.: www.aerzteblatt.de/treffer?mode=s&wo=113&s=Impfstoff&typ=1&nid=47165 (Seite zuletzt aufgerufen am: 09.04.2021).

N. N.: www.aerzteblatt.de/nachrichten/102498/Gruene-wollen-digitalen-Impfpass (Seite zuletzt aufgerufen am: 06.04.2021).

N. N.: www.aerzteblatt.de/nachrichten/102568/Kinderaerzte-fuer-nationales-Impfregis ter (Seite zuletzt aufgerufen am: 06.04.2021).

N. N.: www.aerzteblatt.de/nachrichten/100779/RKI-und-KVen-wollen-Luecken-beim-Impf monitoring-schliessen (Seite zuletzt aufgerufen am: 06.04.2021).

N. N.: www.aerzteblatt.de/nachrichten/75876/Scheidende-WHO-Chefin-greift-Impfver wiegerer-an (Seite zuletzt aufgerufen am 06.04.2021).

N. N.: www.aerzteblatt.de/nachrichten/108835/Elektronischer-Impfplan-erster-Baustein-der-Patientenakte (Seite zuletzt aufgerufen am: 17.03.2021).

N. N.: www.aerzteblatt.de/nachrichten/120379/SARS-CoV-2-Laborexperimente-deuten-auf-verminderte-Schutzwirkung-gegen-neue-Varianten-hin (Seite zuletzt aufgerufen am: 26.01.2021).

N. N.: www.aerzteblatt.de/nachrichten/96316/ (Seite zuletzt aufgerufen am: 09.04.2021).

N. N.: www.aerztezeitung.de/Politik/Debatte-ueber-Corona-Impfpflicht-fuer-Pflegekraef te-entbrannt-416146.html (Seite zuletzt aufgerufen am: 25.01.2021).

N. N.: www.agbug.de/ (Seite zuletzt aufgerufen am: 06.04.2021).

N. N.: www.bfarm.de/SharedDocs/Risikoinformationen/Medizinprodukte/DE/schutzmas ken.html (Seite zuletzt aufgerufen am: 06.04.2021).

N. N.: www.bundesgesundheitsministerium.de/digitale-versorgung-gesetz.html (Seite zuletzt aufgerufen am: 29.10.2021).

N. N.: www.bundesgesundheitsministerium.de/coronavirus/faq-covid-19-impfung/faq-digitaler-impfnachweis.html (Seite zuletzt aufgerufen am: 17.03.2021).

N. N.: www.bundeskanzlerin.de/bkin-de/aktuelles/bund-laender-beschluss-1805264 (Seite zuletzt aufgerufen am: 26.01.2021).

N. N.: www.degs-studie.de/deutsch/studie/degs-im-ueberblick/ziele-der-studie.html (Seite zuletzt aufgerufen am: 17.03.2021).

N. N.: www.degs-studie.de/deutsch/ergebnisse/degs1/degs1-basispublikation.html (Seite zuletzt aufgerufen am: 06.04.2021).

N. N.: www.degs-studie.de/deutsch/studie/degs1/stichprobe.html (Seite zuletzt aufgerufen am: 09.04.2021).
N. N.: www.deutsche-apotheker-zeitung.de/news/artikel/2016/10/27/kinderaerzte-fordern-masern-impfpflicht (Seite zuletzt aufgerufen am 06.04.2021).
N. N.: www.deutschlandfunk.de/impfpflicht-aerztepraesident-montgomery-masern-viel.694.de.html?dram:article_id=312547 (Seite zuletzt aufgerufen am: 06.04.2021).
N. N.: www.duden.de/rechtschreibung/Vakzination (Seite zuletzt aufgerufen am: 06.04.2021).
N. N.: www.euro.who.int/en/health-topics/disease-prevention/vaccines-and-immunization/policy (Seite zuletzt aufgerufen am: 06.04.2021).
N. N.: www.europarl.europa.eu/meetdocs/2014_2019/plmrep/COMMITTEES/PETI/CM/2016/09-08/1096610DE.pdf (Seite zuletzt aufgerufen am: 06.04.2021).
N. N.: www.eurosurveillance.org/content/10.2807/ese.17.22.20183-en (Seite zuletzt aufgerufen am: 06.04.2021).
N. N.: www.faz.net/aktuell/politik/inland/soeder-bringt-corona-impfpflicht-fuer-pflegekraefte-ins-gespraech-17141637.html (Seite zuletzt aufgerufen am: 26.01.2021).
N. N.: www.individuelle-impfentscheidung.de/presse/presseerkl%C3%A4rung-blinder-aktionismus.html (Seite zuletzt aufgerufen am 06.04.2021).
N. N.: www.journalonko.de/thema/lesen/primaere_sekundaere_immundefekte (Seite zuletzt aufgerufen am: 30.03.2021).
N. N.: www.kinderaerzte-im-netz.de/krankheiten/keuchhusten-pertussis/uebertragung/ (Seite zuletzt aufgerufen am: 09.04.2021).
N. N.: www.lungeninformationsdienst.de/krankheiten/tuberkulose/diagnose/index.html (Seite zuletzt aufgerufen am: 06.04.2021).
N. N.: www.medstra-online.de/news/frankreich-gesetzliche-impfpflicht-ist-verfassungsgemaess (Seite zuletzt aufgerufen am: 06.04.2021).
N. N.: www.morgenpost.de/web-wissen/gesundheit/article217026771/Impfpflicht-Das-sind-die-Regeln-in-anderen-Laendern-der-EU.html, Seite zuletzt aufgerufen am (06.04.2021).
N. N.: www.nationale-impfkonferenz.de/wp-content/uploads/sites/10/2014/10/Nationaler-Impfplan.pdf (Seite zuletzt aufgerufen am: 09.04.2021).
N. N.: www.pei.de/DE/arzneimittel/impfstoffe/kombinationsimpfstoffe/herstellung-kombinationsimpfstoffe-inhalt.html (Seite zuletzt aufgerufen am: 16.03.2021).
N. N.: www.pschyrembel.de (Seite zuletzt aufgerufen am: 19.01.2021).
N. N.: www.rki.de/DE/Content/Infekt/Impfen/Impfstatus/impfstatus_node.html (Seite zuletzt aufgerufen am: 27.03.2021).
N. N.: www.rp-online.de/panorama/coronavirus/coronavirus-impfstoff-forschung-im-eiltempo-so-ist-die-entwicklung_aid-49581223 (Seite zuletzt aufgerufen am 06.04.2021).
N. N.: www.salute.gov.it/imgs/C_17_opuscoliPoster_346_allegato.pdf (Seite zuletzt aufgerufen am: 06.04.2021).
N. N.: www.solidarites-sante.gouv.fr/prevention-en-sante/preserver-sa-sante/vaccination/vaccins-obligatoires/article/11-vaccins-obligatoires-en-2018 (Seite zuletzt aufgerufen am: 06.04.2021).
N. N.: www.spiegel.de/spiegel/print/d-41758278.html (Seite zuletzt aufgerufen am: 06.04.2021).
N. N.: www.tagesschau.de/ausland/who-malaria-105.html (Seite zuletzt aufgerufen am: 06.04.2021).
N. N.: www.vakcinace.eu/ockovani-v-cr (Seite zuletzt aufgerufen am: 06.04.2021).

N. N.: www.vdek.com/presse/daten/b_versicherte.html (Seite zuletzt aufgerufen am: 06.04.2021).

N. N.: www.zeit.de/1962/15/die-seuche-in-ostberlin (Seite zuletzt aufgerufen am: 06.04.2021).

Nassauer, Alfred/Meyer, Christiane: Impfungen von Kindern und Jugendlichen auch gegen den Elternwillen?, in: Bundesgesundheitsblatt (BGesBl.) 2004, S. 1230–1238.

Naumann, Markus/Abele-Horn, Marianne: Tetanus, in: Intensivmedizin und Notfallmedizin (Intensivmed) 2003, S. 195–202.

Netzer-Nawrocki, Juliane/Makoski, Kyrill: Impfpflicht gegen Masern – Anmerkungen zum Gesetzentwurf eines Masernschutzgesetzes, in: Kinder- und Jugendarzt 2019, S. 367–369.

Nichol, Kristin L./Lind, April/Margolis, Karen L. et al.: The effectiveness of vaccination, in: The New England Journal of Medicine (N Engl J Med) 1995, Nr. 14, S. 889–893.

Niehues, Tim/Bogdan, Christian/Hecht, Jane/Mertens, Thomas/Wiese-Posselt, Miriam/ Zepp, Fred: Impfen bei Immundefizienz, in: Bundesgesundheitsblatt (BGesBl.) 2017, S. 674–684.

Nierhaus, Michael: Bestimmtheitsgebot und Delegationsverbot des Art. 80 Abs. 1 Satz 2 GG und der Gesetzesvorbehalt der Wesentlichkeitstheorie, in: Burmeister, Joachim (Hrsg.): Verfassungsstaatlichkeit. Festschrift für Klaus Stern zum 65. Geburtstag, München 1997, S. 717–732.

Nolte, Rüdiger: Rechtliche Anforderungen an die technische Sicherheit von Kernanlagen, Dissertation Universität Bielefeld 1983, Berlin 1984.

Norman, Paul/Boer, Henk/Seydel, Erwin R.: Protection motivation theory, in: Conner, Mark/Norman, Paul (Hrsg.): Predicting health behaviour: Research and practice with social cognition models, Maidenhead, UK: Open University Press, 2nd edition, 2005, S. 81–126.

Nuffield Council of Bioethics, Public Health: Ethical Issues, London 2007.

Oberhofer, Elke: Hautreaktion nach Impfung: welcher Bestandteil der Vakzine ist schuld?, in: Allergo Journal 2012, S. 340.

Ossenbühl, Fritz: Verwaltungsvorschriften und Grundgesetz, Habilitationsschrift Universität zu Köln 1967, Bad Homburg v. d. H. 1968.

Ders.: Zur Erziehungskompetenz des Staates, in: Habscheid, Walther J./Gaul, Hans Friedhelm/Mikat, Paul (Hrsg.): Festschrift für Friedrich Wilhelm Bosch zum 65. Geburtstag am 2. Dezember 1976, Bielefeld 1976, S. 751–761.

Ders.: Schule im Rechtsstaat, in: Die Öffentliche Verwaltung (DÖV) 1977, S. 801–812.

Ders.: Das elterliche Erziehungsrecht im Sinne des Grundgesetzes, Berlin 1981.

Ders.: Vorsorge als Rechtsprinzip im Gesundheits-, Arbeits- und Umweltschutz, in: Neue Zeitschrift für Verwaltungsrecht (NVwZ) 1986, S. 161–171.

Ossenbühl, Fritz/Cornils, Matthias: Hat der Bund die Gesetzgebungskompetenz zum Erlass eines Nichtraucherschutzgesetzes?, Gutachten für die Forschungsgesellschaft Gesundheit und Rauchen, Baden-Baden 1994.

Dies.: Staatshaftungsrecht, 6. Auflage, München 2013.

Panagopoulou-Koutnatzi, Fereniki: Die Selbstbestimmung des Patienten. Eine Untersuchung aus verfassungsrechtlicher Sicht, Dissertation Humboldt-Universität zu Berlin 2008, Berlin 2009.

Paracelsus, Theophrast: Die dritte Defension wegen des Schreibens der neuen Rezepte, in: Septem Defensiones (1538), Berlin 2013, S. 72–75.

Paul-Ehrlich-Institut: Die unerwünschten Wirkungen der Pockenschutzimpfung, Informationen für Ärztinnen und Ärzte, Update zur CD ROM des Paul-Ehrlich-Instituts (Stand: 10.04.2003).

Dass.: Impfstoffe gegen Meningokokken, www.pei.de/DE/arzneimittel/impfstoffe/meningokokken/meningokokken-node.html?cms_gtp=175360_list%253D2&cms_tabcounter=0 (Seite zuletzt aufgerufen am: 08.04.2021).

Dass.: Impfstoffe gegen Varizellen (Windpocken), www.pei.de/DE/arzneimittel/impfstoffe/varizellen-windpocken/windpocken-node.html (Seite zuletzt aufgerufen am: 08.04.2021).

Dass.: Impfstoffe gegen Masern, www.pei.de/DE/arzneimittel/impfstoffe/masern/masern-node. html (Seite zuletzt aufgerufen am: 08.04.2021).

Dass.: Datenbank mit Verdachtsfällen von Impfkomplikationen, www.pei.de/DE/arzneimittelsicherheit/pharmakovigilanz/uaw-datenbank/uaw-datenbank-node.html (Seite zuletzt aufgerufen am: 01.04.2021).

Dass.: Erläuterungen zur UAW-Datenbank, www.pei.de/DE/arzneimittelsicherheit/pharmakovigilanz/uaw-datenbank/uaw-datenbank-node.html (Seite zuletzt aufgerufen am: 01.04.2021).

Dass.: Vorübergehende Aussetzung der Impfung mit dem COVID-19-Impfstoff Astra-Zeneca, www.pei.de/DE/newsroom/hp-meldungen/2021/210315-voruebergehende-aussetzung-impfung-covid-19-impfstoff-astra-zeneca.html (Seite zuletzt aufgerufen am: 15.03.2021).

Pegatzky, Claus: Parlament und Verordnungsgeber, Dissertation Goethe-Universität Frankfurt am Main 1998, Baden-Baden 1999.

Peinsipp, Norbert/Roos, Günter/Weimer, Günter: Röntgenverordnung – RöV, 7. Auflage, Landsberg am Lech 2016.

Pergande, Frank: Das Impfen war auch Klassenkampf, Frankfurter Allgemeine Zeitung v. 28.02.2015, www.faz.net/aktuell/gesellschaft/gesundheit/masern-im-osten-ein-fast-gewonnener-kampf-13452275.html (Seite zuletzt aufgerufen am: 01.04.2021).

Peschel-Gutzeit, Lore Maria: Das missverstandene Wächteramt. Unzulässige Eingriffe in das Recht der elterlichen Sorge, in: Hilbig-Lugani, Katharina et al. (Hrsg.): „Zwischenbilanz", Festschrift für Dagmar Coester-Waltjen zum 70. Geburtstag am 11. Juli 2015, Bielefeld 2015, S. 173–182.

Pestalozza, Christian: Das Recht auf Gesundheit – Verfassungsrechtliche Dimensionen, in: Bundesgesundheitsblatt (BGesBl.) 2007, S. 1113–1118.

Peters, Nele Stephanie: Masern- und Mumpsantikörperstatus bei Neugeborenen und ihren Müttern sowie im Verlauf des ersten Lebensjahres, Dissertation Ruhr-Universität Bochum 2003, Eigenverlag 2003.

Pfeifenbring, Sandra: Die Verfassungsmäßigkeit der Erziehungsrente nach § 47 SGB VI, Dissertation Gottfried Wilhelm Leibniz Universität Hannover 2018, Baden-Baden 2018.

Pfeiff, Bernhard: Allergien auf Impfstoffe, in: Allergo Journal 2000, S. 343–346.

Pfeil, J./Kobbe, R./Trapp, S./Kitz, C./Hufnagel/M.: Empfehlungen zur infektiologischen Versorgung von Flüchtlingen im Kindes- und Jugendalter in Deutschland, in: Der Internist 2016, S. 416–433.

Pfleiderer, Michael/Wichmann, Ole: Von der Zulassung von Impfstoffen zur Empfehlung durch die Ständige Impfkommission in Deutschland, in: Bundesgesundheitsblatt (BGesBl.) 2014, S. 1–11.

Pflug, Manuel: Pandemievorsorge – informationelle und kognitive Regelungsstrukturen, Dissertation Ludwig-Maximilians-Universität München 2012, Berlin 2013.

Phirtskhalashvili, Anna: Schutzpflichten und die horizontale Wirkung in der Verfassung Georgiens vom 24. August 1995, Dissertation Universität Potsdam 2009, Potsdam 2010.

Pieper, Oliver/Schwager-Wehming, Constanze: Impfpflichten zur Bekämpfung von Masern- und COVID-19-Viren auf dem verfassungsrechtlichen Prüfstand, in: Die Öffentliche Verwaltung (DÖV) 2021, S. 287–297.

Pietzcker, Jost: Drittwirkung – Schutzpflicht – Eingriff, in: Maurer, Hartmut (Hrsg.): Das akzeptierte Grundgesetz. Festschrift für Günter Dürig zum 70. Geburtstag, München 1990, S. 345–363.

Pistor, Moritz: Deutsches Gesundheitswesen. Festschrift zum X. internationalen medizinischen Kongress, Berlin 1890.

Plans, P.: New preventive strategy to eliminate measles, mumps and rubella from Europe based on the serological assessment of herd immunity levels in the population, in: European Journal of Clinical Microbiology & Infectious Diseases (Eur J Clin Microbiol Infect Dis) 2013, S. 961–966.

Plans-Rubió, Pedro: Evaluation of the establishment of herd immunity in the population by means of serological surveys and vaccination coverage, in: Human Vaccines and Immunotherapeutics 2012, S. 184–188.

Poethko-Müller, Christina/Atzpodien, K./Schmitz, R./Schlaud, M.: Impfnebenwirkungen bei Kindern und Jugendlichen. Ergebnisse des Kinder- und Jugendgesundheitssurveys. Teil 1: Deskriptive Analyse, in: Bundesgesundheitsblatt (BGesBl.) 2011, S. 357–364.

Poethko-Müller, Christina/Friedrich, Nicole/Matysiak-Klose, Dorothea/Mankertz, Annette: Seroprävalenz von IgG-Antikörpern gegen Masern bei Erwachsenen in Deutschland – Studie zur Gesundheit Erwachsener in Deutschland (DEGS1), Bremen, 26. September 2018, www.rki.de/DE/Content/InfAZ/M/Masern/Seropraevalenz_DEGS1.pdf?__blob=publicationFile (Seite zuletzt aufgerufen am: 01.04.2021).

Poethko-Müller, Christina/Kuhnert, Ronny/Gillesberg Lassen, Sofie/Siedler, Anette: Durchimpfung von Kindern und Jugendlichen in Deutschland: Aktuelle Daten aus KiGGS Welle 2 und Trends aus der KiGGS-Studie, in: Bundesgesundheitsblatt (BGesBl.) 2019, S. 410–421.

Poethko-Müller, Christina/Kuhnert, Ronny/Schlaud, Martin: Durchimpfung und Determinanten des Impfstatus in Deutschland, in: Bundesgesundheitsblatt (BGesBl.) 2007, S. 851–862.

Poethko-Müller, Christina/Mankertz, Annette: Seroprevalence of Measles-, Mumps- and Rubella-Specific IgC Antibodies in German Children, in: PLoS ONE 2012, Vol. 7 Issue 8, e42867, S. 1–13.

Dies.: Durchimpfung und Prävalenz von IgG-Antikörpern gegen Masern bei Kindern und Jugendlichen in Deutschland, in: Bundesgesundheitsblatt (BGesBl.) 2013, S. 1243–1252.

Poethko-Müller, Christina/Schmitz, Roma: Impfstatus von Erwachsenen in Deutschland. Ergebnisse der Studie zur Gesundheit Erwachsener in Deutschland, in: Bundesgesundheitsblatt (BGesBl.) 2013, S. 845–857.

Poethko-Müller, Christina/Thamm, Roma/Heidemann, Christin/Busch, Markus/Neuhauser, Hannelore: Fieberkrämpfe, Epilepsie, Migräne, Diabetes und Herzerkrankungen sowie Masern, Windpocken und Keuchhusten bei Kindern und Jugendlichen in

Deutschland. Ergebnisse aus KiGGS Welle 2, in: Bundesgesundheitsblatt (BGesBl.) 2019, S. 1162–1173.

Poggensee, G./Reuss, A./Reiter, S./Siedler, A.: Überblick und Bewertung der verfügbaren Datenquellen zur Inzidenz impfpräventabler Krankheiten, zum Durchimpfungsgrad und zum Immunstatus in Deutschland, in: Bundesgesundheitsblatt (BGesBl.) 2009, S. 1019–1028.

Pohlmann, Kristine: Rechtliche Rahmenbedingungen der Katastrophenbewältigung, Dissertation Universität Bielefeld 2012, Frankfurt a. M. 2012.

Poland, Gregory A./Jacobson, Robert M.: Understanding those who do not understand: a brief review of the anti-vaccine movement, in: Vaccine 2001, S. 2440–2445.

Poscher, Ralf: Grundrechte als Abwehrrechte, Habilitationsschrift Humboldt-Universität zu Berlin 2002, Tübingen 2003.

Preußischer Landesgesundheitsrat: Über die Einfügung einer Gewissensklausel in das Reichsimpfgesetz. Bericht über die Sitzung des Landesgesundheitsrats vom 10. Oktober 1925, in: Krohne/Lentz (Hrsg.): Veröffentlichungen aus dem Gebiete der Medizinalverwaltung, Zwanzigster Band, 9. Heft, S. 495(1)–615(121), Berlin 1926.

Ders.: Beratung einer beabsichtigten reichsgesetzlichen Aenderung des Impfgesetzes vom 8. April 1874 durch Einfügung einer Gewissensklausel nach englischem Muster. Bericht über die Verhandlungen eines Unterausschusses des Ausschusses c für die Seuchenbekämpfung vom 21. Februar 1934, in: Krohne/Lentz (Hrsg.): Veröffentlichungen aus dem Gebiete der Medizinalverwaltung, Zweiundvierzigster Band, 4. Heft, S. 165(1)–236(72), Berlin 1934.

Pschyrembel, Willibald (Hrsg.): Klinisches Wörterbuch, 268. Auflage, Berlin 2020.

Pulz, Matthias: Einführung einer Masernimpfpflicht: politisch gewollt, fachlich umstritten, in: Krankenhaushygiene up2date 2019, S. 243–245.

Quinlisk, M. Patricia: Mumps Control Today, in: The Journal of Infectious Diseases 2010, S. 655–656.

Rabe, Steffen: Wider eine Impfpflicht in Deutschland – eine Streitschrift, in: Zeitschrift für Allgemeinmedizin (Z Allg Med) 2019, S. 215–221.

Ders.: Masern in Berlin: 2 Arten von Schweigepflicht?, www.impf-info.de/die-impfungen/masern/184-masern-in-berlin-2-arten-von-schweigepflicht.html (Seite zuletzt aufgerufen am: 06.04.2021).

Ders.: Masern – Die Impfung, www.impf-info.de/die-impfungen/masern/115-masern-die-impfung.html (Seite zuletzt aufgerufen am: 06.04.2021).

Rao, Sathyanarayana/Andrade, Chittaranjan: The MMR vaccine and autism: Sensation, refutation, retraction, and fraud, in: Indian Journal of Psychiatry (Indian J Psychiatry), 2011 Apr–Jun; 53(2): 95–96.

Rapmund, Otto: Die gesetzlichen Vorschriften über die Schutzpockenimpfung: Reichs-Impfgesetz nebst den dazu gehörigen Bundesrats-Beschlüssen und den in den einzelnen Bundesstaaten erlassenen Ausführungsbestimmungen; zum Gebrauch für Ärzte, Impfärzte, Medizinalbeamte und Verwaltungsbehörden, Leipzig 1900.

Rashid, Harunor/Khandaker, Gulam/Booy, Robert: Vaccination and herd immunity: what more do we know?, in: Current Opinion in Infectious Diseases 2012, S. 243–249.

Ratzel, Rudolf: Rechtliche Aspekte des Impfens gemäß den Empfehlungen der Ständigen Impfkommission (STIKO) am Robert-Koch-Institut (RKI), zugleich Anmerkung zum Urteil des EuGH v. 21.6.2017 – Rs. C-621/15, GesR 2017, 514 ff., in: Gesundheitsrecht (GesR) 2017, S. 625–627.

Ders.: Der Entwurf für ein neues Masernschutzgesetz, in: Gesundheitsrecht (GesR) 2019, S. 560–562.

Rautmann, Christiane: Determinanten für die Umsetzung der Impfempfehlungen der Ständigen Impfkommission (STIKO) in den alten und neuen Bundesländern, Dissertation Ernst-Moritz-Arndt-Universität Greifswald 2013, Eigenverlag 2013.

Razum, Oliver/Matysiak-Klose, Dorothea/Kouros, Bijan: Elimination von Masern und Röteln: Keine signifikante Verbesserung, in: Deutsches Ärzteblatt (DÄ) 2016, S. 113.

Razum, Oliver/Saß, Anke-Christine/Kayvan Bozorgmehr: Gesundheitliche Versorgung von Geflüchteten: Herausforderungen und Lösungsansätze, in: Bundesgesundheitsblatt (BGesBl.) 2016, S. 543–544.

Rehmann, Wolfgang A.: Arzneimittelgesetz Kommentar, 5. Auflage, München 2020.

Reiling, Katharina: Der Hybride, Dissertation Universität Konstanz 2014, Tübingen 2016.

Reinhardt, Michael: Umweltschutz ist wesentlich, in: Neue Zeitschrift für Verwaltungsrecht (NVwZ) 2019, S. 195–198.

Reith, Björn: Der Erziehungs-, Bildungs- und Betreuungsauftrag des Staates im Vorschulbereich, Dissertation Universität Konstanz 2013, Baden-Baden 2014.

Renthe, Barbara von: Die Erfolge der Seuchenbekämpfung in der sowjetischen Besatzungszone, in: Zentralverwaltung für das Gesundheitswesen in der sowjetisch besetzten Besatzungszone (Hrsg.): Epidemiologen Tagung Berlin 23.–25. März 1948, Berlin 1949, S. 15–30.

Reuß, Annicka Marita: Bestimmung von Impfquoten und Inzidenzen impfpräventabler Erkrankungen anhand von Daten der Kassenärztlichen Vereinigungen, Dissertation Charité Universitätsmedizin Berlin 2012, Eigenverlag.

Richter-Kuhlmann, Eva: Ethikrat gegen generellen Zwang, in: Deutsches Ärzteblatt (DÄ) 2019, S. A1306–A1307.

Rieck, Thorsten: KV-Impfsurveillance – Möglichkeiten und Herausforderungen der Analyse der KV-Daten, Tagungsbeitrag Berlin 23.01.2019, abrufbar unter: www.zi.de/veranstaltungen/weitere-tagungen-workshops/gemeinsame-fachtagung-mit-dem-robert-koch-institut/ (Seite zuletzt aufgerufen am: 08.04.2021).

Rieck, Thorsten/Feig, Marcel/Eckmanns, Tim/Benzler, Justus/Siedler, Anette/Wichmann, Ole: Vaccination coverage among children in Germany estimated by analysis of health insurance claims data, in: Human Vaccines & Immunotherapeutics 2014, S. 476–484.

Rieck, Thorsten/Feig, M./an der Heiden, M./Siedler, Anette/Wichmann, Ole: Assessing varicella vaccine effectiveness and its influencing factors using health insurance claims data, Germany, 2006 to 2015, in: Eurosurveillance April 2017, S. 1–10.

Rieck, Thorsten/Matysiak-Klose, Dorothea/Hellenbrand, Wiebke/Koch, Judith/Feig, Marcel/Siedler, Anette/Wichmann, Ole: Umsetzung der Masern- und Pertussisimpfempfehlungen für Erwachsene, in: Bundesgesundheitsblatt (BGesBl.) 2019, S. 422–432.

Riedel, Stefan: Edward Jenner and the history of smallpox and vaccination, in: Baylor University Medical Center Proceedings (BUMC Proceedings) 2005:18, S. 21–25.

Riege, Fritz: Beitragsdifferenzierung, Gesundheitskontrolle, Gesundheitsförderung: „Verpflichtung" zur Gesundheit?, in: Die Sozialgerichtsbarkeit (SGb) 1994, S. 464–468.

Rieger, C. T./Liss, B./Mellinghoff, S. et al.: Anti-infective vaccination strategies in patients with hematologic malignancies or solid tumors, in: Annals of Oncology 2018, S. 1354–1365.

Riehm, Thomas: Abwägungsentscheidungen in der praktischen Rechtsanwendung, Dissertation Ludwig-Maximilians-Universität München 2006, München 2006.

Rink, Lothar/Kruse, Andrea/Haase, Hajo: Immunologie für Einsteiger, 2. Auflage, Heidelberg 2015.

Rixen, Stephan: Befugnisse und Grenzen des staatlichen Infektionsschutzrechts, in: Kloepfer, Michael (Hrsg.): Pandemien als Herausforderung für die Rechtsordnung, Baden-Baden 2011, S. 67–84.

Ders.: Impfpflicht und Organspende – Gesundheitspolitik ohne Grundrechte?, in: Zeitschrift für Rechtspolitik (ZRP) 2019, S. 93.

Ders.: Verfassungsfragen der Masernimpfpflicht: Ist die Impfpflicht nach dem geplanten Masernschutzgesetz verfassungswidrig? Gutachten vom 11. Oktober 2019 zum Gesetzentwurf der Bundesregierung (BRDrucks. 358/19) im Auftrag der „Ärzte für individuelle Impfentscheidung e. V.", www/individuelle-impfentscheidung.de/pdfs/Rixen/Verfassungsgutachten.pdf (Seite zuletzt aufgerufen am: 01.04.2021).

Ders.: Die Impfpflicht nach dem Masernschutzgesetz, in: Neue Juristische Wochenschrift (NJW) 2020, S. 547–651.

Robbers, Gerhard: Sicherheit als Menschenrecht, Habilitationsschrift Albert-Ludwigs-Universität Freiburg 1986, Baden-Baden 1987.

Robert-Koch-Institut: Hinweise zu Impfungen für Patienten mit Immundefizienz, in: Epidemiologisches Bulletin (EpidBull) Nr. 39/2005, S. 353–364.

Dass.: Impfquoten bei der Schuleingangsuntersuchung in Deutschland 2005, in: Epidemiologisches Bulletin (EpidBull) Nr. 48/2006, S. 430–431.

Dass.: Impfquoten bei der Schuleingangsuntersuchung in Deutschland 2006, in: Epidemiologisches Bulletin (EpidBull) Nr. 7/2008, S. 55–57.

Dass.: Impfquoten bei der Schuleingangsuntersuchung in Deutschland 2007, in: Epidemiologisches Bulletin (EpidBull) Nr. 16/2009, S. 143–145.

Dass.: Impfquoten bei der Schuleingangsuntersuchung in Deutschland 2008, in: Epidemiologisches Bulletin (EpidBull) Nr. 16/2010, S. 137–140.

Dass.: Empfehlungen der Ständigen Impfkommission, in: Epidemiologisches Bulletin (EpidBull) Nr. 30/2010, S. 279–298.

Dass.: Windpocken: Zu einer Häufung unter somalischen Asylsuchenden in zwei Aufnahmeeinrichtungen in München, in: Epidemiologisches Bulletin (EpidBull) Nr. 48/2010, S. 479–481.

Dass.: Impfquoten bei der Schuleingangsuntersuchung in Deutschland 2009, in: Epidemiologisches Bulletin (EpidBull) Nr. 16/2011, S. 125–129.

Dass.: Impfquoten bei der Schuleingangsuntersuchung in Deutschland 2010, in: Epidemiologisches Bulletin (EpidBull Nr. 16/2012, S. 135–139.

Dass.: Änderung der Empfehlung zur Impfung gegen Mumps, in: Epidemiologisches Bulletin (EpidBull) Nr. 31/2012, S. 314–318.

Dass.: Stellungnahme der Ständigen Impfkommission: Evaluation der Varizellen-Impfempfehlung durch die STIKO, in: Epidemiologisches Bulletin (EpidBull) Nr. 1/2013, S. 1–5.

Dass.: Impfquoten bei der Schuleingangsuntersuchung in Deutschland 2011, in: Epidemiologisches Bulletin (EpidBull) Nr. 16/2013, S. 129–136.

Dass.: Mitteilung der Ständigen Impfkommission am RKI zur Impfung gegen Poliomyelitis, in: Epidemiologisches Bulletin (EpidBull) Nr. 47/2013, S. 481.

Dass.: Entscheidungshilfen zu Kontaktpersonen-Nachverfolgungen nach Kontakt mit infektiösen Personen in öffentlichen Landverkehrsmitteln, in: Epidemiologisches Bulletin (EpidBull) Nr. 2/2014, S. 15–19.

Dass.: Impfquoten bei der Schuleingangsuntersuchung in Deutschland 2012, in: Epidemiologisches Bulletin (EpidBull) Nr. 16/2014, S. 137–141.

Dass.: Impfquoten bei der Schuleingangsuntersuchung in Deutschland 2013, in: Epidemiologisches Bulletin (EpidBull) Nr. 16/2015, S. 131–135.

Dass.: Für medizinisches Personal: Akut behandlungsbedürftige, für Deutschland ungewöhnliche Infektionskrankheiten, die bei Asylsuchenden auftreten können, in: Epidemiologisches Bulletin (EpidBull) Nr. 38/2015, S. 413–415.

Dass.: Konzept zur Umsetzung frühzeitiger Impfungen bei Asylsuchenden nach Ankunft in Deutschland, in: Epidemiologisches Bulletin (EpidBull) Nr. 41/2015, S. 439–448.

Dass.: Invasive Meningokokken-Erkrankungen 2012–2015, in: Epidemiologisches Bulletin (EpidBull) Nr. 44/2015, S. 471–484.

Dass.: Impfquoten der Masern-, HPV- und Influenza-Impfung in Deutschland, in: Epidemiologisches Bulletin (EpidBull) Nr. 1/2016, S. 1–10.

Dass.: Impfquoten bei der Schuleingangsuntersuchung in Deutschland 2014, in: Epidemiologisches Bulletin (EpidBull) Nr. 16/2016, S. 129–134.

Dass.: Impfquoten bei der Schuleingangsuntersuchung in Deutschland 2015, in: Epidemiologisches Bulletin (EpidBull) Nr. 16/2017, S. 137–148.

Dass.: Wissenschaftliche Begründung für die Entscheidung, die Herpes-zoster-Lebendimpfung nicht als Standardimpfung zu empfehlen, in: Epidemiologisches Bulletin (EpidBull) Nr. 36/2017, S. 391–410.

Dass.: Infektionsepidemiologisches Jahrbuch meldepflichtiger Krankheiten für 2016, Berlin 2017.

Dass.: Aktuelles aus der KV-Impfsurveillance – Impfquoten ausgewählter Schutzimpfungen in Deutschland, in: Epidemiologisches Bulletin (EpidBull) Nr. 1/2018, S. 1–14.

Dass.: Wissenschaftliche Begründung für die Empfehlung des quadrivalenten saisonalen Influenzaimpfstoffs, in: Epidemiologisches Bulletin (EpidBull) Nr. 2/2018, S. 19–31.

Dass.: Impfquoten bei der Schuleingangsuntersuchung in Deutschland 2016, in: Epidemiologisches Bulletin (EpidBull) Nr. 16/2018, S. 151–160.

Dass.: Aktuelle Epidemiologie der Masern in Deutschland, in: Epidemiologisches Bulletin (EpidBull) Nr. 33/2018, S. 325–330.

Dass.: Empfehlungen der Ständigen Impfkommission (STIKO) am Robert Koch-Institut – 2018/2019, in: Epidemiologisches Bulletin (EpidBull) Nr. 34/2018, S. 335–382.

Dass.: Wissenschaftliche Begründung zur Empfehlung einer Impfung mit dem Herpes zoster-subunit-Totimpfstoff, in: Epidemiologisches Bulletin (EpidBull) Nr. 50/2018, S. 541–570.

Dass.: Infektionsepidemiologisches Jahrbuch meldepflichtiger Krankheiten für 2017, Berlin 2018.

Dass.: Infektionsepidemiologisches Jahrbuch meldepflichtiger Krankheiten für 2018, Berlin 2019.

Dass.: Infektionsepidemiologisches Jahrbuch meldepflichtiger Krankheiten für 2017, Jahresstatistik meldepflichtiger Krankheiten je nach Bundesland, www.rki.de/DE/Content/Infekt/Jahrbuch/Jahresstatistik_2017.pdf?__blob=publicationFile (Seite zuletzt aufgerufen am: 01.04.2021).

Dass.: Einführung von Impfempfehlungen in Deutschland im Überblick, Stand: 13.12.2018, www.rki.de/DE/Content/Kommissionen/STIKO/Empfehlungen/Archiv/Tab_Einf_Impfempfehlungen_Dtl.pdf?__blob=publicationFile (Seite zuletzt aufgerufen am: 01.04.2021).

Dass.: Impfquoten bei der Schuleingangsuntersuchung in Deutschland 2017, in: Epidemiologisches Bulletin (EpidBull) Nr. 18/2019, S. 147–156.

Dass.: Empfehlungen der Ständigen Impfkommission (STIKO) am Robert Koch-Institut – 2019/2020, in: Epidemiologisches Bulletin (EpidBull) Nr. 34/2019, S. 313–356.

Dass.: Impfquoten bei Erwachsenen in Deutschland, in: Epidemiologisches Bulletin (EpidBull) Nr. 44/2019, S. 457–466.

Dass.: Impfkalender 2020/2021, in: Epidemiologisches Bulletin (EpidBull) Nr. 34/2020, S. 6.

Dass.: STIKO-Empfehlung zur COVID-19-Impfung, in: Epidemiologisches Bulletin (EpidBull) Nr. 2/2021, S. 3–71.

Dass.: Welche Impfquote ist notwendig, um COVID-19 zu kontrollieren?, in: Epidemiologisches Bulletin (EpidBull) Nr. 27/2021, S. 3–13.

Dass.: STIKO-Empfehlung zur COVID-19-Impfung, in: Epidemiologisches Bulletin (EpidBull) Nr. 33/2021, S. 3–9.

Dass.: STIKO-Empfehlung zur COVID-19-Impfung, in: Epidemiologisches Bulletin (EpidBull) Nr. 43/2021, S. 3–11.

Dass.: Wöchentlicher Lagebericht des RKI zur Coronavirus-Krankheit-2019 (COVID-19) v. 30.09.2021, abrufbar unter www.rki.de/DE/Content/InfAZ/N/Neuartiges_Coronavirus/Situationsberichte/Wochenbericht/Wochenbericht_2021-09-30.pdf?__blob=publicationFile (Seite zuletzt aufgerufen am; 17.10.2021).

Dass.: Infektionsepidemiologisches Jahrbuch meldepflichtiger Krankheiten für 2018, Jahresstatistik meldepflichtiger Krankheiten je nach Bundesland, www.rki.de/DE/Content/Infekt/Jahrbuch/Jahresstatistik_2018.pdf?__blob=publicationFile (Seite zuletzt aufgerufen am: 01.04.2021).

Dass.: Bericht zur Epidemiologie der Tuberkulose in Deutschland für 2016, www.rki.de/DE/Content/InfAZ/T/Tuberkulose/Archiv_Berichte_TB_in_Dtl_tab.html (Seite zuletzt aufgerufen am: 15.03.2021).

Dass.: Schutzimpfung gegen Windpocken (Varizellen): Antworten auf häufig gestellte Fragen, www.rki.de/SharedDocs/FAQ/Impfen/Varizellen/FAQ-Liste_Varizellen_Impfen.html (Seite zuletzt aufgerufen am: 01.04.2021).

Dass.: Schutzimpfung gegen Masern: Häufig gestellte Fragen und Antworten, www.rki.de/SharedDocs/FAQ/Impfen/MMR/FAQ_Uebersicht_MSG.html (Seite zuletzt aufgerufen am: 09.04.2021).

Dass.: Ratgeber Masern, www.rki.de/DE/Content/Infekt/EpidBull/Merkblaetter/Ratgeber_Masern.html (Seite zuletzt aufgerufen am: 06.04.2021).

Dass.: Ratgeber Mumps, www.rki.de/DE/Content/Infekt/EpidBull/Merkblaetter/Ratgeber_ Mumps.html#doc13018560bodyText13 (Seite zuletzt aufgerufen am: 06.04.2021).

Dass.: VacMap – Measles Vaccination Coverage in Germany, www.vacmap.de/ (Seite zuletzt aufgerufen am: 06.04.2021).

Dass.: Sicherheit von Impfungen, www.rki.de/DE/Content/Kommissionen/STIKO/Impfsicherheit/sicherheit_impfungen_node.html (Seite zuletzt aufgerufen am: 06.04.2021).

Dass.: Impfquoten, www.rki.de/DE/Content/Infekt/Impfen/Impfstatus/impfstatus_node.html (Seite zuletzt aufgerufen am: 27.03.2021).

Dass.: Impfquoten bei den Schuleingangsuntersuchungen in Deutschland, www.rki.de/DE/Content/Infekt/Impfen/Impfstatus/schulanfaenger/schuleingangsuntersuchungen_inhalt.html (Seite zuletzt aufgerufen am: 06.04.2021).

Dass.: Ständige Impfkommission, www.rki.de/DE/Content/Kommissionen/STIKO/stiko_node. html (Seite zuletzt aufgerufen am: 09.04.2021).

Dass.: Mitglieder der STIKO, www.rki.de/DE/Content/Kommissionen/STIKO/Mitgliedschaft/Mitglieder/mitglieder_node.html (Seite zuletzt aufgerufen am: 06.04.2021).

Dass.: Mitgliedschaft in der Ständigen Impfkommission, www.rki.de/DE/Content/Kommissionen/STIKO/Mitgliedschaft/mitgliedschaft_node.html (Seite zuletzt aufgerufen am: 09.04.2021).

Dass.: Ständige Impfkommission: Selbstauskünfte, www.rki.de/DE/Content/Kommissionen/STIKO/Mitgliedschaft/Interessenskonflikte/interessenskonflikte_node.html (Seite zuletzt aufgerufen am: 09.04.2021).

Dass.: Epidemiologischer Steckbrief zu SARS-CoV-2 und COVID-19, www.rki.de/DE/Content/InfAZ/N/Neuartiges_Coronavirus/Steckbrief.html (Seite zuletzt aufgerufen am: 26.01.2021).

Dass.: Antworten auf häufig gestellte Fragen zum Coronavirus SARS-CoV-2/Krankheit COVID-19, www.rki.de/SharedDocs/FAQ/NCOV2019/gesamt.html (Seite zuletzt aufgerufen am: 26.01.2021).

Dass.: Ständige Impfkommission: Aufgaben und Methodik, www.rki.de/DE/Content/Kommissionen/STIKO/Aufgaben_Methoden/methoden_node.html (Seite zuletzt aufgerufen am: 09.04.2021).

Dass.: Interpretationshilfe zur GRADE-Methodik, www.rki.de/DE/Content/Kommissionen/STIKO/Aufgaben_Methoden/Interpretationshilfe_STIKO-Methodik.pdf?__blob=publicationFile (Seite zuletzt aufgerufen am 09.04.2021).

Dass.: Übersicht zu besorgniserregenden SARS-CoV-2-Virusvarianten (VOC), www.rki.de/DE/Content/InfAZ/N/Neuartiges_Coronavirus/Virusvariante.html;jsessionid=180D0F97C670D25C046F947D87E3DE31.internet052?nn=2386228 (Seite zuletzt aufgerufen am 17.10.2021).

Roberts, R.: MMR vaccination and autism: There is no causal link between MMR vaccine and autism, in: British Medical Journal (BMJ) 1998 Jun 13; 316(7147): 1824.

Roellecke, Gerd: Die Verwaltungsgerichtsbarkeit im Grenzbereich zur Gesetzgebung, in: Neue Juristische Wochenschrift (NJW) 1978, S. 1776–1781.

Rompf, Thomas: Selbstverschulden im Krankenversicherungsrecht, in: Die Sozialgerichtsbarkeit (SGb) 1997, S. 105–110.

Rospino, Robert: Masern – eine Analyse nach szientometrischen Gesichtspunkten, Dissertation Charité Universitätsmedizin Berlin 2009, Eigenverlag.

Rossen, Isabel/Hurlstone, Mark J./Lawrence, Carmen: Going with the grain of cognition: applying Insights from Psychology to Build Support for Childhood Vaccination, in: Frontier in Psychology Sept. 2016, Vol. 7, Article 1483.

Roth, Christopher Leander: Die Strafbarkeit von Masernpartys, Dissertation Justus-Liebig-Universität Gießen 2013, Baden-Baden 2013.

Rupp, Hans Heinrich: Vom Wandel der Grundrechte, in: Archiv des öffentlichen Rechts (AöR) Bd. 101 (1976), S. 161–201.

Ruschemeier, Hannah: Der additive Grundrechtseingriff, Dissertation Heinrich-Heine-Universität Düsseldorf 2018, Berlin 2019.

Rusteberg, Benjamin: Der grundrechtliche Gewährleistungsgehalt, Dissertation Albert-Ludwigs-Universität Freiburg 2008, Tübingen 2009.

Sabin Vaccine Institute: Legislative Landscape Review: Legislative Approaches to Immunization Across the European Region, December 2018, www.sabin.org/updates/

resources/legislative-approaches-immunization-across-european-region (Seite zuletzt aufgerufen am: 08.04.2021).

Sachs, Michael: Nichtraucherschutz in Gaststätten vor dem Bundesverfassungsgericht, in: Detterbeck, Steffen/Rozek, Jürgen/Coelln, Christian von (Hrsg.): Recht als Medium der Staatlichkeit. Festschrift für Herbert Bethge zum 70. Geburtstag, Berlin 2009, S. 251–267.

Ders. (Hrsg.): Grundgesetz Kommentar, 9. Auflage, München 2021 (zitiert als: *Bearbeiter*, in: Sachs [Hrsg.], GG Kommentar).

Sacksofsky, Ute/Nowak, Katharina: Anfängerhausarbeit – Öffentliches Recht: Grundrechte und Staatsorganisationsrecht – Masernimpfpflicht, in: Juristische Schulung (JuS) 2015, S. 1007–1012.

Säcker, Franz Jürgen/Rixecker, Roland/Oetker, Hartmut/Limperg, Bettina (Hrsg.): Münchner Kommentar zum BGB, 8. Auflage, München 2018 (zitiert als: *Bearbeiter*, in: Säcker/Rixecker/Oetker/Limperg [Hrsg.], Münchner Kommentar BGB).

Samhat, Linda: Gesundheitsgerechtes Verhalten: Pflichten und Obliegenheiten, Dissertation Freie Universität Berlin 2018, Berlin 2019.

Sander, Gerald G.: Internationaler und europäischer Gesundheitsschutz, Dissertation Eberhard Karls Universität Tübingen 2000, Baden-Baden 2004.

Sanders, Anne: Mehrelternschaft, Habilitationsschrift Universität zu Köln 2018, Tübingen 2018.

Sass, Wolfgang: Art. 14 GG und das Entschädigungserfordernis, Dissertation Universität zu Köln 1991, Heidelberg 1992.

Sasse, Julia/Gelderblom, Hans R.: Pockenausbrüche nach dem zweiten Weltkrieg in Deutschland, in: Bundesgesundheitsblatt (BGesBl.) 2015, S. 730–737.

Sauerbrei, A./Prager, J./Bischoff, A./Wutzler, Peter: Antikörper gegen impfpräventable Erkrankungen bei Schwangeren und deren Neugeborenen, in: Bundesgesundheitsblatt (BGesBl.) 2004, S. 10–15.

Sauerteig, Lutz: Krankheit, Sexualität, Gesellschaft: Geschlechtskrankheiten und Gesundheitspolitik im 19. und frühen 20. Jahrhundert, Dissertation Humboldt-Universität zu Berlin 1996, Stuttgart 1999.

Saurer, Johannes: Die Funktionen der Rechtsverordnung, Dissertation Universität Bayreuth 2004, Berlin 2005.

Schaade, Lars/Widders, U./Stange, G./Höhl, N.: Impfempfehlungen der Ständigen Impfkommission beim Robert-Koch-Institut, in: Bundesgesundheitsblatt (BGesBl.) 2009, S. 1006–1010.

Schaks, Nils: Schriftliche Stellungnahme zum Gesetzentwurf der Bundesregierung „Entwurf eines Gesetzes für den Schutz vor Masern und zur Stärkung der Impfprävention (Masernschutzgesetz)“ vom 23.09.2019 [BT-Drs. 19/13452], Ausschuss-Drs. 19(14)112(14).

Ders.: Die Pflicht zur Verwendung von Kombinationsimpfstoffen gegen Masern. Zur Verfassungsmäßigkeit des § 20 Abs. 8 Satz 3 IfSG, in: Medizinrecht (MedR) 2020, S. 201–206.

Schaks, Nils/Krahnert, Sebastian: Die Einführung einer Impfpflicht zur Bekämpfung der Masern. Eine zulässige staatliche Handlungsoption, in: Medizinrecht (MedR) 2015, S. 860–866.

*Scheidt-Nave, Christa/Kamtsiuris, Panagiotis/Gößwald, Antje/Hölling, Heike/Lange, Michael/Busch, Markus A./Dahm, Stefan/Dölle, Rüdiger/Ellert, Ute/Fuchs, Judith/Hapke, Ulfert/Heidemann, Christin/Knopf, Hiltraud/Laussmann, Detlef/Mensink,

Gert B. M./Neuhauser, Hannelore/Richter, Almut/Sass, Anke-Christine/Schaffrath Rosario, Angelika/Stolzenberg, Heribert/Thamm, Michael/Kurth, Bärbel-Maria: German health interview and examination survey for adults (DEGS) – design, objectives and implementation of the first data collection wave, in: BMC Public Health 2012, S. 730–745.

Scheiwe, Kirsten: Rechtliche Rahmenbedingungen der Kindertageseinrichtungen für Kinder ab drei Jahren bis zum Schuleintritt – das deutsche Modell aus vergleichender Perspektive, in: Scheiwe, Kirsten/Schuler-Harms, Margarete, Aktuelle Rechtsfragen der Familienpolitik aus vergleichender Sicht, Baden-Baden 2008, S. 78–153.

Scherzberg, Arno: Grundrechtsschutz und „Eingriffsintensität", Dissertation Westfälische Willhelms-Universität Münster 1989, Berlin 1989.

Scheuner, Ulrich: Pressefreiheit, in: Vereinigung der Deutschen Staatsrechtslehrer (Hrsg.): Veröffentlichungen der Vereinigung der Deutschen Staatsrechtslehrer (VVDStRL) Bd. 22 (1965), Reprint 2013, Berlin 2013, S. 1–100.

Schimmelpfennig, Markus: Das Infektionsschutzgesetz (IfSG) – Wissen für die Praxis, in: Rechtsdepesche für das Gesundheitswesen (RDG) 2008, S. 224–230.

Schirilla, Nausikaa: Migration und Flucht, Stuttgart 2016.

Schiwy, Peter: Impfung und Aufopferungsentschädigung, Dissertation Universität zu Köln 1973, Berlin 1974.

Schlack, Hans/Kries, Rüdiger von/Thyen, Ute (Hrsg.): Sozialpädiatrie, Heidelberg 2009 (zitiert als: *Bearbeiter*, Titel des Beitrags, in: Schlack/Kries/Thyen [Hrsg.], Sozialpädiatrie).

Schlegel, Rainer/Meßling, Miriam/Bockholdt, Frank (Hrsg.), COVID-19 – Corona-Gesetzgebung – Gesundheit und Soziales, München 2020 (zitiert als: *Bearbeiter*, in: Schlegel/Meßling/Bockholdt [Hrsg.], COVID-19 – Corona-Gesetzgebung – Gesundheit und Soziales).

Schlink, Bernhard: Abwägung im Verfassungsrecht, Dissertation Universität Heidelberg 1975, Berlin 1976.

Ders.: Der Grundsatz der Verhältnismäßigkeit, in: Badura, Peter/Dreier, Horst (Hrsg.): Festschrift 50 Jahre Bundesverfassungsgericht, Zweiter Band, Tübingen 2001, S. 445–465.

Schlöpker, K./Hermann, M./Großer-Kaya, C./Robra, B./Dippelhofer-Stiem, B./Schütze, F./Heintze, C.: Problemlagen von versteckt lebenden Migranten in Deutschland: Analyse der medizinischen Beratungsanlässe in Berlin, Bonn und Köln, in: Das Gesundheitswesen 2009, S. 839–844.

Schmidt, Jörg: Die demokratische Legitimationsfunktion der parlamentarischen Kontrolle, Dissertation Universität Bielefeld 2006, Berlin 2007.

Schmidt, Judith/Bruns, Roswitha/Weigel, Martin/Rautmann, Christiane/Weitmann, Kerstin/Hoffmann, Wolfgang: Impfeinstellung und -verhalten unter niedergelassenen Pädiatern mit und ohne Zusatzbezeichnung Homöopathie, in: Zeitschrift für Klassische Homöopathie (ZKH) 2012, S. 189–194.

Schmidt, Reinhold E.: Primäre Immundefekte, in: Bundesgesundheitsblatt (BGesBl.) 2007, S. 1502–1506.

Schmidt, Thorsten Ingo: Grundpflichten, Dissertation Georg-August-Universität Göttingen 1999, Baden-Baden 1999.

Schmidt am Busch, Birgit: Die Gesundheitssicherung im Mehrebenensystem, Habilitationsschrift Humboldt-Universität zu Berlin 2006, Tübingen 2007.

Schmidt-Aßmann, Eberhard: Anwendungsprobleme des Art. 2 Abs. 2 GG im Immissionsschutzrecht, in: Archiv des öffentlichen Rechts (AöR) Bd. 106 (1981), S. 205–217.

Schmidt-Bleibtreu/Hofmann/Henneke Grundgesetz Kommentar, Hofmann, Hans/Henneke, Hans-Günter (Hrsg.), 14. Auflage, Köln 2018 (zitiert als: *Bearbeiter*, in: Schmidt-Bleibtreu/Hofmann/Henneke GG Kommentar).

Schmitt, Heinz-J.: Factors influencing vaccine uptake in Germany, in: Vaccine 2002, S2–S4.

Schmitt Glaeser, Walter: Das elterliche Erziehungsrecht in staatlicher Reglementierung, Bielefeld 1980.

Schnapp, Friedrich E.: Der Verwaltungsvorbehalt, in: Vereinigung der Deutschen Staatsrechtslehrer (Hrsg.): Veröffentlichungen der Vereinigung der Deutschen Staatsrechtslehrer (VVDStRL) Bd. 43 (1985), Berlin 1985, S. 172–201.

Schnapp, Friedrich E./Wigge, Peter (Hrsg.): Handbuch des Vertragsarztrechts, 3. Auflage, München 2017 (zitiert als: *Bearbeiter*, Titel des Beitrags, in: Schnapp/Wigge [Hrsg.], Handbuch des Vertragsarztrechts).

Schneider, Ludwig: Der Schutz des Wesensgehalts von Grundrechten nach Art. 19 Abs. 2 GG, Dissertation Universität Passau 1981, Berlin 1983.

Schöffel, N./Bundschuh, M./Bendels, M. H. K./Groneberg, D. A.: Asylsuchende und Impfen, in: Zentralblatt für Arbeitsmedizin, Arbeitsschutz und Ergonomie (Zbl Arbeitsmed) 2016, S. 29–32.

Schönberger, Katharina/Ludwig, Maria-Sabine/Wildner, Manfred/Weissbrich, Benedikt: Epidemiology of Subacute Sclerosing Panencephalitis (SSPE) in Germany from 2003 to 2009: A Risk Estimation, in: PLOS one 2013, Vol. 8, Issue 7, e68909, S. 1–8.

Schröder, Ulrich Jan: Der Verhältnismäßigkeitsgrundsatz, in: Ad Legendum 2015, S. 327–333.

Schuchart, Sabine: Medizingeschichte: Robert Koch und die Geschichte der Tuberkulose, in: Deutsches Ärzteblatt (DÄ) 2017, S. 76.

Schütt, Christine/Bröker, Barbara/Fleischer, Bernhard: Grundwissen Immunologie, 4. Auflage, Heidelberg 2019.

Schütte, Ursula/Walter, Michael: Zahnverlust und Zahnersatz vor dem Hintergrund des demographischen Wandels, in: Kirch, Wilhelm/Badura, Bernhard (Hrsg.): Prävention, Heidelberg 2006, S. 575–593.

Schulze, Hendrik: Elternrecht und Beschneidung, Dissertation Westfälische Wilhelms-Universität Münster 2015, Berlin 2017.

Schumacher, Wolfgang/Meyn, Egon: Bundesseuchengesetz Kommentar, 4. Auflage mit Nachtrag Dezember 1997, Köln 1992/1998.

Schwabe, Jürgen: Bundesverfassungsgericht und „Drittwirkung" der Grundrechte, in: Archiv des öffentlichen Rechts (AöR) Bd. 100 (1975), S. 442–470.

Ders.: Probleme der Grundrechtsdogmatik, Habilitationsschrift Justus-Liebig-Universität Gießen 1978, Darmstadt 1977 (Eigenverlag).

Schwanengel, Wito: Einwirkungen der Landesparlamente auf die Normsetzung der Exekutive, Berlin 2002.

Schwanig, Michael: Die Zulassung von Impfstoffen, in: Bundesgesundheitsblatt (BGesBl.) 2002, S. 338–343.

Schwarz, Kyrill-Alexander: Die Dogmatik der Grundrechte – Schutz und Abwehr im freiheitssichernden Staat, in: Blaschke, Ulrich/Förster, Achim/Lumpp, Stephanie/Schmidt, Judith (Hrsg.): Sicherheit statt Freiheit?, Berlin 2005, S. 29–49.

Schwedler, Anna: Anmerkung zu BGH, Beschluss vom 3.5.2017 – XII ZB 157/17, in: Neue Zeitschrift für Familienrecht (NZFam) 2017, S. 564–565.

Schwerdtfeger, Gunther: Grundrechtlicher Drittschutz im Baurecht, in: Neue Zeitschrift für Verwaltungsrecht (NVwZ) 1982, S. 5–11.

Schwoch, Rebecca: „Die amtlichen Gesundheits- und Fürsorgestellen müssen für alle sorgen ...". Nationalsozialistische Versorgungsstrukturen: Gesundheitspolitische Vorstellungen versus Versorgung im Alltag, in: Stöckel, Sigrid/Walter, Ulla (Hrsg.): Prävention im 20. Jahrhundert, Weinheim 2002, S. 136–151.

Seewald, Otfried: Zum Verfassungsrecht auf Gesundheit, Habilitationsschrift Universität Hamburg 1978, Köln 1981.

Ders.: Gesundheit als Grundrecht, Königstein/Ts. 1982.

Ders.: Zur Verantwortlichkeit des Bürgers nach dem Bundesseuchengesetz, in: Neue Juristische Wochenschrift (NJW) 1987, S. 2265–2274.

Seiler, Christian: Der einheitliche Parlamentsvorbehalt, Dissertation Ruprecht-Karls-Universität Heidelberg 1999, Berlin 2000.

Sendler, Horst: Gesetzesrecht und Richterrecht im Schulwesen, in: Deutsches Verwaltungsblatt (DVBl.) 1982, S. 381–389.

Shavit, Ronen/Maoz-Segal, Ramit/Iankovici-Kidon, Mona et al.: Prevalence of Allergic Reactions After Pfizer-BioNTech COVID-19 Vaccination Among Adults With High Allergy Risk, in: JAMA Network Open. 2021;4(8):e2122255. doi:10.1001/jamanetworkopen.2021.22255, S. 1–9.

Siedler, Anette/Hecht, Jane/Rieck, Thorsten/Tolksdorf, K./Hengel, H.: Die Varizellenimpfung in Deutschland, in: Bundesgesundheitsblatt (BGesBl.) 2013, S. 1313–1320.

Siedler, Anette/Koch, J./Ultsch, B./Garbe, E./Kries, Rüdiger von/Ledig, T./Mertens, T./Überla, K./Zepp, Fred/Hengel, H.: Background paper to the decision not to recommend a standard vaccination with the live attenuated herpes zoster vaccine for the elderly in Germany, in: Bundesgesundheitsblatt (BGesBl.) 2017, S. 1162–1179.

Siedler, Anette/Rieck, Thorsten: Varizellenimpfempfehlungen der Ständigen Impfkommission werden befolgt, in: Monatsschrift Kinderheilkunde 2019, S. 900–907.

Siedler, Anette/Rieck, Thorsten/Reuss, A./Walter, D./Poggensee, G./Poethko-Müller, C./Reiter, S.: Estimating vaccination coverage in the absence of immunisation registers – the German experience, in: Eurosurveillance April 2012, S. 1–7.

Siegmund-Schultze, Nicola: Flüchtlinge: Große Impflücken, in: www.aerztezeitung.de/politik_gesellschaft/gp_specials/fluechtlinge/article/910122/fluechtlinge-grosse-impfluecken.html (Seite zuletzt aufgerufen am: 15.03.2021).

Siekmann, Helmut: Die Zuständigkeit des Bundes zum Erlass umfassender Rauchverbote nach In-Kraft-Treten der ersten Stufe der Föderalismusreform, in: Neue Juristische Wochenschrift (NJW) 2006, S. 3382–3385.

Smallman, Matthew/Cliff, Andrew D.: The Geographical Transmission of Smallpox in the Franco-Prussian War, in: Medical History (MedHist) 2002, S. 241–264.

Sodan, Helge: Zur Verfassungsmäßigkeit der Ausgliederung von Leistungsbereichen aus der gesetzlichen Krankenversicherung, in: Neue Zeitschrift für Sozialrecht (NZS) 2003, S. 393–401.

Ders. (Hrsg.): Grundgesetz Kommentar, 4. Auflage, München 2018 (zitiert als: *Bearbeiter*, in: Sodan [Hrsg.], GG Kommentar).

Ders. (Hrsg.): Handbuch des Krankenversicherungsrechts, 3. Auflage, München 2018 (zitiert als: *Bearbeiter*, Titel des Beitrags, in: Sodan [Hrsg.], Handbuch des Krankenversicherungsrechts).

Speer, Christian/Gahr, Manfred (Hrsg.): Pädiatrie, 4. Auflage, Heidelberg 2013 (zitiert als: *Bearbeiter*, Titel des Beitrags, in: Speer/Gahr [Hrsg.], Pädiatrie).

Speth, F./Haas, J.-P./Kneitz, C./Warnatz, K./Minden, K.: Impfungen bei immunsupprimierten jungen Rheumatikern in der Transition, in: arthritis + rheuma (A + R) 2017, S. 39–60.

Spickhoff, Andreas (Hrsg.): Medizinrecht, 3. Auflage, München 2018 (zitiert als: *Bearbeiter*, in: Spickhoff [Hrsg.], Medizinrecht).

Spiecker gen. Döhmann, Indra/Kurzenhäuser, Stephanie: Das rechtliche Darstellungsgebot. Zum Umgang mit Risikoinformationen am Beispiel der Datenerhebung im Bundesinfektionsschutzgesetz (IfSG), in: Engel, Christoph/Englerth, Markus/Lüdemann, Jörn/Spiecker gen. Döhmann, Indra (Hrsg.): Recht und Verhalten – Beiträge zu Behavioral Law and Economics, Tübingen 2007, S. 133–164.

Spiess, Heinz (Hrsg.): Schutzimpfungen, Stuttgart 1958 (zitiert als: *Bearbeiter*, Titel des Beitrags, in: Spiess [Hrsg.], Schutzimpfungen).

Spiess, Heinz/Heininger, Ulrich/Jilg, Wolfgang (Hrsg.): Impfkompendium, 8. Auflage, Stuttgart 2015 (zitiert als: *Bearbeiter*, Titel des Beitrags, in: Spiess/Heininger/Jilg [Hrsg.], Impfkompendium).

Spohr, Rudolph: Ist die Impfung auf Grund des Reichsgesetzes vom 8.4.1874 erzwingbar?, in: Goltdammer's Archiv für Strafrecht (GA) 52 (1905), S. 289–297.

Spranca, Mark/Minsk, Elisa/Baron, Jonathan: Omission and Comission Jugdment and Choice, in: Journal of Experimental Social Psychology 1991, S. 76–105.

Spree, Wolfgang/Kozak, Evelyn: Arbeitsrechtliche Folgen der Einführung des Masernschutzgesetzes, in: Zeitschrift für Tarif-, Arbeits- und Sozialrecht des öffentlichen Dienstes (ZTR) 2020, S. 383–388.

Staehelin, Cornelia/Hirzel, Cédric/Hauser, Christoph/Furrer, Hansjakob: Impfungen bei Immunsupprimierten, in: Therapeutische Umschau 2016, S. 281–289.

Ständige Impfkommission: Voraussetzungen zur Aufhebung des Impfgesetzes von 1874, in: Weise, Hans-Joachim (Hrsg.): Abhandlungen aus dem Bundesgesundheitsamt, Heft 11, Köln 1974.

Dies.: Standardvorgehensweise (SOP) der Ständigen Impfkommission (STIKO) für die systematische Entwicklung von Impfempfehlungen, Version 3.1 (Stand 14.11.2018), Berlin 2018.

Stahl, Christian: Bundesverfassungsgericht und Schwangerschaftsabbruch – Der Einfluss der Weltanschauung von Bundesverfassungsrichtern auf die Rechtsprechung in weltanschaulichen Fragen, Dissertation Universität Regensburg 2003, Hamburg 2004.

Starck, Christian: Praxis der Verfassungsauslegung, Baden-Baden 1994.

Starostzik, Christine: Was tun mit Impfverweigerern?, in: Pädiatrie hautnah 2016, Heft 28, S. 8–11.

Staudinger, Julia-Marleen: Verfassungsrechtliche Untersuchung der Impfgesetzgebung in Deutschland, Dissertation Universität Bielefeld 2021, Berlin 2021.

Staupe, Jürgen: Parlamentsvorbehalt und Delegationsbefugnis, Dissertation Universität Hamburg 1985, Berlin 1986.

Stebner, Frank A./Bothe, Benjamin: Impfzwang der Bevölkerung wegen Pockengefahr?, in: Medizinrecht (MedR) 2003, S. 287–288.

Steiger, Heinhard: Mensch und Umwelt. Zur Frage der Einführung eines Umweltgrundrechts, Berlin 1975.

Ders.: Verfassungsrechtliche Grundlagen, in: Salzwedel, Jürgen/Burhenne, Wolfgang: Grundzüge des Umweltrechts, Berlin 1982, S. 21–63.

Stein, Robina von: Kitaleiter als Hilfspolizisten, FAZ v. 03.06.2017, S. 4.

Steinau-Steinrück, Sandra von: Die staatliche Verhütung von Infektionskrankheiten, Dissertation Freie Universität Berlin 2011, Frankfurt am Main 2013.

Stemmler, Thomas: Das „Neminem-laedere-Gebot“, Dissertation Universität zu Köln 2004, Frankfurt a. M. 2005.

Steptoe, Andrew (Hrsg.): Handbook of Behavioral Medicine, Berlin 2010 (zitiert als: *Bearbeiter*, Titel des Beitrags, in: Steptoe [Hrsg.], Handbook of Behavioral Medicine).

Stern, Klaus: Das Staatsrecht der Bundesrepublik Deutschland, Bd. II, München 1980.

Ders.: Das Staatsrecht der Bundesrepublik Deutschland, Bd. I, 2. Auflage, München 1984.

Ders.: Die Schutzpflichtenfunktion der Grundrechte: Eine juristische Entdeckung, in: Die Öffentliche Verwaltung (DÖV) 2010, S. 241–249.

Stern, Klaus/Becker, Florian (Hrsg.): Grundrechte-Kommentar, 3. Auflage, Köln 2019 (zitiert als: *Bearbeiter*, in: Stern/Becker [Hrsg.], Grundrechte Kommentar).

Stern, Klaus/Sachs, Michael: Das Staatsrecht der Bundesrepublik Deutschland, Bd. III/1, München 1988.

Dies.: Das Staatsrecht in der Bundesrepublik Deutschland, Bd. III/2, München 1994.

Stern, Klaus/Sachs, Michael/Dietlein, Johannes: Das Staatsrecht in der Bundesrepublik Deutschland, Bd. IV/1, München 2006.

Stettner, Rupert: Verfassungsbindungen des experimentierenden Gesetzgebers, in: Neue Zeitschrift für Verwaltungsrecht (NVwZ) 1989, S. 806–812.

Stingl, Peter: Ebola – Virus der Armen, in: Münchner Medizinische Wochenschrift – Fortschritte der Medizin (MMW-Fortschr. Med) 2015 (Heft 14), S. 50–53.

Stober, Rolf: Befugnisse und Kontrolle im Katastrophenschutzrecht, in: Kloepfer, Michael (Hrsg.): Katastrophenrecht: Grundlagen und Perspektiven, Band zur gleichnamigen Tagung am 24. Mai 2007, Baden-Baden 2008, S. 43–60.

Stober, Rolf/Eisenmenger, Sven: Katastrophenverwaltungsrecht – Zur Renaissance eines vernachlässigten Rechtsgebietes, in: Neue Zeitschrift für Verwaltungsrecht (NVwZ) 2005, S. 121–130.

Stoll, Peter-Tobias: Sicherheit als Aufgabe von Staat und Gesellschaft, Habilitationsschrift Ruprecht-Karls-Universität Heidelberg 2001, Tübingen 2003.

Storr, Constanze/Sanftenberg, Linda/Schelling, Joerg/Heininger, Ulrich/Schneider, Antonius: Masernstatus – Impfbarrieren und Strategien zu deren Überwindung, in: Deutsches Ärzteblatt (DÄ) 2018, S. 723–730.

Su, Hui-chieh: Der Schutz der Menschenwürde gegen gesellschaftliche Verrohung durch Meinungsäußerung, Dissertation Ruprecht-Karls-Universität Heidelberg 2013, Berlin 2013.

Suchomel, Jan-Ulf: Partielle Disponibilität der Würde des Menschen, Dissertation Heinrich-Heine-Universität Düsseldorf 2008, Berlin 2010.

Suerbaum, Sebastian/Hahn, Helmut/Burchard, Gerd-Dieter/Kaufmann, Stefan H. E./Schulz, Thomas F. (Hrsg.): Medizinische Mikrobiologie und Infektiologie, 7. Auflage, Berlin/Heidelberg 2012 (zitiert als: *Bearbeiter*, Titel des Beitrags, in: Suerbaum et al. [Hrsg.], Medizinische Mikrobiologie und Infektiologie).

Süß, Alice: Die Eigenverantwortung gesetzlich Krankenversicherter unter besonderer Berücksichtigung der Risiken wunscherfüllender Medizin, Dissertation Freie Universität Berlin 2013, Berlin 2014.

Süß, Winfried: Der „Volkskörper“ im Krieg: Gesundheitspolitik, Gesundheitsverhältnisse und Krankenmord im nationalsozialistischem Deutschland 1939–1945, München 2003.

Suhr, Dieter: Entfaltung der Menschen durch die Menschen, Berlin 1976.
Ders.: Die Freiheit vom staatlichen Eingriff als Freiheit zum privaten Eingriff?, in: Juristenzeitung (JZ) 1980, S. 166–174.
Szczekalla, Peter: Die sogenannten grundrechtlichen Schutzpflichten im deutschen und europäischen Recht, Dissertation Universität Osnabrück 2000, Berlin 2002.
Takla, Anja/Wichmann, Ole/Klinc, Christina/Hautmann, H./Rieck, Thorsten/Koch, Judith: Mumps epidemiology in Germany 2007–2011, in: Eurosurveillance 2013 (online).
Takla, Anja/Wichmann, Ole/Rieck, Thorsten/Matysiak-Klose, Dorothea: Measles incidence and reporting trends in Germany, 2007–2011, in: Bulletin of the WHO 2014, S. 742–749.
Taupitz, Jochen: Infektionsschutzrechtliche „Triage“: Wer darf überleben? – Zur Verteilung knapper medizinischer Güter aus juristischer Sicht, in: Kloepfer, Michael (Hrsg.): Pandemien als Herausforderung für die Rechtsordnung, Baden-Baden 2011, S. 103–126.
Taylor, Brent/Miller, Elizabeth/Farrington, C. Paddy/Petropoulos, Maria-Christina/Favot-Mayaud, Isabelle/Li, Jun/Waight, Pauline A.: Autism and measles, mumps, and rubella vaccine: no epidemiological evidence for a causal association, in: The Lancet 1999, Jun 12; 353(9169), S. 2026–2029.
Teich, Niels/Klugmann, Tobias/Tiedemann, Astrid/Holler, Babett/Mössner, Joachim/Liebetrau, Anke/Schiefke, Ingolf: Vaccination Coverage in Immunosuppressed Patients, in: Deutsches Ärzteblatt International (DÄ Int) 2011, S. 105–111.
Tepperwien, Joachim: Nachweltschutz im Grundgesetz, Dissertation Freie Universität Berlin 2008, Baden-Baden 2009.
Terhardt, Martin: Zur Masern-Impfpflicht – ein Zwischenruf, in: Kinder- und Jugendarzt 2019, S. 370–376.
Terhardt, Martin/Grundhewer, H.: Schmerzreduktion bei Impfungen, in: Monatsschrift Kinderheilkunde 2016, S. 981–986.
Thiel, Markus: Der Erziehungsauftrag des Staates in der Schule, Dissertation Universität zu Köln 1999, Berlin 2000.
Thiele, Alexander: Finanzaufsicht: Der Staat und die Finanzmärkte, Habilitationsschrift Georg-August-Universität Göttingen 2013, Tübingen 2014.
Ders.: Verlustdemokratie, 2. Auflage, Tübingen 2018.
Thießen, Malte: Vorsorge als Ordnung des Sozialen: Impfen in der Bundesrepublik und der DDR, in: Zeithistorische Forschungen 2013, S. 409–432.
Ders.: Vom immunisierten Volkskörper zum „präventiven Selbst“, in: Vierteljahreshefte für Zeitgeschichte (VfZ) 2013, S. 35–64.
Ders.: Infizierte Gesellschaften: Sozial- und Kulturgeschichte von Seuchen, in: Aus Politik und Zeitgeschichte (APuZ) 20–21/2015, S. 11–18.
Ders.: Die Immunisierte Gesellschaft als Interventionsfeld: Impfprogramme, Bevölkerungsvorstellungen und Bevölkerungspolitik nach 1945, in: Etzemüller, Thomas (Hrsg.): Vom „Volk“ zur „Population“, Münster 2015, S. 242–269.
Ders.: Immunisierte Gesellschaft. Impfen in Deutschland im 19. und 20. Jahrhundert, Habilitationsschrift Carl von Ossietzky Universität Oldenburg 2017, Göttingen 2017.
Thilo, Waltraud: Erfahrungen in der ehemaligen DDR; derzeitige Situation in den neuen Bundesländern, in: Spiess, H./Maass, G. (Hrsg.): Neue Schutzimpfungen – Impfempfehlungen: Aufklärung, Widerstände, Marburg 1992, S. 213–214.

Timme, Michael: Die juristische Bewältigung eines ökonomischen Netzwerkgutes, Dissertation Universität Osnabrück 1999, Baden-Baden 2001.

Todt, Stefan: Evidenzbasierte Medizin als Rechtsbegriff, Dissertation Phillips-Universität Marburg 2015, Hamburg 2015.

Tolzin, Hans U. P.: Die Masern-Lüge. Was Sie unbedingt über die Masern wissen sollten – und was Ihnen die Gesundheitsbehörden verschweigen, Rottenburg 2017.

Ders.: Tödliche Maserngefahr?, www.impfkritik.de/masern/index.html (Seite zuletzt aufgerufen am: 06.04.2021).

Ders.: Impfungen verursachen plötzlichen Kindestod, www.impfkritik.de/sids/index.html (Seite zuletzt aufgerufen am: 06.04.2021).

Ders.: Amyotrophe Lateralsklerose, www.impfkritik.de/amyotrophe-lateralsklerose-als/index. html (Seite zuletzt aufgerufen am: 06.04.2021).

Ders.: Mit harten Fakten gegen die SSPE-Hysterie!, www.impfkritik.de/sspe/index2.html (Seite zuletzt aufgerufen am: 06.04.2021).

Ders.: Gemeldete Todesfälle nach Impfungen, www.impfkritik.de/todesfaelle/index.html (Seite zuletzt aufgerufen am: 06.04.2021).

Ders.: In 11 Schritten von der Virushypothese zum Virusbeweis, www.impfkritik.de/virusbeweis/index.html (Seite zuletzt aufgerufen am: 06.04.2021).

Trapp, Dan Bastian: Impfzwang – Verfassungsrechtliche Grenzen staatlicher Gesundheitsvorsorgemaßnahmen, in: Deutsches Verwaltungsblatt (DVBl.) 2015, S. 11–19.

Trotter, Caroline L./Gay, Nigel J./Edmunds, W. John: Dynamic Models of Meningococcal Carriage, Disease, and the Impact of Serogroup C Conjugate Vaccination, in: American Journal of Epidemiology 2005, S. 89–100.

Trotter, Caroline L./Maiden, Martin C. J.: Meningococcal vaccines and herd immunity: lessons learned from serogroup C conjugate vaccination programmes, in: Expert Reviews of Vaccines (Expert Rev Vaccines) 2009, S. 851–861.

Trute, Hans-Heinrich: Vorsorgestrukturen und Luftreinhalteplanung im Bundesimmissionsschutzgesetz, Dissertation Ruprecht-Karls-Universität 1988, Heidelberg 1989.

Ders.: Katastrophenschutzrecht – Besichtigung eines verdrängten Rechtsgebietes, in: Kritische Vierteljahresschrift für Gesetzgebung (KritV) 2005, S. 342–363.

Ders.: Pandemien als potentiell globale Katastrophe, in: Zeitschrift für das gesamte Sicherheitsrecht (GSZ) 2018, S. 125–133.

Tschurtschenthaler, Paul: Gesundheit und Tourismus: Zwei Phänomene mit vielen Gemeinsamkeiten und gegenseitiger Wechselbeziehung, in: Nussbaumer, Josef/Pruckner, Gerald/Sausgruber, Rupert/Winner, Hannes (Hrsg.): Gesundheits- und Sozialpolitik im Diskurs, Festschrift für Engelbert Theurl zum 60. Geburtstag, Wien 2011, S. 183–216.

Tünnemann, Margit: Der verfassungsrechtliche Schutz von Ehe und Familie und die Förderung der Kindererziehung im Rahmen des staatlichen Kinderleistungsausgleichs, Dissertation Ruprecht-Karls-Universität Heidelberg 2001, Berlin 2002.

Uçkay, I./Sax, H./Hugonnet, S./Aramburu., C./Bessire, N./Rutschmann, O./Kaiser, L./Gervaix, A./Sudre, P./Siegrist, C. A./Pittet, D.: Die Folgen einer ungenügenden Herdimmunität bei „pädiatrischen" Infektionskrankheiten – Beispiel einer Masernepidemie, in: Therapeutische Umschau 2005, S. 679–684.

Uhlmann, Berit: Gesundheit ist keine Privatsache, in: Süddeutsche Zeitung (SZ) v. 08.05.2018, S. 16.

Dies.: Zur Gesundheit genötigt, in: Süddeutsche Zeitung (SZ) v. 13.06.2018, S. 14.

Ullmann, Andrew J./Karthaus, Meinolf/Cornely, Oliver A.: Impfungen bei immunsupprimierten Erwachsenen mit hämato-onkologischer Erkrankung, in: Wiener Medizinische Wochenschrift (WMW) 2004, S. 218–225.

Umbach, Dieter C.: Das Wesentliche an der Wesentlichkeitstheorie, in: Zeidler, Wolfgang/Maunz, Theodor/Roellecke, Gerd (Hrsg.): Festschrift Hans Joachim Faller, München 1984, S. 111–131.

Umbach, Dieter C./Clemens, Thomas (Hrsg.): Grundgesetz Mitarbeiterkommentar; Bd. 1, Heidelberg 2002; Bd. 2, Heidelberg 2002 (zitiert als: *Bearbeiter*, in: Umbach/Clemens [Hrsg.], Mitarbeiterkommentar GG).

Unruh, Peter: Zur Dogmatik der grundrechtlichen Schutzpflichten, Berlin 1996.

Valour, Florent/Cotte, Laurent/Voirin, Nicolas/Godinot, Matthieu/Ader, Florence/Ferry, Tristan/Vanhems, Philippe/Chidiac, Christian: Vaccination coverage against hepatitis A and B viruses, Streptococcus pneumonia, seasonal flu, and A(H1N1)2009 pandemic influenza in HIV-infected patients, in: Vaccine Vol. 32, S. 4558–4564.

van Assen, S. et al.: EULAR recommendations for vaccination in adult patients with autoimmune inflammatory rheumatic diseases, in: Annals of the Rheumatic Diseases (Ann Rheum Dis) 2011, S. 414–422.

Vellmer, Anja: Religiöse Kindererziehung und religiös begründete Konflikte in der Familie, Dissertation Georg-August-Universität Göttingen 2009, Frankfurt a. M. 2010.

Vereinte Nationen: World Population Prospects 2019, New York 2019.

Vierheilig, Monika: Die rechtliche Einordnung der von der Weltgesundheitsorganisation beschlossenen regulations, Dissertation Ruprecht-Karls-Universität Heidelberg 1983, Heidelberg 1984.

Wagner, Roland: Die Konkurrenzen der Gesetzgebungskompetenzen von Bund und Ländern, Dissertation Friedrich-Alexander-Universität Erlangen-Nürnberg 2010, Berlin 2011.

Wahl, Rainer/Masing, Johannes: Schutz durch Eingriff, in: Juristenzeitung (JZ) 1990, S. 553–563.

Wakefield, Andrew et al.: Ileal-lymphoid-nodular hyperplasia, non specific colitis, and pervasive developmental disorder in children, in: The Lancet Vol. 351, no. 9103 (1998), S. 637–641 (RETRACTED).

Wallinga, Jacco/Heijne, Janneke C. M./Kretzschmar, Mirjam: A Measles Epidemic Threshold in a Highly Vaccinated Population, in: PLoS Medicine 2005, S. 1152–1156.

Waltermann, Raimund: Sozialrecht, 14. Auflage, Heidelberg 2020.

Walus, Andreas: Pandemie und Katastrophennotstand: Zuständigkeitsverteilung und Kompetenzmängel des Bundes, in: Die Öffentliche Verwaltung (DÖV) 2010, S. 127–133.

Ders.: Katastrophenorganisationsrecht. Prinzipien der rechtlichen Organisation des Katastrophenschutzes, Bonn 2012.

Walzer, Manuel Christoph: Studie zur Leihimmunität gegenüber Masern in Relation zum Impfstatus der Mütter, Dissertation Charité – Universitätsmedizin Berlin 2009, Eigenverlag 2009.

Wanner, Martina: Migration und Gesundheit, in: Blank, Beate/Gögercin, Süleyman/Sauer, Karin E./Schramkowski, Barbara (Hrsg.): Soziale Arbeit in der Migrationsgesellschaft, Wiesbaden 2018, S. 623–633.

Wapler, Friederike: Kinderrechte und Kindeswohl, Habilitationsschrift Georg-August-Universität Göttingen 2014, Tübingen 2015.

Dies.: Kinderrechte ins Grundgesetz: Ein neuer Entwurf bringt nichts Neues, in: Verfassungsblog v. 06.12.2019, www.verfassungsblog.de/kinderrechte-ins-grundgesetz-ein-neuer-entwurf-bringt-nichts-neues/ (Seite zuletzt aufgerufen am: 07.04.2021).

Wedlich, Sven: Nationale Präventionsmaßnahmen zur Erreichung des WHO-Impfziels bei Masern, Halle (Saale) 2014.

Wehler, Hans-Ulrich: Deutsche Gesellschaftsgeschichte, Vierter Band: Vom Beginn des Ersten Weltkriegs bis zur Gründung der beiden deutschen Staaten 1914–1949, 3. Auflage, München 2008.

Weigl, Josef: Die Sinnhaftigkeit von Schulbetretungsverboten für Ungeimpfte bei Masernausbrüchen und Alternativen, in: Prävention und Gesundheitsförderung (Präv Gesundheitsf) 2019, S. 102–108.

Weißer, K./Barth, I./Keller-Stanislawski, B.: Sicherheit von Impfstoffen, in: Bundesgesundheitsblatt (BGesBl.) 2009, S. 1053–1064.

Weisser, M.: Impfungen unter immunsuppressiver Therapie chronisch entzündlicher Erkrankungen, in: Der Internist 2011, S. 277–282.

Welsch, Harald: Die Wiederkehr der Folter als das letzte Verteidigungsmittel des Rechtsstaats?, in: Bayerische Verwaltungsblätter (BayVBl.) 2003, S. 481–488.

Wendorf, Kristen A./Winter, Kathleen/Zipprich, Jennifer/Schechter, Rob/Hacker, Jill K./Preas, Chris/Cherry, James D./Glaser, Carol/Harriman, Kathleen: Subacute Sclerosing Panencephalitis: The Devastating Measles Complication That Might Be More Common Than Previously Estimated, in: Clinical Infectious Diseases 2017, S. 226–232.

Wernitz, Frank: Wissenschaftsmarketing: Grundlagen und Möglichkeiten am Beispiel der Ressortforschung, Dissertation Technische Universität Berlin 2014, Wiesbaden 2015.

WHO Ebola Response Team: Ebola Virus Disease in West Africa – The First 9 Months of the Epidemic and Forward Projections, in: The New England Journal of Medicine (N Engl J Med) 2014, S. 1481–1495.

Wichmann, Ole: Neue Meldepflichten – Was Ärzte beachten sollten, in: Deutsches Ärzteblatt (DÄ) 2013, S. A879–880.

Wichmann, Ole/Ultsch, B.: Effektivität, Populationseffekte und Gesundheitsökonomie der Impfungen gegen Masern und Röteln, in: Bundesgesundheitsblatt (BGesBl.) 2013, S. 1260–1269.

Wick, Alexander: Stärkung der Patientensouveränität in der Gesetzlichen Krankenversicherung, Dissertation Universität der Bundeswehr München 2015, Hamburg 2015.

Wicker, Sabine/Rabenau, Holger/Marckmann, Georg u. a.: Argumente für eine verpflichtende Influenzaimpfung, in: Deutsche Medizinische Wochenschrift (DMW) 2009, S. 1650–1652.

Widdascheck, Mirko: Der Justizgewährleistungsanspruch des Dopingsünders, Dissertation Gottfried Wilhelm Leibniz Universität Hannover 2017, Berlin 2018.

Widders, Gudrun: Sicherheit beim Impfen, in: Arbeitsmedizin Sozialmedizin Umweltmedizin (ASU) 2018, S. 435–439.

Wiedermann-Schmidt, Ursula/Maurer, Wolfgang: Hilfs- und Zusatzstoffe von Impfstoffen – Medizinische Relevanz, in: Wiener Klinische Wochenschrift (Wien Klin Wochenschr) 2005, S. 510–519.

Wiegel, Michaela: Frankreich zwingt seine Kinder zu Impfung, Frankfurter Allgemeine Zeitung (FAZ) v. 20.03.2015, www.faz.net/aktuell/politik/ausland/frankreichs-impf

licht-verfassungsmaessig-laut-verfassungsrat-13495547.html (Seite zuletzt aufgerufen am: 07.04.2021).

Wilke, Martin: Der Schutz vor den Wirkungen des Fluglärms auf den Menschen nach der Novellierung des FluLärmG, Dissertation Goethe-Universität Frankfurt am Main 2013, Frankfurt a. M. 2017.

Windorfer, A./Feil, F.: Der Kampf gegen Poliomyelitis – Die Ausrottung einer Zivilisationsseuche, in: Bundesgesundheitsblatt (BGesBl.) 2000, S. 2–6.

Winkeler, Frank: Bedingt abwehrbereit? Die verfassungsrechtliche Zulässigkeit von Gefahrenabwehrmaßnahmen auf Kosten Unschuldiger am Beispiel des Luftsicherheitsgesetzes, Dissertation Albert-Ludwigs-Universität Freiburg 2007, Stuttgart 2007.

Winkelmann, Alexander: Nur ein Mythos: Autismus und Multiple Sklerose nach Masernimpfung, in: Münchner Medizinische Wochenschrift – Fortschritte der Medizin (MMW-Fortschr. Med.) 2015, S. 47–48.

Winkler, Daniela: Verfassungsmäßigkeit des Luftsicherheitsgesetzes, in: Neue Zeitschrift für Verwaltungsrecht (NVwZ) 2006, S. 536–538.

Winkler, Friedrich: Über die Arbeit der Zentralstelle für Hygiene Dresden, in: Zentralverwaltung für das Gesundheitswesen in der sowjetisch besetzten Besatzungszone (Hrsg.): Epidemiologen Tagung Berlin 23.–25. März 1948, Berlin 1949, S. 181–185.

Winkler, Markus: Kollisionen verfassungsrechtlicher Schutznormen, Dissertation Johannes-Gutenberg-Universität Mainz 1999, Berlin 2000.

Wissenschaftlicher Dienst des Deutschen Bundestages: Sachstand: Impfpraxis in Deutschland und anderen europäischen Ländern, WD 9 – 3000 – 038/14, 03.07.2014.

Ders.: Sachstand: Einzelfragen zur Impfpflicht, WD 9 – 3000 – 112/14, 11.11.2014.

Ders.: Verfassungsrechtliche Zulässigkeit einer Impfpflicht, WD 3 – 019/16, 27.01.2016.

Ders.: Ausarbeitung: Verfassungsmäßigkeit einer gesetzlichen Impfpflicht für Kinder, WD 3 – 3000 – 056/16, 03.03.2016.

Ders.: Ausarbeitung: Impfpflichten im Ausland, WD 9 – 3000 – 021/19, 02.05.2019.

Ders.: Dokumentation: Masernerkrankungen, WD 9 – 3000 – 062/19, 30.08.2019.

Ders.: Dokumentation: Beiträge zur Verwendung von Wirkverstärkern in Impfstoffen – WD 9 – 3000 – 069/19, 17.09.2019.

Witte, Felicitas: Die verhängnisvolle Geschichte der Impfaufklärung, in: Frankfurter Allgemeine Zeitung v. 17.07.2019 S. N2.

Wittek, Miriam/Doerr, Hans Wilhelm/Allwinn, Regina: Varizellen und Herpes zoster. Teil 1: Virologie, Epidemiologie, Klinik, Labordiagnostik, in: Medizinische Klinik 2010, S. 334–338.

Wolf, Sebastian: Quantifizierung und Querfront. Zur politischen Theologie der zweiten Welle, in: Verfassungsblog v. 08.11.2020, www.verfassungsblog.de/quantifizierung-und-querfront/ (Seite zuletzt aufgerufen am: 09.01.2021).

Wolff, Daniel/Zimmermann, Patrick: Impfförder- und Impffolgenrecht in der COVID-19-Pandemie, in: Neue Zeitschrift für Verwaltungsrecht (NVwZ) 2021, S. 182–186.

Wolfrum, Rüdiger (Hrsg.): Handbuch Vereinte Nationen, 2. Auflage, München 1991 (zitiert als: *Bearbeiter*, Titel des Beitrags, in: Wolfrum [Hrsg.], Handbuch Vereinte Nationen).

World Health Organization: Global Vaccine Action Plan 2011–2020.

Dies.: Eliminating measles and rubella. Framework for the verification process in the WHO European Region, 2014.

Dies.: European Vaccine Action Plan 2015–2020.

Dies.: Global Technical Strategy for Malaria 2016–2030.

Dies.: Data and statistics, Immunization Monitoring and Surveillance.

Dies.: www.who.int/immunization/newsroom/events/immunization_week/2012/-further_information/en/ (Seite zuletzt aufgerufen am: 09.04.2021).

Wuttke, Helmut: Entschädigung von Impfschäden, in: Zeitschrift für die sozialrechtliche Praxis (ZfSH/SGB) 1986, S. 529–537.

Wutzler, Peter: Die Varizellenimpfung in Deutschland, in: Prävention und Gesundheitsförderung (Präv Gesundheitsf) 2010, S. 28–32.

Wutzler, Peter/Färber, Inge/Wagenpfeil, Stefan/Bisanz, Helmtrud/Tischer, A.: Seroprevalence of varicella-zoster virus in the German population, in: Vaccine 2002, S. 121–124.

Wutzler, Peter/Neiß, Albrecht: Medizinische und ökonomische Aspekte der Varizellen und der Varizellen-Schutzimpfung in Deutschland, in: Stiftung Präventive Pädiatrie (Hrsg.): Alte und neue Impfstoffe in Deutschland, Berlin 2002, S. 23–35.

Zachariä, Heinrich Albert: Deutsches Staats- und Bundesrecht, Zweiter Teil. Das Regierungsrecht der Bundesstaaten und das Bundesrecht, 3. Auflage, Göttingen 1867.

Zemouri, C./Awad, S. F./Volgenant, C. M. C./Crielaard, W./Laheij, A. M. G. A./de Soet, J. J.: Modeling of the Transmission of Coronaviruses, Measles Virus, Influenza Virus, Mycobacterium tuberculosis, and Legionella pneumophila in Dental Clinics, in: Journal of the Dental Research 2020, S. 1192–1198.

Zepp, Fred: Impfungen, in: Monatsschrift Kinderheilkunde 2019, S. 180–182.

Zingg, Walter: Machen Impfungen krank?, in: Therapeutische Umschau 2005, S. 665–674.

Zinkant, Kathrin: Frankreichs Schlag gegen Impfgegner, www.sueddeutsche.de/gesund heit/masern-frankreichs-schlag-gegen-impfgegner-1.3578299 (Seite zuletzt aufgerufen am: 06.04.2021).

Zorn, Dagmar: Das Recht der elterlichen Sorge, 3. Auflage, Berlin/Boston 2016.

Zuck, Holger: Bundeskompetenz für einen gesetzlichen Nichtraucherschutz nach französischem Vorbild, in: Die Öffentliche Verwaltung (DÖV) 1993, S. 936–947.

Zuck, Rüdiger: Rechtsgutachten wegen (verfassungs)rechtlicher Fragen zur Masernimpfung, erstattet für die Arbeitsgemeinschaft Bürgerrecht & Gesundheit e. V., 18. Januar 2016.

Ders.: Gesetzlicher Masern-Impfzwang, in: Zeitschrift für Rechtspolitik (ZRP) 2017, S. 118–121.

Ders.: Öffentliche Empfehlungen zur Masernimpfung, in: Medizinrecht (MedR) 2017, S. 85–91.

Ders.: Infektionsschutzgesetz, in: NJW 2020, S. 3706.

Zwermann-Milstein, Nina Tabea: Grund und Grenzen einer verfassungsrechtlich gebotenen gesundheitlichen Mindestversorgung, Dissertation Westfälische Wilhelms-Universität 2014, Baden-Baden 2015.

Stichwortverzeichnis

Studien und Beiträge zum Öffentlichen Recht

Die Schriftenreihe *Studien und Beiträge zum Öffentlichen Recht* (StudÖR) wurde als Äquivalent zur renommierten Reihe *Jus Publicum* gegründet. Sie bietet herausragenden Dissertationen aus dem Bereich des öffentlichen Rechts eine ansprechende Plattform und deckt sämtliche Fächer des öffentlichen Rechts ab, insbesondere also das Verfassungsrecht (einschließlich Grundrechtstheorie, Methodenlehre und Allgemeine Staatslehre) und das Verwaltungsrecht. Fächerübergreifende und fachgebietsübergreifende Themenstellungen sind dabei nicht ausgeschlossen, solange der Schwerpunkt der Arbeit im öffentlichen Recht einschließlich seiner europarechtlichen beziehungsweise international- und völkerrechtlichen Bezüge zu finden ist. Um die hohe Qualität der in dieser Reihe veröffentlichten Dissertationen zu gewährleisten, werden nur Arbeiten zur Veröffentlichung in Betracht gezogen, die in beiden Gutachten uneingeschränkt mit summa cum laude bewertet wurden.

ISSN: 1867-8912
Zitiervorschlag: StudÖR

Alle lieferbaren Bände finden Sie unter *www.mohrsiebeck.com/studoer*

Mohr Siebeck
www.mohrsiebeck.com